본 교재는 3D 모델링을 처음으로 접하는 초보자들에게 사용법을 기초 개념부터 고급기술의 응용편까지 체계적으로 소개하였다. 설계 및 개발에 따른 제작시간을 단축시켜 주면서 CAD 프로그램에 쉽게 접근하도록 돕고, 기초 개념 습득과 활용법을 이해할 수 있도록 단계별 따라하기 형식으로 구성하여 지속적인 관심을 이끌어 낼 수 있게 하였다.

CATIA 3D 활용서

제품설계에 적합한 CATIA 응용기법

고성우, 신순욱, 정용섭 공저

도서 내용 문의 : sunugis@naver.com

본서의 사용된 예제파일은 웹하드에서 다운로드 받으실 수 있습니다.
www.webhard.co.kr ID sjb114 PW sjb1234

www.sejinbooks.kr

머리말

현대사회는 디지털과 관련된 모든 것들이 빠른 속도로 변화하고 있다. 따라서 CAD의 사용 역시 보편화되었다고 말할 수 있다.

2D 디자인과는 달리 3D 모델링 작업은 많은 응용력을 필요로 한다. 사용자의 작업 방법에 따라 부품의 모델링 및 조립품 모델링 작업 공정이 얼마든지 다양해질 수 있기 때문에 개발자 및 설계자는 3D 모델링을 시작하기 전에 먼저 모델링 형상을 분석하고 그에 따라 모델링 공정을 세워놓는 것이 바람직하다.

또한 각 3D 명령어를 정확하게 이해하고, 그 명령어들의 사용법이나 특성 및 실무 응용방법을 다양하게 익히고 활용함으로써 고품질의 모델링을 구축할 수 있을 것이다.

따라서 본 교재는 3D 모델링을 처음으로 접하는 초보자들에게 사용법을 기초 개념부터 고급기술의 응용편까지 체계적으로 소개하였다. 설계 및 개발에 따른 제작 시간을 단축시켜 주면서 CAD 프로그램에 쉽게 접근하도록 돕고, 기초 개념 습득과 활용법을 이해할 수 있도록 단계별 따라하기 형식으로 구성하여 지속적인 관심을 이끌어낼 수 있게 하였다.

특히, 산업현장에서 CATIA를 이용한 연구, 개발, 설계 업무를 담당하는 종사자에게도 좋은 참고자료의 역할을 할 수 있으리라 생각한다.

끝으로 원고가 좋은 책으로 인쇄되어 나오기까지 수고해주신 세진북스 홍세진사장님과 편집부 여러분들에게 깊은 감사를 드린다.

도서내용 문의 : sunugis@naver.com

신순욱 (엠에스메카텍 기술연구소 소장)
고성의 (한국폴리텍대학 울산캠퍼스 교수)
정용섭 (한국폴리텍대학 영남융합기술캠퍼스 교수)

차례

Chapter 01 CATIA 시작하기 13

- 01 CATIA V5 실행하기 —————————————————— 14
- 02 Workbench 선택하기 —————————————————— 15
    - 2.1 Window Workbench에서 선택 ————————— 15
    - 2.2 풀다운 메뉴에서 선택 ——————————————— 16
    - 2.3 표준 메뉴에서 선택 ———————————————— 16
- 03 파일 이름 지정 및 작업공간 ——————————————— 17
- 04 저장하기 ———————————————————————— 18
- 05 종료하기 ———————————————————————— 18
- 06 CATIA 메뉴 설정하기 —————————————————— 19
    - 6.1 CATIA 초기메뉴 설정하기 ————————————— 19
    - 6.2 단축키 설정하기 ————————————————— 19
    - 6.3 메뉴 언어 설정하기 ———————————————— 20
- 07 화면제어 기능 확인하기 ————————————————— 21
- 08 마우스 사용법 —————————————————————— 24

Chapter 02 Sketcher 배우기 25

- 01 Sketcher 실행하기 ——————————————————— 26
- 03 Sketcher 종료하기 ——————————————————— 27
- 03 스케치 도구 살펴보기 —————————————————— 28
    - 3.1 격자(Grid) ———————————————————— 28
    - 3.2 점에서 스냅(Snap to Point) ———————————— 28
    - 3.3 구성/표준요소 —————————————————— 28

Contents

3.4	지오메트리 제약조건	28
3.5	치수 제약조건	28

04 스케치 관련 옵션 살펴보기 ——— 29
- 4.1 격자 기본 간격 설정 ··· 29
- 4.2 색상 ⇒ 진단 시각화에 선택 여부 확인 ··· 29

05 프로파일(Profile) 살펴보기 ——— 30
- 5.1 프로파일 ··· 30
- 5.2 사전 정의된 프로파일 ··· 30
- 5.3 원 ··· 33
- 5.4 스플라인 ··· 35
- 5.5 원추 ··· 36
- 5.6 선 ··· 38
- 5.7 축 ··· 39
- 5.8 점 ··· 39

06 제약조건(Constraint) 살펴보기 ——— 40
- 6.1 대화상자에 정의된 제약조건 ··· 40
- 6.2 제약조건 ··· 41
- 6.3 제약조건 지오메트리 ··· 45
- 6.4 제약조건 에니메이션화 ··· 45
- 6.5 다중 제약조건 편집 ··· 46

07 작업(Operation) 살펴보기 ——— 47
- 7.1 코너 ··· 47
- 7.2 챔퍼(모따기) ··· 48
- 7.3 재제한사항 ··· 49
- 7.4 변형 ··· 51
- 7.5 3D 지오메트리 ··· 53

Chapter 03 Part Design 배우기 55

- 01 Part Design 실행하기 ——— 56
- 02 Reference Elements ——— 57
    - 2.1 Point ——— 57
    - 2.2 Line ——— 58
    - 2.3 Plane ——— 59
- 03 Sketch-Based Features ——— 61
    - 3.1 Pad ——— 61
    - 3.2 Pocket ——— 73
    - 3.3 Shaft ——— 74
    - 3.4 Groove ——— 75
    - 3.5 Hole ——— 76
    - 3.6 Rib ——— 79
    - 3.7 Slot ——— 81
    - 3.8 Advanced extruded features ——— 83
    - 3.9 Multi-Sections Solid ——— 86
    - 3.10 Removed Multi-Sections Solid ——— 94
- 04 Dress-Up Features ——— 95
    - 4.1 Edge Fillet ——— 95
    - 4.2 Variable Radius Fillet ——— 96
    - 4.3 Chamfer ——— 97
    - 4.4 Draft Angle ——— 99
    - 4.5 Shell ——— 102
- 05 Transformation Features ——— 104
    - 5.1 Transformations ——— 104
    - 5.2 Mirror ——— 107

Contents

- 5.3 Patterns —— 109
- 5.4 Scale —— 115

06 Insert —— 118
- 6.1 본체(Body) —— 118

07 Boolean Operation —— 119
- 7.1 결합 —— 119
- 7.2 추가 —— 122
- 7.3 제거 —— 123
- 7.4 교차 —— 124
- 7.5 결합 자르기 —— 125
- 7.6 덩어리 제거 —— 127

Chapter 04 CATIA 모델링 따라하면서 배우기(기초편) 131

- 과제 1 CATIA 기본과정 – Modeling 따라하면서 배우기 —— 132
- 과제 2 CATIA 기본과정 – Modeling 따라하면서 배우기 —— 142
- 과제 3 CATIA 기본과정 – Modeling 따라하면서 배우기 —— 149
- 과제 4 CATIA 기본과정 – Modeling 따라하면서 배우기 —— 159
- 과제 5 CATIA 기본과정 – Modeling 따라하면서 배우기 —— 170
- 과제 6 CATIA 기본과정 – Modeling 따라하면서 배우기 —— 181
- 과제 7 CATIA 기본과정 – Modeling 따라하면서 배우기 —— 187
- 과제 8 CATIA 기본과정 – Modeling 따라하면서 배우기 —— 195
- 과제 9 CATIA 기본과정 – Modeling 따라하면서 배우기 —— 209

Chapter 05   CATIA 모델링 따라하면서 배우기(고급편) 223

과제 1 CATIA 고급과정 - Modeling 따라하면서 배우기 —— 224
과제 2 CATIA 고급과정 - Modeling 따라하면서 배우기 —— 243
과제 3 CATIA 고급과정 - Modeling 따라하면서 배우기 —— 251
과제 4 CATIA 고급과정 - Modeling 따라하면서 배우기 —— 262

Chapter 06   CATIA 모델링 따라하면서 배우기(응용편 1) 283

과제 1 CATIA 응용과정 - Modeling 따라하면서 배우기 —— 284
과제 2 CATIA 응용과정 - Modeling 따라하면서 배우기 —— 291
과제 3 CATIA 응용과정 - Modeling 따라하면서 배우기 —— 298
과제 4 CATIA 응용과정 - Modeling 따라하면서 배우기 —— 310
과제 5 CATIA 응용과정 - Modeling 따라하면서 배우기 —— 321
과제 6 CATIA 응용과정 - Modeling 따라하면서 배우기 —— 335
과제 7 CATIA 응용과정 - Modeling 따라하면서 배우기 —— 351
과제 8 CATIA 응용과정 - Modeling 따라하면서 배우기 —— 358
과제 9 CATIA 응용과정 - Modeling 따라하면서 배우기 —— 366
과제 10 CATIA 응용과정 - Modeling 따라하면서 배우기 —— 379

Chapter 07   CATIA 모델링 따라하면서 배우기(응용편 2) 391

과제 11 CATIA 응용과정 - Modeling 따라하면서 배우기 —— 392
과제 12 CATIA 응용과정 - Modeling 따라하면서 배우기 —— 396
과제 13 CATIA 응용과정 - Modeling 따라하면서 배우기 —— 415
과제 14 CATIA 응용과정 - Modeling 따라하면서 배우기 —— 429
과제 15 CATIA 응용과정 - Modeling 따라하면서 배우기 —— 438

과제 16 CATIA 응용과정 – Modeling 따라하면서 배우기 —— 447
과제 17 CATIA 응용과정 – Modeling 따라하면서 배우기 —— 457
과제 18 CATIA 응용과정 – Modeling 따라하면서 배우기 —— 473
과제 19 CATIA 응용과정 – Modeling 따라하면서 배우기 —— 490
과제 20 CATIA 응용과정 – Modeling 따라하면서 배우기 —— 501

Chapter 08 Surface Design 배우기 515

과제 1 제품설계 및 CATIA 곡면 기법 따라하면서 배우기 —— 516
과제 2 제품설계 및 CATIA 곡면 기법 따라하면서 배우기 —— 532
과제 3 제품설계 및 CATIA(GSD) 기법 따라하면서 배우기 —— 554

Chapter 09 Assembly Design 배우기 571

01 어셈블리 Design 실행하기 —————————————— 572
02 프로덕트 구조 도구 ————————————————— 573
   2.1 기존 컴포넌트 ———————————————————— 573
03 이　동 ————————————————————————— 575
   3.1 조작 ———————————————————————— 575
04 제약조건 ——————————————————————— 579
   4.1 일치 제약조건 ——————————————————— 579
   4.2 접촉 제약조건 ——————————————————— 580
   4.3 오프셋 제약조건 —————————————————— 580
   4.4 각도 제약조건 ——————————————————— 581
   4.5 고정 컴포넌트 ——————————————————— 581

05 공간분석 ——————————————————— 582
    5.1 간섭 ————————————————————— 582
    5.2 섹션 ————————————————————— 583
    5.3 거리 및 밴드 분석 ————————————————— 583

Chapter 10   2D Drafting 배우기   599

01 Drafting 실행하기 ——————————————————— 600
02 뷰 ———————————————————————————— 603
    2.1 정면 뷰 ————————————————————— 603
    2.2 프로젝션 뷰 ———————————————————— 604
    2.3 보조 뷰 ————————————————————— 605
    2.4 아이서메트릭 뷰 —————————————————— 605
    2.5 오프셋 섹션 뷰 ——————————————————— 606
    2.6 배열된 섹션 뷰 ——————————————————— 609
    2.7 세부사항 뷰 ———————————————————— 610
    2.8 세부사항 뷰 프로파일 ———————————————— 611
    2.9 클리핑 뷰 ————————————————————— 612
    2.10 클리핑 뷰 프로파일 ————————————————— 612
    2.11 브레이크 아웃 뷰 —————————————————— 613

03 치   수 ——————————————————————— 616
    3.1 치수 —————————————————————— 616
    3.2 Datum 피처 ———————————————————— 617
    3.3 지오메트리 공차 —————————————————— 618

04 주   석 ——————————————————————— 619
    4.1 텍스트 ————————————————————— 619
    4.2 지시선이 있는 텍스트 ———————————————— 619

    4.3 개략기호 ——————————————————— 620
    4.4 테이블 ————————————————————— 621

05 드레스업 ———————————————————————— 622
    5.1 중심선 ————————————————————— 622
    5.2 축선 —————————————————————— 622

06 2D 도면 따라하면서 배우기 ——————————————— 623
    6.1 파일 열기 및 도면 시작 ————————————— 623
    6.2 도면 윤곽선 및 표제란 작성 ———————————— 624
    6.3 도면 배치 ————————————————————— 637

Chapter 11 연습도면 649

기초도면 그리기 ——— 650	도면 활용하기 ——— 657
응용과제도면 ———— 660	브라켓 ——————— 663
플랜지 ——————— 665	기계구조물 ————— 667
휠 커버 ——————— 668	타이너트 본체 ———— 669
동력전달장치 축 ——— 670	리밍지그 —————— 671
동력전달장치 I ———— 676	동력전달장치 II ——— 682
4지형 레버 에어척 —— 688	워터 펌프 —————— 694
편심왕복장치 ———— 699	축 받힘 장치 ————— 708
Surface Design ——— 713	

제품설계에 적합한 CATIA 응용기법

CATIA_V5 DeSign

Chapter 01

CATIA 시작하기

01	CATIA V5 실행하기
02	Workbench 선택하기
03	파일 이름 지정 및 작업공간
04	저장하기
05	종료하기
06	CATIA 메뉴 설정하기
07	화면제어 기능 확인하기
08	마우스 사용법

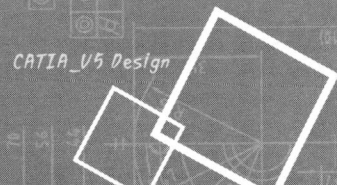

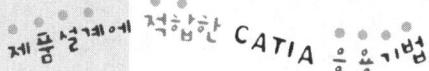

❶ CATIA V5 실행하기

CATIA 아이콘 을 실행하면 아래와 같은 그림이 나타난다.

❷ Workbench 선택하기

스케치(Sketch) ⇒ Part Design(파트 모델링) ⇒ Assembly Design(조립) ⇒ 도면(Drafting)의 순서에 따라 작업을 진행하므로 CATIA로 작업을 하기 위해서는 해당 작업 Workbench로 들어가야 한다.

[원하는 Workbench를 선택하는 3가지 방법]
① Window Workbench에서 선택
② 풀다운 메뉴에서 선택
③ 표준 메뉴에서 선택

2.1 Window Workbench에서 선택

아래 그림에서 원하는 아이콘을 선택한다.
[도구 ⇒ 사용자 정의 ⇒ 시작메뉴]를 선택했을 경우. (6.1 초기메뉴 설정하기 참조)
모델링 작업을 수행할 경우 "Part Design"을 클릭하여 실행한다.

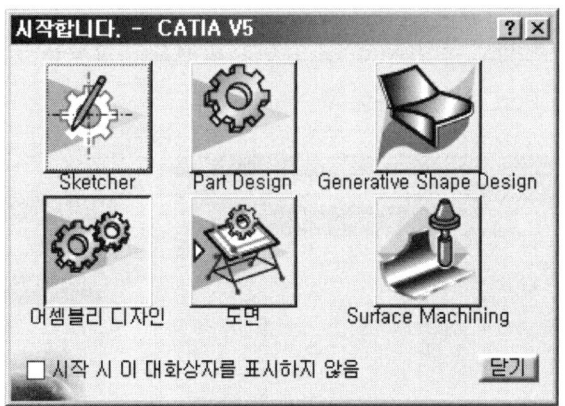

2.2 풀다운 메뉴에서 선택

[풀다운메뉴 ⇒ 시작 ⇒ 기계디자인 ⇒ 해당 Workbench] 순서로 들어간다.
일반적으로 CATIA를 처음 시작하면 다음과 같이 시작한다.
모델링 작업을 수행할 경우 "Part Design"을 클릭하여 실행한다.

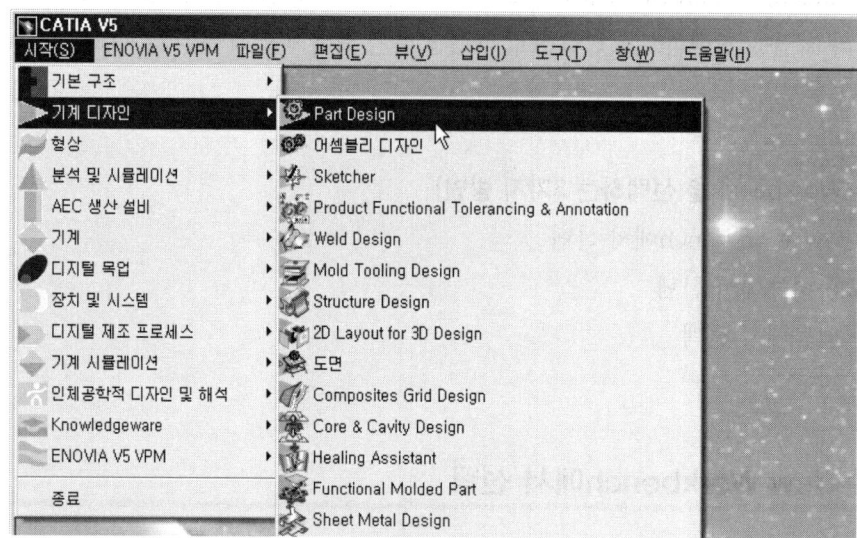

2.3 표준 메뉴에서 선택

[풀다운메뉴 ⇒ 파일 ⇒ 새로 작성(New)]을 실행하고 원하는 항목을 클릭하여 "확인"한다. 모델링 작업을 수행할 경우 "Part"을 클릭하여 확인을 누른다.

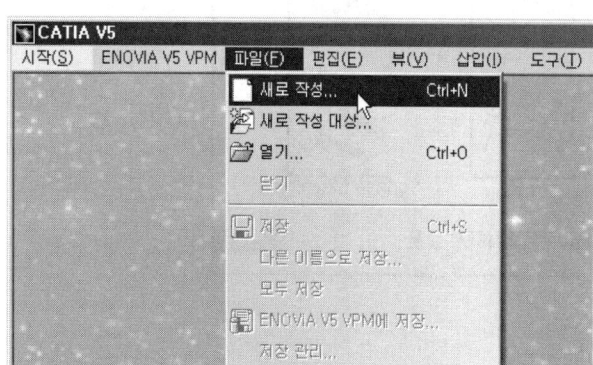

③ 파일 이름 지정 및 작업공간

새 파트 창의 파트 이름 입력에 작업할 파일의 이름을 지정하고 "확인"한다.

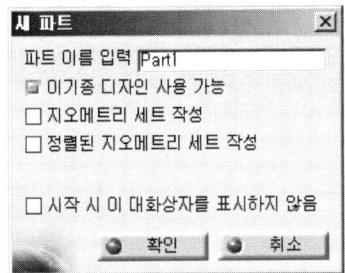

아래와 같이 작업공간이 나타난다.

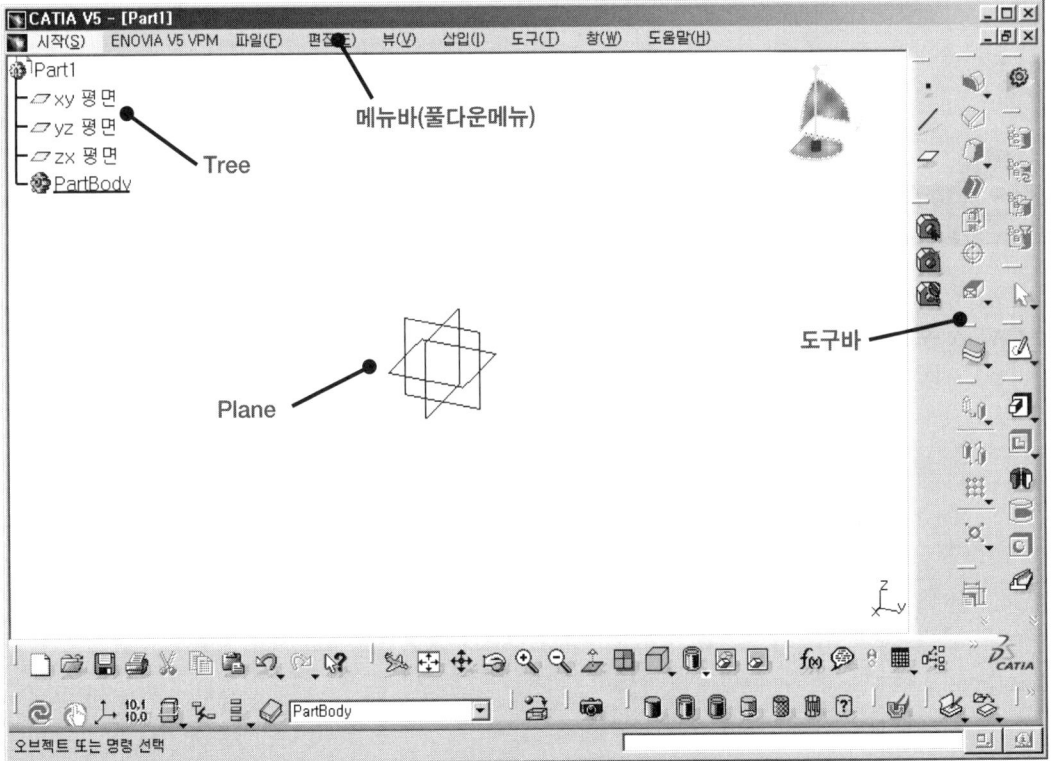

④ 저장하기

[풀다운 메뉴 ⇒ 파일 ⇒ 저장]을 이용하거나, 저장(💾)아이콘을 클릭하여 저장한다. 작업환경에 따라서 아래와 같은 확장자 이름으로 저장이 된다.

Workbench	파일 확장자
Part Design, Sketcher, Wireframe and Surface, Generative Shape Design, Sheetmetal Design	CATPart
Assembly Desing(어셈블리 디자인)	CATProduct
Drafting(도면)	CATDrawing

⑤ 종료하기

CATIA 종료는 [파일 ⇒ 종료] 또는 화면 우측상단의 창 닫기(❌) 아이콘을 선택한다.

6 CATIA 메뉴 설정하기

6.1 CATIA 초기메뉴 설정하기

[풀다운메뉴 ⇒ 도구 ⇒ 사용자 정의]를 실행하면 새로운 창이 열린다.

여기서 [시작메뉴]를 선택하면 초기에 열릴 Workbench 아이콘을 추가, 삭제할 수 있다.

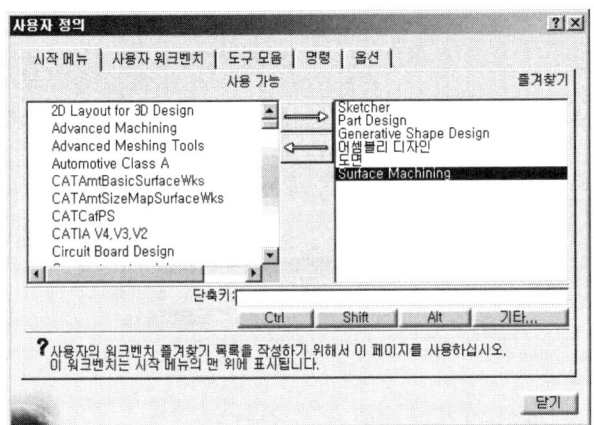
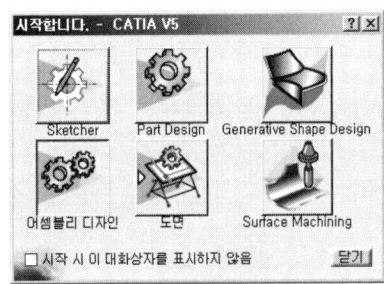

6.2 단축키 설정하기

[풀다운메뉴 ⇒ 도구 ⇒ 사용자 정의]를 실행한다. [명령 ⇒ 모든 명령]에서 원하는 명령을 선택한다. "등록정보 표시" 버튼 클릭하고 "단축키" 항목에 사용할 단축키를 설정한다.

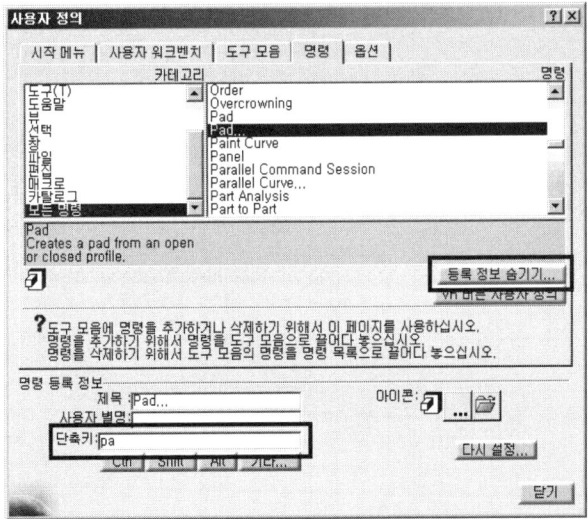

6.3 메뉴 언어 설정하기

[풀다운메뉴 ⇒ 도구 ⇒ 사용자 정의]를 실행한다.

[옵션 ⇒ 사용자 인터페이스]에서 한글 또는 영문으로 메뉴의 언어를 설정할 수 있다.

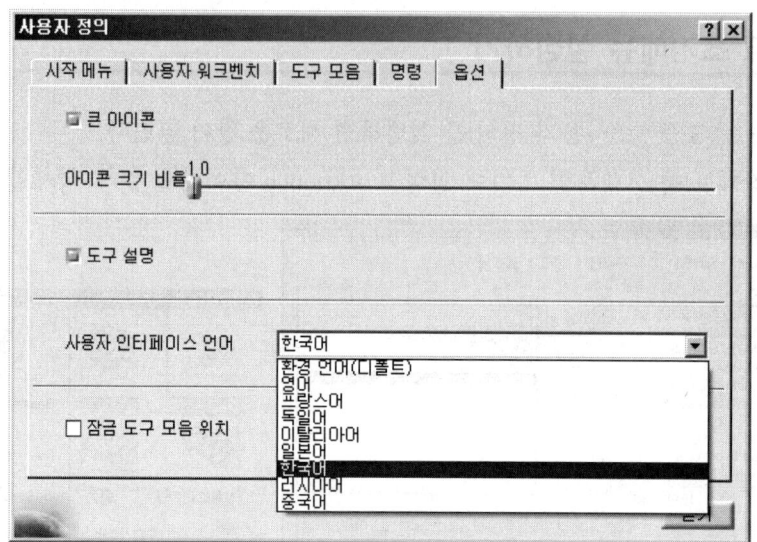

언어를 변경한 다음, CATIA를 다시 시작해야 변경된 언어가 나타난다.

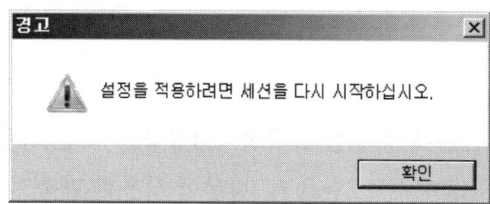

❼ 화면제어 기능 확인하기

작업자는 필요에 따라서 사물을 확대, 축소하거나 회전시키면서 작업을 진행한다.

- ⊕ **전체 화면 맞춤** : 작업요소 전체가 화면에 보일 수 있도록 하는 기능
- 📐 **수직뷰** : 3차원 물체의 선택 면을 정면으로 보기를 할 수 있는 기능

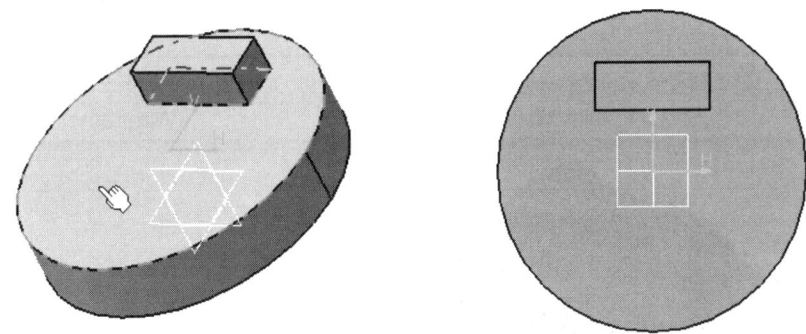

- 田 **다중 뷰 작성** : 작업요소를 3각법에 따라 화면을 분리하여 보여주는 기능

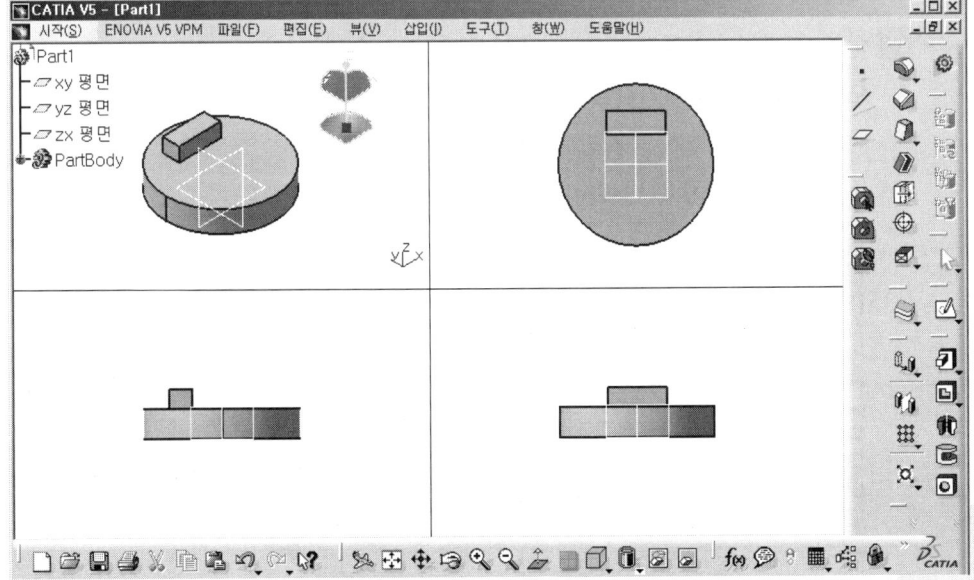

- 🗆 **등각 뷰** : 작업요소를 등각도로 보여주는 기능

  🗆🗆🗆🗆🗆🗆🗆 🗆 : 해당 투영도를 보여준다.

- **뷰 모드** : 작업요소를 다양한 형태로 표시하는 기능

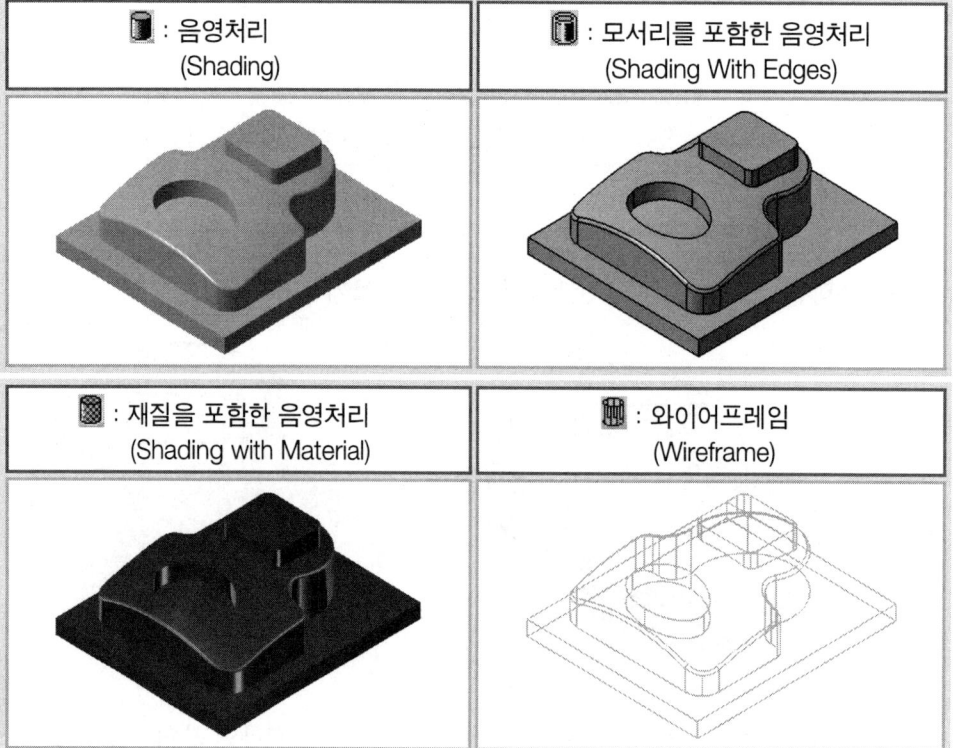

- 🖼 **숨기기/표시** : 원하는 요소를 보이게 하거나 숨기는 기능

  모델트리에서 숨기기할 요소를 선택하고, 마우스 오른쪽 버튼을 눌러 숨기기/표시를 선택하면 해당 요소가 숨겨진다. 도면 작업에 안내 또는 참조 역할을 하는 구성선이나 곡면 등을 보이지 않게 화면에서 숨기기를 하거나 표시를 한다.

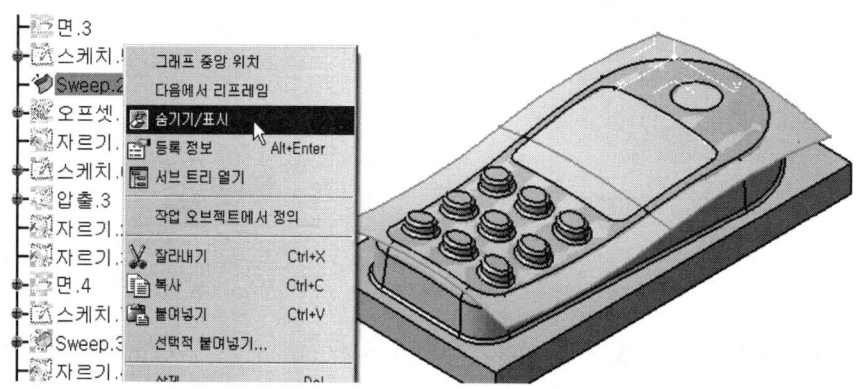

- **재질적용** : 작업 모델에 재질을 적용한다.
    ❶ 나타나는 창에서 원하는 재질을 마우스로 끌기(Drag)하여 재질을 적용한 모델 위에 놓는다.

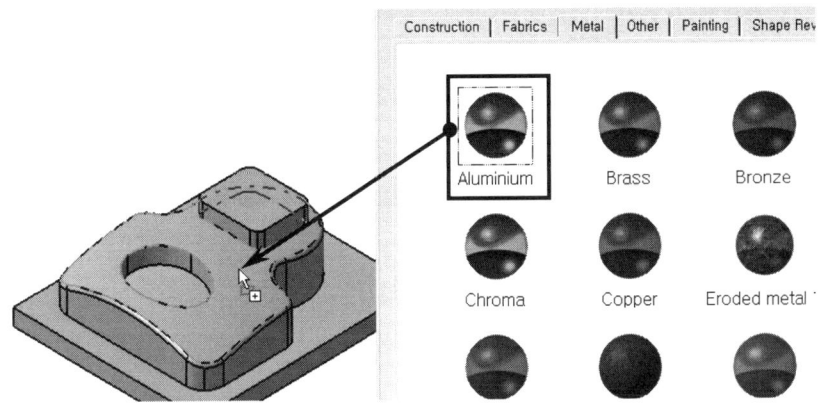

❷ 재질 아이콘을 더블클릭한다. 등록정보 창의 [분석] 탭을 선택하여 재질의 물성치를 확인할 수 있다.

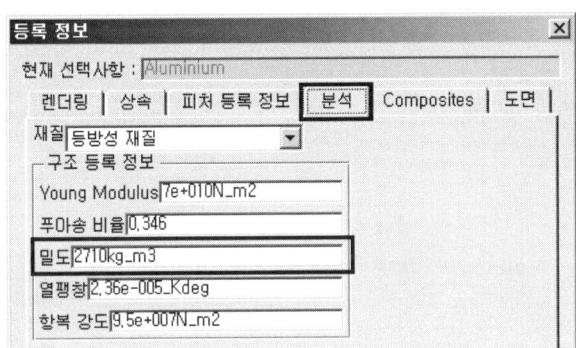

- **관성측정** : 모델의 부피, 질량, 무게중심 등의 물리적인 데이터를 확인할 수 있다.
    아이콘을 실행하고, 트리(Tree)의 PartBody를 클릭하여 정보를 나타내는 창이 나온다.

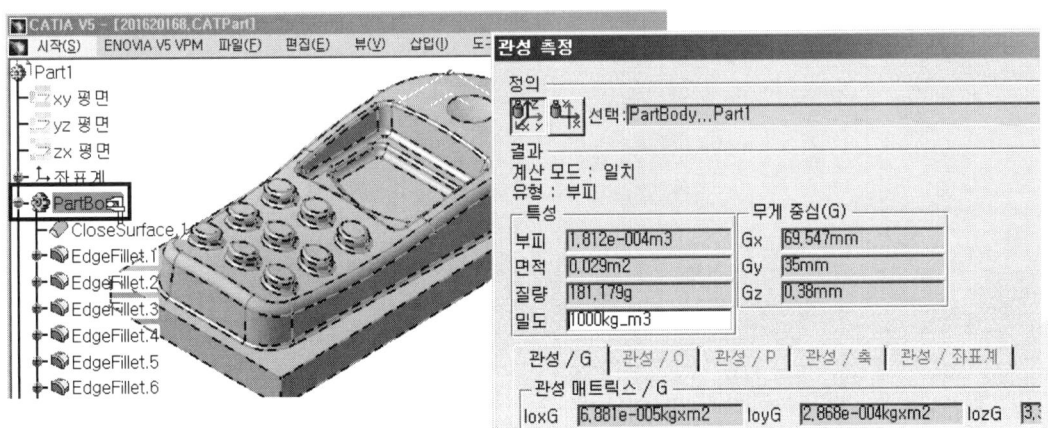

8 마우스 사용법

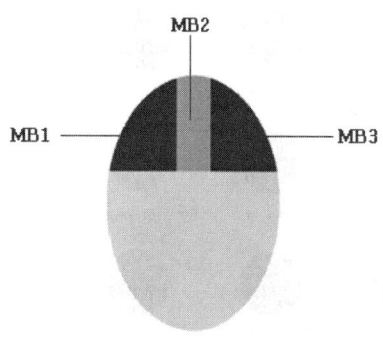

〈마우스 버튼〉

- **MB2** : 화면이동(Pan)
- **MB2 + MB3** : 회전(Rotate)
- **MB2 + MB3 - MB3** : 축소/확대(Zoom In/Out)

- **MB1**(마우스 왼쪽 버튼) : 선택 및 실행
- **MB3**(마우스 오른쪽 버튼) : 팝업 메뉴

CATIA_V5 Design

Chapter 02

Sketcher 배우기

01	Sketcher 실행하기
02	Sketcher 종료하기
03	스케치 도구 살펴보기
04	스케치 관련 옵션 살펴보기
05	프로파일(Profile) 살펴보기
06	제약조건(Constraint) 살펴보기
07	작업(Operation) 살펴보기

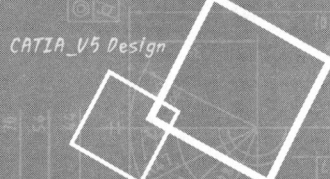

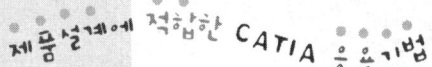

1 Sketcher 실행하기

① CATIA를 실행하면 Assembly Mode가 실행되는데, ☒을 눌러 창을 닫아 초기화한다.

② [시작 ⇒ 기계디자인 ⇒ PartDesign]을 눌러 3D 환경으로 전환한다.

③ 새 파트 창에서 작업할 파일의 이름을 입력하고, 확인을 누른다.

④ 스케치(🖉) 아이콘을 클릭한다.

⑤ ❶트리 영역에서 스케치할 평면을 선택하거나, ❷화면 중앙의 평면을 직접 선택하여 스케치 환경으로 전환한다.

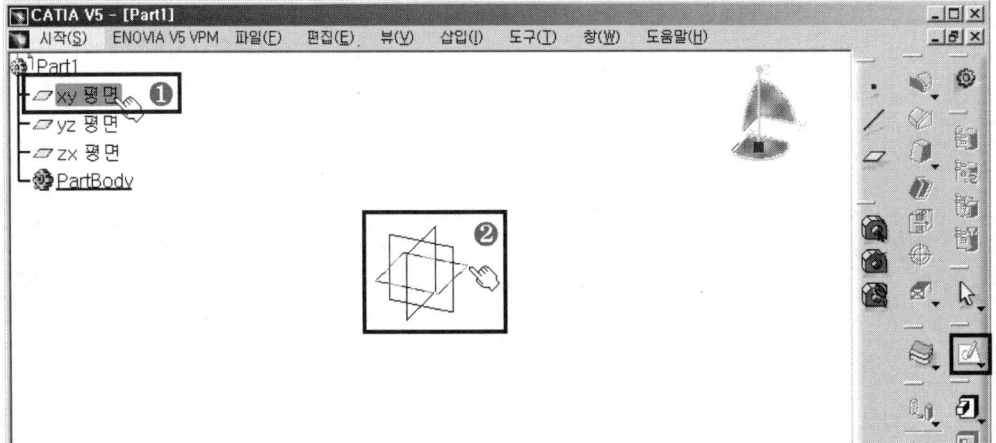

⑥ 도구바의 회색 영역에서 마우스 오른쪽 버튼을 클릭하여 아래와 같이 배열시킨다.

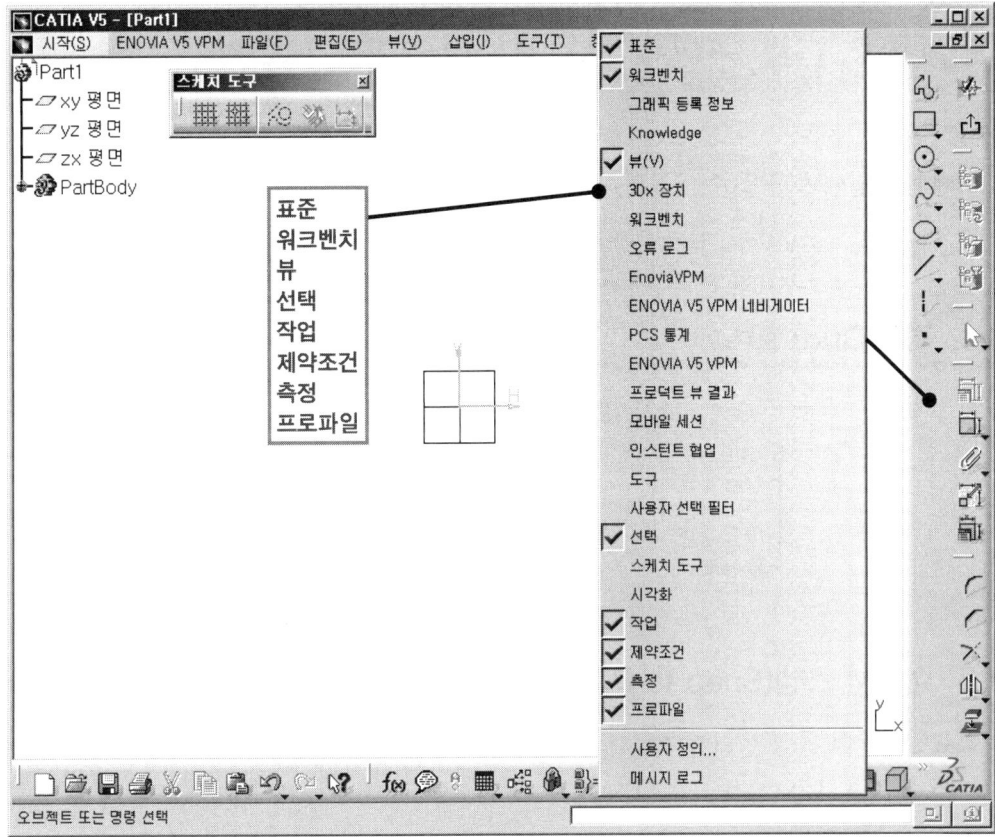

2 Sketcher 종료하기

워크벤치 종료( ) 아이콘을 클릭한다.

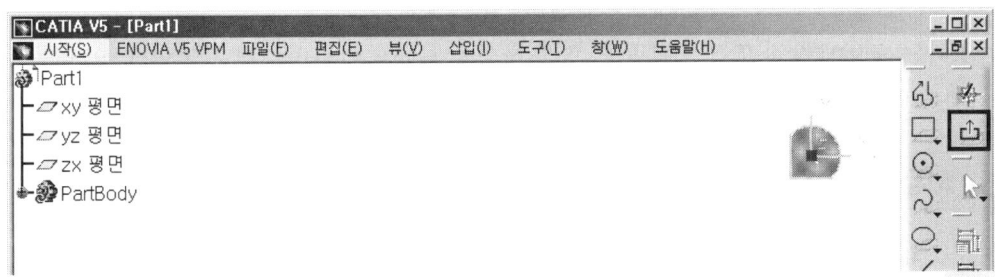

3 스케치 도구 살펴보기

스케치 작업에 도움을 주는 툴바이다.

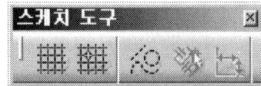

3.1 격자(Grid)

화면의 격자(모눈)모양을 On/Off하는 기능이다. AutoCAD에서 그리드와 같은 기능이다.

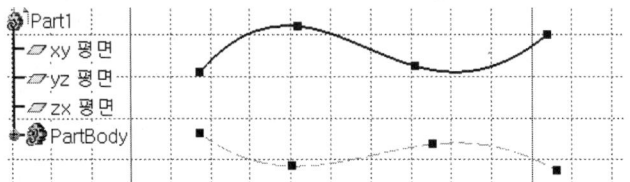

3.2 점에서 스냅(Snap to Point)

작업할 때 마우스 포인터를 격자에 일치시켜준다. AutoCAD에서 스냅과 같은 기능이다. Catia에서는 잘 사용하지 않는다.

3.3 구성/표준요소

구성(참조)선으로 변환시켜 주는 기능이다. (실선을 은선으로 변환) 스케치 상태에서만 보이고 3차원 공간에서는 보이지 않는다.

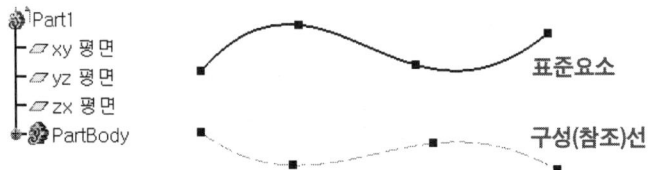

3.4 지오메트리 제약조건

작업하는 요소에 수직 또는 수평 등의 형상 구속을 자동으로 잡아주는 기능이다. 이 버튼은 항상 켜져 있어야 작업이 쉽다.

3.5 치수 제약조건

치수기입이 되도록 하는 기능이다. 이 버튼은 항상 켜져 있어야 작업이 쉽다.

④ 스케치 관련 옵션 살펴보기

[풀다운메뉴 ⇒ 도구 ⇒ 옵션 ⇒ 기계디자인 ⇒ Sketcher]를 실행한다.

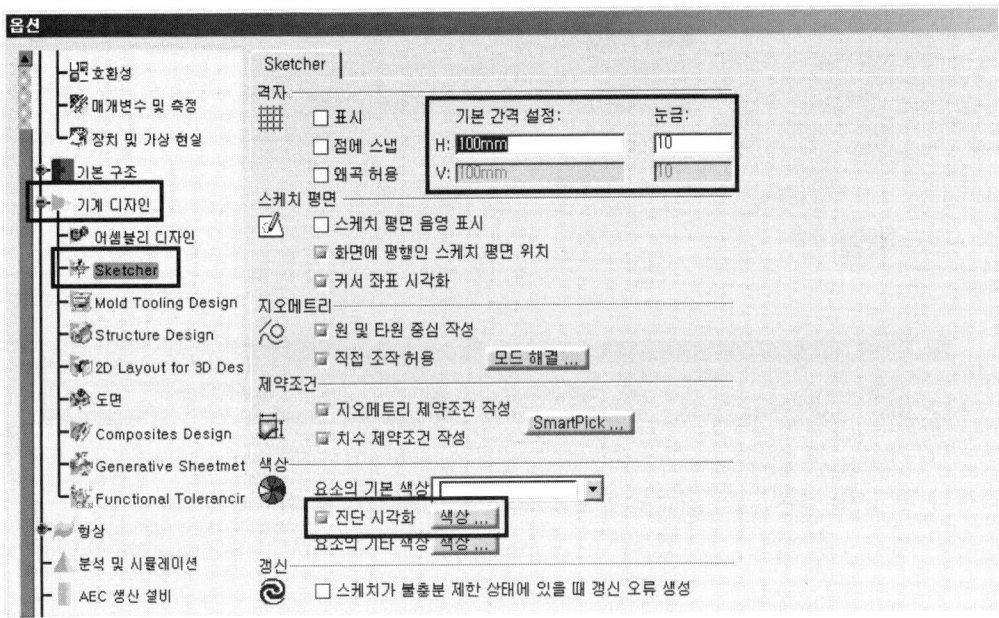

4.1 격자 기본 간격 설정

100mm 내에 10mm 간격으로 기본 설정

4.2 색상 ⇒ 진단 시각화에 선택 여부 확인

선택이 되어야 스케치에서 구속조건 색상을 확인할 수 있다.

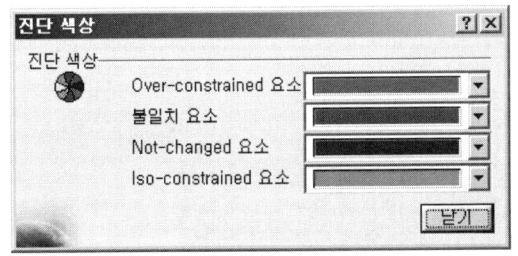

[구속조건]
완전구속(녹색),
중복구속(보라색)
불완전구속(흰색)

5 프로파일(Profile) 살펴보기

스케치 작업에서 주로 사용하는 툴바로 이것을 이용하여 새로운 요소를 생성한다.

5.1 프로파일

직선과 곡선으로 되어있는 연속된 프로파일(Profile)을 작성할 때 사용한다.

연속된 호(Arc)를 생성하고자 할 때는 선(Line)이 끝나는 위치에서 마우스를 떼지 않고 누른 상태에서 드래그(Drag)한다.

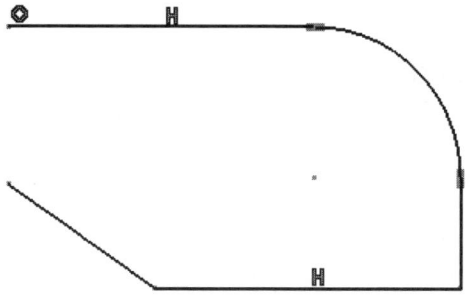

5.2 사전 정의된 프로파일

사각형, 타원형, 육각형 등의 형상을 생성한다.

5.2.1 직사각형 ▢ : 대각선 방향으로 2개의 점을 이용하여 사각형을 그린다.

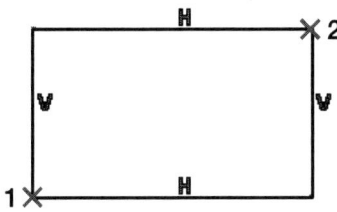

5.2.2 오리엔티드 직사각형 ◇ : 3점을 선택하여 경사진 사각형을 그린다.

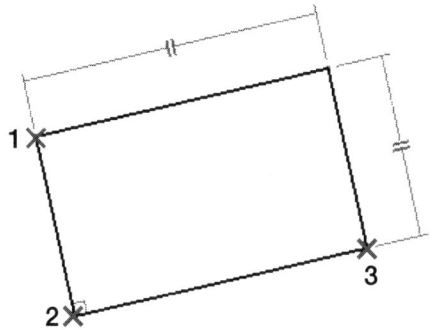

5.2.3 평행사변형 ▱ : 3점을 선택하여 평행사변형을 그린다.

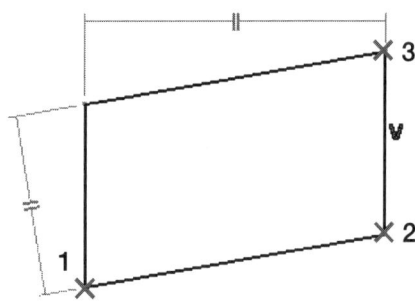

5.2.4 연장된 홀 ⬭ : 두 점과 반지름을 가지는 직선형태의 타원을 생성한다.

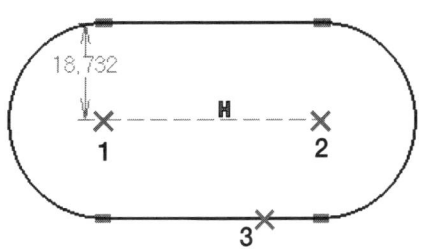

5.2.5 원통모양의 연장된 홀 : 두 개의 원점과 호를 가진 곡선형태의 타원을 생성한다.

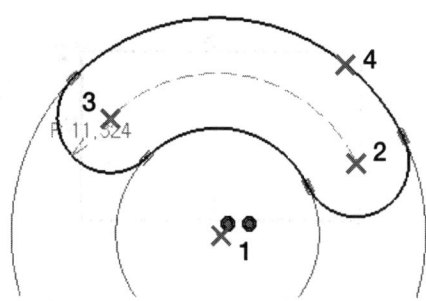

5.2.6 키 홀 프로파일 : 두 점과 두 개의 반경을 이용하여 키 홀 형상을 생성한다.

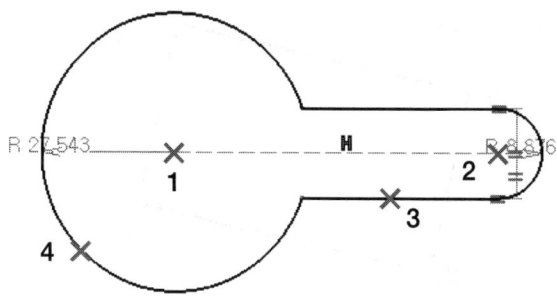

5.2.7 육각형 : 육각형을 생성한다. 중심점 그리고 중심과의 거리를 이용한다.

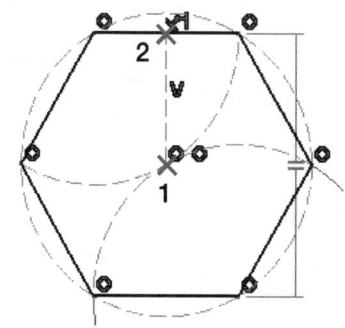

5.2.8 중심 직사각형 : 점을 중심으로 상하, 좌우로 대칭인 사각형을 생성한다.

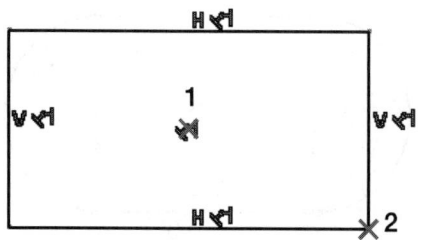

5.2.9 중심 평행 사각형 ⬚ : 두 개의 선분을 중심으로 대칭형상의 평행사변형을 생성한다.
첫 번째 선을 선택하고, 두 번째 선을 선택한 후, 모서리가 될 점을 지정한다.

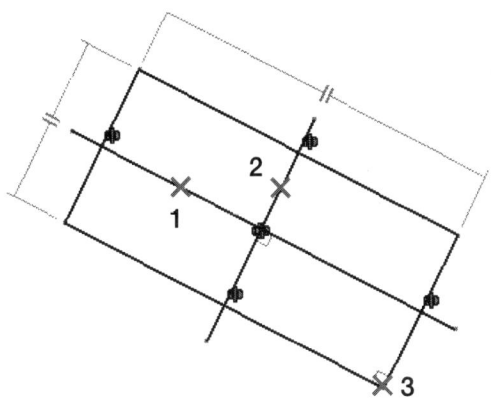

5.3 원

원과 원호 등 여러 형태의 원형 요소를 생성한다.

5.3.1 원 ⊙ : 중심점과 반지름으로 원을 생성한다.

5.3.2 세 점 원 ○ : 3점을 선택하여 선택한 점을 지나는 원을 생성한다.

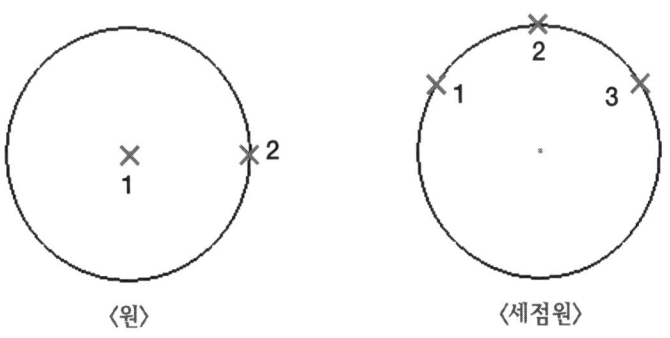

〈원〉　　　　　　〈세점원〉

5.3.3 좌표를 사용한 원 : 원점의 좌표와 반경을 정의하여 원을 생성한다.

데카르트 좌표와 극좌표를 이용한다.

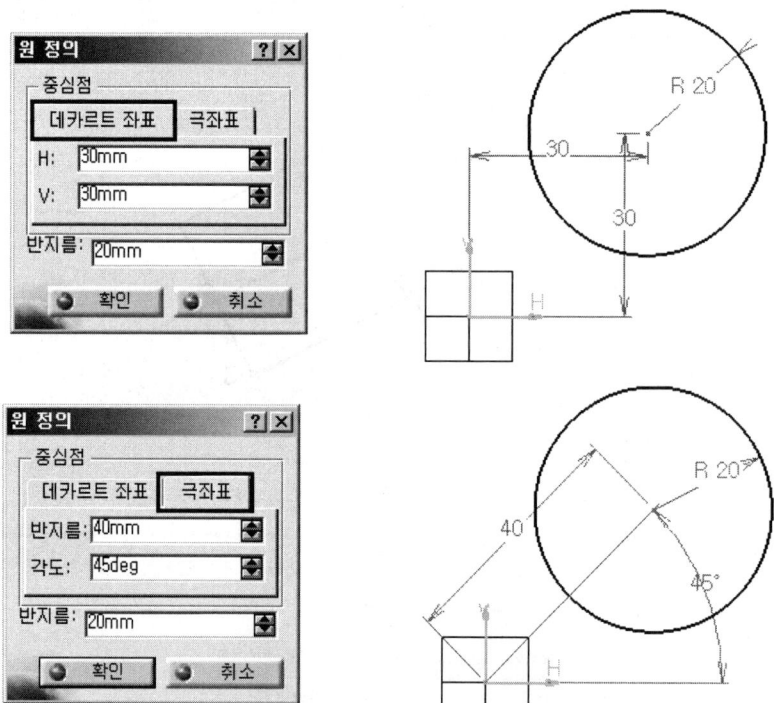

5.3.4 세 접점 원 : 3개의 요소에 접하는 원을 생성한다.

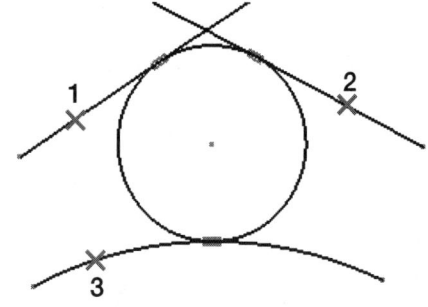

5.3.5 세 점 호 : 세 점을 연결하는 호를 생성한다.

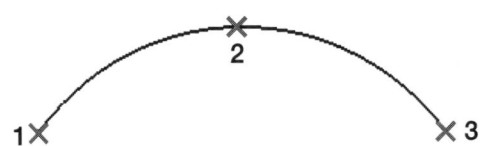

5.3.6 한계로 시작하는 세 점 호 : 호의 양 끝점을 정의하고 반경을 지정하여 원호를 생성한다.

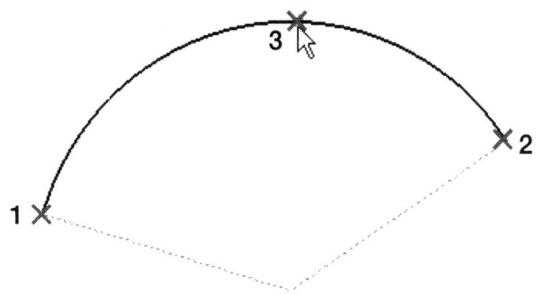

5.3.7 호 : 중심점과 호의 두 끝점을 정의하여 호를 생성한다.

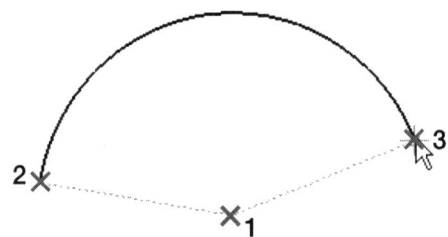

5.4 스플라인

자유 곡선을 생성하는 기능으로 스플라인과 연결 기능이 있다.

5.4.1 스플라인 : 점과 점을 연결하는 부드러운 곡선을 생성한다.

5.4.2 연결 : 두 개의 요소를 연결하는 기능을 가지고 있다.

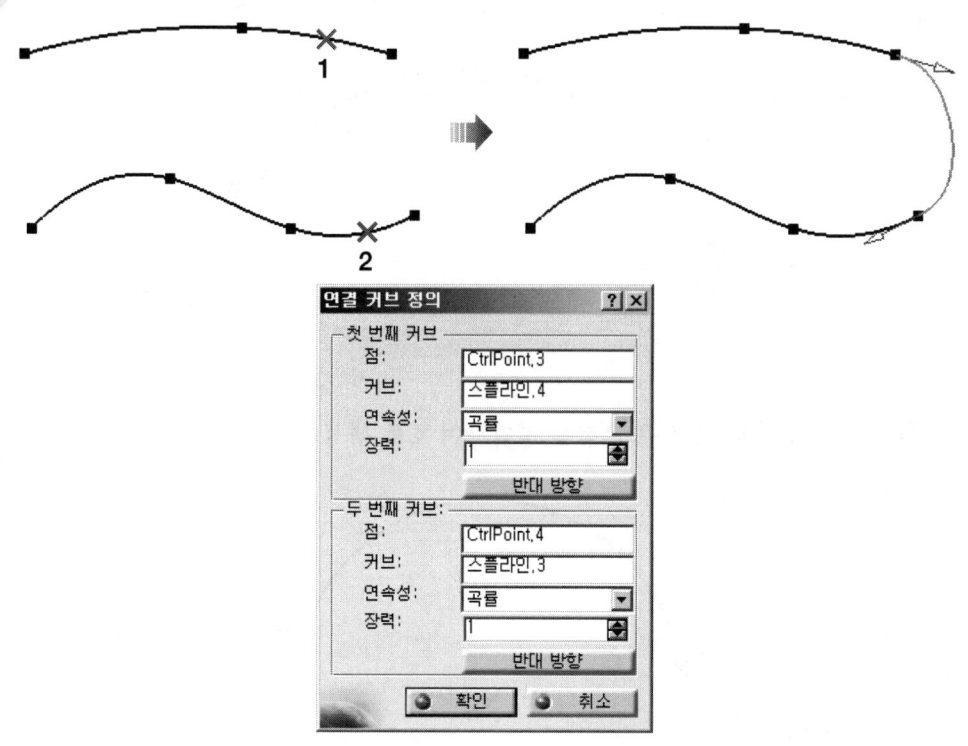

5.5 원추

타원, 포물선, 쌍곡선, 원뿔곡선을 생성한다.

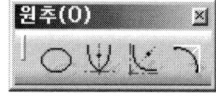

5.5.1 타원 : 중심점, 장축의 반경, 단축의 반경을 선택하여 타원을 생성한다.

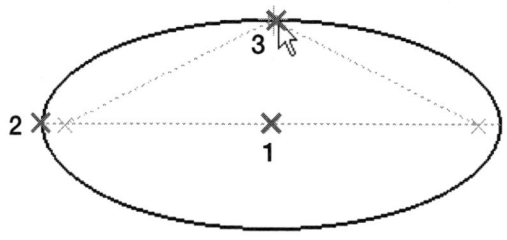

5.5.2 포물선 ∨ : 포물선을 생성한다.

초점1을 선택하고, 꼭지점 2를 선택한 후, 포물선 상의 시작점3과 끝점4를 선택한다.

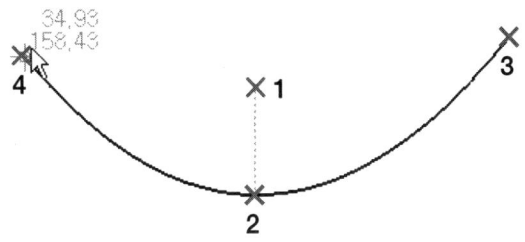

5.5.3 쌍곡선 : 쌍곡선을 생성한다.

초점1, 중심점2, 꼭지점3, 곡선의 한쪽 끝점4, 또 다른 끝점5를 선택하여 생성한다.

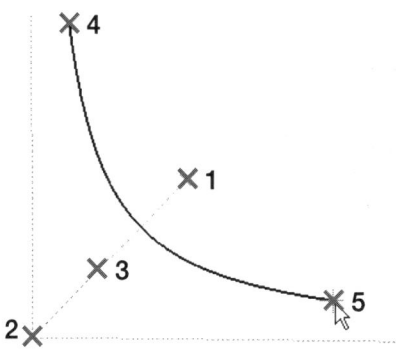

5.5.4 원추 : 원추곡선을 생성한다.

한축의 끝점1, 다른 쪽 끝점2, 다른 축의 끝점3, 또 다른 끝점4를 선택한 후, 곡선 상의 한 점5를 선택하여 생성한다.

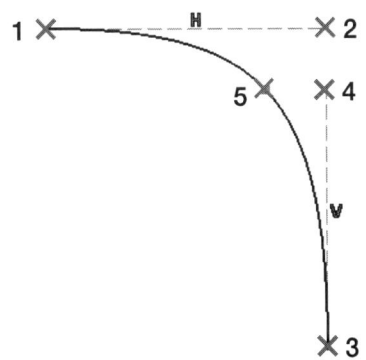

5.6 선

직선을 생성하는 기능으로 선, 무한선, 쌍접점 선, 이등분선, Line Normal to Curve가 있다.

5.6.1 선 : 두 점을 이용하여 선을 생성한다.

5.6.2 무한선 : 평면 위에 무한 직선을 생성한다.

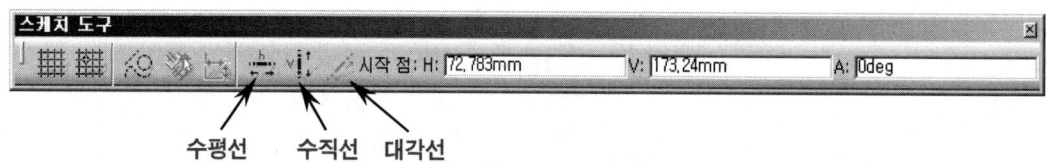

수평선   수직선   대각선

5.6.3 쌍접점 선 : 두 개의 원 또는 원호에 접하는 선을 생성한다.
원 또는 원호의 선택하는 부분에 따라 결과가 다르게 나타난다.

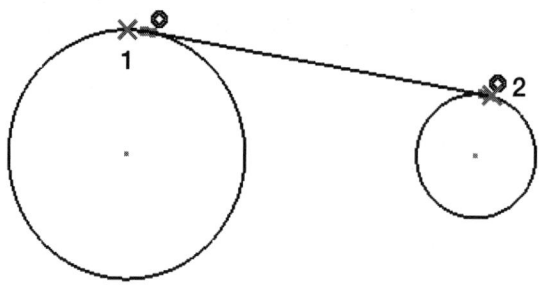

5.6.4 이등분 선 : 교차된 두 선을 이등분하는 무한직선을 생성한다.

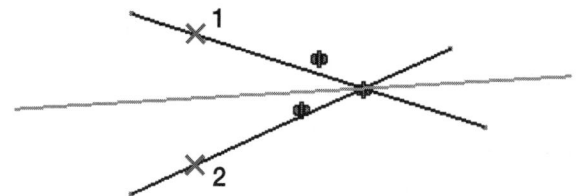

5.6.5 Line Normal to Curve : 임의의 한 점에서 Curve에 수직선을 생성한다.

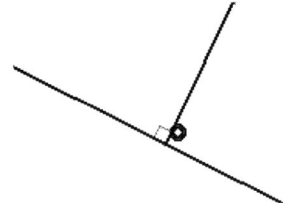

5.7 축

회전 작업에 필요한 임의의 축을 생성한다.

선(Line)과 같은 방법으로 생성하며, Part Design에서 회전형상(Shaft, Groove)의 생성 시 회전축으로 사용한다.

5.8 점

점을 생성하는 기능이다.

마우스 클릭으로 원하는 위치에 점을 생성한다.

6 제약조건(Constraint) 살펴보기

제약조건(Constraint)은 생성한 요소에 형상구속(각도,중심,수직,수평,접선 등)과 치수구속을 하는 기능을 가지고 있다.

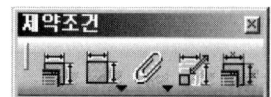

6.1 대화상자에 정의된 제약조건

구속을 주고자 하는 요소를 먼저 선택하고 아이콘을 클릭하면 다음과 같은 창이 나타난다.
원하는 구속조건을 선택하고, 확인을 누른다.

> 주의 실제 사용법은 **6.2.1 제약조건**을 참고한다.

- ☐ **거리(Distance)** : 두 개의 요소를 선택하여 거리 치수를 표시한다.
- ☐ **길이(Length)** : 요소의 길이 치수를 표시한다.
- ☐ **각도(Angle)** : 각도 치수를 표시한다.
- ☐ **반지름(Radius)/지름(Diameter)** : 반지름이나 지름 치수를 표시한다.
- ☐ **장반경(Semimajor axis) / 단반경(Semiminor axis)** : 타원의 장축과 단축 치수를 표시한다.
- ☐ **대칭(Symmetry)** : 두 개의 선택된 요소를 마지막에 선택한 선을 중심으로 대칭으로 설정한다.
- ☐ **중심점(Midpoint)** : 선(Line)의 이등분점에 위치하도록 설정한다.
- ☐ **등거리 점(Equidistant point)** : 등거리 점을 생성한다.

- **고정(Fix)** : 선택한 요소를 현 위치에 고정시킨다.
- **일치(Coincidence)** : 선택한 두 요소가 일치되도록 한다.
- **등심성(Concentricity)** : 선택한 두 원이나 호의 중심을 일치시킨다. (동심원)
- **접점(Tangency)** : 두 개의 요소를 접하게 구속시킨다.
- **평행(Parallelism)** : 두 개의 직선이 평행하도록 구속시킨다.
- **수직(Perpendicular)** : 두 개의 요소가 서로 직교되도록 구속시킨다.
- **수평(Horizontal) / 수직(Vertical)** : 직선을 수평 또는 수직으로 구속한다.

6.2 제약조건

치수구속과 형상구속을 부여하는 제약조건과 접촉조건이 포함되어 있다.
아이콘을 선택한 후, 요소를 선택하여 **치수구속**과 **형상구속**을 부여한다.

제약조건을 적용할 요소를 선택한 다음
- 마우스 왼쪽 버튼을 이용하면 치수구속을 적용할 수 있으며,
- 마우스 오른쪽 버튼을 이용하면 Pop-up 메뉴가 생성되어 형상구속을 적용할 수 있다.

6.2.1 마우스 왼쪽 버튼을 이용한 치수구속

치수의 형태	설 명	치수의 형태	설 명
⊢20⊣	두 요소간의 선형치수	120.00	외부 각도의 각도치수
20	두 요소 간에 정렬된 치수	80.00	내부 각도의 각도치수
10	반지름 치수	15	지름 치수

 입력된 치수를 더블클릭하면 치수편집을 할 수 있다.

- **선형 치수구속** : 선택한 객체 사이의 수평, 수직 치수를 나타낸다.
  첫 번째 (1)와 두 번째 (2) 객체를 선택하고, 치수가 입력될 위치 (3)를 지정하여 치수를 입력한다.

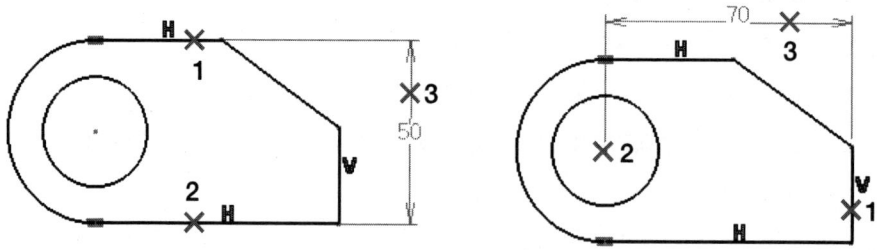

- **정렬 치수구속** : 선택한 객체 사이의 정렬된 치수를 나타낸다.

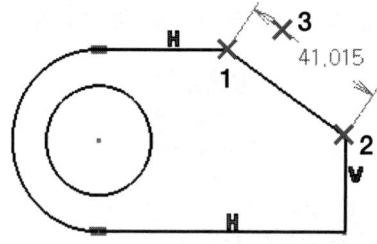

- **지름/반지름 치수구속** : 원이나 호를 클릭하여 지름 또는 반지름 치수를 나타낸다.
  원을 클릭하면 자동으로 지름 치수로 표시되고, 호를 클릭하면 반지름 치수로 표시된다.
  마우스 오른쪽 버튼을 이용하여 지름/반지름을 선택적으로 기입할 수 있다.

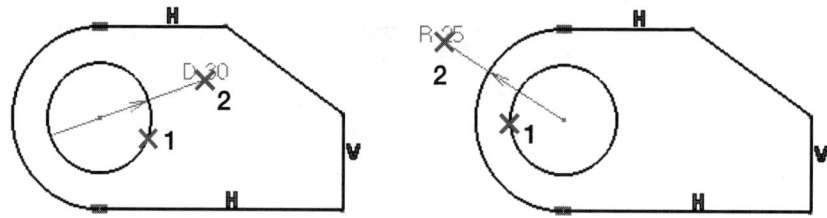

- **각도 치수구속** : 선택한 두 선 사이의 각도를 표시한다.

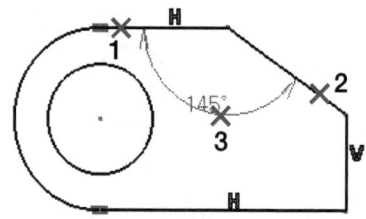

6.2.2 마우스 오른쪽 버튼을 이용한 형상구속

☐ **일치 구속조건** : P1과 P2를 선택하고, 마우스 오른쪽 버튼을 눌러 나오는 메뉴에서 "일치"를 선택한다. 첫 번째 지정요소의 한 점을 다른 요소의 특정점이나 선과 일치시킨다.

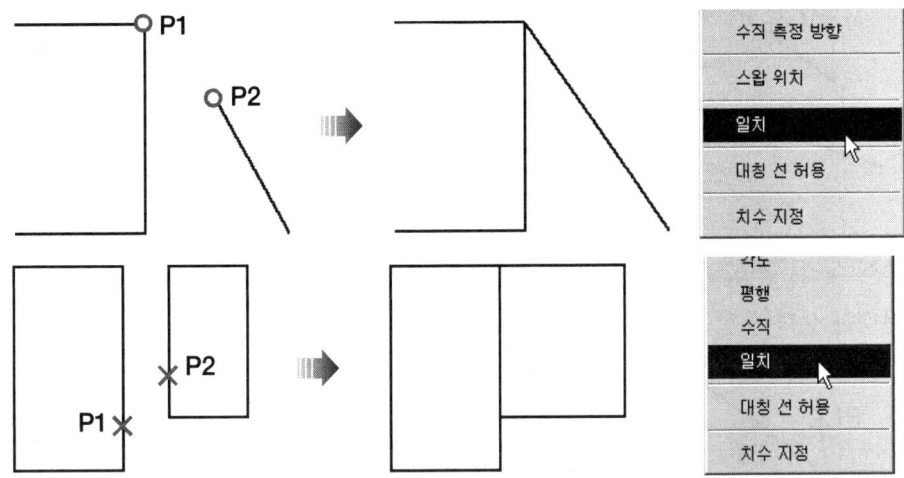

☐ **등심심(동심) 구속조건** : P1과 P2를 선택하고, 마우스 오른쪽 버튼을 눌러 "등심성"을 선택한다. 동일 중심점에 두 개의 호, 원 또는 타원을 구속한다.

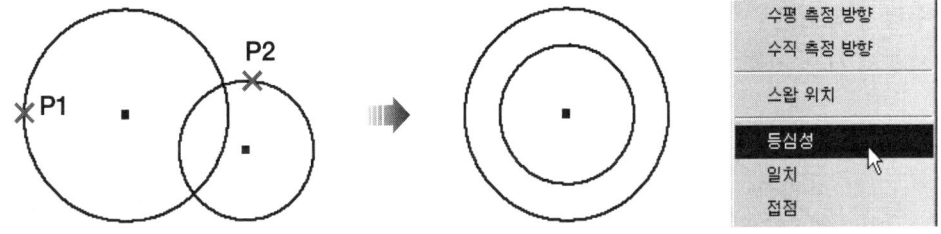

☐ **접점 구속조건** : P1과 P2를 선택하고, 마우스 오른쪽 버튼을 눌러 "접점"을 선택한다. 선택한 2개의 원이나 선과 원이 서로 접하도록 구속한다.

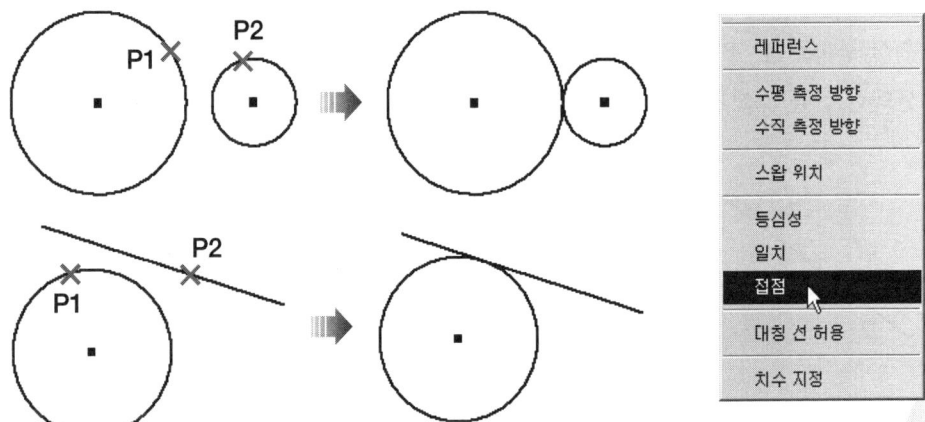

❒ **평행 구속조건** : P1과 P2를 선택하고, 마우스 오른쪽 버튼을 눌러 "평행"을 선택한다.
선택한 선형 형상이 서로 평행을 놓이도록 구속한다.

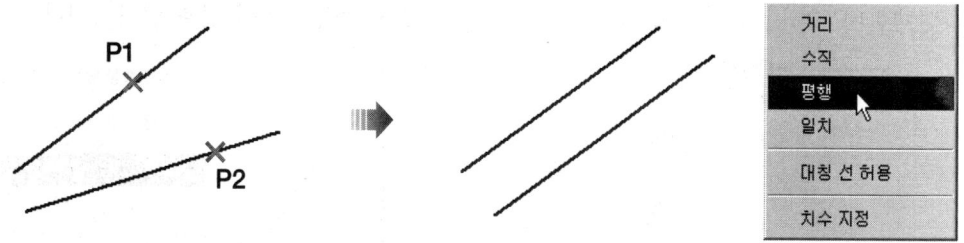

❒ **수직(직각) 구속조건** : P1과 P2를 선택하고, 마우스 오른쪽 버튼을 눌러 "수직"을 선택한다.
선택한 선형 형상이 서로 직각이 되도록 구속한다.

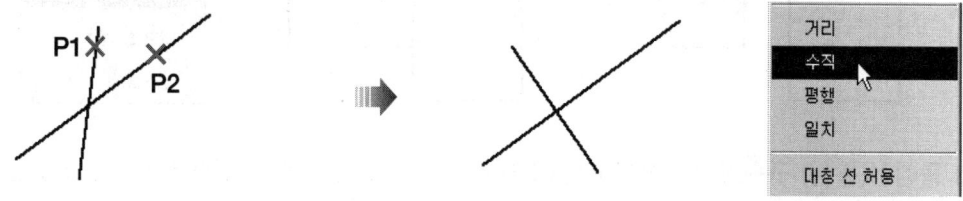

❒ **수평 구속조건** : P1을 선택하고, 마우스 오른쪽 버튼을 눌러 "수평"을 선택한다.
선택한 선을 스케치 좌표계의 X축에 평행이 되도록 수평하게 구속한다.

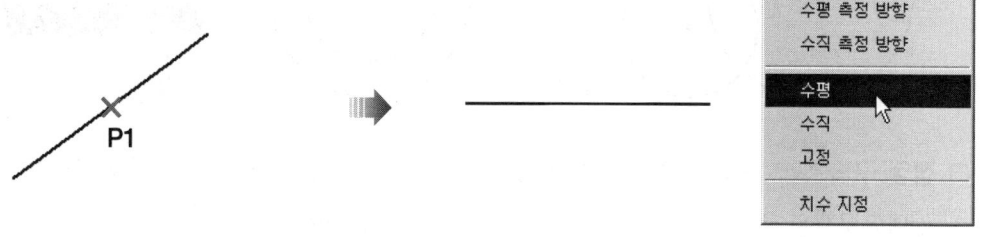

❒ **수직 구속조건** : P1을 선택하고, 마우스 오른쪽 버튼을 눌러 "수직"을 선택한다.
선택한 선을 스케치 좌표계의 Y축에 평행이 되도록 수직하게 구속한다.

6.2.3 접촉 제약조건 : 선택한 두 개의 직선을 일렬로, 또는 직선과 곡선을 서로 접하게 하거나 두 개의 원을 동심원으로 변형 구속시키는 기능이다.
(일치, 동심성, 접점 구속조건과 동일하다.)

6.3 제약조건 지오메트리

6.3.1 요소 고정 : 여러 개의 요소를 동시에 하나로 구속한다.
6.3.2 자동 제약조건 : 여러 개의 요소에 동시에 자동으로 치수를 부여하여 구속한다.

6.4 제약조건 에니메이션화

구속조건을 변화시켜가며 요소의 변화를 관찰 할 수 있도록 한다.
기능을 실행하고, 관찰하고자 하는 치수를 선택한다.
매개변수 항목에 값을 입력하고, ▶ 버튼을 눌러 변화를 관찰한다.

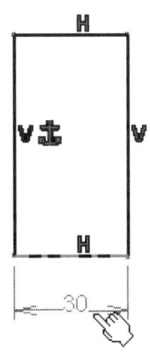 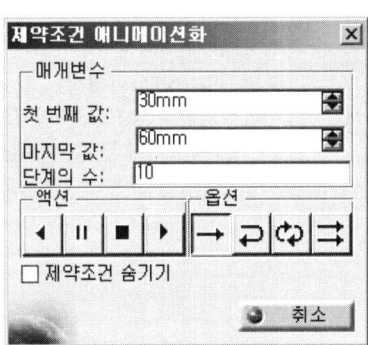

6.5 다중 제약조건 편집

기존에 부여된 구속조건을 한 번에 수정할 수 있다.

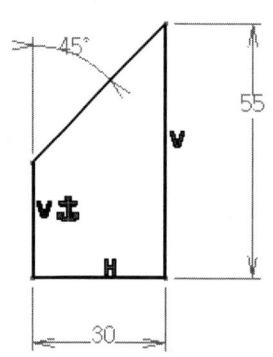

색 상	구 속 상 태
녹색(초록색)	완전 구속 상태(정상)
흰색	불완전 구속 상태(정상) 완전한 고정이 아니므로 요소를 작업할 때 움직일 수 있으므로 주의한다.
붉은색	구속정의 불가능상태(비정상) 이론적으로 주어질 수 없는 조건을 임의로 지정할 때 나타나며, 반드시 삭제하거나 Undo를 해서 취소해야 한다.
보라색	중복 구속 상태(비정상) 구속정의가 이중으로 부여됨으로 다음 작업에 영향을 줄 수 있기 때문에 반드시 삭제하거나 Undo를 해서 취소해야 한다.

색상별 스케치 구속상태 확인법

7 작업(Operation) 살펴보기

생성된 요소에 라운드, 모따기, 대칭복사, 트림 등의 작업을 실시하여 완성된 프로파일을 만드는 작업을 모아놓은 툴바이다.

7.1 코너

요소의 모서리를 라운드 시키는 기능이다. 아이콘을 클릭하면 스케치 도구에 6가지의 옵션이 나타난다.

7.1.1 모든 요소 자르기 : 모서리 부분에 라운드가 생성되며 나머지는 제거한다.

라운드가 적용될 요소 1,2를 선택하고, 생성될 위치 3을 지정한다.

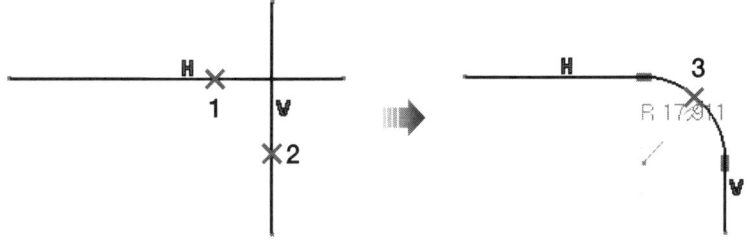

7.1.2 첫 번째 요소 자르기 : 첫 번째 선택한 요소만 제거된다.

7.1.3 자르기 없음 : 모서리에 라운드만 시켜주고, 기존 선을 그대로 유지한다.

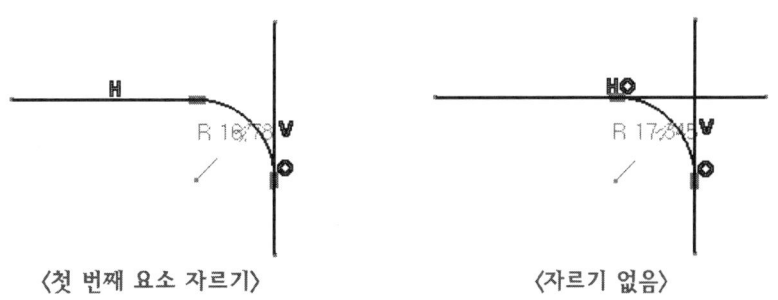

〈첫 번째 요소 자르기〉   〈자르기 없음〉

7.1.4 표준선 자르기 ◩ : 라운드를 한 후, 모서리의 돌출부분을 제거한다.
7.1.5 구성선 자르기 ◩ : 표준선 자르기 기능을 참조요소로 처리한다.
7.1.6 구성선 자르기 없음 ◩ : 자르기 없음 기능을 참조요소로 처리한다.

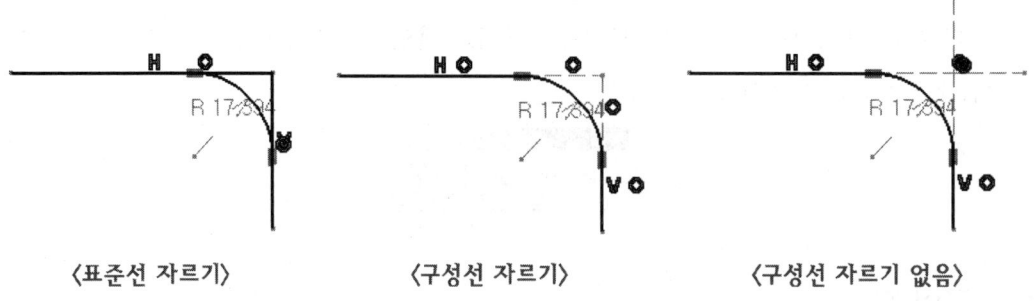

〈표준선 자르기〉　　　　〈구성선 자르기〉　　　　〈구성선 자르기 없음〉

7.2 챔퍼(모따기) ◩

챔퍼(모따기) 기능으로 두 선분을 사선으로 연결하는 기능이다.
사용 방법과 옵션은 코너(Coner)와 같으며, 추가 옵션사항은 다음과 같다.

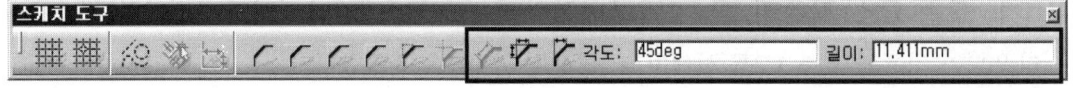

7.2.1 각도와 사변 ◩ : 각도와 대각선의 길이를 이용한다.
7.2.2 첫 번째 길이 및 두 번째 길이 ◩ : 가로길이와 세로길이를 이용한다.
7.2.3 각도 및 첫 번째 길이 ◩ : 각도와 길이를 이용한다.

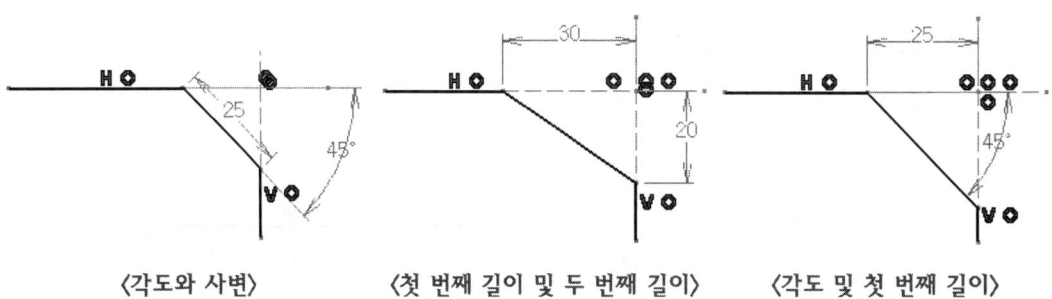

〈각도와 사변〉　　〈첫 번째 길이 및 두 번째 길이〉　　〈각도 및 첫 번째 길이〉

7.3 재제한사항

자르기, 끊기, 즉시 자르기, 호 닫기, 보완 기능이 있다.

7.3.1 자르기 : 두 교차점을 기준으로 불필요한 요소를 제거하고 생성하는 기능이다.

☐ **모든 요소 자르기** : 교차점을 기준으로 선택한 부분이 남고, 반대는 자르기가 된다.

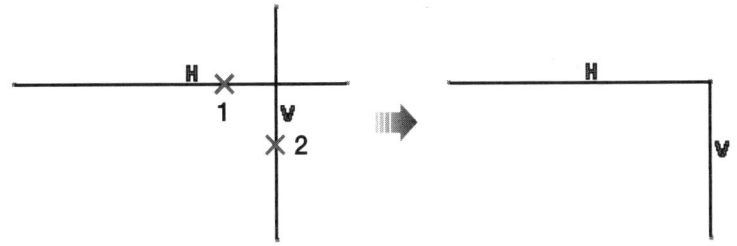

☐ **첫 번째 요소 자르기** : 먼저 선택한 요소만 자르기가 된다.

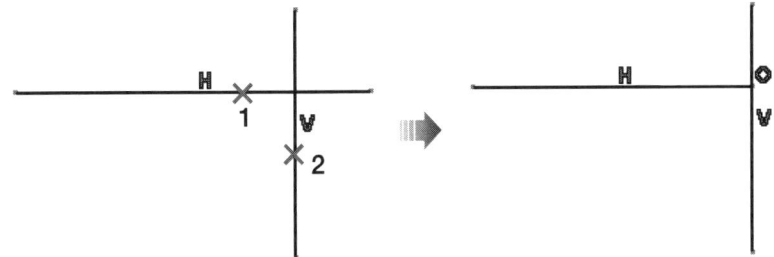

7.3.2 끊기 : 하나의 요소를 두 개의 요소로 분리하는 기능이다. 끊기된 요소는 교차점을 중심으로 각각의 선분으로 분리되어 삭제할 수 있다.

끊을 요소 1을 선택하고, 경계선 2를 지정하면 끊기가 되어 분리된다.

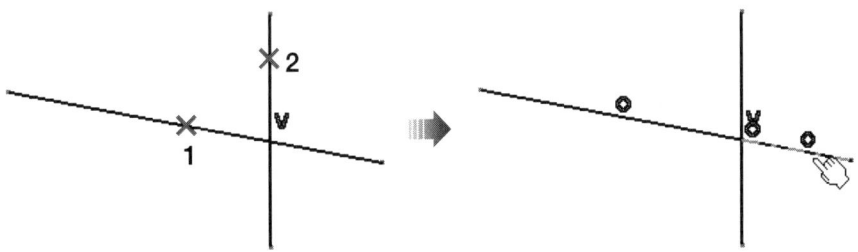

7.3.3 즉시 자르기 : 교차점을 중심으로 선택한 요소의 일부분을 제거하는 기능이다.

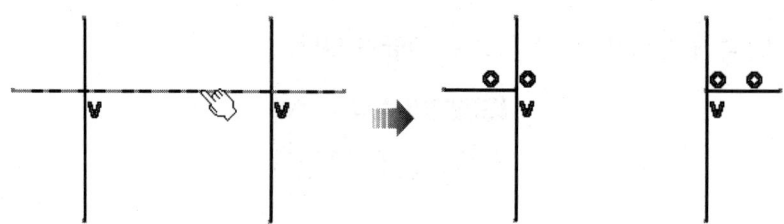

7.3.4 닫기 : 열려진 원이나 타원을 완전한 원이나 타원으로 닫아준다.

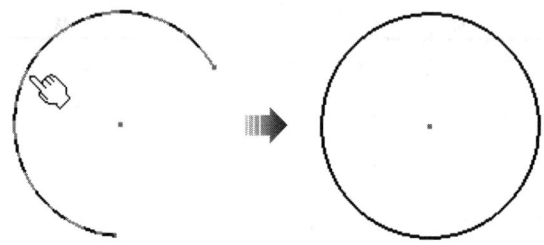

7.3.5 보완 : 열린 원이나 타원을 선택하면 반대편 열린 호가 생성되고 원래 요소는 삭제된다.

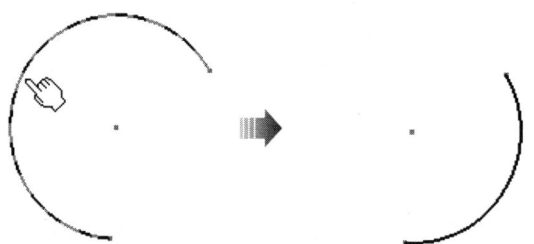

7.4 변형

미러, 대칭, 이동, 회전, 축척, 오프셋 기능이 포함되어 있다.

7.4.1 미러 : 선택한 요소를 대칭축을 기준으로 대칭 복사하는 기능이다.
복사하고자 하는 요소를 선택한 후, 기준 축을 선택한다.

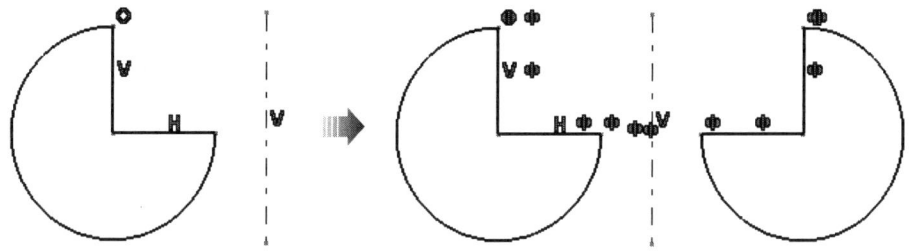

7.4.2 대칭 : 선택한 요소를 대칭축을 기준으로 대칭 이동하는 기능이다.
이동하고자 하는 요소를 선택한 후, 기준 축을 선택한다.

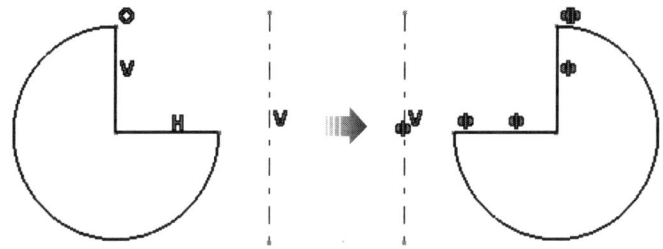

7.4.3 이동 : 선택한 요소를 지정된 위치에 이동 또는 복사하는 기능이다.

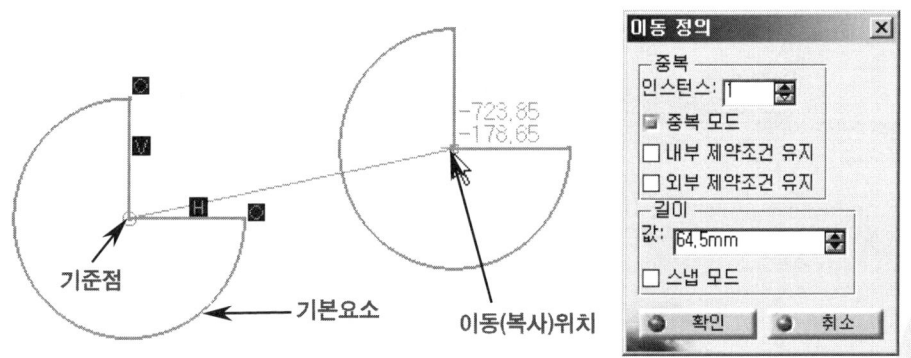

7.4.4 회전 : 선택한 요소를 원형으로 회전시키면서 이동하거나 복사하는 기능이다.
기본요소를 선택한 후, 회전중심이 되는 위치를 선택하고, 복사되는 요소 사이의 각도를 지정한다.

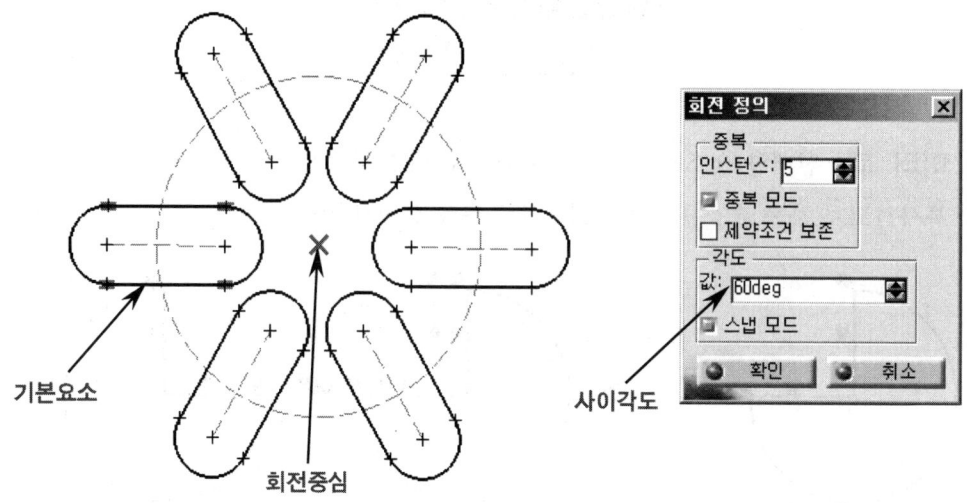

7.4.5 축척 : 선택한 요소를 확대 또는 축소하는 기능이다.
기본요소를 선택한 후, 기준점을 선택하고, 축척비율을 지정한다. 비율이 1보다 크면 확대가 되고, 1보다 작으면 축소가 된다.

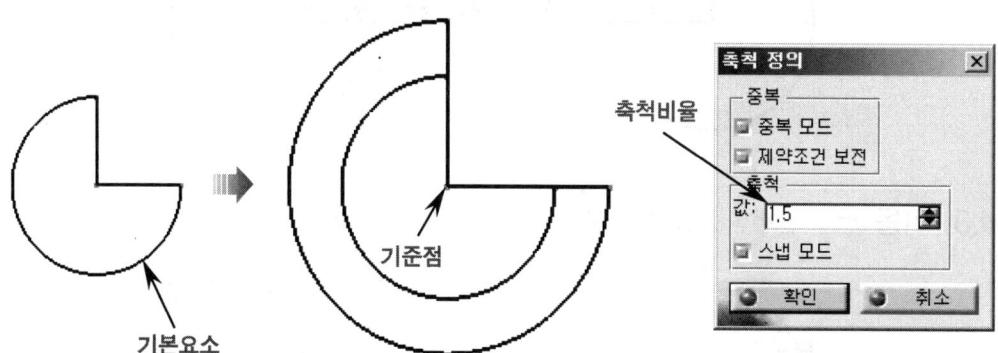

7.4.6 오프셋 : 간격띄우기 기능으로 선택한 요소를 Normal 방향으로 원하는 거리만큼 복사시킨다.

- 전파없음 : 선택한 요소만 오프셋한다.
- 접점전파 : 선택한 요소와 Tangent하게 연결된 요소를 오프셋한다.
- 점 전파 : 선택한 요소와 점(Point)로 연결된 요소를 오프셋한다.
- 양측 오프셋 : 요소를 양방향으로 오프셋한다.

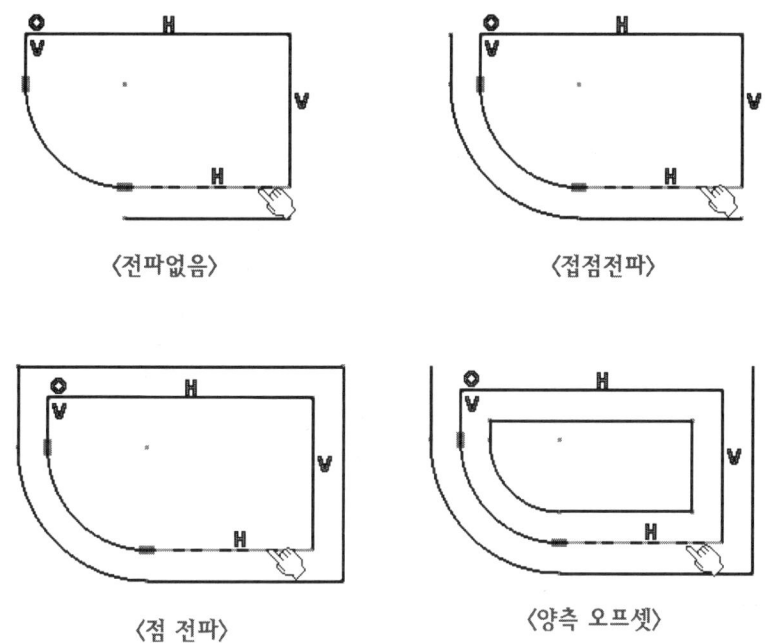

〈전파없음〉　　〈접점전파〉

〈점 전파〉　　〈양측 오프셋〉

7.5 3D 지오메트리

3D요소 또는 같은 평면의 스케치에서 현재 작업하는 스케치 공간으로 필요한 요소를 추출하는 기능이다.

7.5.1 3D 요소 프로젝트

3D 물체를 지정한 평면에 투영시킨다. 3D 물체의 외곽선을 얻을 수 있다.

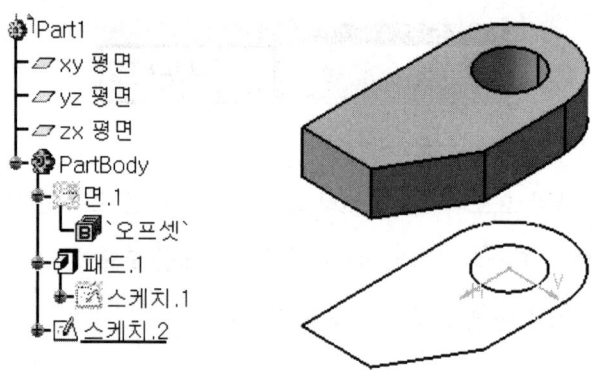

7.5.2 3D 요소 교차

3D 물체와 평면이 교차하는 곳에 선분을 추출한다.

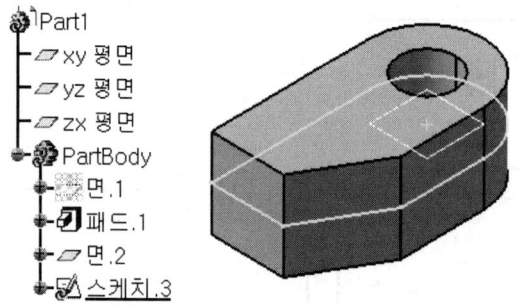

7.5.3 3D 실루엣 모서리 프로젝트

3D 물체를 투영시킨 그림자 외곽선을 얻는 기능이다.

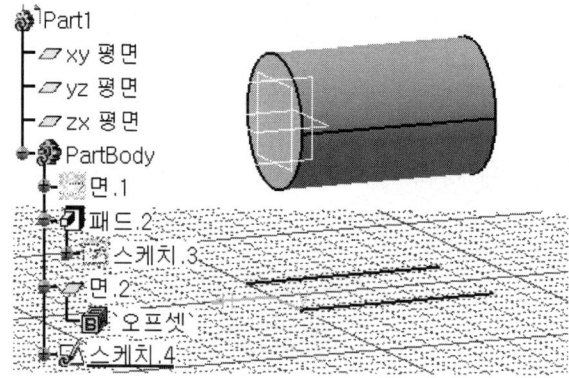

Chapter 03

CATIA_V5 Design

Part Design 배우기

01	Part Design 실행하기
02	Reference Elements
03	Sketch-Based Features
04	Dress-Up Features
05	Transformation Features
06	Insert
07	Boolean Operation

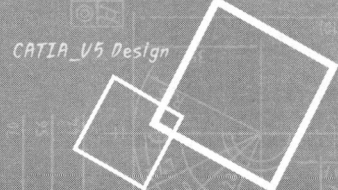

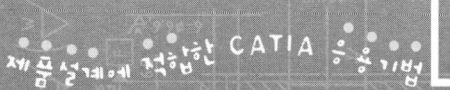

① Part Design 실행하기

① CATIA를 실행하면 Assembly Mode가 실행되는데, ⊠을 눌러 창을 닫아 초기화한다.

② [시작 ⇒ 기계디자인 ⇒ PartDesign]을 눌러 3D 환경으로 전환한다.

③ 새 파트 창에서 작업할 파일의 이름을 입력하고, 확인을 누른다.

④ 도구바의 회색 영역에서 마우스 오른쪽 버튼을 클릭하여 아래와 같이 배열시킨다.

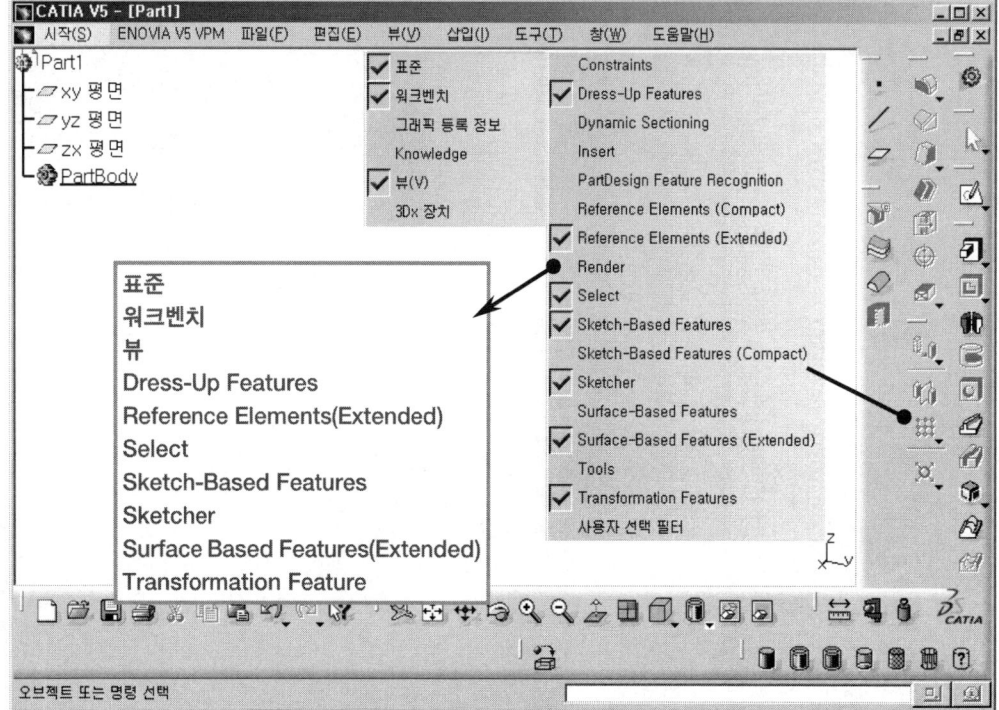

② Reference Elements

Reference Element는 솔리드 모델을 만드는 작업에 도움을 주는 작업점, 작업선, 작업평면을 만드는 기능이 포함되어 있다.

2.1 Point

3D 공간상에 점을 생성하는 기능이다.

2.1.1 좌표 : 좌표값에 따라서 점을 생성한다.

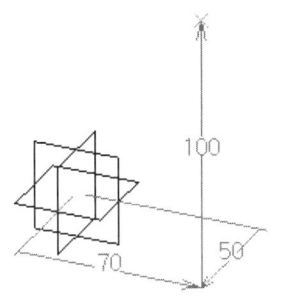
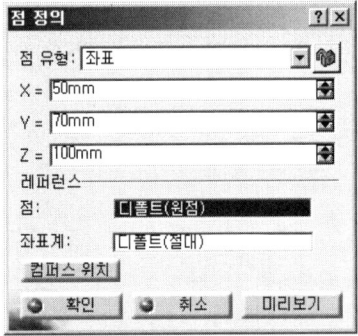

2.1.2 커브에 : Curve 위에 점을 생성한다. 커브에서의 거리에 따라서 점을 생성하거나, 커브 길이의 비율에 따라서 생성한다.

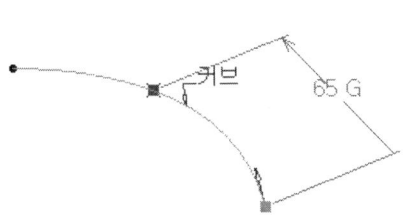
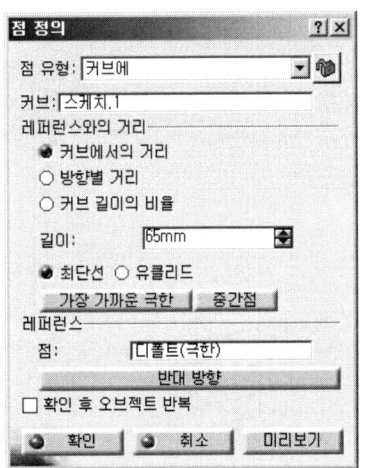

2.1.3 평면에 : 선택한 평면 위에 수직,수평방향의 거리를 입력하여 점을 생성한다.

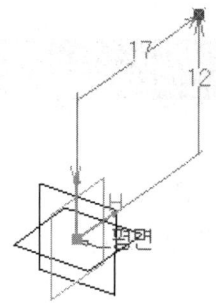 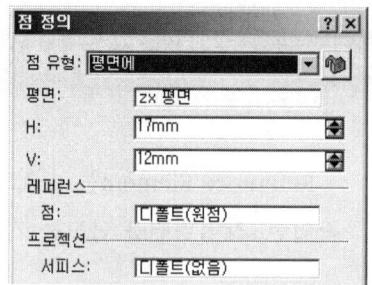

2.2 Line

3D 공간상에 직선을 생성하는 기능이다.

2.2.1 점-점 : 두 점을 연결하는 직선을 생성한다.

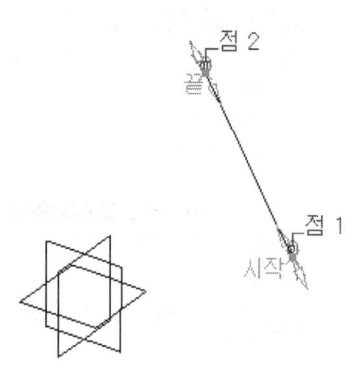 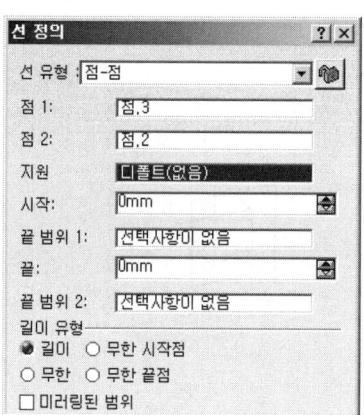

2.2.2 점-방향 : 점을 지나고, 방향을 지정하여 직선을 생성한다.

여기서 방향은 X, Y, Z축 또는 모서리, 직선방향이거나 평면의 수직방향이다.

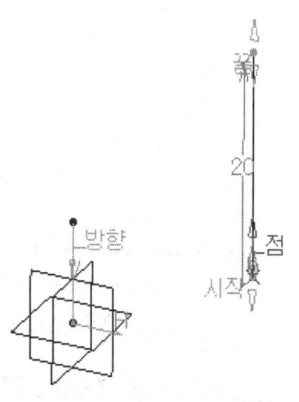 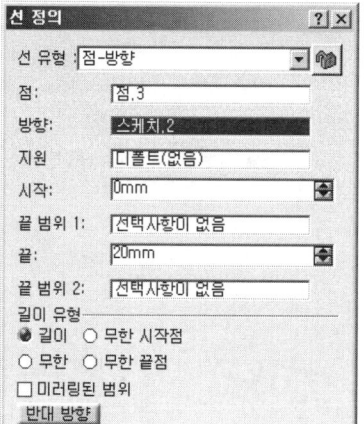

2.3 Plane

3D 공간상에 평면을 생성하는 기능으로, 2D 스케치작성 및 조립품작성을 위한 기준면으로 활용한다.

2.3.1 평면에서 오프셋 : 사용자가 지정한 평면을 입력한 거리만큼 간격띄우기를 하여 새로운 평면을 생성한다.

① 레퍼런스(기존평면(P1)) 선택 → ② 오프셋 값 입력

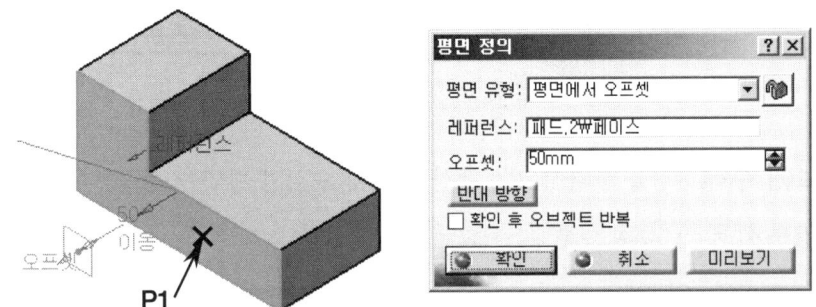

2.3.2 점을 통해 평행 : 기존 평면과 평행하면서 특정 점을 지나는 평면을 생성한다.

① 레퍼런스(기존평면(P1)) 선택 → ② 점(P2) 선택

2.3.3 평면 각도/수직 : 기존 평면과 수직 또는 각을 이루는 평면을 생성한다.

① 회전축(P1) 선택 → ② 레퍼런스(기존평면(P2)) 선택 → ③ 각도 입력

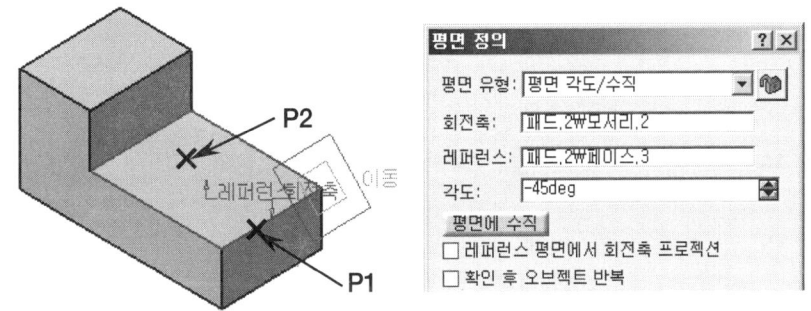

2.3.4 세 점을 통해 : 3점을 지나는 평면을 생성한다.

① 점1 선택 → ② 점2 선택 → ③ 점3 선택

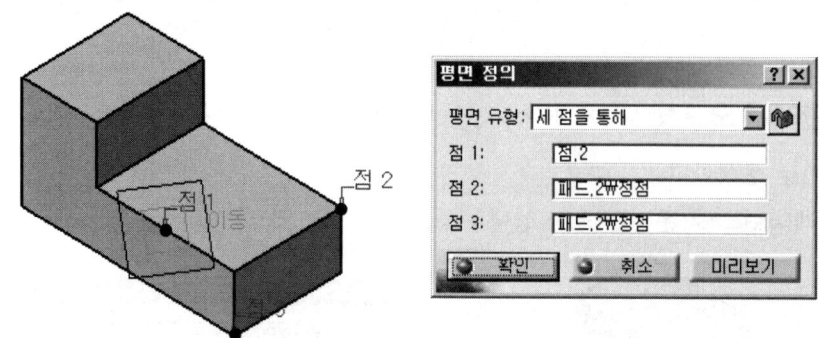

2.3.5 커브에 수직 : 점을 통과하고 선택한 커브에 수직인 평면을 생성한다.

① 커브 선택 → ② 점 선택

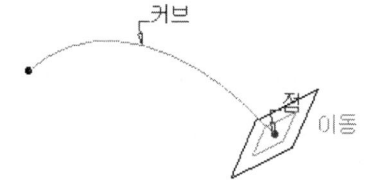 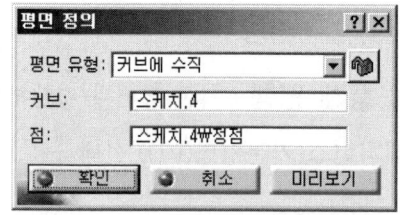

3 Sketch-Based Features

3차원 솔리드를 생성하는 기능을 제공한다.

3.1 Pad

 스케치를 수직방향으로 돌출시켜 3차원 솔리드를 생성하는 기능이다.

3.1.1 Pad : 단순 Pad 기능으로 스케치를 수직 또는 일정 각도로 돌출시킨다.

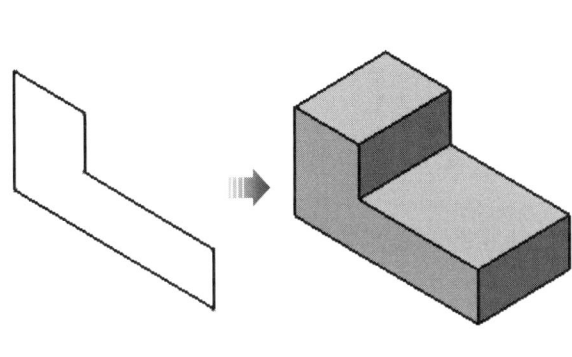
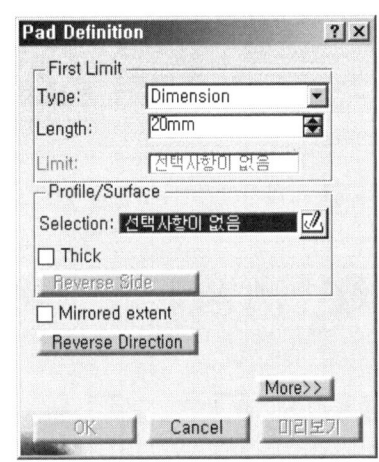

❏ **First Limit**
  • Type : Pad(돌출)시킬 형태 선택 (5가지 방법이 있다)
  • Length : 돌출시킬 두께 지정
  • Limit : 돌출의 한계 지정
❏ **Profile/Surface**
  • Selection : 돌출시킬 스케치 선택
  • Thick : 스케치에 두께를 지정
❏ **Mirrored extend** : 스케치를 양쪽 방향으로 돌출
❏ **Reverse direction** : 돌출시킬 방향을 변경

단순 Pad(돌출) 작성 예 *Step by Step*

Step 01 시작 ⇒ 기계디자인 ⇒ Part Design을 클릭하여 실행한다.

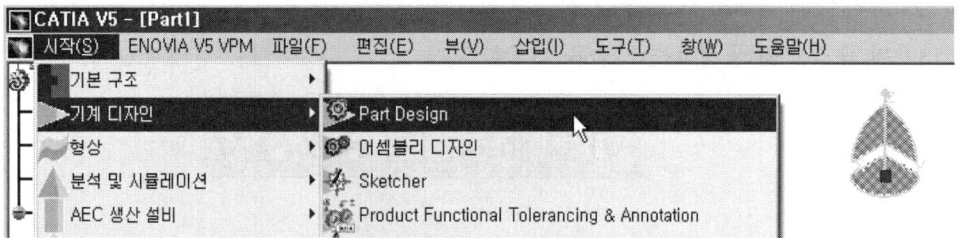

Step 02 파트 이름을 입력하고, "확인"을 누른다.

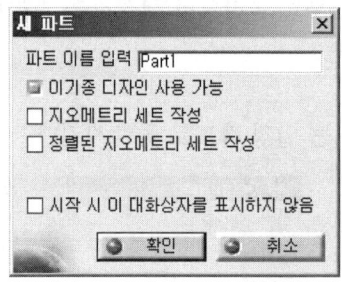

Step 03 스케치(󰎠) 아이콘을 누르고, xy평면을 선택한다.

Step 04 Profile(󰎠)과 제약조건(󰎠) 이용하여 다음과 같은 스케치를 작성한다.

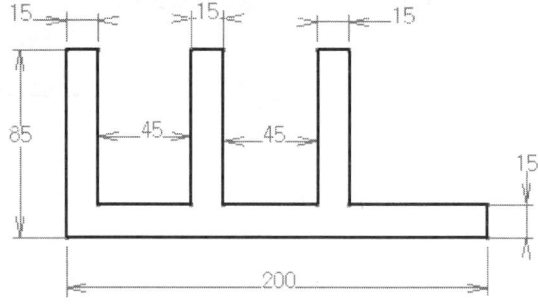

Step 05 워크벤치 종료(󰎠)를 클릭하여 스케치를 마무리하고, 3D 작업환경으로 전환한다.
(방금 작업한 스케치는 주황색으로 표시되는데, 스케치가 이미 선택되었음을 의미한다.)

Step 06 Pad(󰎠)를 클릭한다.

Step 07 Pad Definition 창이 나타난다.
  ☐ **Type** : Dimension 설정 ☐ **Length** : 100 입력 ☐ **미리보기**를 누른다.

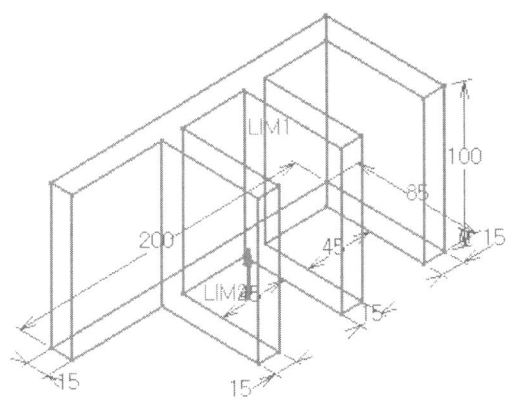
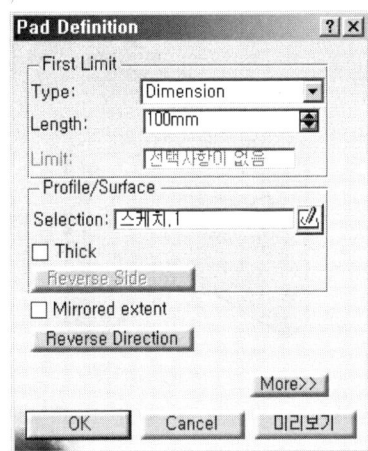

Step 08 Reverse Direction(Reverse Direction) 버튼을 클릭하고, 미리보기 해 본다.

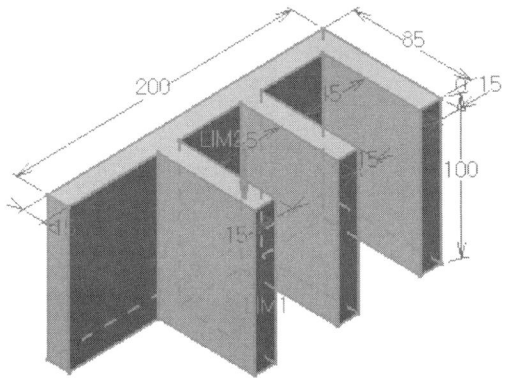

Step 09 Mirrored extend(☐ Mirrored extent)에 체크를 하고, 미리보기 해 본다.

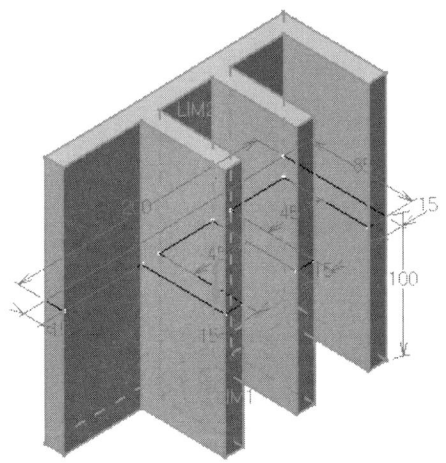

Step 10 Length : 50 입력하고, 미리보기 한 다음, "OK"를 누른다.

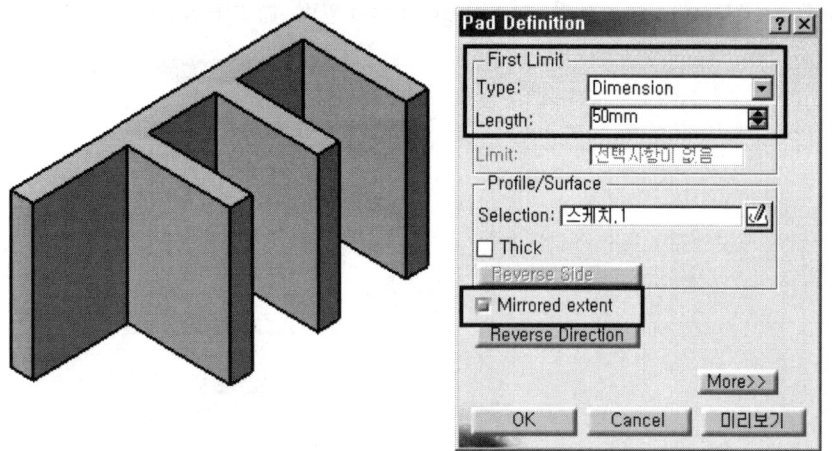

Step 11 스케치(◩) 아이콘을 누르고, 형상의 측면을 선택한다.

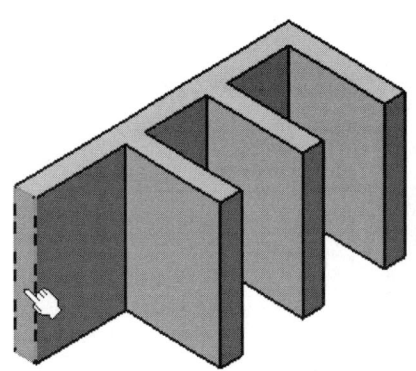

Step 12 원(⊙)을 그리고, 워크벤치 종료(⬆)를 클릭하여 스케치를 마무리한다.

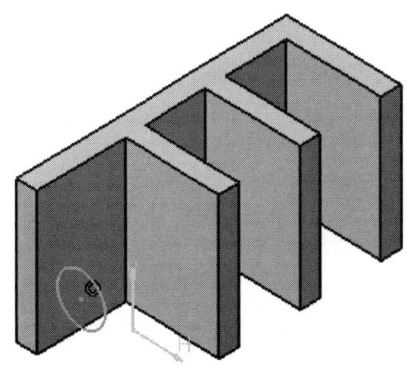

Step 13 Pad(🗗)를 클릭한다.

❶ **Type - Dimension** : 사용자가 입력한 길이만큼 Pad가 생성된다.
  ▫ **Type** : Dimension 설정   ▫ **Length** : 30 입력   ▫ **미리보기**를 누른다.
  ▫ **Reverse Direction** 버튼을 이용하여 방향을 조정한다.

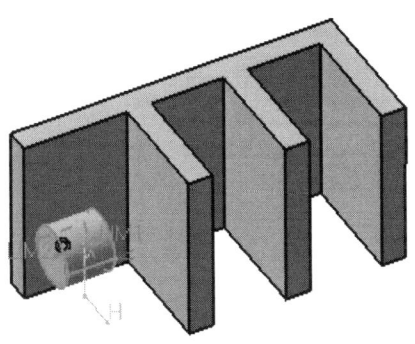 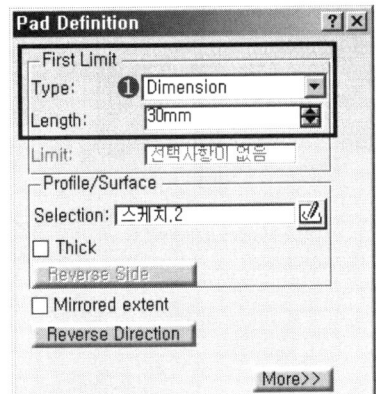

❷ **Type - Up to next** : 스케치 면에서 첫 번째 만나는 면까지 Pad가 생성된다.

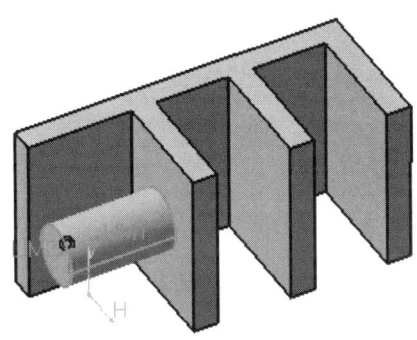 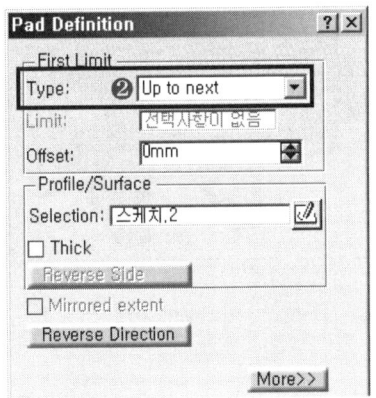

❸ **Type - Up to last** : 형상의 끝 면까지 Pad가 생성된다.

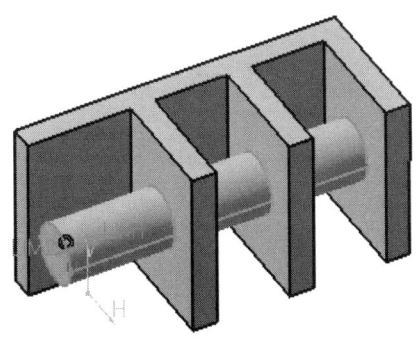 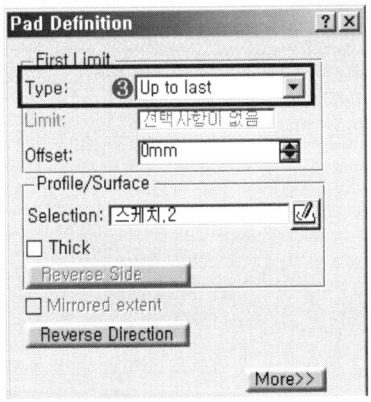

❹ **Type - Up to plane** : 사용자가 지정한 Plane(평면)까지 Pad가 생성된다.

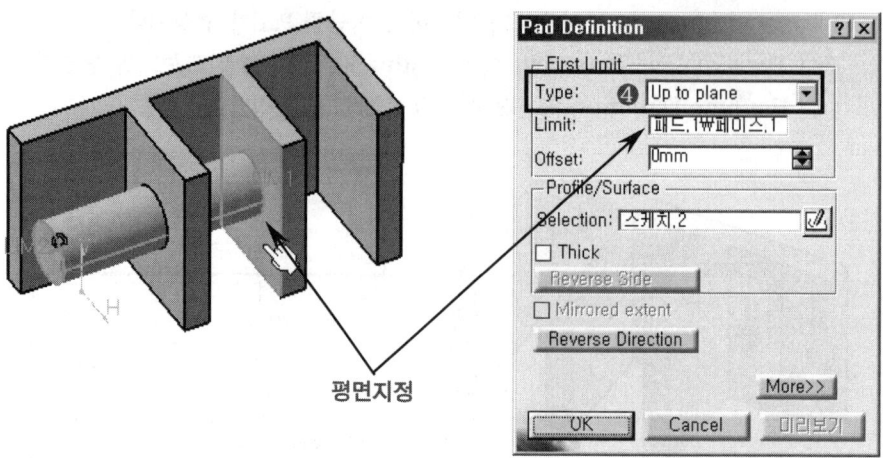

평면지정

❺ **Type - Up to surface** : 사용자가 지정한 Surface(곡면)까지 Pad가 생성된다.

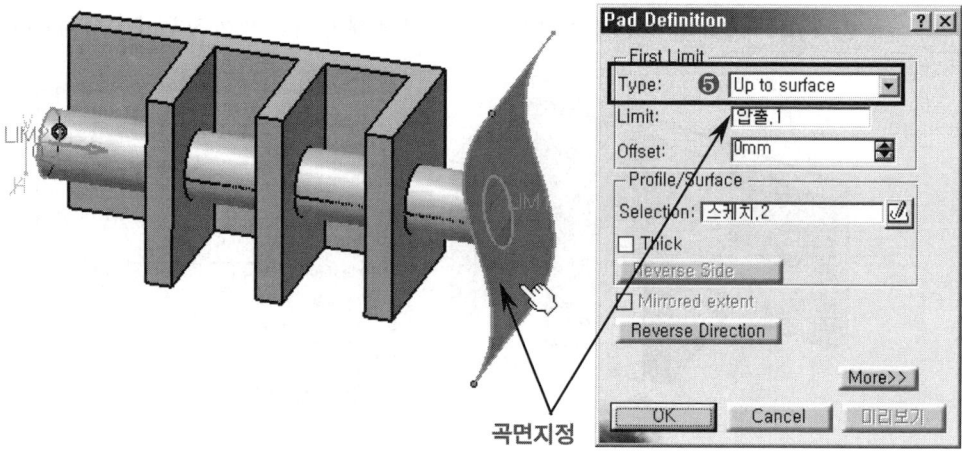

곡면지정

곡면 Pad(돌출) 작성 예

Step 01 스케치(✏️) 아이콘을 누르고, 앞면을 선택한다.

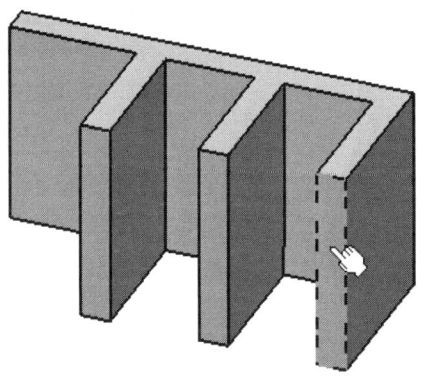

Step 02 Spline(~)을 이용하여 다음과 같은 스케치를 작성한다.

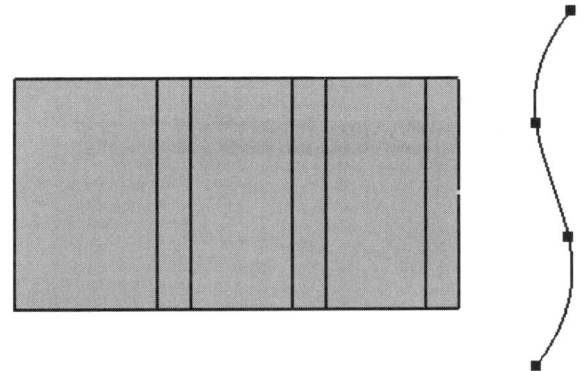

Step 03 워크벤치 종료(⬆)를 클릭하여 스케치를 마무리하고, 3D 작업환경으로 전환한다.

Step 04 시작 ⇒ 기계디자인 ⇒ Wireframe and Surface Design을 클릭하여 실행한다.

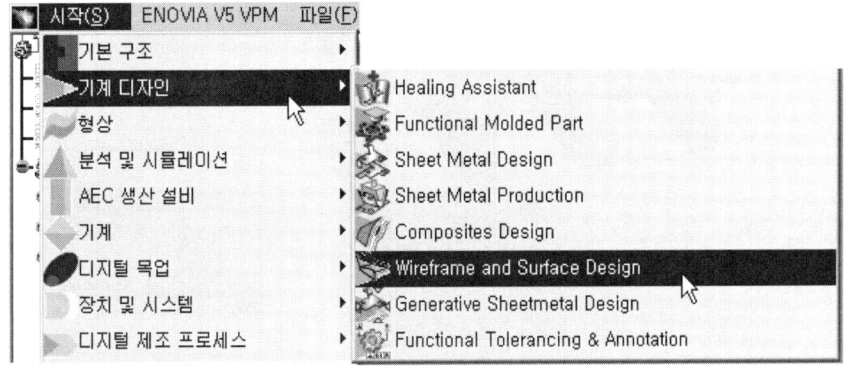

Step 05 압출( )을 클릭한다.
- **한계 1의 유형** : 치수   □ **치수** : 100 입력   □ **미리보기**를 누른다.
- Reverse Direction 버튼을 이용하여 방향을 조정한다.

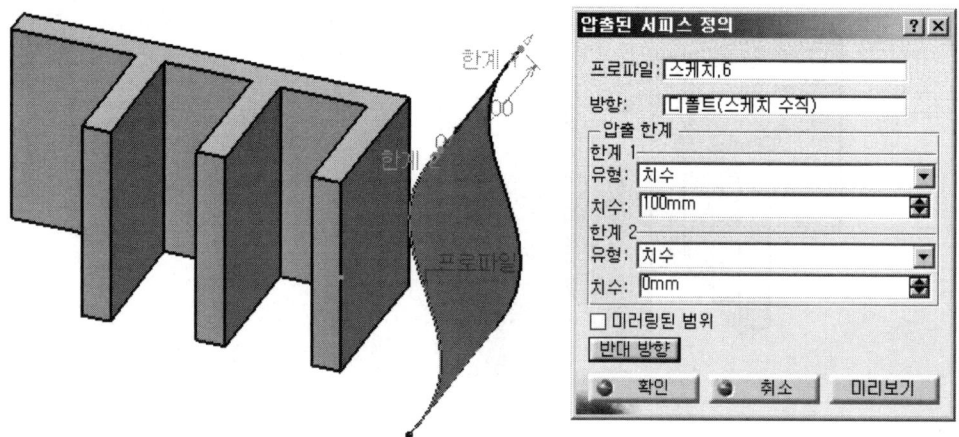

Step 06 시작 ⇒ 기계디자인 ⇒ Part Design을 클릭하여 실행한다.

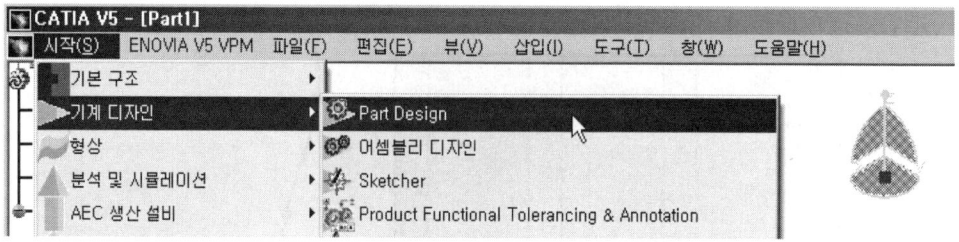

Step 07 Pad( )를 클릭한다.

❻ Offset : Up to plane, Up to surface 설정 시에 선택한 면에서 간격을 두고 Pad를 생성시키는 기능으로 "+"는 위 방향을, "-"는 아랫방향을 뜻한다.

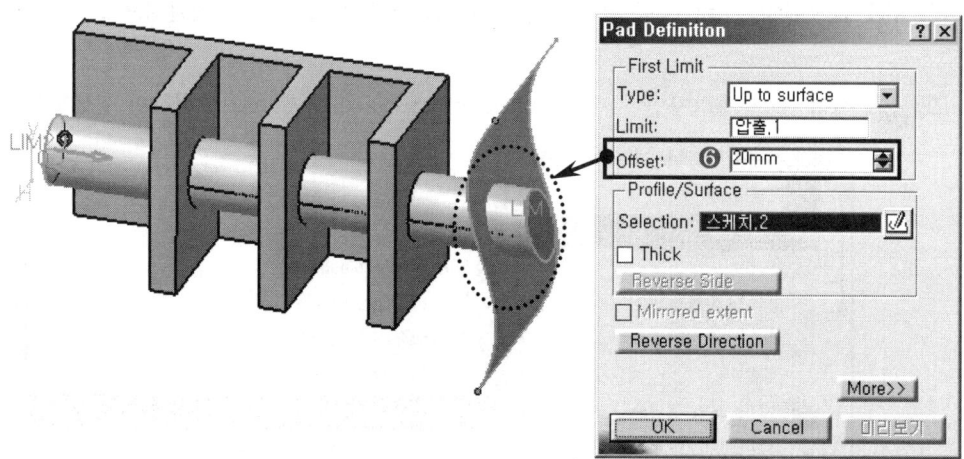

❼ Thick : 스케치에 두께를 주어 Pad를 생성한다.

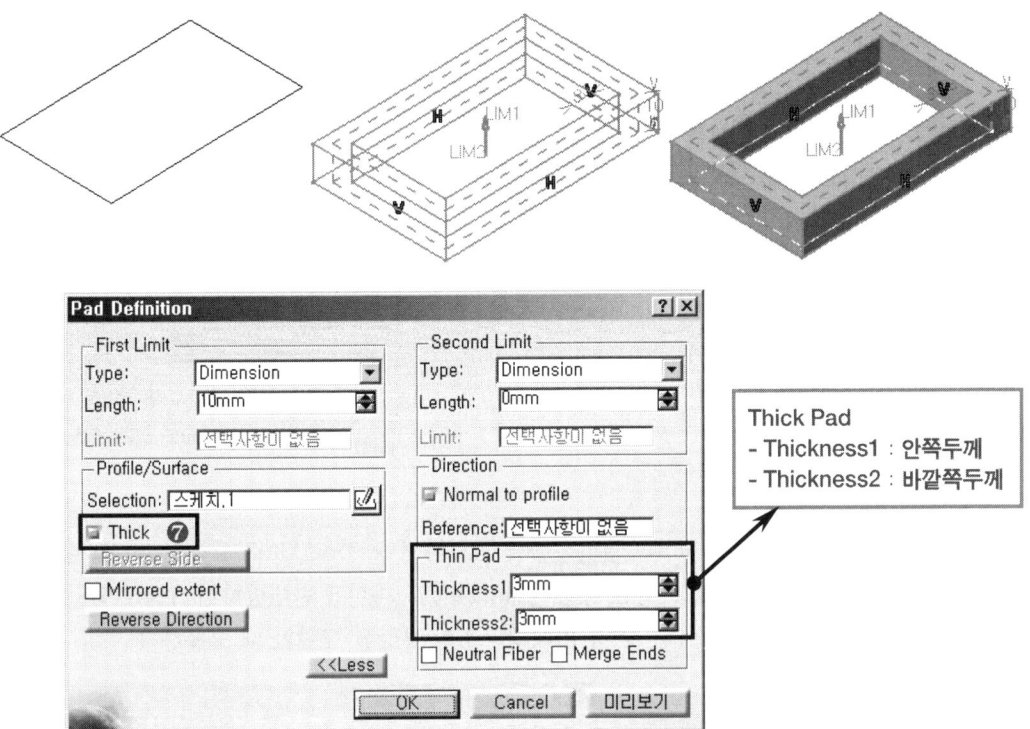

Thick Pad
- Thickness1 : 안쪽두께
- Thickness2 : 바깥쪽두께

❽ Mirrored extend : 스케치 면을 기준으로 양쪽으로 돌출하여 대칭되게 해주는 기능이다.

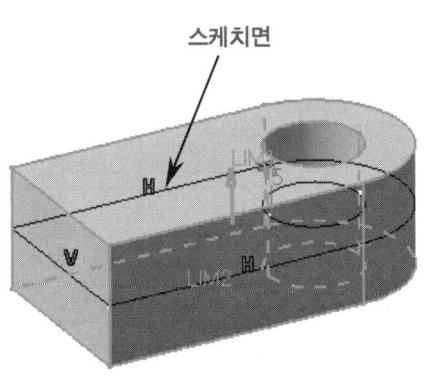

스케치면

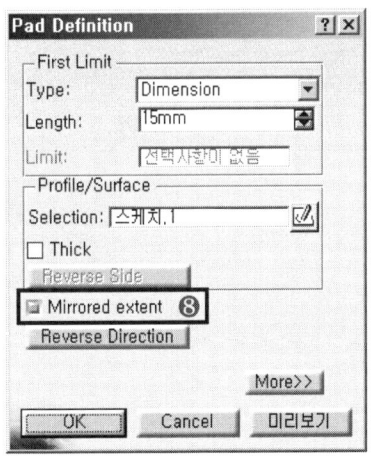

❾ **Reverse Direction** : 돌출시킬 방향을 변경한다.

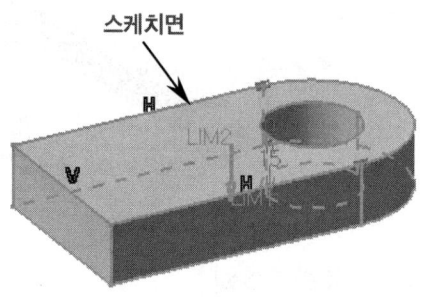
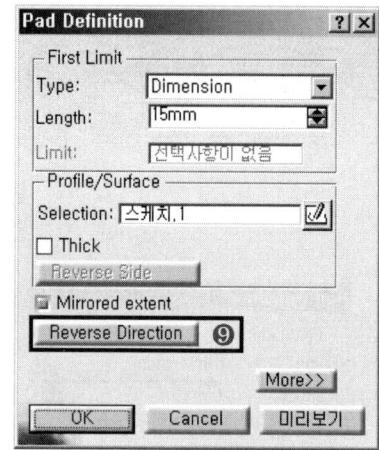

❿ **Second Limit** : More(More>>)를 클릭하면 Second Limit 항목이 나타난다.
스케치를 기준으로 화살표 방향이 Limit1이고, 화살표 반대방향이 Limit2가 된다. 대칭구조의 Pad 형상이 아닌 상,하 비대칭구조의 형상을 표현할 때 사용한다.

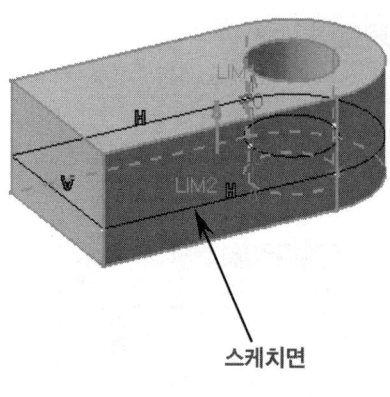
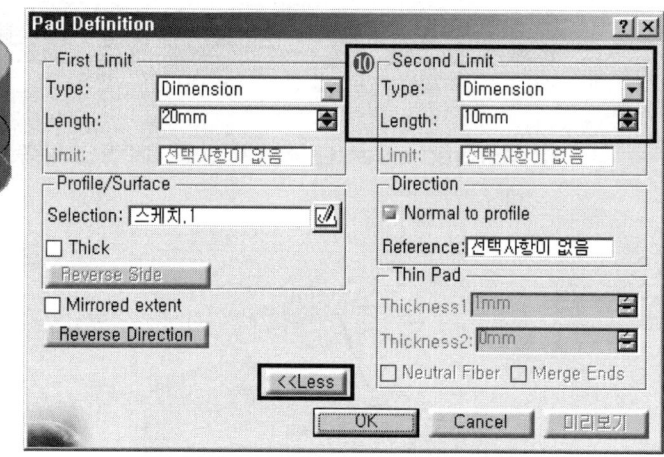

3.1.2 Drafted Filleted Pad : Draft와 Fillet 기능이 적용된 솔리드를 생성시키는 기능이다. (자세한 내용은 Draft, Fillet 기능 참조)

Step 01 아래 그림과 같이 사각형상 윗면에 스케치를 작성하고, 워크벤치 종료하였다.

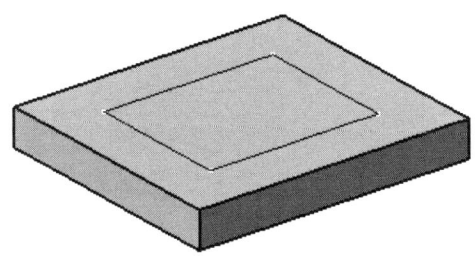

Step 02 Drafted Filleted Pad( )를 클릭하여 실행한다.

Step 03 Length에 Pad 높이를 입력하고, Limit 면을 지정한다.

Step 04 Angle과 radius 값을 입력하고 "OK"를 누른다.

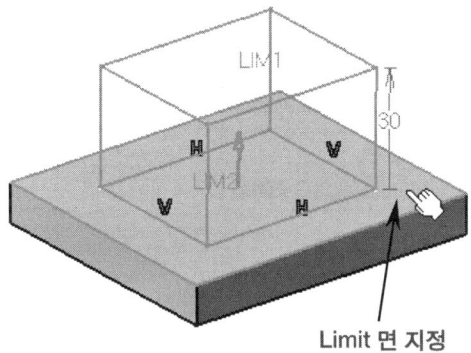

Limit 면 지정

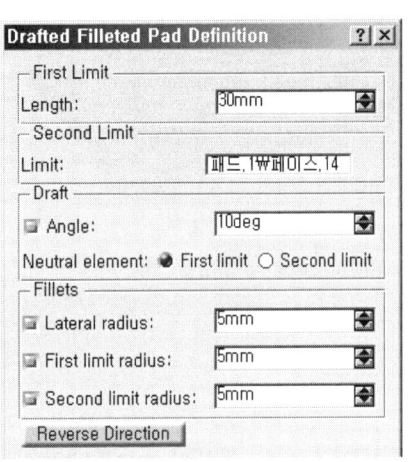

Step 05 형상이 생성되었다.

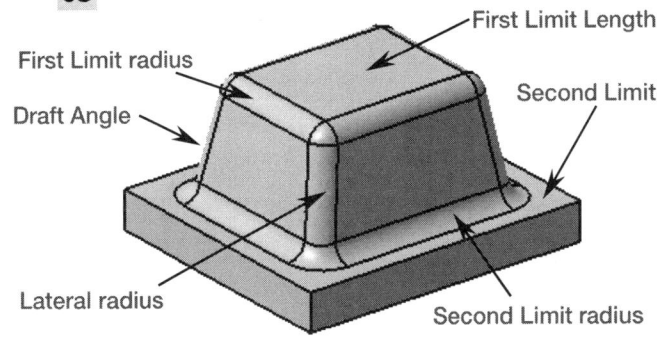

- First Limit radius
- Draft Angle
- Lateral radius
- First Limit Length
- Second Limit
- Second Limit radius

□ First Limit / Length : Pad시킬 두께 지정
□ Second Limit/Limit : Draft의 기준면
□ Draft/Angle : Draft 각도 지정
□ Lateral radius : 세로 모서리 Fillet 값 지정
□ First limit radius : 윗부분 모서리 Fillet 값 지정
□ Second limit radius : 아래 부분 모서리 Fillet 값 지정

3.1.3 Multi-Pad : 한 번에 여러 개체의 Pad 작업을 시행하는 기능으로 여러 profile을 서로 다른 두께로 돌출시켜 Pad를 생성한다.

Step 01 아래 그림과 같이 스케치를 작성한다.

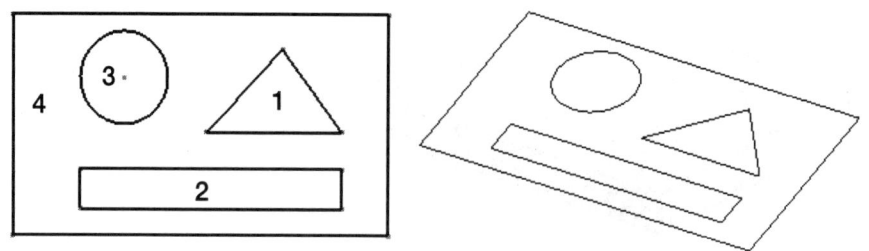

Step 02 Multi-Pad( )를 클릭하여 실행한다.

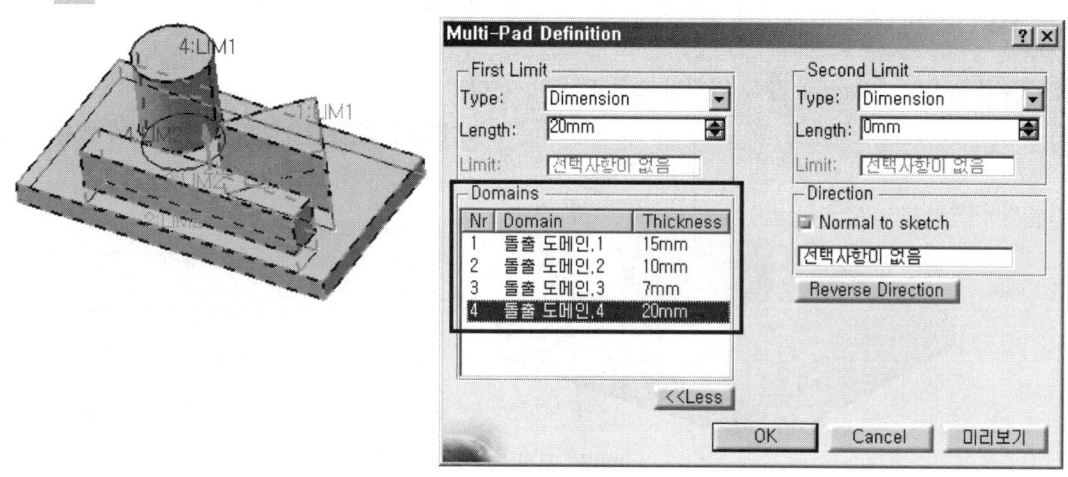

Step 03 Domain 부분의 돌출도메인.1~4를 클릭하면 해당 영역이 화면에 표시된다.

Step 04 First Limit 부분의 Length 값을 입력하고, "OK"를 누른다.

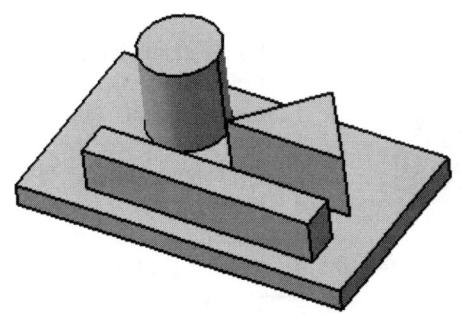

3.2 Pocket

Pad와 반대 개념으로 기존형상에서 스케치된 형상을 제거하는 기능이다. Pad와 옵션은 같고 삭제하는 역할이다.

Step 01 아래 그림과 같이 사각형상 윗면에 스케치를 작성하고, 워크벤치 종료하였다.

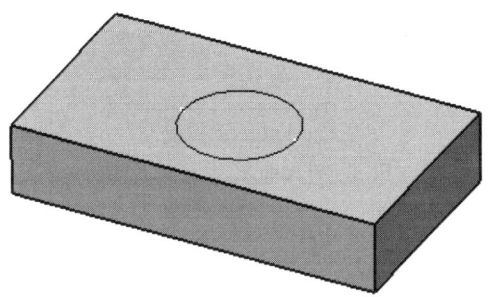

Step 02 Pocket( )을 실행한다. 창에서 깊이(Depth)에 값을 입력하고, "OK"를 누른다.

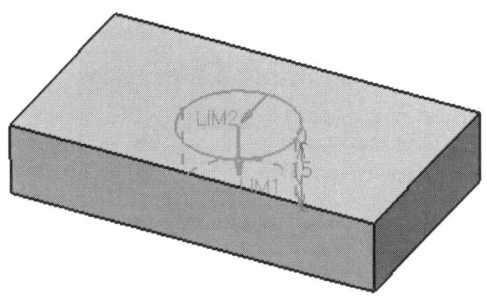
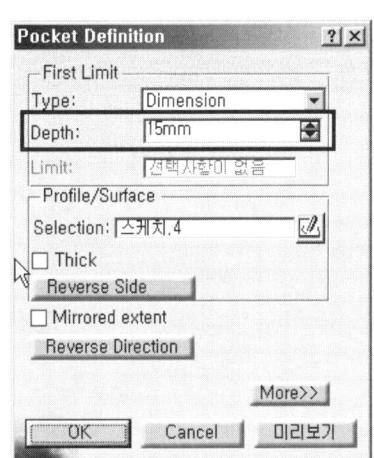

Step 03 Pocket 형상이 완성되었다.

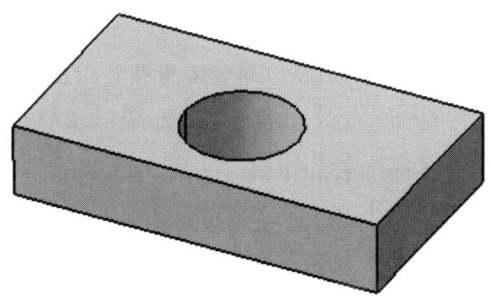

3.3 Shaft

중심축을 기준으로 회전 물체를 생성하는 기능이다.

Step 01 스케치를 이용하여 xy 평면에 아래 그림과 같이 스케치를 작성한다.

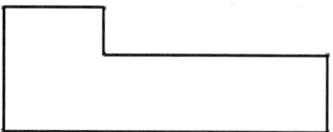

Step 02 축( )을 이용하여 회전체의 중심축을 생성하고, 워크벤치 종료를 한다.

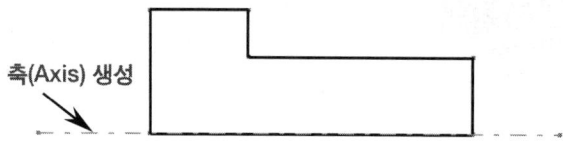

축(Axis) 생성

Step 03 Shaft( )를 실행한다. First angle에 회전각도를 입력하고, "OK"를 누른다.

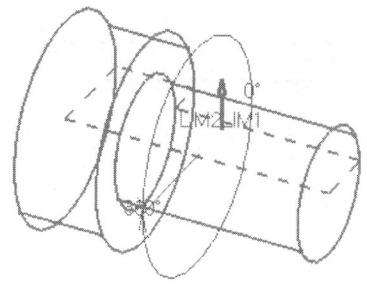
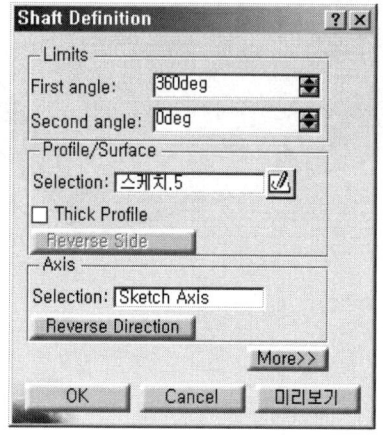

Step 04 회전체가 완성되었다.

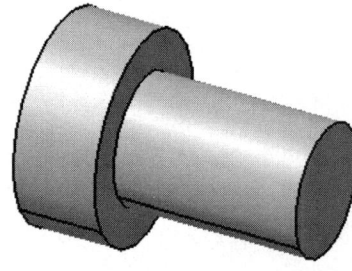

☐ Limits
- First angle : 화살표 방향의 각도 지정
- Second angle : 화살표 반대 방향의 각도 지정

☐ Profile/Surface
- Selection : 회전시킬 스케치

3.4 Groove

중심축을 기준으로 회전 물체를 제거하는 기능이다.

Step 01 다음과 같은 형상을 생성하였다.

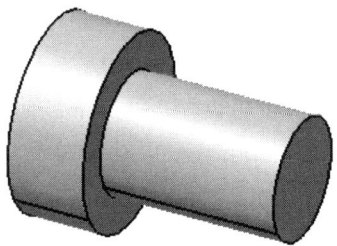

Step 02 스케치를 실행하고, xy 평면을 선택한다. Groove할 원(circle)과 축(axis)을 그린다.

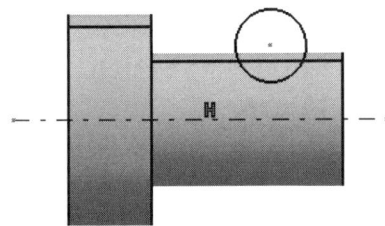

Step 03 워크벤처 종료를 눌러 스케치를 마무리한다.

Step 04 Groove( )를 실행한다. First angle에 회전각도를 입력한다.

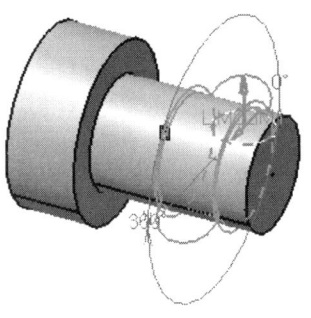 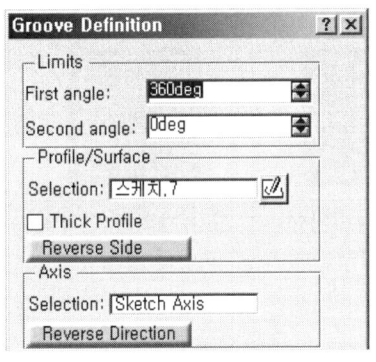

Step 05 "OK"를 눌러 형상을 완성한다.

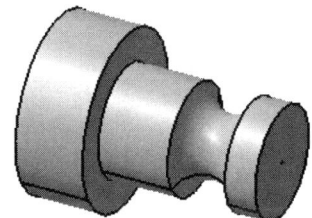

3.5 Hole

원형 구멍을 생성하는 기능이다. Pocket과 차이점은 나사산이나 너트를 만들 수 있다.

3.5.1 Extension 탭

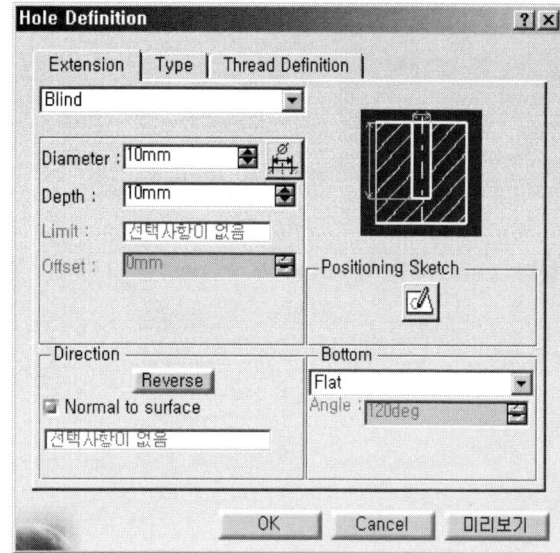

□ **Extension**
- Diameter : 구멍 지름 지정
- Depth : 구멍 깊이 지정

□ **Direction**
- Normal to surface :
  평면에 수직방향으로 구멍 생성

□ **Positioning Sketch** : 구멍 위치 지정

□ **Bottom** : 구멍의 밑 모양 결정

A. Extension : 구멍 깊이 옵션이 포함되어 있다. 아래 그림을 참고한다.

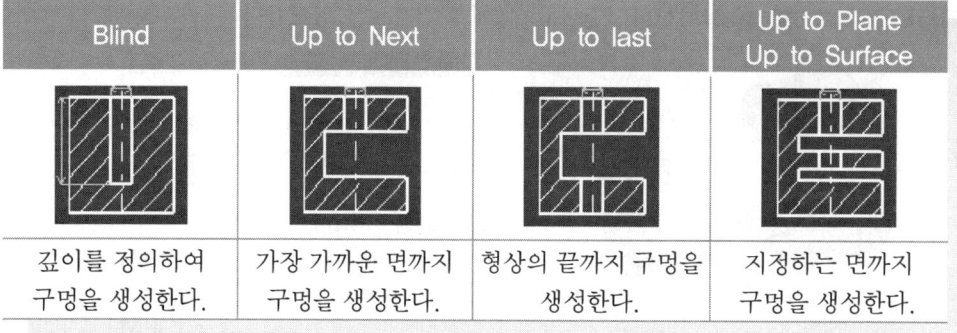

B. Bottom : 구멍 밑의 모양을 결정하며 Extension에 따라 달라진다.

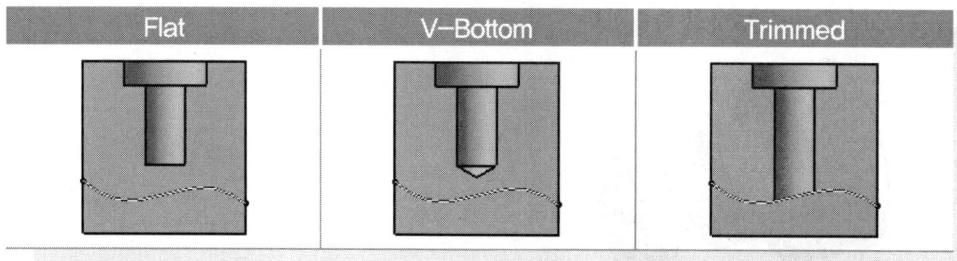

3.5.2 Type 탭

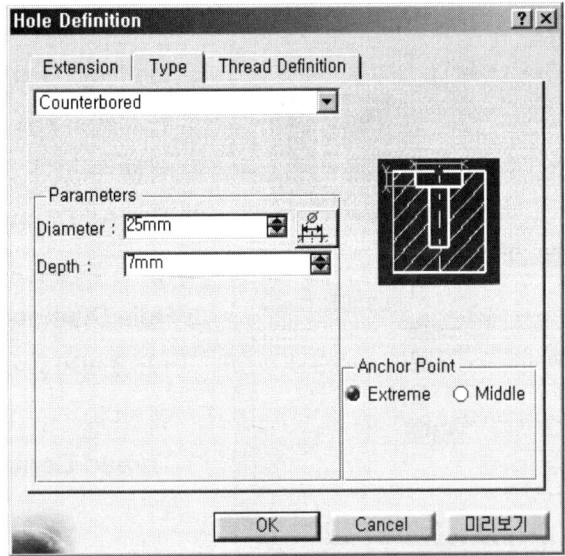

A. Type : 구멍을 내는 형식을 선택한다.

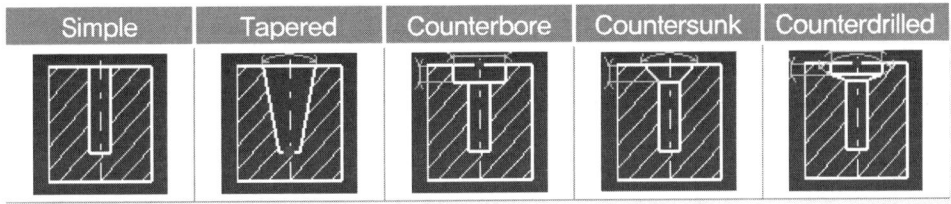

- **Simple** : 단순 원형 구멍형태이다. Extension 탭에서 구멍 직경, 깊이와 Bottom 형태만 정의하여 구멍을 생성한다.
- **Tapered** : 경사진 구멍을 뚫는 기능이다.
  구멍 경사 각도를 지정한다.
- **Counterbore** : 카운터보어 구멍을 생성한다.
  카운터보어 머리 부분의 직경과 깊이를 지정한다.
  Extension 탭에서 구멍 직경, 깊이와 Bottom 형태
  를 정의한다.
- **Countersunk** : 카운터싱크(접시머리) 구멍을 생성한다. 카운터싱크 머리 부분의 크기
  를 정하는 방법이 3가지 있다.

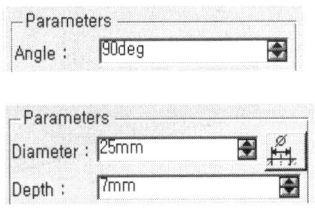

3.5.3 Thread Definition 탭 : Threaded를 체크해야 나사 설계가 가능하다.

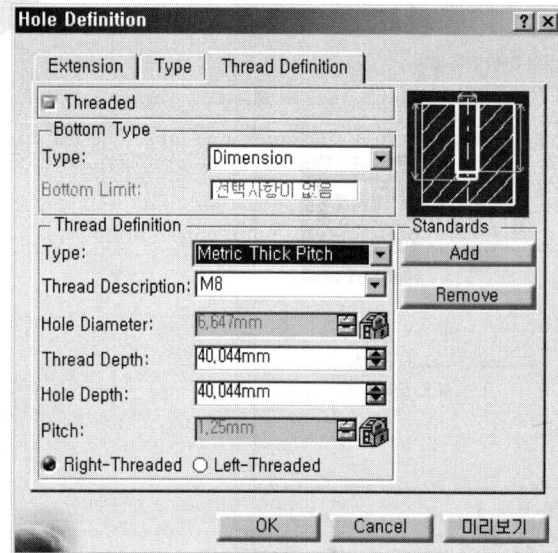

- **Type** : 나사의 규격을 선택하는 창으로 Metric Thin Pitch(미터가는나사) 또는 Metric Thick Pitch(미터나사)를 선택할 수 있다.
- **Thread Diameter** : 나사의 호칭지름을 결정한다. (ex : M8, M10 등)
- **Hole Diameter** : 구멍의 지름 부분인데, 호칭지름이 결정되면 자동으로 정해진다.
- **Thread Depth** : 나사 깊이를 지정한다.
- **Hole Depth** : 구멍 깊이를 지정한다.

Hole(구멍) 작성 예
Step by Step

Step 01 Hole 실습을 위해 다음과 같은 사각형상을 생성한다.

Step 02 Hole(◉)을 실행하고, 구멍이 생성될 윗면을 지정한다. 창이 나타난다.

Step 03 Diameter 15, Depth 25를 입력한다.

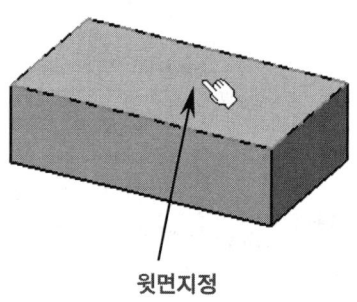

윗면지정

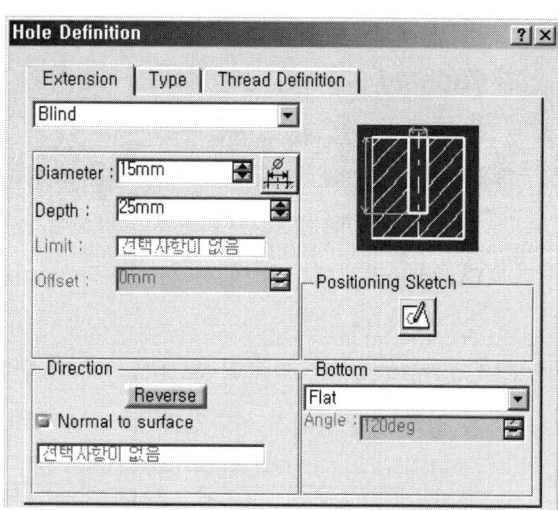

Step 04 Positioning Sketch( ) 아이콘을 클릭하면 스케치 환경으로 전환되고, 제약조건( )을 이용하여 구멍의 중심을 지정한다.

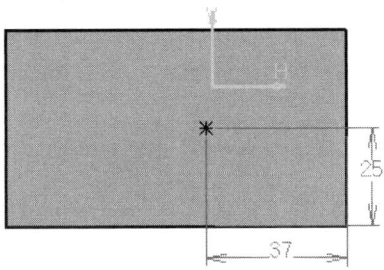

Step 05 워크벤치 종료( )를 눌러 스케치 마무리를 한다. 미리보기를 클릭하면 구멍이 생성되었음을 확인할 수 있다.

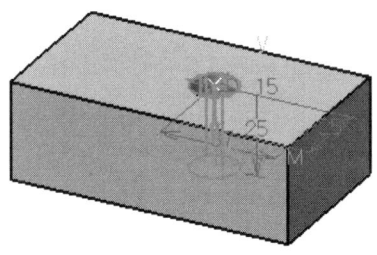

3.6 Rib

Profile(단면) 스케치가 Center Curve(경로) 스케치를 따라가면서 형상을 생성하는 기능이다.

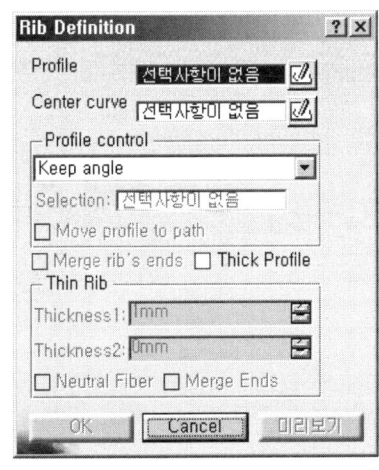

☐ **Profile** : Rib를 생성하기 위한 단면스케치

☐ **Center curve** : Rib를 생성하기 위한 경로 스케치

☐ **Keep angle** : Profile이 항상 Center curve와 각 점의 단면에서 수직을 유지한다.

Rib 작성 예

Step 01 스케치(🖉)를 이용하여 xy 평면에 Rib를 하기 위한 경로를 스플라인(🌀)으로 그린다.

Step 02 워크벤치 종료(🏠)를 눌러 스케치 마무리를 한다

Step 03 Plane(⬜)을 실행하고, 평면유형을 "커브에 수직"으로 설정한다.

Step 04 커브는 스플라인을 선택하고, 점을 스플라인의 끝점을 선택한다. 확인을 누른다.

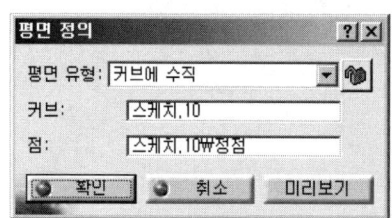

Step 05 스케치(🖉)를 실행하고, 방금 생성한 Plane을 선택한다.

Step 06 원(⊙)을 작성한다.

Step 07 제약조건(📑)을 실행한다.

Step 08 스플라인 끝점과 원 중심점을 선택하고, 마우스 오른쪽 버튼을 눌러 "일치"시킨다.

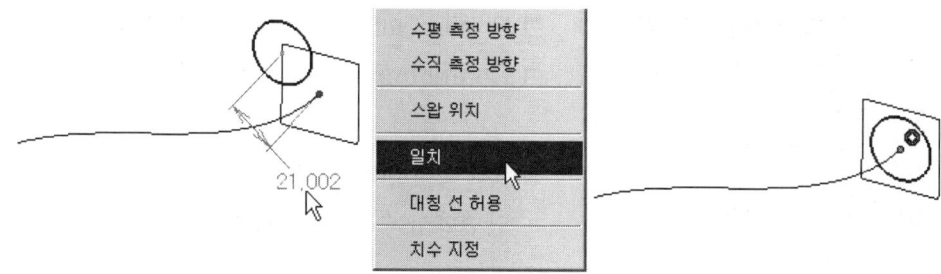

Step 09 워크벤치 종료(🏠)를 한다.

Step 10 Rib(🗾)를 실행한다.

Step 11 Profile은 원을 선택하고, Center curve는 스플라인을 선택한다.

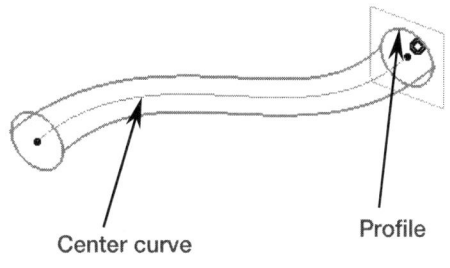
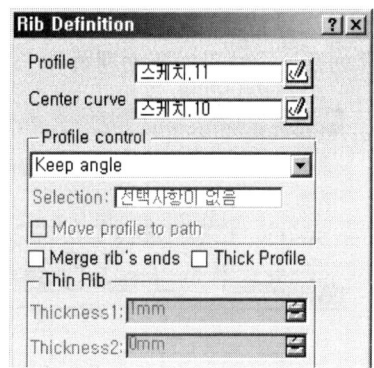

Step 12 "OK"를 눌러 형상을 완성한다.

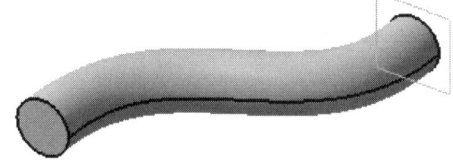

3.7 Slot

Profile(단면) 스케치가 Center Curve(경로) 스케치를 따라가면서 형상을 제거하는 기능이다.
✔ Rib의 옵션과 동일하고, 삭제하는 역할을 한다.

Slot 작성 예 *Step by Step*

Step 01 다음과 같은 사각형상을 생성한다.

Step 02 스케치( )를 이용하여 형상 윗면에 스플라인( )으로 그린다.

Step 03 워크벤치 종료( )를 한다.

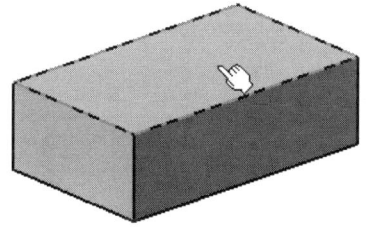

Step 04 Plane(⌀)을 실행하고, 평면유형을 "커브에 수직"으로 설정한다.

Step 05 커브는 스플라인을 선택하고, 점을 스플라인의 끝점을 선택한다. 확인을 누른다.

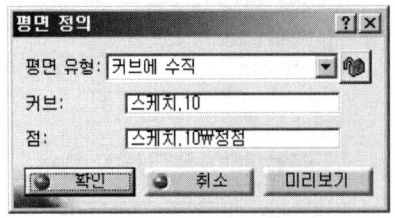
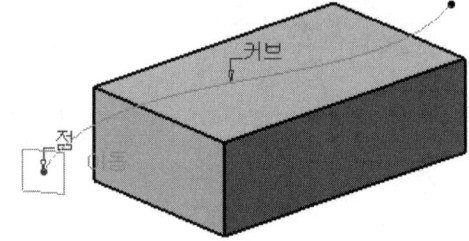

Step 06 스케치(⌀)를 실행하고, 방금 생성한 Plane을 선택한다.

Step 07 사각형(□)을 작성하고, 제약조건(⌀)으로 치수를 입력한다.

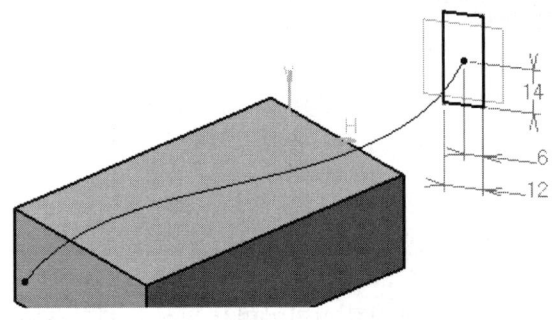

Step 08 워크벤치 종료(⌀)를 한다.

Step 09 Slot(⌀)을 실행한다.

Step 10 Profile은 사각형을 선택하고, Center curve는 스플라인을 선택한다.

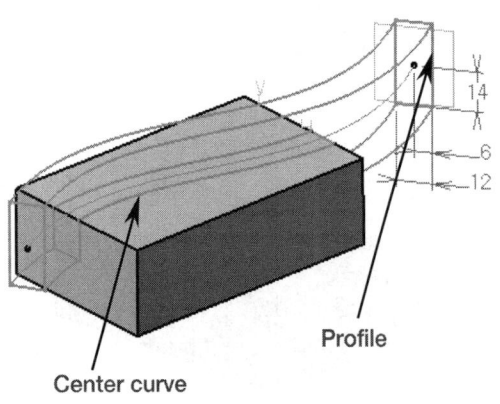
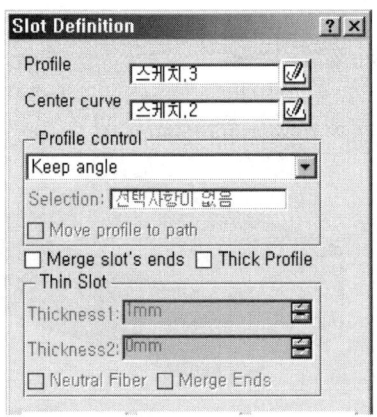

Profile

Center curve

Step 11 "OK"를 눌러 형상을 완성한다.

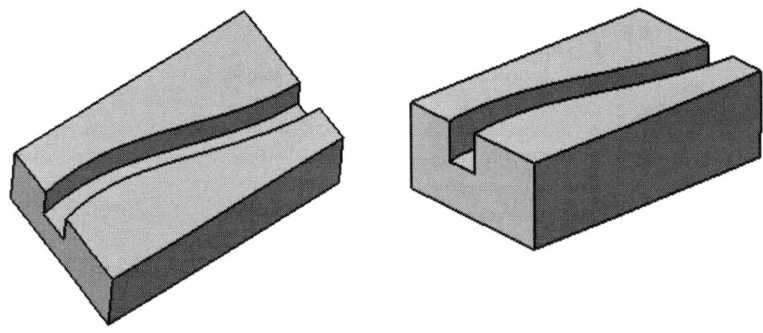

3.8 Advanced extruded features

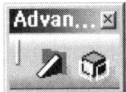

3.8.1 Stiffener : 보강대를 생성한다.

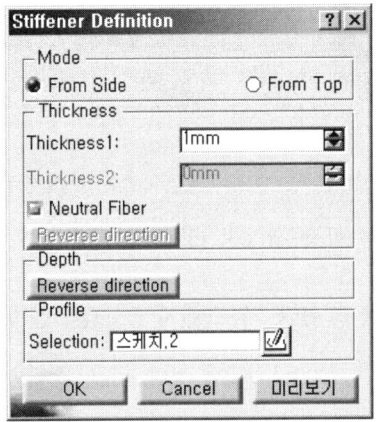

- **Mode**
  - From Side : 두께 방향을 보강대 생성
  - From Top : 높이 방향으로 보강대 생성

- **Thickness 1, 2** : 보강대 두께 지정

- **Depth**
  - Reverse direction : 생성방향을 반대로 전환

Stiffener 작성 예 1

Step 01 다음과 같이 보강대를 생성할 형상을 만든다.

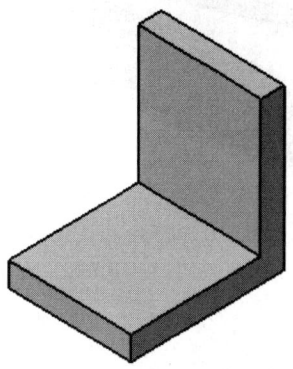

Step 02 Plane(◇)을 실행하고, 평면유형을 "평면에서 오프셋"으로 설정한다.

Step 03 레퍼런스는 형상의 측면을 선택하고, 보강대가 생성될 위치의 오프셋 값을 입력한다.

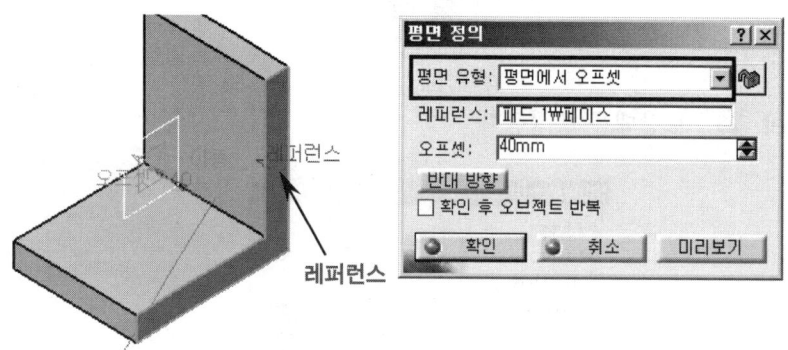

Step 04 스케치(☑)를 실행하고, 방금 생성한 Plane을 선택한다.

Step 05 보강대 모양의 선(╱)을 그린다. 워크벤치 종료(⬆)를 한다.

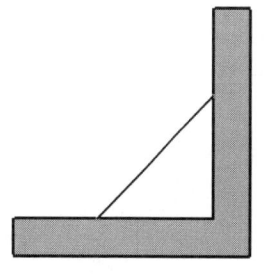 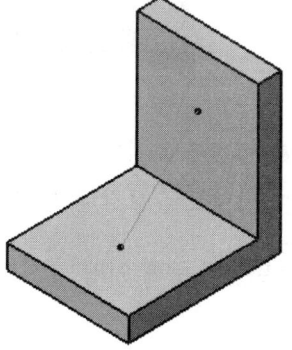

Step 06 Stiffener(▨)를 실행한다.

Chapter 03 Part Design 배우기

Step 07 Thickness1에 두께를 입력하고 "OK"를 누르면 형상이 완성된다.

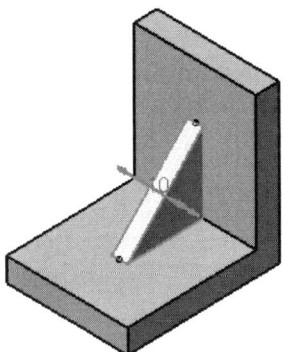
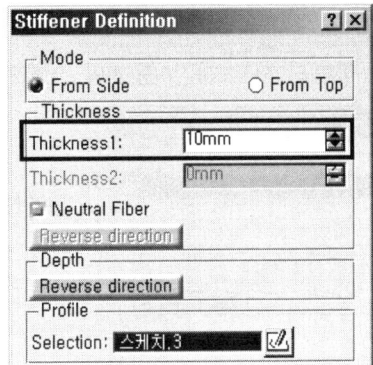

Stiffener 작성 예 2
Step by Step

Step 01 다음처럼 상자의 윗면에 적당히 선을 그려보자.

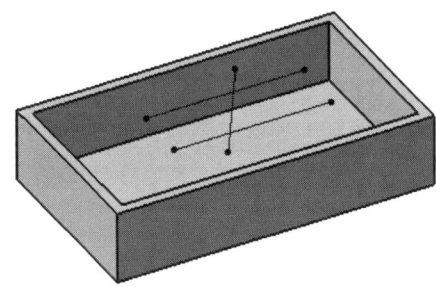

Step 02 Stiffener( )를 실행한다.

Step 03 양쪽 끝이 자동으로 Merge되고, From Top 보강대가 생성되었다.

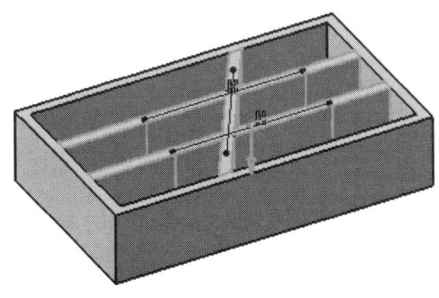
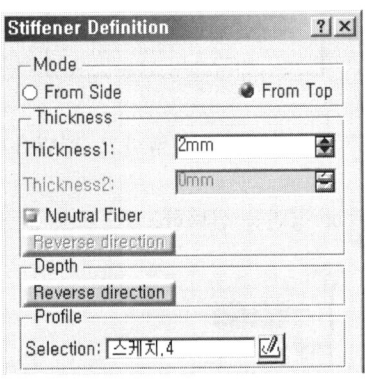

From Side : 기본 옵션으로 보강대가 양쪽 지지할 면, 측면 쪽으로 생성된다.
From Top : 보강대가 위에서 아래쪽으로 생성된다.

85

3.9 Multi-Sections Solid

일정 거리만큼 떨어진 서로 다른 형상의 스케치를 연결하여 형상을 생성하는 기능이다.

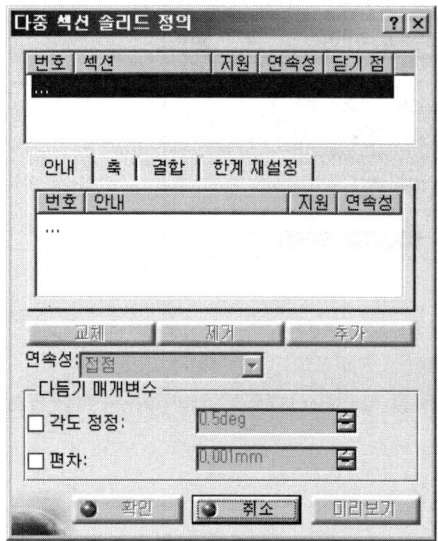

- **Section** : 일정 거리로 떨어진 스케치 선택
- **안내** : 스케치를 연결해 줄 경로 선택

Multi-Section Solid 작성 예 1
Step by Step

Step 01 스케치( )를 이용하여 xy 평면에 사각형( )을 그리고, 워크벤치 종료( )를 한다.

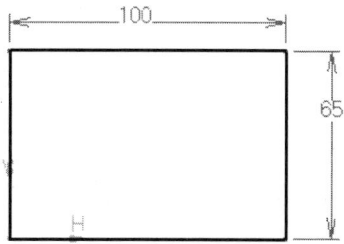

Step 02 Plane( )을 실행하고, 평면유형을 "평면에서 오프셋"으로 설정한다.

Step 03 xy평면을 선택하고, 오프셋 값을 입력하고 "확인"을 누른다.

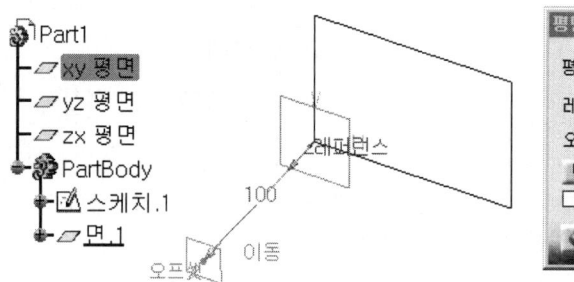
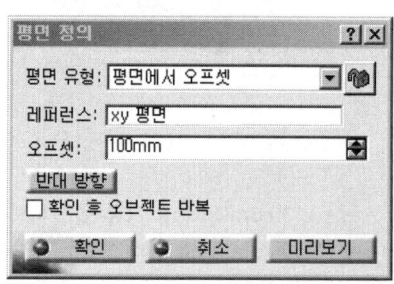

Step 04 스케치(⟋)를 실행하고, 방금 생성한 Plane을 선택한다.

Step 05 사각형(☐)을 그리고, 워크벤치 종료(⬆)를 한다.

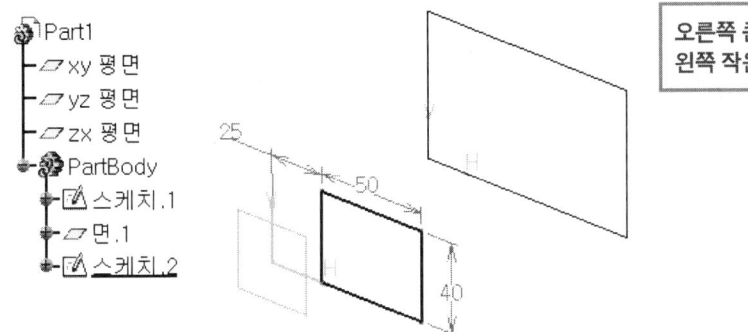

오른쪽 큰 사각형 : 스케치1
왼쪽 작은 사각형 : 스케치2

Step 06 Multi-Section Solid(⟲)를 실행한다.

Step 07 큰 사각형(스케치1)과 작은 사각형(스케치2)을 차례로 선택한다.

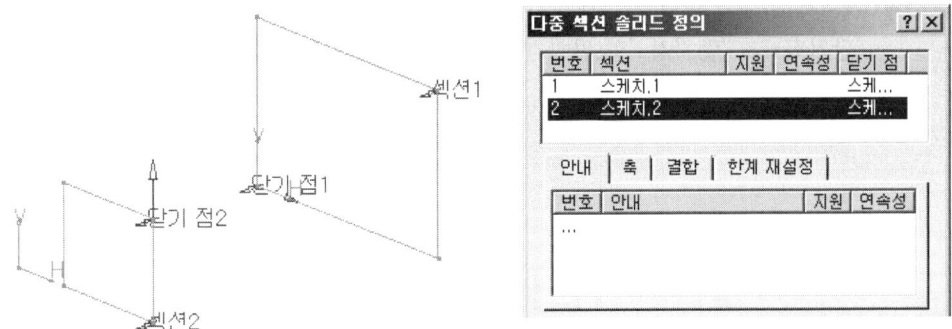

Step 08 미리보기 버튼을 클릭한다. "오류 갱신"이라는 창이 뜬다. "확인"을 누르면 다음 그림이 나타난다.

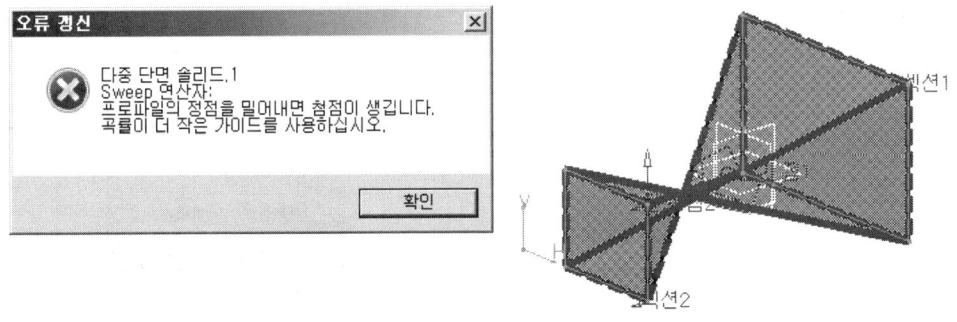

Step 09 다중 섹션 솔리드 정의는 "취소"를 눌러 창을 닫는다.

Step 10 오류의 원인은 두 스케치의 대응점(닫기점)이 꼬여있기 때문이다. 해결방법은 꼬인 대응점을 서로에 맞게 변경해 주어야 한다.
즉, "닫기점"의 위치와 화살표의 방향을 서로 동일하게 맞추어야 한다.

Step 11 다시 Multi-Section Solid(⌘)를 실행하고, 큰 사각형(스케치1)을 선택한다.
(중요)선택한 스케치의 "닫기점1" 위치와 화살표 방향을 확인해 둔다.

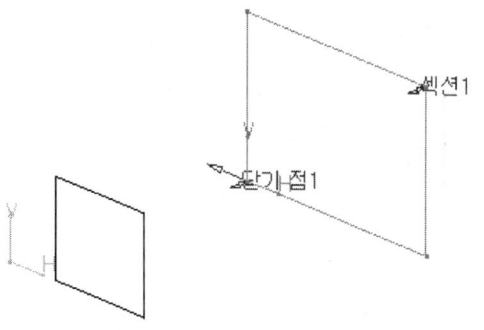

Step 12 계속해서 작은 사각형(스케치2)을 선택한다.
"닫기점1"과 "닫기점2"의 위치가 서로 다름을 볼 수가 있다.

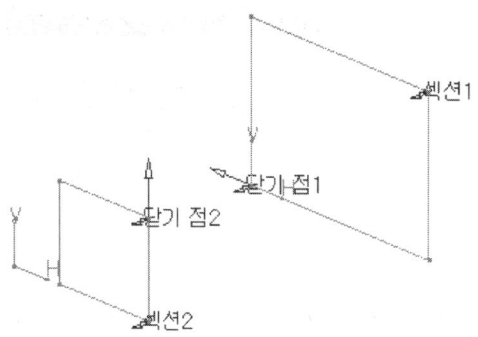

Step 13 "닫기점2"의 위치를 변경해 본다.
"닫기점2" 글자 위에서 마우스 오른쪽 버튼을 클릭하여 나오는 메뉴에서 "교체"를 선택한다.

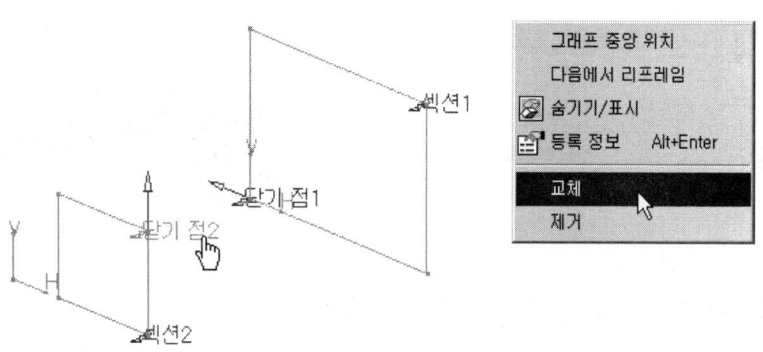

Step 14 옮기고자 하는 점을 클릭하면, "닫기점"의 위치가 변경된다.

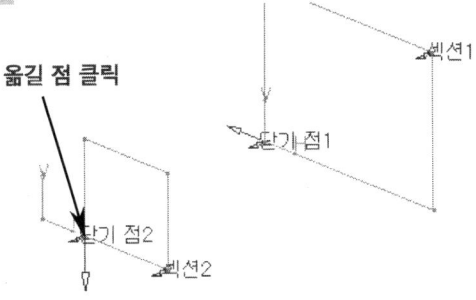

Step 15 "닫기점2"의 화살표를 클릭하여 회전방향을 변경한다.

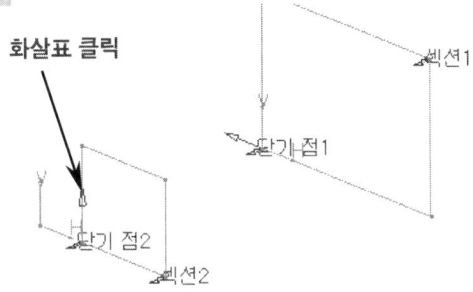

Step 16 "닫기점1"과 "닫기점2"의 위치 및 방향이 서로 일치되었다. 미리보기 버튼을 클릭한다. "확인"을 눌러 형상을 완성한다.

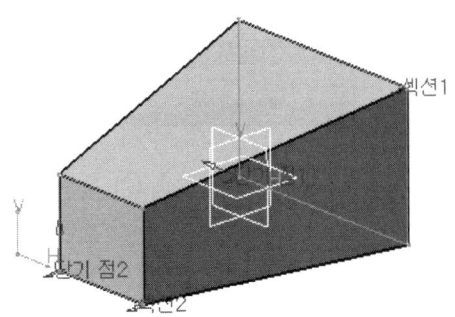

> **Tip** 닫기점의 위치를 서로 다르게 설정하면 꼬인 형상을 표현할 수도 있다.
>
>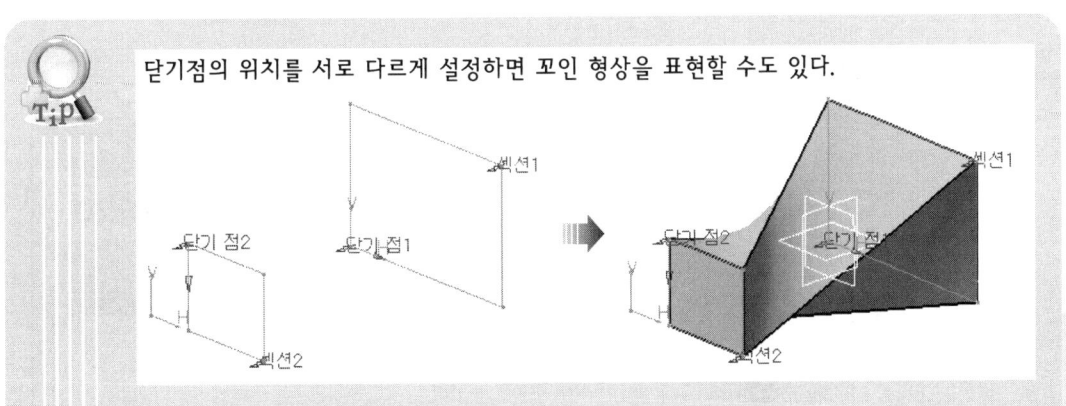

Multi-Section Solid 작성 예 2

Step by Step

각각의 스케치 대응점(닫기점)의 개수가 다를 때, 원하는 모양으로 형상을 생성하기 위한 "결합"선을 생성한다.

Step 01 스케치(☒)를 이용하여 xy 평면에 사각형(☐)을 그리고, 워크벤치 종료(☒)를 한다.

Step 02 Plane(☒)을 실행하고, xy평면을 오프셋하여 새로운 평면을 생성한다.

Step 03 오프셋 한 평면에 Profile(☒)로 삼각형을 그리고, 워크벤치 종료(☒)를 한다.

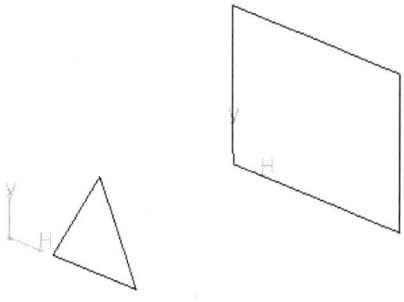

Step 04 사각형(스케치1)은 닫기점이 4개이고, 삼각형(스케치2)은 닫기점이 3개이다.

Step 05 Multi-Section Solid(☒)를 실행하고, 사각형(스케치1)을 선택한다.

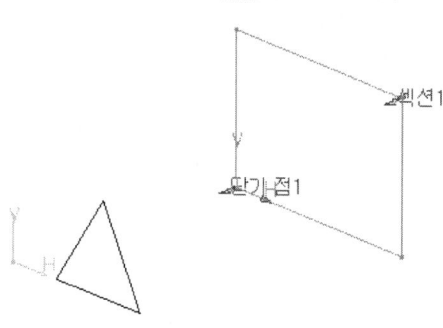 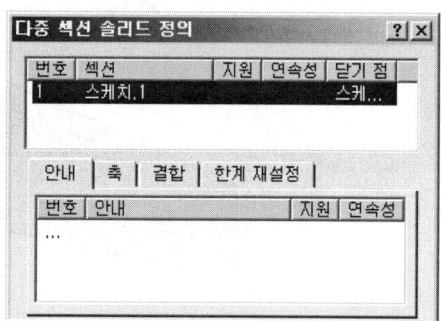

Step 06 삼각형(스케치2)을 선택한다.

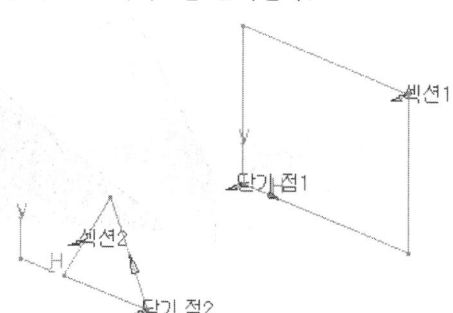 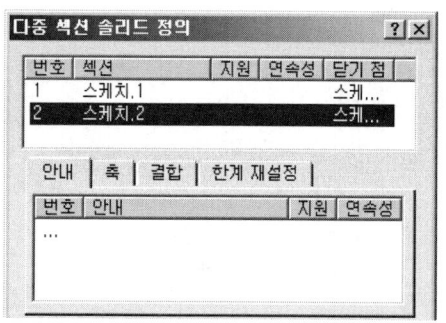

Step 07
"닫기점1"의 위치를 "닫기점2"처럼 우측하단으로 "교체"한다.
화살표를 클릭하여 회전방향이 동일한지 확인한다.

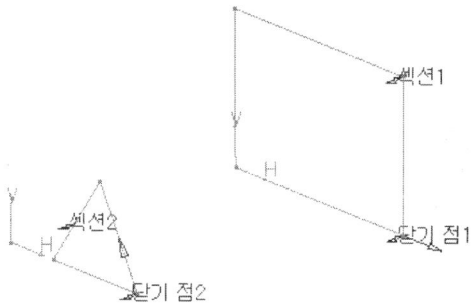

Step 08
결합 탭을 클릭한다.

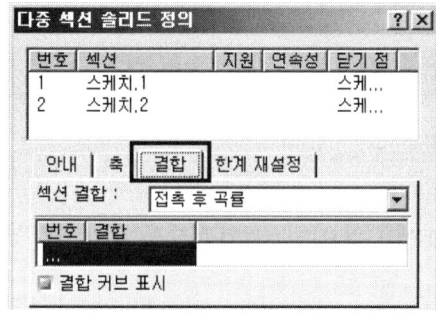

Step 09
(P1)점과 (P2)점을 차례로 클릭한다. "결합1" 선이 나타난다.
(P3)점과 (P4)점을 차례로 클릭한다. "결합2" 선이 나타난다.
(P5)점과 (P6)점을 차례로 클릭한다. "결합3" 선이 나타난다.

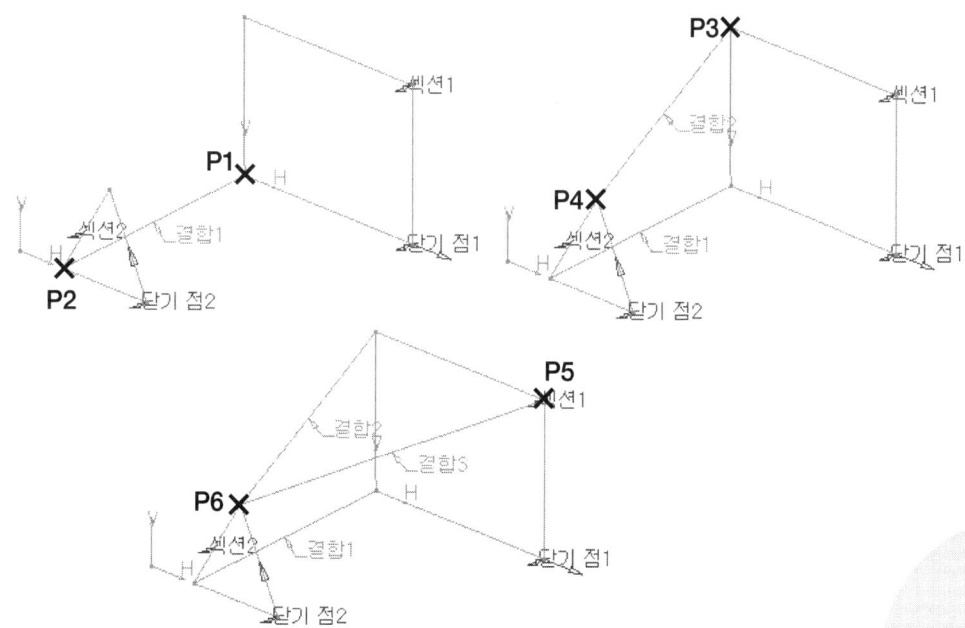

Step 12 | 미리보기 | 버튼을 클릭한다. "닫기점"에는 결합선을 생성하지 않아도 된다.
"확인"을 눌러 형상을 완성한다.

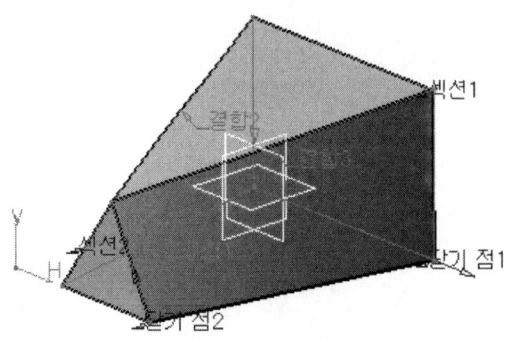

Multi-Section Solid 작성 예 3
Step by Step

안내곡선을 이용한 형상을 생성한다.

Step 01 위에서 설명한 "Multi-Section Solid 작성 예 1"의 01번~05번까지 두 개의 사각형 스케치를 작성한다.

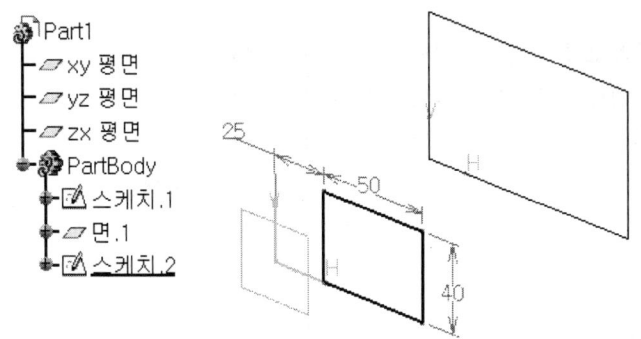

오른쪽 큰 사각형 : 스케치 1
왼쪽 작은 사각형 : 스케치 2

Step 02 스케치(◢)를 이용하여 zx 평면에 세 점 호(◠)를 그린다.

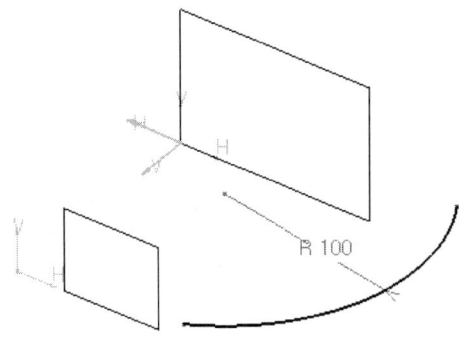

Step 03 제약조건(📐)으로 호의 끝점과 사각형의 끝점을 "일치"시킨다. 워크벤치 종료(🏠)를 한다.

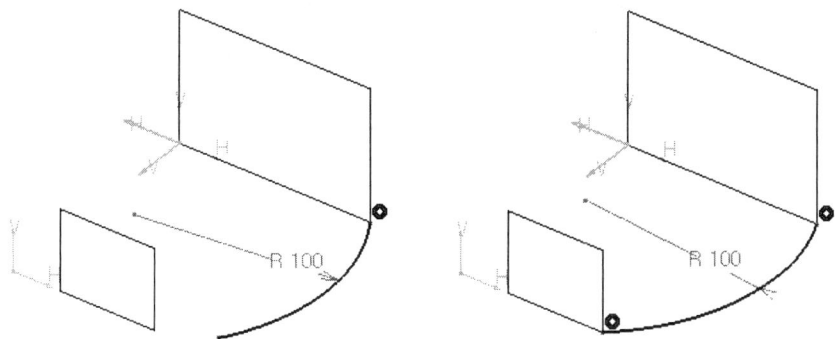

Step 04 Multi-Section Solid(🔶)를 실행하고, 큰 사각형(스케치1)과 작은 사각형(스케치2)를 차례로 선택한다.

Step 05 "닫기점1", "닫기점2"의 위치와 화살표방향을 아래 그림처럼 설정한다.

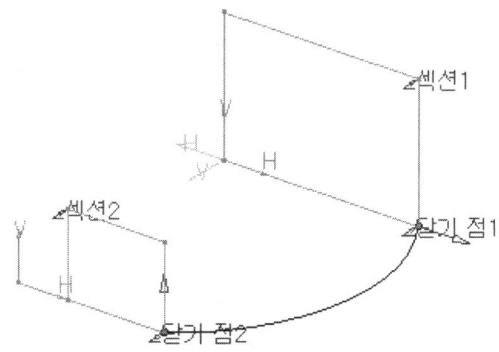

Step 06 안내 탭의 번호 밑에 있는 ⋯을 클릭하고, 작성한 호를 선택한다.

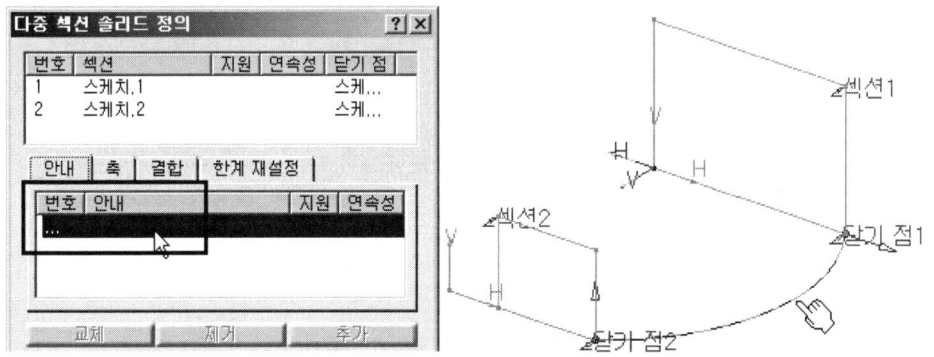

Step 07 미리보기 버튼을 클릭한다. 안내 곡선을 따라 형상이 만들어진다. "확인"을 누른다.

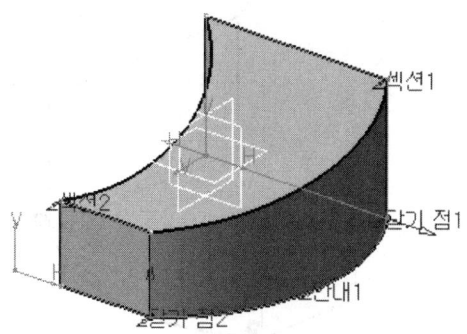

3.10 Removed Multi-Sections Solid

일정 거리만큼 떨어진 서로 다른 형상의 스케치를 연결하여 형상을 제거하는 기능이다.
✔ Multi-Section Solid와 사용법과 옵션은 같고, 삭제하는 역할을 한다.

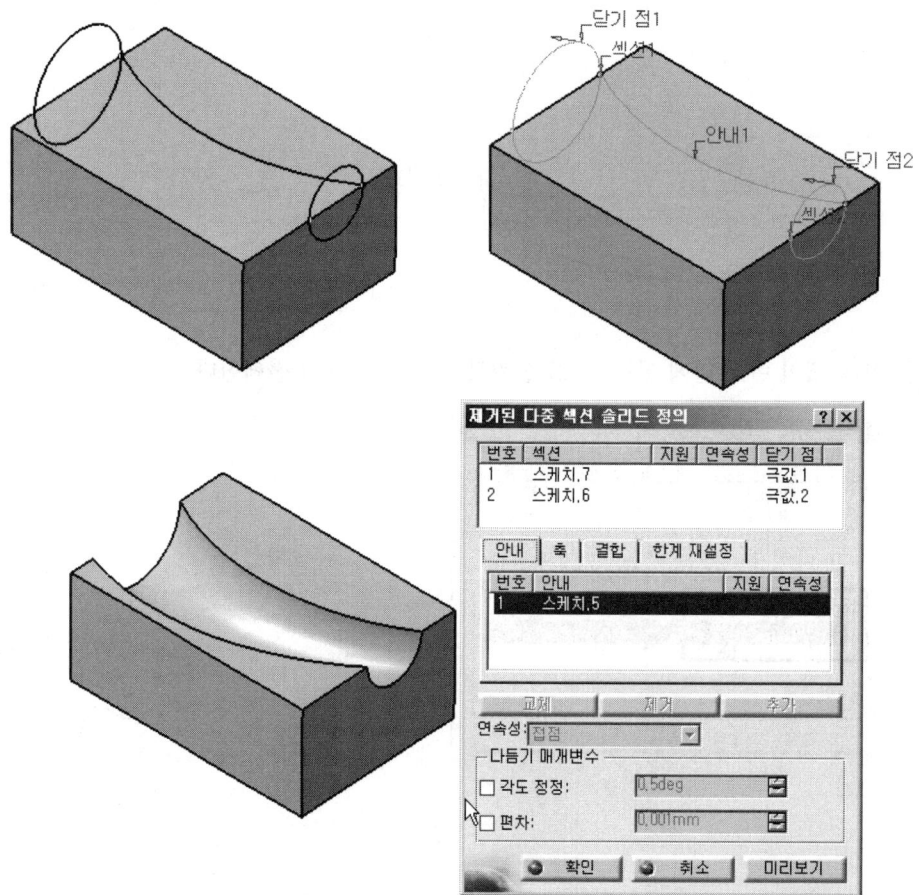

④ Dress-Up Features

만들어진 모델에 모깎기, 모따기 등의 명령을 주어 마무리 다듬기 작업의 기능을 제공한다.

4.1 Edge Fillet

모델링 형상에서 하나 이상의 모서리를 둥글게 라운드 처리를 하는 기능이다.

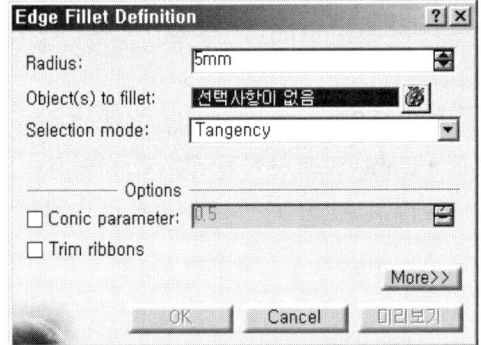

- **Radius** : 라운드 반경 지정
- **Object(s) to fillet** : 라운드가 적용될 모서리 선택
- **Options**
  - Conic parameter : 라운드 형상 지정
  - Trim ribbons : 라운드 시 겹치는 부분을 직선처리

Edge Fillet 작성 예 *Step by Step*

Step 01 Edge Fillet( )을 실행한다. 라운드가 적용될 모서리를 선택한다.

Step 02 Radius 항목에 Fillet의 반지름을 입력한다.

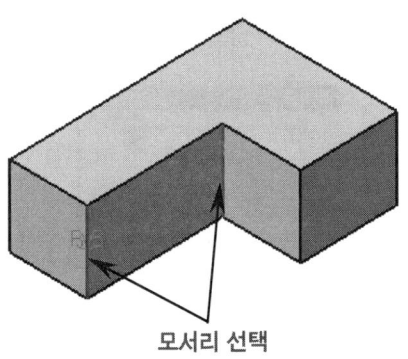

모서리 선택

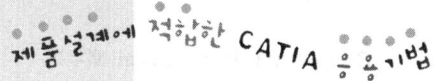

Step 03 "OK"를 누른다.

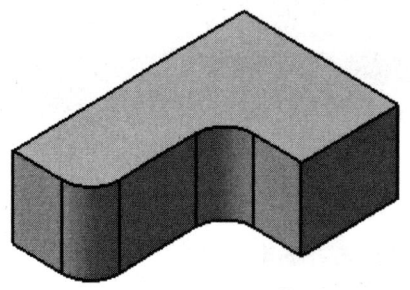

4.2 Variable Radius Fillet

하나의 모서리에 서로 다른 반지름으로 라운드 처리를 하는 기능이다.

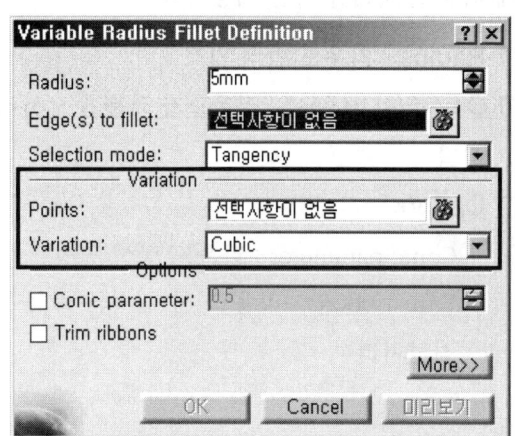

☐ **Points** : 반지름을 입력할 점을 지정

☐ **Variation**
- Cubic : 점 사이를 부드럽게 연결
- Linear : 점 사이를 직선으로 연결

Variable Radius Fillet 작성 예   *Step by Step*

Step 01 Variable Radius Fillet( )을 실행한다. 라운드가 적용될 모서리를 선택한다.

Step 02 왼쪽에 표시되는 R값을 더블 클릭하여 나오는 창에서 반지름 값을 입력한다.

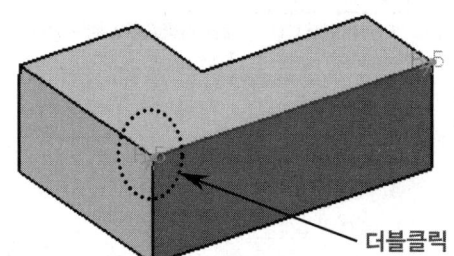

더블클릭

Step 03 오른쪽에 표시되는 R값을 더블 클릭하여 나오는 창에서 반지름 값을 입력한다.

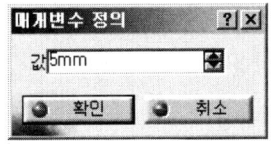

더블클릭

Step 04 "OK" 버튼을 클릭한다. Variation 옵션에 따라 Fillet 모양이 다르게 나타난다.

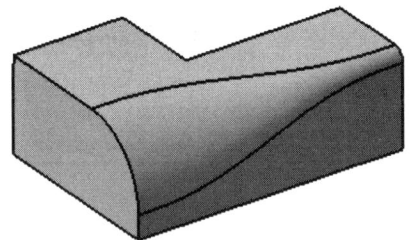
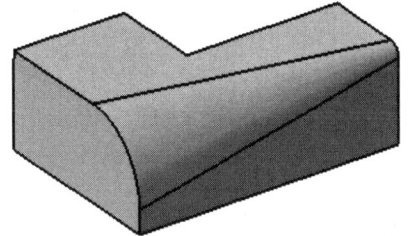

〈Cubic : 점 사이를 부드럽게 연결〉   〈Linear : 점 사이를 직선으로 연결〉

4.3 Chamfer

형상의 모서리에 거리와 각도를 이용하여 모따기를 생성하는 기능이다.

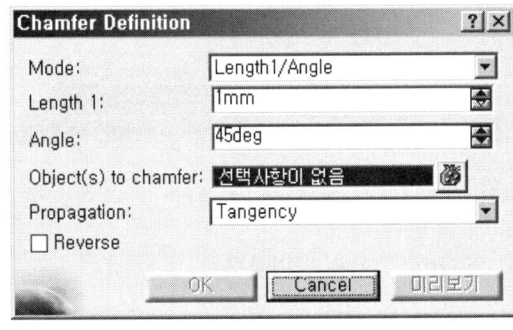

❏ **Mode**
  • Length1/Angle : 길이와 각도를 지정하여 모따기 생성
  • Length1/Length2 : 길이가 서로 다른 모따기 생성

❏ **Object(s) to chamfer** : 모따기 할 모서리 선택

❏ **Reverse** : 모따기 방향을 반대로 지정

Chamfer 작성 예 1 : Length1/Angle 모드

Step 01 사각형상을 만들고, Chamfer( )를 실행한다.

Step 02 모따기가 적용될 모서리를 선택한다.

Step 03 Length1/Angle 모드에서 Length1 : 20, Angle : 45를 입력한다.

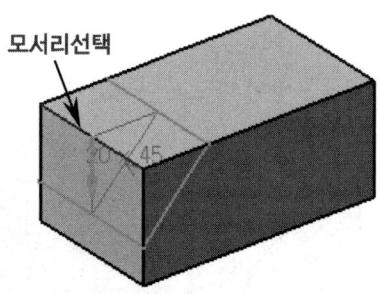
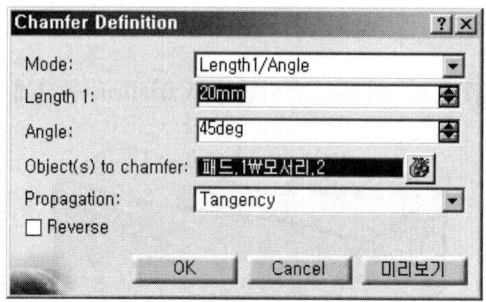

Step 04 "미리보기"와 "OK"를 눌러 모따기 형상을 완성한다.

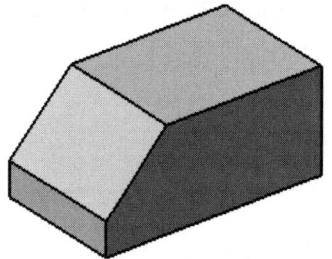

Chamfer 작성 예 2 : Length1/Length2 모드

Step 01 Chamfer( )를 실행한다. 모따기가 적용될 모서리를 선택한다.

Step 02 Length1/Length2 모드에서 Length1 : 10, Length2 : 50을 입력한다.

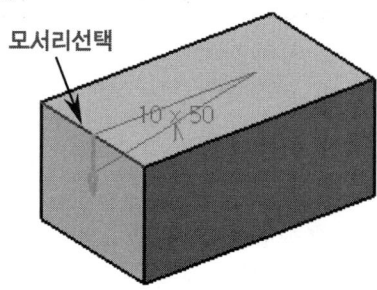
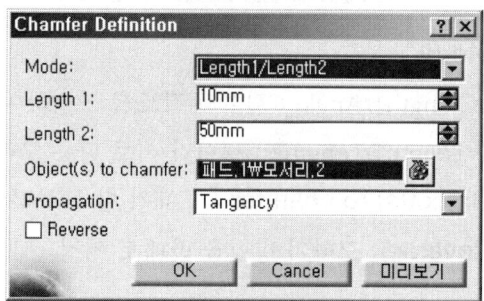

Step 03 "미리보기"와 "OK"를 눌러 모따기 형상을 완성한다.

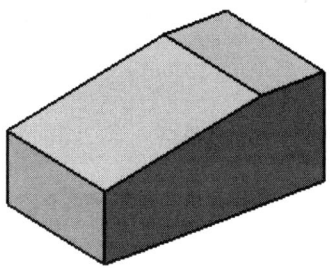

4.4 Draft Angle

기준면을 중심으로 선택한 면에 일정한 각도를 부여하여 경사진 면을 생성하는 기능이다.

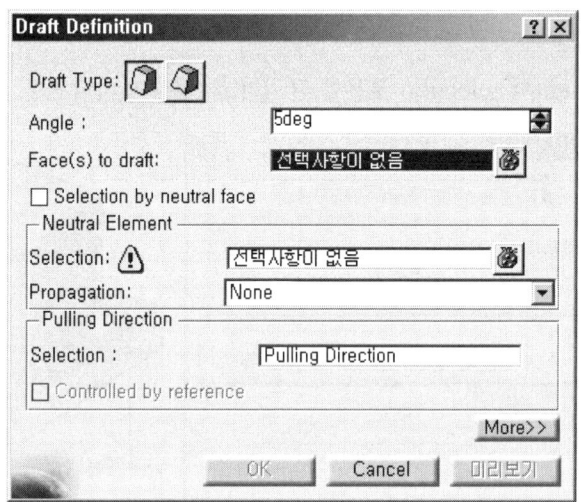

- **Draft Type** : Draft 유형 선택
  - Constant : 선택한 면에 일정한 각도로 Draft
  - Variable : 선택한 면에 다른 각도로 Draft

- **Angle** : Draft 각도 입력
- **Face(s) to draft** : Draft가 적용될 면
- **Neutral Element - Selection** : Draft 기준면 지정
- **Pulling Direction** : Draft 방향 지정

Draft Angle 작성 예

Step 01 사각형상을 만들고, Draft Angle( )을 실행한다.

Step 02 Angle에 15도를 입력하고, Face(s) to draft에서 앞면을 선택한다.

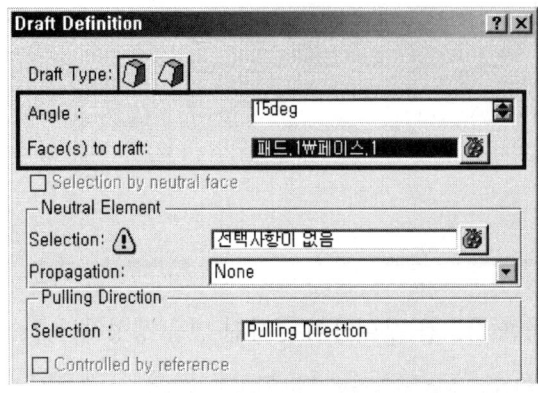
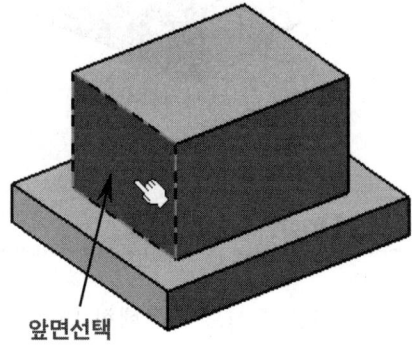

앞면선택

Step 03 Neutral Element의 Selection 부분을 클릭하고, 형상의 바닥면을 선택한다.

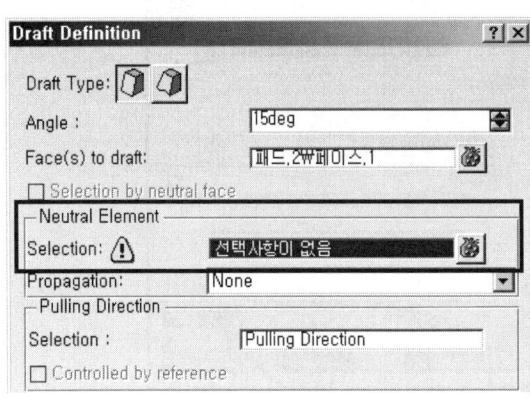
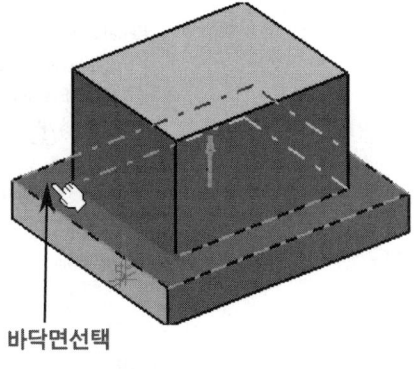

바닥면선택

Step 04 "미리보기"를 한다. 선택한 바닥면을 기준으로 Draft Angle이 생성됨을 파악할 수가 있다. "OK"를 눌러 Draft Angle 형상을 완성한다.

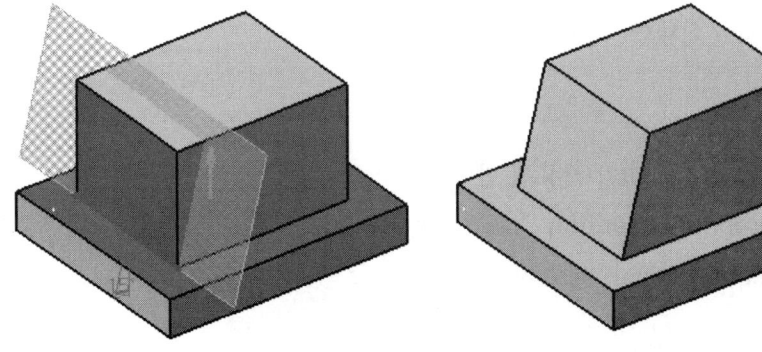

Step 05 다시 Draft Angle(🔲)을 실행한다.

Step 06 Angle에 15도를 입력하고, Face(s) to draft에서 측면을 선택한다.

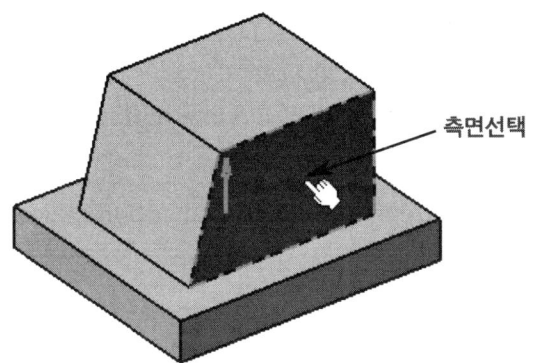

측면선택

Step 07 Neutral Element의 Selection 부분을 클릭하고, 형상의 윗면을 선택한다.

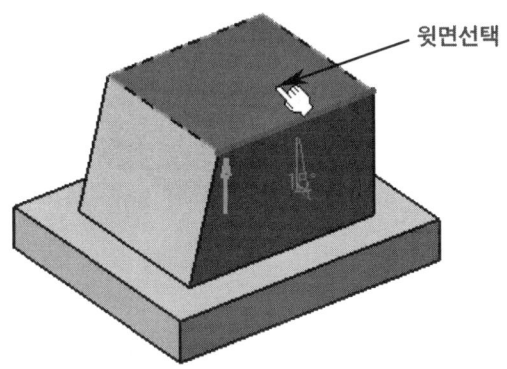

윗면선택

Step 08 "미리보기"하면 선택한 윗면을 기준으로 Draft Angle이 생성됨을 파악할 수가 있다. "OK"를 눌러 Draft Angle 형상을 완성한다.

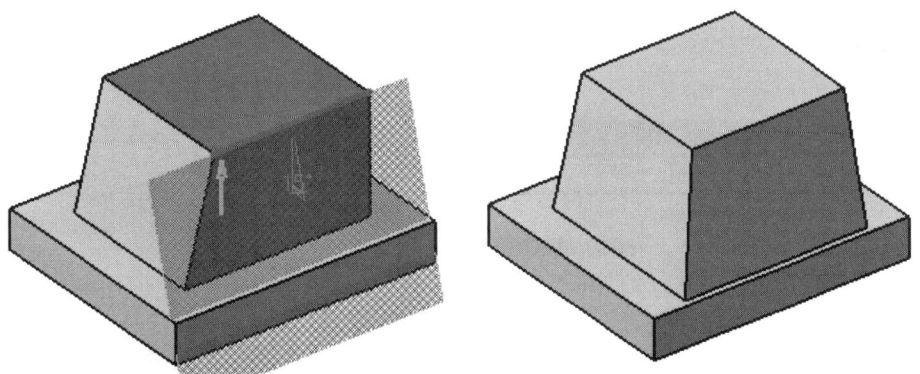

4.5 Shell

모델링 형상의 모든 면(평면, 곡면)에 일정한 두께만 남겨두고, 속 내부를 제거하는 기능으로 주로 중공 형상을 생성할 때 사용한다.

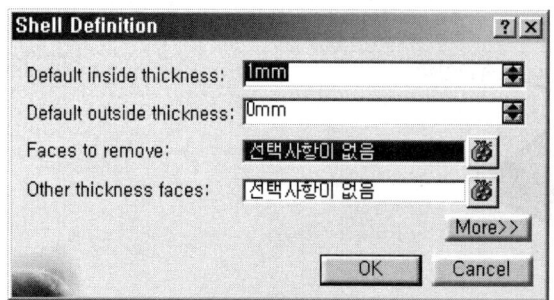

- **Default inside thickness** : 형상 안쪽으로 두께 지정
- **Default outside thickness** : 형상 바깥쪽으로 두께 지정
- **Face to remove** : 제거할 면 선택

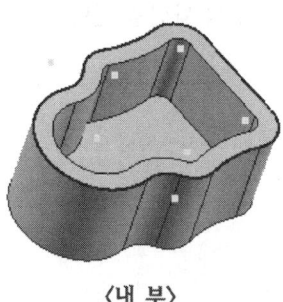
⟨내 부⟩

⟨외 부⟩

Shell 작성 예
Step by Step

Step 01 다음과 같은 형상을 만들고, Shell( )을 실행한다.

Step 02 Default inside thickness에 두께 3을 입력하고, Faces to remove(제거될 면)로 윗면을 선택한다.

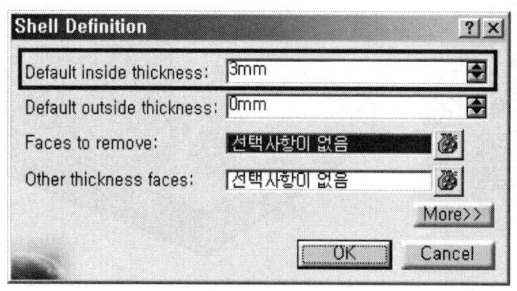
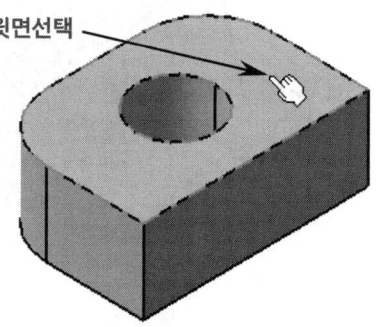
윗면선택

Step 03 계속해서 Faces to remove(제거될 면)로 옆면을 선택한다.

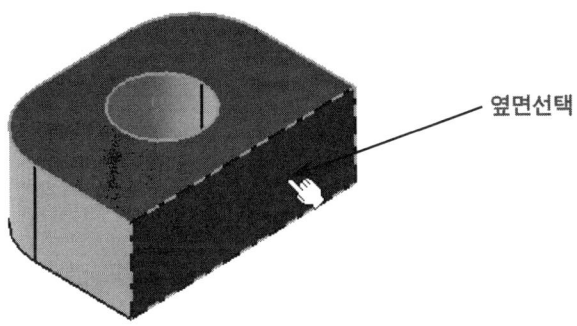

옆면선택

Step 04 "확인"을 눌러 Shell 형상을 완성한다.

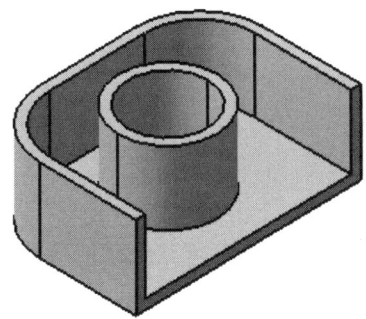

5 Transformation Features

형상의 위치 또는 크기를 변형시키는 기능을 제공한다.

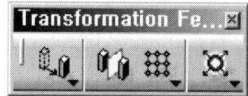

5.1 Transformations

형상의 위치를 변화시킨다.

5.1.1 Translation : 생성된 형상을 공간상으로 이동시키는 기능이다.

기능을 실행하면 다음과 같은 "질문"이 나오는데, 계속하려면 "예"를 클릭한다.
이동시킬 방향을 설정하는 메뉴에는 3가지 방법이 있다.

A. 방향, 거리 이동 : 방향과 거리를 입력하여 이동하는 방법이다. 방향설정은 형상의 모서리, 평면 등을 활용한다. 이동시킬 방향의 모서리를 선택하고, 이동하고자 하는 거리를 입력한다.

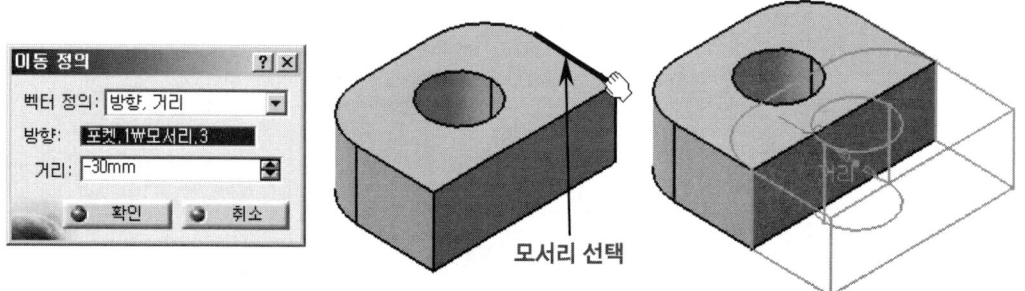

모서리 선택

B. 점 대 점 이동 : 시작점과 끝점(옮길 점)을 선택하여 이동하는 방법이다.
시작점을 선택하고, 끝점을 선택한다.

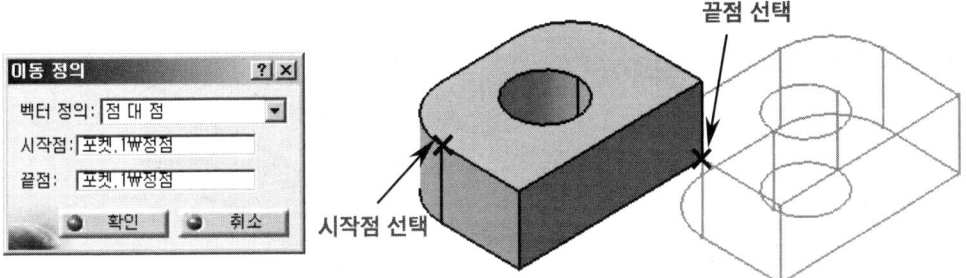

C. 좌표 : 좌표를 이용하여 이동의 방향을 설정한다.
이동정의 창에서 X, Y, Z 좌표를 입력한다.

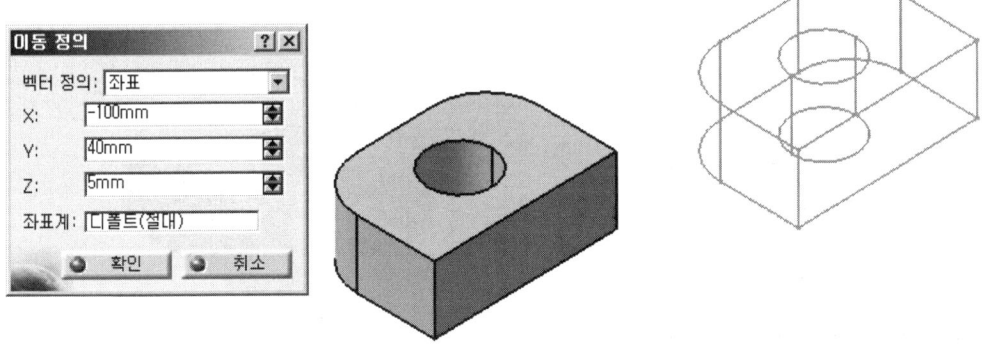

5.1.2 Rotation : 형상을 지정한 축을 따라 회전 이동시키는 기능이다.
회전축과 각도를 지정하는 방법으로 3가지가 있다.

A. 축-각도 회전 : 회전축을 설정하고, 각도를 입력하여 회전시킨다.
회전축을 선택하고, 각도를 입력한다.

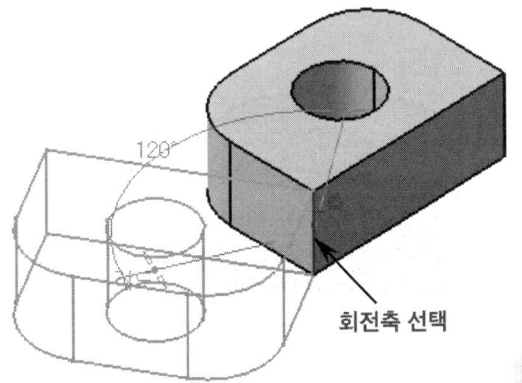

B. 축-두 개의 요소 회전 : 회전축을 설정하고, 각도를 숫자로 입력하는 대신 형상의 점 등을 이용하여 회전시킨다. (지정하는 첫 번째와 두 번째 점의 사이각이 회전각도가 된다.)

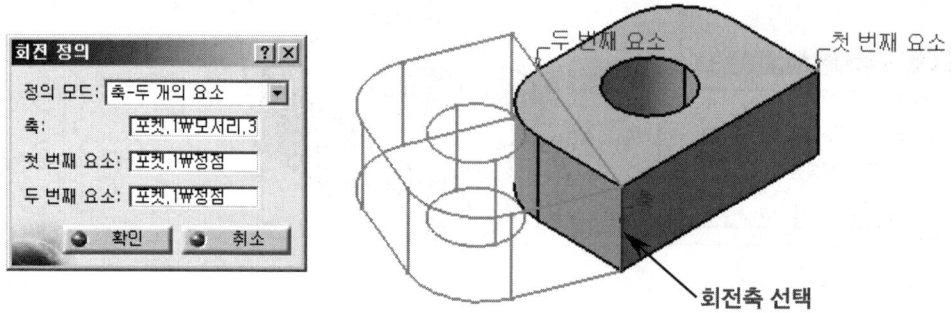

C. 세 개의 점 회전 : 3점을 설정하여 회전시키는 기능이다.
회전축은 3점에 의해서 만들어지는 평면에 두 번째 점을 지나는 수직한 직선이며, 회전각도는 첫 번째와 세 번째 점에 의해서 만들어진다.

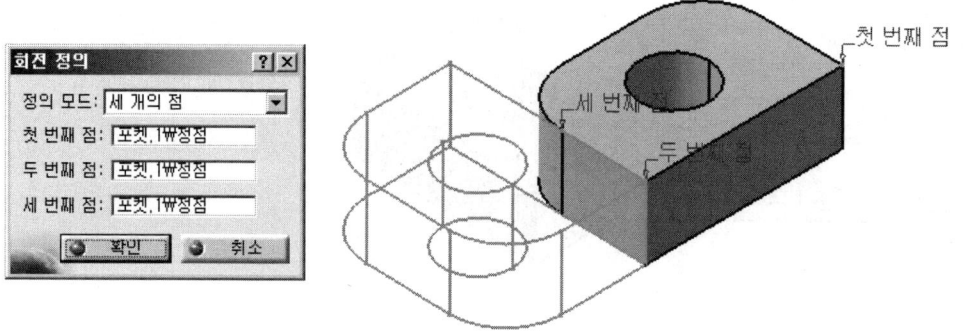

5.1.3 Symmetry : 기준평면을 중심으로 공간상에서 대칭 이동시키는 기능이다.

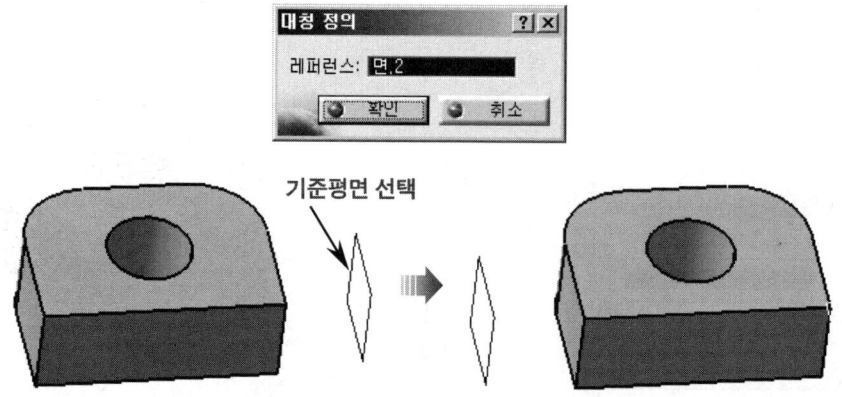

5.2 Mirror

형상의 일부 또는 전체를 대칭평면을 기준으로 거울에 반사되는 것처럼 대칭복사를 하는 기능이다.

(대칭 복사시킬 형상을 미리 선택하고, Mirror을 실행한다. 형상을 선택하지 않고, Mirror를 실행하면 형상 전체를 대칭 복사하게 된다.)

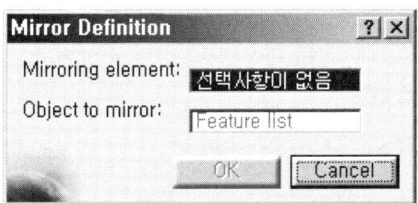

❏ **Mirroring element** : 대칭시킬 기준면 선택

Mirror 작성 예
Step by Step

Step 01 다음과 같은 형상을 만든다.

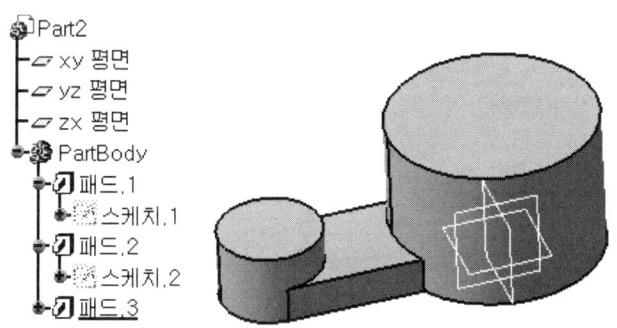

패드.1 : 중앙 큰 원기둥
패드.2 : 왼쪽 작은 원기둥
패드.3 : 작은 사각기둥

Step 02 대칭 복사시킬 형상을 선택한다. (ctrl을 누른 채로 패드2, 패드3 클릭)

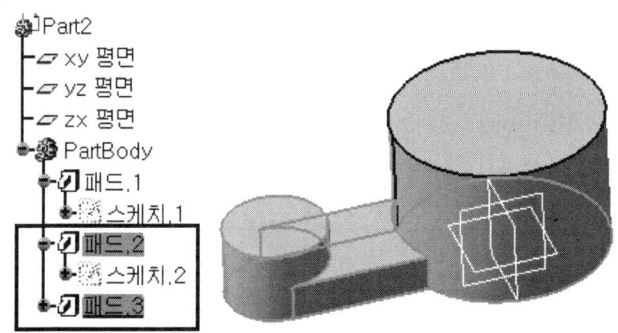

Step 03 Mirror(아이콘)를 실행한다. 대칭 기준면을 선택한다.

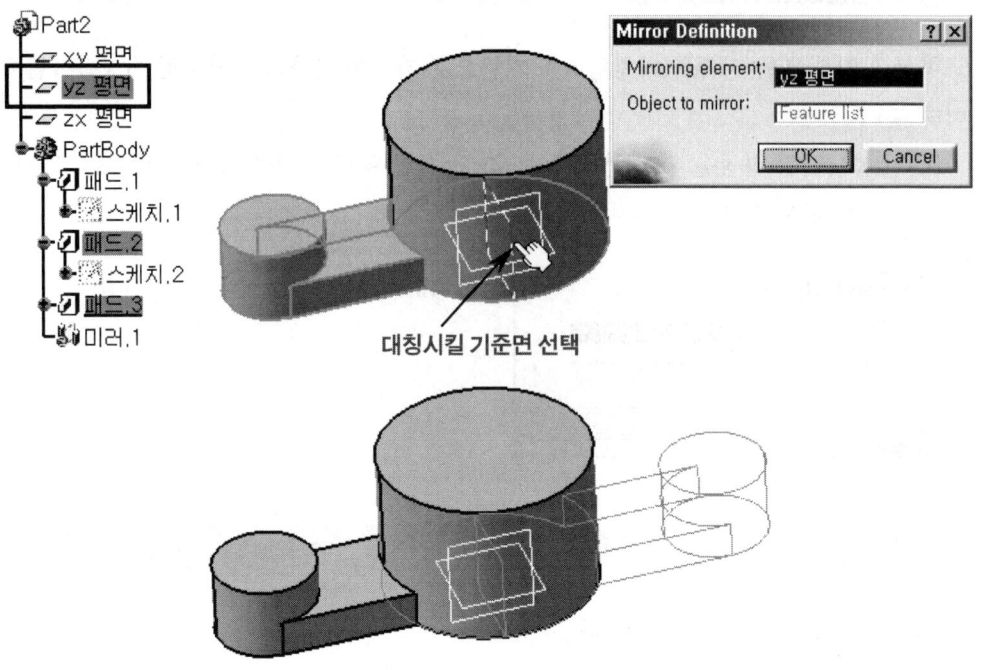

대칭시킬 기준면 선택

Step 04 "OK"를 눌러 대칭복사를 완성한다.

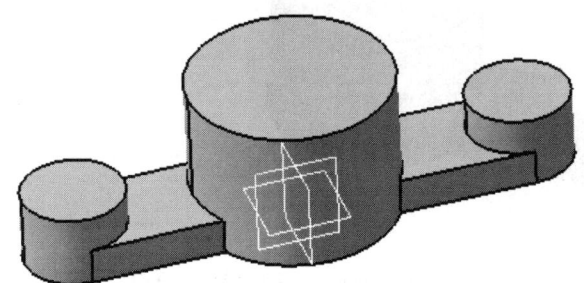

5.3 Patterns

사각형, 원형, 사용자 정의 패턴(배열) 기능이 포함되어있다.

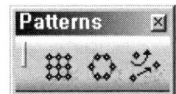

5.3.1 Rectangular Pattern : 선택한 형상을 직사각형으로 배열하는 기능이다.

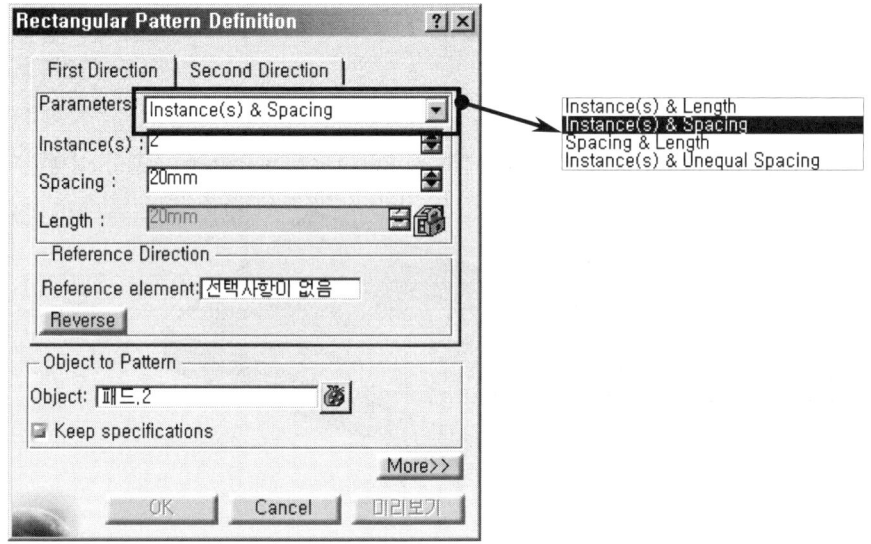

❏ **First Direction & Second Direction** : 첫 번째 방향과 두 번째 방향을 정하는 탭이다.

❏ **Parameters** : 배열 방법을 설정한다.
   • Instance(s) & Spacing : 복사할 요소의 수와 요소간의 거리를 설정하는 옵션이다.
   • Instance(s) & Length : 전체거리를 설정하고, 그 사이에 복사할 요소의 수를 설정한다.
   • Spacing & Length : 전체거리를 설정하고, 요소 사이의 거리를 정한다.
   • Instance(s) & Unequal Spacing : 요소 사이의 거리를 다르게 설정하는 옵션이다.

❏ **Reference Direction**
   • Reference element : 배열시킬 방향의 모서리를 설정한다.
   • reverse : 배열방향을 반대로 한다.

❏ **Object to Pattern** : 배열시킬 형상을 정한다.

Rectangular Pattern 작성 예

Step 01 다음과 같은 형상을 만든다.

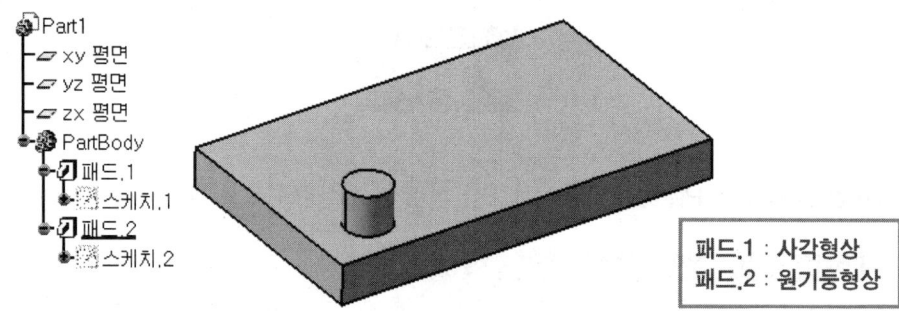

패드.1 : 사각형상
패드.2 : 원기둥형상

Step 02 배열시킬 패드.2(원기둥)를 먼저 선택하고, Rectangular Pattern(⊞)을 실행한다.

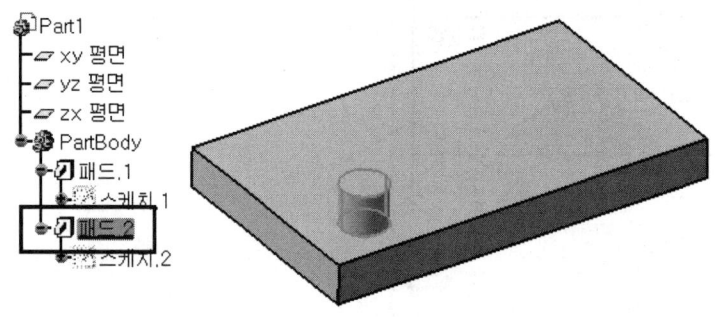

Step 03 First Direction 탭에서....

Instance(s) 항목에 4를, Spacing 항목에 20을 입력한다.

Reference element 항목을 클릭하고, 배열방향의 모서리를 선택한다.

(Reverse 버튼으로 배열방향을 반대로 할 수 있다)

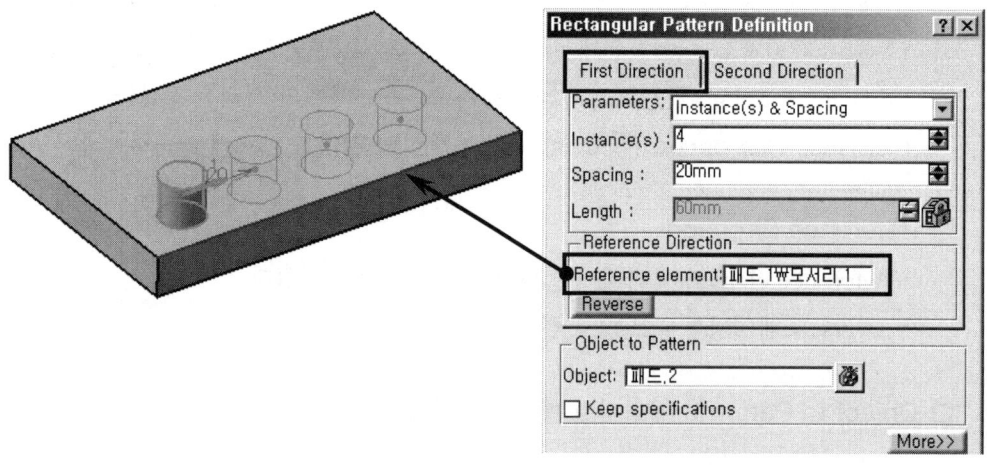

Step 04 Secend Direction 탭에서....

Instance(s) 항목에 3을, Spacing 항목에 18을 입력한다.

Reference element 항목을 클릭하고, 배열방향의 모서리를 선택한다.

(Reverse 버튼으로 배열방향을 반대로 할 수 있다)

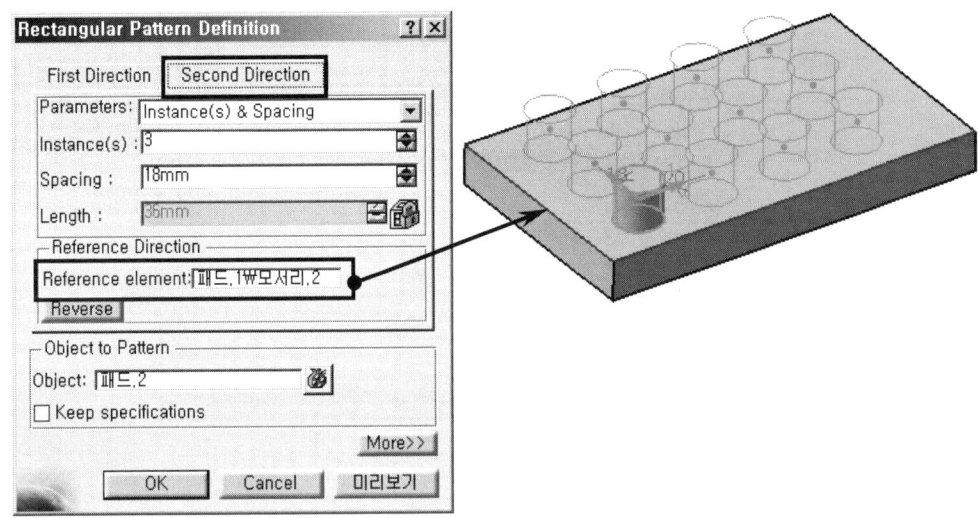

Step 05 "OK"를 눌러 형상을 완성한다.

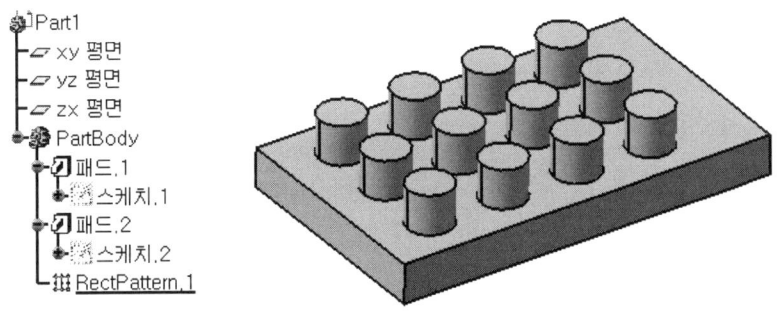

5.3.2 Circular Pattern ✥ : 선택한 형상을 원형으로 배열하는 기능이다.

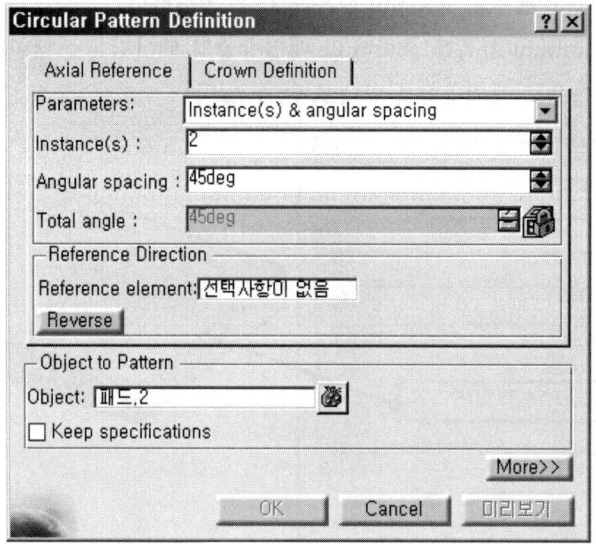

❏ **Parameters** : 배열방법을 설정한다.
- Instance(s) : 복사할 요소의 수를 입력한다.
- angular spacing : 복사할 요소 간의 각도를 설정한다.

❏ **Reference Direction**
- Reference element : 배열시킬 방향의 모서리를 설정한다.
- reverse : 배열방향을 반대로 한다.

❏ **Object to Pattern** : 배열시킬 형상을 정한다.

Circular Pattern 작성 예 *Step by Step*

Step 01 다음과 같은 형상을 만든다.

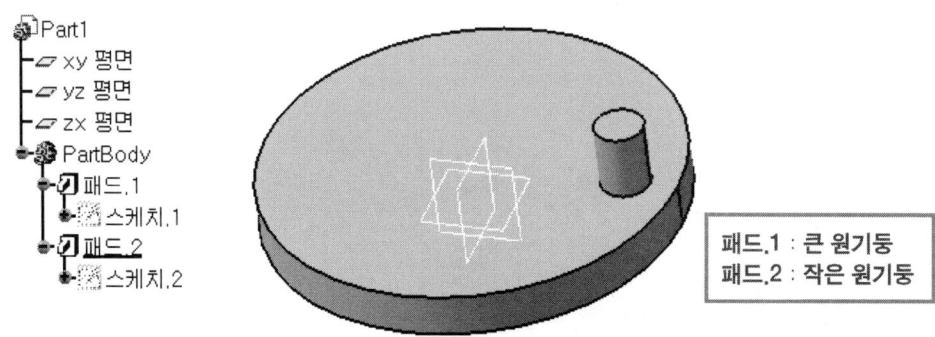

패드.1 : 큰 원기둥
패드.2 : 작은 원기둥

Chapter 03 Part Design 배우기

Step 02 배열시킬 패드.2(원기둥)를 먼저 선택하고, Circular Pattern(⚙)을 실행한다.

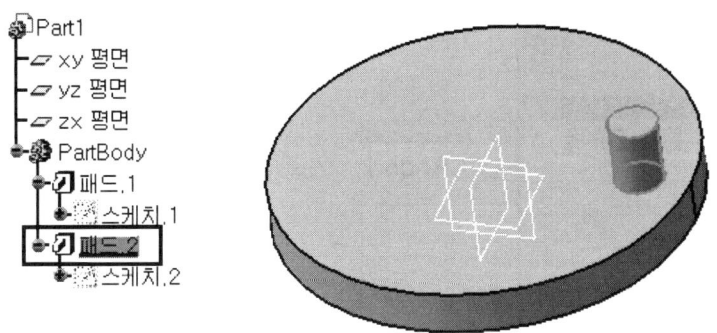

Step 03 Axial Reference 탭에서....
Instance(s) 항목에 8을, Angular Spacing 항목에 45deg 입력한다.
Reference element 항목을 클릭하고, 큰 원기둥의 원통면을 선택한다.

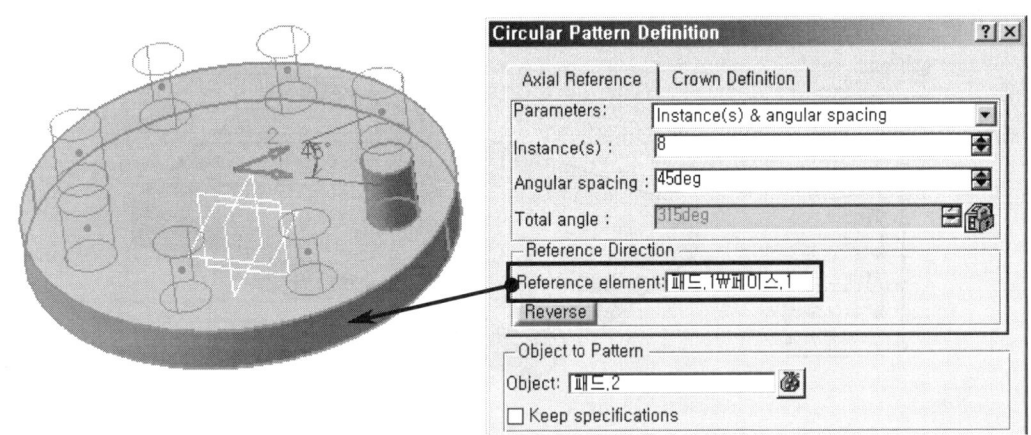

Step 04 "OK"를 눌러 형상을 완성한다.

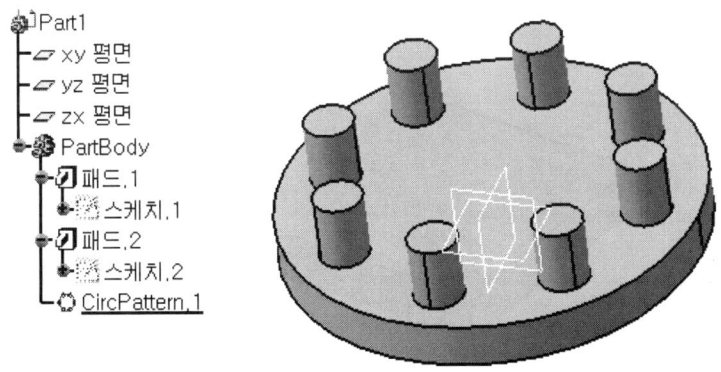

5.3.3 User Pattern : 선택한 형상을 사용자가 원하는 위치에 배열하는 기능이다.

- **Positions** : 스케치에서 작성한 점(point)를 선택한다.
- **Anchor** : 기준점으로 선택하지 않아도 된다.

User Pattern 작성 예
Step by Step

Step 01 다음과 같은 형상을 만든다.

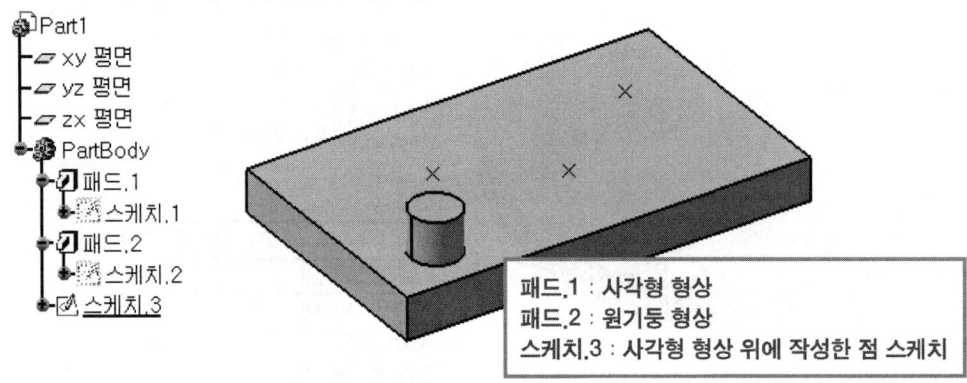

패드.1 : 사각형 형상
패드.2 : 원기둥 형상
스케치.3 : 사각형 형상 위에 작성한 점 스케치

Step 02 배열시킬 패드.2(원기둥)를 먼저 선택하고, User Pattern ( )을 실행한다.

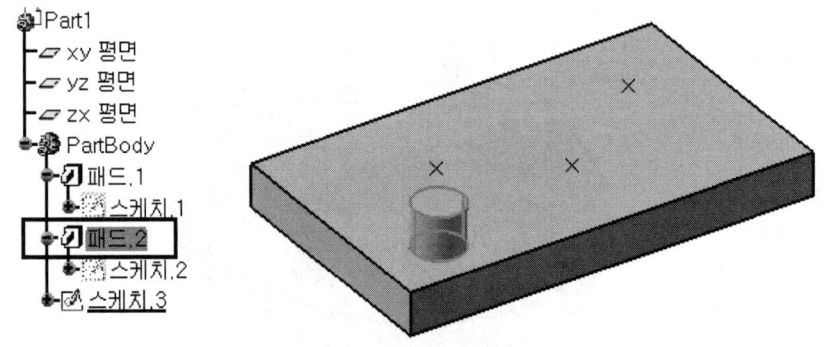

114

Step 03 Positions 항목을 클릭하고, 생성한 점(point) 스케치를 선택한다.

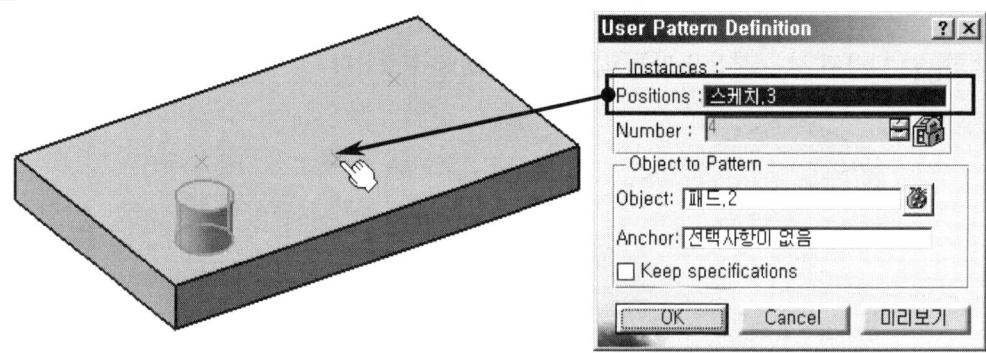

Step 04 "OK"를 눌러 형상을 완성한다.

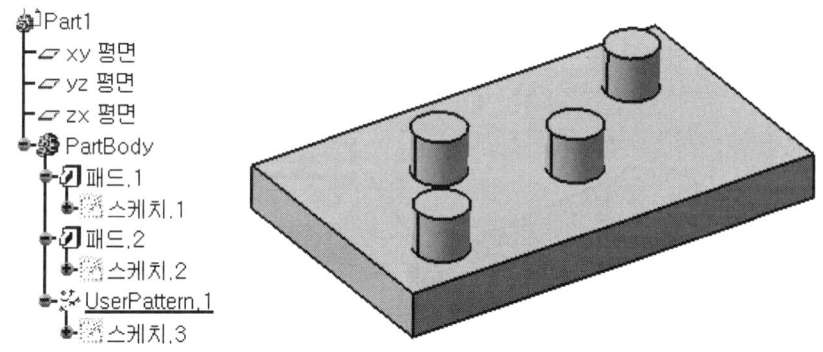

5.4 Scale

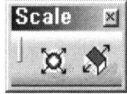

5.4.1 Scaling : 선택한 형상을 확대 또는 축소시키는 기능이다.

- □ **레퍼런스** : 확대/축소시킬 기준
  - 면선택 : 선택한 면과 수직한 방향으로 확대/축소
  - 점선택 : 선택한 점을 기준으로 전체 확대/축소
  - 선선택 : 지정한 선의 방향으로 확대/축소

- □ **비율** : 확대/축소 비율 지정
  - 1보다 크면 확대, 1보다 작으면 축소

Scaling 작성 예

Step 01 다음과 같은 형상을 만들고, Scaling(🔘)을 실행한다.

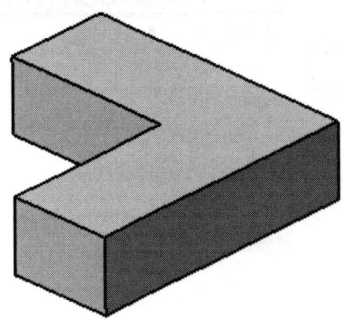

Step 02 레퍼런스 항목에 원하는 평면을 선택하고, 비율을 입력한다.

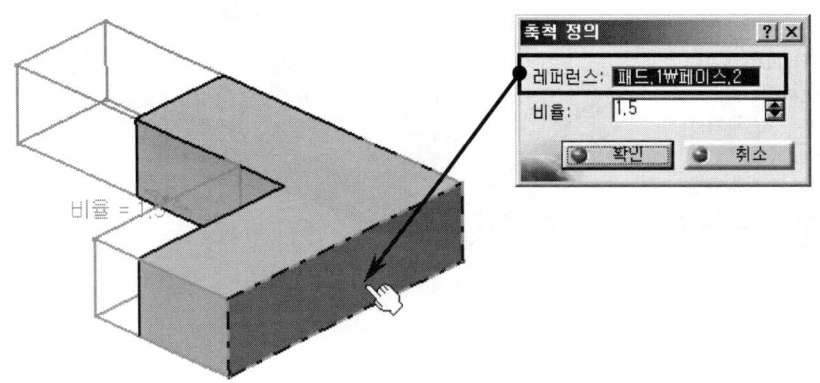

Step 03 또는 레퍼런스 항목에 원하는 점을 선택하고, 비율을 입력한다

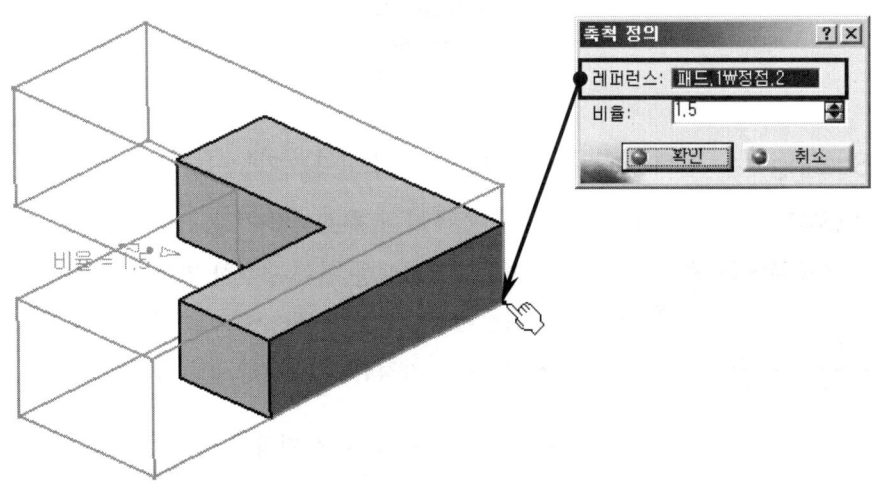

5.4.2 Affinity : 선택한 형상을 축마다 다른 비율로 확대, 축소하는 기능이다.

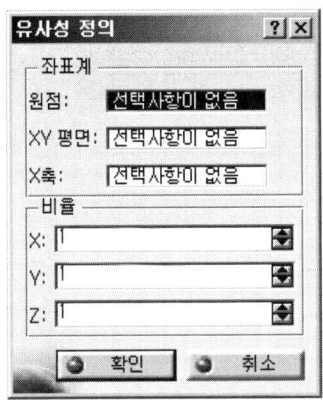

□ 좌표계
- 원점 : 좌표축의 원점 지정
- XY평면 : 좌표축의 XY 평면 지정
- X축 : 좌표축의 X축 지정

□ 비율
- X,Y,Z : 각 축의 방향으로 확대/축소 비율 입력

Affinity 작성 예 *Step by Step*

Step 01 다음과 같은 형상을 만들고, Affinity( )을 실행한다.

Step 02 원점을 지정하고, X,Y,Z 비율을 입력한다.
(좌표계 중에서 원점, XY평면, X축 중에서 필요한 항목만 설정하면 된다.)

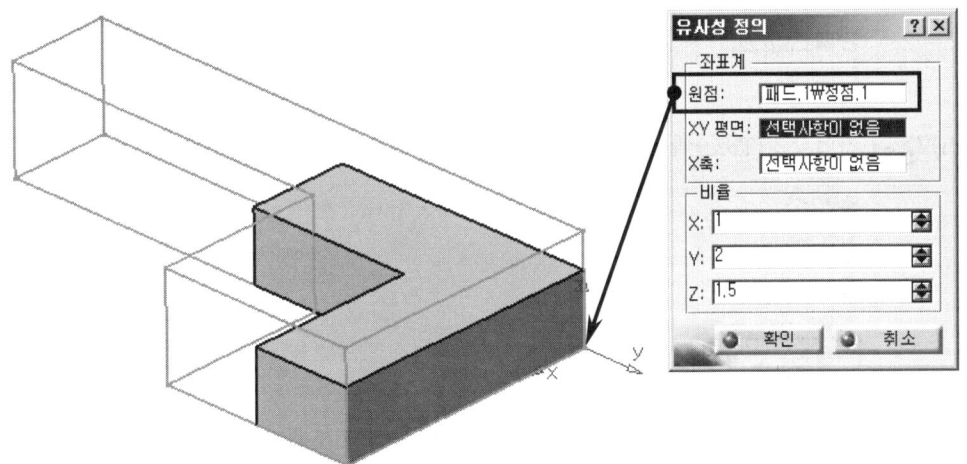

6 Insert

6.1 본체(Body)

작업트리(Tree)에 새로운 본체(Body)를 생성하는 기능이다.

Step 01 본체( ) 아이콘을 누르거나, 풀다운메뉴 ⇒ 삽입 ⇒ 본체를 선택한다.

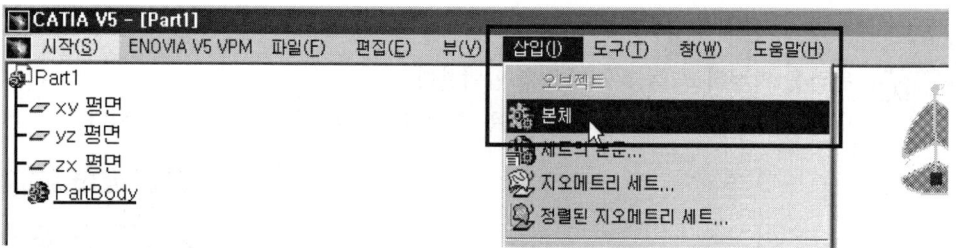

Step 02 작업트리(Tree)에 새로운 본체(본문.2)가 생성된다.

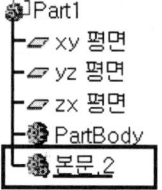

Step 03 본체를 활성화 시키려면 해당 본체에서 마우스 오른쪽 버튼을 눌러 "작업 오브젝트에서 정의"를 선택하면 해당 본체(Body)에 밑줄이 생기고 작업 본체(Body)가 된다.

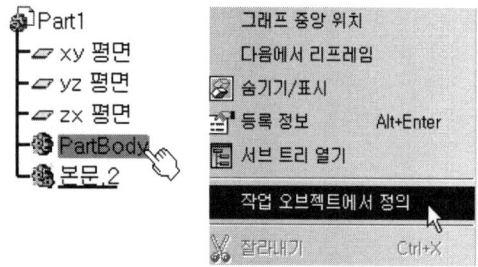

7 Boolean Operation

여러 개의 본체(Body)를 결합하거나 삭제해서 하나의 본체(Body)로 만들어 주는 기능이다. 풀다운메뉴 ⇒ 삽입 ⇒ Boolean Operation을 선택하여 실행할 수 있다.

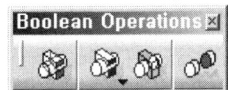

7.1 결합

두 개의 본체를 선택해서 하나의 본체로 결합한다.

결합 작업이 이루어지면 종속 본체는 주인 본체 아래로 들어오고, 트리(Tree)에서 삭제된다. 조합된 본체는 결합되기 전의 본체 속성을 그대로 이어 받는다.

결합 작성 예 — Step by Step

Step 01 사각형 스케치를 이용하여 다음과 같이 Pad( ) 형상을 만든다.

Step 02 본체( ) 아이콘을 누르거나, 풀다운메뉴 ⇒ 삽입 ⇒ 본체( )를 선택하여 새로운 Body를 생성한다.

Step 03 생성시킨 본문.2에서 스케치(📝)를 실행하여 사각형 형상의 윗면에 원(⊙)을 그린다.

Step 04 워크벤치 종료(⬆)를 클릭한다.

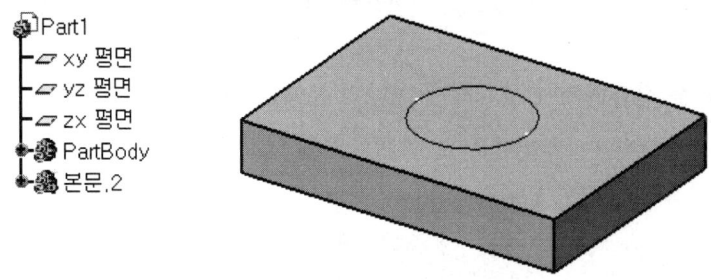

Step 05 Pocket(📦)을 실행한다. Depth값을 입력하고, Mirrored extend에 체크를 하여 양방향으로 돌출시킨다.

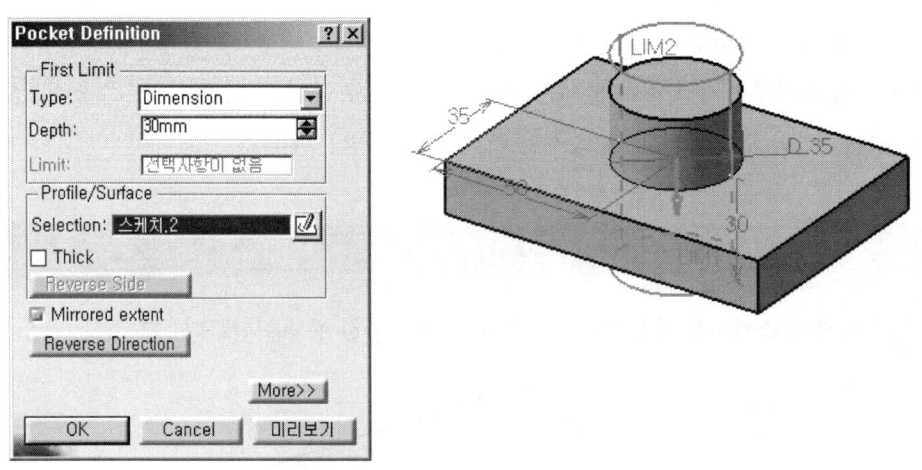

Step 06 OK를 누른다. 사각형상은 Pad, 원기둥은 Pocket으 속성을 갖는 형상이 만들어진다.

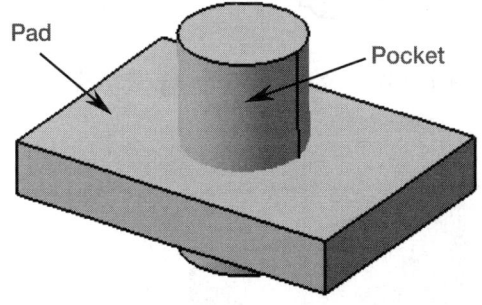

Step 07 결합(🎲)을 실행한다. Assemble는 원기둥을 선택하고, To는 사각형상을 선택한다.

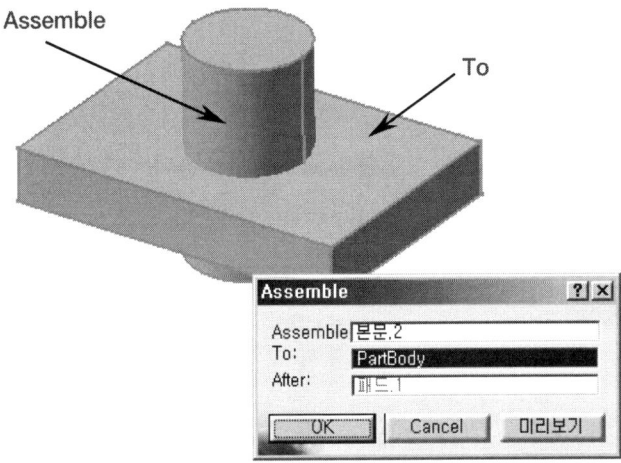

Step 08 OK를 누른다.

PartBody 밑에 어셈블.1이 만들어지고 그 아래에 본문.2가 옮겨왔다. 본문.2는 Pocket에 의해 만들어진 요소이므로 PartBody에는 Pocket에 의해서 구멍이 뚫렸다. 즉, 본문.2의 속성이 그대로 승계된 것이다.

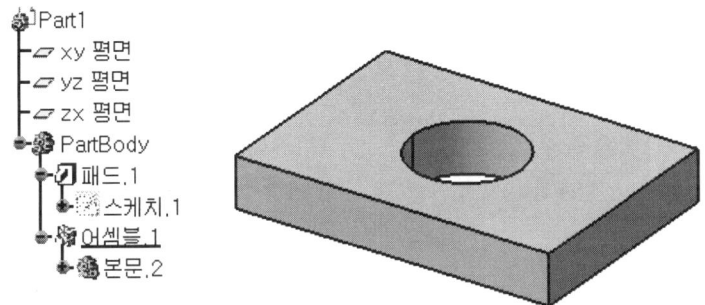

7.2 추가

본체(Body)의 속성을 무시하고 화면에 보이는 대로 결합하는 기능이다. 결합과 차이점은 속성이 승계되지 않는다.

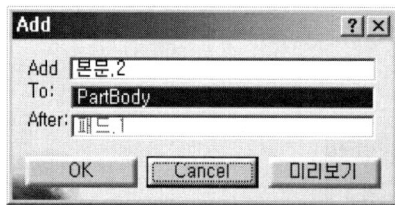

- **Add** : 합할 Body를 선택한다.
- **To** : 주인 Body를 선택한다.

추가 작성 예
Step by Step

Step 01 결합 작성 예의 01~05 과정을 실행한다.

Step 02 추가( )를 실행한다. Add와 To를 선택한다.

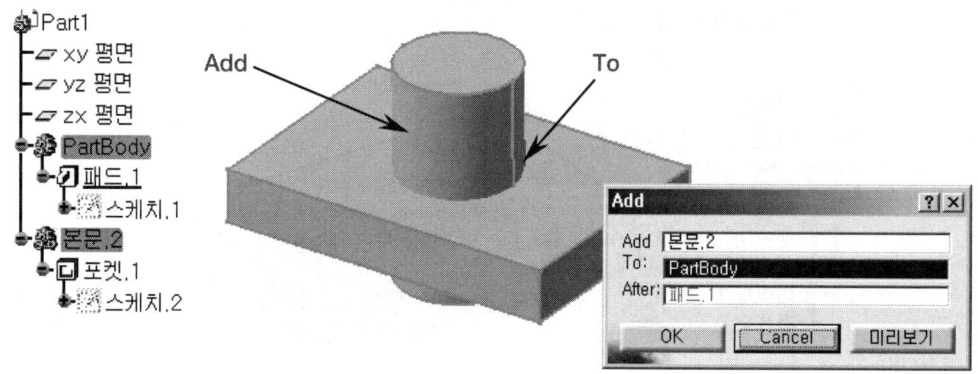

Step 03 OK를 누른다.

본문.2가 PartBody 아래로 옮겨왔고, PartBody와 본문.2가 합쳐져 하나의 형상이 되었다. 눈에 보이는 대로 사각형상과 원기둥이 하나로 결합되어 나왔다.

7.3 제거

겹쳐진 두 개의 Body에서 하나의 Body를 제거하는 기능이다. 이것은 승계되지 않고, 보이는 대로 작업이 된다.

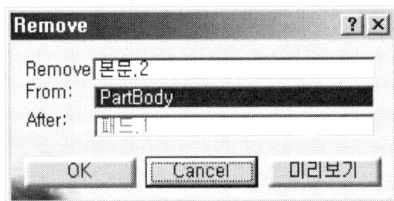

- **Remove** : 제거 대상을 선택한다.
- **From** : 주인 Body를 선택한다.

제거 작성 예 *Step by Step*

Step 01 결합 작성 예의 01~05 과정을 실행한다.

Step 02 제거(🔧)를 실행한다. Remove와 From을 선택한다.

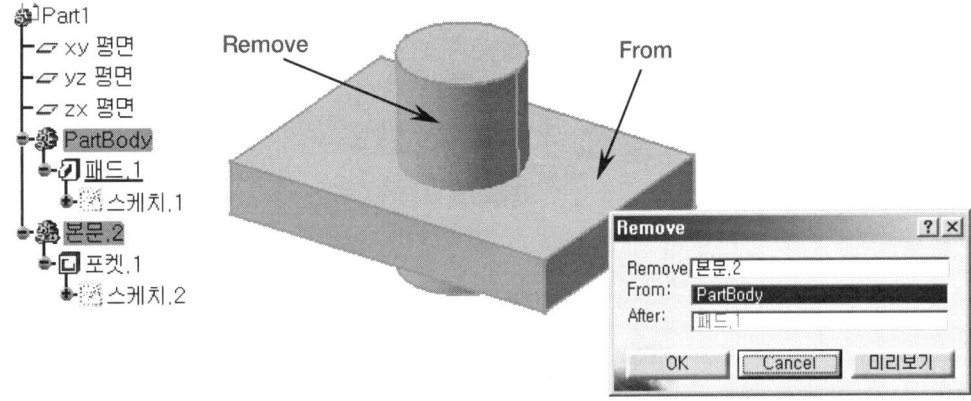

Step 03 OK를 누른다.
본문.2가 PartBody 아래로 옮겨왔고, PartBody에는 본문.2가 제거되어 구멍이 뚫렸다.

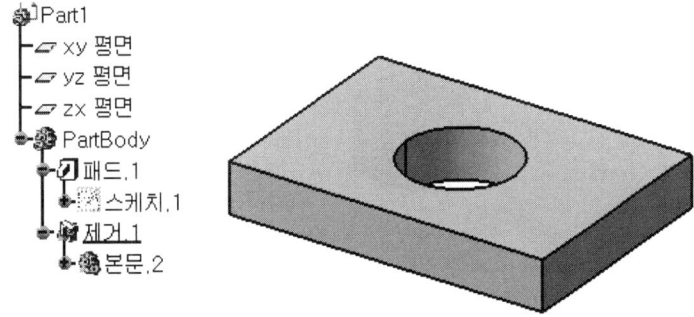

7.4 교차

서로 겹쳐진 Body가 있을 때 교차한 부분만 남기고 다른 부분은 제거하는 기능이다.

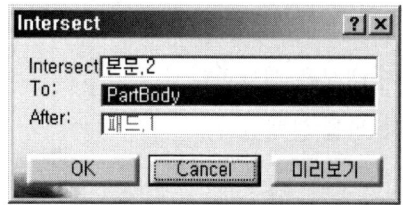

- **Intersect** : 종속 Body를 선택한다.
- **To** : 주인 Body를 선택한다.

교차 작성 예
Step by Step

Step 01 결합 작성 예의 01~05 과정을 실행한다.

Step 02 교차( )를 실행한다. Intersect와 To를 선택한다.

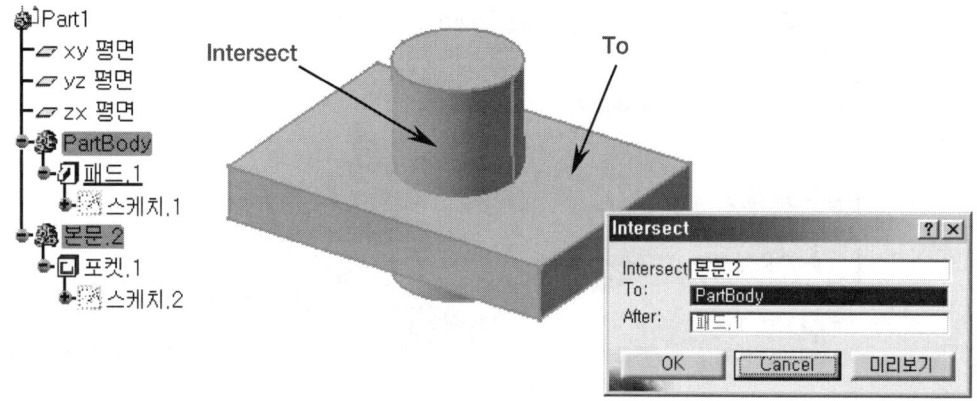

Step 03 OK를 누른다.

본문.2가 PartBody 아래로 옮겨지고 두 물체가 겹치는 부분만 남았다.

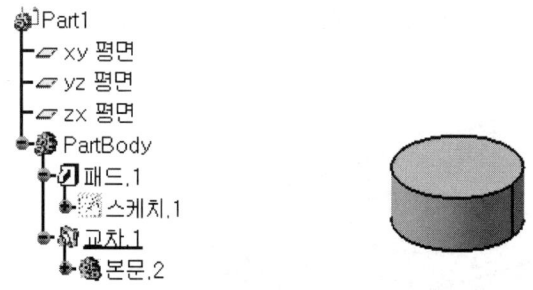

7.5 결합 자르기

서로 겹친 Body가 있을 때 불필요한 부분을 제거하면서 합하는 기능이다.

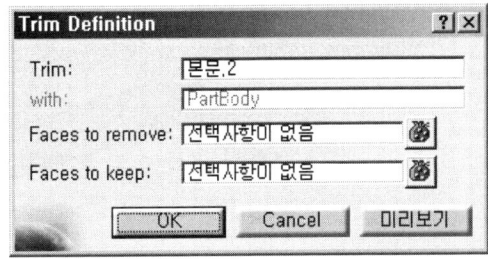

결합 자르기 작성 예 — Step by Step

Step 01 xy평면에 사각형 스케치를 그리고, Pad( )하여 "사각형상1"을 만든다.

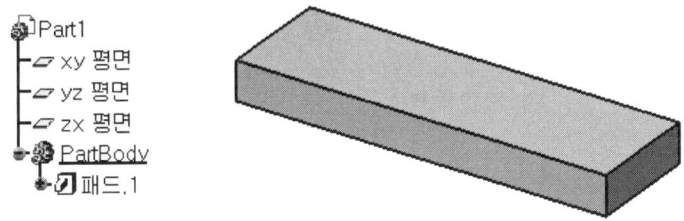

Step 02 본체( ) 아이콘을 누르거나, 풀다운메뉴 ⇒ 삽입 ⇒ 본체( )를 선택하여 새로운 Body를 생성한다.

Step 03 본문.2의 xy평면에 사각형 스케치를 그리고, Pad( )하여 "사각형상2"를 만든다.

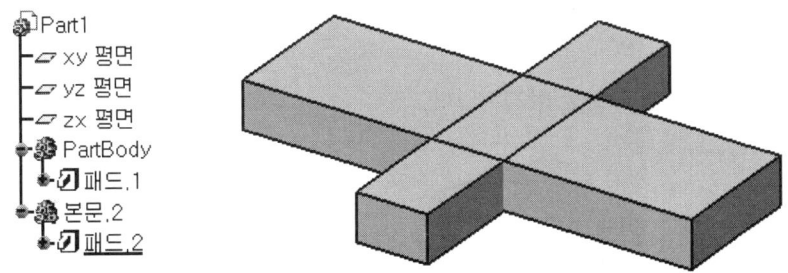

Step 04 결합 자르기(🔧)를 실행한다. 자르고자 하는 Body를 선택한다.

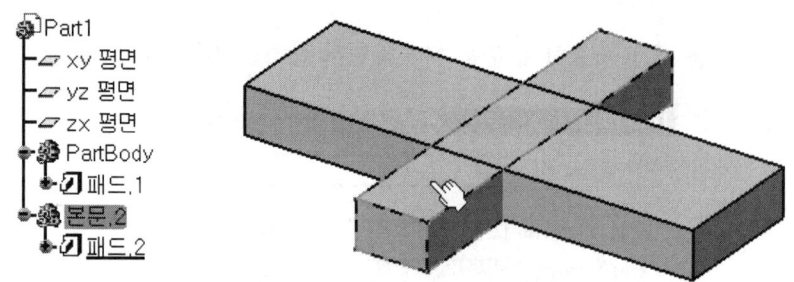

Step 05 Faces to remove 항목을 지정하고, 삭제하고자 하는 면(앞면)을 선택한다.

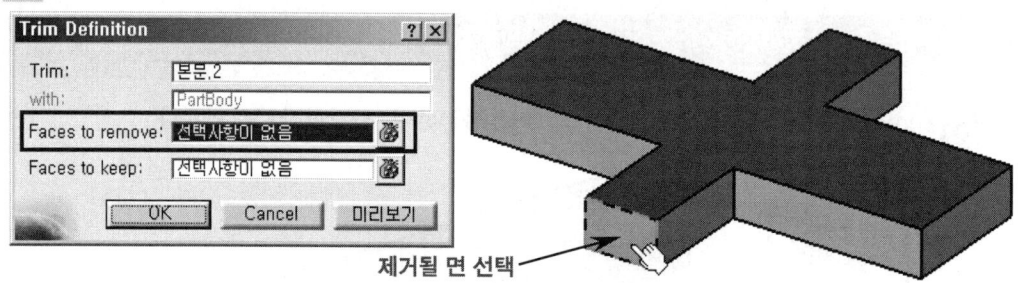

제거될 면 선택

Step 06 Faces to keep 항목을 지정하고, 남기고자 하는 면(중간면)을 선택한다.

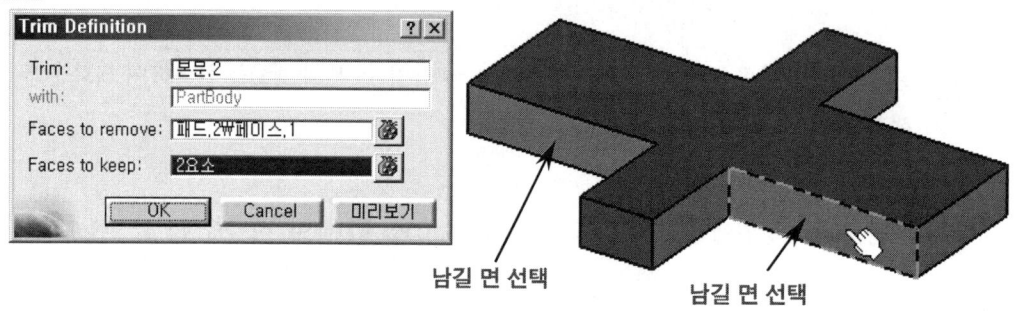

남길 면 선택   남길 면 선택

Step 07 OK를 누른다. 선택한 부분만 삭제되었다.

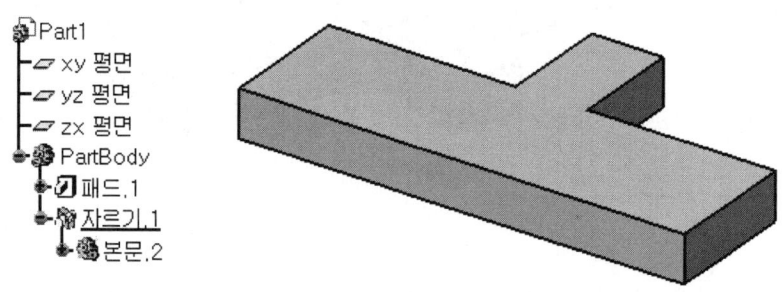

7.6 덩어리 제거

본체(Body)를 제거(Remove)한 후 기하학적으로 불필요한 부분을 제거하는 기능이다. 특히, 부주의로 만들어진 구멍 등을 제거하는데 적당한다.

덩어리 제거 작성 예 — Step by Step

Step 01 xy평면에 사각형 스케치를 그리고, Pad( )하여 "사각형상"을 만든다.

Step 02 본체( )를 실행한다.

Step 03 xy평면에서 약간 높은 곳에 plane( )을 만들고, 원을 스케치하고, Pad( )하여 "원기둥"을 만든다.

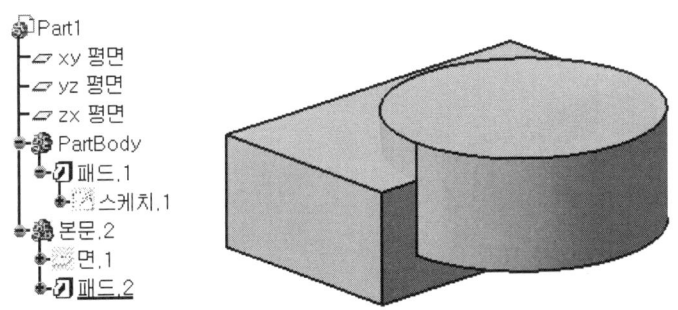

Step 04 Shell( )을 실행한다. 원기둥 형상에 제거될 면으로 윗면을 지정하고, 두께를 주어 속 내부를 제거한다.

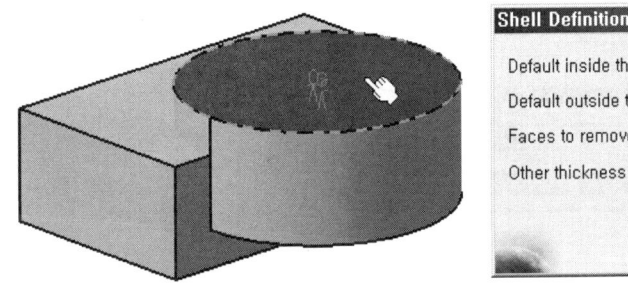
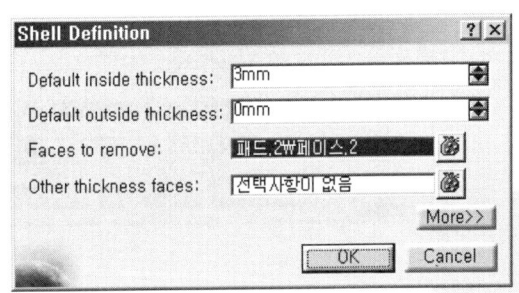

Step 05 Part Body의 사각형상과 본문.2에서 Shell이 적용된 원기둥의 형상이 생성되었다.

Step 06 제거( )를 실행한다. Remove와 From을 선택한다.

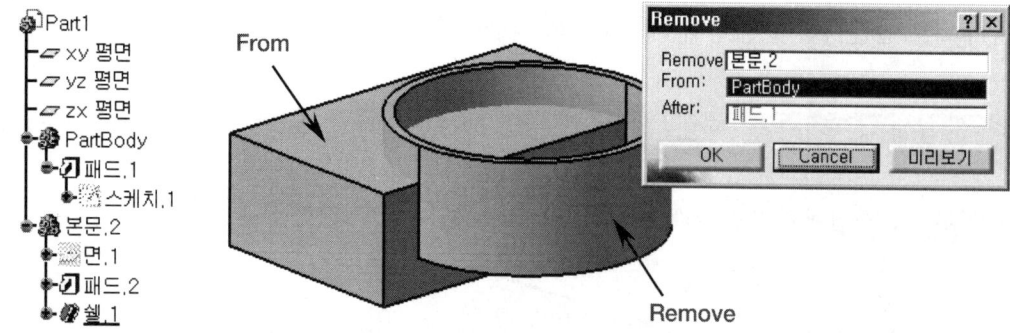

Step 07 OK를 누른다. 제거 형상이 만들어졌다.

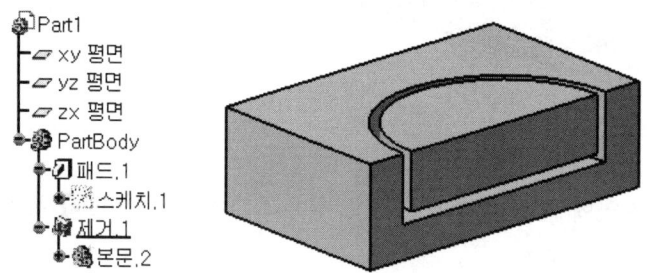

Step 08 덩어리 제거( )를 실행한다. 자르기 할 Body를 선택한다.

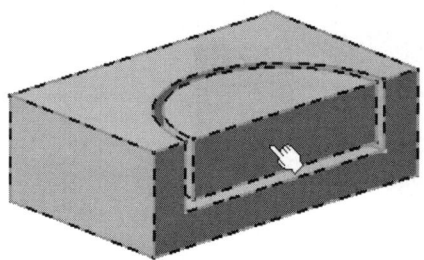

Step 09 Faces to remove 항목을 지정하고, 제거될 면을 선택한다.

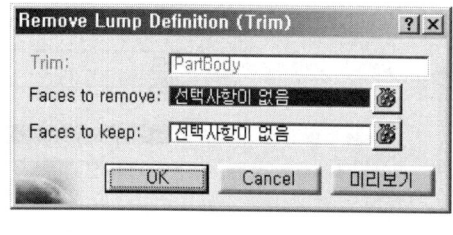 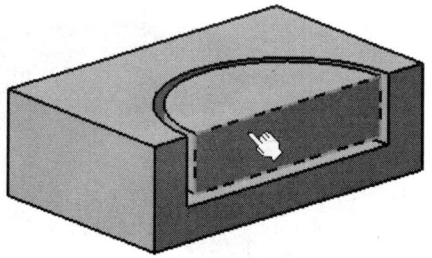

Step 10 OK를 누른다. 불필요한 부분이 제거되었다.

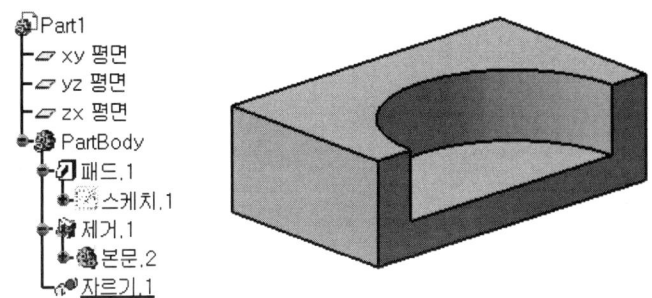

제품설계에 적합한 CATIA 응용기법

CATIA_V5 DeSign

Chapter 04

CATIA 모델링 따라하면서 배우기(기초편)

- 과제 1 CATIA 기본과정
- 과제 2 CATIA 기본과정
- 과제 3 CATIA 기본과정
- 과제 4 CATIA 기본과정
- 과제 5 CATIA 기본과정
- 과제 6 CATIA 기본과정
- 과제 7 CATIA 기본과정
- 과제 8 CATIA 기본과정
- 과제 9 CATIA 기본과정

과제 1 CATIA 기본과정 - Modeling 따라하면서 배우기

다음 도면을 분석하여 스케치, Pad, Pocket을 활용한 모델링을 한다.

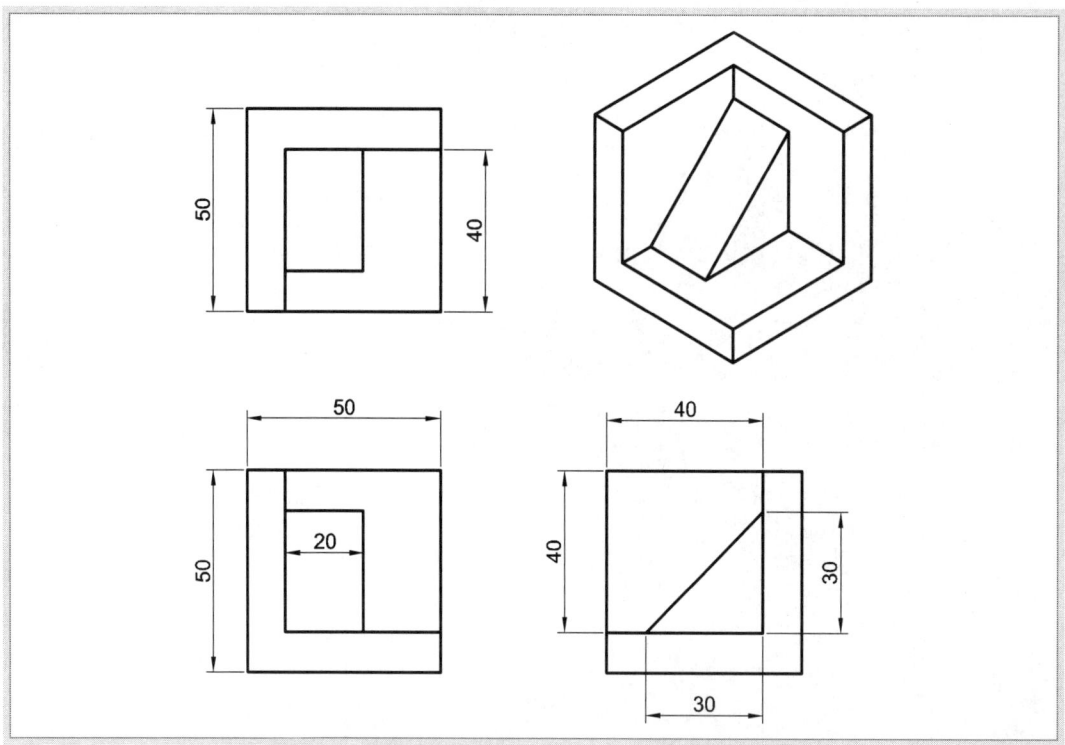

Step 01 CATIA( )를 실행한다.

Step 02 CATIA를 실행하면 Assembly Mode가 실행되는데, ☒을 눌러 창을 닫아 초기화한다.

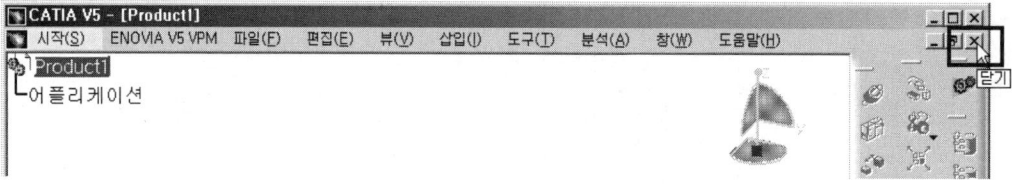

Step 03 [시작 ⇒ 기계디자인 ⇒ Part Design]을 눌러 3D 환경으로 전환한다.

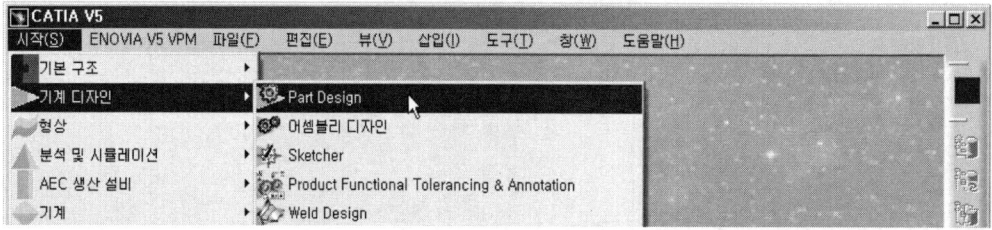

Step 04 새 파트 창에서 작업할 파일의 이름을 입력하고, 확인을 누른다.

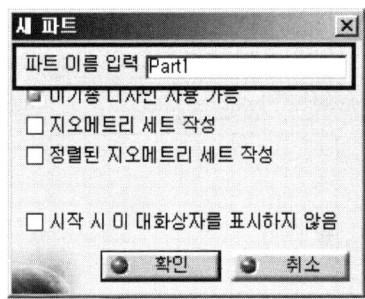

Step 05 스케치( )를 실행하고, xy평면을 선택한다.

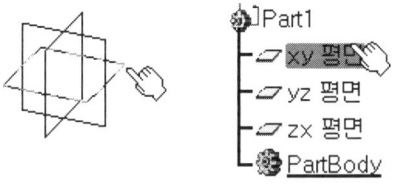

Step 06 직사각형( )을 실행한다. P1점과 P2점을 클릭하여 사각형을 작성한다.

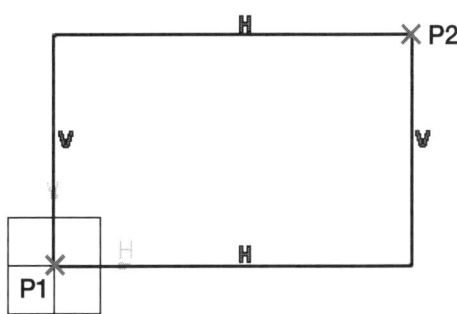

Step 07 제약조건( )을 실행한다. P1선, P2선, P3지점을 클릭하여 수평치수를 입력한다.

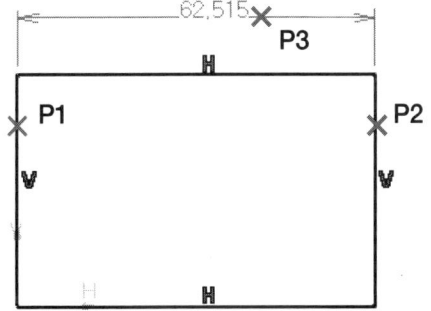

Step 08 생성된 치수를 더블클릭한다.
나타나는 창의 값에 50을 입력하고, 확인을 누른다. 형상과 치수가 수정되었다.

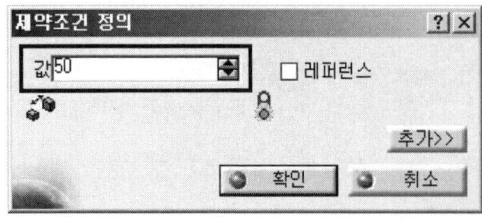
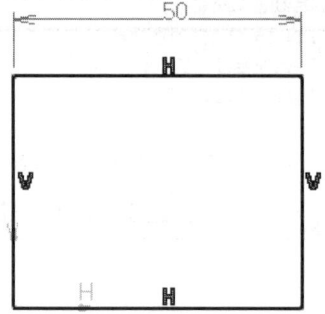

Step 09 제약조건(□)을 실행한다. P1선, P2선, P3지점을 클릭하여 수직치수를 입력한다.

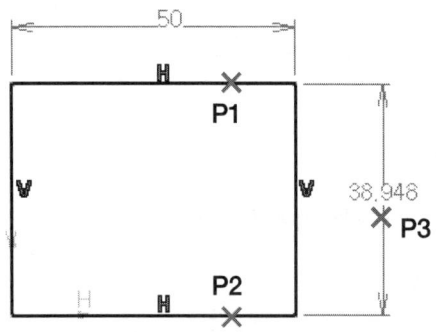

Step 10 생성된 치수를 더블클릭한다.
나타나는 창의 값에 50을 입력하고, 확인을 누른다. 형상과 치수가 수정되었다.

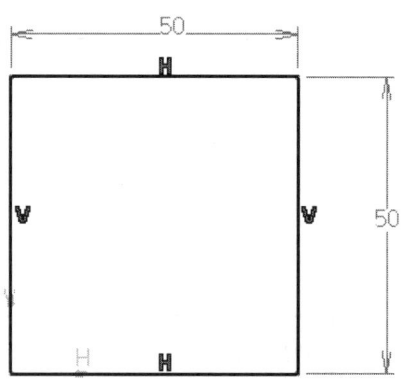

Step 11 워크벤치 종료(⬆)를 실행한다. 스케치를 마무리하고, 3차원 환경으로 바꾼다.

Step 12 Pad(⬀)를 실행한다.

Step 13 Length에 50을 입력하고, 미리보기와 OK를 누른다.

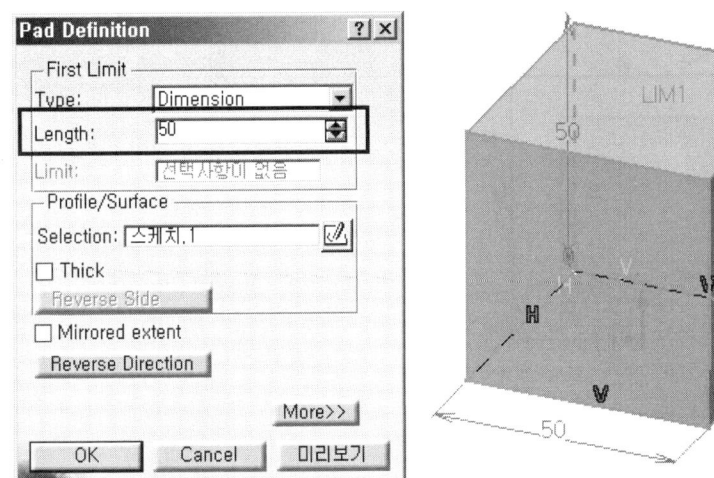

Step 14 스케치(📝)를 실행하고, 사각형상의 앞면을 선택한다.

Step 15 직사각형(▭)을 실행한다. P1점과 P2점을 클릭하여 사각형을 작성한다.

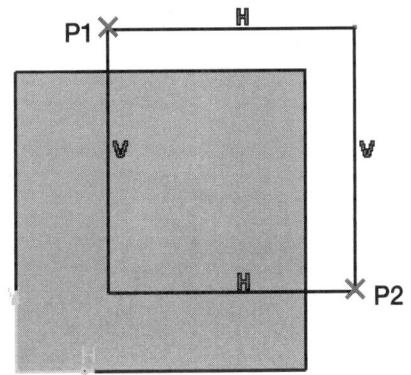

Step 16 제약조건(□)을 실행한다. P1선, P2선, P3지점을 클릭하여 수평치수를 입력한다.

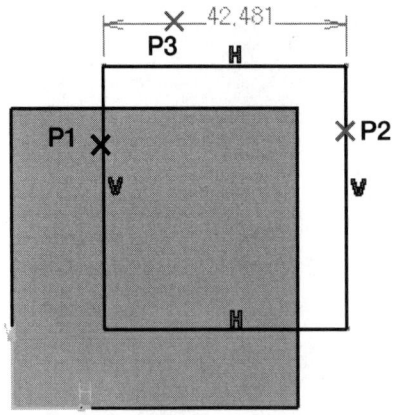

Step 17 생성된 치수를 더블클릭하고, 나타나는 창의 값에 40을 입력하고, 확인을 누른다.

 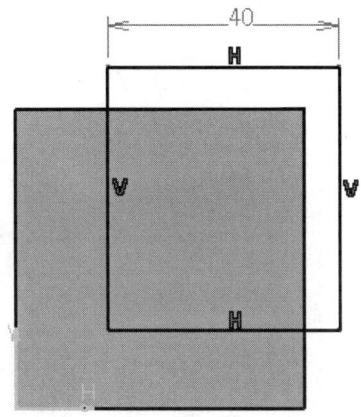

Step 18 제약조건(□)을 실행한다. P1선, P2선, P3지점을 클릭하여 수직치수를 입력한다.

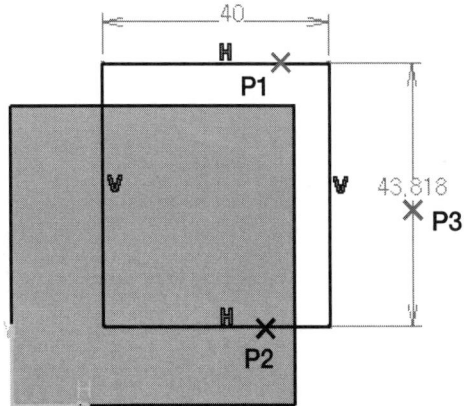

Step 19 생성된 치수를 더블클릭하고, 나타나는 창의 값에 40을 입력하고, 확인을 누른다.

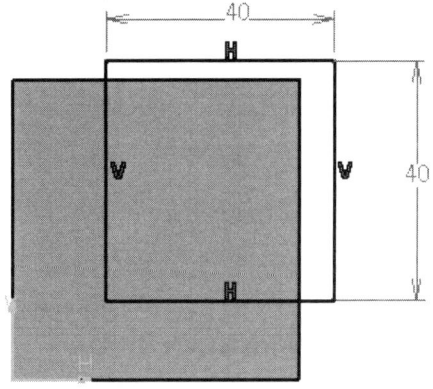

Step 20 제약조건(   )을 실행한다.

Step 21 P1선, P2선을 클릭하고, 마우스 오른쪽 버튼을 클릭한다. [일치]를 선택한다.

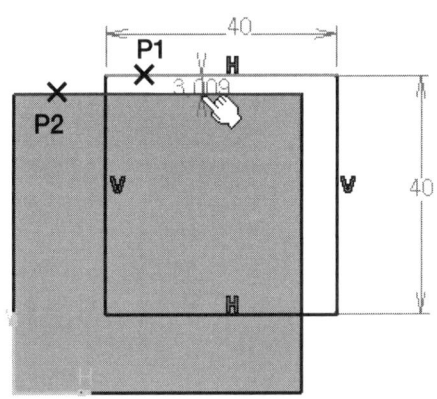
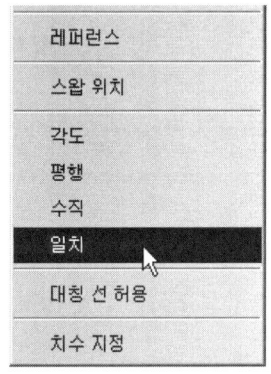

Step 22 선택한 두 선이 일치되었다.

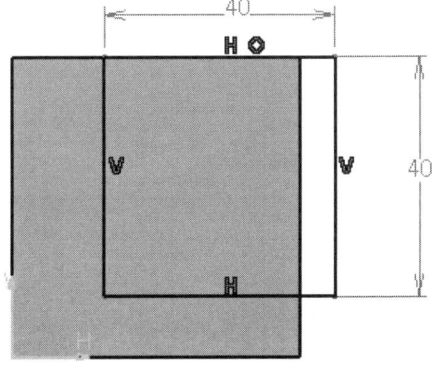

Step 23 제약조건(   )을 실행한다.

Step 24 P1선, P2선을 클릭하고, 마우스 오른쪽 버튼을 클릭한다. [일치]를 선택한다.

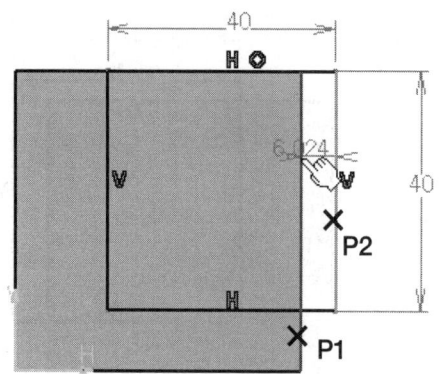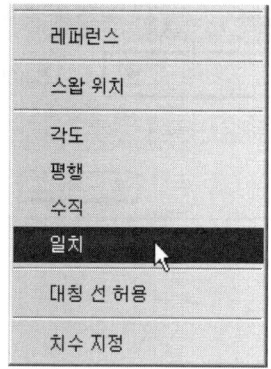

Step 25 선택한 두 선이 일치되었다.

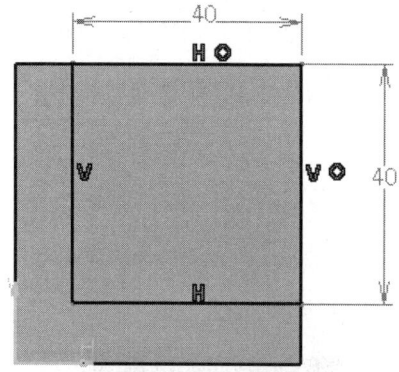

Step 26 워크벤치 종료(↥)를 실행한다. 스케치를 마무리하고, 3차원 환경으로 바꾼다.

Step 27 Pocket(▣)을 실행한다.

Step 28 Depth에 40을 입력하고, Reverse Direction 버튼을 클릭하면서 Pocket 방향을 형상 안쪽으로 정한다. 미리보기와 OK를 누른다.

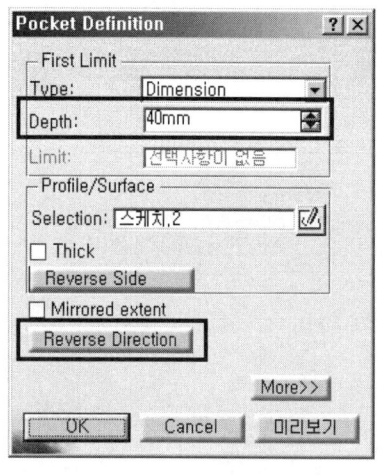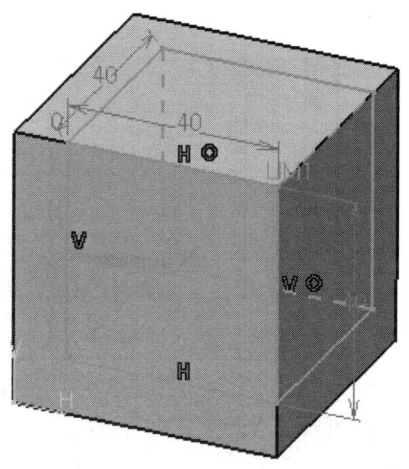

Step 29 스케치(📝)를 실행하고, 형상의 안쪽 측면을 선택한다.

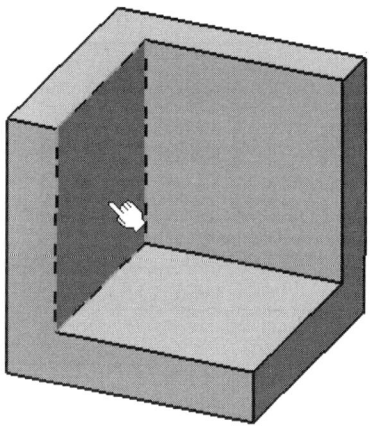

Step 30 프로파일(✏️)을 실행하고, P1점→P2점→P3점→P1점을 클릭하여 삼각형을 작성한다.

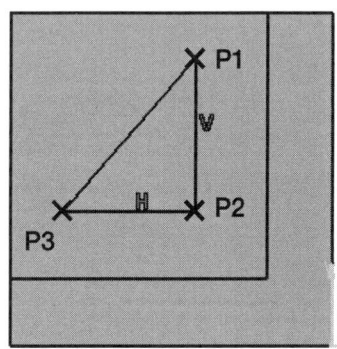

Step 31 제약조건(🔲)으로, 수평,수직치수를 입력한다. 생성된 치수를 더블클릭하여 값을 30으로 변경한다.

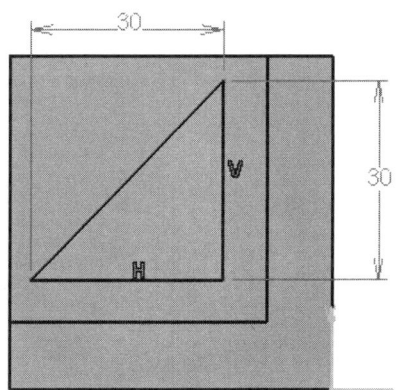

Step 32 제약조건()으로 P1선, P2선을 클릭하고, 마우스 오른쪽 버튼을 클릭한다. [일치]를 선택한다.

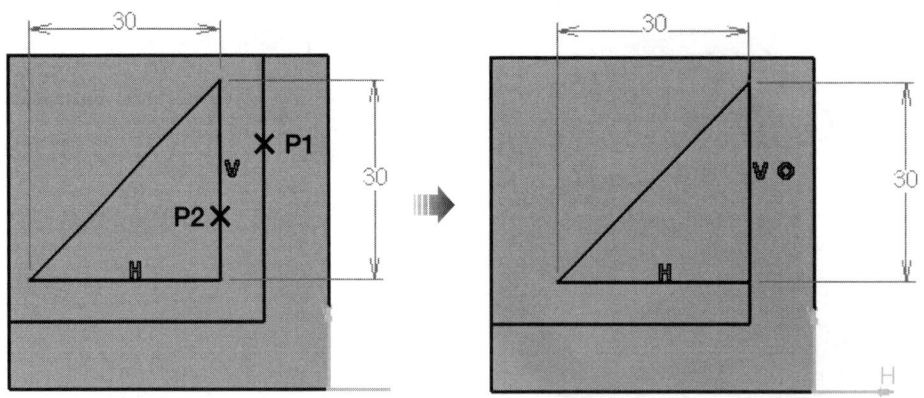

Step 33 제약조건()으로 P1선, P2선을 클릭하고, 마우스 오른쪽 버튼을 클릭한다. [일치]를 선택한다.

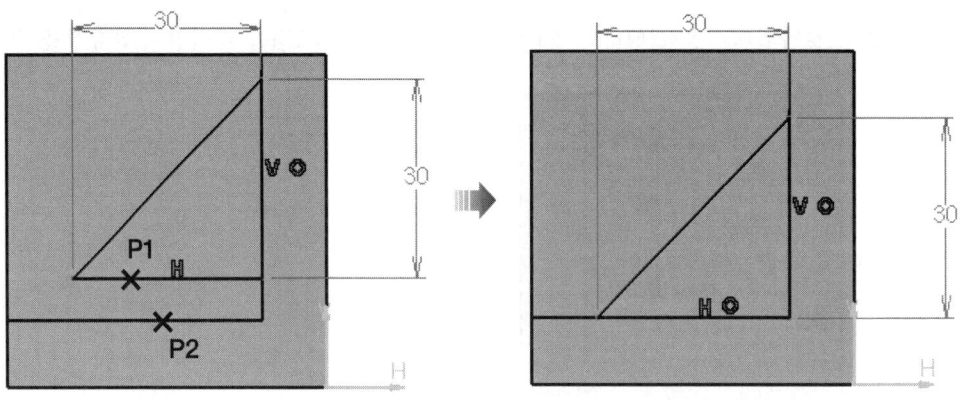

Step 34 워크벤치 종료()를 실행한다. 3차원 환경으로 바꾼다.

Step 35 Pad()를 실행한다. Length에 20을 입력하고, 방향을 설정한다.

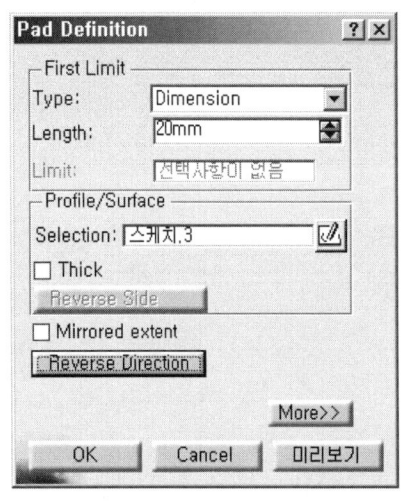
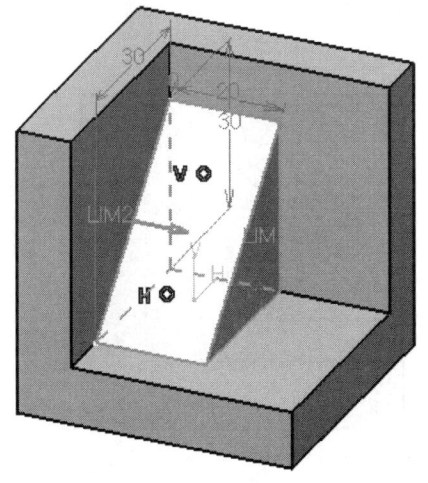

Step 36 미리보기와 OK를 누른다.

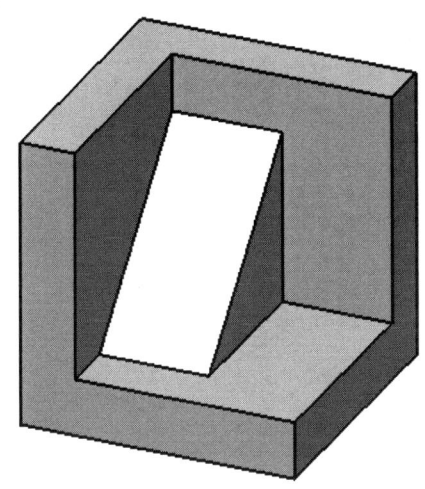

학습 정리하기

과제 2 CATIA 기본과정 – Modeling 따라하면서 배우기

다음 도면을 분석하여 스케치에 원을 추가한 모델링을 생성한다.

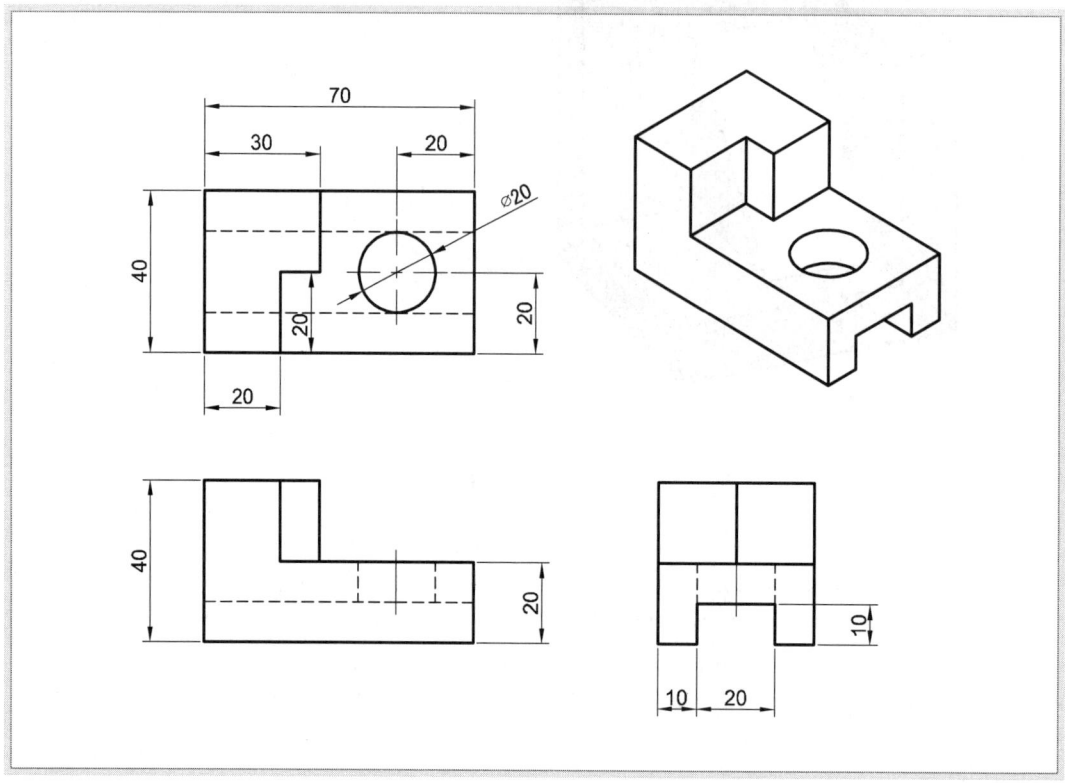

Step 01 [시작 ⇒ 기계디자인 ⇒ Part Design]을 실행한다.

Step 02 새 파트 창에서 작업할 파일의 이름을 입력하고, 확인을 누른다.

Step 03 스케치(☑)를 실행하고, xy평면을 선택한다.

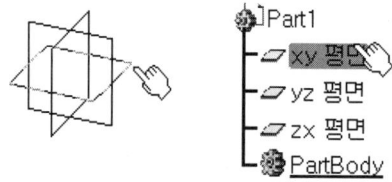

Step 04 직사각형(□)으로 사각형을 작성하고, 제약조건(🗐)으로 수평, 수직치수를 입력한다.

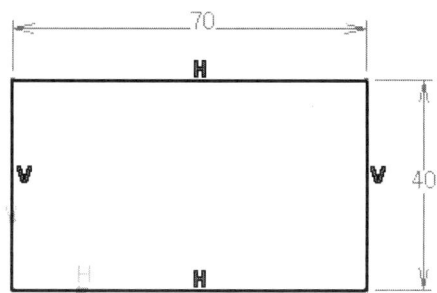

Step 05 워크벤치 종료(🔼)를 실행한다.

Step 06 Pad(🗗)를 실행한다. Length에 20을 입력하고, 미리보기와 OK를 누른다.

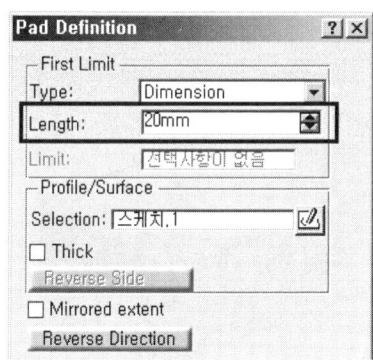
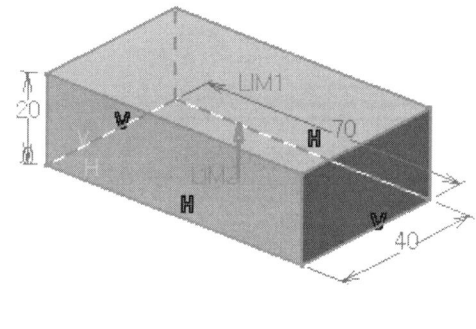

Step 07 스케치(🗹)를 실행하고, 형상의 측면을 선택한다.

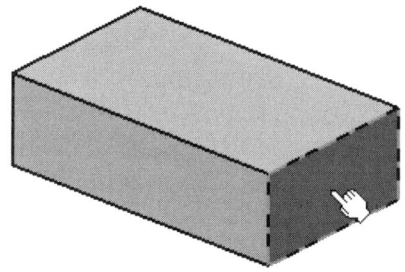

Step 08 직사각형(□)으로 사각형을 작성한다. 제약조건(🗐)으로 치수를 입력한다.

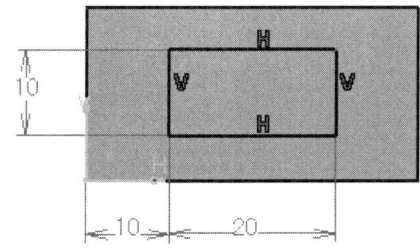

Step 09 제약조건(📐)으로 P1선, P2선을 클릭하고, 마우스 오른쪽 버튼으로 [일치]시킨다.

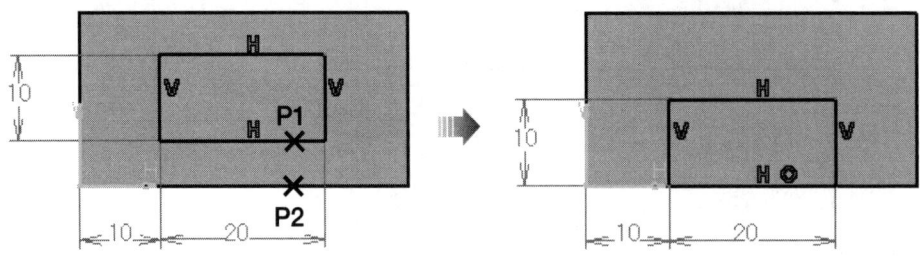

Step 10 워크벤치 종료(🔼)를 한다.

Step 11 Pocket(⬛)을 실행한다. Type 옵션을 [Up to last]로 설정하고, Reverse Direction 으로 방향을 정한다. OK를 누른다.

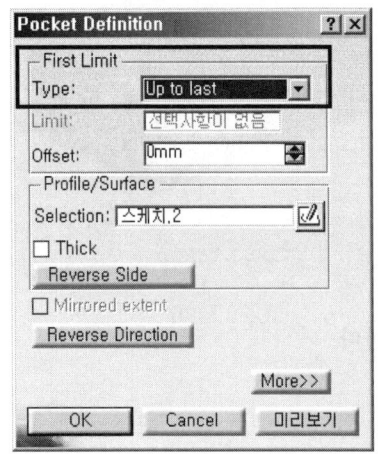 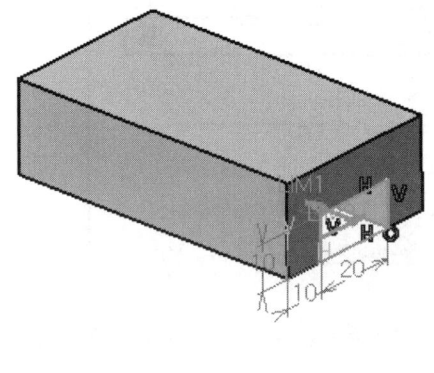

Step 12 스케치(✏️)를 실행하고, 형상의 윗면을 선택한다.

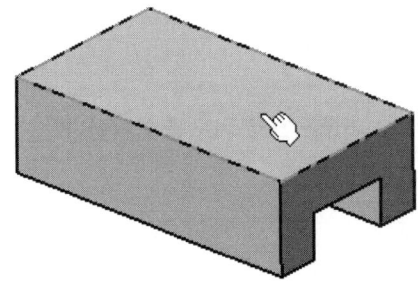

144

Step 13 원(⊙)을 작성한다. 제약조건( )으로 치수를 입력한다.

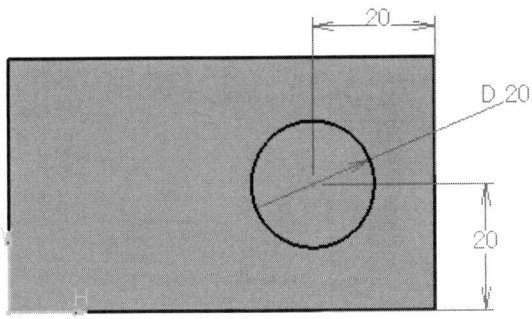

Step 14 워크벤치 종료( )를 한다.

Step 15 Pocket( )을 실행한다. Type 옵션을 [Up to last]로 설정하고, Reverse Direction 으로 방향을 정한다. OK를 누른다.

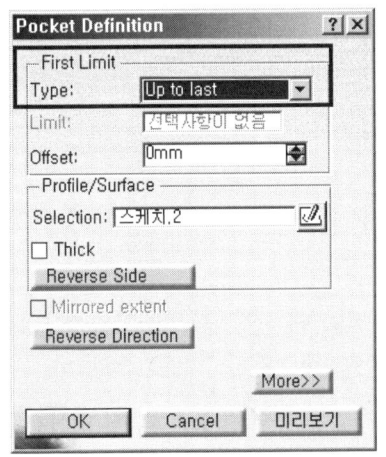
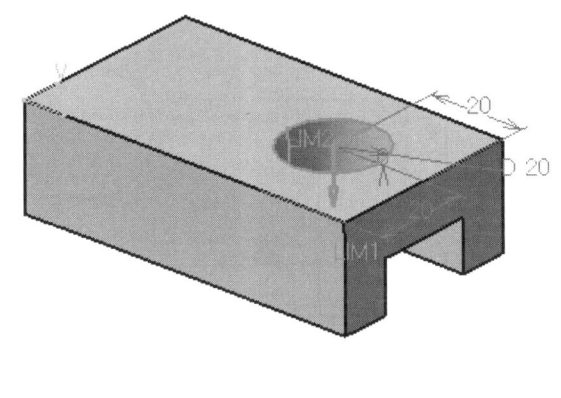

Step 16 스케치( )를 실행하고, 형상의 윗면을 선택한다.

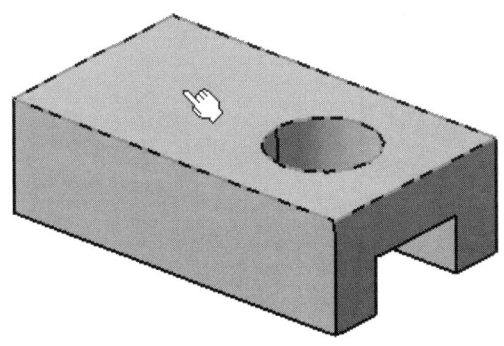

Step 17 프로파일(⌂)을 실행하고, 다음과 같은 스케치를 작성한다.

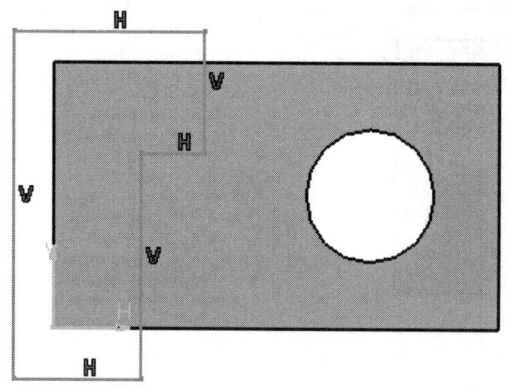

Step 18 제약조건(⌂)으로 P1선, P2선을 클릭하고, 마우스 오른쪽 버튼으로 [일치]시킨다.

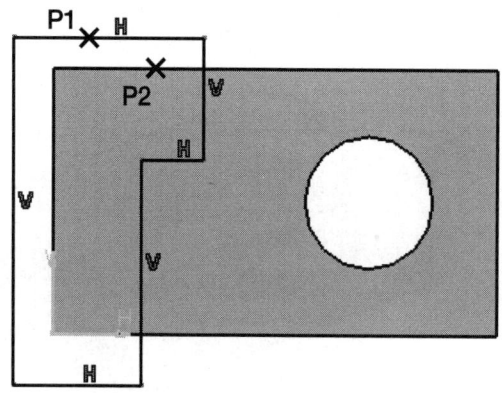

Step 19 제약조건(⌂)으로 P3선, P4선을 클릭하고, 마우스 오른쪽 버튼으로 [일치]시킨다.

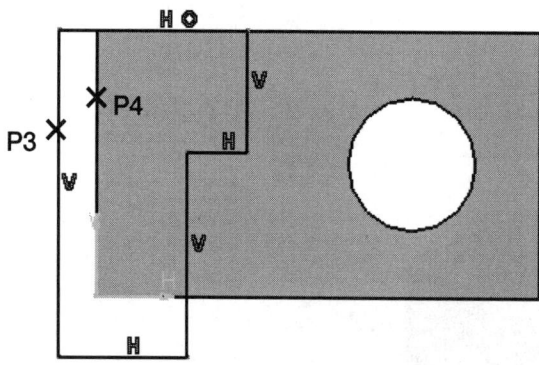

Step 20 제약조건(□)으로 P5선, P6선을 클릭하고, 마우스 오른쪽 버튼으로 [일치]시킨다.

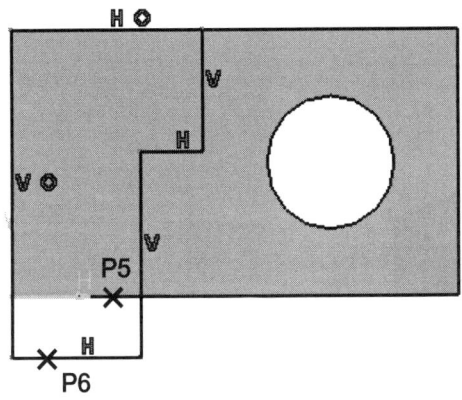

Step 21 제약조건(□)으로 치수를 입력한다.

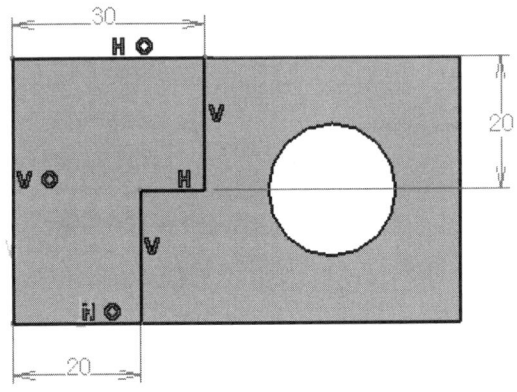

Step 22 워크벤치 종료(⬆)를 한다.

Step 23 Pad(🗗)를 실행한다. Length에 20을 입력한다.

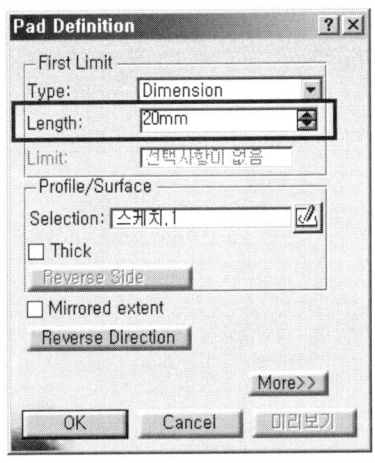
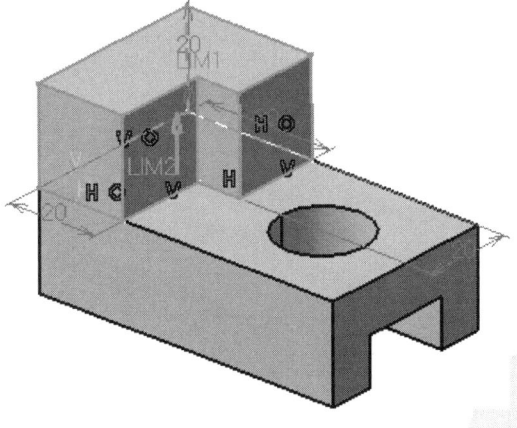

Step 24 미리보기와 OK를 눌러 형상을 완성한다.

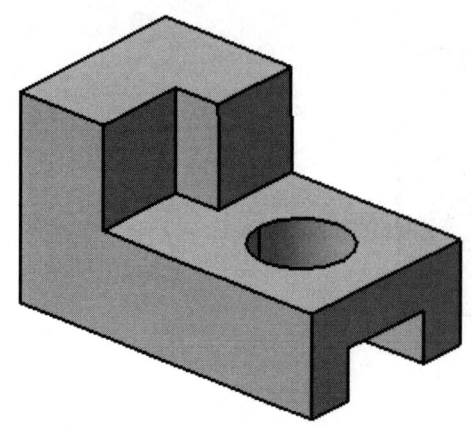

학습 정리하기

과제 3 CATIA 기본과정 – Modeling 따라하면서 배우기 *Step by Step*

다음 도면을 분석하여 모델링을 생성한다.

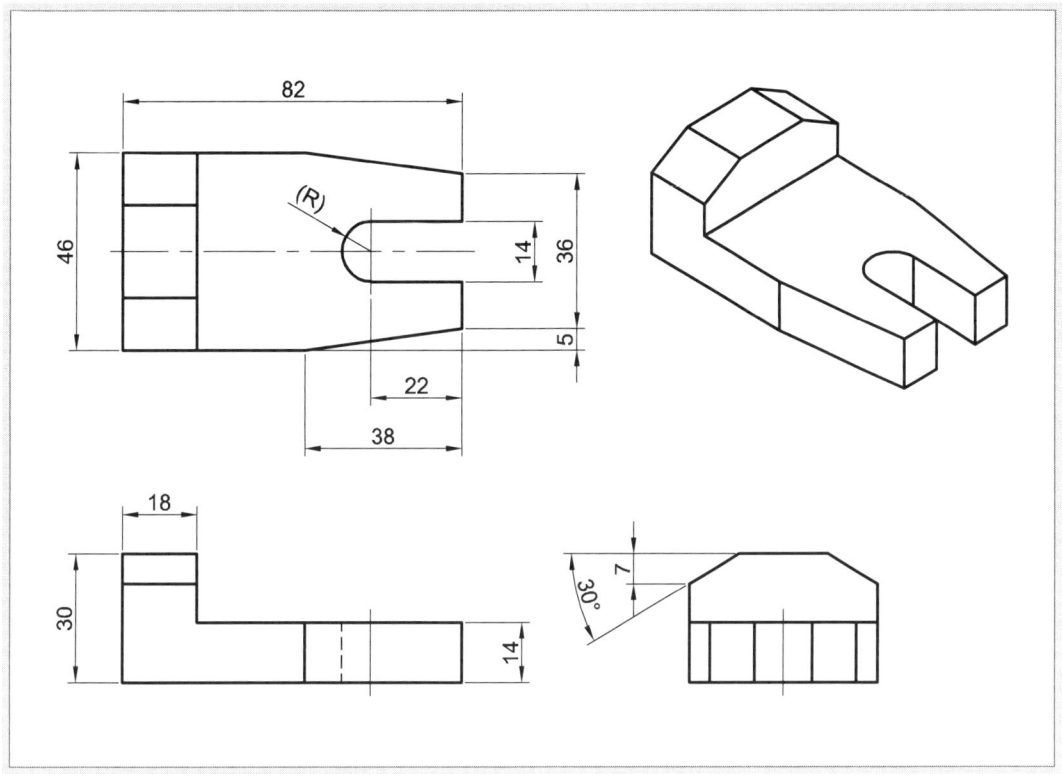

Step 01 [시작 ⇒ 기계디자인 ⇒ Part Design]을 실행한다.

Step 02 새 파트 창에서 작업할 파일의 이름을 입력하고, 확인을 누른다.

Step 03 스케치(🖉)를 실행하고, xy평면을 선택한다.

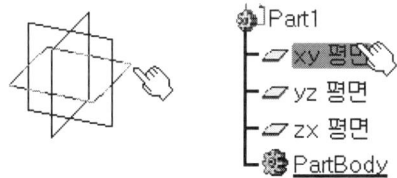

Step 04 직사각형(▭)으로 사각형을 작성하고, 제약조건(🔲)으로 수평, 수직치수를 입력한다.

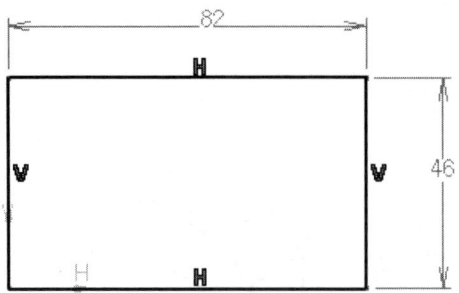

Step 05 워크벤치 종료(📤)를 실행한다.

Step 06 Pad(🗐)를 실행한다. Length에 14를 입력하고, 미리보기와 OK를 누른다.

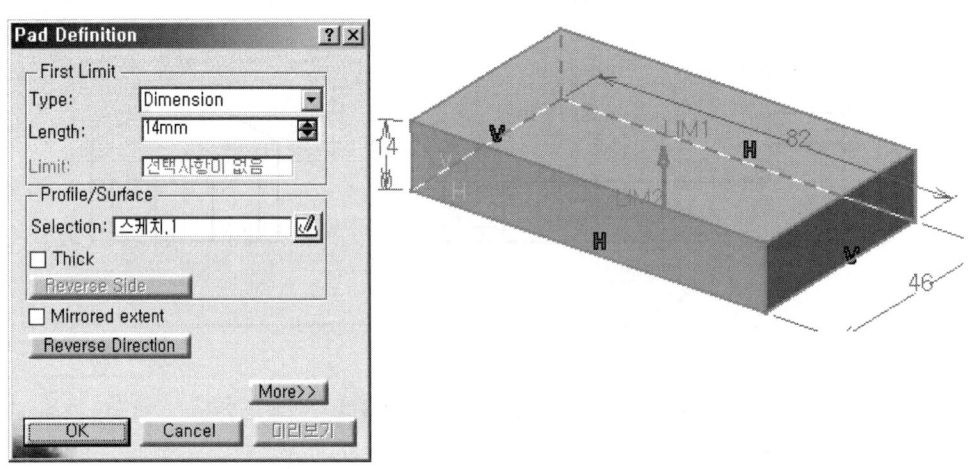

Step 07 스케치(📝)를 실행하고, 형상의 윗면을 선택한다.

Step 08 원(⊙)을 작성한다. 제약조건(□)으로 치수를 입력한다.

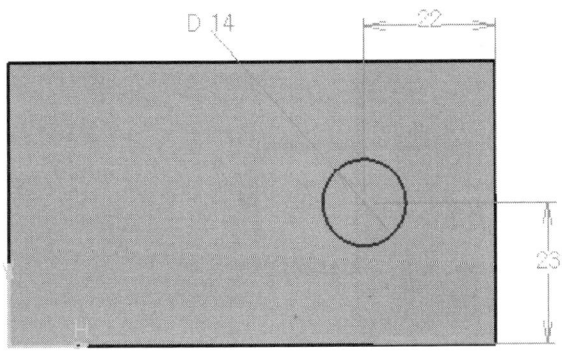

Step 09 프로파일(⚙)을 실행하고, 다음과 같은 스케치를 작성한다.

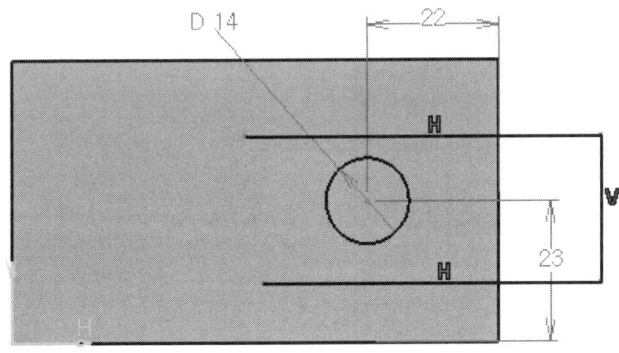

Step 10 제약조건(□)으로 P1선, P2원을 클릭하고, [접점]시킨다.

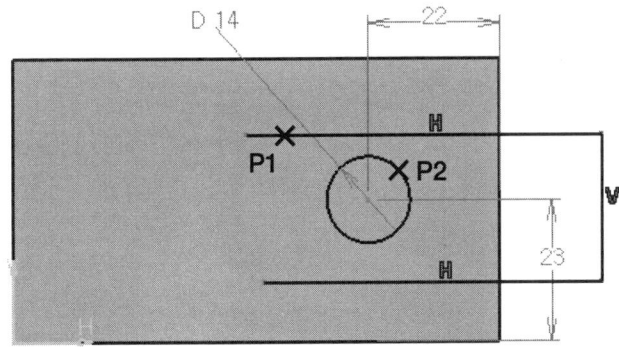

Step 11 같은 방법으로 P3선, P4원을 클릭하고, [접점]시킨다.

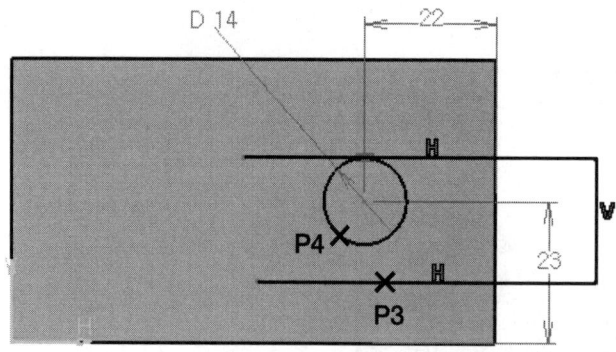

Step 12 제약조건( )으로 P5선, P6선을 클릭하고, [일치]시킨다.

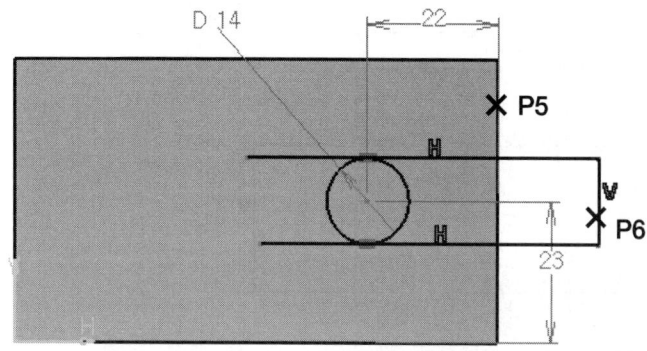

Step 13 즉시 자르기( )를 실행하고, 불필요한 부분(X표시)을 클릭하면서 자르기를 한다.

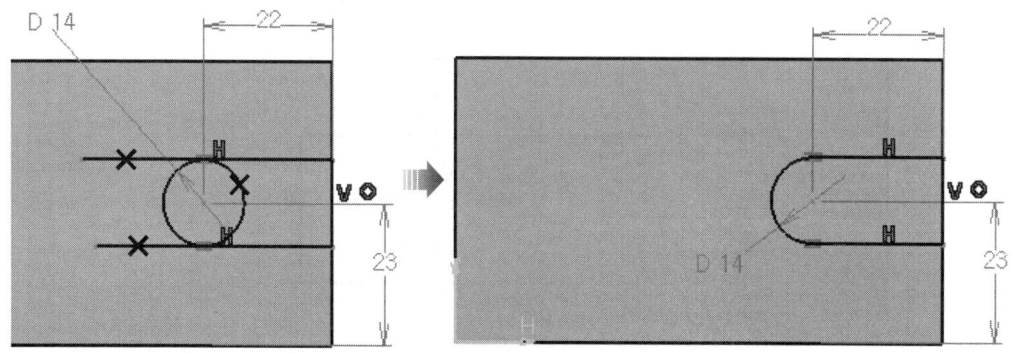

Step 14 워크벤치 종료( )를 실행한다.

Step 15 Pocket(📦)을 실행한다. Type 옵션을 [Up to last]로 설정하고, 아랫방향으로 한다.

Step 16 미리보기 및 OK를 누른다.

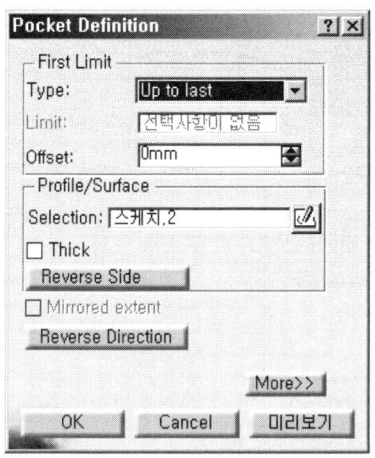
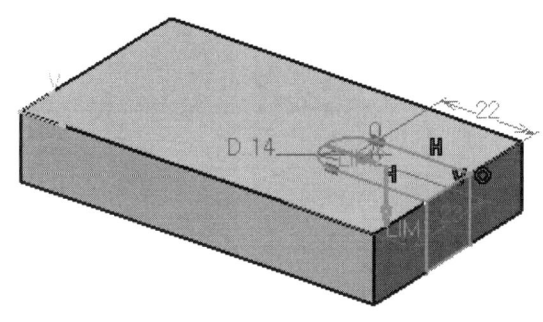

Step 17 스케치(✏️)를 실행하고, 형상의 윗면을 선택한다.

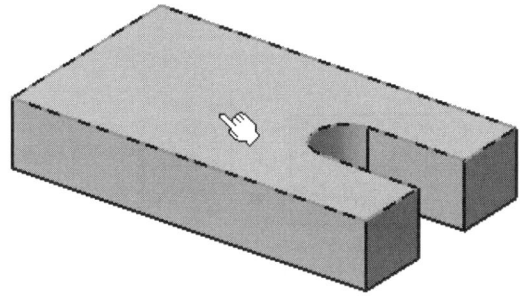

Step 18 프로파일(🔧)을 실행하고, 다음과 같은 삼각형을 작성한다.

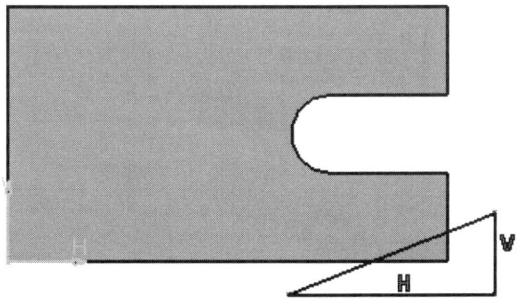

Step 19 제약조건(□)으로 P1선, P2선을 클릭하고, [일치]시킨다.

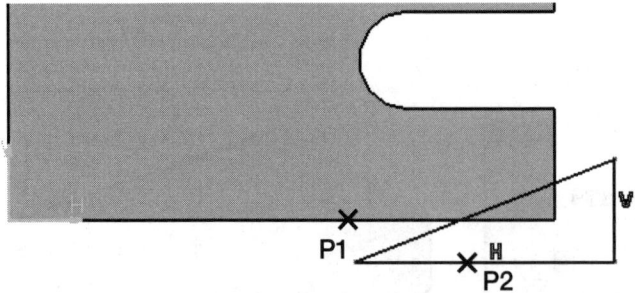

Step 20 제약조건(□)으로 P3선, P4선을 클릭하고, [일치]시킨다.

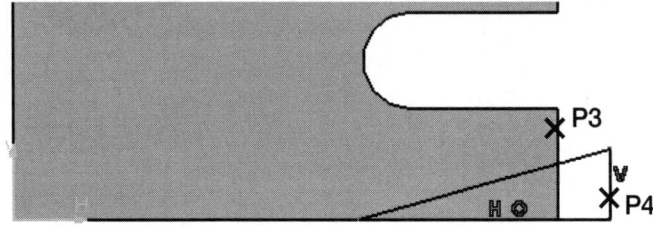

Step 21 제약조건(□)으로 치수를 입력한다.

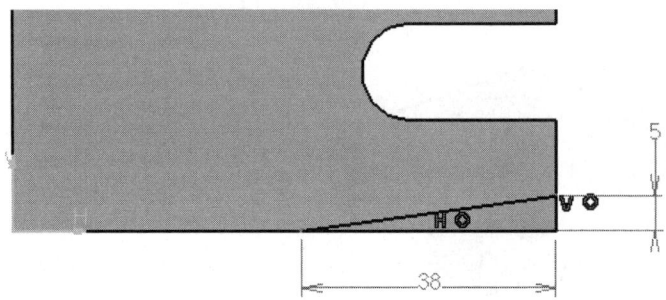

Step 22 위에도 같은 방법으로 프로파일(△)로 삼각형을 작성하고, 제약조건(□)으로 [일치] 및 치수를 입력한다.

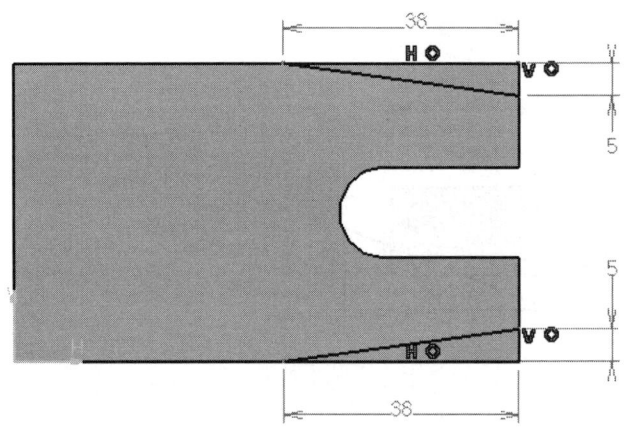

Step 23 워크벤치 종료(⬆)를 한다.

Step 24 Pocket(⬜)을 실행한다. Type 옵션을 [Up to last]로 설정하고, 아랫방향으로 한다.

Step 25 미리보기 및 OK를 누른다.

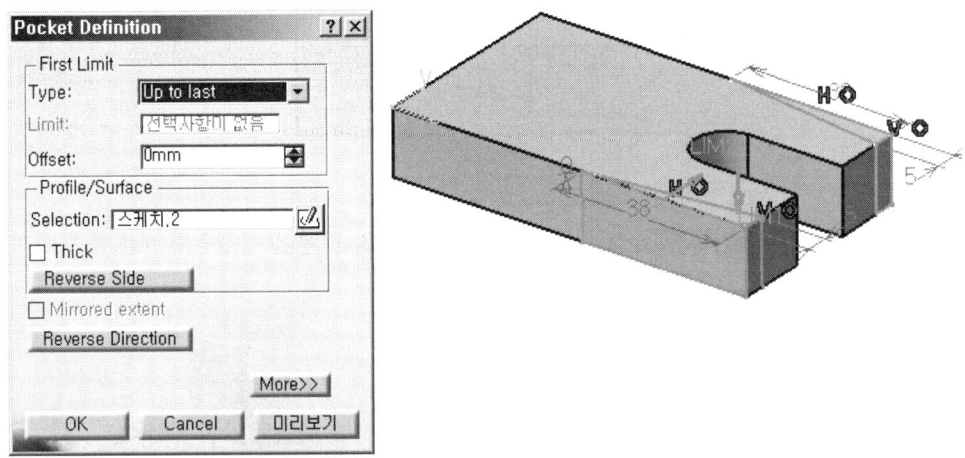

Step 26 스케치(✏)를 실행하고, 형상의 앞면을 선택한다.

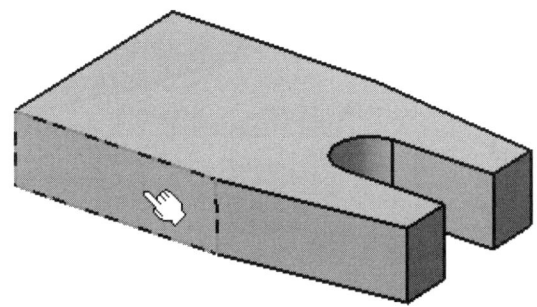

Step 27 직사각형(⬜)으로 사각형을 작성한다.

Step 28 제약조건(🔲)으로 P1선, P2선과 P3, P4선을 클릭하고, [일치]시킨다.

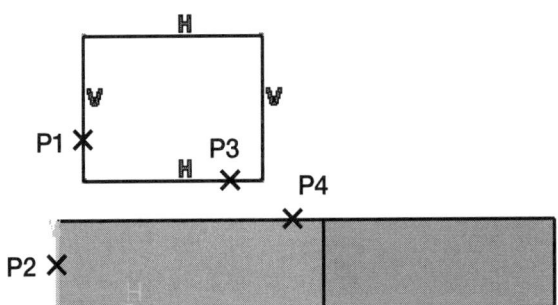

Step 29 제약조건(📐)으로 치수를 입력한다. 워크벤치 종료(⬆)를 한다.

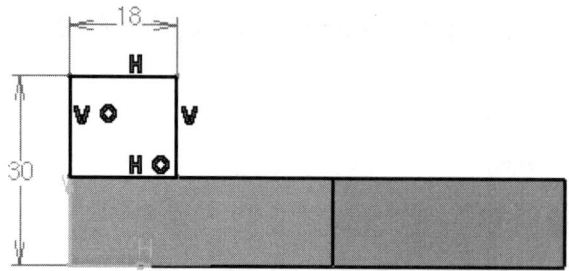

Step 30 Pad(🗗)를 실행한다. Length에 46을 입력하고, 방향을 설정한다. OK를 누른다.

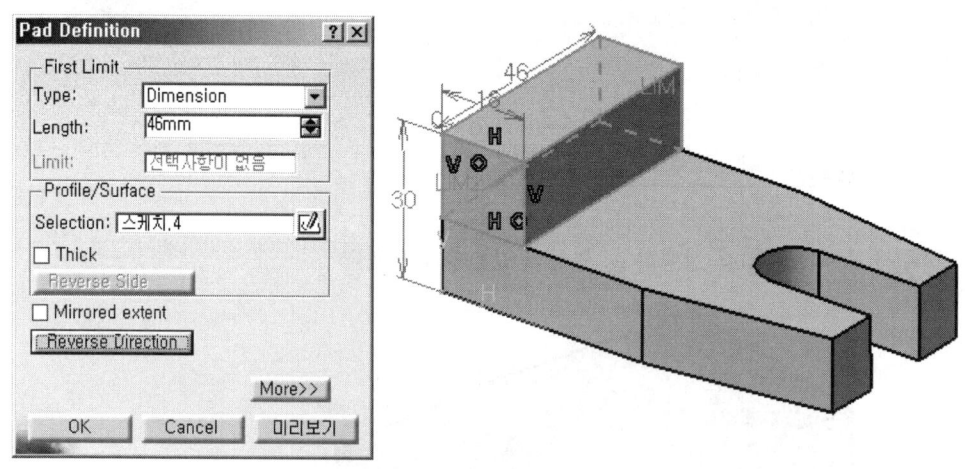

Step 31 스케치(📝)를 실행하고, 형상의 안쪽 우측면을 선택한다.

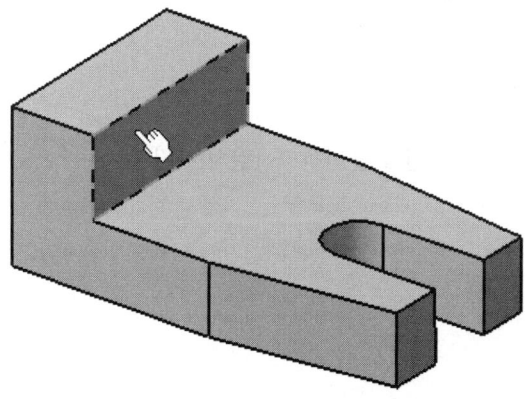

Step 32 프로파일(　)을 실행하고, 다음과 같은 삼각형을 작성한다.

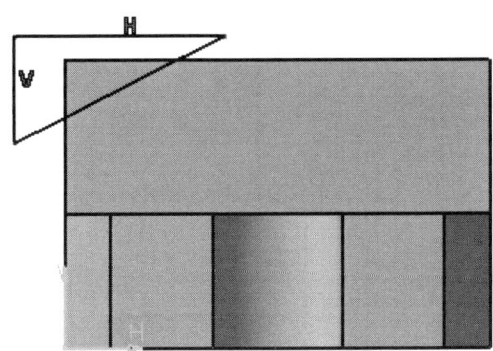

Step 33 제약조건(　)으로 P1선과 P2선을 형상 모서리와 [일치]시킨다.

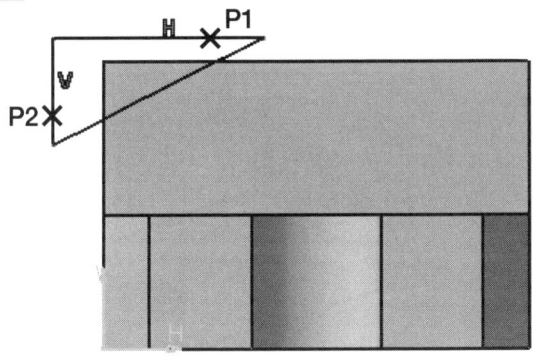

Step 34 제약조건(　)으로 각도와 거리치수를 입력한다. 워크벤치 종료(　)를 한다.

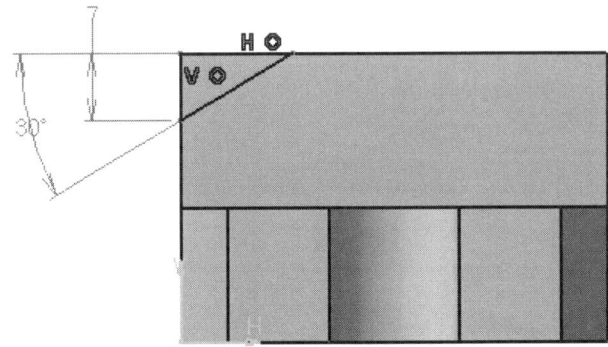

Step 35 오른쪽에도 프로파일(　), 제약조건(　)으로 스케치를 작성한다.

Step 36 워크벤치 종료(⬆)를 한다.

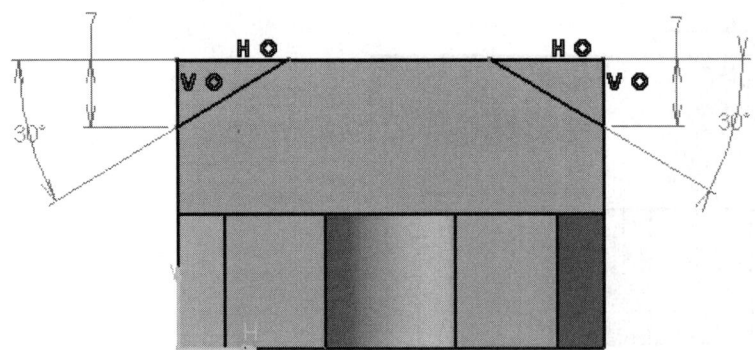

Step 37 Pocket(▣)을 실행한다. Type 옵션을 [Up to last]로 하고, 방향을 설정한다.

Step 38 미리보기 및 OK를 누른다.

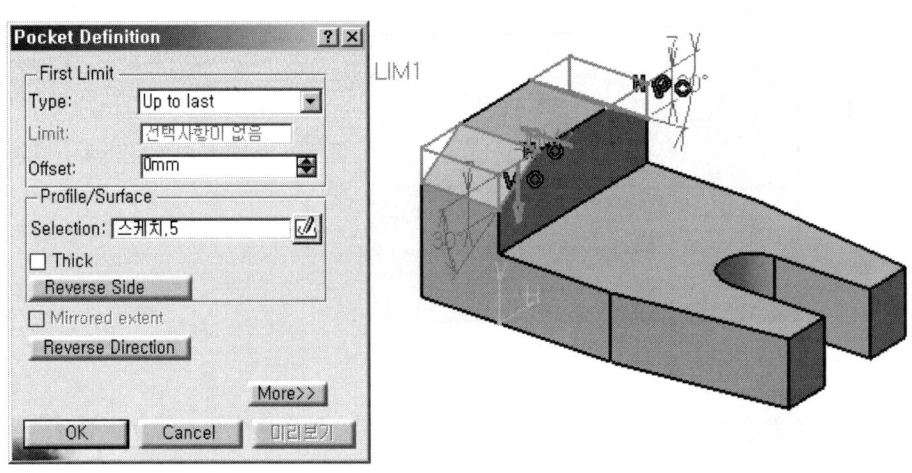

Step 39 형상이 완성되었다.

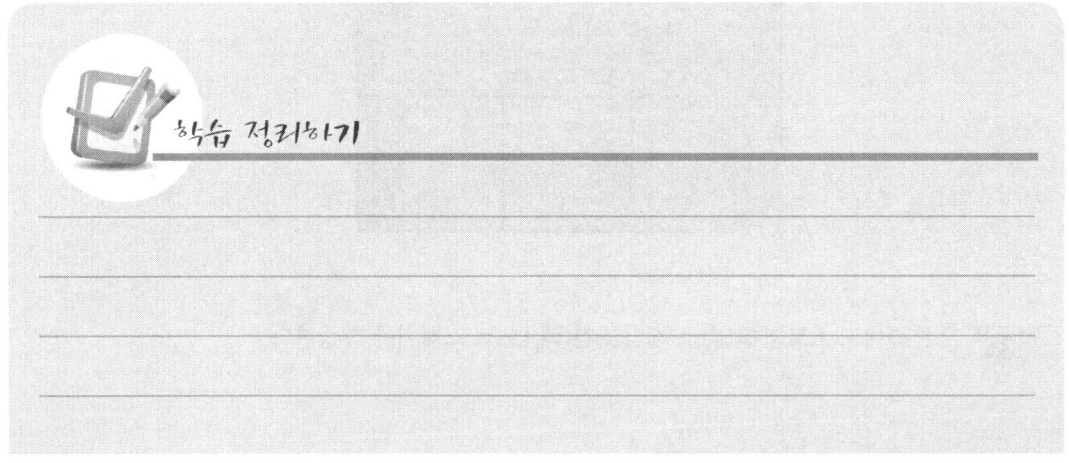

과제 4 CATIA 기본과정 – Modeling 따라하면서 배우기 *Step by Step*

다음 도면을 분석하여 Plane, Mirror, Pattern, Edge Fillet을 활용한 모델링을 한다.

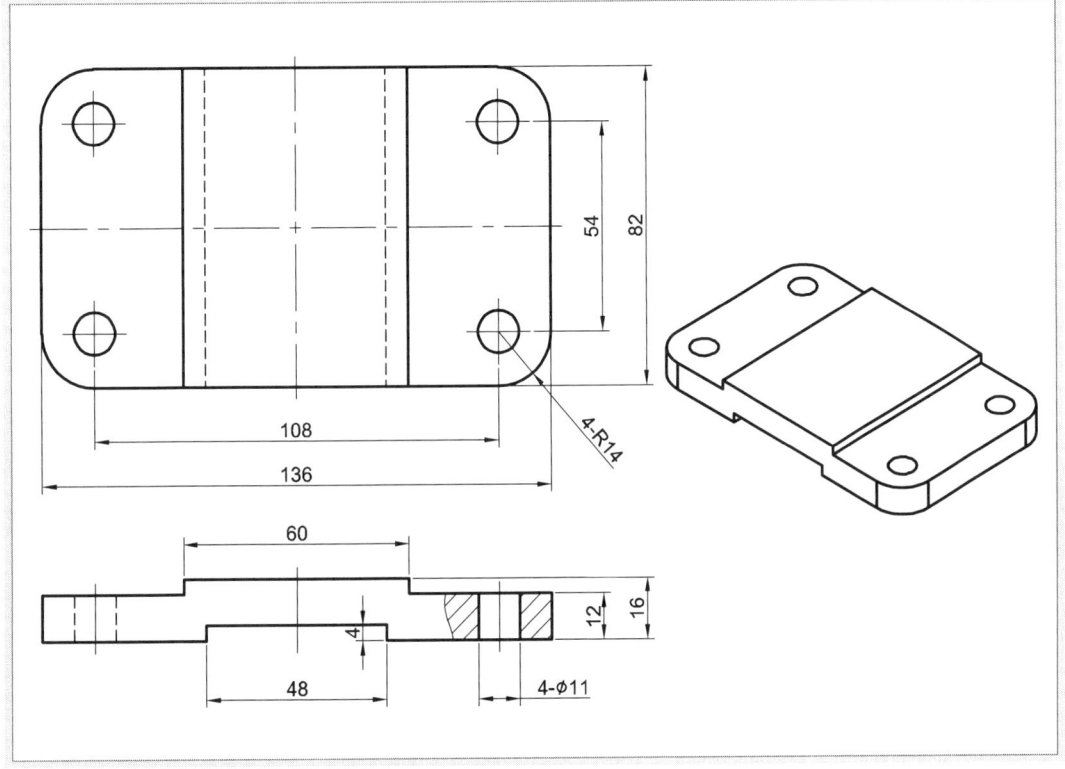

Step 01 [시작 ⇒ 기계디자인 ⇒ Part Design]을 실행한다.

Step 02 새 파트 창에서 작업할 파일의 이름을 입력하고, 확인을 누른다.

Step 03 스케치(⬚)를 실행하고, xy평면을 선택한다.

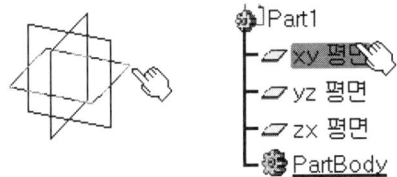

Step 04 직사각형(▢)으로 사각형을 작성하고, 제약조건(▦)으로 수평, 수직치수를 입력한다.

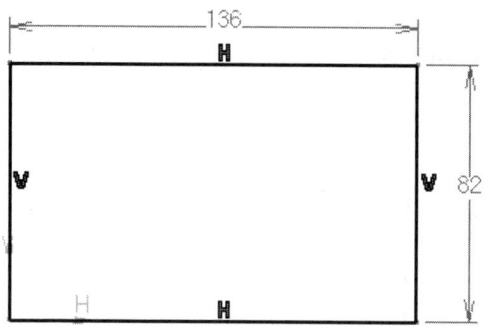

Step 05 워크벤치 종료(⬆)를 실행한다.

Step 06 Pad(⑦)를 실행한다. Length에 16을 입력하고, 미리보기와 OK를 누른다.

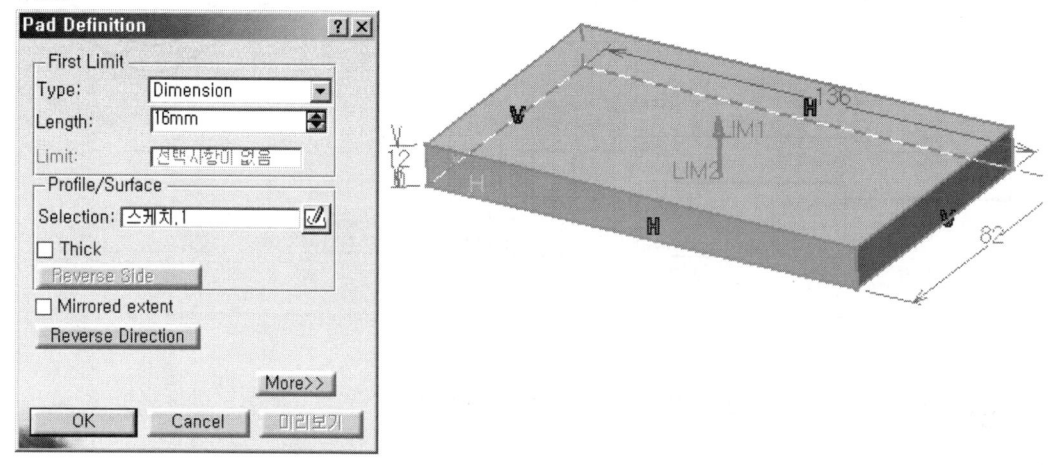

Step 07 스케치(✎)를 실행하고, 형상의 앞면을 선택한다.

Step 08 직사각형(▢)으로 사각형을 작성한다.

Step 09 제약조건(📌)으로 P1선을 [일치]시킨다.

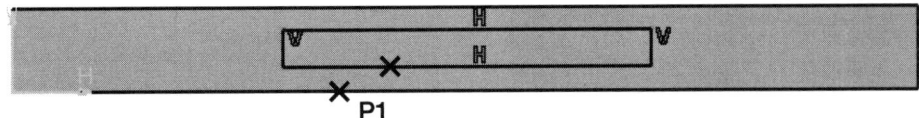

Step 10 제약조건(📌)으로 수평, 수직치수를 입력한다. 워크벤치 종료(🔼)를 실행한다.

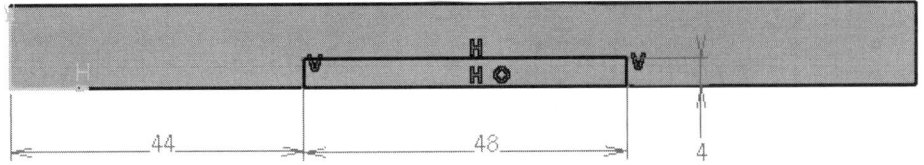

Step 11 Pocket(📦)을 실행한다. Type 옵션을 [Up to last]로 하고, 방향을 설정한다.

Step 12 미리보기 및 OK를 누른다.

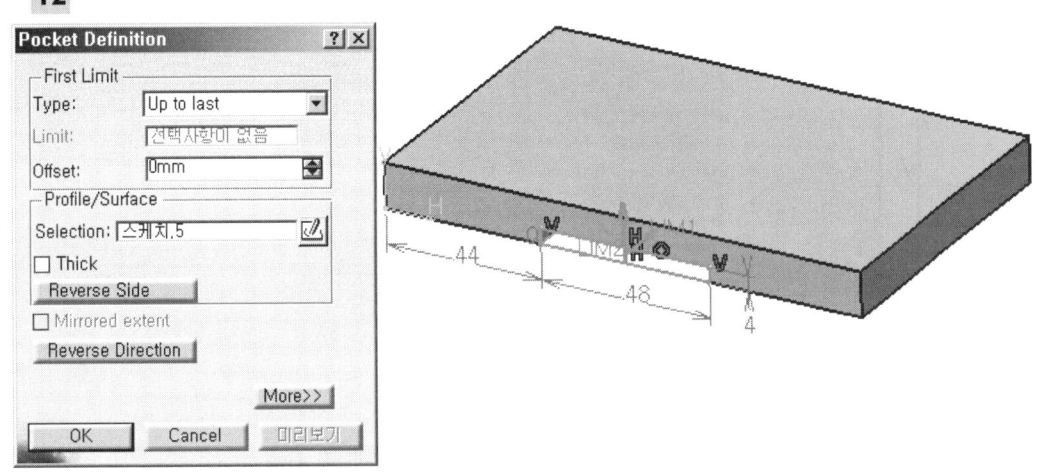

Step 13 스케치(📐)를 실행하고, 형상의 윗면을 선택한다.

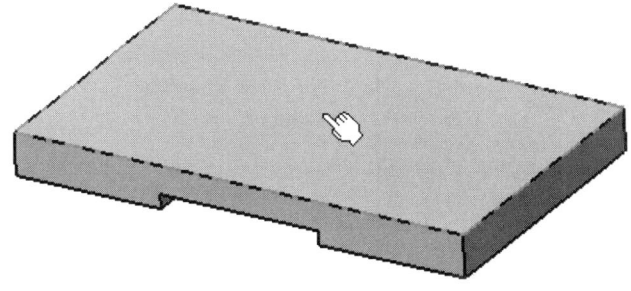

Step 14 직사각형(□)으로 사각형을 작성한다.

Step 15 제약조건(□)으로 P1선을 [일치]시킨다.

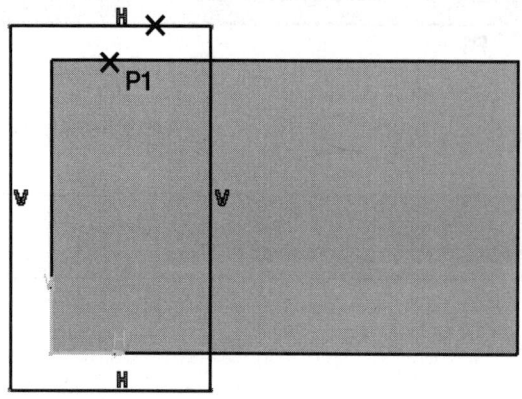

Step 16 제약조건(□)으로 P2선과 P3선도 [일치]시킨다.

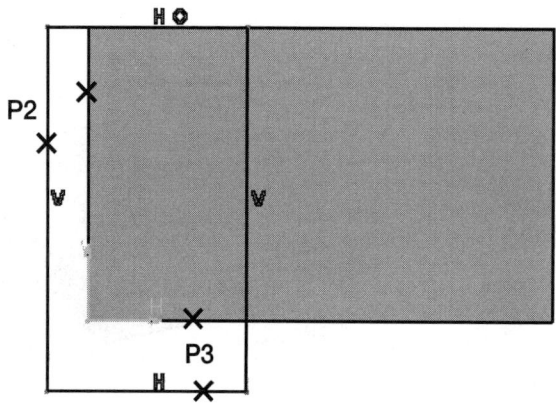

Step 17 제약조건(□)으로 치수를 입력한다. 워크벤치 종료(□)를 실행한다.

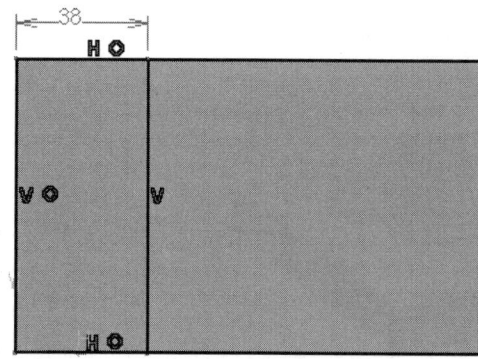

Step 18 Pocket(📼)을 실행한다. Dimension옵션에서 Depth 4를 입력하고, 방향을 설정한다.

Step 19 미리보기 및 OK를 누른다.

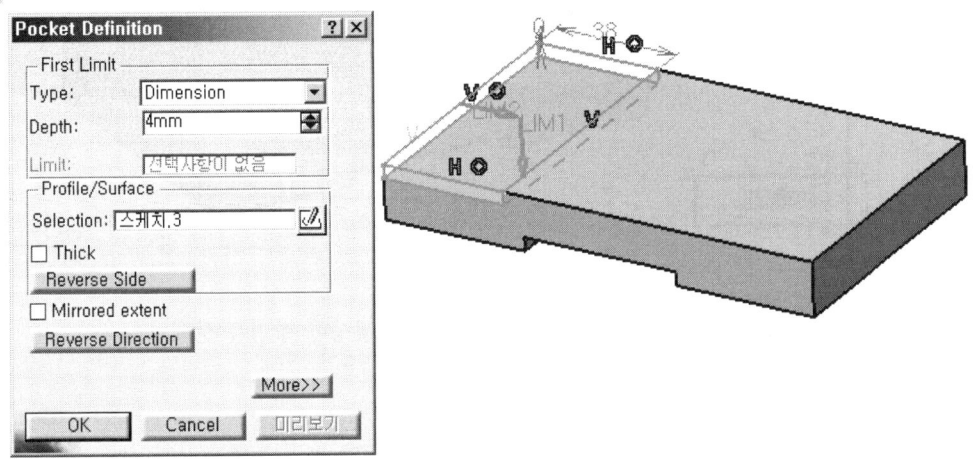

Step 20 plane(⟋)을 실행한다.

Step 21 평면유형을 [평면에서 오프셋]으로 설정한다.
레퍼런스(기준면)의 "선택사항이 없음"을 한번 클릭하고, 우측면을 선택한다.

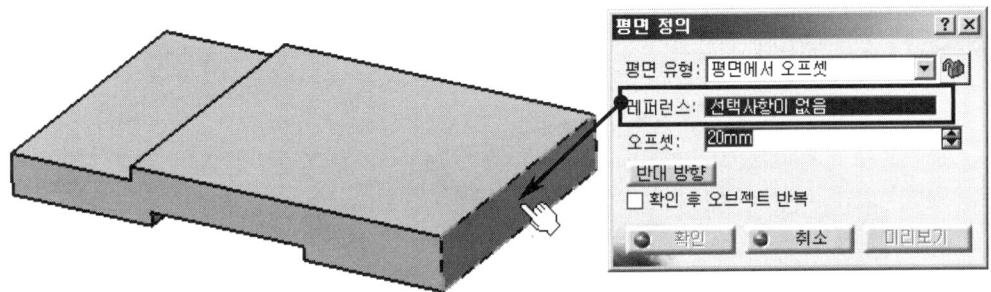

Step 22 오프셋에 68을 입력한다. (전체가로길이의 절반) "반대방향" 버튼으로 방향을 설정한다.

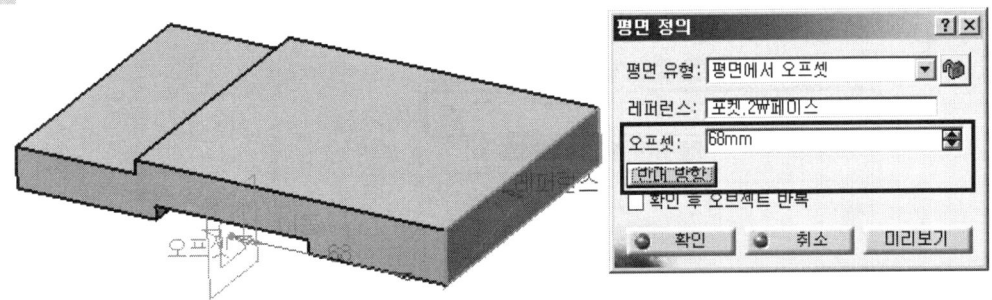

Step 23 확인을 누른다.

Step 24 Mirror(대칭)를 위해 방금 생성한 포켓을 작업트리에서 선택하거나, 형상에서 선택한다.

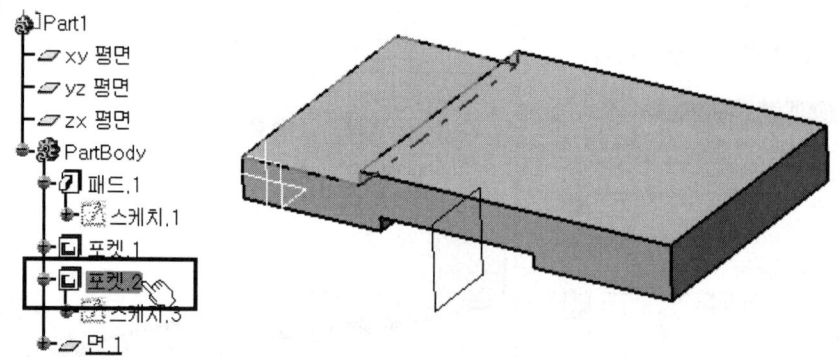

Step 25 Mirror( )를 실행한다. 대칭평면으로 위에서 생성한 평면을 선택한다.

Step 26 OK를 누른다.

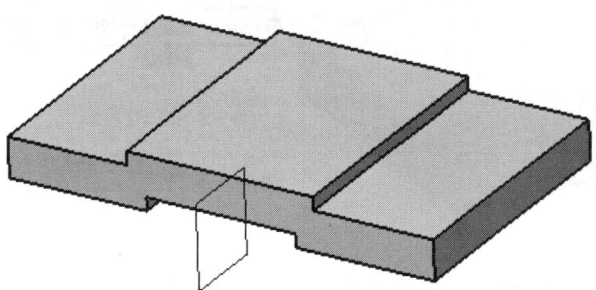

Step 27 Edge Fillet( )을 실행한다. Radius에 14를 입력한다.

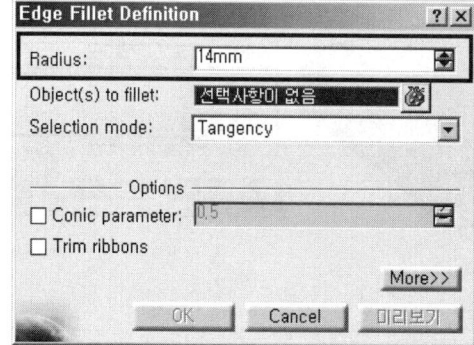

Step 28 라운드가 적용될 4군데 모서리를 선택한다.

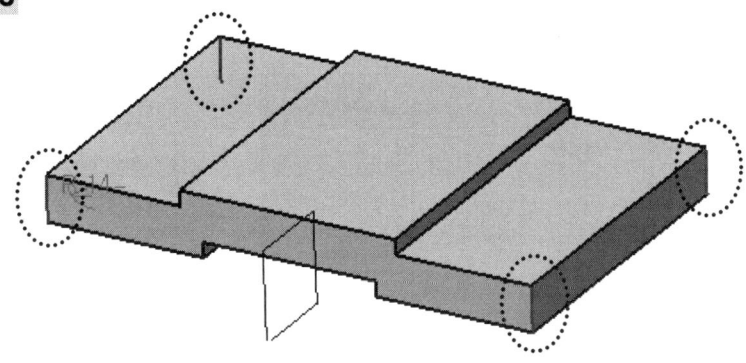

Step 29 미리보기 및 OK를 누른다.

Step 30 스케치(☑)를 실행하고, 형상의 윗면을 선택한다.

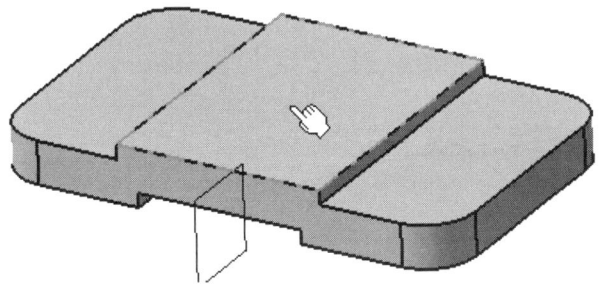

Step 31 원(⊙)을 작성한다. 제약조건(🔲)으로 원의 지름치수를 입력한다.

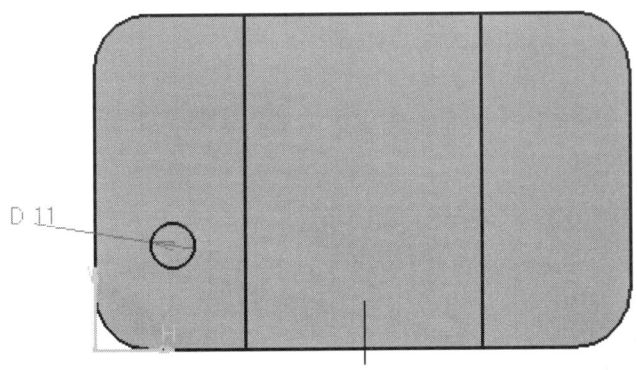

Step 32 제약조건(□)으로 P1 원과 원형모서리를 선택하고, [등심성]을 구속을 준다.

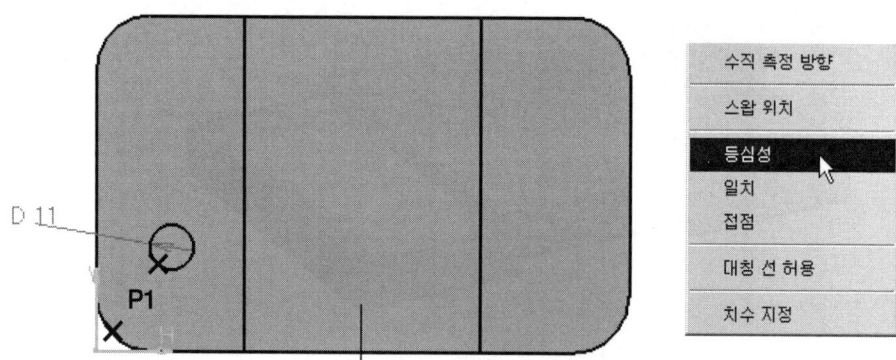

Step 33 워크벤치 종료(⬆)를 한다.

Step 34 Pocket(□)을 실행한다. Type 옵션을 [Up to last]로 하고, 방향을 설정한다.

Step 35 미리보기 및 OK를 누른다.

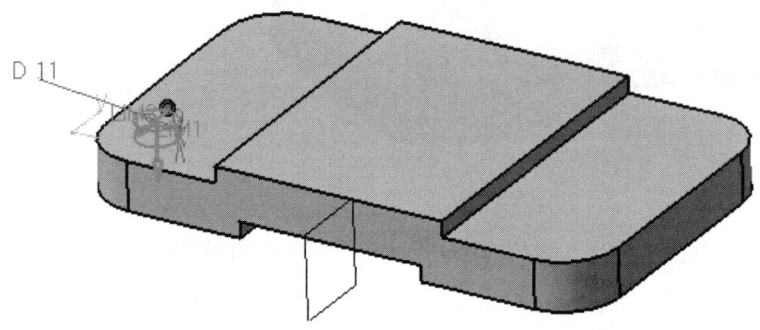

Step 36 Rectangular Pattern(직사각형 패턴)을 위해 방금 생성한 포켓(구멍)을 작업트리에서 선택하거나, 형상에서 선택한다.

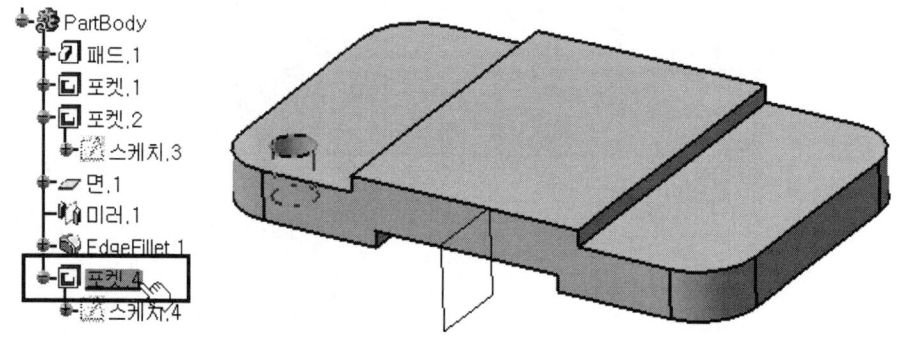

Step 37 Rectangular Pattern(▦)을 실행한다.

- First Direction 선택 (첫 번째 방향)
- Instance(s) : 2 입력 (개수)
- Spacing : 108 입력 (간격)

Step 38 Reference element의 "선택사항이 없음" 항목을 클릭하고, 첫 번째 방향의 모서리(P1)를 클릭한다.

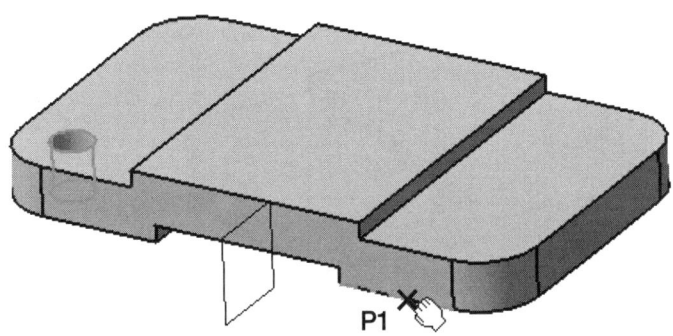

Step 39 Reverse 를 이용하여 방향을 바꿀 수 있다.

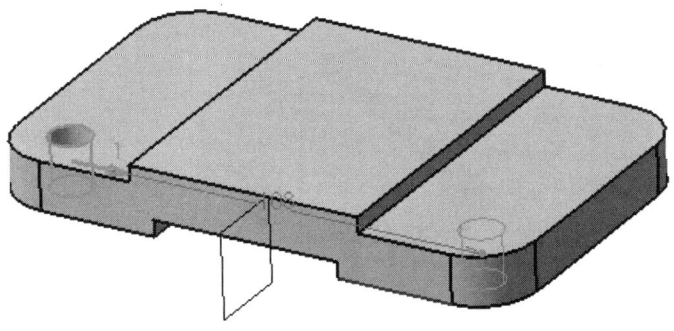

Step 40 Second Direction 탭을 선택한다.

- Second Direction 선택 (두 번째 방향)
- Instance(s) : 2 입력 (개수)
- Spacing : 54 입력 (간격)

Step 41 Reference element의 "선택사항이 없음" 항목을 클릭하고, 두 번째 방향의 모서리(P2)를 클릭한다.

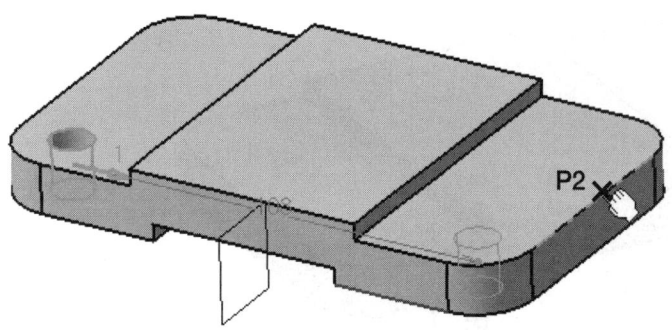

Step 42 Reverse 를 이용하여 방향을 바꿀 수 있다.

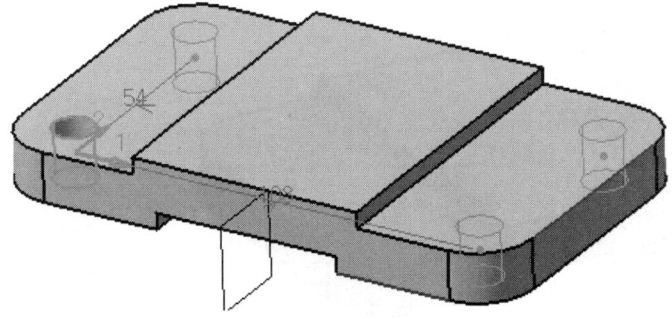

Step 43 미리보기 및 OK를 누른다. 형상이 완성되었다.

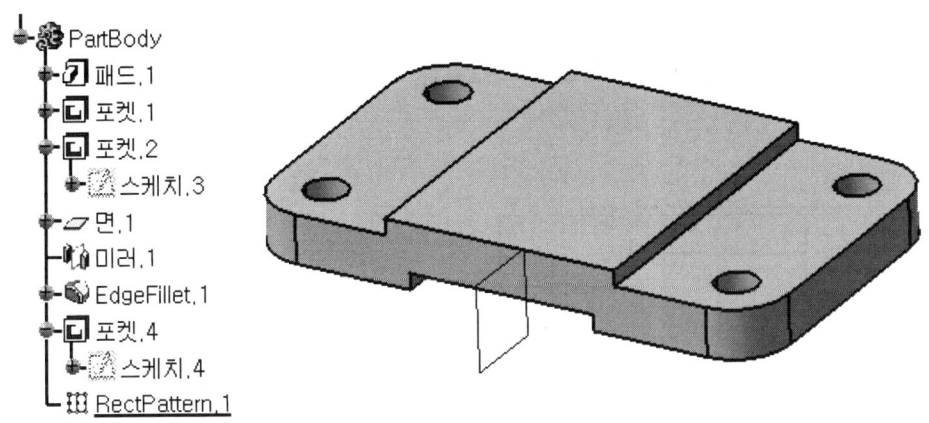

학습 정리하기

과제 5 CATIA 기본과정 – Modeling 따라하면서 배우기

다음 도면을 분석하여 Hole을 활용한 모델링을 한다.

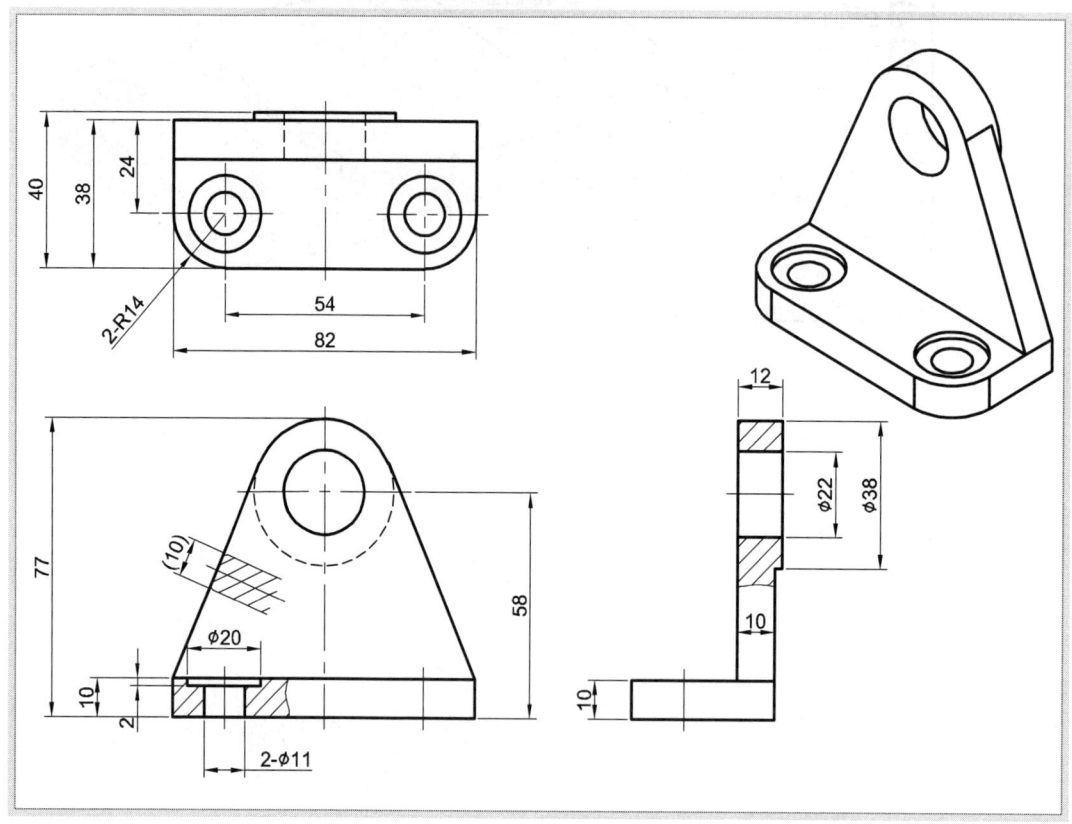

Step 01 [시작 ⇒ 기계디자인 ⇒ Part Design]을 실행한다.

Step 02 새 파트 창에서 작업할 파일의 이름을 입력하고, 확인을 누른다.

Step 03 스케치(✏)를 실행하고, xy평면을 선택한다.

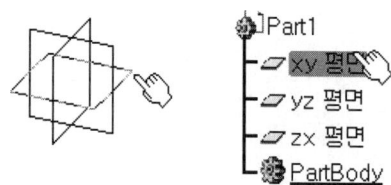

Step 04 직사각형(□)으로 사각형을 작성하고, 제약조건(🗐)으로 수평, 수직치수를 입력한다.

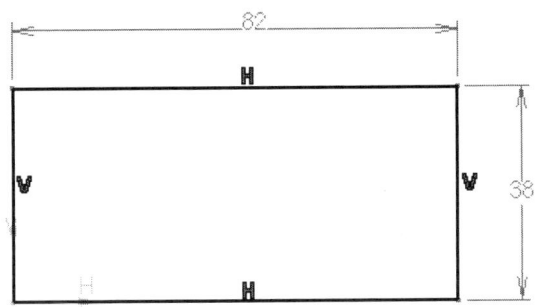

Step 05 워크벤치 종료(🏠)를 실행한다.

Step 06 Pad(🗗)를 실행한다. Length에 10을 입력하고, 미리보기와 OK를 누른다.

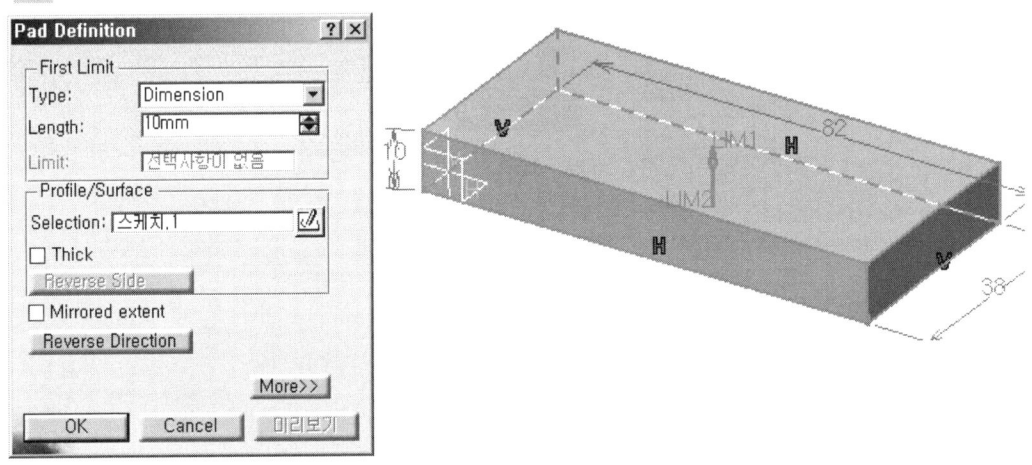

Step 07 Edge Fillet(🗐)을 실행한다. Radius에 14를 입력한다. 라운드가 적용될 2군데 모서리를 선택한다.

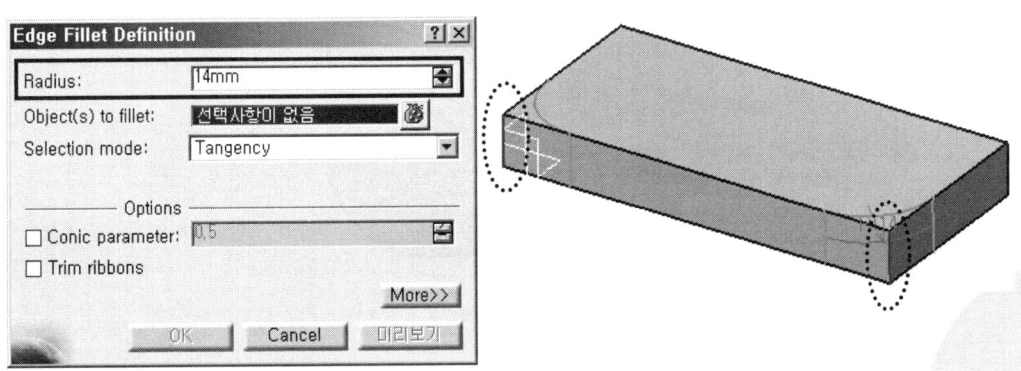

Step 08 Hole(🔘)을 실행한다. 구멍이 생성될 윗면을 클릭한다.

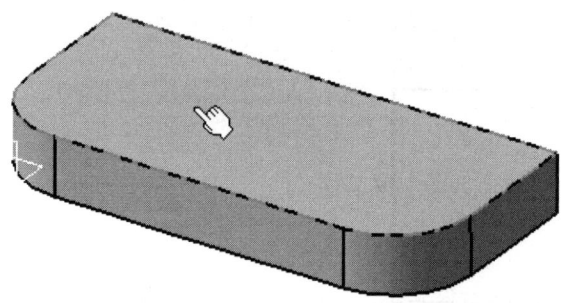

Step 09 구멍의 위치를 지정하기 위해 Positioning Sketch(✏️) 버튼을 누른다.

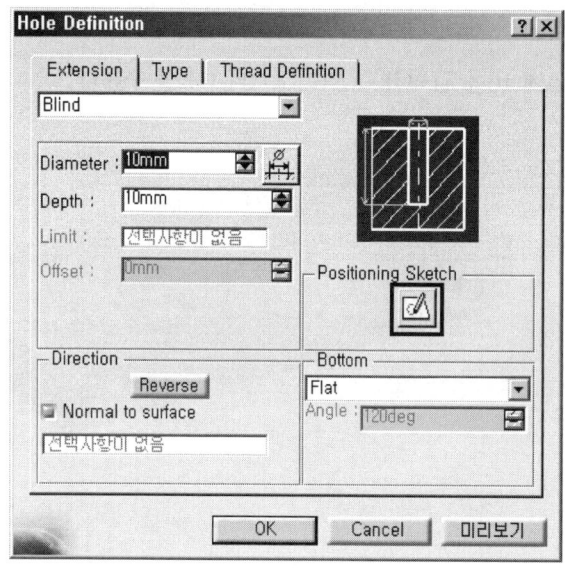

Step 10 제약조건(□)으로 P1점과 P2원형모서리를 선택하고, [등심성]을 구속을 준다.

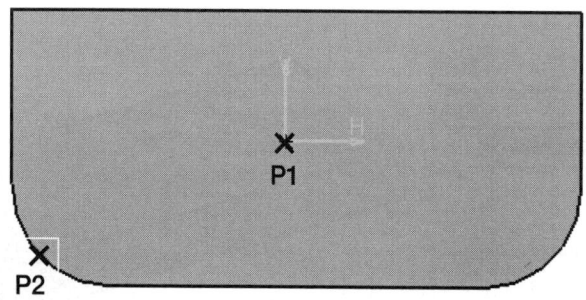

Step 11 점을 구멍이 생성될 위치로 옮겼다. 워크벤치 종료(🔼)를 실행한다.

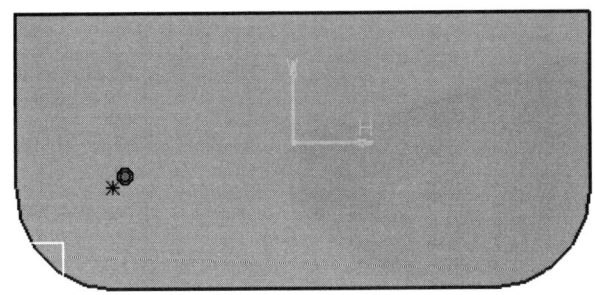

Step 12 Extension 탭에서 종료형태 : [Up to Last], Diameter(구멍지름) : 11로 설정한다.

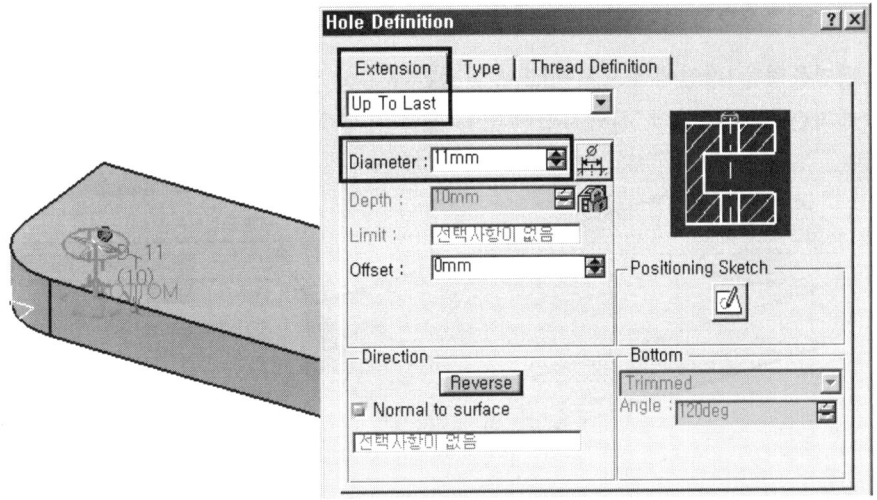

Step 13 Type 탭에서 구멍유형 : [Counterbored], 지름 : 20, 깊이 : 2를 입력한다.

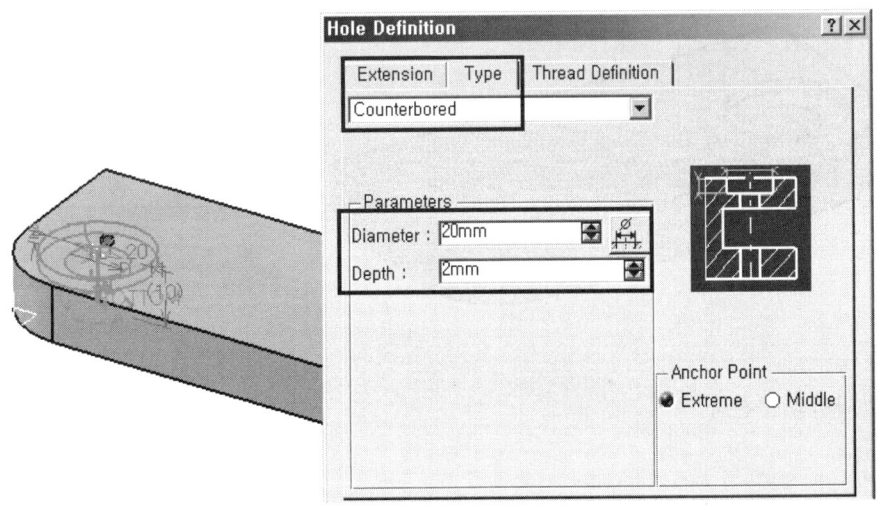

Step 14 미리보기 및 확인을 누른다.

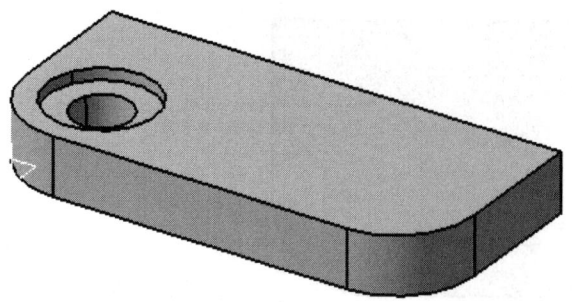

Step 15 plane(⬖)을 실행한다.

Step 16 평면유형을 [평면에서 오프셋]으로 설정한다.
레퍼런스(기준면)의 "선택사항이 없음"을 한번 클릭하고, 우측면을 선택한다.

Step 17 오프셋에 41을 입력한다. (전체가로길이의 절반)
"반대방향" 버튼으로 방향을 설정한다.

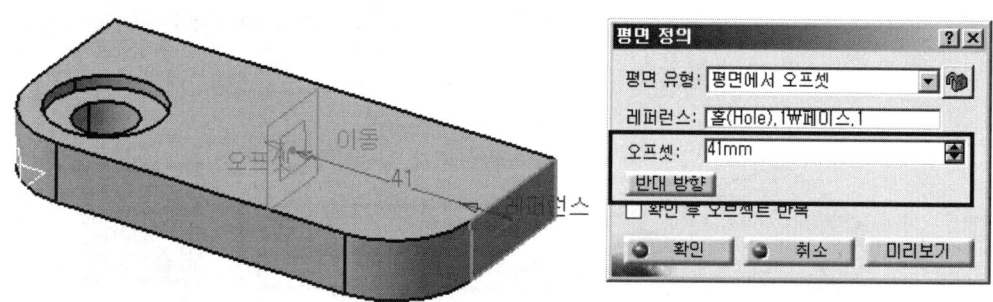

Step 18 확인을 누른다.

Step 19 Mirror(대칭)를 위해 방금 생성한 홀(Hole)을 작업트리에서 선택하거나, 형상에서 선택한다.

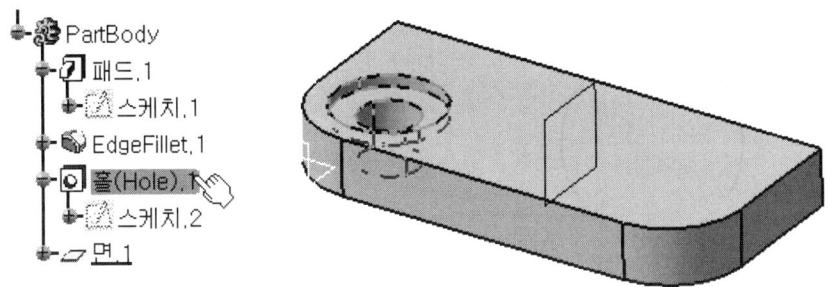

Step 20 Mirror( )를 실행한다. 대칭평면으로 위에서 생성한 평면을 선택한다.

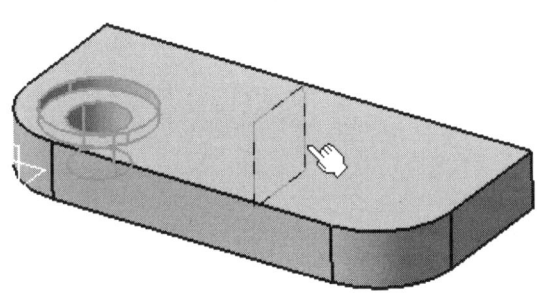
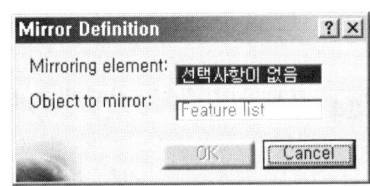

Step 21 OK를 누른다.

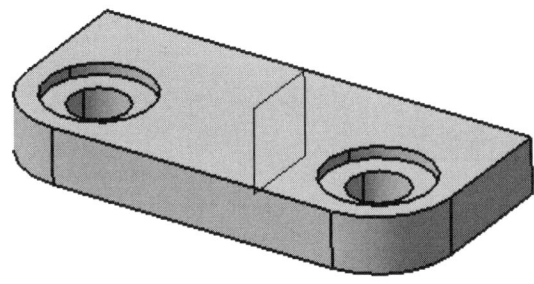

Step 22 스케치( )를 실행하고, 형상의 뒷면을 선택한다.

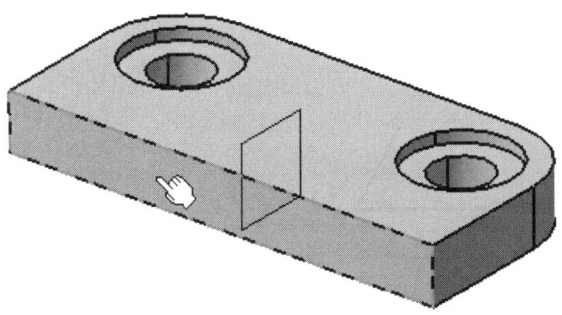

Step 23 원(⊙)을 작성한다. 제약조건(□)으로 치수를 입력한다.

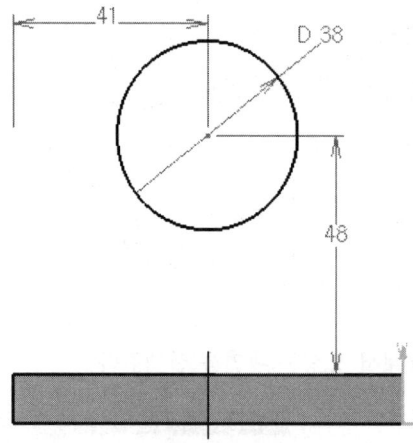

Step 24 프로파일(❖)을 실행하고, 다음과 같은 스케치를 작성한다.

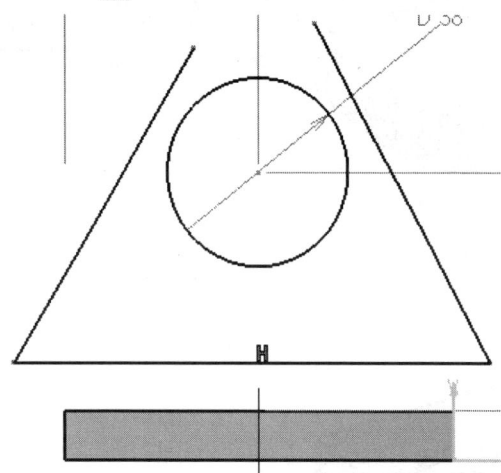

Step 25 제약조건(□)으로 P1의 선과 원을 [접점]시킨다. P2의 선과 원도 [접점]시킨다.

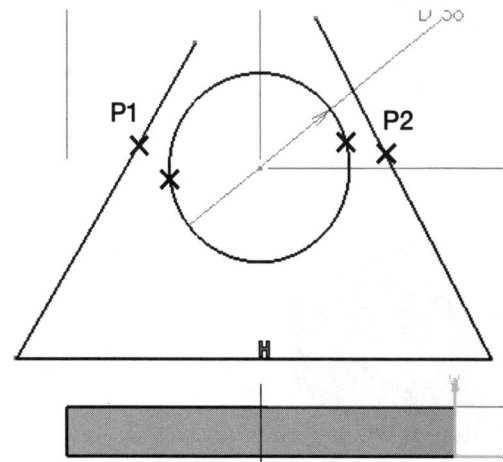

Step 26 제약조건(□)으로 P3의 선과 선을 [일치]시킨다.

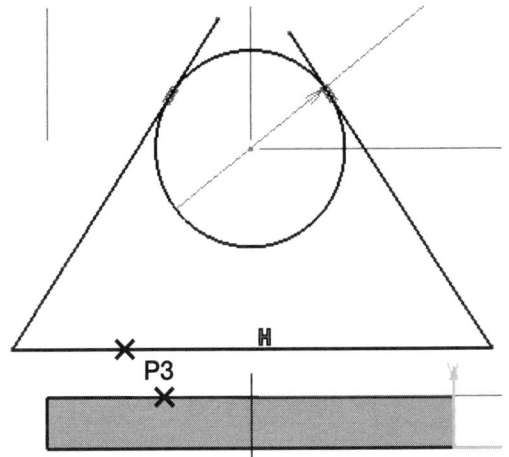

Step 27 제약조건(□)으로 P4의 점과 모서리, P5의 점과 모서리를 [일치]시킨다.

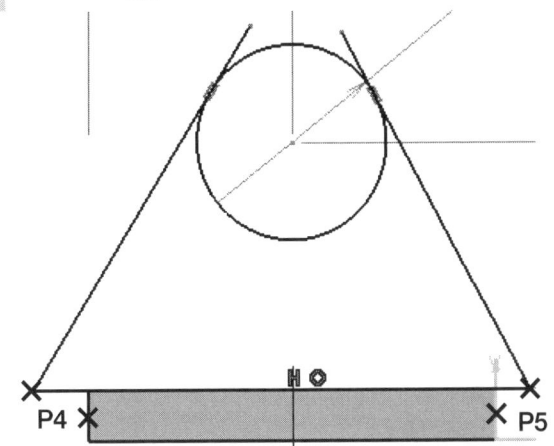

Step 28 즉시 자르기(⌀)를 실행하고, 불필요한 부분을 클릭하면서 자르기를 한다.

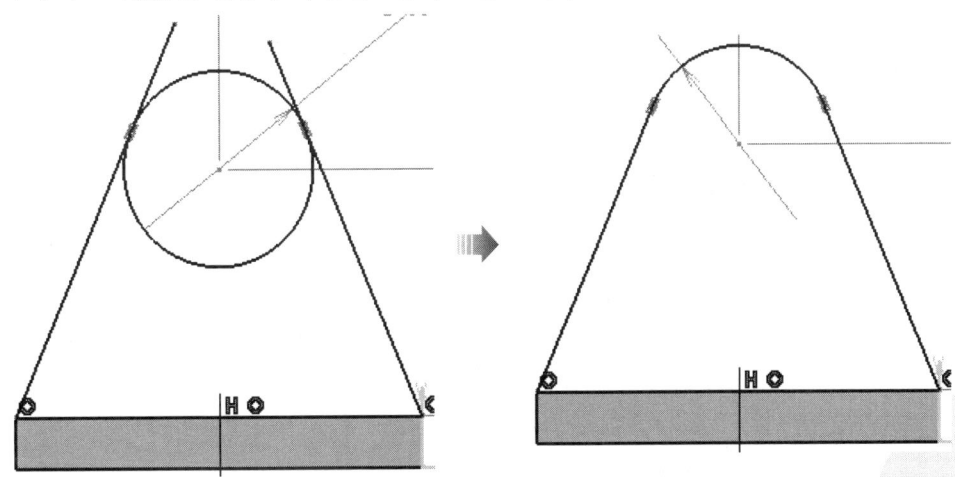

Step 29 워크벤치 종료(⬆)를 한다.

Step 30 Pad(⬆)를 실행한다. Length 값을 입력하고, 미리보기와 OK를 누른다.

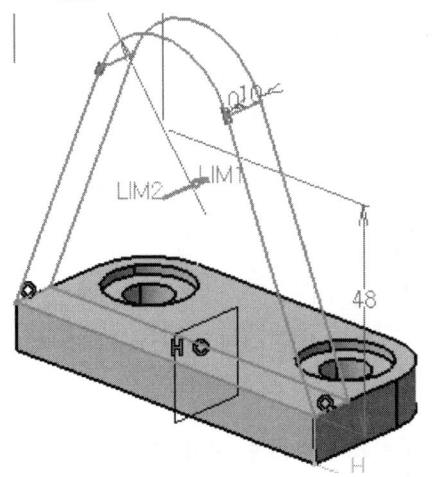
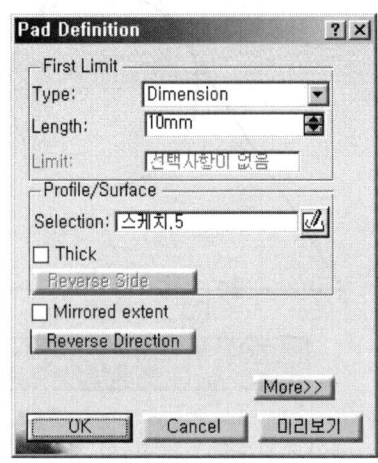

Step 31 스케치(✏)를 실행하고, 형상의 뒷면을 선택한다.

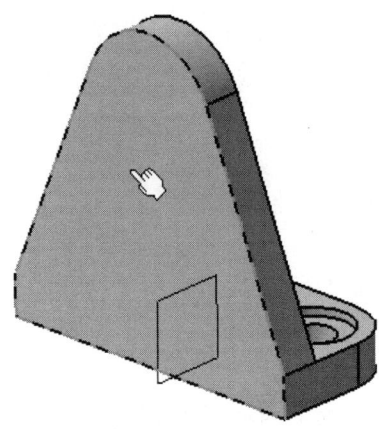

Step 32 원(⊙)을 작성한다. 제약조건(🔲)으로 P1의 원과 원형 모서리를 [일치]시킨다.

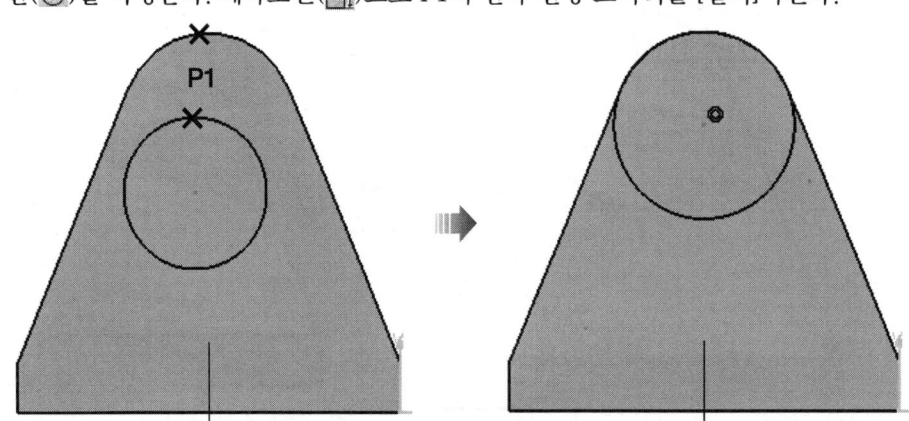

Step 33 워크벤치 종료(⬆)를 한다.

Step 34 Pad(🗗)를 실행한다. Length 값을 입력하고, 미리보기와 OK를 누른다

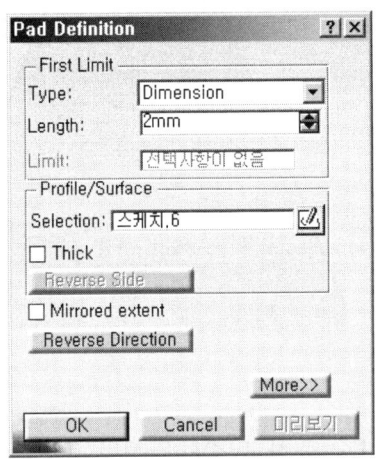

Step 35 스케치(✏)를 실행하고, 형상의 뒷면을 선택한다.

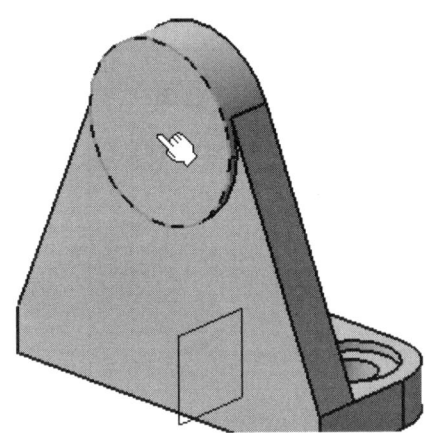

Step 36 원(⊙)을 작성한다. 제약조건(📐)으로 치수를 입력한다.

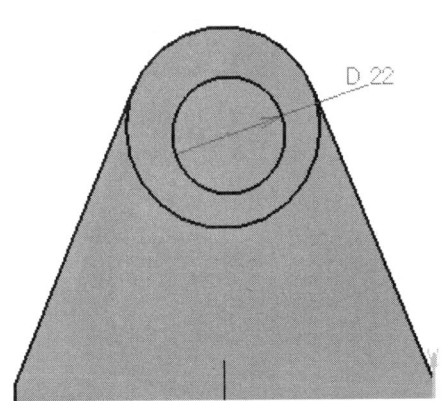

Step 37 제약조건(　)으로 P1의 원과 원형 모서리를 [동심성]시킨다.

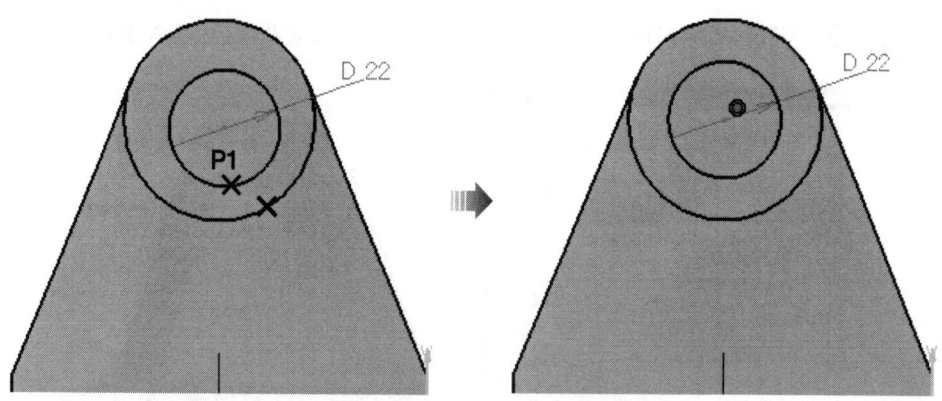

Step 38 워크벤치 종료(　)를 한다.

Step 39 Pocket(　)을 실행한다. Type 옵션을 [Up to last]로 하고, 방향을 설정한다.

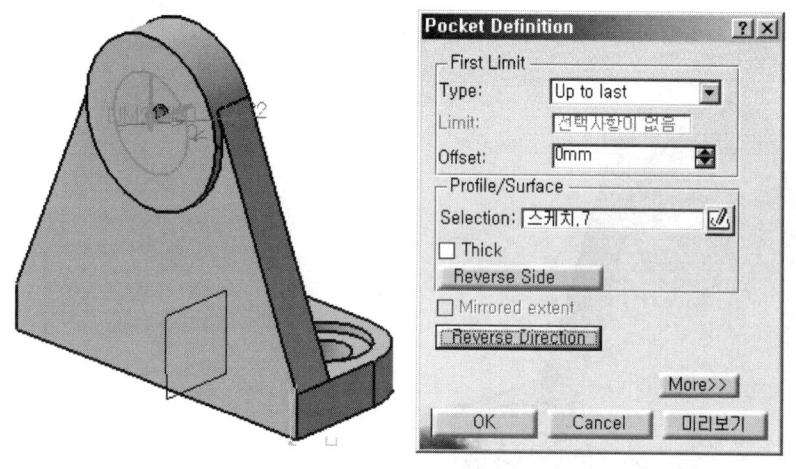

Step 40 미리보기 및 OK를 누른다. 형상이 완성되었다.

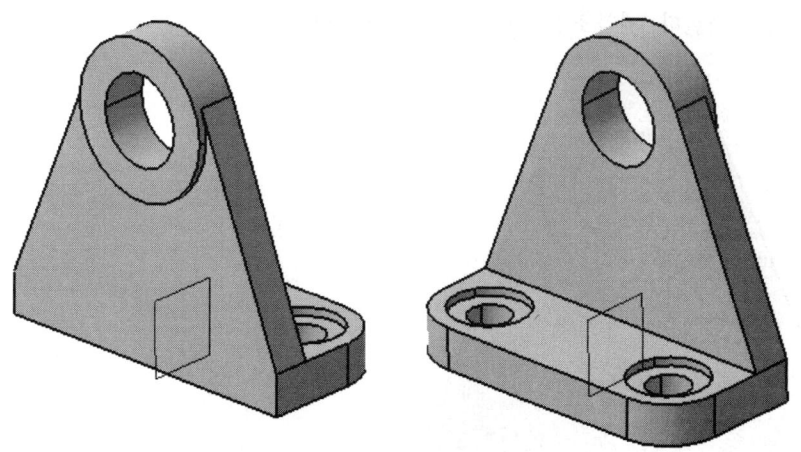

과제 6 CATIA 기본과정 – Modeling 따라하면서 배우기 *Step by Step*

다음 도면을 분석하여 Shaft, Pattern을 활용한 모델링을 한다.

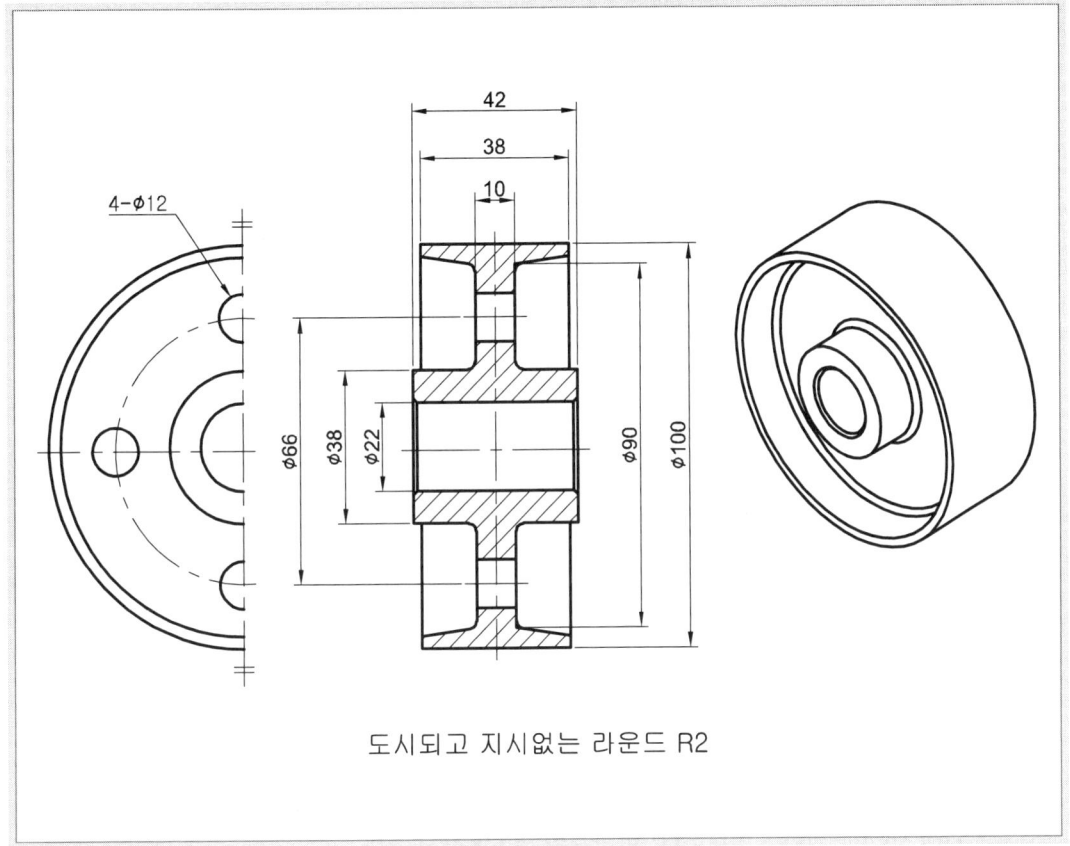

Step 01 [시작 ⇒ 기계디자인 ⇒ Part Design]을 실행한다.

Step 02 새 파트 창에서 작업할 파일의 이름을 입력하고, 확인을 누른다.

Step 03 스케치()를 실행하고, xy평면을 선택한다.

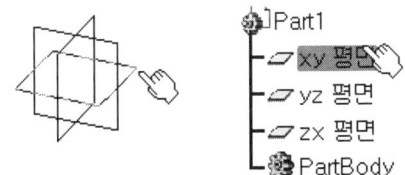

Step 04 프로파일(⌂)을 실행하고, 다음과 같은 스케치를 작성한다.

Step 05 축(┃)을 실행하고, 작성을 한다. (회전체형상을 표현하기 위해서는 축이 꼭 필요하다.)

Step 06 제약조건(□)으로 치수를 입력한다. 워크벤치 종료(⌂)를 한다.

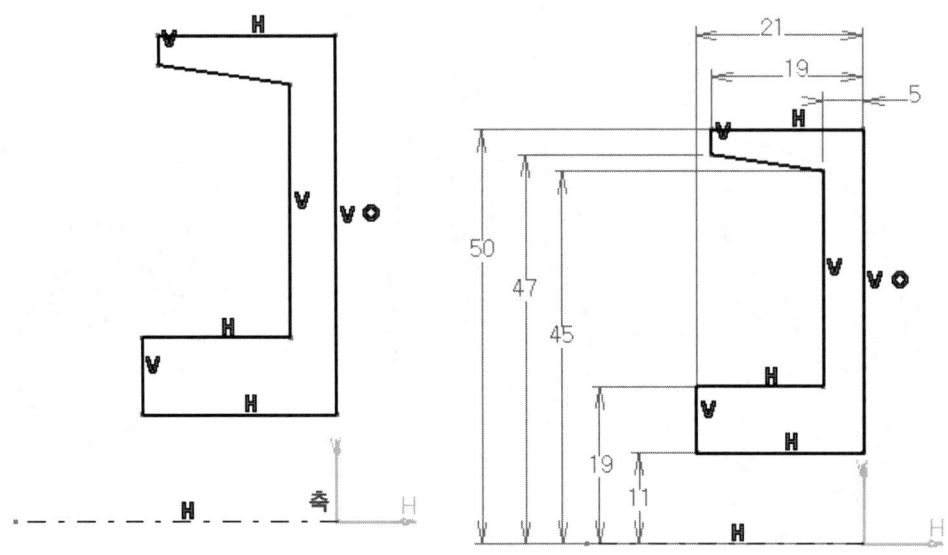

Step 07 Shaft(⛊)를 실행한다.

Step 08 First angle : 360을 입력한다. 미리보기 및 OK를 누른다.

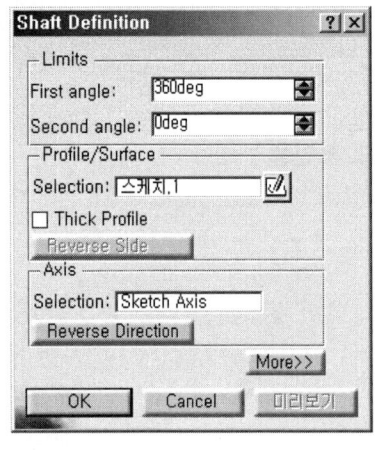
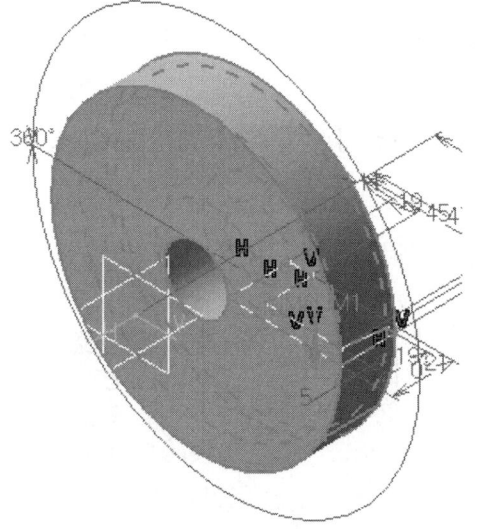

Step 09 대칭을 하기 위해 작업트리에서 샤프트를 선택한다.

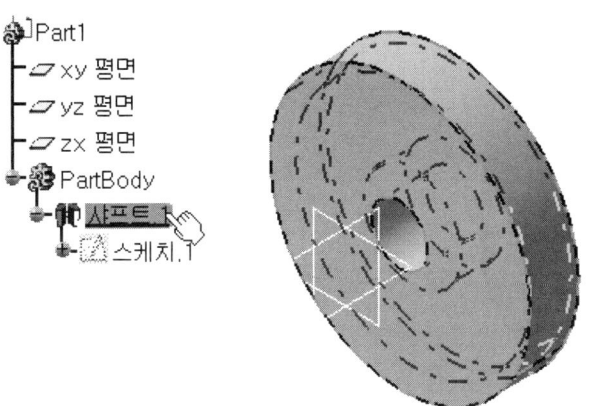

Step 10 Mirror( )를 실행한다. 형상의 뒷면을 대칭평면으로 선택한다. OK를 누른다.

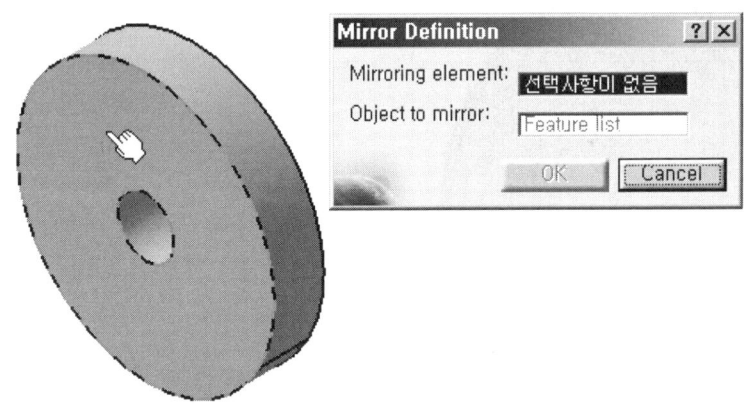

Step 11 Edge Fillet( )을 실행한다. Radius에 2를 입력한다. 라운드가 적용될 모서리를 선택하고, 미리보기 및 OK를 누른다.

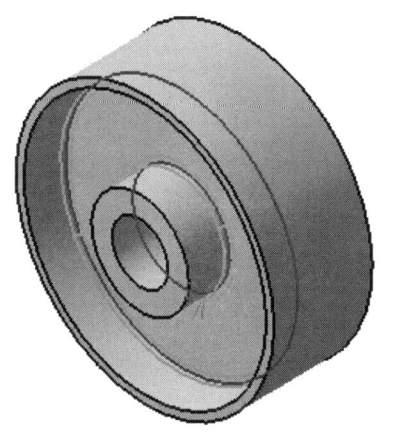
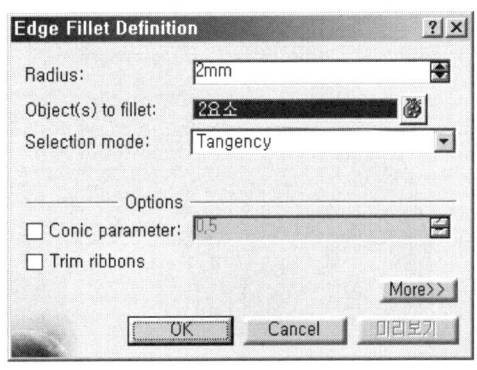

Step 12 반대편에도 Edge Fillet를 생성한다.

Step 13 스케치( )를 실행하고, 형상의 측면을 선택한다.

Step 14 원( )을 작성한다. 제약조건( )으로 치수를 입력한다.

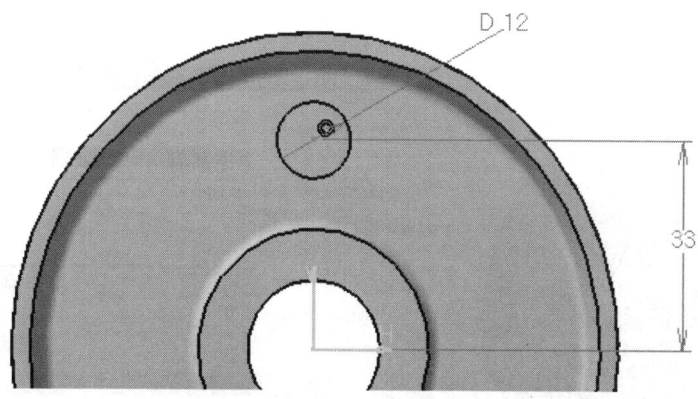

Step 15 워크벤치 종료( )를 한다.

Chapter 04 CATIA Modeling 따라하면서 배우기(기초편)

Step 16 Pocket(🔲)을 실행한다. Type 옵션을 [Up to last]로 하고, 방향을 설정한다.

Step 17 미리보기 및 OK를 누른다.

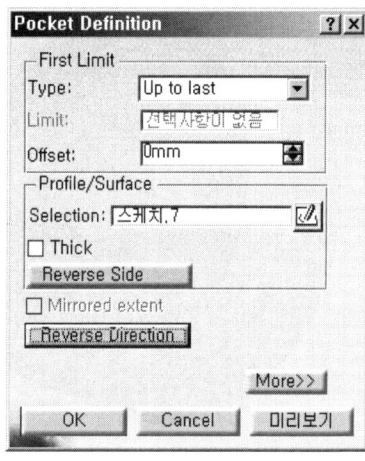

Step 18 Pattern을 위해 방금 생성한 포켓 구멍을 작업트리 또는 형상을 선택한다.

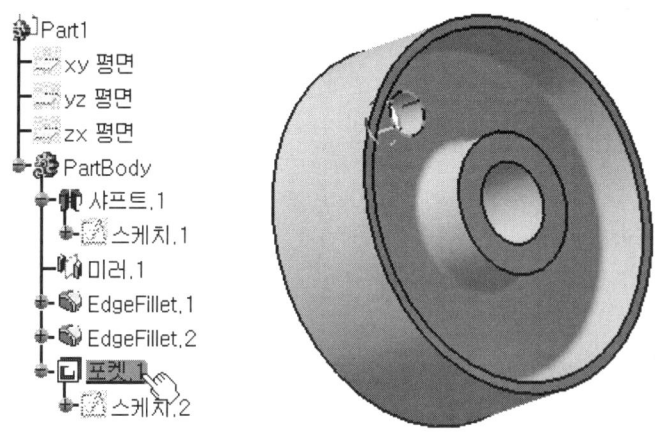

Step 19 Circular Pattern(✪)을 실행한다.

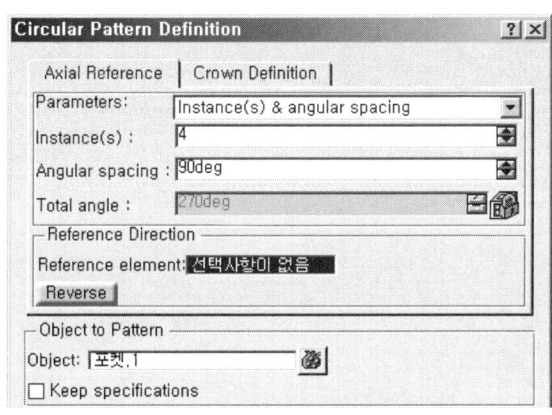

Axial Reference 탭에서

☐ **Instance(s)** : 4 입력(개수)

☐ **Angular spacing** : 90 입력
　　　　　　　　　(사이각도)

Step 20 Reference element : "선택 사항이 없음" 항목을 클릭하고, 원통면을 클릭한다.
(원통면의 중심축(회전축)을 선택하기 위함이다)

Step 21 미리보기 및 OK를 누른다. 형상이 완성되었다.

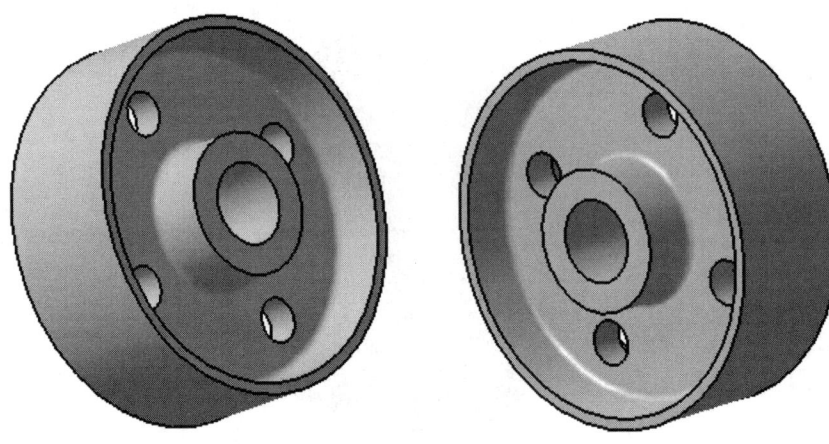

학습 정리하기

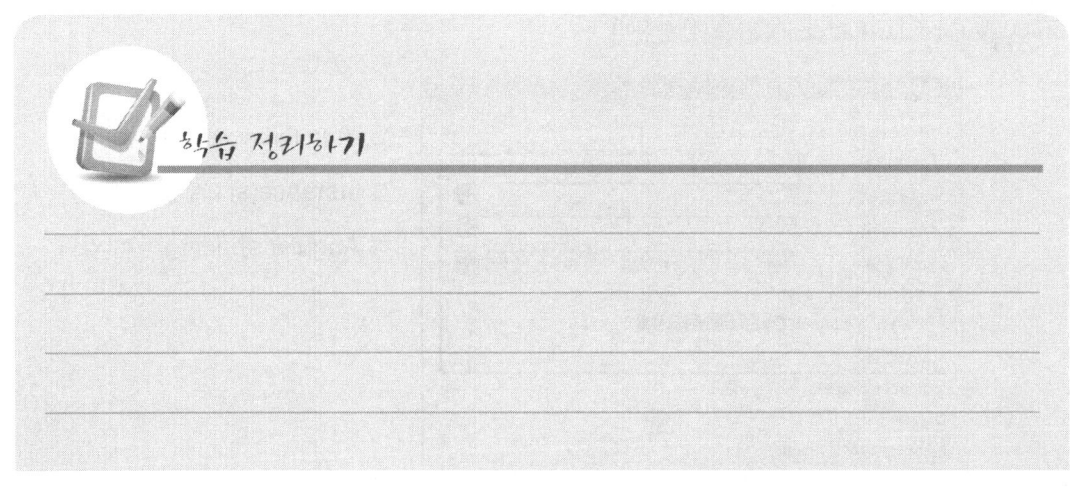

과제 7 CATIA 기본과정 – Modeling 따라하면서 배우기 *Step by Step*

다음 도면을 분석하여 3D요소 프로젝트 기능을 활용한 모델링을 한다.

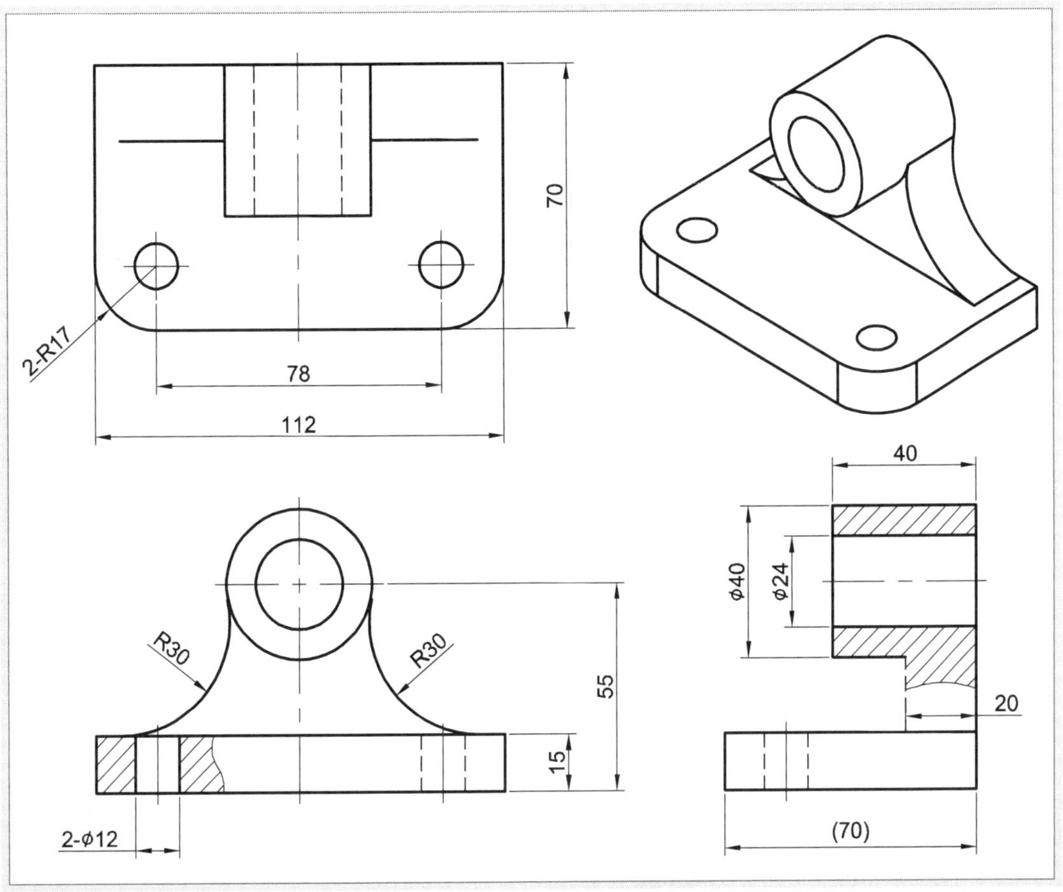

Step 01 [시작 ⇒ 기계디자인 ⇒ Part Design]을 실행한다.

Step 02 새 파트 창에서 작업할 파일의 이름을 입력하고, 확인을 누른다.

Step 03 스케치(✏)를 실행하고, xy평면을 선택한다.

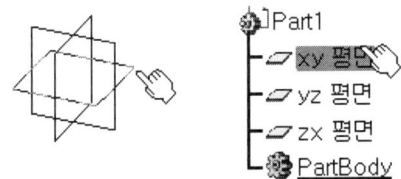

Step 04 직사각형(□)으로 사각형을 작성하고, 제약조건(□)으로 수평, 수직치수를 입력한다.

Step 05 워크벤치 종료(□)를 실행한다.

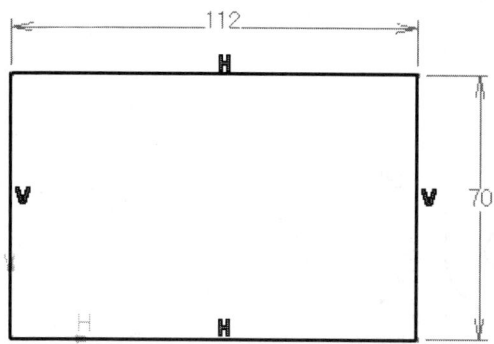

Step 06 Pad(□)를 실행한다. Length를 입력하고, 미리보기와 OK를 누른다.

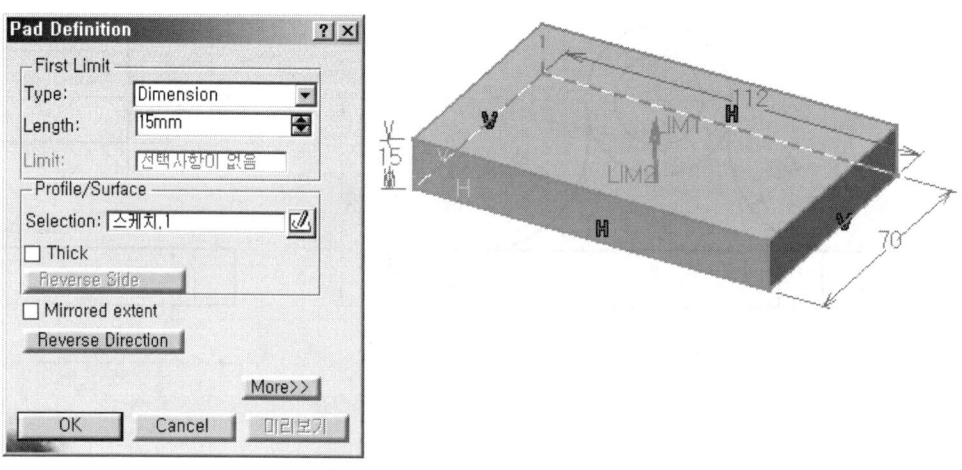

Step 07 Edge Fillet(□)을 실행한다. Radius를 입력한다. 라운드가 적용될 모서리를 선택한다.

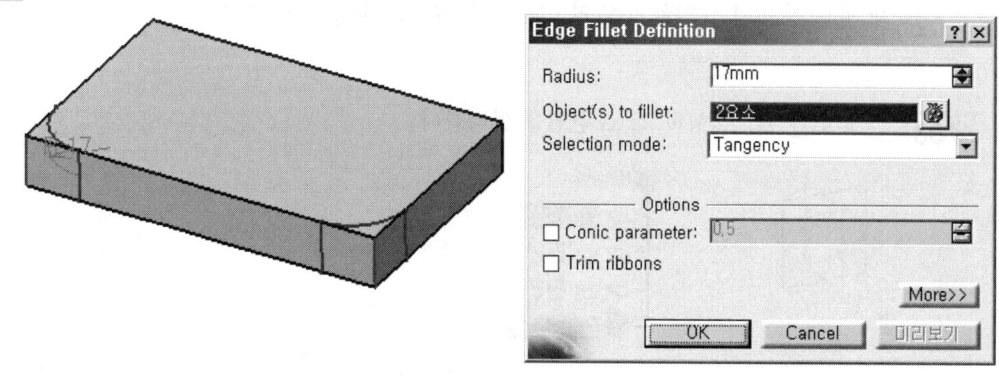

Step 08 스케치(⬚)를 실행하고, 형상의 윗면을 선택한다.

Step 09 원(⊙)을 작성한다. 제약조건(⬚)으로 P1의 원형 모서리와 원을 [등심성]한다.

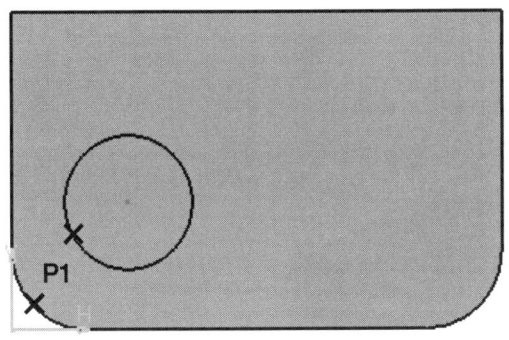

Step 10 제약조건(⬚)으로 치수를 입력한다.

Step 11 오른쪽에도 같은 방법으로 원을 그리고, 제약조건으로 [등심성] 및 치수입력을 한다.

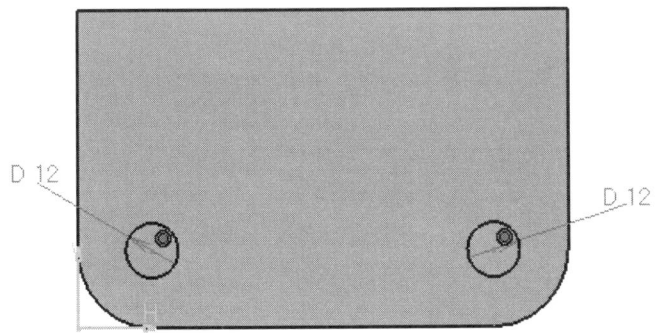

Step 12 워크벤치 종료(⬚)를 실행한다.

Step 13 Pocket(⬚)을 실행한다. Type을 [Up to last]로 설정하고, 미리보기 및 OK를 누른다.

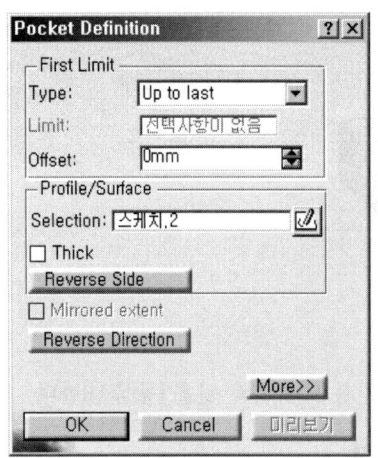
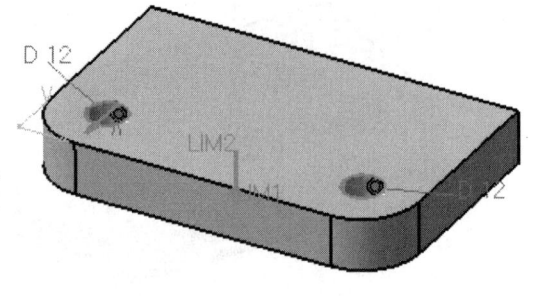

Step 14 스케치(⬚)를 실행하고, 형상의 뒷면을 선택한다.

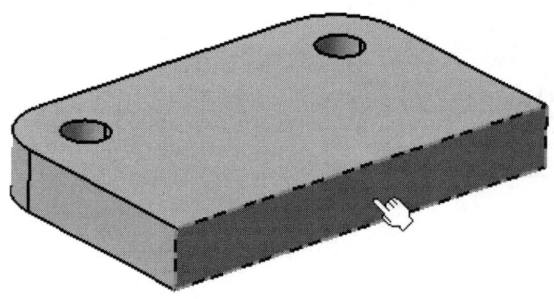

Step 15 원(⊙)을 작성하고, 제약조건(⬚)으로 치수를 입력한다.

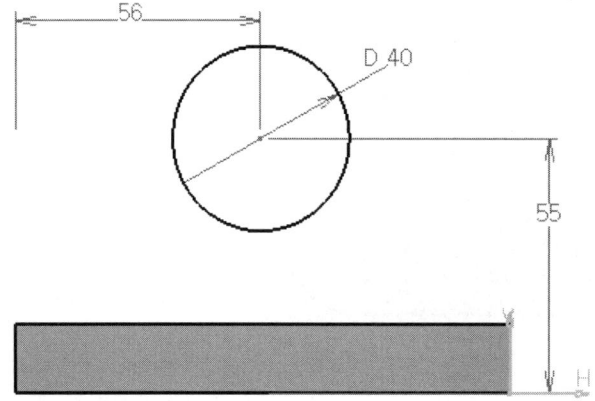

Step 16 안쪽에 작은 원을 작성(등심성)하고, 제약조건(□)으로 치수를 입력한다.

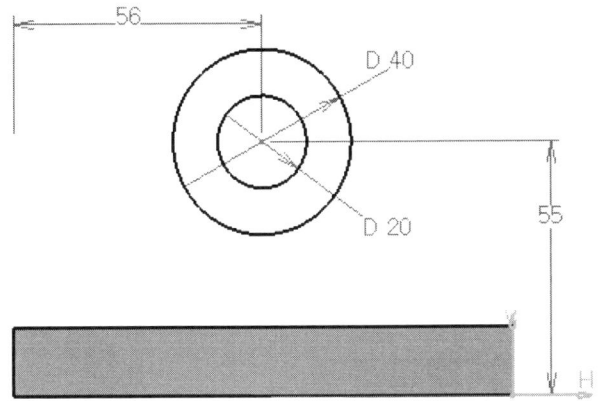

Step 17 워크벤치 종료(⬆)를 실행한다.

Step 18 Pad(⏏)를 실행한다. Length를 입력하고, 미리보기와 OK를 누른다.

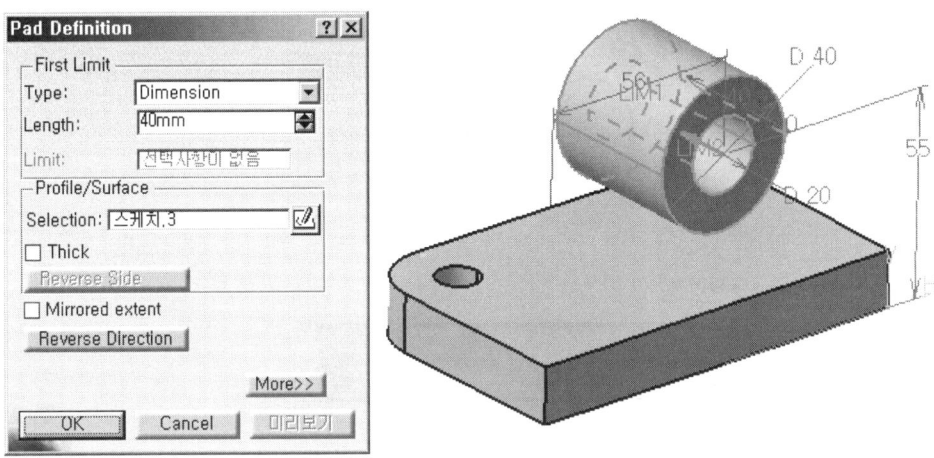

Step 19 스케치(✏)를 실행하고, 형상의 뒷면을 선택한다.

Step 20 3D 요소 프로젝트(📐)를 실행한다. (형상 모서리를 스케치로 복사하는 기능이다)

Step 21 원형 모서리를 클릭한다. (모서리가 복사되면서 노란색으로 스케치가 작성되었다)

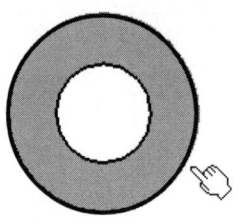

Step 22 3D 요소 프로젝트(📐)를 실행한다.

Step 23 사각형 모서리를 클릭한다. (모서리가 복사되면서 노란색으로 스케치가 작성되었다)

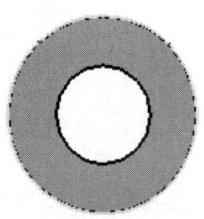

Step 24 원(⊙)을 작성하고, 제약조건(📐)으로 치수를 입력한다.

Step 25 제약조건(📐)으로 P1의 큰원과 작은원을 선택하여 [접점]시킨다.

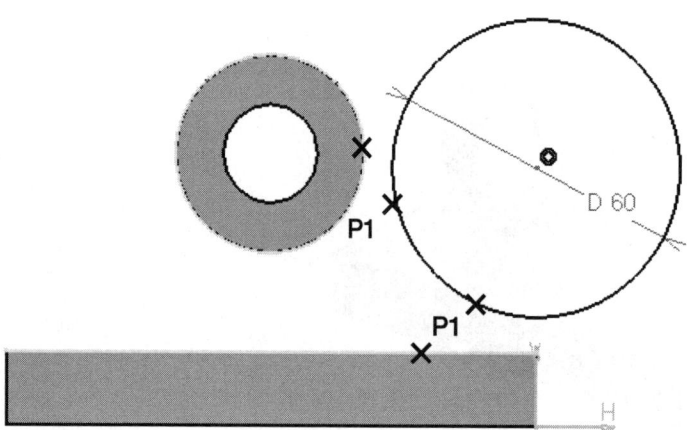

Chapter 04 CATIA Modeling 따라하면서 배우기(기초편)

Step 26 왼쪽에도 원(⊙)을 작성하고, 제약조건(🗂)으로 치수를 입력한다.

Step 27 제약조건(🗂)으로 P2의 큰원과 작은원을 선택하여 [접점]시킨다.

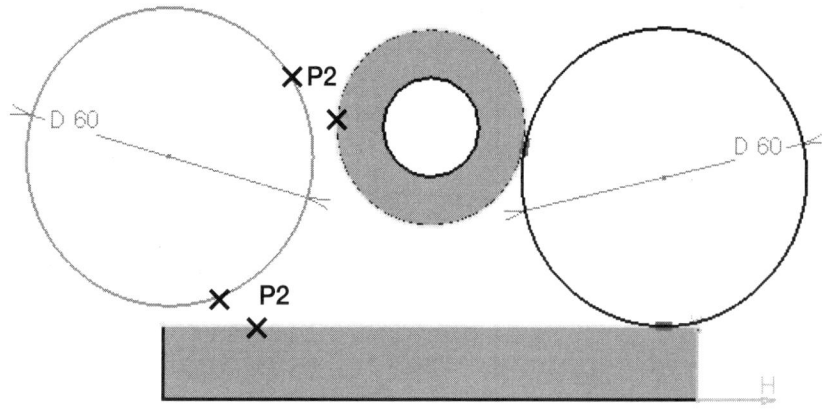

Step 28 즉시 자르기(✐)를 실행하고 X표시된 부분을 클릭하여 잘라낸다.

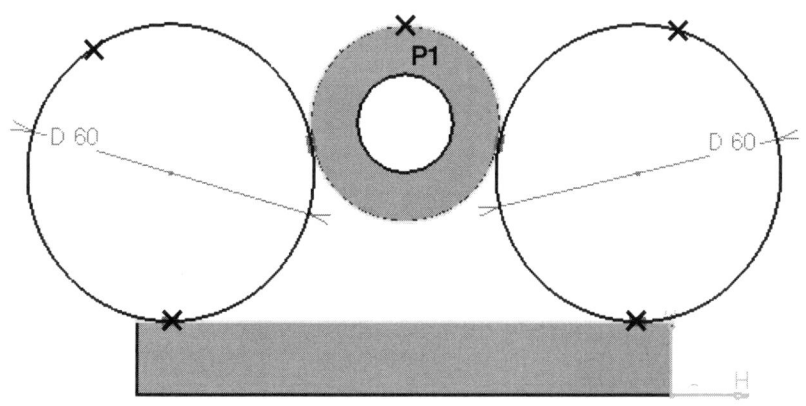

Step 29 선이 남아있거나, 중복되거나, 끝점이 연결되지 않으면 3D 명령에서 에러가 발생하므로 신중하게 작업을 해야 한다.

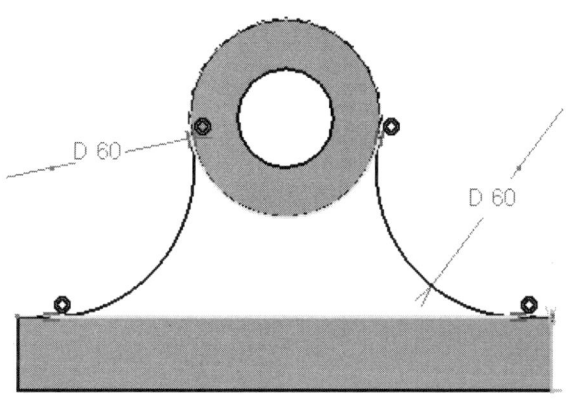

Step 30 워크벤치 종료(⬆)를 실행한다.

Step 31 Pad(⚙)를 실행한다. Length를 입력하고, 미리보기와 OK를 누른다.

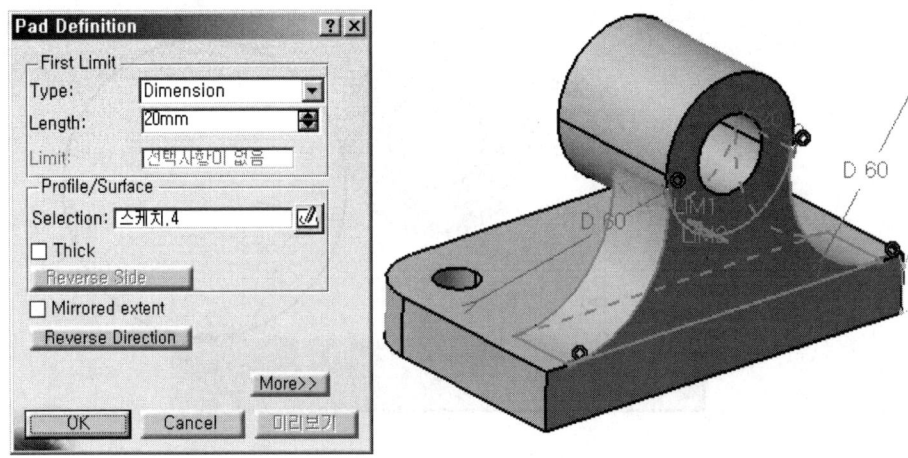

Step 32 형상이 완성되었다.

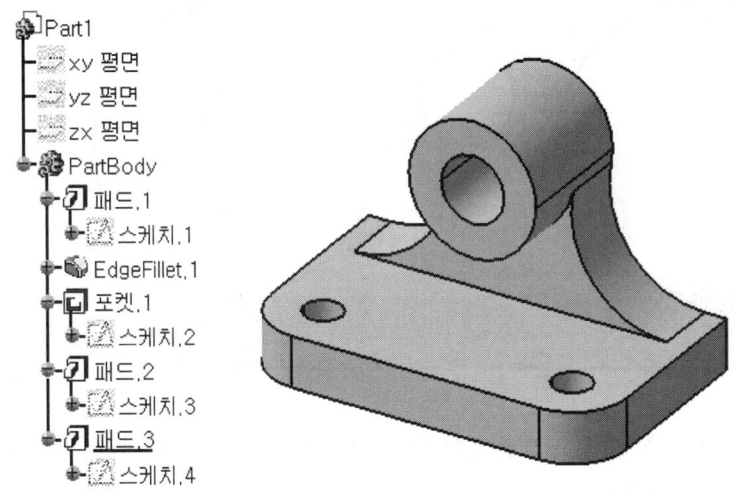

학습 정리하기

과제 8 CATIA 기본과정 – Modeling 따라하면서 배우기 *Step by Step*

다음 도면을 분석하여 Plane, 위치지정 스케치, 오프셋 기능을 활용한 모델링을 한다.

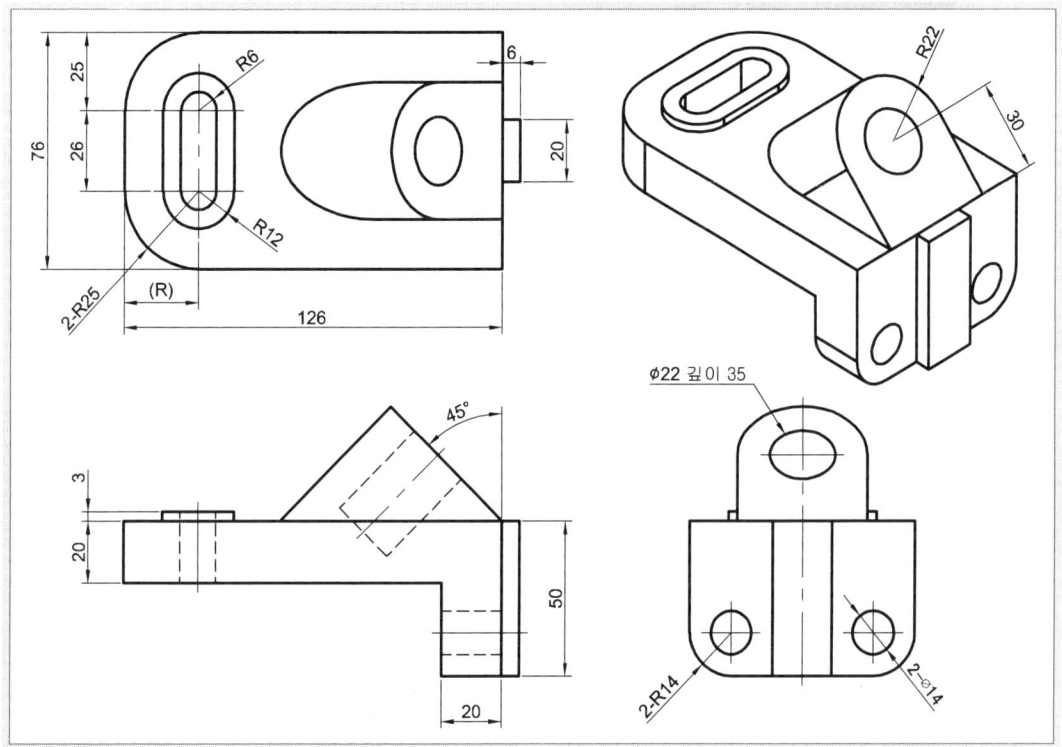

Step 01 [시작 ⇒ 기계디자인 ⇒ Part Design]을 실행한다.

Step 02 새 파트 창에서 작업할 파일의 이름을 입력하고, 확인을 누른다.

Step 03 스케치(□)를 실행하고, xy평면을 선택한다.

Step 04 직사각형(□)을 작성하고, 제약조건(□)으로 치수를 입력한다.

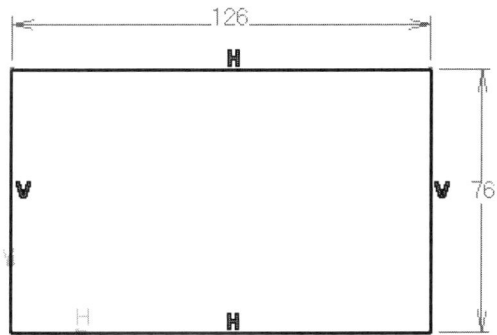

Step 05 워크벤치 종료(⬆)를 실행한다.

Step 06 Pad(⬚)를 실행한다. Length 값을 입력하고, 미리보기와 OK를 누른다.

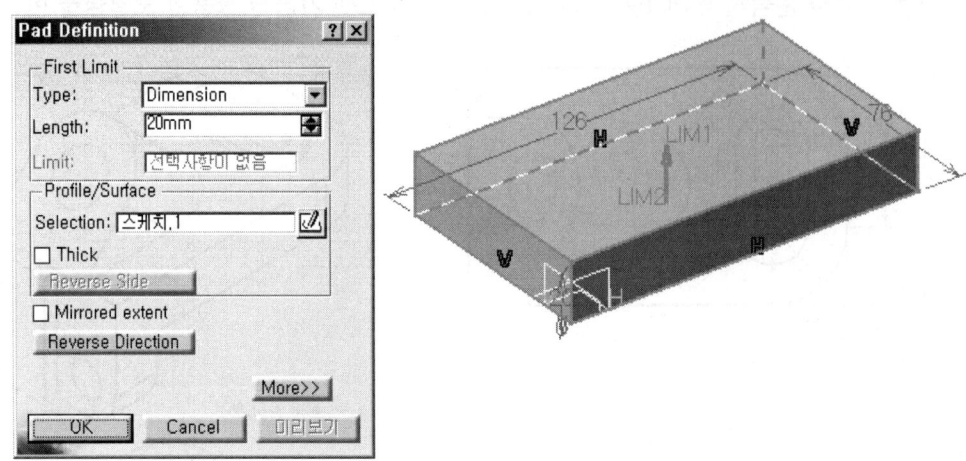

Step 07 Edge Fillet(⬚)을 실행한다. Radius 값을 입력하고, 라운드가 적용될 모서리를 선택한다. 미리보기 및 OK를 누른다.

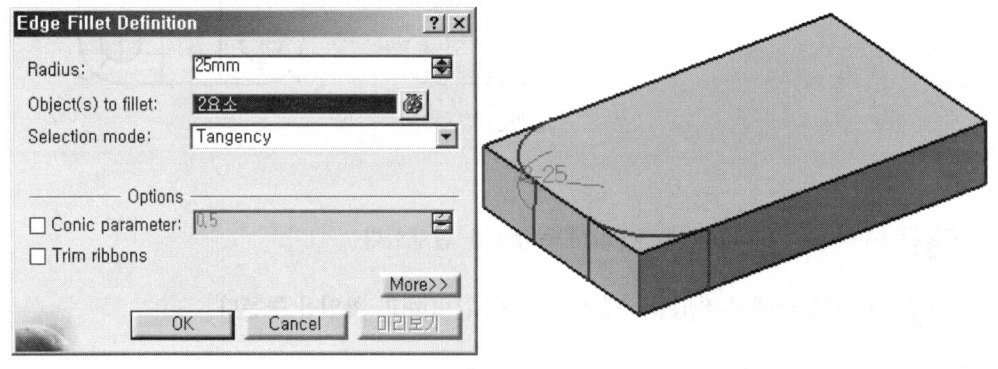

Step 08 스케치(⬚)를 실행하고, 형상의 윗면을 선택한다.

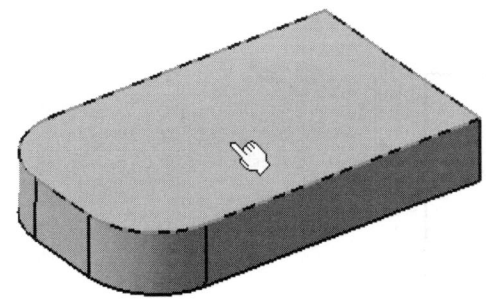

Step 08 연장된 홀(🔘)을 실행하여 생성한다.

Step 10 생성된 반지름 치수를 더블클릭하여 12로 수정한다.

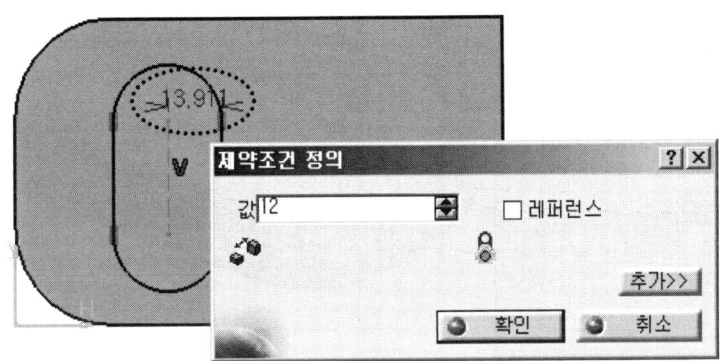

Step 11 제약조건(📐)으로 P1의 원형 모서리와 호를 선택하고, [등심성]한다.

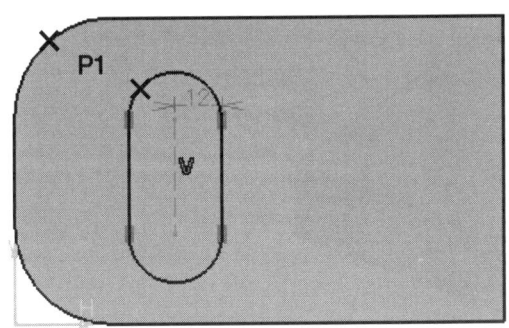

Step 12 아래에도 제약조건(📐)으로 P2의 원형 모서리와 호를 선택하고, [등심성]한다.

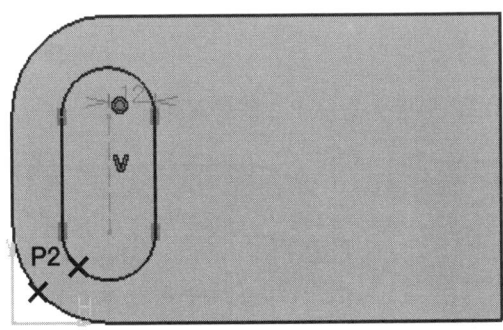

Step 13 워크벤치 종료(🔼)를 실행한다.

Step 14 Pad(⑦)를 실행한다. Length 값을 입력하고, 미리보기와 OK를 누른다.

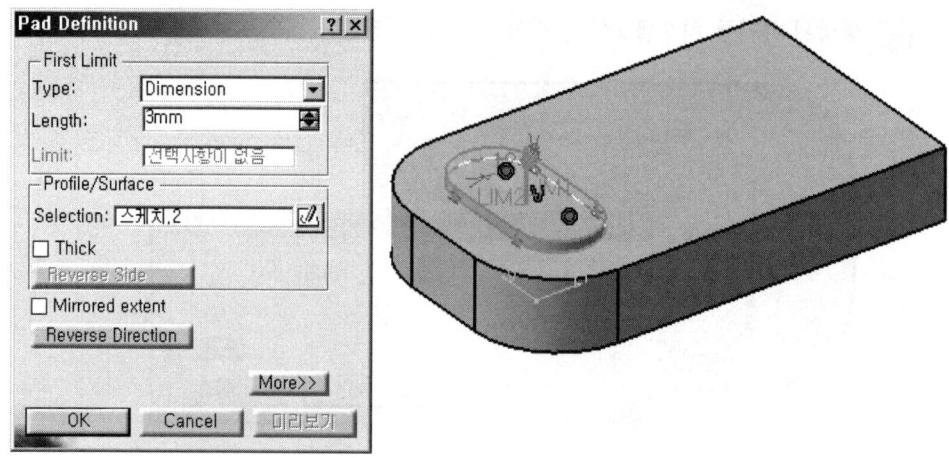

Step 15 스케치(☑)를 실행하고, 형상의 윗면을 선택한다.

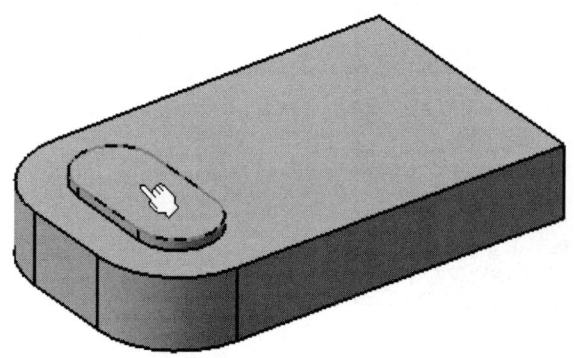

Step 16 오프셋(⬧)을 실행한다. 스케치도구에서 점전파(⬧)를 선택한다.

Step 17 연장될 홀 안쪽 영역(P1)을 클릭하고, 오프셋 방향(P2)을 클릭한다.

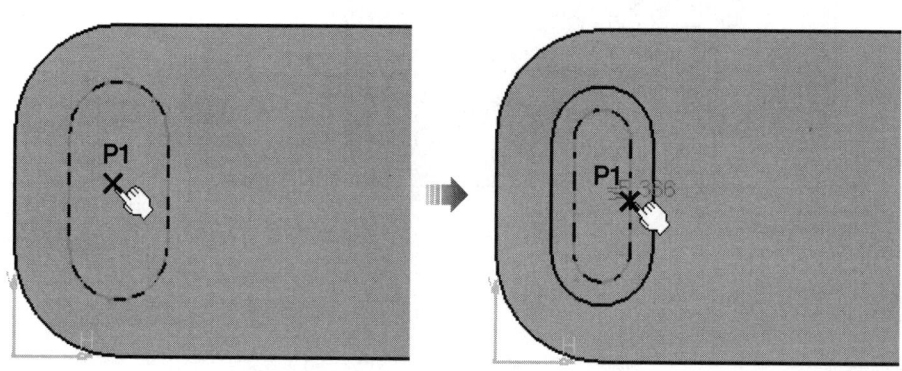

Step 18) 생성된 간격 치수를 더블클릭하여 -6으로 수정한다. 워크벤치 종료(🔼)를 실행한다.

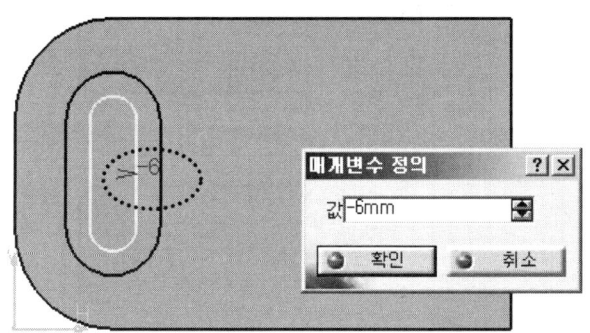

Step 19) Pocket(🗖)을 실행한다. Type 옵션을 [Up to last]로 하고, 방향을 설정한다. 미리보기 및 OK를 누른다.

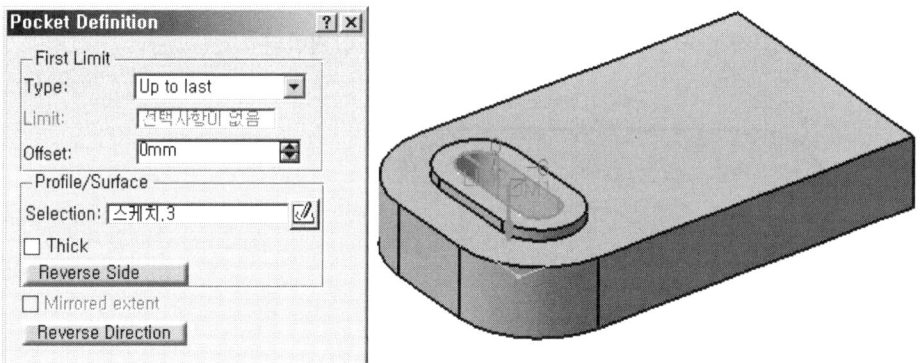

Step 20) Plane(⟋)을 실행한다.

Step 21) 평면유형 : 평면각도/수직으로 설정, 회전축 : 모서리 지정, 레퍼런스(기준면) : 윗면선택, 각도 : 45를 입력한다.

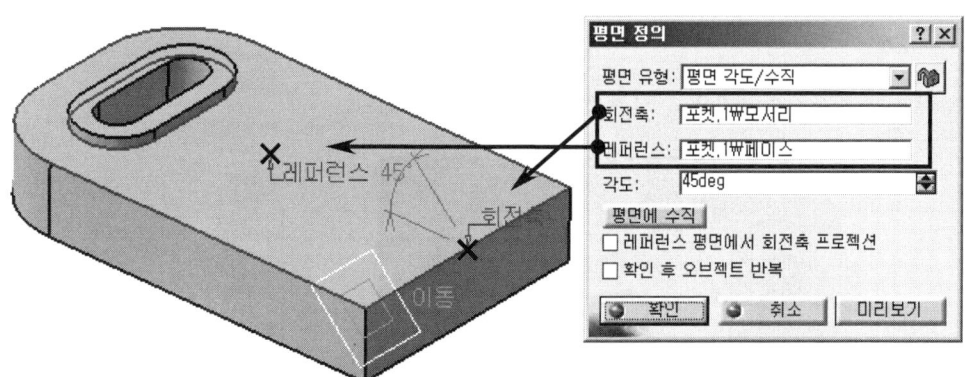

Step 22) 미리보기 및 확인을 누른다.

Step 23) 위치 지정된 스케치(📝)를 실행한다. 방금 생성한 각도평면을 선택한다.

Step 24 리버스H, 리버스V, 스왑에 체크를 해서 원하는 스케치방향으로 설정한다. 확인을 누른다.

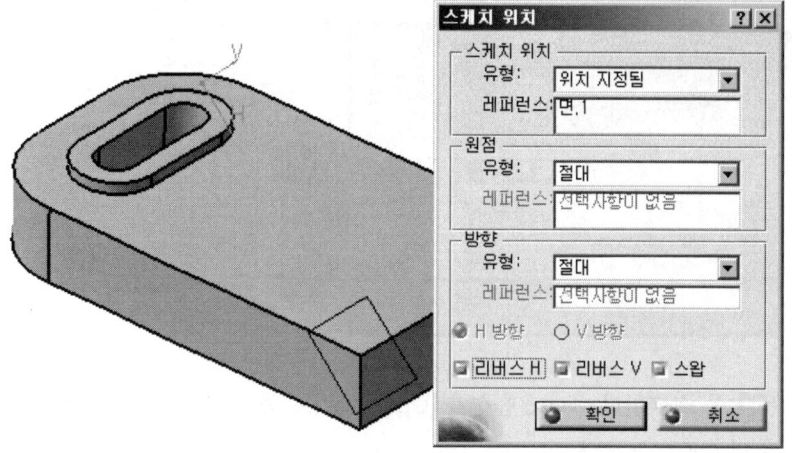

Step 25 원(⊙)을 작성한다. 제약조건(□)으로 치수를 입력한다.

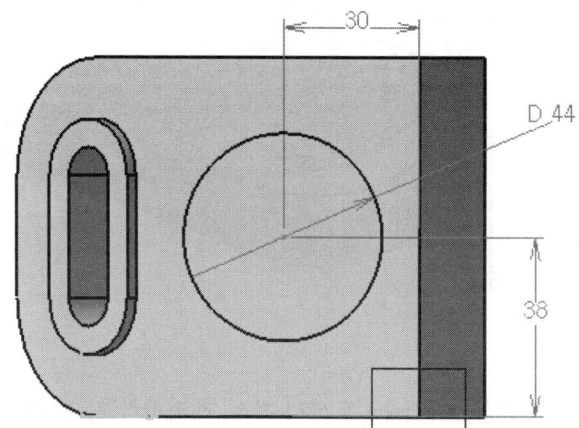

Step 26 프로파일()을 실행하고, 다음과 같은 스케치를 작성한다.

Step 27 제약조건(□)으로 P1의 선과 원을 [접점]시킨다.

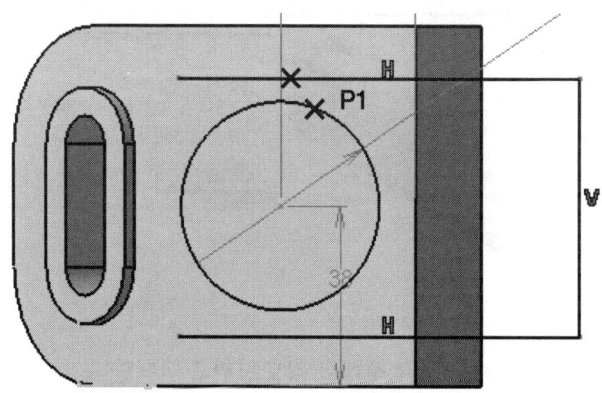

Step 28 제약조건(□)으로 P2의 선과 원을 [접점]시킨다.

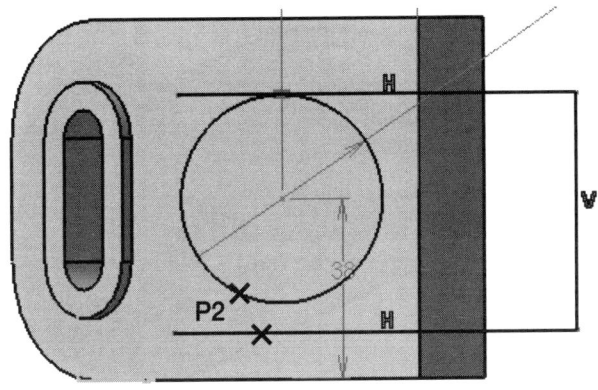

Step 29 제약조건(□)으로 P3의 모서리와 선을 [일치]시킨다.

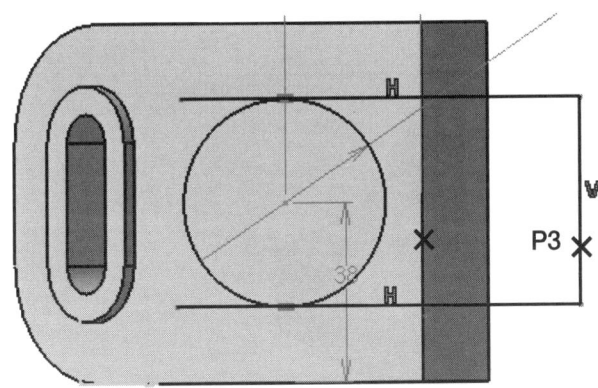

Step 30 즉시 자르기(∅)를 실행하고, 불필요한 부분을 클릭하면서 자르기를 한다.

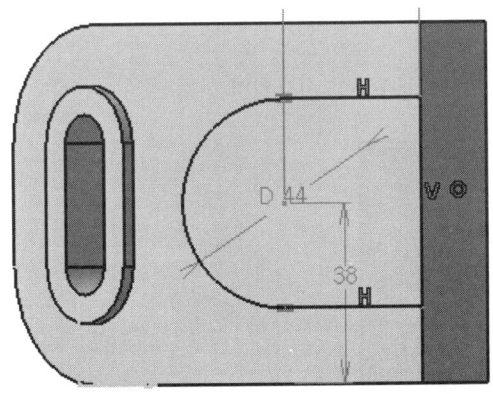

Step 31 워크벤치 종료(↥)를 실행한다.

Step 32 Pad(🗍)를 실행한다. Type을 [Up to next]로 설정하고, 미리보기 및 OK를 누른다.

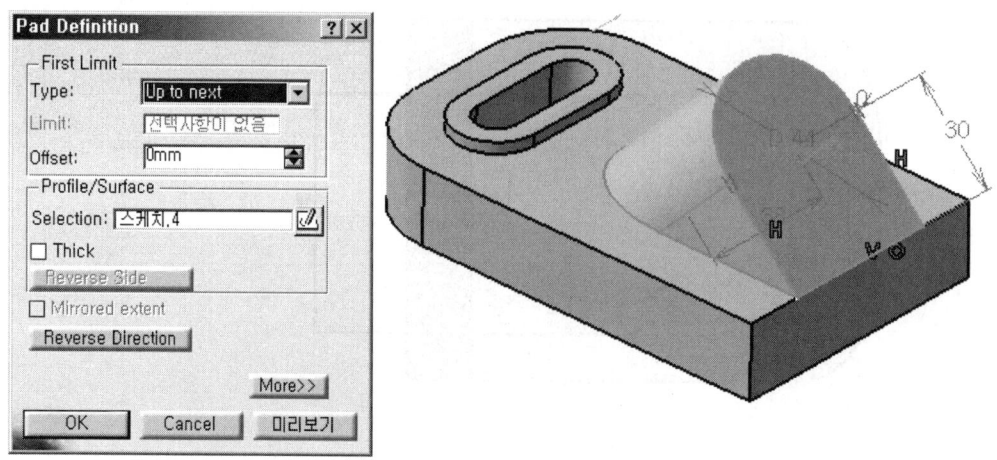

Step 33 스케치(🗹)를 실행하고, 형상의 경사면을 선택한다.

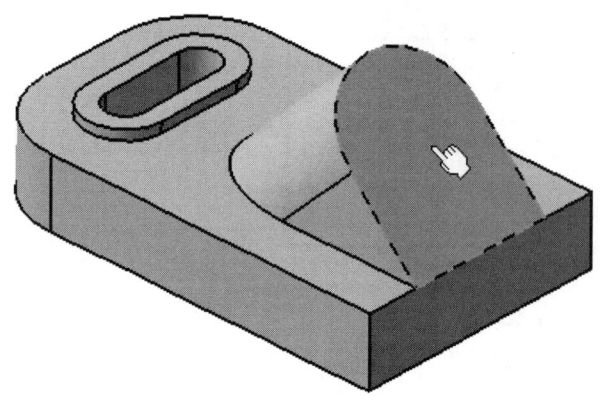

Step 34 원(⊙)을 작성한다. 제약조건(🔲)으로 치수를 입력한다.

Step 35 제약조건(🔲)으로 P1의 원과 원형모서리를 [등심성]시킨다.

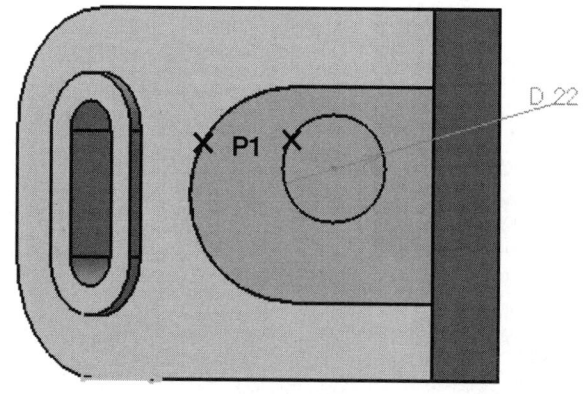

Step 36 워크벤치 종료(⬆)를 실행한다.

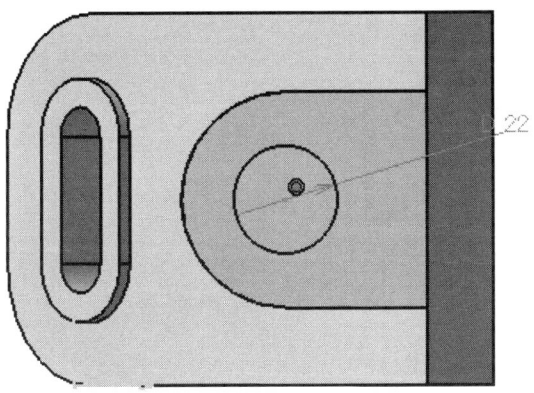

Step 37 Pocket(⬛)에서 Depth를 입력하고, 방향을 설정한다. 미리보기 및 OK를 누른다.

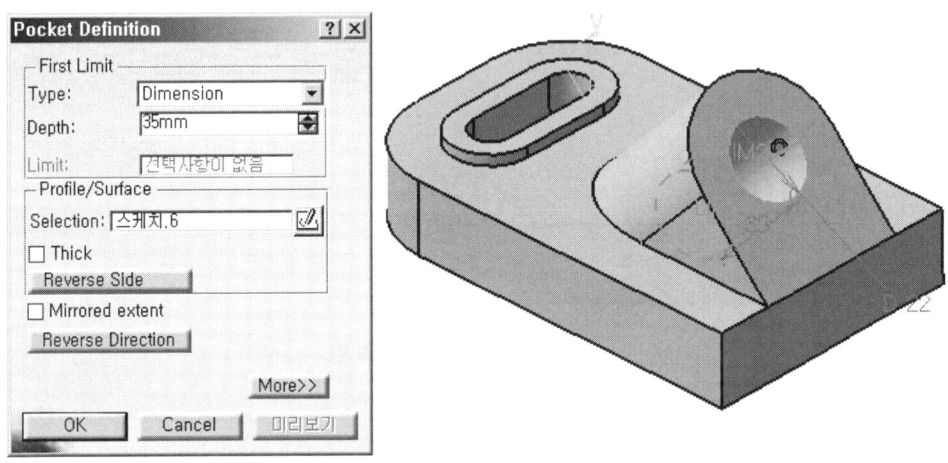

Step 38 스케치(✏)를 실행하고, 형상의 앞면을 선택한다.

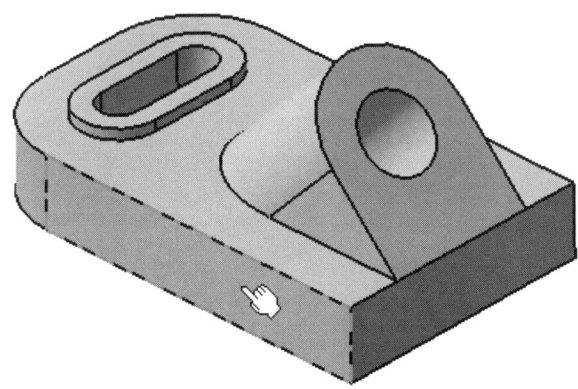

Step 39 직사각형(□)을 작성하고, 제약조건()으로 치수를 입력한다.

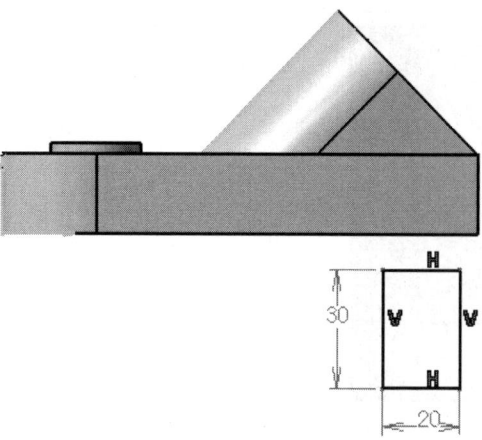

Step 40 제약조건()으로 사각형의 선과 모서리를 [일치]시킨다.

Step 41 워크벤치 종료()를 실행한다.

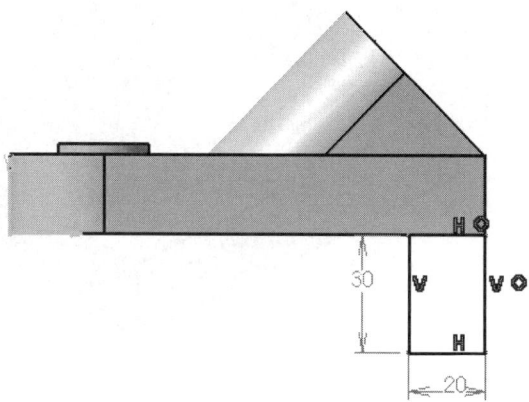

Step 42 Pad()를 실행한다. Length를 입력하고, 미리보기 및 OK를 누른다.

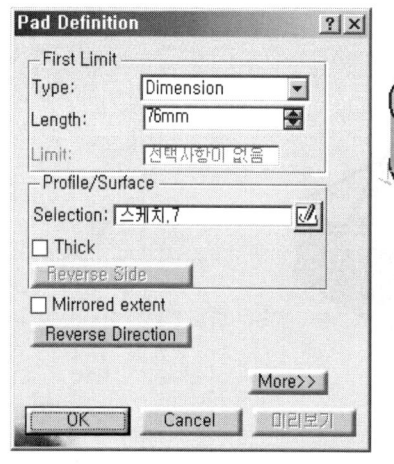
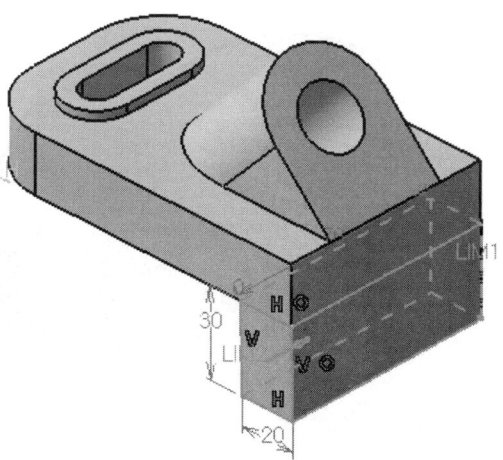

Step 43 Edge Fillet(🔘)을 실행한다. Radius 값을 입력하고, 라운드가 적용될 모서리를 선택한다. 미리보기 및 OK를 누른다.

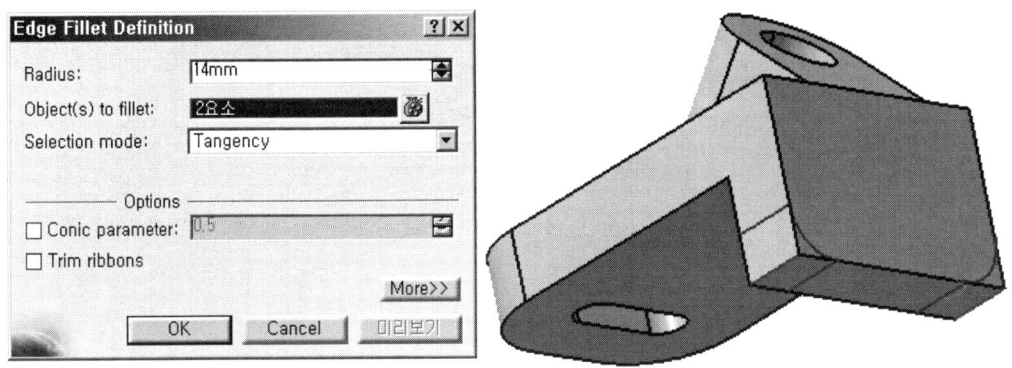

Step 44 스케치(✏️)를 실행하고, 형상의 우측면을 선택한다.

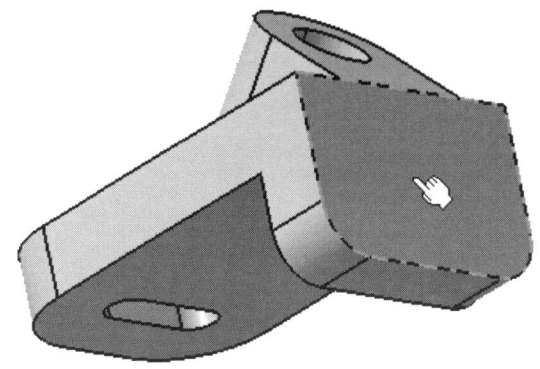

Step 45 원(⊙)을 작성한다. 제약조건(🔲)으로 치수를 입력한다.

Step 46 제약조건(🔲)으로 원과 원형모서리를 [동심성]시킨다. 워크벤치 종료(👆)를 한다.

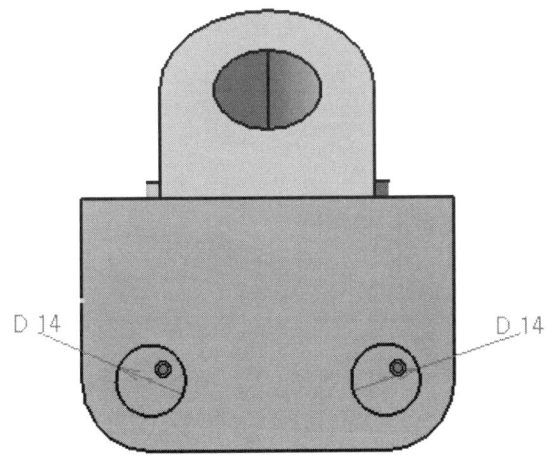

Step 47 Pocket(📦)을 실행한다. Type 옵션을 [Up to last]로 하고, 방향을 설정한다. 미리보기 및 OK를 누른다.

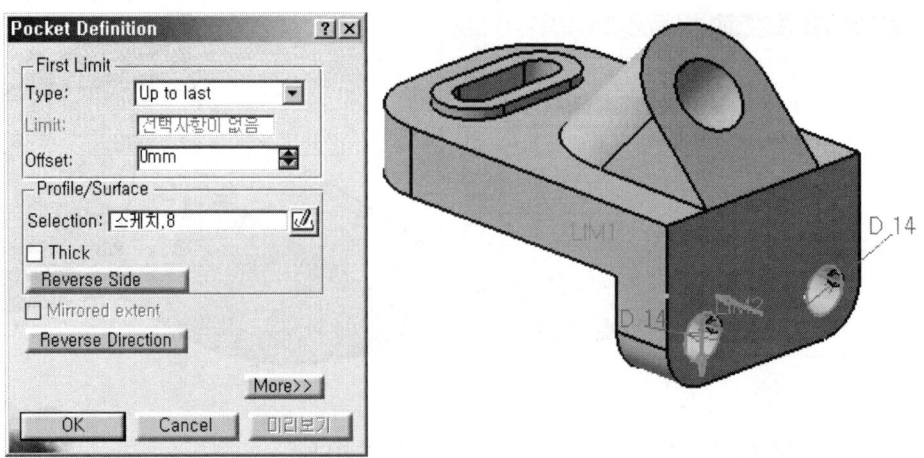

Step 48 스케치(✏️)를 실행하고, 형상의 우측면을 선택한다.

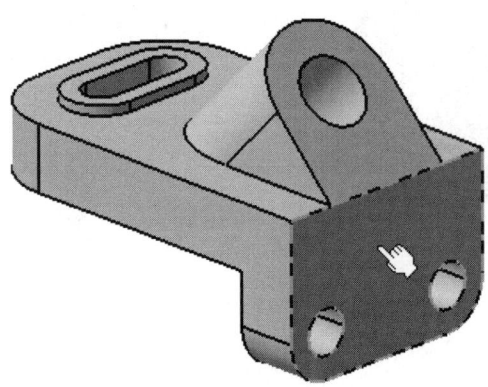

Step 49 직사각형(▭)을 작성하고, 제약조건(📐)으로 치수를 입력한다.

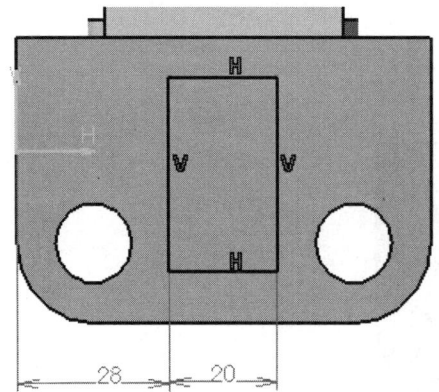

Step 50 제약조건(□)으로 사각형의 선과 모서리를 [일치]시킨다.

Step 51 워크벤치 종료(⬆)를 실행한다.

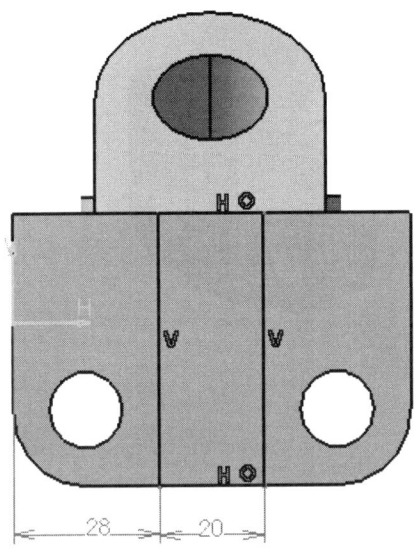

Step 52 Pad(⚙)를 실행한다. Length를 입력하고, 미리보기 및 OK를 누른다.

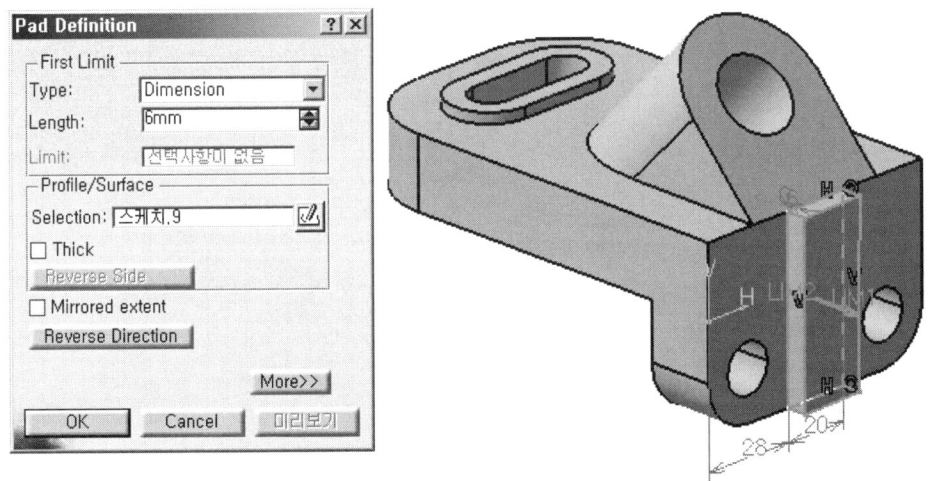

Step 53 형상이 완성되었다.

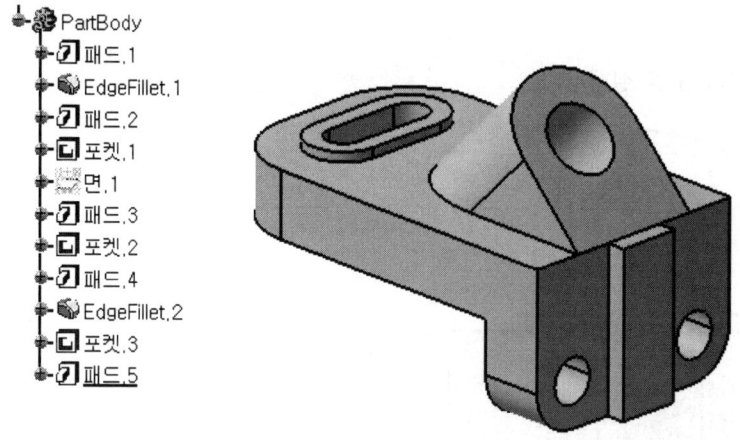

학습 정리하기

과제 9 CATIA 기본과정 – Modeling 따라하면서 배우기

다음 도면을 분석하여 Plane, Mirror Pad, Stiffener 기능을 활용한 모델링을 한다.

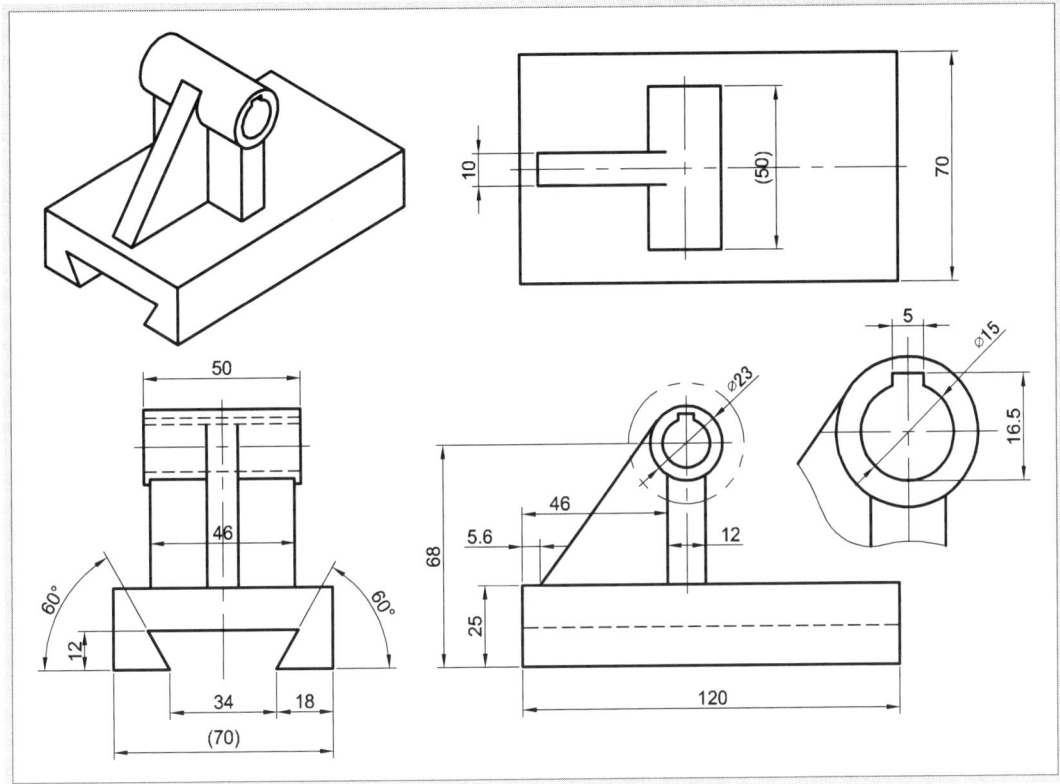

Step 01 [시작 ⇒ 기계디자인 ⇒ Part Design]을 실행한다.

Step 02 새 파트 창에서 작업할 파일의 이름을 입력하고, 확인을 누른다.

Step 03 스케치(⬚)를 실행하고, xy평면을 선택한다.

Step 04 직사각형(□)을 작성하고, 제약조건(🗖)으로 치수를 입력한다.

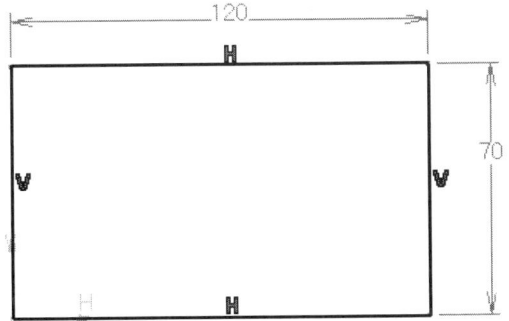

Step 05 워크벤치 종료(⬆)를 실행한다.

Step 06 Pad(⫶)를 실행한다. Length 값을 입력하고, 미리보기와 OK를 누른다.

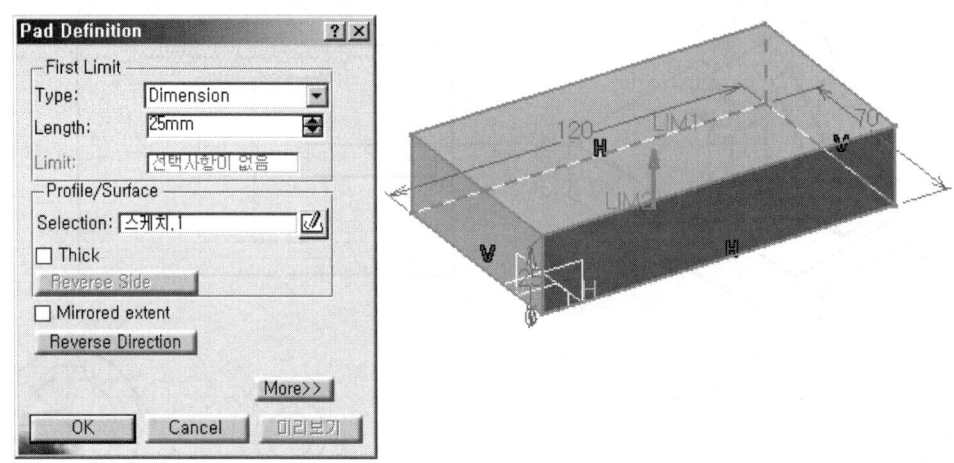

Step 07 스케치(✏)를 실행하고, 형상의 좌측면을 선택한다.

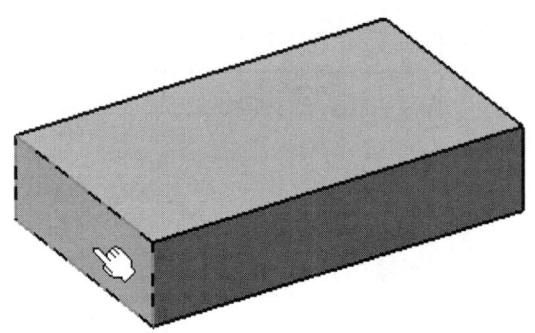

Step 08 프로파일(⌂)을 실행하고, 다음과 같은 스케치를 작성한다.

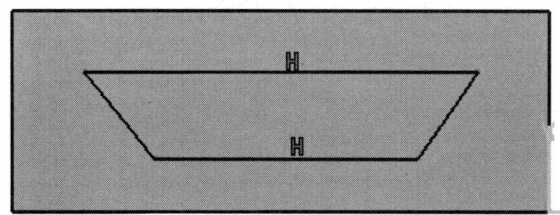

Step 09 제약조건(🔲)으로 치수를 입력한다.

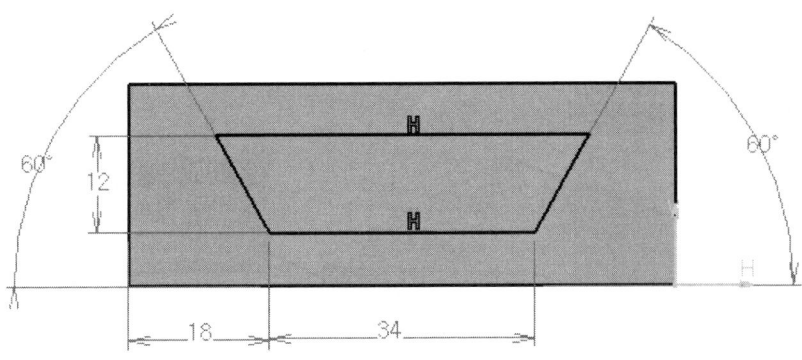

Step 10 제약조건(🔲)으로 아래의 선과 모서리를 [일치]시킨다.

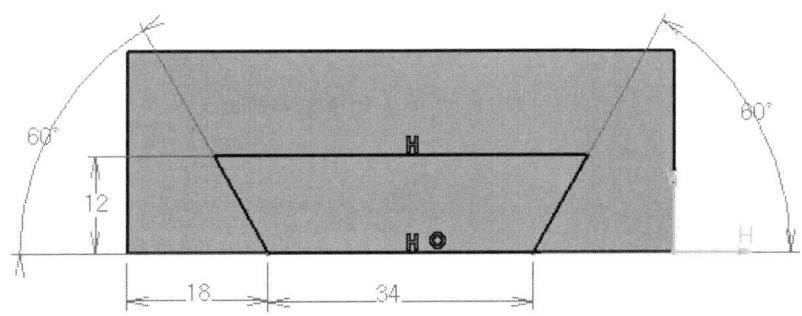

Step 11 워크벤치 종료(🔲)를 실행한다.

Step 12 Pocket(🔲)을 실행한다. Type 옵션을 [Up to last]로 하고, 방향을 설정한다. 미리보기 및 OK를 누른다.

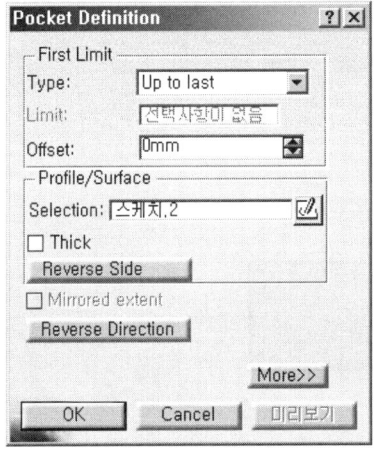
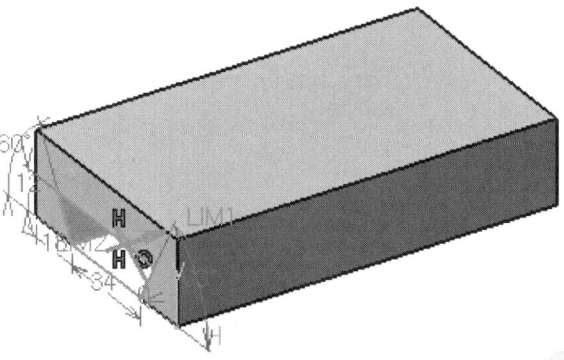

Step 13 Plane(⌀)을 실행한다.

Step 14 평면유형 : 평면에서 오프셋, 레퍼런스 : 우측면 선택, 오프셋 : 35입력, 반대방향

Step 15 미리보기 및 확인을 누른다.

Step 16 스케치(✏)를 실행하고, 방금 생성한 오프셋 평면을 선택한다.

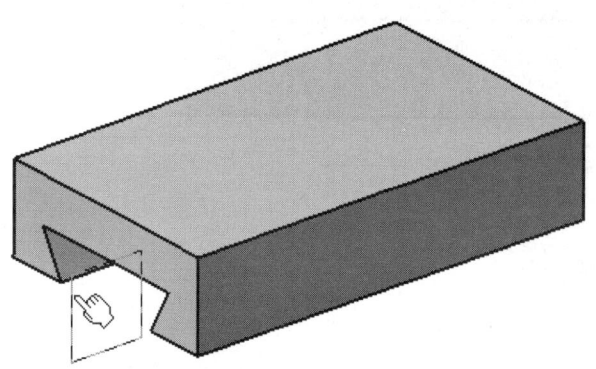

Step 17 직사각형(□)을 작성하고, 제약조건(🔲)으로 치수를 입력한다.

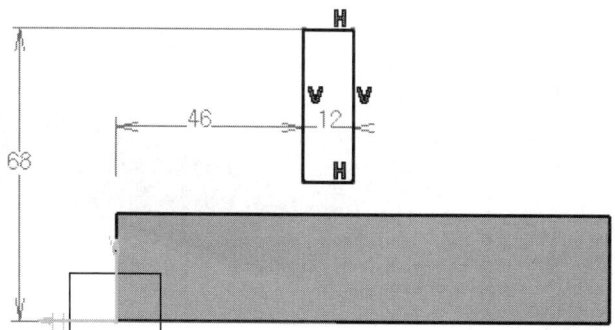

Step 18 제약조건(□)으로 선과 형상 모서리를 [일치]시킨다.

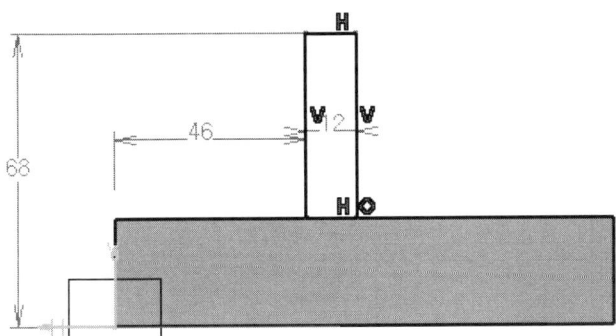

Step 19 워크벤치 종료(⬆)를 실행한다.

Step 20 Pad(🗗)를 실행한다. Mirrored extend에 체크하고, Length 값은 1/2을 입력한다. 미리보기와 OK를 누른다.

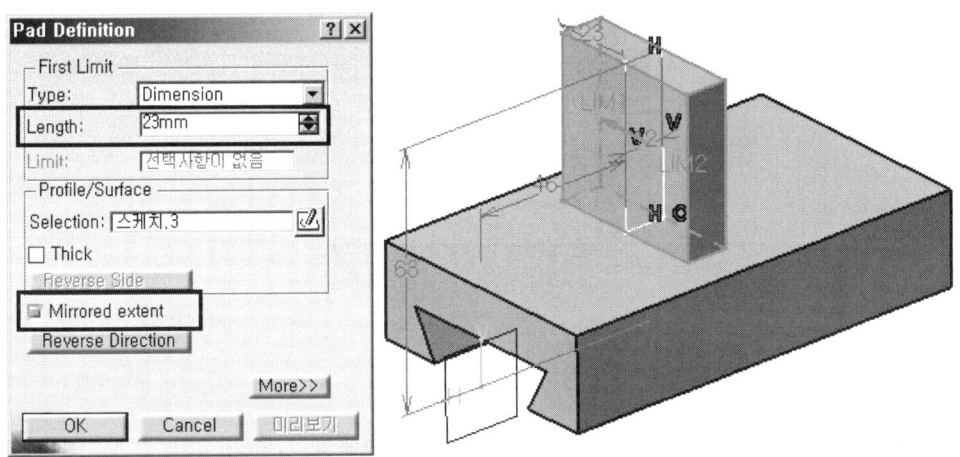

Step 21 스케치(☑)를 실행하고, 생성한 오프셋 평면을 선택한다.

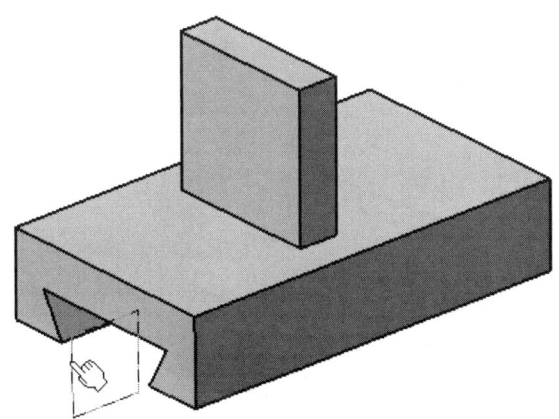

Step 22 원(⊙)을 작성한다. 제약조건(□)으로 치수를 입력한다.

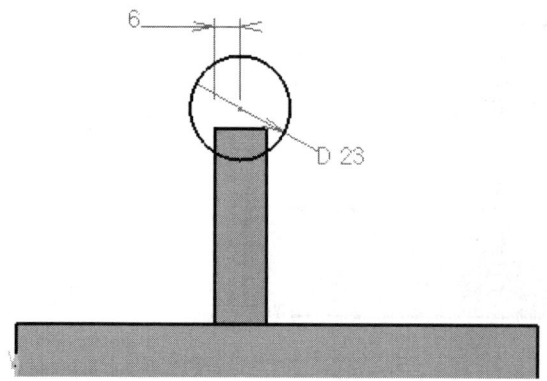

Step 23 제약조건(□)으로 원의 중심점과 모서리를 [일치]시킨다.

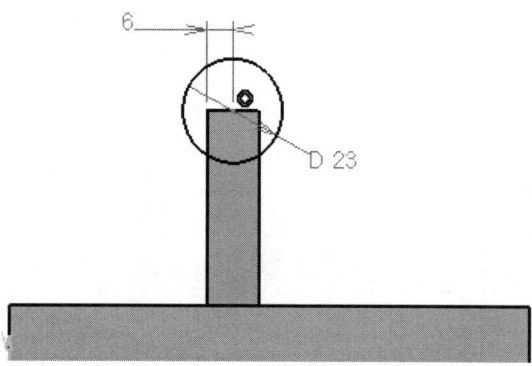

Step 24 워크벤치 종료(⏏)를 실행한다.

Step 25 Pad(⑰)를 실행한다. Mirrored extend에 체크하고, Length 값은 1/2을 입력한다.
미리보기와 OK를 누른다.

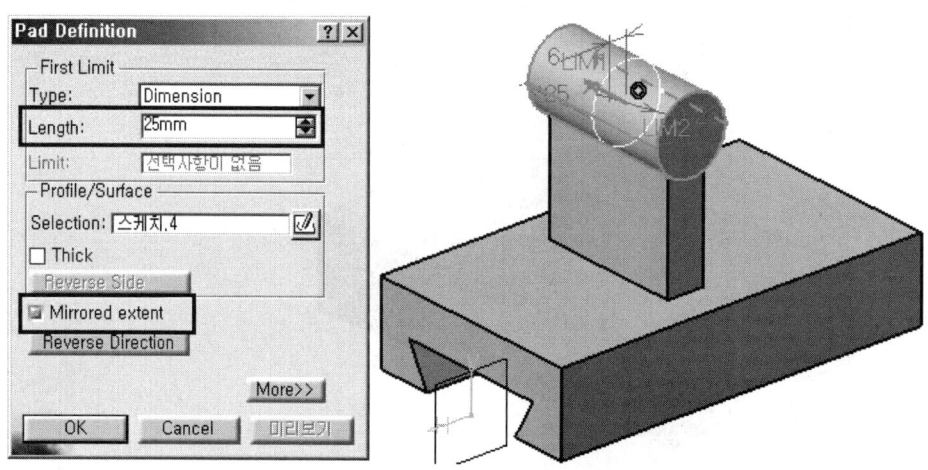

Step 26 스케치(⊿)를 실행하고, 형상의 우측면을 선택한다.

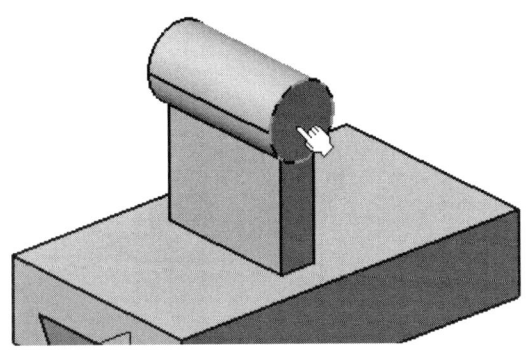

Step 27 원(⊙)을 작성한다. 제약조건(⊟)으로 치수를 입력한다.

Step 28 제약조건(⊟)으로 원과 원형모서리를 [등심성]시킨다.

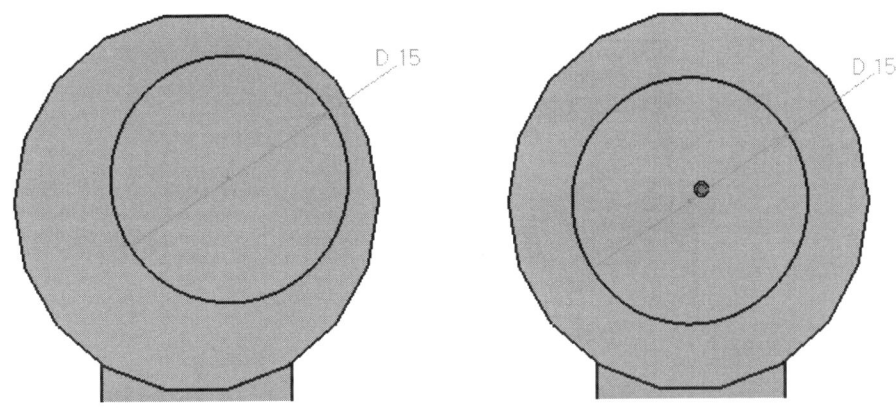

Step 28 직사각형(☐)을 작성하고, 제약조건(⊟)으로 치수를 입력한다.

Step 30 즉시 자르기(⌀)를 실행하고, 불필요한 부분을 클릭하면서 자르기를 한다.

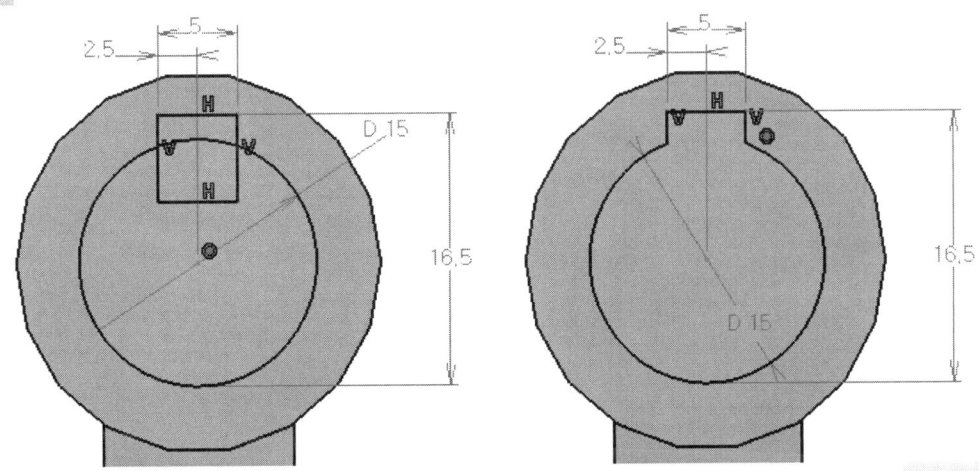

Step 31 워크벤치 종료(⬆)를 실행한다.

Step 32 Pocket(▣)을 실행한다. Type 옵션을 [Up to last]로 하고, 방향을 설정한다.
미리보기 및 OK를 누른다.

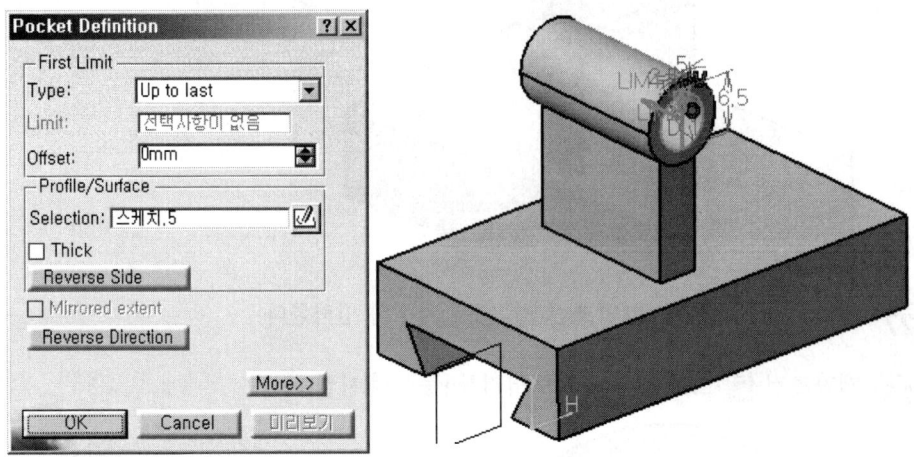

Step 33 스케치(✍)를 실행하고, 생성한 오프셋 평면을 선택한다.

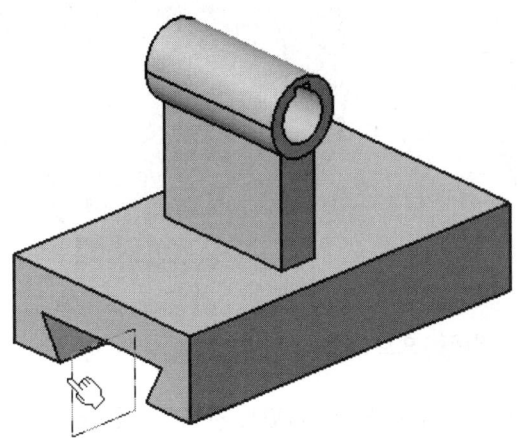

Step 34 선(╱)으로 다음과 같이 그리고, 제약조건(▤)으로 치수를 입력한다.

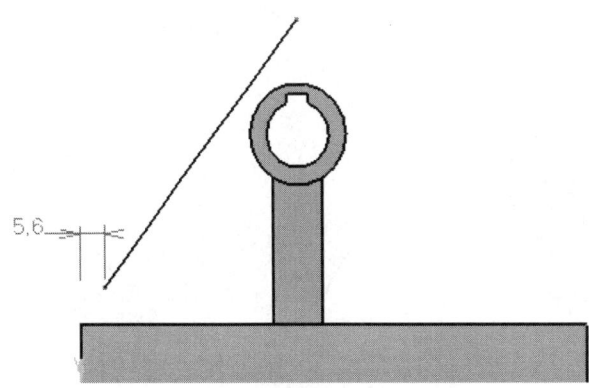

Step 35 제약조건(□)으로 선의 끝점과 모서리를 [일치]시킨다.

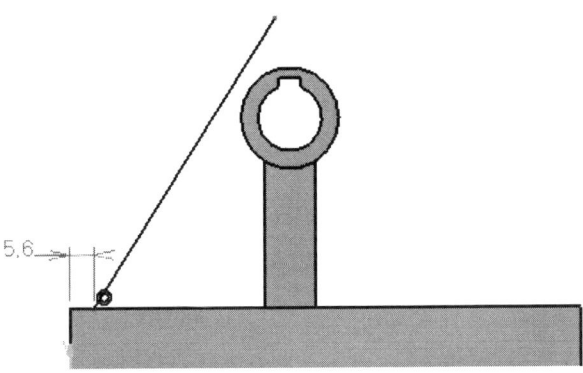

Step 36 제약조건(□)으로 선과 원형 모서리를 [접점]시킨다.

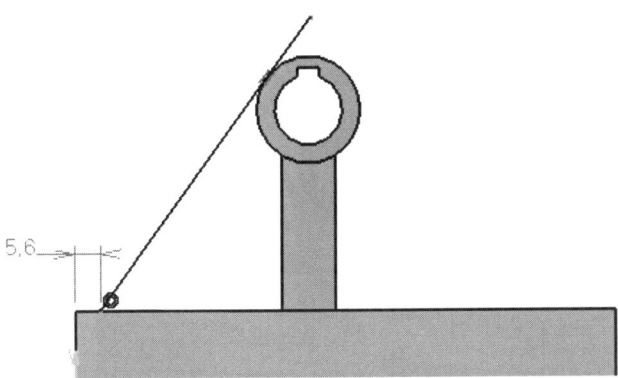

Step 37 워크벤치 종료(凸)를 실행한다.

Step 38 다음에 작업할 Stiffener는 보강대 역할을 하며, 열려있는 스케치로 작업하며, 연장되는 특징이 있다. Stiffener(△)를 실행한다.

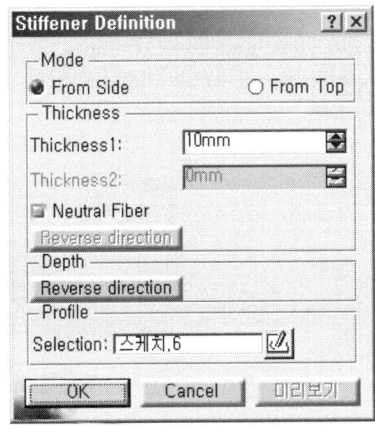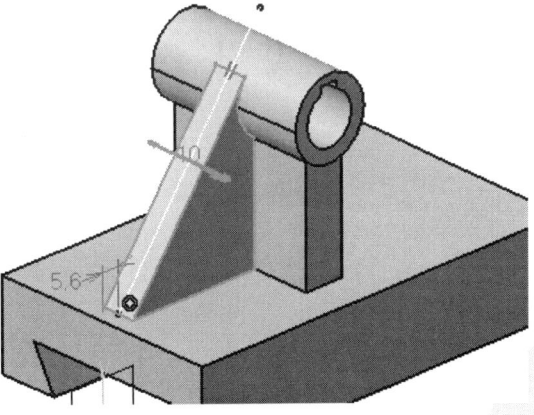

Step 39 Thickness1 : 에 보강대의 두께값을 입력한다.

Step 40 Depth의 Reverse direction 을 누르면 채워지는 방향을 설정할 수 있다.

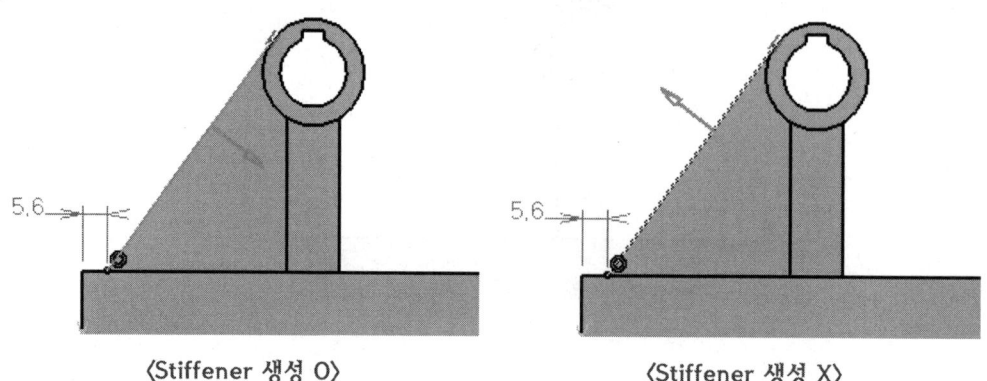

〈Stiffener 생성 O〉　　　　〈Stiffener 생성 X〉

Step 41 미리보기 및 OK를 누른다. 형상이 완성되었다.

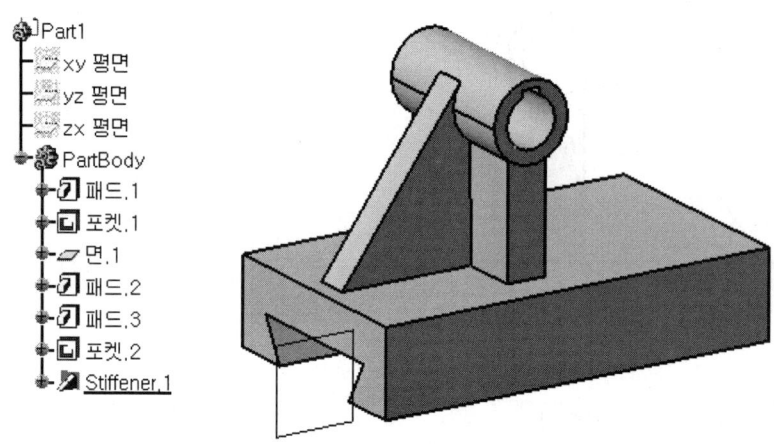

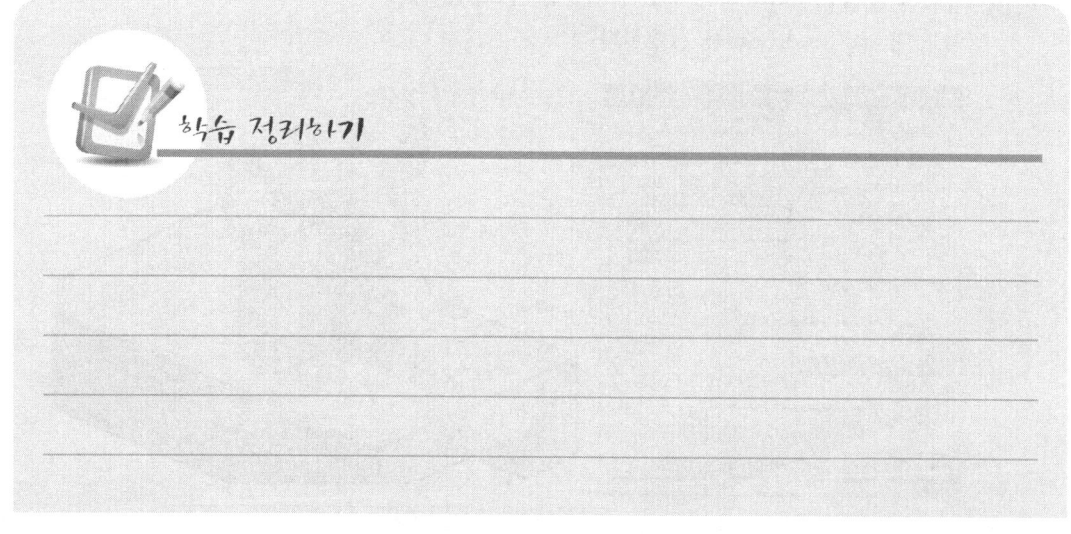

연습과제 01

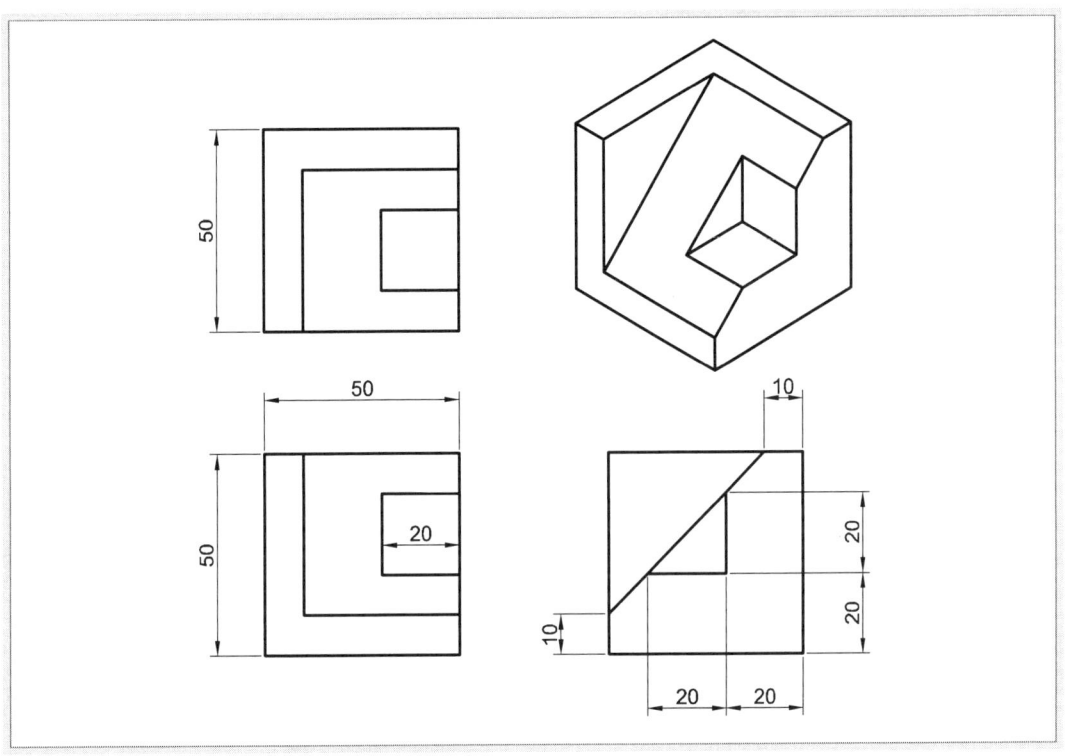

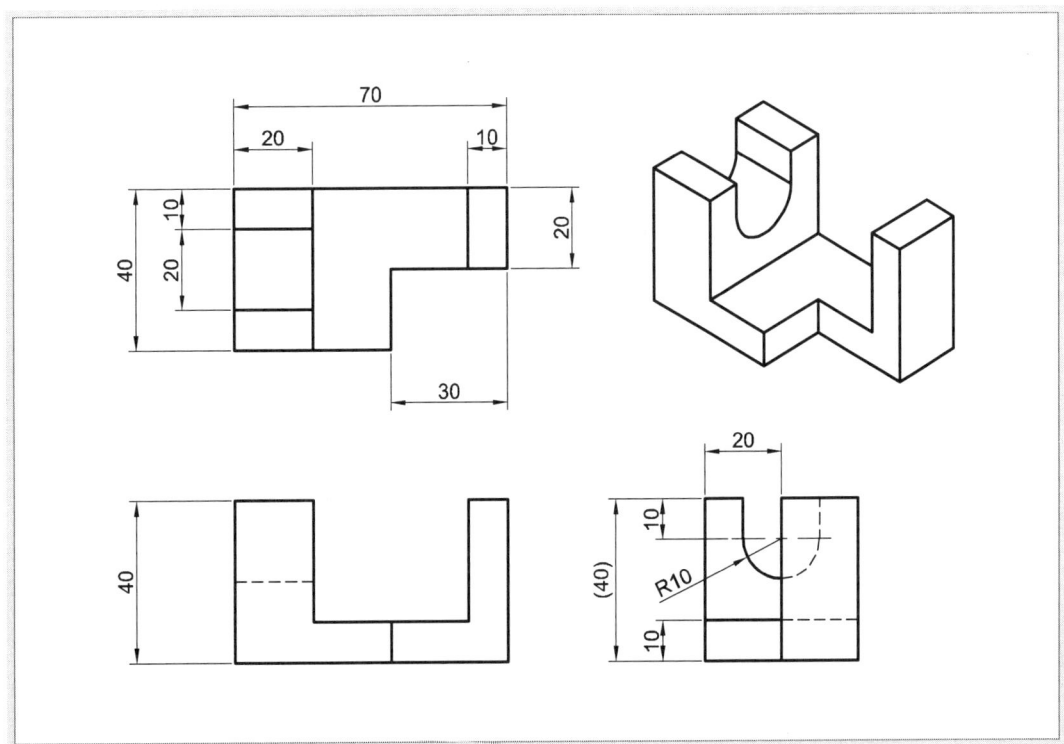

연습과제 02

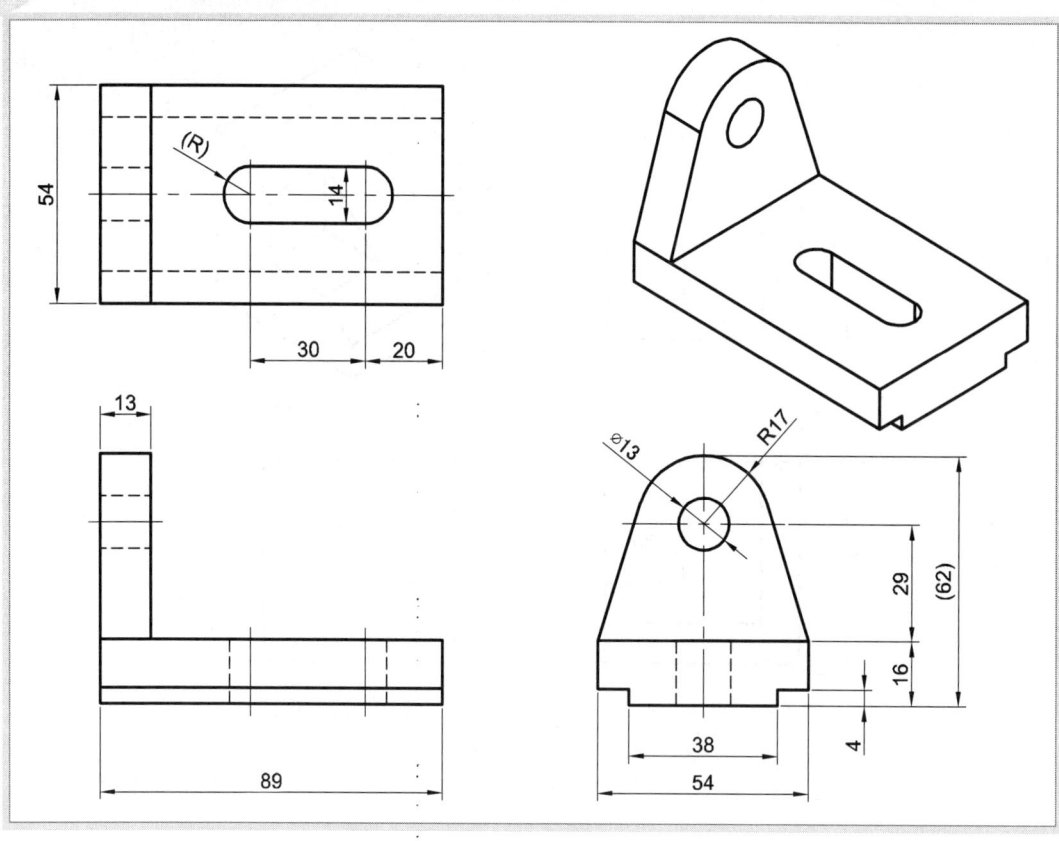

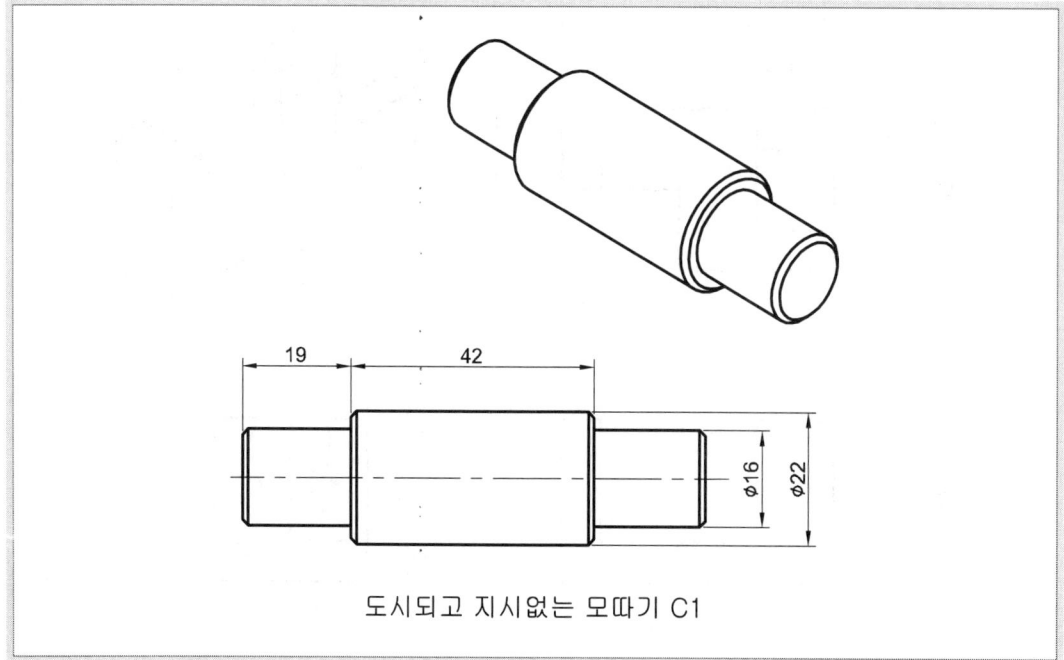

도시되고 지시없는 모따기 C1

연습과제 03

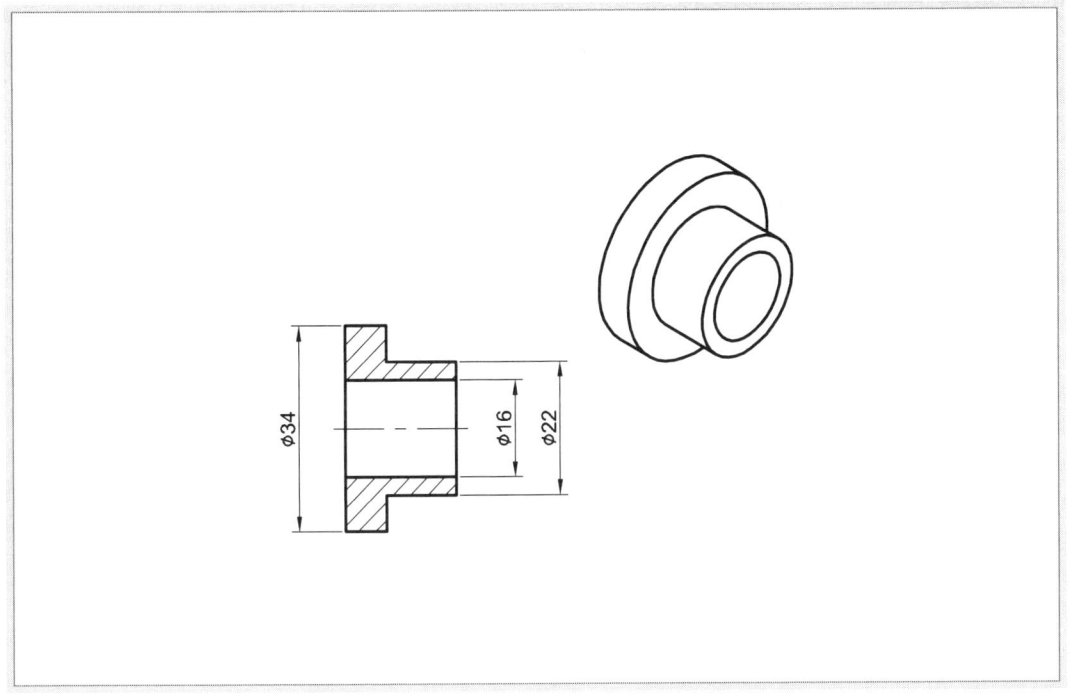

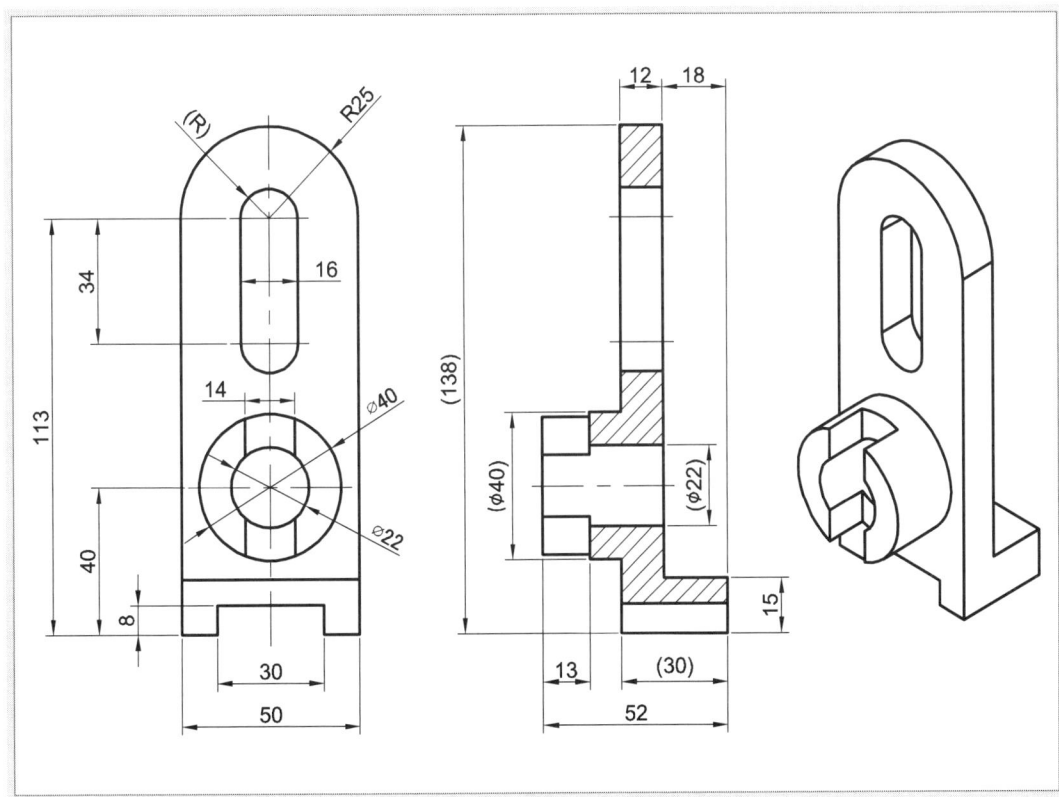

연습과제 04

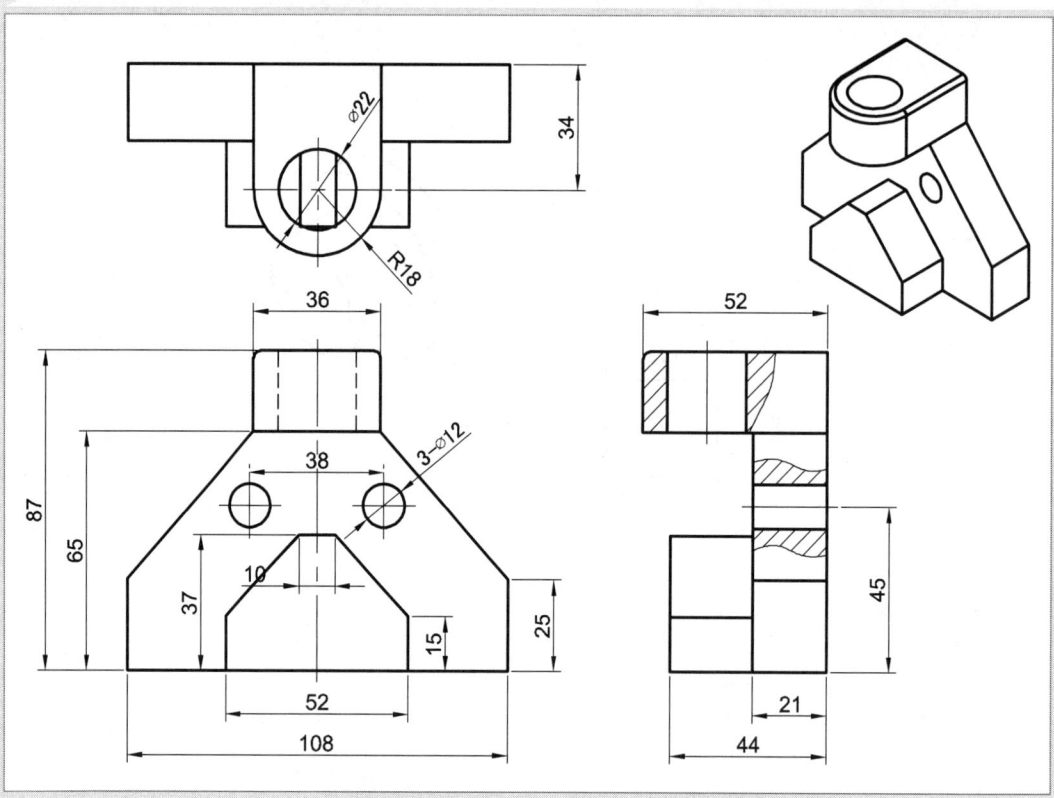

Chapter 05

CATIA 모델링 따라하면서 배우기(고급편)

과제 1　CATIA 고급과정
과제 2　CATIA 고급과정
과제 3　CATIA 고급과정
과제 4　CATIA 고급과정

과제 1 CATIA 고급과정 – Modeling 따라하면서 배우기

다음 도면을 분석하여 CATIA 기능을 활용한 모델링을 한다.

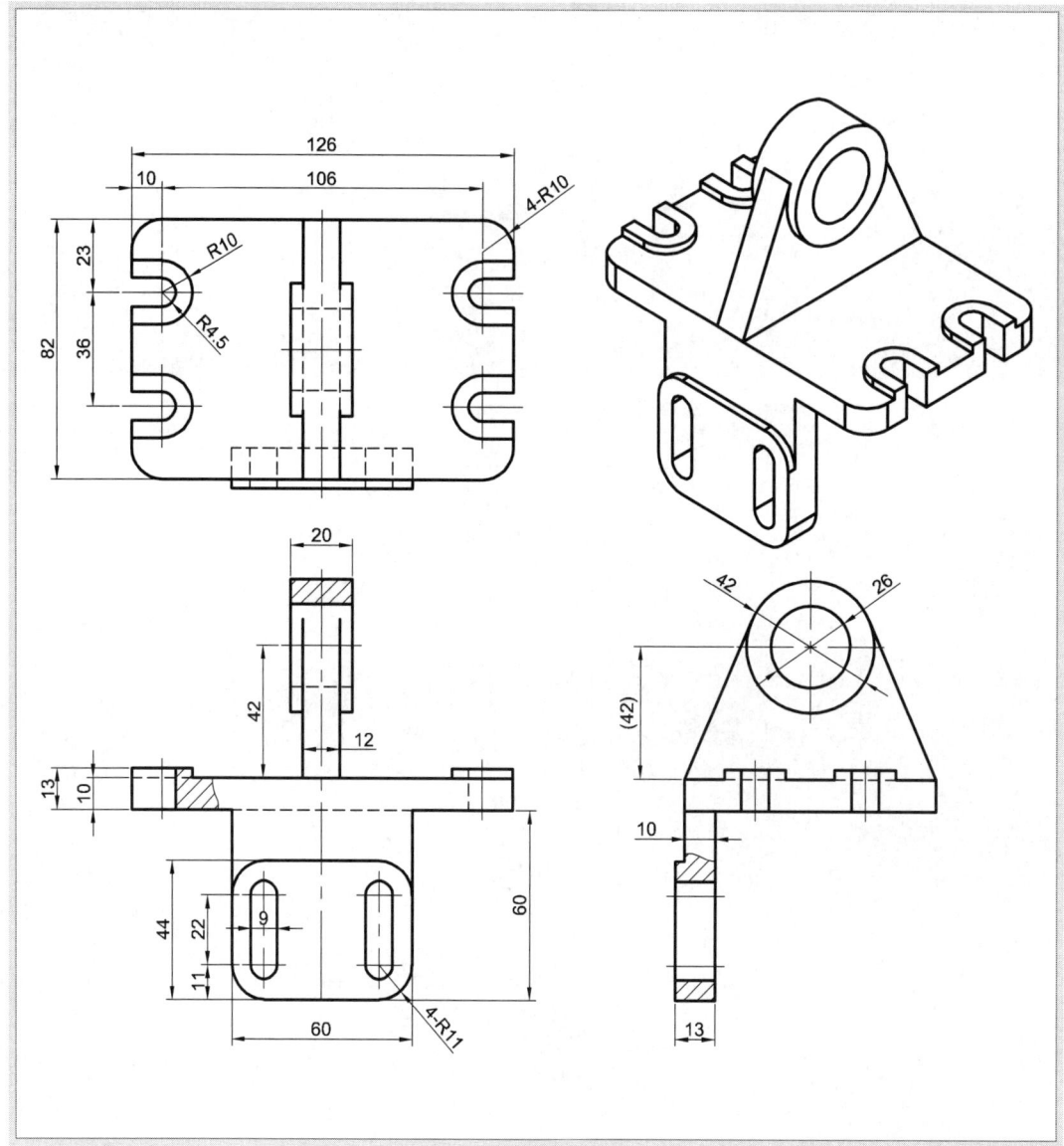

Step 01 [시작 ⇒ 기계디자인 ⇒ Part Design]을 실행한다.

Step 02 새 파트 창에서 작업할 파일의 이름을 입력하고, 확인을 누른다.

Step 03 스케치( )를 실행하고, xy평면을 선택한다.

Step 04 직사각형(□)을 작성하고, 제약조건(📐)으로 치수를 입력한다.

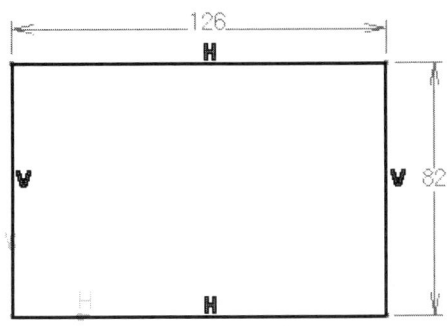

Step 05 워크벤치 종료(⬆)를 실행한다.

Step 06 Pad(⬈)를 실행한다. Length 값을 입력하고, 미리보기와 OK를 누른다.

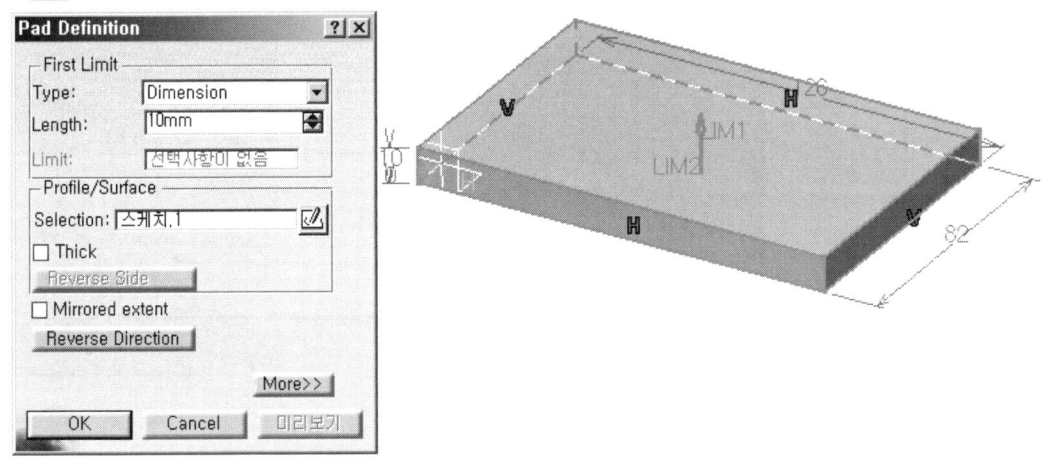

Step 07 스케치(✏)를 실행하고, 형상의 윗면을 선택한다.

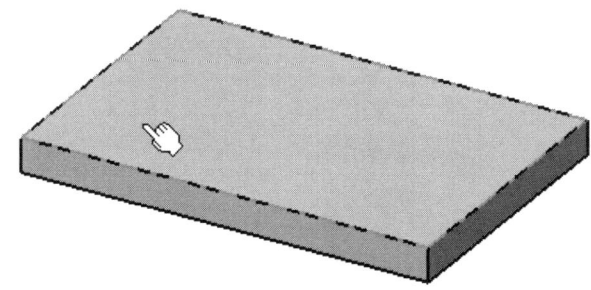

Step 08 원(⊙)을 작성한다. 제약조건(□)으로 치수를 입력한다.

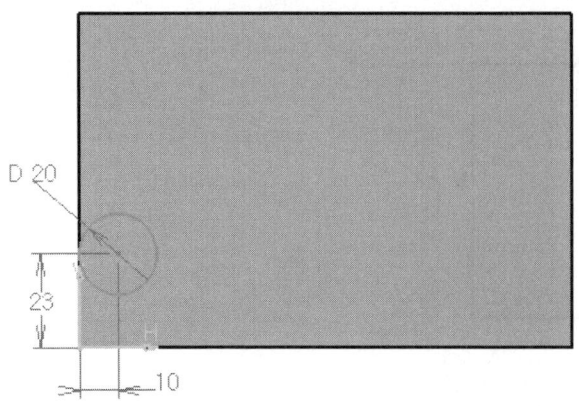

Step 09 프로파일(☌)을 실행하고, 다음과 같은 스케치를 작성한다.

Step 10 제약조건(□)으로 표시한 선과 원을 [접점]시킨다.

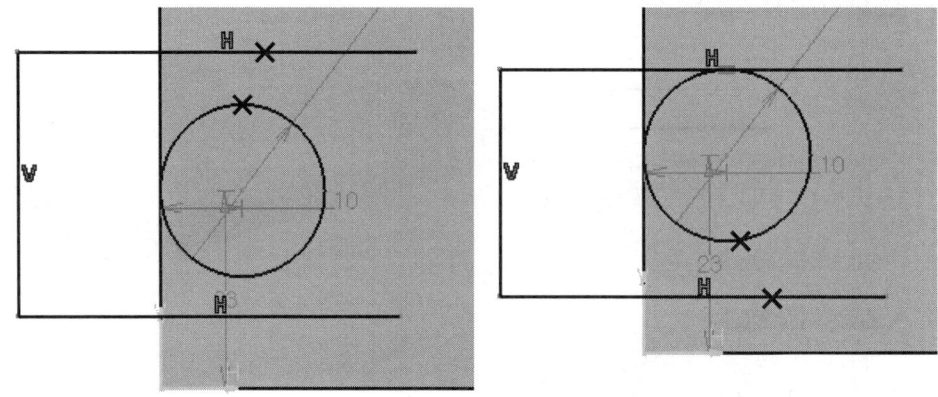

Step 11 제약조건(□)으로 표시한 선과 모서리를 [일치]시킨다.

Step 12 즉시 자르기(⊘)를 실행하고, 불필요한 부분을 클릭하면서 자르기를 한다.

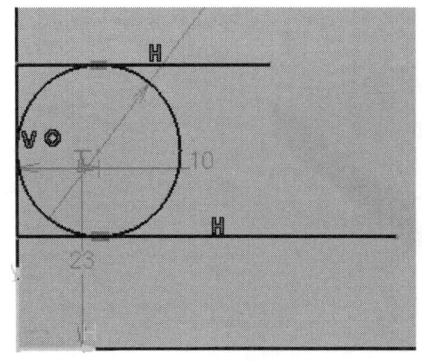 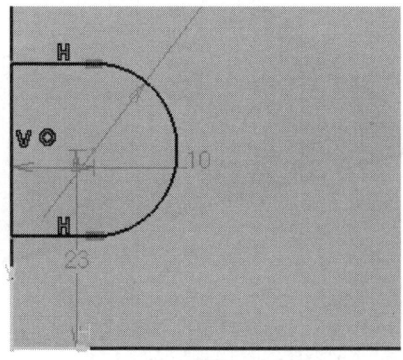

Step 13 워크벤치 종료(📤)를 실행한다.

Step 14 Pad(🗗)를 실행한다. Length 값을 입력하고, 미리보기와 OK를 누른다.

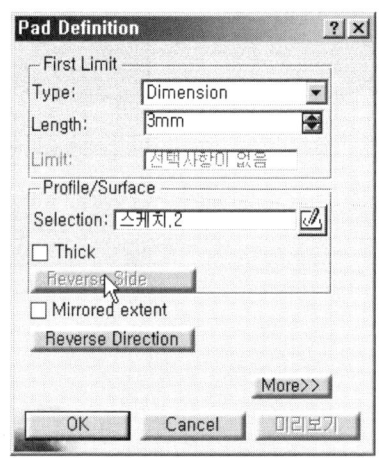
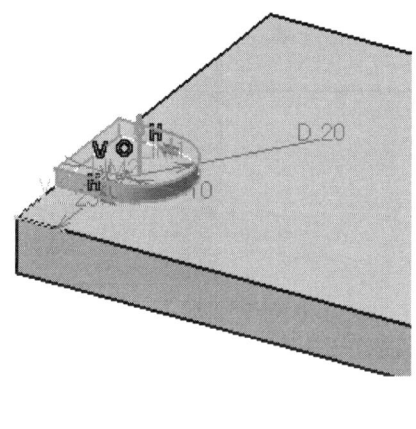

Step 15 스케치(✏)를 실행하고, 형상의 윗면을 선택한다.

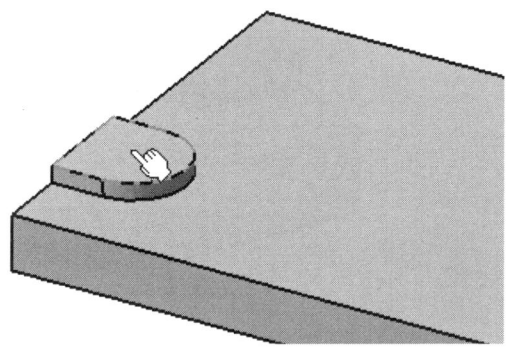

Step 16 연장된 홀(⊙)을 실행하여 생성한다. 반지름 치수를 더블클릭하여 4.5로 수정한다.

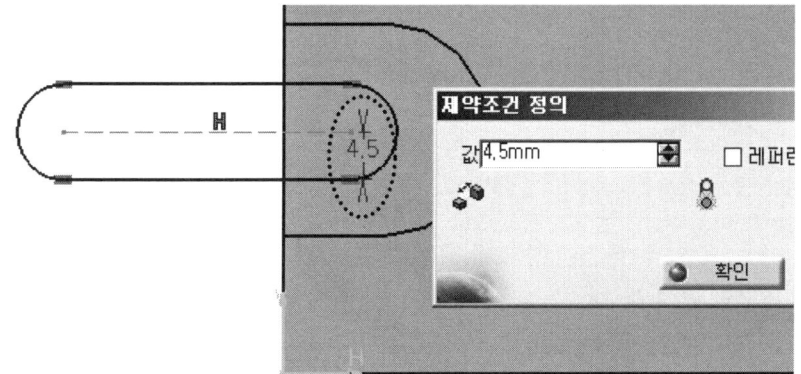

Step 17 제약조건(□)으로 표시한 원호와 원형모서리를 [등심성]시킨다.

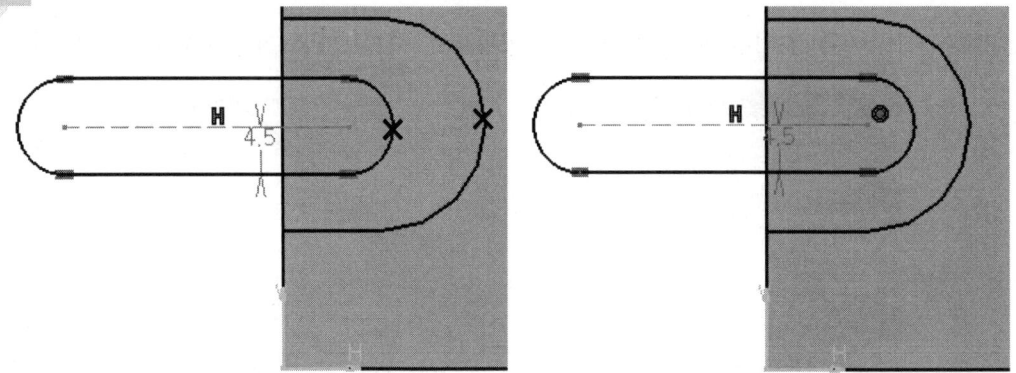

Step 18 워크벤치 종료(□)를 실행한다.

Step 19 Pocket(□)을 실행한다. Type 옵션을 [Up to last]로 하고, 방향을 설정한다.
미리보기 및 OK를 누른다.

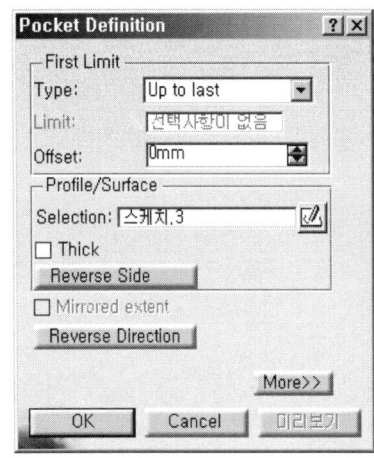
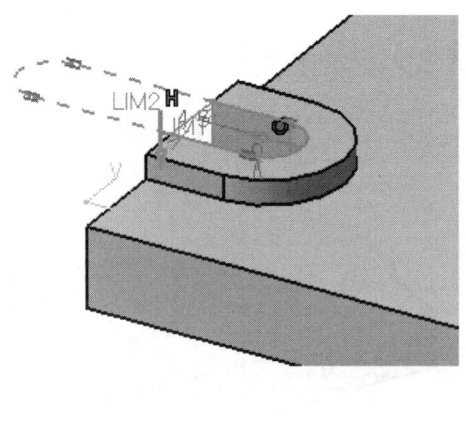

Step 20 Plane(□)을 실행한다. (Mirror를 하기 위해)

Step 21 평면유형 : 평면에서 오프셋, 레퍼런스 : 우측면 선택, 오프셋 : 63입력, 반대방향

Step 22 미리보기 및 확인을 누른다.

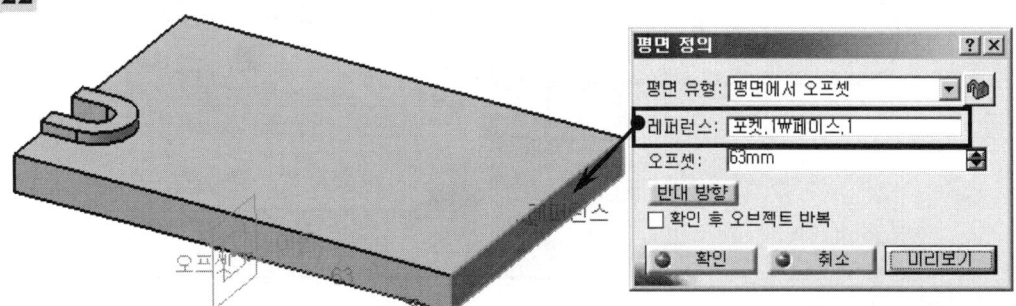

Step 23 대칭복사를 위해 생성한 패드와 포켓을 작업트리 또는 형상에서 선택한다.

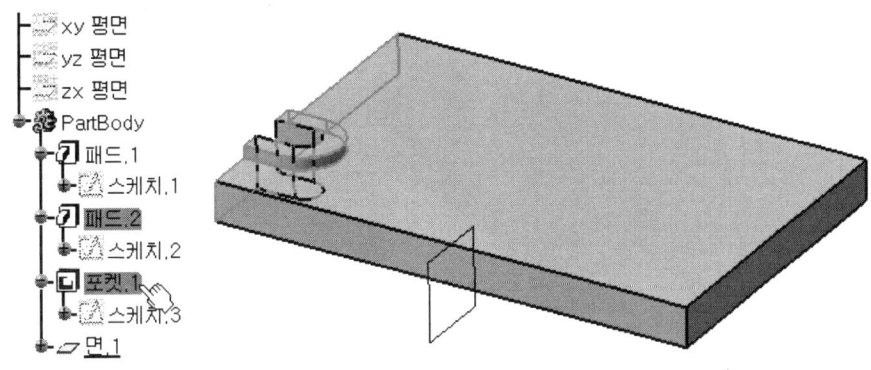

Step 24 Mirror( )를 실행하고, 대칭평면을 선택한다.

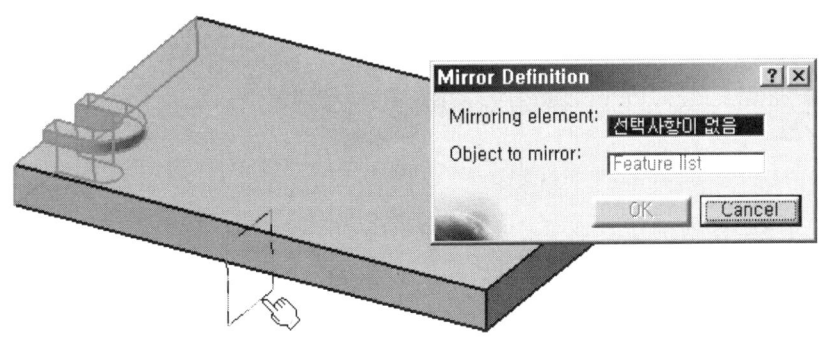

Step 25 OK를 눌러 대칭복사를 한다.

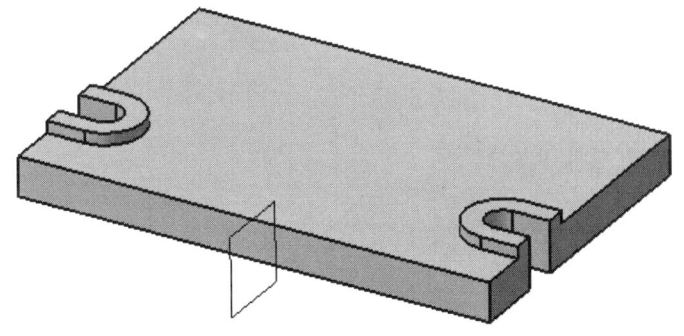

Step 26 Plane( )을 실행한다. (Mirror를 하기 위해)

Step 27 평면유형 : 평면에서 오프셋, 레퍼런스 : 앞면 선택, 오프셋 : 41입력, 반대방향

Step 28 미리보기 및 확인을 누른다.

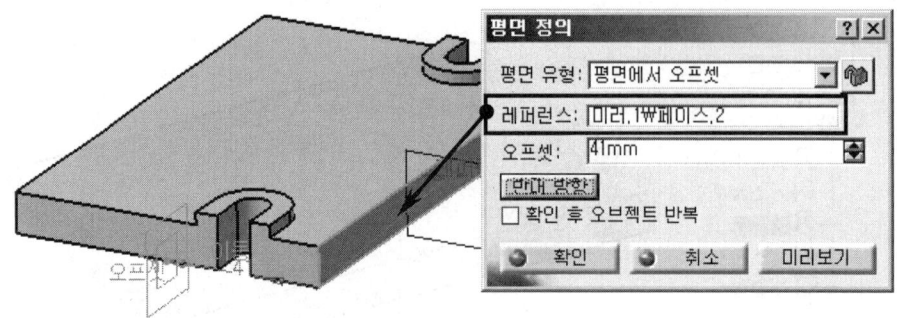

Step 29 다시 대칭복사를 위해 생성한 패드와 포켓을 작업트리 또는 형상에서 선택한다.

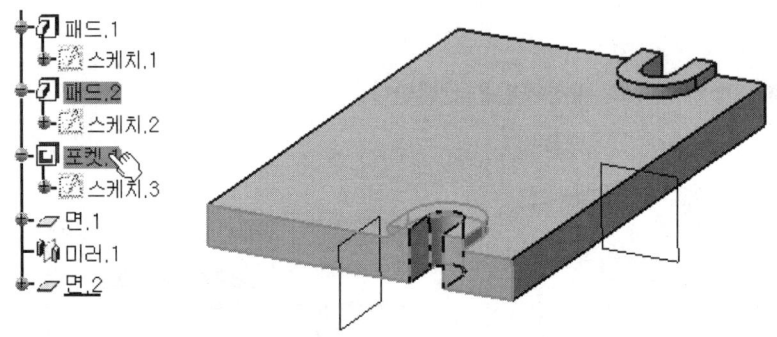

Step 30 Mirror( )를 실행하고, 대칭평면을 선택한다.

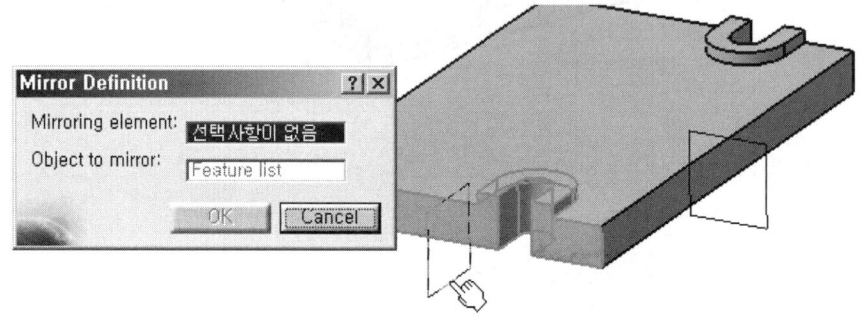

Step 31 OK를 눌러 대칭복사를 한다.

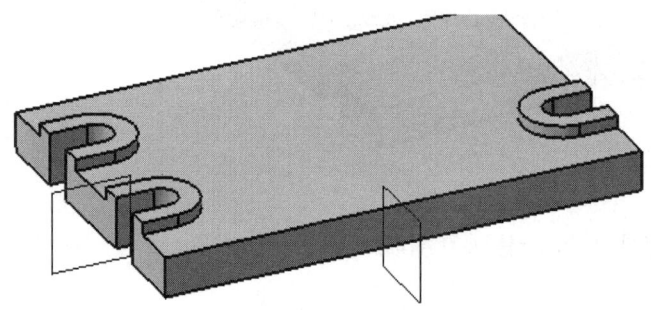

주의 CATIA는 한번 복사한 형상은 다시 복사되지 않는다.

Step 32 따라서 우측 상단의 형상은 다시 스케치와 패드 및 포켓으로 작업을 한다.

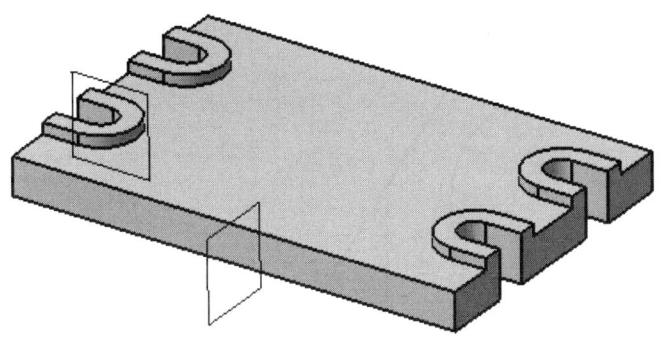

Step 33 스케치(⚞)를 실행하고, 형상의 중간면을 선택한다.

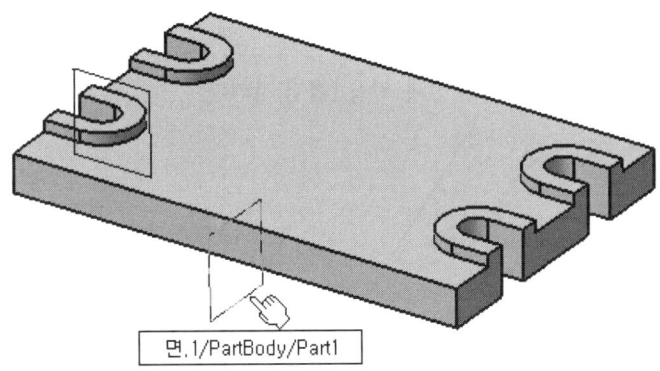

Step 34 원(⊙)을 작성한다. 제약조건(▥)으로 치수를 입력한다.

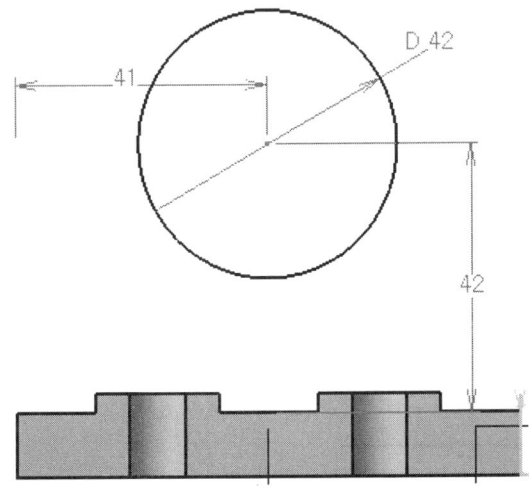

Step 35 프로파일( )을 실행하고, 다음과 같은 스케치를 작성한다.

Step 36 제약조건( )으로 표시된 선과 원을 [접점]시킨다.

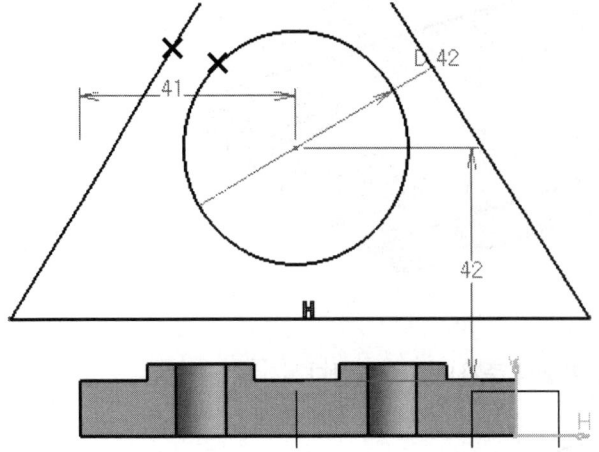

Step 37 오른쪽에도 제약조건( )으로 표시된 선과 원을 [접점]시킨다.

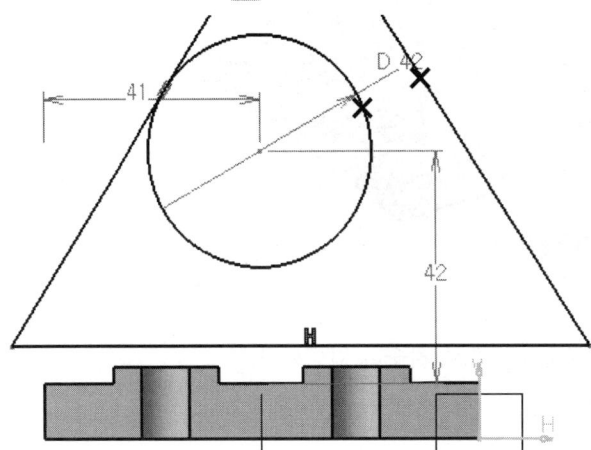

Step 38 제약조건( )으로 표시된 아래의 선과 모서리를 [일치]시킨다.

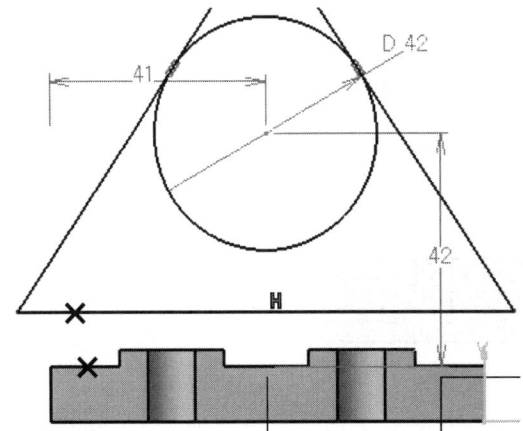

Step 39 제약조건(□)으로 표시된 왼쪽과 오른쪽의 점과 모서리를 [일치]시킨다.

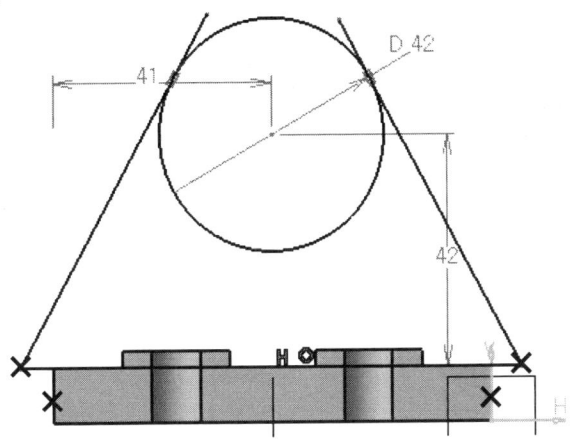

Step 40 즉시 자르기(⌀)를 실행하고, 불필요한 부분을 클릭하면서 자르기를 한다.

Step 41 워크벤치 종료(⬆)를 한다.

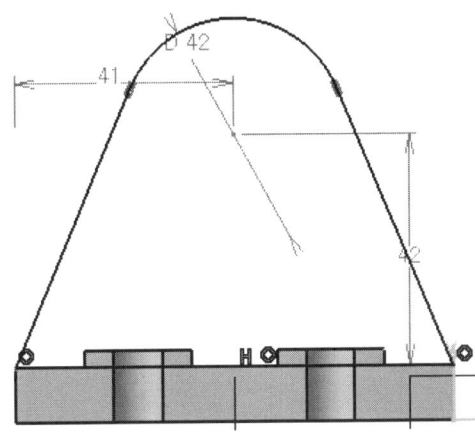

Step 42 Pad(⬚)를 실행한다. Mirrored extend에 체크하고, Length값은 두께의 1/2을 입력한다. 미리보기와 OK를 누른다.

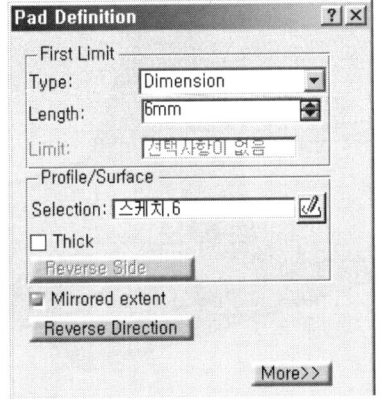
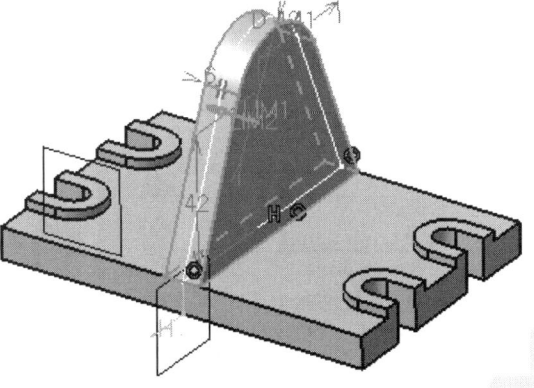

Step 43 스케치(⊿)를 실행하고, 형상의 중간면을 선택한다.

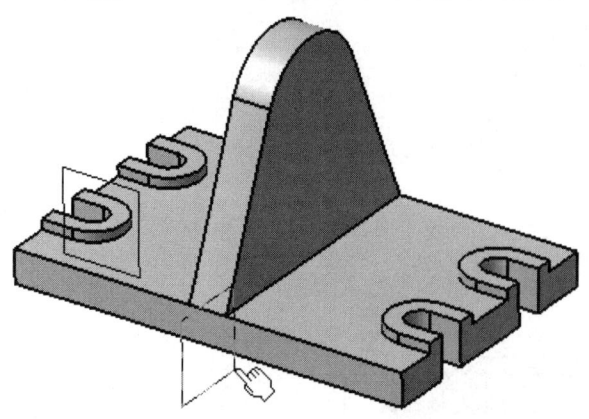

Step 44 원(⊙)을 작성한다. 제약조건(🗍)으로 작성한 원과 원형모서리를 [일치]시킨다.

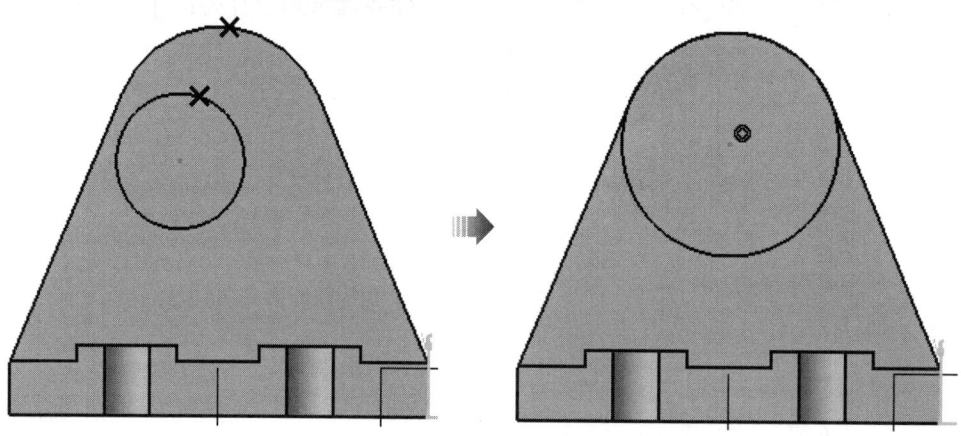

Step 45 워크벤치 종료(🔼)를 한다.

Step 46 Pad(⁊)를 실행한다. Mirrored extend에 체크하고, Length값은 두께의 1/2을 입력한다. 미리보기와 OK를 누른다.

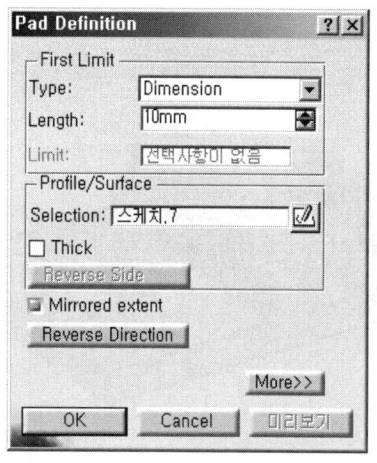
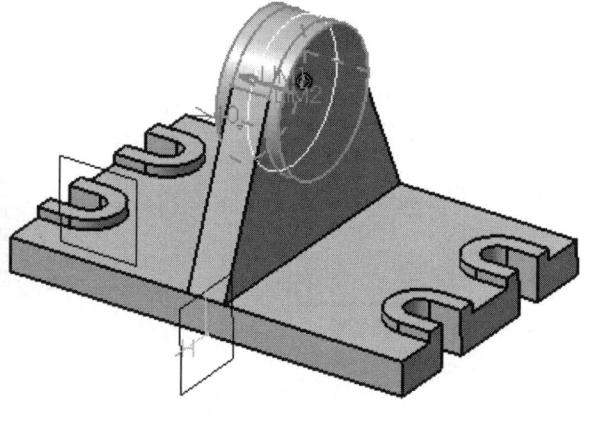

Step 47 스케치(⚞)를 실행하고, 형상의 측면을 선택한다.

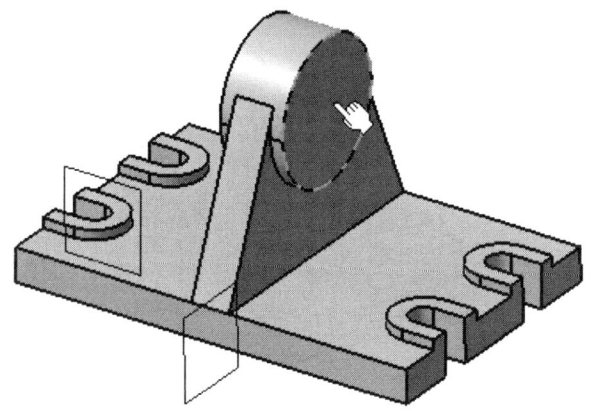

Step 48 원(⊙)을 작성한다. 제약조건(⬚)으로 치수를 입력한다.

Step 49 제약조건(⬚)으로 원과 원형모서리를 [등심성]한다.

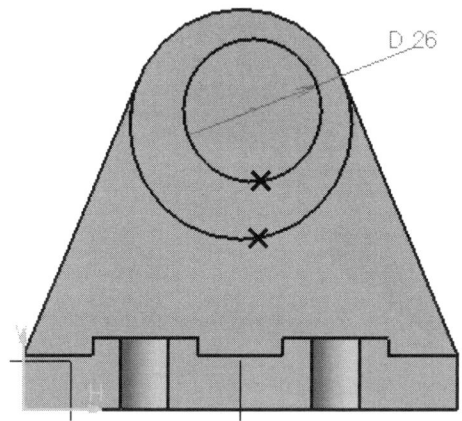

Step 50 워크벤치 종료(⬆)를 한다.

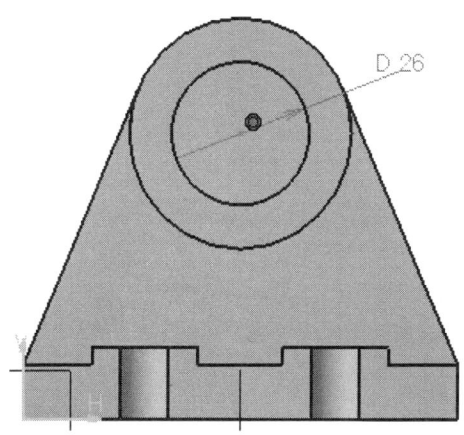

Step 51 Pocket(📦)을 실행한다. Type 옵션을 [Up to last]로 하고, 방향을 설정한다.
미리보기 및 OK를 누른다.

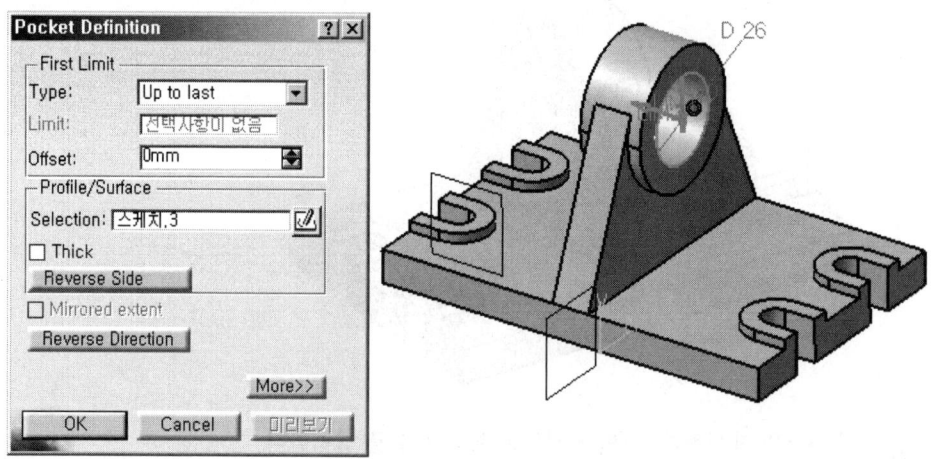

Step 52 스케치(✏️)를 실행하고, 형상의 앞면을 선택한다.

Step 53 직사각형(□)을 작성하고, 제약조건(📏)으로 치수를 입력한다.

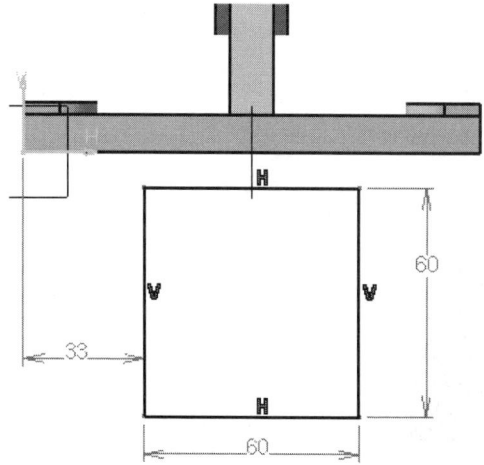

Step 54 제약조건(□)으로 선과 모서리를 [일치]한다. 워크벤치 종료(△)를 한다.

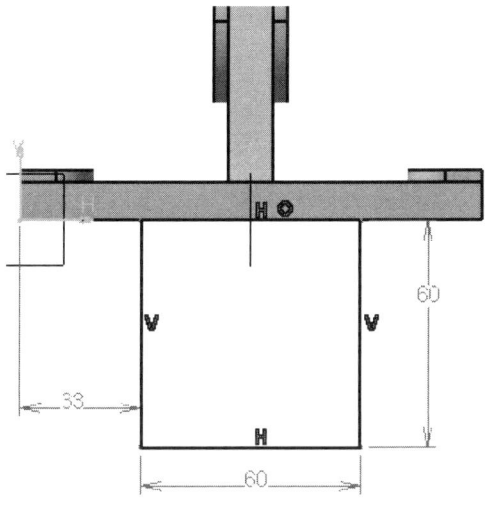

Step 55 Pad(☐)를 실행한다. Length 값을 입력하고, 미리보기와 OK를 누른다.

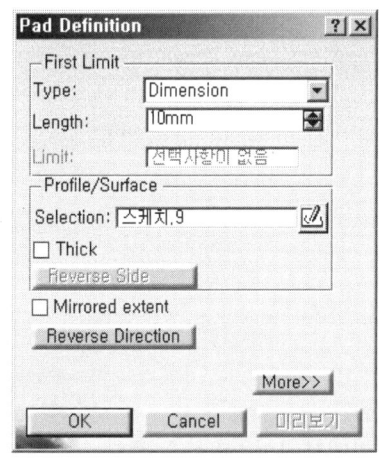
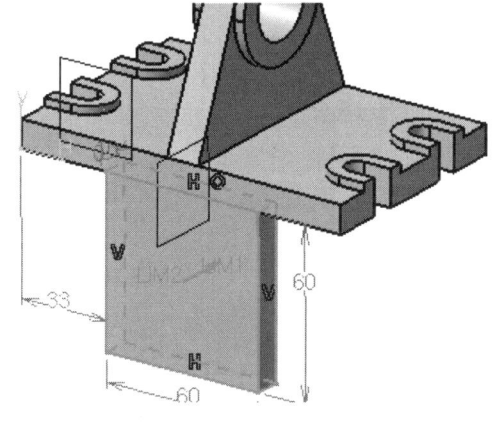

Step 56 스케치(☐)를 실행하고, 형상의 앞면을 선택한다.

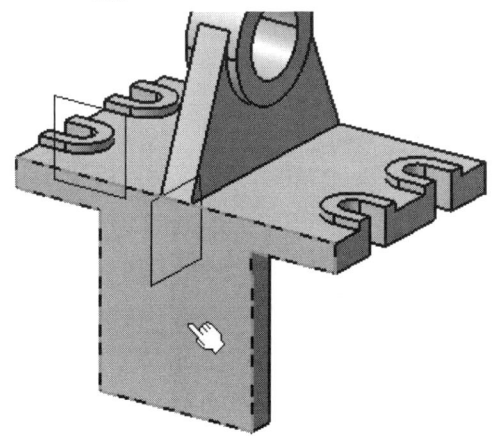

Step 57 직사각형(□)을 작성하고, 제약조건(▣)으로 치수를 입력한다.

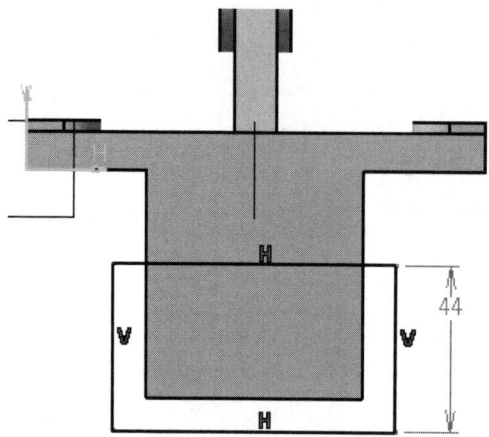

Step 58 제약조건(▣)으로 선과 모서리를 [일치]한다. 워크벤치 종료(⬆)를 한다.

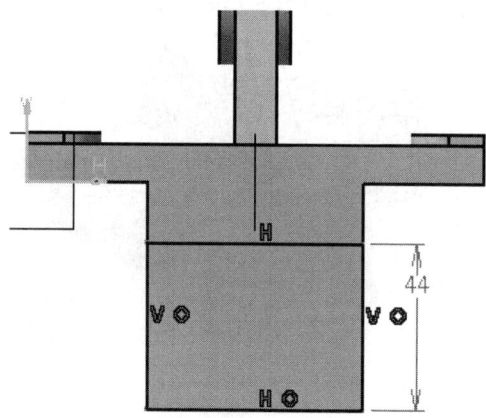

Step 59 Pad(⬈)를 실행한다. Length 값을 입력하고, 미리보기와 OK를 누른다.

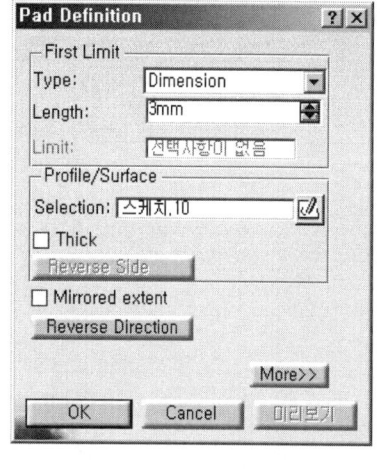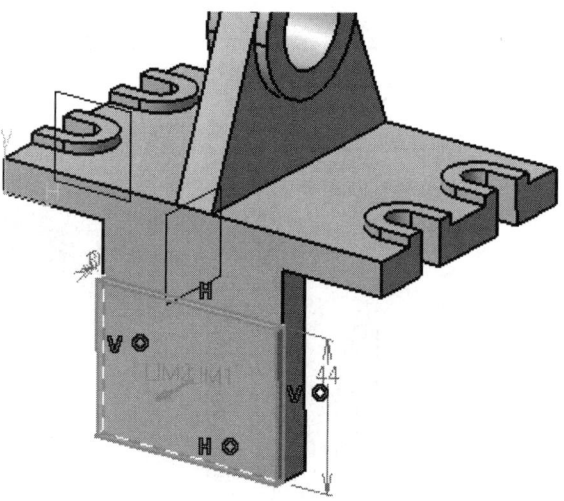

Step 60 Edge Fillet(⬤)을 실행한다. Radius 값을 입력하고, 라운드가 적용될 4군데 모서리를 선택한다. 미리보기 및 OK를 누른다.

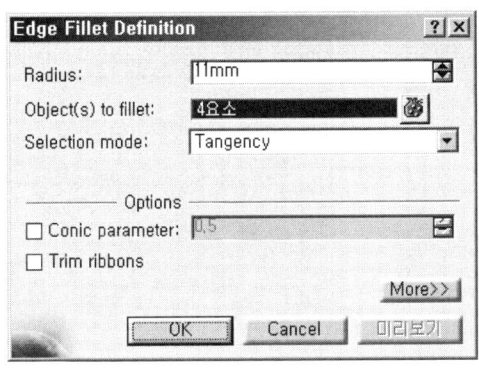
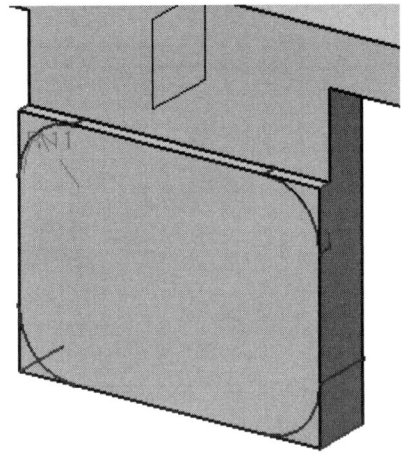

Step 61 스케치(⬜)를 실행하고, 형상의 앞면을 선택한다.

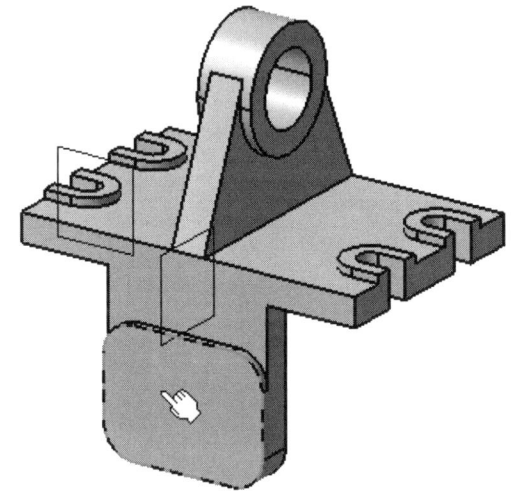

Step 62 연장된 홀(⬤)을 실행하여 생성한다.

Step 63 생성된 반지름 치수를 더블클릭하여 4.5로 수정한다.

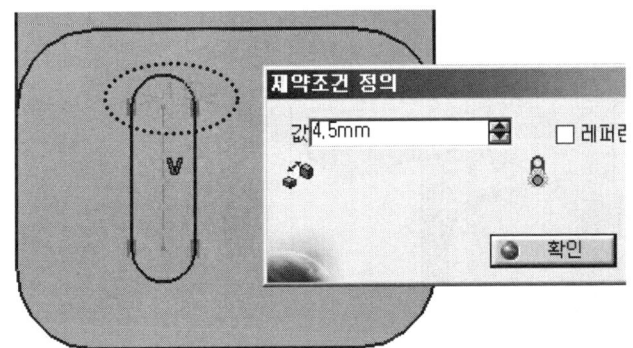

Step 64 제약조건(📌)으로 원과 원형모서리를 [등심성]한다.

Step 65 아래의 원과 원형모서리도 제약조건(📌)으로 [등심성]한다.

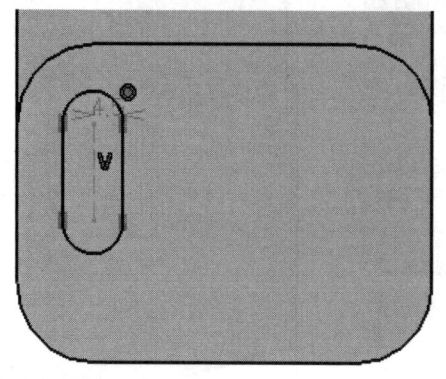
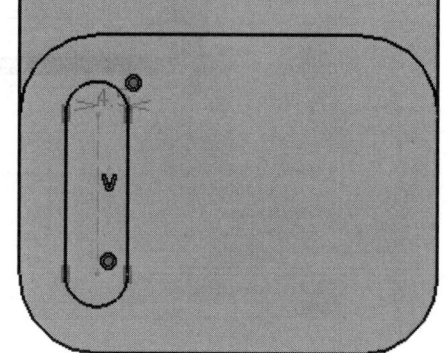

Step 66 워크벤치 종료(🔼)를 한다.

Step 67 Pocket(🔲)을 실행한다. Type 옵션을 [Up to last]로 하고, 방향을 설정한다.
미리보기 및 OK를 누른다.

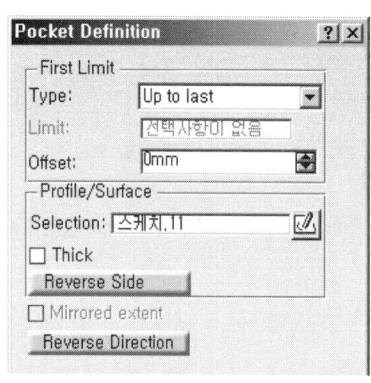
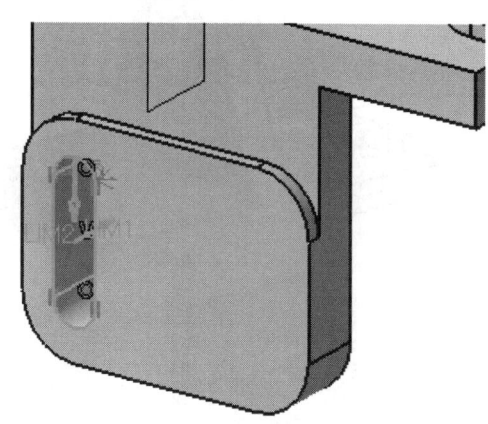

Step 68 대칭복사를 위해 생성한 방금 생성한 포켓을 작업트리 또는 형상에서 선택한다.

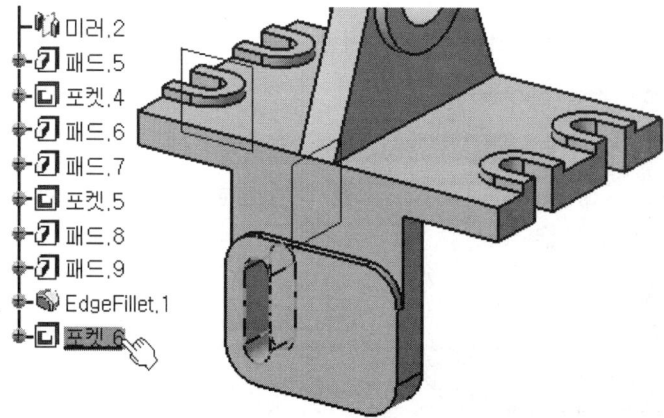

Step 69 Mirror(📌)를 실행하고, 대칭평면을 선택한다.

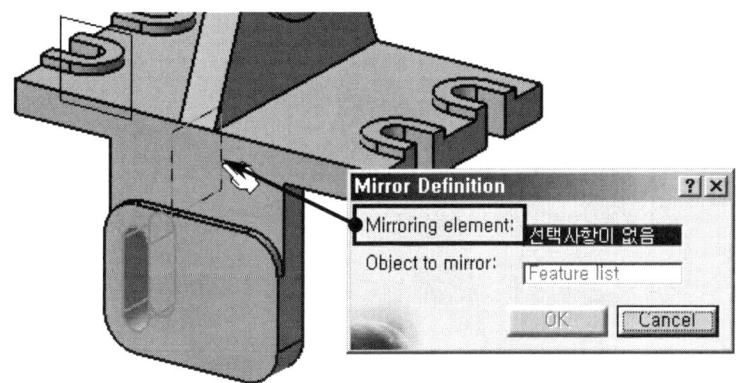

Step 70 OK를 눌러 대칭복사를 한다.

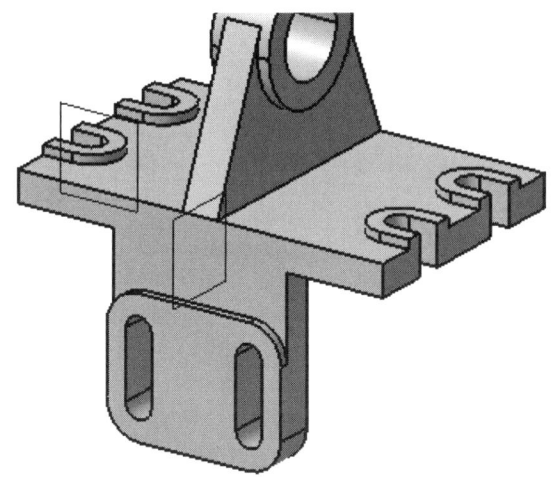

Step 71 Edge Fillet(🔘)을 실행한다. Radius 값을 입력하고, 라운드가 적용될 모서리를 선택한다. 미리보기 및 OK를 누른다.

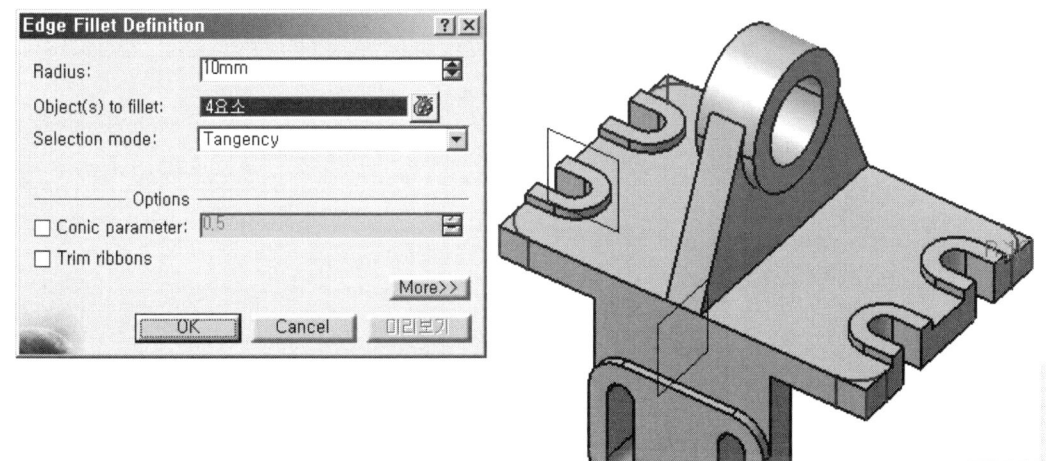

Step 72 형상이 완성되었다.

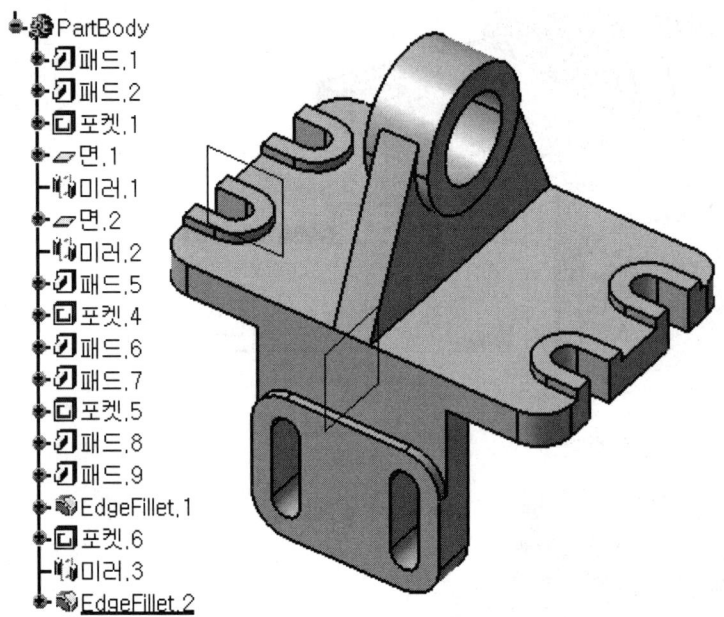

학습 정리하기

과제 2 CATIA 고급과정 – Modeling 따라하면서 배우기 *Step by Step*

다음 도면을 분석하여 CATIA 기능을 활용한 모델링을 한다.

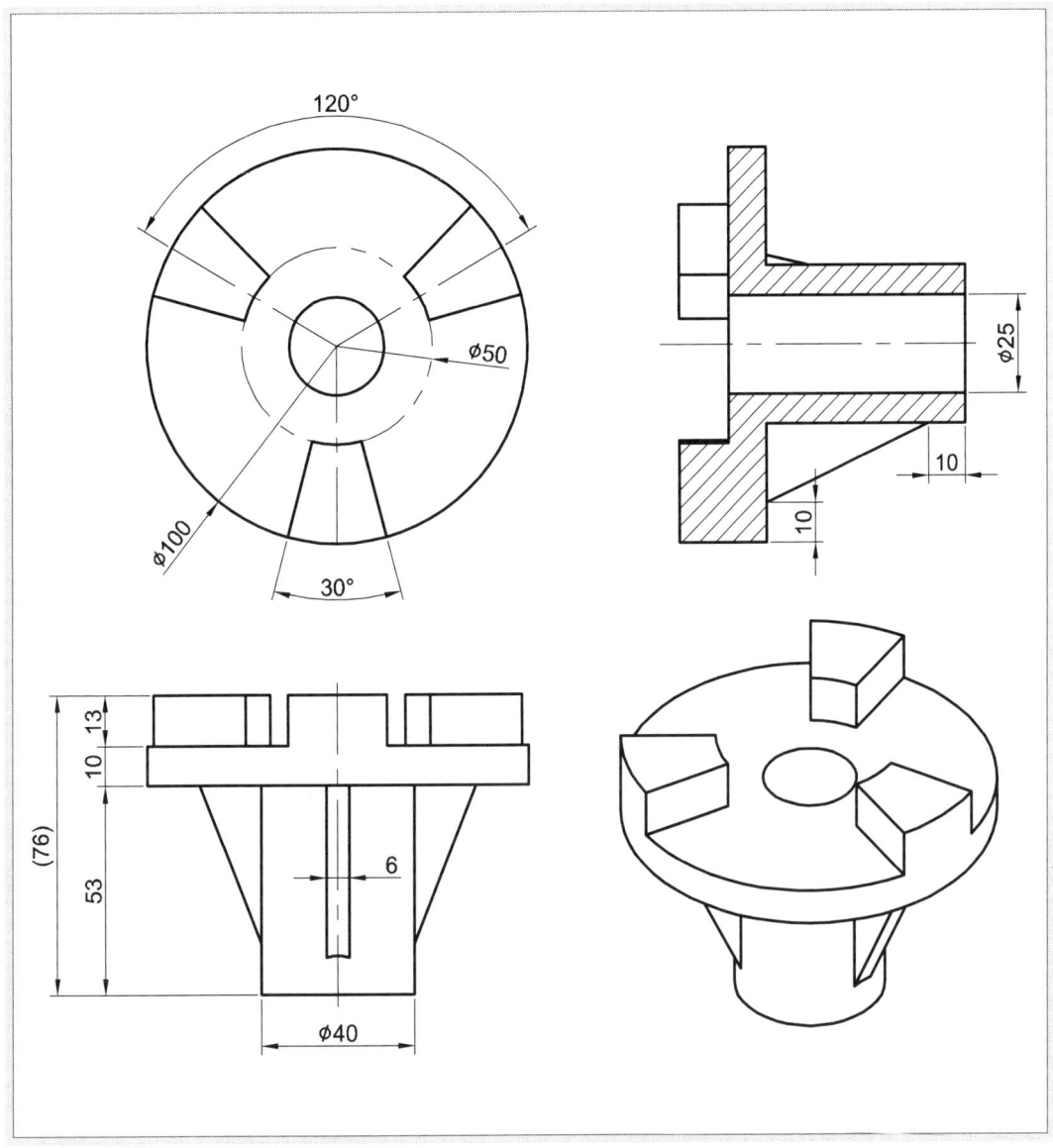

Step 01 [시작 ⇒ 기계디자인 ⇒ Part Design]을 실행한다.

Step 02 새 파트 창에서 작업할 파일의 이름을 입력하고, 확인을 누른다.

Step 03 스케치(☑)를 실행하고, xy평면을 선택한다.

Step 04 프로파일( )과 축( )을 실행하고, 다음과 같은 스케치를 작성한다. 제약조건( )으로 치수를 입력한다.

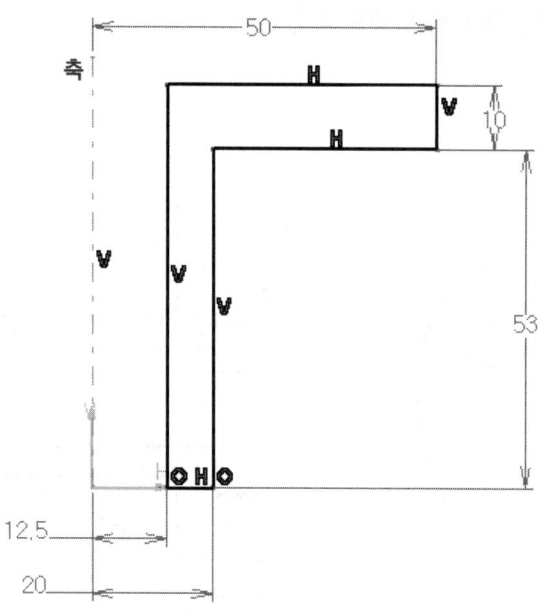

Step 05 워크벤치 종료( )를 한다.

Step 06 Shaft( )를 실행한다. First angle에 360을 입력하고, 미리보기 및 OK를 누른다.

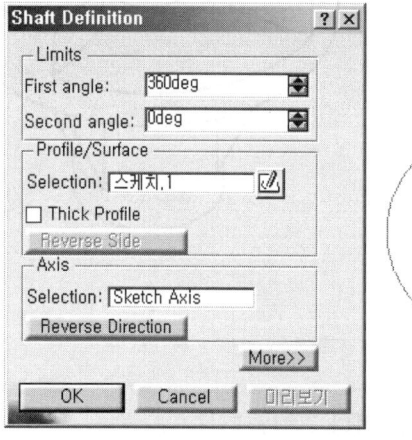
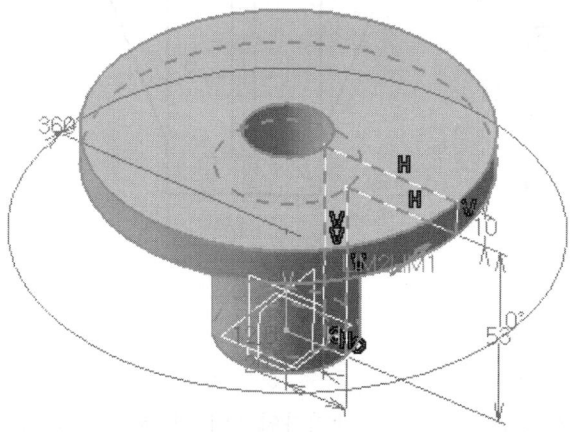

Step 07 스케치(⟋)를 실행하고, 형상의 윗면을 선택한다.

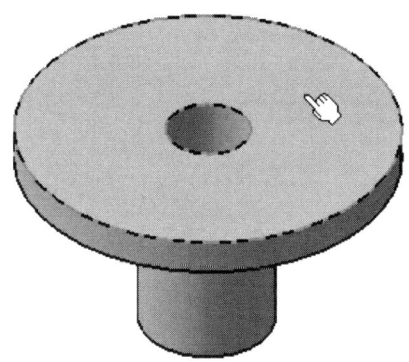

Step 08 원(⊙)을 작성한다. 제약조건(▣)으로 치수를 입력한다.

Step 09 제약조건(▣)으로 원과 원형모서리를 [등심성]한다.

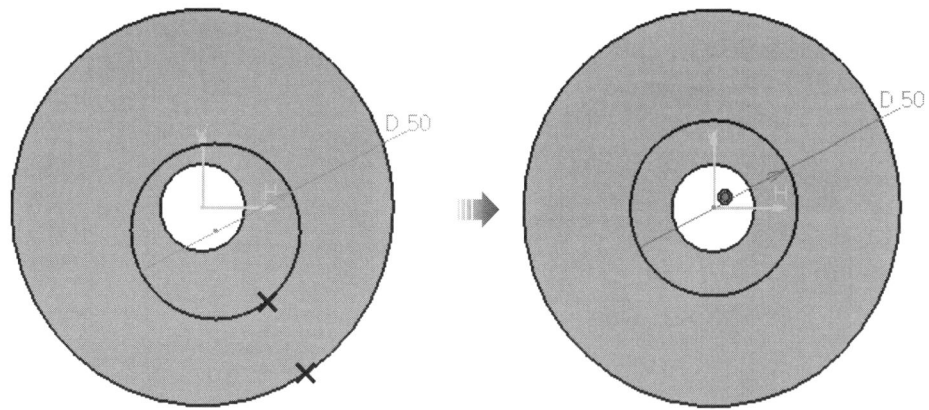

Step 10 선(⟋)을 실행하고, 원점을 지나는 선 2개를 작성한다. 제약조건(▣)으로 치수를 입력한다.

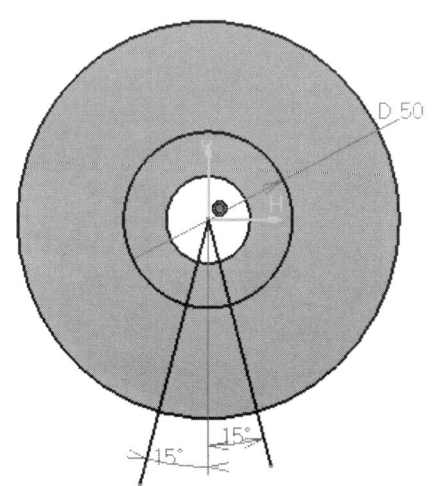

Step 11 3D요소 프로젝트(⬚)를 실행하고, 최외각 원형모서리를 클릭하여 모서리 복사를 한다.

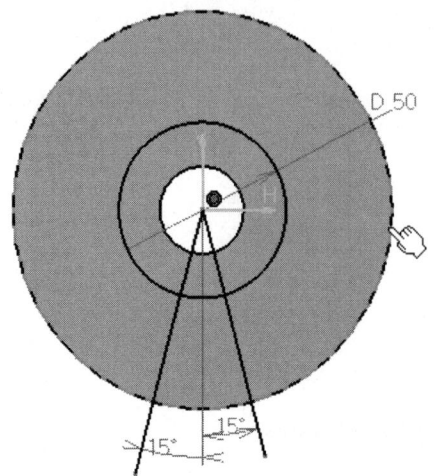

Step 12 즉시 자르기(⬚)를 실행하고, 불필요한 부분을 클릭하면서 자르기를 한다.

Step 13 워크벤치 종료(⬚)를 한다.

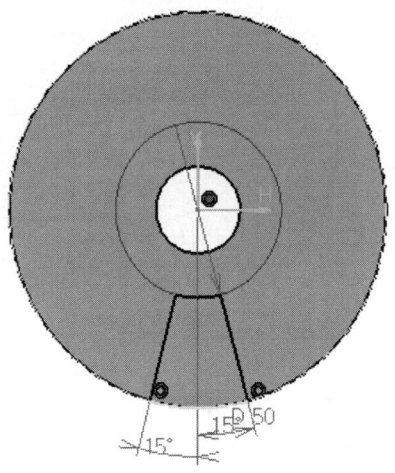

Step 14 Pad(⬚)를 실행한다. Length 값을 입력하고, 미리보기와 OK를 누른다.

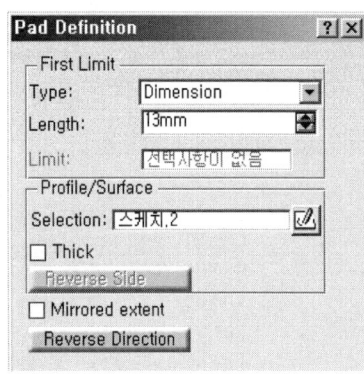

Step 15 복사를 위해 방금 생성한 패드를 작업트리에서 선택한다.

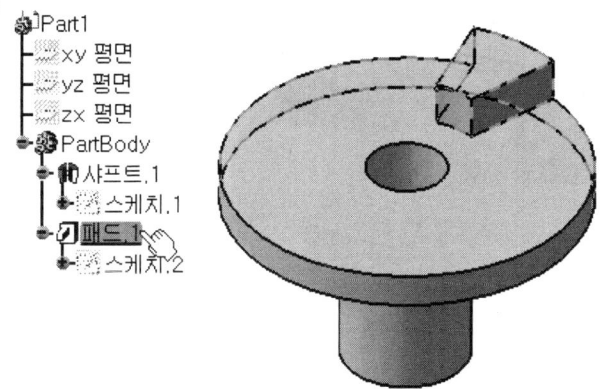

Step 16 Circular Pattern(⚙)을 실행한다. (원형배열을 실행한다.)

Step 17 Instance(s)개수 : 3, Angular spacing(간격) : 120을 입력한다.

Step 18 "선택사항이 없음"을 클릭하고, 형상의 원통모서리를 선택한다.

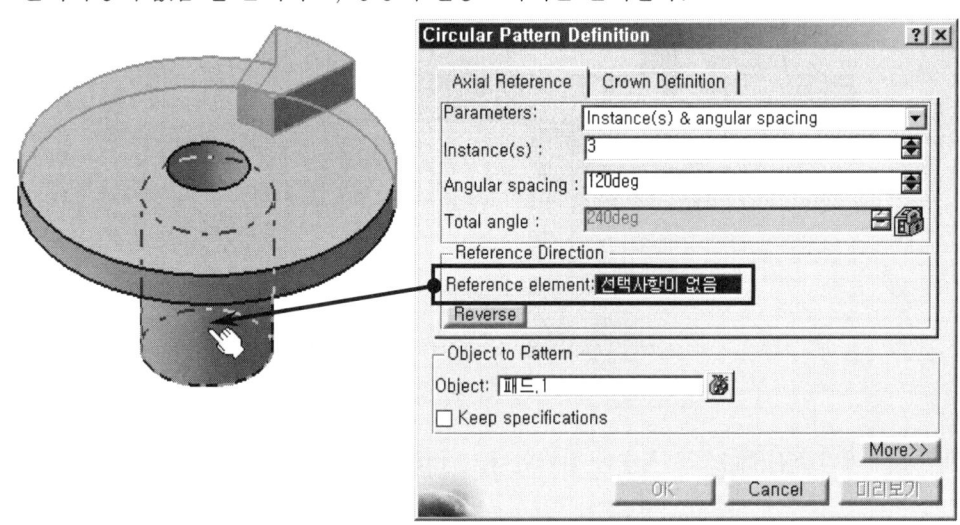

Step 19 미리보기 및 OK를 누른다.

Step 20 스케치(✏)를 실행하고, 작업트리의 yz 평면을 선택한다.

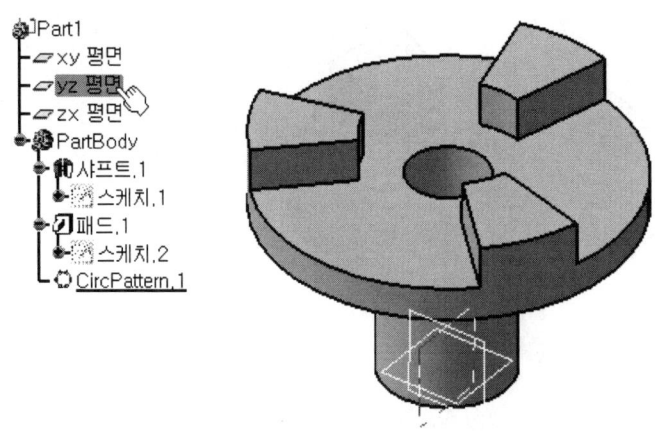

Step 21 보강대 작업을 위해 선(╱)을 그린다.

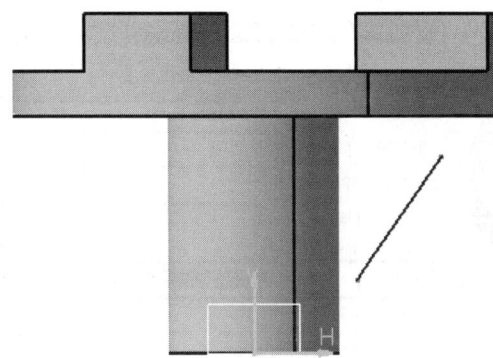

Step 22 제약조건(🔲)으로 치수를 입력한다. 워크벤치 종료(⬆)를 한다.

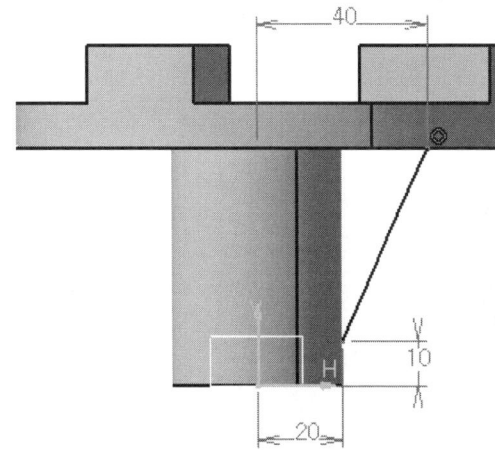

Step 23 Stiffener(📐)를 실행한다. Thickness1에 두께 6을 입력한다.
Reverse direction 버튼을 클릭하여 보강대 생성방향을 바꿀 수 있다.

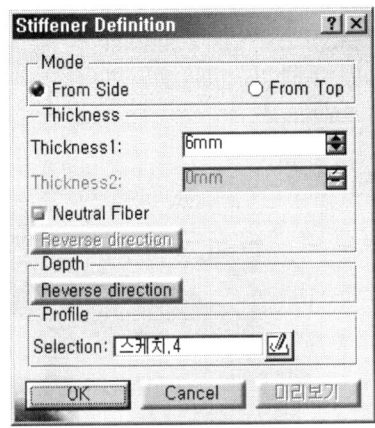
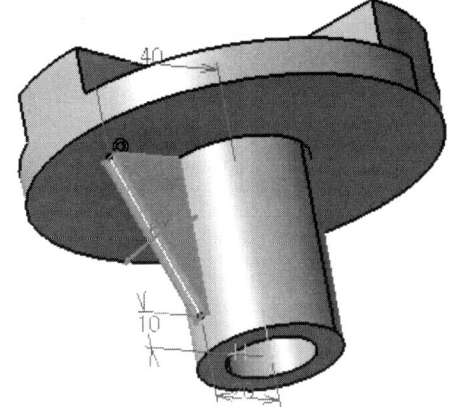

Step 24 미리보기 및 OK를 누른다.

Step 25 복사를 위해 방금 생성한 패드를 작업트리에서 선택한다.

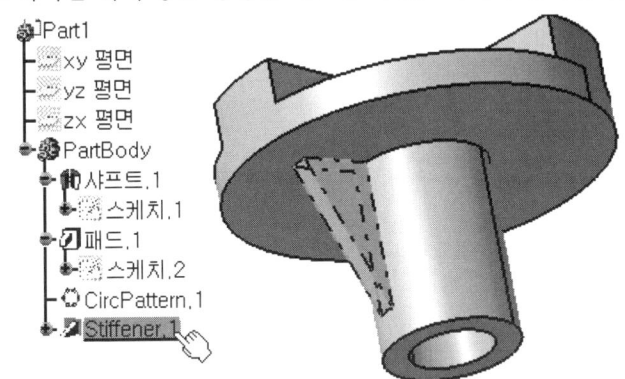

Step 26 Circular Pattern(🔄)을 실행한다. (원형배열을 실행한다.)

Step 27 Instance(s)개수 : 3, Angular spacing(간격) : 120을 입력한다.

Step 28 "선택사항이 없음"을 클릭하고, 형상의 원통모서리를 선택한다.

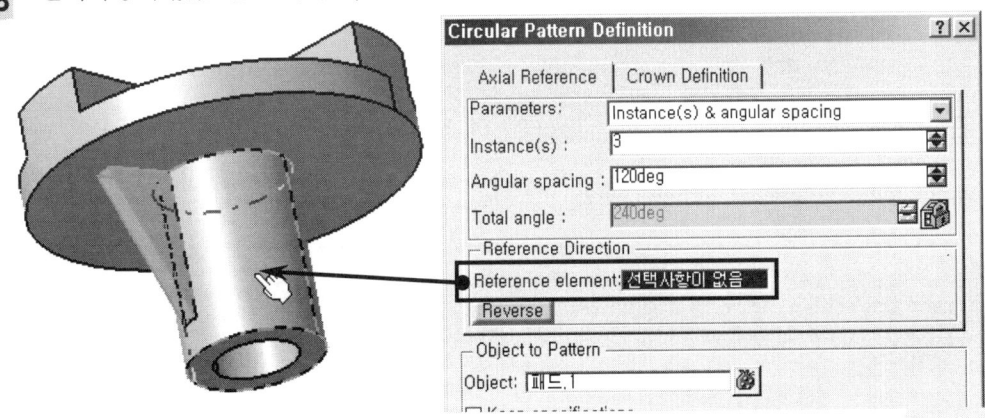

Step 29 미리보기 및 OK를 누른다. 형상이 완성되었다.

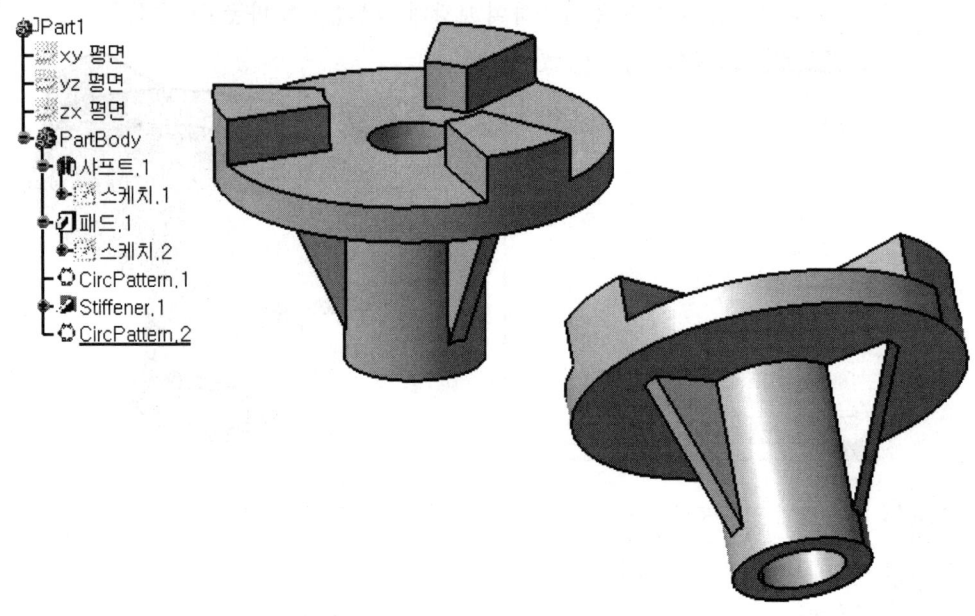

학습 정리하기

과제 3 CATIA 고급과정 – Modeling 따라하면서 배우기　*Step by Step*

다음 도면을 분석하여 CATIA 기능을 활용한 모델링을 한다.

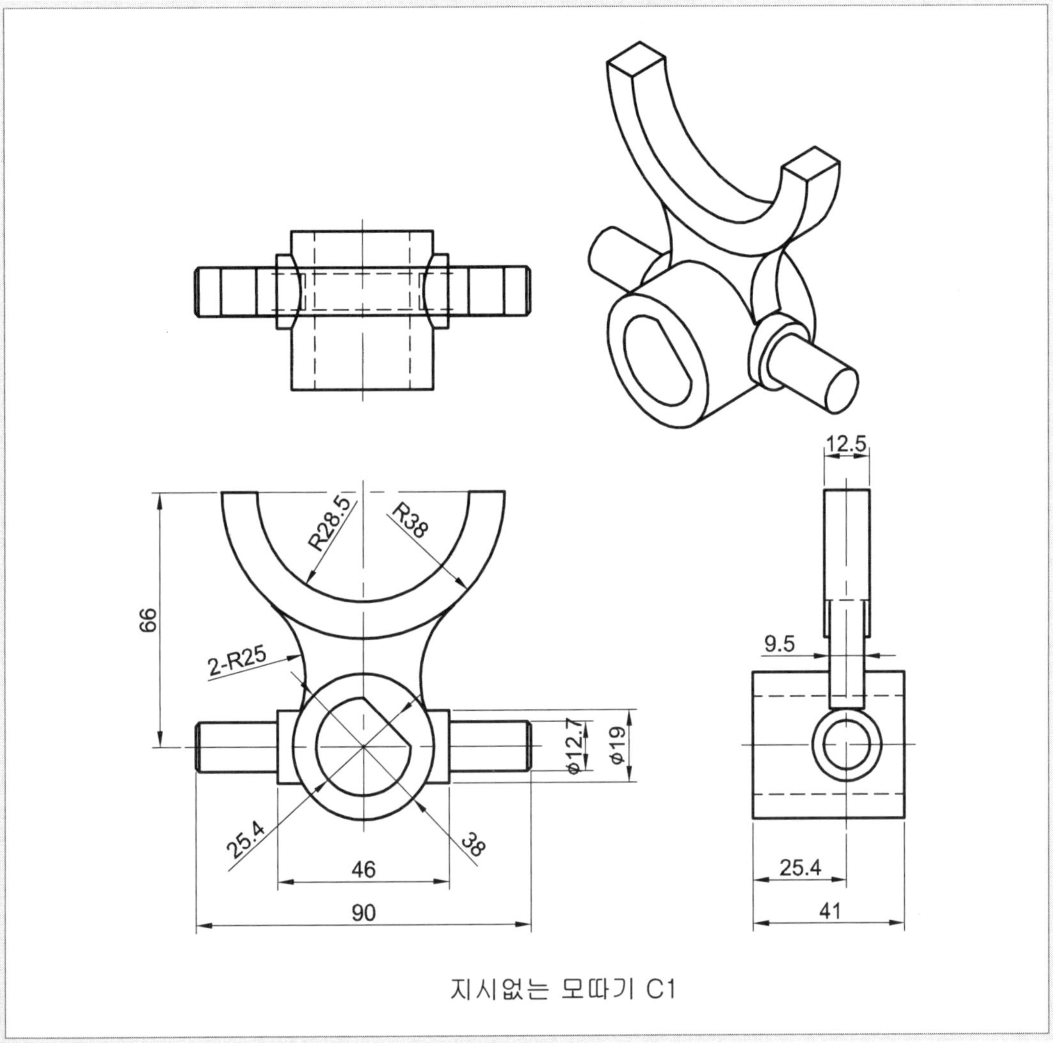

지시없는 모따기 C1

Step 01 [시작 ⇒ 기계디자인 ⇒ Part Design]을 실행한다.

Step 02 새 파트 창에서 작업할 파일의 이름을 입력하고, 확인을 누른다.

Step 03 스케치(☑)를 실행하고, xy평면을 선택한다.

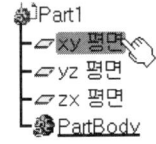

Step 04 0,0,0 위치에 원(⊙)을 작성한다. 제약조건(□)으로 치수를 입력한다.

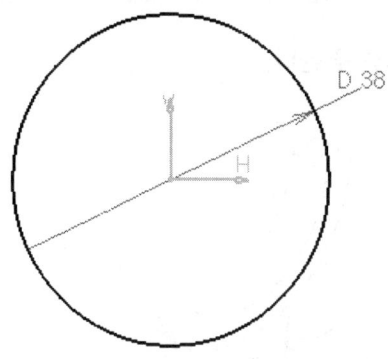

Step 05 워크벤치 종료(🗁)를 한다.

Step 06 Pad(🗗)를 실행한다. Length 값을 입력하고, 미리보기와 OK를 누른다.

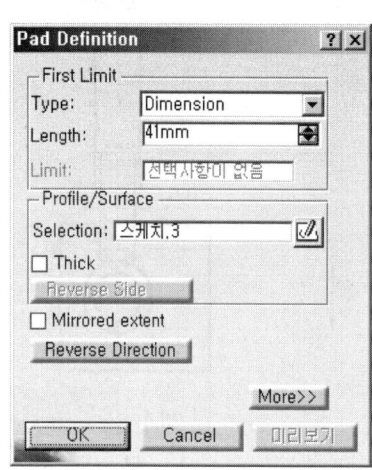 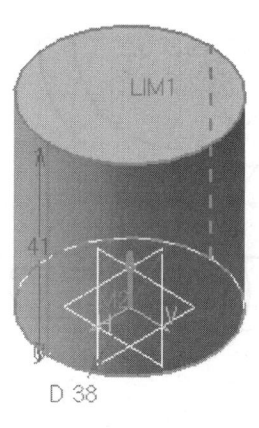

Step 07 스케치(📝)를 실행하고, 작업트리의 zx 평면을 선택한다.

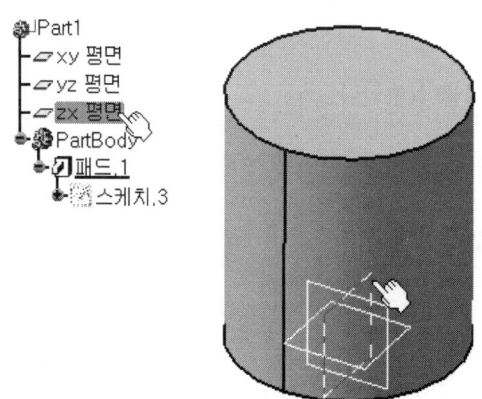

Step 08 원(⊙)을 작성한다. 제약조건(□)으로 치수를 입력한다. 워크벤치 종료(⤴)를 한다.

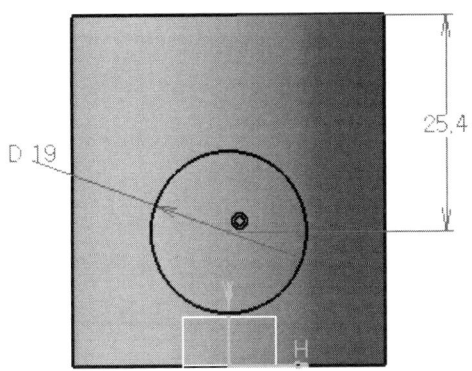

Step 09 Pad(⑦)를 실행한다. Mirrored extend에 체크하고, Length값은 두께의 1/2을 입력한다. 미리보기와 OK를 누른다.

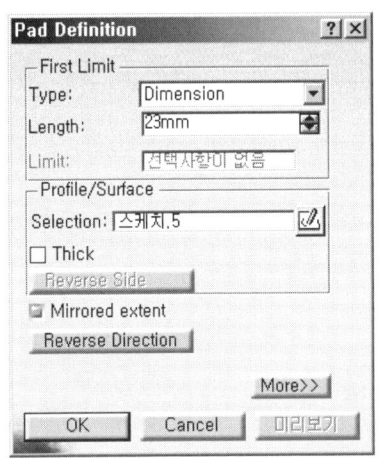 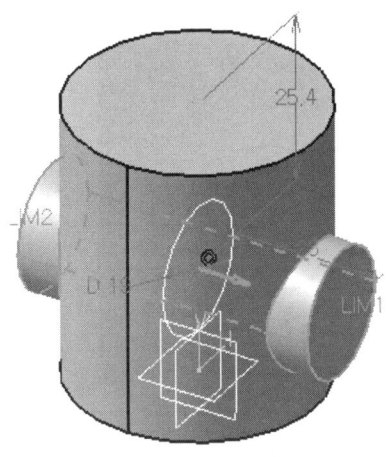

Step 10 스케치(⊿)를 실행하고, 작업트리의 zx 평면을 선택한다.

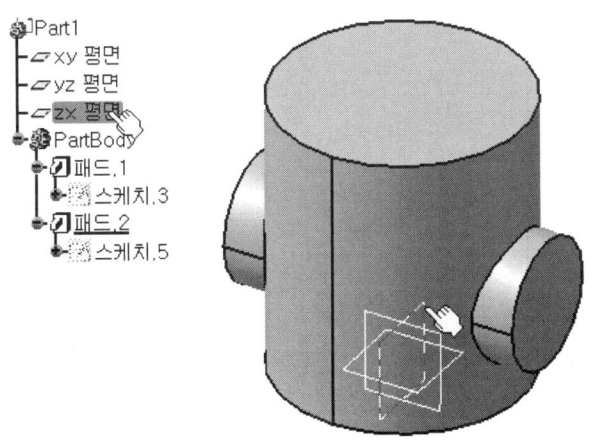

Step 11 원(⊙)을 작성한다. 제약조건(□)으로 치수를 입력한다.

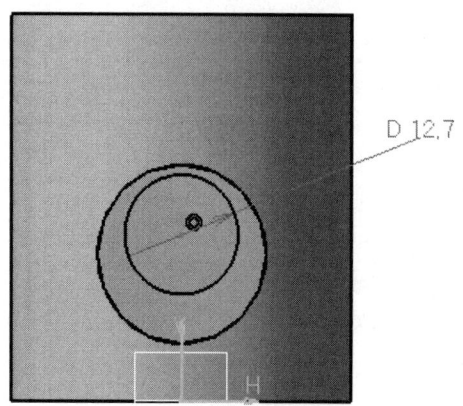

Step 12 제약조건(□)으로 원과 원형모서리를 [동심성]한다. 워크벤치 종료(□)를 한다.

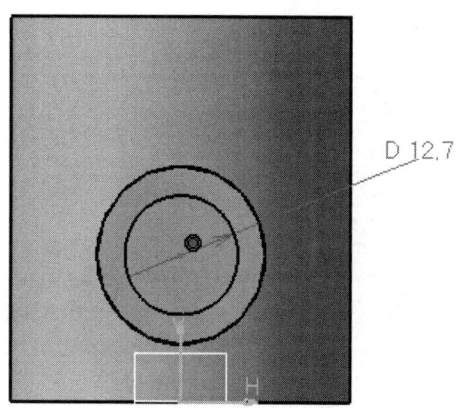

Step 13 Pad(□)를 실행한다. Mirrored extend에 체크하고, Length값은 두께의 1/2을 입력한다. 미리보기와 OK를 누른다.

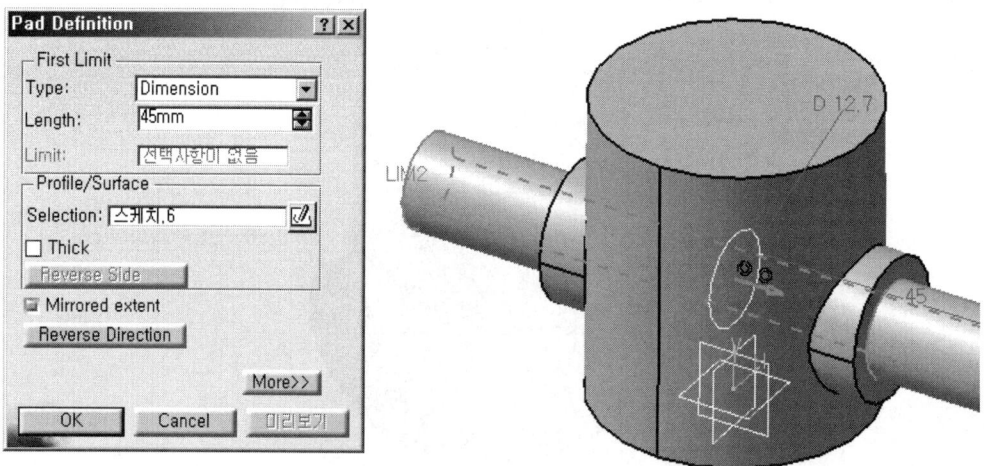

Step 14 Plane(◇)을 실행한다.

Step 15 평면유형 : 평면에서 오프셋, 레퍼런스 : 윗면 선택, 오프셋 : 25.4입력, 반대방향

Step 16 미리보기 및 확인을 누른다.

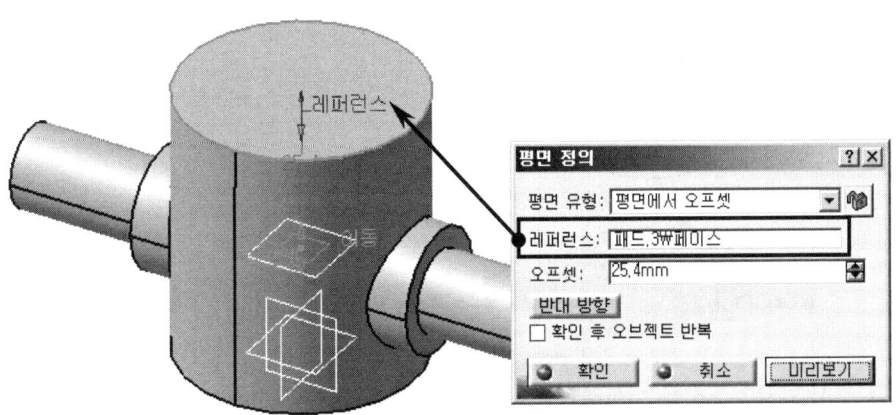

Step 17 스케치(⬚)를 실행하고, 생성시킨 오프셋 평면을 선택한다.

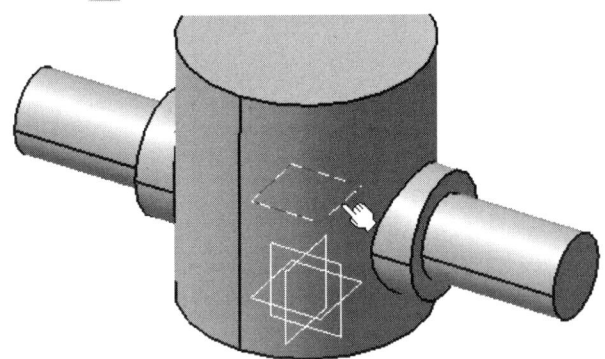

Step 18 원(⊙)을 작성한다. 제약조건(⬚)으로 치수를 입력한다.

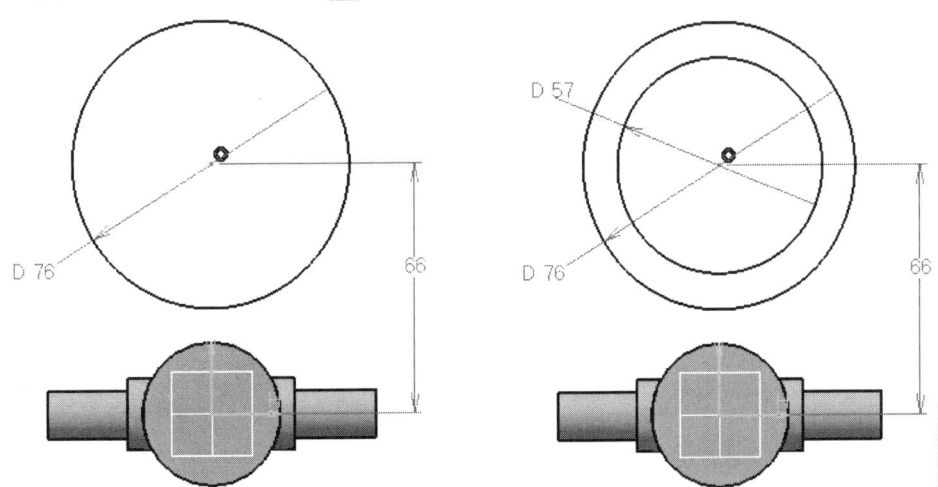

Step 19 아래 그림과 같이 원 중심을 지나는 곳에 선(✎)을 그려준다.

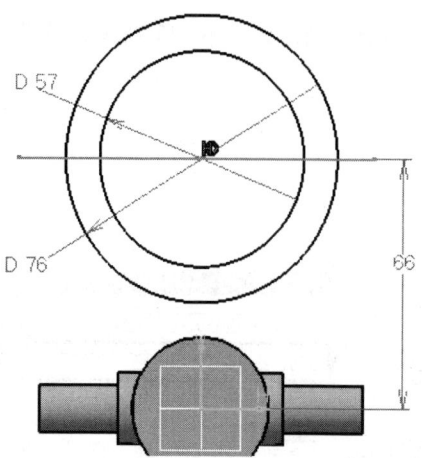

Step 20 즉시 자르기(✂)를 실행하고, 불필요한 부분을 클릭하면서 자르기를 한다.

Step 21 워크벤치 종료(⬆)를 한다.

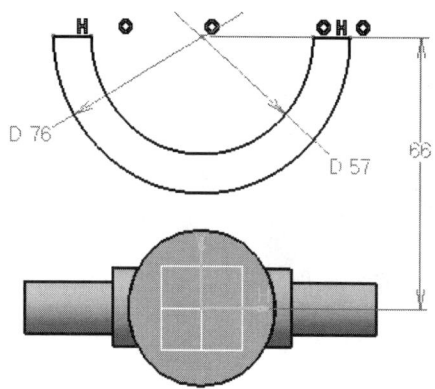

Step 22 Pad(⬈)를 실행한다. Mirrored extend에 체크하고, Length값은 두께의 1/2을 입력한다. 미리보기와 OK를 누른다.

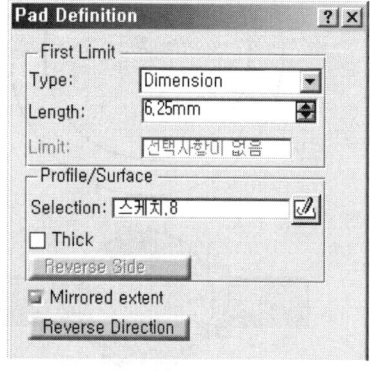 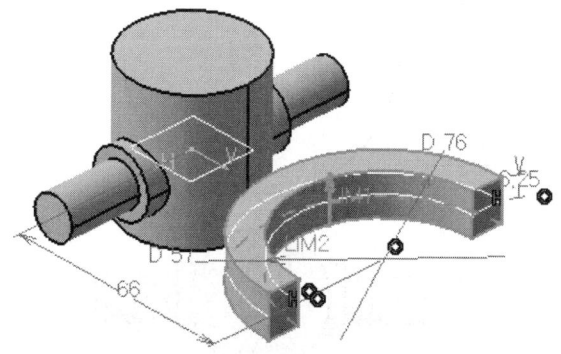

256

Step 23 스케치(⬚)를 실행하고, 생성시킨 오프셋 평면을 선택한다.

Step 24 원(⊙)을 작성한다. 제약조건(⬚)으로 치수를 입력한다.

Step 25 제약조건(⬚)으로 원과 원형모서리를 [접점]시킨다.

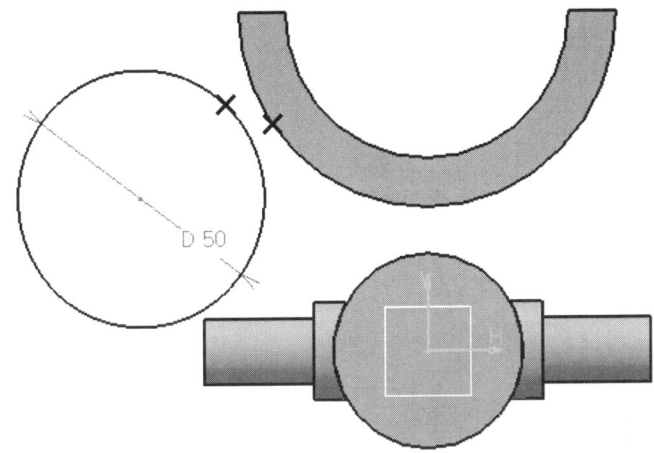

Step 26 아래 부분도 제약조건(⬚)으로 원과 원형모서리를 [접점]시킨다.

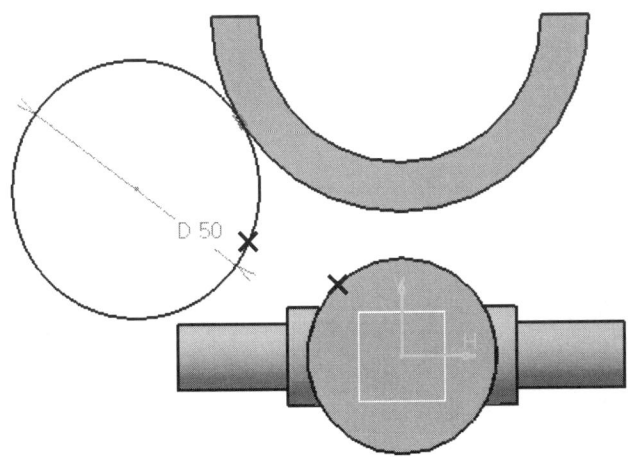

Step 27 오른쪽에도 원을 작성하고 제약조건(🔲)으로 치수와 형상구속을 한다.

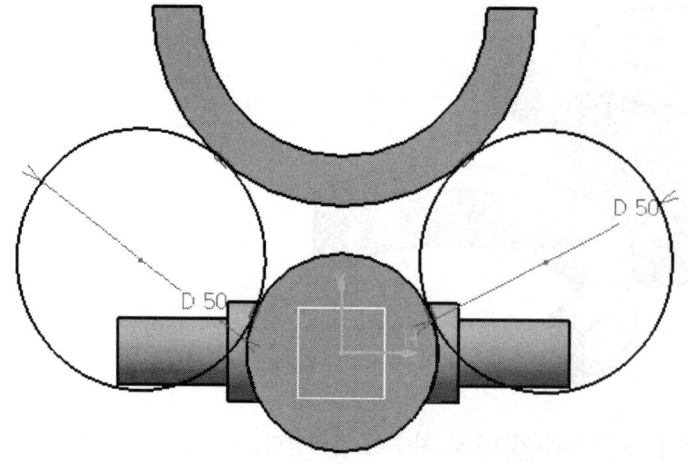

Step 28 3D요소 프로젝트(🔃)를 실행한다.

Step 29 원형 모서리를 클릭하여 모서리 복사를 한다.

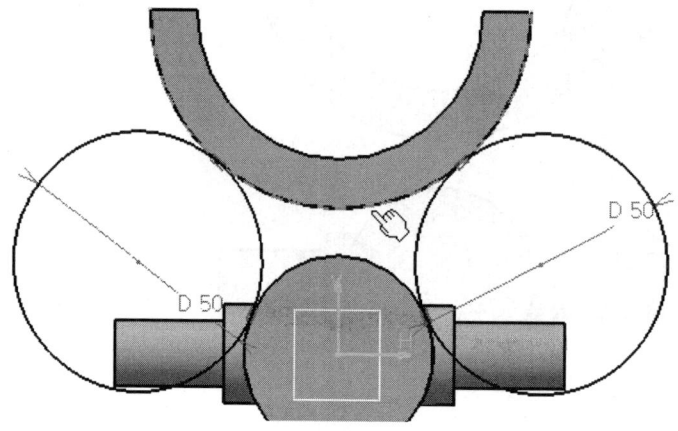

Step 30 아래의 원형 모서리도 클릭하여 모서리 복사를 한다.

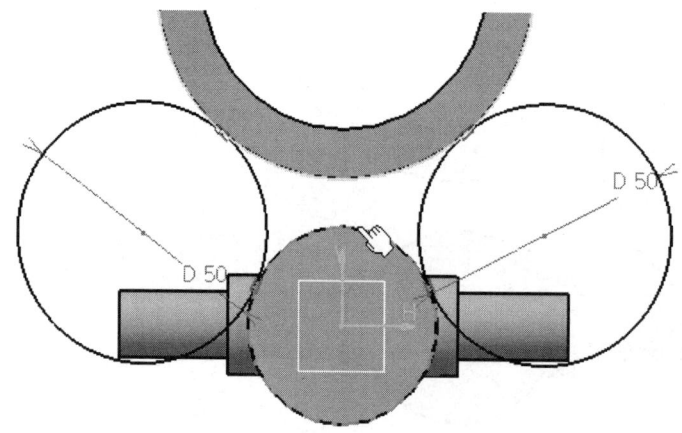

Step 31 즉시 자르기(⌀)를 실행하고, 불필요한 부분을 클릭하면서 자르기를 한다.

Step 32 워크벤치 종료(🏠)를 한다.

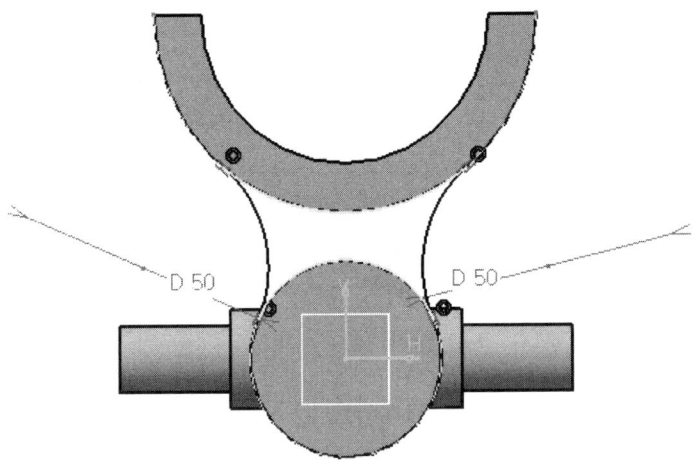

Step 33 Pad(🗗)를 실행한다. Mirrored extend에 체크하고, Length값은 두께의 1/2을 입력한다. 미리보기와 OK를 누른다.

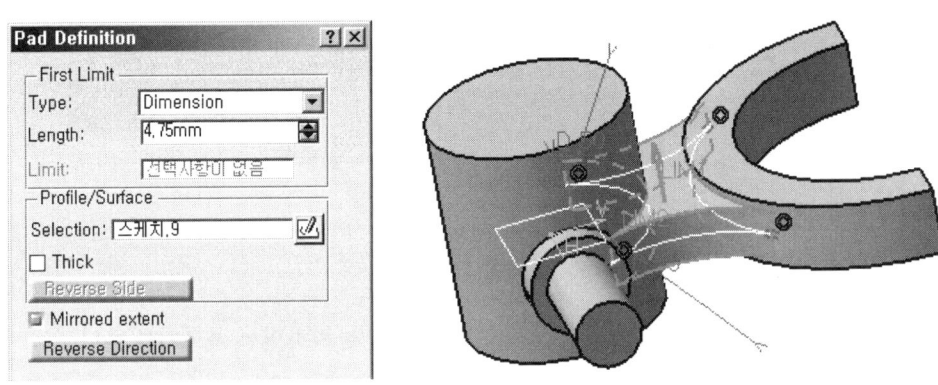

Step 34 스케치(📝)를 실행하고, 형상의 윗면을 선택한다.

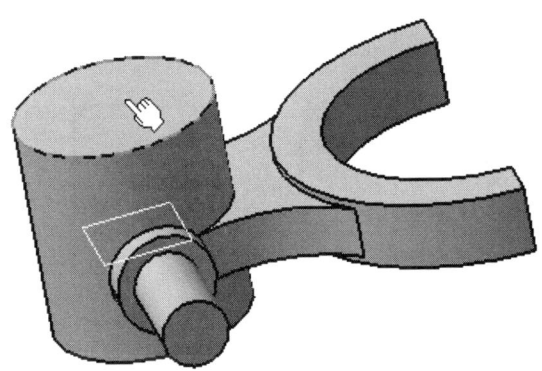

Step 35 원(⊙)을 작성한다. 제약조건(🔲)으로 치수를 입력한다.

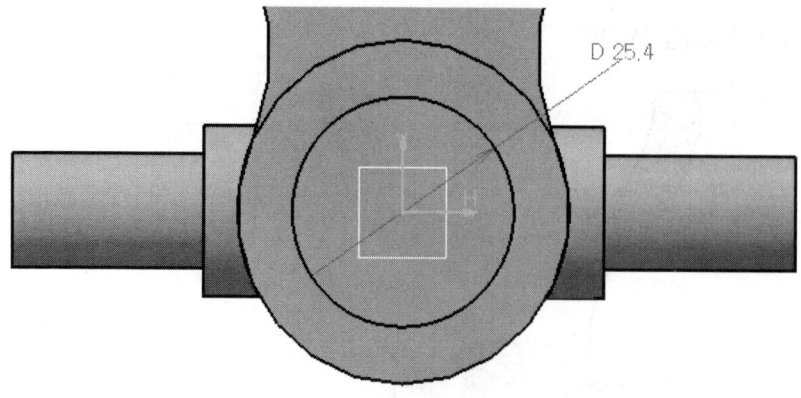

Step 36 아래 그림과 같이 원 사분점을 지나는 곳에 선(/)을 그려준다.

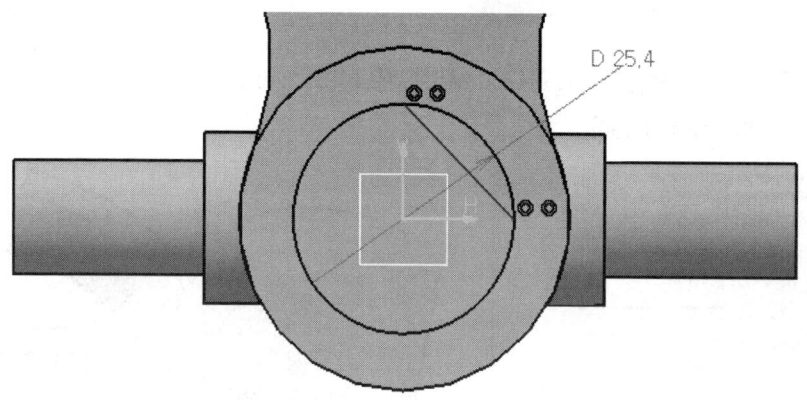

Step 37 즉시 자르기(⊘)를 실행하고, 불필요한 부분을 클릭하면서 자르기를 한다.

Step 38 워크벤치 종료(⬆)를 한다.

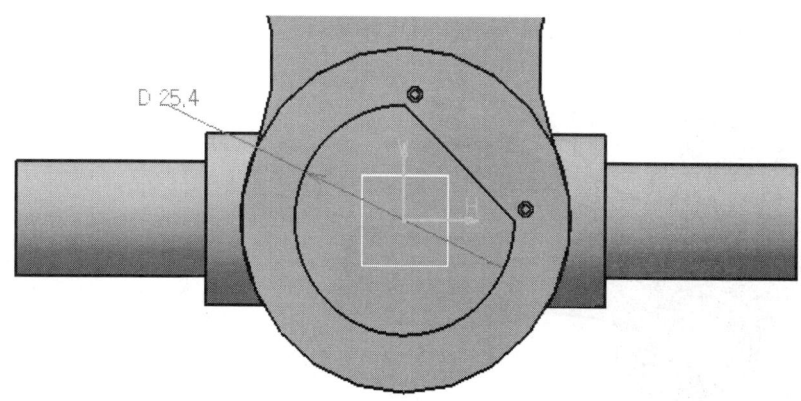

Step 39 Pocket(🔲)을 실행한다. Type 옵션을 [Up to last]로 하고, 방향을 설정한다. 미리보기 및 OK를 누른다.

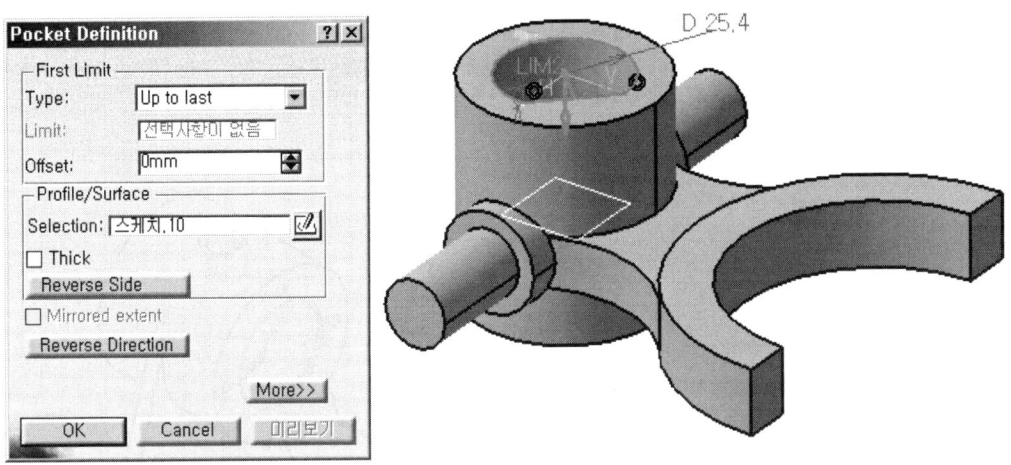

Step 40 Chamfer(🔷)를 실행한다. Length1에 값1을 입력하고, 모서리를 선택한다.

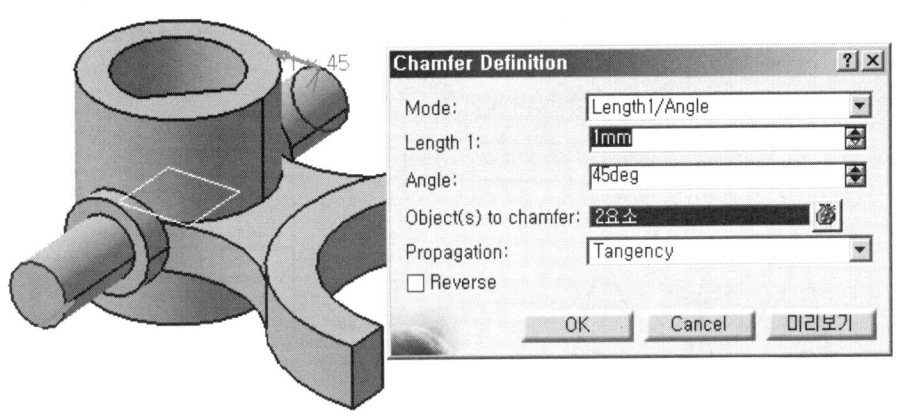

Step 41 미리보기 및 OK를 누른다. 형상이 완성되었다.

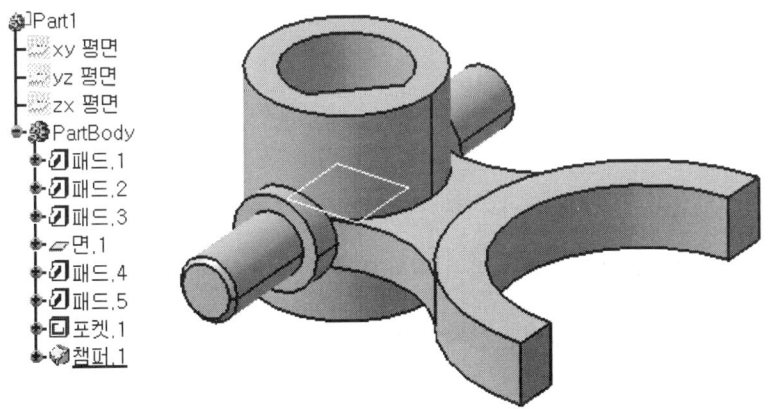

과제 4 CATIA 고급과정 – Modeling 따라하면서 배우기

다음 도면을 분석하여 동력전달장치 본체를 모델링을 한다.

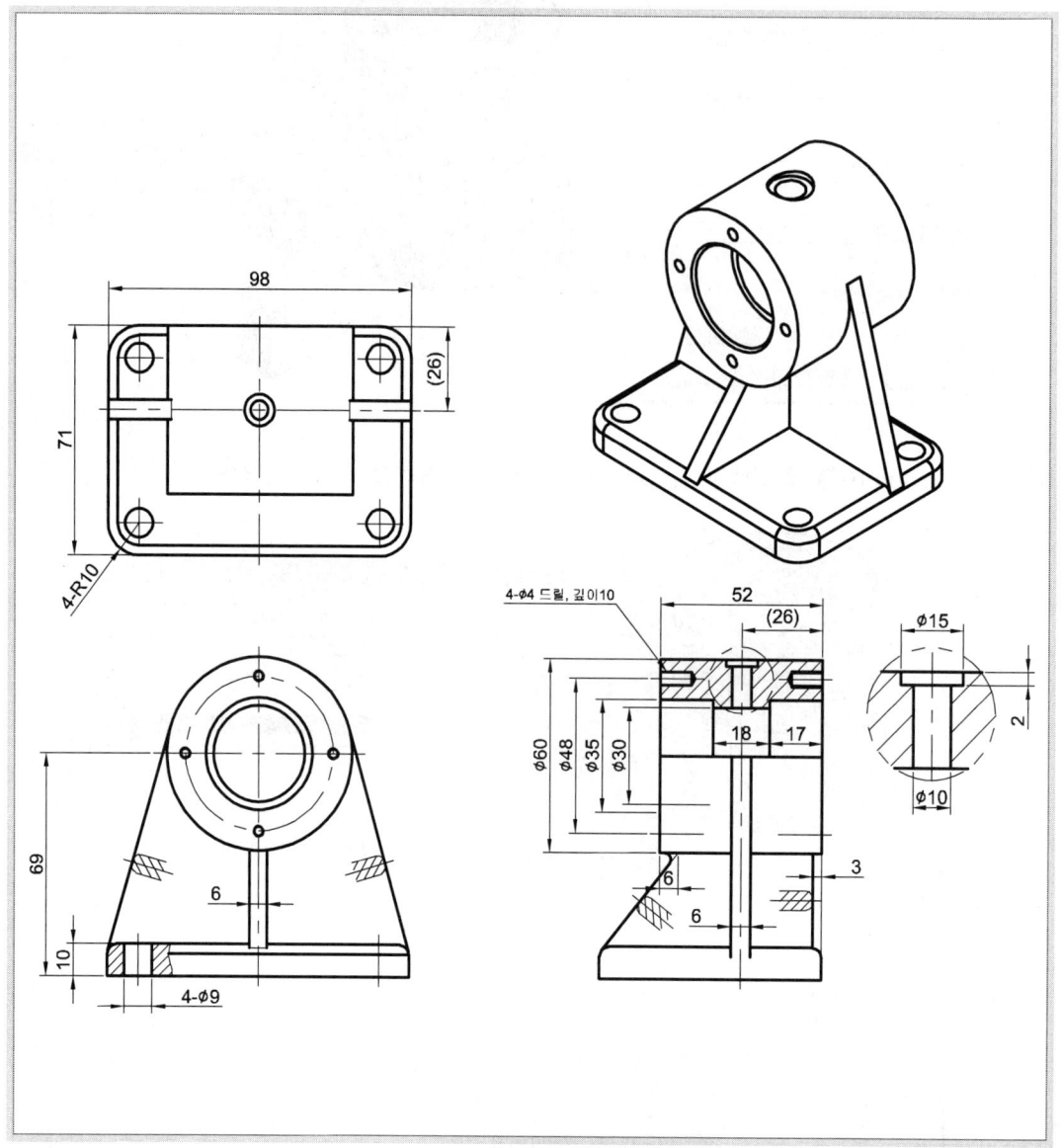

Step 01 [시작 ⇒ 기계디자인 ⇒ Part Design]을 실행한다.

Step 02 새 파트 창에서 작업할 파일의 이름을 입력하고, 확인을 누른다.

Step 03 스케치(⬚)를 실행하고, xy평면을 선택한다.

Step 04 직사각형(□)을 작성하고, 제약조건(🗐)으로 치수를 입력한다.

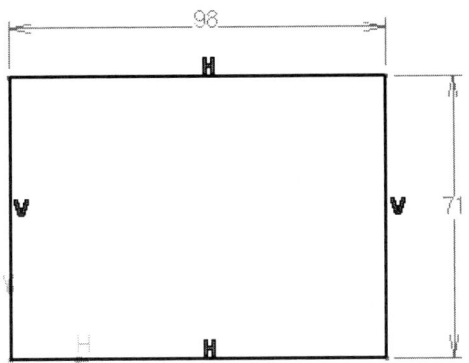

Step 05 워크벤치 종료(🏠)를 실행한다.

Step 06 Pad(🗗)를 실행한다. Length 값을 입력하고, 미리보기와 OK를 누른다.

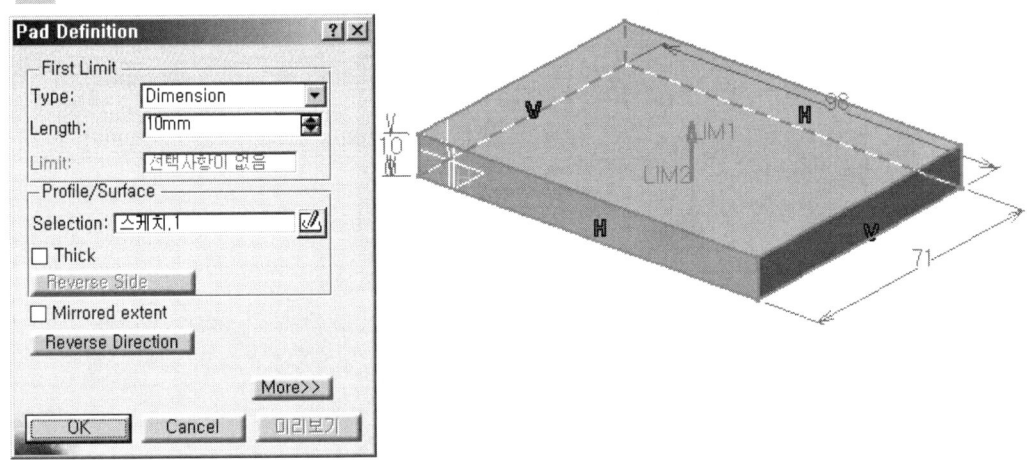

Step 07 Edge Fillet(🍥)을 실행한다. Radius 값을 입력하고, 라운드가 적용될 모서리를 선택한다. 미리보기 및 OK를 누른다.

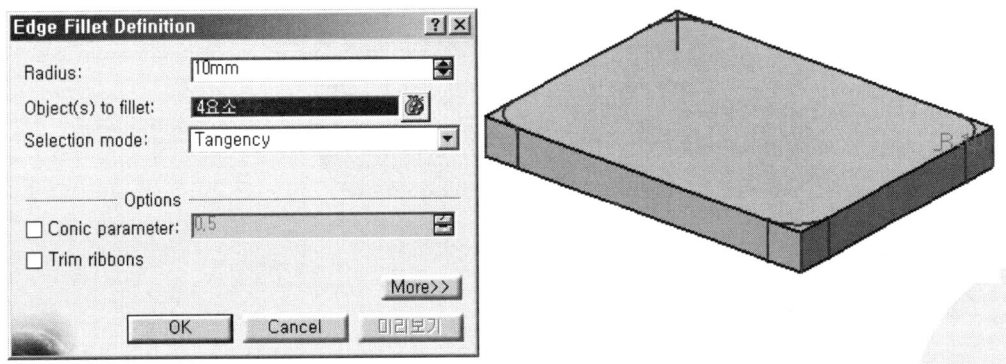

Step 08 스케치(⚙)를 실행하고, 형상의 윗면을 선택한다.

Step 09 원(⊙)을 작성한다. 제약조건(📋)으로 치수를 입력한다.

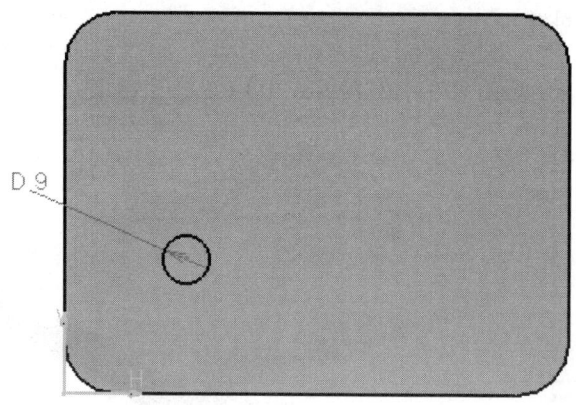

Step 10 제약조건(📋)으로 원과 원형모서리를 [등심성]시킨다.

Step 11 워크벤치 종료(📤)를 한다.

Step 12 Pocket(📦)을 실행한다. Type 옵션을 [Up to last]로 하고, 방향을 설정한다.
미리보기 및 OK를 누른다.

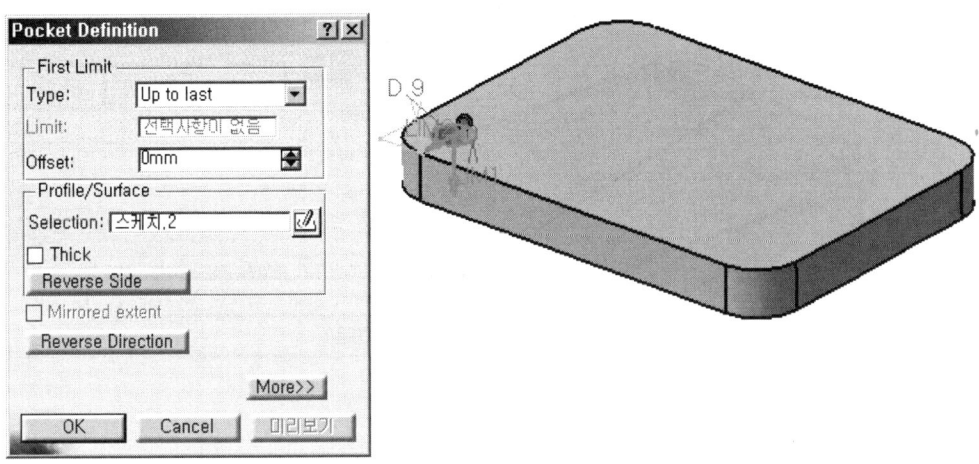

Step 13 생성한 포켓 구멍을 복사하기 위해 작업트리 또는 형상을 선택한다.

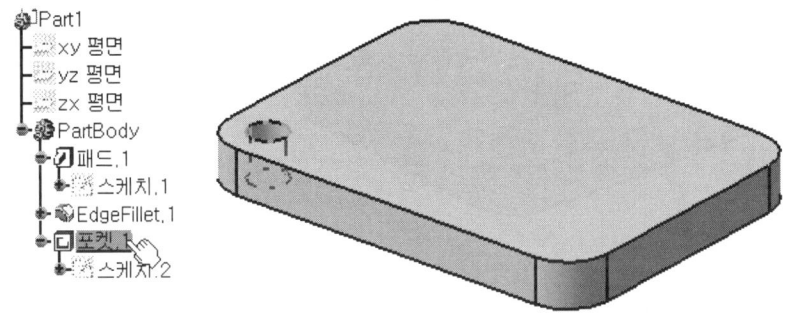

Step 14 Rectangular Pattern(▦)을 실행한다.

Step 15 Frist Direction 탭에서 Instance(s) : 2, Spacing : 78을 입력한다.
Reference element : 항목을 클릭하고, 모서리를 선택한다.

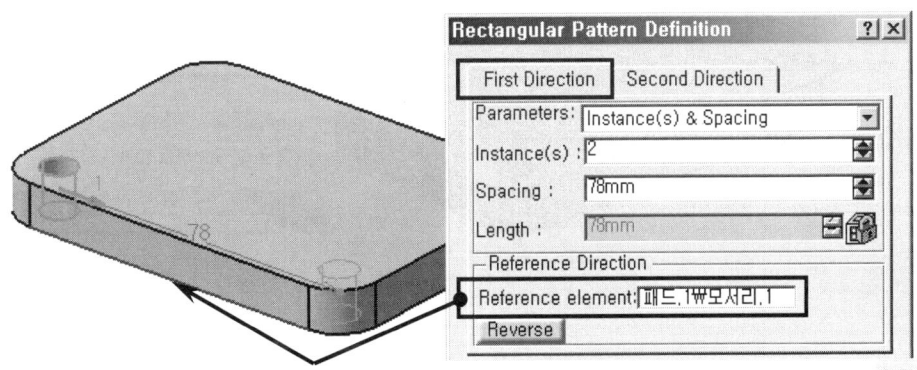

Step 16 Second Direction 탭에서 Instance(s) : 2, Spacing : 51을 입력한다.
Reference element : 항목을 클릭하고, 모서리를 선택한다.

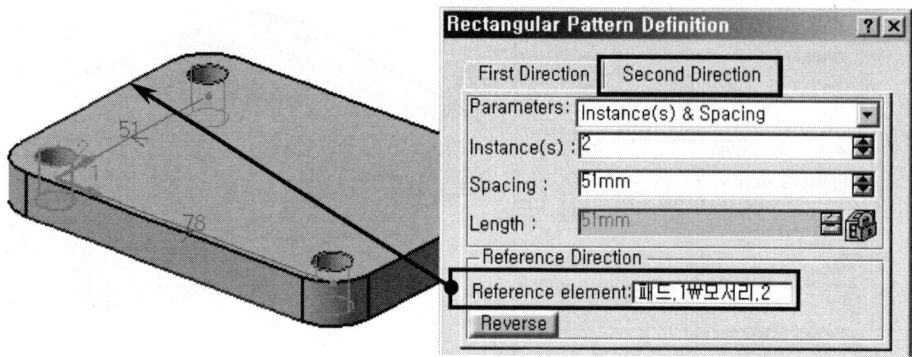

Step 17 미리보기 및 OK를 누른다.

Step 18 Plane( )을 실행한다.

Step 19 평면유형 : 평면에서 오프셋, 레퍼런스 : 우측면 선택, 오프셋 : 49입력, 반대방향

Step 20 미리보기 및 확인을 누른다.

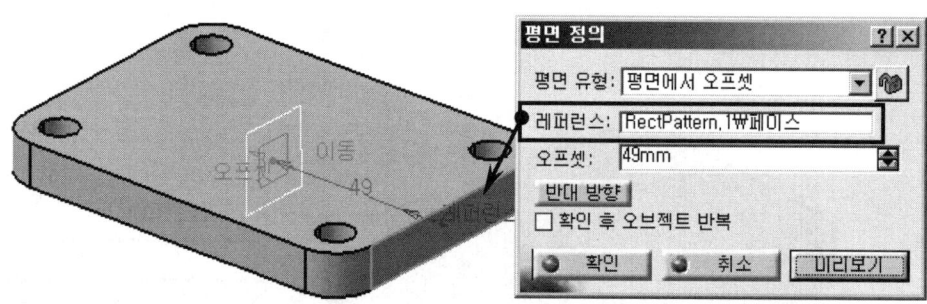

Step 21 스케치(📝)를 실행하고, 생성시킨 오프셋 평면을 선택한다.

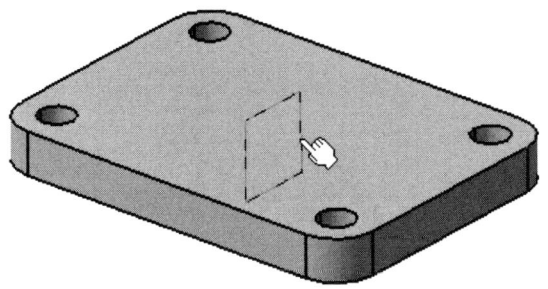

Step 22 프로파일(🔗)과 축(┃)을 실행하고, 다음과 같은 스케치를 작성한다. 제약조건(📐)으로 치수를 입력한다.

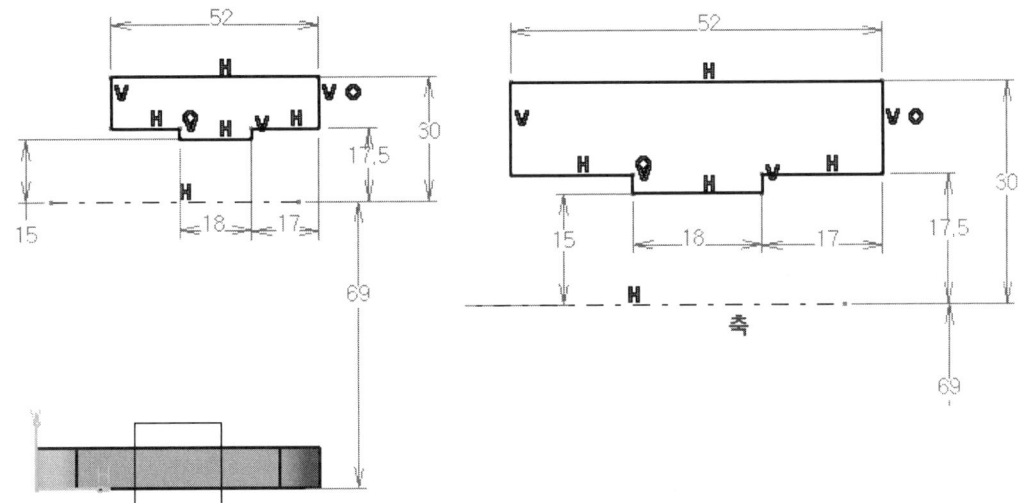

Step 23 워크벤치 종료(🔼)를 한다.

Step 24 Shaft(🔩)를 실행한다. First angle에 360을 입력하고, 미리보기 및 OK를 누른다.

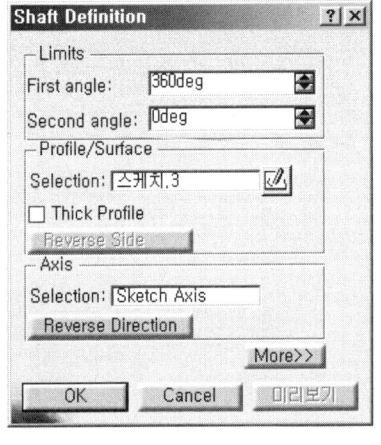
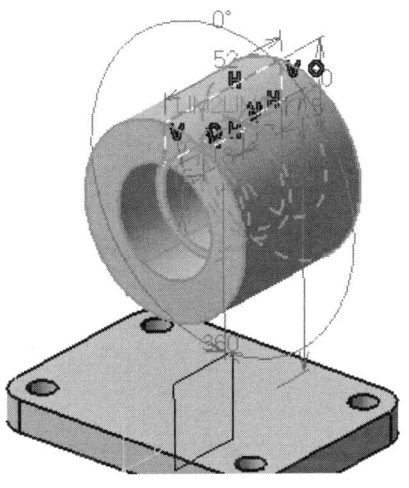

Step 25 Plane(◻)을 실행한다.

Step 26 평면유형 : 평면에서 오프셋, 레퍼런스 : 앞면 선택, 오프셋 : 26입력, 반대방향

Step 27 미리보기 및 확인을 누른다.

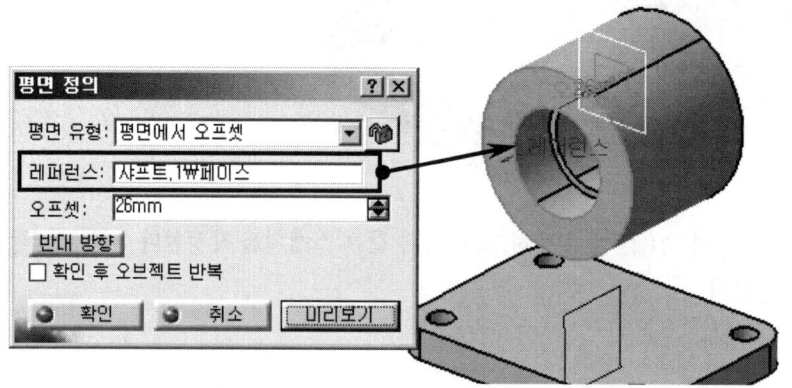

Step 28 스케치(◪)를 실행하고, 생성시킨 오프셋 평면을 선택한다.

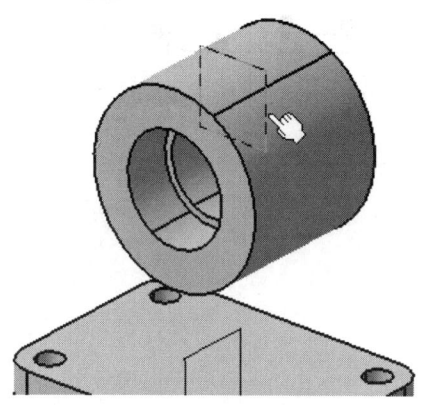

Step 29 3D요소 프로젝트(⊒)를 실행한다.

Step 30 원형 모서리를 클릭하여 모서리 복사를 한다.

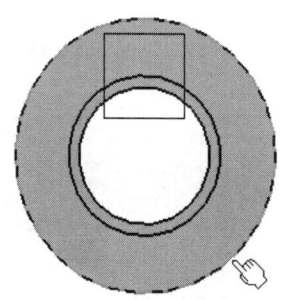

Step 31 프로파일(   ) 스케치를 작성한다. 제약조건(   )으로 표시된 선과 원을 [접점]시킨다.

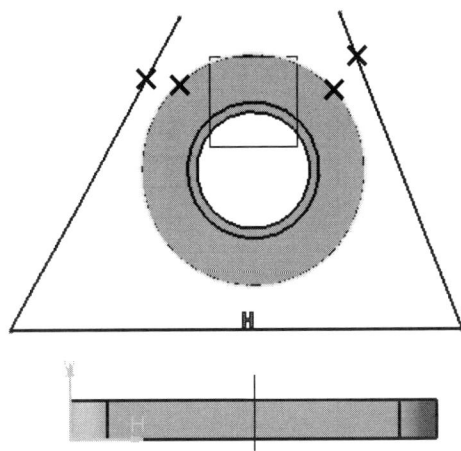

Step 32 제약조건(   )으로 표시된 점과 모서리를 [일치]시킨다.

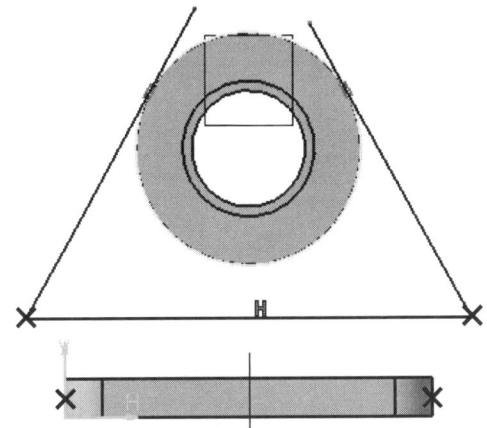

Step 33 제약조건(   )으로 표시된 선과 모서리를 [일치]시킨다.

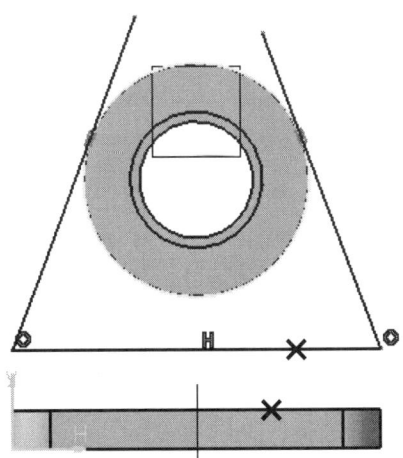

Step 34 즉시 자르기(✐)를 실행하고, 불필요한 부분을 클릭하면서 자르기를 한다.

Step 35 워크벤치 종료(⏏)를 한다.

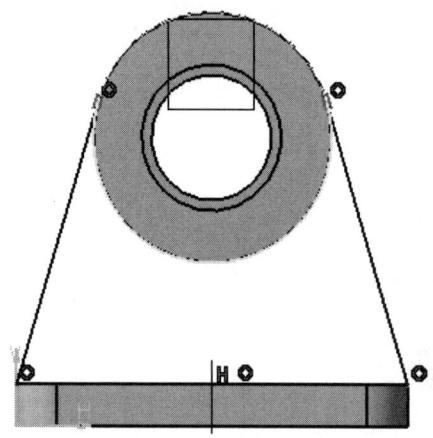

Step 36 Pad(⬚)를 실행한다. Mirrored extend에 체크하고, Length값은 두께의 1/2을 입력한다. 미리보기와 OK를 누른다.

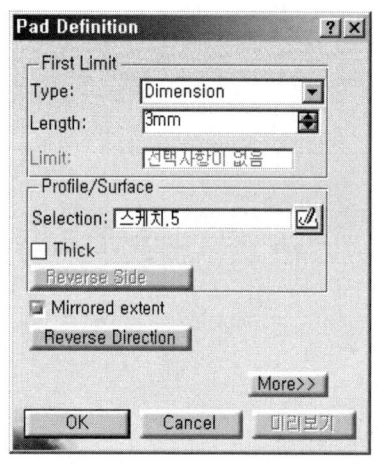
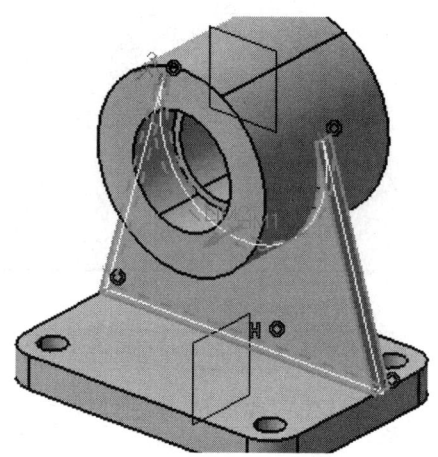

Step 37 스케치(✐)를 실행하고, 생성시킨 오프셋 평면을 선택한다.

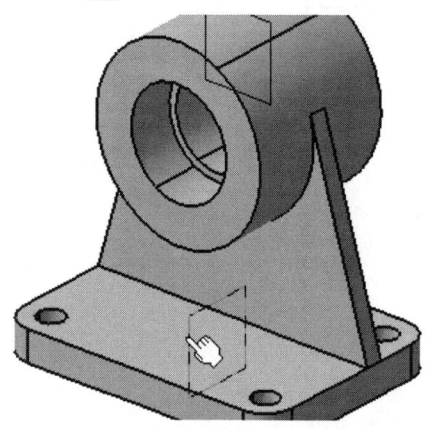

Step 38. 보강대 작업을 위해 선(／)을 그린다.

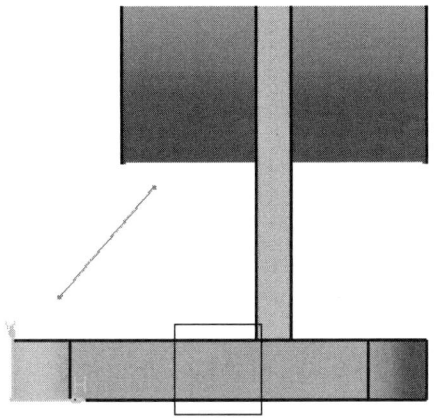

Step 39. 제약조건(□)으로 치수를 입력한다. 워크벤치 종료(△)를 한다.

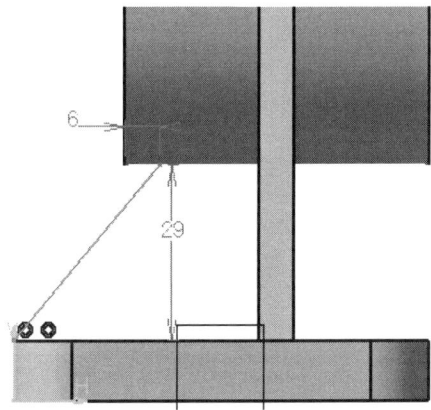

Step 40. Stiffener(／)를 실행한다. Thickness1에 두께 6을 입력한다.
Reverse direction 버튼을 클릭하여 보강대 생성방향을 바꿀 수 있다.

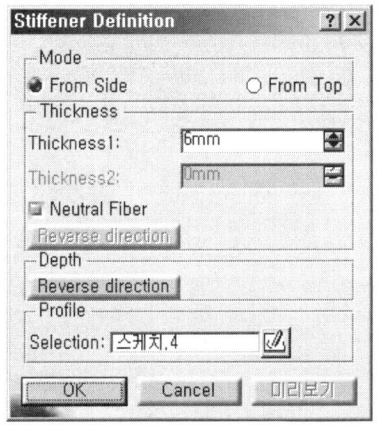
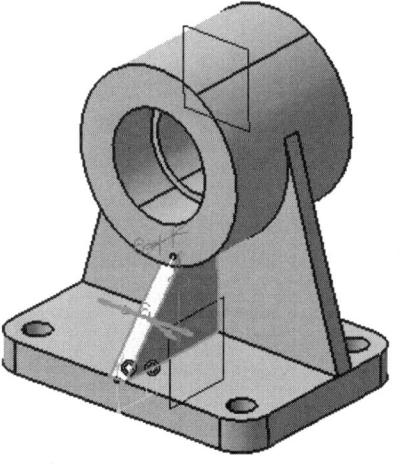

Step 41. 스케치(⬜)를 실행하고, 생성시킨 오프셋 평면을 선택한다.

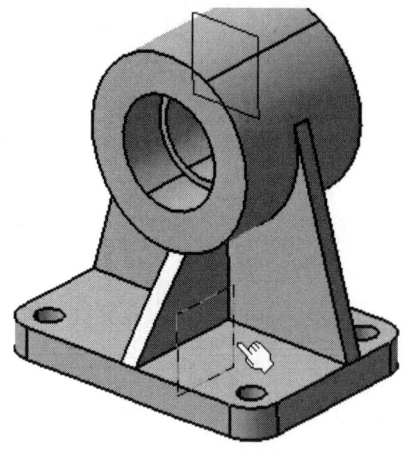

Step 42. 보강대 작업을 위해 선(⬜)을 그린다.

Step 43. 제약조건(⬜)으로 치수를 입력한다. 워크벤치 종료(⬜)를 한다.

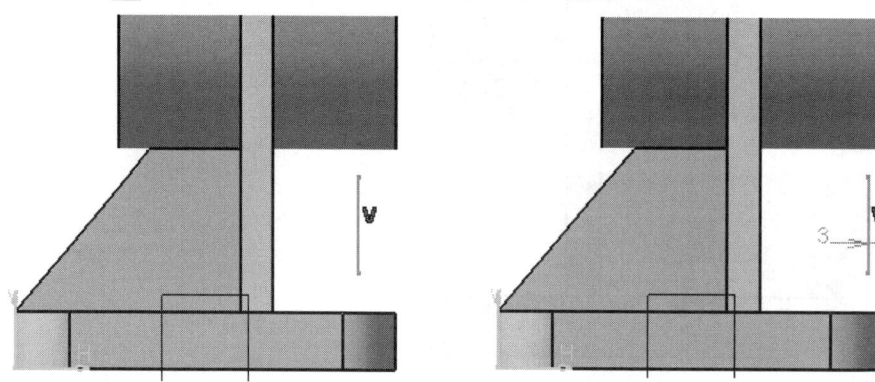

Step 44. Stiffener(⬜)를 실행한다. Thickness1에 두께 6을 입력한다.
Reverse direction 버튼을 클릭하여 보강대 생성방향을 바꿀 수 있다.

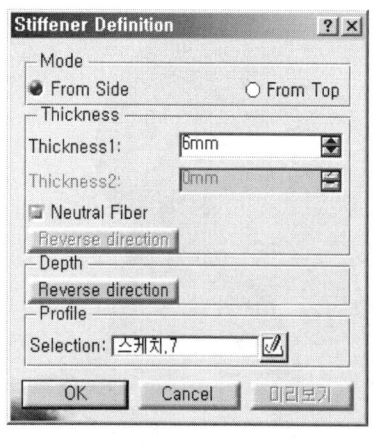 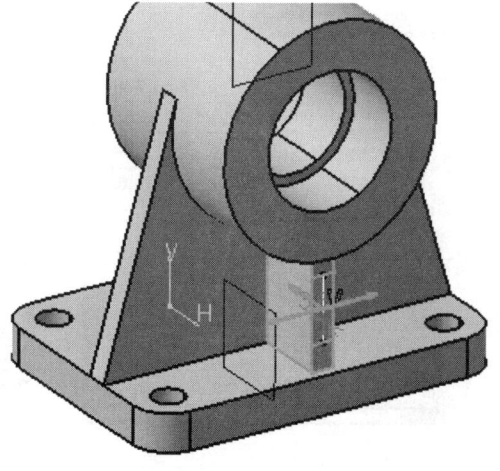

Step 45 Hole(⬛)을 실행한다. 구멍이 생성될 앞면을 클릭하여 선택한다.

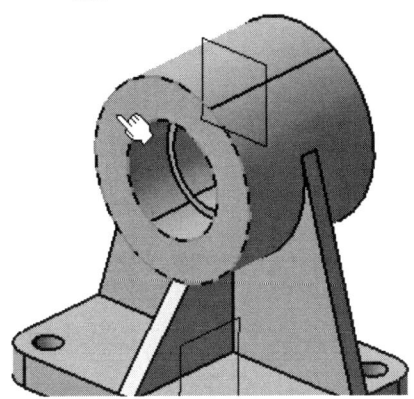

Step 46 구멍의 중심을 지정하기 위해 Positioning Sketch(📝) 버튼을 클릭한다.

Step 47 제약조건(📏)으로 치수를 입력한다. 워크벤치 종료(🔼)를 한다.

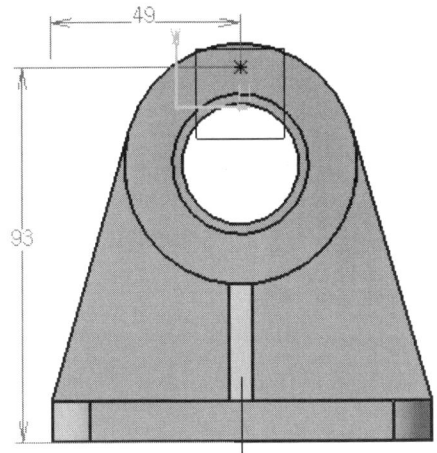

Step 48 Extension 탭에서 Diameter(지름) : 4, Depth(깊이) : 10, V-Bottom으로 설정한다.

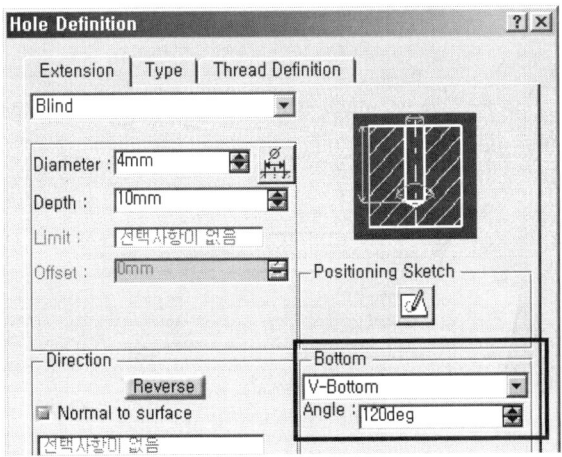

Step 49 미리보기 및 OK를 누른다.

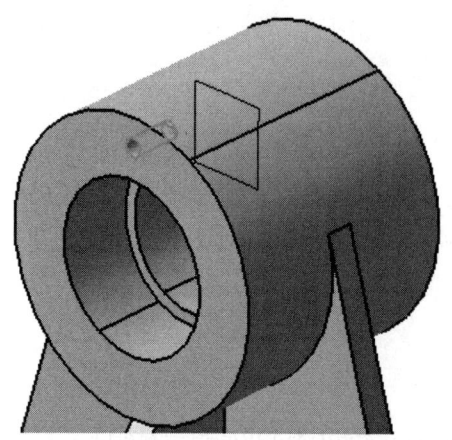

Step 50 생성한 구멍을 복사하기 위해 작업트리에서 홀을 클릭하여 선택한다.

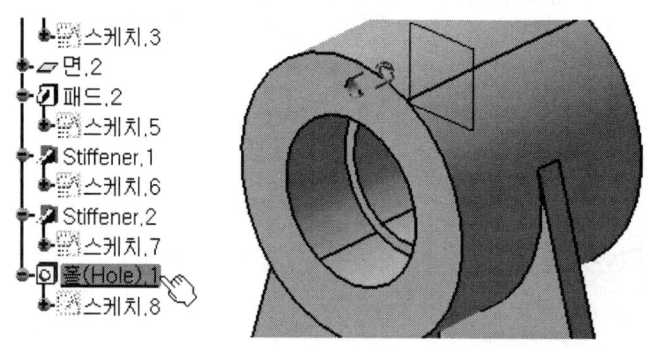

Step 51 Circular Pattern( )을 실행한다.

Step 52 Axial Reference 탭에서 Instance(s) : 4, Angular spacing : 90을 입력한다.
Reference element : "선택사항이 없음"을 클릭하고, 원통면을 선택한다.

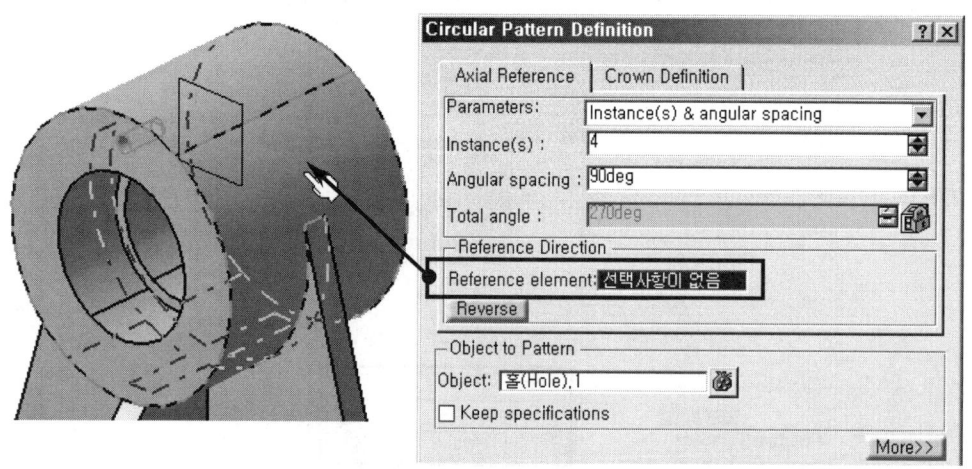

Step 53 미리보기 및 OK를 누른다.

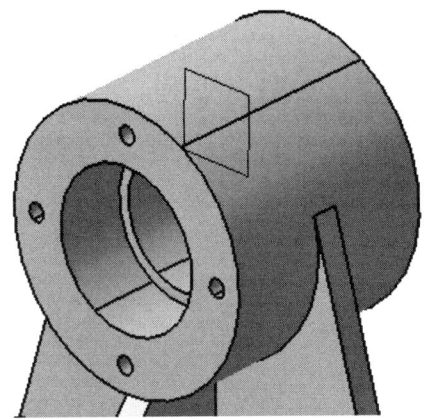

Step 54 Hole( )을 실행한다. 구멍이 생성될 뒷면을 클릭하여 선택한다.

Step 55 구멍의 중심을 지정하기 위해 Positioning Sketch( ) 버튼을 클릭한다.

Step 56 제약조건( )으로 치수를 입력한다. 워크벤치 종료( )를 한다.

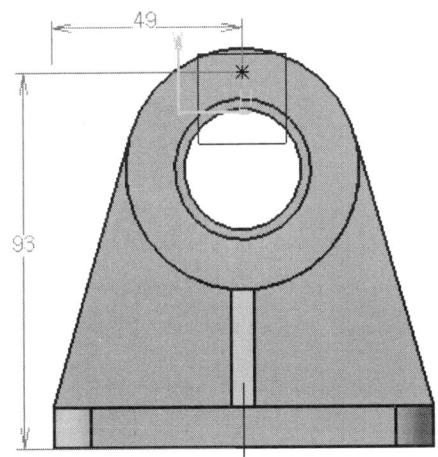

Step 57 Extension 탭에서 Diameter(지름) : 4, Depth(깊이) : 10, V-Bottom으로 설정한다.

Step 58 미리보기 및 OK를 누른다.

Step 59 생성한 구멍을 복사하기 위해 작업트리에서 홀을 클릭하여 선택한다.

Step 60 Circular Pattern( )을 실행한다.

Step 61 Axial Reference 탭에서 Instance(s) : 4, Angular spacing : 90을 입력한다.
Reference element : "선택사항이 없음"을 클릭하고, 원통면을 선택한다.

Step 62 미리보기 및 OK를 누른다.

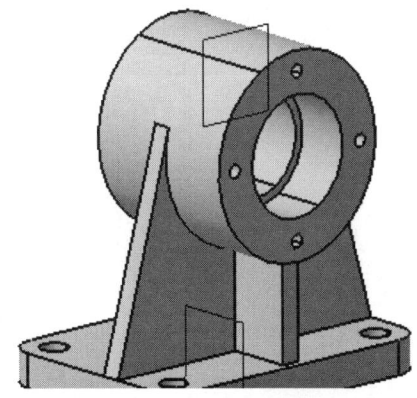

Step 63 Plane(⟋)을 실행한다.

Step 64 평면유형 : 평면에서 오프셋, 레퍼런스 : 윗면 선택, 오프셋 : 89입력

Step 65 미리보기 및 확인을 누른다.

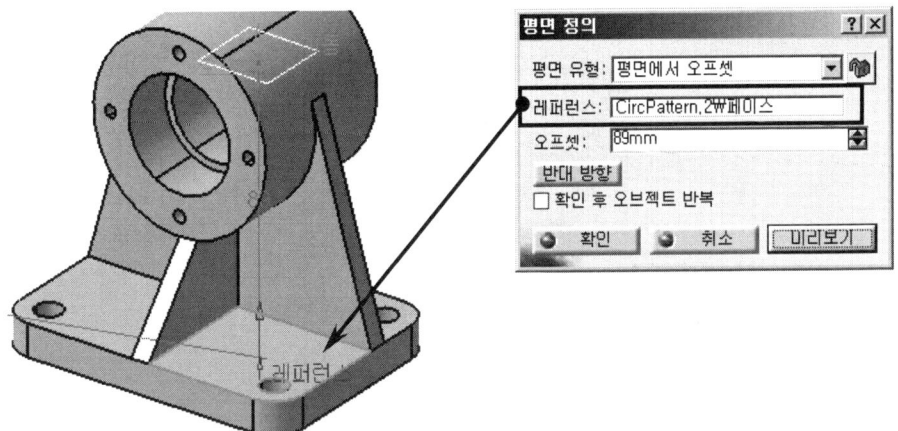

Step 66 Hole(◎)을 실행한다. 구멍이 생성될 오프셋 평면을 클릭하여 선택한다.

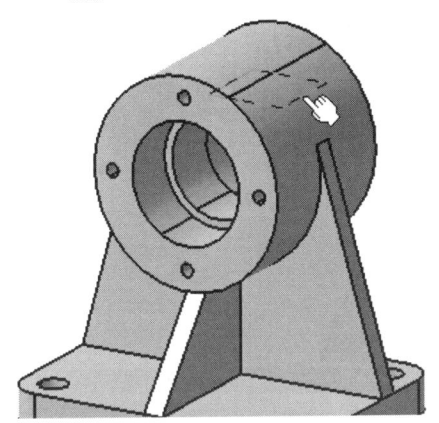

Step 67 구멍의 중심을 지정하기 위해 Positioning Sketch(⌖) 버튼을 클릭한다.

Step 68 제약조건(□)으로 치수를 입력한다. 워크벤치 종료(⬆)를 한다.

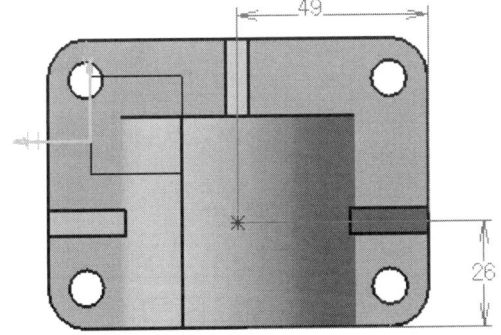

Step 69 Extension 탭에서 [Up To Next]로 설정한다.
Reverse 버튼으로 구멍생성 방향을 아래로 향하게 한다. Diameter : 10을 입력한다.

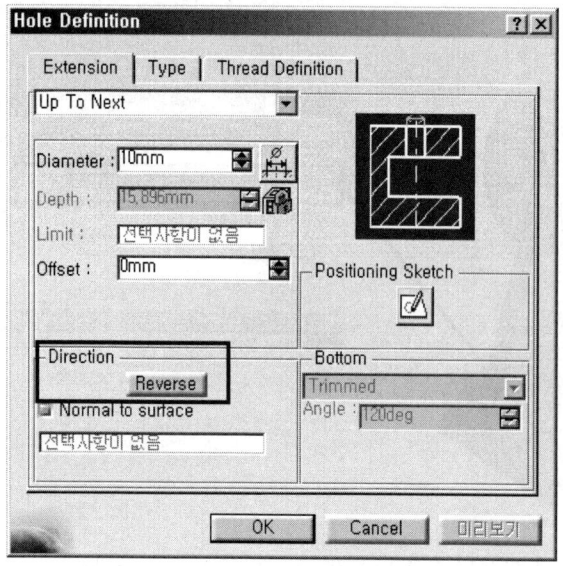

Step 70 Type 탭에서 [Counterbored]로 설정한다.
Diameter : 15, Depth : 2를 입력한다.

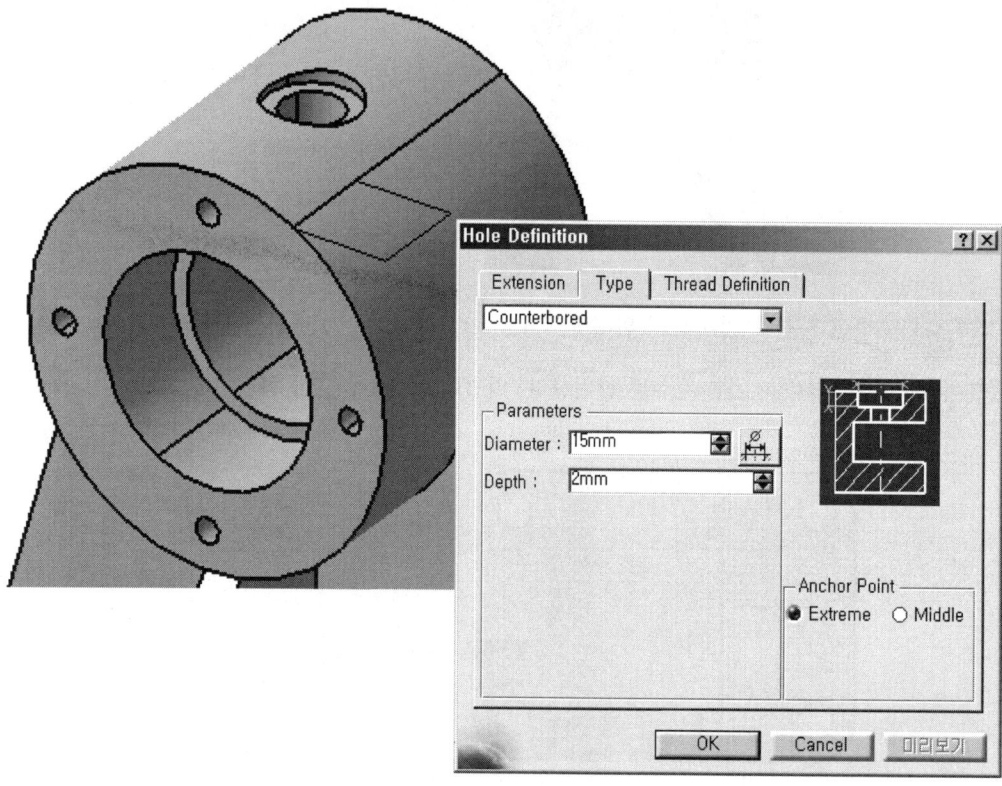

Step 71 미리보기 및 OK를 누른다. 형상이 완성되었다.

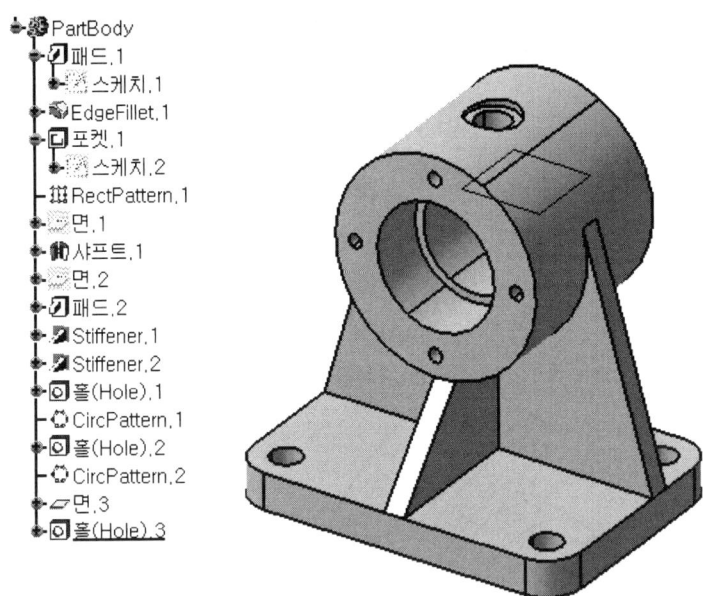

학습 정리하기

연습과제 01

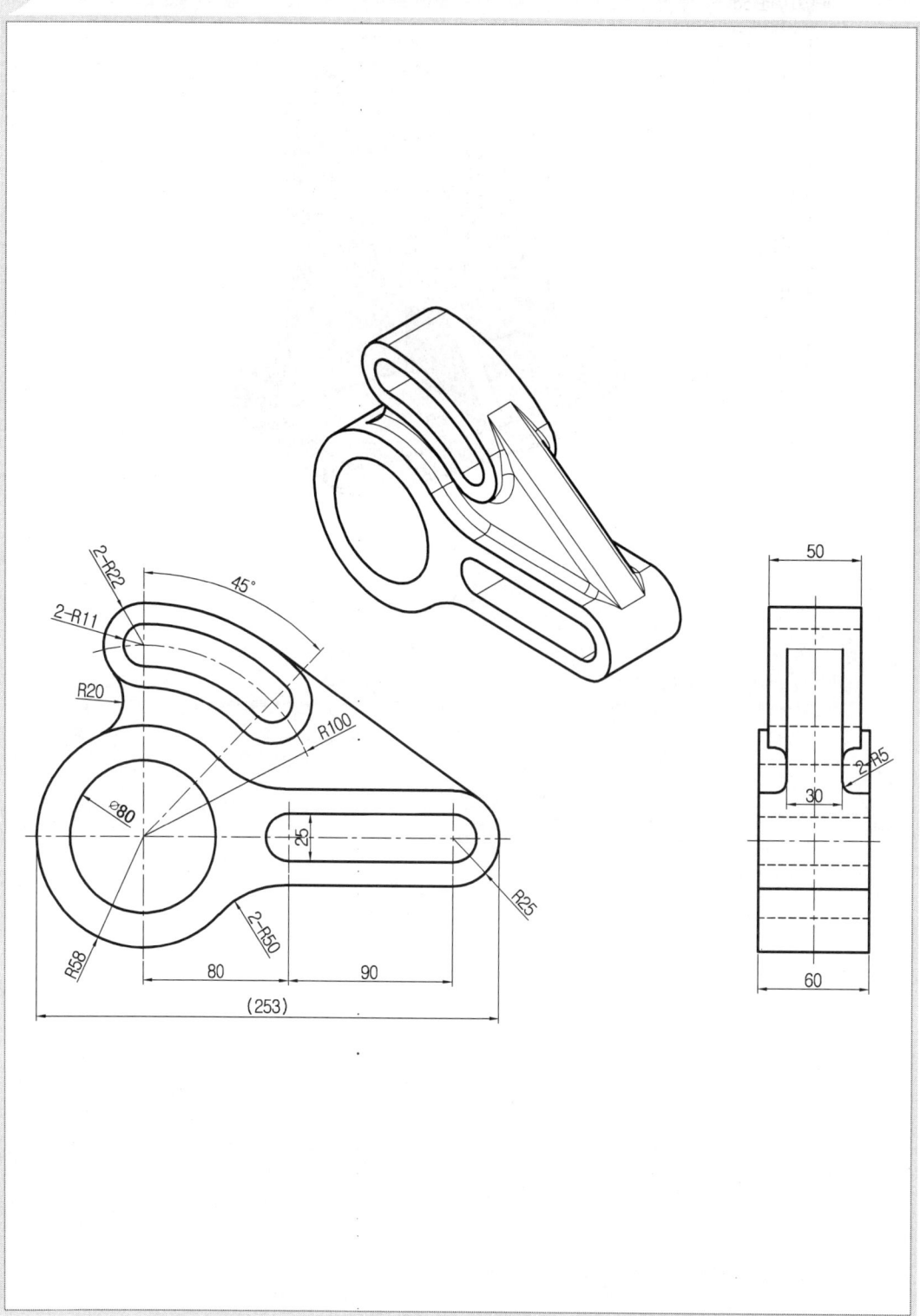

연습과제 02

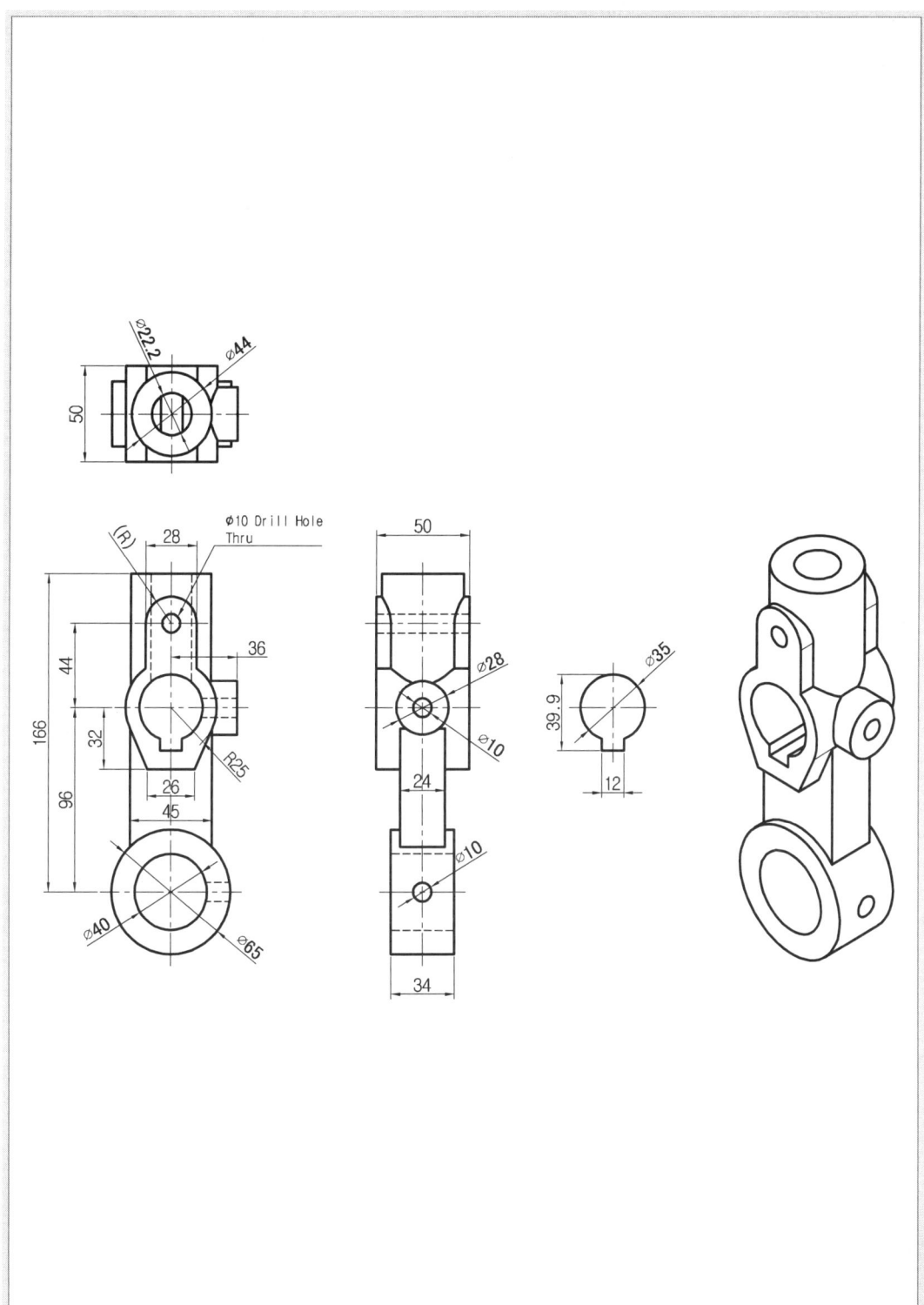

제품설계에 적합한 CATIA 응용기법

CATIA_V5 DeSign

Chapter 06

CATIA 모델링 따라하면서 배우기(응용편 1)

- 과제 1 CATIA 응용과정
- 과제 2 CATIA 응용과정
- 과제 3 CATIA 응용과정
- 과제 4 CATIA 응용과정
- 과제 5 CATIA 응용과정
- 과제 6 CATIA 응용과정
- 과제 7 CATIA 응용과정
- 과제 8 CATIA 응용과정
- 과제 9 CATIA 응용과정
- 과제 10 CATIA 응용과정

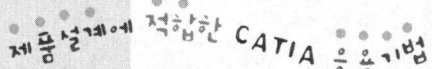

과제 1 CATIA 응용과정 – Modeling 따라하면서 배우기 — Step by Step

다음 도면을 분석하여 Catia 기능을 활용한 모델링을 한다.

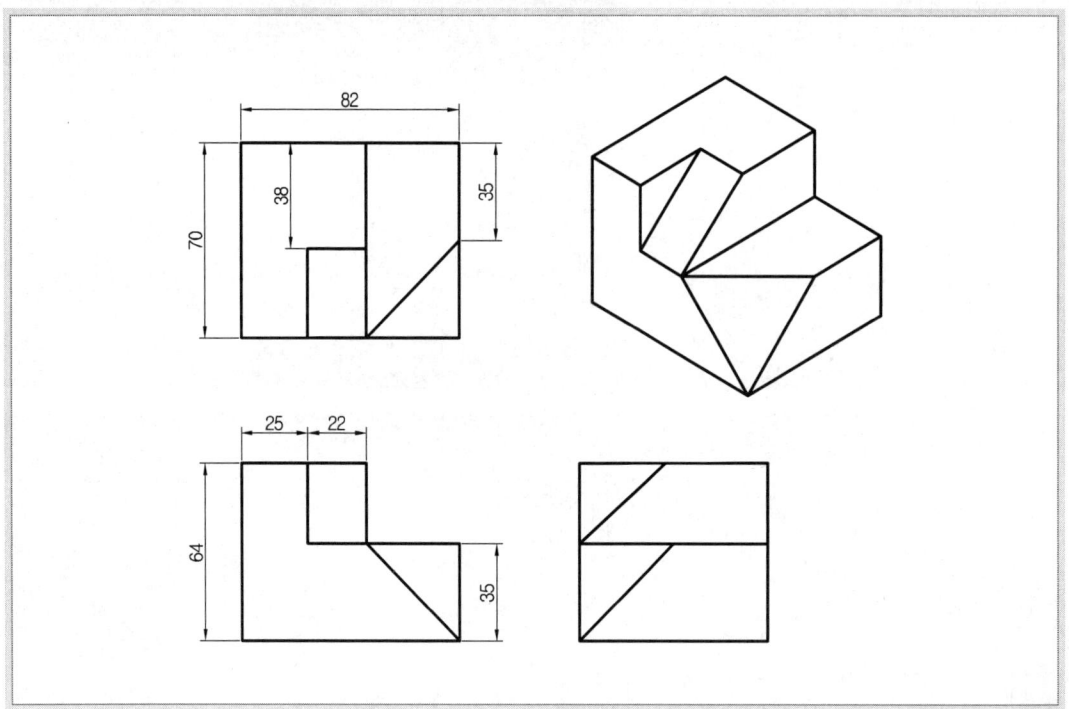

Step 01 [시작 ⇒ 기계디자인 ⇒ Part Design]을 실행하고, 새 파트 창에서 작업할 파일의 이름을 입력하고, 확인을 누른다.

Step 02 위치 지정된 스케치(□)를 실행한다. xy평면을 선택하고, 확인을 누른다.

Step 03 직사각형(□), 제약조건(□)으로 스케치를 작성하고, 워크벤치 종료(□)를 한다.

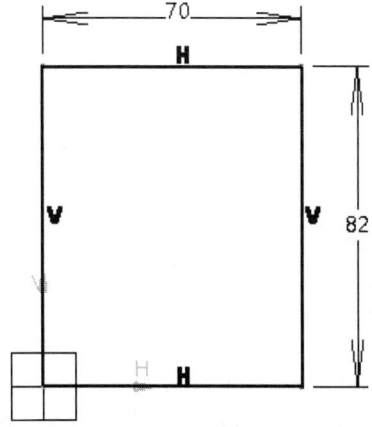

Step 04 Pad(🗗)를 실행한다. Length 값을 입력하고, 미리보기와 OK를 누른다.

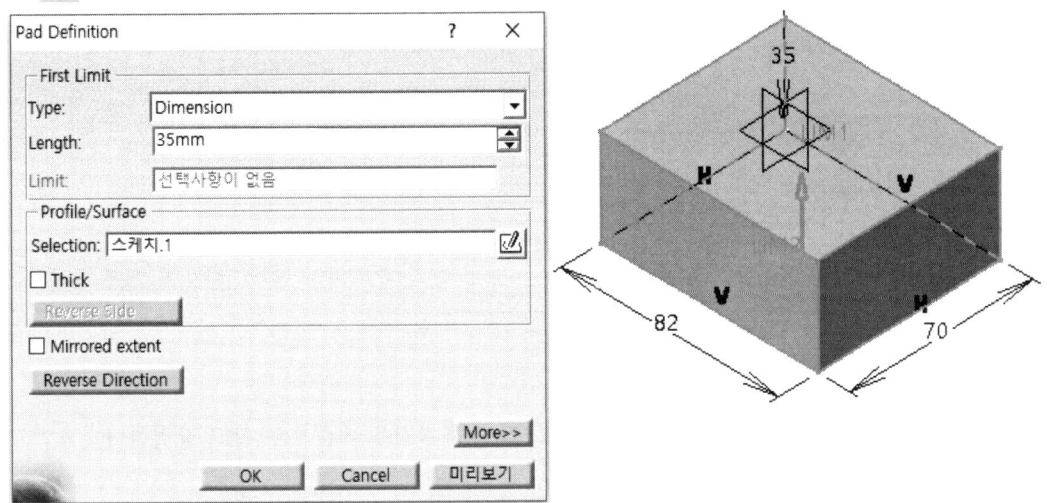

Step 05 위치 지정된 스케치(🗗)를 실행하고, 형상 앞면을 선택한다. 스케치의 H, V 방향을 체크하고, 확인을 누른다.

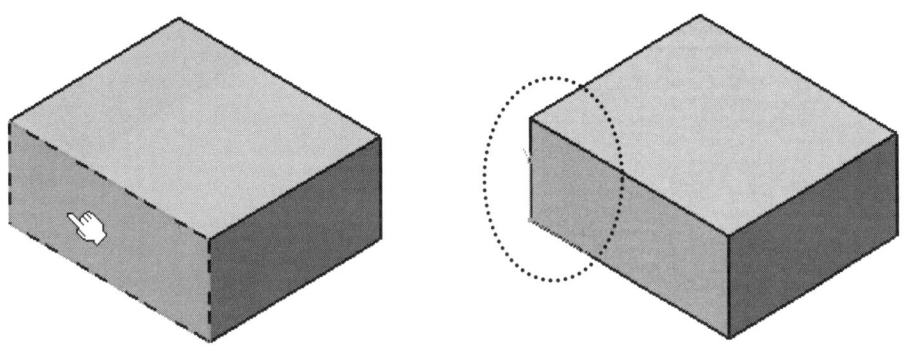

Step 06 선(╱), 제약조건(🗐)으로 스케치를 작성하고, 워크벤치 종료(🗘)를 한다.

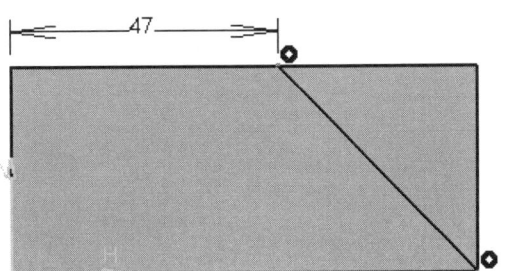

Step 07 위치 지정된 스케치(📐)를 실행하고, 형상 윗면을 선택한다.

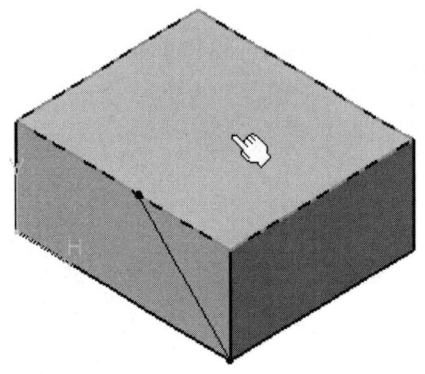

Step 08 원점 유형을 프로젝션 점으로 설정하고, 좌측 꼭지점을 기준으로 잡고 작업한다.

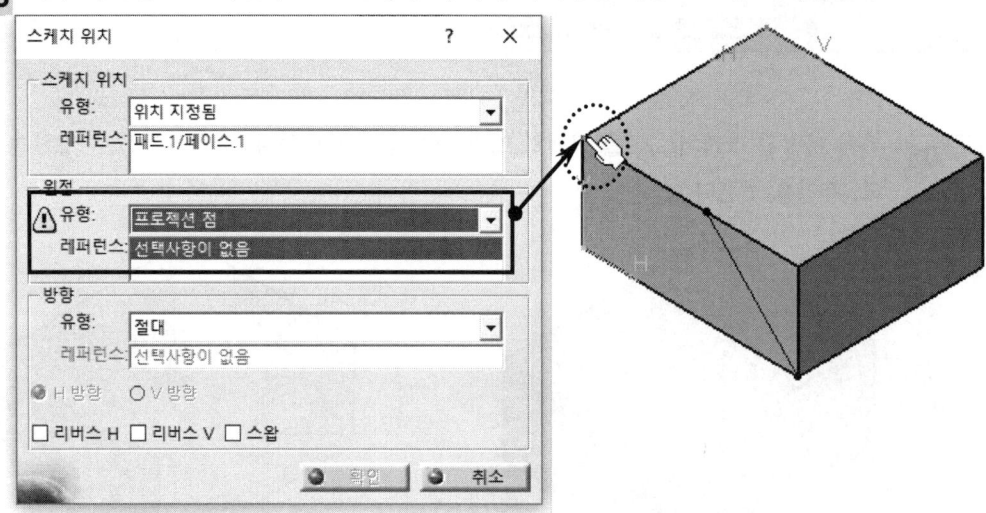

Step 09 아래 그림과 같이 "①스왑, ②리버스V"에 체크를 하여 V, H 방향으로 설정하고, 확인을 누른다.

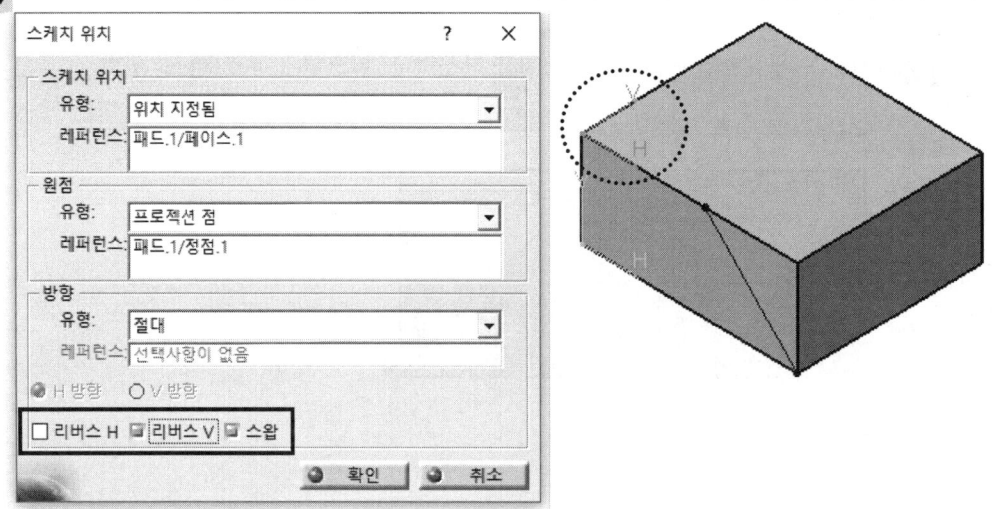

Chapter 06 CATIA Modeling 따라하면서 배우기(응용편 1)

Step 10 선(✐), 제약조건(⬚)으로 스케치를 작성하고, 워크벤치 종료(⬘)를 한다.

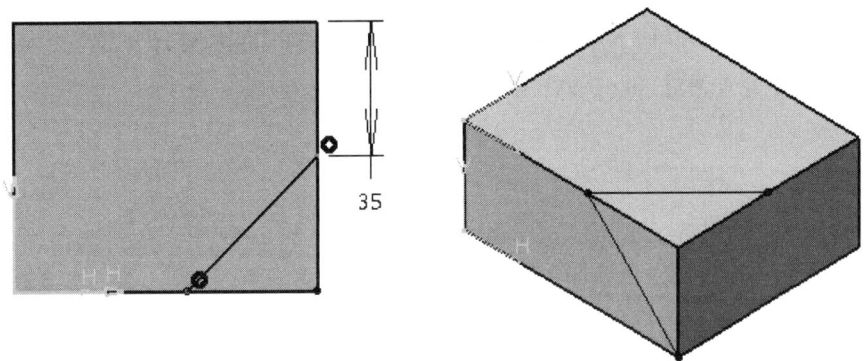

Step 11 Pocket(⬛)을 실행한다.

Step 12 ① Type을 Up to next로 설정한다.
② Reference의 선택사항이 없음을 클릭한 후, Pad 방향의 스케치 선을 선택한다.
③ Reverse Side 버튼을 누른다.

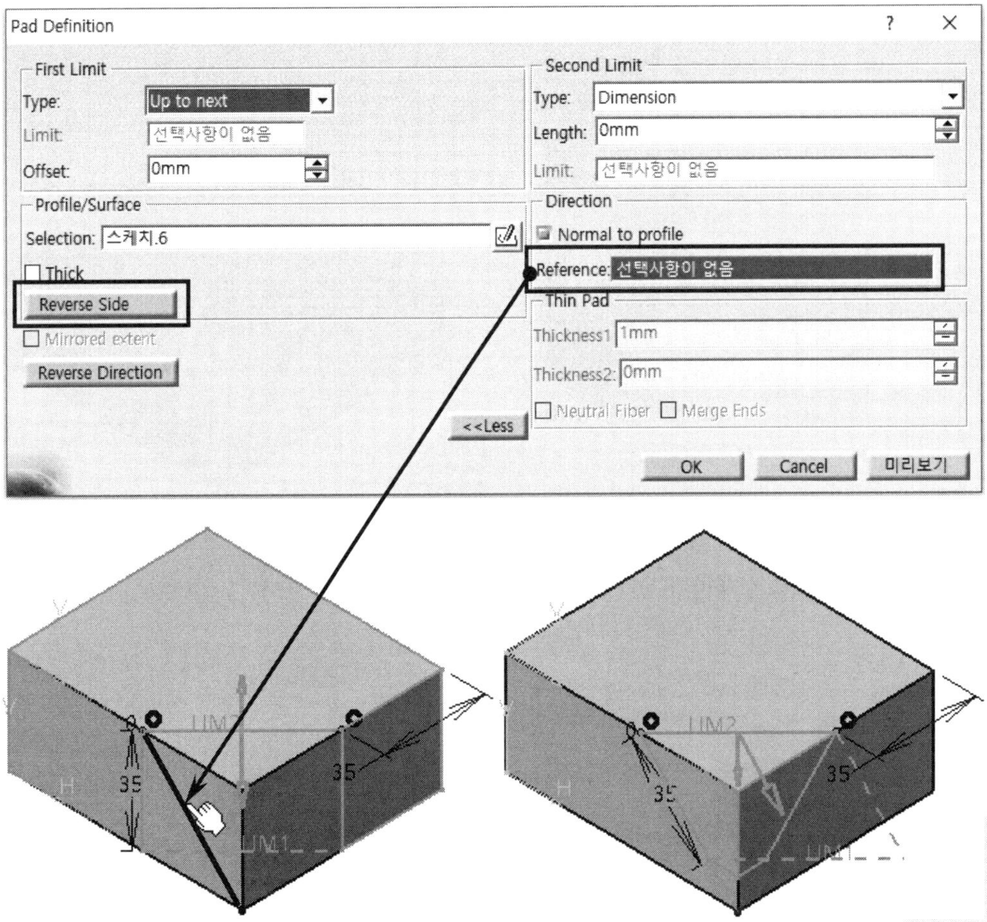

287

Step 13 OK를 눌러 Pocket 형상을 완성한다.

Step 14 위치 지정된 스케치(⬚)로 형상 윗면을 선택한다. 아래 그림처럼 H, V 방향이 되도록 설정하고, 확인을 누른다. (step 9번 참조)

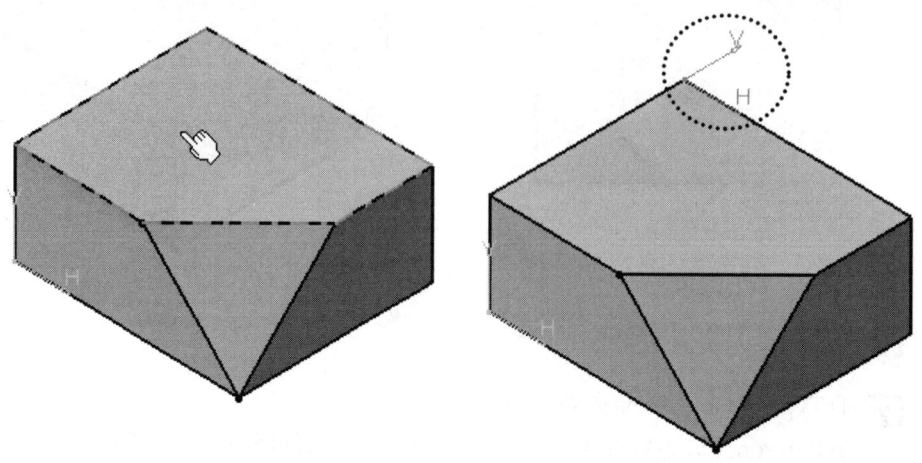

Step 15 선(⬚), 제약조건(⬚)으로 스케치를 작성하고, 워크벤치 종료(⬚)를 한다.
(열린 스케치 단면을 활용한다.)

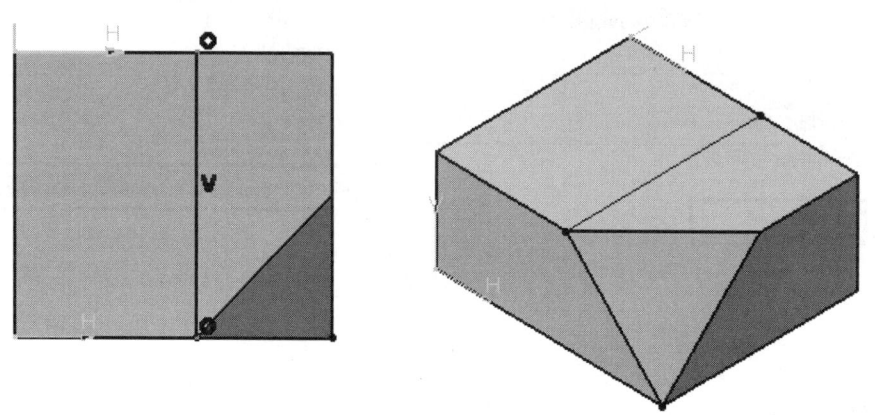

Step 16 Pad(⬚)를 실행한다. 아래 그림이 나타나면 확인을 누른다.

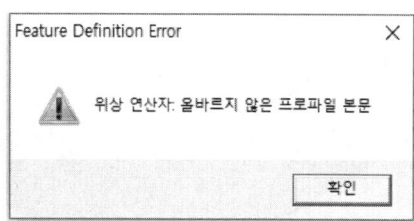

Step 17 ① Length 값을 입력하고, Thick에 체크를 한다.
② Thickness2 에 두께 값을 입력하고, OK를 누른다.

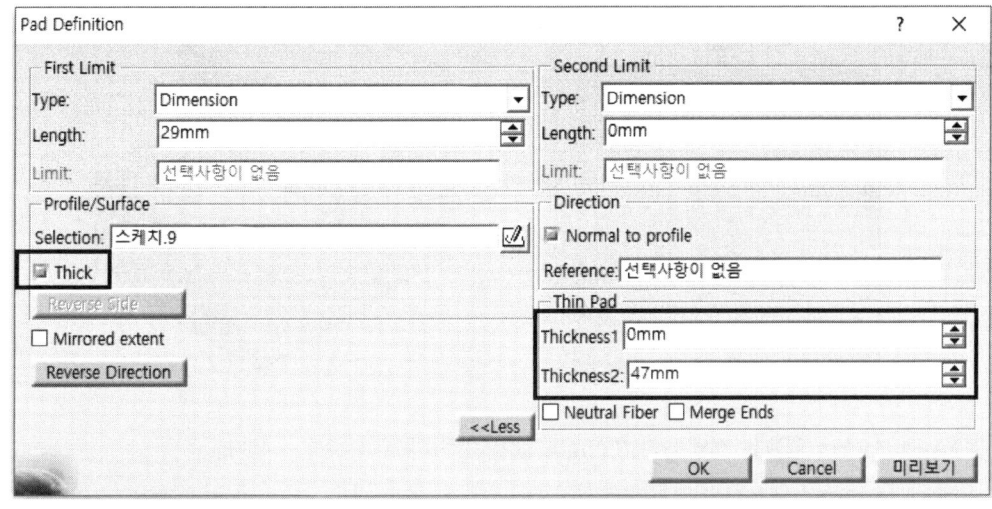

Step 18 위치 지정된 스케치(📝)로 형상 측면을 선택하고, 확인을 누른다.

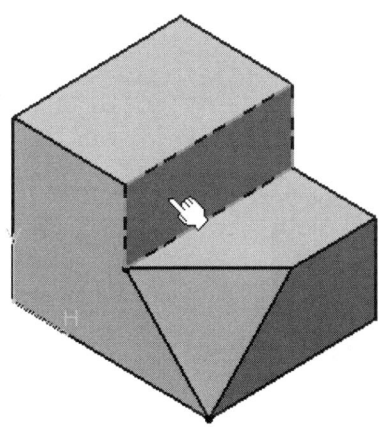

Step 19 선(/), 제약조건(□)으로 스케치를 작성하고, 워크벤치 종료(△)를 한다.
(열린 스케치 단면을 활용한다.)

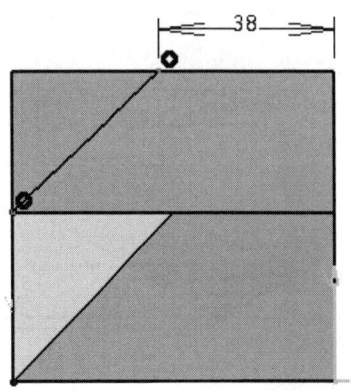
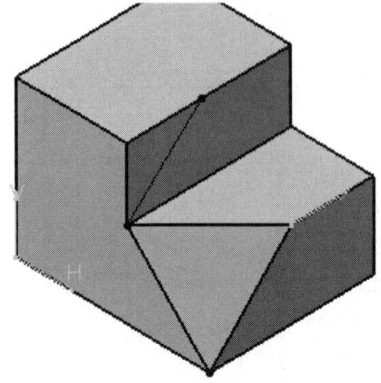

Step 20 Pocket(□)을 실행한다. Length 값을 입력하고, OK를 누른다.

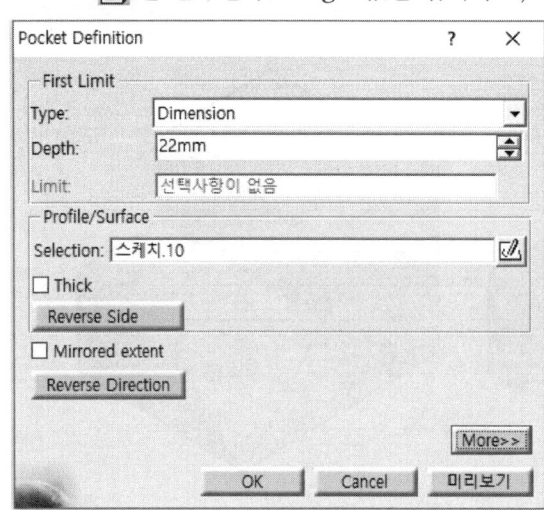
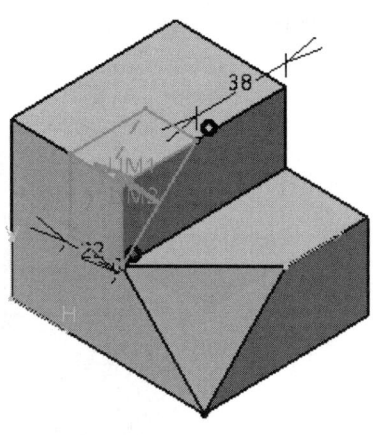

Step 21 형상이 완성되었다.

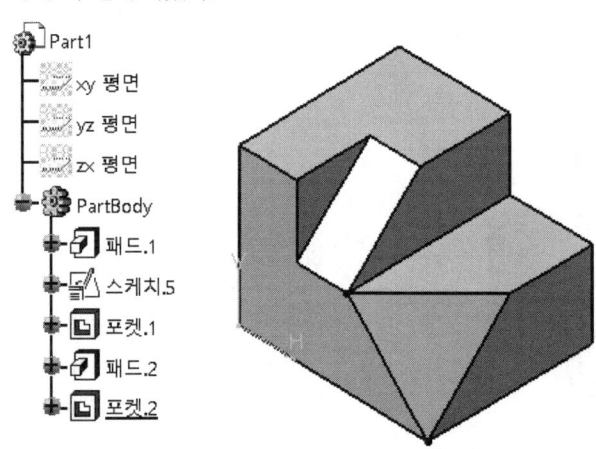

과제 2 CATIA 응용과정 – Modeling 따라하면서 배우기 *Step by Step*

다음 도면을 분석하여 Catia 기능을 활용한 모델링을 한다.

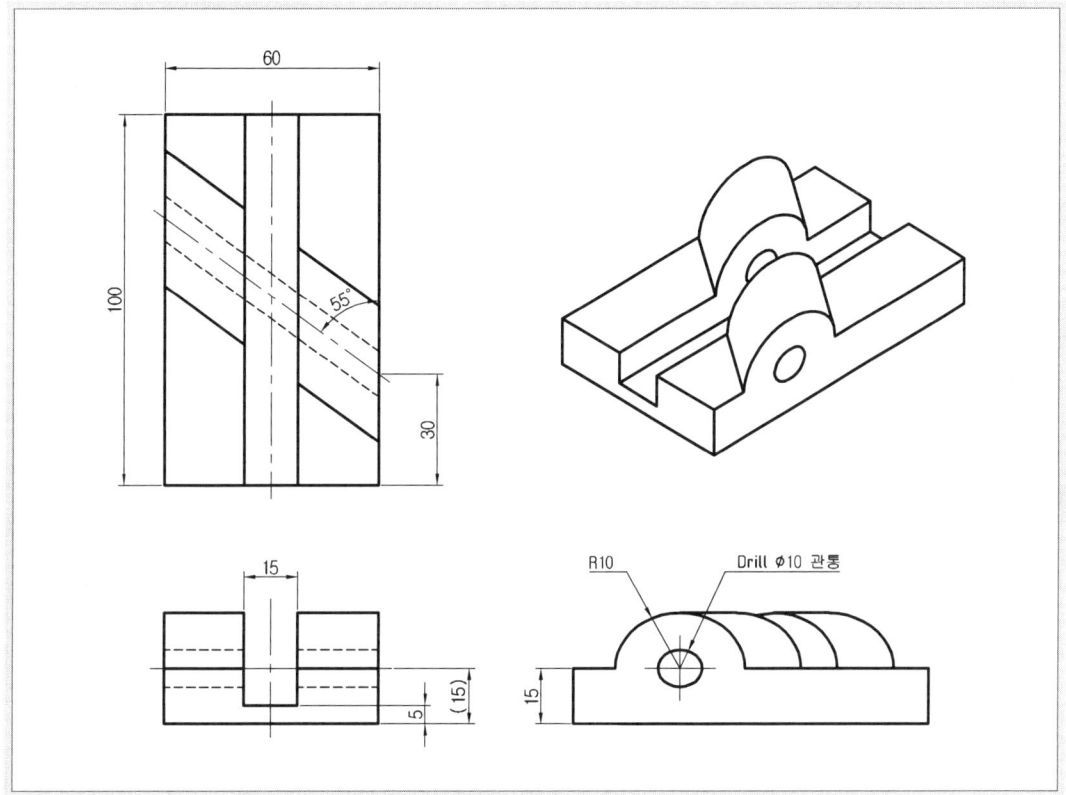

Step 01 [시작 ⇒ 기계디자인 ⇒ Part Design]을 실행하고, 새 파트 창에서 작업할 파일의 이름을 입력하고, 확인을 누른다.

Step 02 위치 지정된 스케치(☑)를 실행한다. xy평면을 선택하고, 확인을 누른다.

Step 03 중심 직사각형(▣), 제약조건(🗇)으로 스케치를 작성하고, 워크벤치 종료(⬆)를 한다.

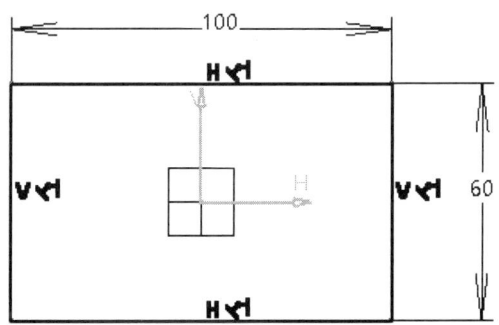

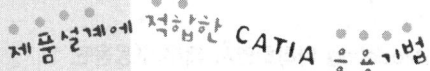

Step 04 Pad(⬚)를 실행한다. Length 값을 입력하고, 미리보기와 OK를 누른다.

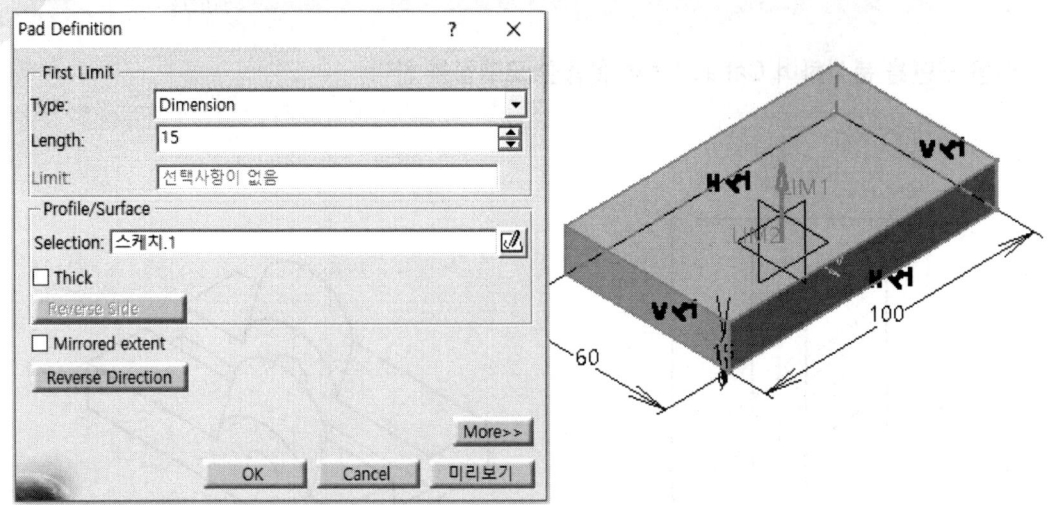

Step 05 Point(・)를 실행한다.
① 점 유형을 커브에 로 설정하고, 길이값을 입력한다.
② 커브에서의 거리에 체크하고, 모서리를 선택한다.
③ 길이를 입력하고 확인을 누른다.

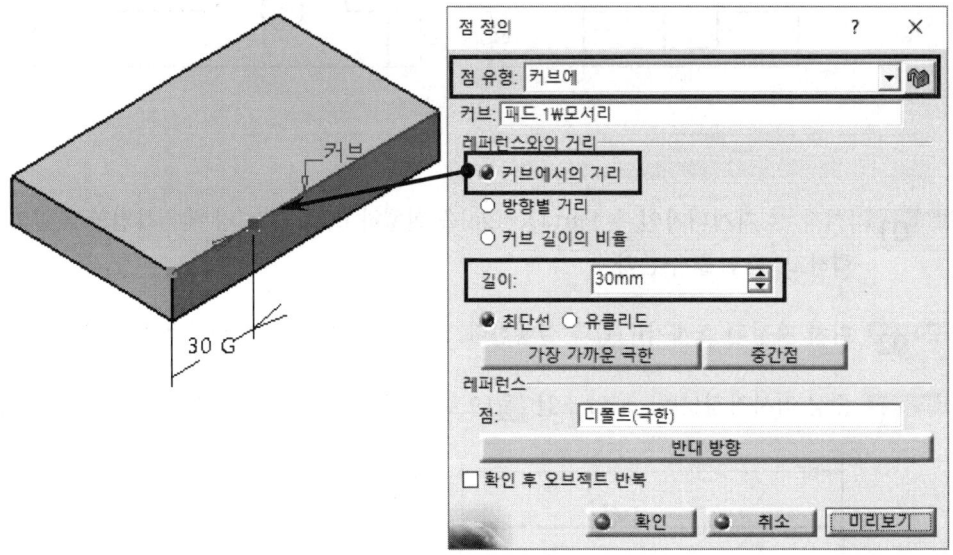

Step 06 Plane(▱)을 실행한다.
회전축과 레퍼런스를 지정하고, 각도를 입력한다. 확인을 누른다.

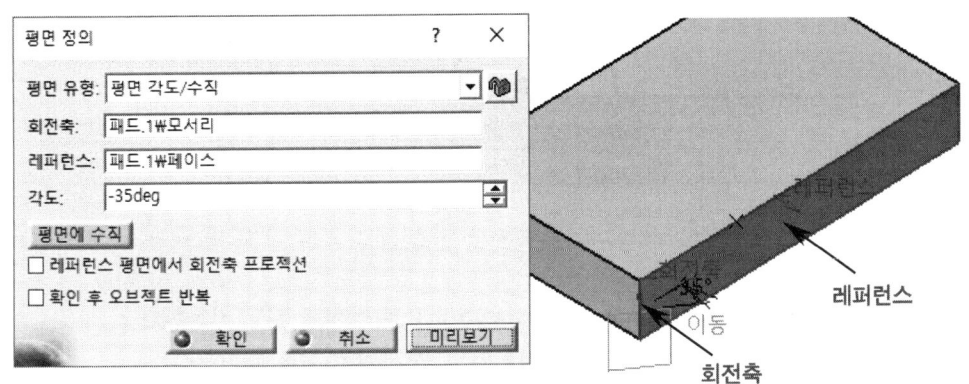

Step 07 위치 지정된 스케치(⌖)로 방금 생성한 Plane을 선택한다. H,V 방향을 체크하고 확인을 누른다.

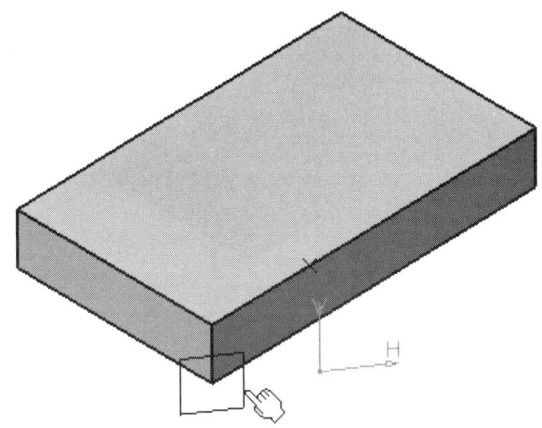

Step 08 원(⊙), 선(╱), 제약조건(⊟) 및 즉시 자르기(⌀) 도구를 이용하여 다음과 같은 반원 스케치를 작성한다.

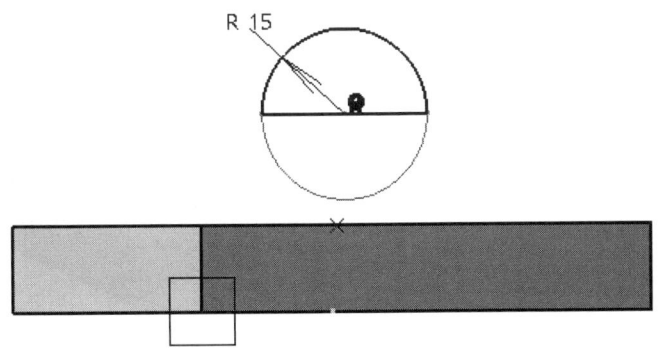

Step 09 제약조건(□)으로 반원의 중심점과 Point를 "일치"시킨다. 워크벤치 종료(□)를 한다.

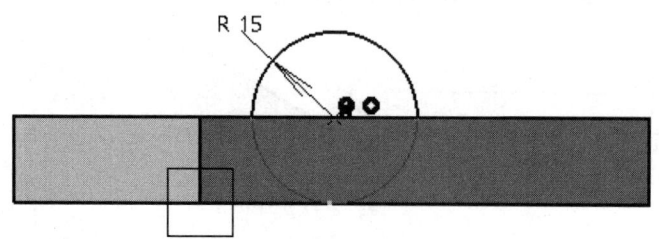

Step 10 Pad(□)를 실행한다. Reverse Direction으로 방향을 뒤로 전환한다.
First Limit : Up to plane으로 설정하고, 형상의 앞면을 클릭한다.

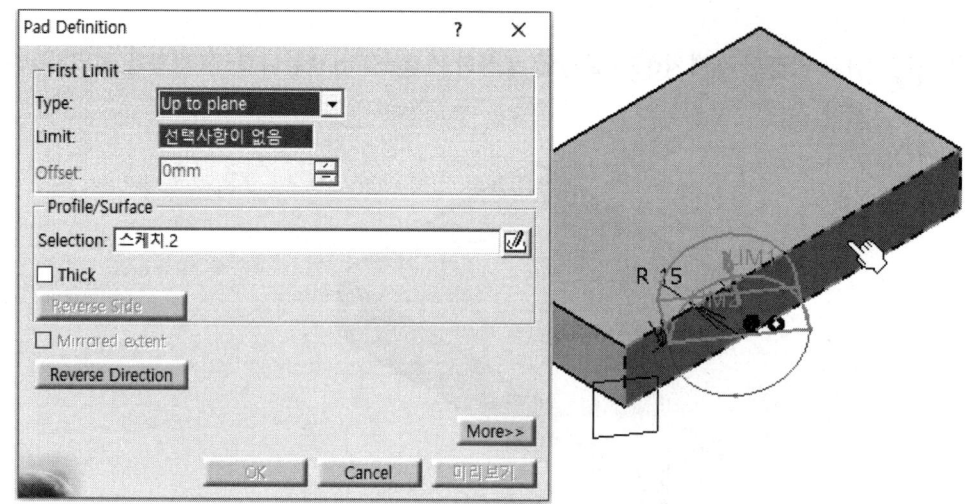

Step 11 Second Limit : Up to plane으로 설정하고, 형상의 뒷면을 클릭한다.

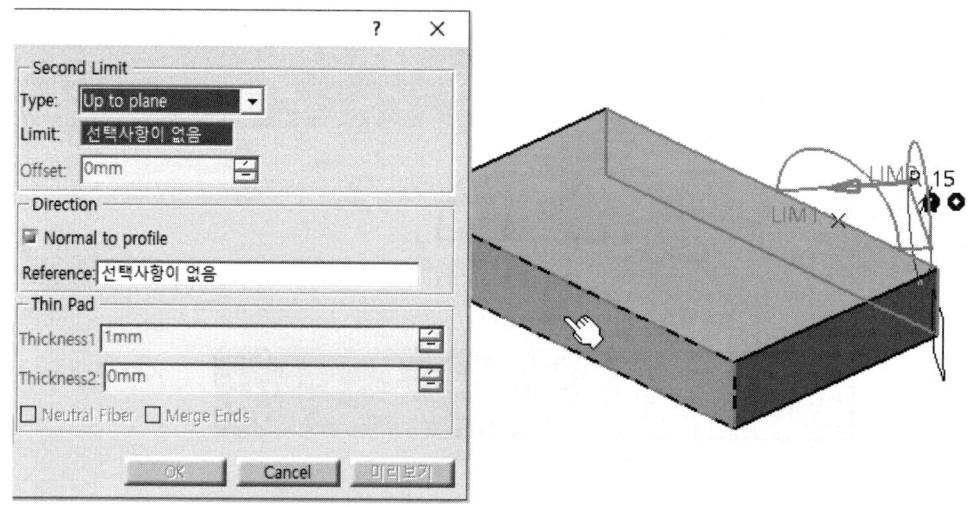

Step 12 OK를 클릭하여 형상을 생성한다.

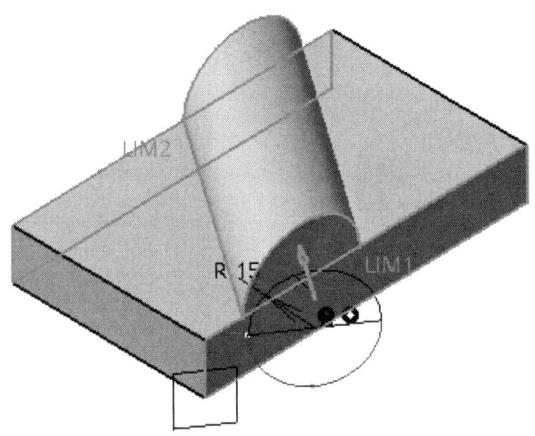

Step 13 Hole(⊙)을 실행한다.
① 구멍의 중심으로 Point를 선택하고, ② 배치면으로 Plane을 선택한다.

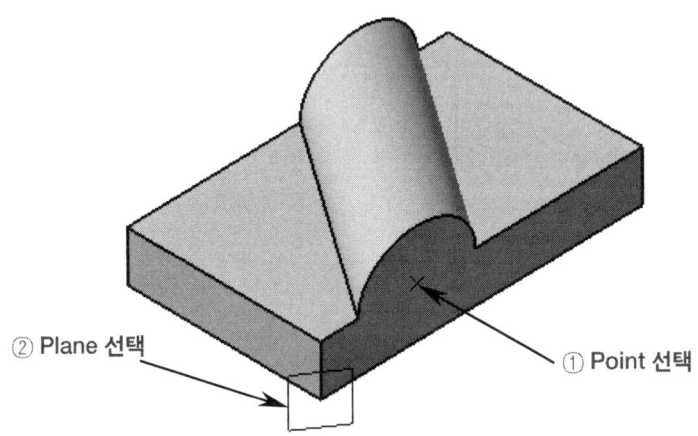

② Plane 선택   ① Point 선택

Step 14 Up To Next로 종료유형을 설정하고, 구멍의 지름을 입력한다. OK를 누른다.

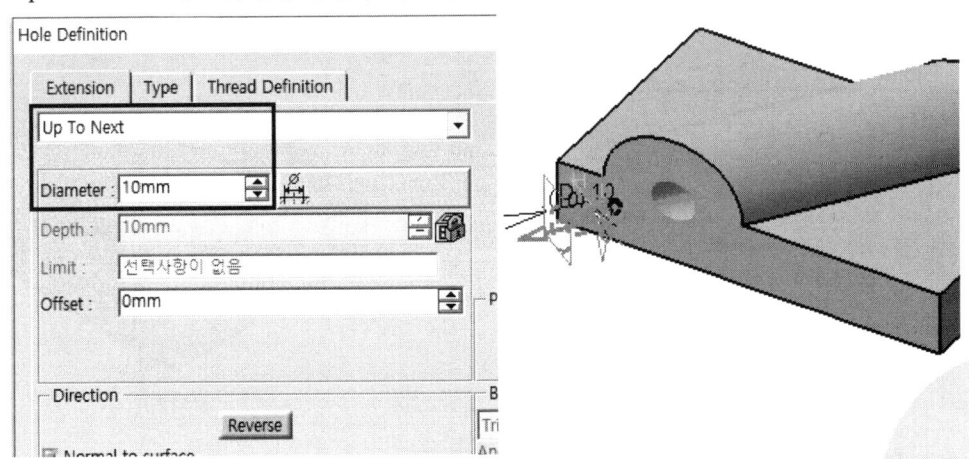

Step 15 위치 지정된 스케치( )로 좌측면을 선택한다. H,V 방향을 체크하고 확인을 누른다.

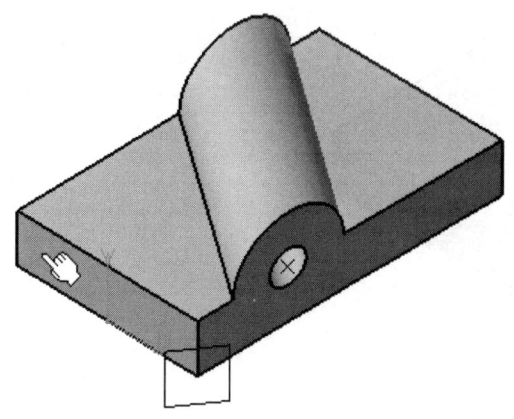

Step 16 중심 직사각형( ), 제약조건( )으로 스케치를 작성하고, 워크벤치 종료( )를 한다.

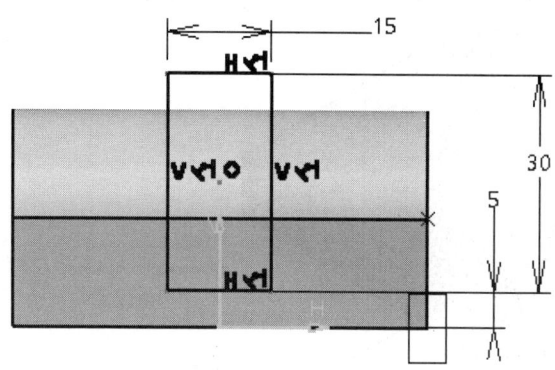

Step 17 Pocket( )을 실행한다. 종료 Type을 Up to last로 설정하고, OK를 누른다.

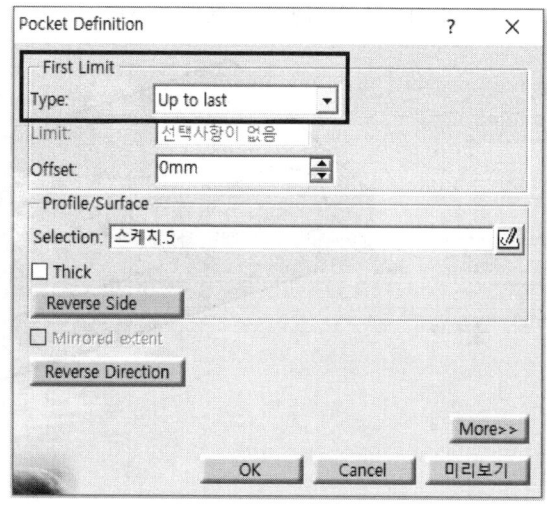
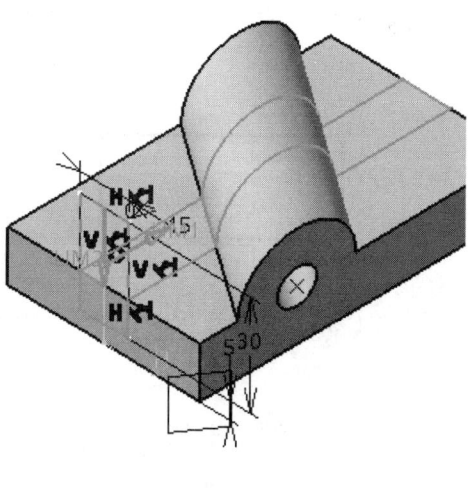

Chapter 06 CATIA Modeling 따라하면서 배우기(응용편 1)

Step 18 형상이 완성되었다.

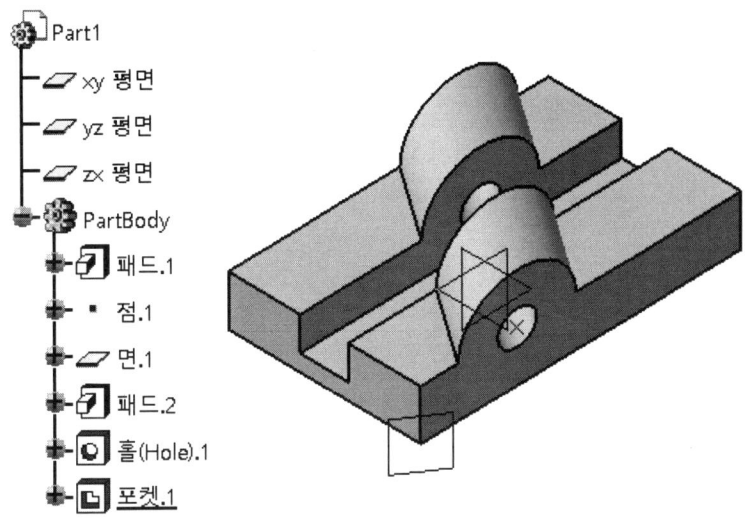

학습 정리하기

과제 3 CATIA 응용과정 – Modeling 따라하면서 배우기

다음 도면을 분석하여 Catia 기능을 활용한 모델링을 한다.

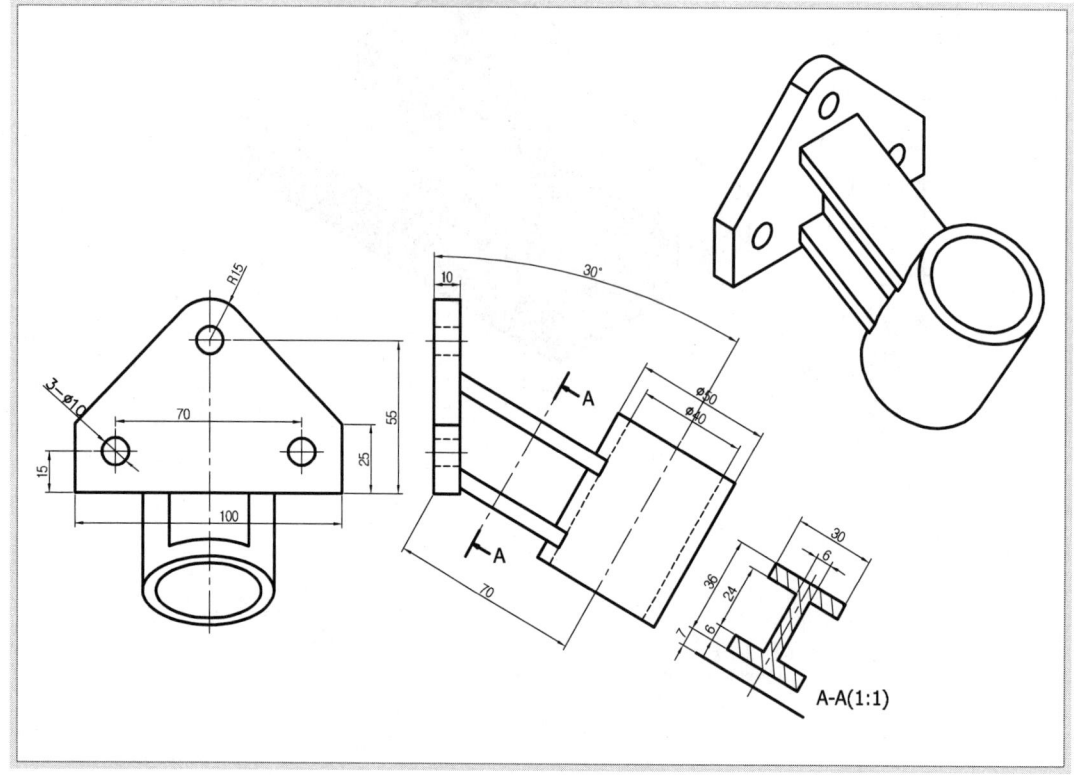

Step 01 [시작 ⇒ 기계디자인 ⇒ Part Design]을 실행하고, 새 파트 창에서 작업할 파일의 이름을 입력하고, 확인을 누른다.

Step 02 위치 지정된 스케치( )를 실행한다. zx평면을 선택하고, 확인을 누른다.

Step 03 프로파일( )로 그림과 같은 스케치를 작성한다.

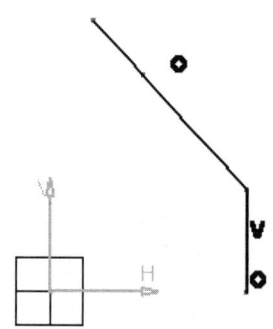

Step 04 미러(∎)를 실행하고, Y축을 선택한다. 미러가 되었다.

Step 05 아래 부분은 선(∕)으로 이어준다.

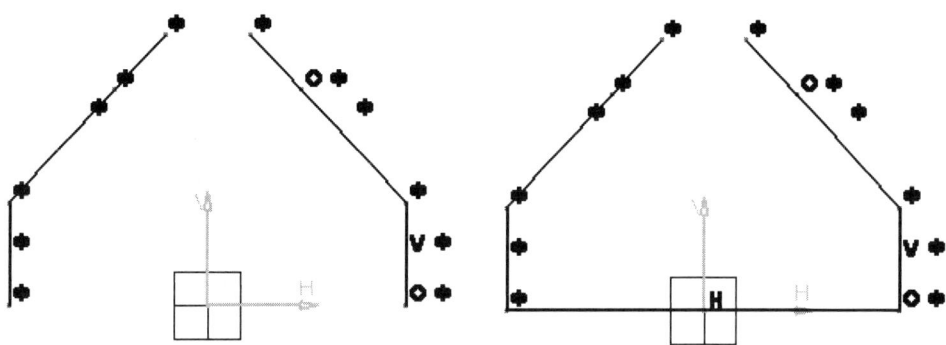

Step 06 코너(⌒)를 실행하고, 양쪽 대각선을 선택한다.

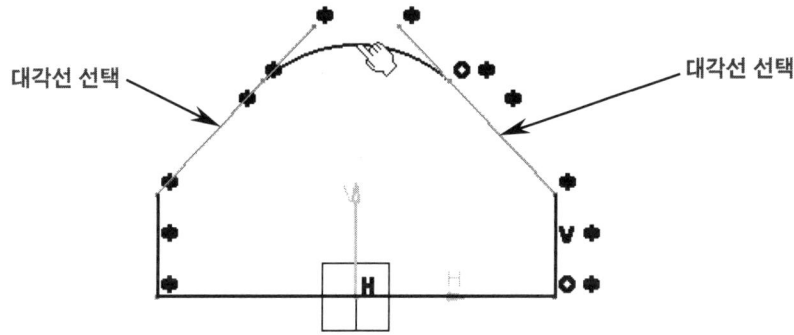

대각선 선택   대각선 선택

Step 07 제약조건(⬚)으로 치수를 입력하고, 워크벤치 종료(⬚)를 한다.

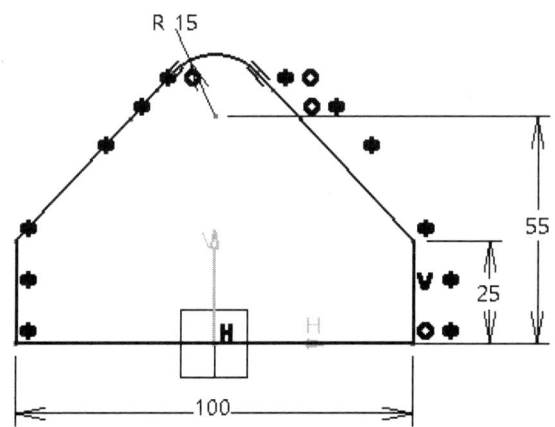

R 15
55
25
100

Step 08 Pad(🗝)를 실행한다. Length 값을 입력하고, 미리보기와 OK를 누른다.

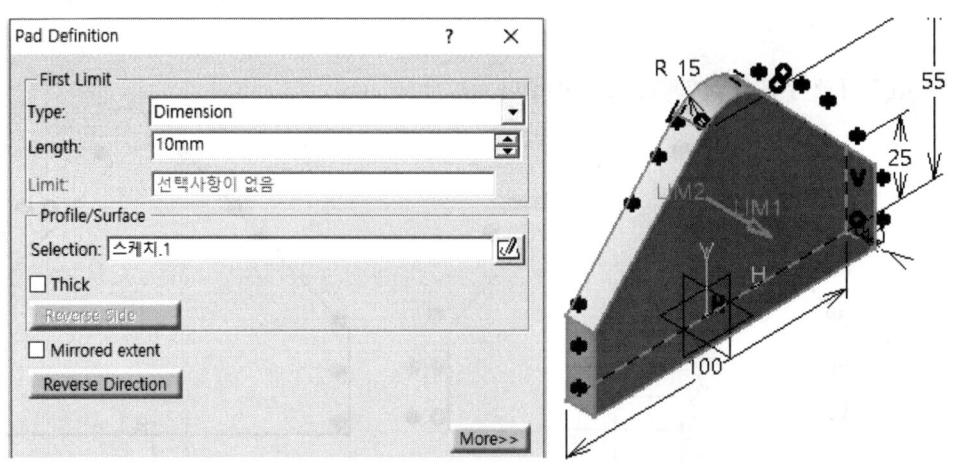

Step 09 위치 지정된 스케치(🖉)로 yz평면을 선택한다. H,V 방향을 체크하고 확인을 누른다.

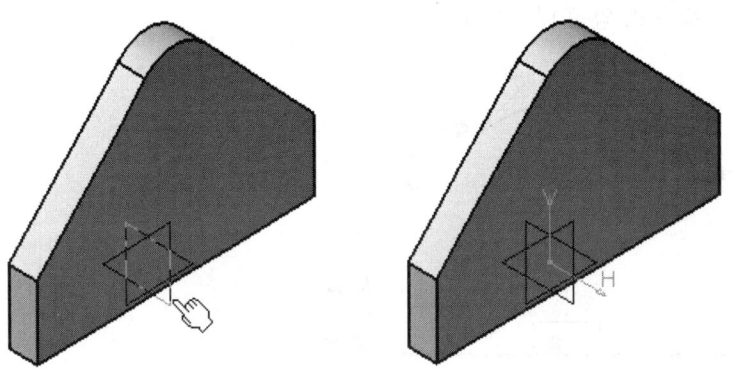

Step 10 축(│), 제약조건(🔲)으로 다음 그림처럼 작성한다.

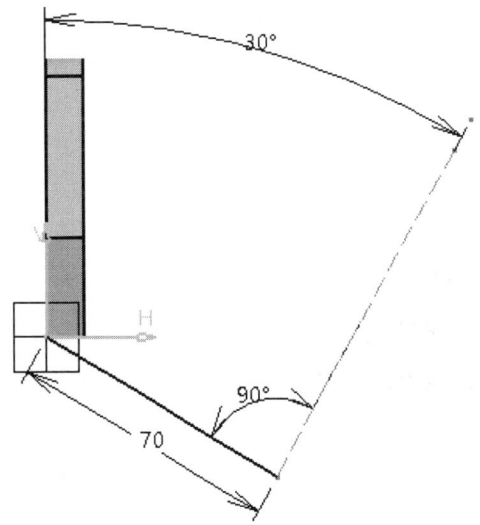

Step 11 오리엔티드 직사각형(◇)으로 다음의 스케치를 작성한다.

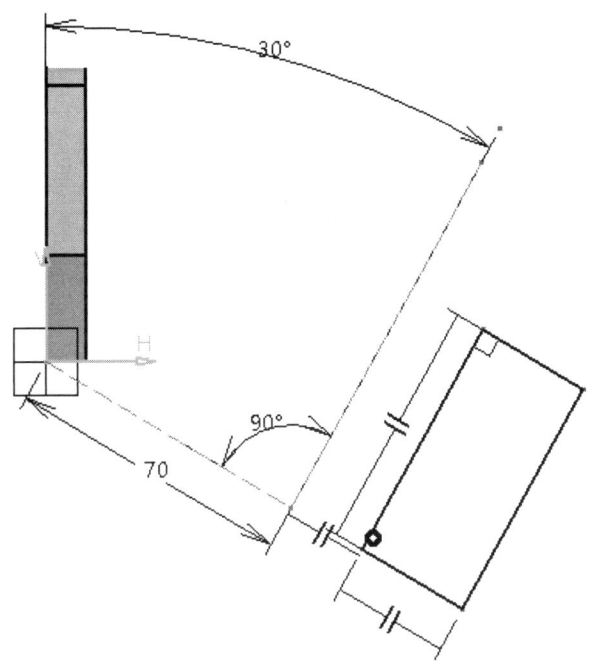

Step 12 제약조건(□)으로 치수를 입력하고, 워크벤치 종료(⬆)를 한다.

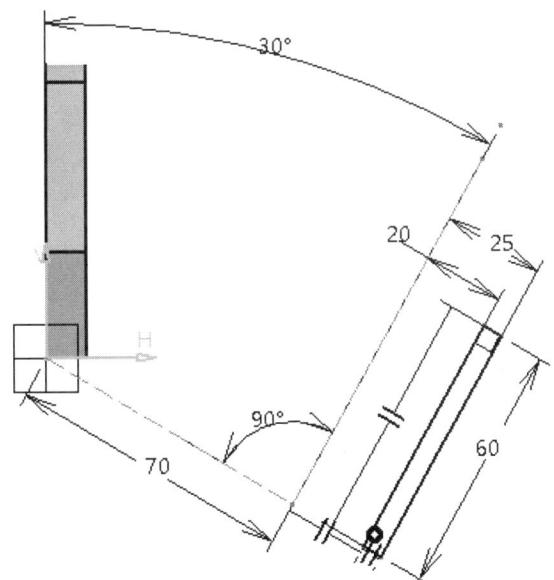

Step 13 Shaft(⬛)를 실행하고, OK를 누른다.

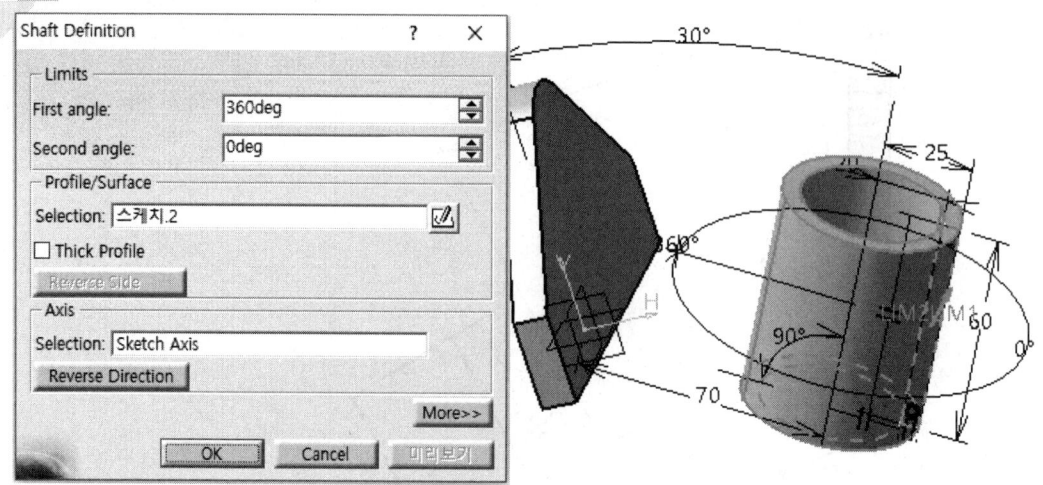

Step 14 Plane(⬛)을 실행한다.
회전축과 레퍼런스를 지정하고, 각도를 입력한다. 확인을 누른다.

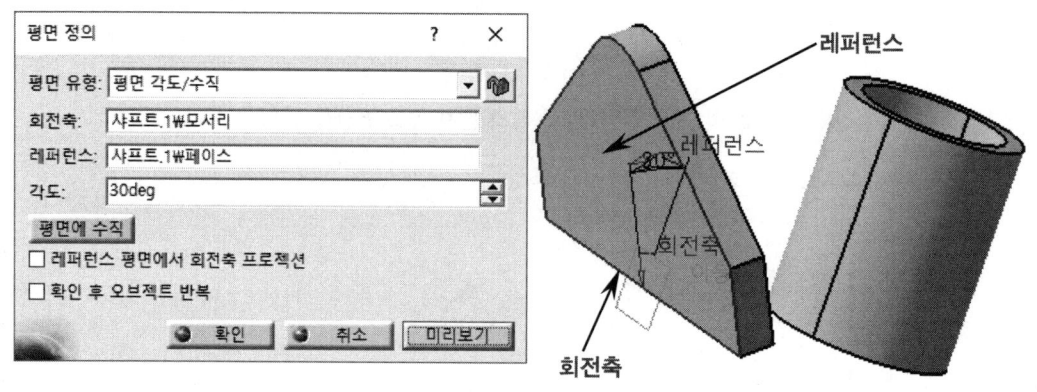

Step 15 풀다운메뉴 → 삽입 → 본체(⬛)를 클릭하여 실행한다.

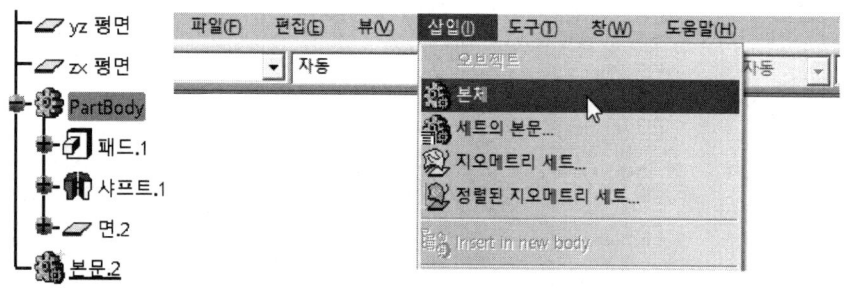

Step 16 위치 지정된 스케치()로 생성시킨 Plane을 선택한다. H,V 방향을 체크하고 확인을 누른다.

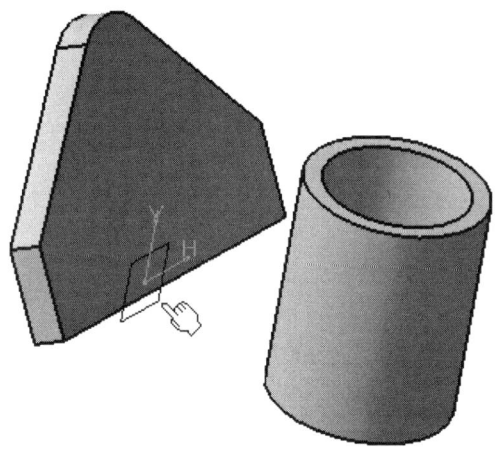

Step 17 중심 직사각형(), 제약조건()으로 스케치를 작성한다.

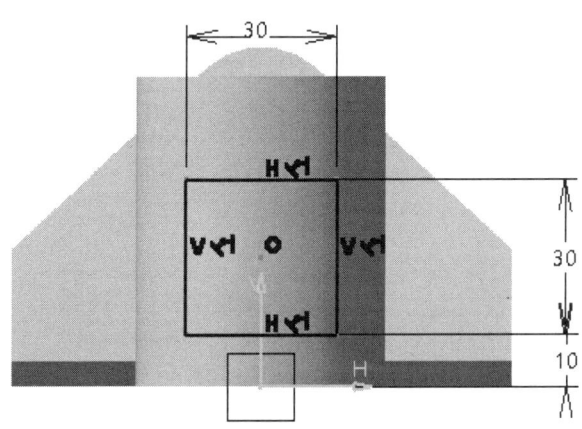

Step 18 선()을 실행하고, 사각형 중간에 선을 그린다.

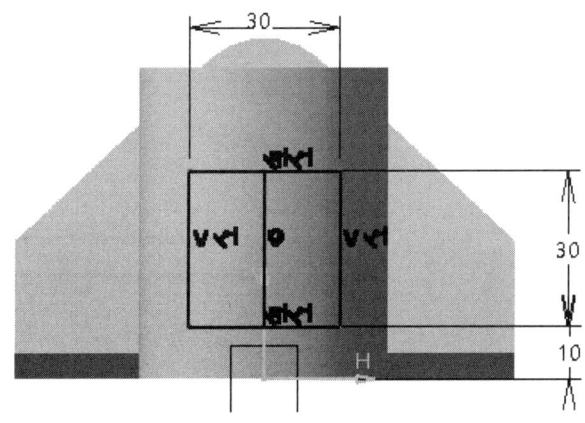

Step 19 Ctrl을 이용하여 사각형의 양쪽 선을 선택한 후, 스케치 도구모음에서 구성/표준요소를 클릭한다.

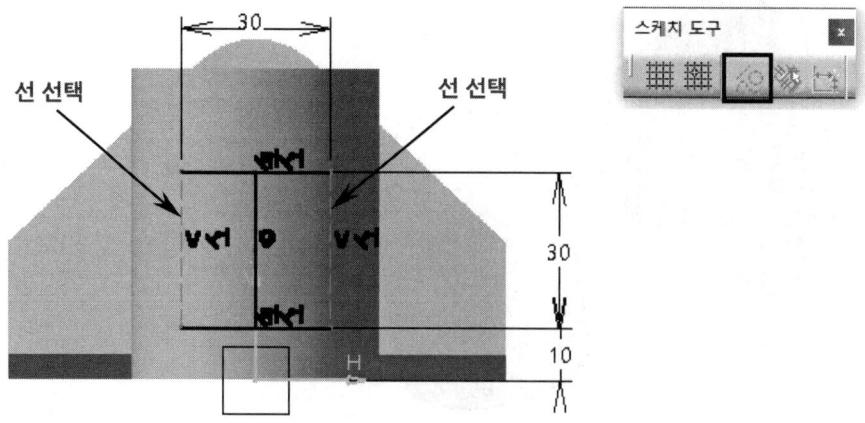

Step 20 워크벤치 종료(⬆)를 한다.

Step 21 Pad(⬈)를 실행한다. 다음 창이 나오면 "예"를 누른다.

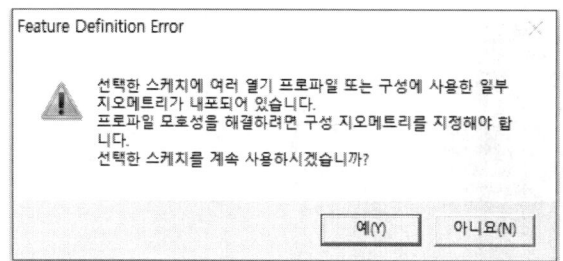

Step 22 ① Thick에 체크를 하고, ② Thickness 1에 두께를 입력한다.
③ Neutral Fiber에 체크를 한다.

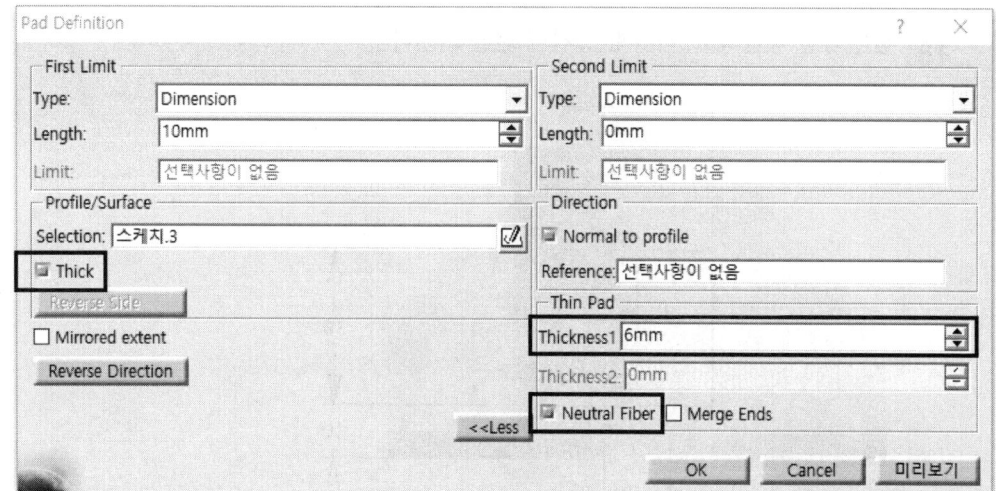

Step 23 ① First Limit에 거리를 입력한다.
② Second Limit의 Type을 Up to surface로 설정하고, 형상의 측면을 클릭한다.

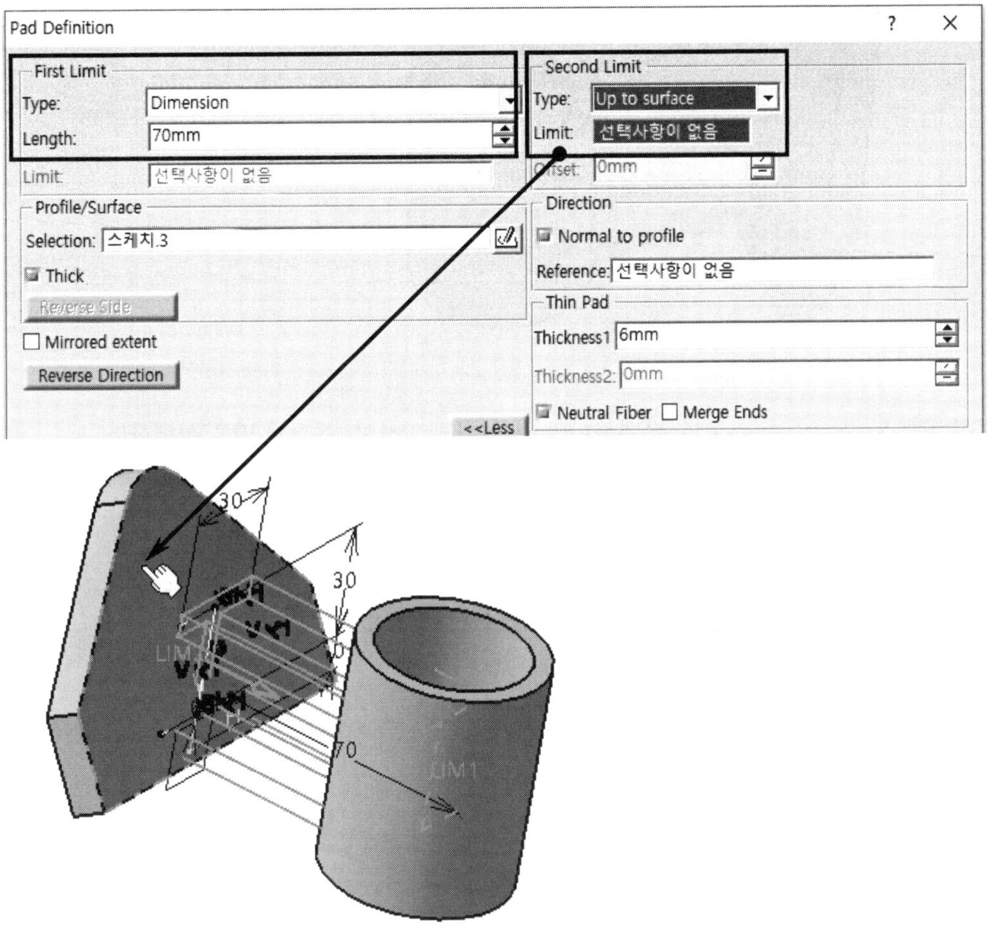

Step 24 OK를 누른다.

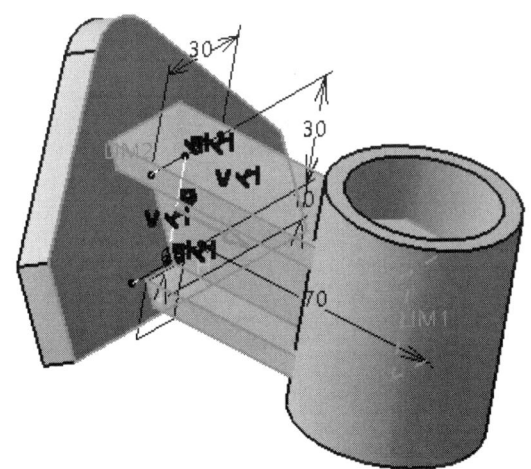

Step 25 결합 자르기( )를 실행하고, 중간형상을 선택한다.

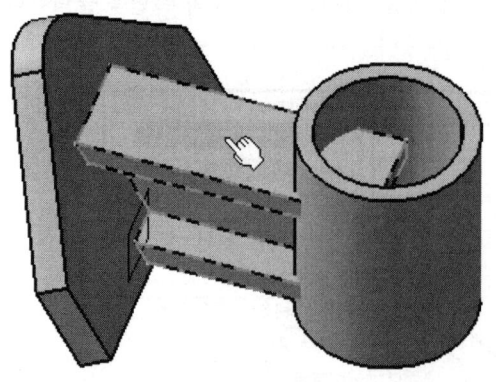

Step 26 Faces to remove의 [선택사항이 없음]을 클릭하고, 제거될 면을 선택한다.

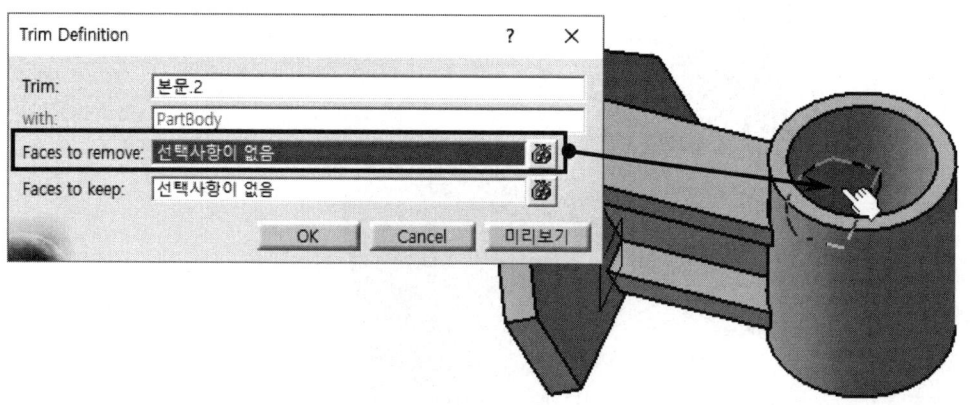

Step 27 OK를 누른다. 안쪽 내부영역이 제거되었다.

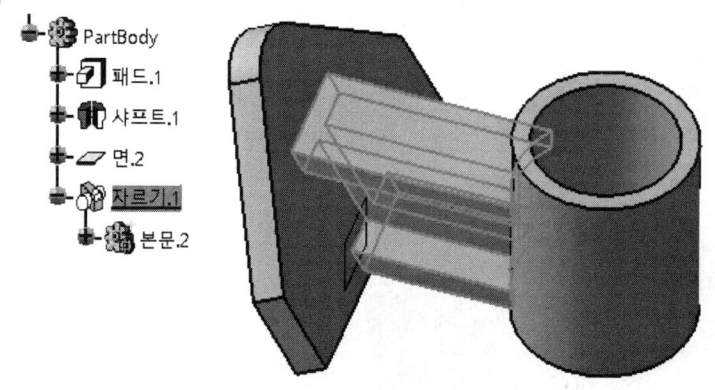

Step 28 | 위치 지정된 스케치(☒)로 생성시킨 Plane을 선택한다. H,V 방향을 체크하고 확인을 누른다.

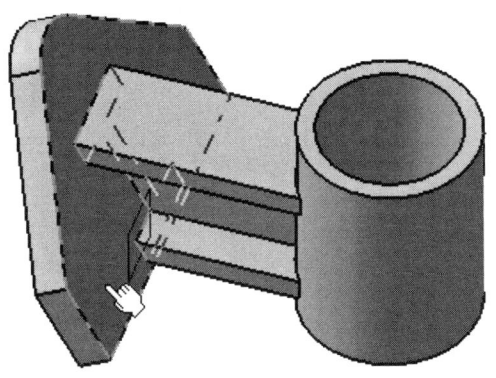

Step 29 | 점(•), 제약조건(☐)으로 스케치를 작성한다. 워크벤치 종료(⬆)를 한다.

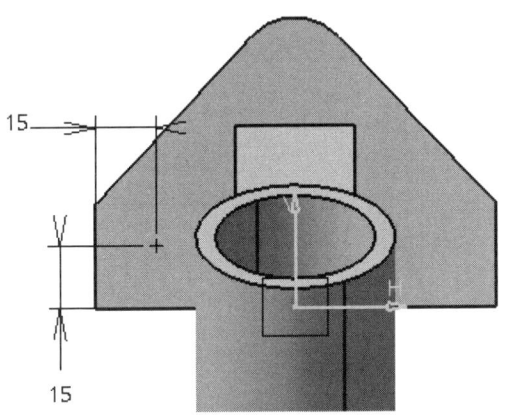

Step 30 | Hole(◎)을 실행한다. (첫 번째 방법)
① 구멍의 중심으로 Point를 선택하고, ② 배치면으로 형상의 측면을 선택한다.

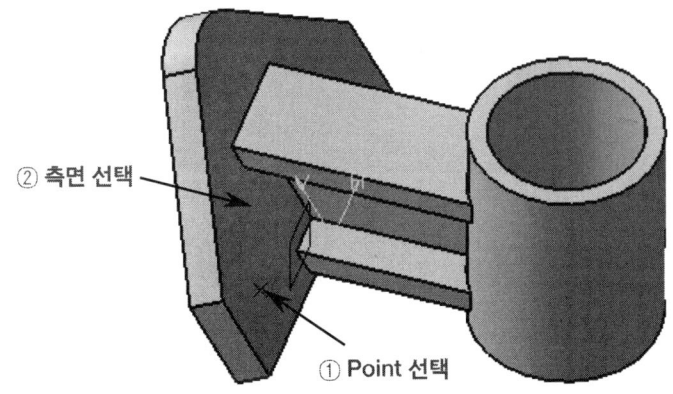

Step 31. Up To Next로 종료 유형을 설정하고, 구멍의 지름을 입력한다. OK를 누른다.

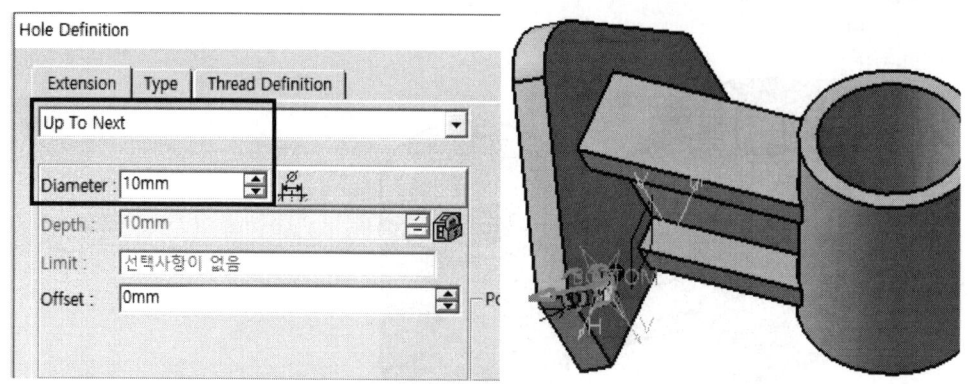

Step 32. Hole( )을 실행한다. (두 번째 방법)

① 첫 번째 모서리와 ② 두 번째 모서리를 선택한다. ③ 구멍이 생성될 면을 선택한다.

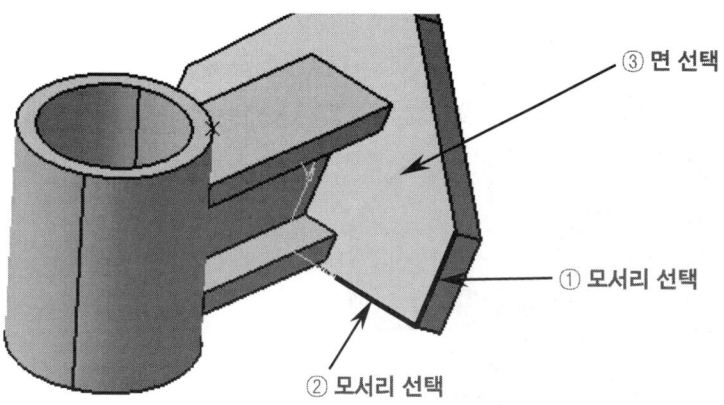

Step 33. 표시된 구멍의 위치 및 크기 치수를 다음과 같이 변경하고, OK를 누른다.

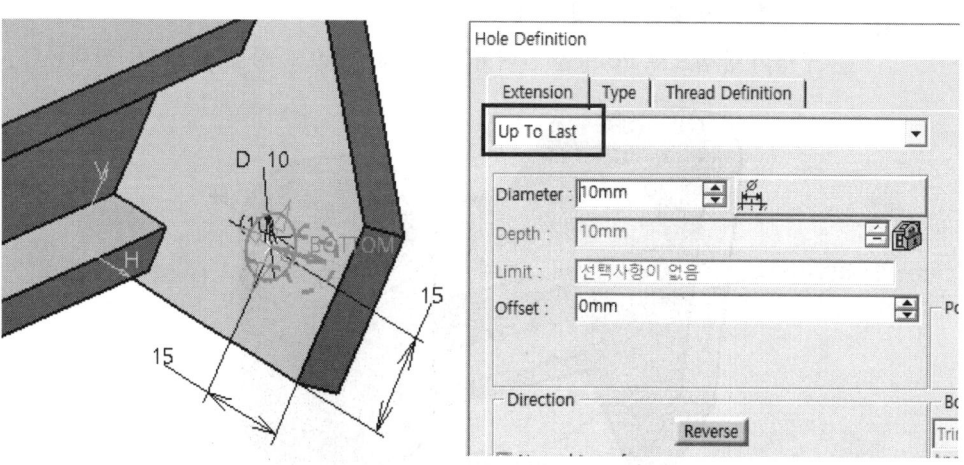

Chapter 06 CATIA Modeling 따라하면서 배우기(응용편 1)

Step 34 다시 Hole( )을 실행한다. (세 번째 방법)
① 첫 번째 원형 모서리를 선택한다. ② 구멍이 생성될 면을 선택한다.

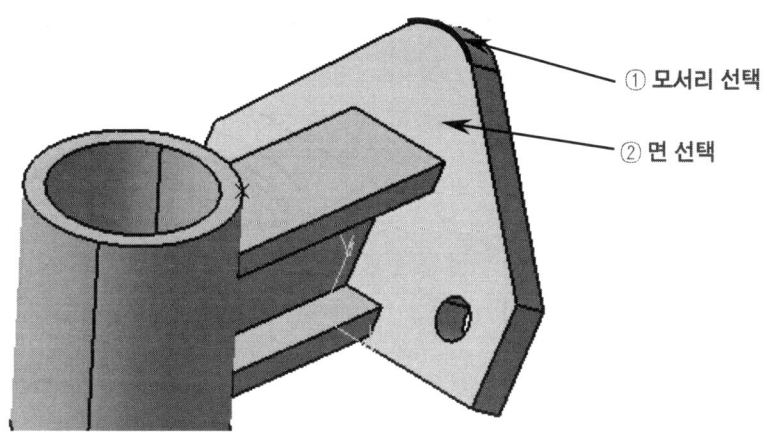

Step 35 표시된 구멍의 위치 및 크기 치수를 다음과 같이 변경하고, OK를 누른다.

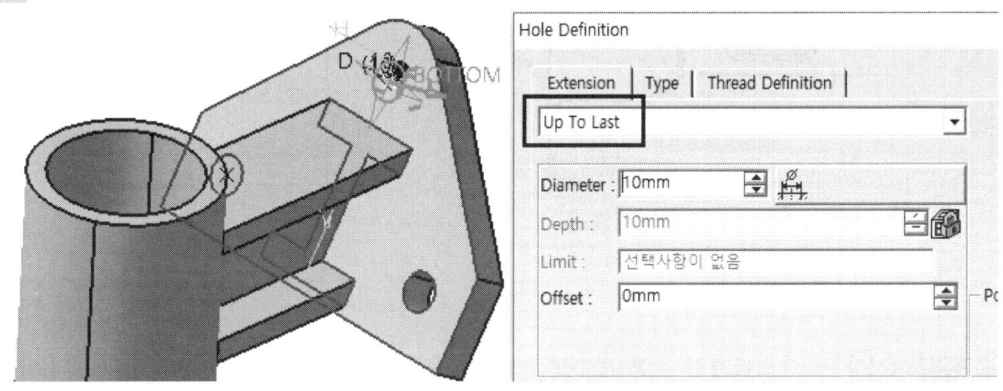

Step 36 형상이 완성되었다.

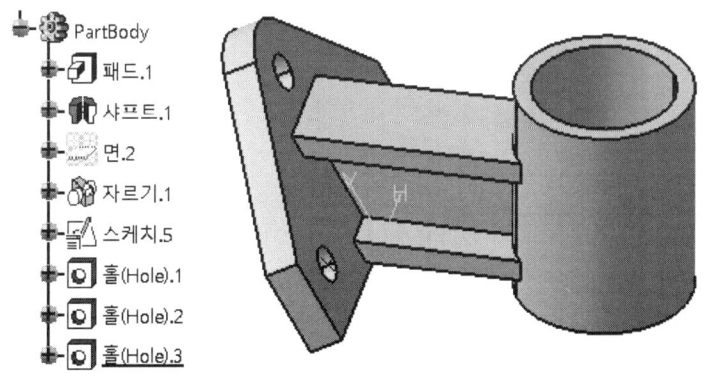

과제 4 CATIA 응용과정 – Modeling 따라하면서 배우기 — Step by Step

다음 도면을 분석하여 Catia 기능을 활용한 모델링을 한다.

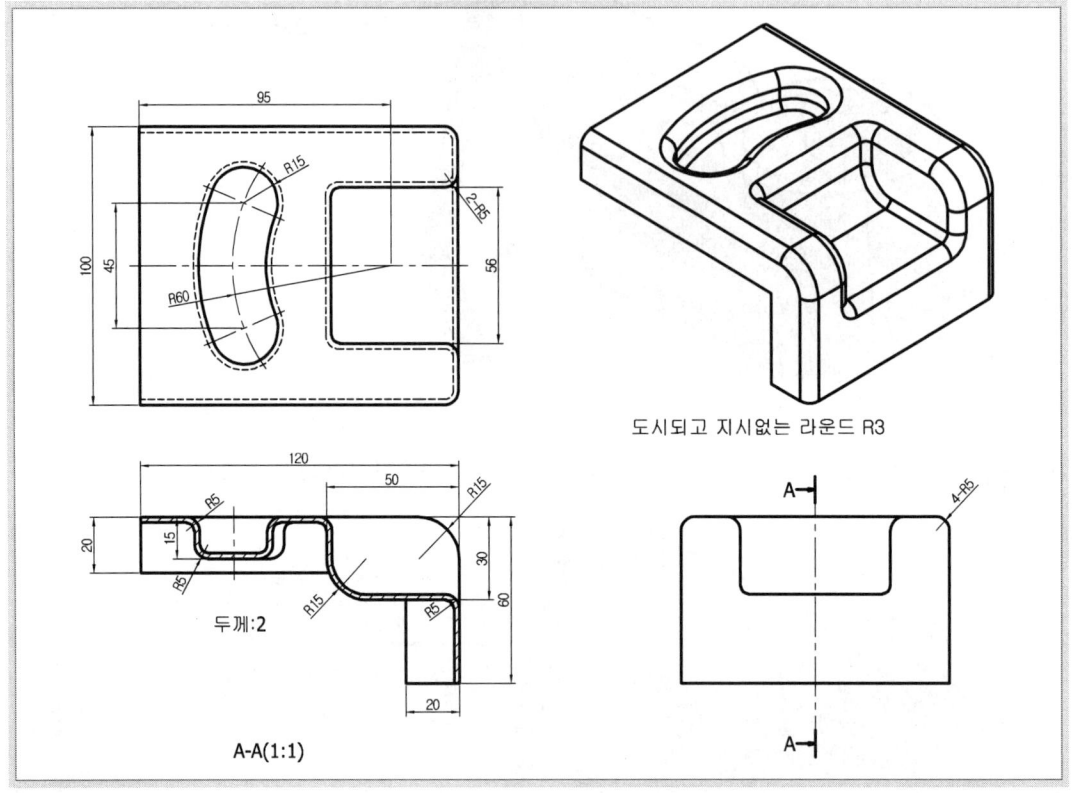

도시되고 지시없는 라운드 R3

A-A(1:1)

Step 01 [시작 ⇒ 기계디자인 ⇒ Part Design]을 실행하고, 새 파트 창에서 작업할 파일의 이름을 입력하고, 확인을 누른다.

Step 02 위치 지정된 스케치(▨)를 실행한다. zx평면을 선택하고, 확인을 누른다.

Step 03 직사각형(▭), 제약조건(▨)으로 스케치를 작성한다.

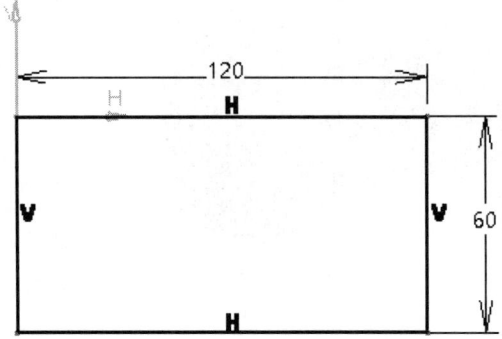

Step 04 코너(⌒)를 이용하여 좌측 상단에 라운드와 값을 입력한다.

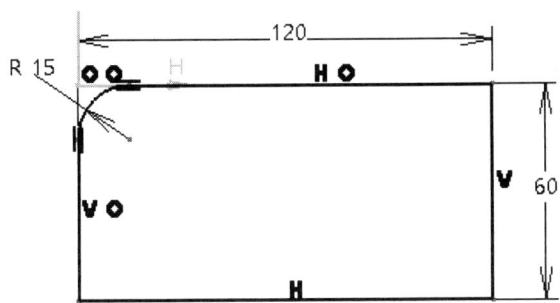

Step 05 오른쪽과 아래의 선을 선택하고, 구성/표준요소(◯)로 변경한다. 워크벤치 종료(⬆)를 한다.

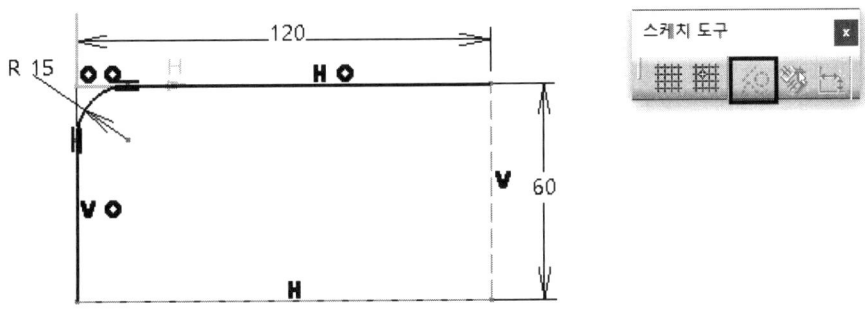

Step 06 Pad(⬚)를 실행한다. Feature Definition Error 창이 나오면 "예"를 누른다.

Step 07 ① Thick에 체크를 하고, Thickness 1에 두께를 입력한다.
② length에 거리를 입력하고, Mirrored extent에 체크를 한다.

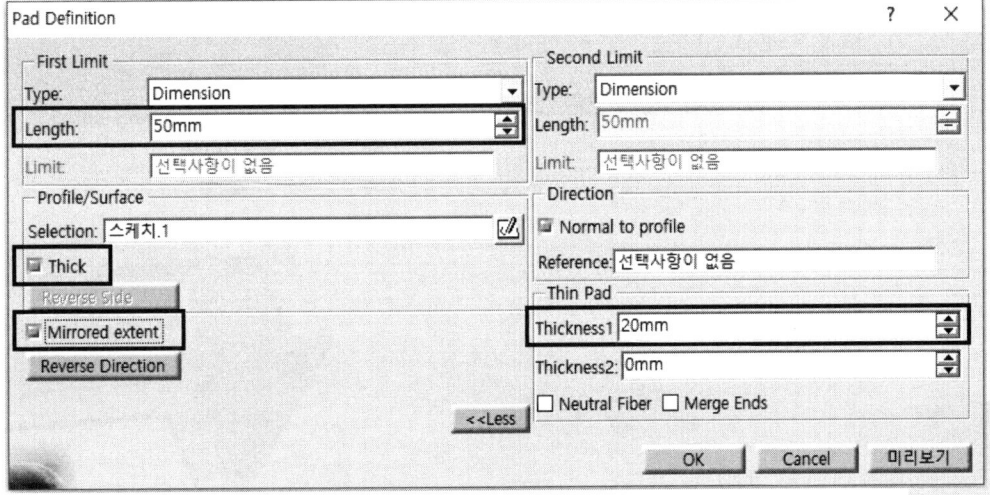

Step 08 OK를 눌러 Pad 형상을 완성한다.

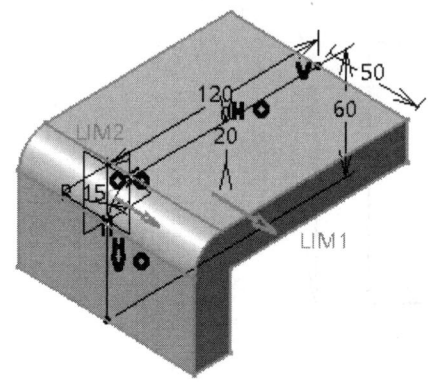

Step 09 Edge Fillet( )을 이용하여 선택한 모서리에 라운드를 적용한다.

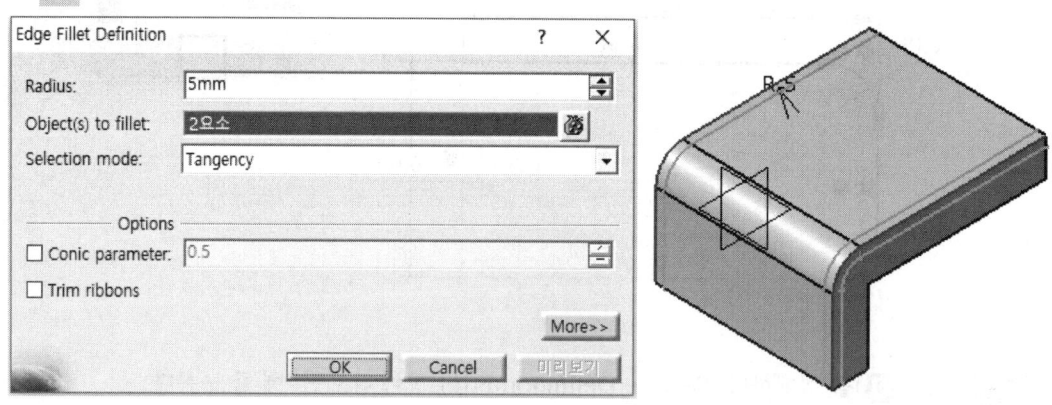

Step 10 Shell( )을 실행한다. 제거될 면으로 바닥 4군데를 선택하고, 안쪽 두께를 입력한다. OK를 누른다.

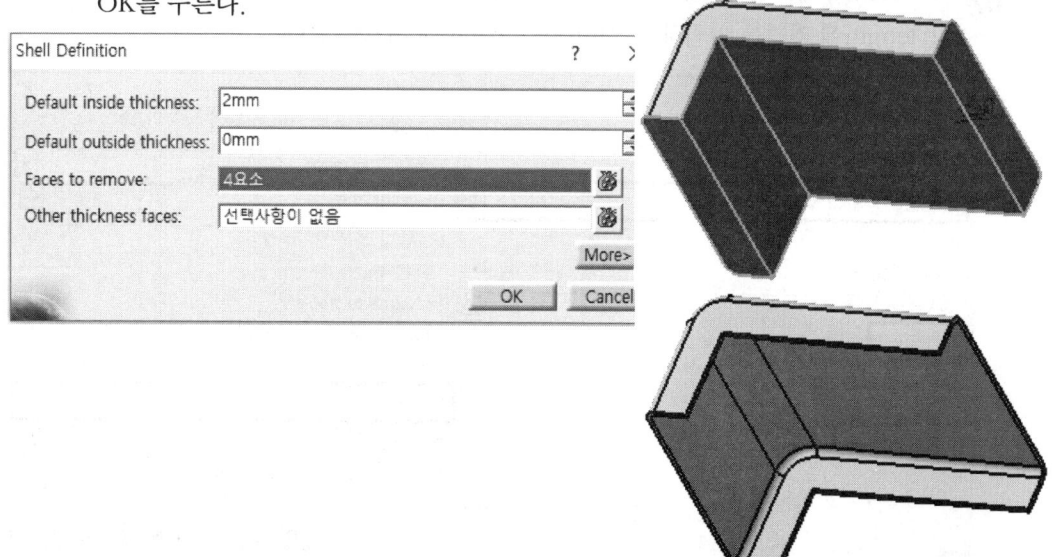

Step 11 풀다운메뉴 → 삽입 → 본체(🔩)를 실행한다.

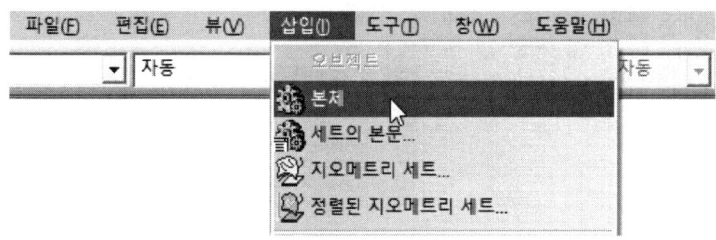

Step 12 생성시킨 트리의 본문.2에서 마우스 오른쪽 버튼을 눌러 [본문.2 오브젝트] → [파트 본체 변경]을 선택한다.

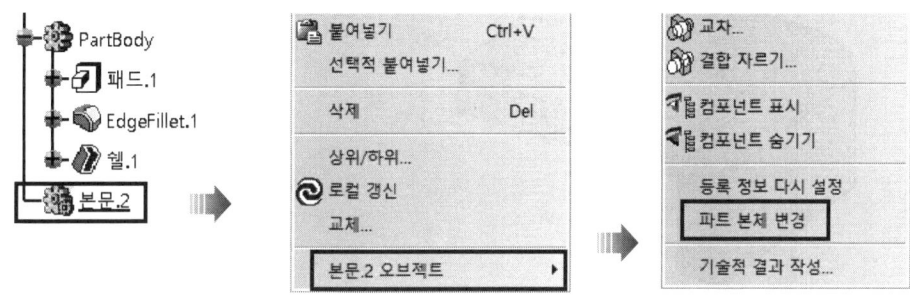

Step 13 다음 창이 나오면 확인을 누른다. 트리구조가 변경되었다.

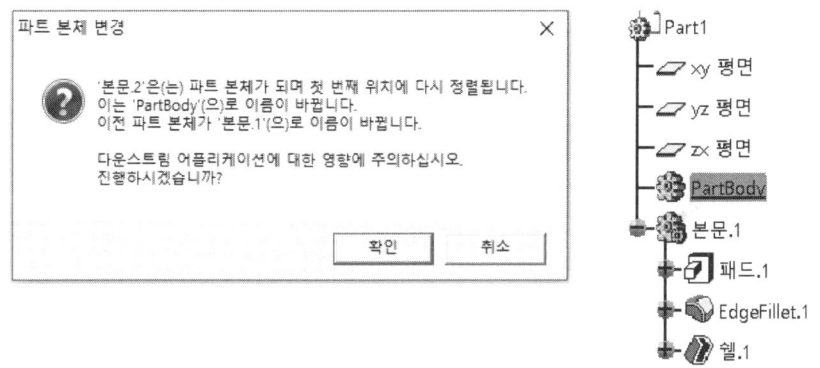

Step 14 본문.1에서 마우스 오른쪽 버튼을 눌러 [작업 오브젝트에서 정의]를 누른다.

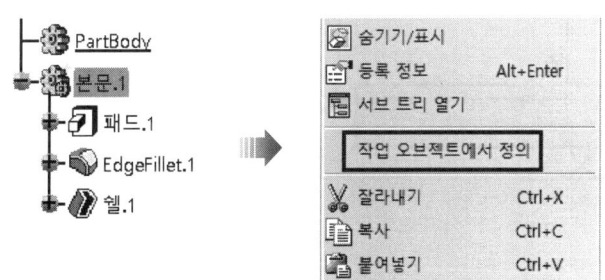

Step 15 다시 풀다운메뉴 → 삽입 → 본체(⚙)를 실행한다.

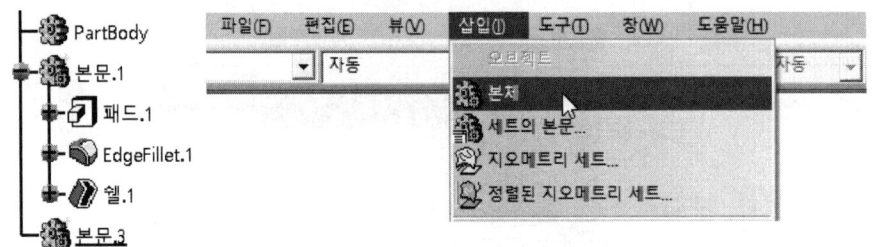

Step 16 위치 지정된 스케치(✍)를 실행한다. zx평면을 선택하고, 확인을 누른다.

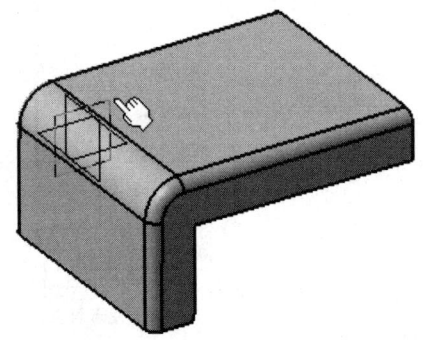

Step 17 직사각형(☐), 제약조건(🔒)으로 스케치를 작성한다.

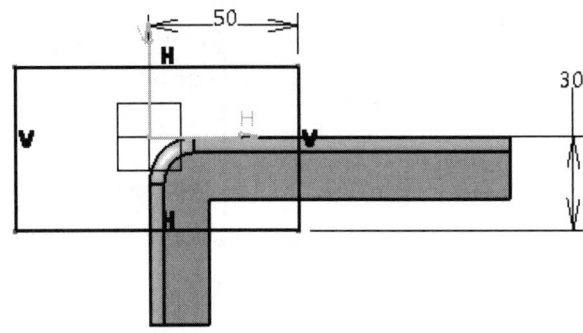

Step 18 코너(⌒)를 이용하여 우측 하단에 라운드와 값을 입력한다. 워크벤치 종료(⬆)를 한다.

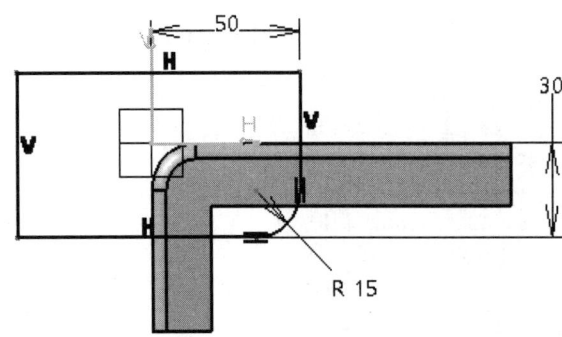

Step 19 Pad(🗔)를 실행한다. Length값을 입력하고, Mirrored extent에 체크를 한다. OK를 누른다.

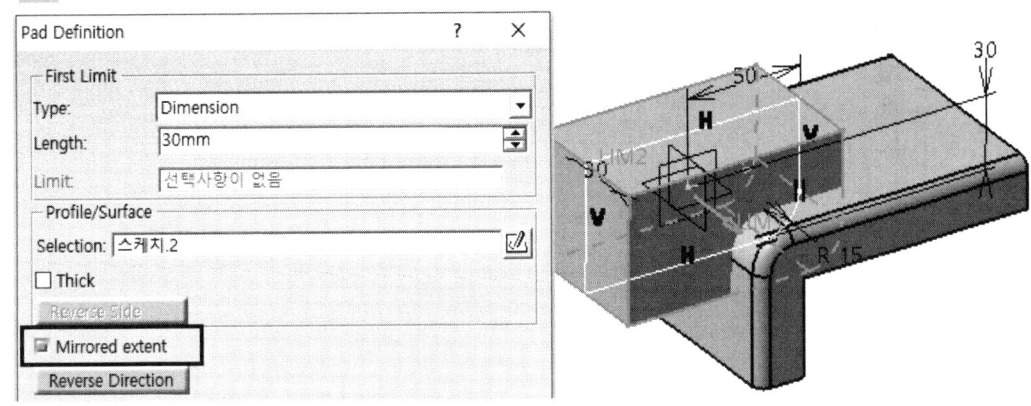

Step 20 Edge Fillet(🗔)을 이용하여 선택한 바닥 모서리에 라운드를 적용한다.

Step 21 Shell(🗔)을 실행한다. 제거될 면으로 위 2군데를 선택하고, 안쪽 두께를 입력한다. OK를 누른다.

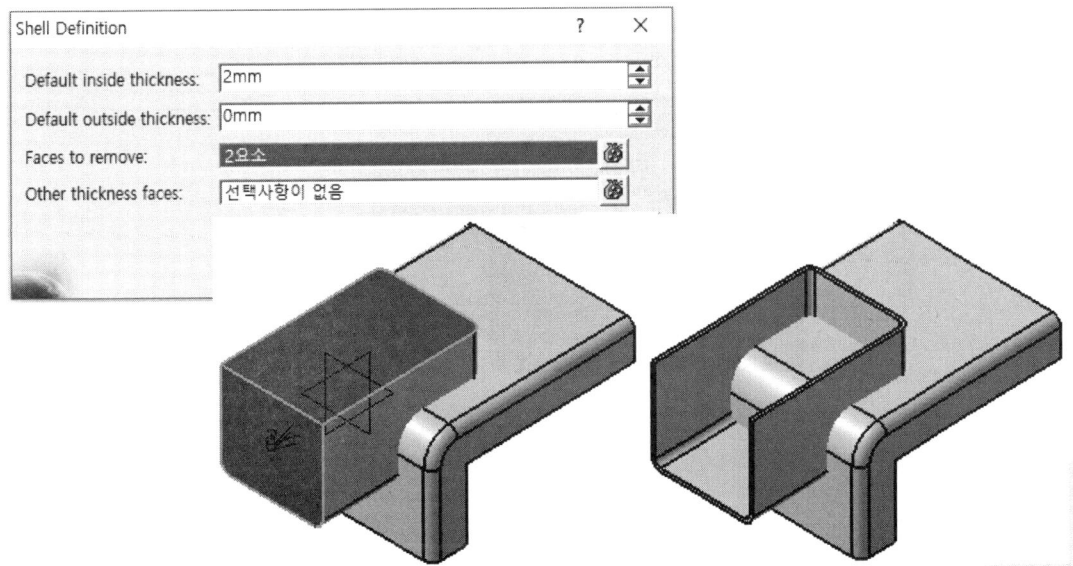

Step 22 풀다운메뉴 → 삽입 → 본체()를 실행한다.

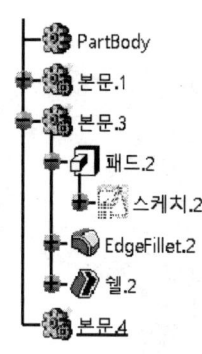

Step 23 위치 지정된 스케치()를 실행하고, 형상의 윗면을 선택한다. H, V 방향을 확인한다.

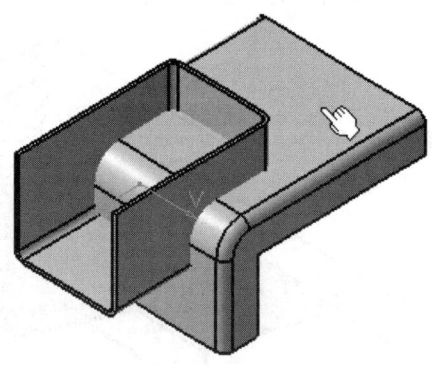

Step 24 원통 모양의 연장된 홀(), 제약조건()으로 스케치를 작성한다.
워크벤치 종료()를 한다.

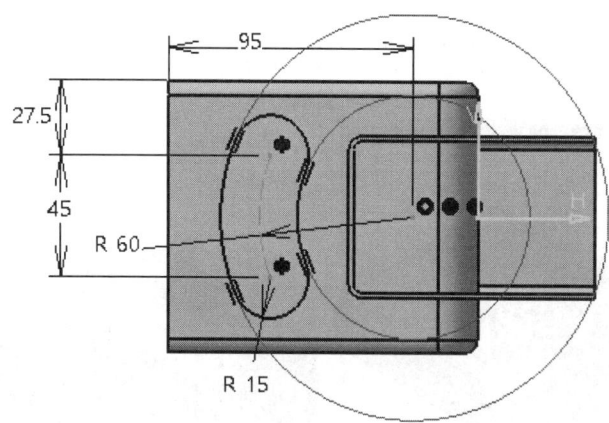

Chapter 06 CATIA Modeling 따라하면서 배우기(응용편 1)

Step 25 Pad(⬚)를 실행한다. Length값을 입력하고, Mirrored extent에 체크를 한다. OK를 누른다.

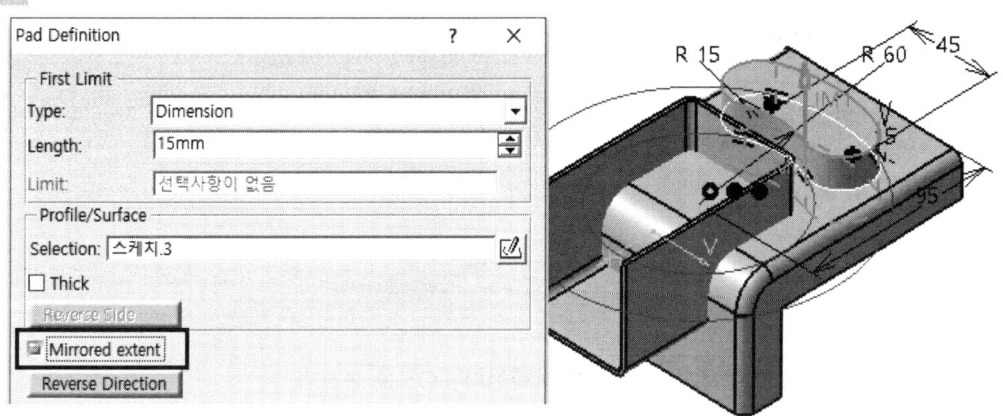

Step 26 Edge Fillet(⬚)을 이용하여 선택한 바닥 모서리에 라운드를 적용한다.

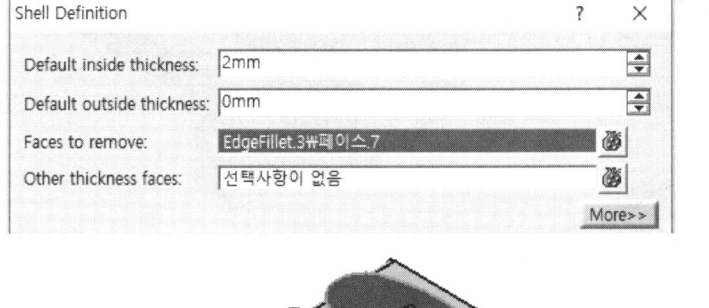

Step 27 Shell(⬚)을 실행한다. 제거될 면으로 위 1군데를 선택하고, 안쪽 두께를 입력한다. OK를 누른다.

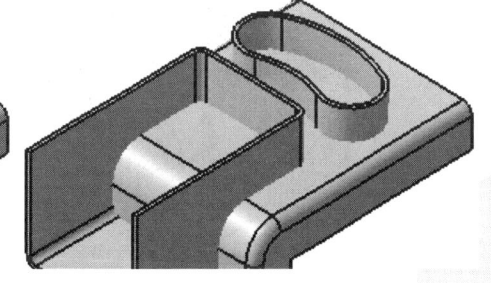

317

Step 28 PartBody에서 마우스 오른쪽 버튼을 눌러 [작업 오브젝트에서 정의]를 누른다.

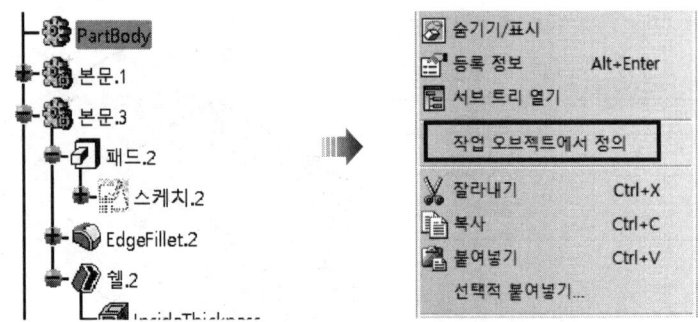

Step 29 결합()을 실행하고, 본문.1을 선택한다. OK를 누른다.

Step 30 결합 자르기()를 실행하고, 본문.3을 선택한다.

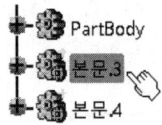

Step 31 Faces to remove 항목을 클릭하고, 제거될 면 2군데를 선택한다. OK를 누른다.

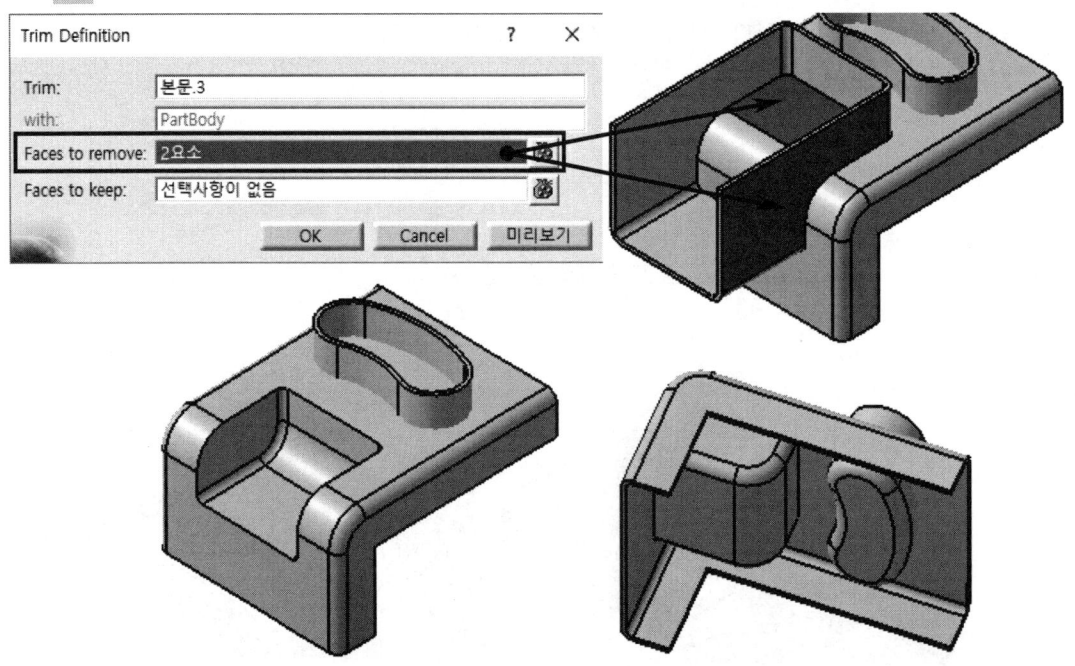

Step 32 결합 자르기(🔧)를 실행하고, 본문.4를 선택한다.

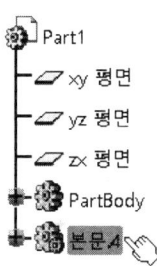

Step 33 Faces to keep 항목을 클릭하고, 남겨질 면 2군데를 선택한다. OK를 누른다.

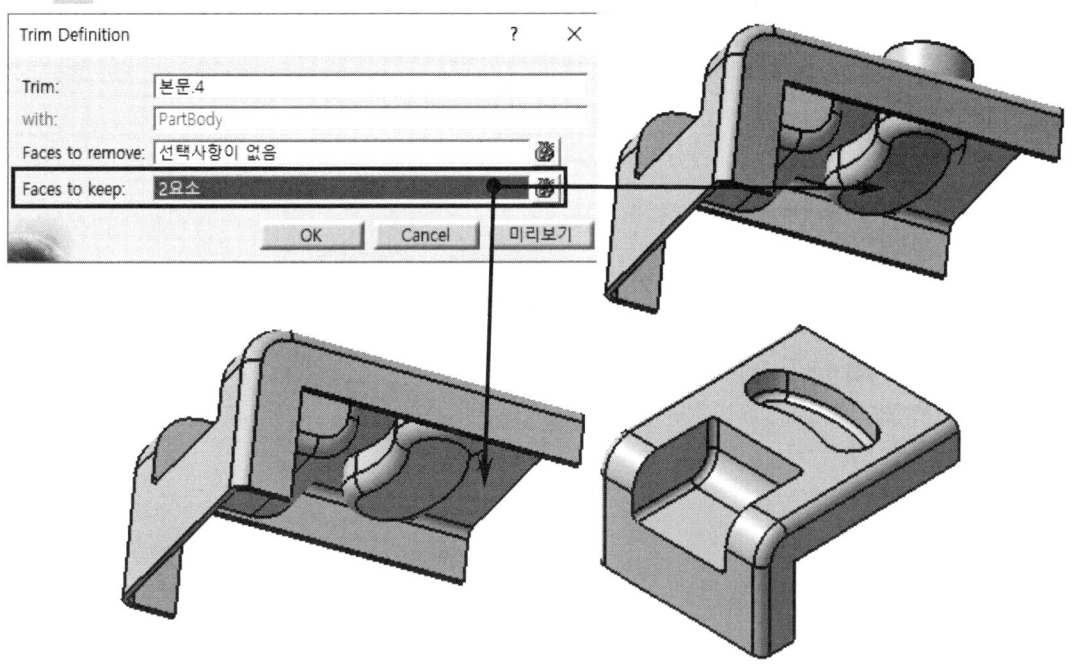

Step 34 Edge Fillet(🔧)을 이용하여 선택한 모서리에 라운드 R5를 적용한다.

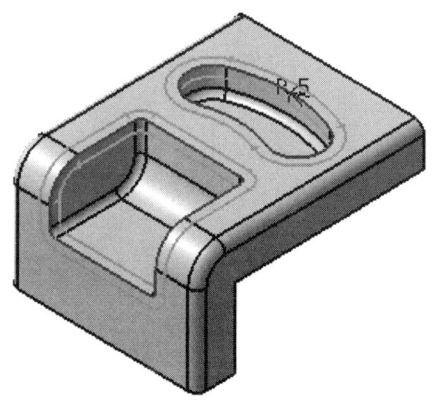

Step 35 Edge Fillet( )을 이용하여 선택한 모서리에 라운드 R3을 적용한다.

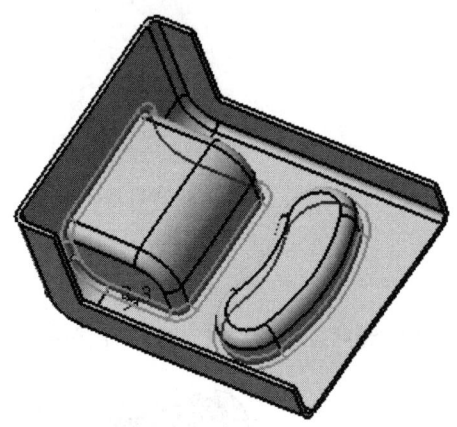

Step 36 형상이 완성되었다.

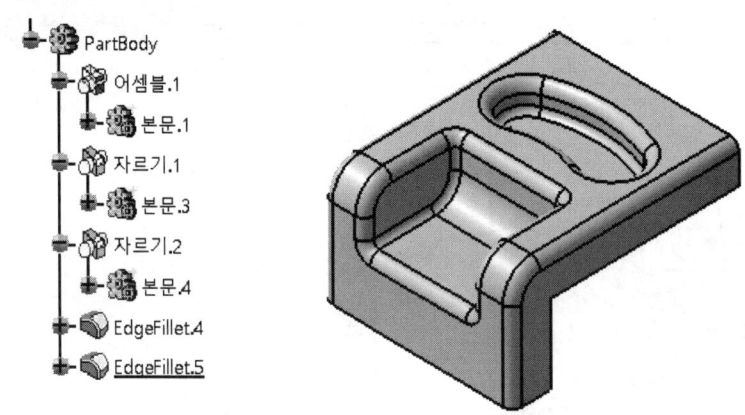

학습 정리하기

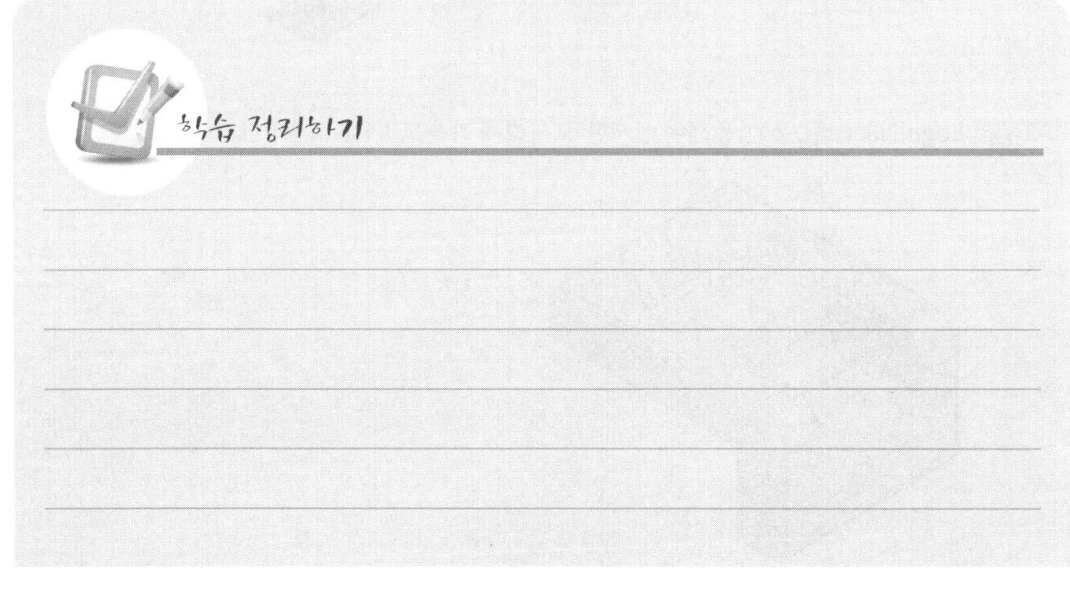

과제 5 CATIA 응용과정 – Modeling 따라하면서 배우기 *Step by Step*

다음 도면을 분석하여 Catia 기능을 활용한 모델링을 한다.

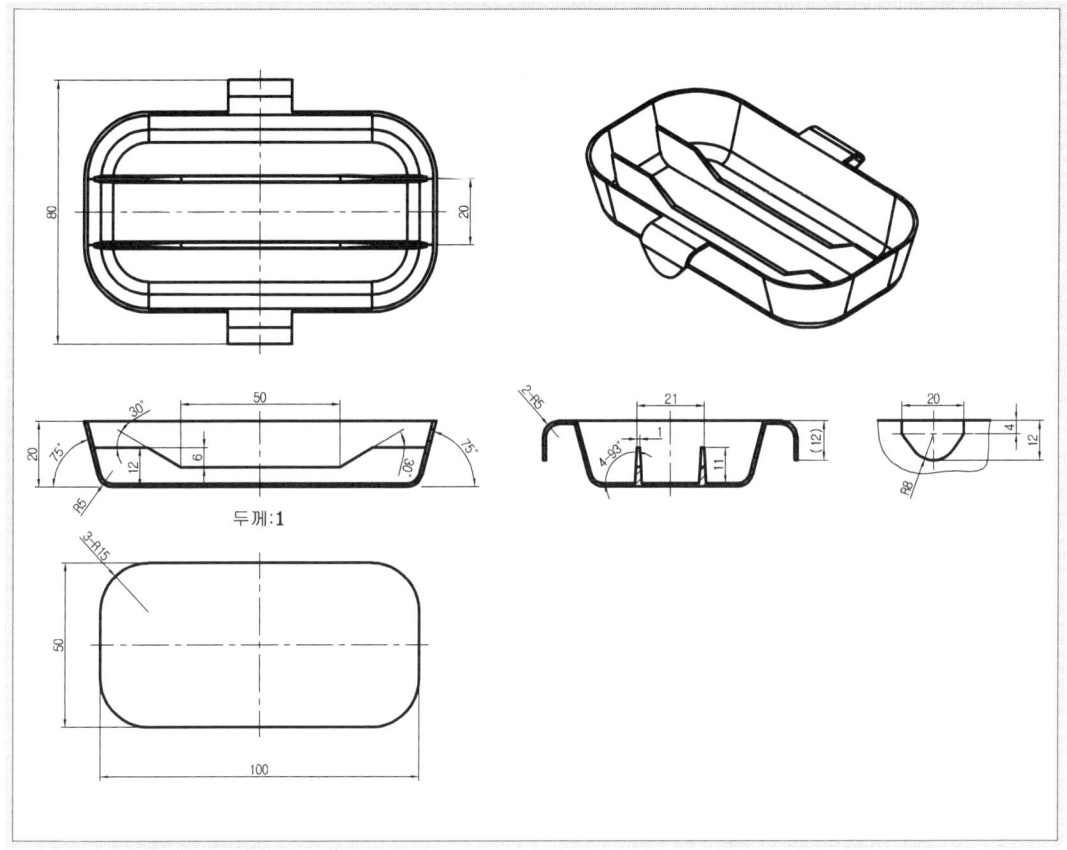

Step 01 [시작 ⇒ 기계디자인 ⇒ Part Design]을 실행하고, 새 파트 창에서 작업할 파일의 이름을 입력하고, 확인을 누른다.

Step 02 풀다운메뉴 → 삽입 → 본체(🌼)를 실행한다.

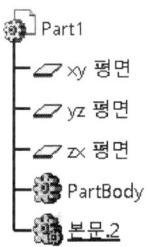

Step 03 위치 지정된 스케치(✏️)를 실행한다. xy평면을 선택하고, 확인을 누른다.

Step 04 중심 직사각형(▢), 제약조건(▦)으로 스케치를 작성한다.

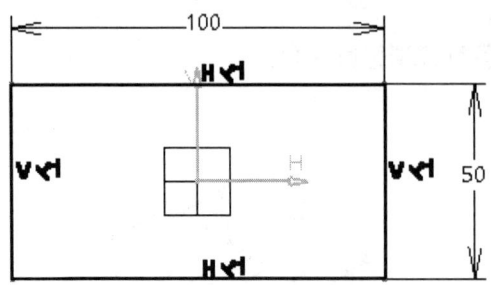

Step 05 코너(⌒)를 이용하여 4군데 코너부분에 라운드를 적용한다. 워크벤치 종료(⬆)를 한다.

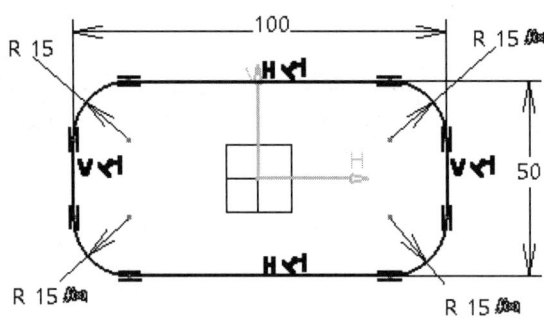

Step 06 Pad(🗗)를 실행한다. Length 값을 입력하고, OK를 누른다.

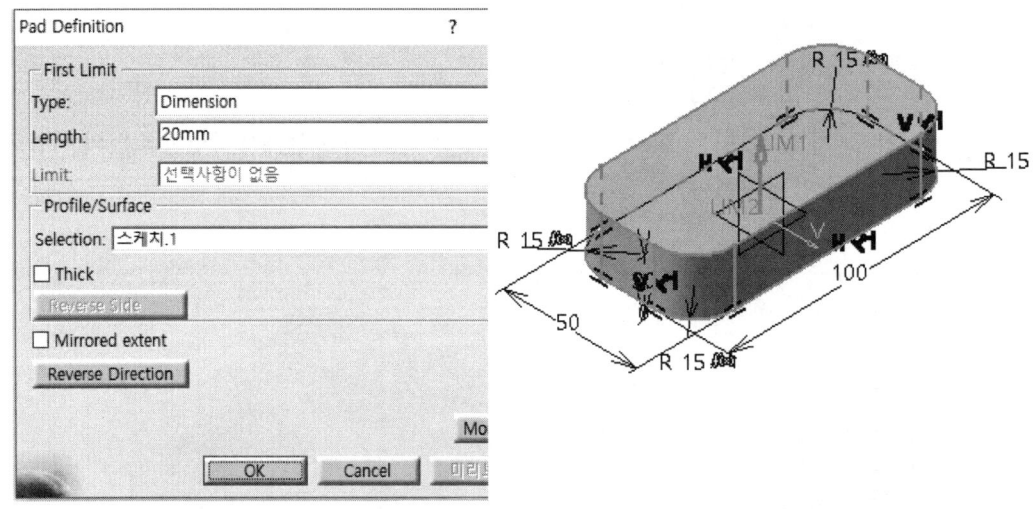

Chapter 06 CATIA Modeling 따라하면서 배우기(응용편 1)

Step 07 Draft Angle( )을 실행한다.
① 각도값을 입력한다. ② draft가 적용될 측면을 선택한다.

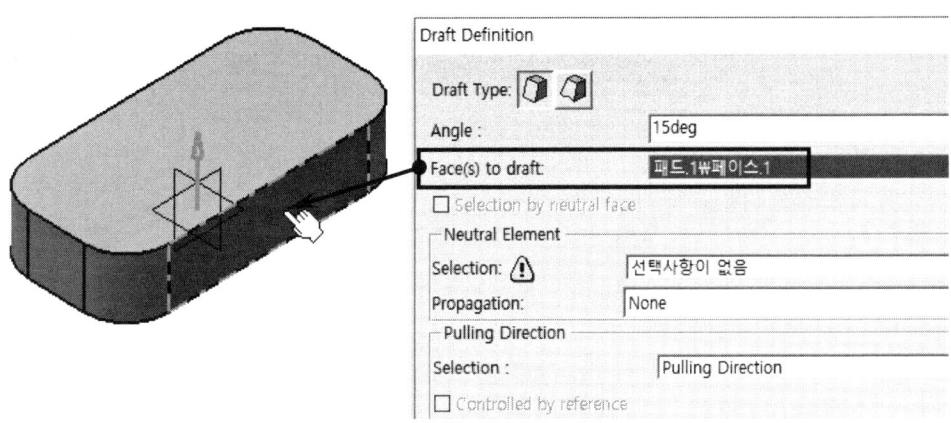

Step 08 기준면 항목을 클릭하고, 형상의 바닥면을 선택한다.

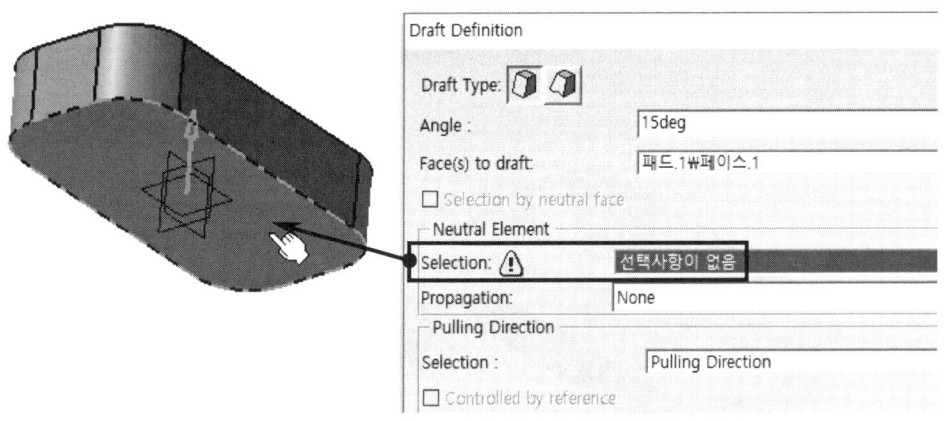

Step 09 미리보기 및 OK를 누른다.

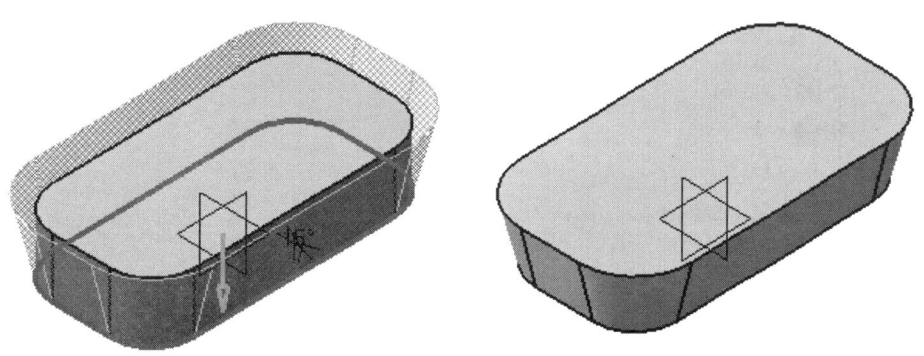

Step 10 Edge Fillet( )을 이용하여 선택한 바닥 모서리에 라운드를 적용한다.

Step 11 Shell( )을 실행한다. 제거될 면으로 위 1군데를 선택하고, 안쪽 두께를 입력한다. OK를 누른다.

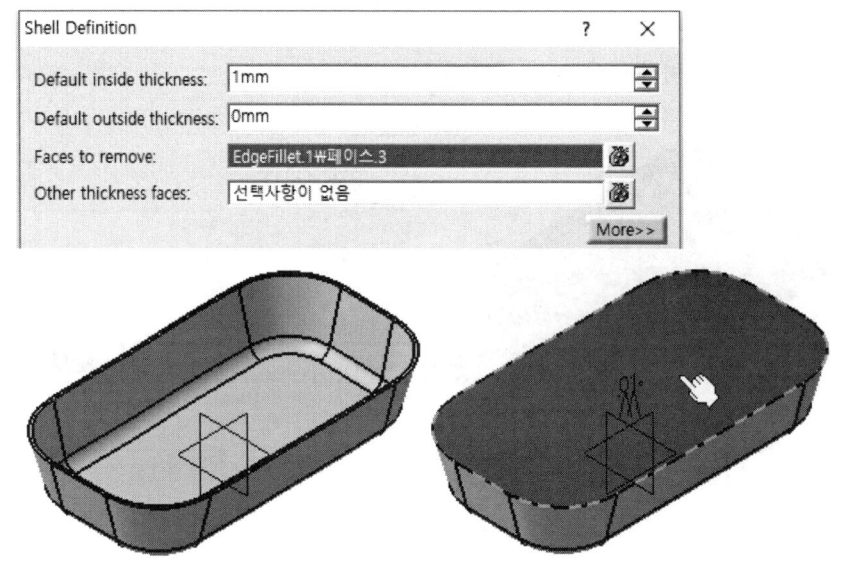

Step 12 풀다운메뉴 → 삽입 → 본체( )를 실행한다.

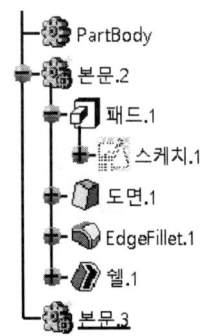

Step 13 Plane(⌀)을 실행한다.

평면에서 오프셋으로 설정하고, zx 평면을 선택한다. 오프셋을 입력하고, 확인을 누른다.

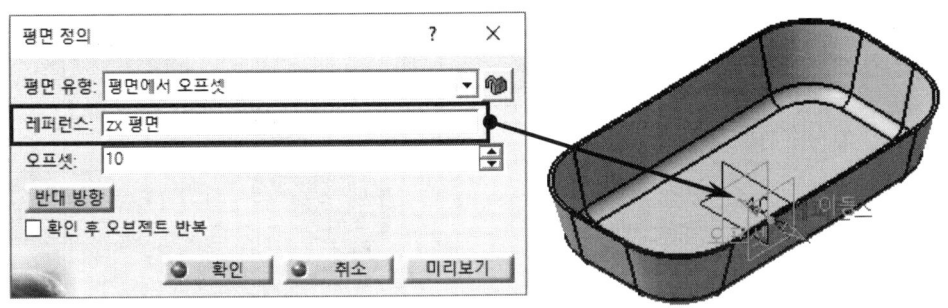

Step 14 위치 지정된 스케치(☑)를 실행하고, 생성시킨 Plane을 선택한다.
H, V 방향을 체크하고, 확인을 누른다.

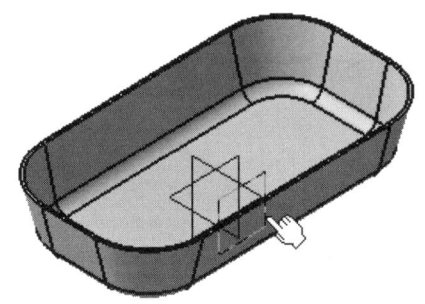

Step 15 중심 직사각형(□), 제약조건(▤)으로 스케치를 작성한다. 워크벤치 종료(⇪)를 한다.

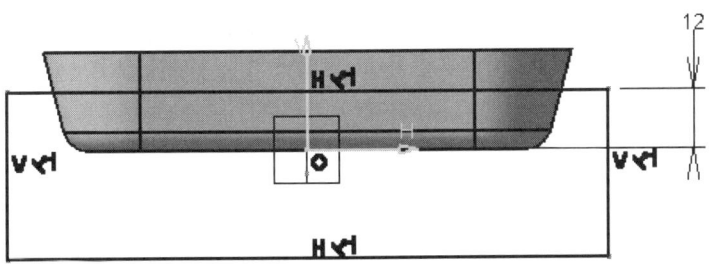

Step 16 Pad(⚙)를 실행한다. Length 값을 입력하고, Mirrored extent에 체크를 한다. OK를 누른다.

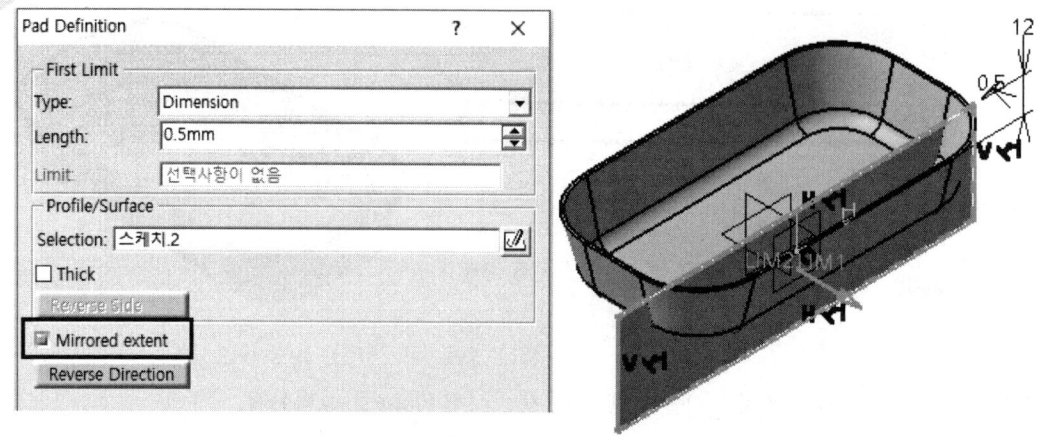

Step 17 Draft Angle(⚙)을 실행한다.

① 각도값을 입력한다. ② draft가 적용될 양쪽 측면을 선택한다.

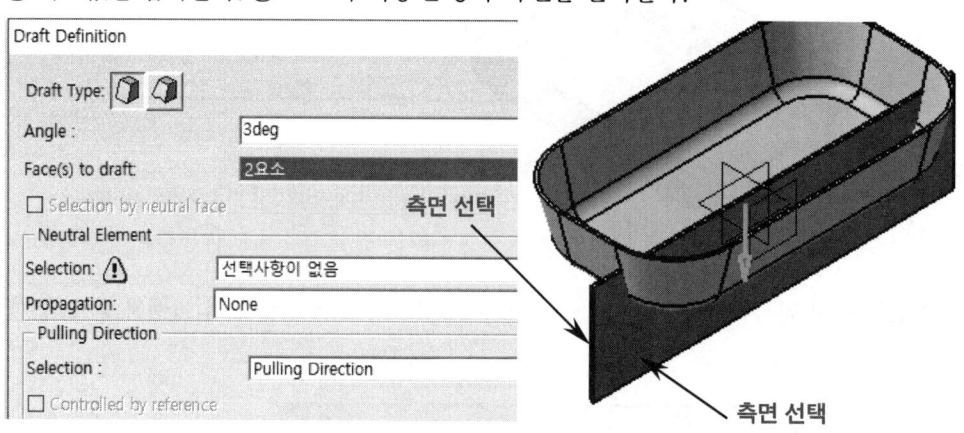

Step 18 기준면 항목을 클릭하고, 사각 형상의 윗면을 선택한다.

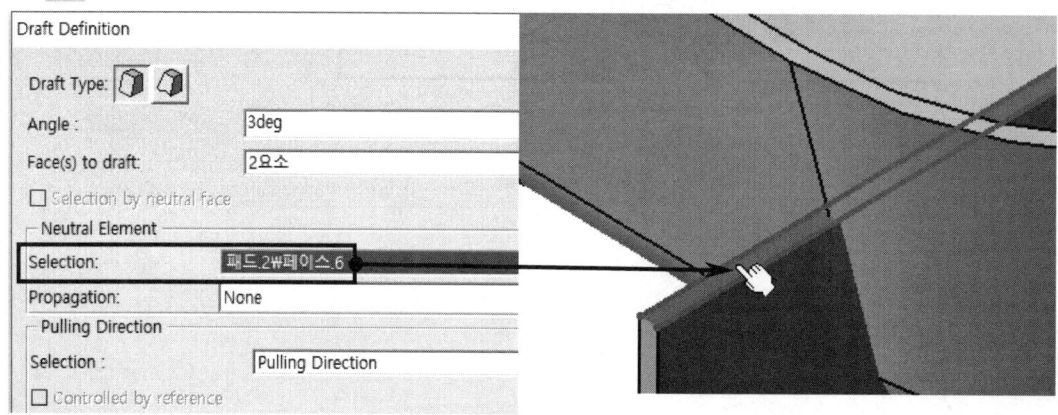

Step 19 화살표를 클릭하여 Draft 방향을 위로 바꾼다.

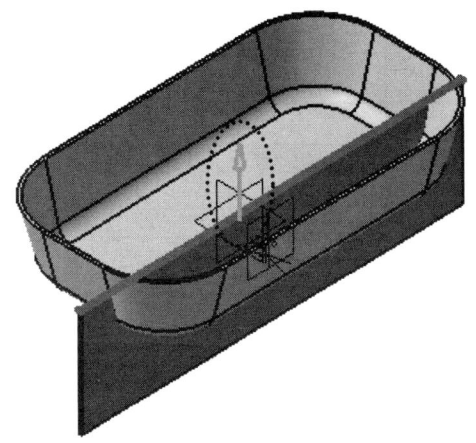

Step 20 미리보기 및 OK를 누른다.

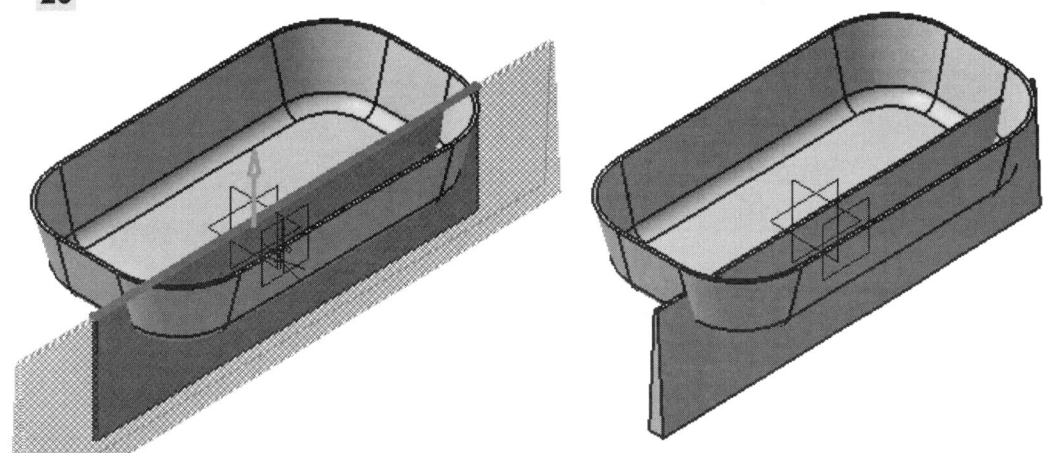

Step 21 위치 지정된 스케치(📝)를 실행하고, 생성시킨 Plane을 선택한다.
H, V 방향을 체크하고, 확인을 누른다.

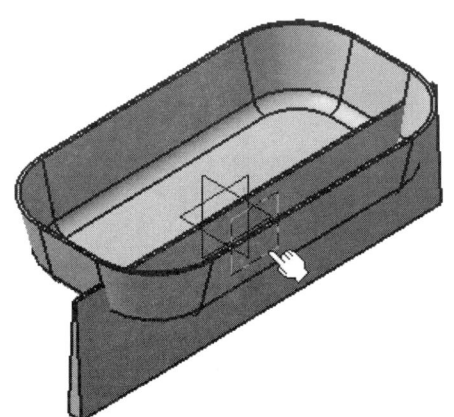

Step 22 프로파일(), 제약조건()으로 스케치를 작성한다. 워크벤치 종료()를 한다.

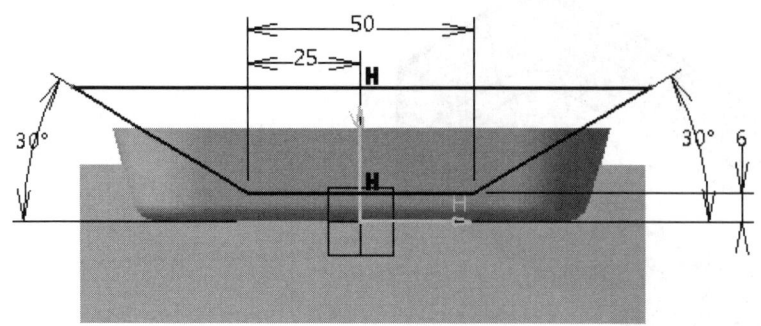

Step 23 Pocket()을 실행한다. Length 값을 입력하고, Mirrored extent에 체크를 한다. OK를 누른다.

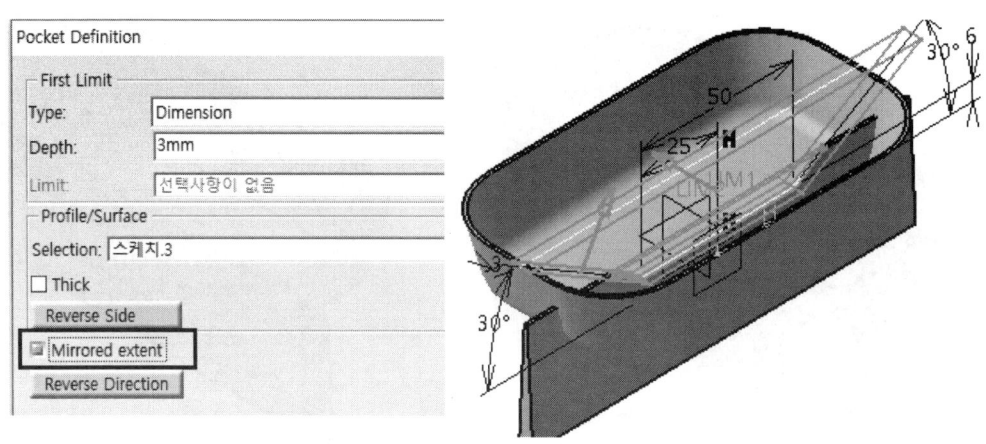

Step 24 본문.3을 클릭한다. Mirror()를 실행하고, zx 평면을 선택한다.

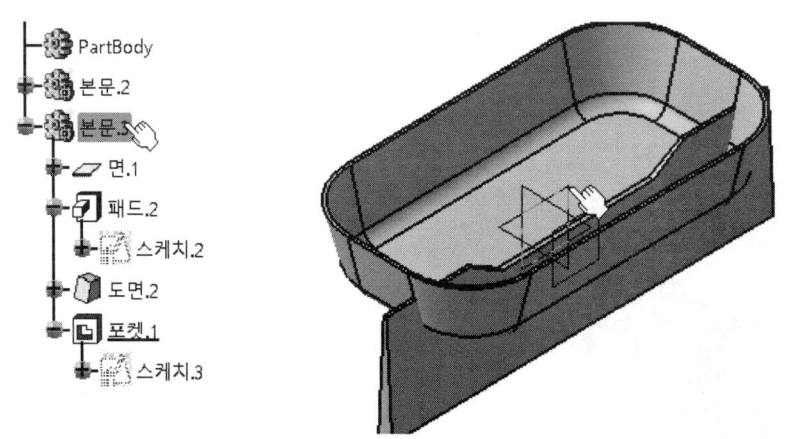

Step 25 OK를 누른다. 대칭 형상이 완성되었다.

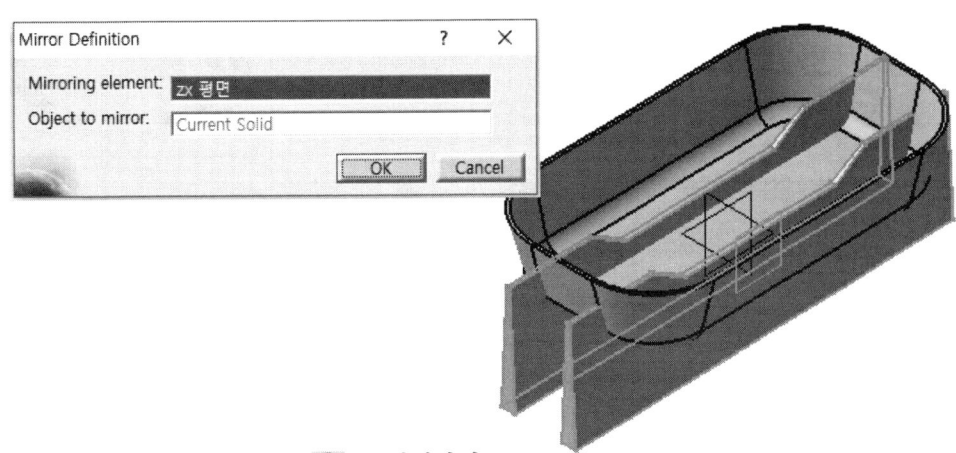

Step 26 풀다운메뉴 → 삽입 → 본체( )를 실행한다.

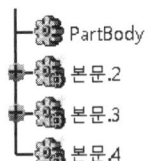

Step 27 위치 지정된 스케치( )를 실행한다. zx평면을 선택하고, 확인을 누른다.

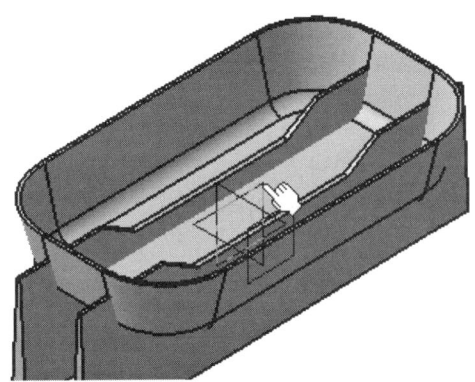

Step 28 프로파일( )로 다음의 선을 그린다.

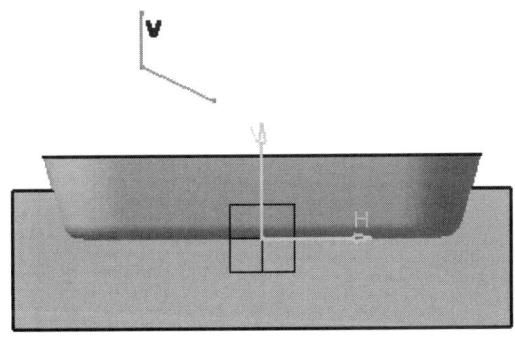

Step 29 미러(⏶)를 실행하고, Y축을 선택한다. 미러가 되었다.

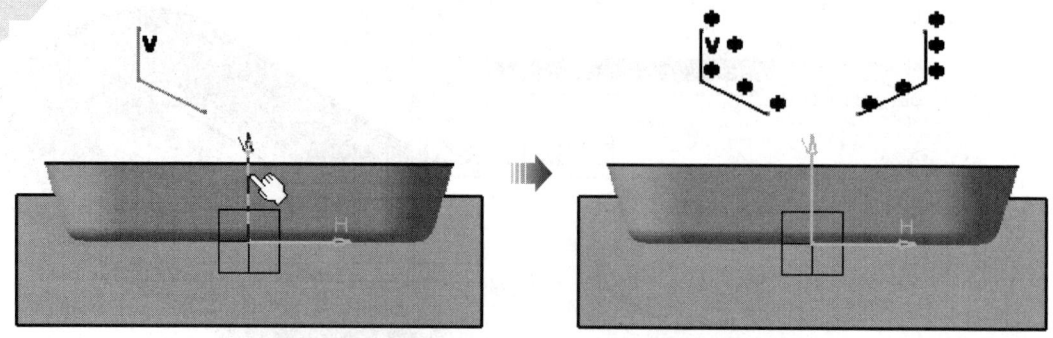

Step 30 윗부분에 선(╱)을 그린다.

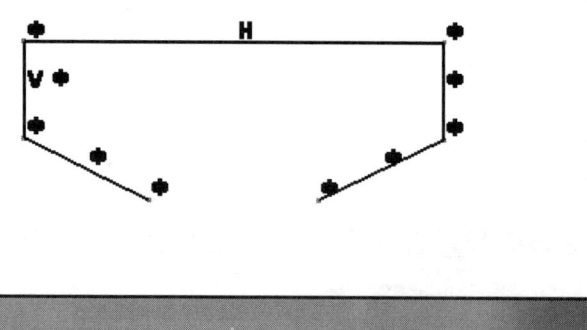

Step 31 대각선 사이에 코너(⌒)를 생성하고, 값을 입력한다.
제약조건(🗐)으로 스케치를 작성한다. 워크벤치 종료(⏏)를 한다.

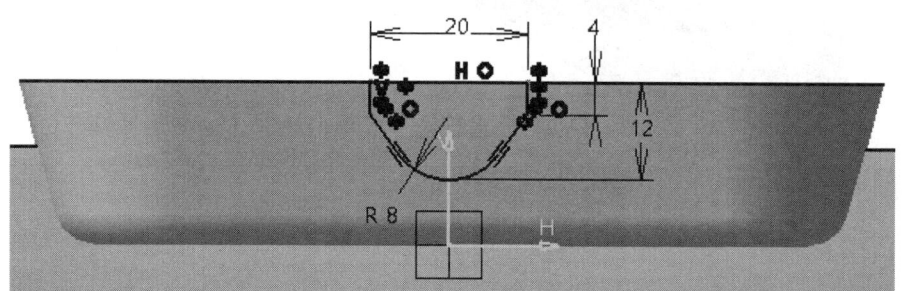

Step 32 Pad( )를 실행한다. Length 값을 입력하고, OK를 누른다.

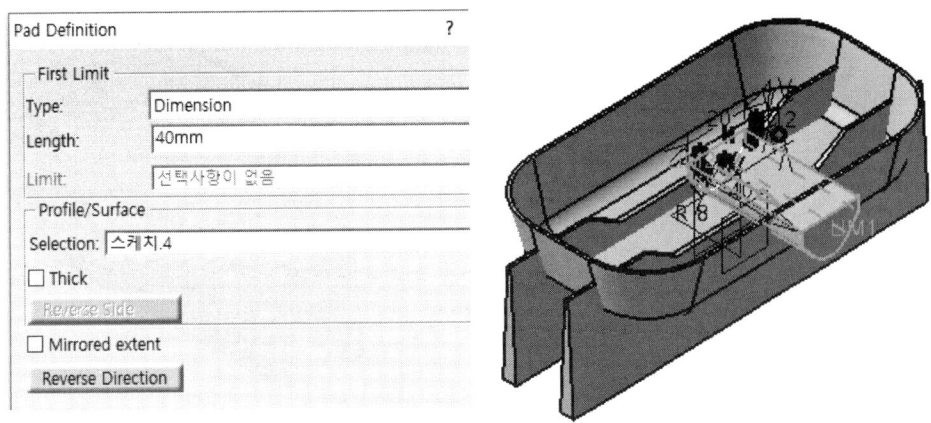

Step 33 Edge Fillet( )을 이용하여 선택한 모서리에 라운드를 적용한다.

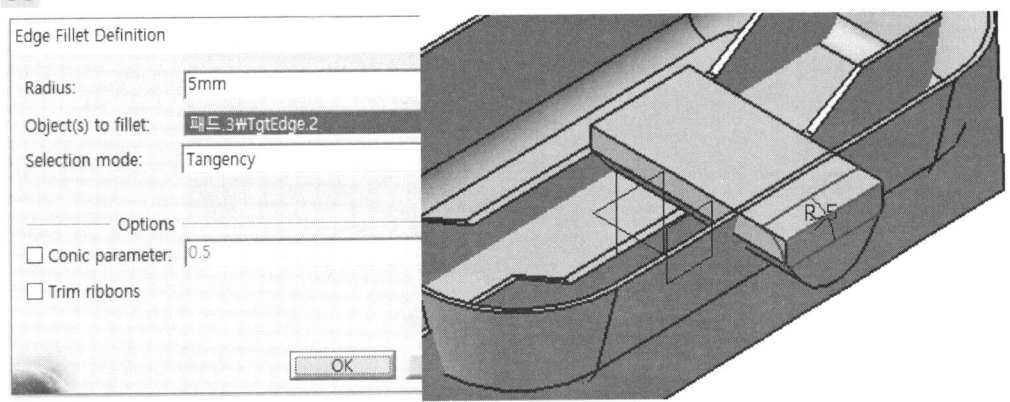

Step 34 Shell( )을 실행한다. 제거될 면들을 선택하고, 안쪽 두께를 입력한다.

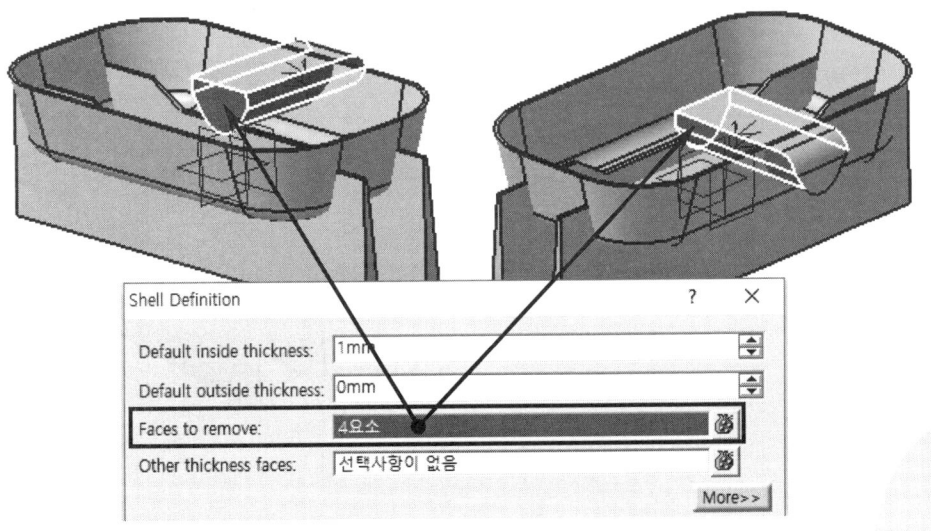

Step 35 OK를 누른다.

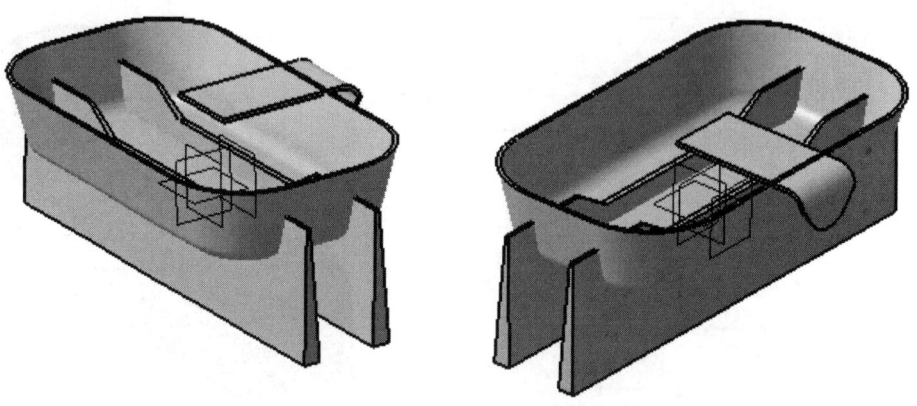

Step 36 본문.4를 클릭한다. Mirror( )를 실행하고, zx 평면을 선택한다.

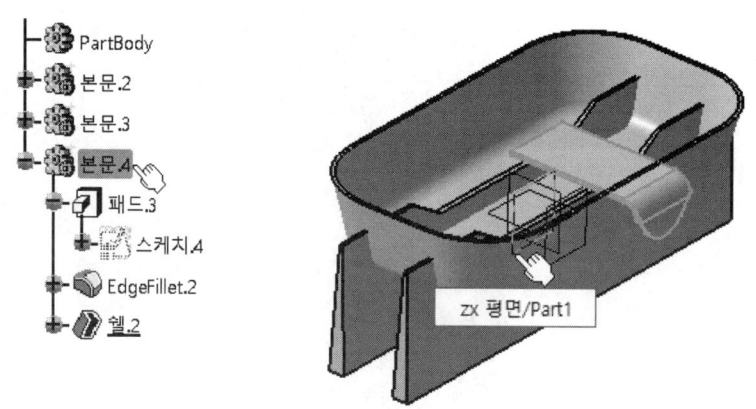

Step 37 OK를 누른다.

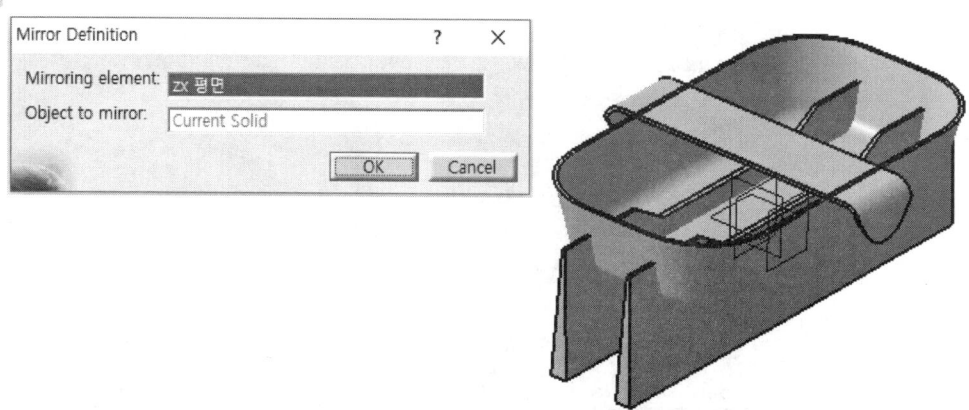

Step 38 PartBody에서 마우스 오른쪽 버튼을 눌러 [작업 오브젝트에서 정의]를 누른다.

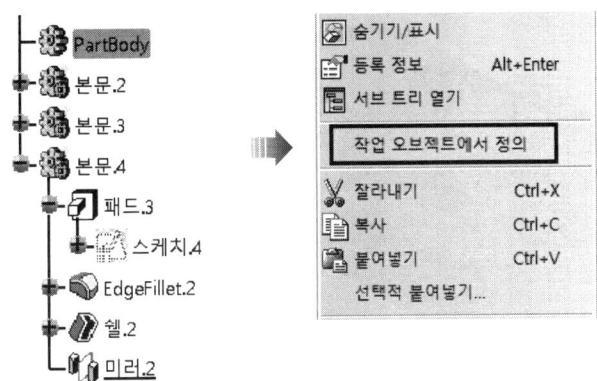

Step 39 결합(🔧)을 실행하고, 본문.2를 선택한다. OK를 누른다.

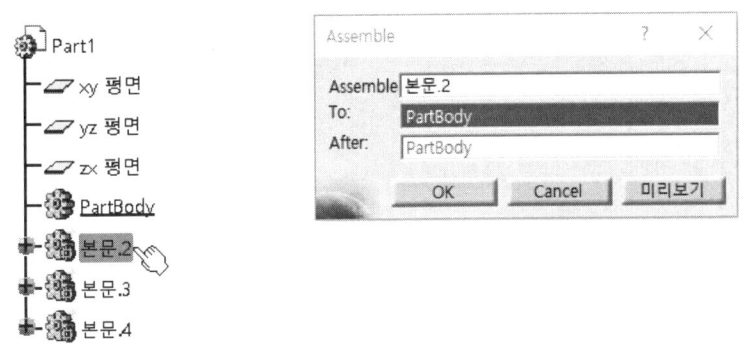

Step 40 결합 자르기(🔧)를 실행하고, 본문.3을 선택한다.
Faces to remove 항목을 클릭하고, 제거될 면 2군데를 선택한다.

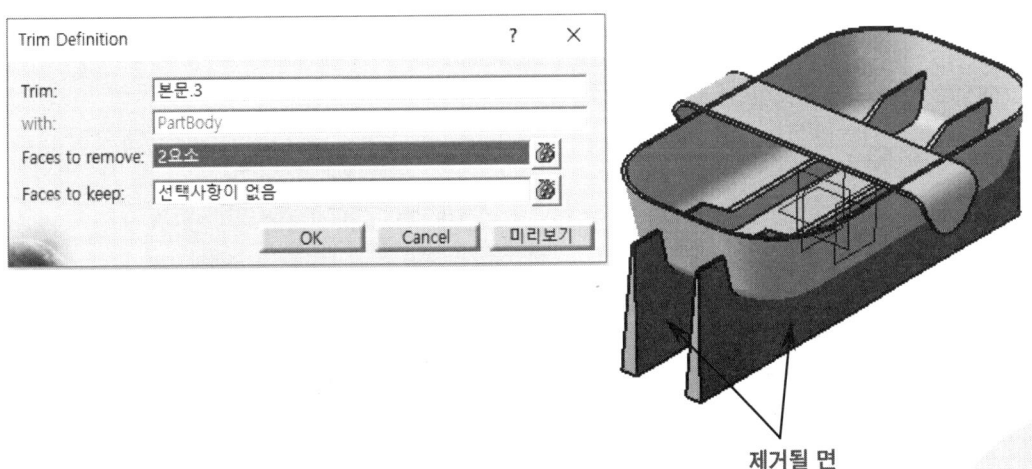

제거될 면

Step 41 OK를 누른다.

Step 42 결합 자르기(   )를 실행하고, 본문.4를 선택한다.
Faces to remove 항목을 클릭하고, 제거될 면을 선택한다. OK를 누른다.

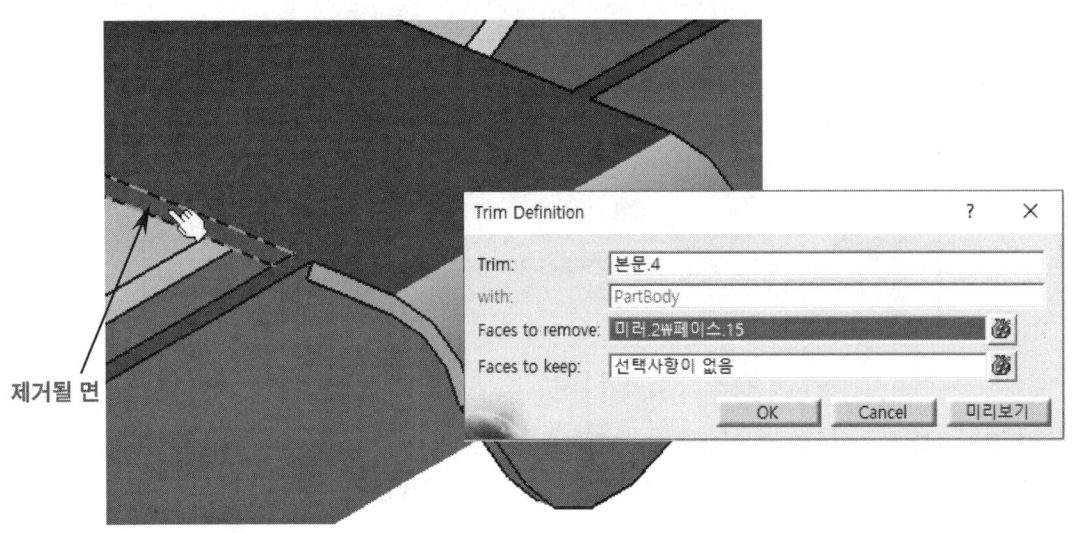

제거될 면

Step 43 형상이 완성되었다.

과제 6 CATIA 응용과정 – Modeling 따라하면서 배우기   *Step by Step*

다음 도면을 분석하여 Catia 기능을 활용한 모델링을 한다.

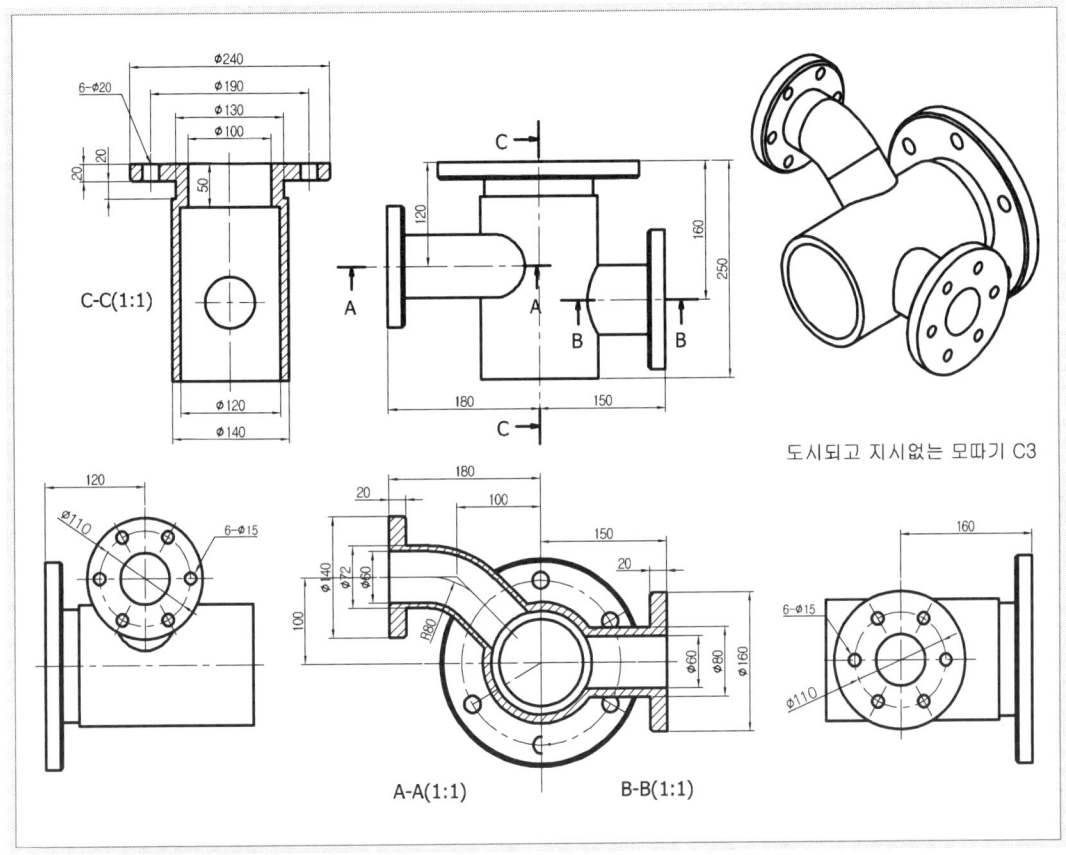

Step 01 [시작 ⇒ 기계디자인 ⇒ Part Design]을 실행하고, 새 파트 창에서 작업할 파일의 이름을 입력하고, 확인을 누른다.

Step 02 풀다운메뉴 → 삽입 → 본체(🎲)를 실행한다.

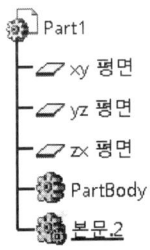

Step 03 위치 지정된 스케치(📝)를 실행한다. zx평면을 선택하고, 확인을 누른다.

Step 04 축( )을 작성한다.

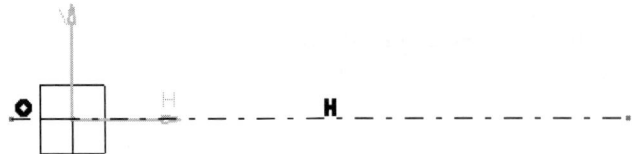

Step 05 프로파일( ), 제약조건( )으로 스케치를 작성한다. 워크벤치 종료( )를 한다.

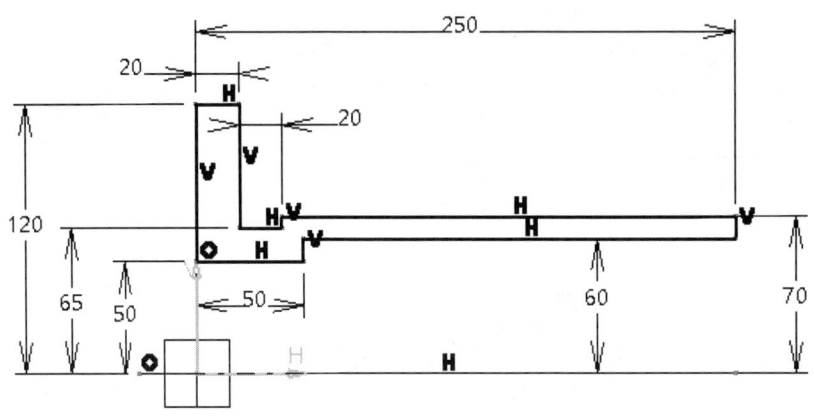

Step 06 Shaft( )를 실행하고, OK를 누른다.

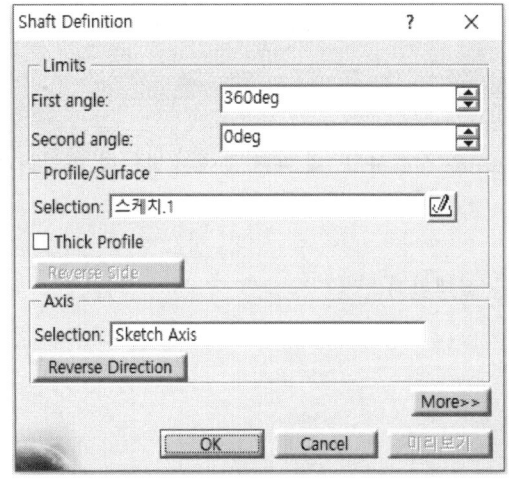
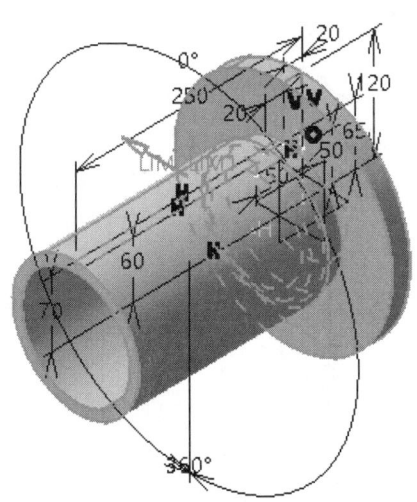

Step 07 위치 지정된 스케치( )를 실행한다. 뒷면을 선택하고, 확인을 누른다.
H, V 방향을 체크한다.

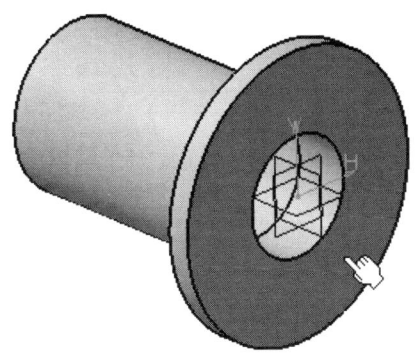

Step 08 Y축 위에 점( )생성하고, 제약조건( )으로 스케치를 작성한다. 워크벤치 종료( )를 한다.

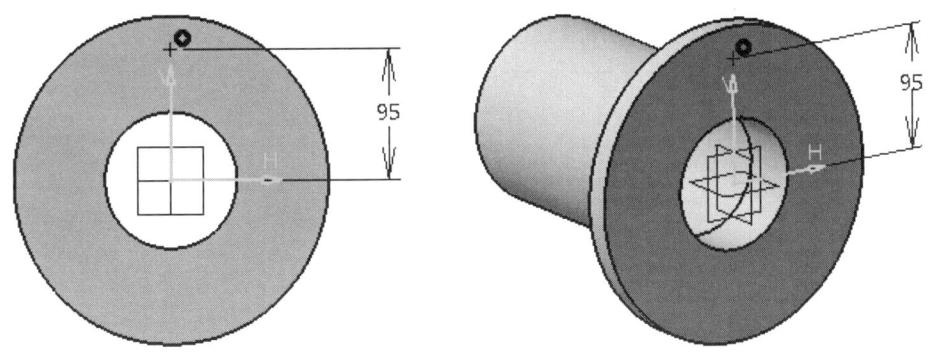

Step 09 Hole( )을 실행한다. ①점, ②측면을 클릭하여 생성될 구멍의 위치를 정한다.

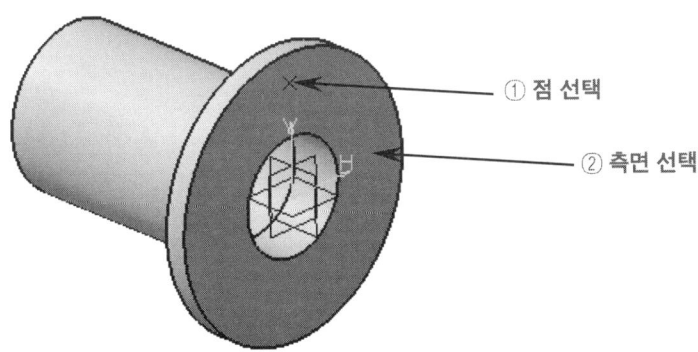

① 점 선택
② 측면 선택

Step 10 Hole의 종료 Type을 Up To Next로 설정하고, 지름을 입력한다. OK를 누른다.

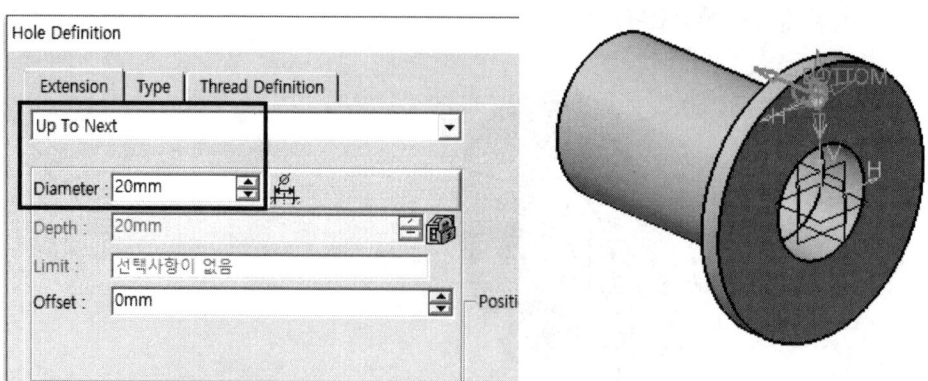

Step 11 생성된 Hole을 선택하고, Circular Pattern( )을 실행한다.
① 패턴의 개수와 사이각을 입력한다.
② Reference element 항목을 클릭하고, 형상의 원통면을 선택한다.

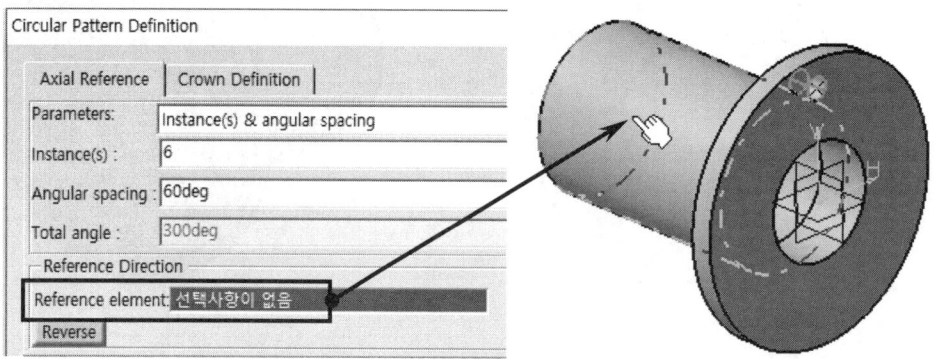

Step 12 미리보기 및 OK를 누른다.

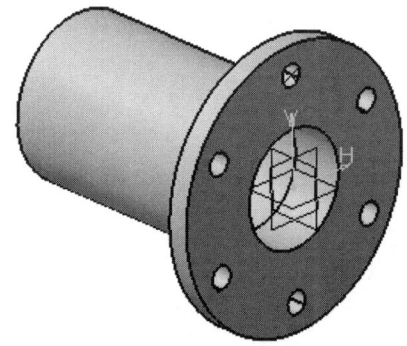

Step 13 Chamfer(⬙)를 실행하고, 안쪽 모서리를 선택한다.
Length 1에 모따기 값을 입력하고, OK를 누른다.

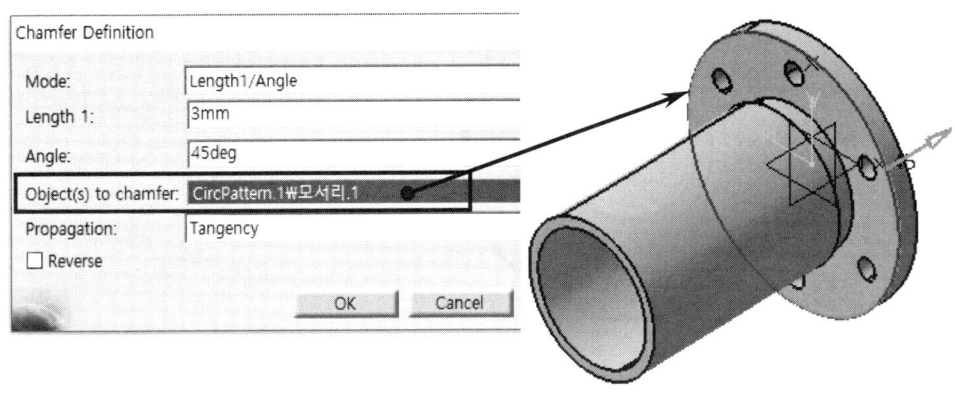

Step 14 풀다운메뉴 → 삽입 → 본체(⬙)를 실행한다.

Step 15 Plane(⬙)을 실행하고, 평면 유형을 [평면에서 오프셋]으로 설정한다. yz 평면을 선택한다.
레퍼런스와 오프셋 값을 입력하고, 확인을 누른다.

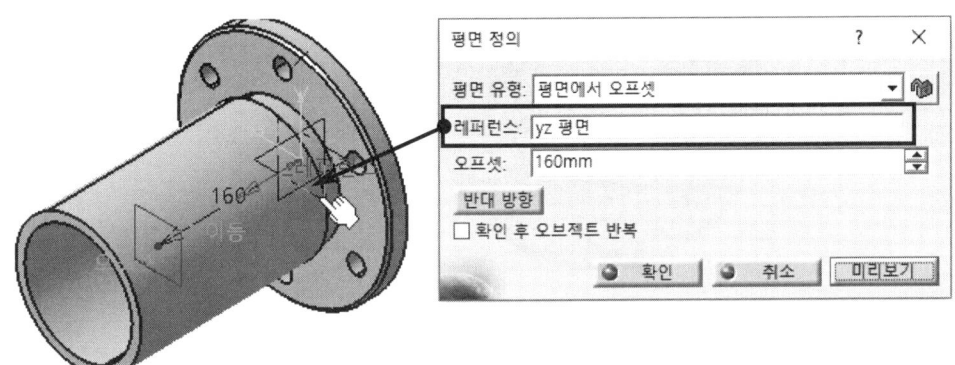

Step 16 위치 지정된 스케치(⬙)를 실행한다. 생성시킨 plane을 선택하고, 확인을 누른다.
H, V 방향을 체크한다.

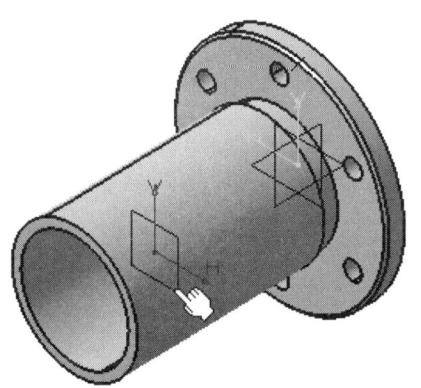

Step 17 축( )을 작성한다.

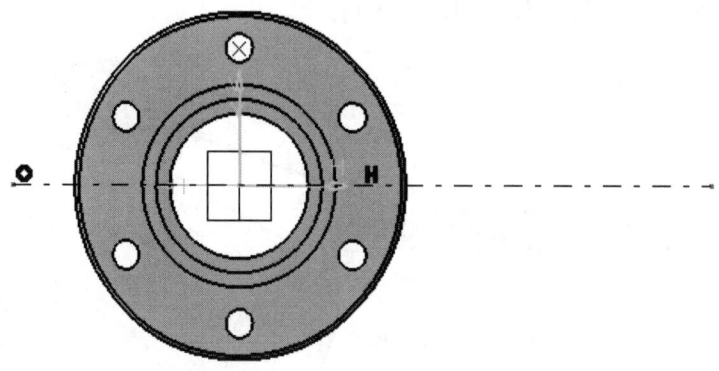

Step 18 프로파일( ), 제약조건( )으로 스케치를 작성하고, 워크벤치 종료( )를 한다.

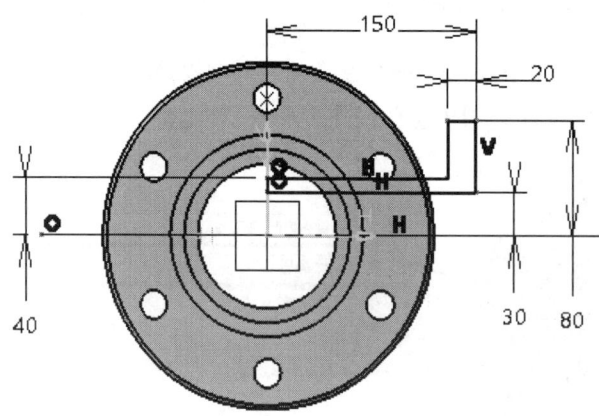

Step 19 Shaft( )를 실행하고, OK를 누른다.

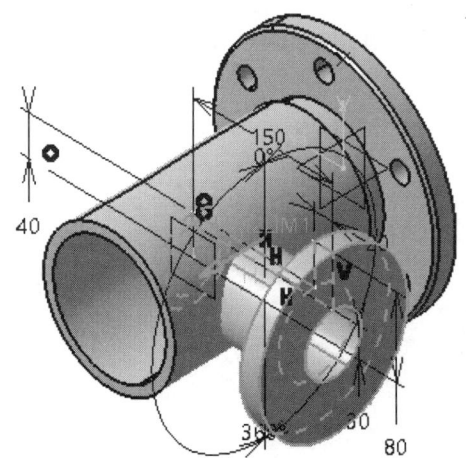

Step 20 위치 지정된 스케치(   )를 실행한다. 측면을 선택하고, 확인을 누른다.

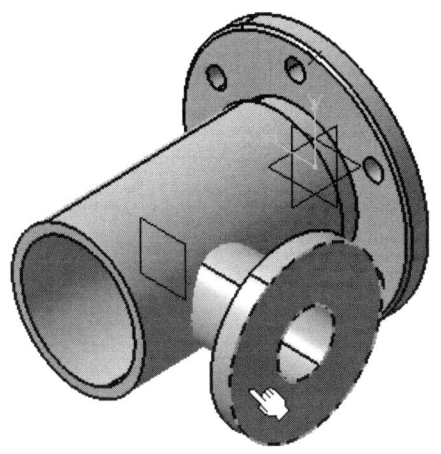

Step 21 X축 위에 점(·)생성하고, 제약조건(   )으로 스케치를 작성한다. 워크벤치 종료(   )를 한다.

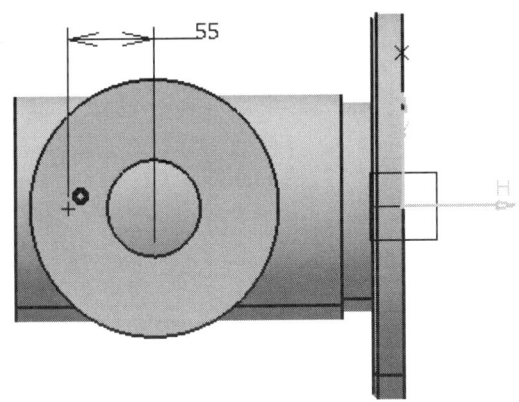

Step 22 Hole(   )을 실행한다. 점과 측면을 클릭하여 생성될 구멍의 위치를 정한다.(step 9번 참조)

Step 23 Hole의 종료 Type을 Up To Next로 설정하고, 지름을 입력한다. OK를 누른다.

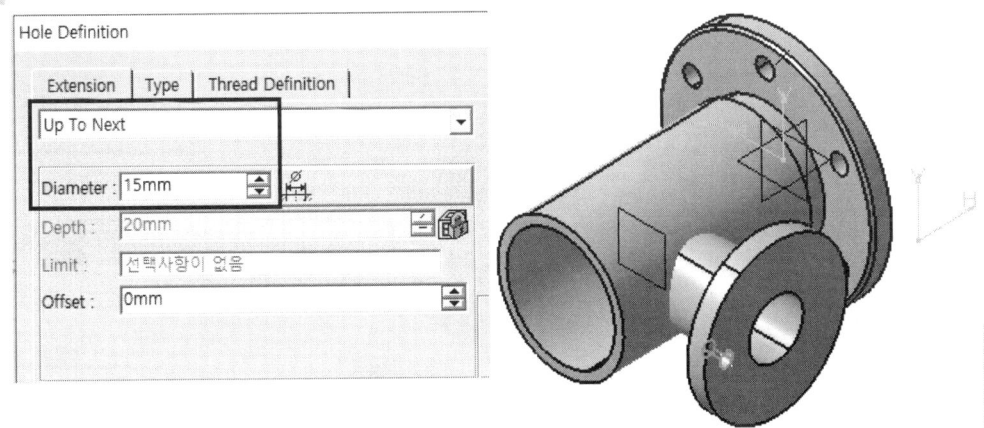

Step 24 생성된 Hole을 선택하고, Circular Pattern(⊙)을 실행한다.
① 패턴의 개수와 사이각을 입력한다.
② Reference element 항목을 클릭하고, 형상의 원통면을 선택한다.

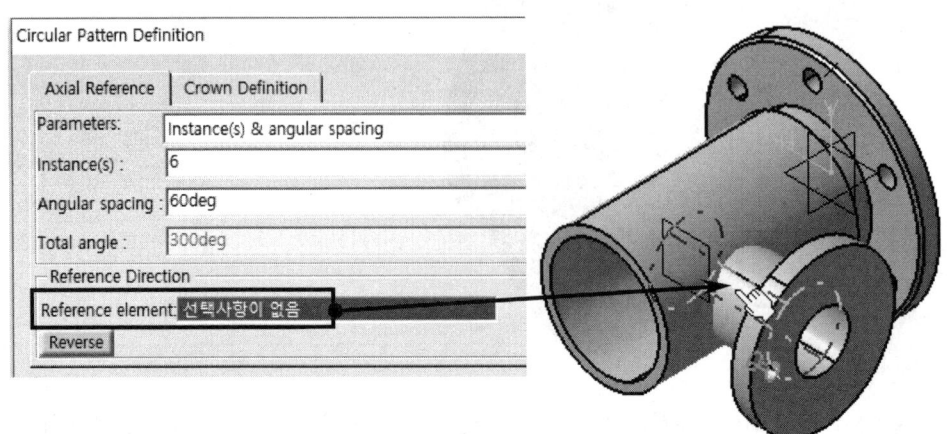

Step 25 미리보기 및 OK를 누른다.

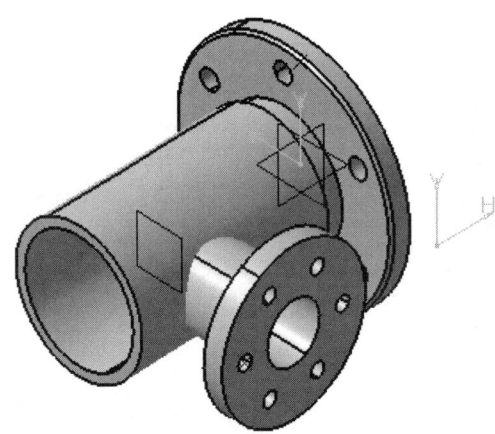

Step 26 Chamfer(⊙)를 실행하고, 안쪽 모서리를 선택한다.
Length 1에 모따기 값을 입력하고, OK를 누른다.

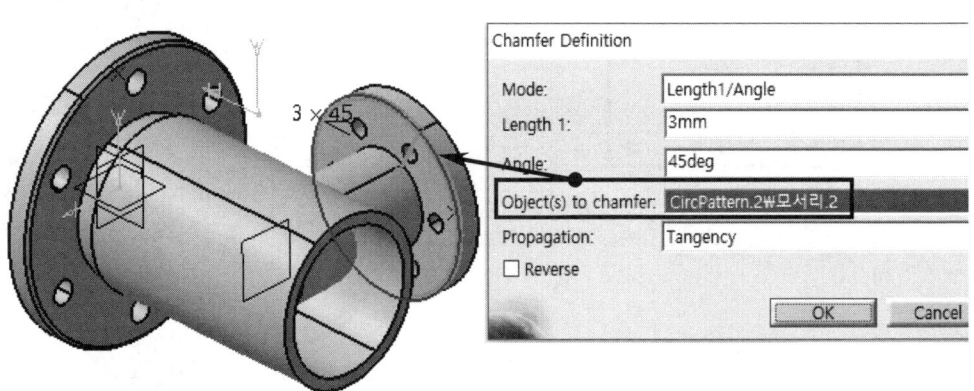

Step 27 풀다운메뉴 → 삽입 → 본체( )를 실행한다.

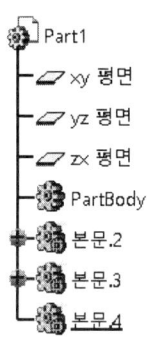

Step 28 Plane( )을 실행하고, 평면 유형을 [평면에서 오프셋]으로 설정한다.
레퍼런스와 오프셋 값을 입력하고, 확인을 누른다.

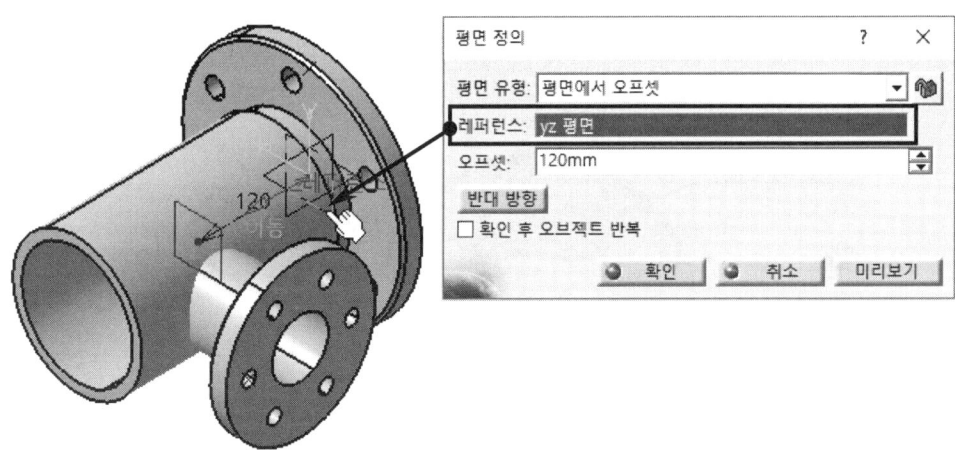

Step 29 위치 지정된 스케치( )를 실행한다. 생성시킨 plane을 선택하고, 확인을 누른다.
H, V 방향을 체크한다.

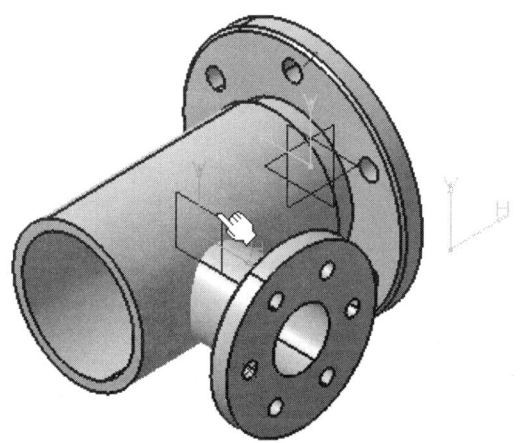

Step 30 프로파일(), 제약조건()으로 스케치를 작성한다.

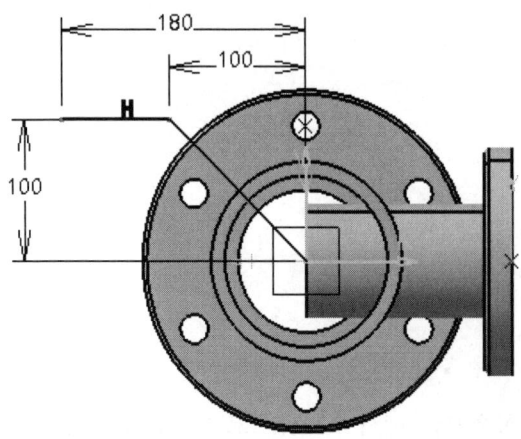

Step 31 코너()를 이용하여 라운드를 적용하고, 워크벤치 종료()를 한다.

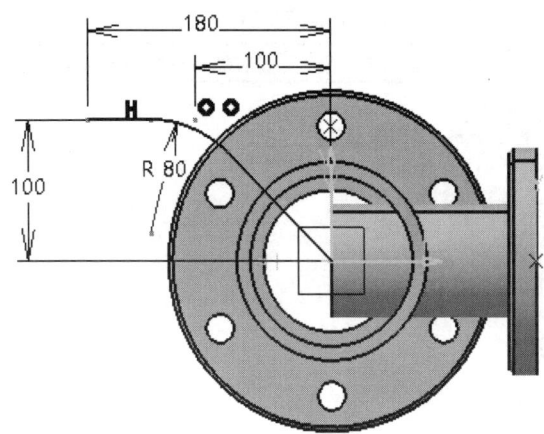

Step 32 Plane()을 실행하고, 평면 유형을 [커브에 수직]으로 설정한다.
① 커브 : 위에서 생성한 스케치를 선택한다. ② 점 : 끝점을 클릭한다. 확인을 누른다.

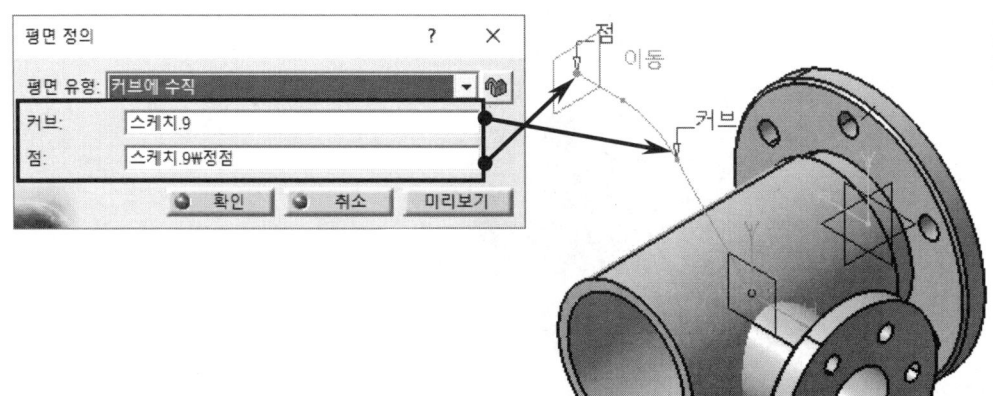

Step 33 위치 지정된 스케치(📐)를 실행한다. 생성시킨 plane을 선택하고, 확인을 누른다.
H, V 방향을 체크한다.

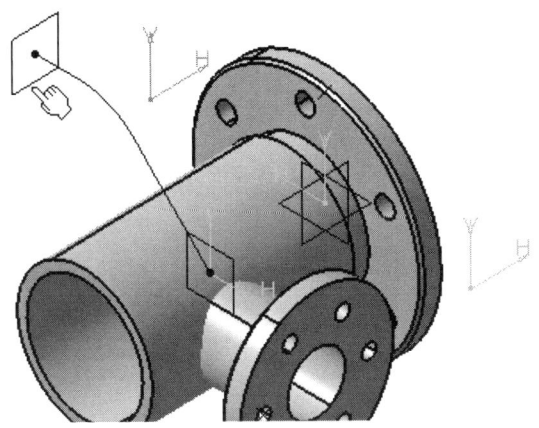

Step 34 원(⊙), 제약조건(🔲)으로 스케치를 작성한다. 워크벤치 종료(🚪)를 한다.

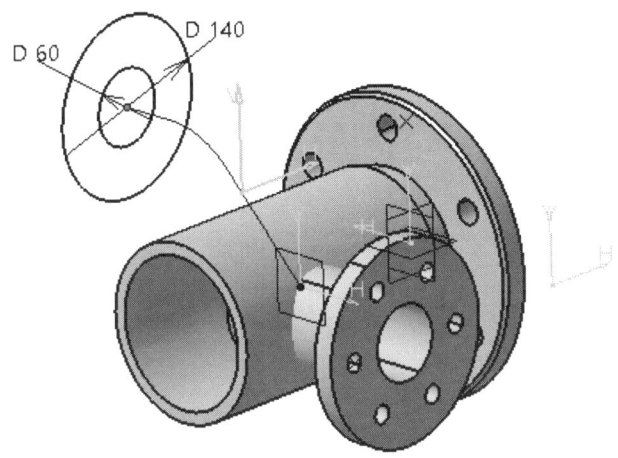

Step 35 Rib(🗝)를 실행한다.
Profile 항목에서 마우스 오른쪽 버튼을 눌러 [프로파일 정의로 이동]을 선택한다.

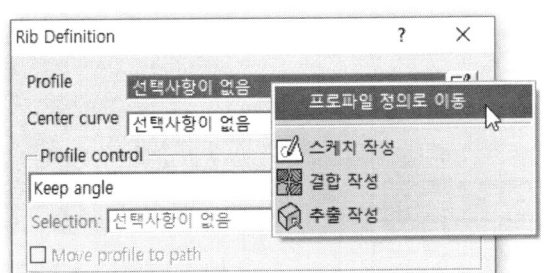

Step 36 Sub-elements 항목에서 단면 : 작은원 스케치를 선택한다. OK를 누른다.

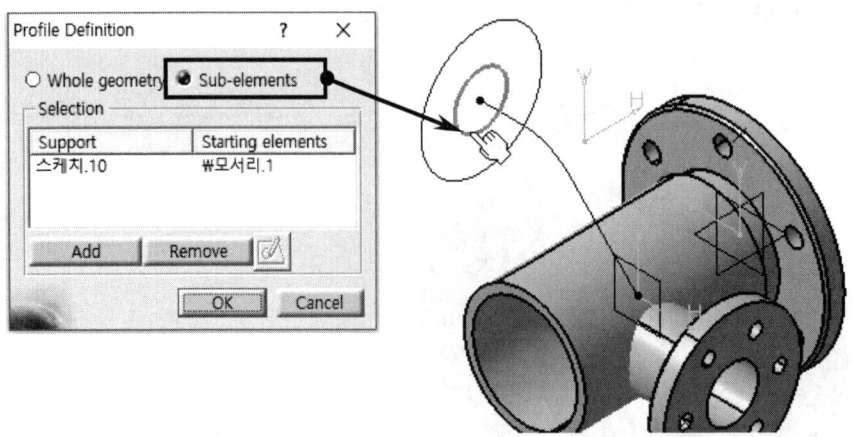

Step 37 Center curve 항목에서 가이드 스케치를 선택한다.

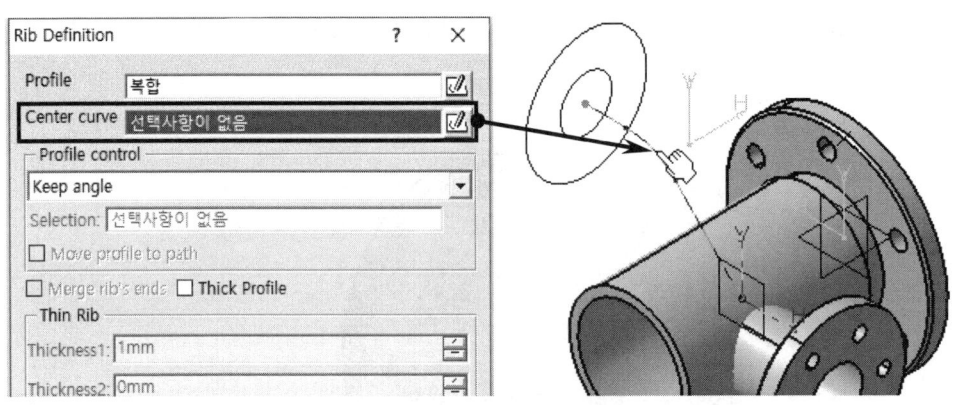

Step 38 Thick Profile에 체크를 하고, Thickness 2에 두께 값을 입력한다. OK를 누른다.

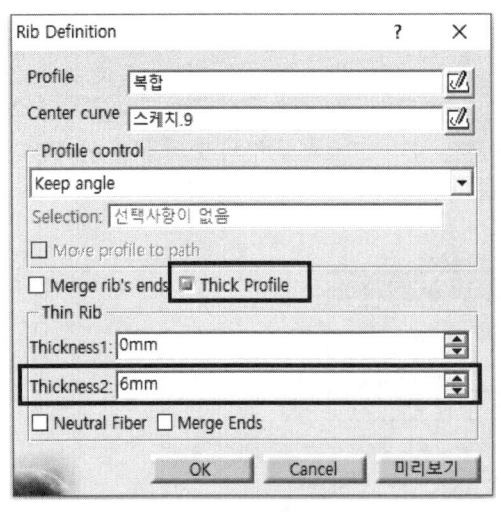
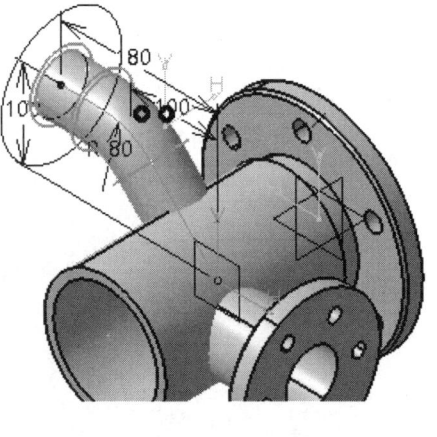

Step 39 작성한 원 스케치를 선택하고, Pad(⬚)를 실행한다. Length를 입력한다. OK를 누른다.

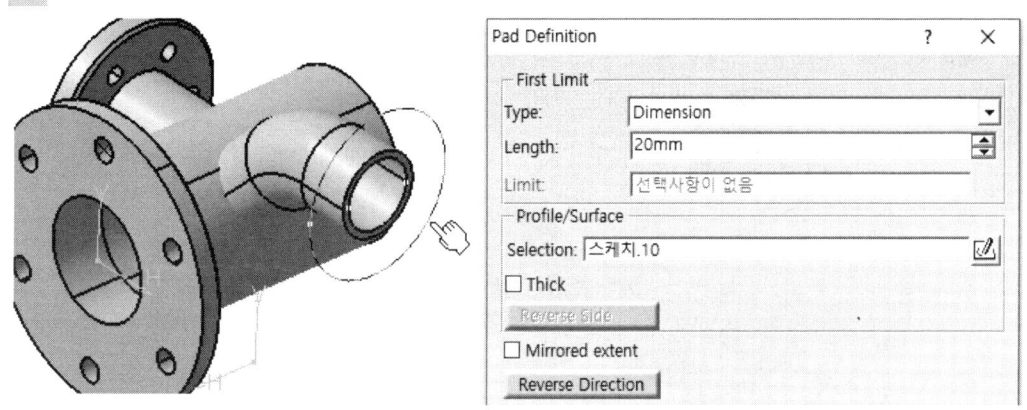

Step 40 위치 지정된 스케치(⬚)를 실행하고, 측면을 선택한다.
원점 유형을 [무게 중심]으로 설정하고, 다시 측면을 선택한다. 확인을 누른다.

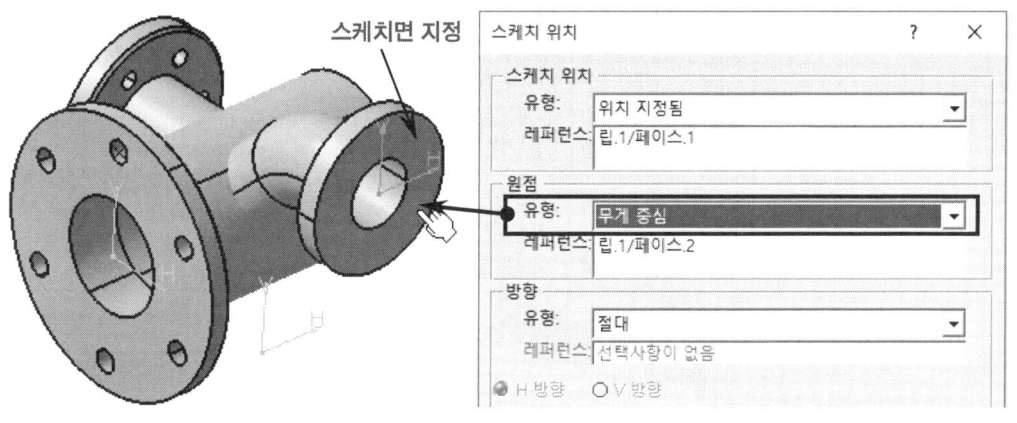

Step 41 X축 위에 점(•)생성하고, 제약조건(⬚)으로 스케치를 작성한다. 워크벤치 종료(⬚)를 한다.

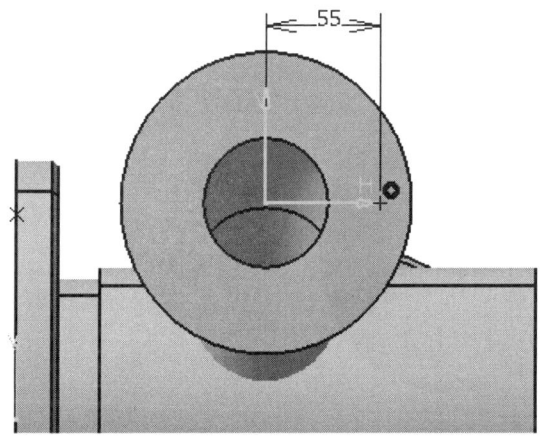

Step 42 Hole(⊙)을 실행한다. 점과 측면을 클릭하여 생성될 구멍의 위치를 정한다.(step 9번 참조)

Step 43 Hole의 종료 Type을 Up To Next로 설정하고, 지름을 입력한다. OK를 누른다.

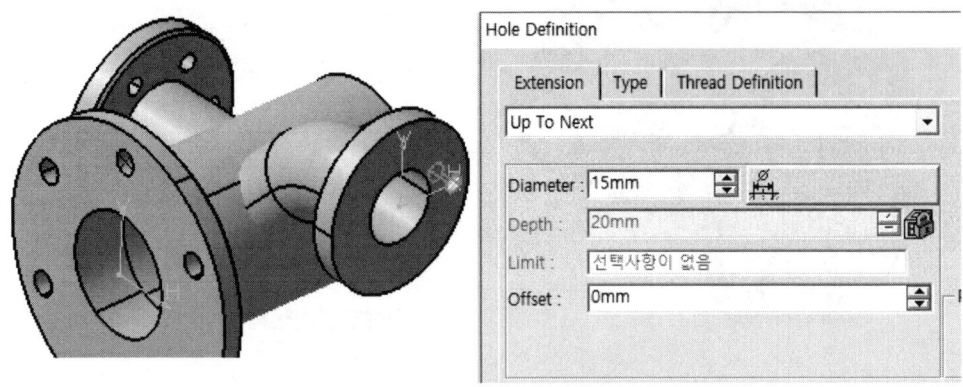

Step 44 생성된 Hole을 선택하고, Circular Pattern(✣)을 실행한다.
① 패턴의 개수와 사이각을 입력한다.
② Reference element 항목을 클릭하고, 형상의 원통면을 선택한다. OK를 누른다.

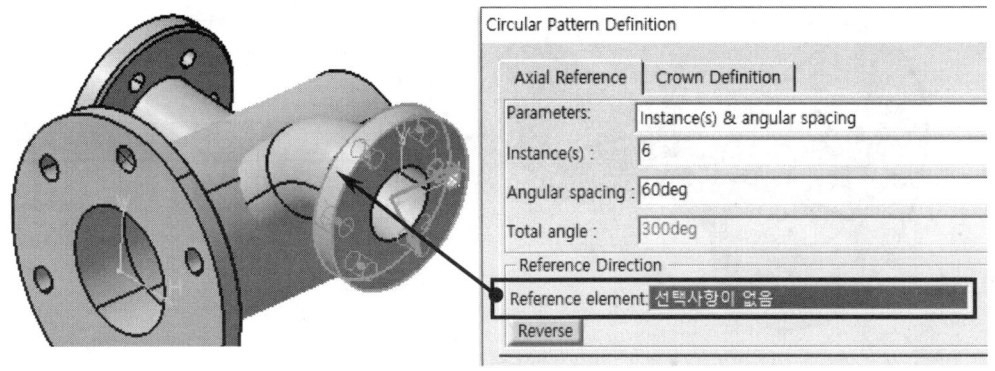

Step 45 Chamfer(◈)를 실행하고, 안쪽 모서리를 선택한다.
Length 1에 모따기 값 3을 입력하고, OK를 누른다.

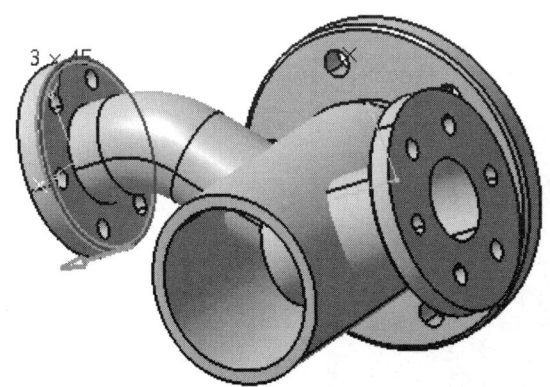

Step 46 PartBody에서 마우스 오른쪽 버튼을 눌러 [작업 오브젝트에서 정의]를 누른다.

- zx 평면
- PartBody
- 본문.2
- 본문.3
- 본문.4

Step 47 결합(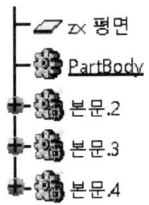)을 실행하고, 본문.2를 선택한다. OK를 누른다

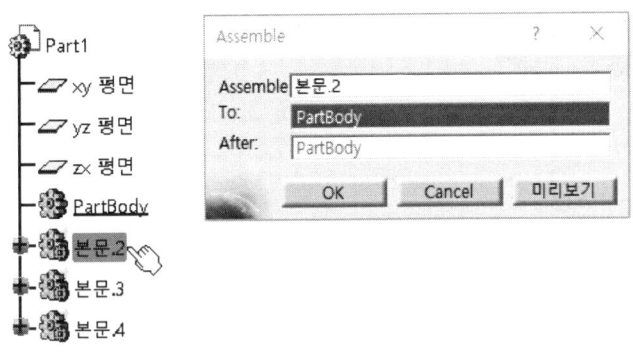

Step 48 결합 자르기(　)를 실행하고, 본문.3을 선택한다.
Faces to keep 항목을 클릭하고, 남아있을 면 2군데를 선택한다.

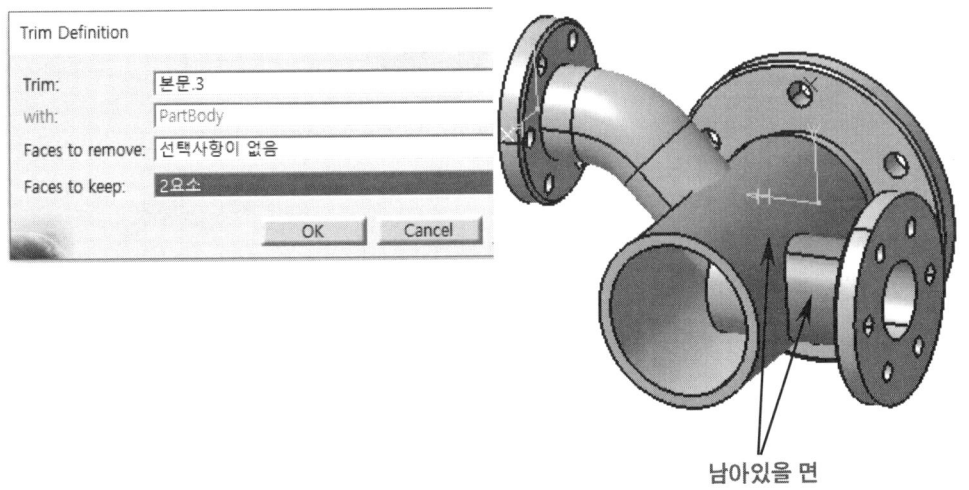

남아있을 면

Step 49 OK를 누른다.

Step 50 결합 자르기(🔧)를 실행하고, 본문.4를 선택한다.
Faces to keep 항목을 클릭하고, 남아있을 면 2군데를 선택한다. OK를 누른다.

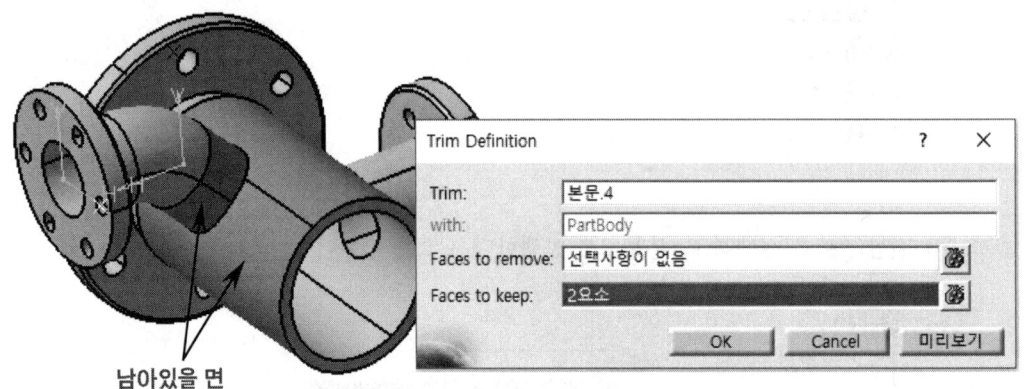

남아있을 면

Step 51 형상이 완성되었다.

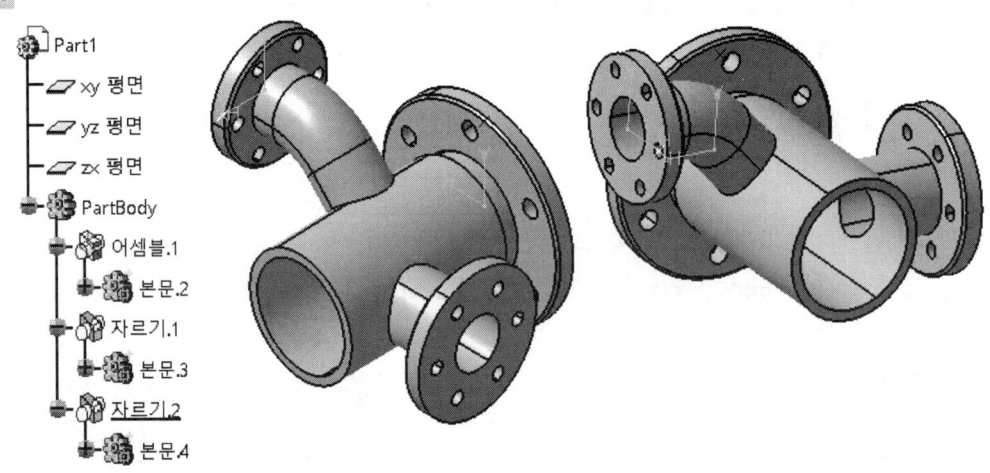

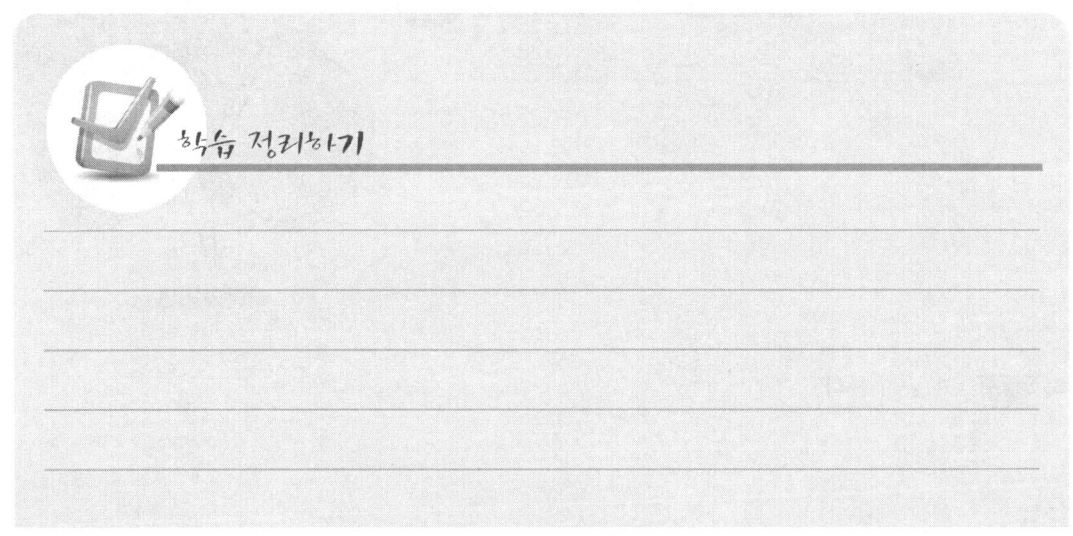

학습 정리하기

과제 7 CATIA 응용과정 – Modeling 따라하면서 배우기 *Step by Step*

다음 도면을 분석하여 Catia 기능을 활용한 모델링을 한다.

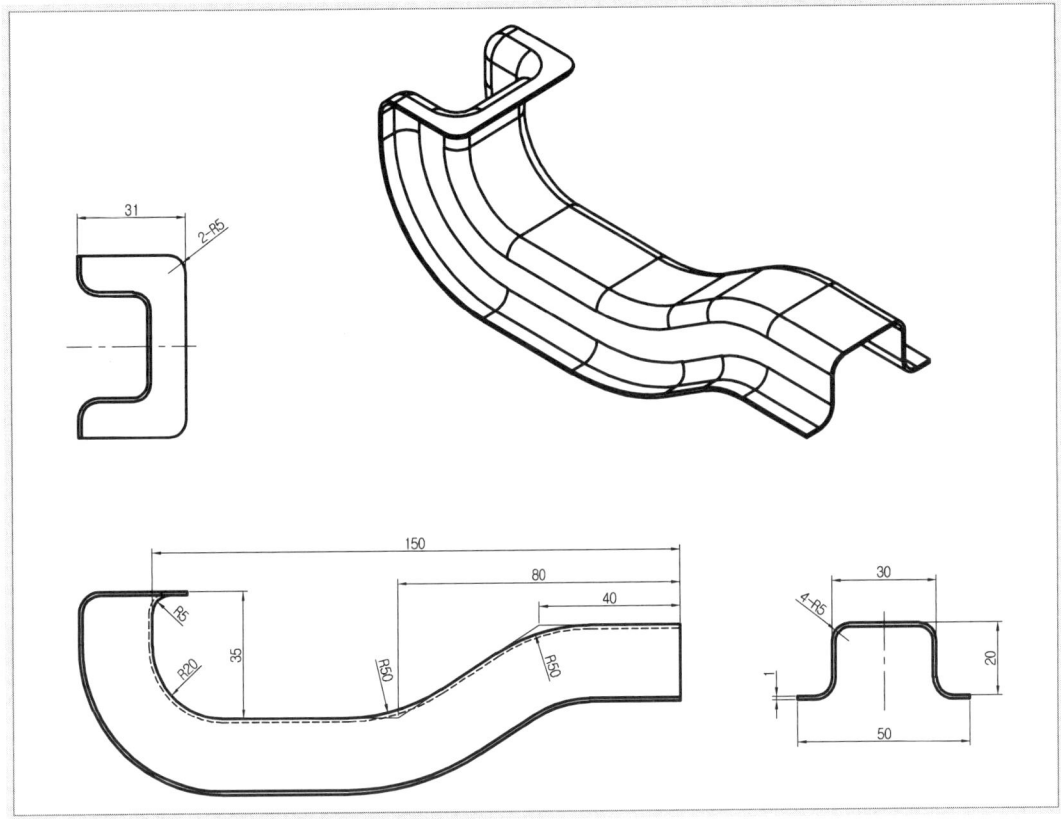

Step 01 [Part Design]을 실행한다. 작업할 파일의 이름을 입력하고, 확인을 누른다.

Step 02 풀다운메뉴 → 삽입 → 본체( )를 실행한다.

Step 03 위치 지정된 스케치( )를 실행한다. zx평면을 선택하고, 확인을 누른다.

Step 04 프로파일( ), 제약조건( )으로 스케치를 작성한다.

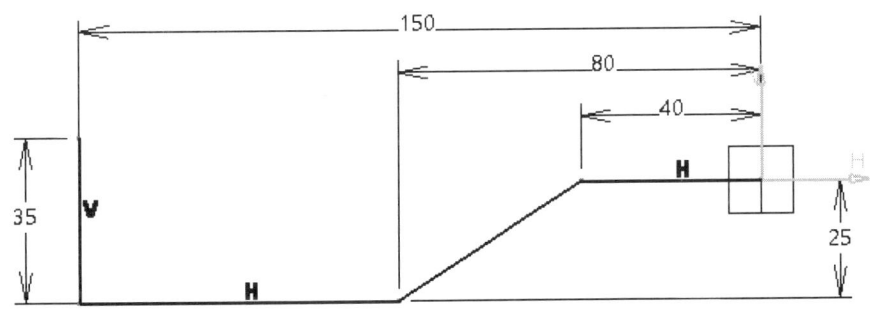

Step 05 코너(⌒)를 생성하고, 값을 입력한다. 워크벤치 종료(⬆)를 한다.

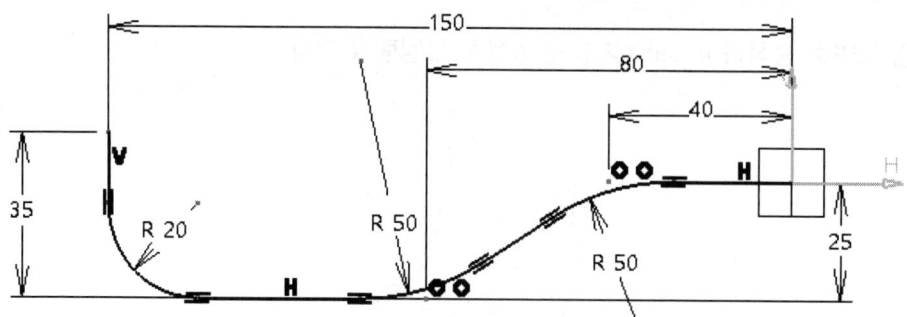

Step 06 위치 지정된 스케치(✏)로 yz평면을 선택하고, 확인을 누른다.

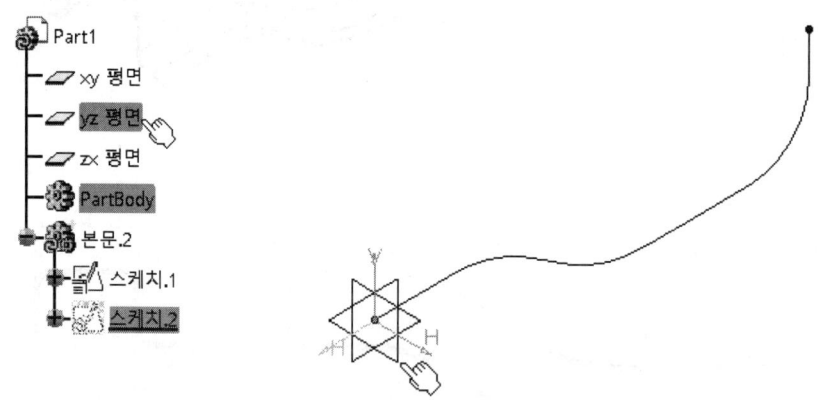

Step 07 프로파일(⌂)로 스케치를 작성한다.

Step 08 미러(⬌)를 실행하고, Y축을 선택한다. 미러가 되었다.

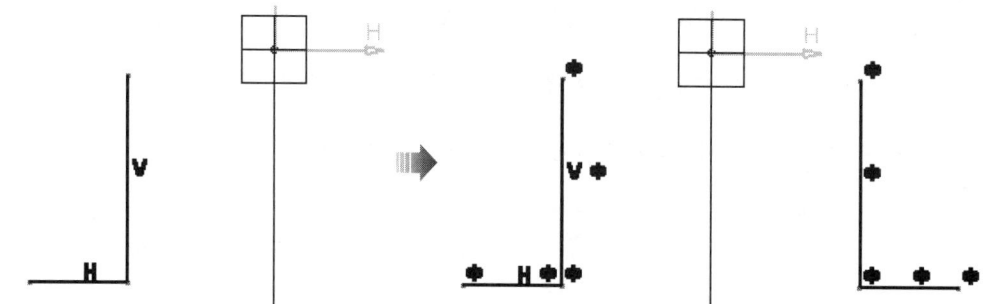

Chapter 06 CATIA Modeling 따라하면서 배우기(응용편 1)

Step 09 윗부분에 선(∕)을 그리고, 제약조건(🗂)으로 스케치를 작성한다.

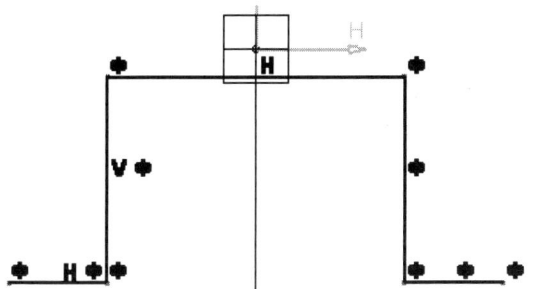

Step 10 코너(⌒)를 생성하고, 워크벤치 종료(🔼)를 한다.

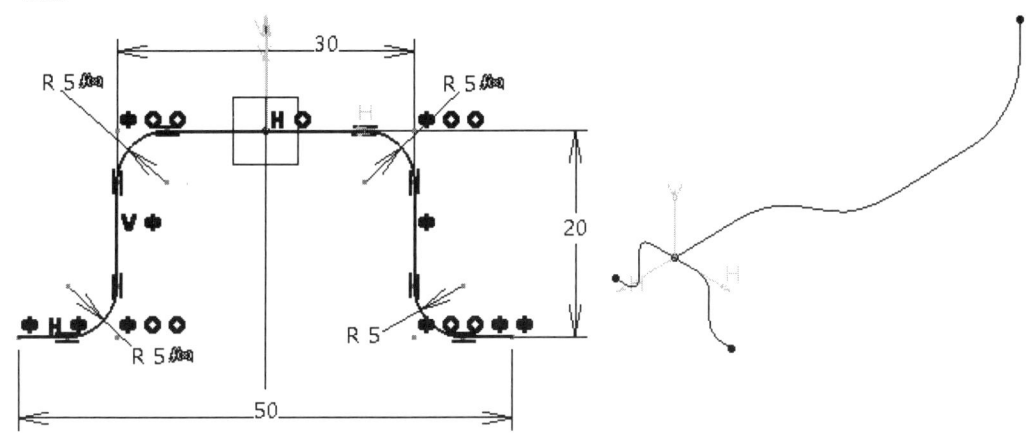

Step 11 Rib(🖉)를 실행하고, Profile 스케치를 선택한다.
에러창이 나오면 "예"를 누른다.

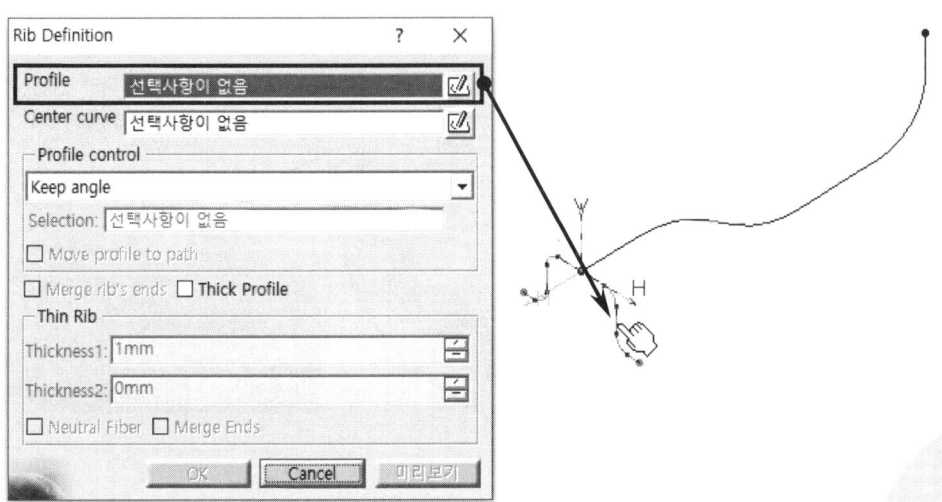

Step 12 Center curve 항목을 클릭하고, 해당 스케치를 선택한다.

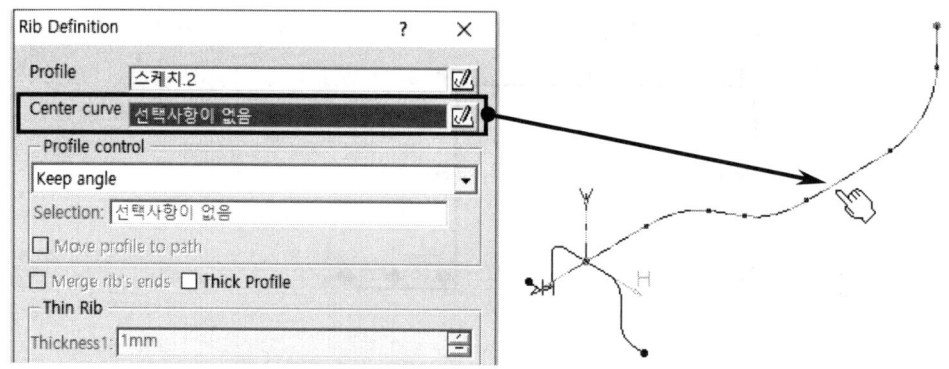

Step 13 Thick Profile에 체크를 하고, 두께를 입력한다. OK를 누른다.

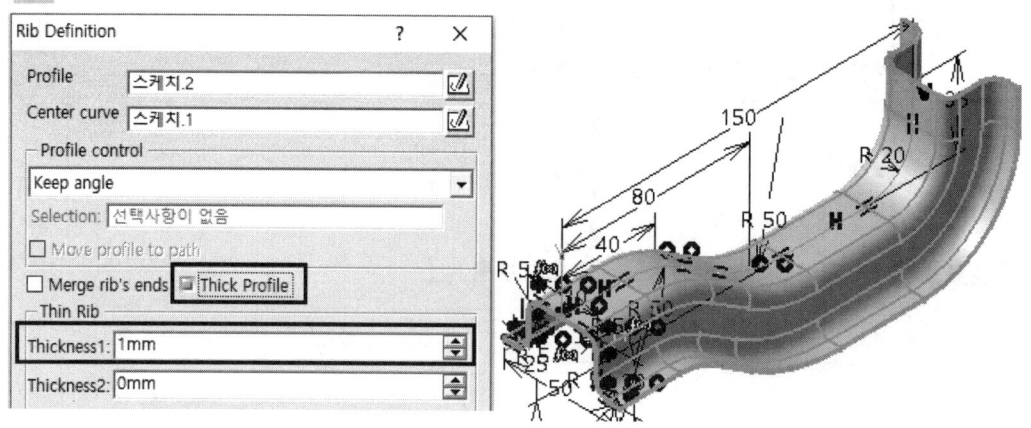

Step 14 풀다운메뉴 → 삽입 → 본체(🔲)를 실행한다.

Step 15 위치 지정된 스케치(📐)로 형상 윗면을 선택하고, 확인을 누른다.

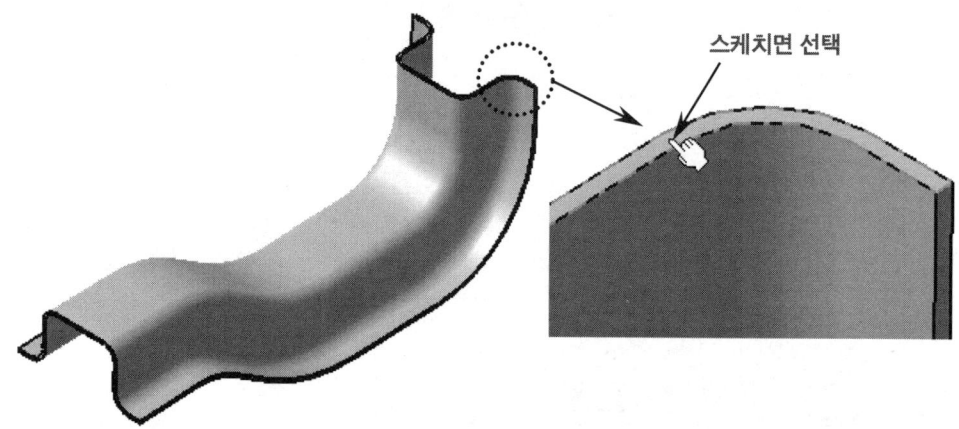

스케치면 선택

Step 16 중심 직사각형(▭), 제약조건(🔒)으로 스케치를 작성한다.

Step 17 코너(⌒)를 생성하고, 워크벤치 종료(⇧)를 한다.

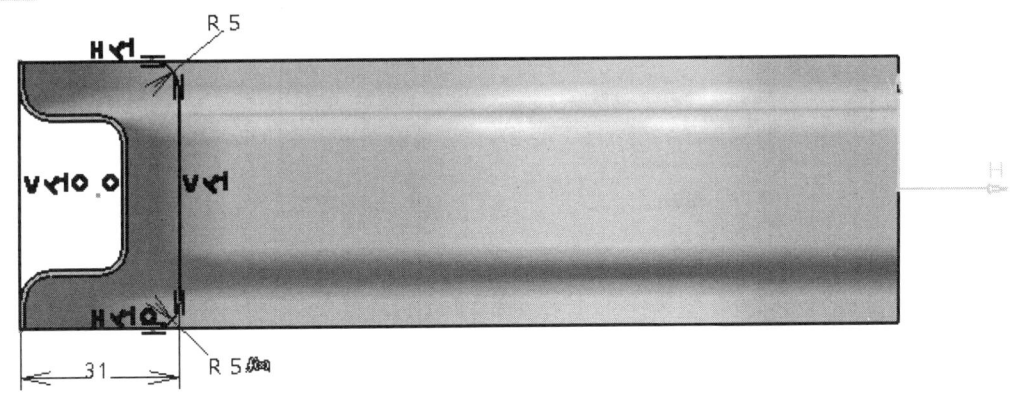

Step 18 Pad(⬚)를 실행한다. 방향을 아래로 전환하고, Length 값을 입력한다. OK를 누른다.

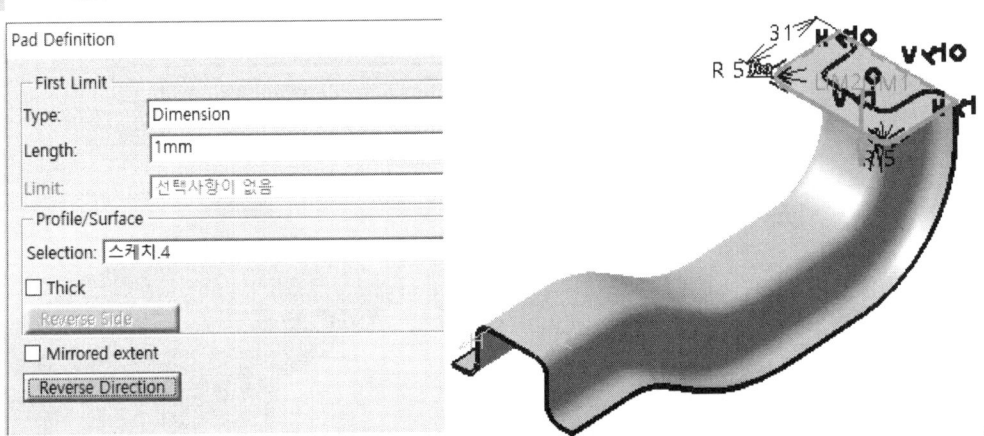

Step 19 PartBody에서 마우스 오른쪽 버튼을 눌러 [작업 오브젝트에서 정의]를 선택한다.

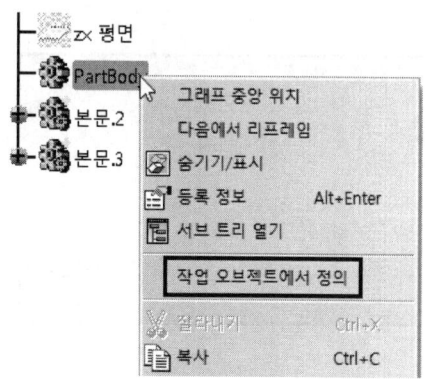

Step 20 결합(🔧)을 실행하고, 본문.2를 선택한다. OK를 누른다.

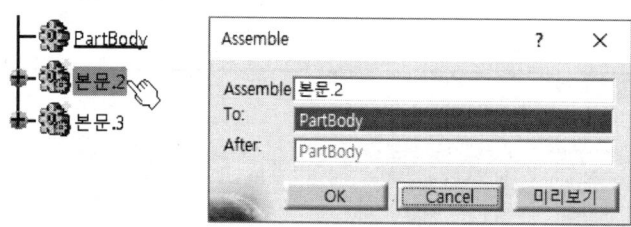

Step 21 결합 자르기(🔧)를 실행하고, 본문.3을 선택한다.

Step 22 Faces to keep 항목을 클릭하고, 남겨질 앞면 1군데를 선택한다. OK를 누른다.

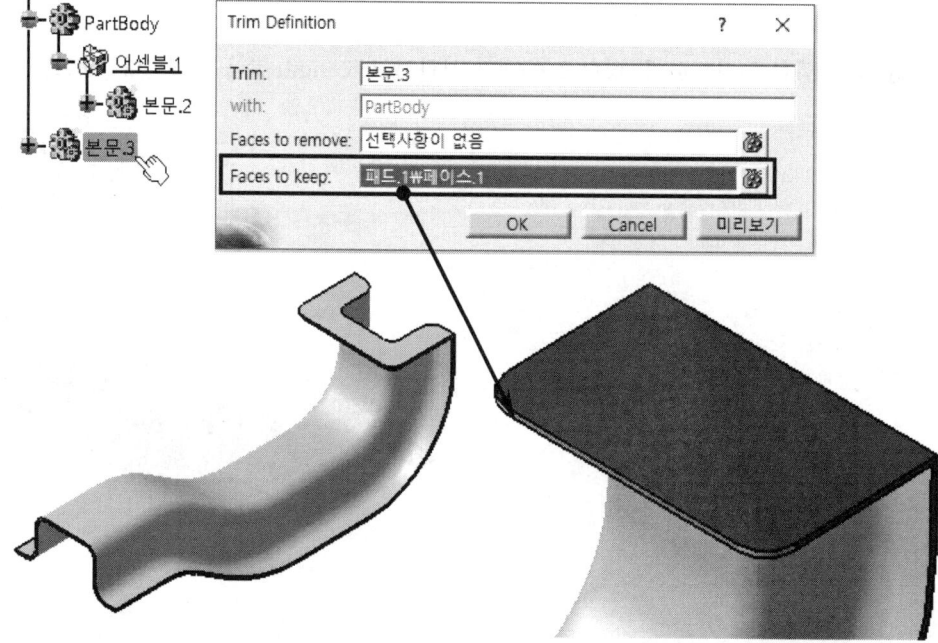

Step 23 Edge Fillet(🔘)을 이용하여 선택한 모서리(좌측그림)에 라운드 R5를, 선택한 모서리(우측그림)에 라운드 R6을 적용한다.

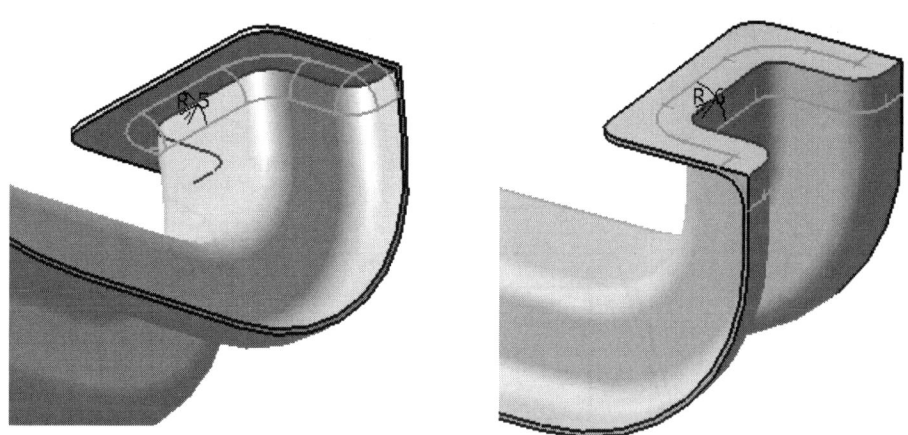

Step 24 형상이 완성되었다.

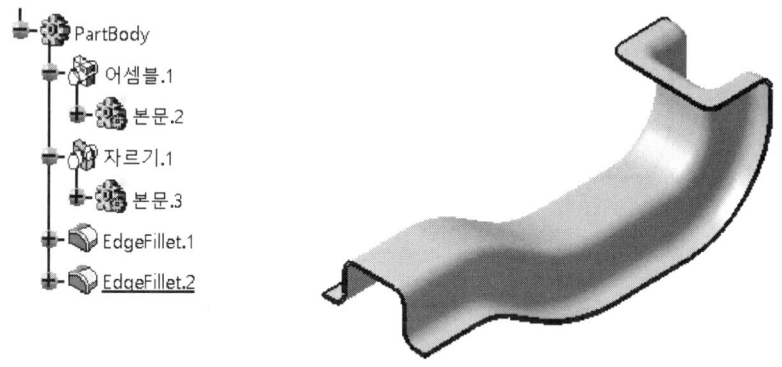

학습 정리하기

과제 8 CATIA 응용과정 – Modeling 따라하면서 배우기

다음 도면을 분석하여 Catia 기능을 활용한 모델링을 한다.

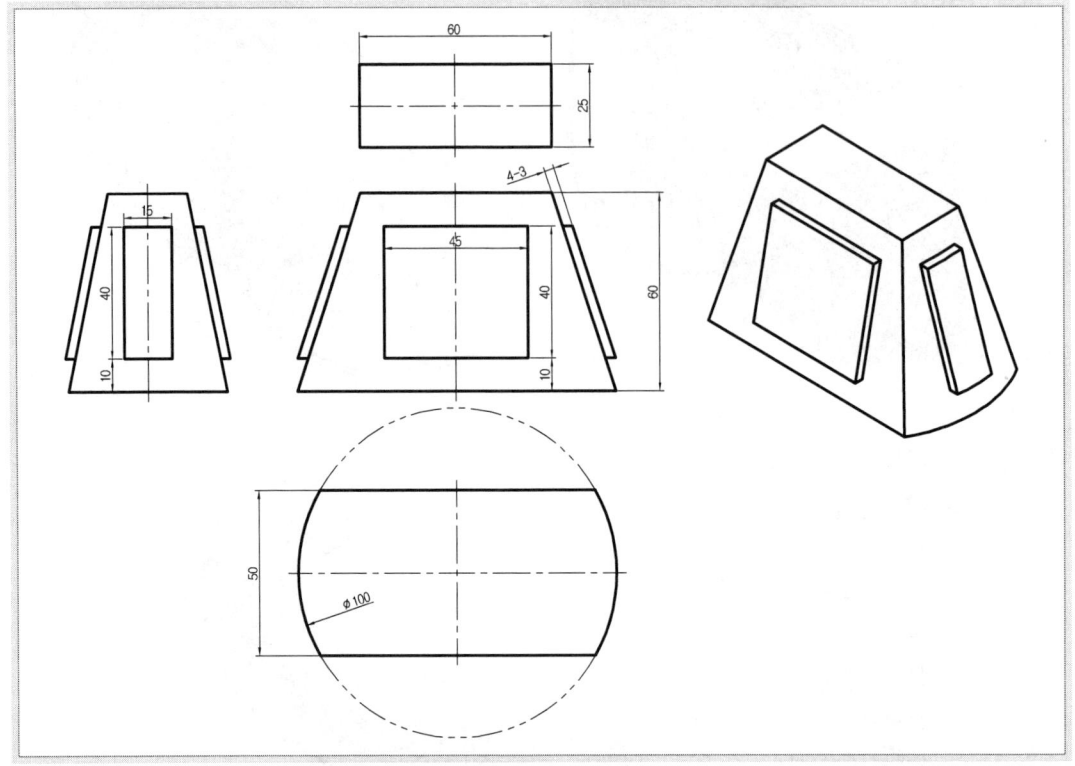

Step 01 [Part Design]을 실행한다. 작업할 파일의 이름을 입력하고, 확인을 누른다.

Step 02 위치 지정된 스케치(📐)를 실행한다. xy평면을 선택하고, 확인을 누른다.

Step 03 원(⊙), 제약조건(📐)으로 스케치를 작성한다.

Step 04 위, 아래에 선(／)을 그리고, 제약조건으로 치수를 입력한다.

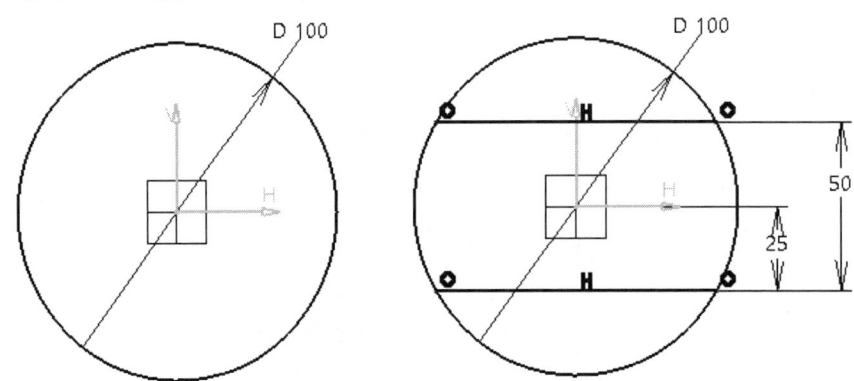

358

Step 05 즉시 자르기(⌀)로 그림처럼 필요 없는 부분을 잘라내고, 워크벤치 종료(⌂)를 한다.

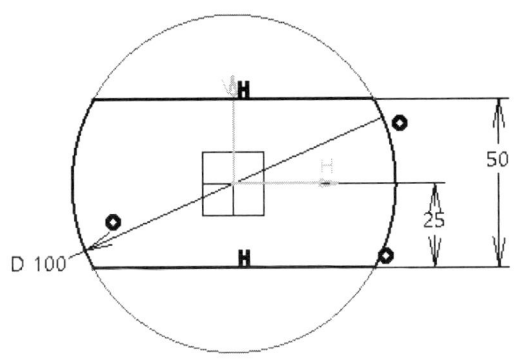

Step 06 Plane(⌀)을 실행한다.
[평면에서 오프셋]으로 설정하고, xy 평면을 선택한다. 오프셋을 입력하고, 확인을 누른다.

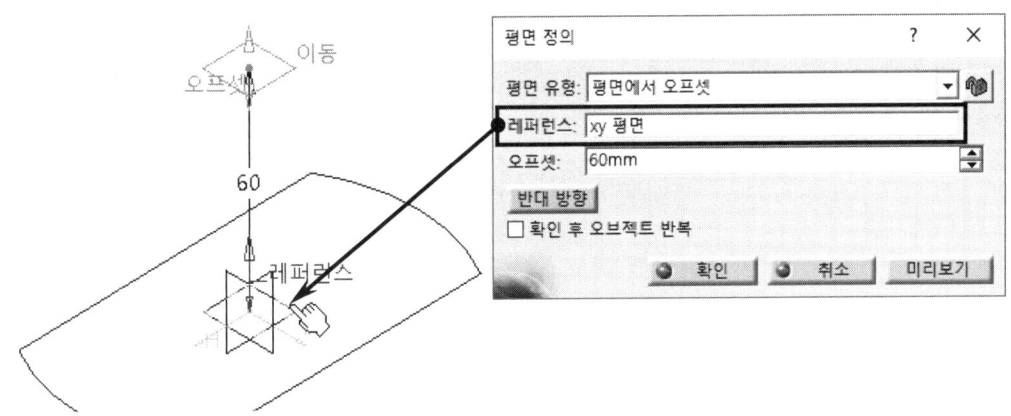

Step 07 위치 지정된 스케치(⌀)를 실행한다. 생성시킨 plane을 선택하고, 확인을 누른다.

Step 08 중심 직사각형(⌀), 제약조건(⌀)으로 스케치를 작성한다. 워크벤치 종료(⌂)를 한다.

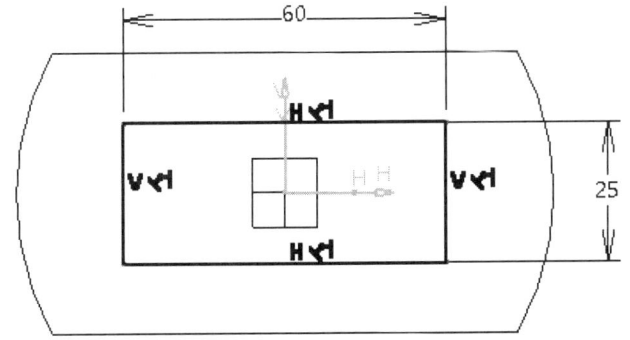

Step 09 Multi-section Solid( )를 실행한다. 작성한 스케치를 차례로 선택한다.

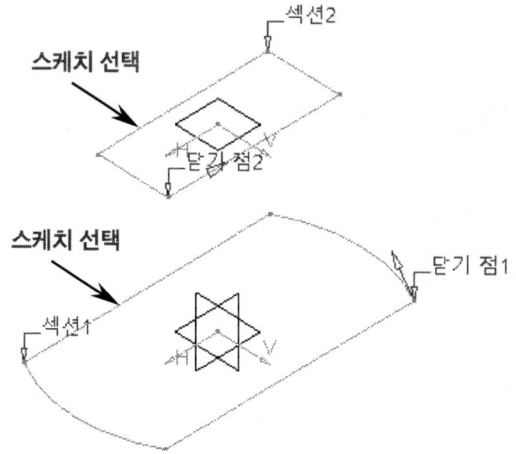

Step 10 [섹션2]의 [닫기 점2]에서 마우스 오른쪽 버튼을 눌러 "교체"를 선택한다.

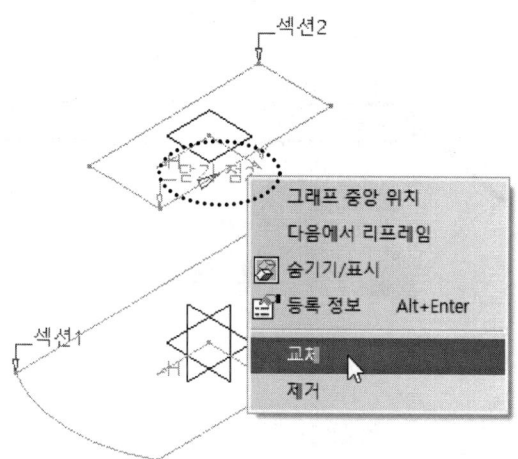

Step 11 옮길 위치의 점을 클릭하여 [닫기 점2]를 아래 그림과 같이 이동시킨다.

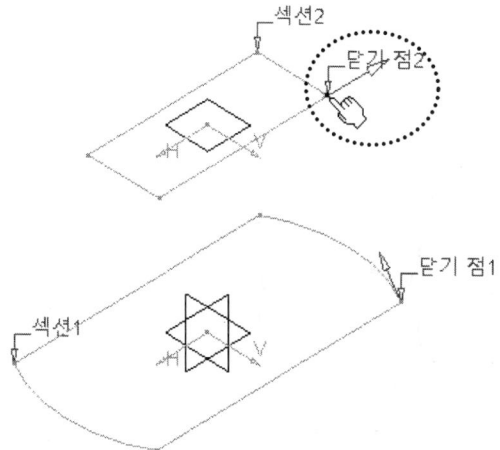

Chapter 06 CATIA Modeling 따라하면서 배우기(응용편 1)

Step 12 [닫기 점1]과 [닫기 점2]의 위치를 확인하고, OK를 누른다.

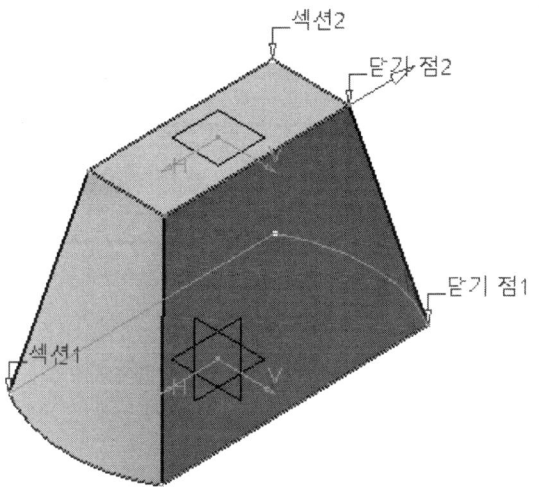

Step 13 위치 지정된 스케치(📝)를 실행한다. zx평면을 선택하고, 확인을 누른다.

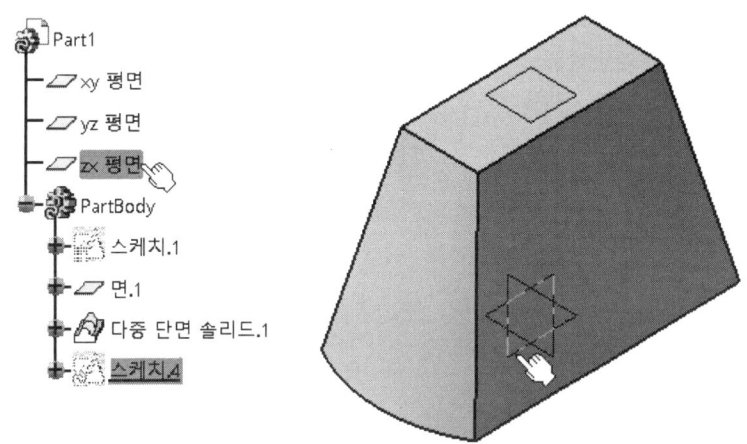

Step 14 중심 직사각형(□), 제약조건(🔲)으로 스케치를 작성한다. 워크벤치 종료(🏠)를 한다.

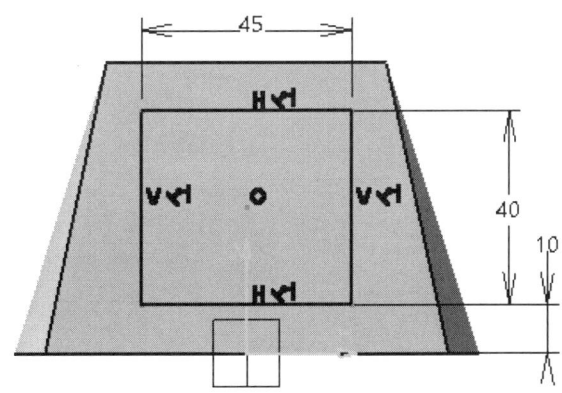

361

Step 15 Pad(🗗)를 실행한다. ① Type을 "Up to plane"으로 설정한다.
② Limit 항목은 형상의 우측면을 선택하고, ③ Offset 값을 입력한다.

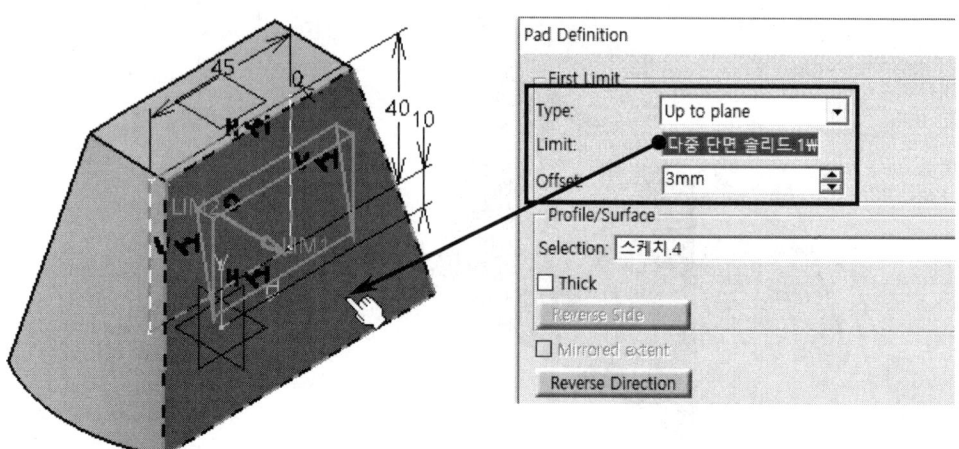

Step 16 More>> 버튼을 눌러 Second Limit 옵션도 같은 방법으로
① Up to plane으로 설정, ② 형상의 좌측면 선택, ③ Offset 값을 입력한다.

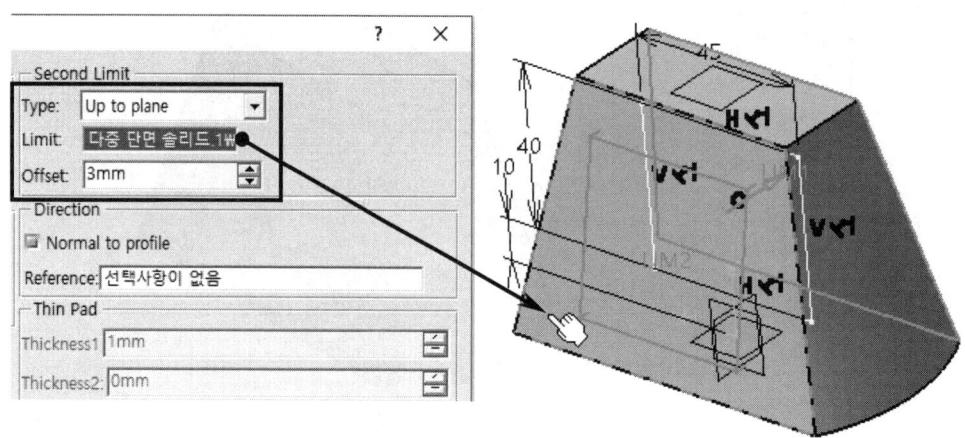

Step 17 미리보기와 OK를 누른다.

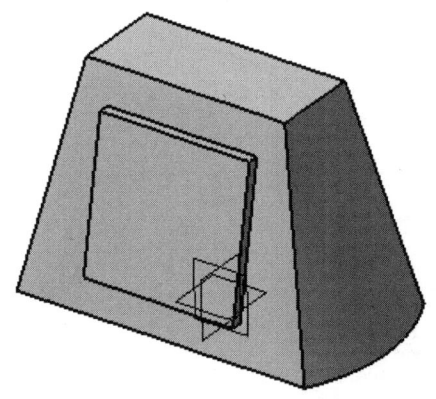

Step 18 트리 구조의 패드.1에서 마우스 오른쪽 버튼을 눌러 "복사"를 한다.

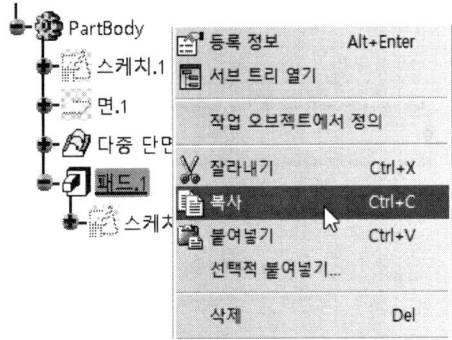

Step 19 PartBody에서 마우스 오른쪽 버튼을 눌러 "붙여넣기"를 한다. 패드.2가 복사되었다.

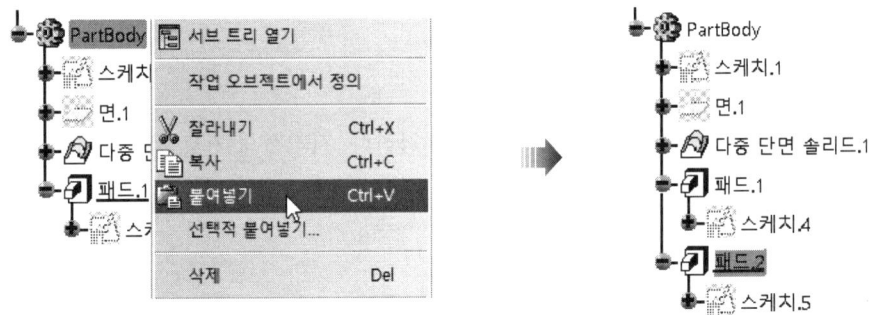

Step 20 패드.2 밑에 있는 스케치에서 마우스 오른쪽 버튼을 눌러 "스케치.오브젝트" → "스케치 지원 변경"을 선택한다.

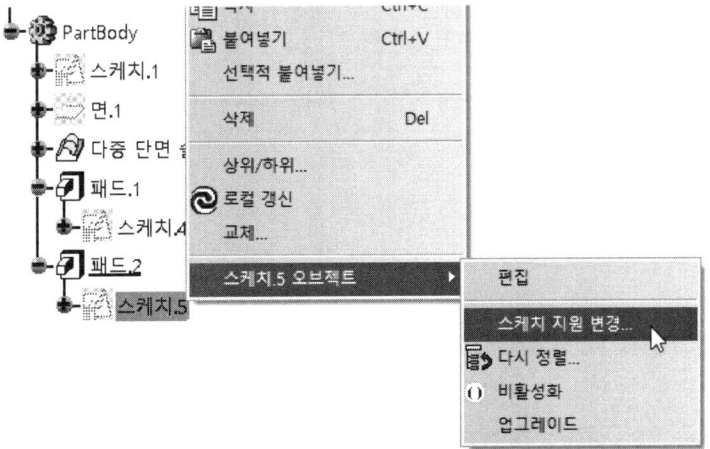

Step 21 yz 평면을 클릭하여 스케치 위치를 변경하고, OK를 누른다.

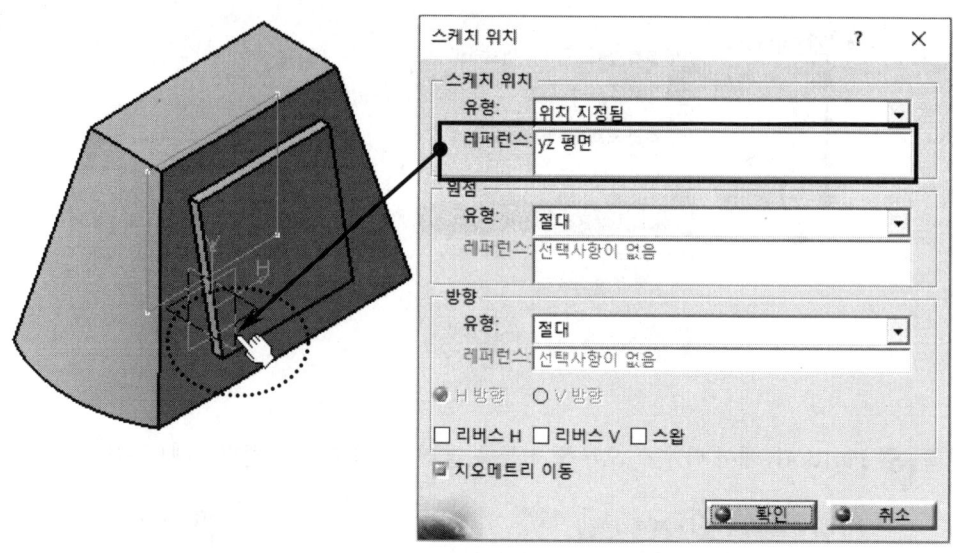

Step 22 스케치를 더블클릭하여 편집 환경으로 전환한다. 사각형의 가로 치수를 수정한다. 워크벤치 종료(⤴)를 한다.

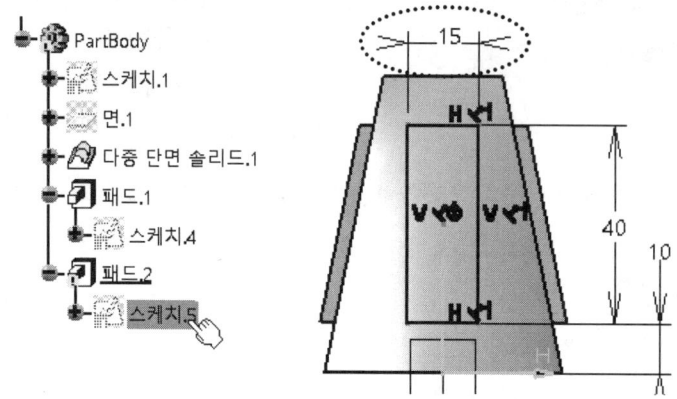

Step 23 다음 창이 나오면 "닫기"를 누른다.

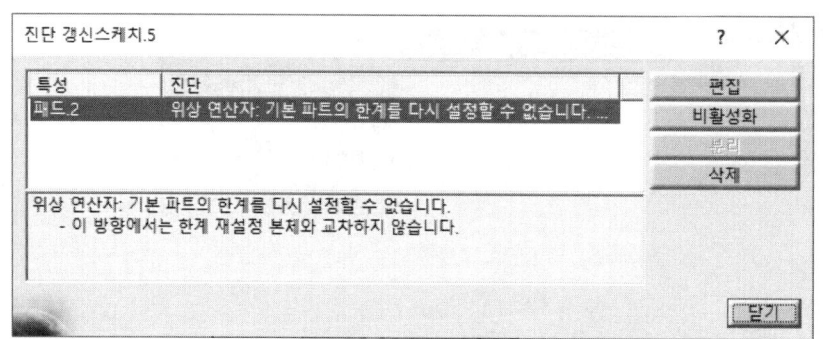

Step 24 패드.2를 더블클릭하여 편집 환경으로 전환한다. 다음 창이 나오면 "확인"을 누른다.

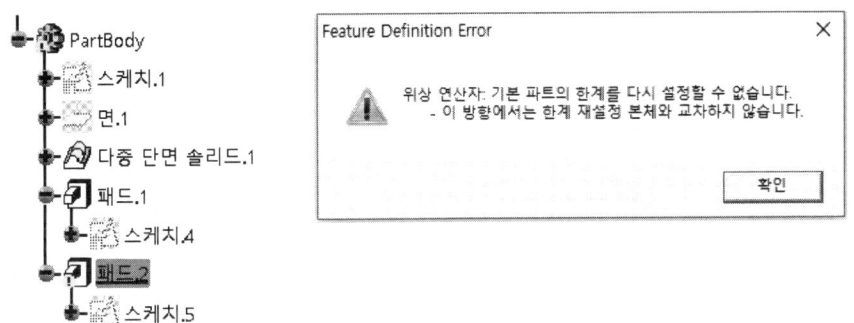

Step 25 First Limit의 ① Type을 "Up to surface"로 설정한다.
② Limit 항목은 형상의 좌측면을 선택하고, ③ 에러창이 나오면 "확인"을 누른다.
④ Offset 값을 입력한다.

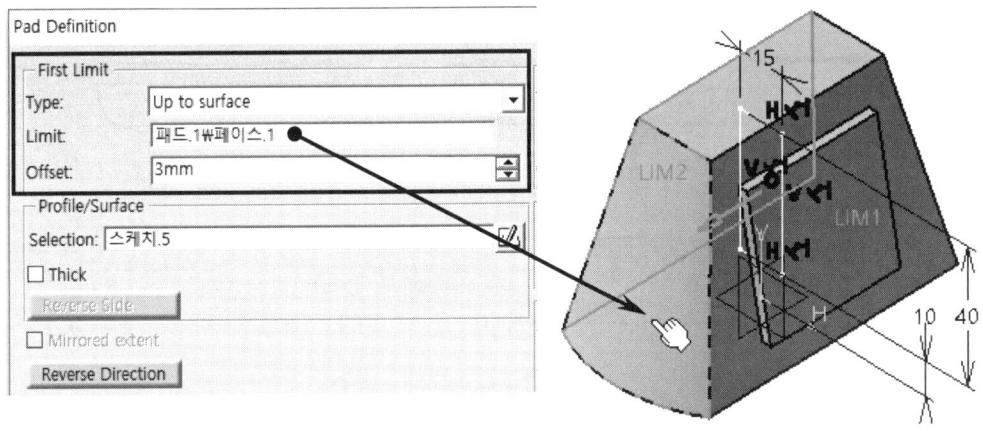

Step 26 Second Limit(형상 반대면)도 위와 같은 방법으로 설정한다. OK를 누른다.

Step 27 형상이 완성되었다.

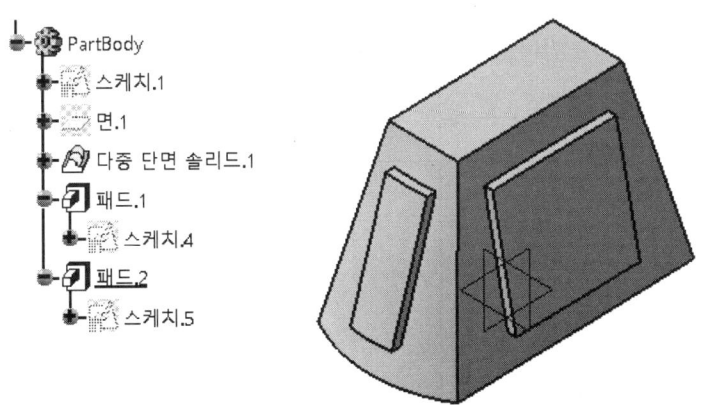

과제 9 CATIA 응용과정 - Modeling 따라하면서 배우기

다음 도면을 분석하여 Catia 기능을 활용한 모델링을 한다.

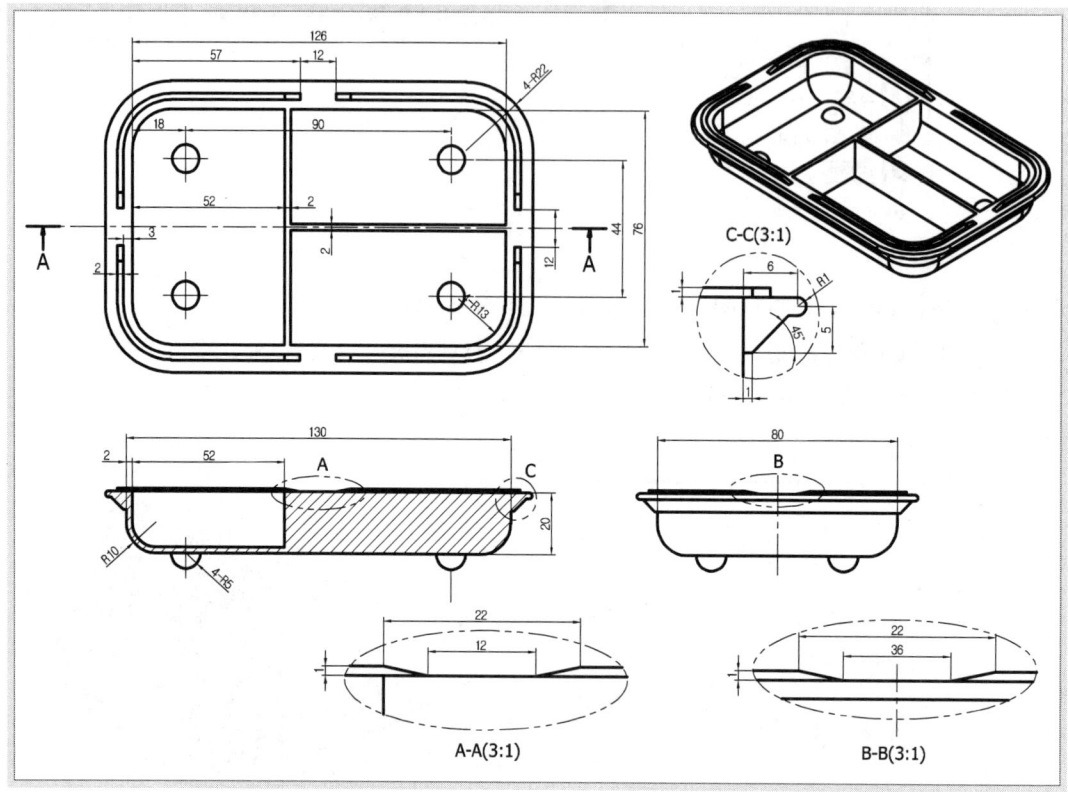

Step 01 [Part Design]을 실행한다. 작업할 파일의 이름을 입력하고, 확인을 누른다.

Step 02 풀다운메뉴 → 삽입 → 본체( )를 실행한다.

Step 03 위치 지정된 스케치( )를 실행한다. xy평면을 선택하고, 확인을 누른다.

Step 04 중심 직사각형( ), 제약조건( )으로 스케치를 작성한다.

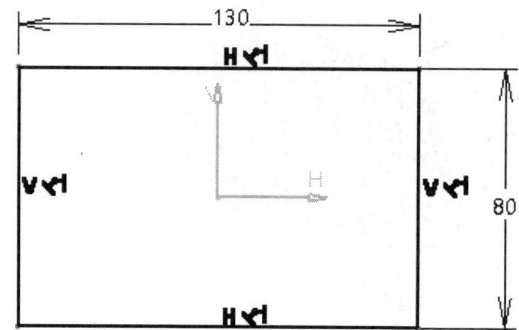

Step 05 코너( )를 이용하여 4군데 코너부분에 라운드를 적용한다.
워크벤치 종료( )를 한다.

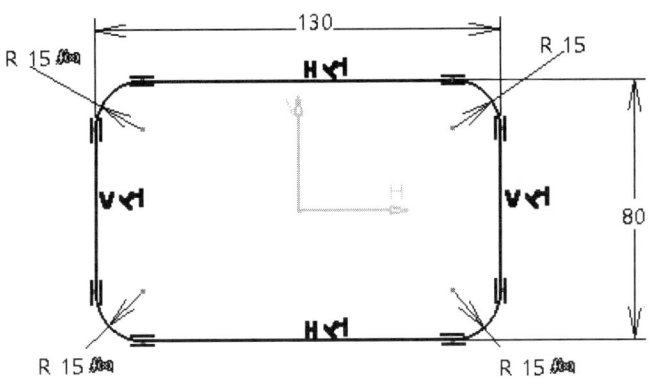

Step 06 Pad( )를 실행한다. Length 20을 입력하고, OK를 누른다.

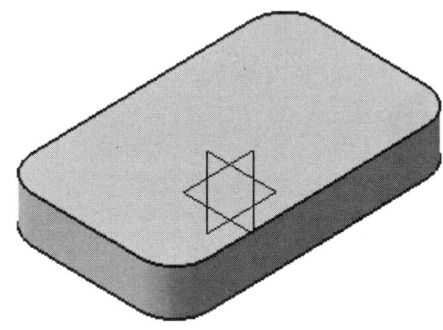

Step 07 Edge Fillet( )을 이용하여 선택한 바닥 모서리에 라운드 R10을 적용한다.

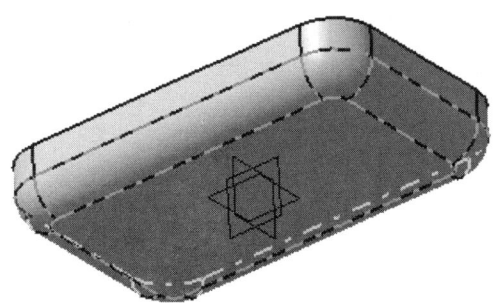

Step 08 Shell(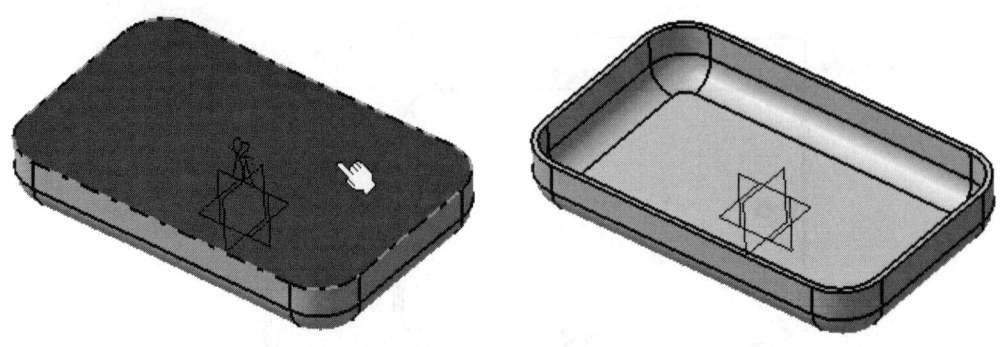)을 실행한다. 제거될 면으로 윗면을 선택하고, 안쪽 두께 2를 입력한다. OK를 누른다.

Step 09 위치 지정된 스케치(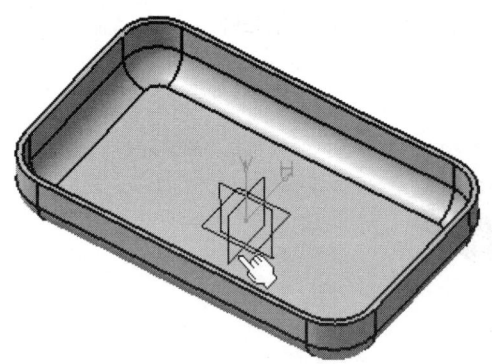)로 yz평면을 선택한다. H,V 방향을 체크하고, 확인을 누른다.

Step 10 형상 측면에 프로파일( ), 제약조건( )으로 스케치를 작성한다.

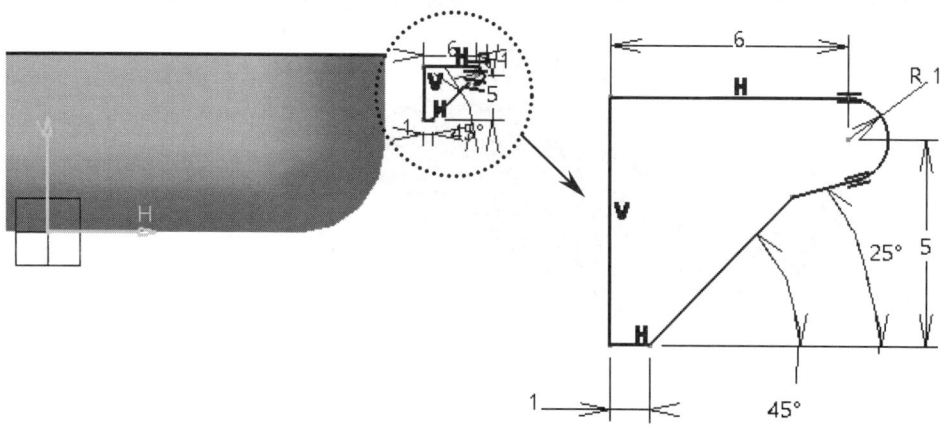

Step 11 제약조건(🔲)으로 스케치를 그림처럼 일치 구속을 하고, 워크벤치 종료(⬆)를 한다.

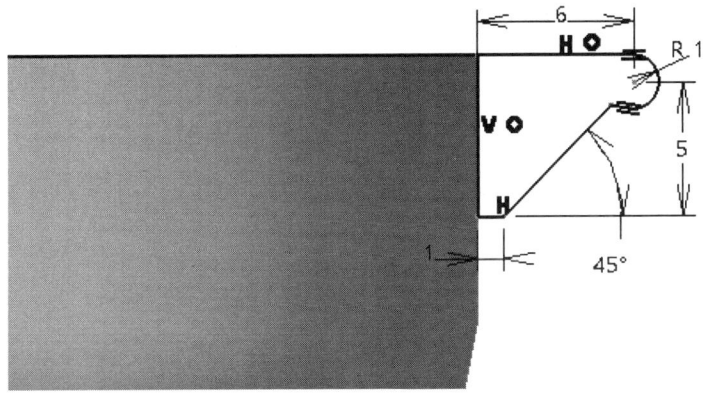

Step 12 패드.1 밑에 있는 스케치.1에서 마우스 오른쪽 버튼을 눌러 "숨기기/표시"를 클릭한다. 작성한 스케치가 화면상에 나타난다.

Step 13 Rib(📎)를 실행한다. Profile과 Center curve 스케치를 차례로 선택한다. OK를 누른다. Rib 형상이 만들어진다.

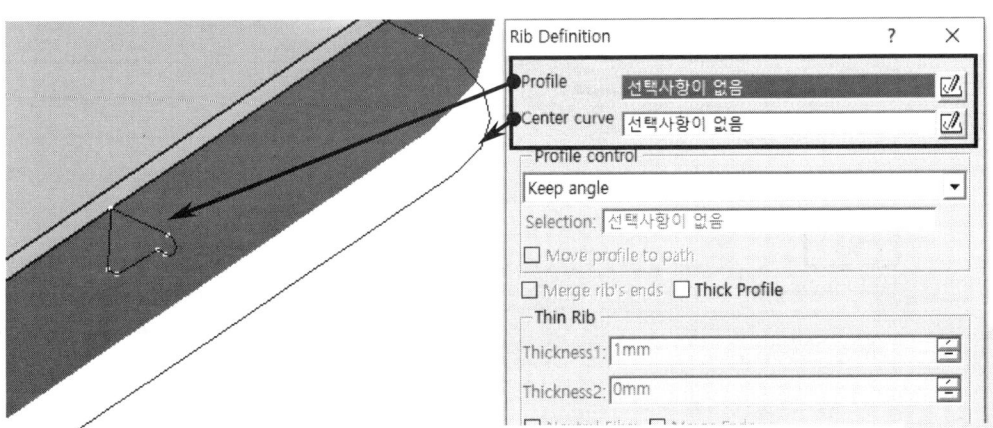

Step 14 위치 지정된 스케치(☑)로 형상의 윗면을 선택한다.

Step 15 선(╱), 제약조건(☐)으로 스케치를 작성한다. 워크벤치 종료(☐)를 한다.

Step 16 Pad(☑)를 실행한다. 에러창이 나오면 "예"를 누른다.

① `Reverse Direction` 로 Pad 방향을 아래로 바꾸고, 에러창이 나오면 "확인"을 누른다.

② Type을 "Up to next"로 설정하고, 에러창이 나오면 "확인"을 누른다.

③ Thick에 체크하고, Thickness 1에 두께를 입력한다.

④ Neutral Fiber, Merge Ends에 체크를 하고, OK를 누른다.

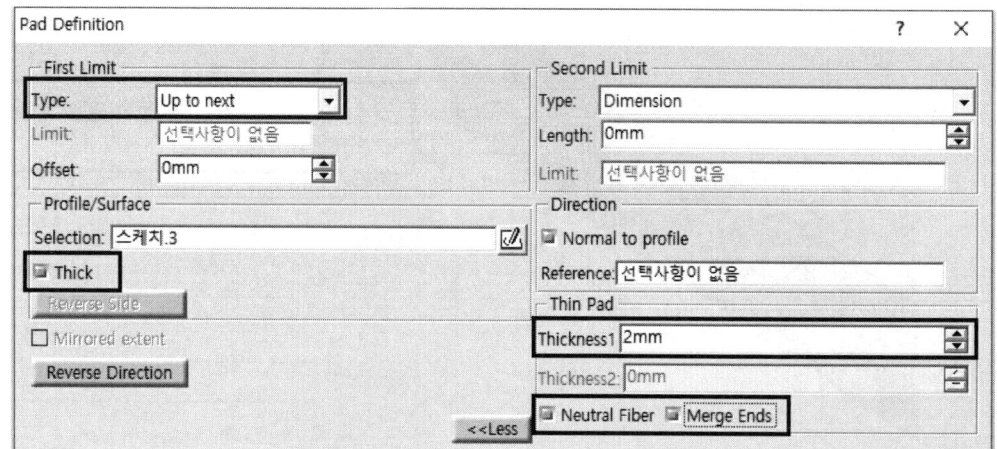

Chapter 06 CATIA Modeling 따라하면서 배우기(응용편 1)

Step 17 풀다운메뉴 → 삽입 → 본체( )를 실행한다.

Step 18 패드.1의 스케치.1을 "복사"하여 → 본문.3에 "붙여넣기"를 한다.

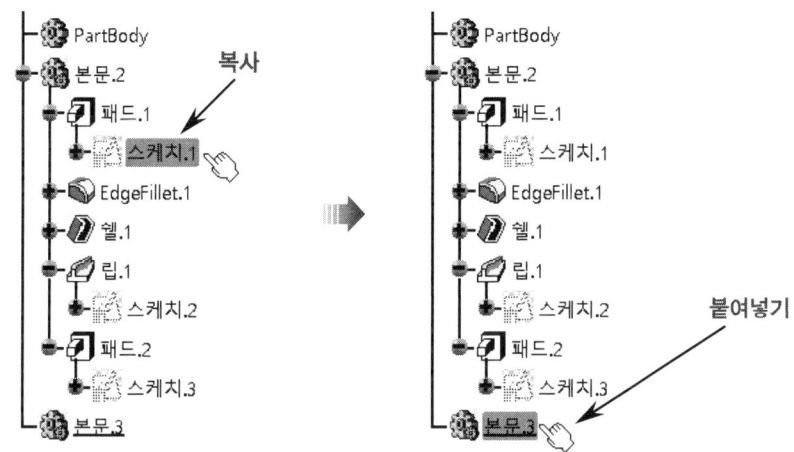

Step 19 붙여넣기 된 스케치.4에서 마우스 오른쪽 버튼을 눌러 "스케치.4 오브젝트" → "스케치 지원 변경"을 누른다.

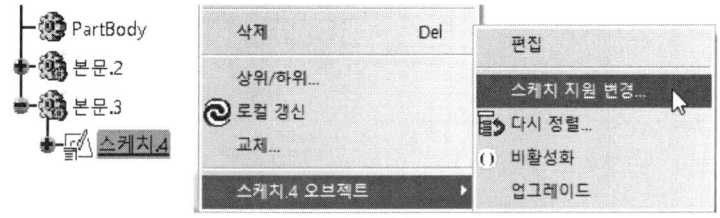

Step 20 형상의 윗면을 선택하고, 확인을 누른다.

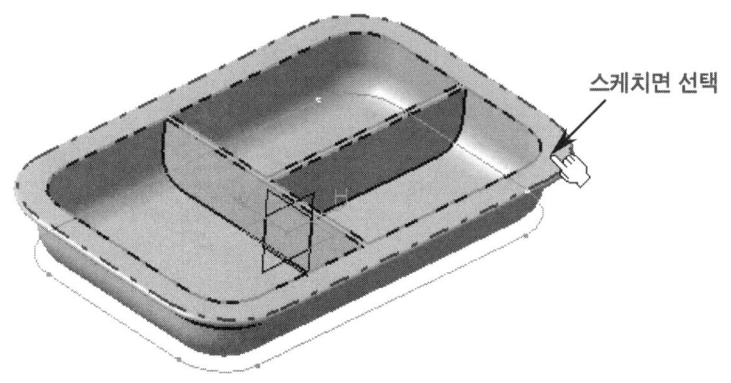

스케치면 선택

371

Step 21 스케치.4를 선택하고, Pad(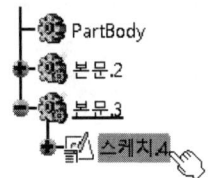)를 실행한다.

Step 22 Length에 값을 입력하고, Thick에 체크한다.
Thickness 1과 2에 값을 입력하고, OK를 누른다.

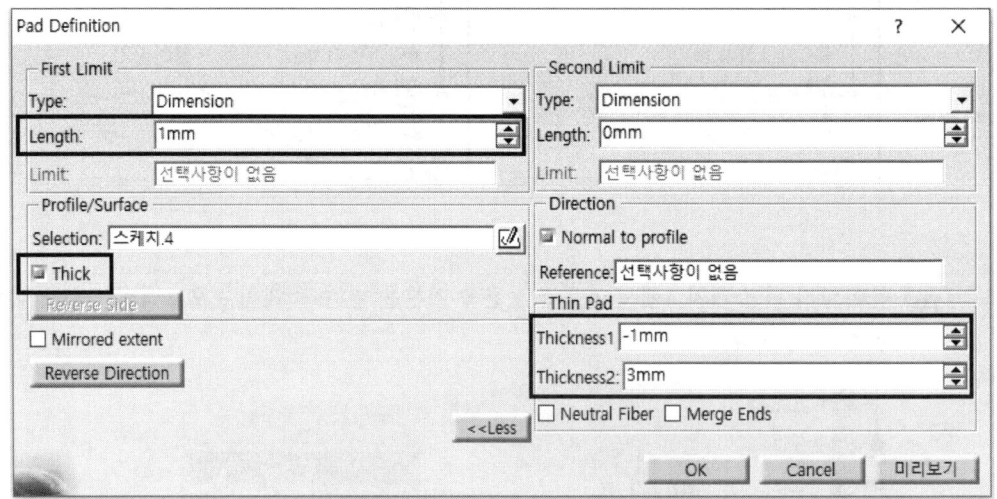

Step 23 ① 본문.3을 선택하고, ② Split(　)을 실행한다. ③ yz평면을 선택한다.
④ 화살표를 클릭하여 방향을 바꾸고, OK를 누른다.

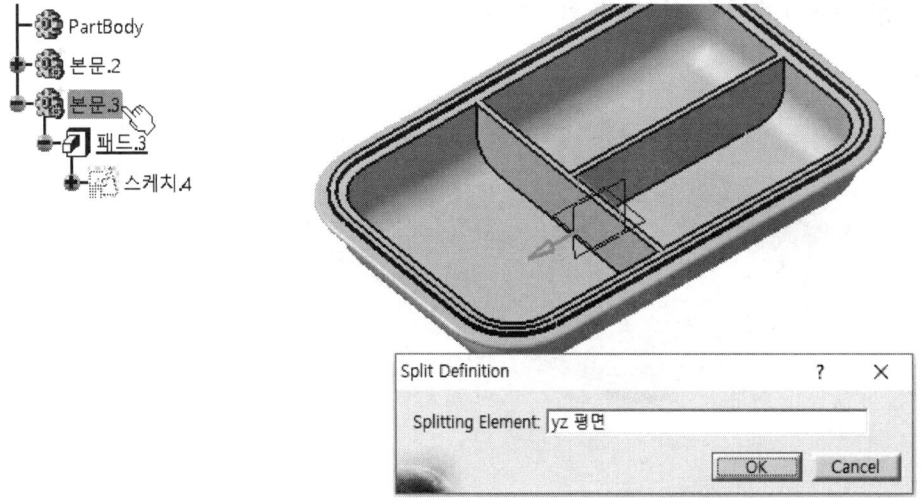

Step 24 다시 ① 본문.3을 선택하고, ② Split( )을 실행한다. ③ zx평면을 선택한다.
④ 화살표를 클릭하여 방향을 바꾸고, OK를 누른다.

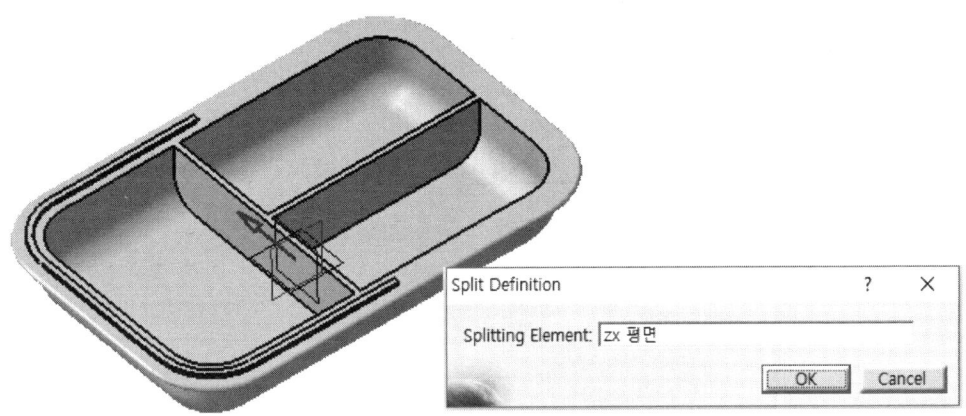

Step 25 Thickness( )를 실행한다.
양쪽 측면을 선택하고, Default thickness에 값 -6을 입력하고, OK를 누른다.

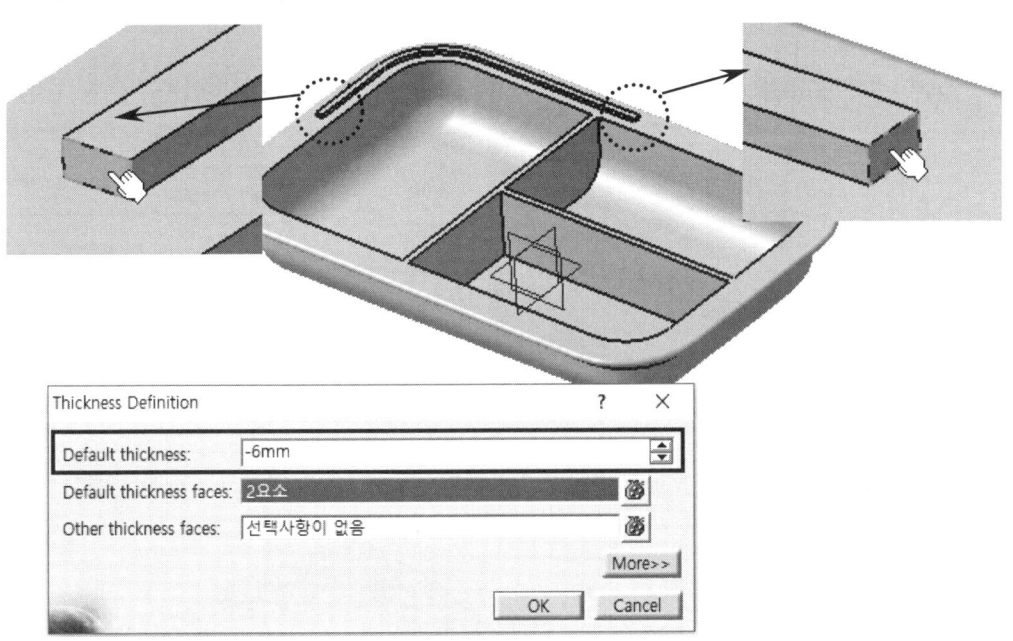

Step 26 Chamfer(⬙)를 실행하고, 모서리를 선택한다. 아래와 같이 설정하고, OK를 누른다.

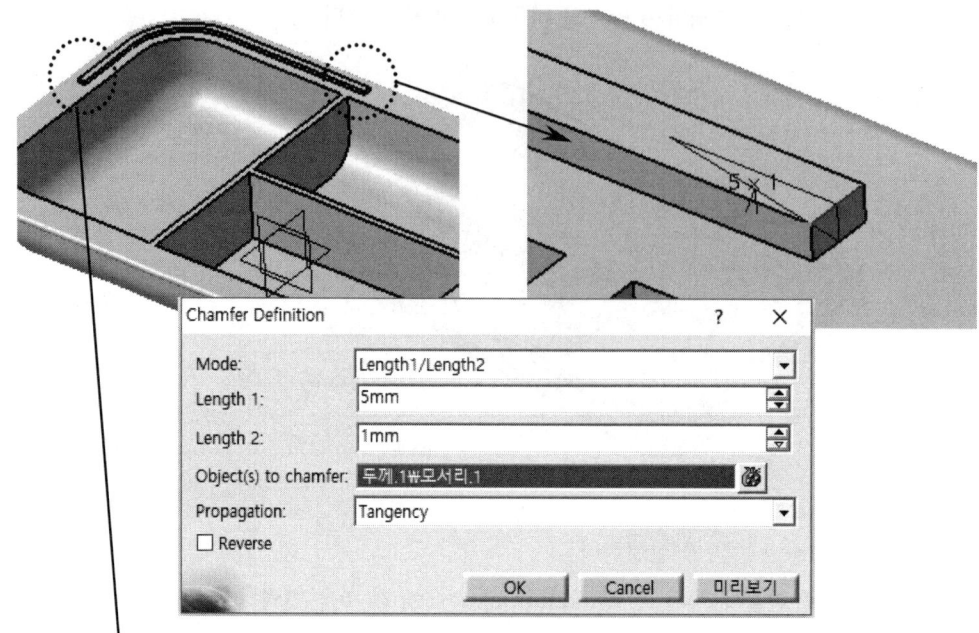

Step 27 Chamfer(⬙)를 실행하고, 모서리를 선택한다. 아래와 같이 설정하고, OK를 누른다.

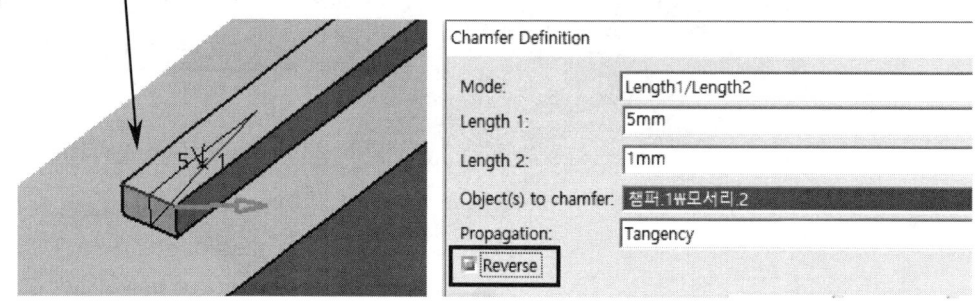

Step 28 본문.3을 선택하고, Mirror(🪞)를 실행한다. zx평면을 선택하고, OK를 누른다.

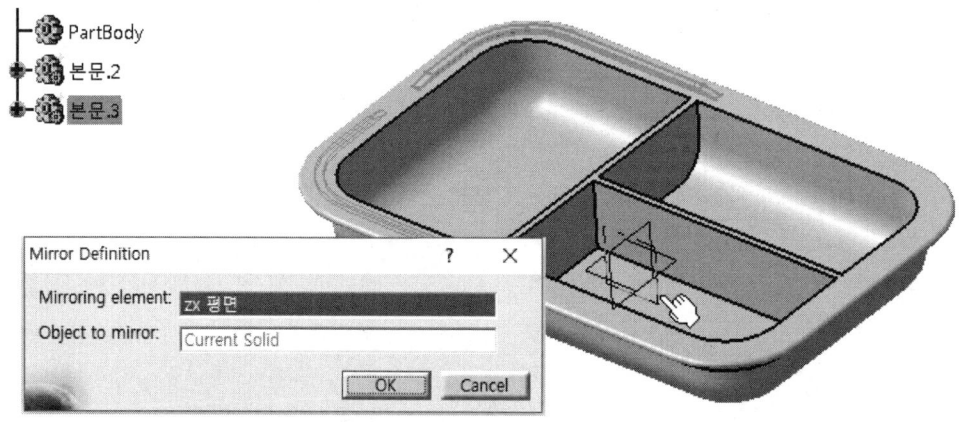

Step 29 본문.3을 선택하고, Mirror( )를 실행한다. yz평면을 선택하고, OK를 누른다.

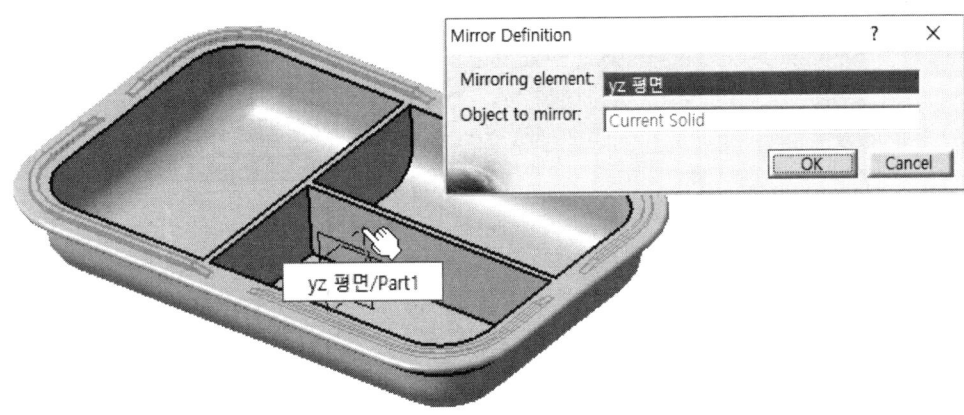

Step 30 풀다운메뉴 → 삽입 → 본체( )를 실행한다.

Step 31 [시작 ⇒ 기계 디자인 ⇒ Wireframe and Surface Design]을 실행한다.

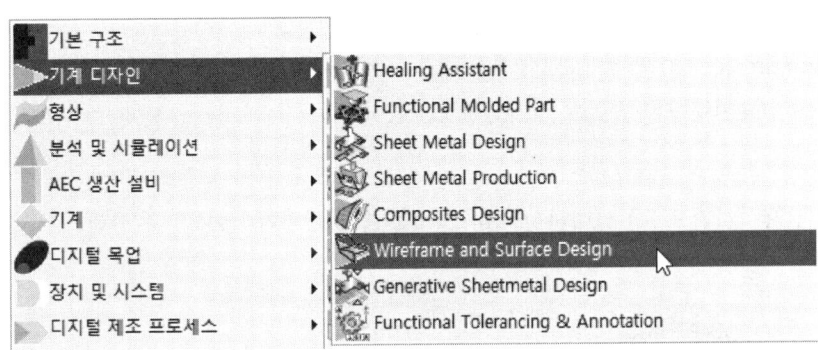

Step 32 점(·)을 실행하고, 다음과 같이 설정한 후, 확인을 누른다.

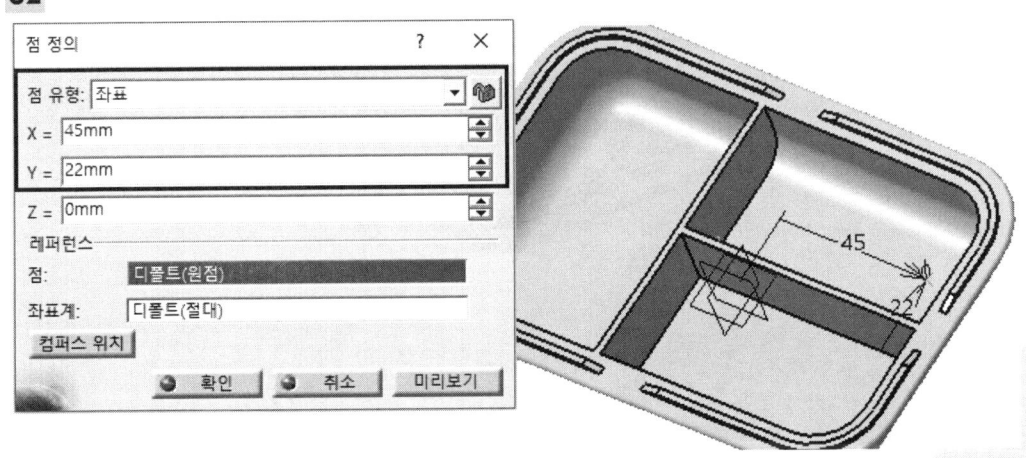

Step 33 구(◯)를 실행하고, 생성한 점을 선택한다.
구 반지름과 전체 구 작성을 선택하고, 확인을 누른다.

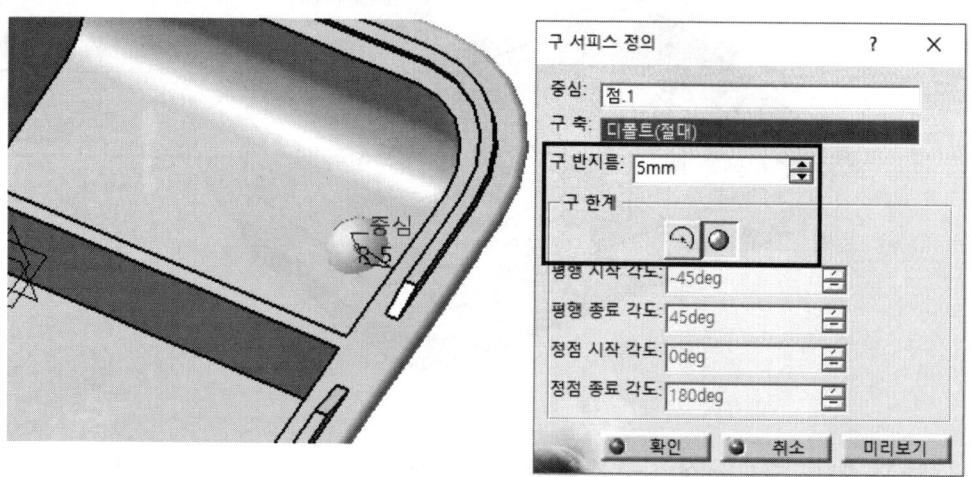

Step 34 [시작 ⇒ 기계 디자인 ⇒ Part Design]을 실행한다.

Step 35 Close Surface(◯)를 실행하고, 생성시킨 구 형상을 선택한다.
곡면(Surface)형상이 솔리드(Solid)형상으로 바뀐다.

Step 36 본문.4(생성시킨 구)를 선택하고, Mirror(◯)를 실행한다. yz평면을 선택하고, OK를 누른다.

Step 37 본문.4(생성시킨 구)를 선택하고, Mirror( )를 실행한다. zx평면을 선택하고, OK를 누른다.

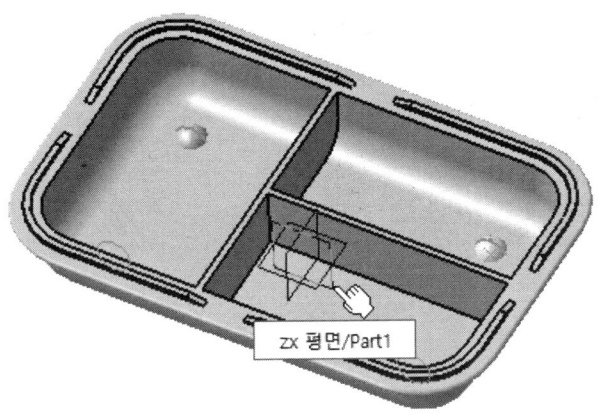

Step 38 PartBody에서 마우스 오른쪽 버튼을 눌러 [작업 오브젝트에서 정의]를 선택한다.

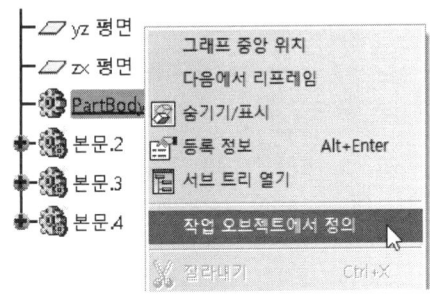

Step 39 추가( )를 실행하고, 본문.2를 선택한다. OK를 누른다.

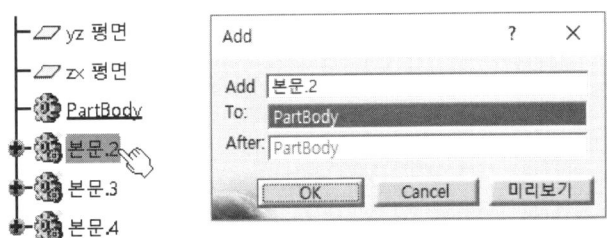

Step 40 같은 방법으로 추가( )를 실행하고, 본문.3 과 본문.4를 차례로 선택하고, OK를 누른다.

Step 41 형상이 완성되었다.

학습 정리하기

과제 10 CATIA 응용과정 – Modeling 따라하면서 배우기 *Step by Step*

다음 도면을 분석하여 Catia 기능을 활용한 모델링을 한다.

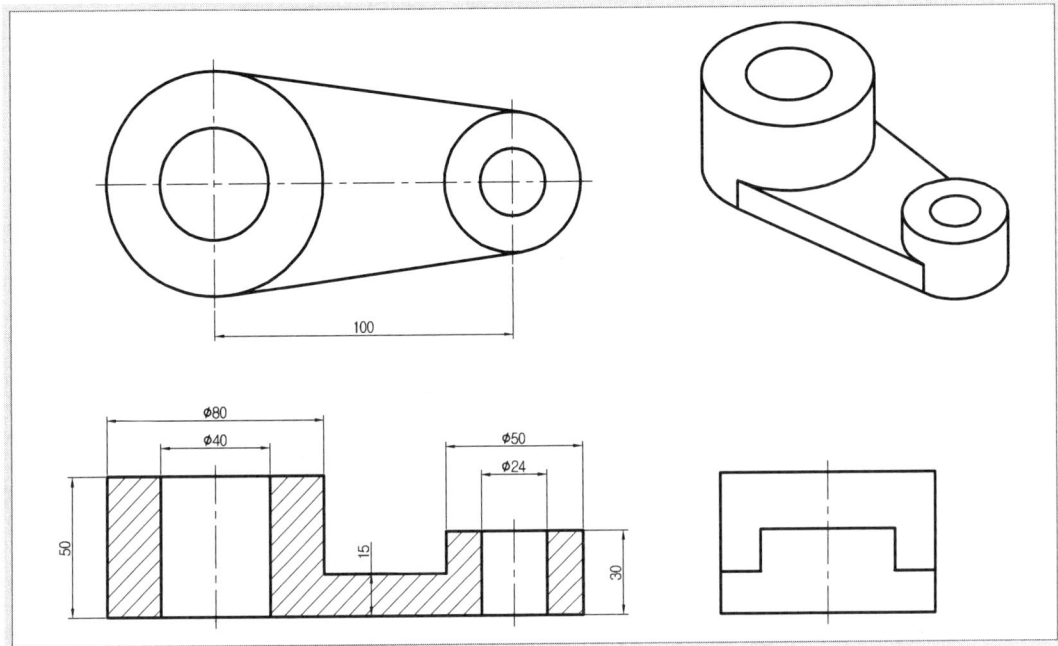

✪✪ 첫 번째 방법 ✪✪

Step 01 [Part Design]을 실행한다. 작업할 파일의 이름을 입력하고, 확인을 누른다.

Step 02 위치 지정된 스케치(⬚)를 실행한다. xy평면을 선택하고, 확인을 누른다.

Step 03 원(⊙), 선(╱), 축(┆), 제약조건(⬚)으로 스케치를 작성한다.

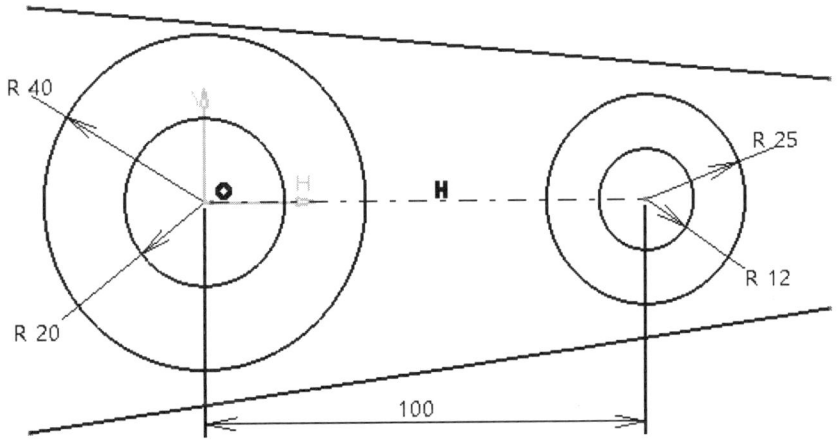

Step 04 제약조건(🔲)으로 선과 원을 접점시킨다.

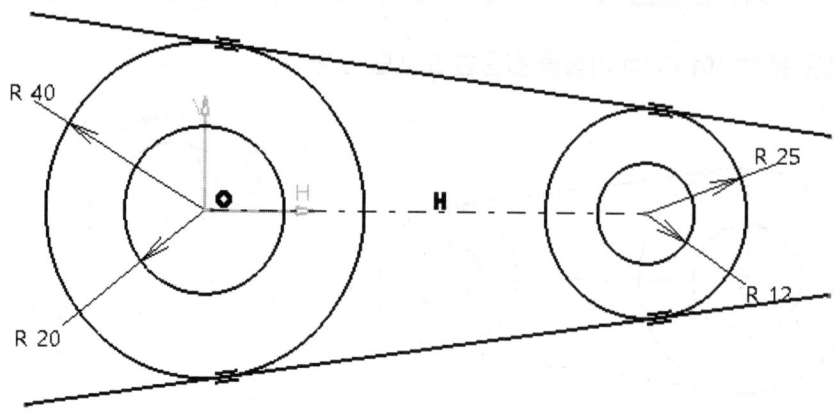

Step 05 즉시 자르기(✂)로 필요 없는 부분을 잘라낸다.

Step 06 끊기(✂)를 실행하고, ①원과 ②선을 선택한다. 첫 번째 선택한 원이 끊기 된다.

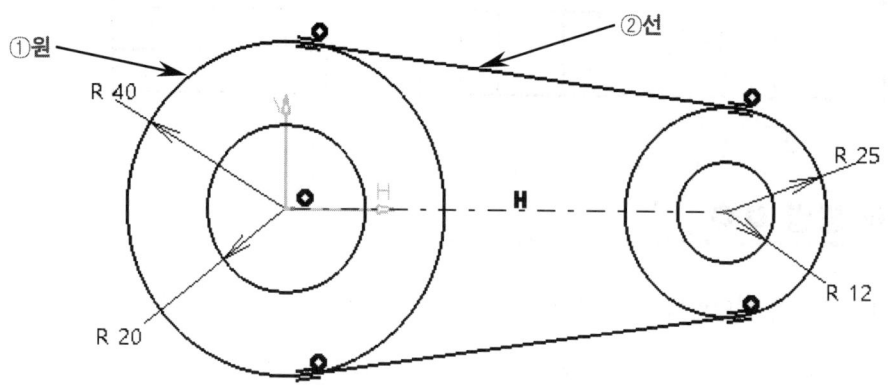

Step 07 같은 방법으로 계속 ①원과 ②선을 반복해서 선택한다. 하나의 원이 끊기 되었다.

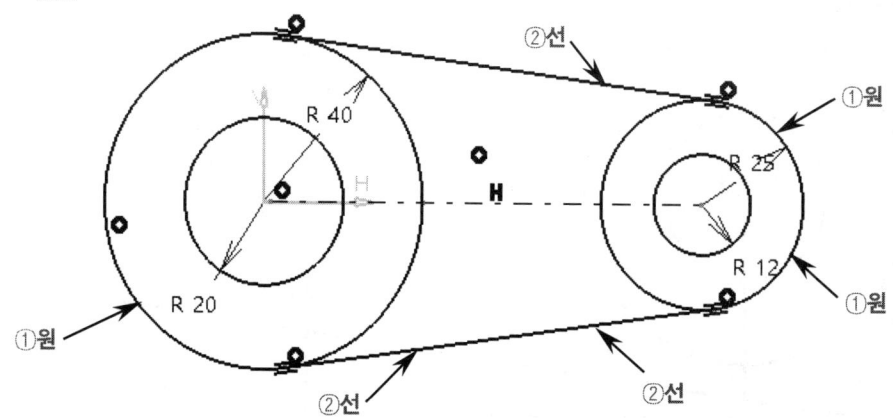

Step 08 화면 아래에 있는 프로파일 피처(📇)를 실행한다.

이름과 원하는 색상을 설정하고, 왼쪽의 원2개를 선택한다. 확인을 누른다.

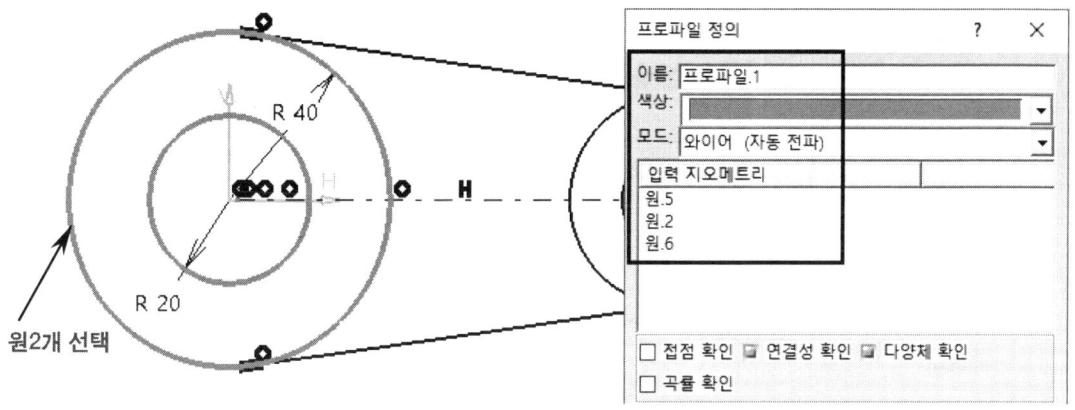

Step 09 작업트리 스케치.1 하단의 출력부분에 "프로파일.1"이 등록되었다.

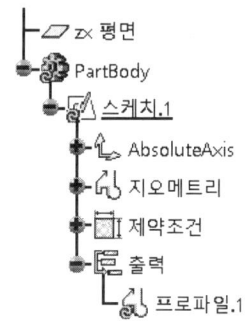

Step 10 프로파일 피처(📇)를 실행한다.

이름과 원하는 색상을 설정하고, 오른쪽의 원2개를 선택한다. 확인을 누른다.

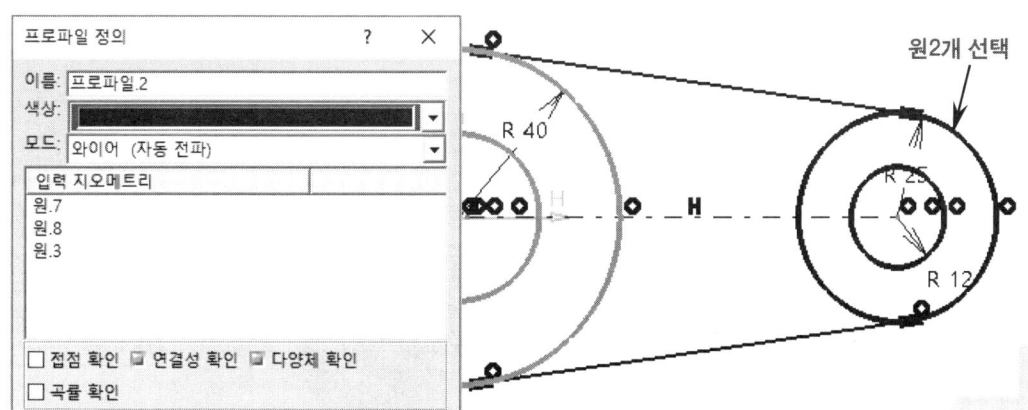

Step 11 프로파일 피처(📛)를 실행한다.

이름과 원하는 색상을 설정하고, 가운데 선과 원을 선택한다. 확인을 누른다.

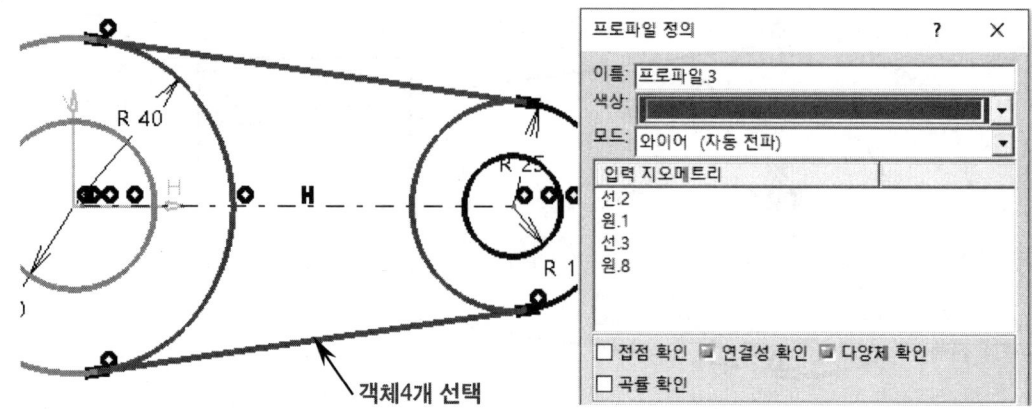

Step 12 작업트리 스케치.1 하단의 출력부분에 "프로파일.2와 3"이 등록되었다.
워크벤치 종료(🏠)를 한다.

Step 13 Pad(🗲)를 실행하고, 작업트리에서 "프로파일.1"을 선택한다. Length에 "50"을 입력하고, OK를 누른다.

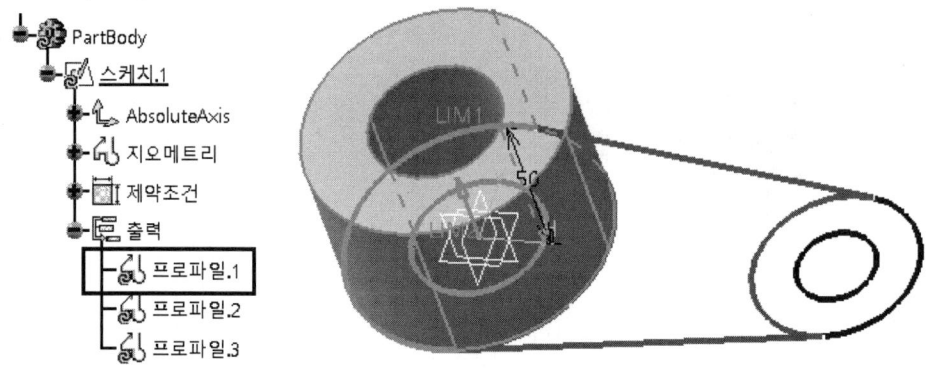

Step 14 Pad(🗲)를 실행하고, 작업트리에서 "프로파일.2"를 선택한다. Length에 "30"을 입력하고, OK를 누른다.

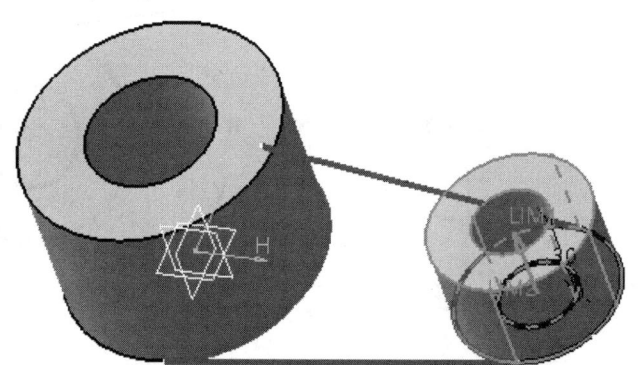

Step 15 Pad(🗇)를 실행하고, 작업트리에서 "프로파일.2"를 선택한다. Length에 "15"를 입력하고, OK를 누른다.

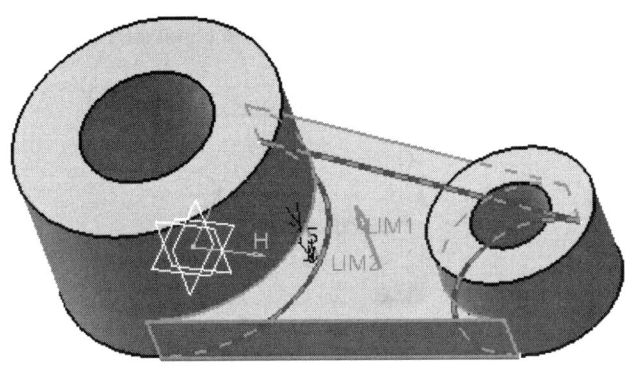

Step 16 형상이 완성되었다.

✪✪ 두 번째 방법 ✪✪

Step 01 위의 Step01 ~ 07 까지 동일하게 작업한다.(원, 선, 제약조건, 자르기 및 끊기...)

Step 02 워크벤치 종료(🗇)를 한다.

Step 03 Pad(🗇)를 실행한다.
Selection 항목에서 마우스 오른쪽 버튼을 눌러 "프로파일 정의로 이동"을 선택한다.

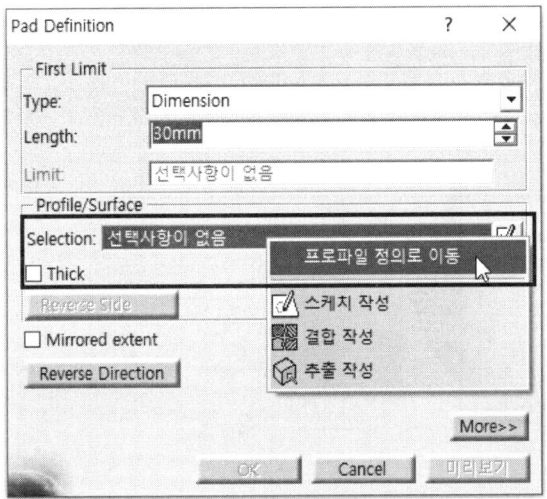

Step 04 왼쪽의 원2개를 선택하고 OK를 누른다.

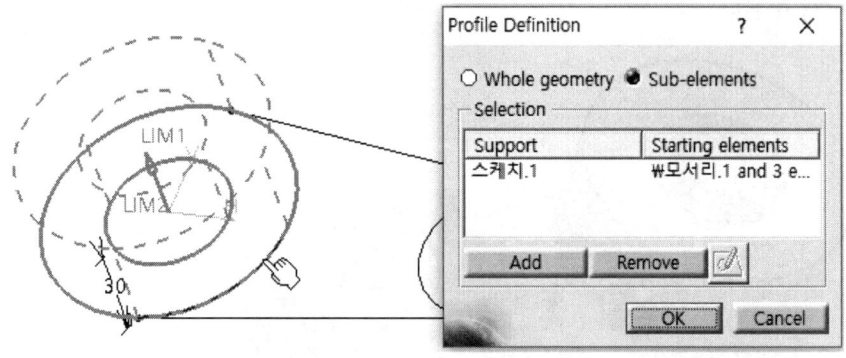

Step 05 Length에 "50"을 입력하고, OK를 누른다. Pad 형상이 만들어진다.

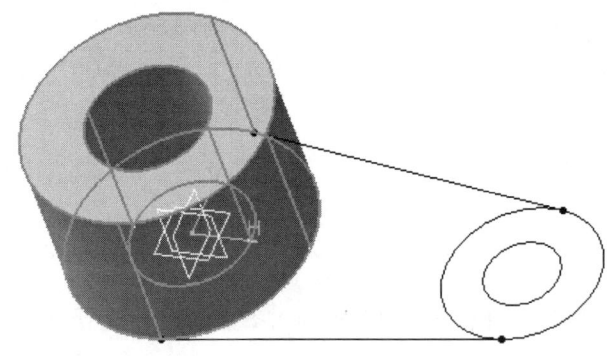

Step 06 Pad(📌)를 실행한다.
Selection 항목에서 마우스 오른쪽 버튼을 눌러 "프로파일 정의로 이동"을 선택한다.

Step 07 오른쪽의 원2개를 선택하고 OK를 누른다.

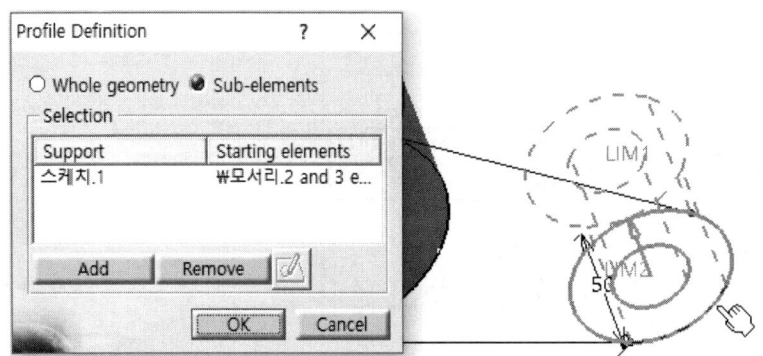

Step 08 Length에 "30"을 입력하고, OK를 누른다. Pad 형상이 만들어진다.

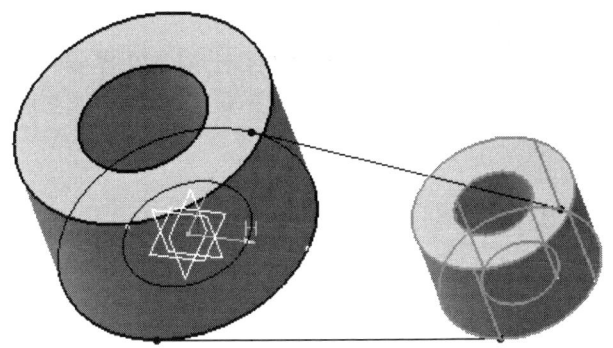

Step 09 Pad(𝓕)를 실행한다.
Selection 항목에서 마우스 오른쪽 버튼을 눌러 "프로파일 정의로 이동"을 선택한다.

Step 10 가운데 선과 원을 선택하고 OK를 누른다.

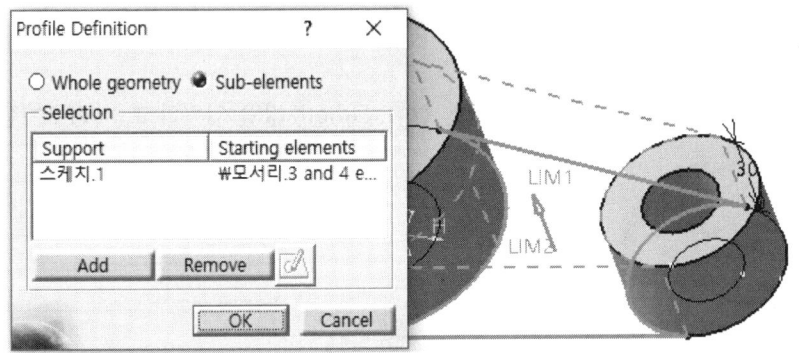

Step 11 Length에 "15"를 입력하고, OK를 누른다. 형상이 완성되었다.

Step 12 스케치.1에서 마우스 오른쪽 버튼을 눌러 "숨기기/표시"를 클릭한다.

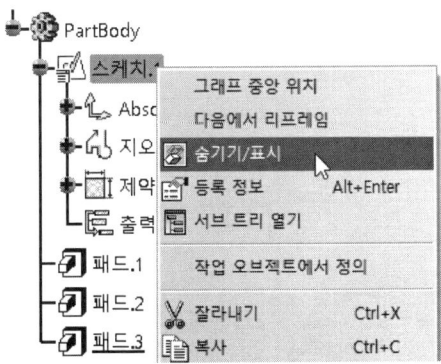

Step 13 형상이 완성되었다.

❂❂ 세 번째 방법 ❂❂

Step 01 위의 Step01 ~ 07 까지 동일하게 작업한다.(원, 선, 제약조건, 자르기 및 끊기...)

Step 02 워크벤치 종료(⬆)를 한다.

Step 03 Multi-Pad(⬚)를 실행한다.

[돌출 도메인.1]을 클릭하여 영역을 확인한다. Length 값을 입력하고, 미리보기를 한다.

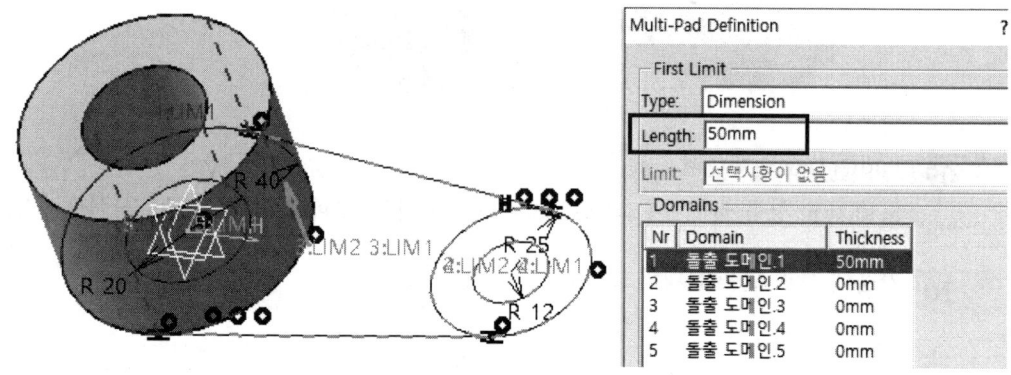

Step 04 [돌출 도메인.2]를 클릭하여 영역을 확인한다. Length 값을 입력하고, 미리보기를 한다.

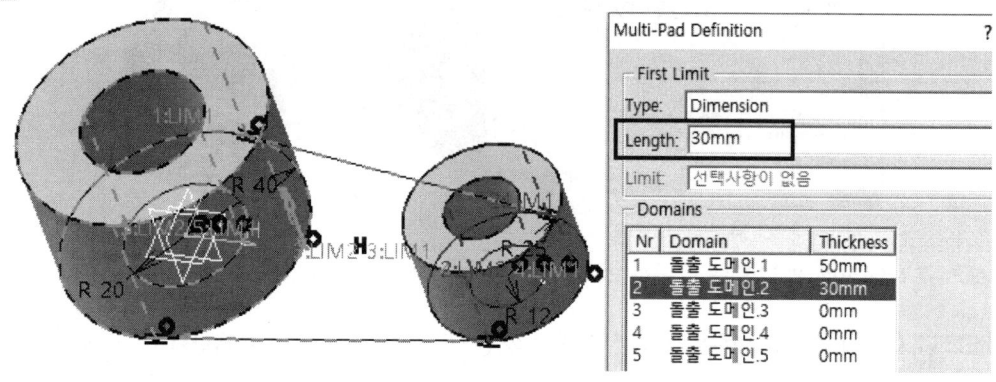

Step 05 [돌출 도메인.3]을 클릭하여 영역을 확인한다. Length 값을 입력하고, 미리보기를 한다.

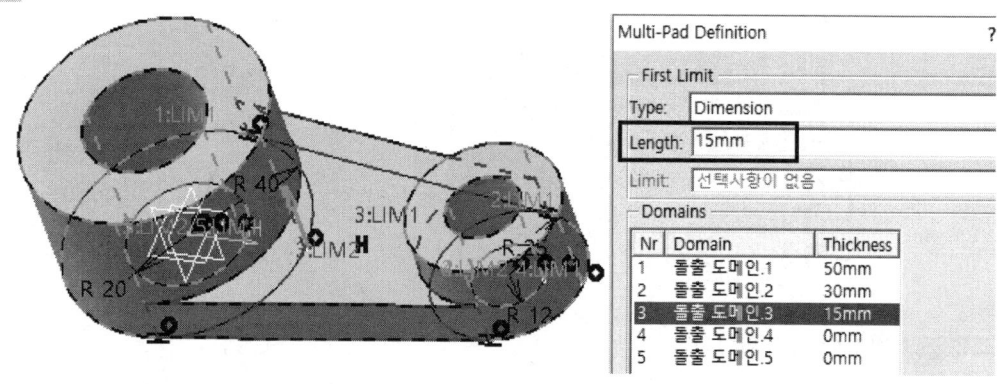

Step 06 형상이 완성되었다.

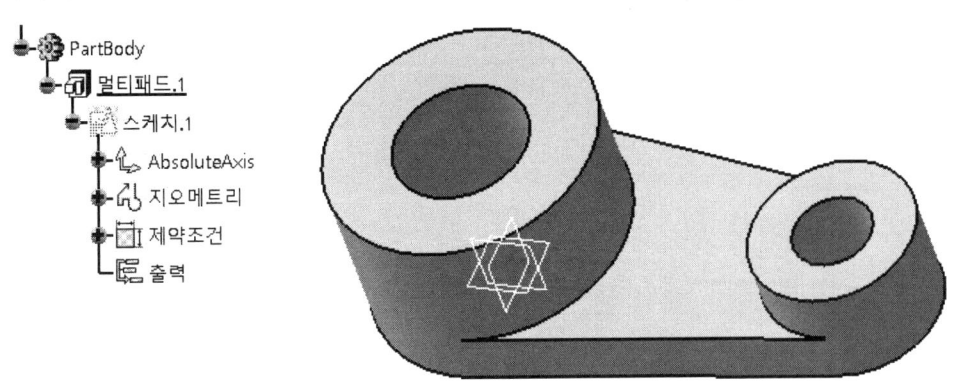

학습 정리하기

연습과제 01 아래의 도면을 분석하여 모델링을 한다.

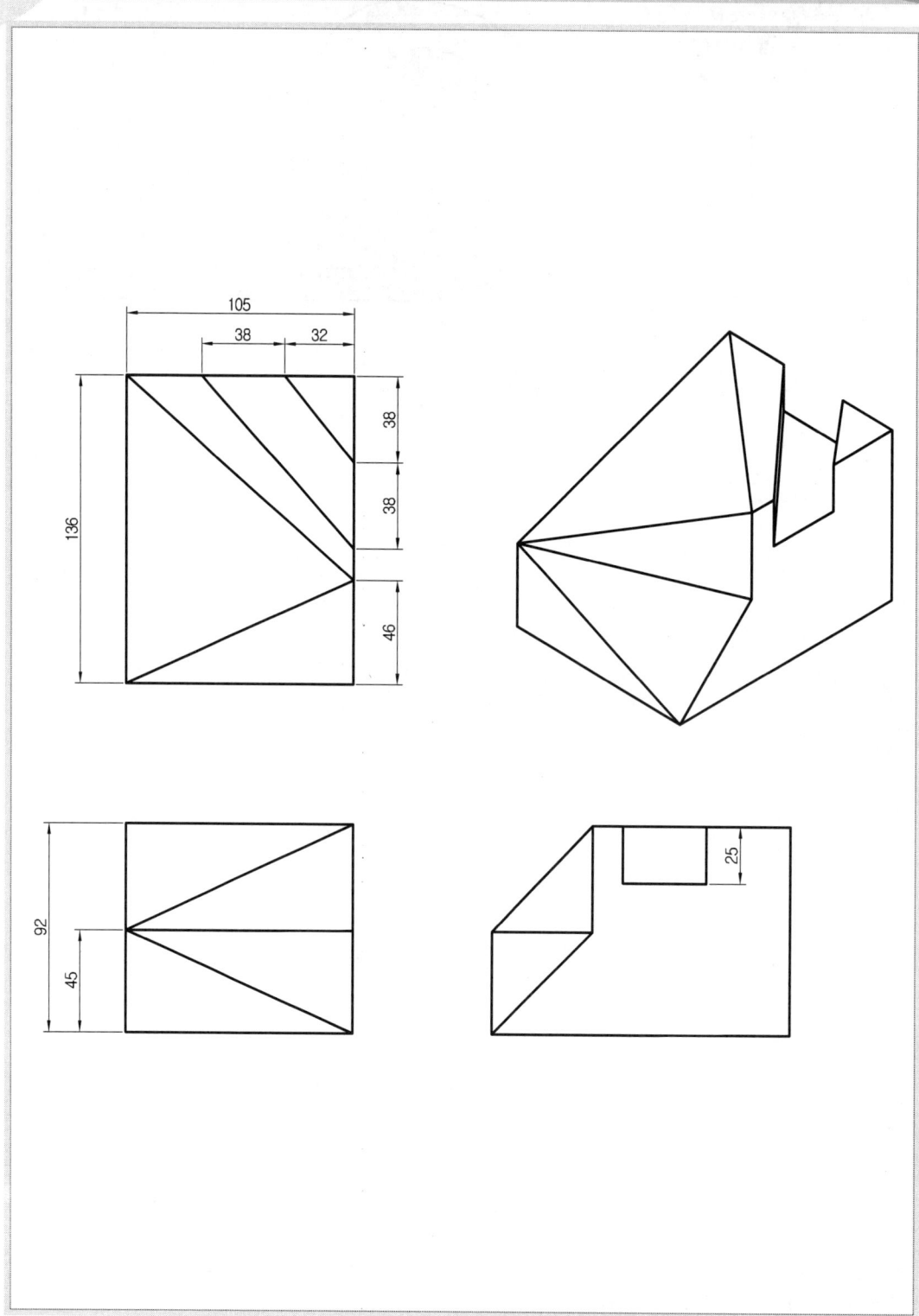

연습과제 02 아래의 도면을 분석하여 모델링을 한다.

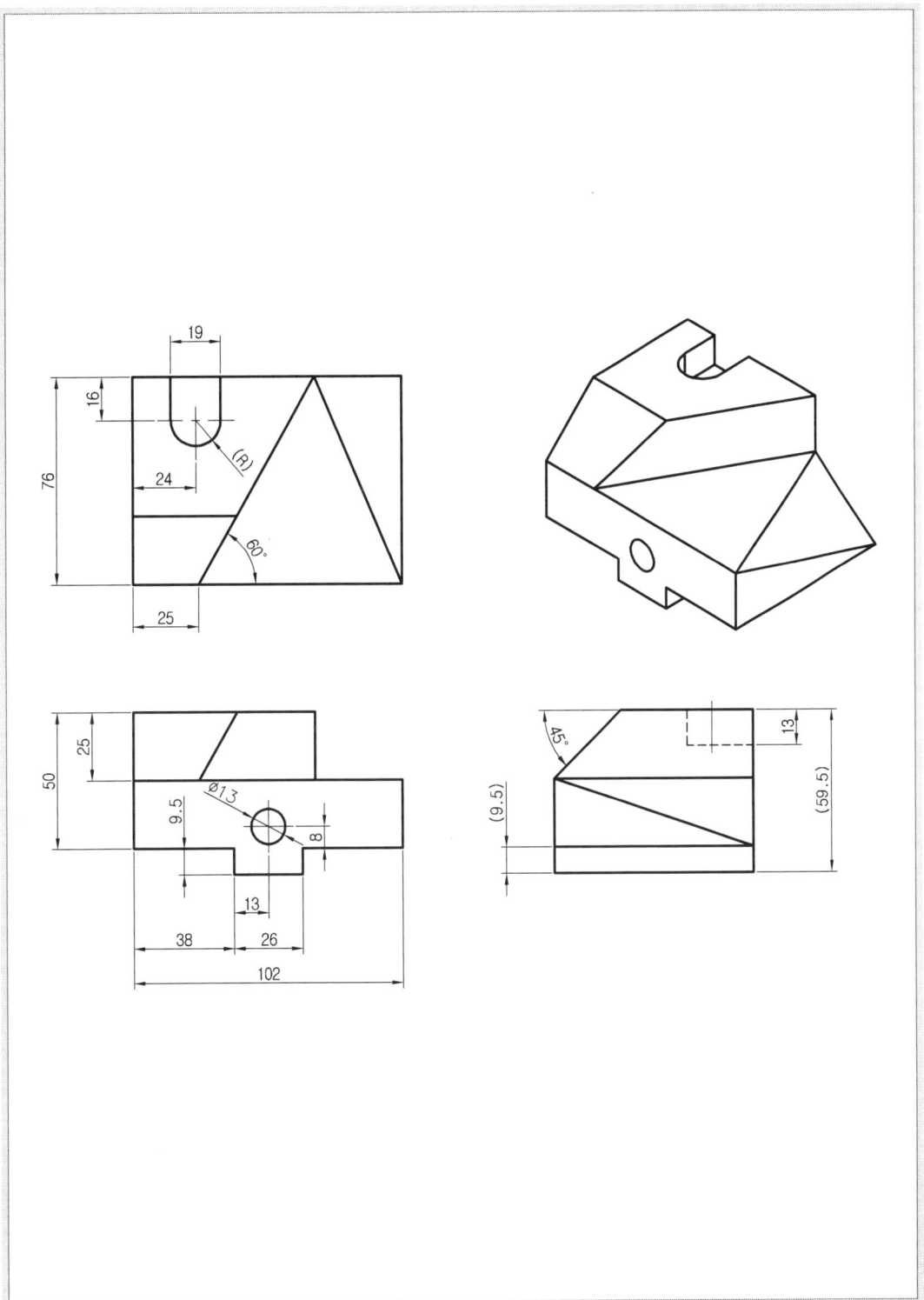

제품설계에 적합한 CATIA 응용기법

CATIA_V5 DeSign

Chapter 07

CATIA_V5 Design

CATIA 모델링 따라하면서 배우기(응용편 2)

- 과제 11 CATIA 응용과정
- 과제 12 CATIA 응용과정
- 과제 13 CATIA 응용과정
- 과제 14 CATIA 응용과정
- 과제 15 CATIA 응용과정
- 과제 16 CATIA 응용과정
- 과제 17 CATIA 응용과정
- 과제 18 CATIA 응용과정
- 과제 19 CATIA 응용과정
- 과제 20 CATIA 응용과정

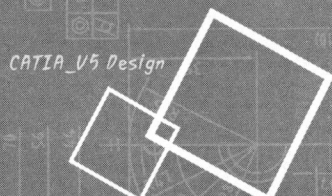

과제 11 CATIA 응용과정 – Modeling 따라하면서 배우기

다음 도면을 분석하여 Catia 기능을 활용한 모델링을 한다.

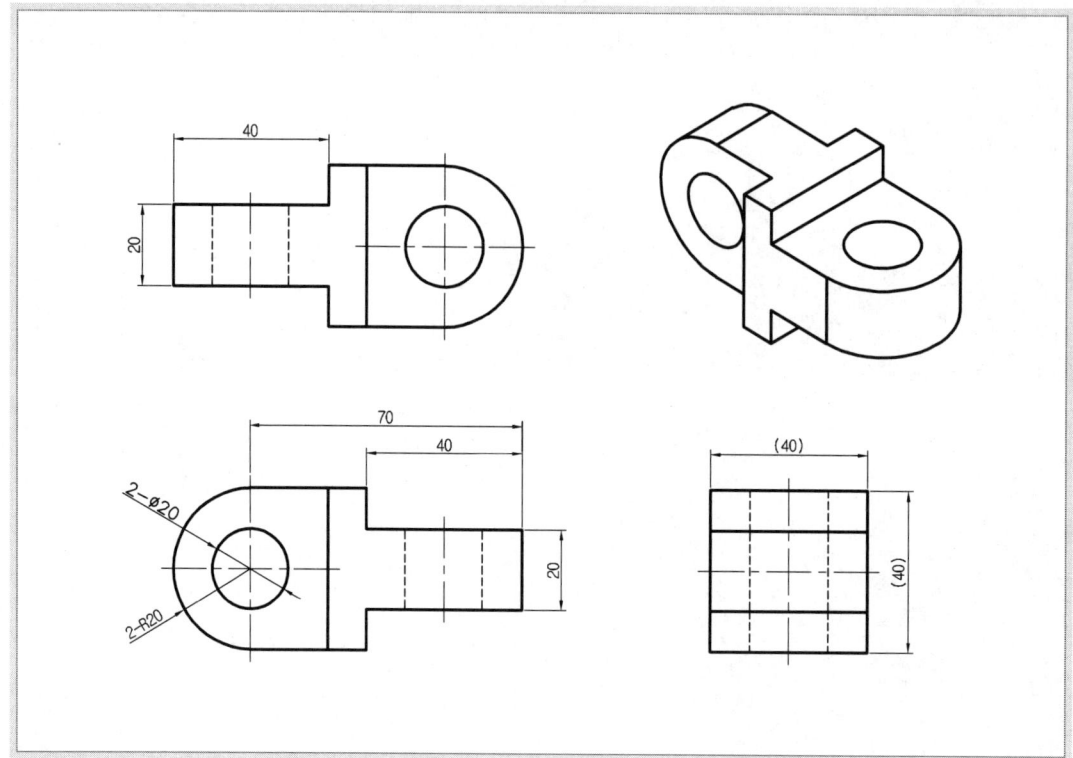

Step 01 [Part Design]을 실행한다. 작업할 파일의 이름을 입력하고, 확인을 누른다.

Step 02 위치 지정된 스케치( )를 실행한다. xy평면을 선택하고, 확인을 누른다.

Step 03 프로파일( ), 원( ), 제약조건( )을 이용하여 스케치를 작성한다.
워크벤치 종료( )를 한다.

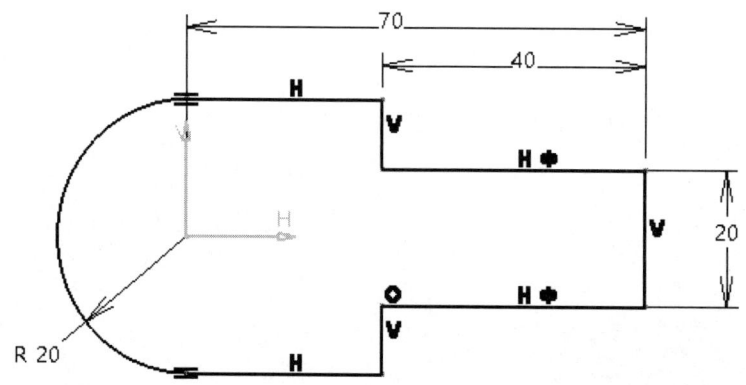

Step 04 위치 지정된 스케치(📐)를 실행한다. zx평면을 선택하고, 확인을 누른다.
H,V 방향을 체크한다.

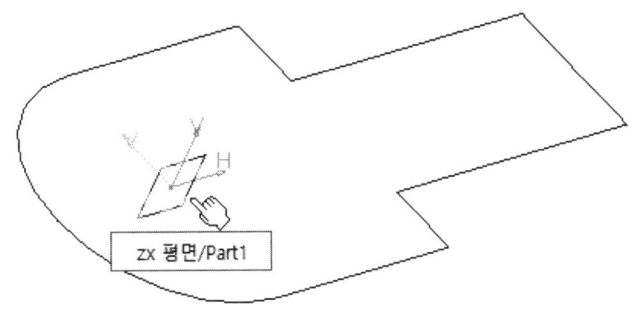

Step 05 프로파일(🔾), 원(⊙), 제약조건(📄)을 이용하여 스케치를 작성한다.
워크벤치 종료(📤)를 한다.

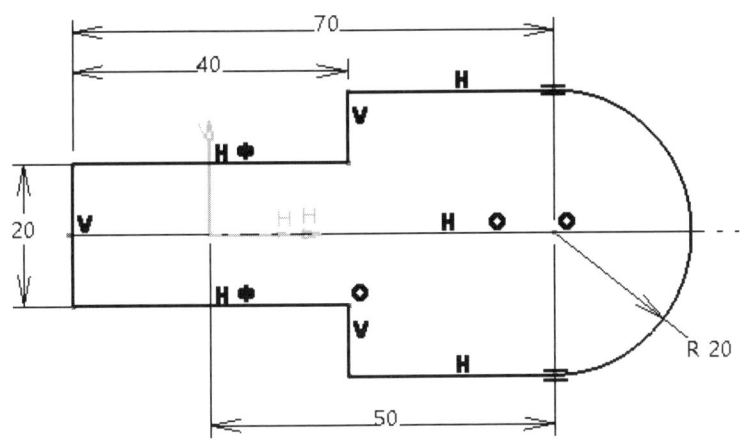

Step 06 Solid Combine(🎲)을 실행하고, ①스케치.1과 ②스케치.2를 선택한다.

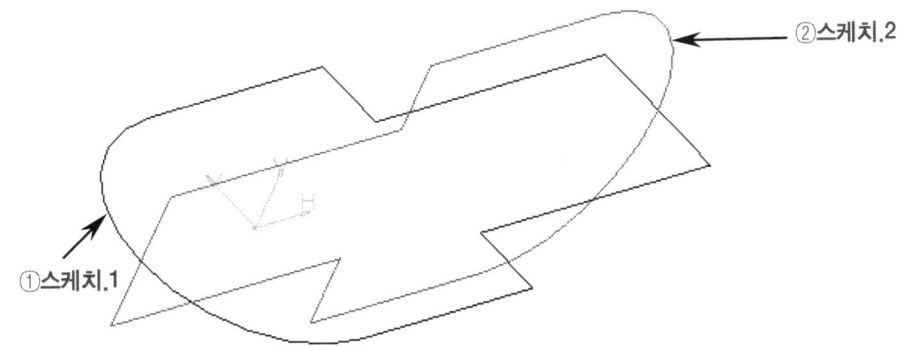

Step 07 OK를 누른다.

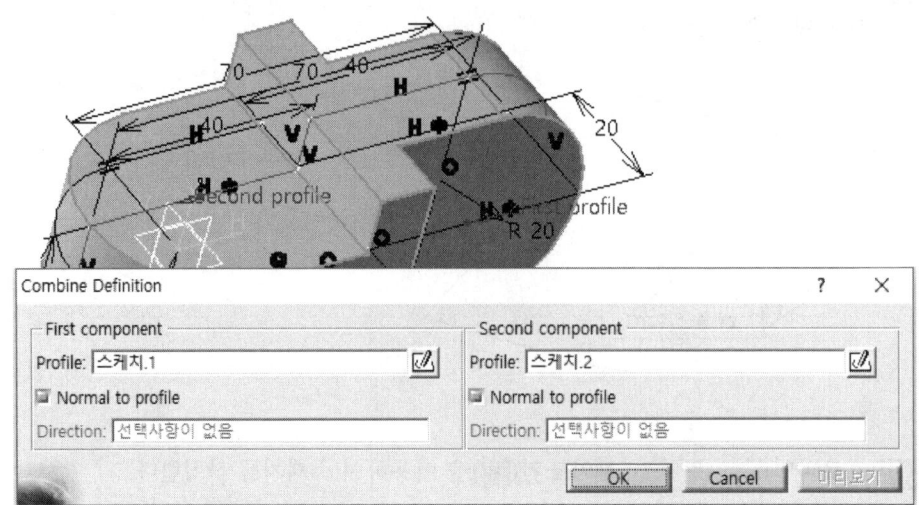

Step 08 Hole(◎)을 실행한다. ① 첫 번째 원형 모서리를 선택한다. ② 구멍이 생성될 면을 선택한다.

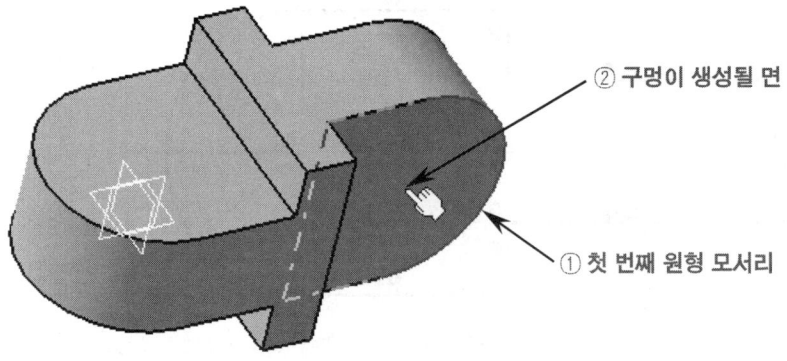

Step 09 [Up To Last]로 설정하고, 구멍지름 20을 입력한 후, OK를 누른다.

Step 10 Hole(◎)을 실행한다. ① 첫 번째 원형 모서리를 선택한다. ② 구멍이 생성될 면을 선택한다.

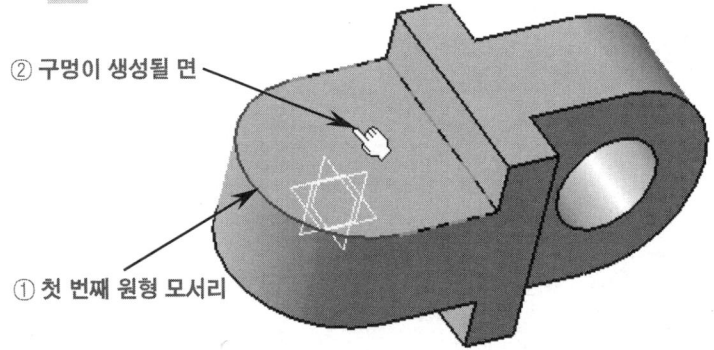

Step 11 [Up To Last]로 설정하고, 구멍지름 20을 입력한 후, OK를 누른다.

Step 12 형상이 완성되었다.

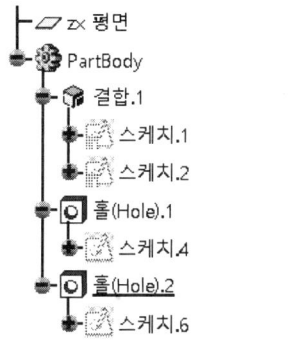
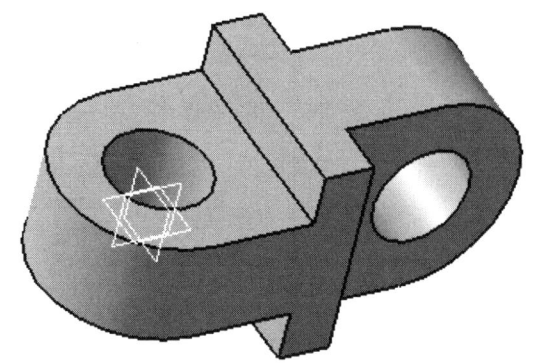

학습 정리하기

과제 12 CATIA 응용과정 – Modeling 따라하면서 배우기   *Step by Step*

다음 도면을 분석하여 Catia 기능을 활용한 모델링을 한다.

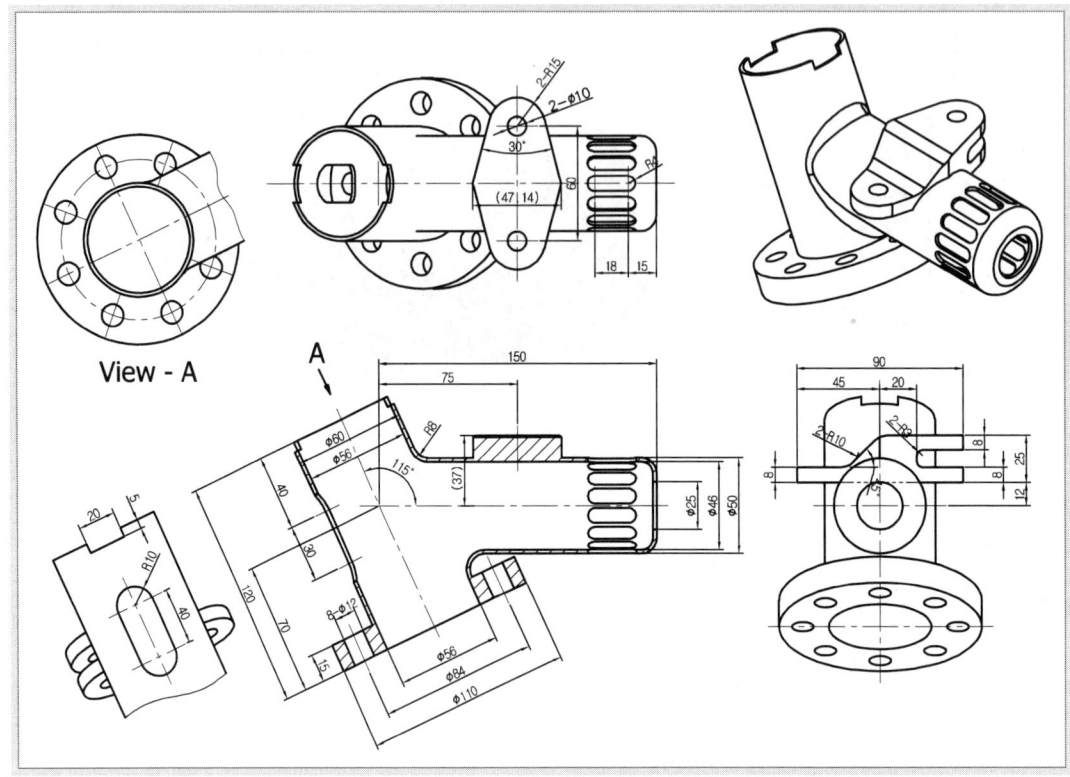

Step 01 [Part Design]을 실행한다. 작업할 파일의 이름을 입력하고, 확인을 누른다.

Step 02 풀다운메뉴 → 삽입 → 본체(⚙)를 실행한다. 본문.2가 생성된다.

Step 03 위치 지정된 스케치(✍)를 실행한다. yz평면을 선택하고, 확인을 누른다.

Step 04 원(⊙), 제약조건(🗐)으로 스케치를 작성한다. 워크벤치 종료(⬆)를 한다.

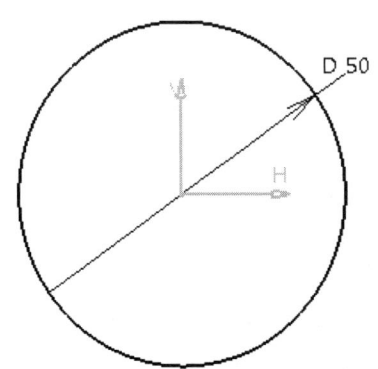

Step 05 Pad(⬚)를 실행한다. Length에 "150"을 입력하고, OK를 누른다.

Step 06 Edge Fillet(⬚)을 이용하여 선택한 모서리에 라운드 R8을 적용한다.

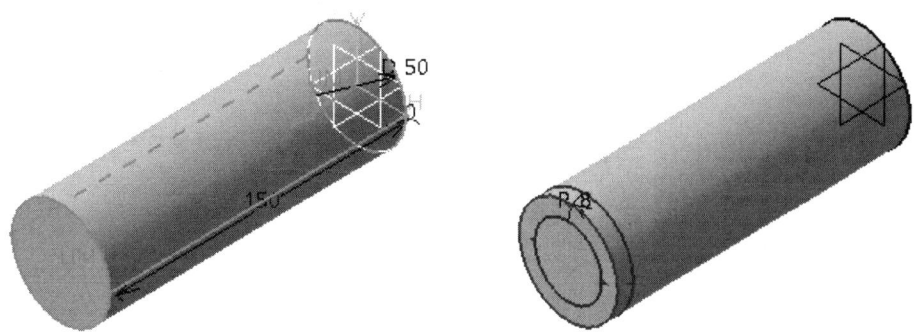

Step 07 Shell(⬚)을 실행한다. 제거될 면으로 바닥면 선택하고, 안쪽 두께 2를 입력한다. OK를 누른다.

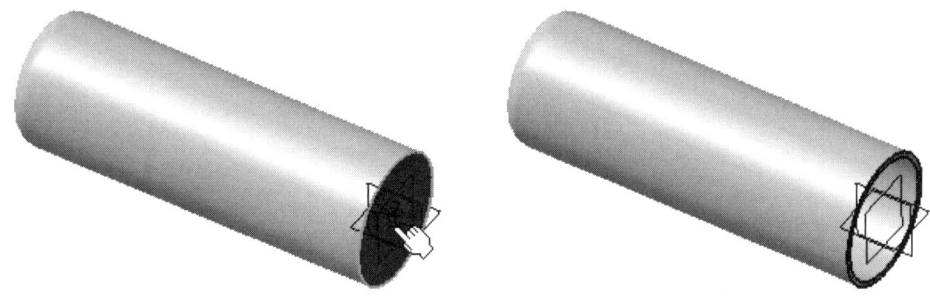

Step 08 Hole(⬚)을 실행한다.
① 원형 모서리, ② 윗면을 클릭하여 생성될 구멍의 위치를 정한다.

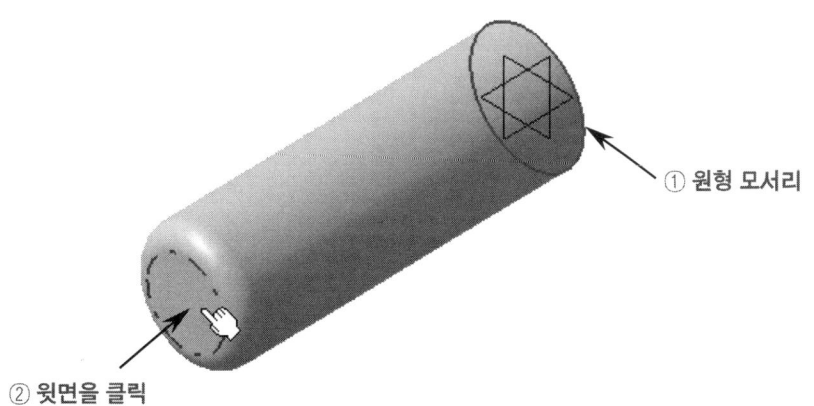

Step 09 Up To Next로 설정하고, 구멍 지름 25를 입력한 후, OK를 누른다.

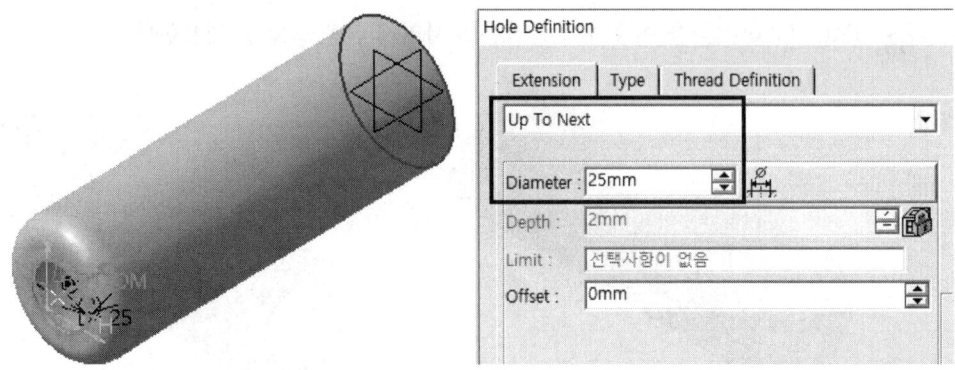

Step 10 풀다운메뉴 → 삽입 → 본체( )를 실행한다. 본문.3이 생성된다.

Step 11 위치 지정된 스케치( )를 실행한다. zx평면을 선택하고, 확인을 누른다.

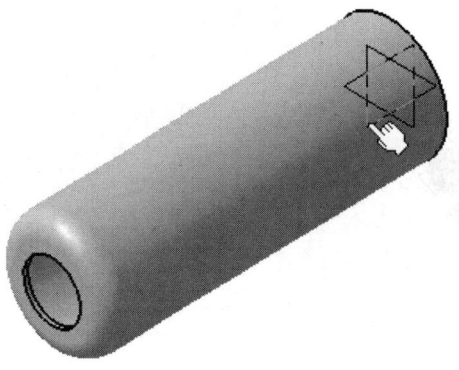

Step 12 축( ), 제약조건( )으로 스케치를 작성한다.

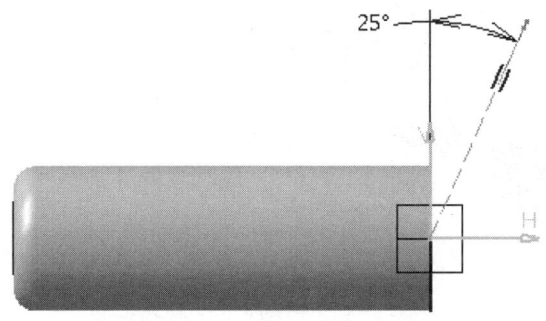

Step 13 프로파일(⌂), 제약조건(📐)으로 스케치를 작성하고, 워크벤치 종료(⌂)를 한다.

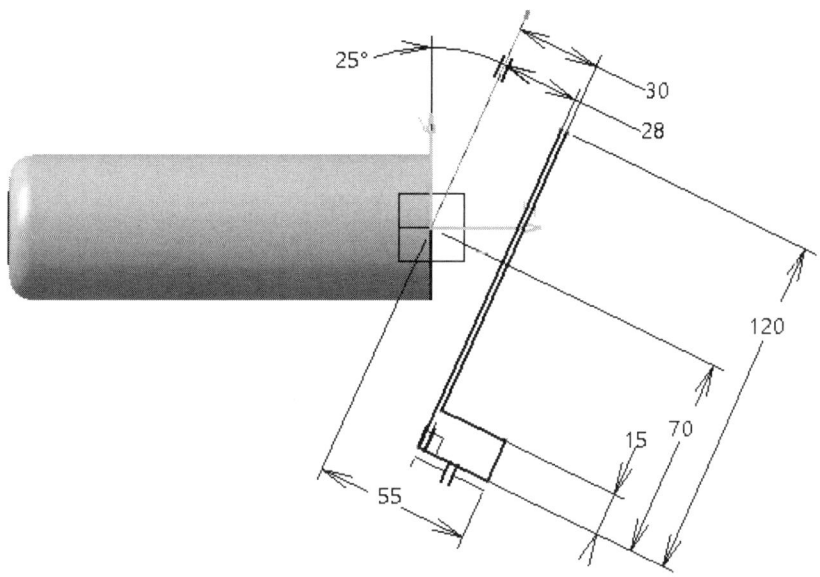

Step 14 Shaft(🔩)를 실행하고, OK를 누른다.

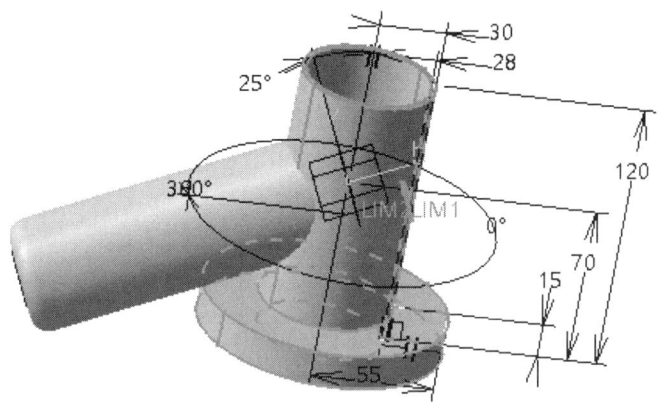

Step 15 위치 지정된 스케치(✏️)를 실행한다. 바닥면을 선택하고, 확인을 누른다.
H,V 방향을 체크한다.

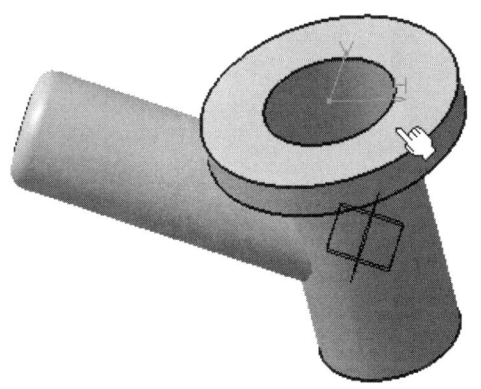

Step 16 X축 위에 점(·)생성하고, 제약조건( )으로 스케치를 작성한다. 워크벤치 종료( )를 한다.

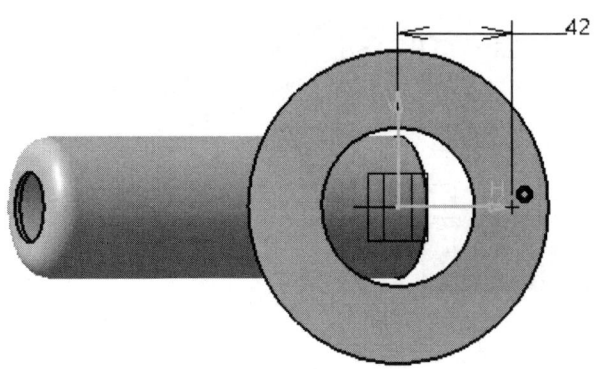

Step 17 Hole( )을 실행한다. ①점과 ②바닥면을 클릭하여 생성될 구멍의 위치를 정한다.

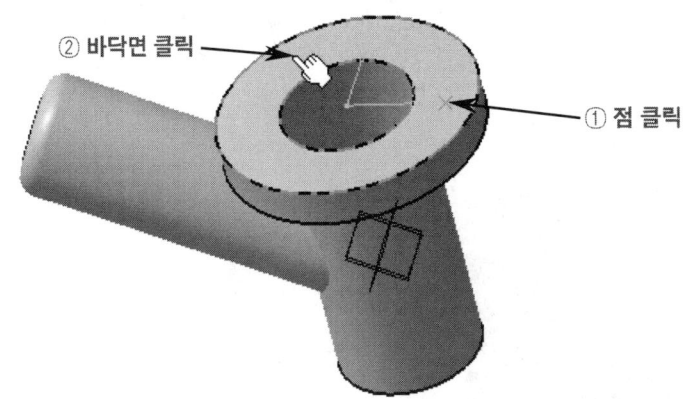

Step 18 Up To Next로 설정하고, 구멍 지름 12를 입력한 후, OK를 누른다.

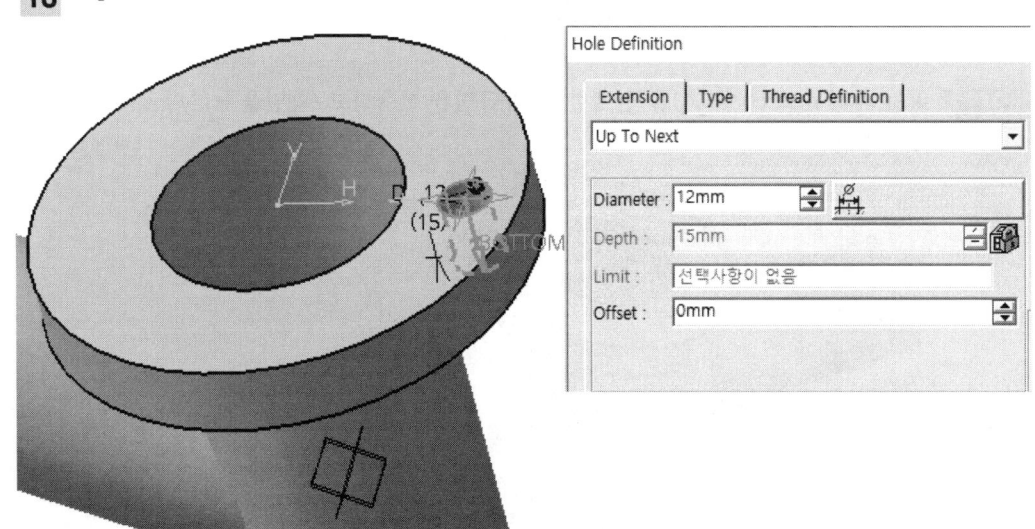

Chapter 07 CATIA Modeling 따라하면서 배우기(응용편 2)

Step 19 생성된 Hole을 선택하고, Circular Pattern( )을 실행한다.
① 패턴의 개수와 사이각을 입력한다.
② Reference element 항목을 클릭하고, 형상의 원통면을 선택한다.

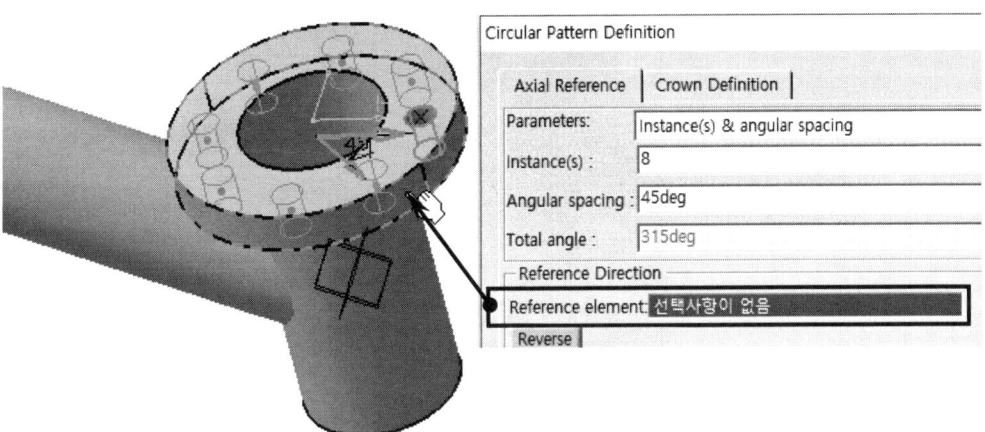

Step 20 미리보기 및 OK를 누른다.

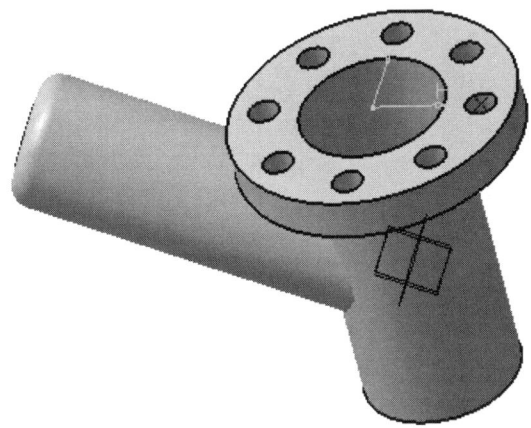

Step 21 Point( )를 실행하고, 확인을 누른다. (X=0, Y=0, Z=0)

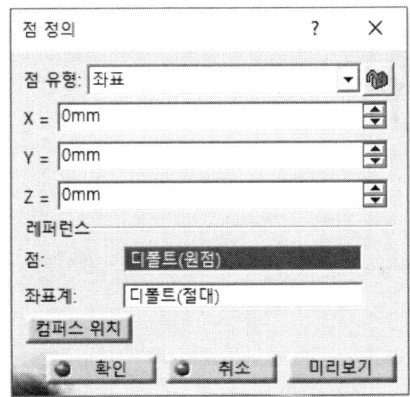

Step 22 Line(/)을 실행한다. ① 앞에서 작성한 Point를 선택한다. ② 방향은 zx평면을 선택한다.
③ 끝 거리에 80을 입력하고, 확인을 누른다.

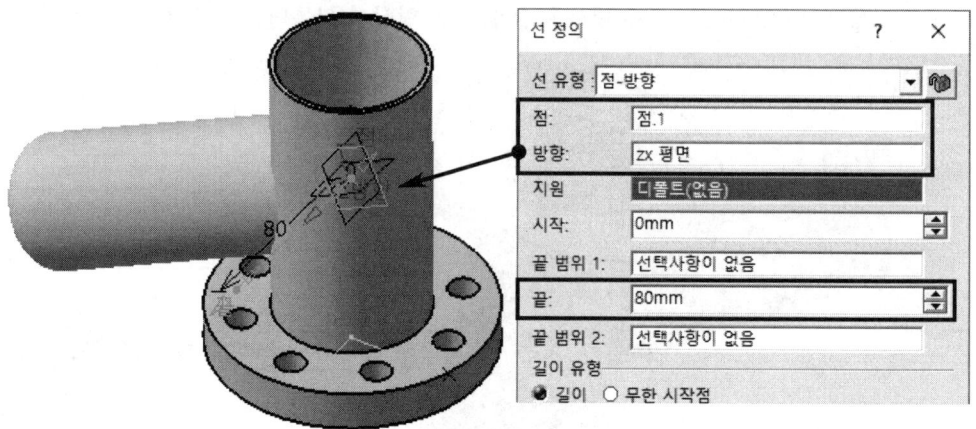

Step 23 Plane(⌀)을 실행하고, 평면 유형을 [평면각도/수직]으로 설정한다.
① 회전축은 앞에서 작성한 Line을 선택한다. ② 레퍼런스는 yz평면을 선택한다.
③ 각도를 입력하고, 확인을 누른다.

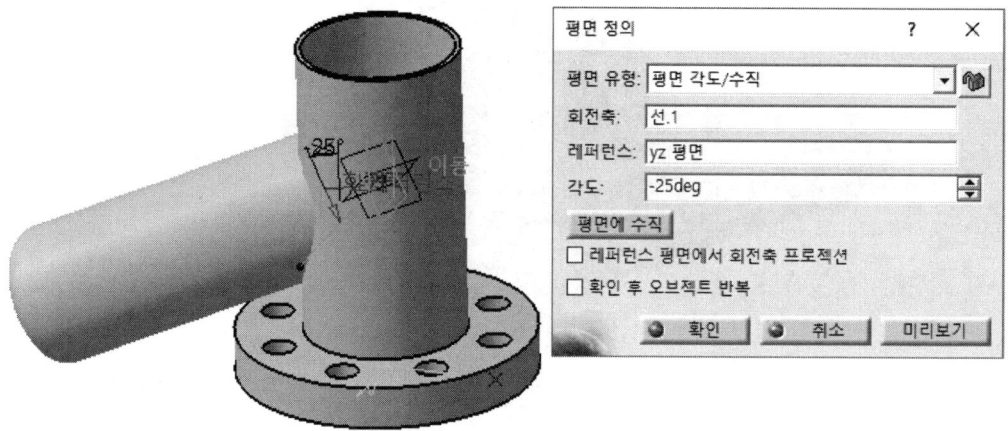

Step 24 위치 지정된 스케치(☒)를 실행한다. 생성시킨 Plane을 선택하고, 확인을 누른다.

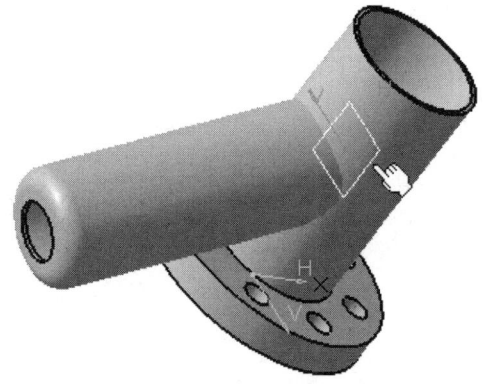

Step 25 연장된 홀(⊙), 제약조건(🗔)으로 스케치를 작성하고, 워크벤치 종료(🛈)를 한다.

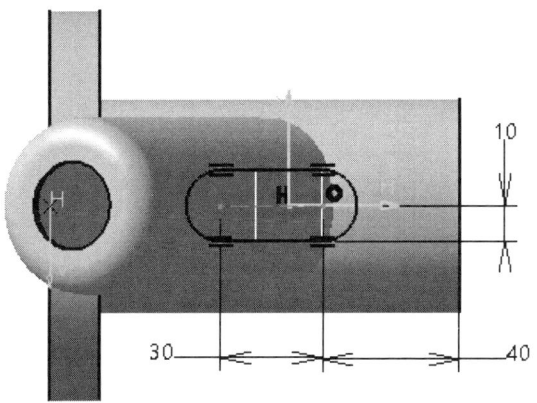

Step 26 Pocket(🔲)을 실행한다. Type은 [Up to next]로 설정하고, OK를 누른다.

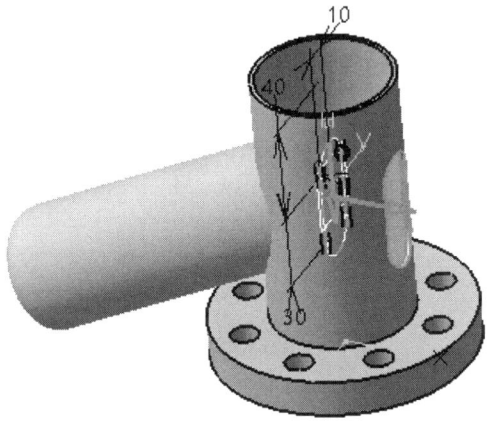

Step 27 위치 지정된 스케치(📐)를 실행한다. 생성시킨 Plane을 선택하고, 확인을 누른다.

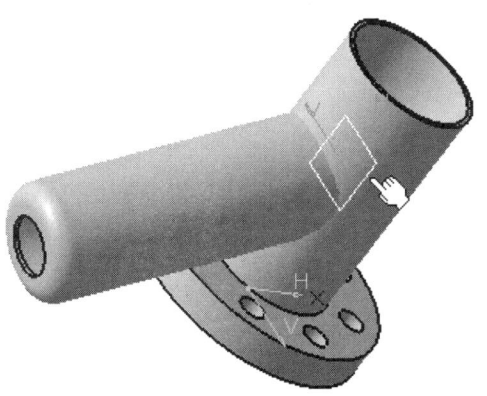

Step 28 중심 직사각형(☐), 제약조건(🗐)으로 스케치를 작성한다.

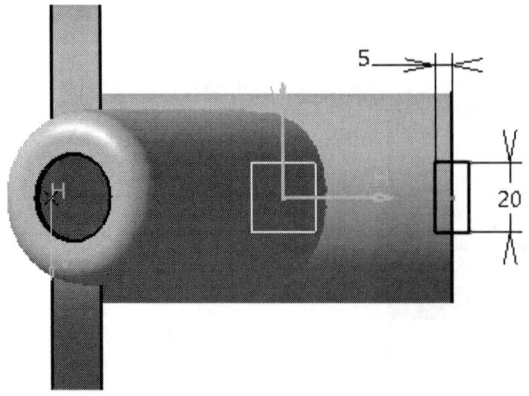

Step 29 Pocket(🔲)을 실행한다.

First Limit와 Second Limit의 Type을 모두 [Up to next]로 설정하고, OK를 누른다.

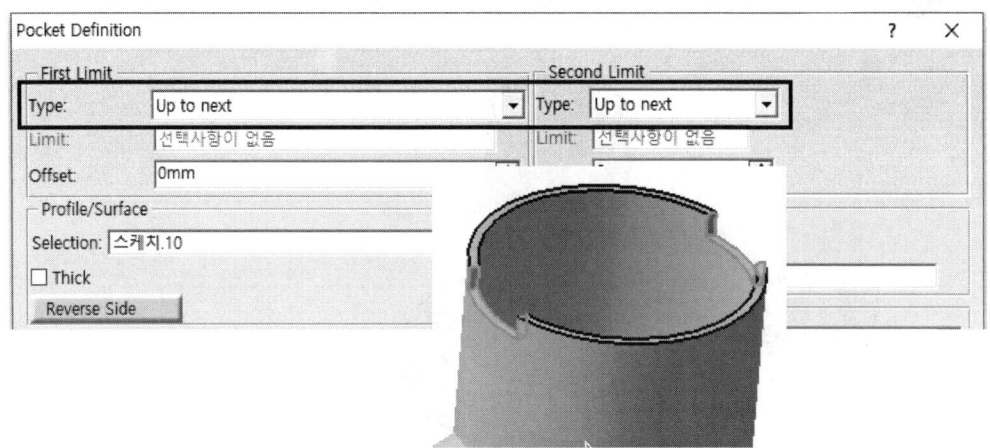

Step 30 풀다운메뉴 → 삽입 → 본체(🔲)를 실행한다. 본문.4가 생성된다.

Step 31 Plane(🔲)을 실행하고, [평면에서 오프셋]으로 설정한다.
yz 평면을 선택한다. 오프셋 75를 입력하고, 확인을 누른다.

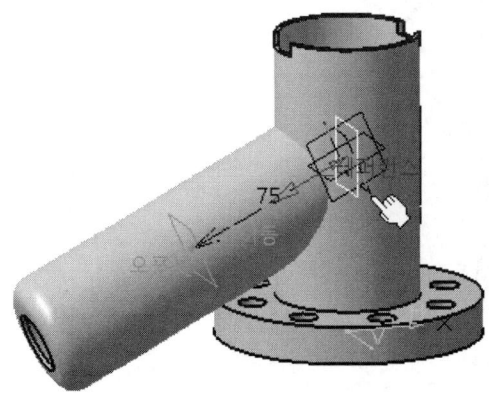

Step 32 위치 지정된 스케치(📝)를 실행한다. 생성시킨 Plane을 선택하고, 확인을 누른다.

Step 33 프로파일(🔧), 제약조건(🔒)으로 스케치를 작성하고, 워크벤치 종료(🔚)를 한다.

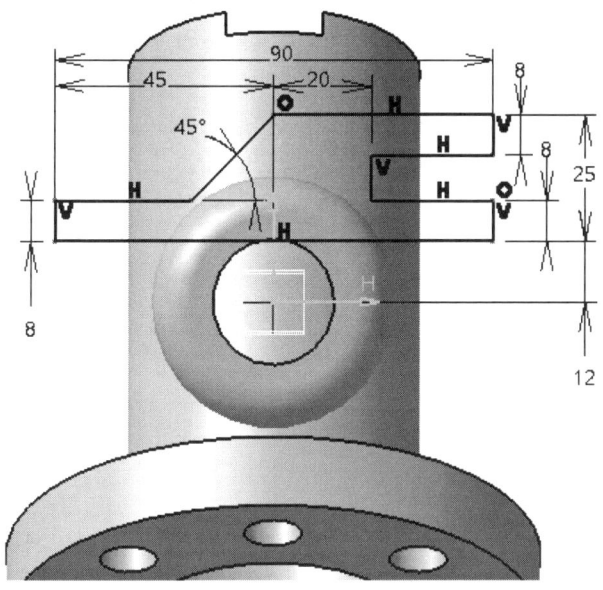

Step 34 위치 지정된 스케치(📝)를 실행한다. xy평면을 선택하고, 확인을 누른다.

Step 35 프로파일( )로 스케치를 작성한다.

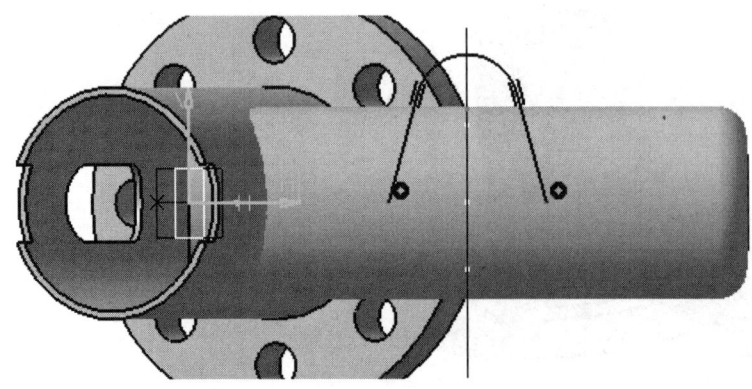

Step 36 제약조건( )을 실행한다. 대각선 2개를 선택하고, 마우스 오른쪽 버튼을 눌러 "대칭선 허용"을 선택한다. 중심선을 선택한다. → 선택한 대각선이 대칭이 되었다.

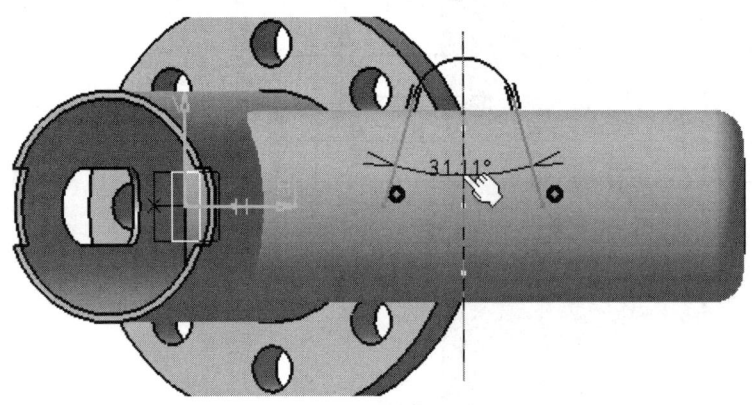

Step 37 대각선 위에서 마우스 오른쪽 버튼을 눌러 "선.1 오브젝트" → "자동검색"을 선택한다. 작성한 프로파일이 모두 선택된다.

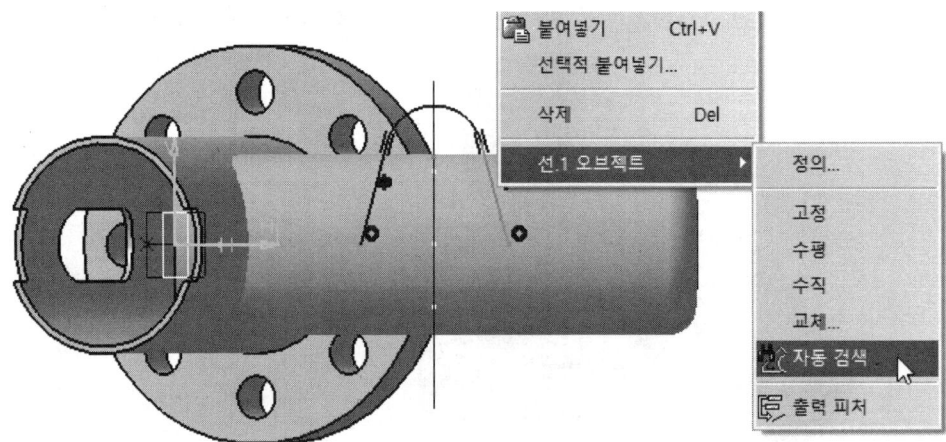

Step 38 미러(⬧)를 실행하고, X축을 클릭하여 대칭복사를 한다.

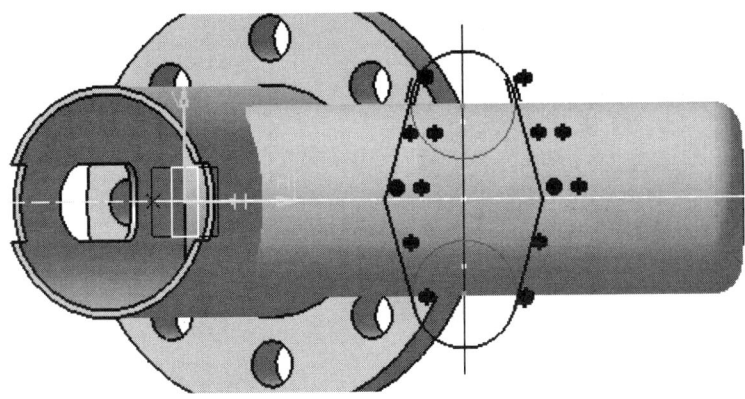

Step 39 제약조건(⬧)으로 치수를 입력한다. 워크벤치 종료(⬧)를 한다.

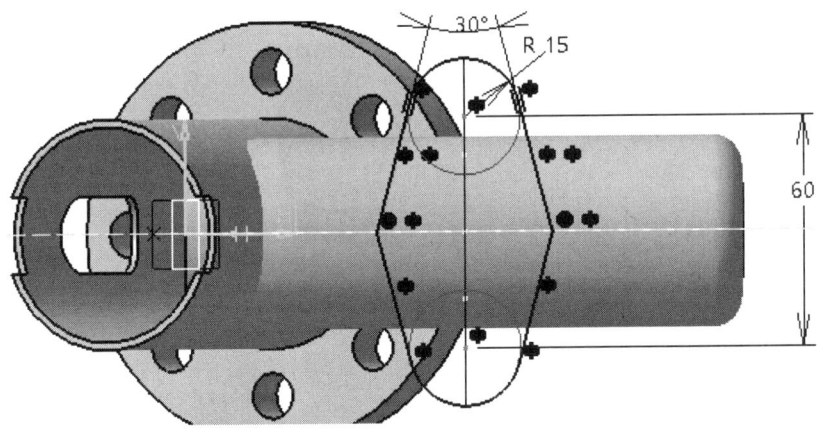

Step 40 Solid Combine(⬧)을 실행한다. 위에서 작성한 ① 스케치와 ② 스케치를 선택한다.

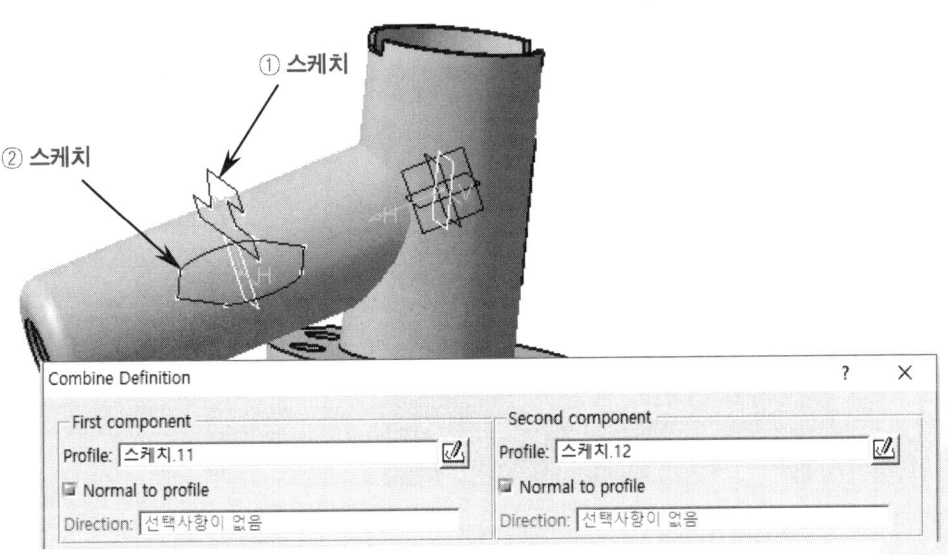

Step 41 OK를 눌러 형상을 생성한다.

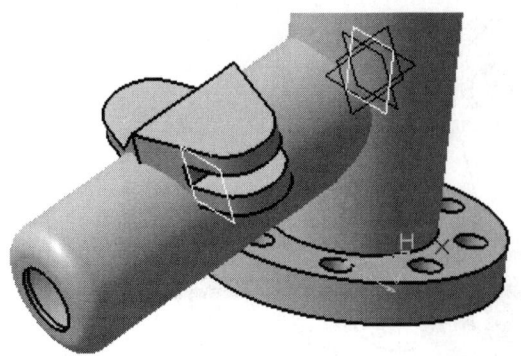

Step 42 Hole(◉)을 실행한다.
① 첫 번째 원형 모서리를 선택한다. ② 구멍이 생성될 면을 선택한다.

Step 43 [Up To Last]로 설정하고, 구멍지름 10을 입력한 후, OK를 누른다.

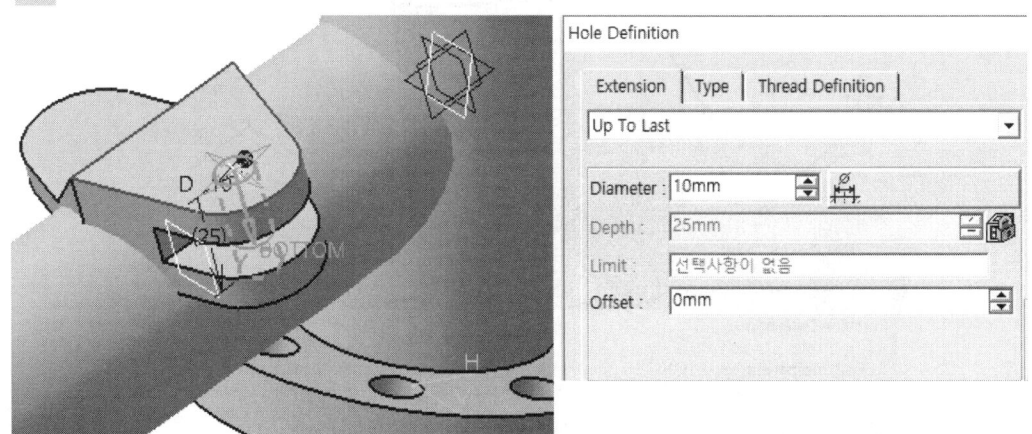

Chapter 07 CATIA Modeling 따라하면서 배우기(응용편 2)

Step 44 Hole(⬛)을 실행한다.

① 첫 번째 원형 모서리를 선택한다. ② 구멍이 생성될 면을 선택한다.

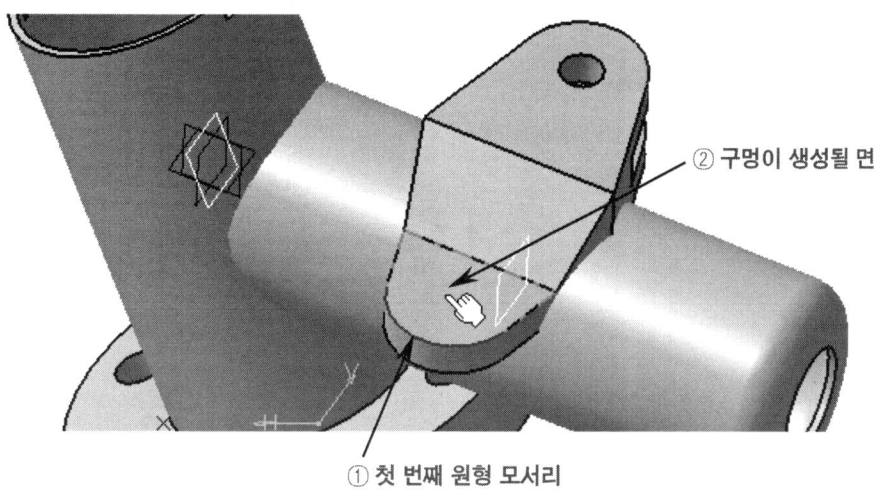

② 구멍이 생성될 면

① 첫 번째 원형 모서리

Step 45 Up To Last]로 설정하고, 구멍지름 10을 입력한 후, OK를 누른다.

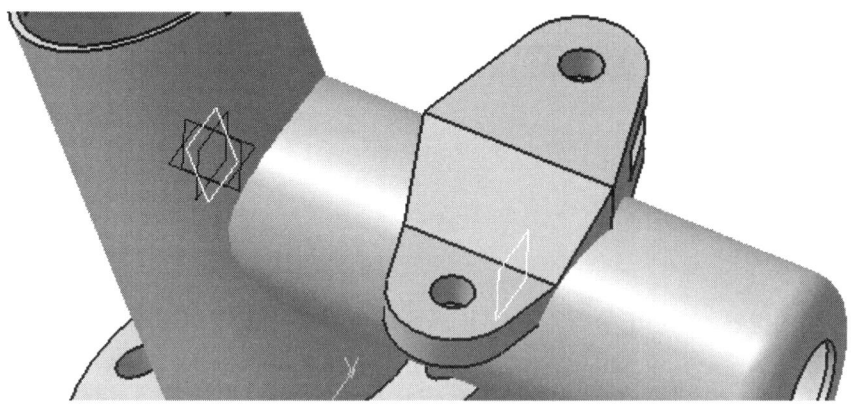

Step 46 Edge Fillet(⬛)을 이용하여 선택한 모서리에 라운드 R10을 적용한다.

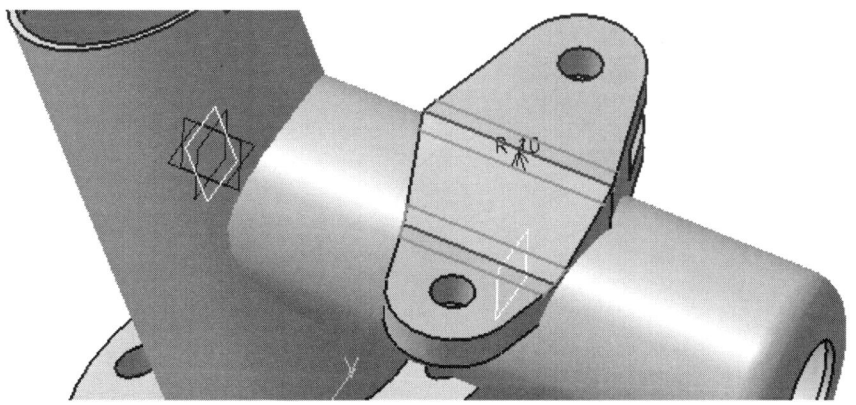

Step 47 Edge Fillet( )을 이용하여 선택한 모서리에 라운드 R3을 적용한다.

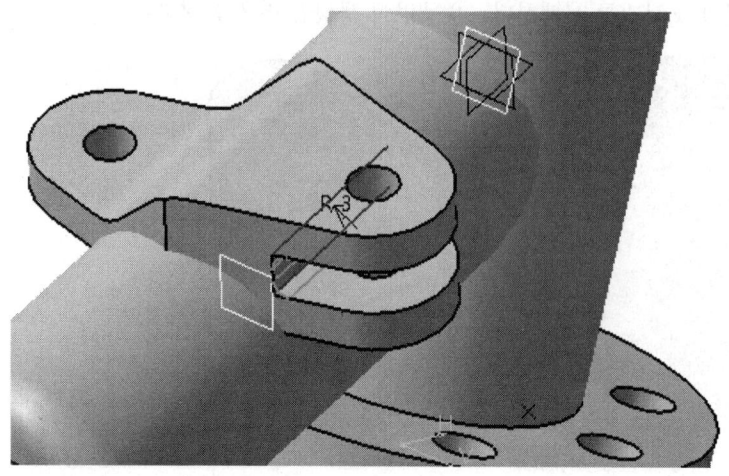

Step 48 본문.2에서 마우스 오른쪽 버튼을 눌러 [작업 오브젝트에서 정의]를 선택한다.

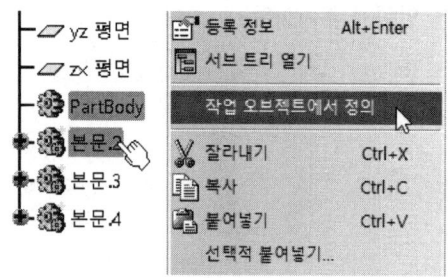

Step 49 위치 지정된 스케치( )를 실행한다. xy평면을 선택하고, 확인을 누른다.

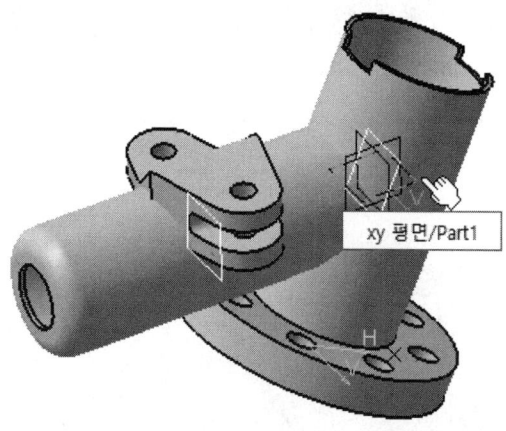

Step 50 연장된 홀(⌬), 제약조건(🔲)으로 스케치를 작성하고, 워크벤치 종료(🔼)를 한다.

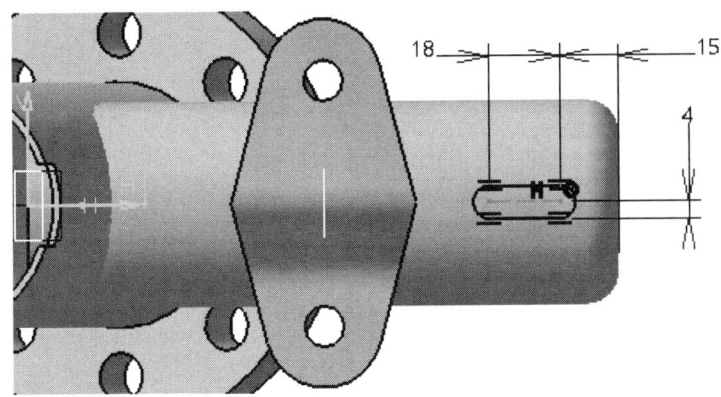

Step 51 Pocket(🔲)을 실행한다. Type은 [Up to next]로 설정하고, OK를 누른다.

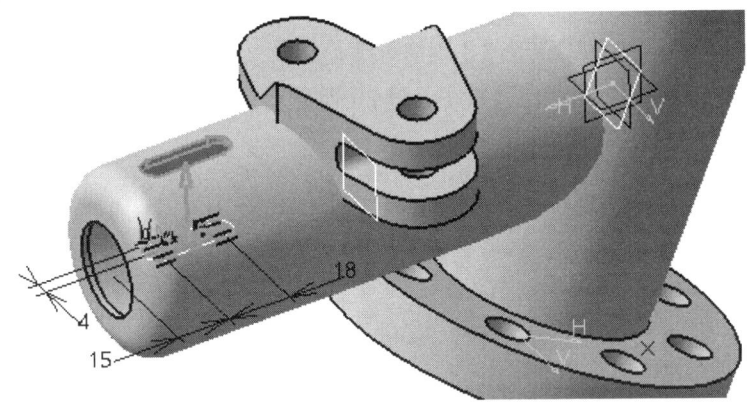

Step 52 생성된 연장된 홀을 선택하고, Circular Pattern(✳)을 실행한다.
① Complete crown으로 설정하고, 전체 개수를 입력한다.
② Reference element 항목을 클릭하고, 형상의 원통면을 선택한다.

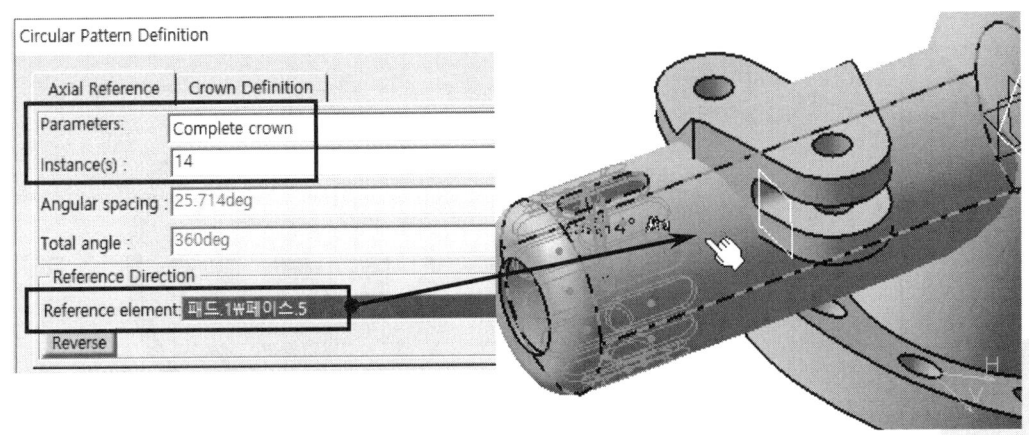

Step 53 OK를 누른다.

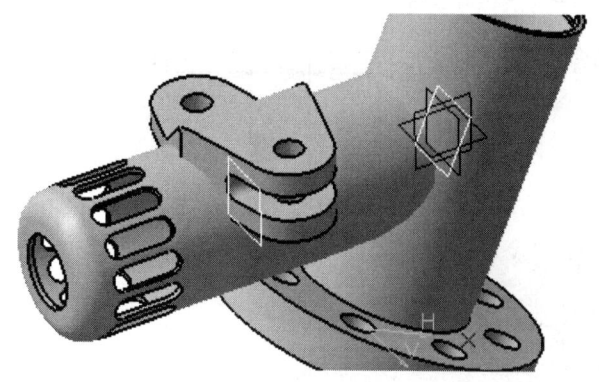

Step 54 [Part Body]에서 마우스 오른쪽 버튼을 눌러 [작업 오브젝트에서 정의]를 클릭한다.

Step 55 추가( )를 실행하고, 본문.2를 선택한다. OK를 누른다.

Step 56 결합 자르기( )를 실행하고, 본문.3을 선택한다.
Faces to keep 항목을 클릭하고, 남아있을 면 2군데를 선택한다.

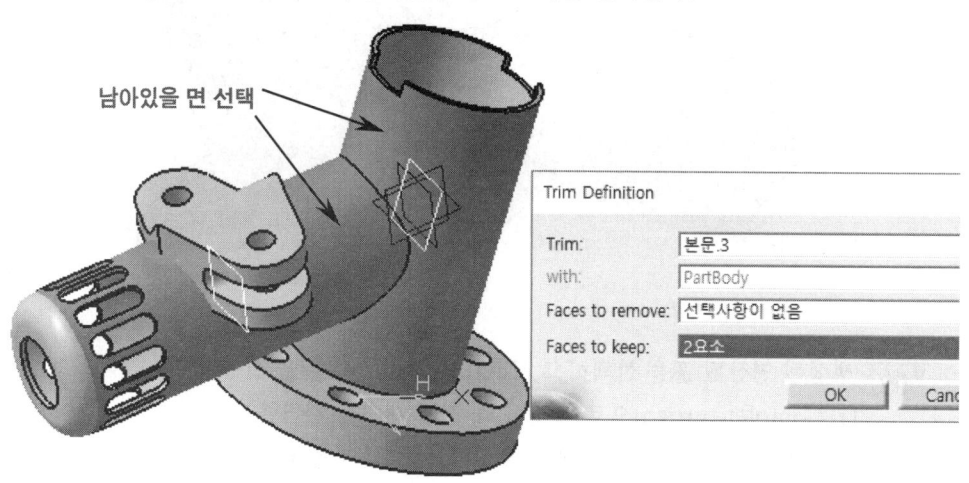

Step 57 OK를 누른다.

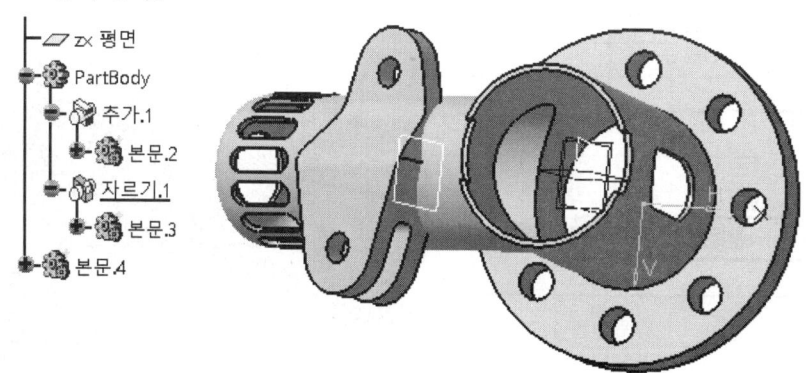

Step 58 결합 자르기( )를 실행하고, 본문.4를 선택한다.
Faces to keep 항목을 클릭하고, 남아있을 면 2군데를 선택한다.

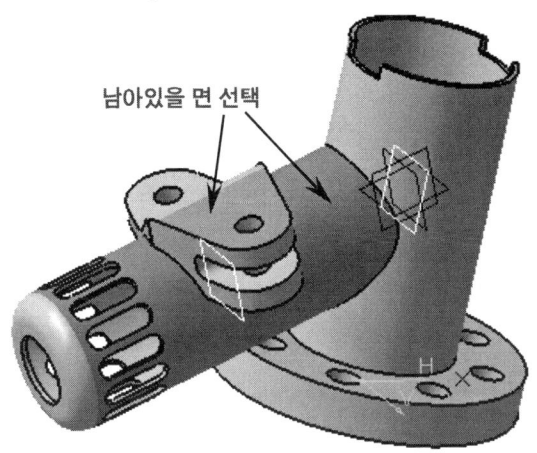

남아있을 면 선택

Step 59 OK를 누른다.

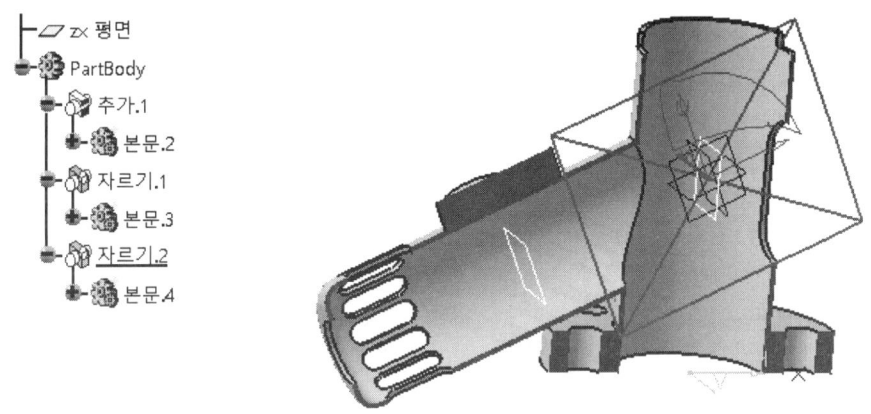

Step 60 Edge Fillet( )을 이용하여 선택한 모서리에 라운드 R8을 적용한다.

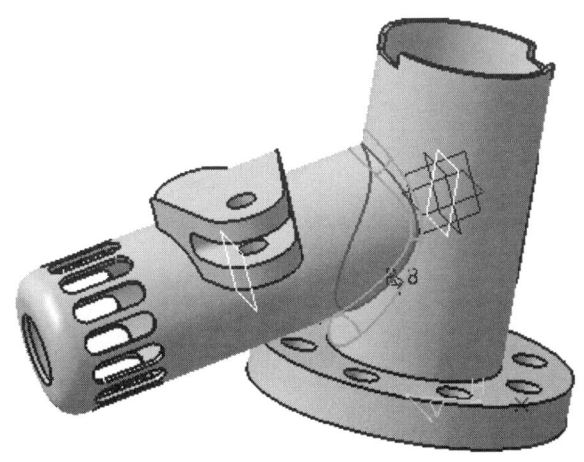

Step 61 Edge Fillet(　)을 이용하여 선택한 모서리에 라운드 R10을 적용한다.

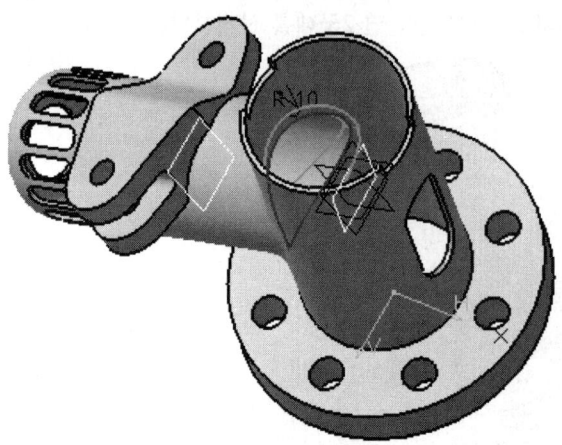

Step 62 형상이 완성되었다.

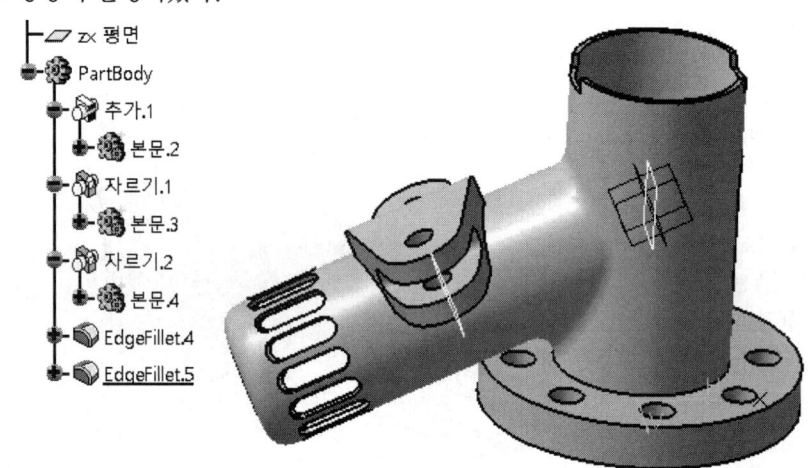

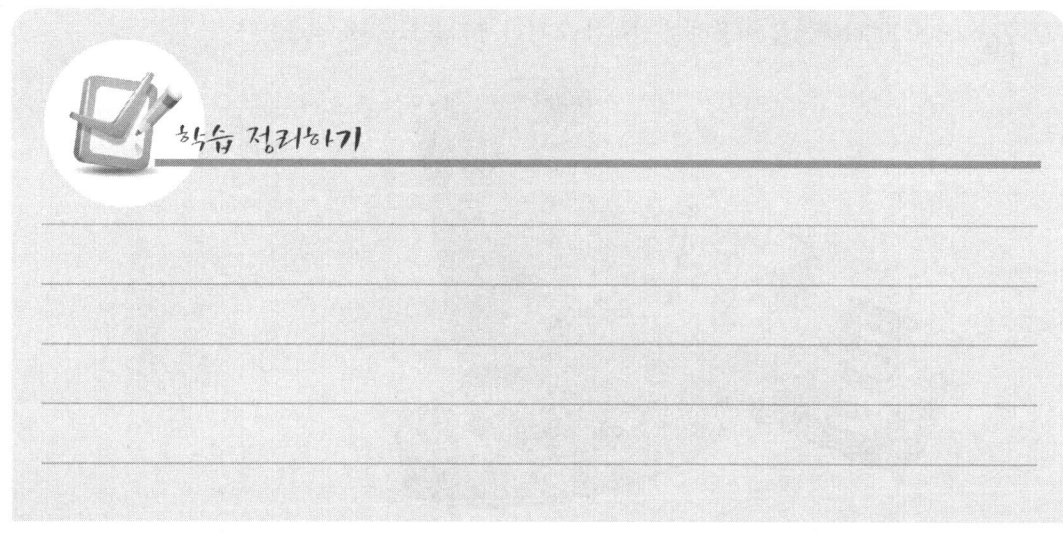

과제 13 CATIA 응용과정 – Modeling 따라하면서 배우기 *Step by Step*

다음 도면을 분석하여 Catia 기능을 활용한 모델링을 한다.

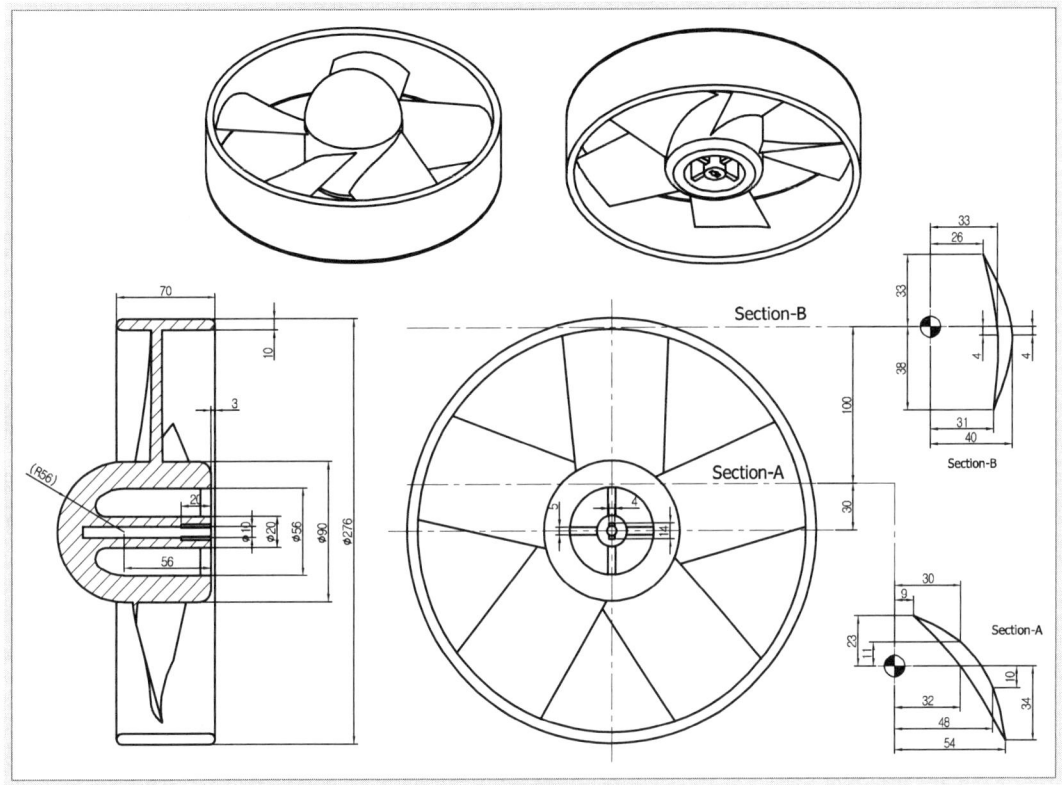

Step 01 [Part Design]을 실행한다. 작업할 파일의 이름을 입력하고, 확인을 누른다.

Step 02 Plane(◢)을 실행하고, [평면에서 오프셋]으로 설정한다.
xy평면을 선택한다. 오프셋 30을 입력하고, 확인을 누른다. (면.1이 생성된다.)

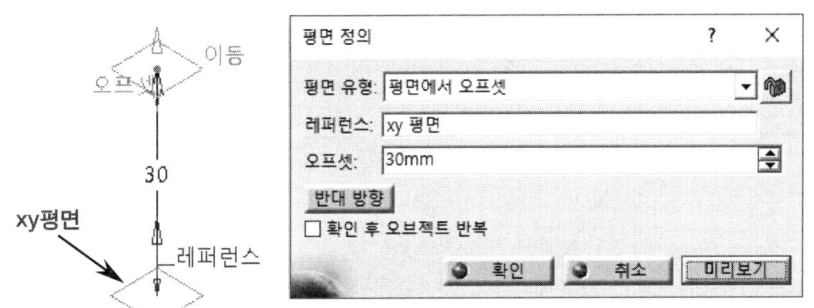

Step 03 다시 Plane( )을 실행하고, [평면에서 오프셋]으로 설정한다.
step.02에서 생성한 평면을 선택한다. 오프셋 100을 입력하고, 확인을 누른다.
(면.2가 생성된다.)

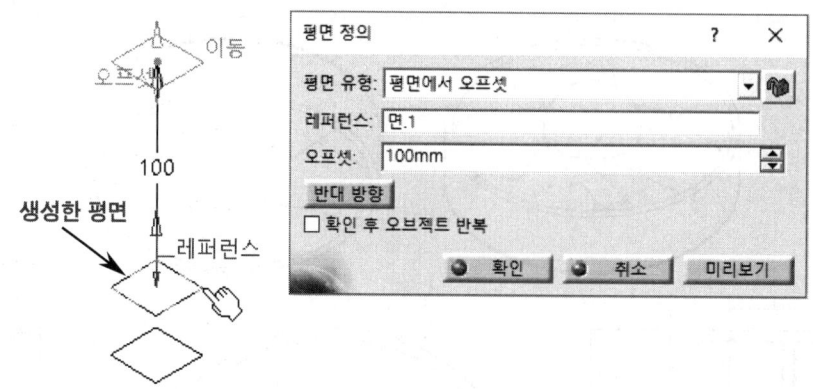

Step 04 위치 지정된 스케치( )를 실행한다. step.02에서 생성한 평면(면.1)을 선택하고, 확인을 누른다.

Step 05 스플라인( )을 이용하여 다음과 같이 스케치를 작성한다.

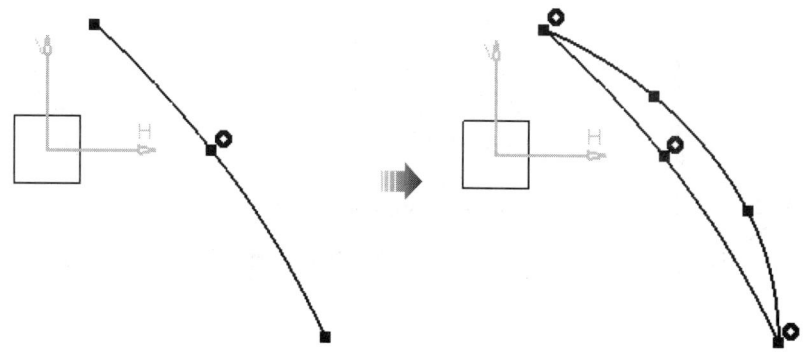

Chapter 07 CATIA Modeling 따라하면서 배우기(응용편 2)

Step 06 제약조건( )으로 치수를 입력하고, 워크벤치 종료( )를 한다.

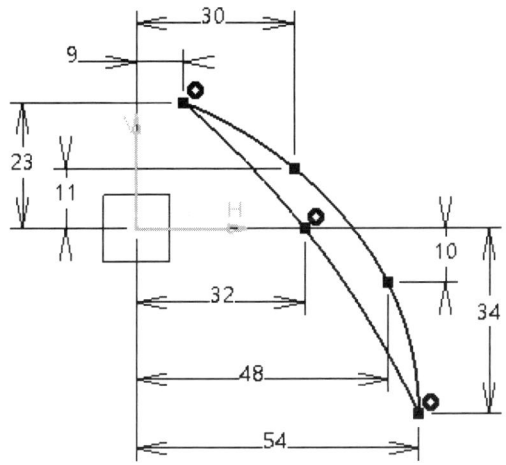

Step 07 위치 지정된 스케치( )를 실행한다. step.03에서 생성한 평면(면.2)을 선택하고, 확인을 누른다.

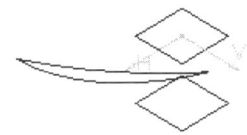

Step 08 스플라인( )을 이용하여 다음과 같이 스케치를 작성한다.

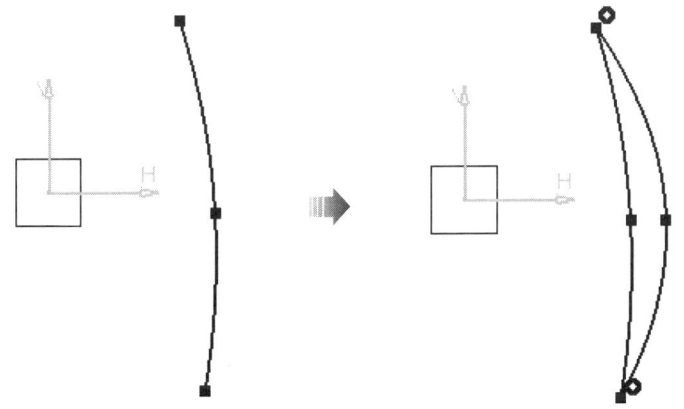

Step 09 제약조건(□)으로 치수를 입력하고, 워크벤치 종료(□)를 한다.

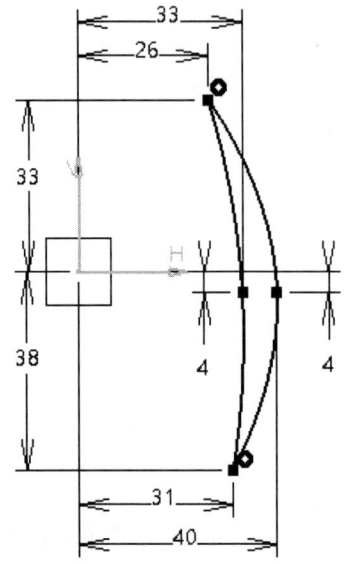

Step 10 Multi-sections Solid(⍉)를 실행하고, 아래쪽 스케치.1과 위쪽 스케치.2를 선택한다.
확인을 누른다.
오류갱신 창이 나오면 "확인"을 누른다.

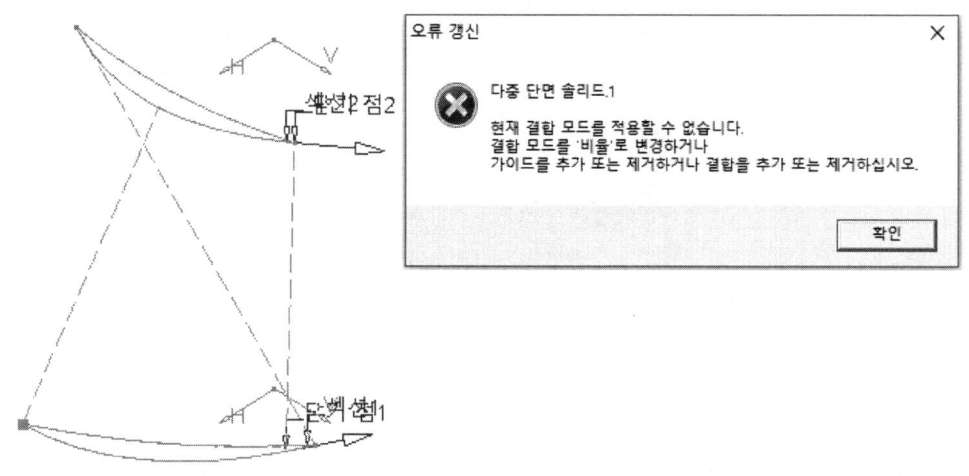

Step 11 닫기 점(Closing Point) 문제로 인해 형상 생성에 오류가 발생한다.
다중 섹션 솔리드 정의(Multi-sections Solid) 창에서 "취소"를 눌러 창을 닫는다.

Step 12 Point(·)를 실행한다.

점 유형을 "커브에"로 설정하고, 아래의 스케치.1을 선택한다.

마우스 포인터를 오른쪽 끝점을 클릭하고, 확인을 누른다.

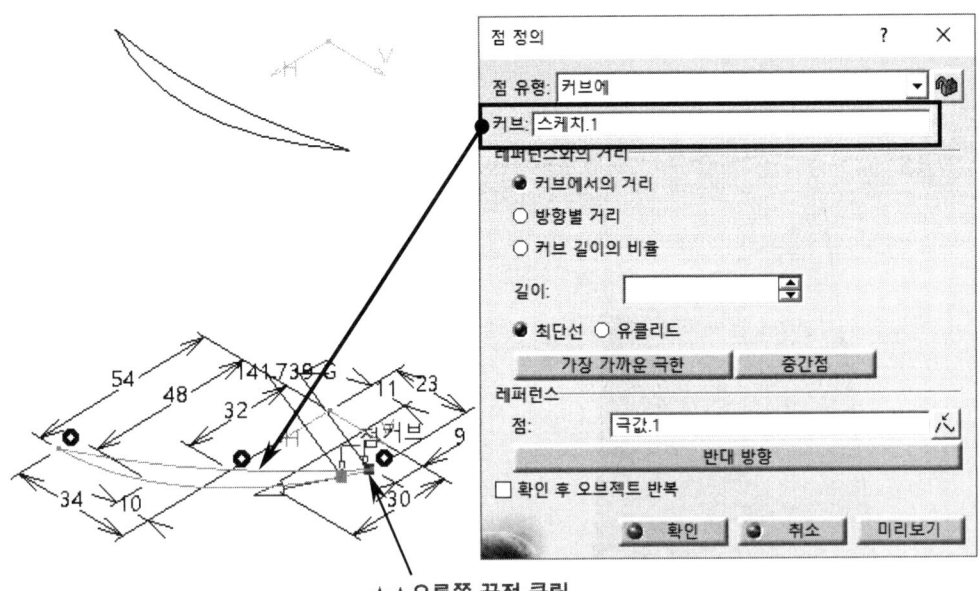

★★오른쪽 끝점 클릭

Step 13 Multi-sections Solid( )를 실행하고, 아래쪽 스케치.1과 위쪽 스케치.2를 선택한다.

아래 스케치.1의 닫기 점1에서 마우스 오른쪽 버튼을 눌러 "교체"를 선택한다.

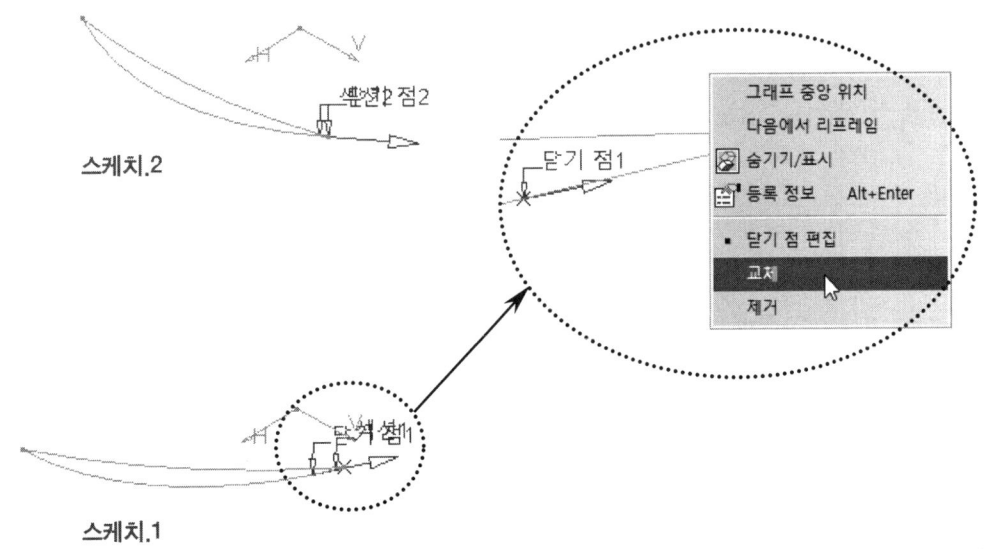

Step 14 step.12에서 생성한 Point를 클릭한다. 닫기 점1이 이동하였다.

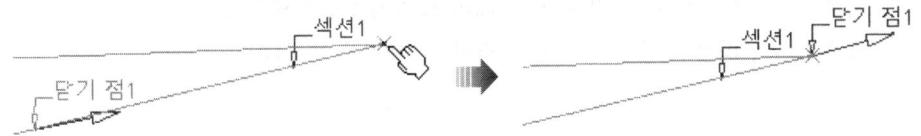

Step 15 확인을 누른다. 형상이 생성되었다.

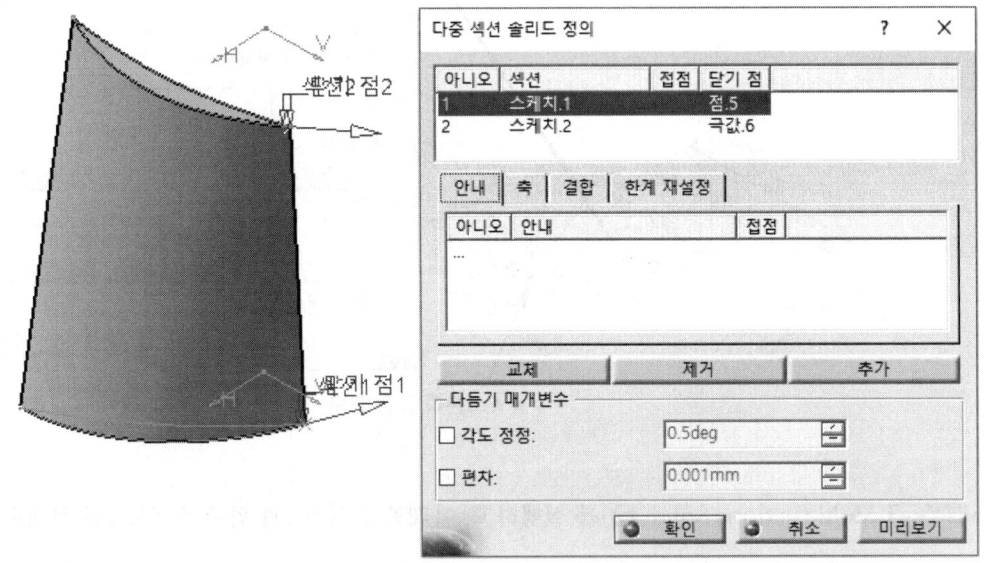

Step 16 위치 지정된 스케치(🖉)를 실행한다. zx평면을 선택하고, 확인을 누른다

Step 17 원(⊙), 선(/), 축(┆), 즉시 자르기(🖉), 제약조건(🗐)으로 스케치를 작성한다.

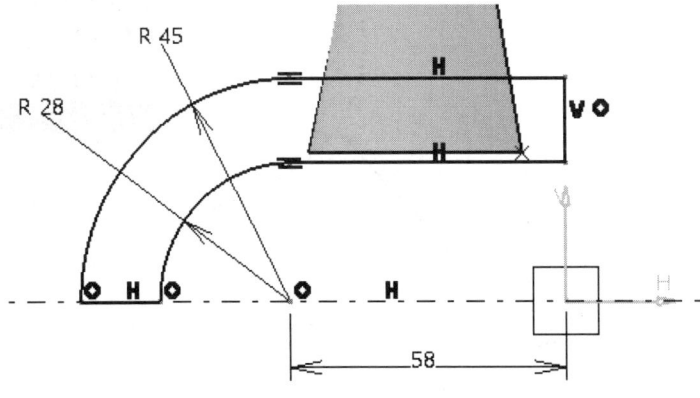

Step 18 워크벤치 종료(🏠)를 한다.

Step 19 Shaft( )를 실행하고, OK를 누른다.

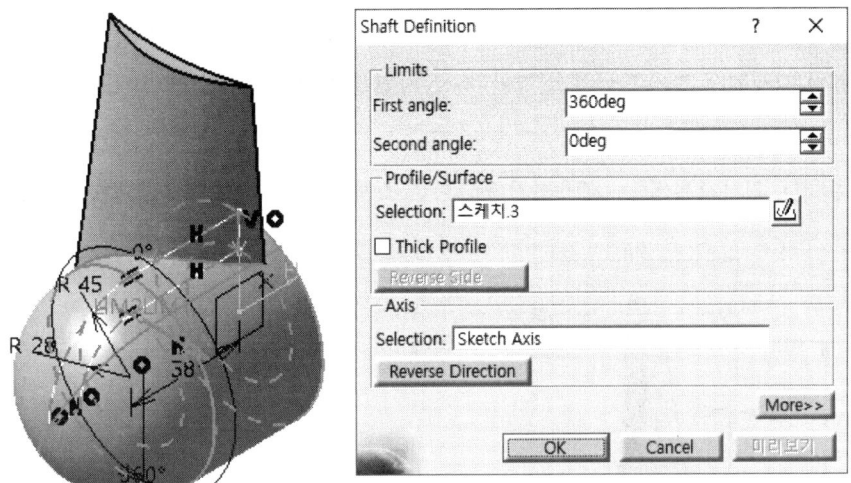

Step 20 Circular Pattern( )을 실행한다.
① 그림과 같이 "Complete crown"과 개수 "5"를 입력한다.
② Reference element 항목을 클릭하고, 원통면을 선택한다.
③ Object to Pattern 항목을 클릭하고, 생성한 다중 단면 솔리드.1을 선택한다.

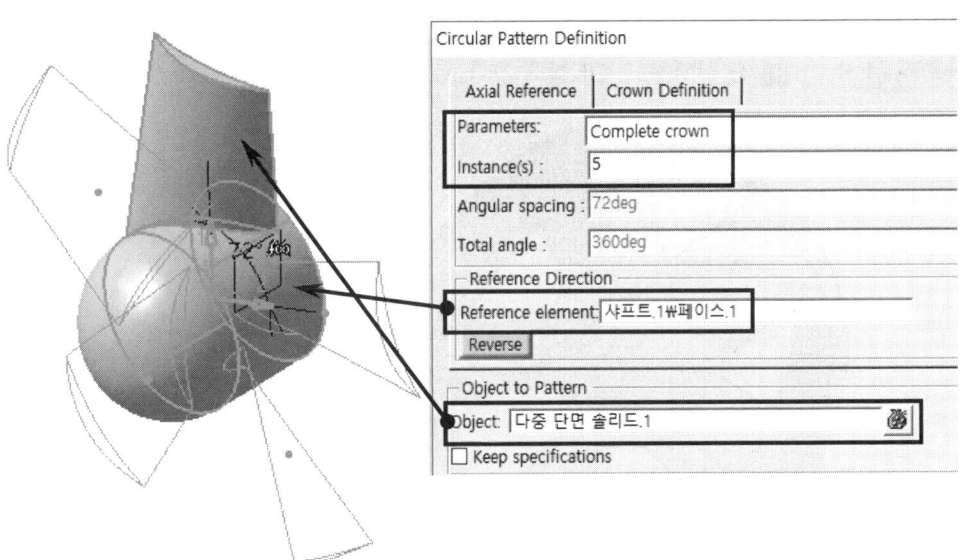

Step 21 OK를 눌러 형상을 생성한다.

Step 22 풀다운메뉴 → 삽입 → 본체( )를 실행한다. 본문.2가 생성된다.

Step 23 위치 지정된 스케치( )를 실행한다. xy평면을 선택하고, 확인을 누른다.

Step 24 축( ), 직사각형( ), 제약조건( )으로 스케치를 하고, 워크벤치 종료( )를 한다.

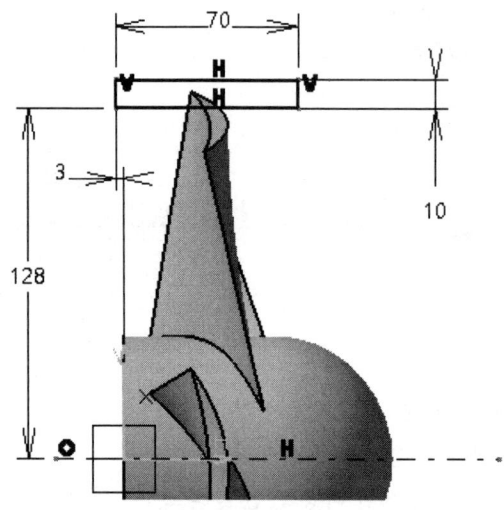

Step 25 Shaft( )를 실행하고, OK를 누른다.

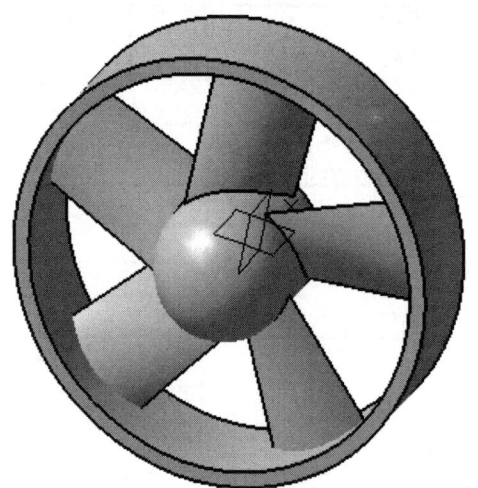

Step 26 Tritangent Fillet(　)를 실행한다.

① Faces to fillet에서 원통의 안쪽면과 바깥면을 선택한다.
② Face to remove에서 형상의 윗면을 선택하고, OK를 누른다.

Step 27 다시 Tritangent Fillet(　)를 실행하고, 반대쪽의 면에도 Fillet를 생성한다.

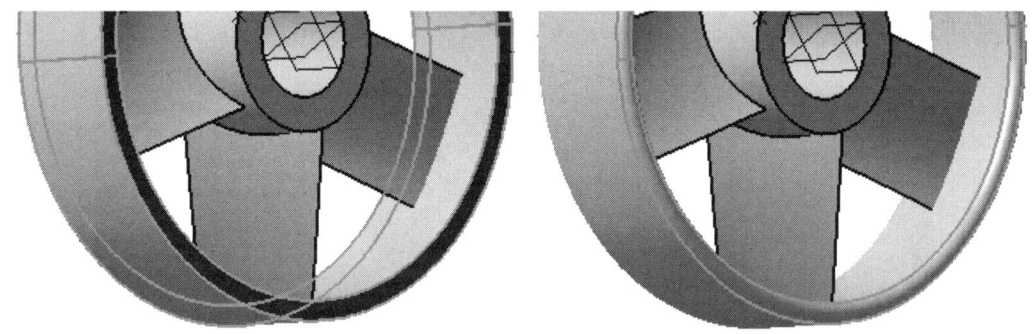

Step 28 작업 트리의 Part Body에서 마우스 오른쪽 버튼을 눌러 "작업 오브젝트에서 정의"를 클릭한다.

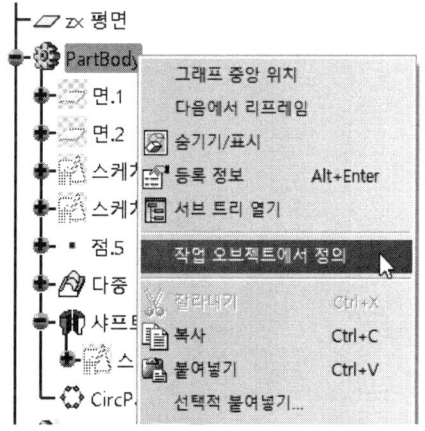

Step 29 Edge Fillet(◎)을 이용하여 선택한 모서리에 라운드 R8을 적용한다.

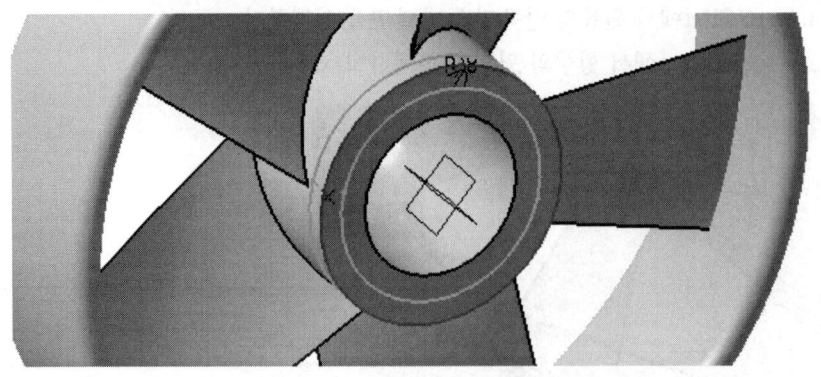

Step 30 위치 지정된 스케치(◎)를 실행한다. 형상의 뒷면을 선택하고, 확인을 누른다.

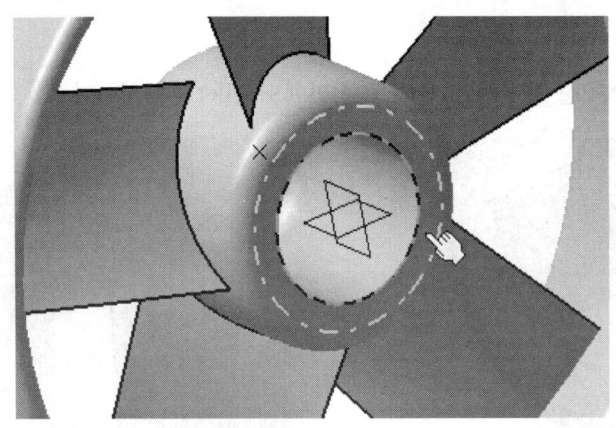

Step 31 원(◎), 제약조건(◎)으로 스케치를 하고, 워크벤치 종료(◎)를 한다.

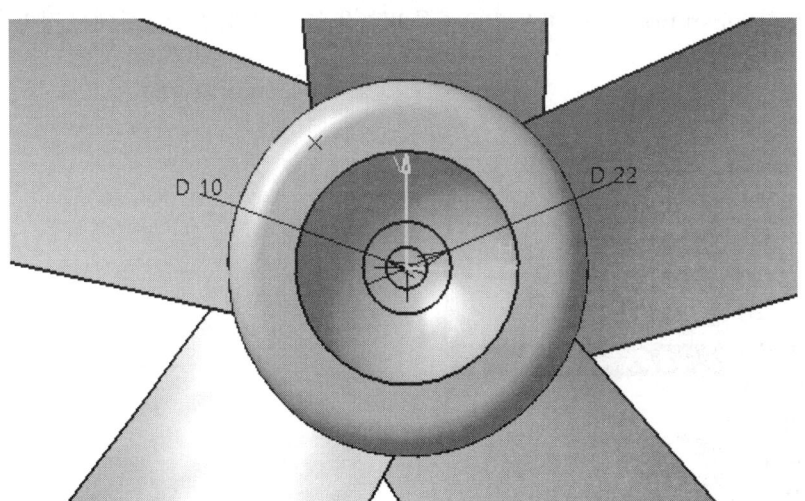

Step 32
Pad(　)를 실행한다.

"Up to next"로 설정하고, Reverse Direction 버튼을 눌러 방향을 바꾼다. OK를 누른다.

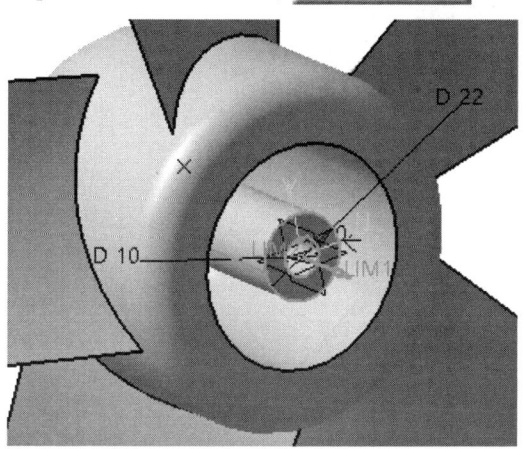

Step 33
Edge Fillet(　)을 이용하여 모서리 안쪽 원에 라운드 R8을 적용한다.

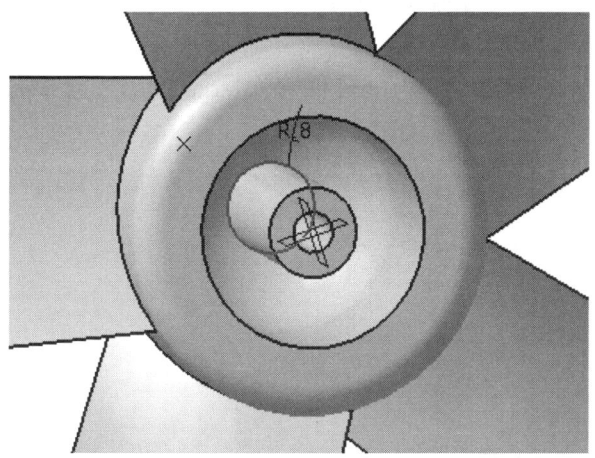

Step 34
위치 지정된 스케치(　)를 실행한다. 형상의 뒷면을 선택하고, 확인을 누른다.

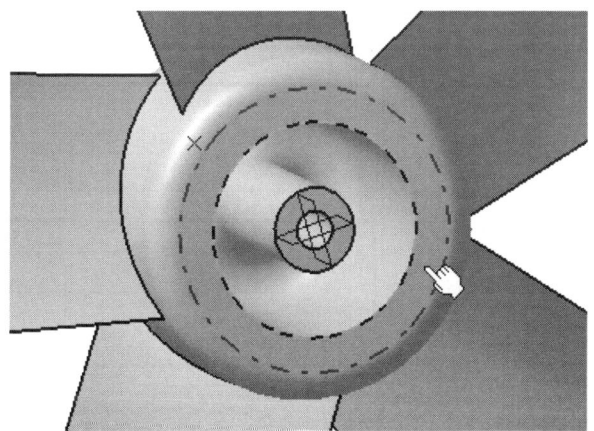

Step 35 선(/)으로 다음과 같이 직선을 생성하고, 워크벤치 종료(⏏)를 한다.

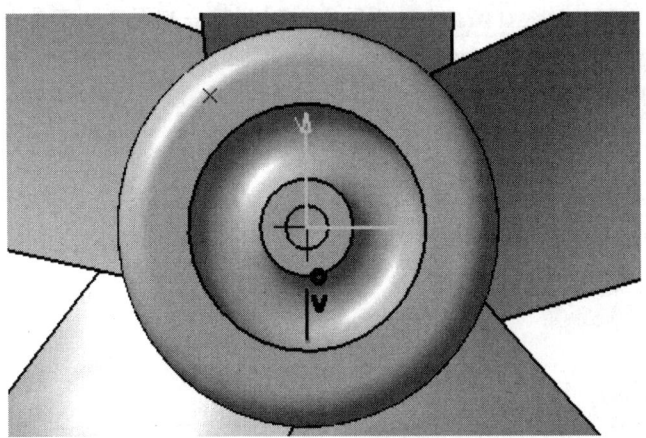

Step 36 Pad(⟋)를 실행한다. 에러 창이 나오면 "확인"을 누른다.
① "Up to next"로 설정하고, ② Thick에 체크를 한다.
③ Second Limit의 Length에 7을 입력한다.
④ Thickness 1에 두께 5를 입력하고, ⑤ Neutral Fiber, Merge Ends에 체크를 한다.
OK를 누른다.

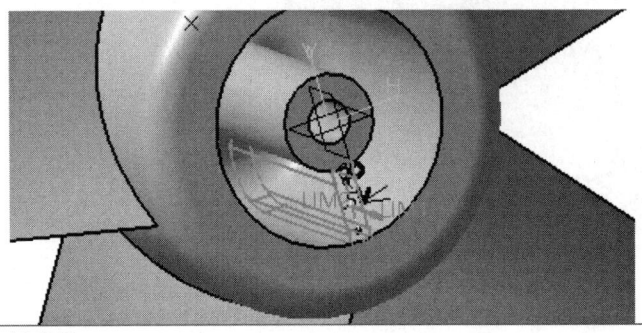

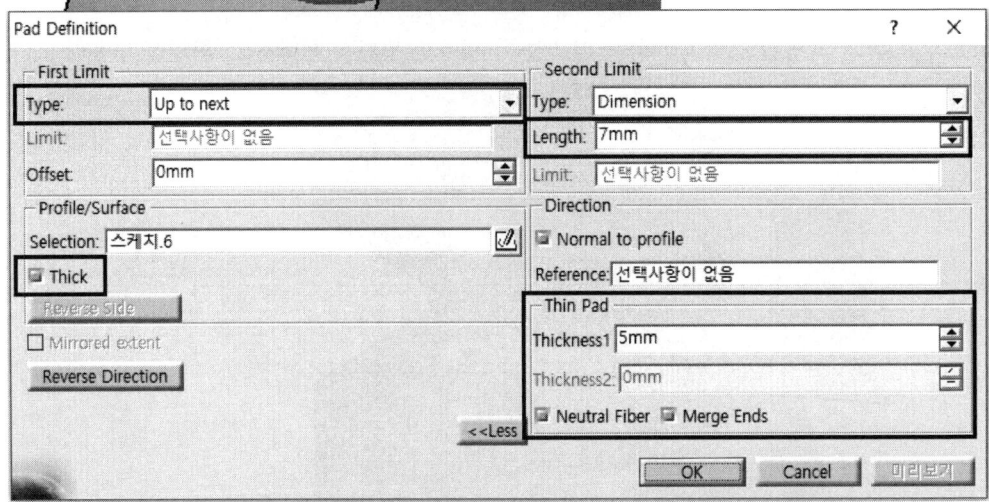

Step 37. Circular Pattern(⚙)을 실행한다.
① 그림과 같이 "Complete crown"과 개수 "4"를 입력한다.
② Reference element 항목을 클릭하고, 원통면을 선택한다. OK를 누른다.

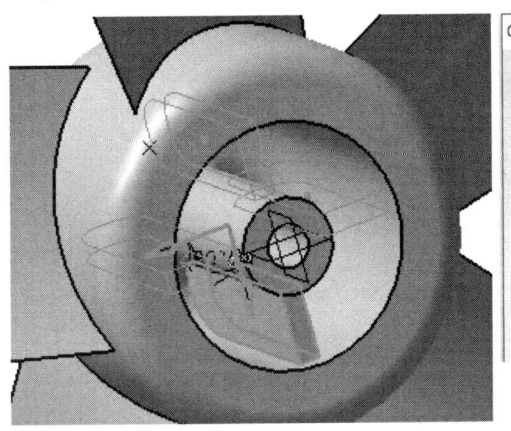
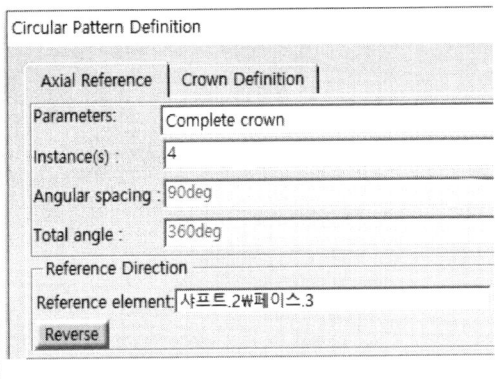

Step 38. 위치 지정된 스케치(✏)를 실행한다. 원형 바깥면을 선택하고, 확인을 누른다.

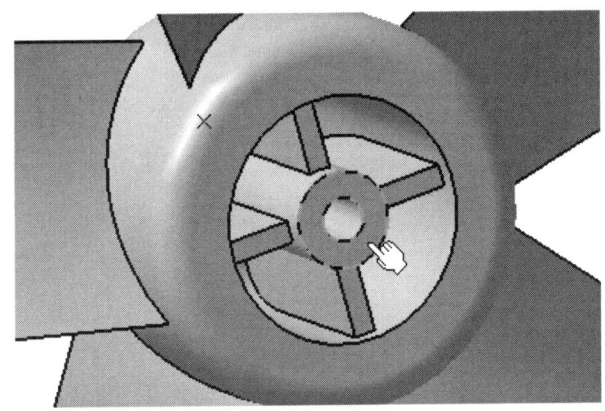

Step 39. 중심 직사각형(▭), 제약조건(▤)으로 스케치를 작성한다. 워크벤치 종료(⬆)를 한다.

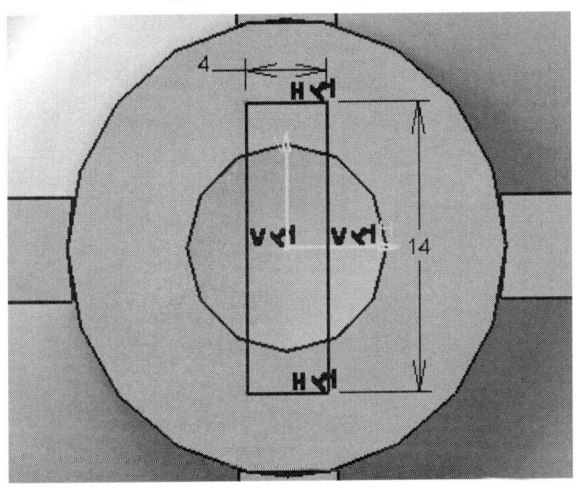

Step 40 Pocket(⬚)을 실행한다. Depth에 20을 입력하고, OK를 누른다.

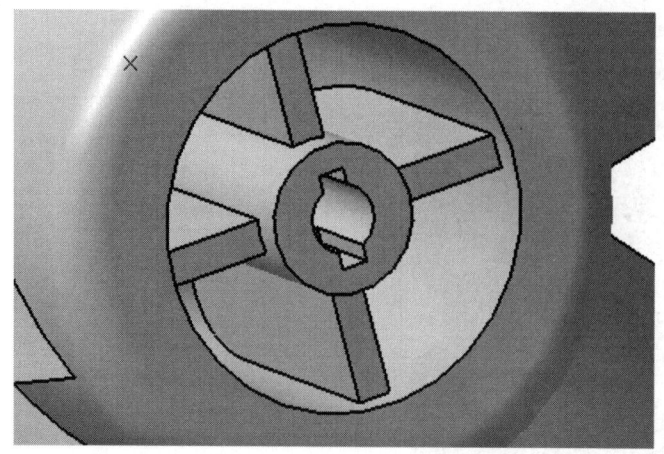

Step 41 추가(⬚)를 실행하고, 본문.2를 선택한다. OK를 누른다.

Step 42 형상이 완성되었다.

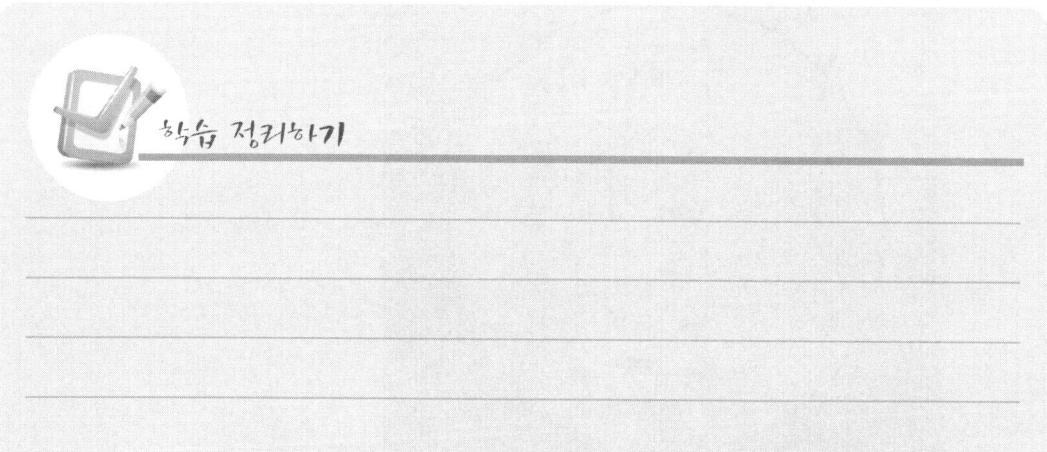

과제 14 CATIA 응용과정 – Modeling 따라하면서 배우기 *Step by Step*

다음 도면을 분석하여 Catia 기능을 활용한 모델링을 한다.

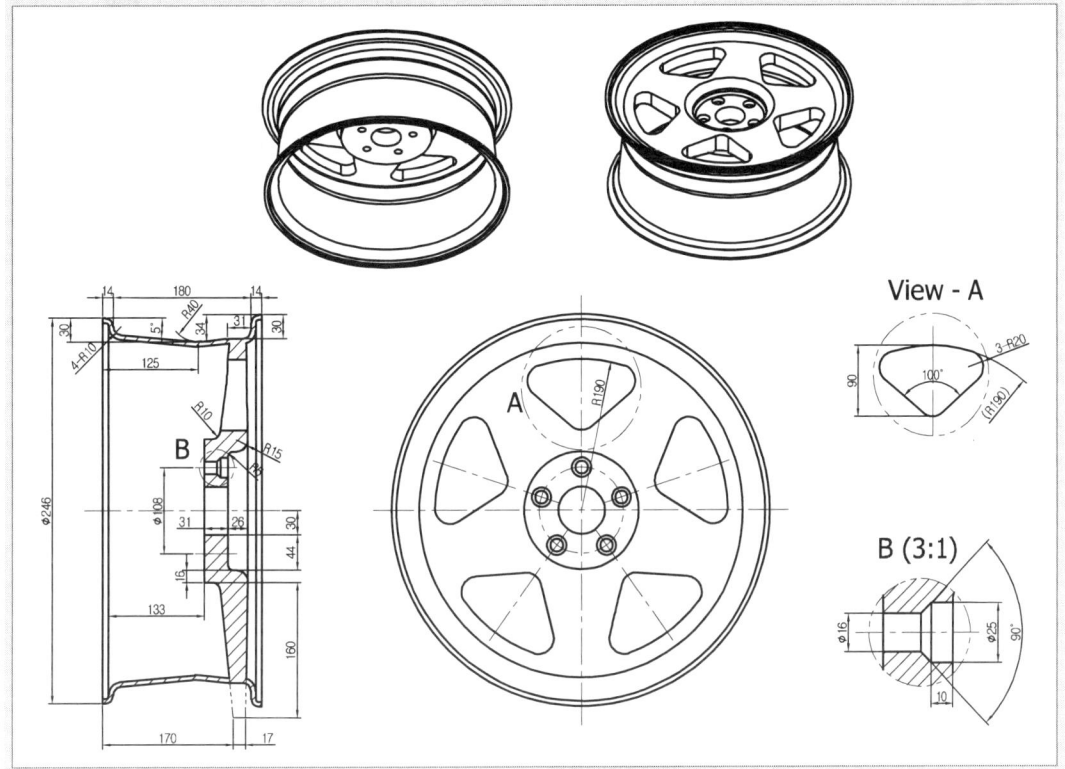

- **Step 01** [Part Design]을 실행한다. 작업할 파일의 이름을 입력하고, 확인을 누른다.
- **Step 02** 위치 지정된 스케치()를 실행한다. yz평면을 선택하고, 확인을 누른다.
- **Step 03** 축( ), 프로파일( )을 이용하여 스케치를 작성한다.

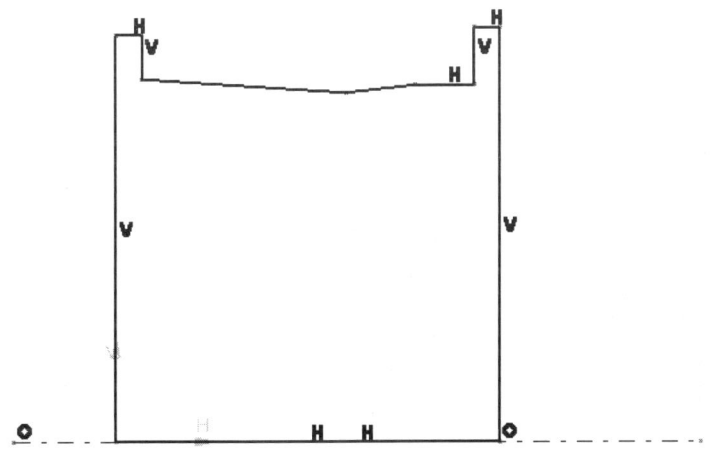

429

Step 04 코너(⌒), 제약조건(🔲)으로 스케치를 작성한다. 워크벤치 종료(🔼)를 한다.

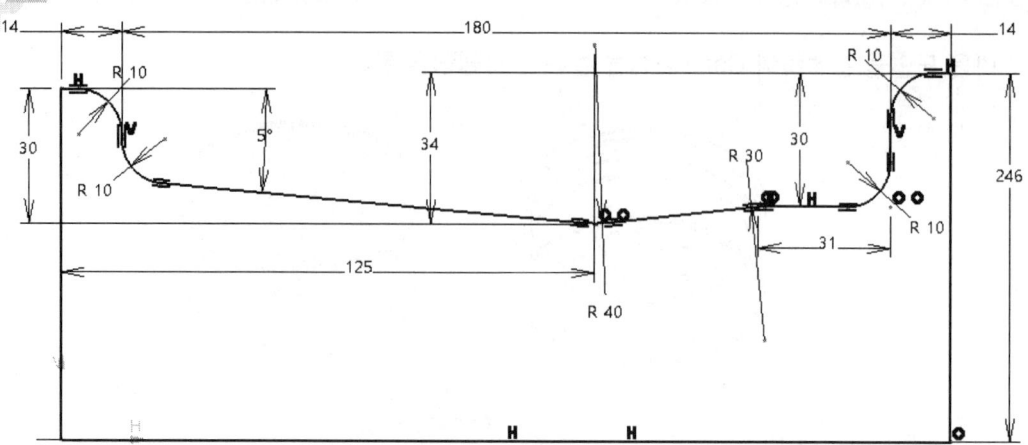

Step 05 Shaft(🔩)를 실행하고, OK를 누른다.

Step 06 Shell(🔷)을 실행한다. 제거될 면으로 양쪽 측면을 선택하고, 안쪽 두께 6을 입력한다. OK를 누른다.

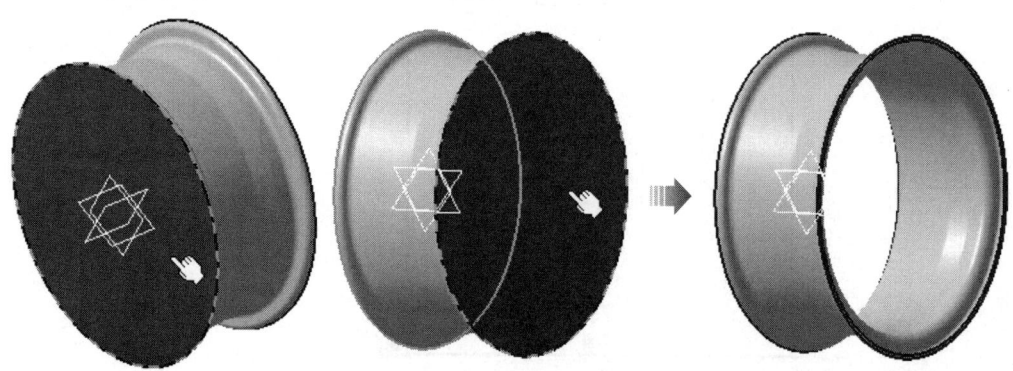

Step 07 풀다운메뉴 → 삽입 → 본체()를 실행한다. 본문.2가 생성된다.

Step 08 위치 지정된 스케치()를 실행한다. yz평면을 선택하고, 확인을 누른다.

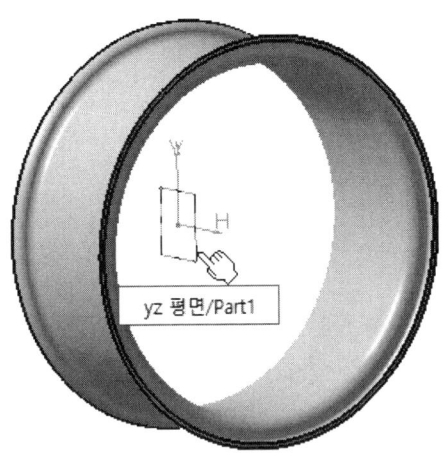

Step 09 축( ), 프로파일()을 이용하여 스케치를 작성한다.

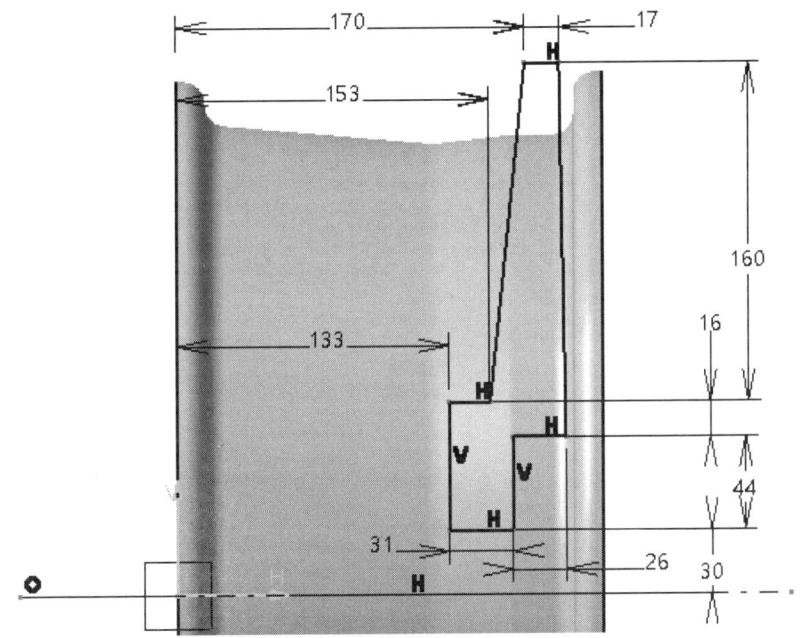

Step 10 코너(⌒)를 실행하여 그림과 같이 스케치를 작성한다. 워크벤치 종료(⤴)를 한다.

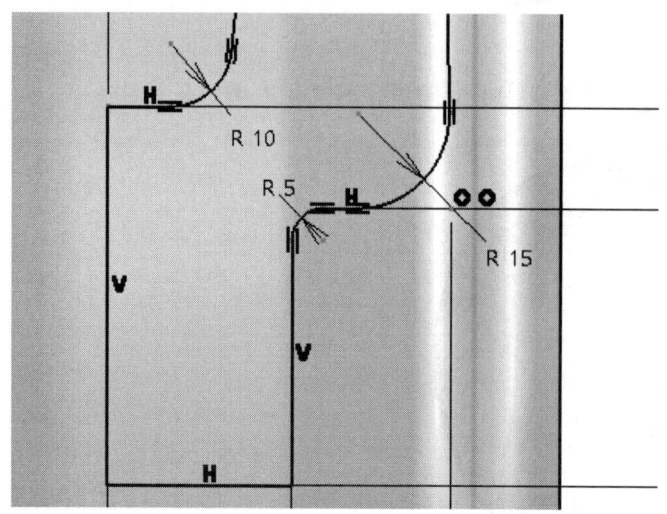

Step 11 Shaft(🔩)를 실행하고, OK를 누른다.

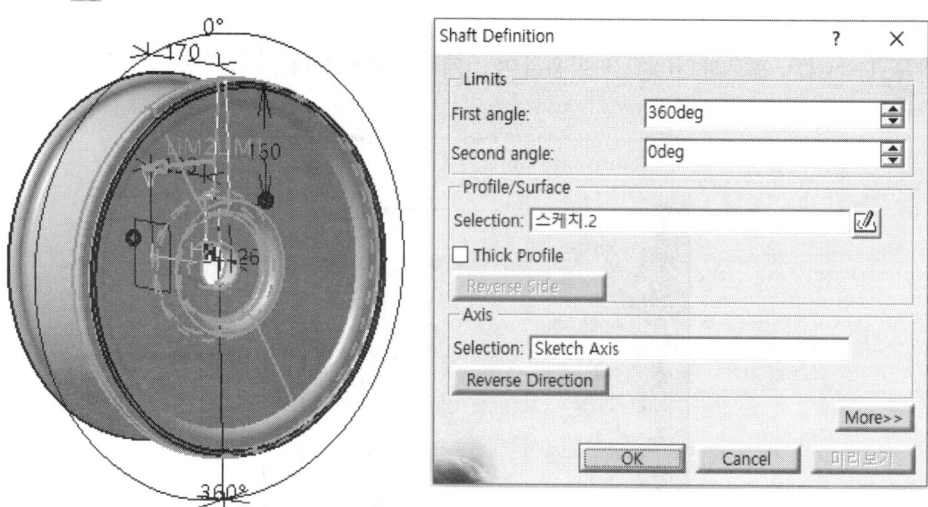

Step 12 PartBody에서 마우스 오른쪽 버튼을 눌러 [작업 오브젝트에서 정의]를 클릭한다.

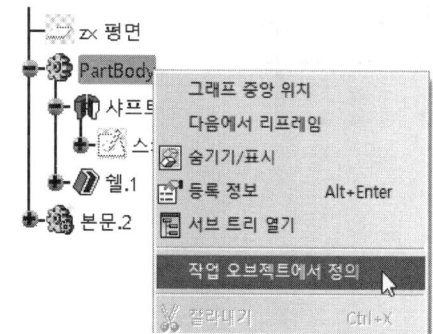

Chapter 07 CATIA Modeling 따라하면서 배우기(응용편 2)

Step 13 결합 자르기( )를 실행하고, 본문.2를 선택한다.
Faces to remove 항목에서 제거될 면으로 표시된 원통면을 선택한다. OK를 누른다.

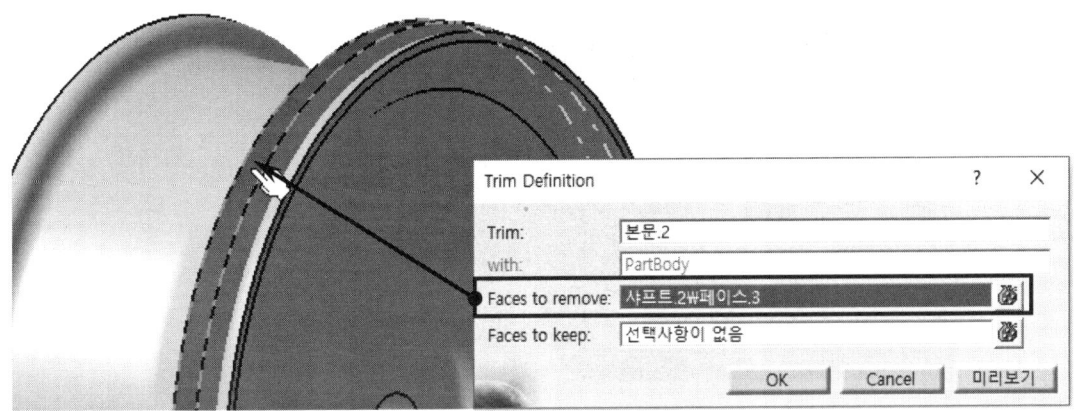

Step 14 위치 지정된 스케치( )를 실행한다. 표시된 측면을 선택하고, 확인을 누른다.

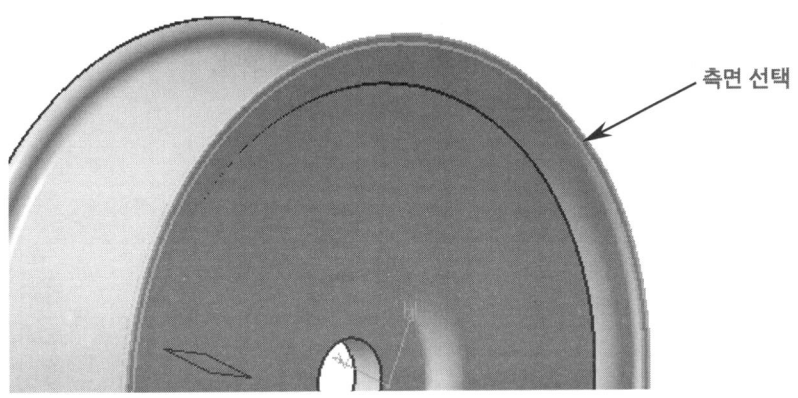

측면 선택

Step 15 다음 그림과 같이 스케치를 작성하고, 워크벤치 종료( )를 한다.

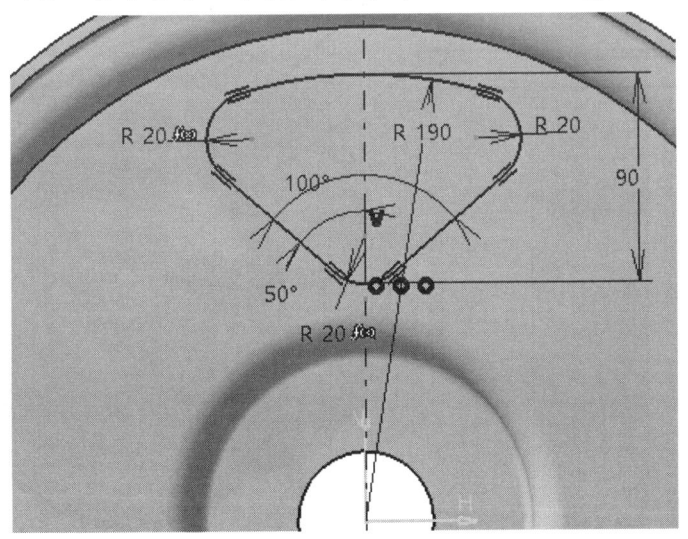

433

Step 16 Pocket(□)을 실행한다. Type은 [Up to next]로 설정하고, OK를 누른다.

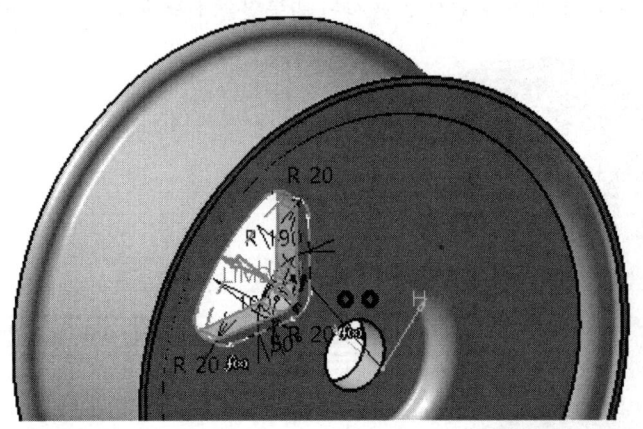

Step 17 Circular Pattern(✲)을 실행한다.
① 그림과 같이 "Complete crown"과 개수 "5"를 입력한다.
② Reference element 항목을 클릭하고, 원통면을 선택한다.
③ Objet 항목은 포켓 형상을 선택한다. OK를 누른다.

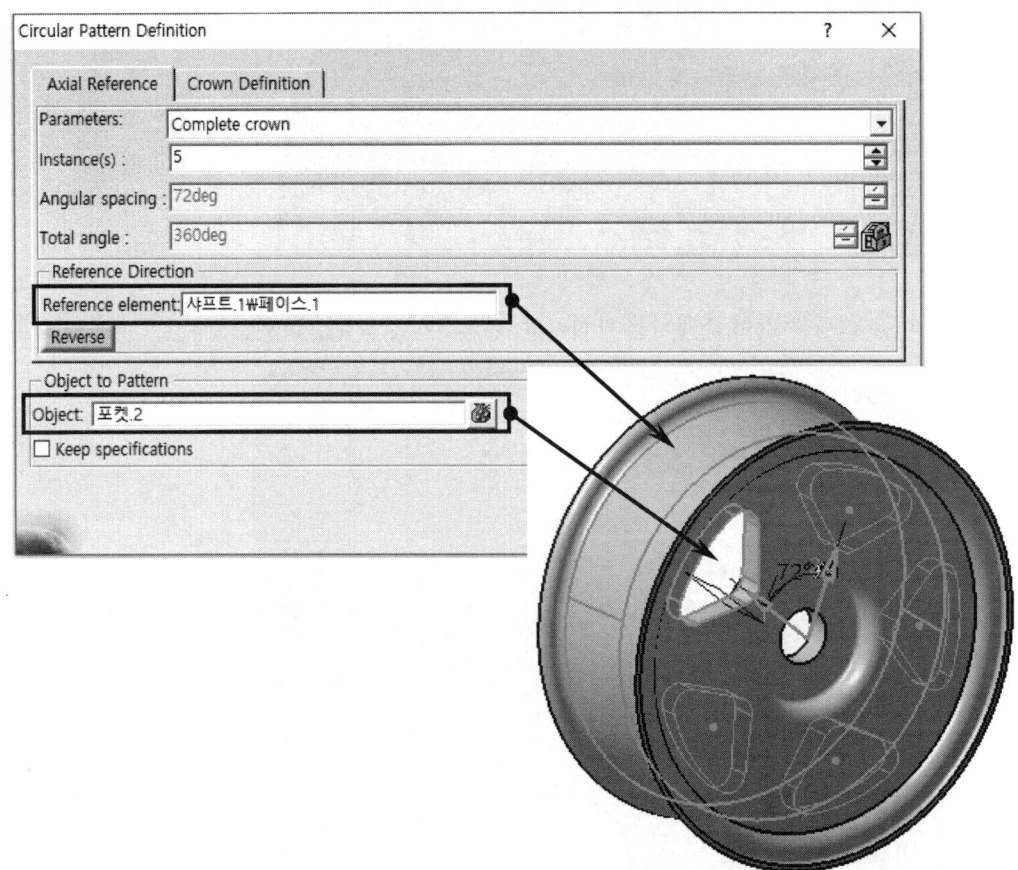

Step 18 위치 지정된 스케치(📝)를 실행한다. 형상의 측면을 선택하고, 확인을 누른다.

Step 19 점(•)을 생성하고, 제약조건(📐)으로 치수를 입력한다. 워크벤치 종료(📤)를 한다.

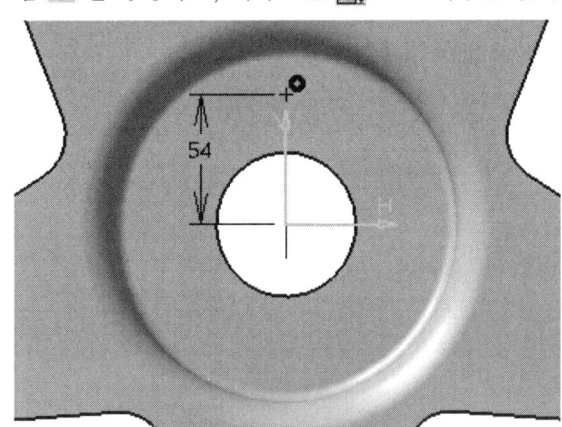

Step 20 Hole(◉)을 실행한다.
① 점과 ② 측면을 클릭하여 생성될 구멍의 위치를 정한다.

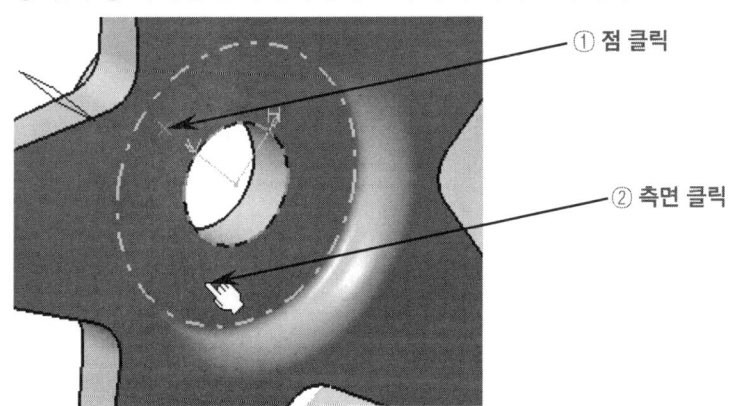

① 점 클릭

② 측면 클릭

Step 21 ① Extension 탭에서 Up To Last로 설정하고, 구멍 지름 16 입력한다.
② Type 탭에서 Counterdirlled로 설정하고, 아래와 같이 Parameters를 입력한다.
OK를 누른다.

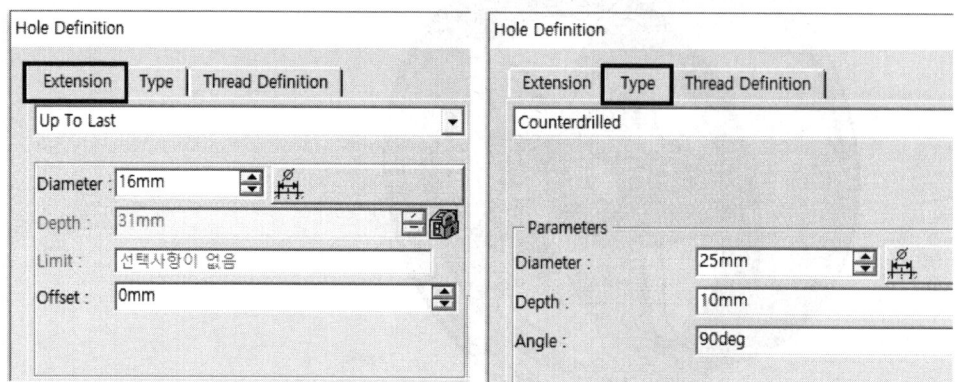

Step 22 Circular Pattern( )을 실행한다.
① 그림과 같이 "Complete crown"과 개수 "5"를 입력한다.
② Reference element 항목을 클릭하고, 원통면을 선택한다.
③ Objet 항목은 생성한 Hole(구멍)을 선택한다. OK를 누른다.

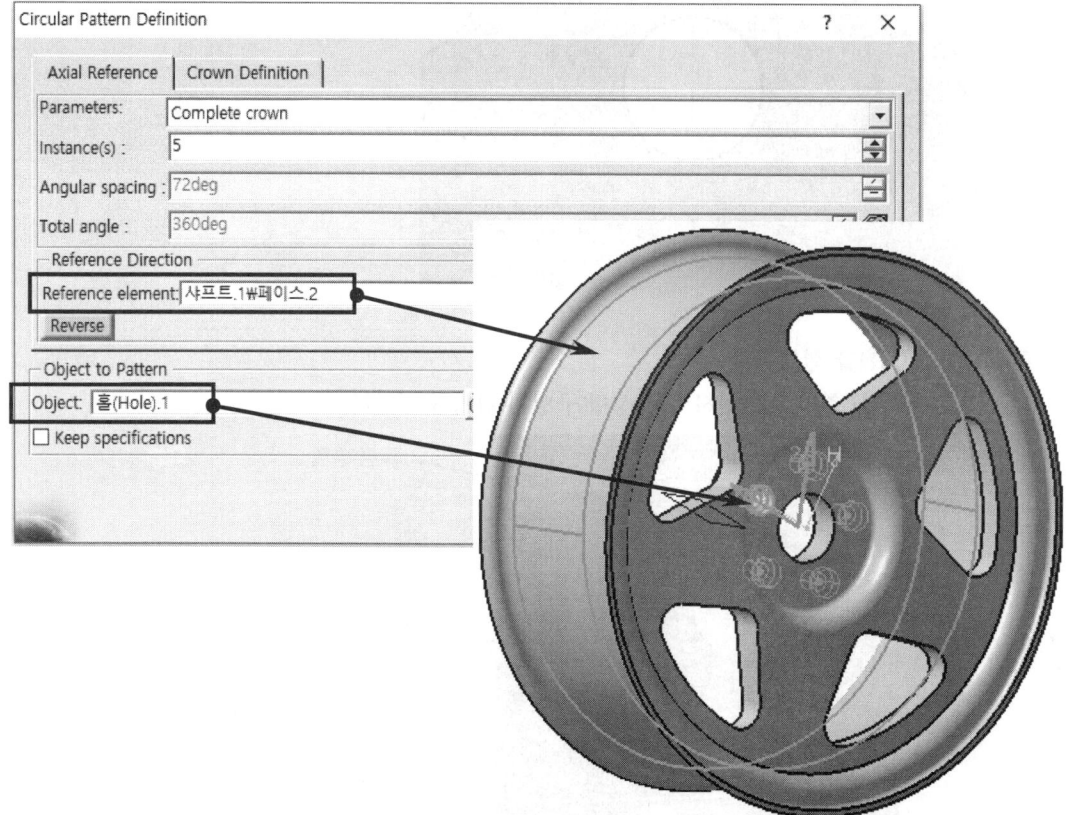

Chapter 07 CATIA Modeling 따라하면서 배우기(응용편 2)

Step 23 형상이 완성되었다.

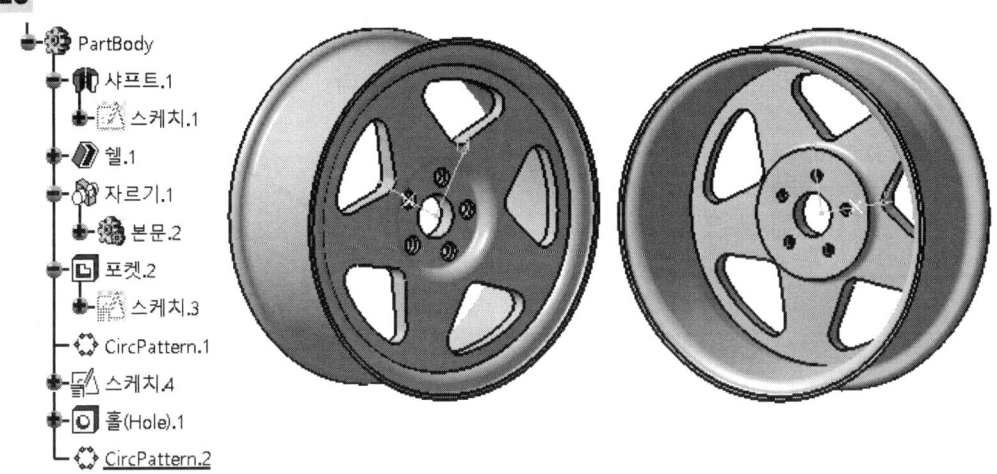

학습 정리하기

과제 15 CATIA 응용과정 – Modeling 따라하면서 배우기 *Step by Step*

다음 도면을 분석하여 Catia 기능을 활용한 모델링을 한다.

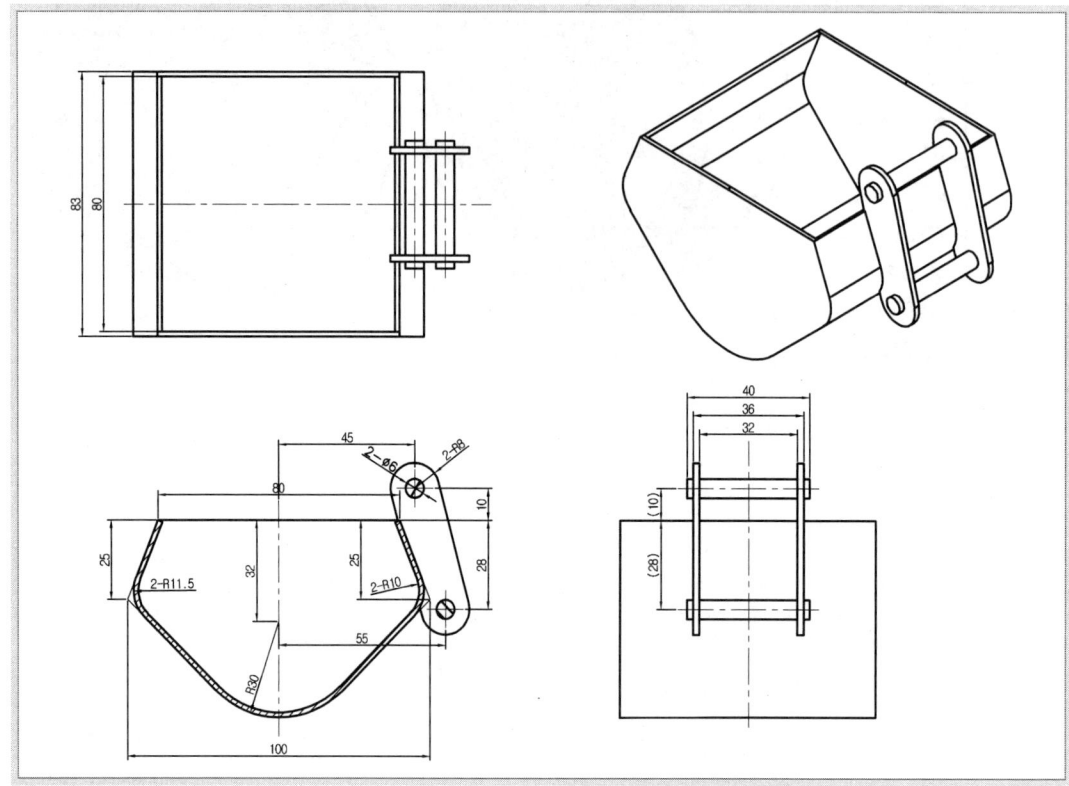

Step 01 [Part Design]을 실행한다. 작업할 파일의 이름을 입력하고, 확인을 누른다.

Step 02 위치 지정된 스케치( )를 실행한다. zx평면을 선택하고, 확인을 누른다.

Step 03 프로파일( ), 제약조건( )으로 스케치를 작성하고, 워크벤치 종료( )를 한다. Esc버튼을 눌러 작성한 스케치의 선택을 해제한다.

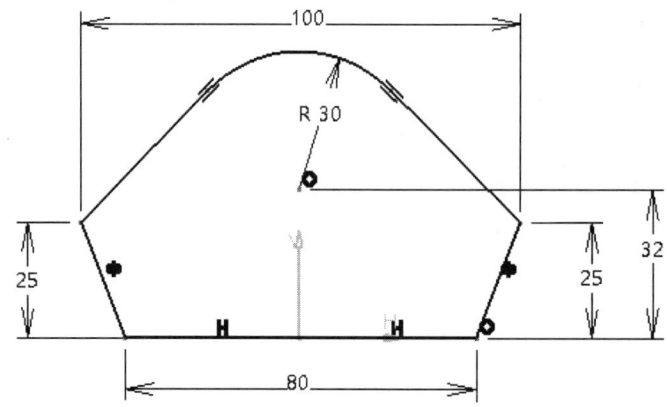

Step 04 [시작 → 형상 → Generative Shape Design(GSD)]을 실행한다.

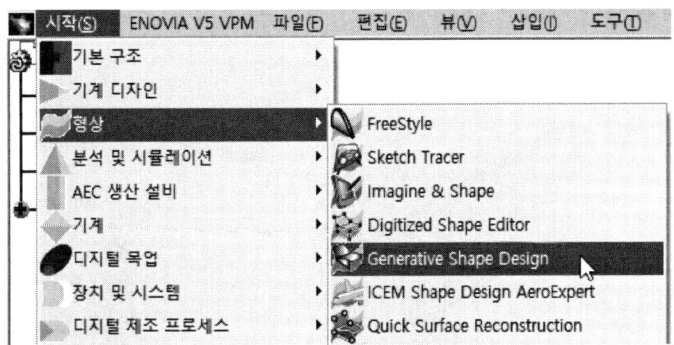

Step 05 압출( )을 실행한다.
프로파일 항목에서 마우스 오른쪽 버튼을 눌러 "다중 추출 작성"을 선택한다.

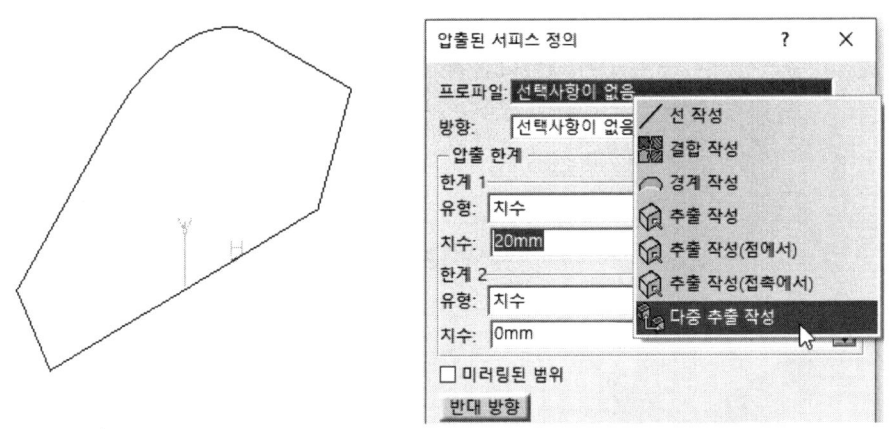

Step 06 그림과 같이 표시된 요소들을 선택하고, 확인을 누른다.

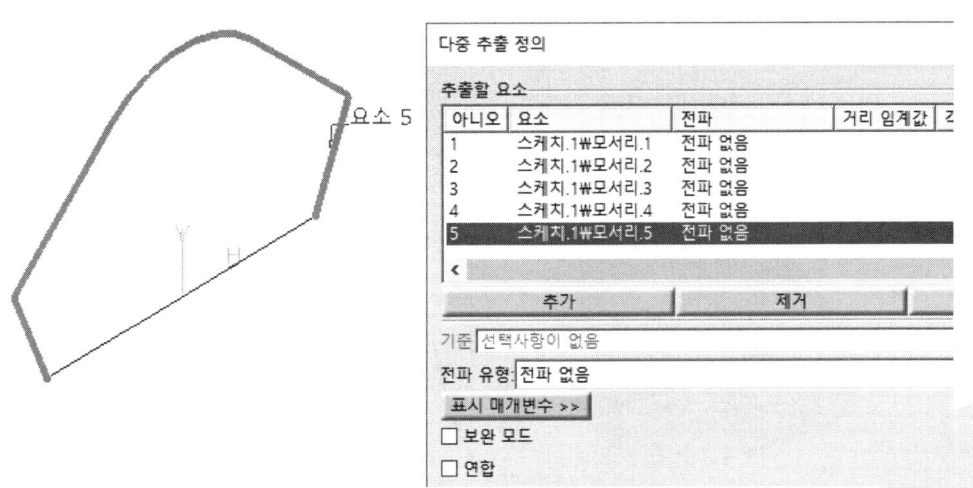

Step 07 방향 항목에서 마우스 오른쪽 버튼을 눌러 ① "Y컴포넌트"를 선택한다.
② 한계 1의 치수에 40을 입력하고, ③ "미러링 된 범위"에 체크를 한다. 확인을 누른다.

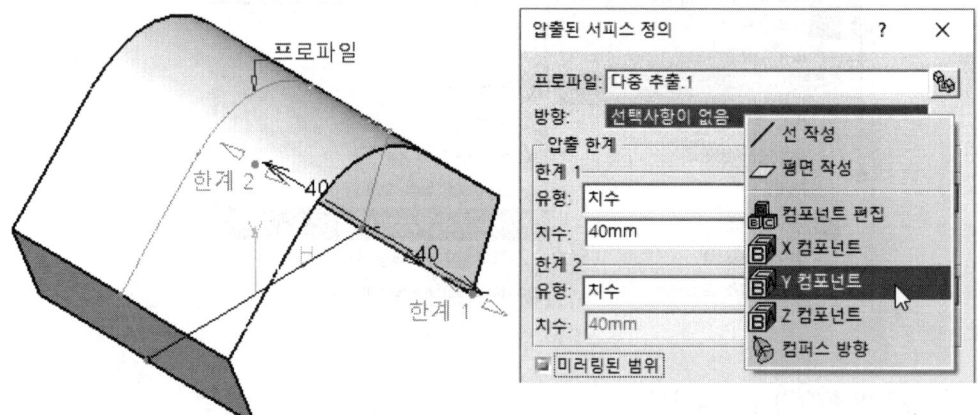

Step 08 채우기( )를 실행하고, 앞에서 작성한 스케치.1을 선택한다.
[닫힌 윤곽선]이라는 문구가 나타나는지 체크하고, 확인을 누른다.

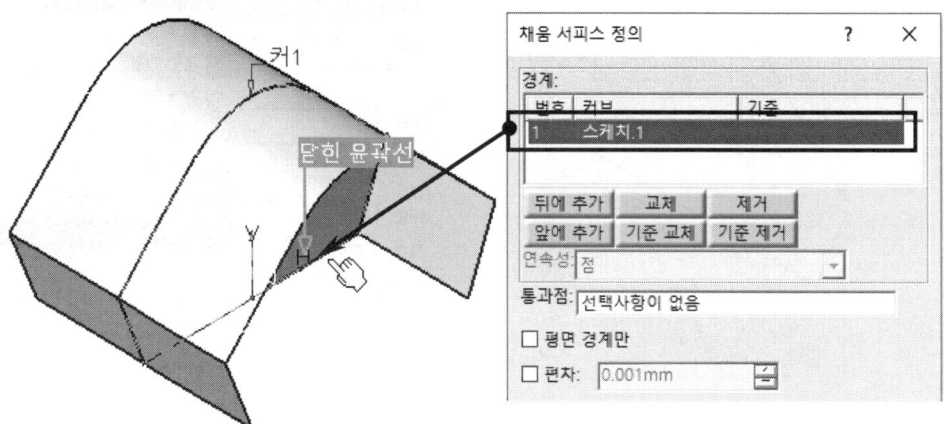

Step 09 이동( )을 실행하고, ① 요소는 채우기 형상을 선택한다.
② 방향에서 마우스 오른쪽 버튼으로 Y컴포넌트를 선택하고, ③ 거리에 40을 입력한다.

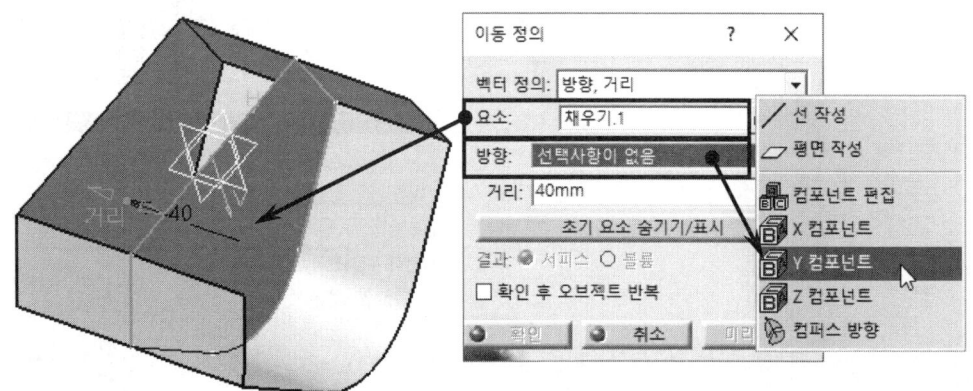

Step 10 [시작 → 형상 → Part Design]을 실행한다.

Step 11 Thick Surface(⬚)를 실행하고, 이동시킨 측면 Surface를 선택한다.

Reverse Direction 로 방향을 안쪽으로 바꾸고, 두께 1.5를 입력한 후, OK를 누른다.

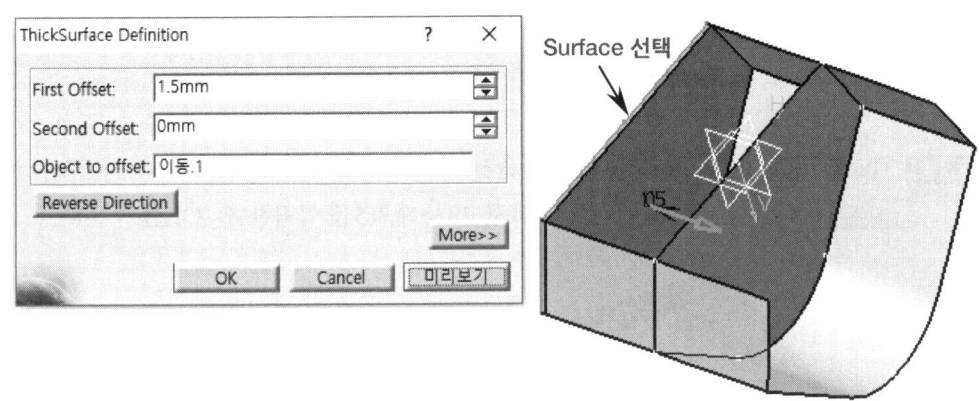

Step 12 채우기.1 및 이동.1에서 마우스 오른쪽 버튼을 눌러 "숨기기/표시"로 숨겨둔다.

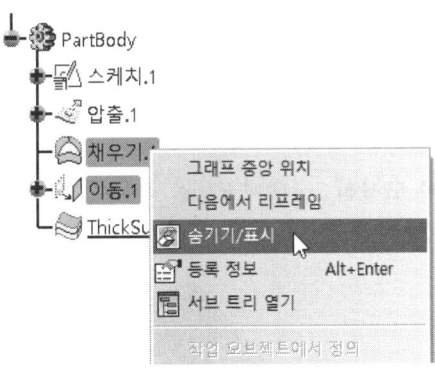

Step 13 측면 형상을 선택한다. Mirror( )를 실행하고, zx평면을 선택한다. OK를 누른다.

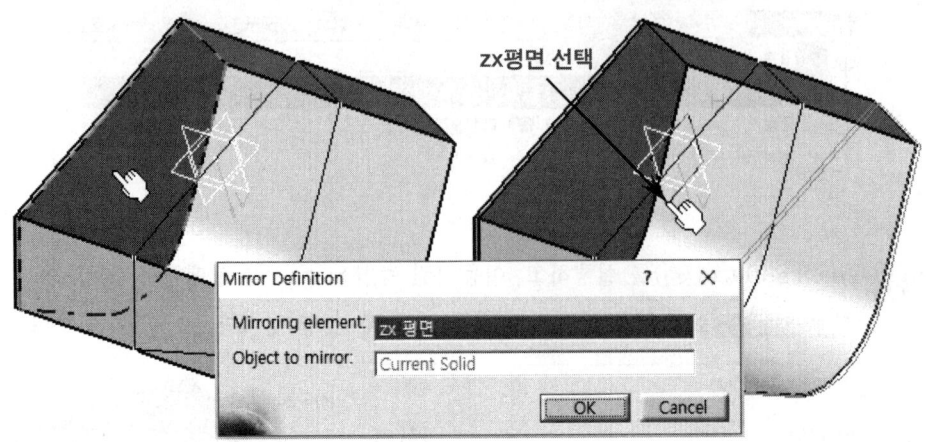

Step 14 Thick Surface( )를 실행하고, 압출시킨 Surface를 선택한다.
Reverse Direction 로 방향을 안쪽으로 바꾸고, 두께 1.5를 입력한 후, OK를 누른다.

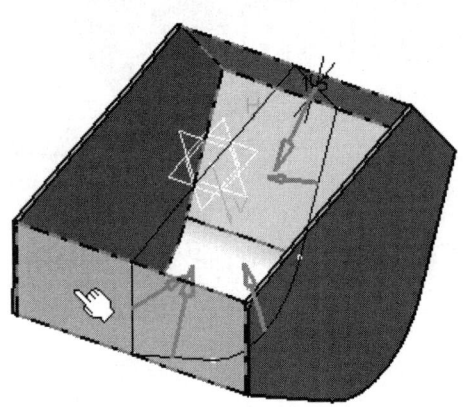

Step 15 Edge Fillet( )을 이용하여 선택한 안쪽 모서리 2군데에 R10을 적용한다.
선택한 바깥 모서리 2군데에 R11.5를 적용한다.

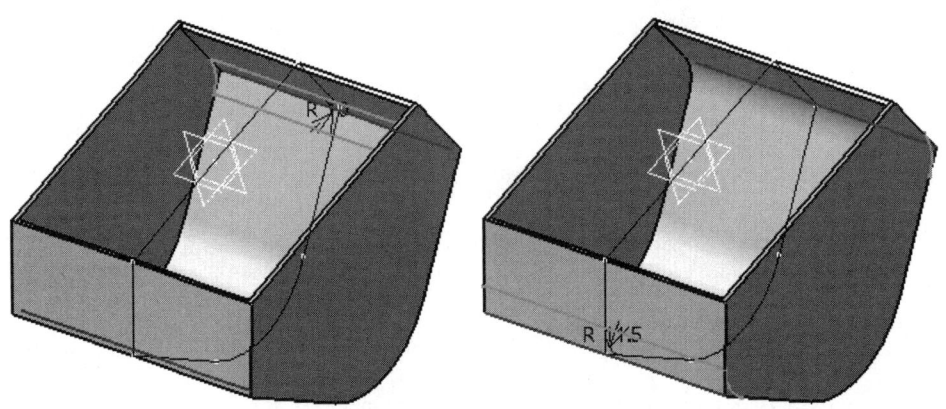

Step 16 풀다운메뉴 → 삽입 → 본체()를 실행한다. 본문.2가 생성된다. 압출.1은 숨기기를 한다.

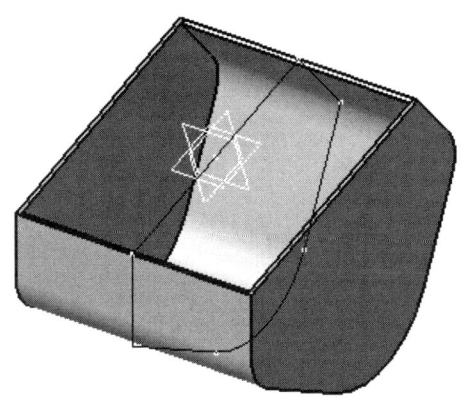

Step 17 위치 지정된 스케치()를 실행한다. zx평면을 선택하고, 확인을 누른다.
원(), 제약조건()으로 스케치를 작성한다. 워크벤치 종료()를 한다.

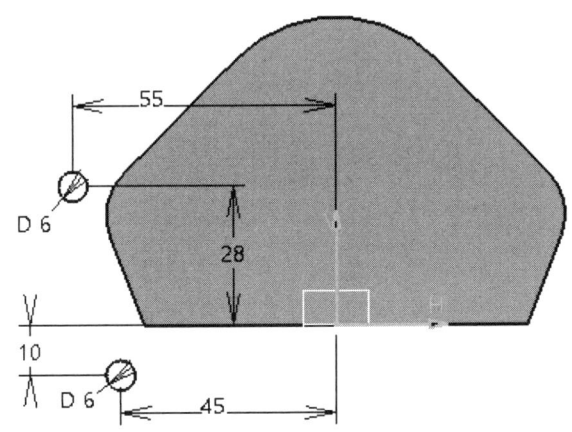

Step 18 Pad()를 실행한다. Length에 20을 입력하고, Mirrored extent에 체크를 한다.
OK를 누른다.

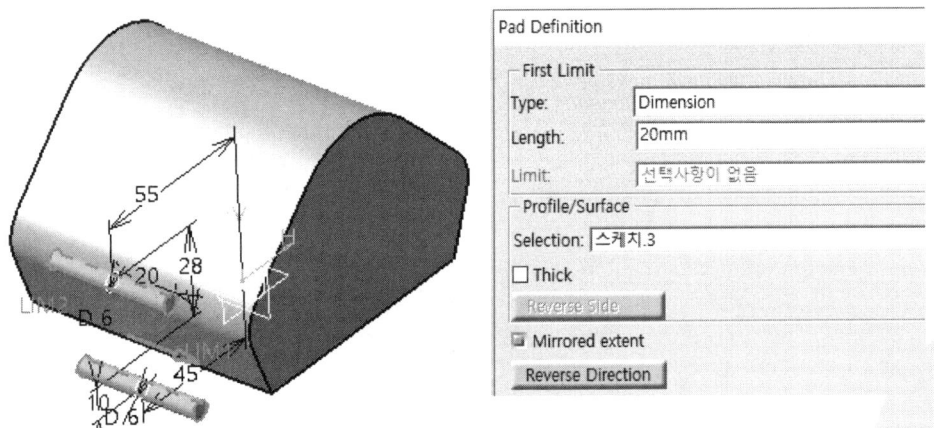

443

Step 19 풀다운메뉴 → 삽입 → 본체(⚙)를 실행한다. 본문.3이 생성된다.

Step 20 위치 지정된 스케치(✏)를 실행한다. zx평면을 선택하고, 확인을 누른다.

Step 21 3D 요소 프로젝트(⬚)를 실행하고, 왼쪽의 원 2개를 선택한다.

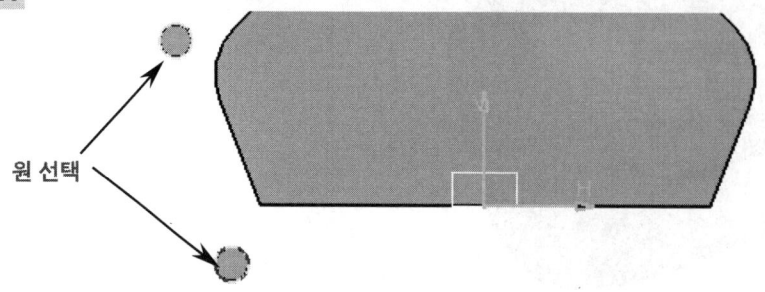

원 선택

Step 22 연장된 홀(◎)을 작성하고, 치수를 변경한다. 워크벤치 종료(⬆)를 한다.

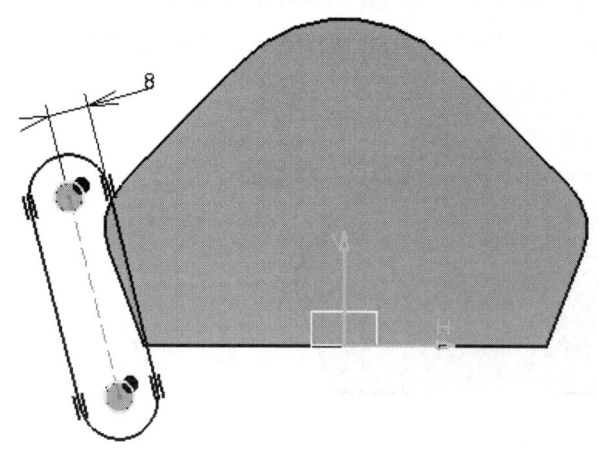

Step 23 Pad(⬚)를 실행한다. 두 방향을 이용하여 18과 -16을 입력하고, OK를 누른다.

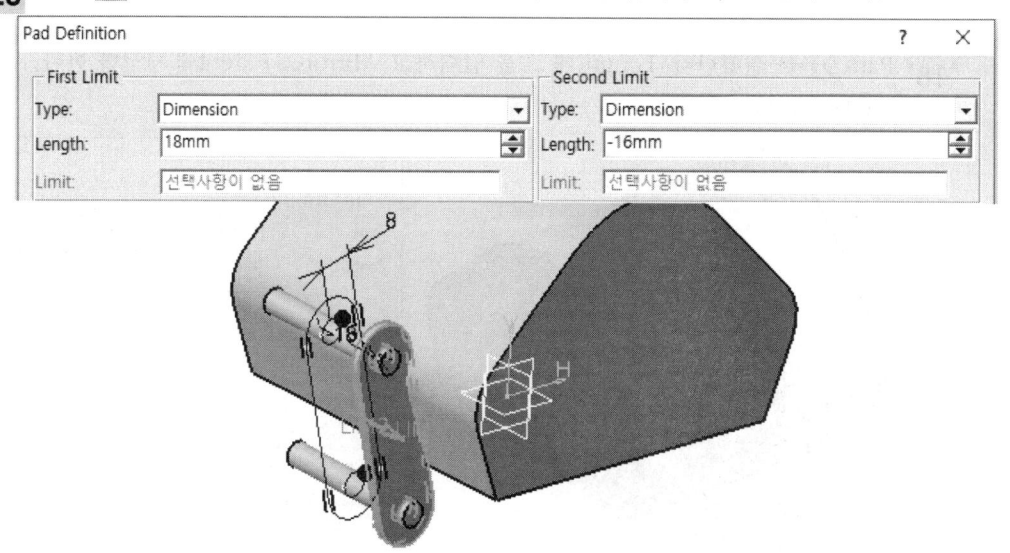

444

Chapter 07 CATIA Modeling 따라하면서 배우기(응용편 2)

Step 24 Mirror(　)를 실행하고, zx평면을 선택한다. OK를 누른다.

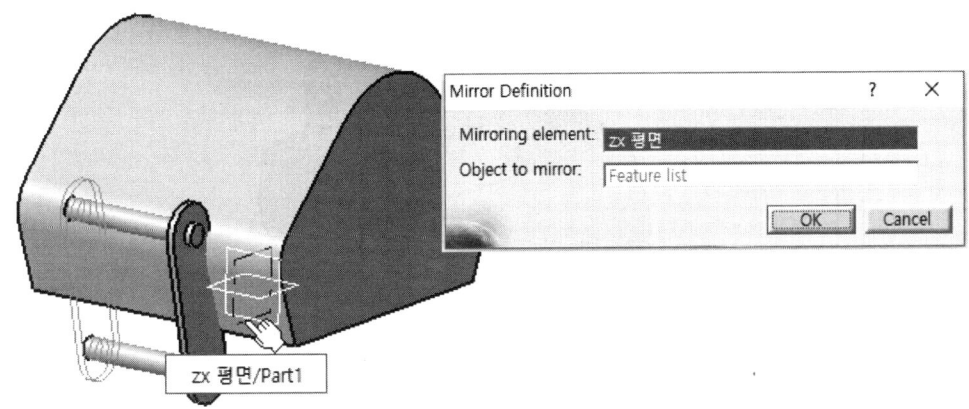

Step 25 작업트리의 PartBody에서 마우스 오른쪽 버튼을 눌러 [작업 오브젝트에서 정의]를 선택한다.

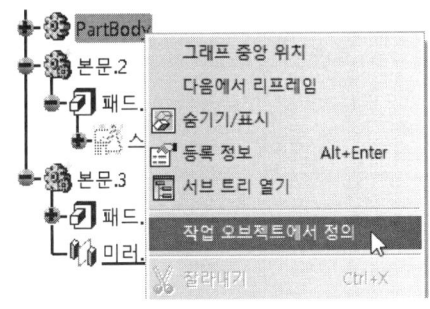

Step 26 결합 자르기(　)를 실행하고, 본문.3을 선택한다.
Faces to remove 항목을 클릭하고, 제거될 면 2군데를 선택한다. OK를 누른다.

Step 27 형상이 완성되었다.

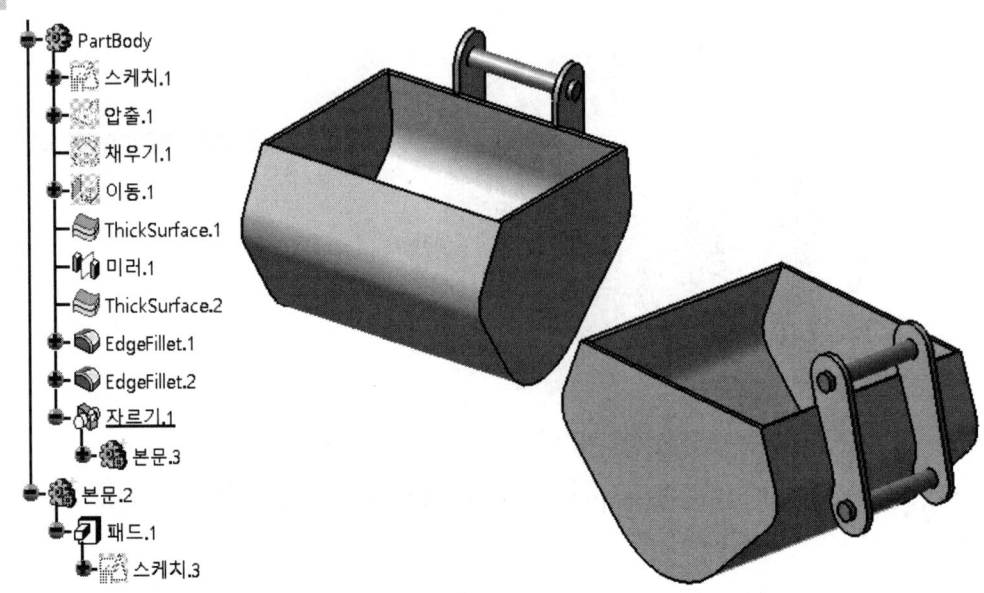

학습 정리하기

과제 16 CATIA 응용과정 – Modeling 따라하면서 배우기 *Step by Step*

다음 도면을 분석하여 Catia 기능을 활용한 모델링을 한다.

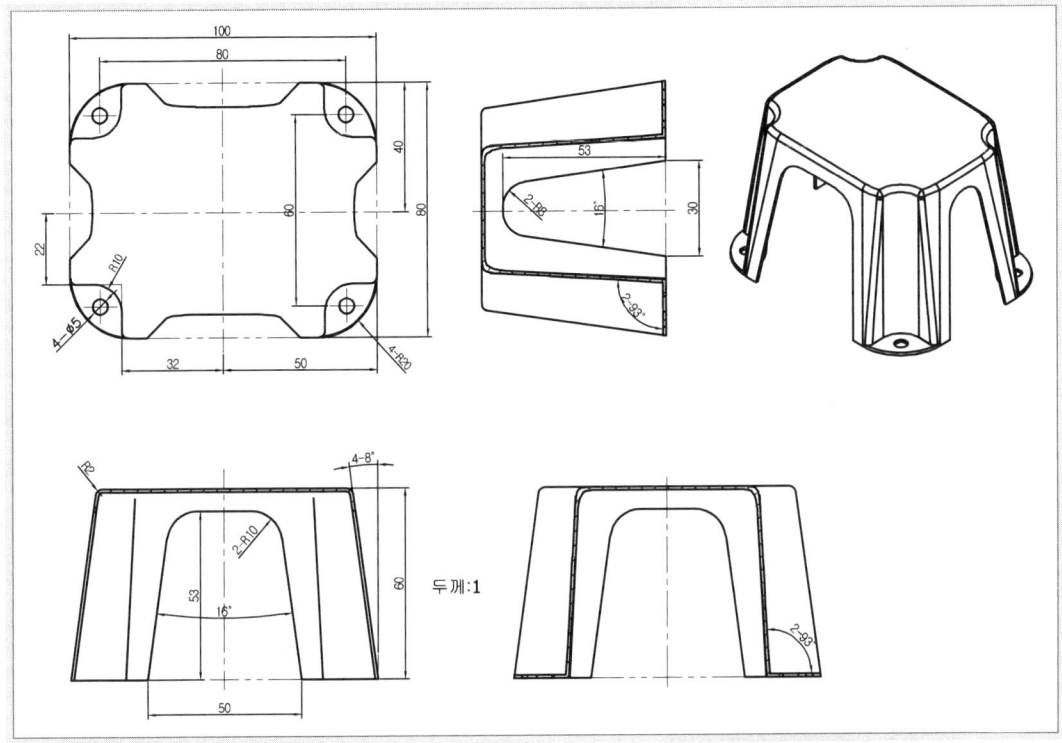

Step 01 [Part Design]을 실행한다. 작업할 파일의 이름을 입력하고, 확인을 누른다.

Step 02 풀다운메뉴 → 삽입 → 본체(🗔)를 실행한다. 본문.2가 생성된다.

Step 03 위치 지정된 스케치(📝)를 실행한다. xy평면을 선택하고, 확인을 누른다.

Step 04 직사각형(▢), 제약조건(🗂)으로 스케치를 작성하고, 워크벤치 종료(🛄)를 한다.

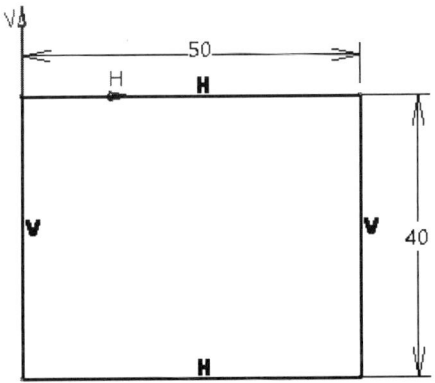

Step 05 Pad(🗇)를 실행한다. Length에 60을 입력하고, OK를 누른다.

Step 06 Draft Angle(🗇)을 실행한다. ① Angle에 8을 입력한다.
② 구배가 적용될 2군데 측면을 선택한다. ③ 기준이 될 바닥면을 선택한다.
④ 화살표를 클릭하여 구배 방향을 위로 바꾼다. OK를 누른다.

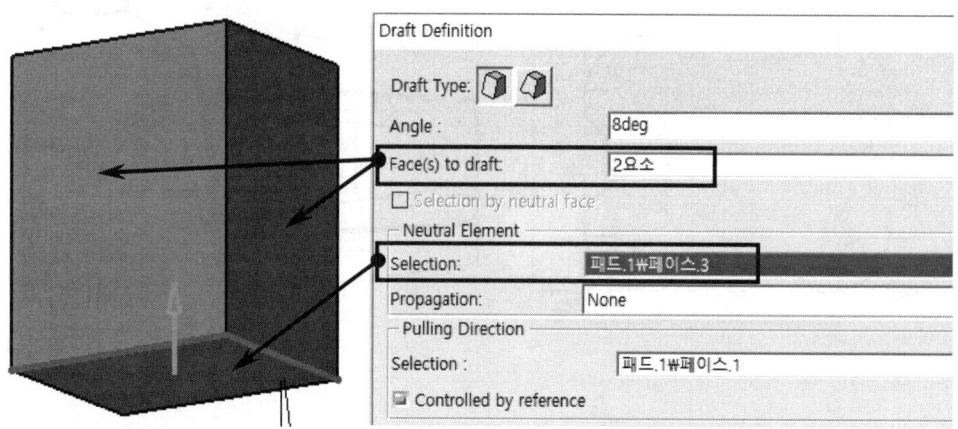

Step 07 Edge Fillet(🗇)을 이용하여 선택한 모서리에 라운드 R20을 적용한다.

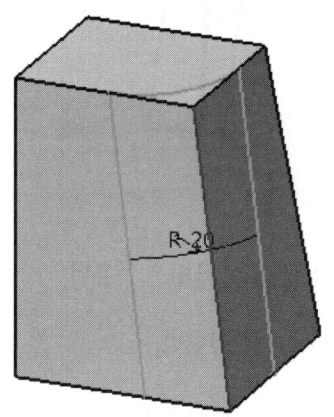

Step 08 Edge Fillet(🗇)을 이용하여 선택한 모서리에 라운드 R2를 적용한다.

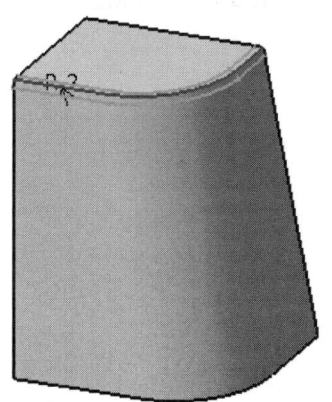

Step 09 Shell(🔲)을 실행한다. 제거될 면으로 반대편 측면과 바닥면을 선택하고, 안쪽 두께 1을 입력한다. OK를 누른다.

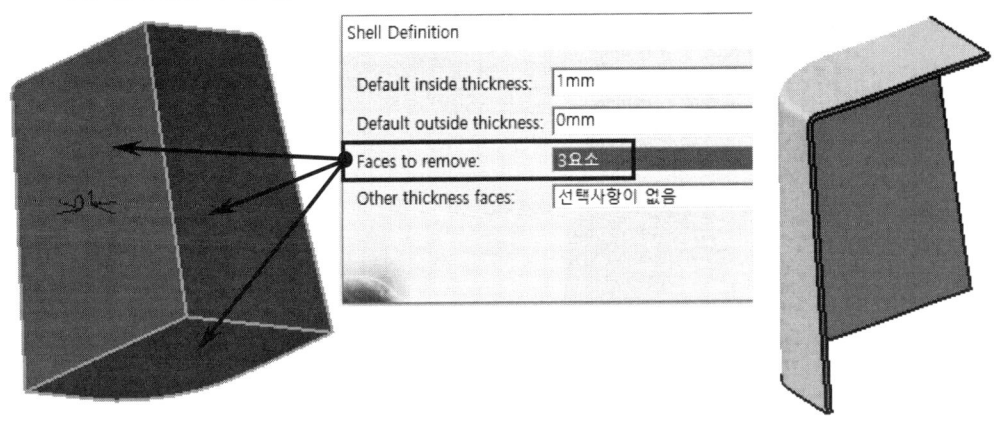

Step 10 위치 지정된 스케치(📐)를 실행한다. zx평면을 선택하고, H,V 방향을 체크한다. 확인을 누른다.

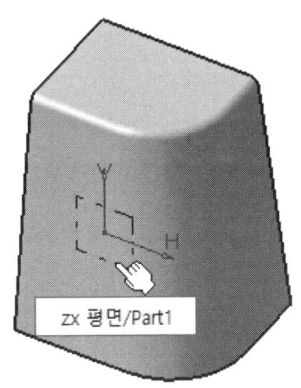

Step 11 프로파일(🔲), 제약조건(🔲)으로 스케치를 작성한다.
코너(⌒)를 생성하고, 워크벤치 종료(🔼)를 한다.

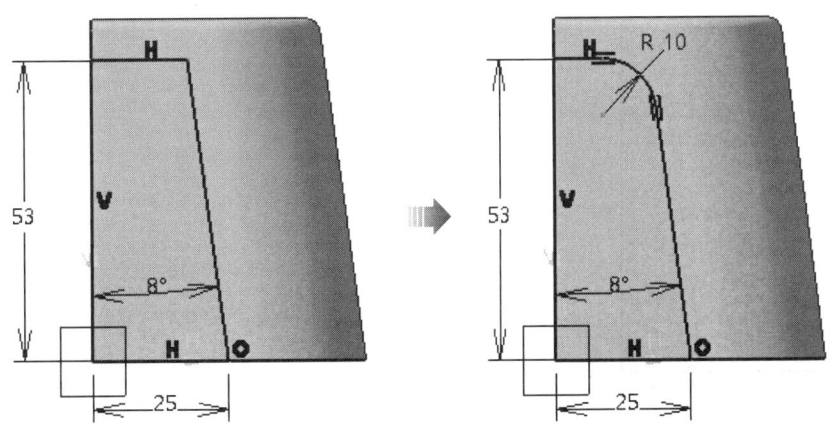

Step 12 Pocket(🔲)을 실행한다. Type은 [Up to next]로 설정하고, OK를 누른다.

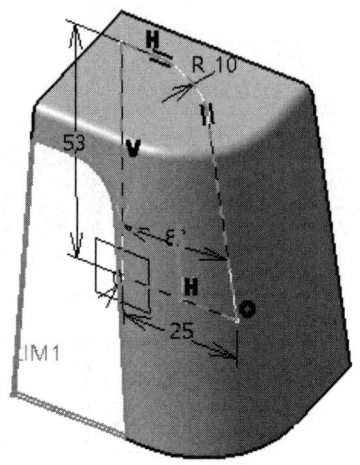

Step 13 위치 지정된 스케치(✏️)를 실행한다. yz평면을 선택하고, 확인을 누른다.

Step 14 프로파일(✏️), 코너(⌒), 제약조건(🔲)으로 작성한다. 워크벤치 종료(⏏)를 한다.

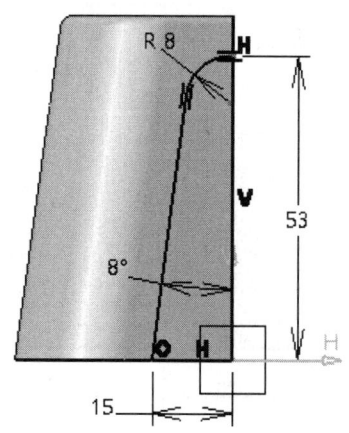

Step 15 Pocket(🔳)을 실행한다. Type은 [Up to next]로 설정하고, OK를 누른다.

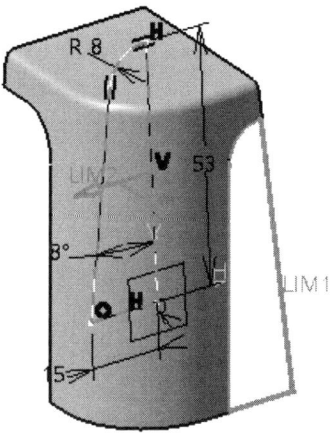

Step 16 풀다운메뉴 → 삽입 → 본체(⚙)를 실행한다. 본문.3이 생성된다.

Step 17 위치 지정된 스케치(✏)를 실행한다. xy평면을 선택하고, 확인을 누른다.

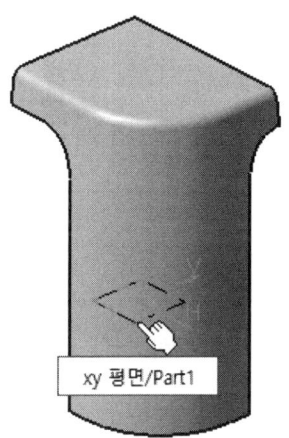

Step 18 직사각형(▢), 제약조건(📋)으로 스케치를 작성한다. 워크벤치 종료(👍)를 한다.

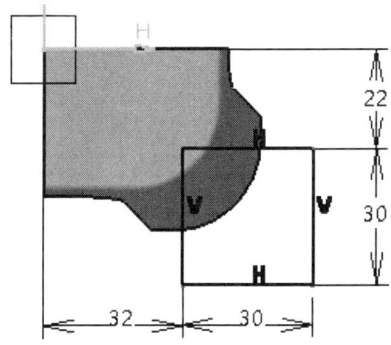

Step 19 Pad(⬚)를 실행한다. Length에 65를 입력하고, OK를 누른다.

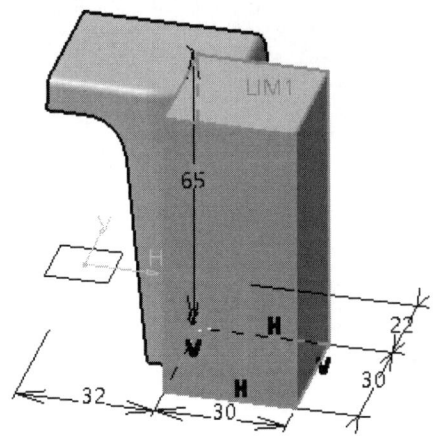

Step 20 Draft Angle(⬚)을 실행한다. ① Angle에 3을 입력한다.
② 구배가 적용될 안쪽 측면 2군데를 선택한다. ③ 기준이 될 바닥면을 선택한다.
④ 화살표를 클릭하여 구배 방향을 아래로 바꾼다. OK를 누른다.

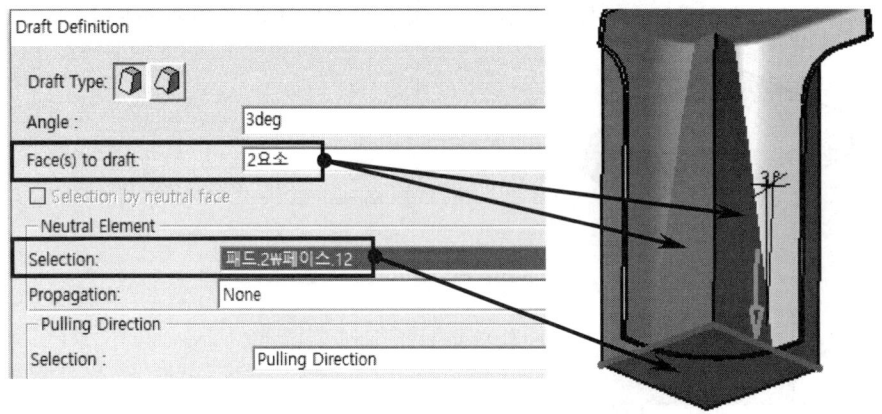

Step 21 Edge Fillet(⬚)을 이용하여 선택한 모서리에 라운드 R10을 적용한다.

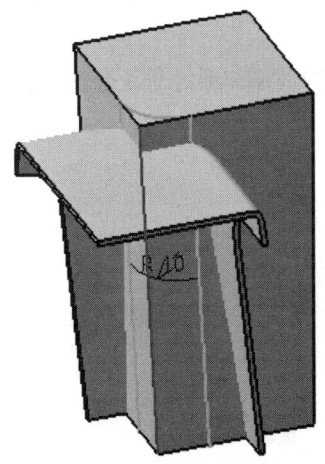

Step 22 Shell(☒)을 실행한다. 제거될 면으로 측면과 윗면을 선택하고, 안쪽 두께 1을 입력한다. OK를 누른다.

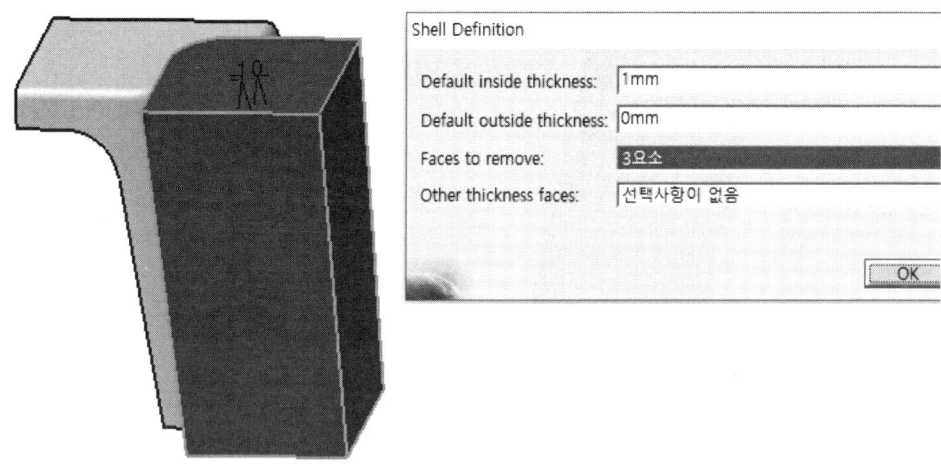

Step 23 작업트리의 PartBody에서 마우스 오른쪽 버튼을 눌러 [작업 오브젝트에서 정의]를 선택한다.

Step 24 추가(☒)를 실행하고, 본문.2를 선택한다. OK를 누른다.

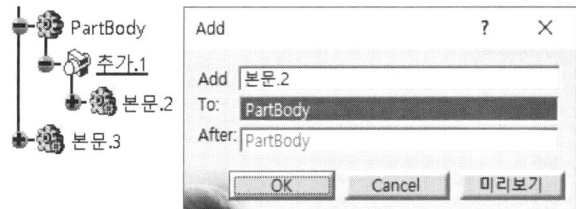

Step 25 결합 자르기(☒)를 실행하고, 본문.3을 선택한다.
Faces to remove 항목을 클릭하고, 제거될 면 2군데를 선택한다.

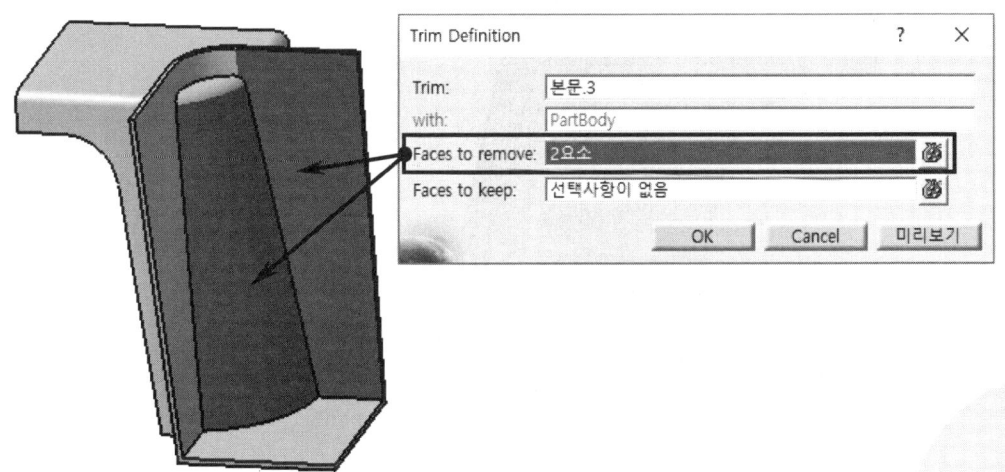

Step 26 위치 지정된 스케치(🖋)를 실행한다. 표시된 면을 선택하고, 확인을 누른다.

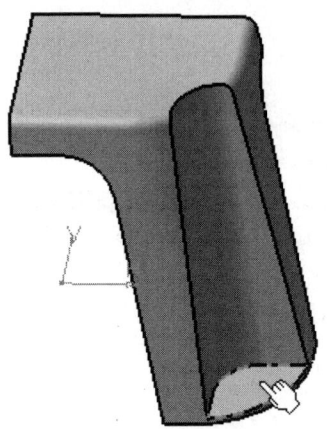

Step 27 점(·)을 생성하고, 제약조건(🗖)으로 치수를 입력한다. 워크벤치 종료(🖆)를 한다.

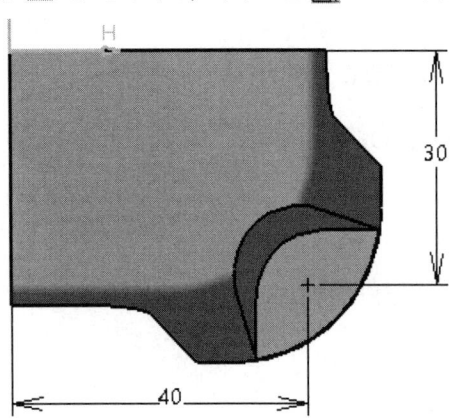

Step 28 Hole(⊙)을 실행한다. ① 첫 번째 점을 선택한다. ② 구멍이 생성될 면을 선택한다.

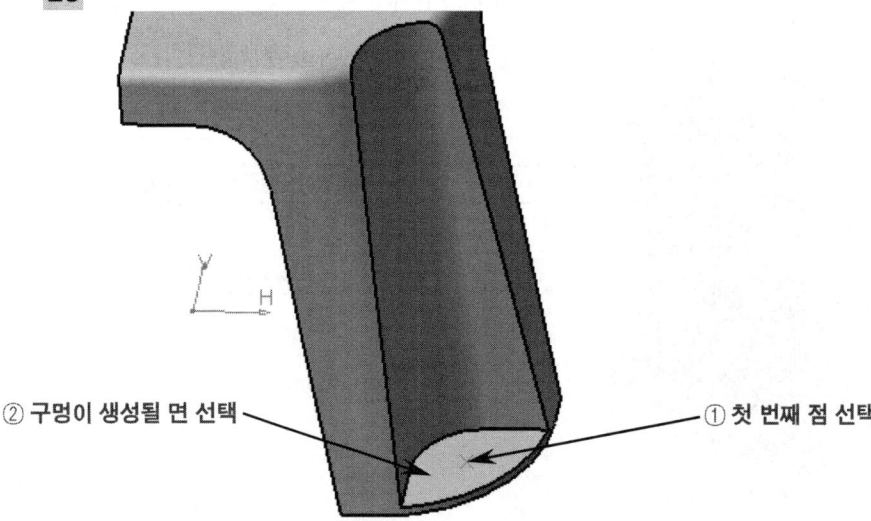

② 구멍이 생성될 면 선택   ① 첫 번째 점 선택

Step 29 [Up To Next]로 설정하고, 구멍지름 5를 입력한 후, OK를 누른다.

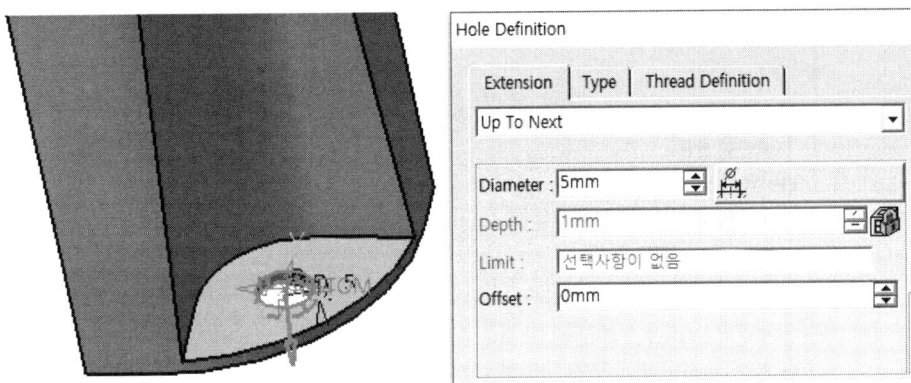

Step 30 Edge Fillet(🔘)을 이용하여 선택한 모서리에 라운드를 적용한다.

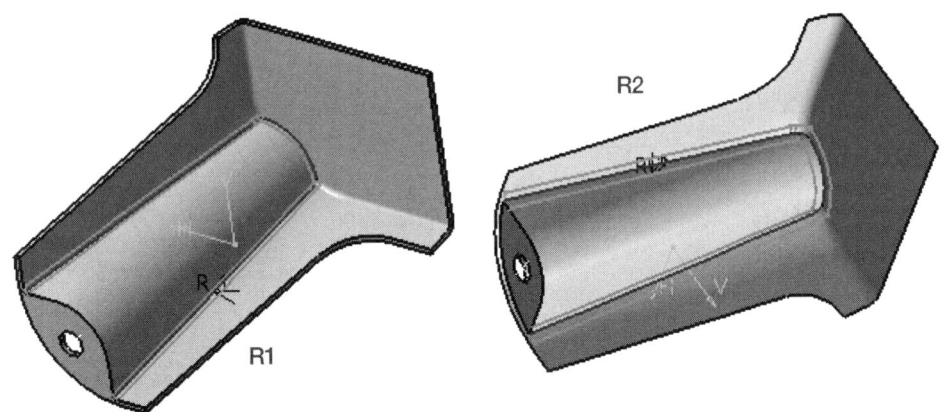

Step 31 작업 트리에서 PartBody를 선택하고, Mirror(🪞)를 실행한다. yz평면을 선택하고, OK를 누른다.

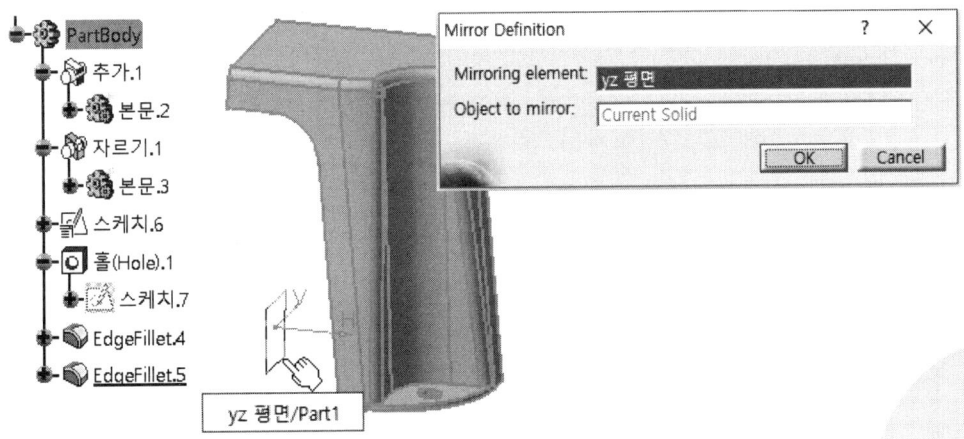

Step 32 작업 트리에서 PartBody를 선택하고, Mirror( )를 실행한다. zx평면을 선택하고, OK를 누른다.

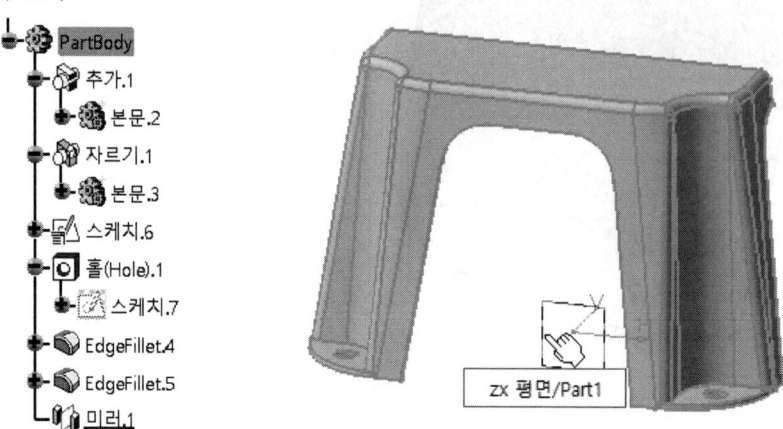

Step 33 형상이 완성되었다.

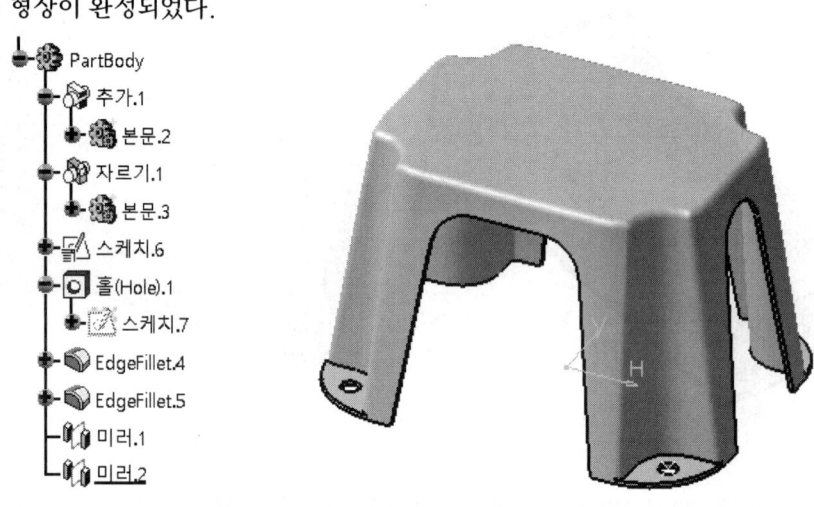

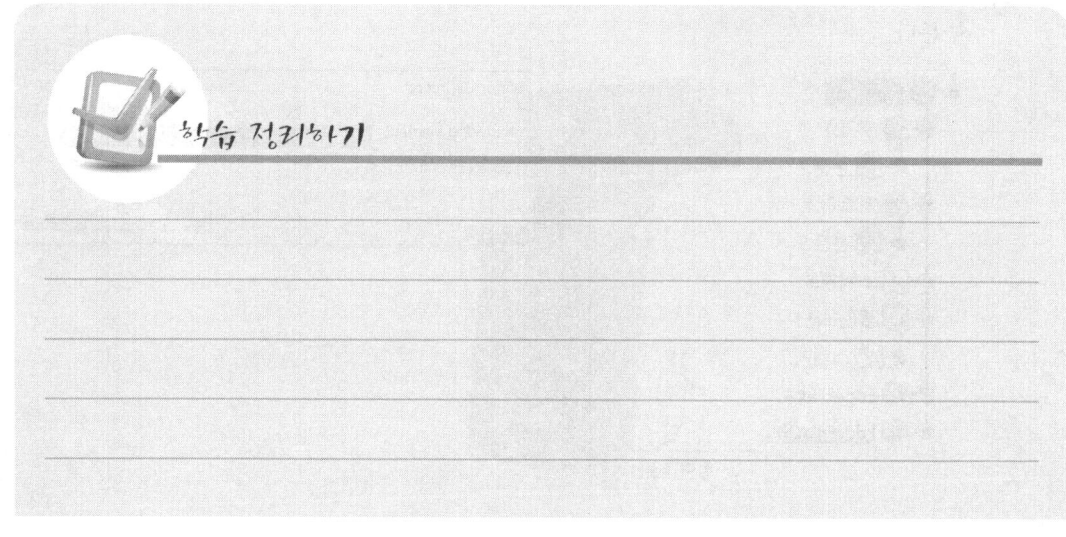

Chapter 07 CATIA Modeling 따라하면서 배우기(응용편 2)

과제 17 CATIA 응용과정 – Modeling 따라하면서 배우기 *Step by Step*

다음 도면을 분석하여 Catia 기능을 활용한 모델링을 한다.

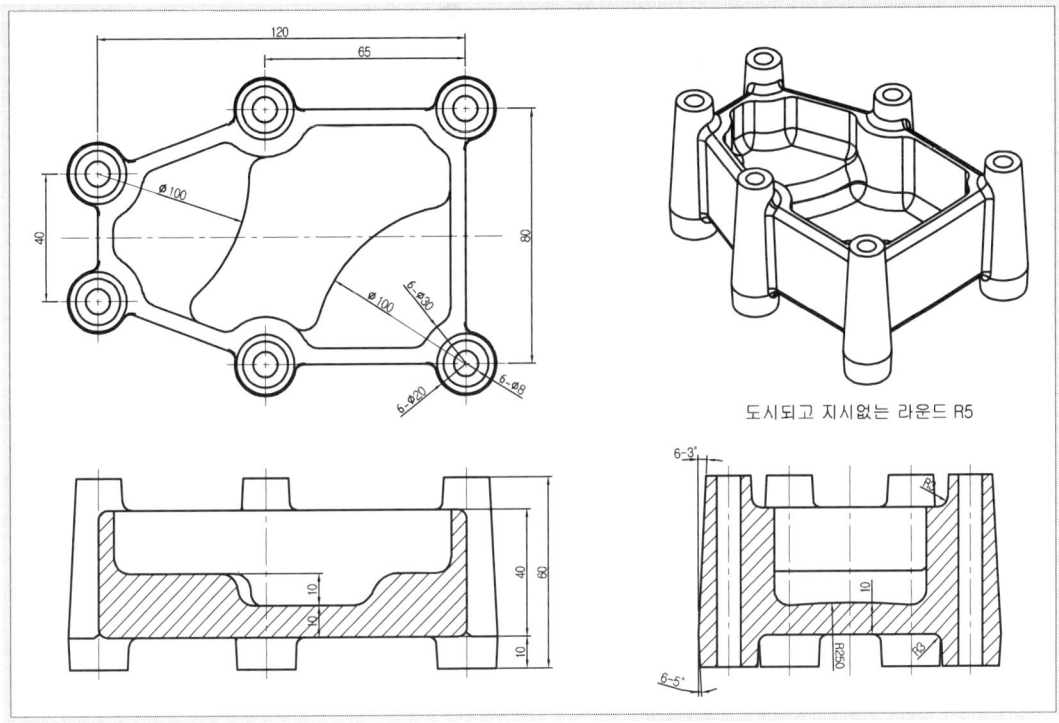

도시되고 지시없는 라운드 R5

Step 01 [Part Design]을 실행한다. 작업할 파일의 이름을 입력하고, 확인을 누른다.

Step 02 풀다운메뉴 → 삽입 → 지오메트리 세트(🧩)를 실행한다.
이름에 skeleton을 입력하고, 확인을 누른다.

Step 03 작업트리에 skeleton이 생성된다.

457

Step 04 위치 지정된 스케치(📐)를 실행한다. xy평면을 선택하고, 확인을 누른다.

Step 05 프로파일(👤)로 아래 그림처럼 스케치를 작성한다.

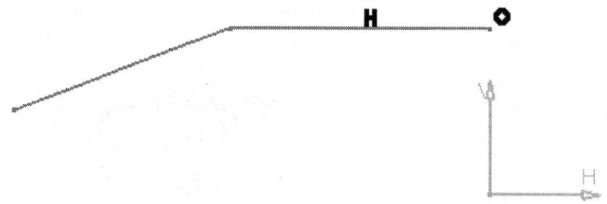

Step 06 미러(🔳)를 실행하고, H(X축)를 클릭한다. 아래로 대칭복사가 되었다.

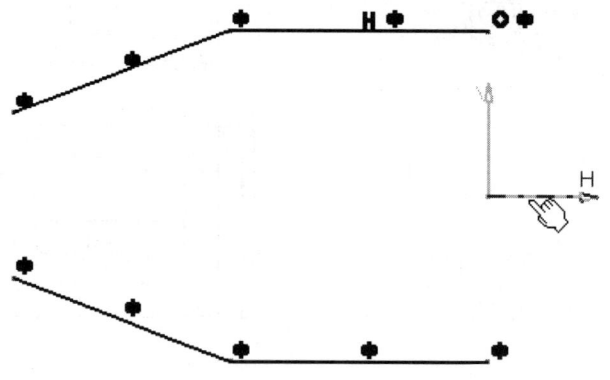

Step 07 선(✏️), 제약조건(🔒)으로 스케치를 작성한다.

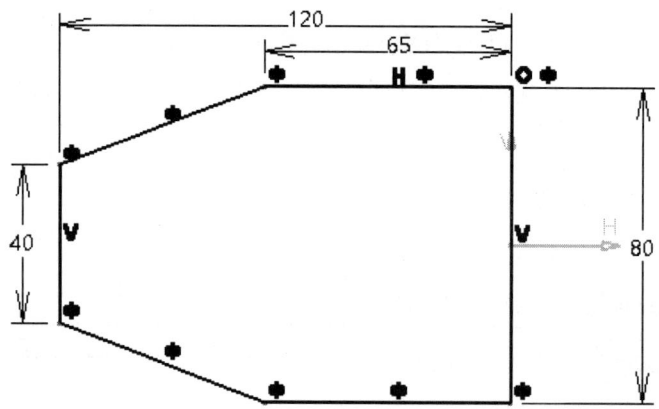

Step 08 우측 하단점에 다음과 같이 원(⊙) 3개를 작성한다.

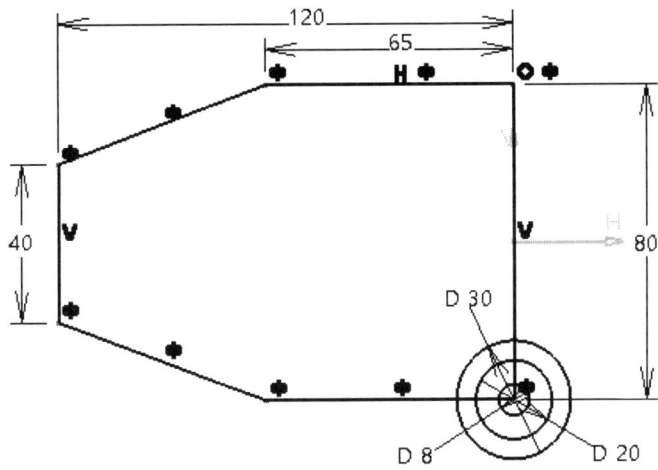

Step 09 다른 점에도 원을 작성한다.

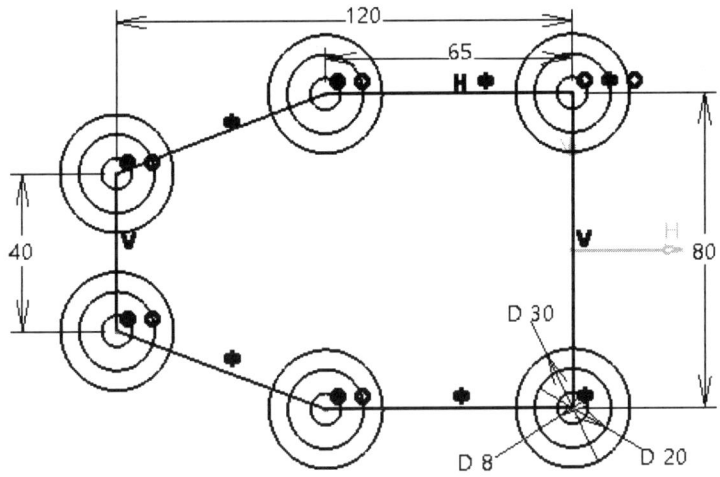

Step 10 양쪽에 지름 100의 원 2개를 작성하고, 워크벤치 종료(⬆)를 한다.

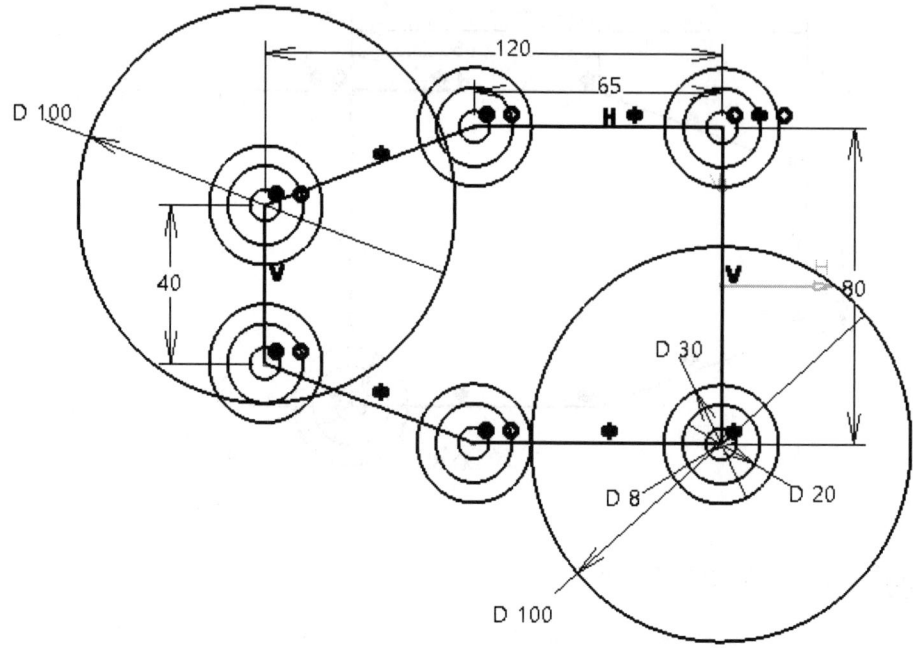

Step 11 위치 지정된 스케치(⬚)를 실행한다. yz평면을 선택하고, 확인을 누른다.

Step 12 호(⌒)를 실행한다. ① → ② → ③을 차례로 클릭하여 호를 작성한다.

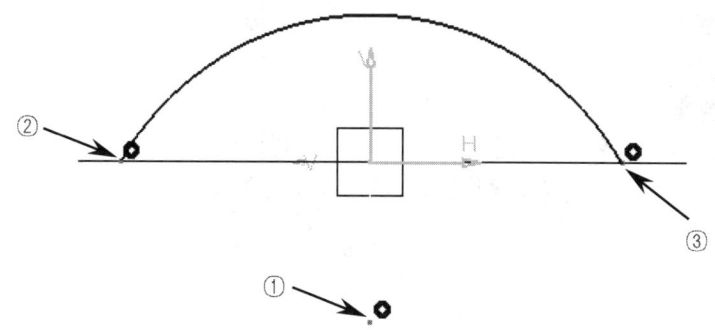

Step 13 제약조건(⬚)으로 치수를 입력하고, 워크벤치 종료(⬆)를 한다.

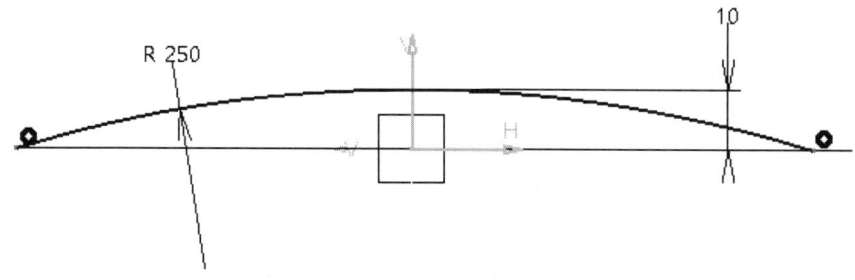

Step 14 풀다운메뉴 → 삽입 → 본체( )를 실행한다. 본문.2가 생성된다.

Step 15 Pad( )를 실행한다.

Selection 항목에서 마우스 오른쪽 버튼을 눌러 "프로파일 정의로 이동"을 선택한다.

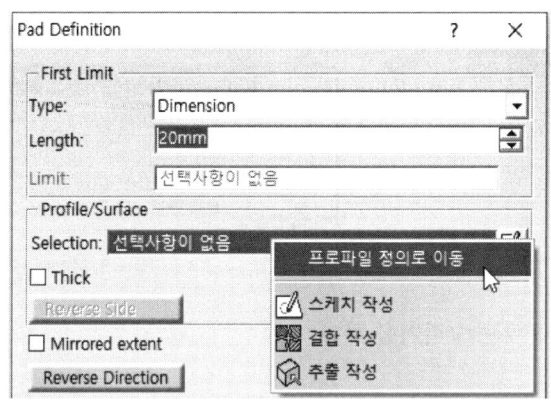

Step 16 프로파일 선을 선택하고, OK를 누른다.

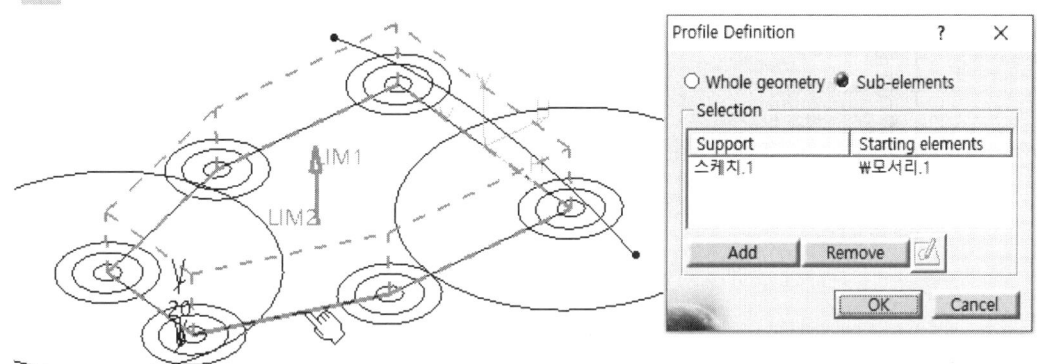

Step 17 Pad 창의 Length에 거리 40을 입력하고, OK를 누른다.

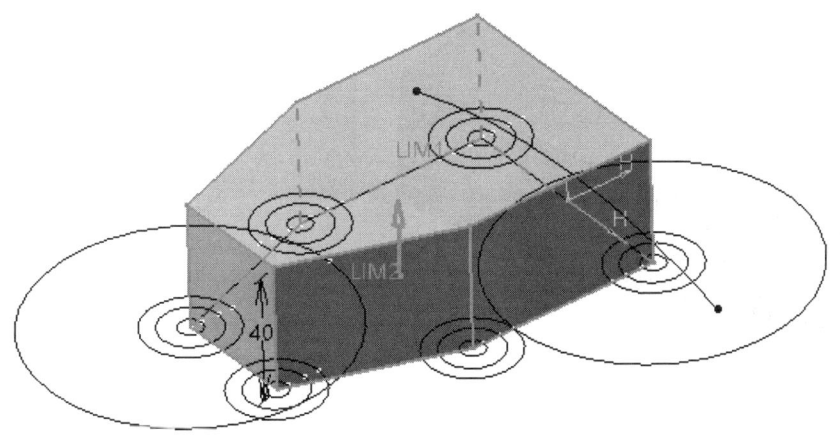

Step 18 작업트리에서 [본문.2]를 복사하여 [Part Body]에 붙여넣기를 한다.

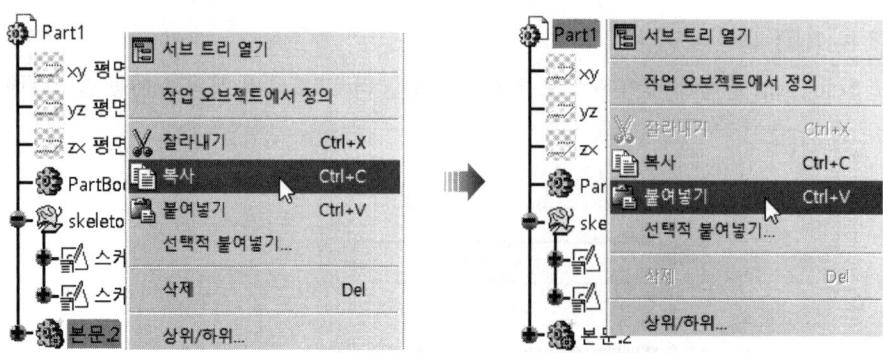

Step 19 새로운 본문.3이 나타난다. 본문.2는 숨기기를 한다.

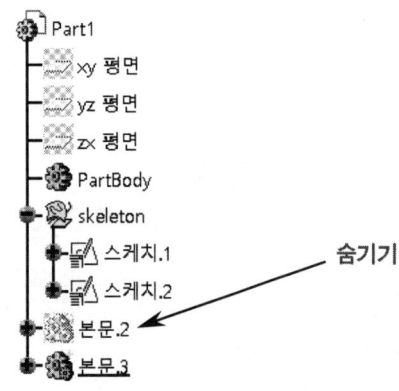

Step 20 Thickness(📦)를 실행하고, 형상의 모든 측면을 선택한다.
Default thickness에 -5를 입력하고, OK를 누른다. 선택한 측면이 안쪽으로 줄어들었다.

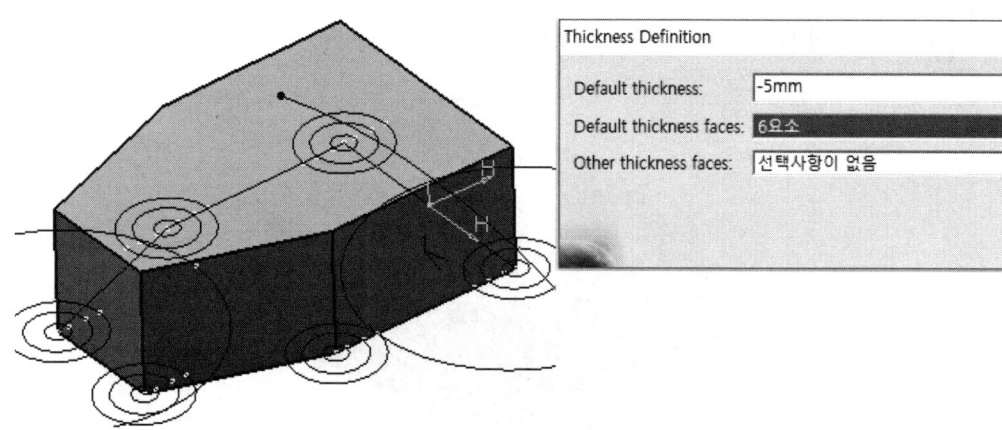

Step 21 Pocket(⬛)을 실행하고, 작성한 스케치.2를 선택한다.

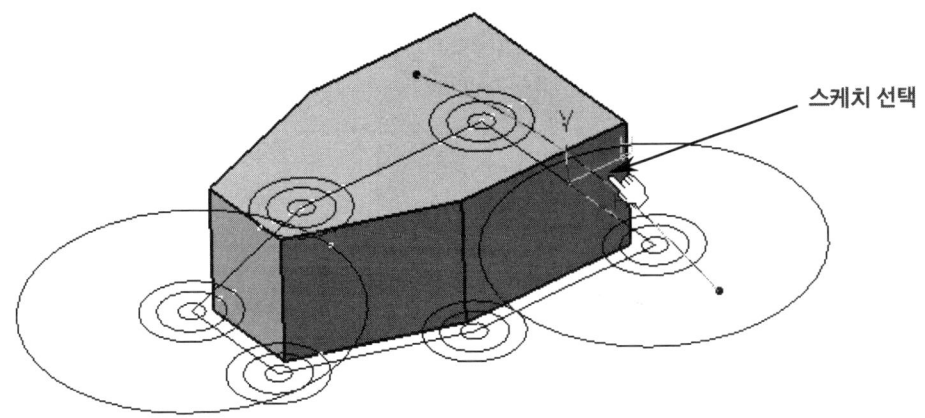

Step 22 에러창이 나오면 "확인"을 누른다.

Step 23 Reverse Direction 버튼으로 방향을 앞으로 바꾸고, [Up to last]로 설정하고, OK를 누른다.

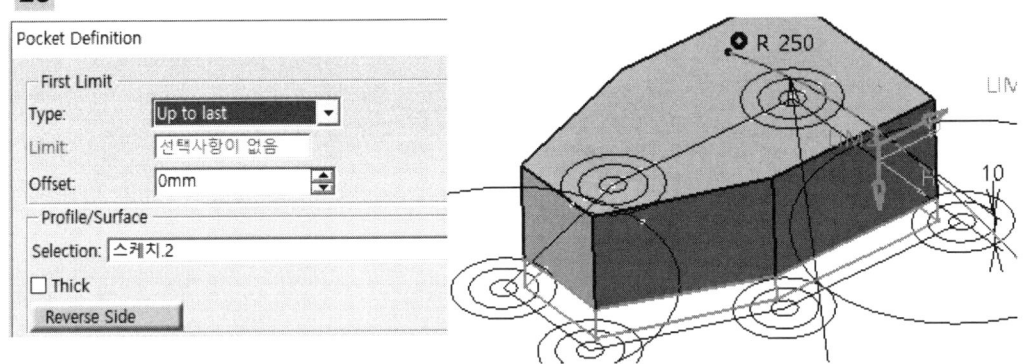

Step 24 Pocket(⬛)을 실행하고, Selection 항목에서 마우스 오른쪽 버튼을 눌러 "프로파일 정의로 이동"을 선택한다.

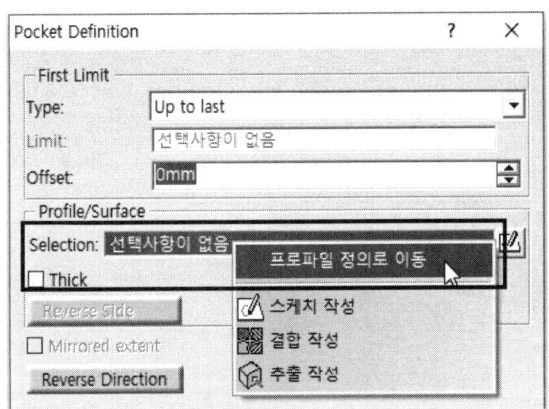

Step 25 지름30의 원 6개를 선택하고, OK를 누른다.

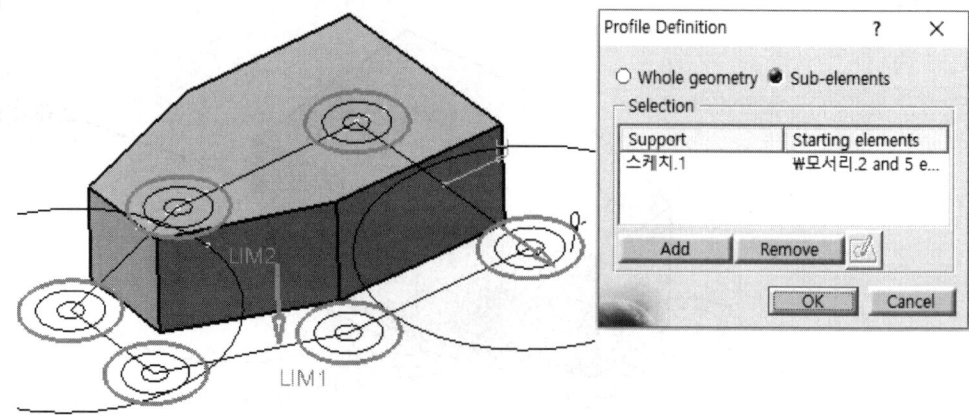

Step 26 Type을 [Up to last]로 설정하고, OK를 누른다.

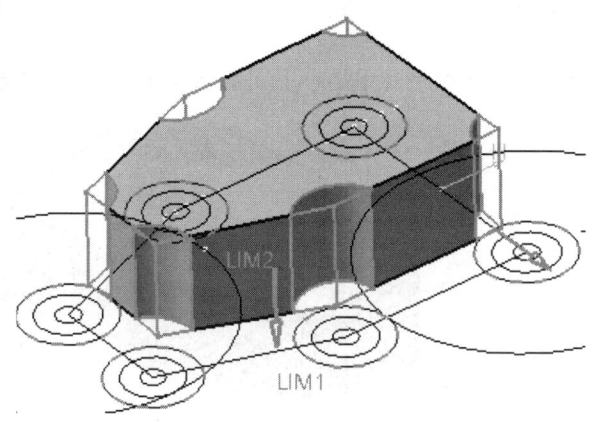

Step 27 Pocket(□)을 실행하고, Selection 항목에서 마우스 오른쪽 버튼을 눌러 "프로파일 정의로 이동"을 선택한다.

Step 28 지름100의 원 2개를 선택하고, OK를 누른다.

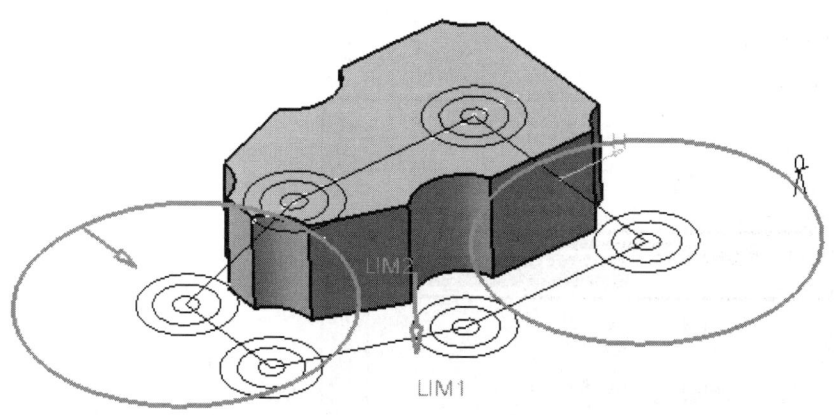

Step 29 Type을 Dimension으로 변경하고, Depth에 20을 입력한다.
Reverse Direction 으로 방향을 변경하고, OK를 누른다.

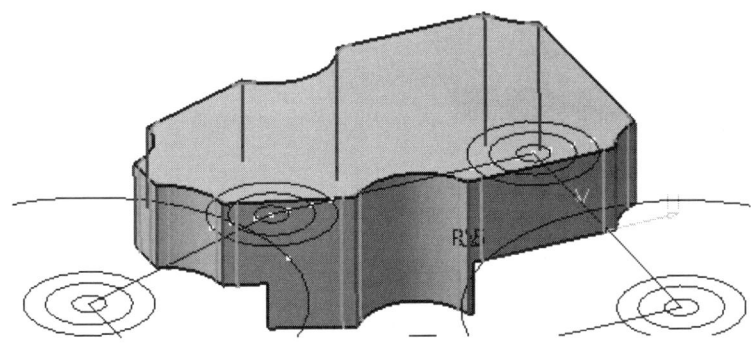

Step 30 Edge Fillet( )으로 측벽의 모든 수직 모서리에 라운드 R5를 적용한다.

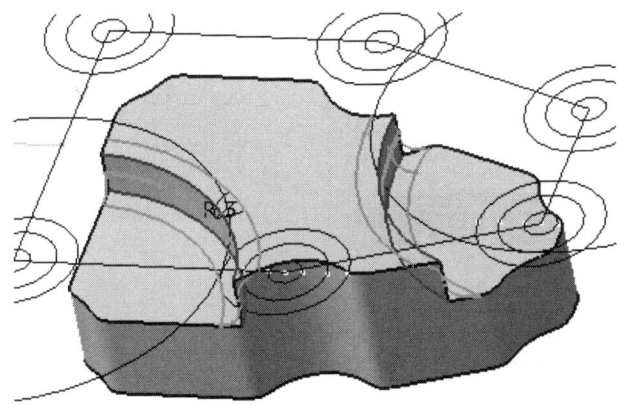

Step 31 Edge Fillet( )으로 바닥의 표시된 모서리에 라운드 R5를 적용한다.

Step 32 Edge Fillet( )으로 바닥의 전체 모서리에 라운드 R5를 적용한다.

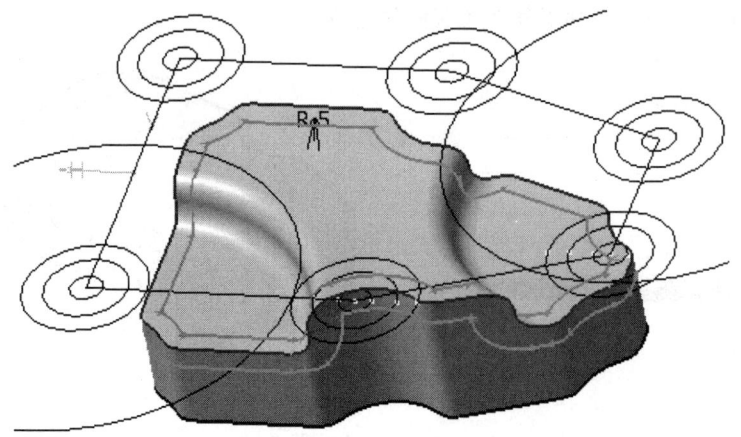

Step 33 작업트리의 본문.2를 다시 보이게 표시를 한다.

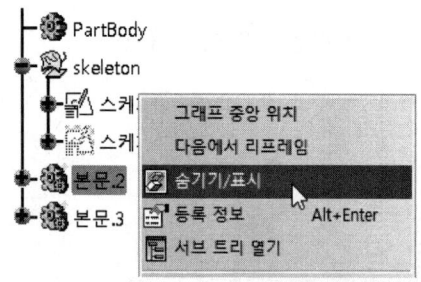

Step 34 풀다운메뉴 → 삽입 → 본체( )를 실행한다. 본문.4가 생성된다.

Step 35 Pad( )를 실행하고, Selection 항목에서 마우스 오른쪽 버튼을 눌러 "프로파일 정의로 이동"을 선택한다.

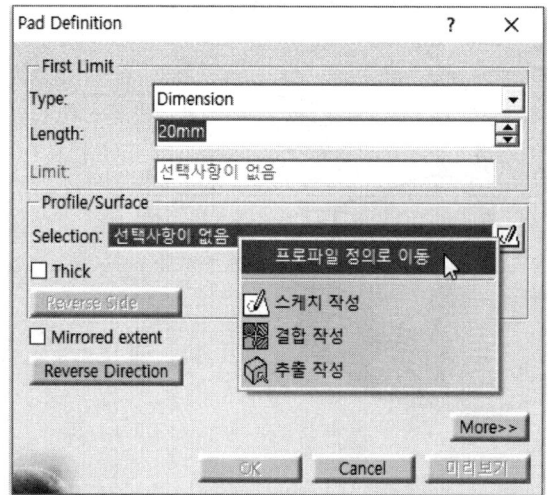

Step 36 지름20의 원 6개를 선택하고, OK를 누른다.

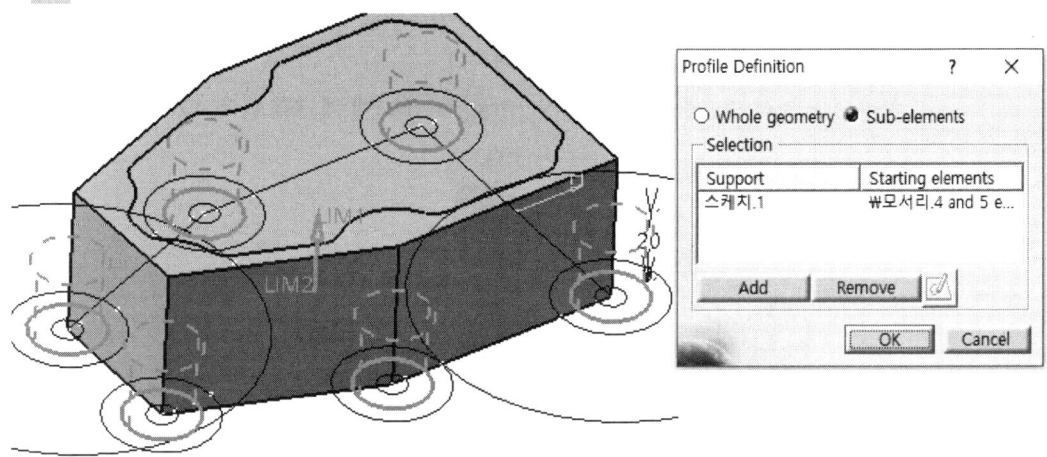

Step 37 Length에 50과 10을 입력하고, OK를 누른다.

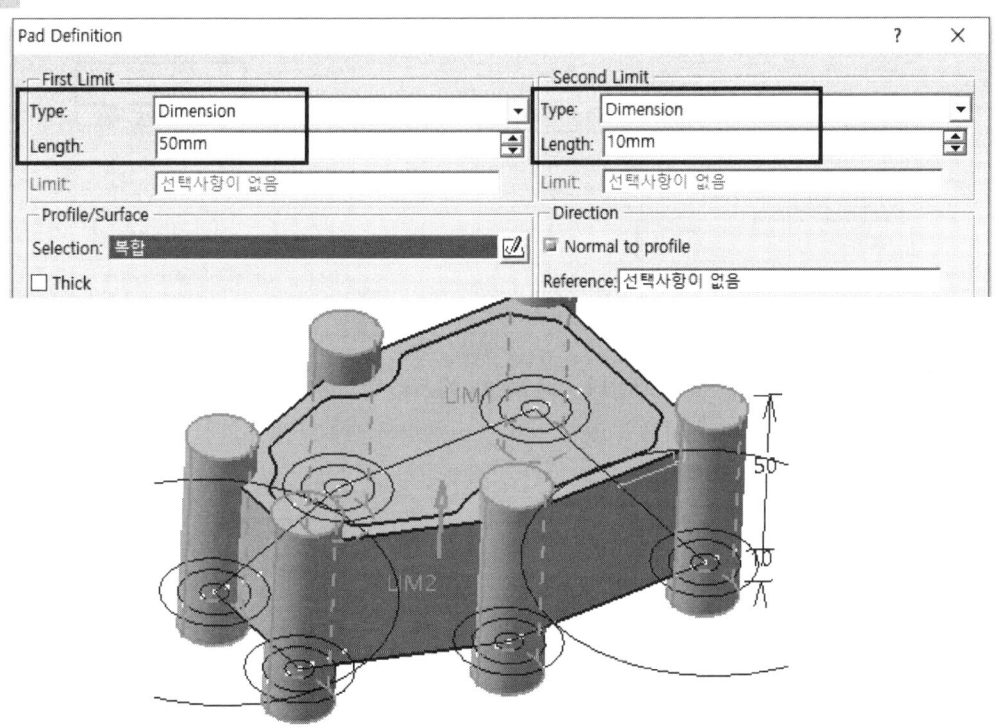

Step 38 Draft Angle(　)을 실행한다. ① Angle에 3을 입력한다.
② Face(s) to draft에서 구배가 적용될 6군데 원통면을 선택한다.
③ Selection에서 기준면은 xy평면을 선택한다.
④ More>> 를 눌러 메뉴를 확장하고, Parting=neutral에 체크를 한다. OK를 누른다.

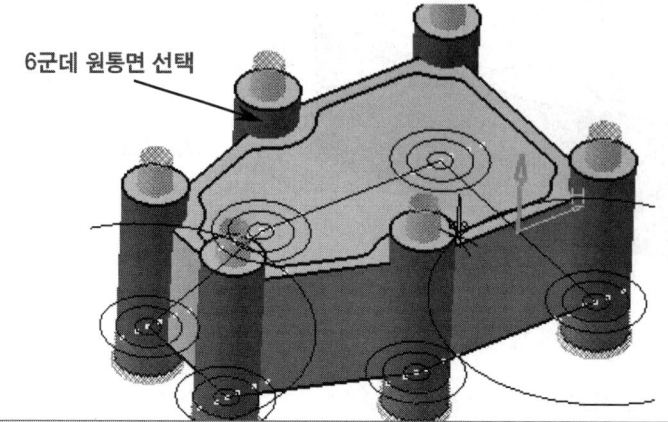

Step 39 Draft Angle(　)을 실행한다. ① Angle에 5를 입력한다.
② Face(s) to draft에서 구배가 적용될 아래의 6군데 원통면을 선택한다.
③ Selection에서 기준면은 xy평면을 선택한다. OK를 누른다.

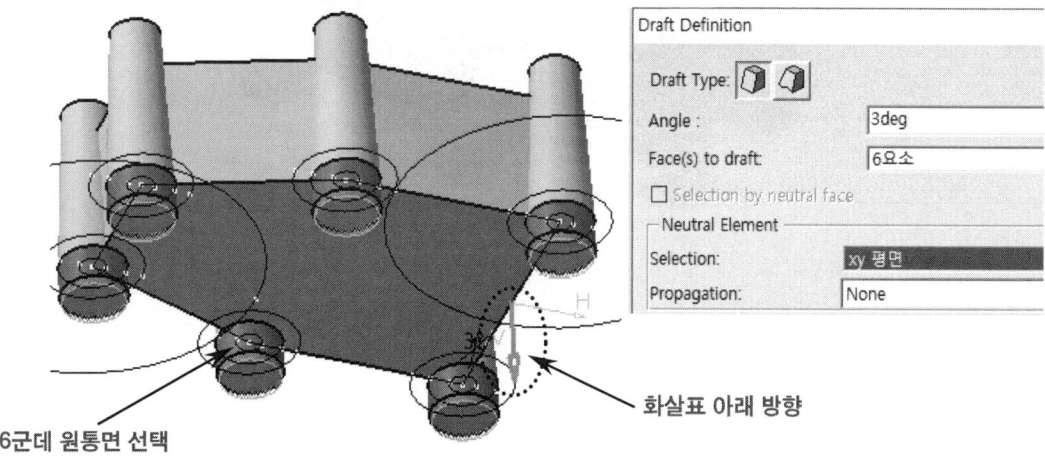

Step 40 풀다운메뉴 → 삽입 → 본체( )를 실행한다. 본문.5가 생성된다.

Step 41 Pad( )를 실행한다.

Selection 항목에서 마우스 오른쪽 버튼을 눌러 "프로파일 정의로 이동"을 선택한다.

Step 42 지름8의 원 6개를 선택하고, OK를 누른다.

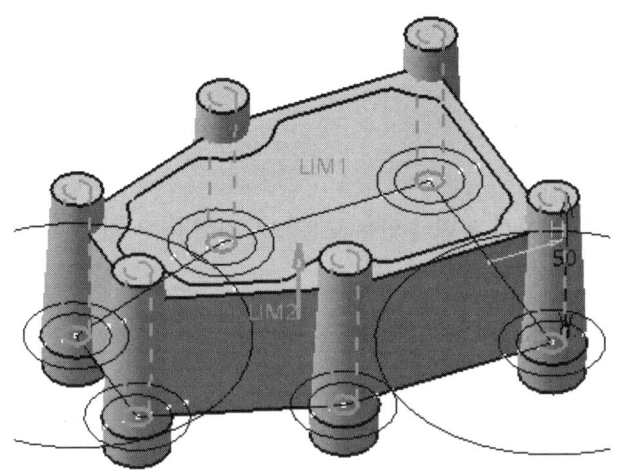

Step 43 Length에 거리 80을 입력하고, Mirrored extent에 체크를 한다. OK를 누른다.

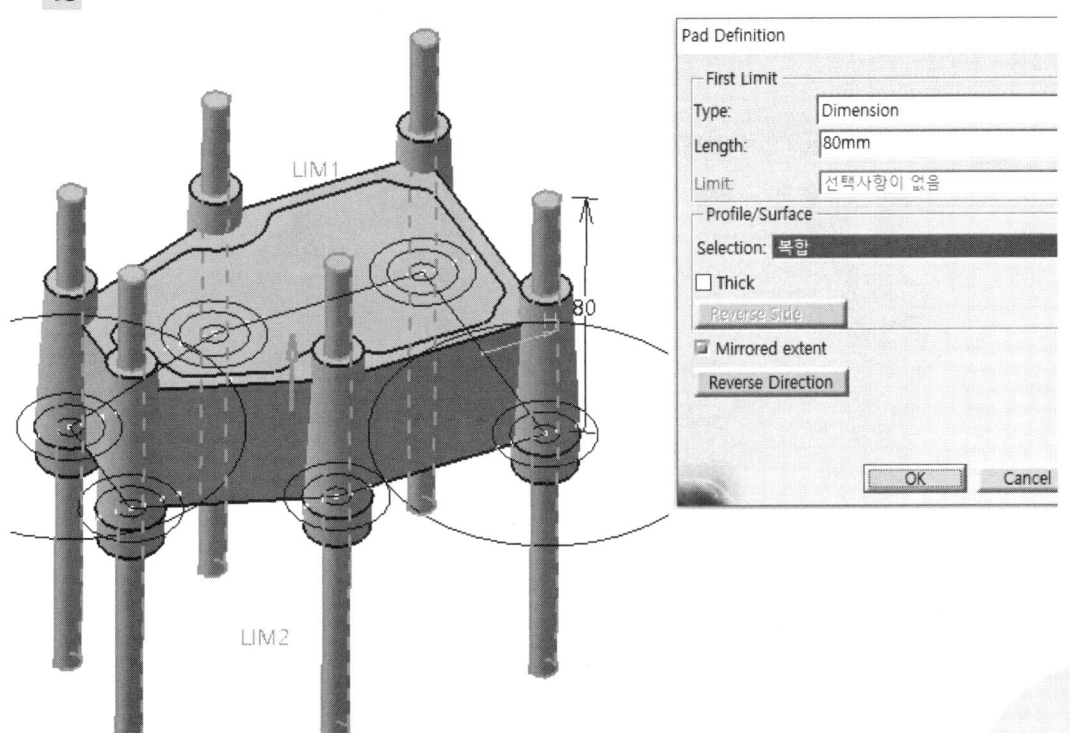

Step 44 작업트리의 본문.2를 "작업 오브젝트에서 정의"로 설정한다.

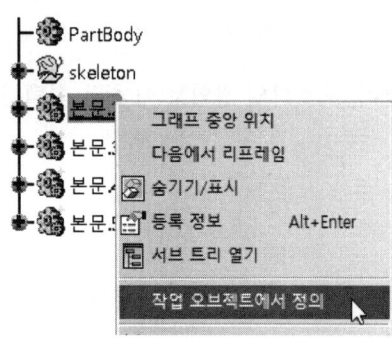

Step 45 Edge Fillet( )으로 선택한 형상의 윗면에 있는 모든 모서리에 R3을 적용한다.

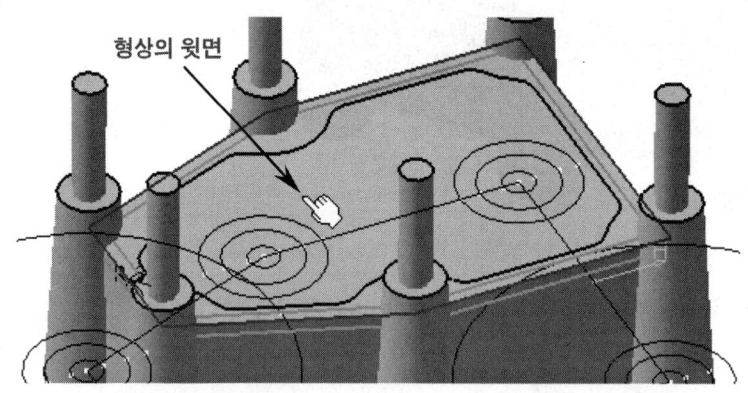

Step 46 Edge Fillet( )으로 선택한 형상의 바닥면에 있는 모든 모서리에 R3을 적용한다.

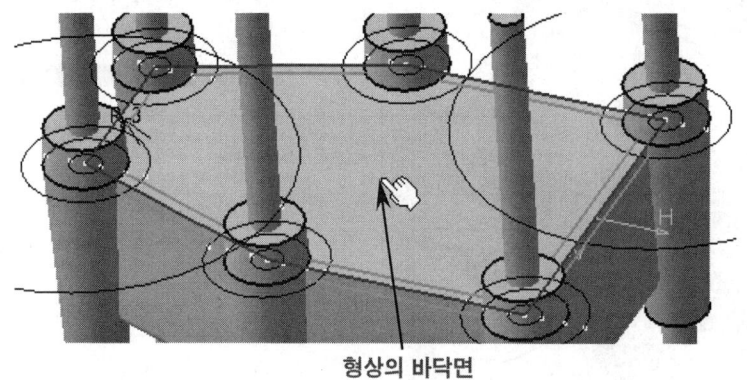

Step 47 작업트리에서 skeleton은 숨기기를 한다.
PartBody를 "작업 오브젝트에서 정의"로 설정한다.

Step 48 추가( )를 실행하고, 본문.2를 선택한다. OK를 누른다.

Step 49 제거(🔧)를 실행하고, 본문.3을 선택한다. OK를 누른다.

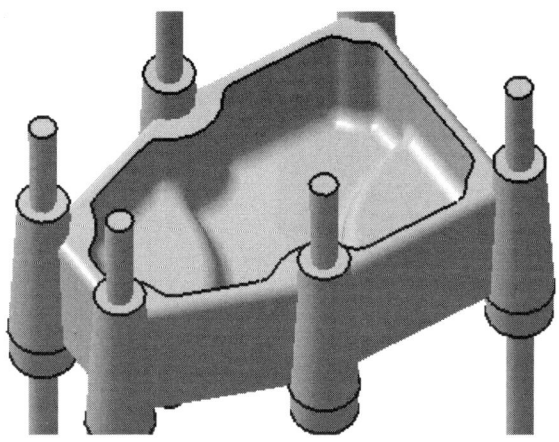

Step 50 추가(🔧)를 실행하고, 본문.4를 선택한다. OK를 누른다.

Step 51 제거(🔧)를 실행하고, 본문.5를 선택한다. OK를 누른다.

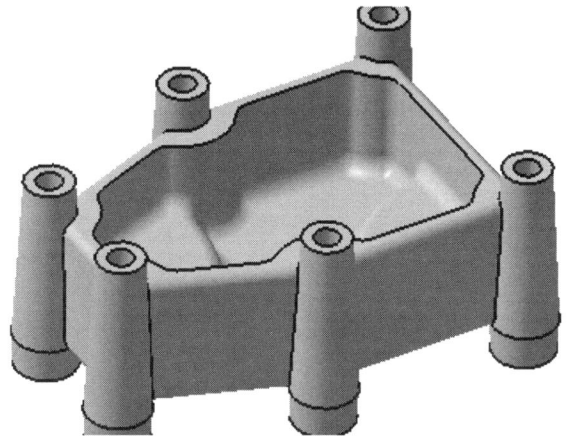

Step 52 Edge Fillet(🔧)을 이용하여 선택한 모서리에 라운드 R5를 적용한다.

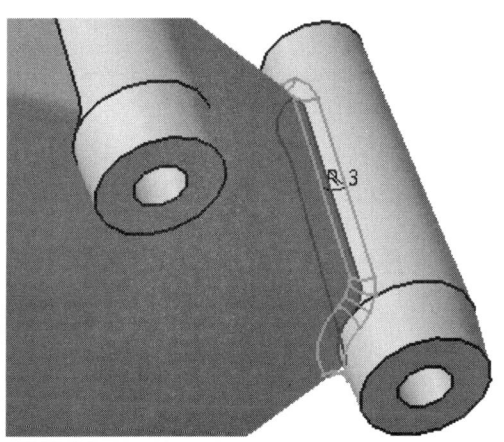

Step 53 나머지 모서리에도 라운드 R5를 적용한다.

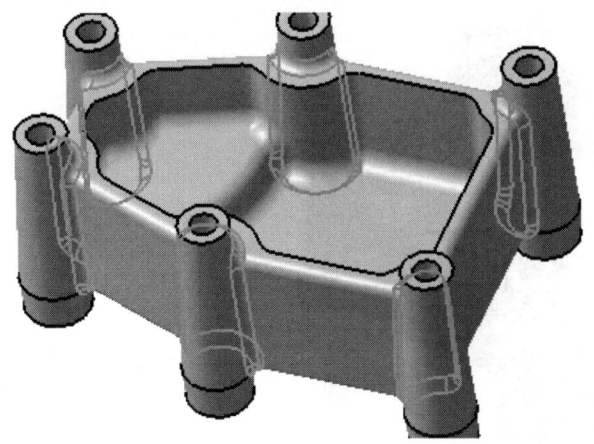

Step 54 형상이 완성되었다.

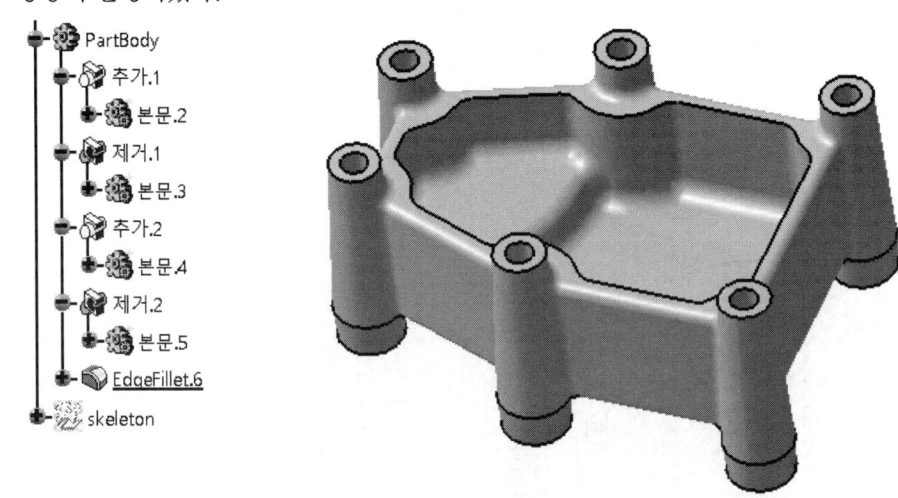

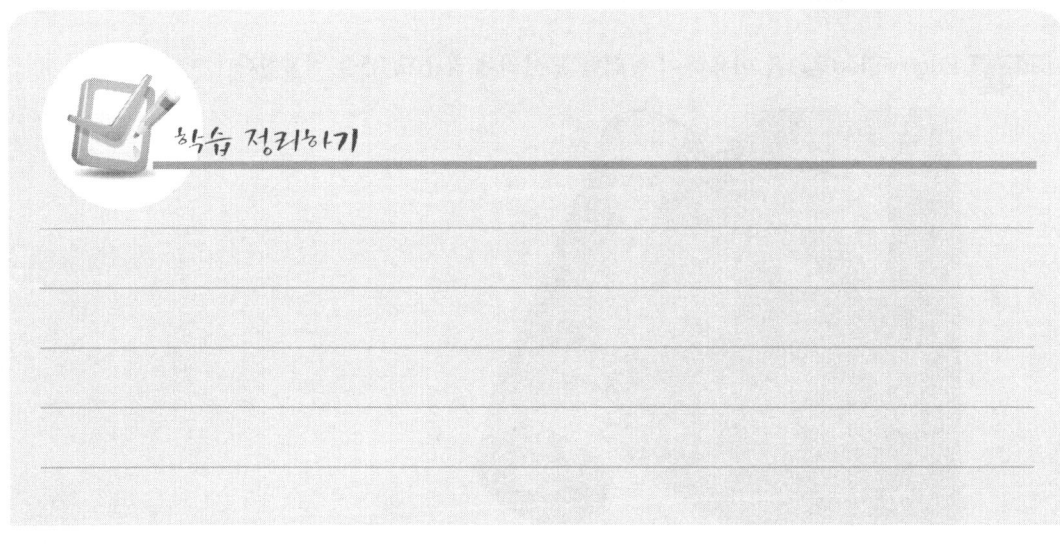

Chapter 07 CATIA Modeling 따라하면서 배우기(응용편 2)

과제 18 CATIA 응용과정 – Modeling 따라하면서 배우기 *Step by Step*

다음 도면을 분석하여 Catia 기능을 활용한 모델링을 한다.

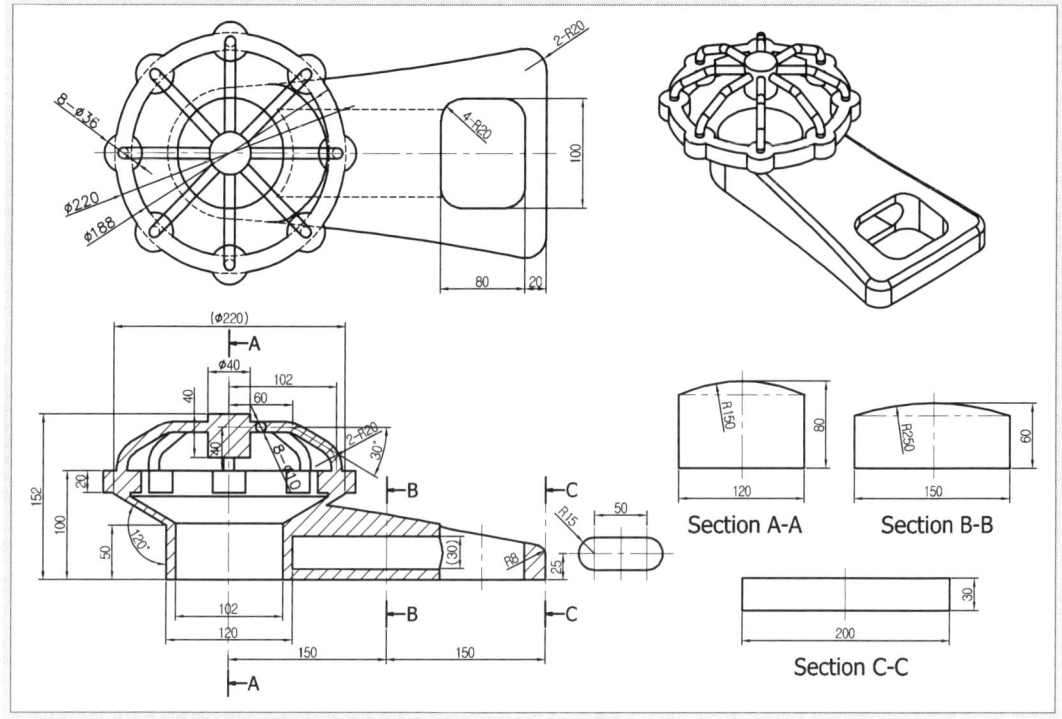

Step 01 [Part Design]을 실행한다. 작업할 파일의 이름을 입력하고, 확인을 누른다.

Step 02 풀다운메뉴 → 삽입 → 본체( )를 실행한다. 본문.2가 생성된다.

Step 03 위치 지정된 스케치( )를 실행한다. yz평면을 선택하고, 확인을 누른다.

Step 04 축( ), 프로파일( ), 제약조건( )으로 스케치하고, 워크벤치 종료( )를 한다.

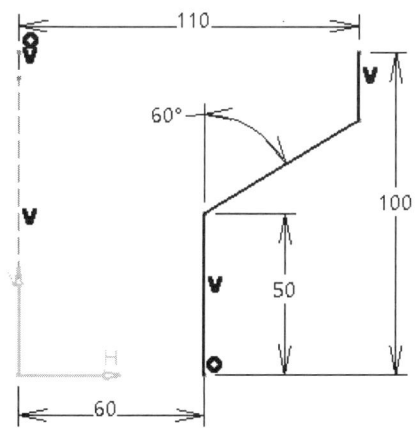

473

Step 05 Shaft(🔧)를 실행하고, 에러 창이 나오면 확인을 누른다.
Thick Profile에 체크를 하고, 두께를 그림과 같이 입력한다. OK를 누른다.

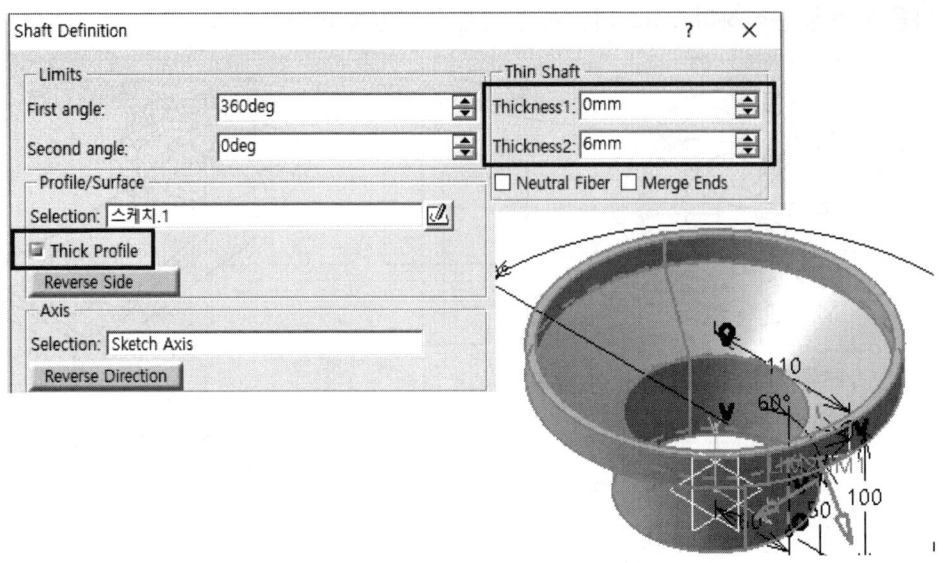

Step 06 Thickness(🔧)를 실행하고, 안쪽 측면을 선택한다.
Default thickness에 10을 입력하고, OK를 누른다.

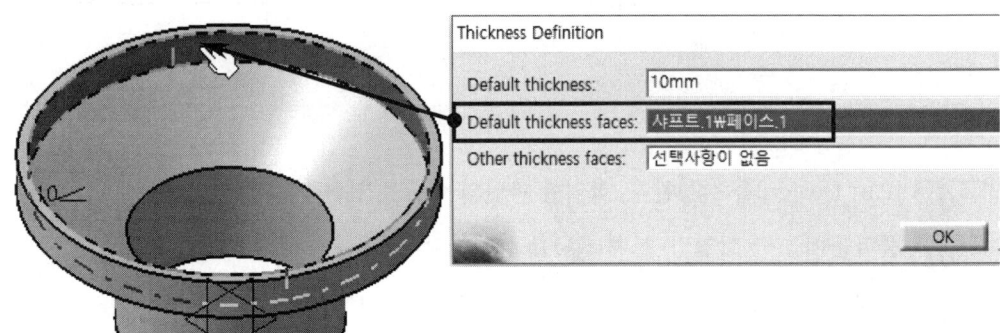

Step 07 다시 Thickness(🔧)를 실행하고, 안쪽 측면을 선택한다.
Default thickness에 3을 입력하고, OK를 누른다.

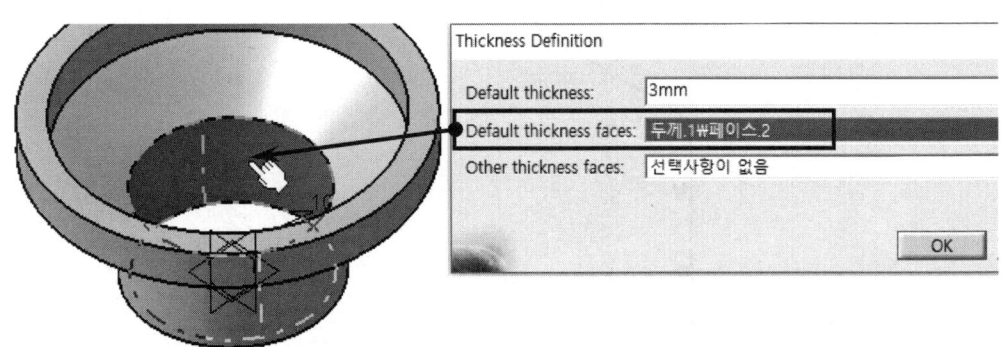

Step 08 풀다운메뉴 → 삽입 → 본체()를 실행한다. 본문.3이 생성된다.

Step 09 위치 지정된 스케치()를 실행한다. yz평면을 선택하고, 확인을 누른다.

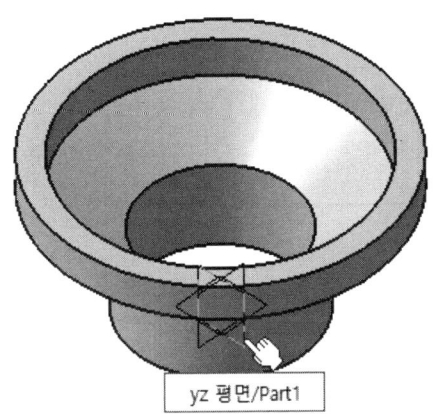

Step 10 중심 직사각형(), 세 점 호()를 이용하여 스케치를 작성한다.

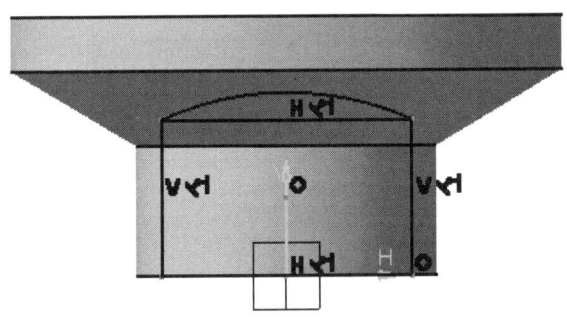

Step 11 제약조건()으로 치수를 입력한다.

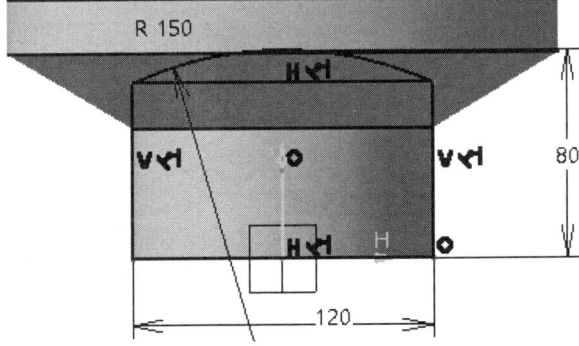

Step 12 사각형의 위쪽 선을 선택하고, 구성/표준요소( )를 실행하여 보조선으로 변경한다.
워크벤치 종료( )를 한다.

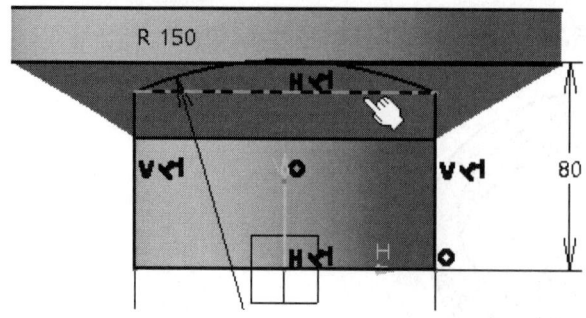

Step 13 Plane( )을 실행하고, [평면에서 오프셋]으로 설정한다.
yz평면을 선택한다. 오프셋 150을 입력하고, 확인을 누른다. (면.1이 생성된다.)

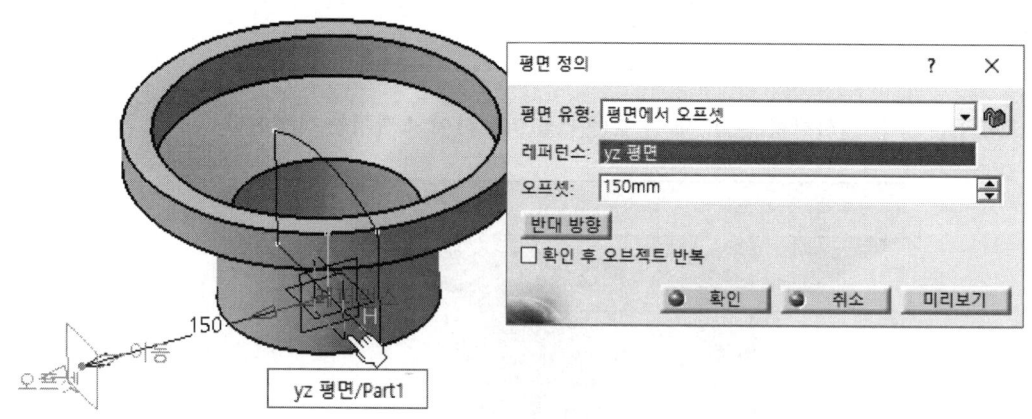

Step 14 다시 Plane( )을 실행하고, [평면에서 오프셋]으로 설정한다.
yz평면을 선택한다. 오프셋 300을 입력하고, 확인을 누른다. (면.2가 생성된다.)

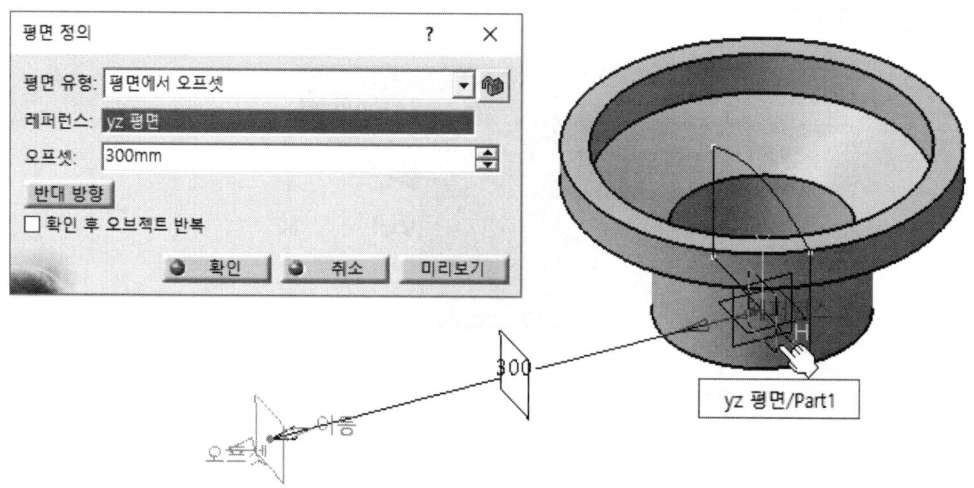

Step 15 [스케치.2]를 복사하여 [본문.3]에 붙여넣기를 한다.

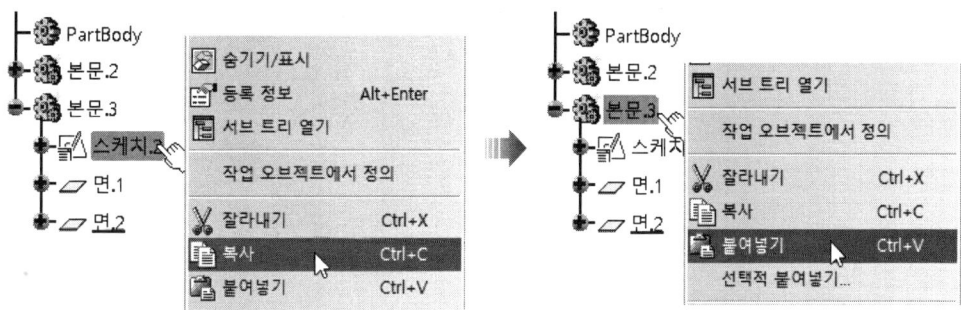

Step 16 다시 [스케치.2]를 복사하여 [본문.3]에 붙여넣기를 한다.

Step 17 [스케치.3]과 [스케치.4]가 생성되었다.

Step 18 [스케치.3]에서 마우스 오른쪽 버튼을 눌러 "스케치.3 오브젝트" → "스케치 지원 변경"을 실행한다.

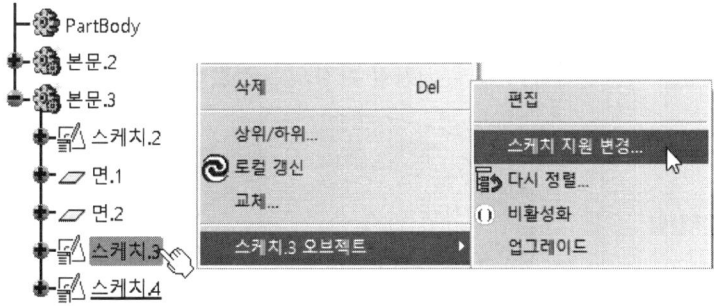

Step 19 생성시킨 면.1을 선택한다. 스케치가 이동되었다. 확인을 누른다.

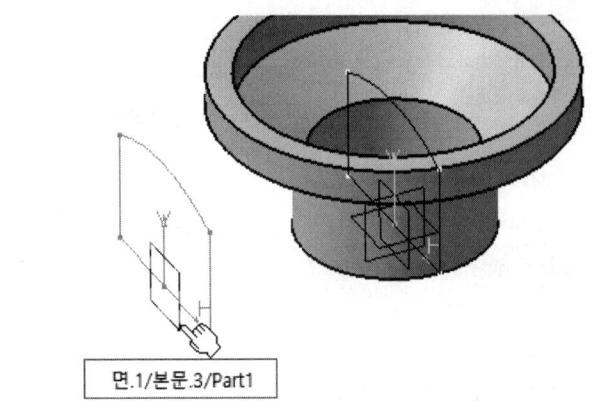

Step 20 다시 [스케치.4]에서 마우스 오른쪽 버튼을 눌러 "스케치.4 오브젝트" → "스케치 지원 변경"
을 실행한다.

Step 21 생성시킨 면.2를 선택한다. 스케치가 이동되었다. 확인을 누른다.

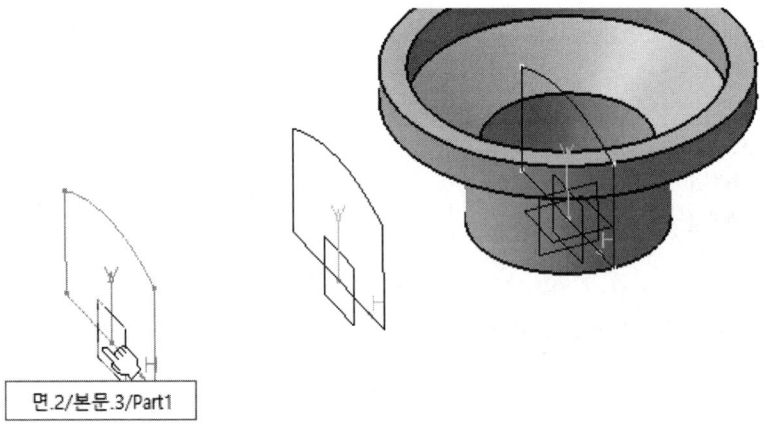

Step 22 작성한 스케치.3을 더블클릭하여 스케치 편집 환경으로 전환한다.

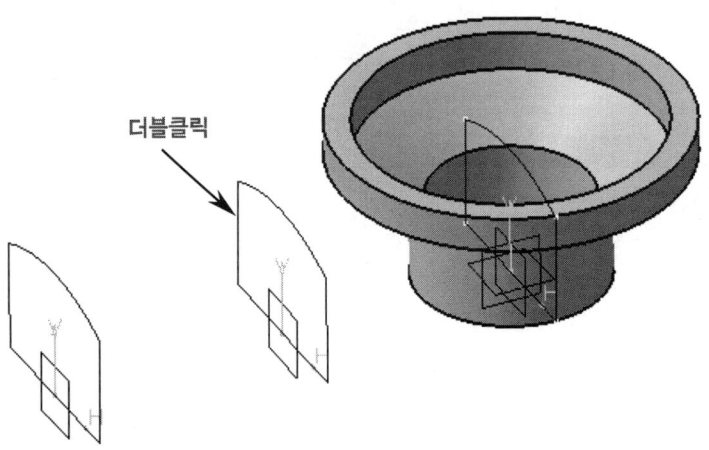

Step 23 아래와 같이 치수를 변경하고, 워크벤치 종료(🔼)를 한다.

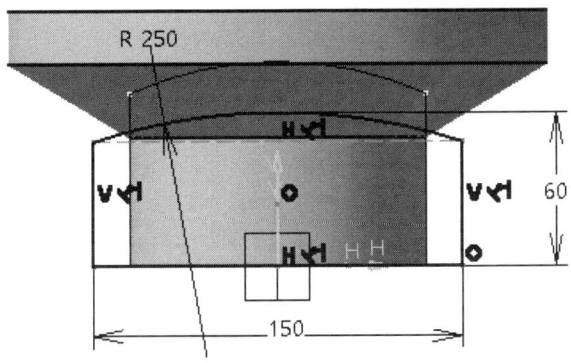

Step 24 작성한 스케치.4를 더블클릭하여 스케치 편집 환경으로 전환한다.

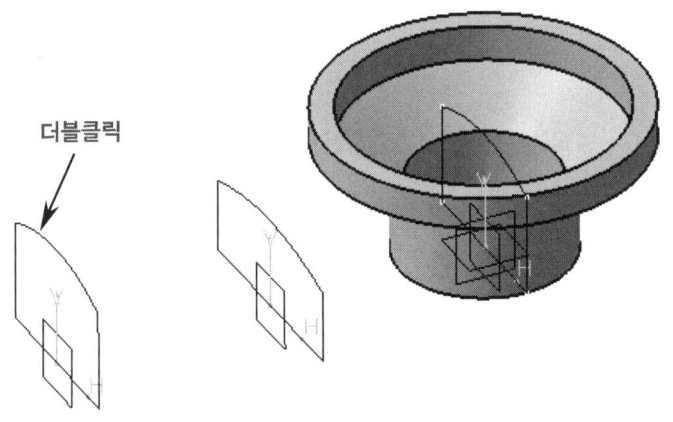

Step 25 위쪽의 호와 선을 구성/표준요소(⚙)로 각각 전환시킨다.
아래와 같이 치수를 입력하고, 워크벤치 종료(🔼)를 한다.

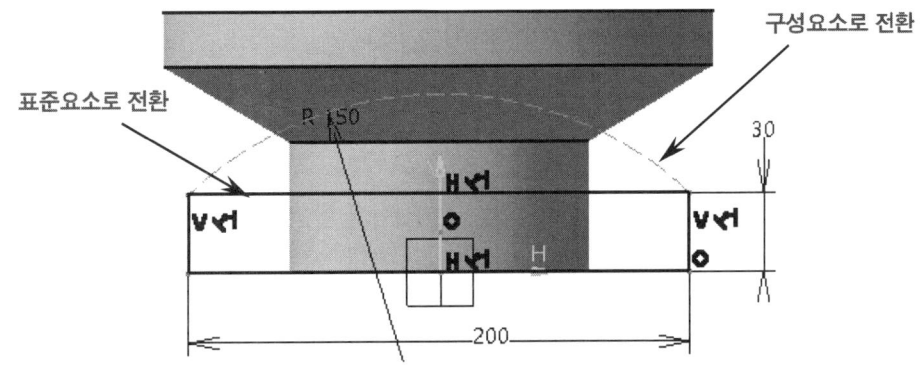

Step 26 Multi-sections Solid( )를 실행한다.
[스케치.2], [스케치.3], [스케치.4]를 차례로 선택한다.
생성되는 닫기 점들의 위치를 체크하고, 확인을 누른다.

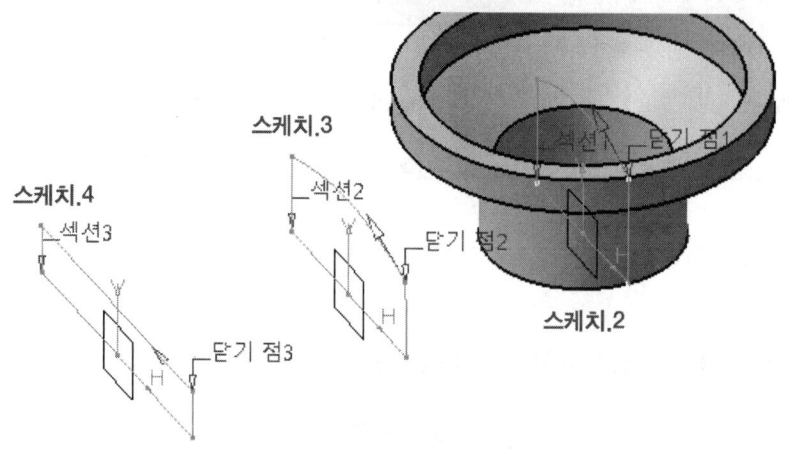

Step 27 위치 지정된 스케치( )를 실행한다. xy평면을 선택하고, 확인을 누른다.

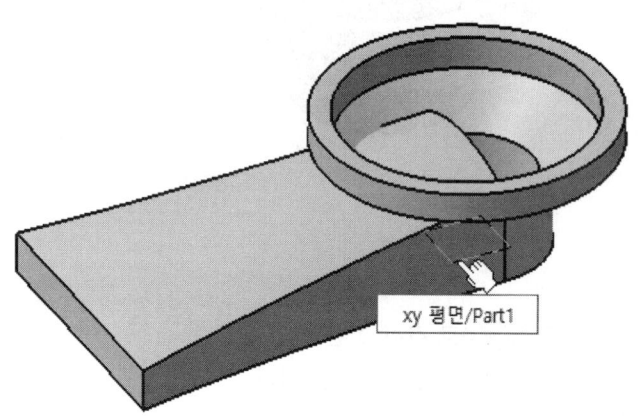

Step 28 중심 직사각형( ), 제약조건( )으로 스케치를 작성한다. 워크벤치 종료( )를 한다.

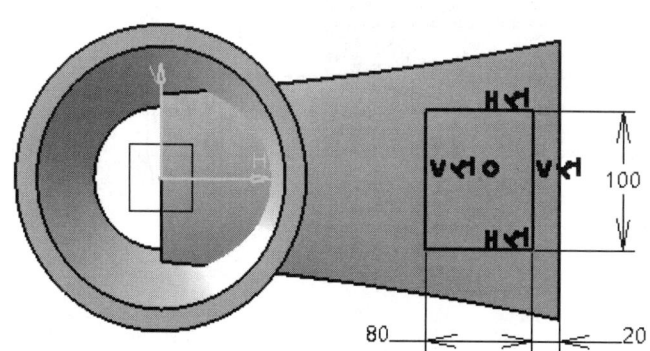

Step 29 Pocket(🔲)을 실행한다. Type은 [Up to next]로 설정하고, OK를 누른다.

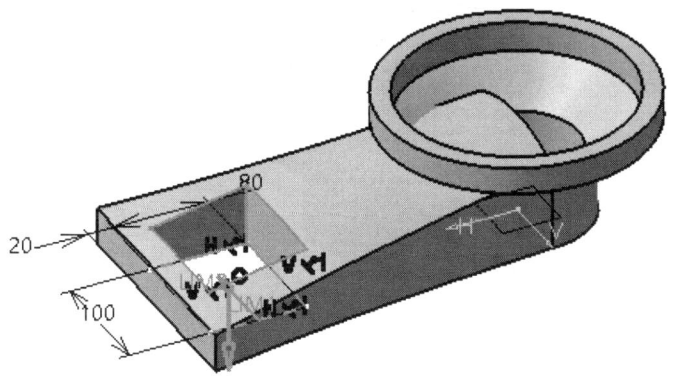

Step 30 위치 지정된 스케치(📐)로 지정된 평면을 선택하고, 확인을 누른다.

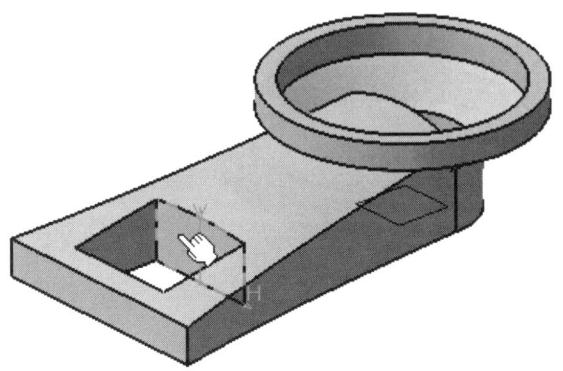

Step 31 연장된 홀(⊙)과 제약조건(🔲)으로 스케치를 작성하고, 워크벤치 종료(🔼)를 한다.

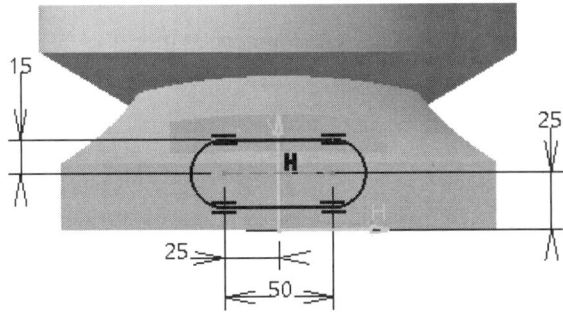

Step 32 Pocket(📦)을 실행한다. Type은 [Up to next]로 설정하고, OK를 누른다.

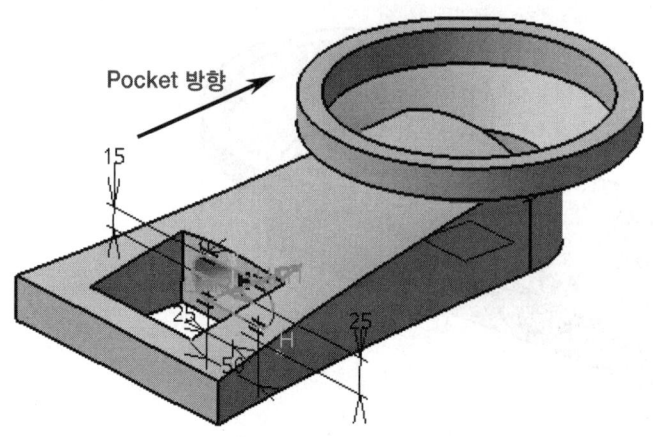

Step 33 Edge Fillet(🔵)을 이용하여 선택한 모서리에 라운드 R20을 적용한다.

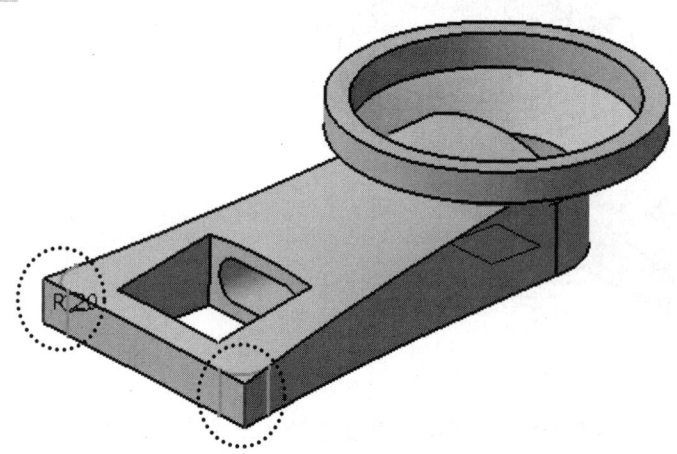

Step 34 Edge Fillet(🔵)을 이용하여 선택한 모서리에 라운드 R20을 적용한다.

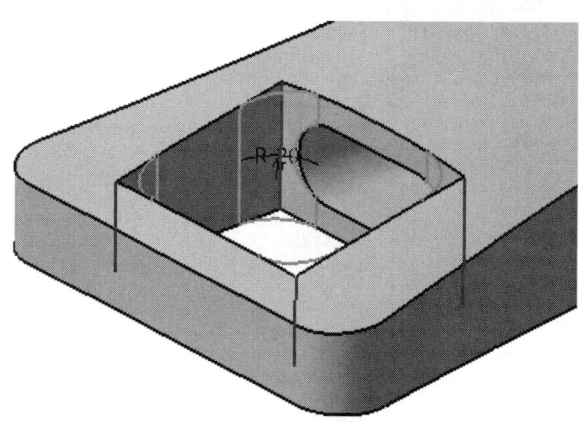

Step 35 풀다운메뉴 → 삽입 → 본체()를 실행한다. 본문.4가 생성된다.

Step 36 Plane()을 실행하고, [평면에서 오프셋]으로 설정한다.
xy평면을 선택한다. 오프셋 152를 입력하고, 확인을 누른다. (면.3이 생성된다.)

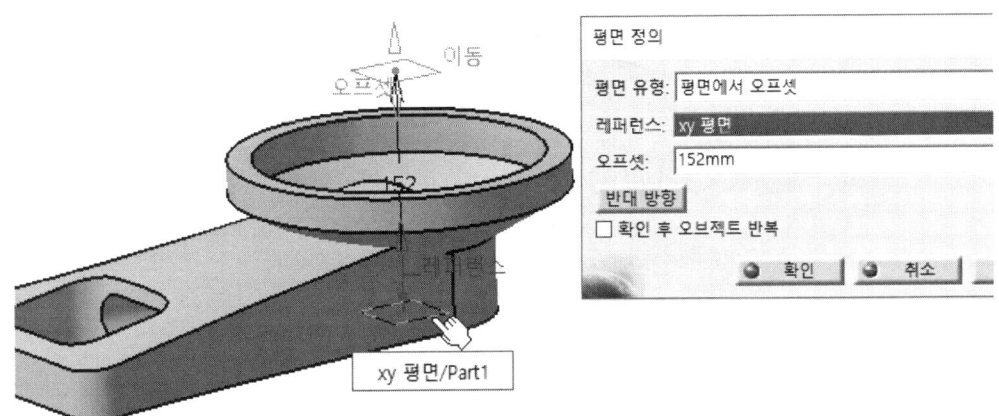

Step 37 위치 지정된 스케치()로 방금 생성한 면.3을 선택하고, 확인을 누른다.

Step 38 원(), 제약조건()으로 스케치를 작성하고, 워크벤치 종료()를 한다.

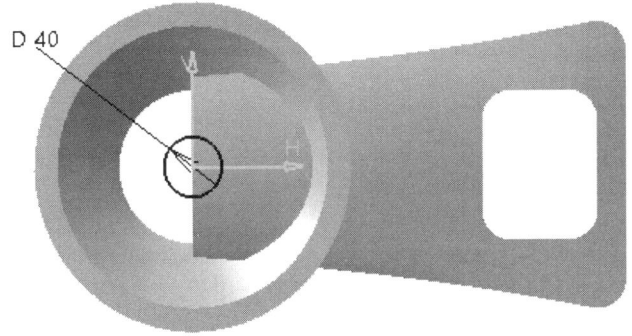

Step 39 Pad()를 실행한다. 방향은 아래로 하고, Length에 40을 입력한다. 확인을 누른다.

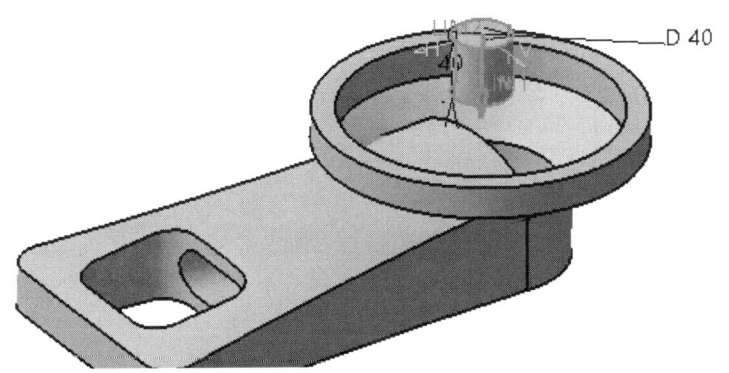

Step 40 위치 지정된 스케치( )를 실행한다. zx평면을 선택하고, 확인을 누른다.

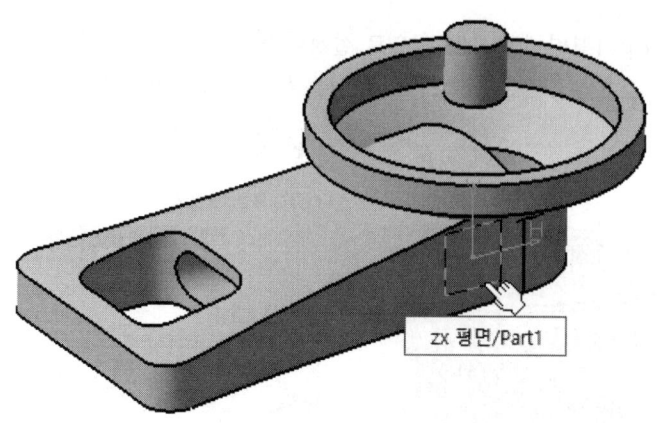

Step 41 프로파일( ), 제약조건( )으로 스케치를 작성한다.

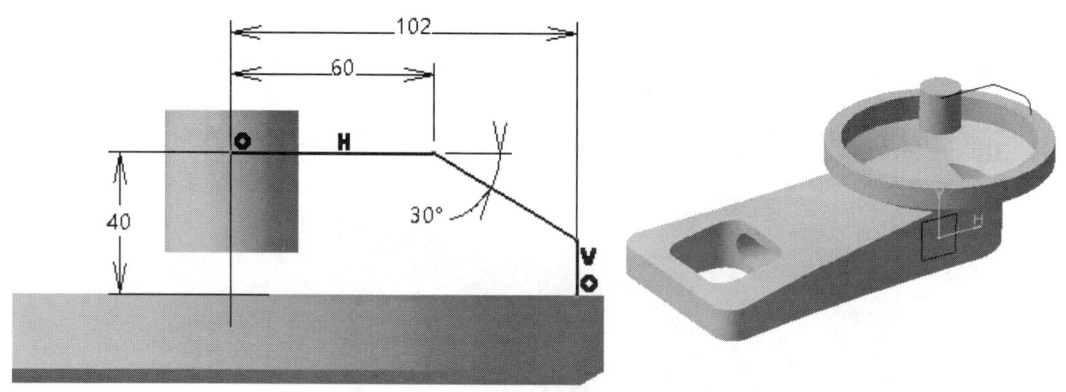

Step 42 코너( )로 라운드 R20을 입력하고, 워크벤치 종료( )를 한다.

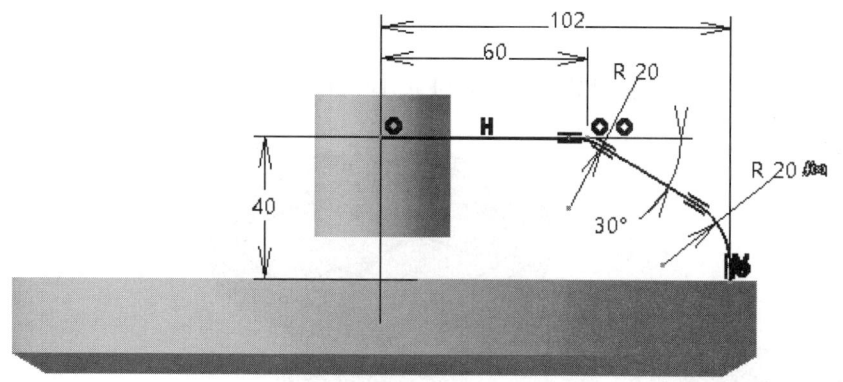

Step 43 위치 지정된 스케치(⬚)를 실행한다. yz평면을 선택하고, 확인을 누른다.

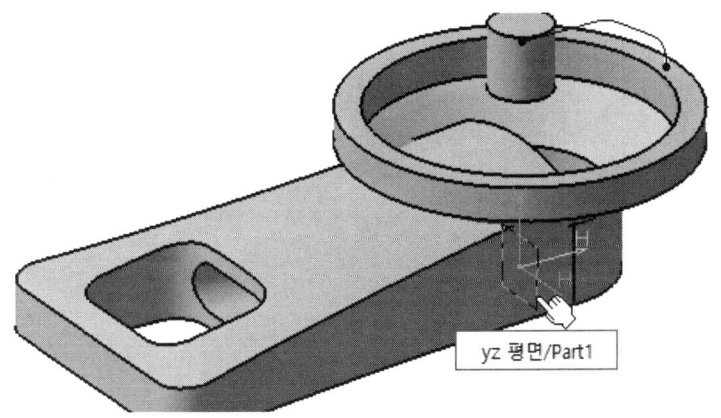

Step 44 step 41에서 작성한 선의 끝점에 원(⊙)을 작성하고, 제약조건(⬚)으로 치수를 입력한다. 워크벤치 종료(⬚)를 한다.

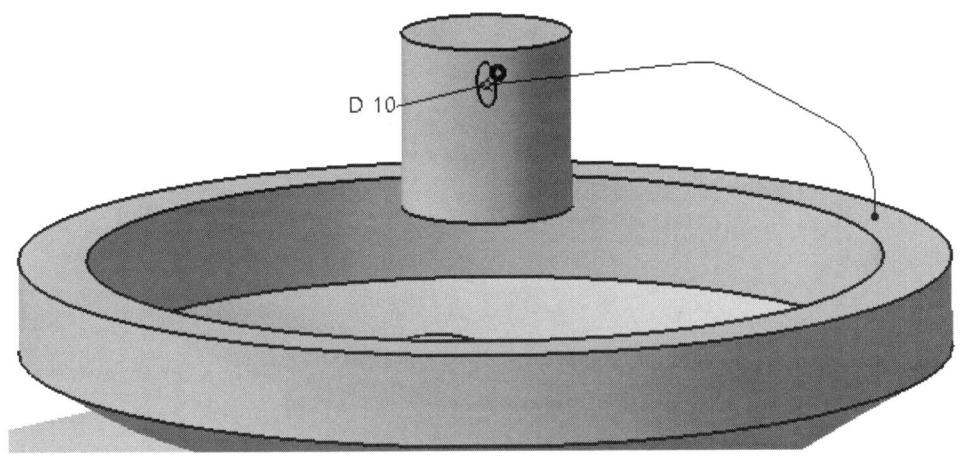

Step 45 Rib(⬚)를 실행하고, ①Profile은 원을, ②Center curve는 선을 클릭한다.

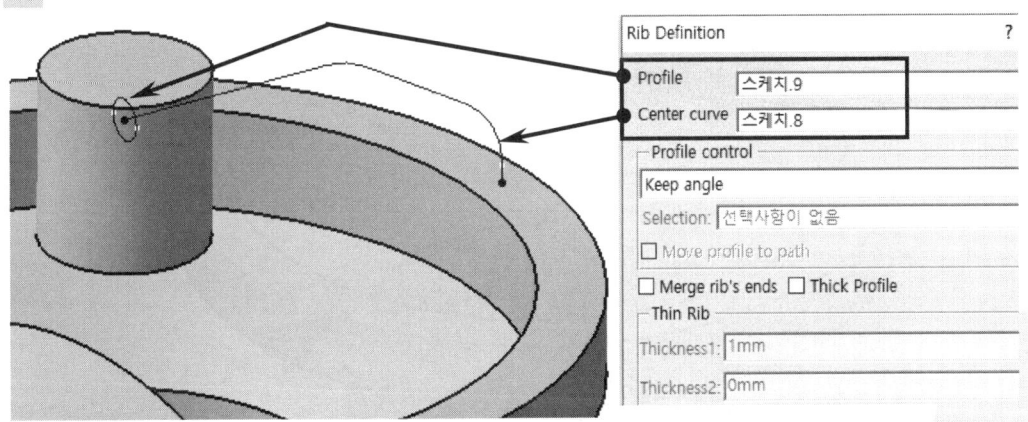

Step 46 OK를 누른다. Rib 형상이 만들어진다.

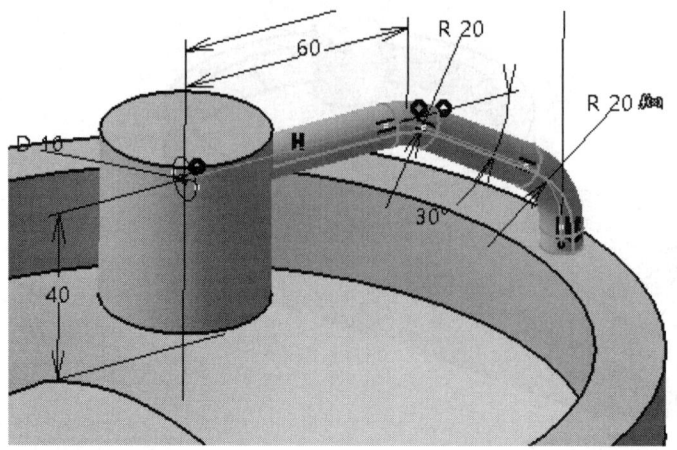

Step 47 위치 지정된 스케치(🗹)를 실행하고, 표시된 평면을 선택한다. 확인을 누른다.

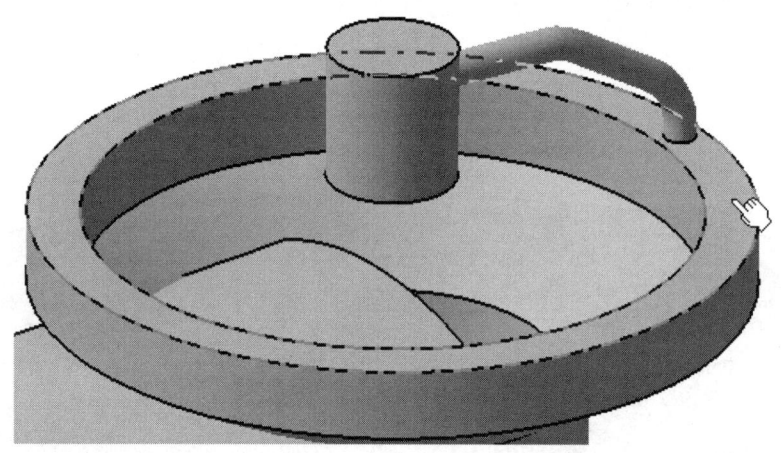

Step 48 원(⊙), 제약조건(🗍)으로 스케치를 작성한다. 워크벤치 종료(🖒)를 한다.

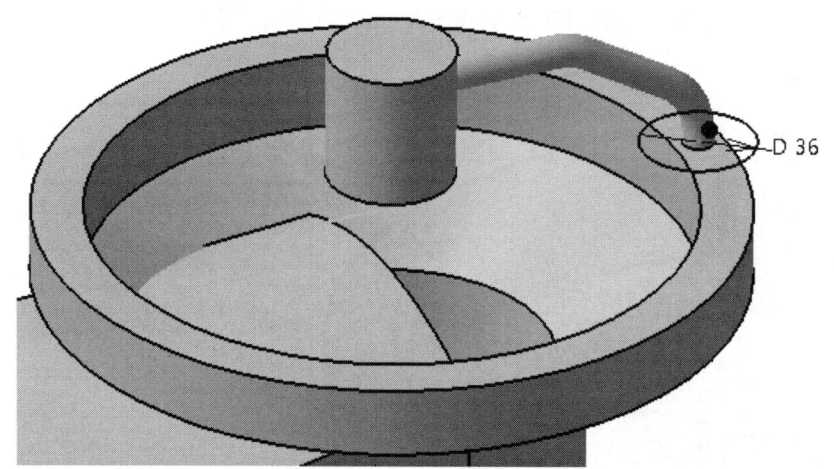

Step 49 Pad(🗗)를 실행한다. 방향은 아래로 하고, Length에 20을 입력한다. 확인을 누른다.

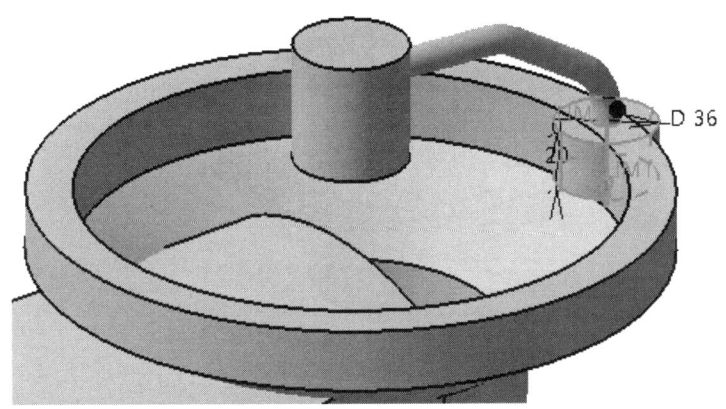

Step 50 작업트리에서 [립.1]과 [패드.2]를 미리 선택하고, Circular Pattern(✲)을 실행한다.

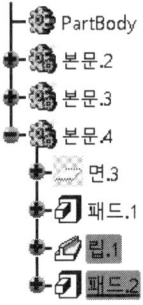

Step 51 ① 그림과 같이 "Complete crown"과 개수 "8"을 입력한다.
② Reference element 항목을 클릭하고, 원통면을 선택한다.
OK를 누른다.

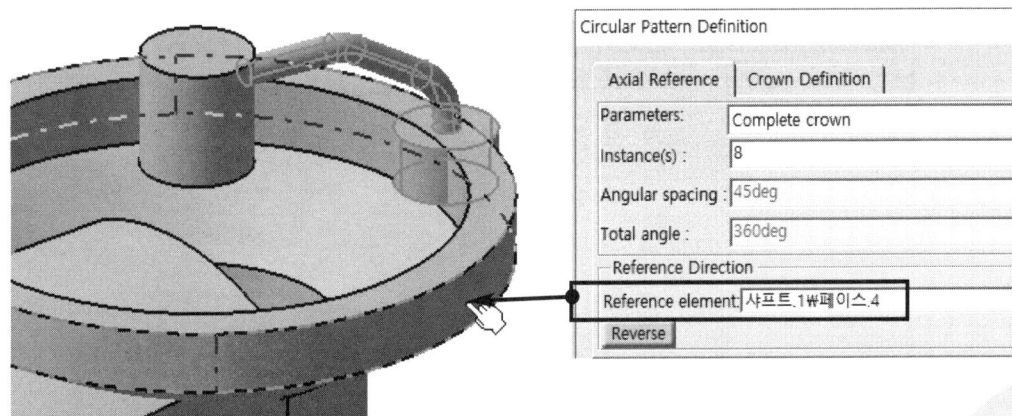

Step 52 OK를 누른다.

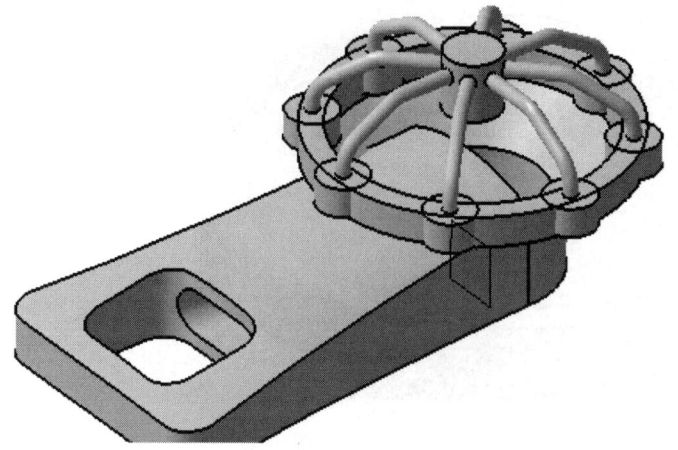

Step 53 작업트리에서 PartBody를 "작업 오브젝트에서 정의"로 설정한다.

Step 54 추가( )를 실행하고, 본문.2를 선택한다. OK를 누른다.

Step 55 다시 추가( )를 실행하고, 본문.4를 선택한다. OK를 누른다.

Step 56 결합 자르기( )를 실행하고, 본문.3을 선택한다.
Faces to keep 항목을 클릭하고, 남겨질 윗면을 선택한다.

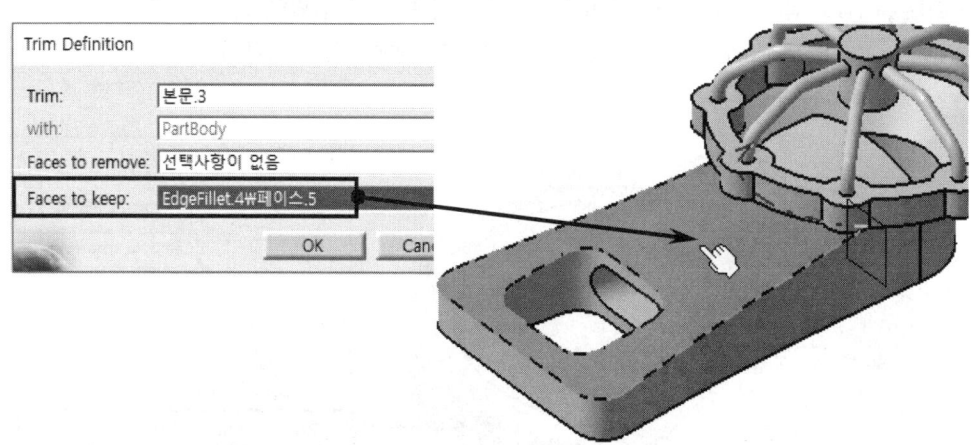

Step 57 OK를 누른다.

Step 58 Edge Fillet(⬤)을 이용하여 선택한 모서리에 라운드 R8을 적용한다.

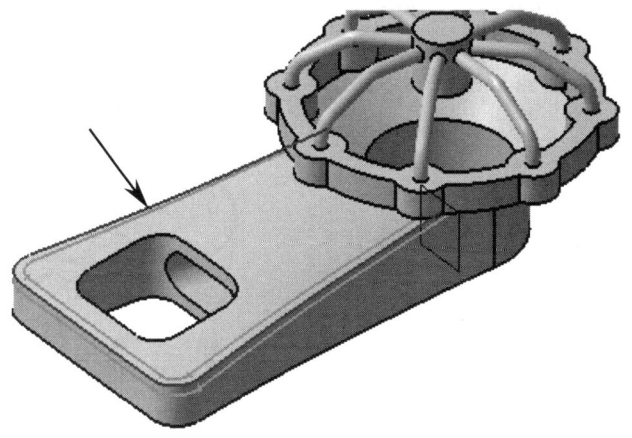

Step 59 형상이 완성되었다.

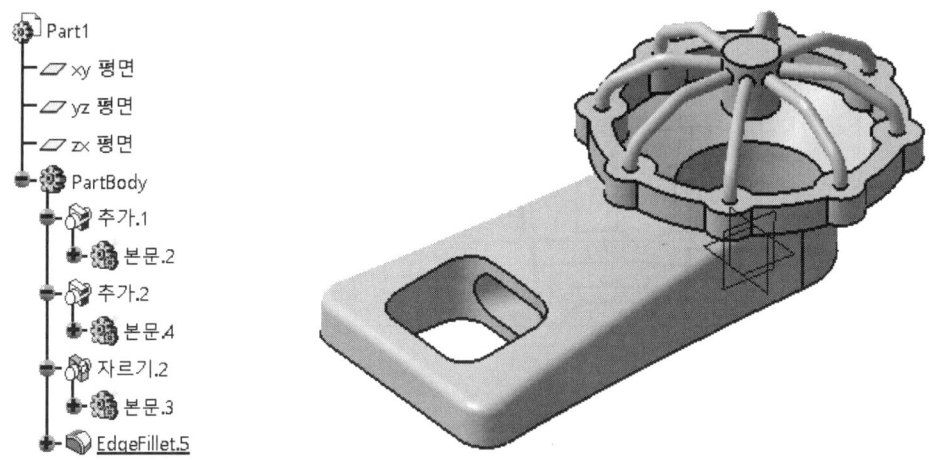

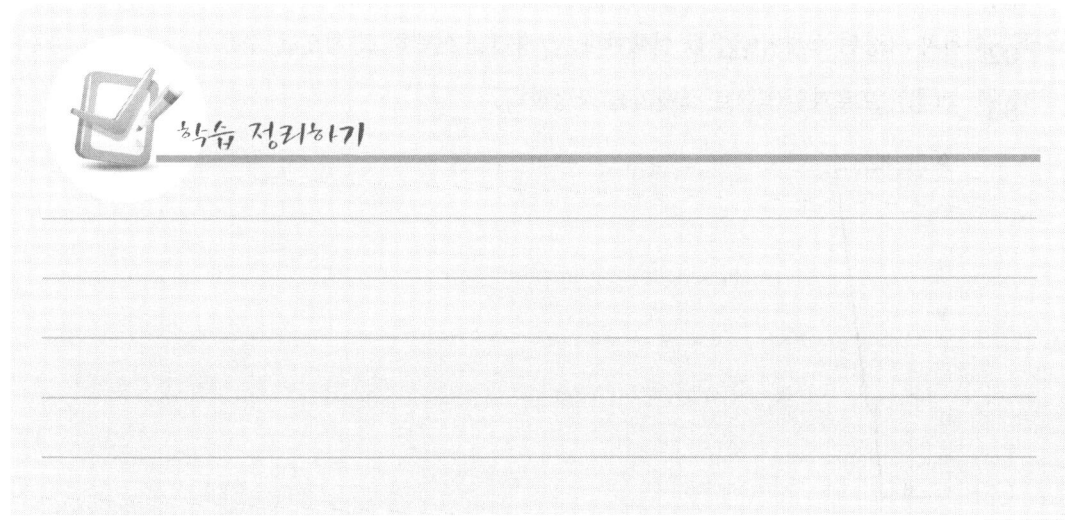

과제 19 CATIA 응용과정 - Modeling 따라하면서 배우기

다음 도면을 분석하여 Catia 기능을 활용한 모델링을 한다.

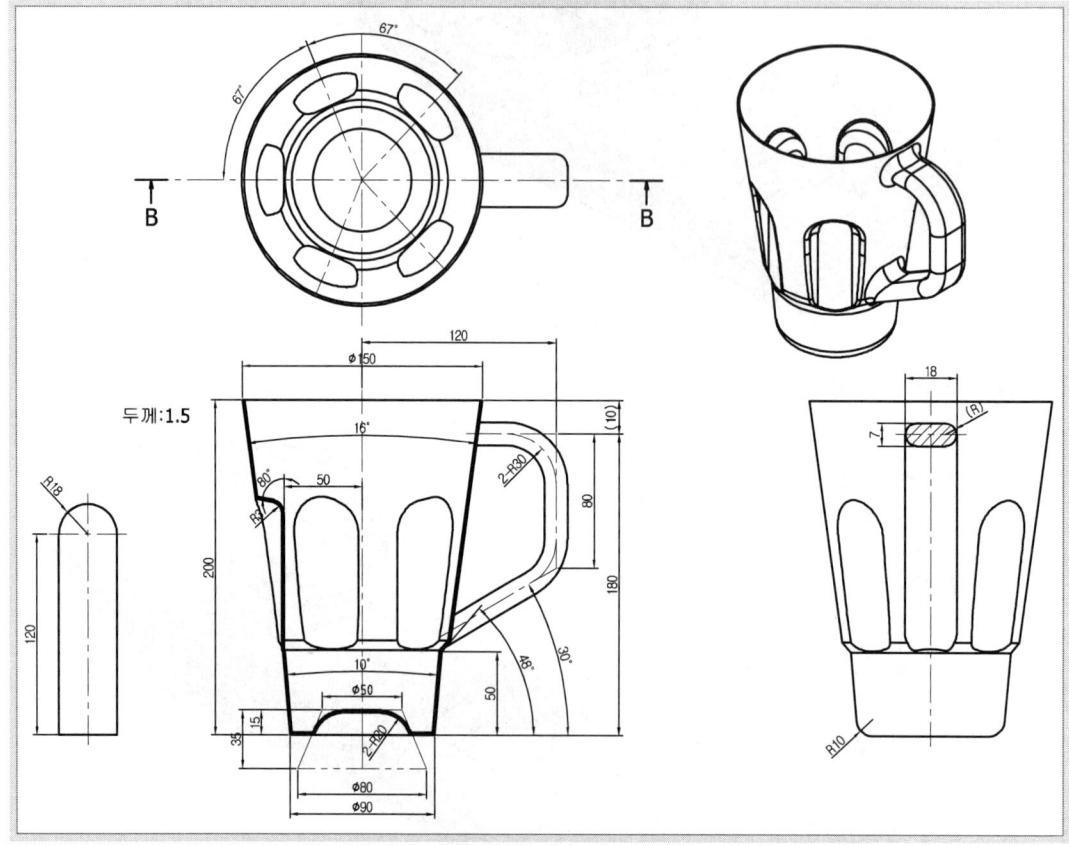

Step 01 [Part Design]을 실행한다. 작업할 파일의 이름을 입력하고, 확인을 누른다.

Step 02 위치 지정된 스케치(⬚)를 실행한다. yz평면을 선택하고, 확인을 누른다.

Step 03 축(⬚), 프로파일(⬚)로 스케치를 작성한다.

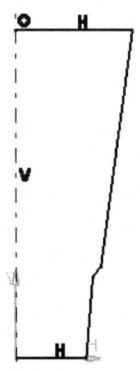

Step 04 제약조건(□)으로 스케치를 작성하고, 워크벤치 종료(△)를 한다.

Step 05 Shaft(🔩)를 실행하고, OK를 누른다.

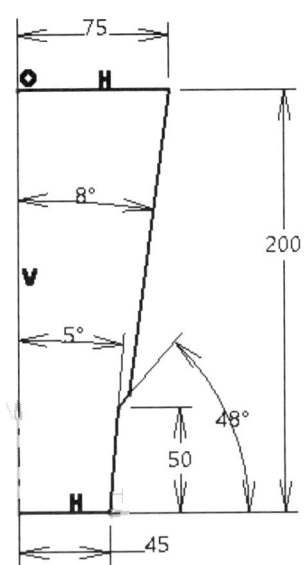
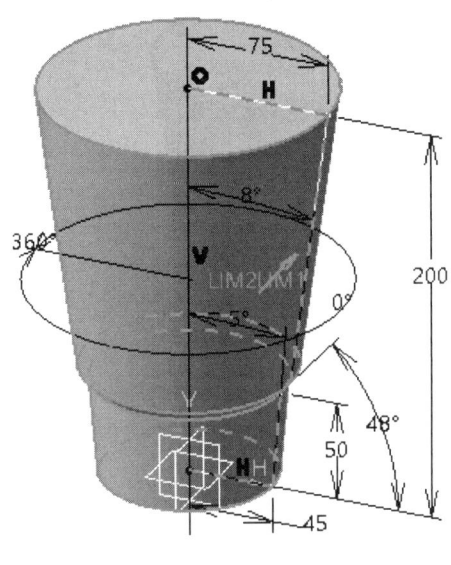

Step 06 Edge Fillet(🔘)을 이용하여 선택한 모서리에 라운드 R15를 적용한다.

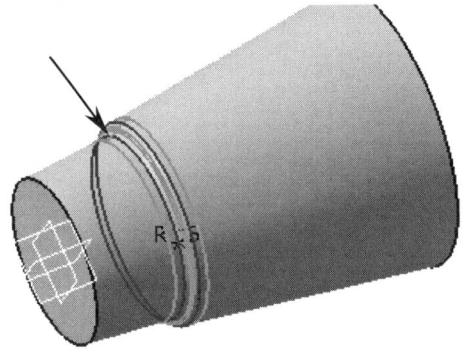

Step 07 Edge Fillet(🔘)을 이용하여 선택한 모서리에 라운드 R10을 적용한다.

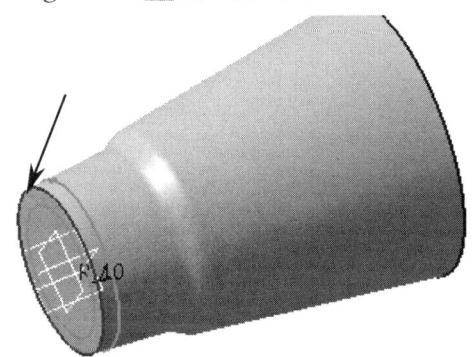

Step 08 Plane(⬜)을 실행하고, [평면에서 오프셋]으로 설정한다.
zx평면을 선택한다. 오프셋 50을 입력하고, 확인을 누른다. (면.1이 생성된다.)

Step 09 풀다운메뉴 → 삽입 → 본체(🔩)를 실행한다. 본문.2가 생성된다.

Step 10 위치 지정된 스케치(📐)로 생성한 면.1을 선택하고, 확인을 누른다.

Step 11 프로파일(🔲), 제약조건(🔲)으로 스케치를 작성하고, 워크벤치 종료(🔼)를 한다.

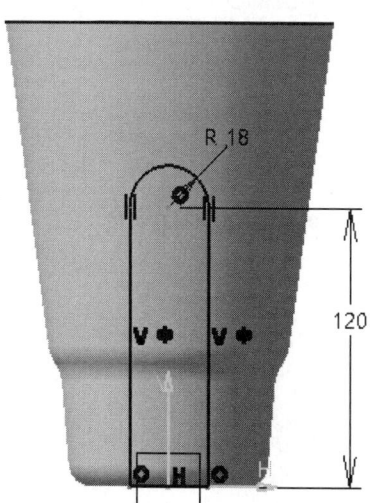

Step 12 Pad(📦)를 실행한다. Length에 대략 50을 입력하고, OK를 누른다.

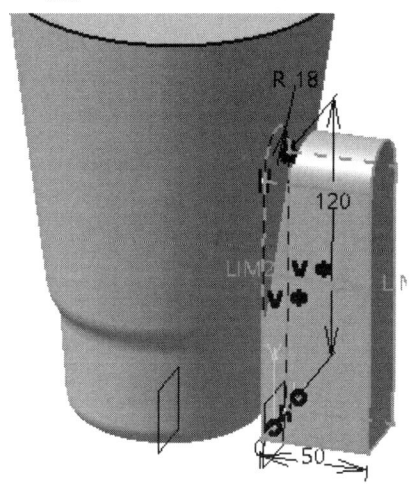

Step 13 Draft Angle(🔲)을 실행한다. ① Angle에 10을 입력한다.
② 구배가 적용될 측면을 선택한다. ③ 기준이 될 뒷면을 선택한다.
④ 화살표 방향을 그림과 같이 체크한다. OK를 누른다.

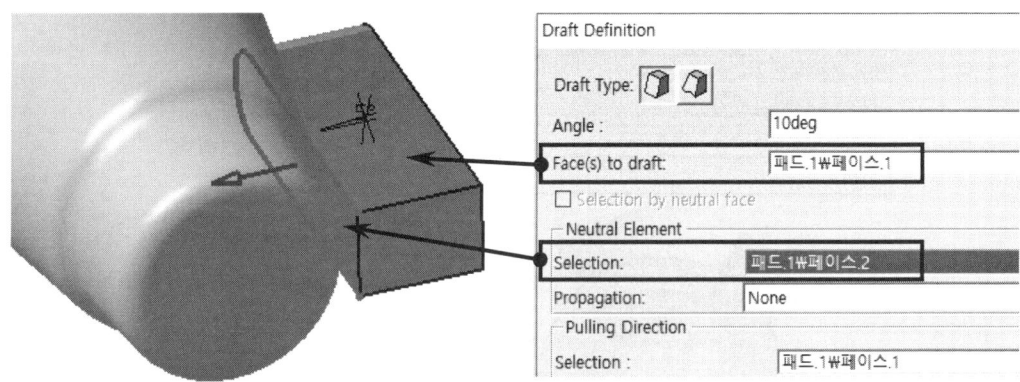

Step 14 Edge Fillet(🔲)을 이용하여 선택한 모서리에 라운드 R6을 적용한다.

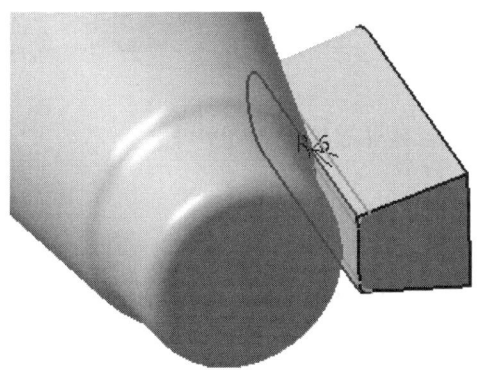

Step 15 작업트리의 본문.2를 선택하고, Circular Pattern( )을 실행한다.
에러 창이 나오면 "확인"을 누른다.

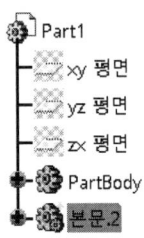

Step 16 ① 그림과 같이 Parameters, Instance, Angular spacing를 입력한다. more 버튼을 누른다.
② Reference element 항목을 클릭하고, 원통면을 선택한다.
③ Row in angular direction에 3을 입력하고, OK를 누른다.

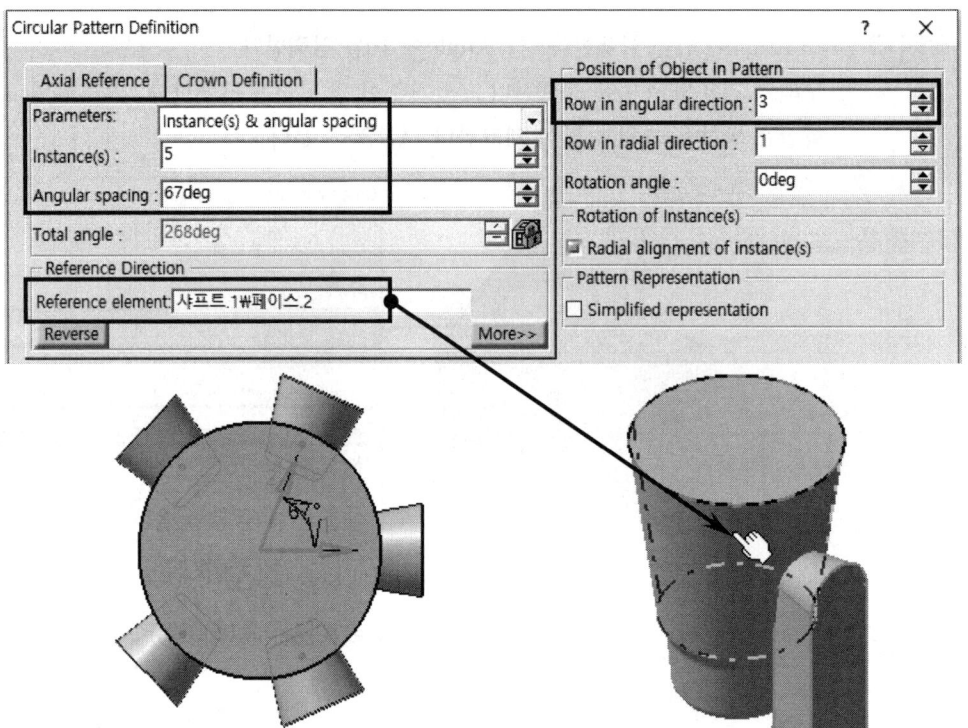

Step 17 작업트리에서 PartBody를 "작업 오브젝트에서 정의"로 설정한다.

Step 18 제거( )를 실행하고, 본문.2를 선택한다. OK를 누른다.

Step 19 Edge Fillet( )을 이용하여 선택한 모서리에 라운드 R3을 적용한다.

Step 20 나머지 모서리들도 R3으로 라운드 처리를 한다.

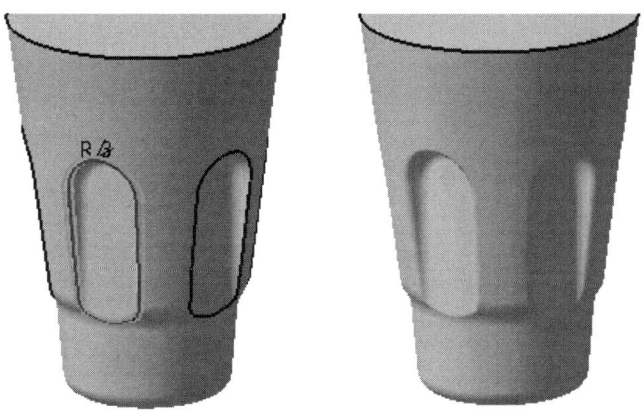

Step 21 Shell(⬚)을 실행한다. 제거될 면으로 윗면을 선택하고, 안쪽 두께 1.5를 입력한다. OK를 누른다.

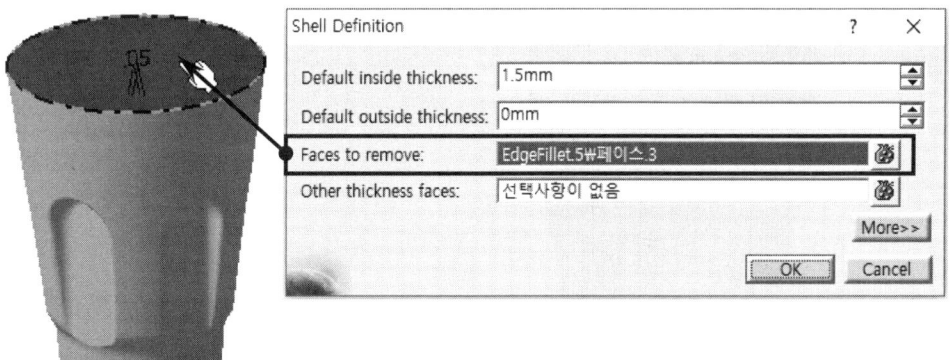

Step 22 풀다운메뉴 → 삽입 → 본체(⬚)를 실행한다. 본문.3이 생성된다.

Step 23 위치 지정된 스케치(⬚)를 실행한다. yz평면을 선택하고, 확인을 누른다.

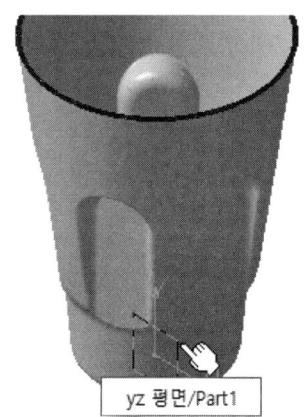

Step 24 프로파일(), 제약조건(), 코너()로 스케치를 하고, 워크벤치 종료()를 한다.

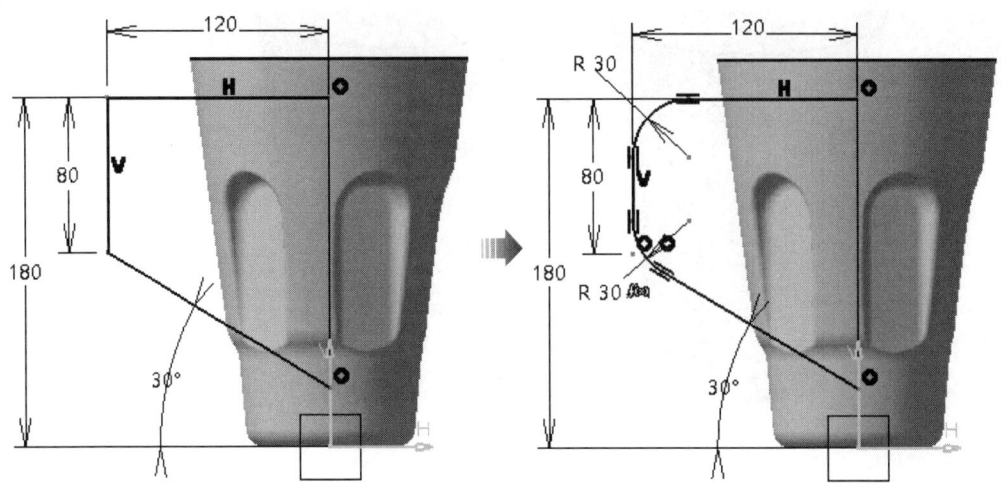

Step 25 위치 지정된 스케치()를 실행한다. zx평면을 선택하고, 확인을 누른다.

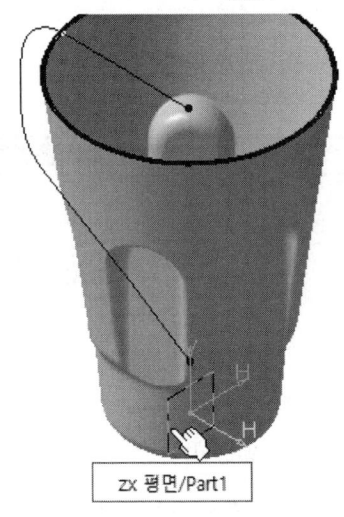

Step 26 연장된 홀(), 제약조건()으로 스케치를 작성하고, 워크벤치 종료()를 한다.

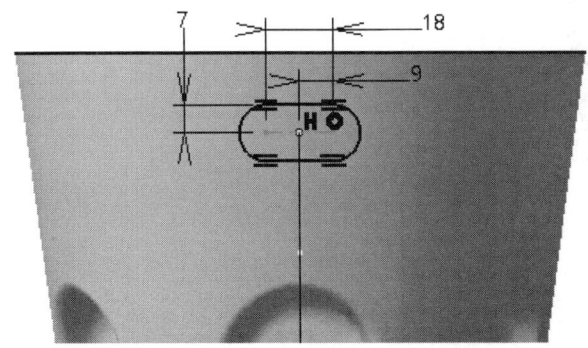

Step 27 Rib(⌀)를 실행하고, ① Profile은 연장된 홀을, ② Center curve는 선을 클릭한다.

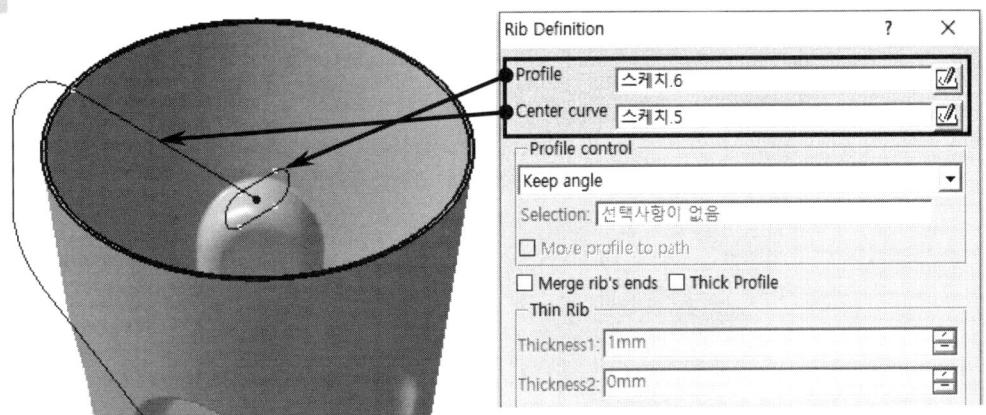

Step 28 OK를 누른다.

Step 29 풀다운메뉴 → 삽입 → 본체(⚙)를 실행한다. 본문.4가 생성된다.

Step 30 위치 지정된 스케치(⌀)를 실행한다. yz평면을 선택하고, 확인을 누른다.

Step 31 다음과 같이 스케치를 작성하고, 워크벤치 종료(⌂)를 한다.

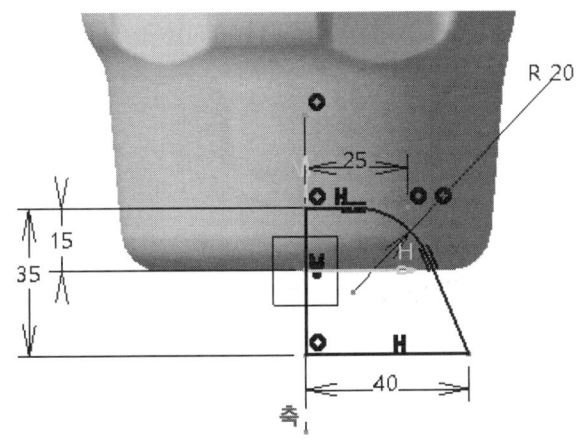

Step 32 Shaft( )를 실행하고, OK를 누른다.

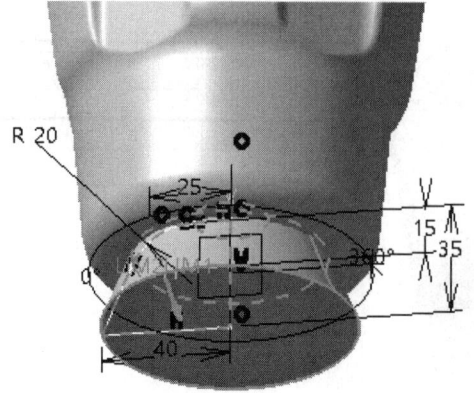

Step 33 Shell( )을 실행한다. 제거될 면으로 바닥면을 선택하고, 안쪽 두께 1.5를 입력한다. OK를 누른다.

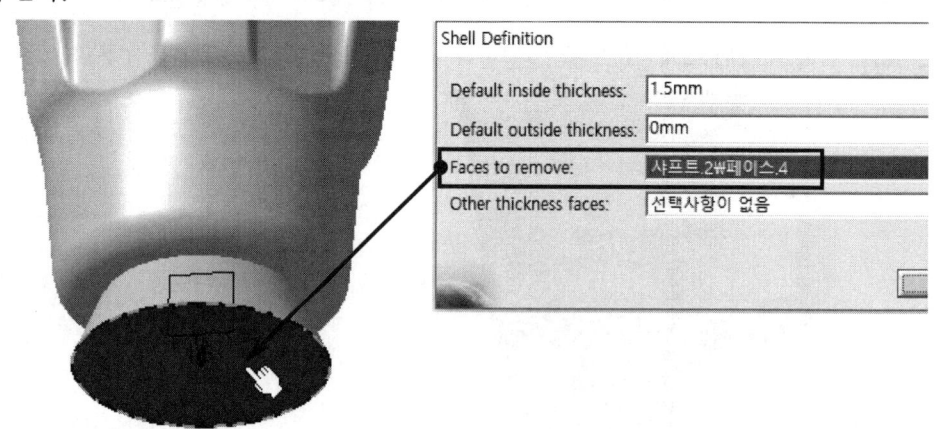

Step 34 작업트리의 PartBody에서 마우스 오른쪽 버튼을 눌러 [작업 오브젝트에서 정의]를 선택한다.

Step 35 결합 자르기( )를 실행하고, 본문.3을 선택한다.
Faces to keep 항목을 클릭하고, 남아있을 면을 선택한다. OK를 누른다.

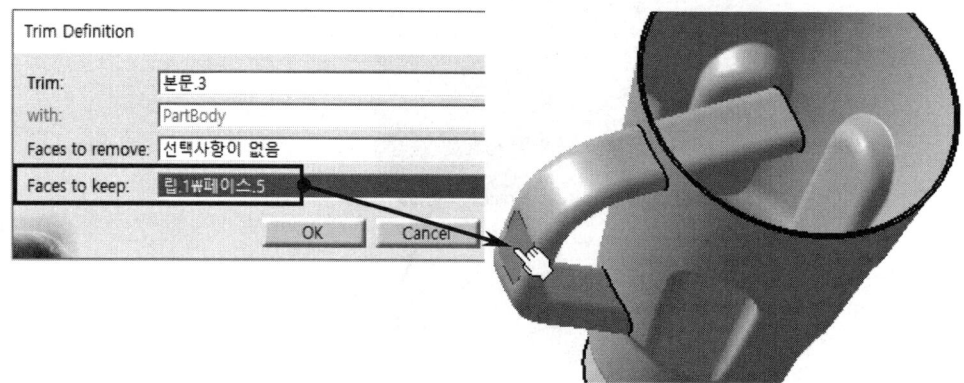

Step 36 결합 자르기(📎)를 실행하고, 본문.4를 선택한다.
Faces to remove 항목을 클릭하고, 제거될 면 2군데를 선택한다. OK를 누른다.

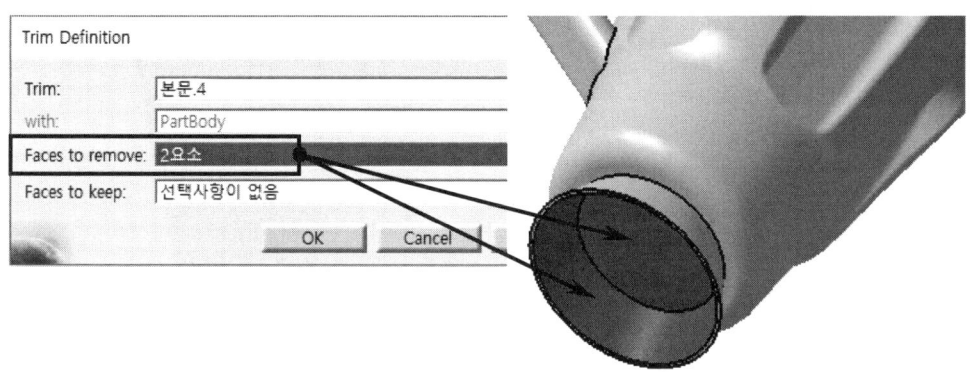

Step 37 Edge Fillet(🔘)을 이용하여 선택한 모서리에 라운드 R6을 적용한다.

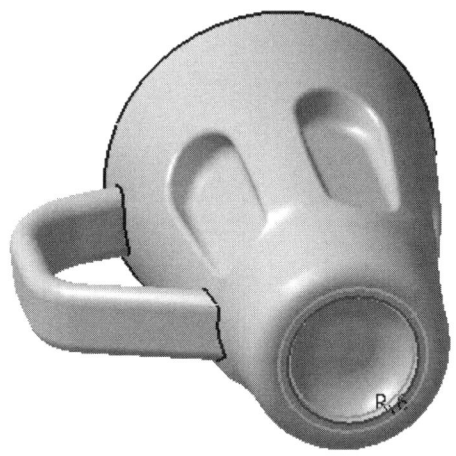

Step 38 Edge Fillet(🔘)을 이용하여 선택한 모서리에 라운드 R8을 적용한다.

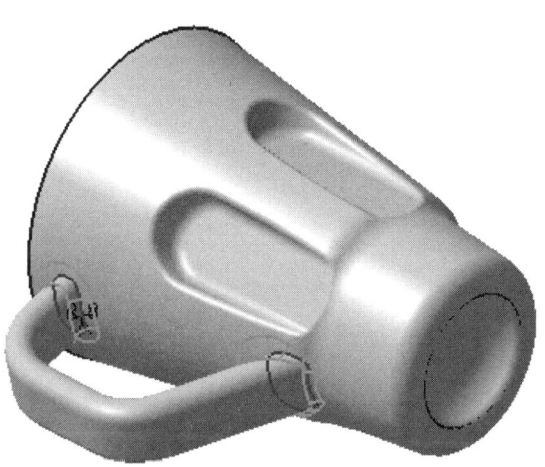

Step 39 형상이 완성되었다.

- PartBody
  - 샤프트.1
  - EdgeFillet.1
  - EdgeFillet.2
  - 면.1
  - 제거.1
  - EdgeFillet.4
  - EdgeFillet.5
  - 쉘.1
  - 자르기.1
  - 자르기.2
  - EdgeFillet.7
  - EdgeFillet.8

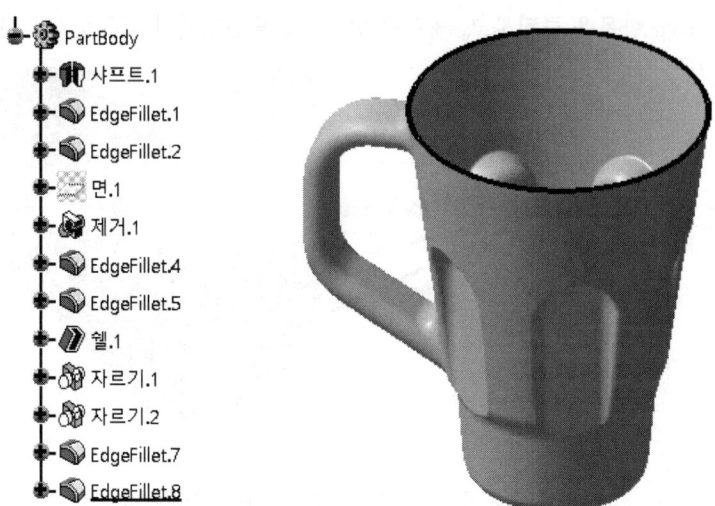

학습 정리하기

과제 20 CATIA 응용과정 – Modeling 따라하면서 배우기 *Step by Step*

다음 도면을 분석하여 Catia 기능을 활용한 모델링을 한다.

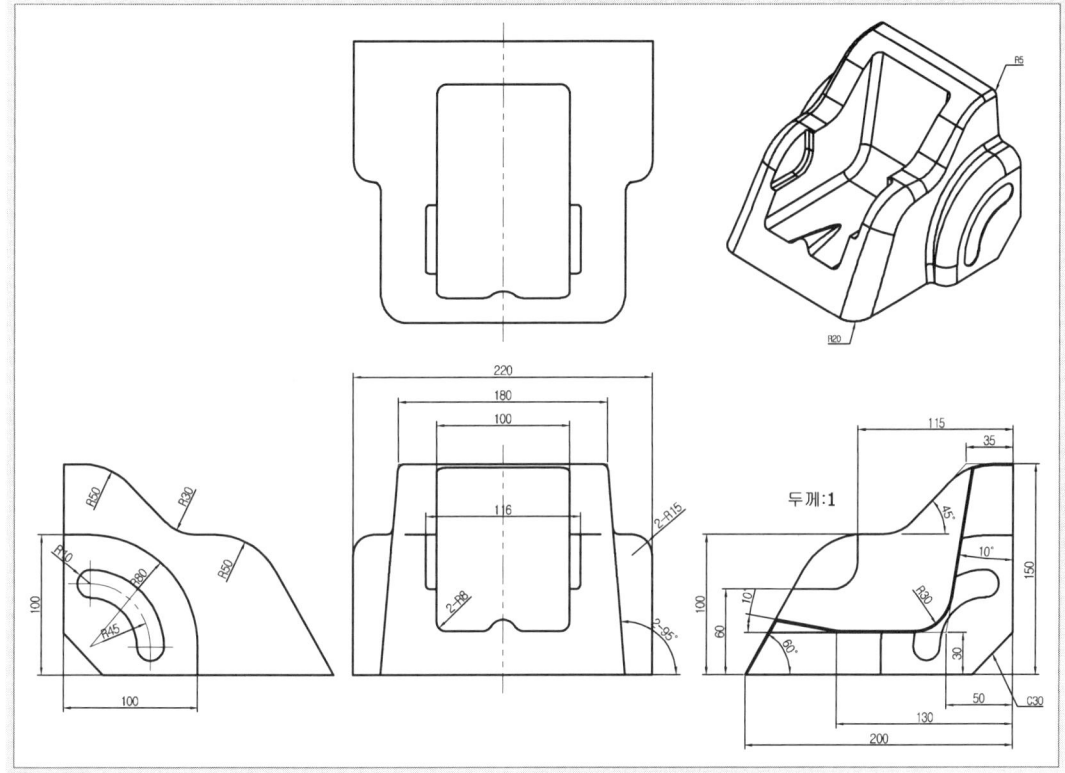

Step 01 [Part Design]을 실행한다. 작업할 파일의 이름을 입력하고, 확인을 누른다.

Step 02 풀다운메뉴 → 삽입 → 본체( )를 실행한다. 본문.2가 생성된다.

Step 03 위치 지정된 스케치( )를 실행한다. zx평면을 선택하고, 확인을 누른다.

Step 04 프로파일( )제약조건( )으로 작성하고, 워크벤치 종료( )를 한다.

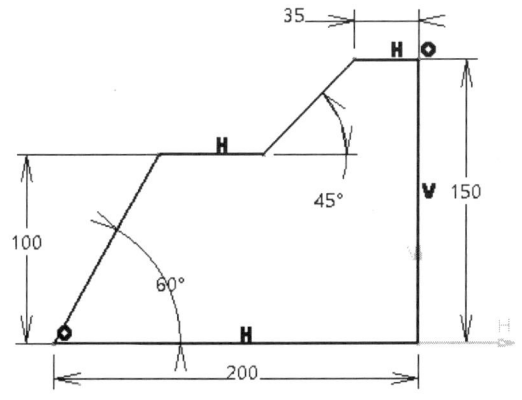

Step 05 Pad(📌)를 실행한다. Length에 90을 입력하고, OK를 누른다.

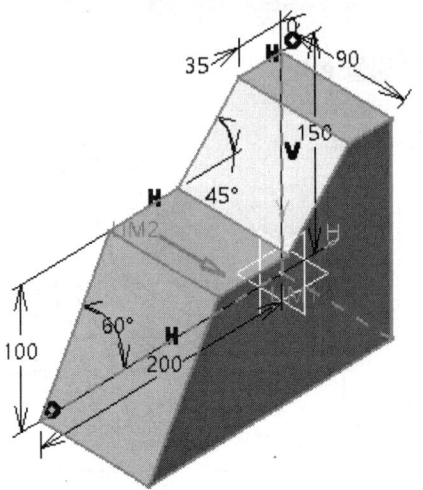

Step 06 Draft Angle(📐)을 실행한다. ① Angle에 5를 입력한다.
② 구배가 적용될 측면을 선택한다. ③ 기준이 될 바닥면을 선택한다.
④ 화살표를 클릭하여 위로 방향을 바꾼다. OK를 누른다.

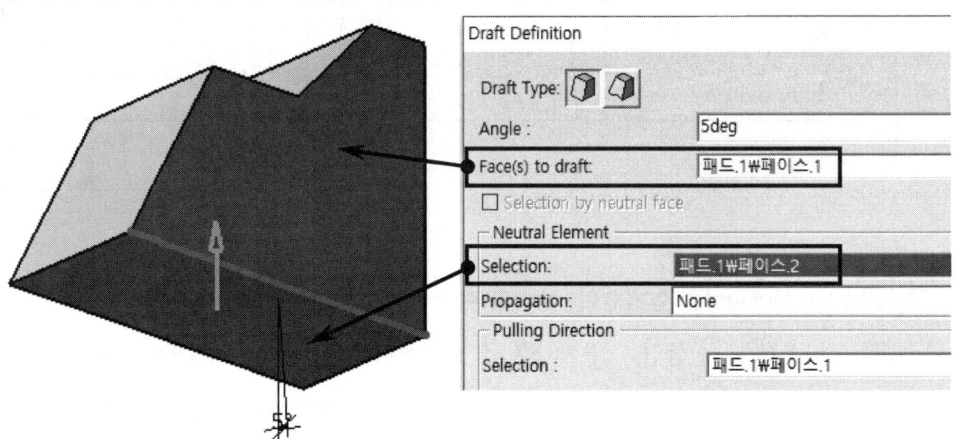

Step 07 Edge Fillet(🔘)을 이용하여 선택한 모서리에 라운드를 적용한다.

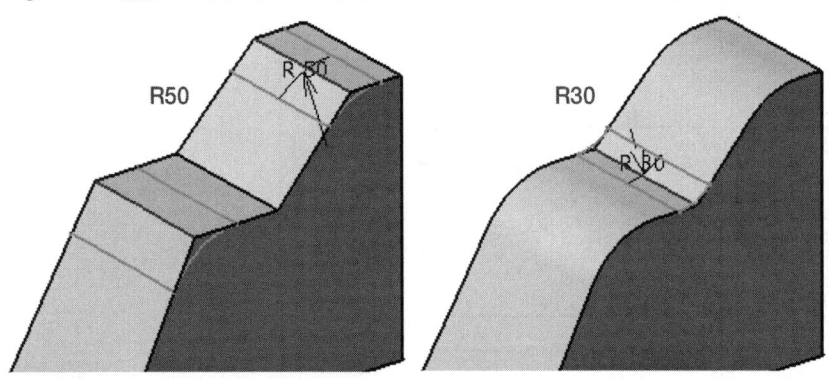

Step 08 Variable Radius Fillet( )을 실행한다.
① Radius에 20을 입력한다. ② Fillet이 들어갈 모서리를 선택한다.
③ 우측상단의 치수를 더블클릭하여 값을 5로 변경하고, 확인을 누른다. OK누른다.

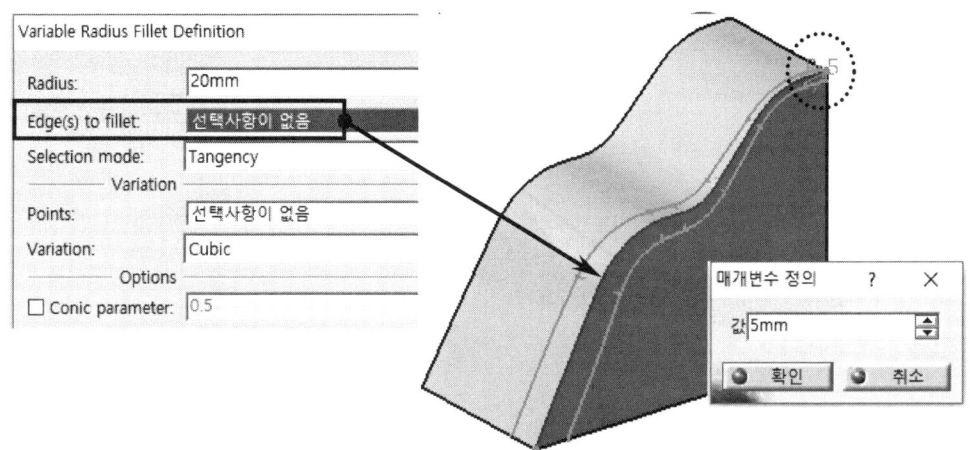

Step 09 Chamfer( )를 이용하여 선택한 모서리에 모따기 C30을 적용한다.

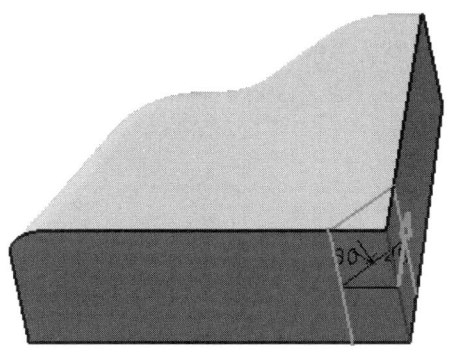

Step 10 작업트리에서 [본문.2]를 클릭하고, Mirror( )를 실행한다.
zx평면을 선택하고, OK를 누른다.

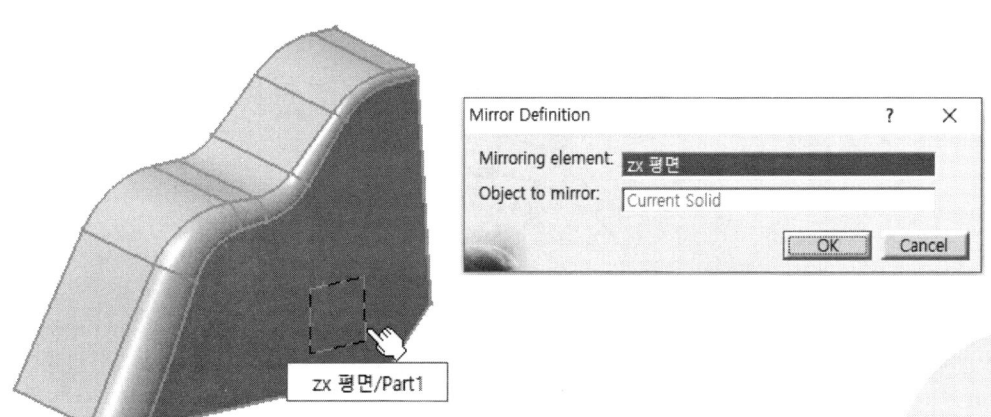

Step 11 Shell(⬚)을 실행한다. 제거될 면으로 그림에서 표시된 면들을 선택하고, 안쪽 두께 1을 입력한다. OK를 누른다.

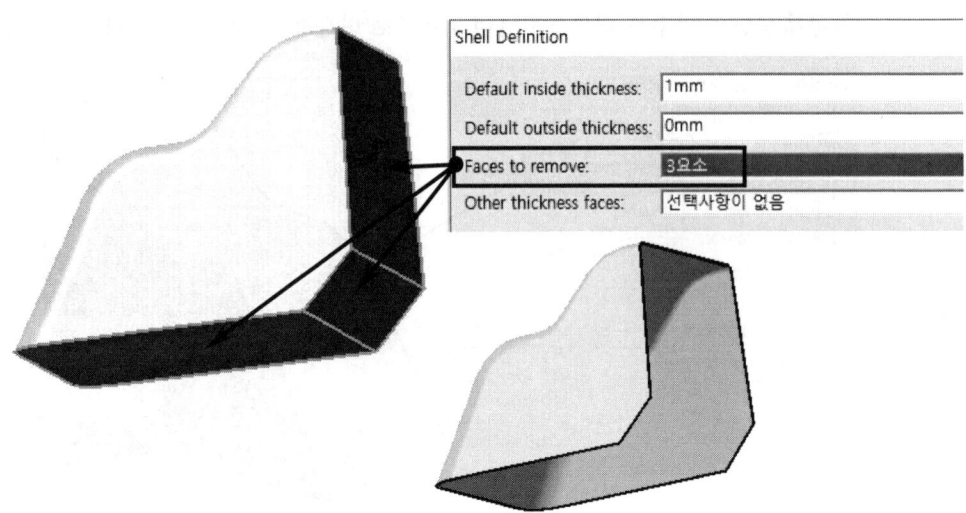

Step 12 풀다운메뉴 → 삽입 → 본체(⬚)를 실행한다. 본문.3이 생성된다.

Step 13 위치 지정된 스케치(⬚)를 실행한다. zx평면을 선택하고, 확인을 누른다.

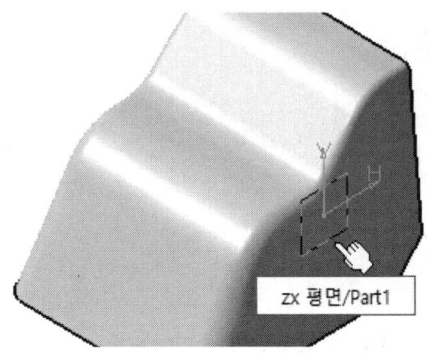

Step 14 직사각형(⬚), 코너(⬚), 제약조건(⬚)으로 스케치를 작성한다. 워크벤치 종료(⬚)를 한다.

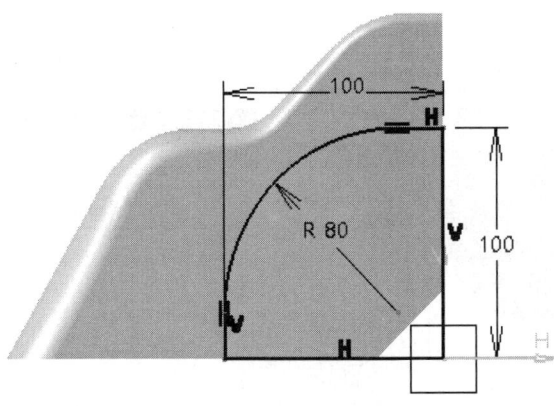

Step 15 Pad(🗍)를 실행한다. Length에 110을 입력한다. Mirrored extent에 체크를 하여 양쪽으로 Pad를 한다.

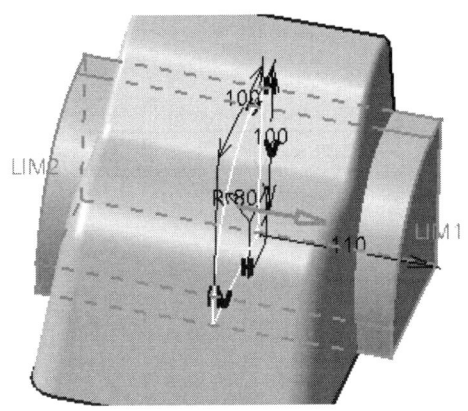

Step 16 Edge Fillet(🔘)을 이용하여 선택한 양쪽 모서리에 라운드 R15를 적용한다.

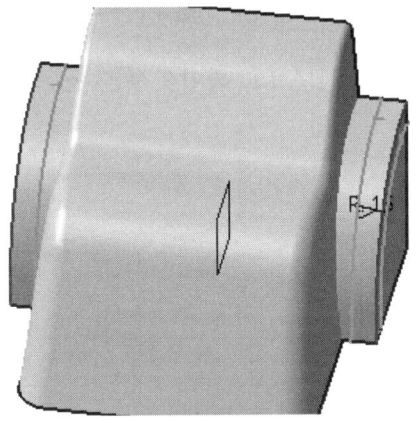

Step 17 Chamfer(🔘)를 이용하여 선택한 모서리에 모따기 C30을 적용한다.

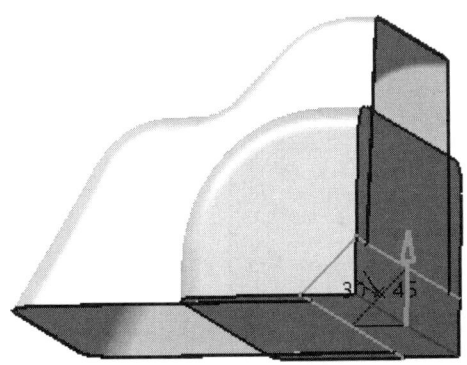

Step 18 Shell(⟡)을 실행한다. 제거될 면으로 그림에서 표시된 면들을 선택하고, 안쪽 두께 1을 입력한다. OK를 누른다.

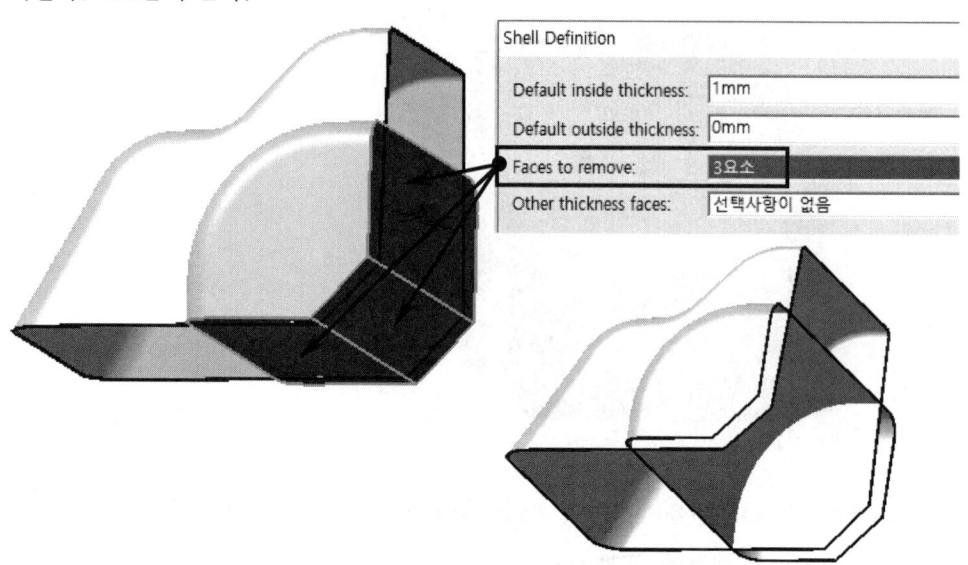

Step 19 위치 지정된 스케치(⟡)를 실행한다. zx평면을 선택하고, 확인을 누른다.

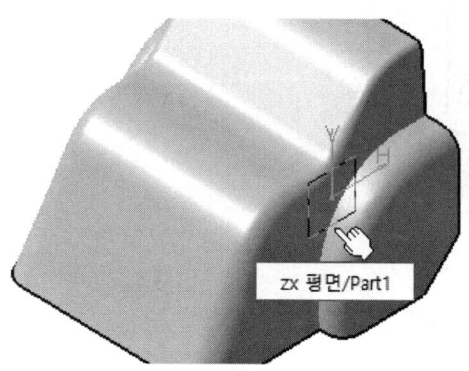

Step 20 원통 모양의 연장된 홈(⟡), 제약조건(⟡)으로 스케치를 작성한다. 워크벤치 종료(⟡)를 한다.

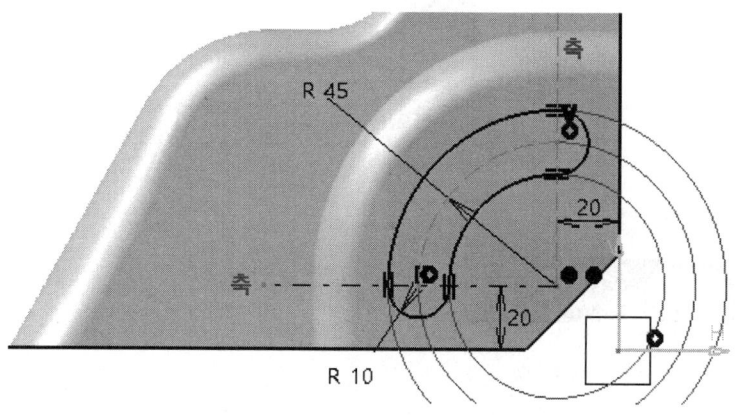

Step 21 Pocket(□)을 실행한다. Type은 [Up to next]로 설정하고, OK를 누른다.

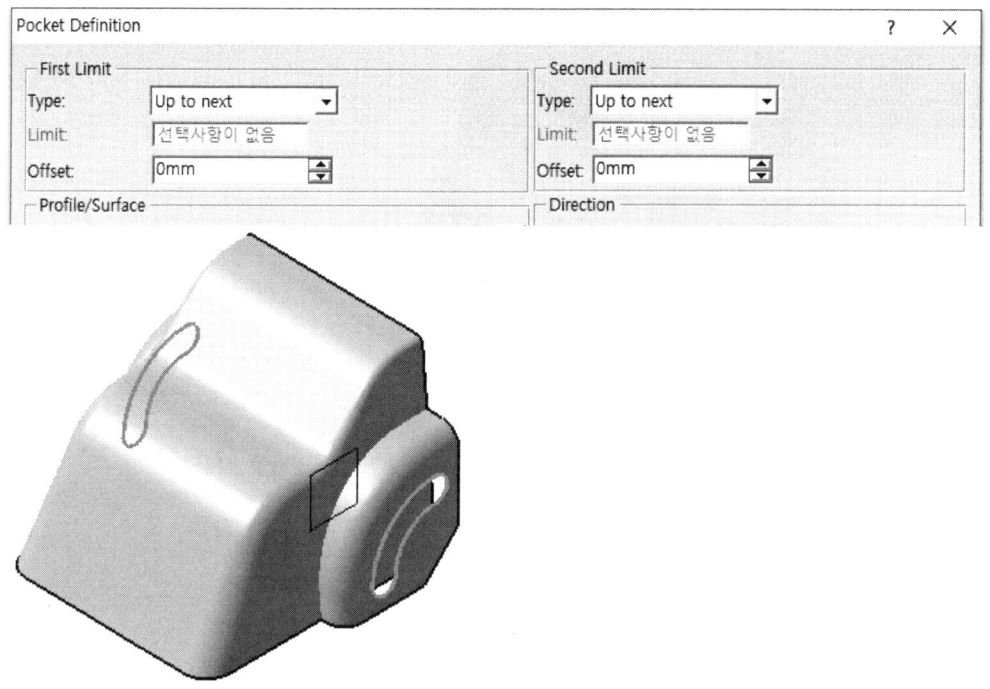

Step 22 풀다운메뉴 → 삽입 → 본체(※)를 실행한다. 본문.4가 생성된다.

Step 23 위치 지정된 스케치(☑)를 실행한다. zx평면을 선택하고, 확인을 누른다.

Step 24 프로파일(品), 제약조건(📋)으로 스케치를 작성하고, 워크벤치 종료(↥)를 한다.

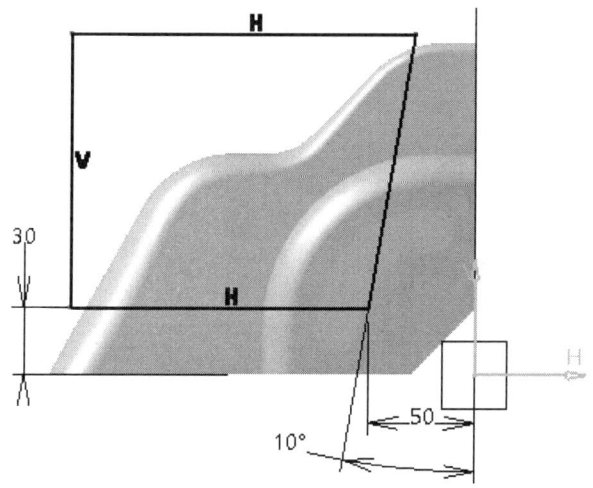

Step 25 Pad(⬚)를 실행한다. Length에 50을 입력하고, OK를 누른다.

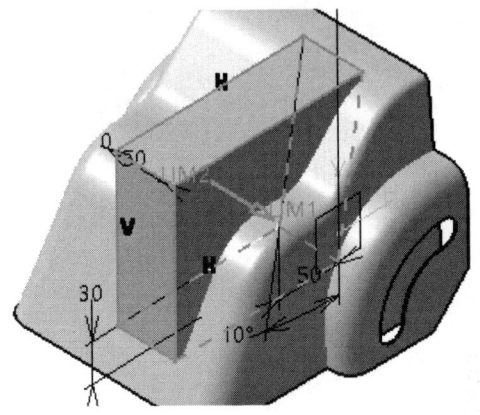

Step 26 Edge Fillet(⬚)을 이용하여 선택한 모서리에 라운드 R30을 적용한다.

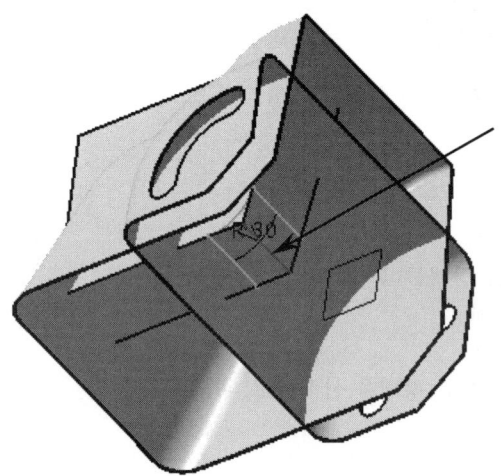

Step 27 Edge Fillet(⬚)을 이용하여 선택한 모서리에 라운드 R8을 적용한다.

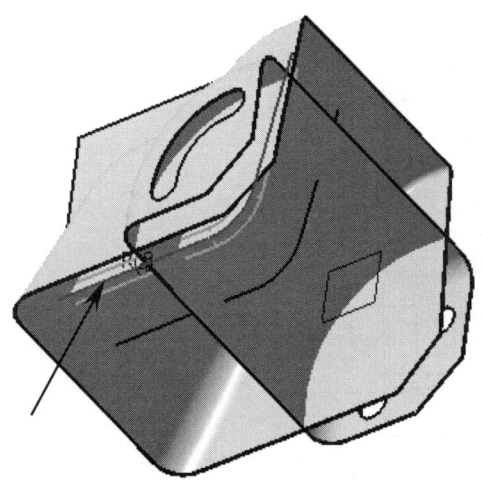

Chapter 07 CATIA Modeling 따라하면서 배우기(응용편 2)

Step 28 위치 지정된 스케치(📐)를 실행한다. zx평면을 선택하고, 확인을 누른다.

Step 29 선(╱), 축(┊), 제약조건(🔲)으로 스케치를 작성한다. 워크벤치 종료(🔼)를 한다.

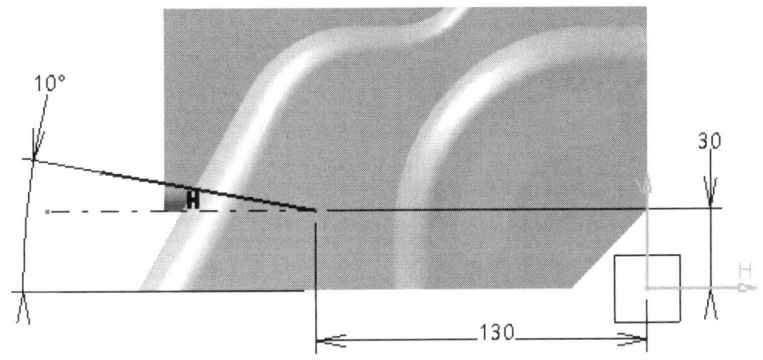

Step 30 Groove(🗜)를 실행하고, OK를 누른다.

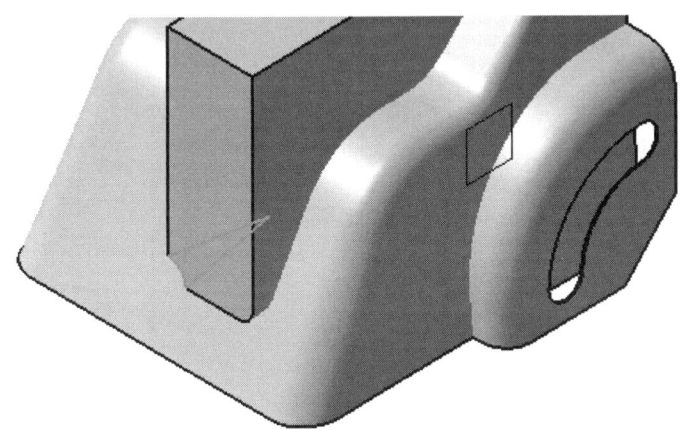

Step 31 Edge Fillet(🔘)을 이용하여 선택한 모서리에 라운드 R8을 적용한다.

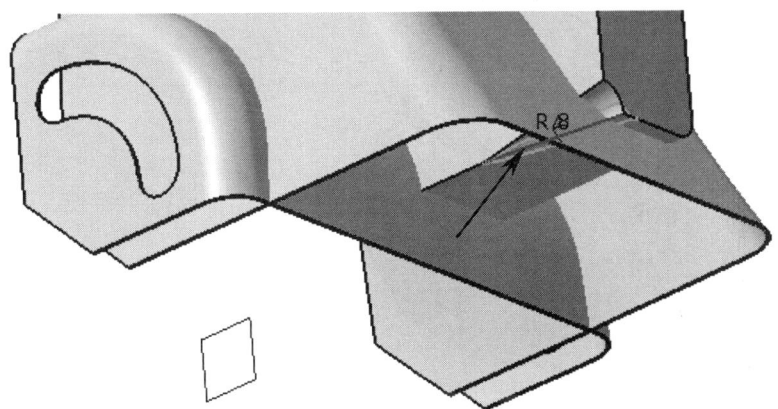

509

Step 32 위치 지정된 스케치(⬜)를 실행한다. 측면을 선택하고, 확인을 누른다.

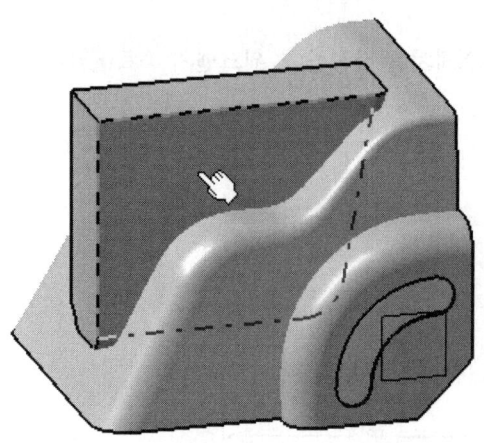

Step 33 직사각형(⬜), 코너(⌒), 제약조건(⬜)으로 작성하고, 워크벤치 종료(⬜)를 한다.

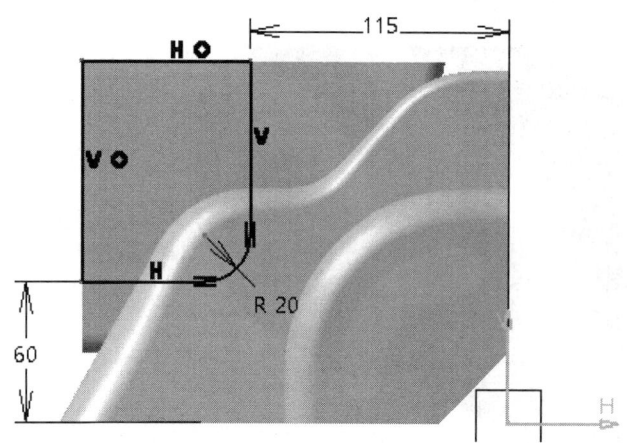

Step 34 Pad(⬜)를 실행한다. Length에 8을 입력하고, OK를 누른다.

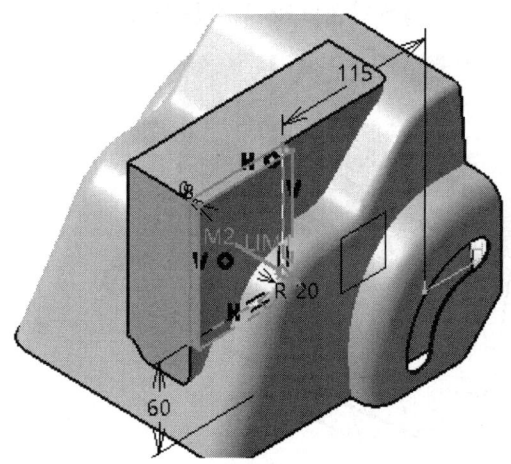

Step 35 Edge Fillet(◎)을 이용하여 선택한 모서리에 라운드 R4를 적용한다.

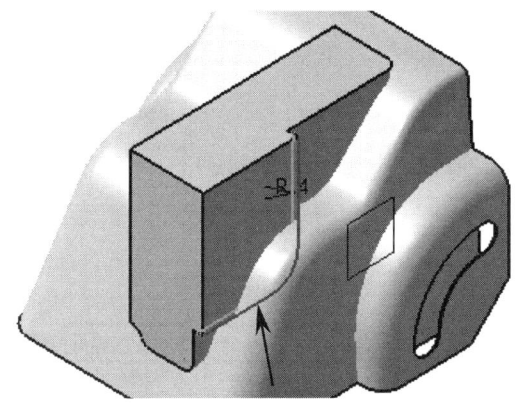

Step 36 작업트리에서 [본문.4]를 클릭하고, Mirror(🪞)를 실행한다.
zx평면을 선택하고, OK를 누른다.

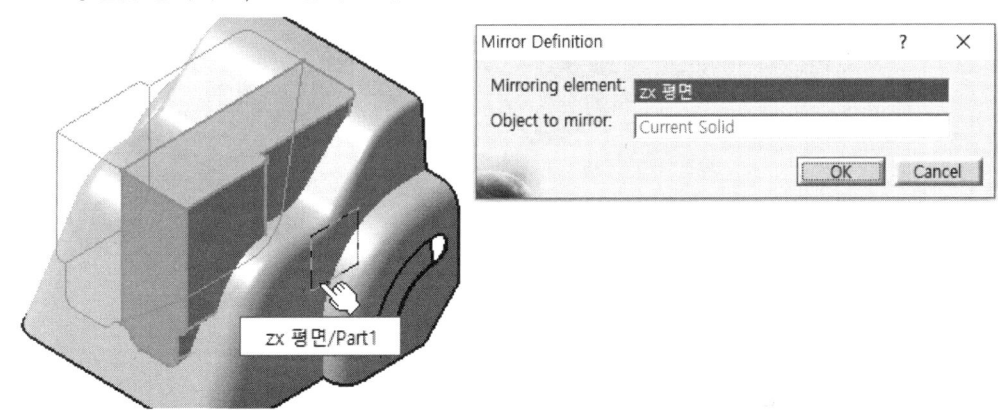

Step 37 Shell(🕳)을 실행한다. 제거될 면으로 그림에서 표시된 면들을 선택하고, 안쪽 두께 1을 입력한다. OK를 누른다.

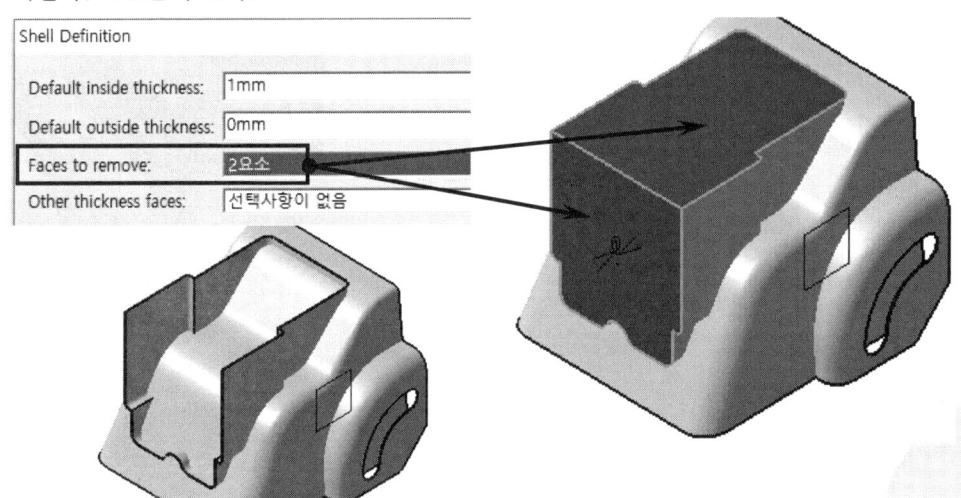

Step 38 작업트리에서 PartBody를 "작업 오브젝트에서 정의"로 설정한다.

Step 39 추가(🎲)를 실행하고, 본문.2를 선택한다. OK를 누른다.

Step 40 결합 자르기(🎲)를 실행하고, 본문.3을 선택한다.
Faces to remove 항목을 클릭하고, 제거될 면 3군데를 선택한다. OK를 누른다.

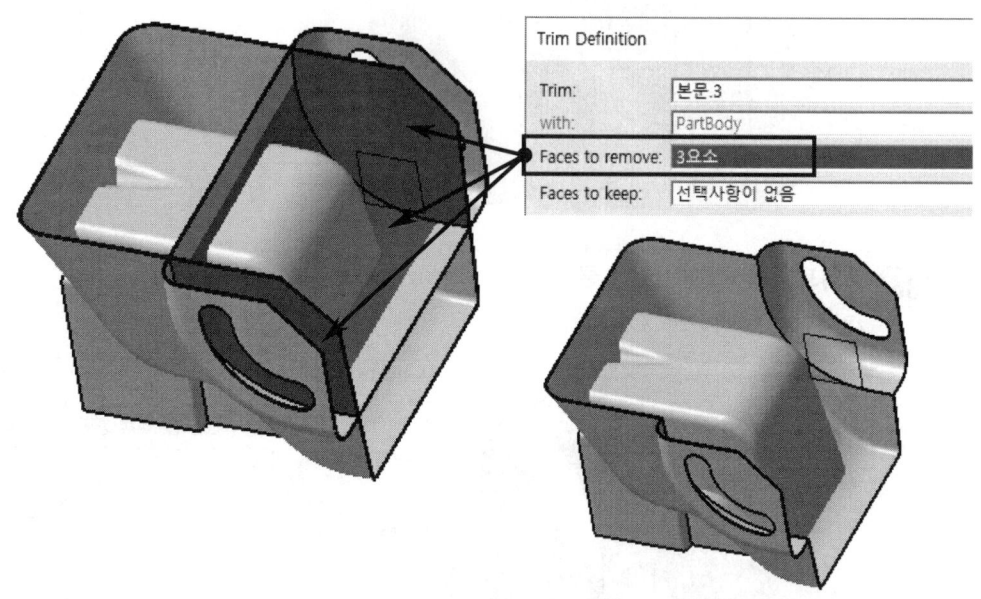

Step 41 결합 자르기(🎲)를 실행하고, 본문.4를 선택한다.
Faces to remove 항목을 클릭하고, 제거될 면 3군데를 선택한다.

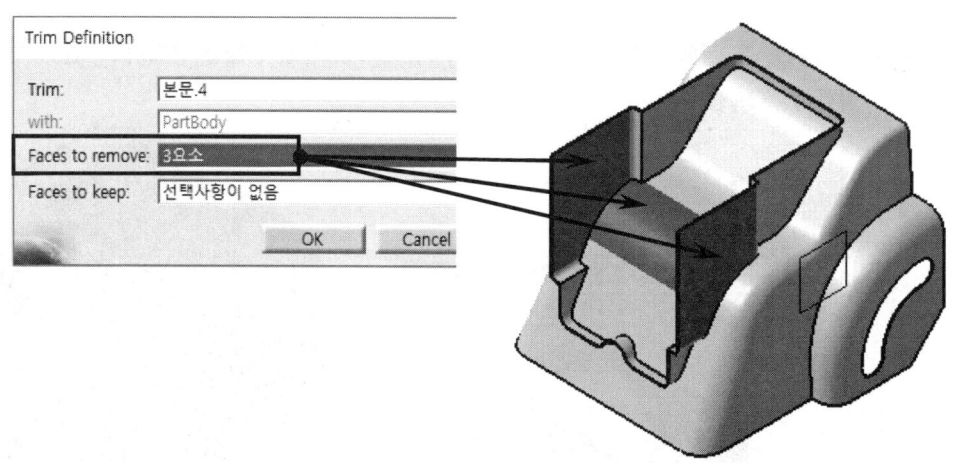

Step 42 OK를 누른다.

Chapter 07 CATIA Modeling 따라하면서 배우기(응용편 2)

Step 43 Edge Fillet(🔘)을 이용하여 선택한 모서리에 라운드를 적용한다.

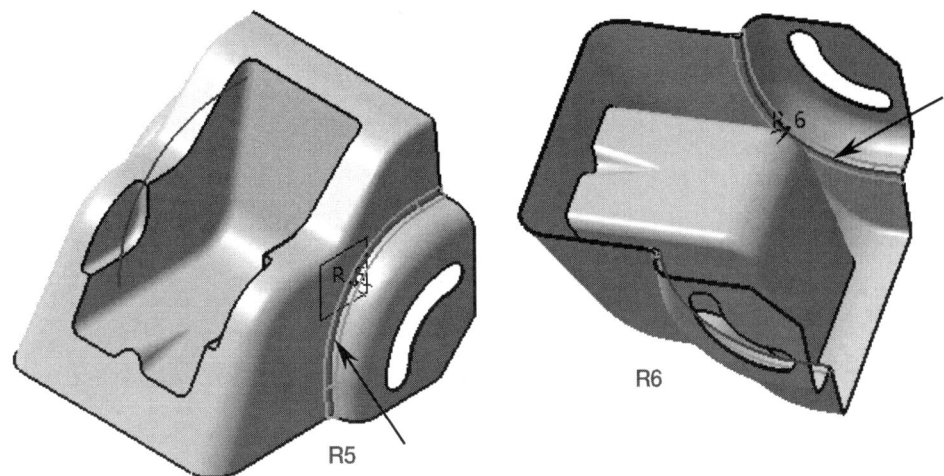

Step 44 형상이 완성되었다.

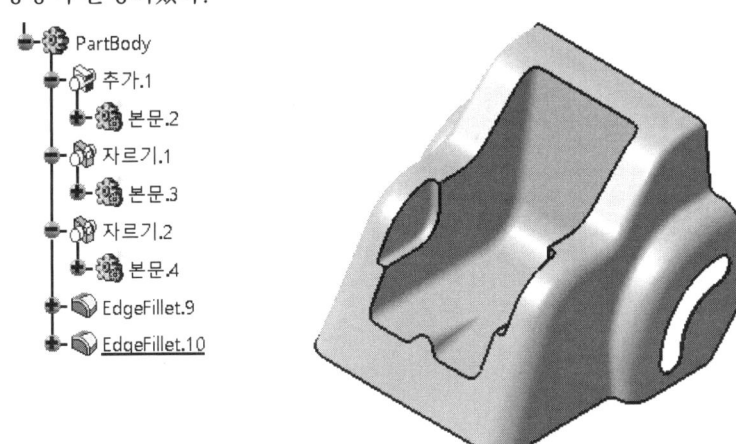

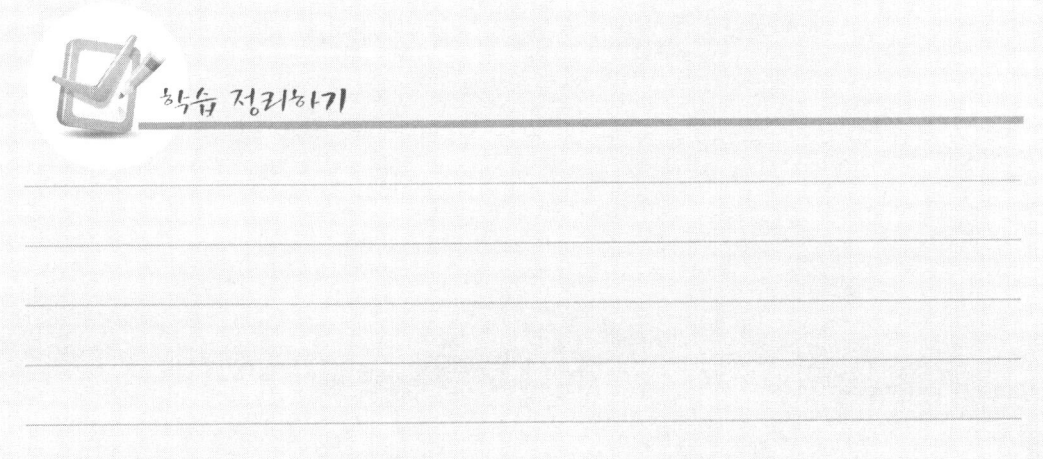

학습 정리하기

513

제품설계에 적합한 CATIA 응용기법

CATIA_V5 DeSign

Chapter 08

Surface Design 배우기

과제 1 제품설계 및 CATIA 곡면
과제 2 제품설계 및 CATIA 곡면
과제 3 제품설계 및 CATIA(GSD)

과제 1 제품설계 및 CATIA 곡면 기법 따라하면서 배우기

다음 도면을 분석하여 회전축 부품을 모델링을 한다.

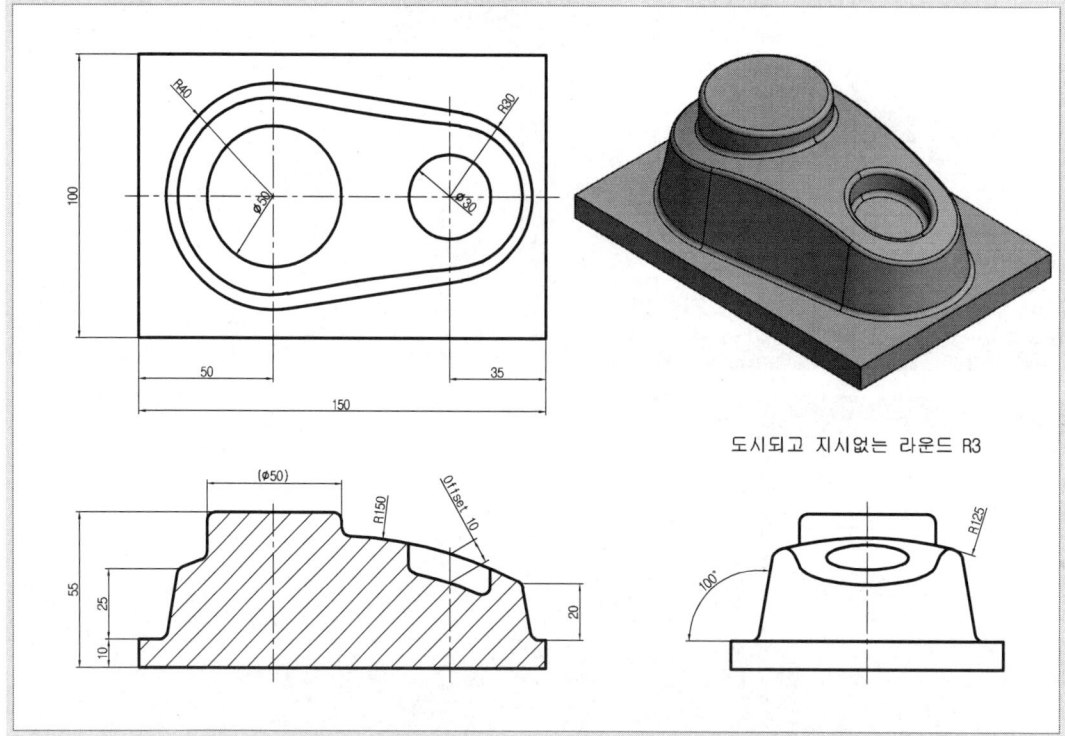

Step 01 [시작 ⇒ 기계디자인 ⇒ Part Design]을 실행한다.

Step 02 새 파트 창에서 작업할 파일의 이름을 입력하고, 확인을 누른다.

Step 03 스케치(⬚)를 실행하고, xy평면을 선택한다.

Step 04 직사각형(⬚)을 작성하고, 제약조건(⬚)으로 치수를 입력한다.

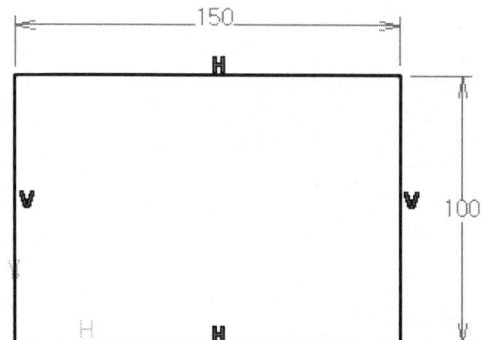

Chapter 08 Surface Design 배우기

Step 05 워크벤치 종료(🔼)를 실행한다.

Step 06 Pad(🗗)를 실행한다. Length 값을 입력하고, 미리보기와 OK를 누른다.

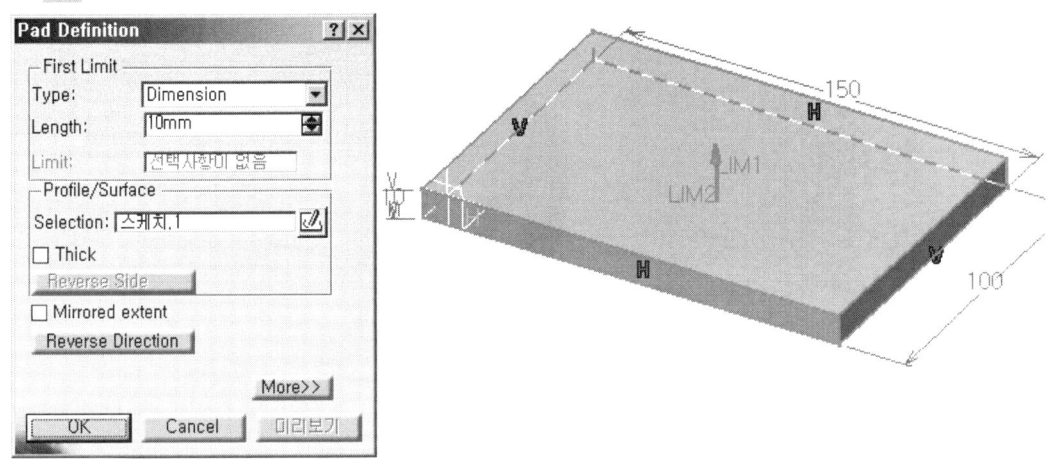

Step 07 스케치(🖋)를 실행하고, 형상의 윗면을 선택한다.

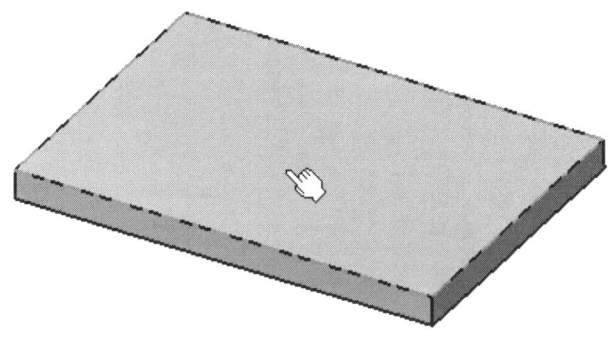

Step 08 원(⊙)을 작성한다. 제약조건(🗂)으로 치수를 입력한다.

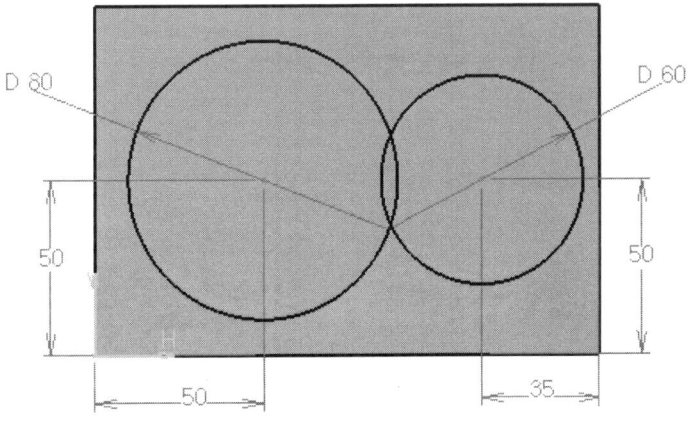

517

Step 09 선(/)을 실행하고, 다음과 같은 스케치를 작성한다.

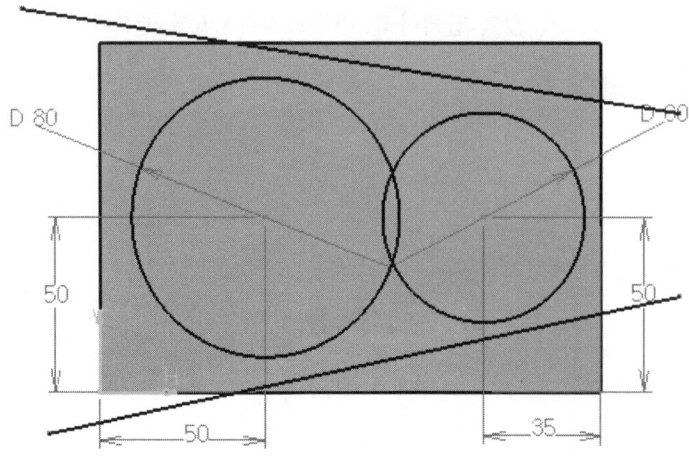

Step 10 제약조건( )으로 선과 원을 [접점]시킨다.

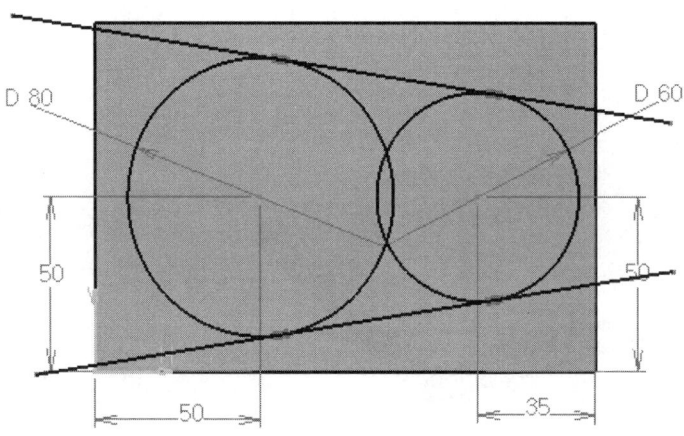

Step 11 즉시 자르기( )를 실행하고, 불필요한 부분을 클릭하면서 자르기를 한다.

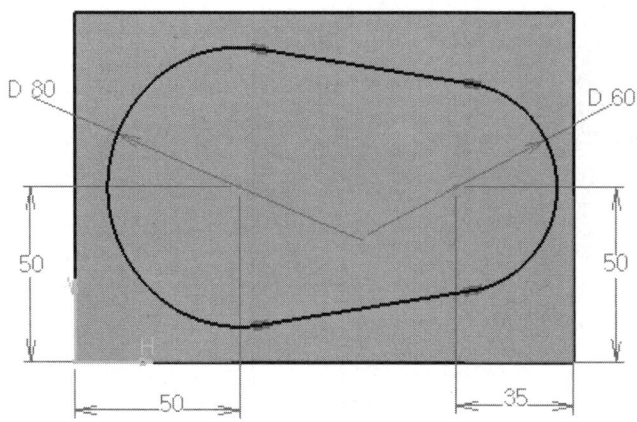

Chapter 08 Surface Design 배우기

Step 12 워크벤치 종료(⬆)를 실행한다.

Step 13 Pad(⬚)를 실행한다. Length 값을 입력하고, 미리보기와 OK를 누른다.

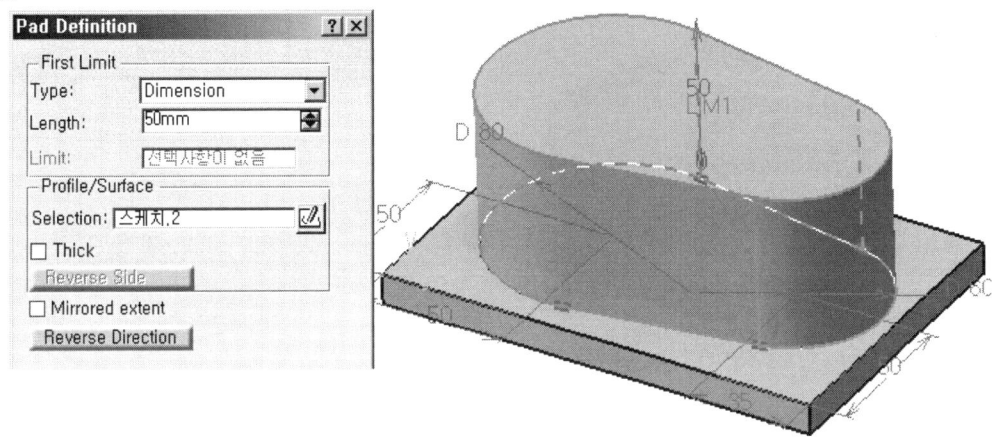

Step 14 Draft Angle(⬚)을 실행한다.

Step 15 Angle : 10, Face(s) to draft : 항목에 구배가 적용될 측면을 선택한다.

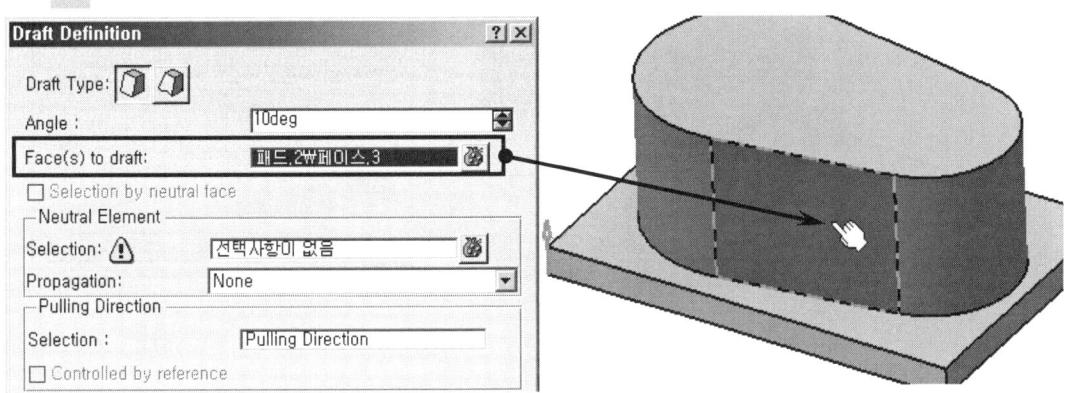

Step 16 Neutral Element의 Selection 항목을 클릭하고, 형상 윗면을 선택한다.

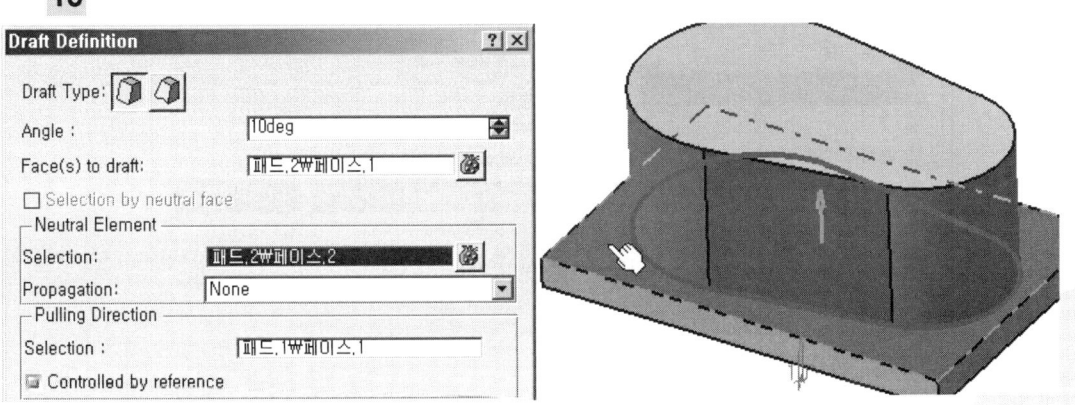

519

Step 17 미리보기를 누른다. 왼쪽 그림과 같이 Draft 방향이 위쪽으로 향하면 OK를 누른다. 만약 오른쪽 그림처럼 아래로 향하면 화살표를 클릭하여 바꿔준다.

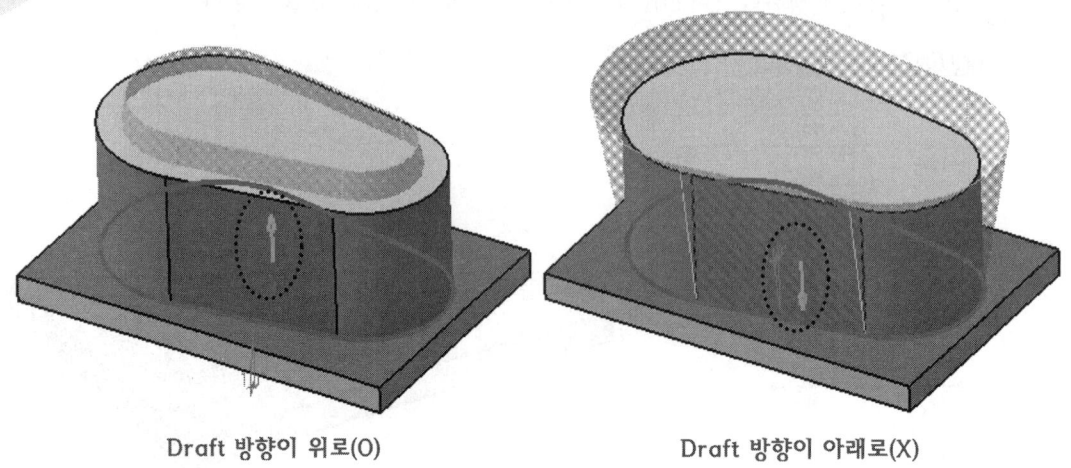

Draft 방향이 위로(O)   Draft 방향이 아래로(X)

Step 18 Plane(◰)을 실행한다. "평면에서 오프셋"으로 중간에 평면을 생성한다.

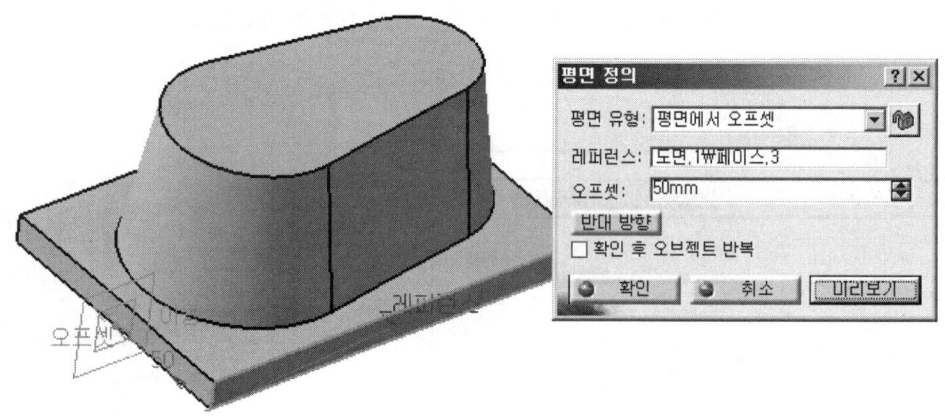

Step 19 시작 ⇒ 기계디자인 ⇒ Wireframe and Surface Design을 실행한다.

Step 20 교차(◰)를 실행한다.

Step 21 첫 번째 형상을 선택하고, 두 번째 Plane을 선택한다.

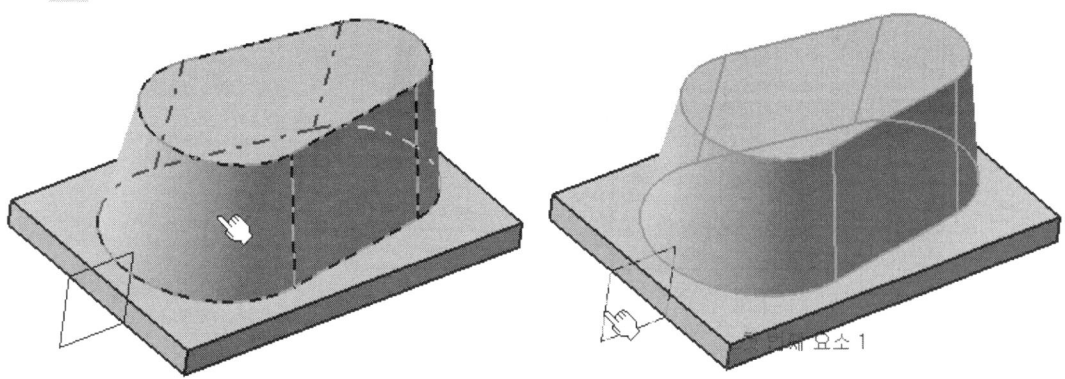

Step 22 미리보기 및 OK를 누른다. 가운데 교차선이 생성된다.

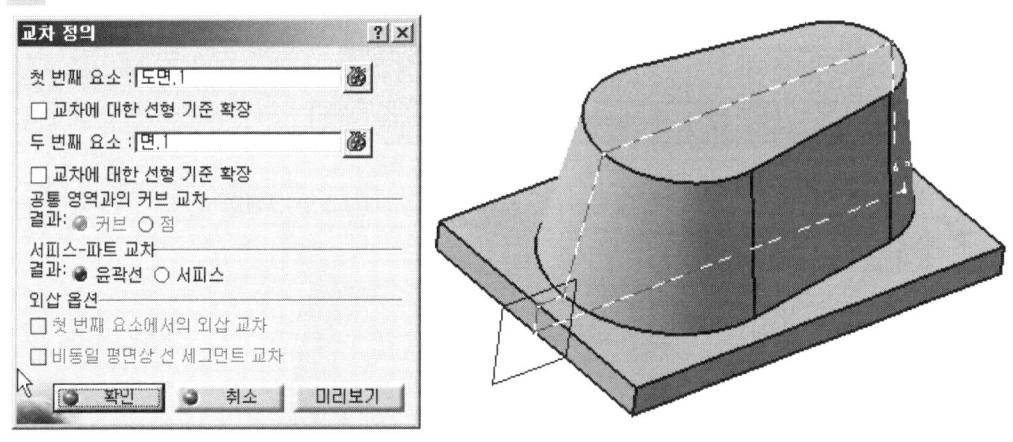

Step 23 위치지정 스케치( )를 실행한다.

Step 24 생성시킨 "중간평면"을 선택하고, H, V 방향을 맞춘 후, 확인을 눌러 스케치를 한다.

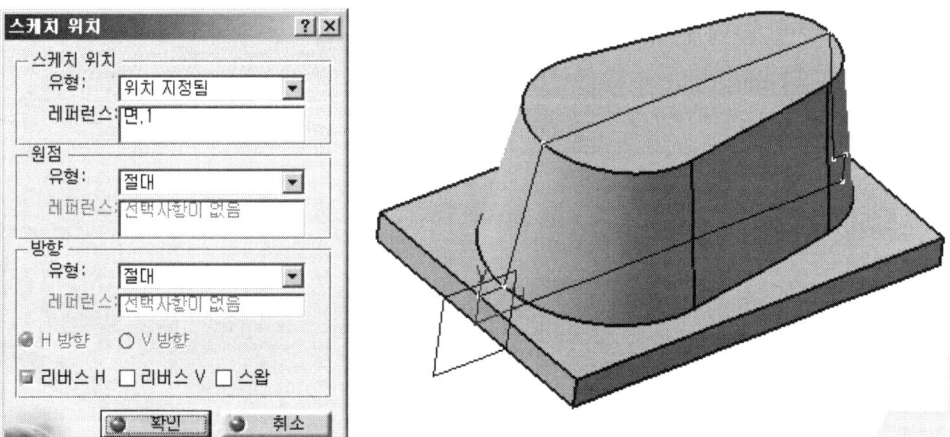

Step 25 세 점 호( )를 실행한다. 다음과 같이 호를 작성한다.

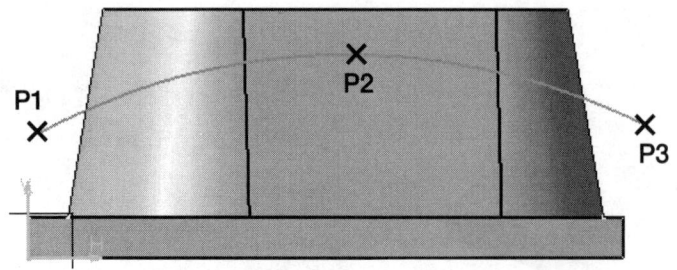

Step 26 제약조건( )으로 호와 교차선을 [일치]시킨다.

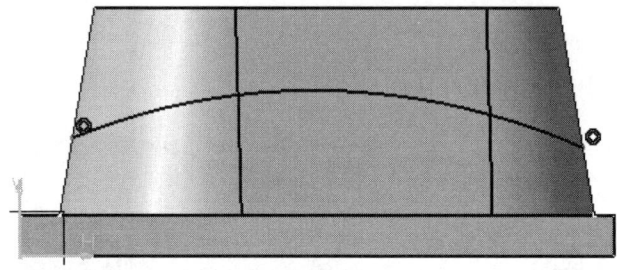

Step 27 제약조건( )으로 치수를 입력한다. 워크벤치 종료( )를 실행한다.

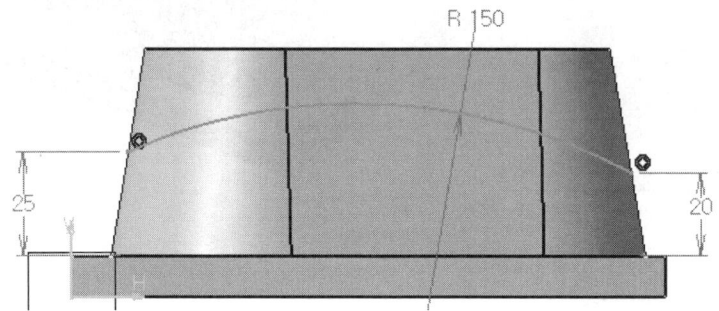

Step 28 Plane( )을 실행한다. "커브에 수직"을 선택으로 설정한다.
첫 번째 호(P1)를 선택하고, 두 번째 끝점(P2)을 선택한다. 확인을 누른다.

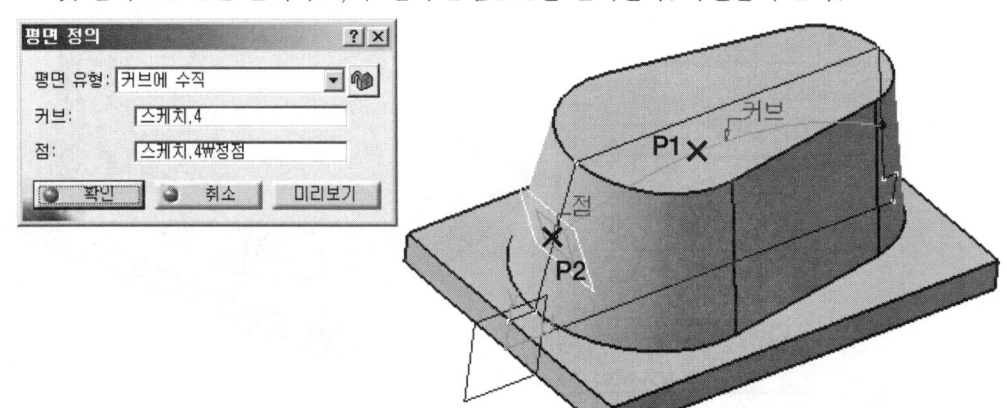

Step 29 위치지정 스케치(⛶)를 실행한다.

Step 30 생성시킨 "커브에 수직평면"을 선택하고, H, V 방향을 맞춘 후, 확인을 누른다.

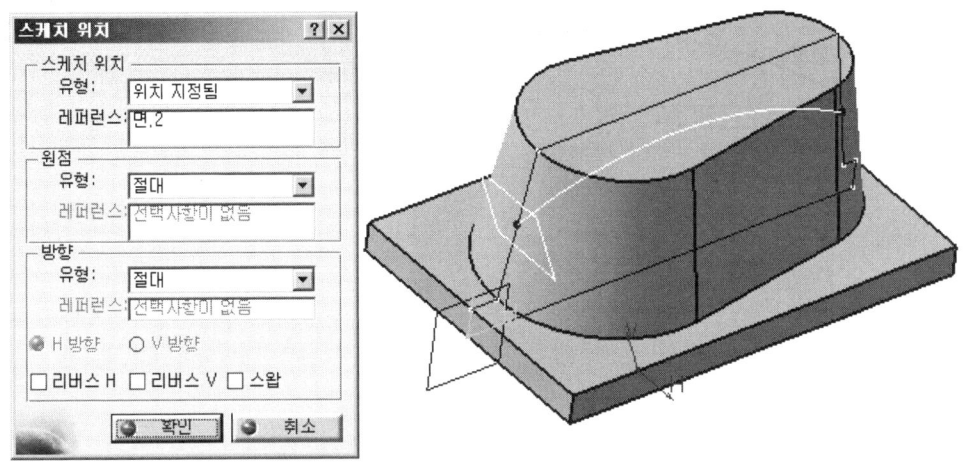

Step 31 세 점 호(⟳)를 실행한다. 다음과 같이 호를 작성한다.

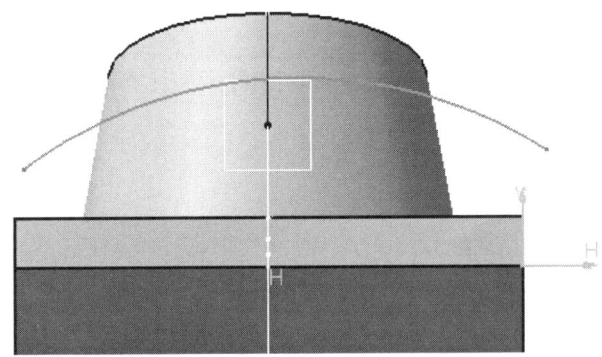

Step 32 제약조건(⛶)으로 호와 끝점을 [일치]시킨다.

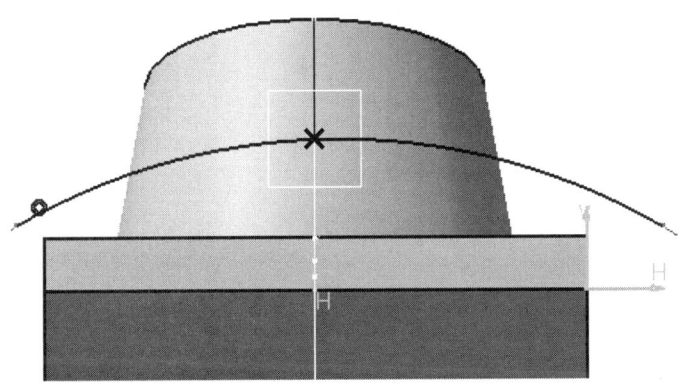

Step 33 제약조건(⬚)으로 치수를 입력한다.

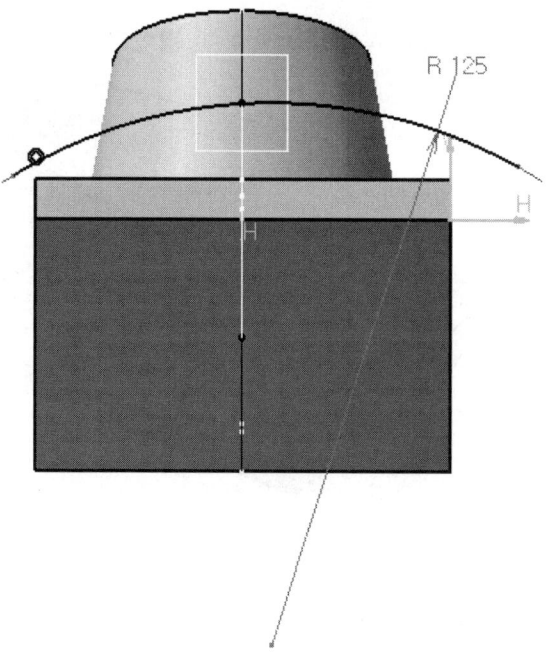

Step 34 제약조건(⬚)으로 호의 중심점과 중간평면을 [일치]시킨다.

Step 35 워크벤치 종료(⬚)를 실행한다.

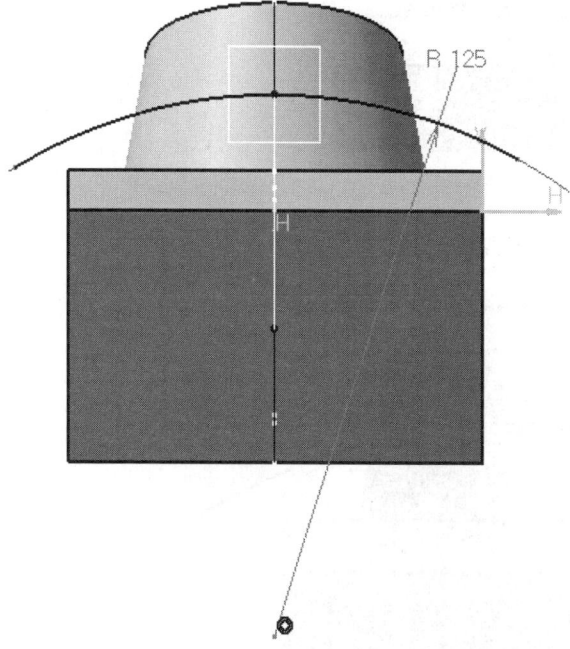

Chapter 08 Surface Design 배우기

Step 36 Sweep( )를 실행한다.

Step 37 프로파일(P1)과 가이드커브(P2)를 차례로 선택한다.

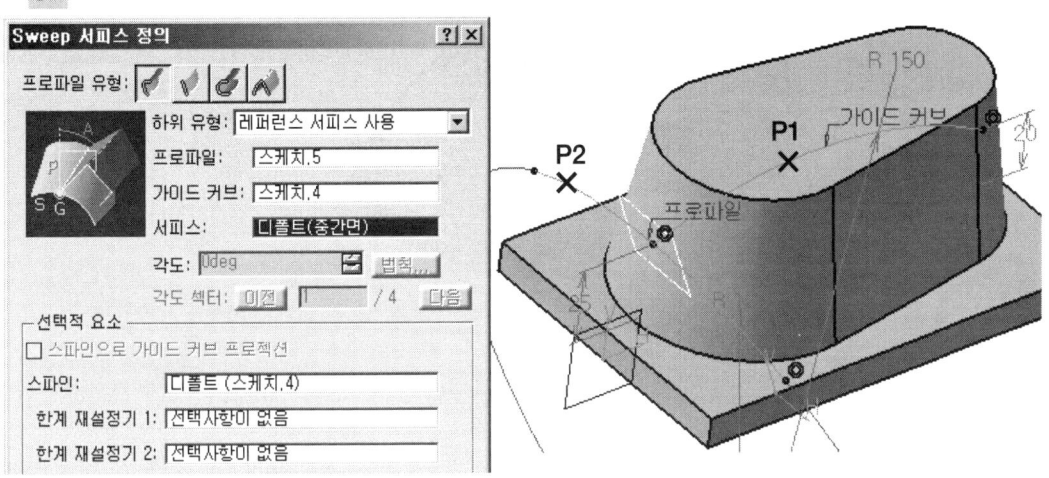

Step 38 미리보기와 확인을 누른다.

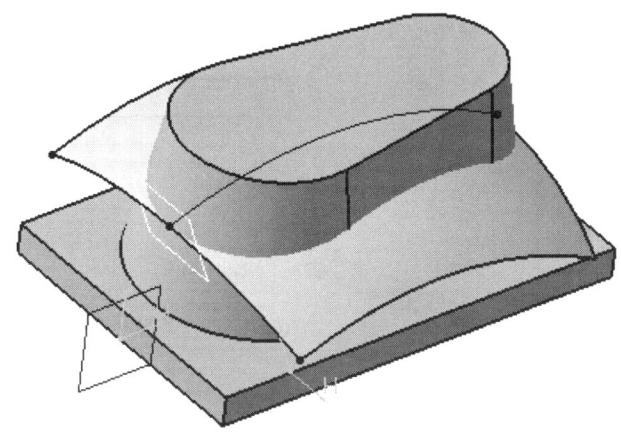

Step 39 외삽( )을 실행한다. 연장시킬 길이값을 입력한다.

Step 40 첫 번째로 연장시킬 모서리(P1)를 선택, 두 번째로 연장시킬 면(P2)을 선택하고 확인을 누른다.

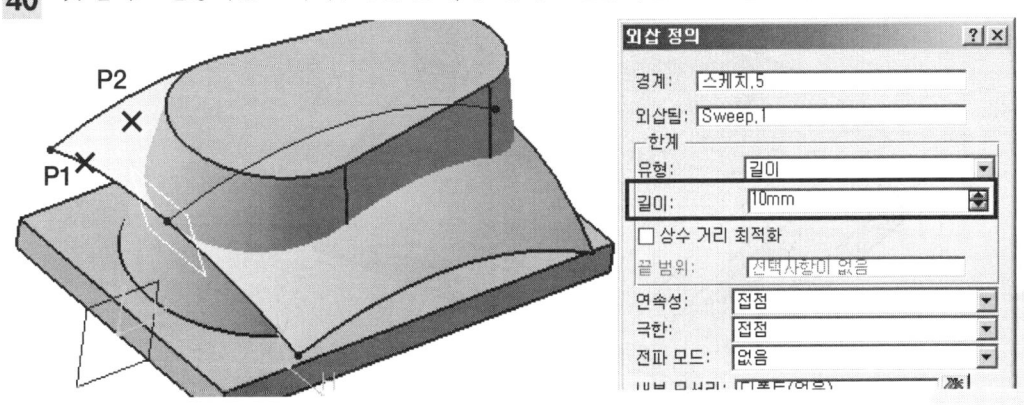

Step 41 반대쪽에도 같은 방법으로 외삽( )하여 면을 연장시킨다.

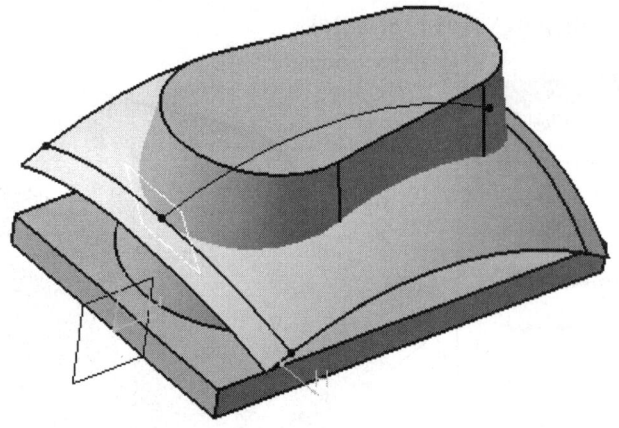

Step 42 오프셋( )을 실행한다.

Step 43 오프셋 할 서피스(곡면)를 선택하고, 오프셋 값을 입력한다. 방향을 아래로 한다.

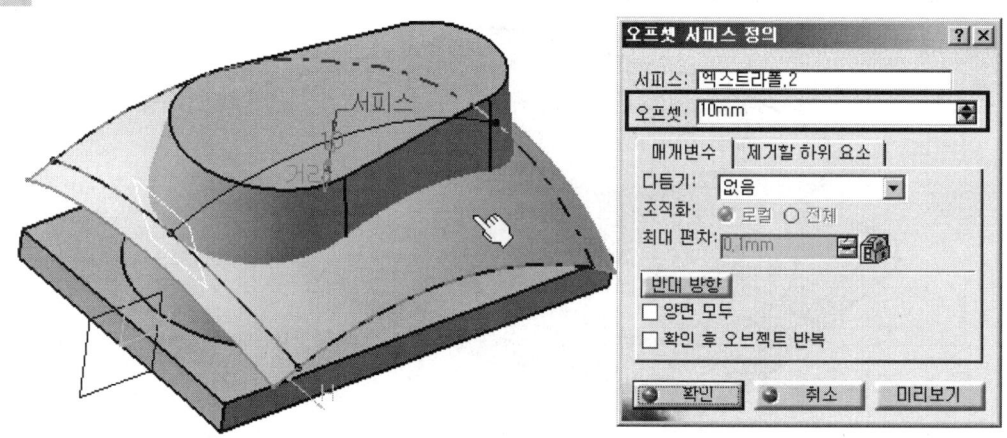

Step 44 미리보기 및 확인을 누른다.

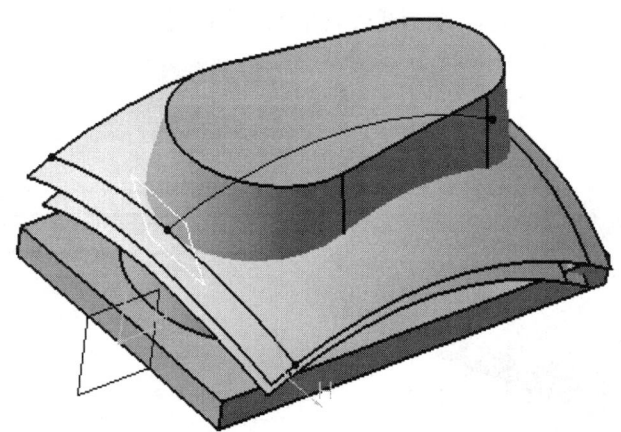

Chapter 08 Surface Design 배우기

Step 45 시작 ⇒ 기계 디자인 ⇒ Part Design을 누른다.

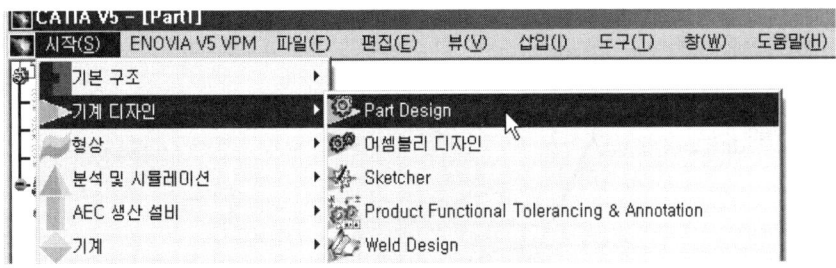

Step 46 Split(🎲)을 실행한다.

Step 47 위에서 생성한 Sweep 곡면을 선택하고, 화살표를 클릭하여 아랫방향으로 설정한다.

Step 48 OK를 누른다.

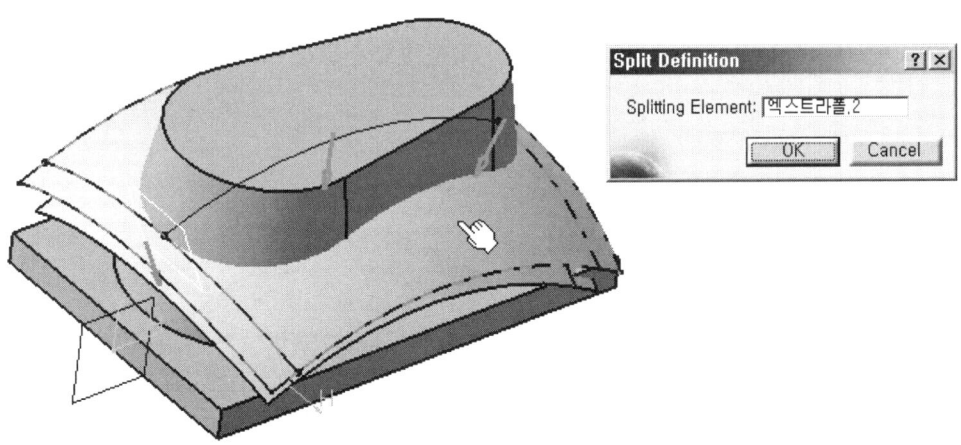

Step 49 Sweep 곡면에서 마우스 오른쪽버튼을 눌러 숨기기/표시를 실행한다.

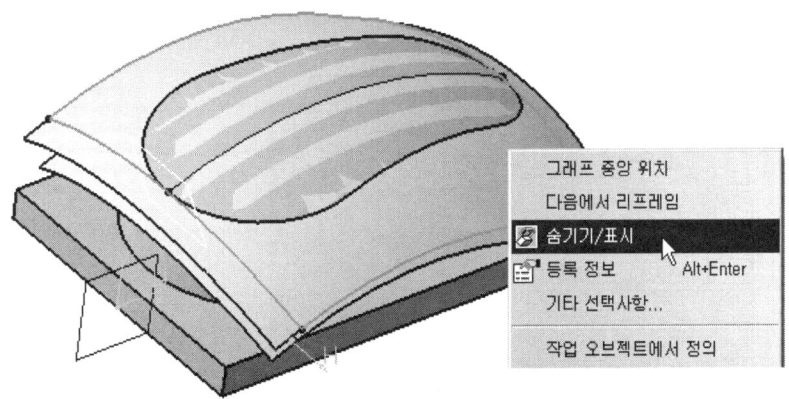

527

Step 50 Plane(⌀)을 실행한다. 평면에서 오프셋으로 설정하고, 윗면을 띄워 평면을 생성한다.

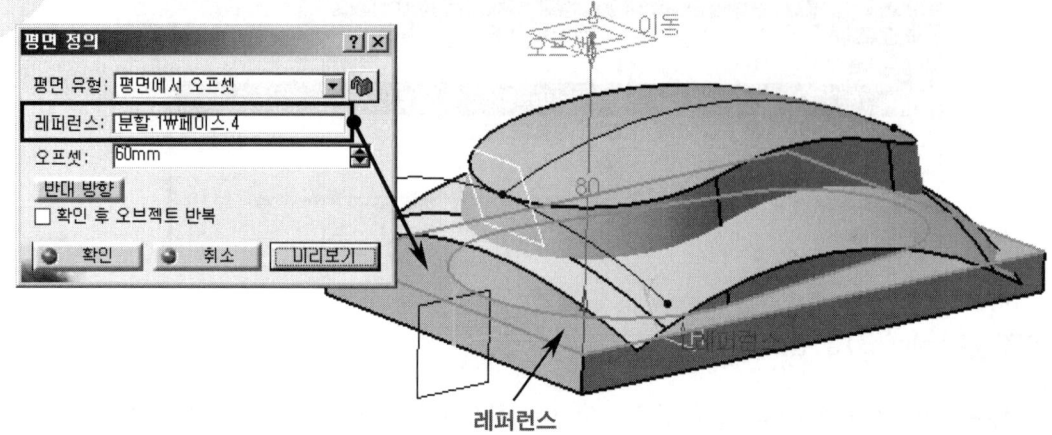

Step 51 위치지정 스케치(🔺)를 실행한다.

Step 52 생성시킨 오프셋 평면을 선택하고, H, V 방향을 맞춘 후, 확인을 누른다.

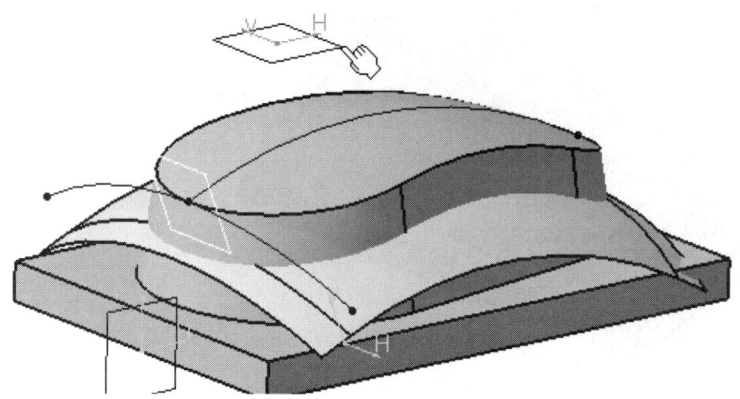

Step 53 원(⊙)을 작성한다. 제약조건(🔲)으로 치수를 입력한다. 워크벤치 종료(🔼)를 한다.

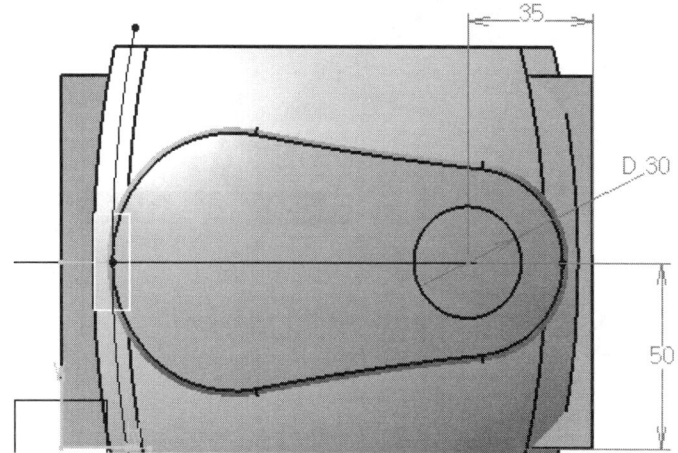

Step 54 Pocket()을 실행한다. Type 옵션을 [Up to surface]로 하고, 오프셋 곡면을 선택한다.

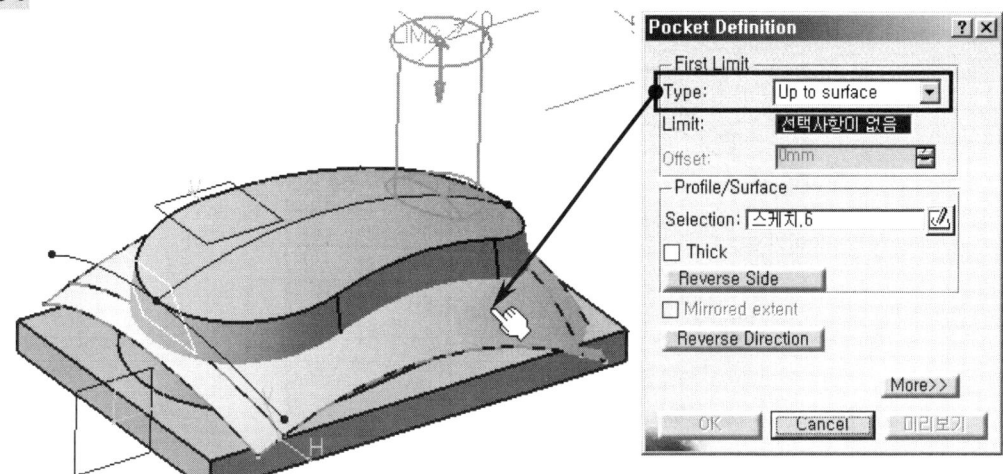

Step 55 미리보기 및 OK를 누른다.

Step 56 오프셋 곡면에서 마우스 오른버튼을 눌러 숨기기를 한다.

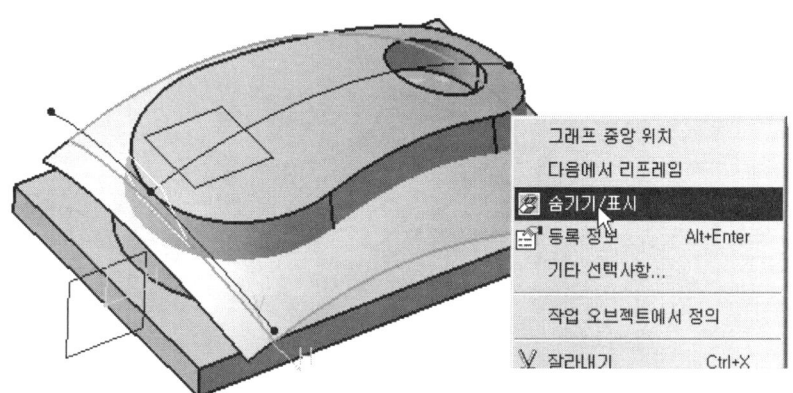

Step 57 위치지정 스케치( )를 실행한다.

Step 58 형상의 윗면을 선택하고, H, V 방향을 맞춘 후, 확인을 누른다.

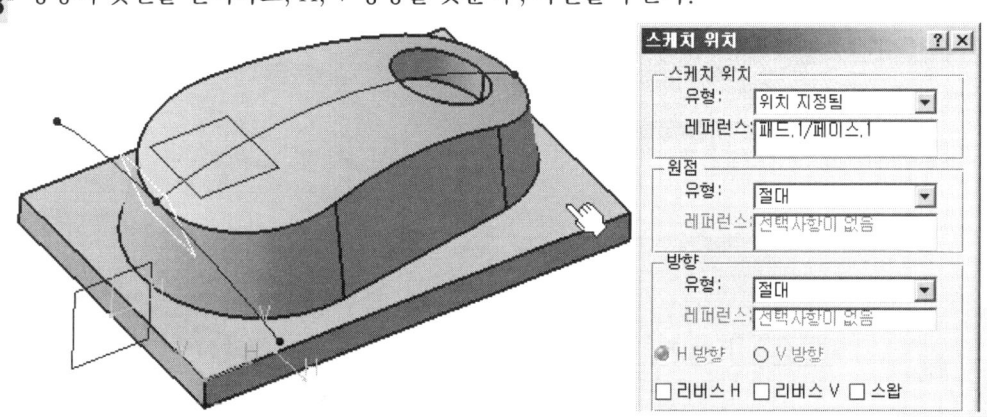

Step 59 원(⊙)을 작성한다. 제약조건(ㅁ)으로 치수를 입력한다. 워크벤치 종료(凸)를 한다.

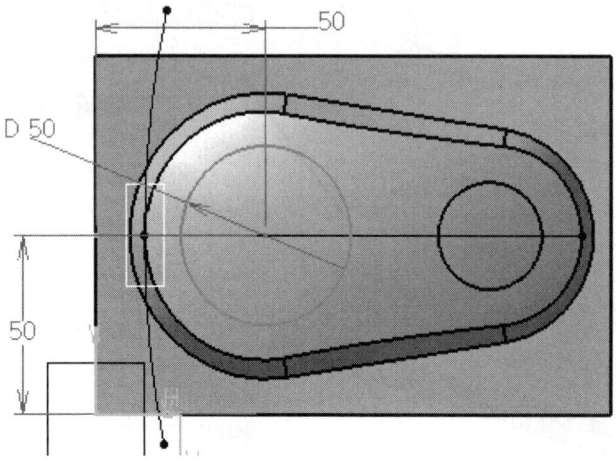

Step 60 Pad(⑦)를 실행한다. Length 값을 입력하고, 미리보기와 OK를 누른다.

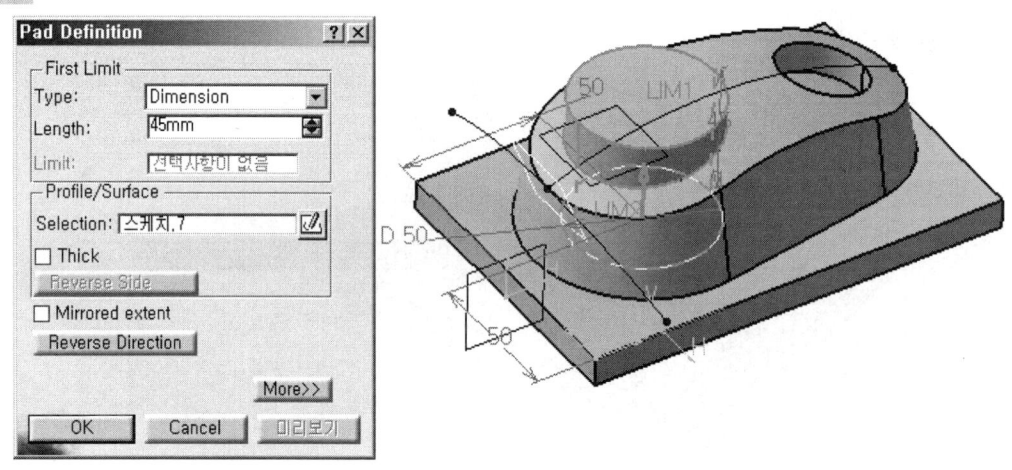

Step 61 Edge Fillet(◎)을 실행한다. Radius 값을 입력하고, 라운드가 적용될 모서리를 선택한다. 미리보기 및 OK를 누른다.

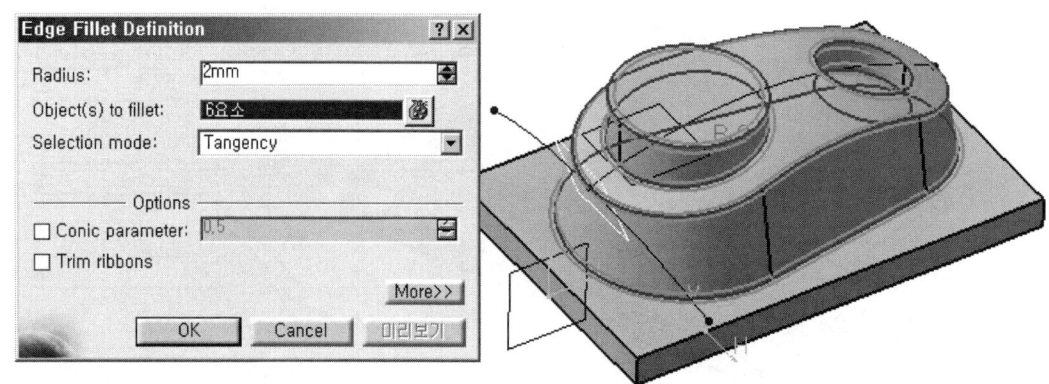

Step 62 형상이 완성되었다.

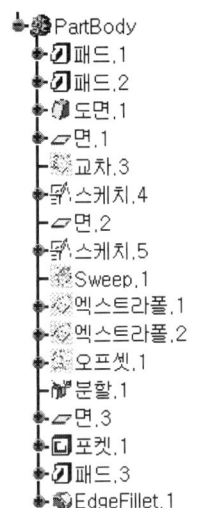
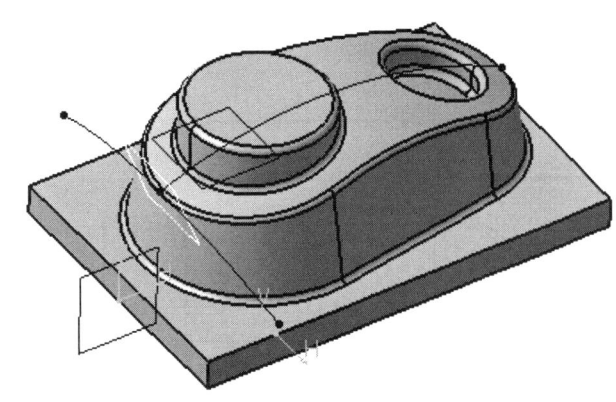

학습 정리하기

과제 2 제품설계 및 CATIA 곡면 기법 따라하면서 배우기

다음 도면을 분석하여 마우스 부품을 모델링을 한다.

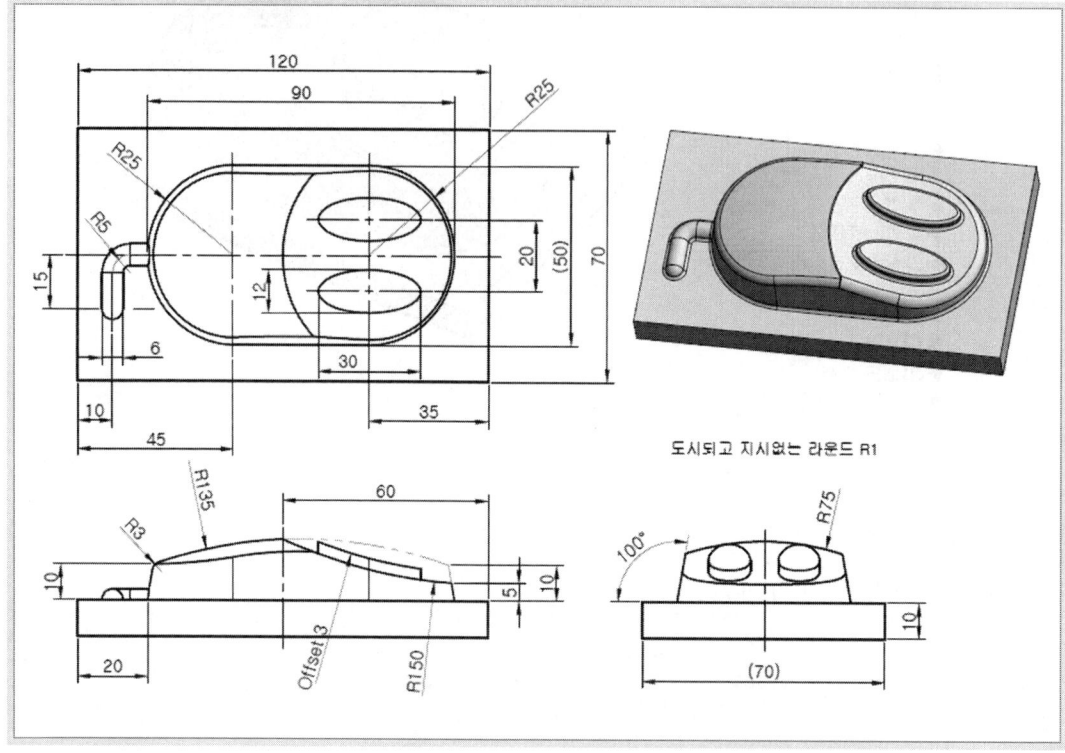

Step 01 [시작 ⇒ 기계디자인 ⇒ Part Design]을 실행한다.

Step 02 새 파트 창에서 작업할 파일의 이름을 입력하고, 확인을 누른다.

Step 03 스케치(⌧)를 실행하고, xy평면을 선택한다.

Step 04 직사각형(☐)을 작성하고, 제약조건(🗐)으로 치수를 입력한다.

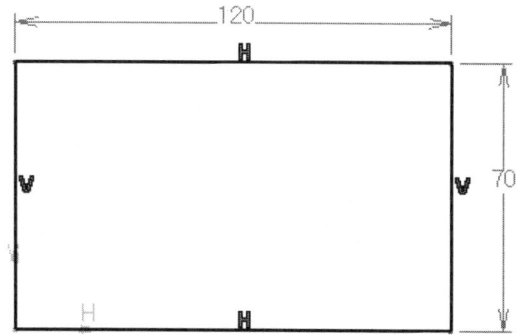

Step 05 워크벤치 종료(🔼)를 실행한다.

Step 06 Pad(🗗)를 실행한다. Length 값을 입력하고, 미리보기와 OK를 누른다.

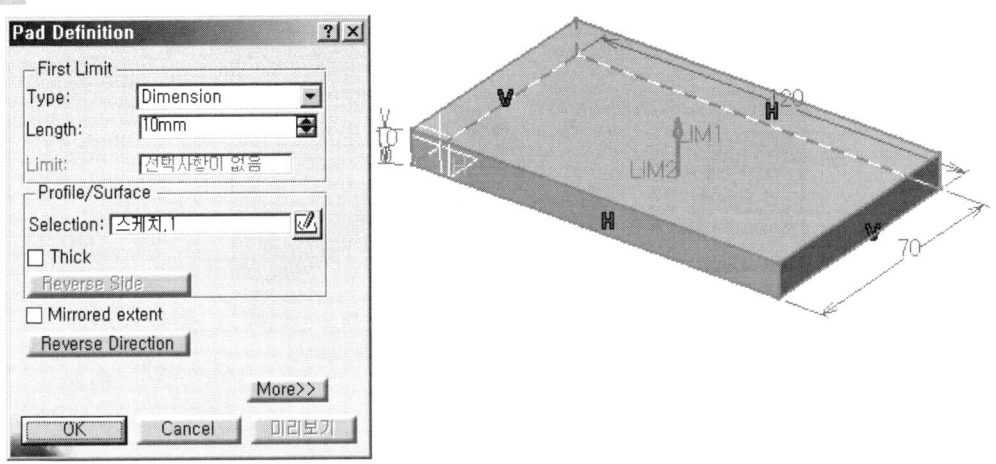

Step 07 스케치(📝)를 실행하고, 형상의 윗면을 선택한다.

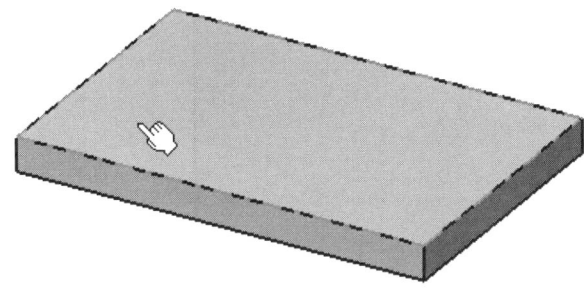

Step 08 원(⊙)을 작성한다. 제약조건(🔲)으로 치수를 입력한다.

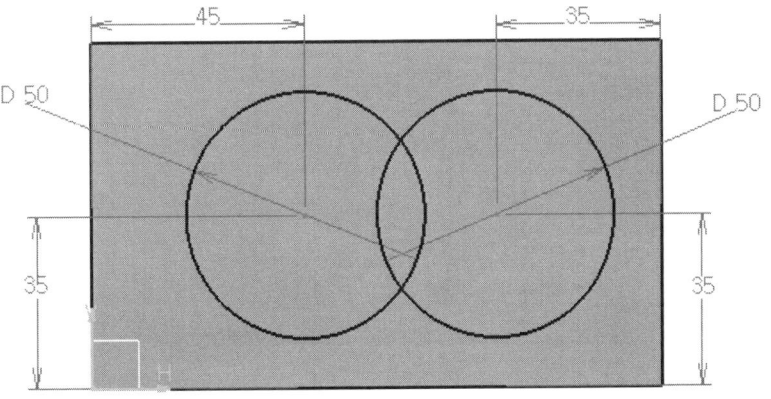

Step 09 선(/)을 작성한다.

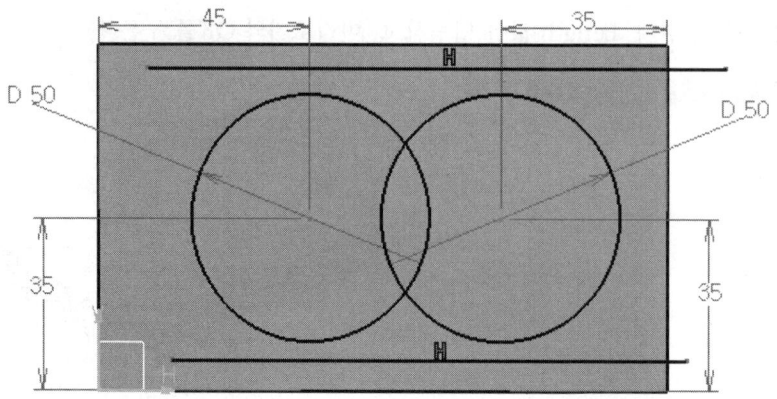

Step 10 제약조건( )으로 선과 원을 [접점]시킨다.

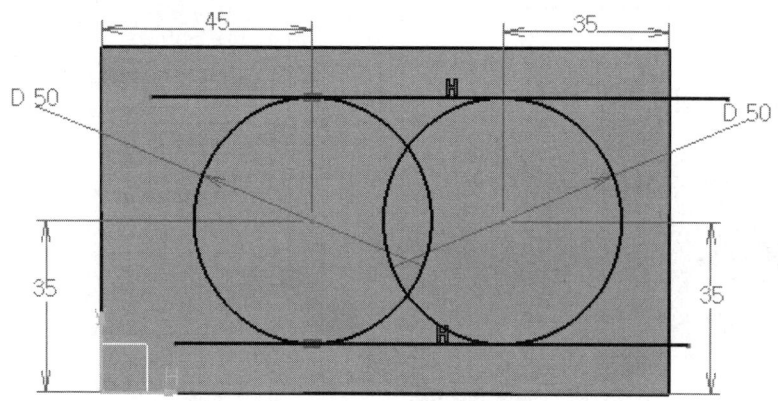

Step 11 즉시 자르기( )를 실행하고, 불필요한 부분을 클릭하면서 자르기를 한다.

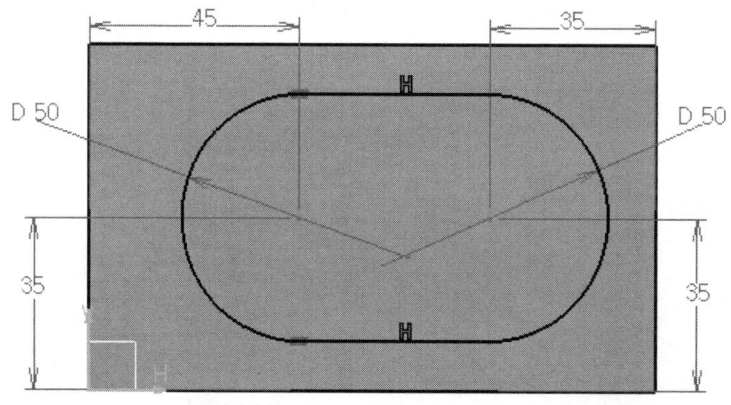

Step 12 워크벤치 종료( )를 실행한다.

Step 13 Pad()를 실행한다. Length 값을 입력하고, 미리보기와 OK를 누른다.

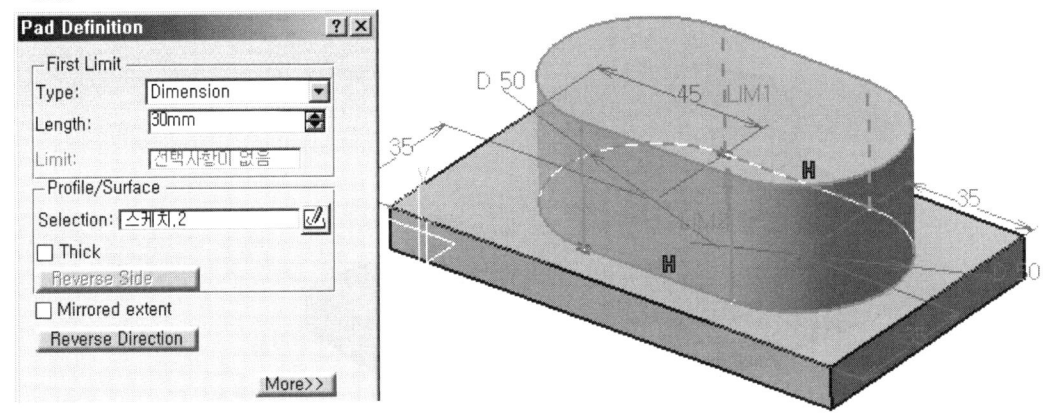

Step 14 Draft Angle()을 실행한다.

Step 15 Angle : 10, Face(s) to draft : 항목에 구배가 적용될 측면을 선택한다.

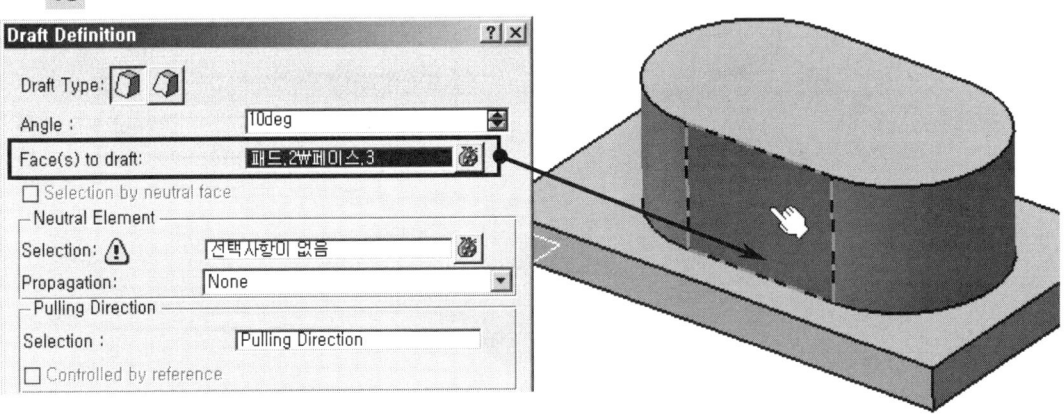

Step 16 Neutral Element의 Selection 항목을 클릭하고, 형상 윗면을 선택한다.

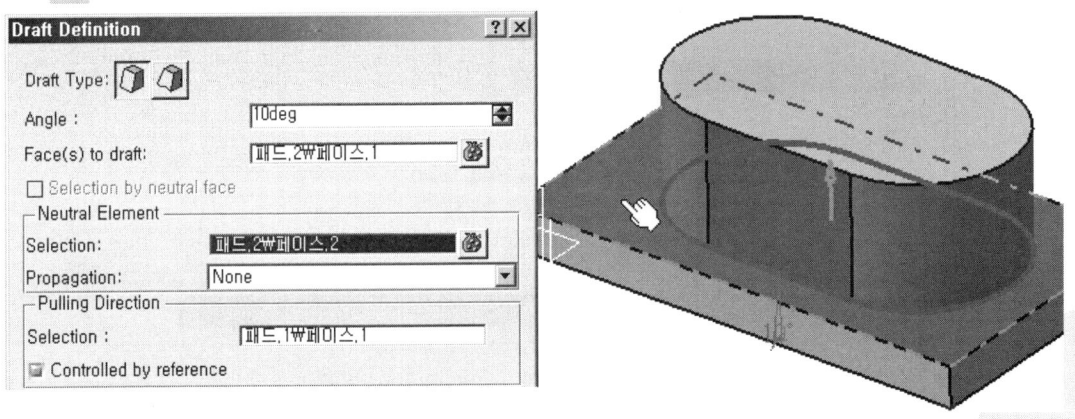

Step 17 미리보기를 누른다. 왼쪽 그림과 같이 Draft 방향이 위쪽으로 향하면 OK를 누른다. 만약 화살표가 아래로 향하면 화살표를 클릭하여 바꿔준다.

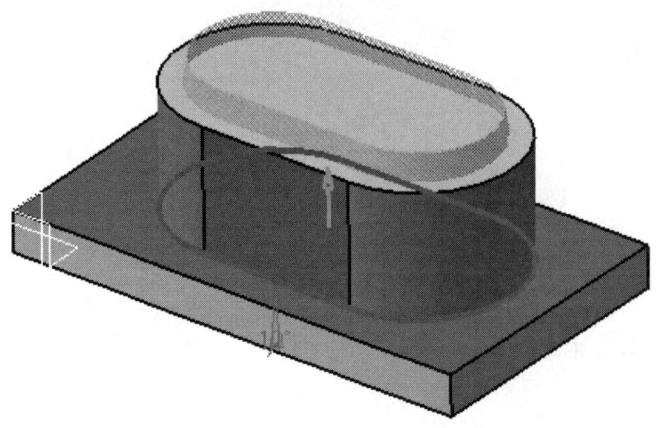

Step 18 Plane(⬚)을 실행한다. "평면에서 오프셋"으로 중간에 평면을 생성한다.

Step 19 시작 ⇒ 기계디자인 ⇒ Wireframe and Surface Design을 실행한다.

Chapter 08 Surface Design 배우기

Step 20 교차( )를 실행한다.

Step 21 첫 번째 형상을 선택하고, 두 번째 Plane을 선택한다.

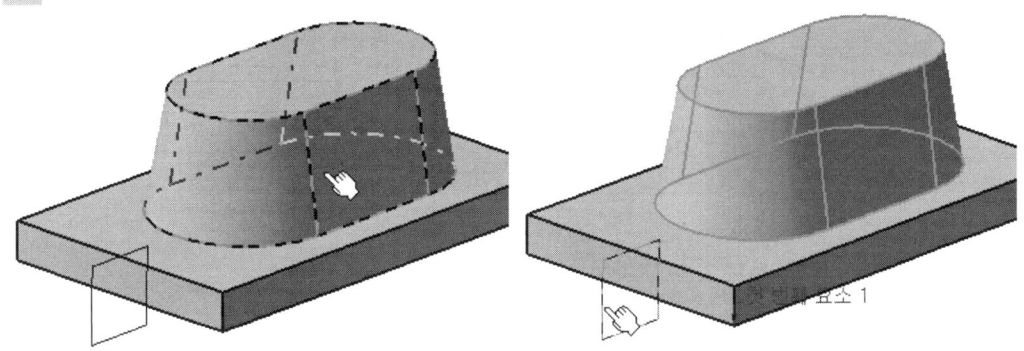

Step 22 미리보기 및 OK를 누른다. 가운데 교차선이 생성된다.

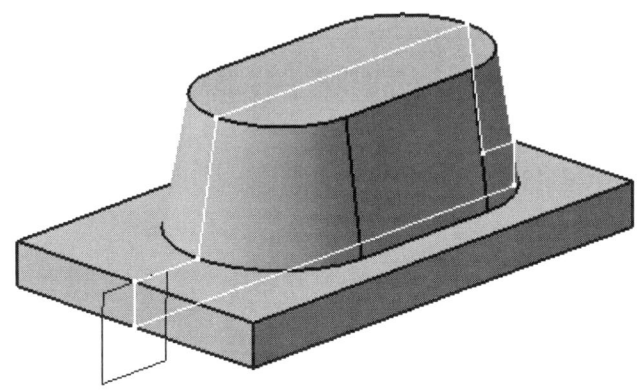

Step 23 위치지정 스케치( )를 실행한다.

Step 24 생성시킨 중간평면을 선택하고, H, V 방향을 맞춘 후, 확인을 눌러 스케치를 한다.

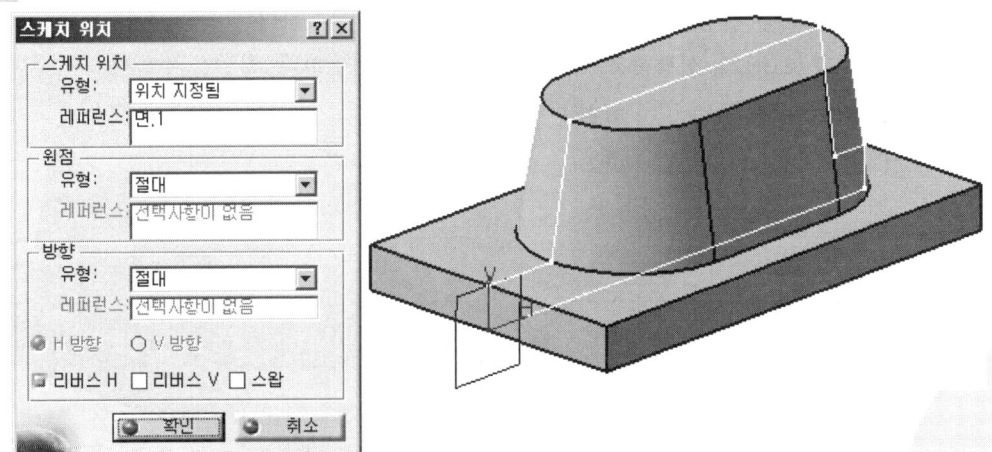

Step 25 세 점 호(◯)를 실행한다. 다음과 같이 호를 작성한다.

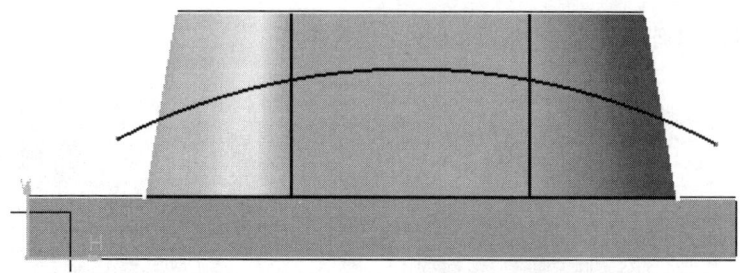

Step 26 제약조건(⬚)으로 호와 교차선을 [일치]시킨다.

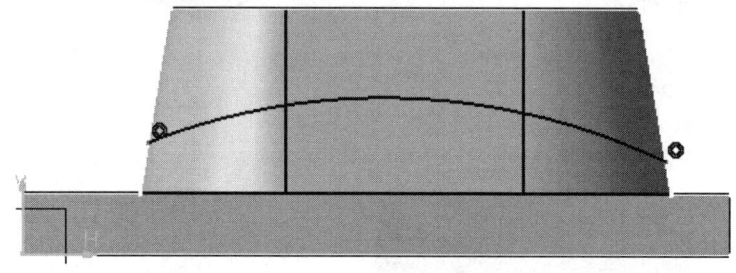

Step 27 제약조건(⬚)으로 치수를 입력한다. 워크벤치 종료(⬆)를 실행한다.

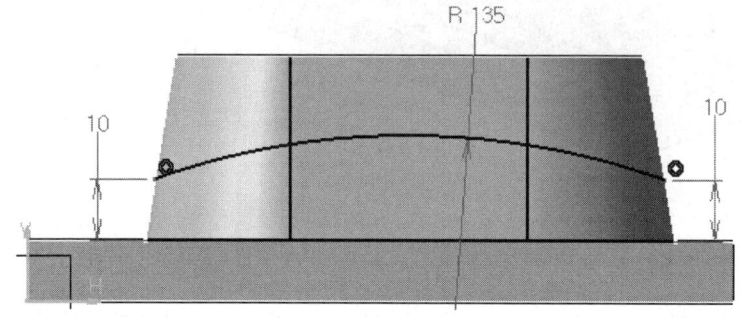

Step 28 Plane(◇)을 실행한다. "커브에 수직"을 선택으로 설정한다.
첫 번째 호(P1)를 선택하고, 두 번째 끝점(P2)을 선택한다. 확인을 누른다.

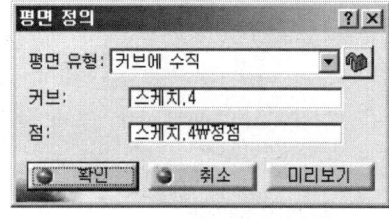
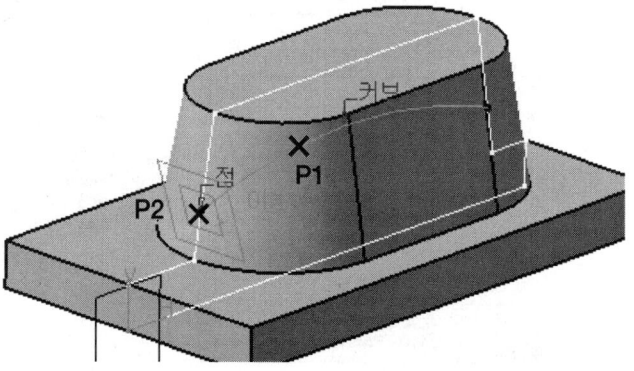

Step 29 위치지정 스케치(📐)를 실행한다.

Step 30 생성시킨 "커브에 수직평면"을 선택하고, H, V 방향을 맞춘 후, 확인을 누른다.

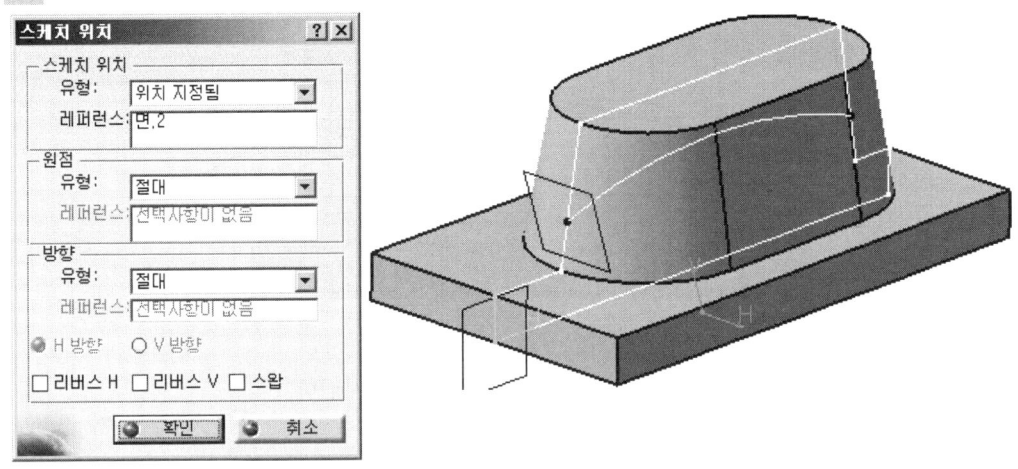

Step 31 세 점 호(⌒)를 실행한다. 다음과 같이 호를 작성한다.

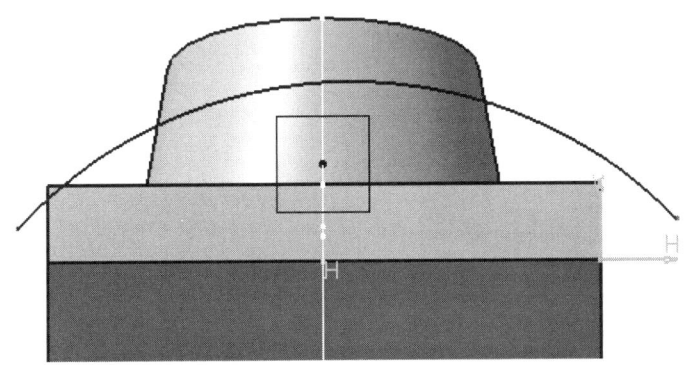

Step 32 제약조건(🔲)으로 호와 끝점을 [일치]시킨다.

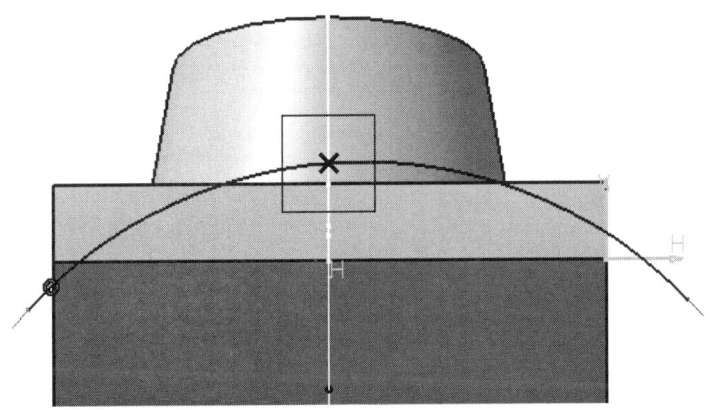

Step 33 제약조건(￼)으로 치수를 입력한다.

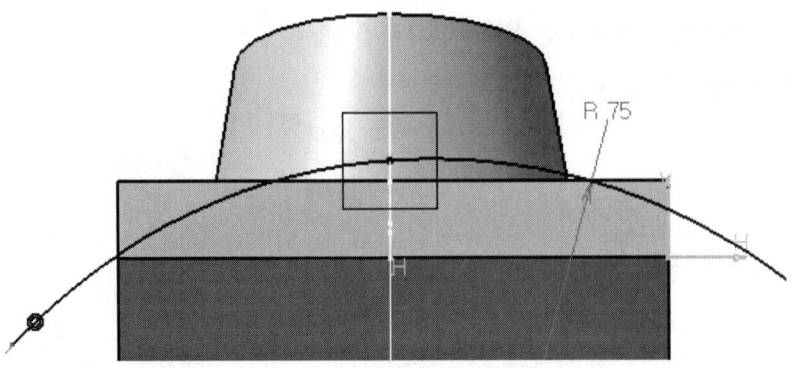

Step 34 제약조건(￼)으로 호의 중심점과 중간평면을 [일치]시킨다.

Step 35 워크벤치 종료(￼)를 실행한다.

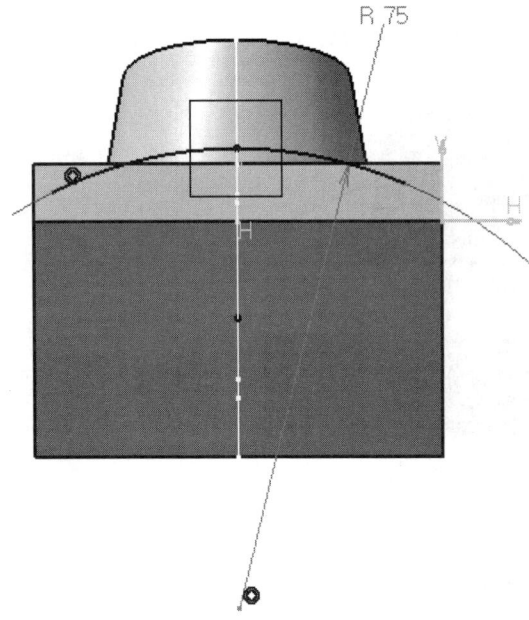

Step 36 Sweep(￼)를 실행한다.

Step 37 프로파일(P1)과 가이드커브(P2)를 차례로 선택한다.

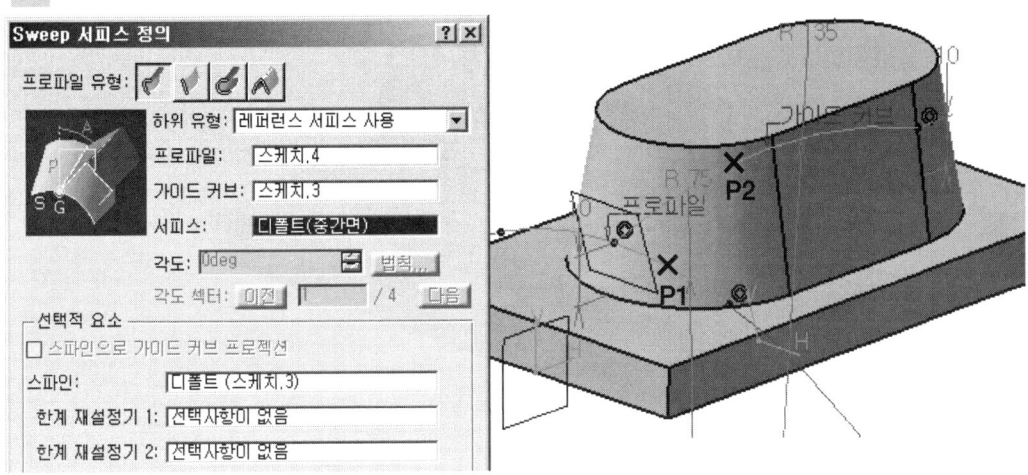

Step 38 미리보기와 확인을 누른다.

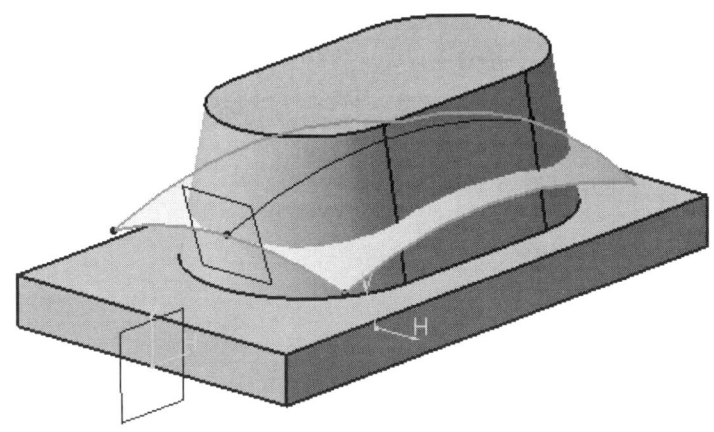

Step 39 외삽(✍)을 실행한다. 연장시킬 길이값을 입력한다.

Step 40 첫 번째로 연장시킬 모서리(P1)를 선택하고, 두 번째로 연장시킬 면(P2)을 선택한다.

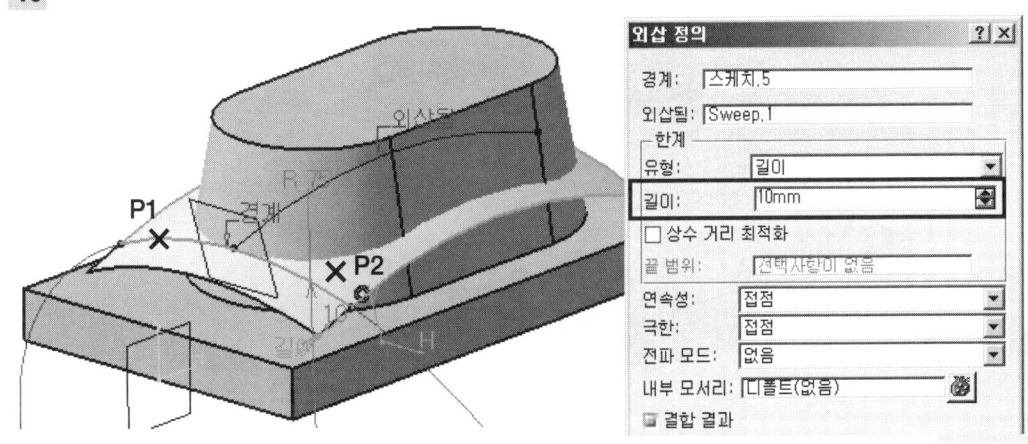

Step 41 반대쪽에도 같은 방법으로 외삽(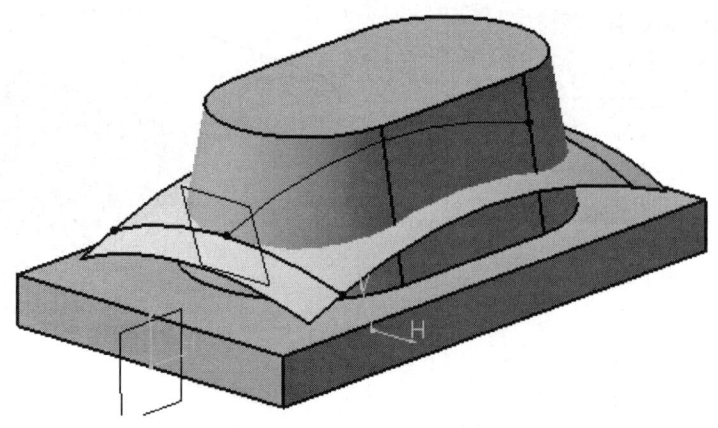)하여 면을 연장시킨다.

Step 42 시작 ⇒ 기계 디자인 ⇒ Part Design을 누른다.

Step 43 Split()을 실행한다.

Step 44 위에서 생성한 Sweep 곡면을 선택하고, 화살표를 클릭하여 아랫방향으로 설정한다.

Step 45 OK를 누른다.

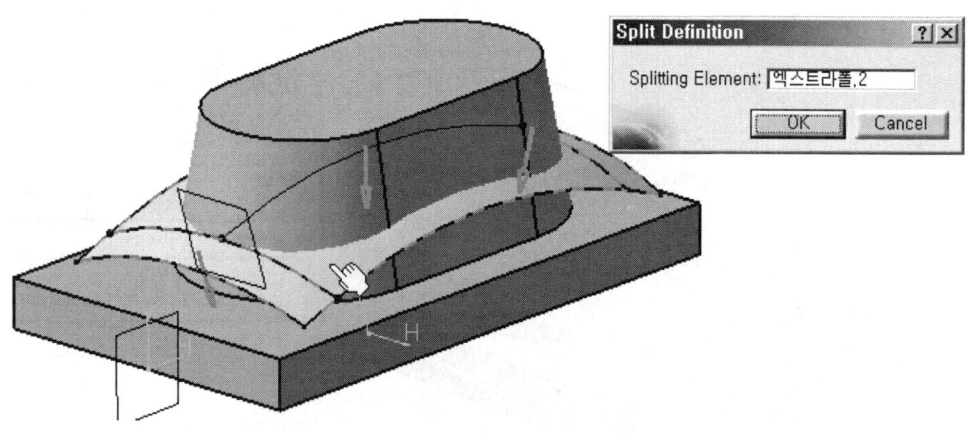

Step 46 Sweep 곡면에서 마우스 오른쪽 버튼을 눌러 "숨기기"를 한다.

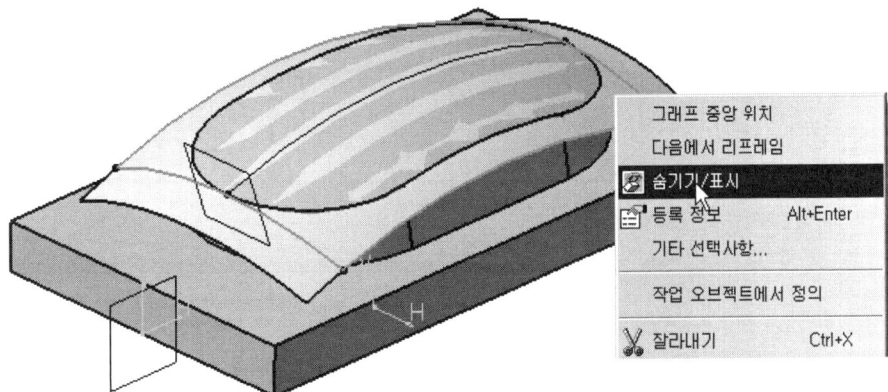

Step 47 위치지정 스케치(📐)를 실행한다.

Step 48 생성시킨 중간평면을 선택하고, H, V 방향을 맞춘 후, 확인을 누른다.

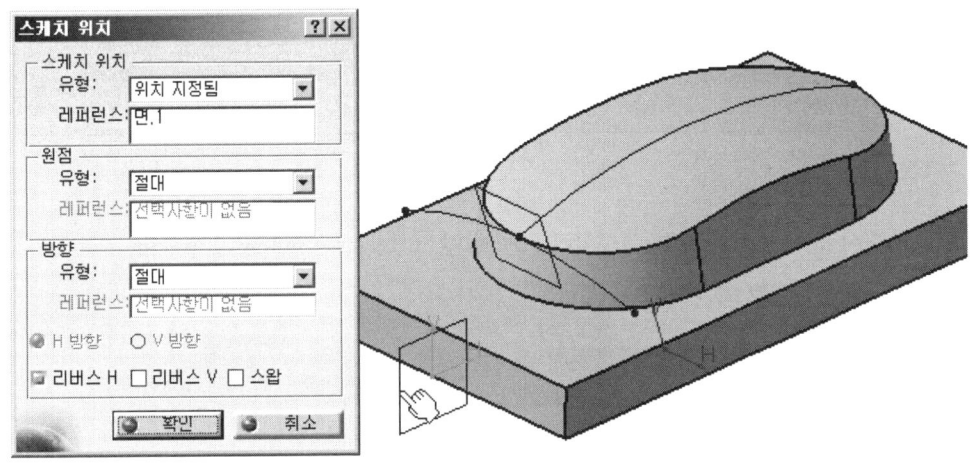

Step 49 세 점 호(⌒)를 실행한다. 다음과 같이 호를 작성한다.

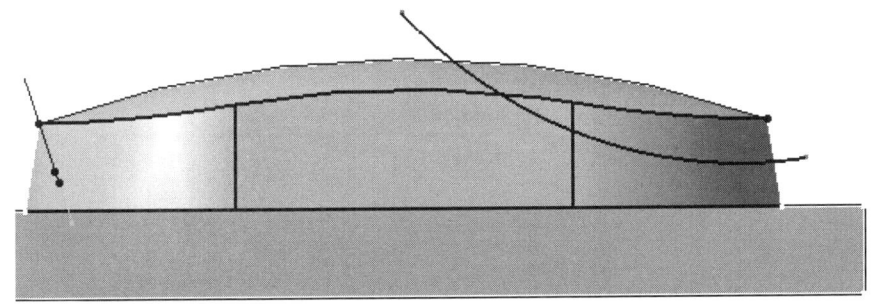

Step 50 제약조건(📌)으로 호와 교차선을 [일치]시킨다.

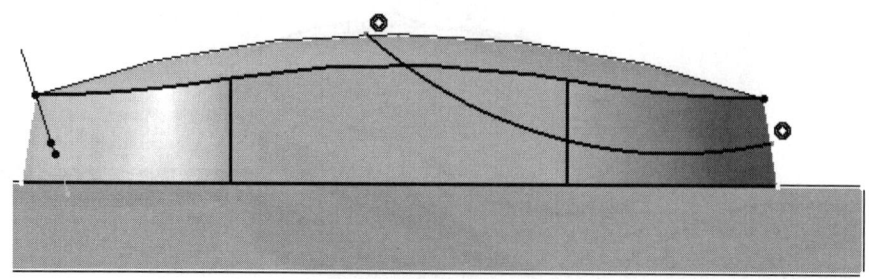

Step 51 제약조건(📌)으로 치수를 입력한다. 워크벤치 종료(🔺)를 한다.

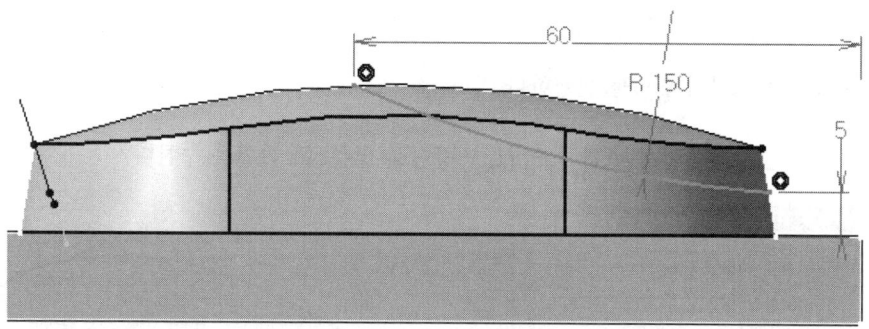

Step 52 시작 ⇒ 기계디자인 ⇒ Wireframe and Surface Design을 실행한다.

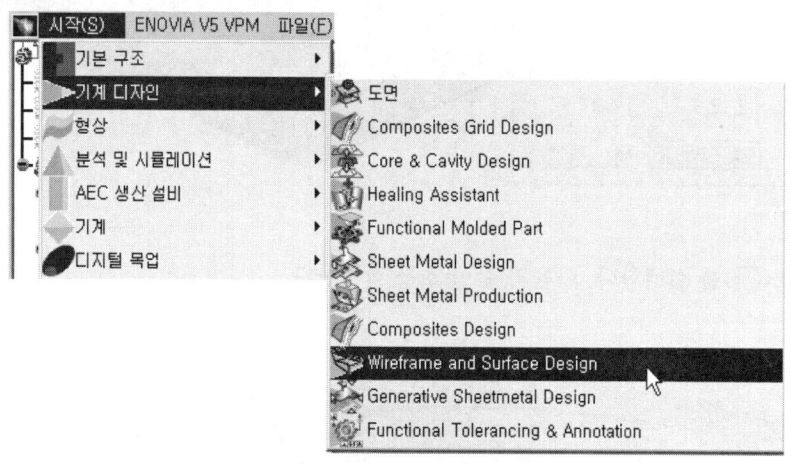

Step 53 압출(📌)을 실행한다.

Step 54 한계1과 한계2에 각각 치수를 입력하고, 미리보기 및 확인을 누른다.

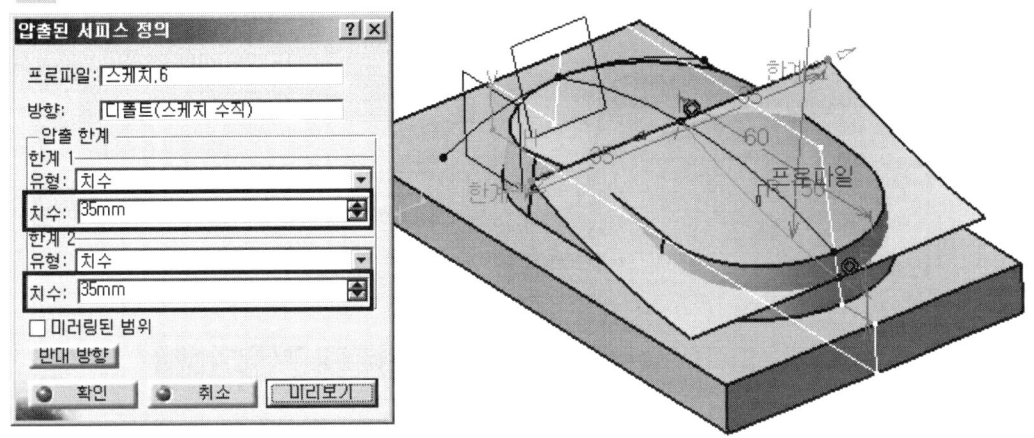

Step 55 시작 ⇒ 기계 디자인 ⇒ Part Design을 누른다.

Step 56 Split( )을 실행한다.

Step 57 위에서 생성한 압출 곡면을 선택하고, 화살표를 클릭하여 아랫방향으로 설정한다.

Step 58 OK를 누른다.

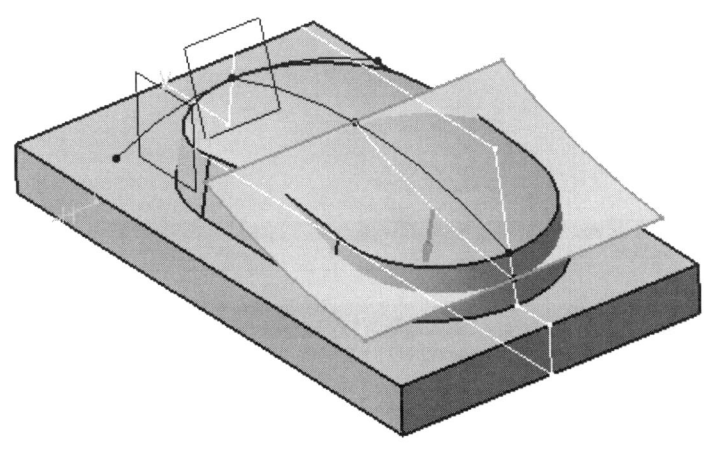

Step 59 시작 ⇒ 기계디자인 ⇒ Wireframe and Surface Design을 실행한다.

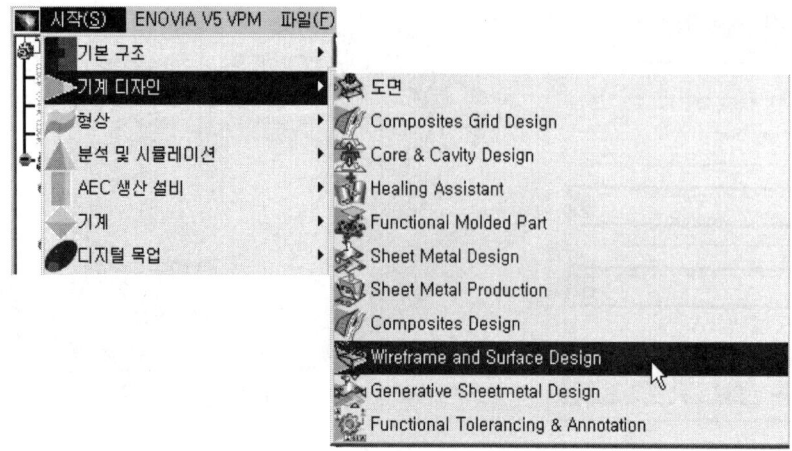

Step 60 오프셋( )을 실행한다.

Step 61 오프셋 할 서피스(압출 곡면)를 선택하고, 오프셋 값을 입력한다. 방향을 위로 설정한다.

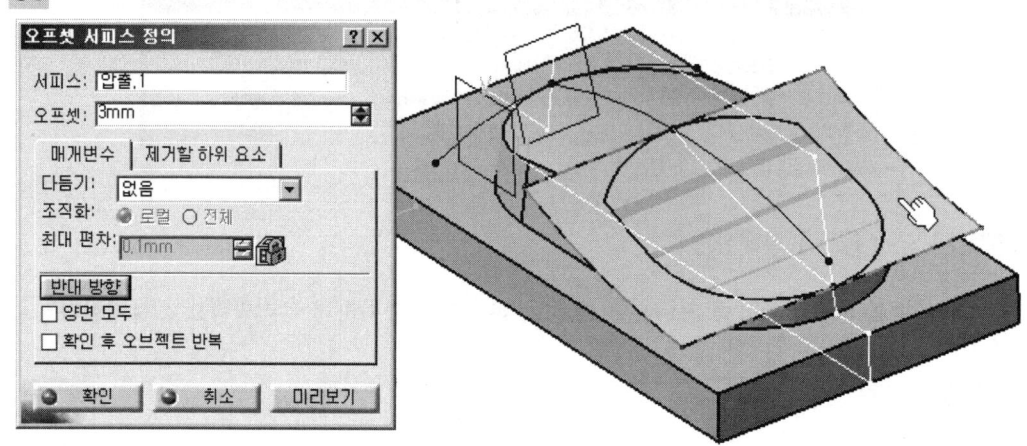

Step 62 미리보기 및 확인을 누른다.

Step 63 시작 ⇒ 기계 디자인 ⇒ Part Design을 누른다.

Step 64 스케치(⬚)를 실행하고, 형상의 윗면을 선택한다.

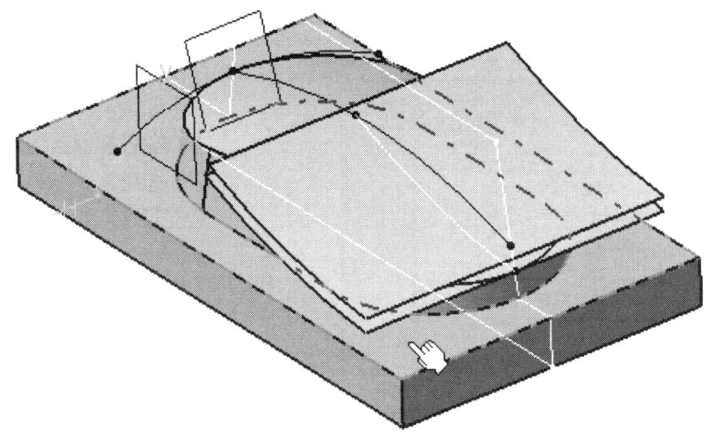

Step 65 타원(◯)을 실행하고, 다음과 같이 타원을 생성한다.

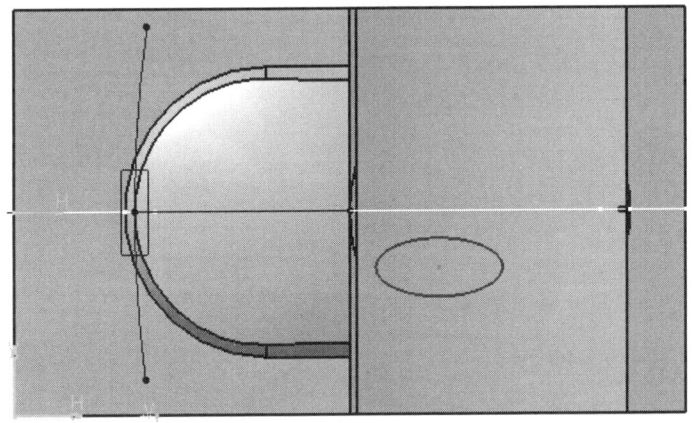

Step 66 제약조건(⬚)으로 치수를 입력한다.

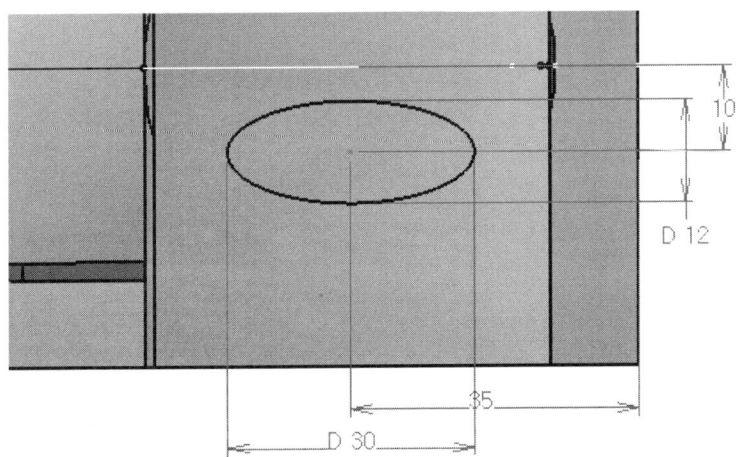

Step 67 위에도 같은 방법으로 타원을 그리고, 치수 입력을 한다.

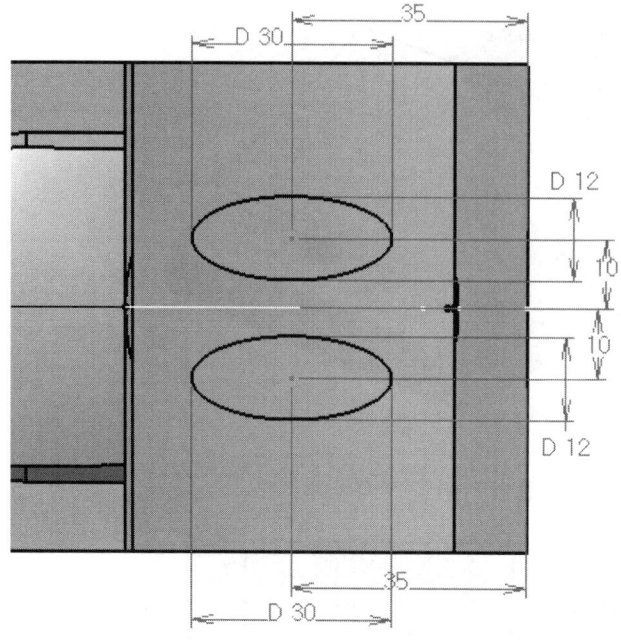

타원의 치수를 입력할 때 마우스 오른쪽버튼을 이용하여 "장반경", "단반경"으로 가로, 세로 치수를 입력할 수 있다.

Step 68 워크벤치 종료(🔼)를 한다.

Step 69 Pad(🗗)를 실행한다. Type 옵션을 [Up to surface]로 하고, 오프셋 곡면을 선택한다.

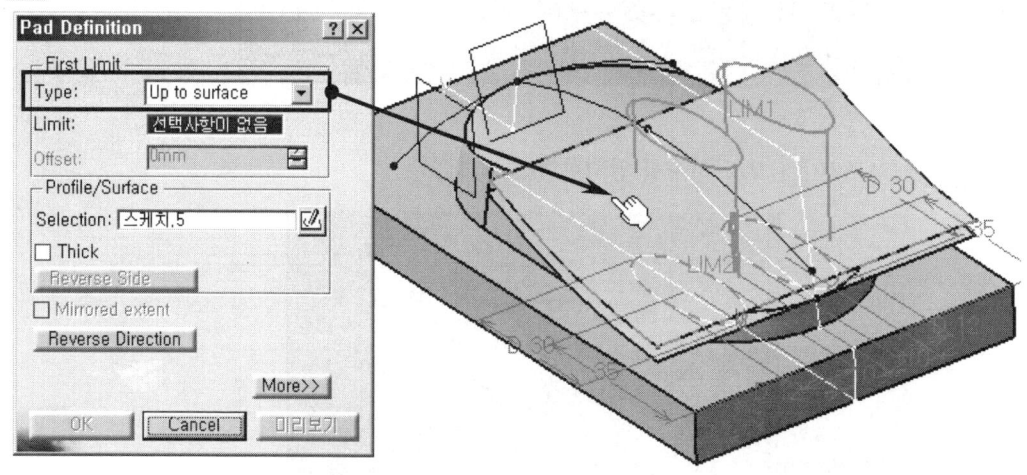

Step 70 미리보기 및 OK를 누른다.

Step 71 오프셋 곡면에서 마우스 오른쪽 버튼을 눌러 "숨기기"를 한다.

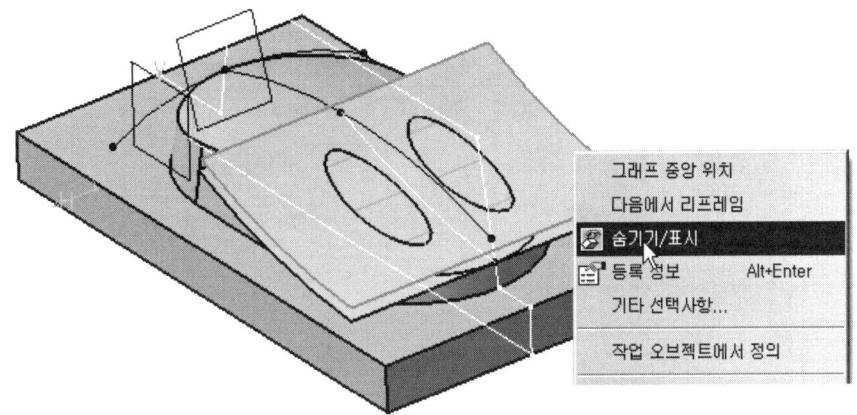

Step 72 압출 곡면도 숨기기를 한다.

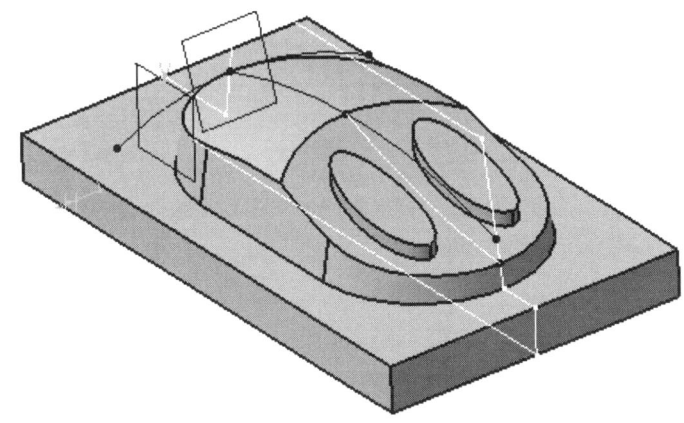

Step 73 스케치(📝)를 실행하고, 형상의 윗면을 선택한다.

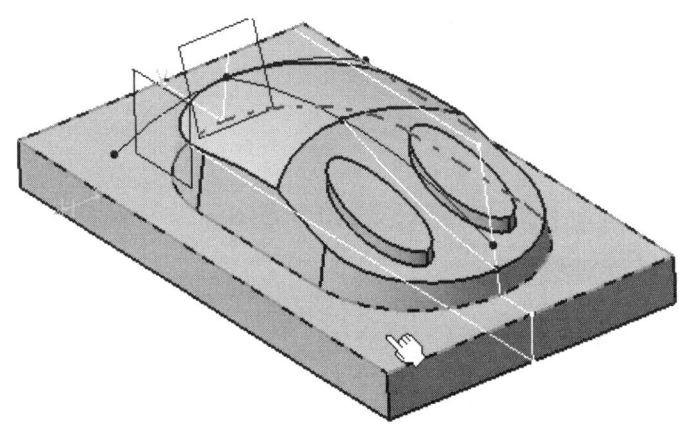

Step 74 프로파일( )을 작성한다.

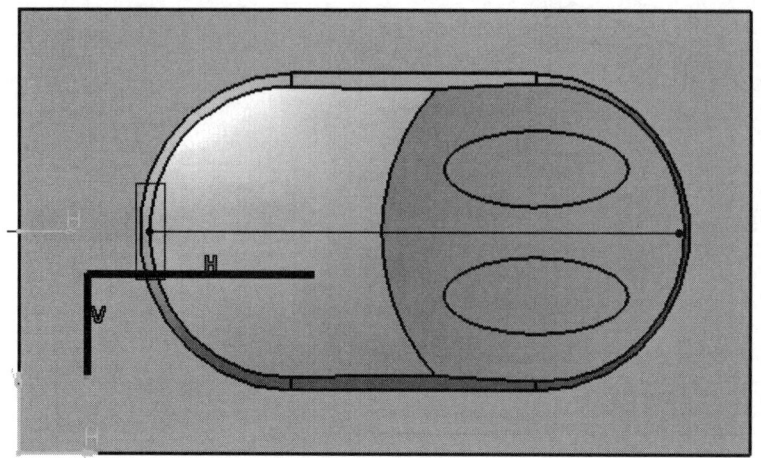

Step 75 제약조건( )으로 선과 중간평면을 [일치]시키고, 나머지는 치수를 입력한다.

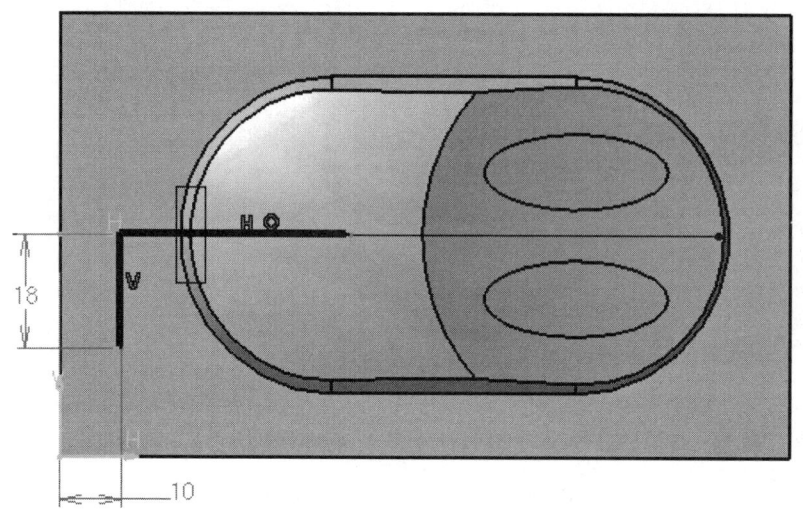

Step 76 워크벤치 종료( )를 한다.

Step 77 Pad( )를 실행한다. 다음 창이 나타나면 "확인"을 누른다.

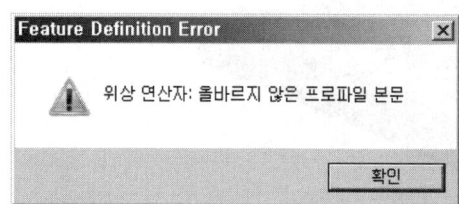

Step 78 Length에 높이값을 입력한다. Thick에 체크를 하고, Thickness 1,2에 두께값을 입력한다.

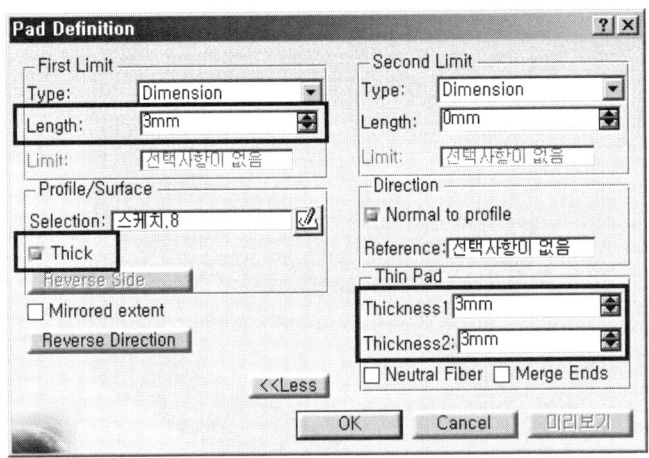

Step 79 미리보기 및 OK를 누른다.

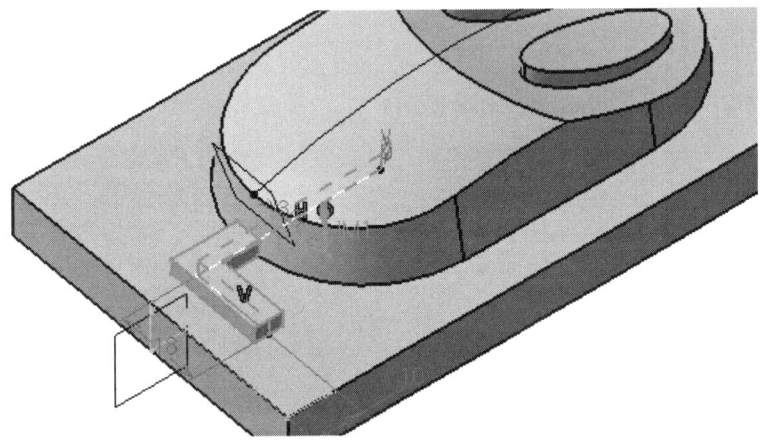

Step 80 표시된 모서리에 Edge Fillet(◎)을 적용한다.

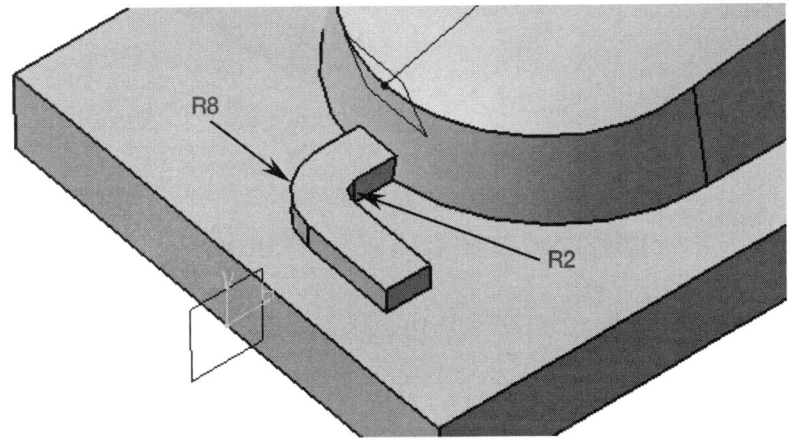

Step 81 표시된 모서리에 Edge Fillet(⬤)을 적용한다.

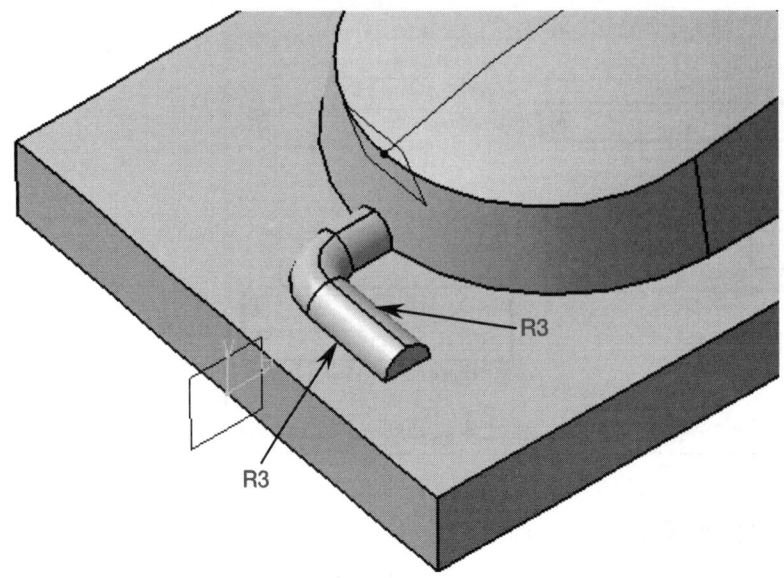

Step 82 표시된 모서리에 Edge Fillet(⬤)을 적용한다.

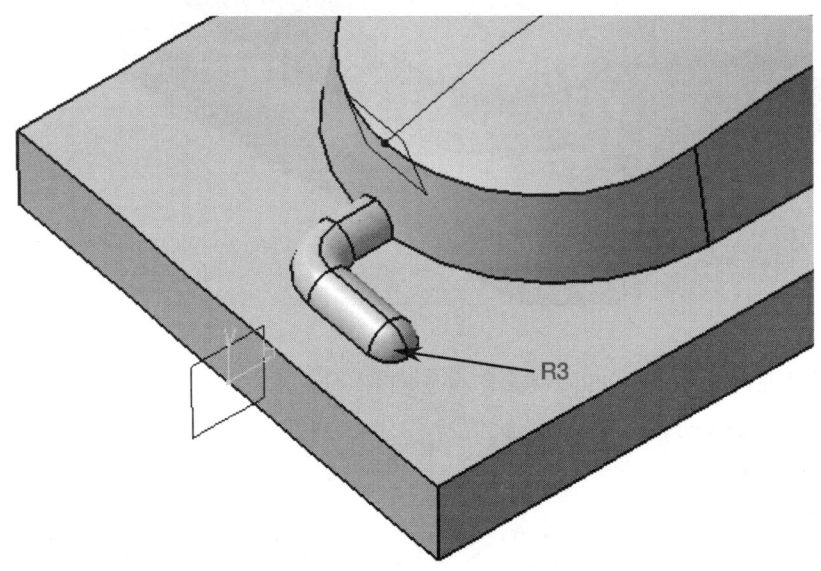

Step 83 나머지 표시된 모서리에 Edge Fillet(⬤)을 적용한다.(R1)

Chapter 08 Surface Design 배우기

Step 84 형상이 완성되었다.

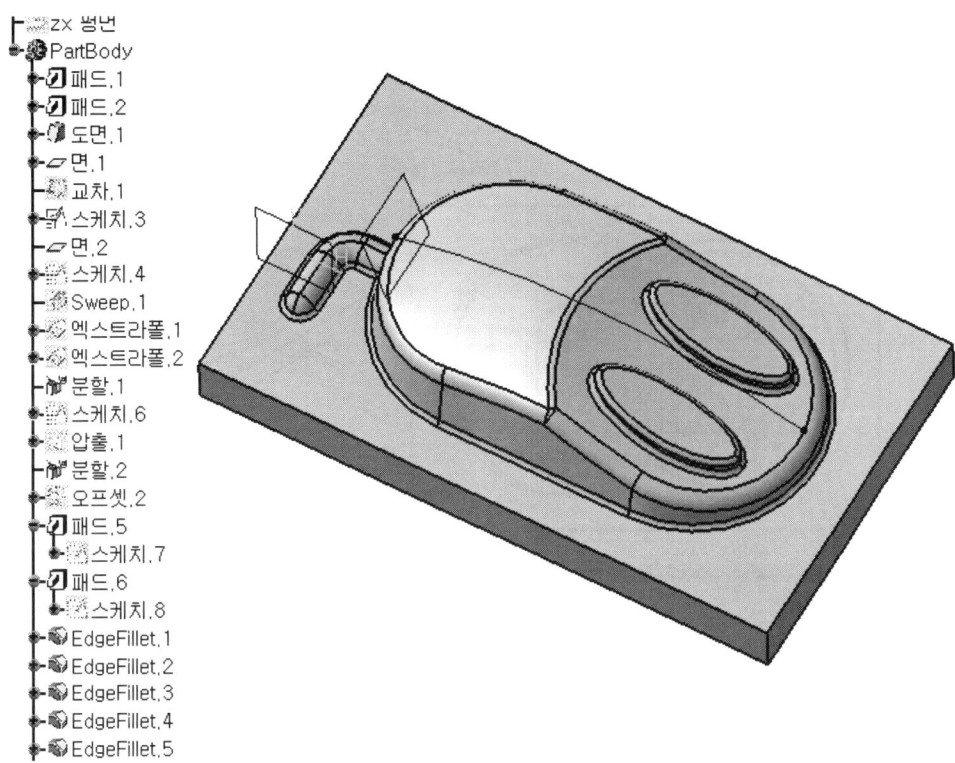

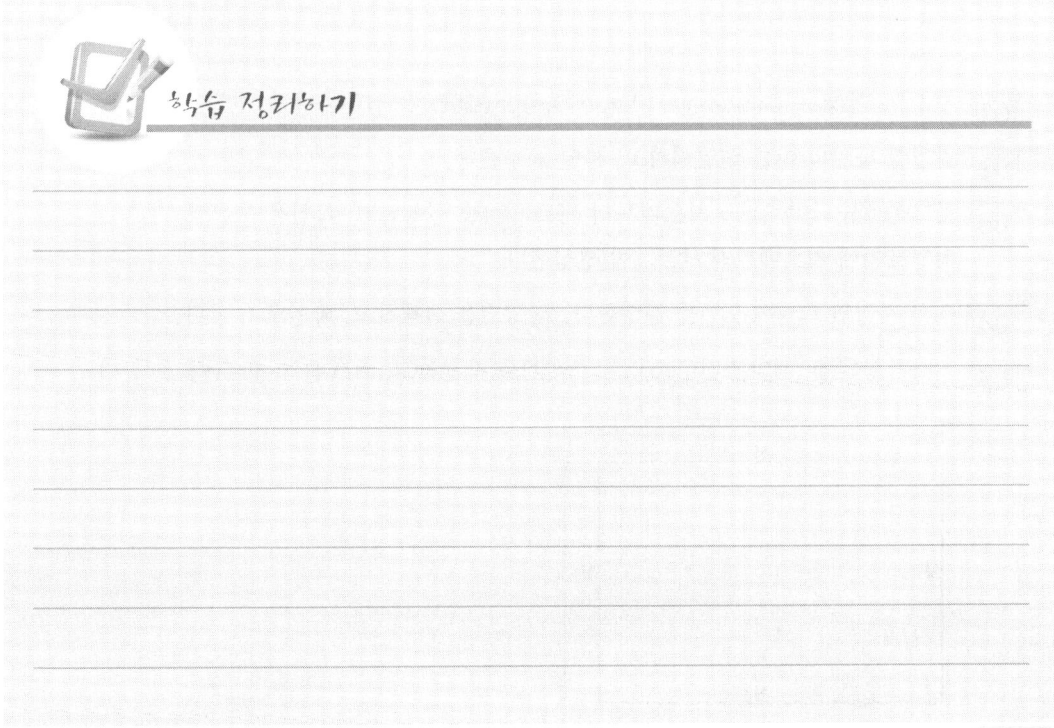

학습 정리하기

과제 3 제품설계 및 CATIA(GSD) 기법 따라하면서 배우기

다음 도면을 분석하여 Catia 기능을 활용한 모델링을 한다.

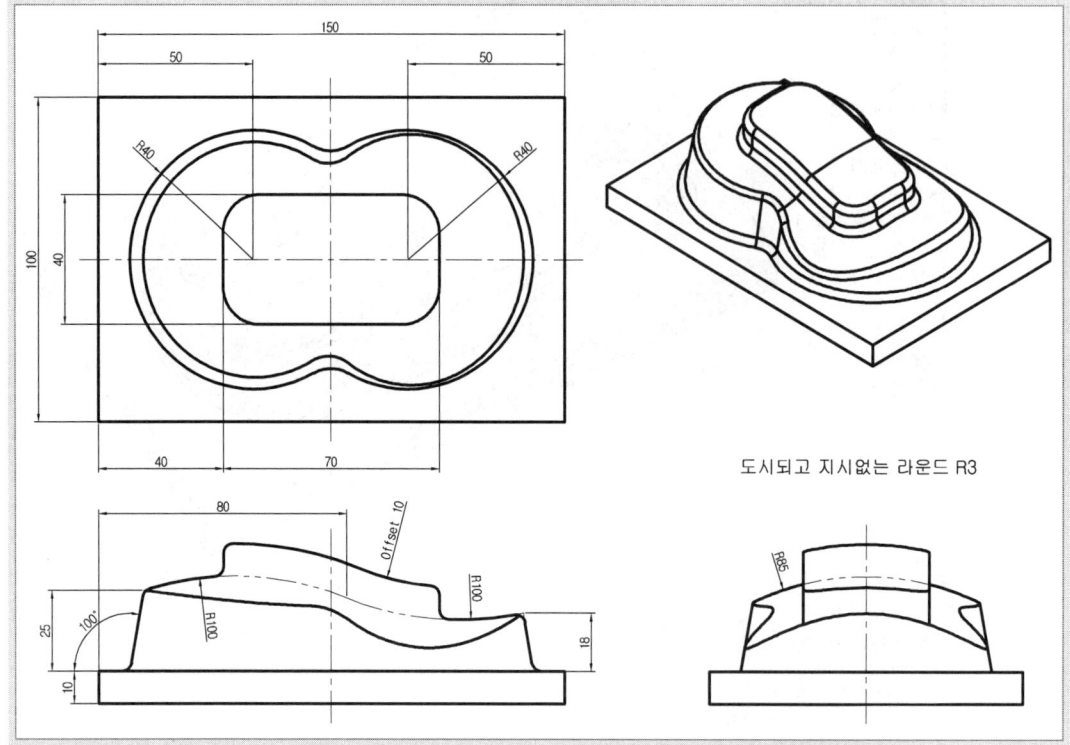

도시되고 지시없는 라운드 R3

Step 01 시작 → 형상 → Generative Shape Design(GSD)을 실행한다.

Step 02 작업할 파일의 이름을 입력하고, 확인을 누른다.

Step 03 풀다운메뉴 → 삽입 → 지오메트리 세트(⬚)를 실행하고, 확인을 누른다.
작업트리에 지오메트리 세트.1이 생성된다.

Step 04 위치 지정된 스케치(⬚)를 실행한다. xy평면을 선택하고, 확인을 누른다.

Step 05 직사각형(⬚), 제약조건(⬚)으로 스케치를 작성하고, 워크벤치 종료(⬚)를 한다.

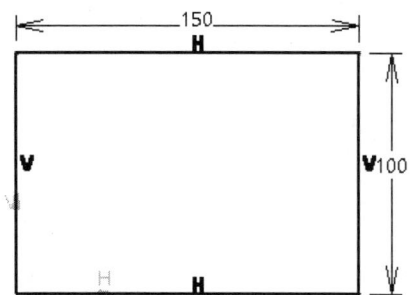

Step 06 압출(🗲)을 실행한다. 한계1에 치수를 입력하고, 확인을 누른다.

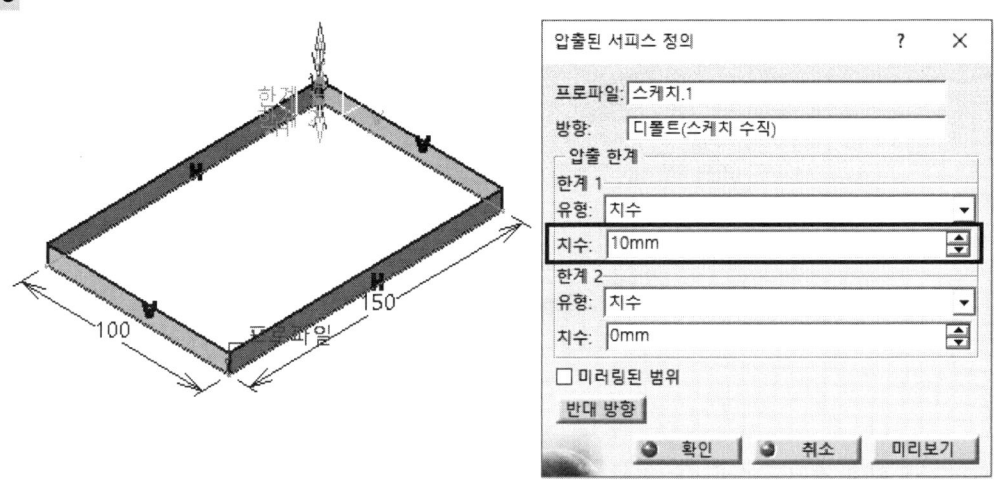

Step 07 채우기(△)를 실행한다. 사각형상의 위쪽 4군데 모서리를 차례대로 선택한다. "닫힌 윤곽선"이라는 메시지가 나타나면, 확인을 누른다.

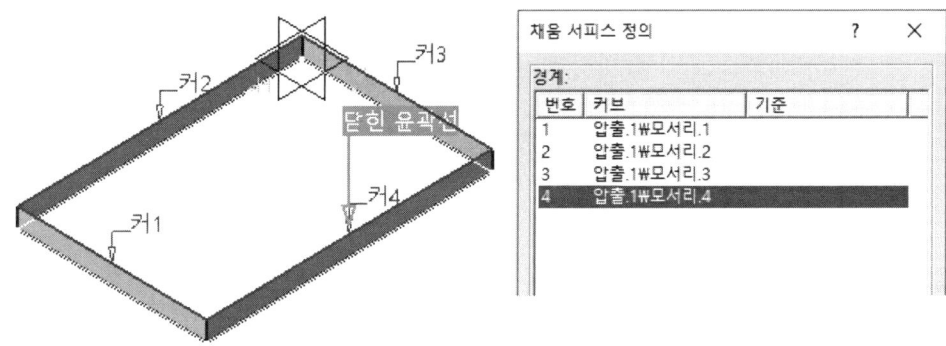

Step 08 결합(🗋)을 실행한다. 앞에서 작성한 압출과 채우기를 선택하고, 확인을 누른다.

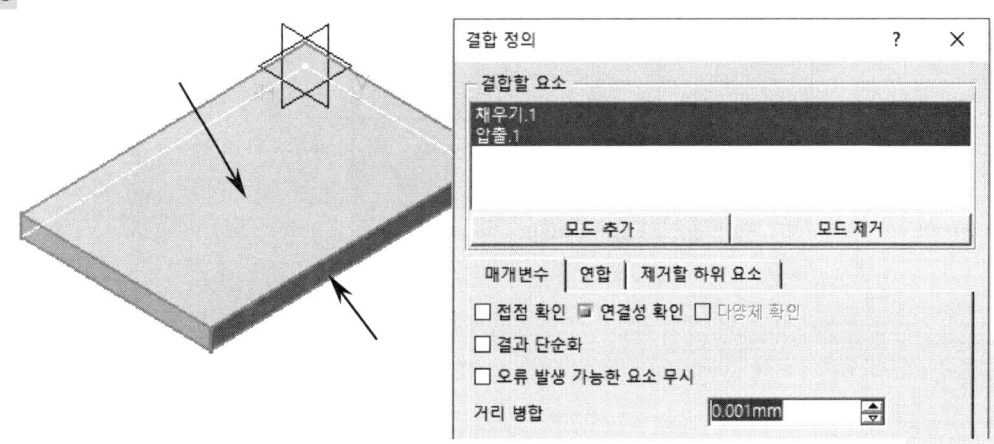

Step 09 Plane(⬜)을 실행하고, [평면에서 오프셋]으로 설정한다.
zx평면을 선택한다. 오프셋 50을 입력하고, 확인을 누른다. (면.1이 생성된다.)

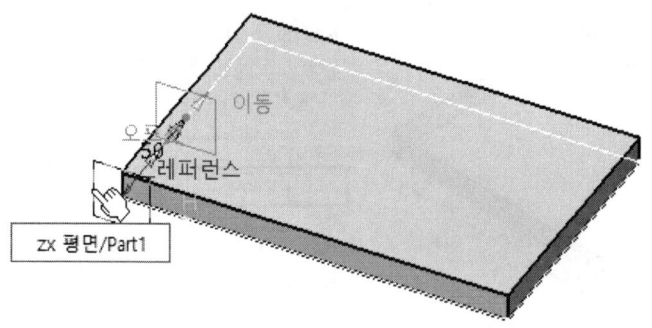

Step 10 위치 지정된 스케치(✏️)를 실행한다. 사각형상의 윗면을 선택하고, 확인을 누른다.

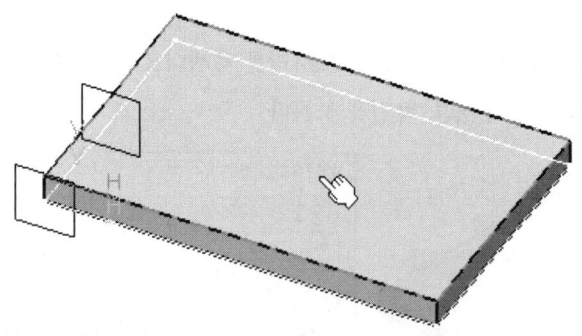

Step 11 원(⊙), 제약조건(📏), 즉시 자르기(✂️)으로 스케치를 작성한다.
워크벤치 종료(⬆️)를 한다.

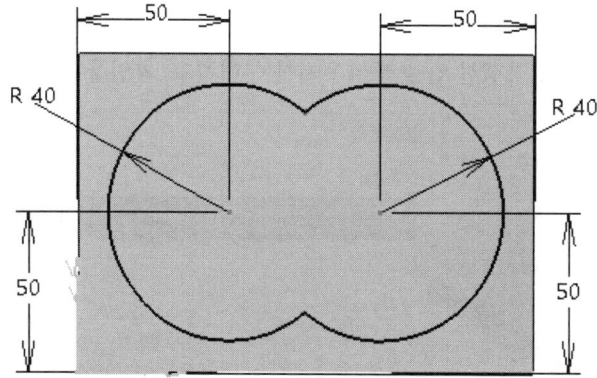

Step 12 Sweep(◎)를 실행한다.

① 프로파일 유형은 "선", ② 하위유형은 "레퍼런스 서피스 사용"으로 설정한다.
③ 가이드 커브 1에서 작성한 스케치를 ④ 레퍼런스 서피스는 형상의 윗면을 선택한다.
⑤ 각도와 길이 값을 입력하고, ⑥ Sweep 생성방향의 화살표를 클릭한다.

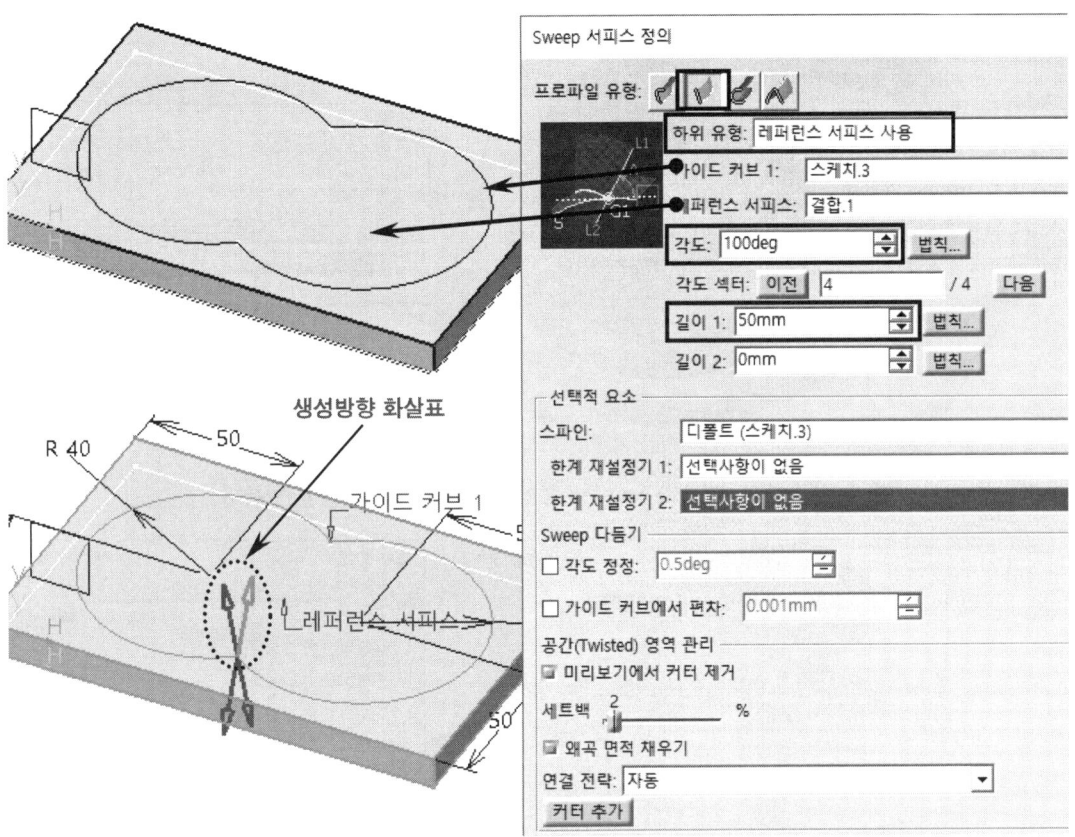

Step 13 확인을 누른다.

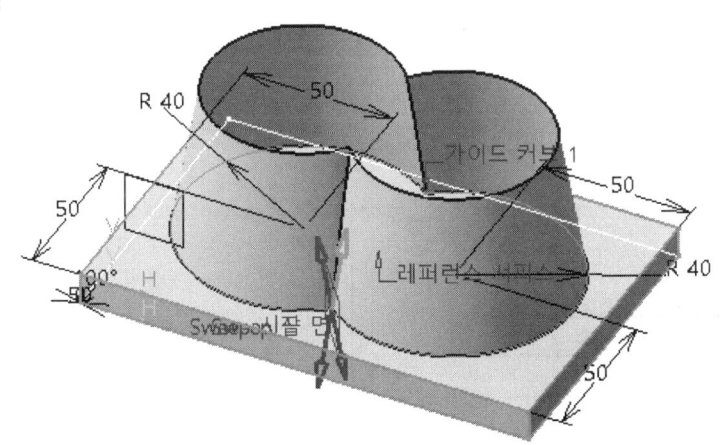

Step 14 자르기(🔲)를 실행한다. 자르기를 하고 남아있을 면으로
① Sweep 형상과 ② 사각형상의 윗면을 선택한다.
다른면/다음요소를 한번 씩 눌러 생성되는 결과를 미리 볼 수가 있다. 확인을 누른다.

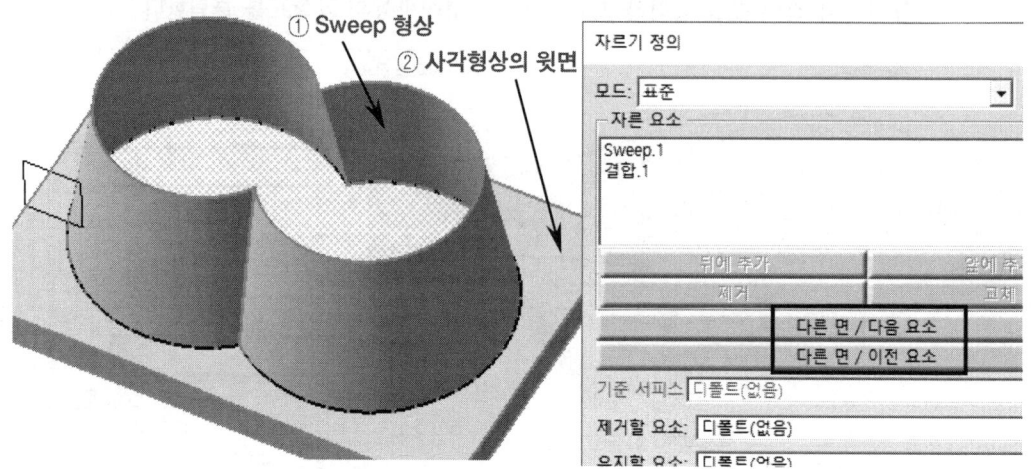

Step 15 교차(🔲)를 실행한다. 면.1과 Sweep 형상을 선택한다. 확인을 누른다.

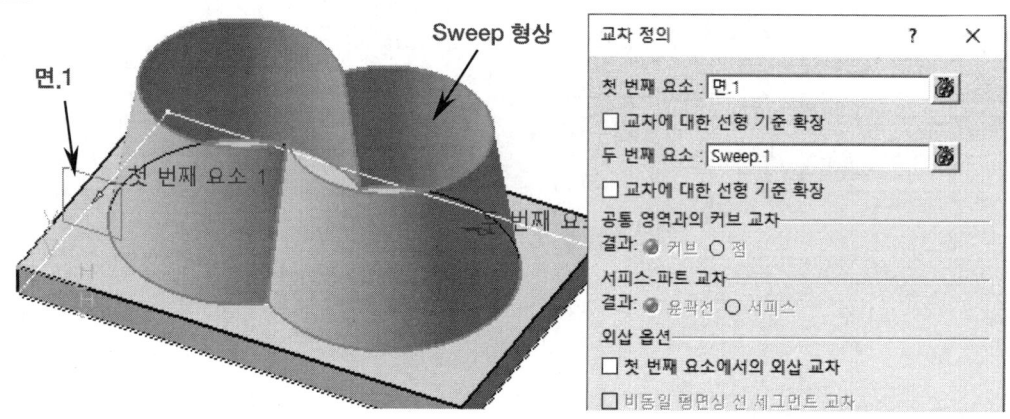

Step 16 "추출을 사용하여 단 하나의 하위 요소만 유지"를 선택하고, 확인을 누른다.

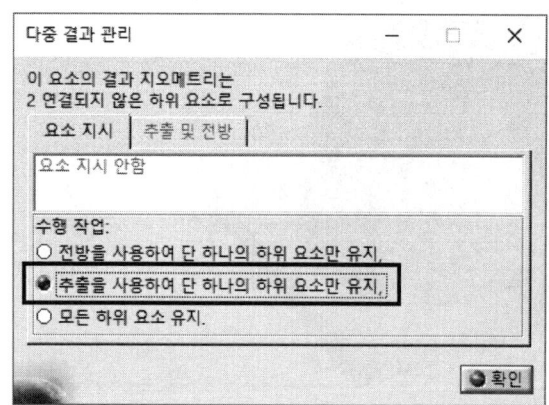

Step 17 "취소"를 누른다. 형상 양쪽에 교차선이 생성되었다.

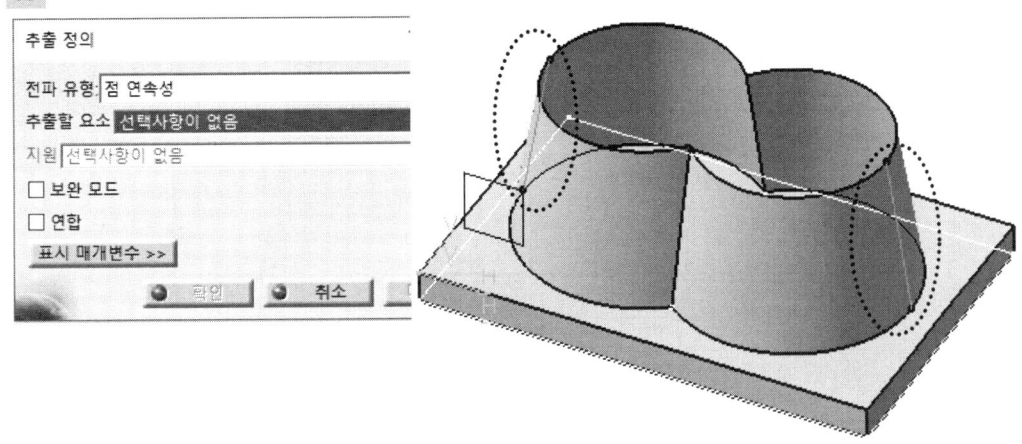

Step 18 위치 지정된 스케치(📐)을 실행하고, 생성한 면.1을 선택한다.
H,V 방향을 체크하고, 확인을 누른다.

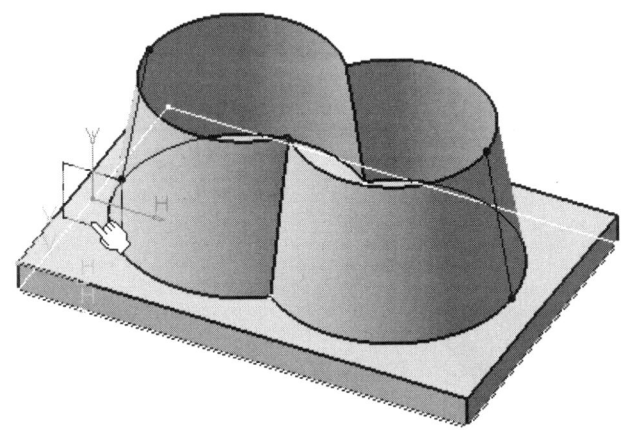

Step 19 세 점 호(⌒)를 이용하여 다음과 같이 스케치를 한다.

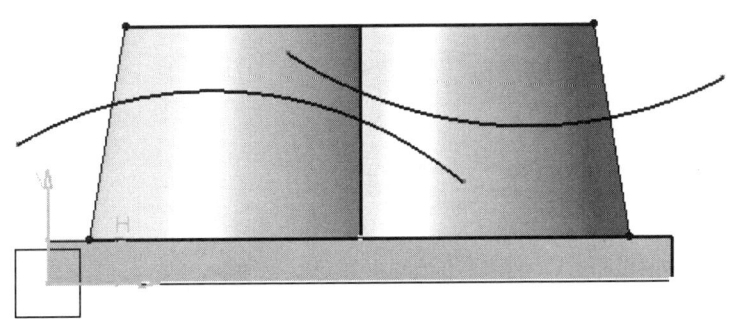

Step 20 제약조건(📐)으로 스케치를 작성한다. 워크벤치 종료(🔼)를 한다.

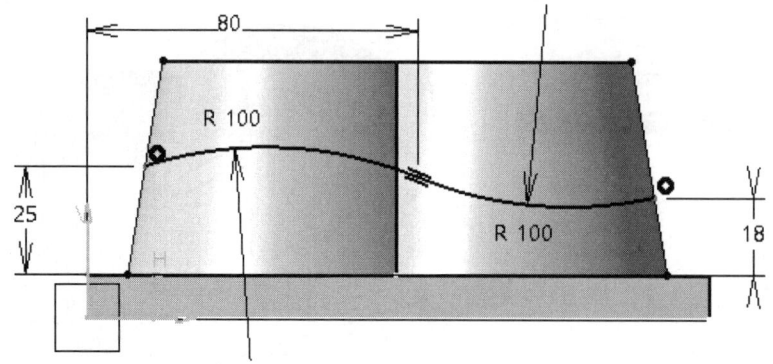

Step 21 Plane(⬜)을 실행하고, [커브에 수직]으로 설정한다.
① 커브에 작성한 스케치 선택, ② 점에 스케치의 끝점을 선택하고, 확인을 누른다.
면.2가 생성된다.

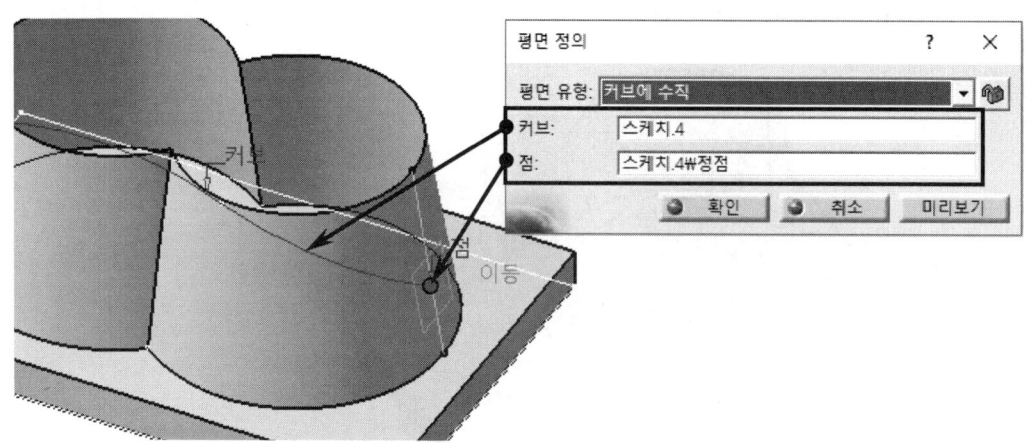

Step 22 위치 지정된 스케치(📐)를 실행한다. 생성한 수직면(면.2)을 선택하고, 확인을 누른다. H, V 방향을 체크한다.

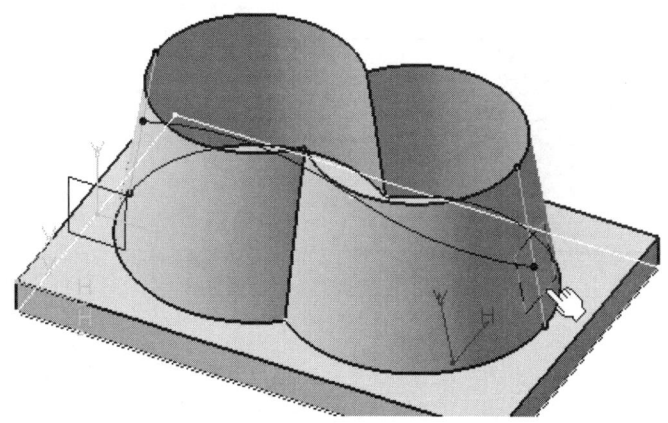

Step 23 세 점 호(◯)를 이용하여 다음과 같이 스케치를 한다.

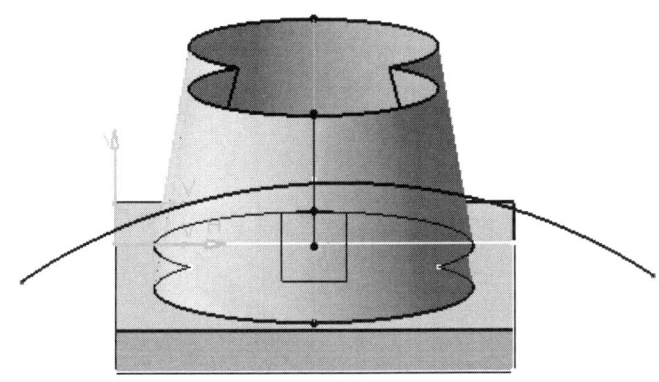

Step 24 제약조건(⬚)으로 스케치를 작성한다. 워크벤치 종료(⬆)를 한다.

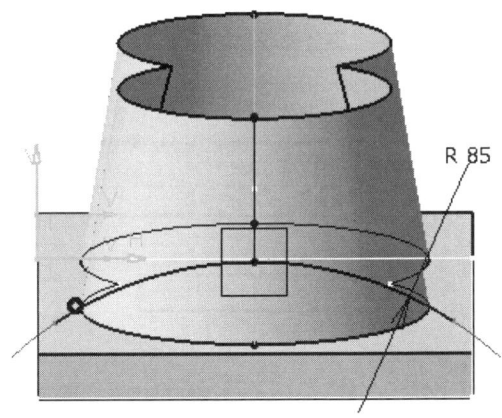

Step 25 Sweep(⬚)를 실행한다.
① 프로파일 유형은 "명시", ② 하위유형은 "레퍼런스 서피스 사용"으로 설정한다.
③ 프로파일과 가이드 커브를 선택한다.

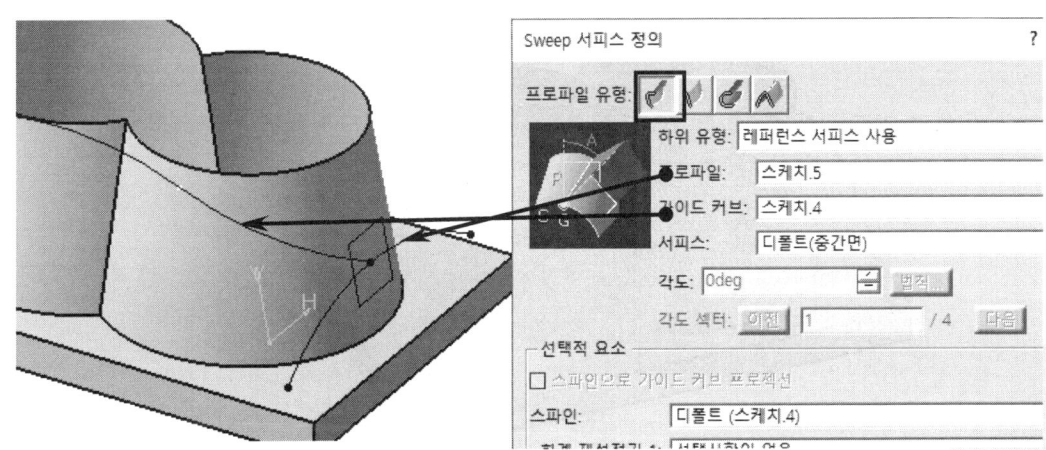

Step 26 확인을 누른다.

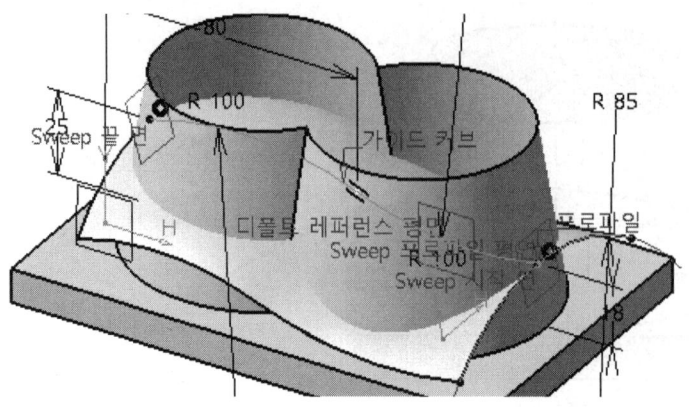

Step 27 외삽(🗡)을 실행한다.
① 경계에 Sweep의 모서리를 선택하고, ② 외삽됨에 Sweep면을 선택한다.
③ 길이를 입력하고, 확인을 누른다.

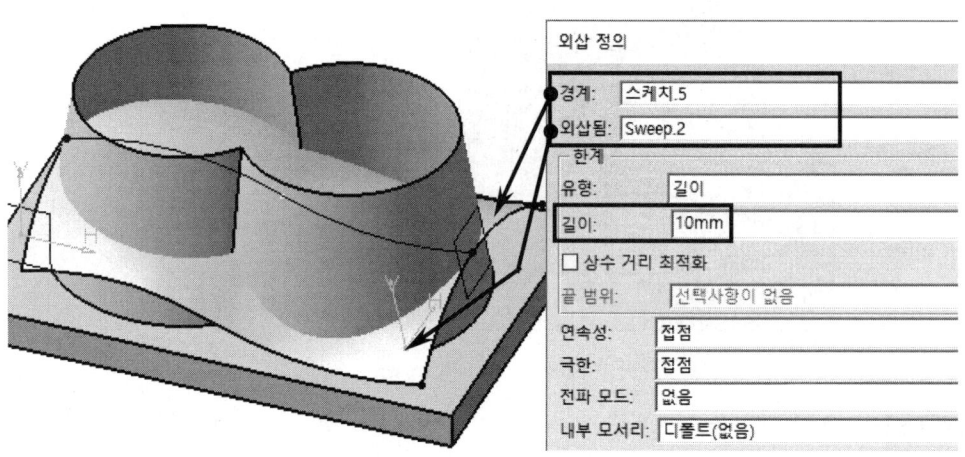

Step 28 반대편 경계도 외삽(🗡)을 한다.

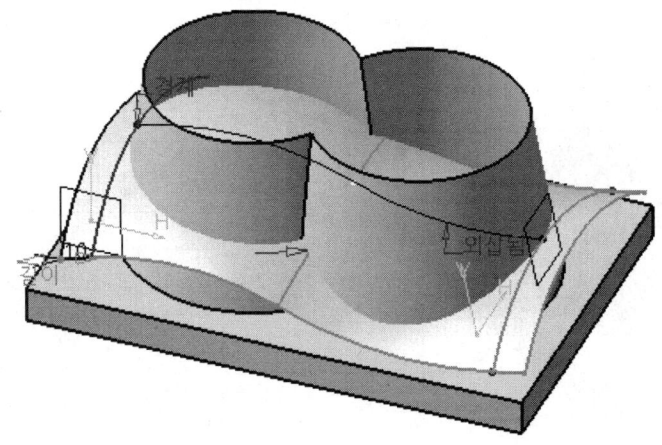

Step 29 자르기( )를 실행한다. 자르기를 하고 남아있을 면으로
① Sweep 형상의 안쪽면과 ② 형상의 아래쪽 면을 선택한다.
다른면/다음요소를 한번 씩 눌러 생성되는 결과를 미리 볼 수가 있다. 확인을 누른다.

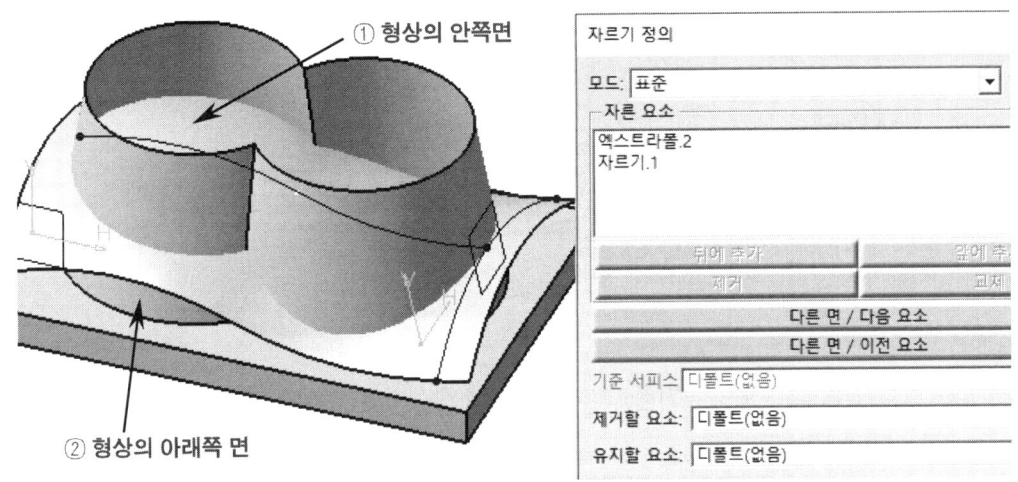

Step 30 오프셋( )을 실행하고, 작업트리에서 Sweep.2를 선택한다.
오프셋 값을 입력하고, 반대 방향 버튼으로 방향을 위로 향하게 한다.
확인을 누른다.

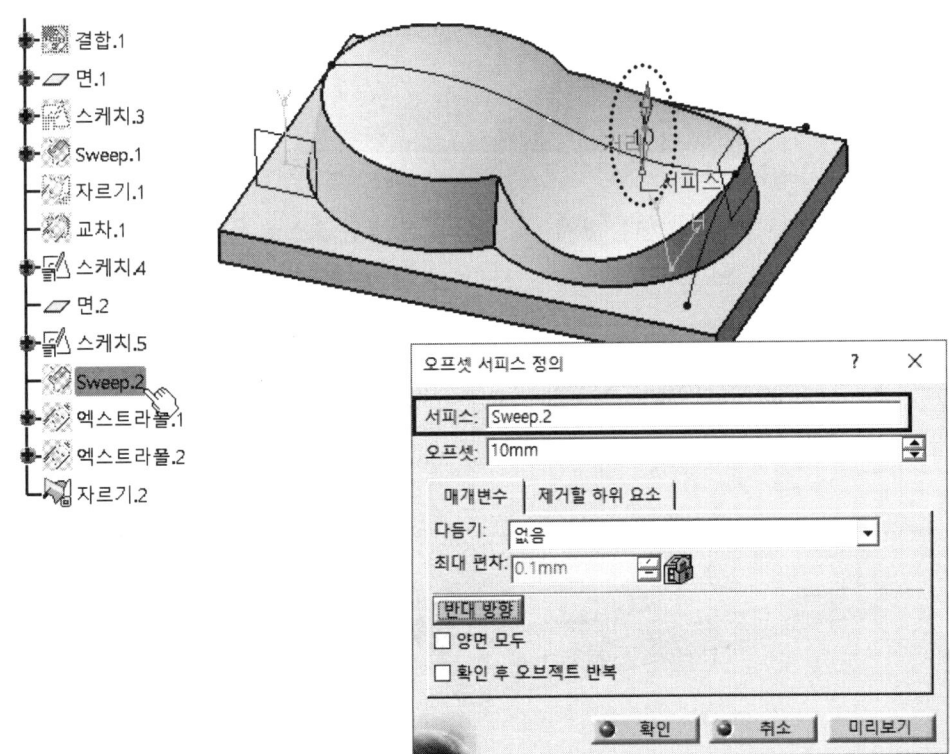

Step 31 위치 지정된 스케치(📐)를 실행한다. 사각형상의 윗면을 선택하고, 확인을 누른다.

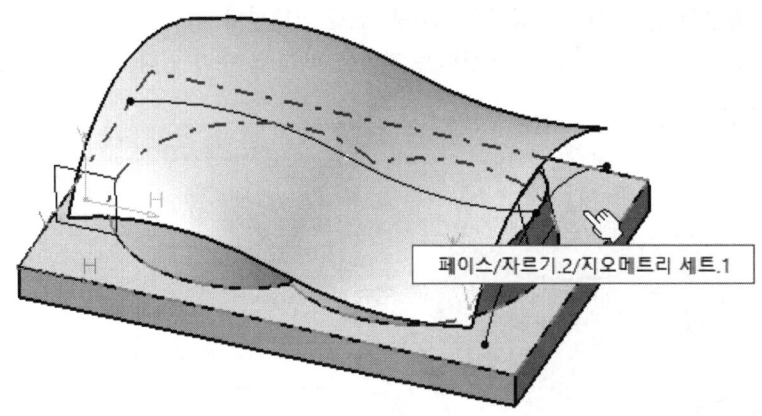

Step 32 직사각형(▭), 제약조건(📐)으로 스케치를 작성하고, 워크벤치 종료(📤)를 한다.

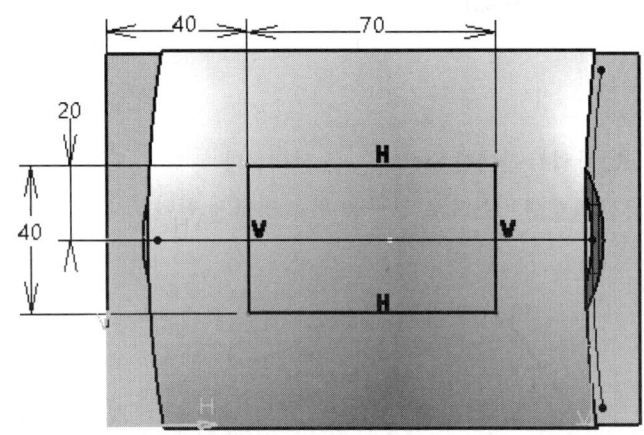

Step 33 압출(📦)을 실행한다. 한계 1의 유형을 끝 범위 요소로 설정하고, 오프셋 면을 선택한다. 확인을 누른다.

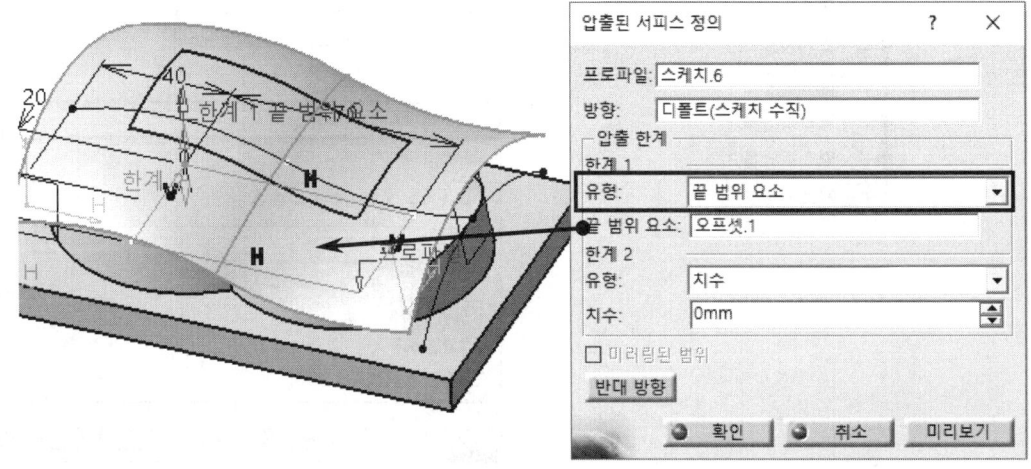

✔ 이제 압출(Extrude) 형상을 위, 아래로 자르기를 하면서 형상을 완성시켜 나간다.

Step 34 자르기( )를 실행한다. 자르기를 하고 잘라낼 면으로
① 곡면의 아래쪽 형상과 ② 형상의 사각 내부 면을 선택한다.
다른면/다음요소를 한번 씩 눌러 생성되는 결과를 미리 볼 수가 있다. 확인을 누른다.

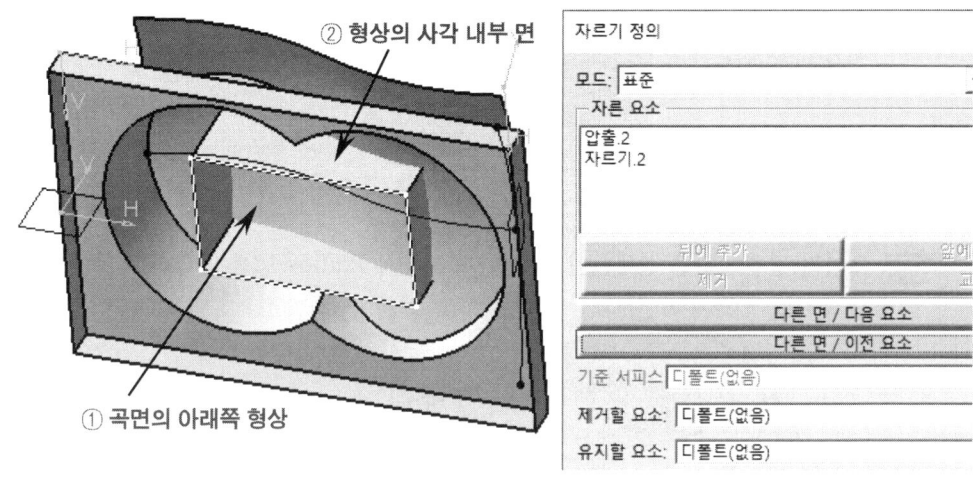

Step 35 다시 자르기( )를 실행한다. 자르기를 하고 남아있을 면 면으로
① Sweep 면의 안쪽 영역과 ② 형상의 바깥 영역을 선택한다.
다른면/다음요소를 한번 씩 눌러 생성되는 결과를 미리 볼 수가 있다. 확인을 누른다.

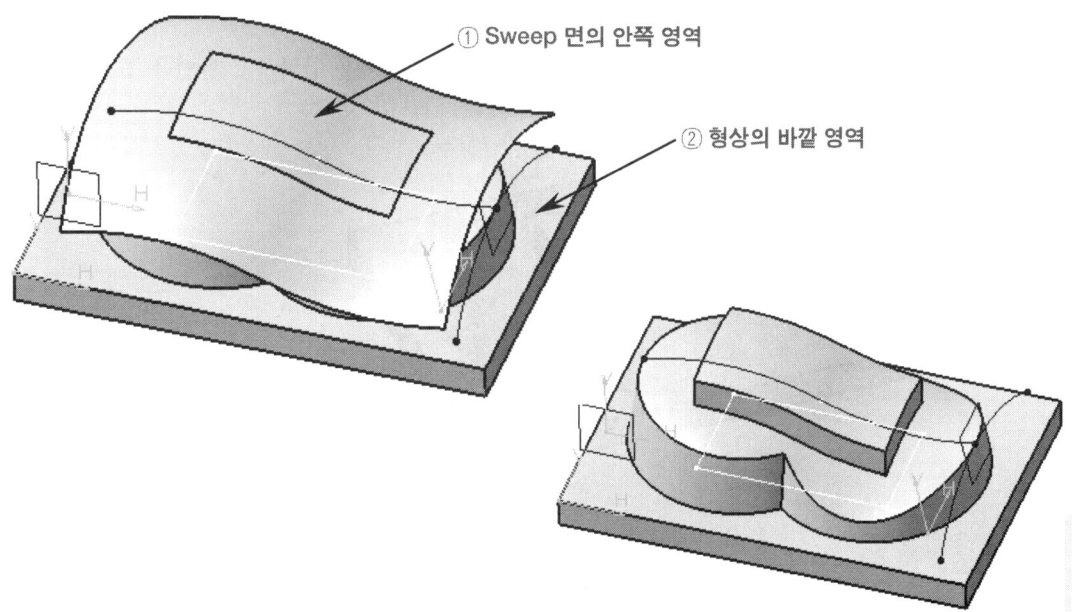

Step 36 모서리 필렛(⌒)을 실행한다. 선택한 모서리에 Radius 12를 입력하고 확인을 누른다.

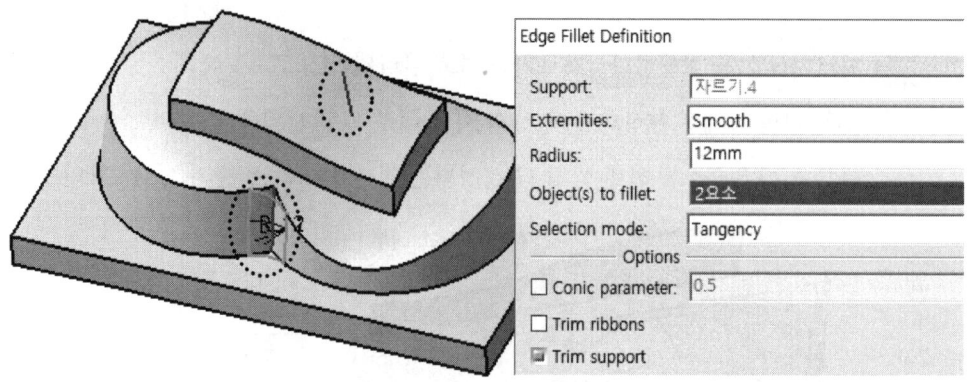

Step 37 모서리 필렛(⌒)을 실행한다. 선택한 모서리에 Radius 12를 입력하고 확인을 누른다.

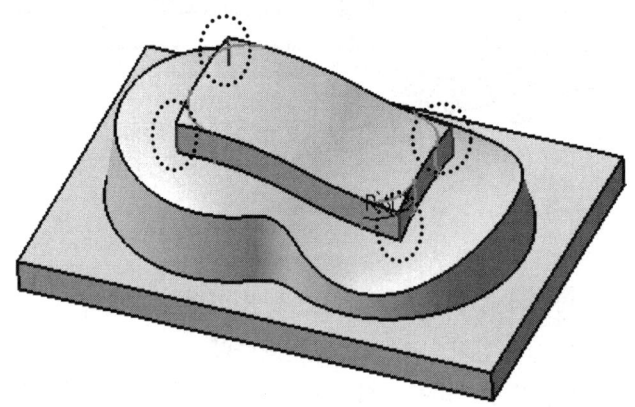

Step 38 모서리 필렛(⌒)을 실행한다. 선택한 모서리에 Radius 3을 입력하고 확인을 누른다.

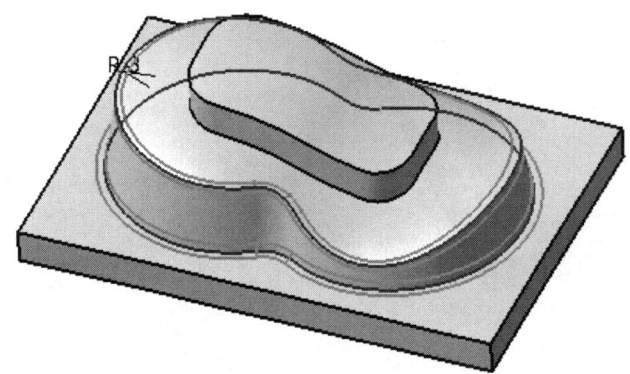

Step 39 모서리 필렛(⌒)을 실행한다. 선택한 모서리에 Radius 3을 입력하고 확인을 누른다.

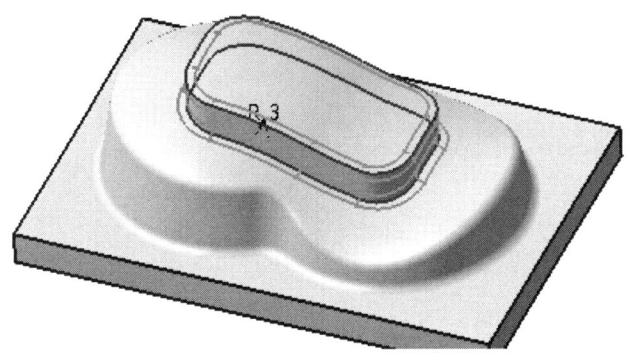

Step 40 채우기(⌂)를 실행한다. 사각형상의 아래쪽 4군데 모서리를 차례대로 선택한다.
(여기서는 아래에 스케치.1이 있으므로 하나만 선택해도 된다.)
"닫힌 윤곽선"이라는 메시지가 나타나면, 확인을 누른다.

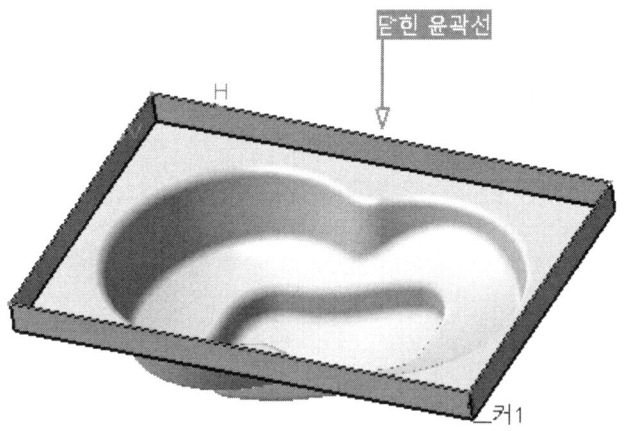

Step 41 결합(▦)을 실행한다. 앞에서 작성한 채우기와 형상을 선택하고, 확인을 누른다.

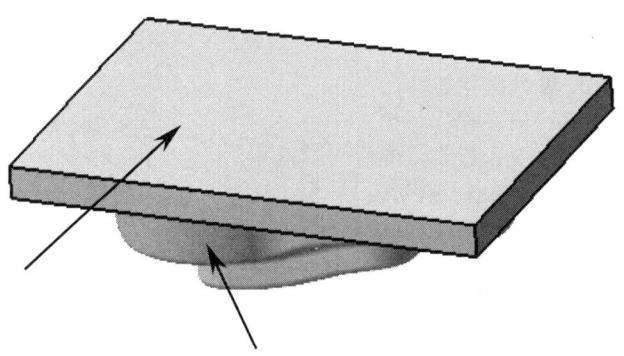

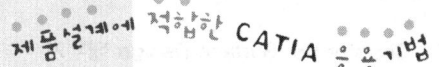

Step 42 시작 → 기계 디자인 → Part Design을 실행한다.

Step 43 Close Surface(⬙)를 실행한다. 에러 창이 나오면 확인을 누른다.

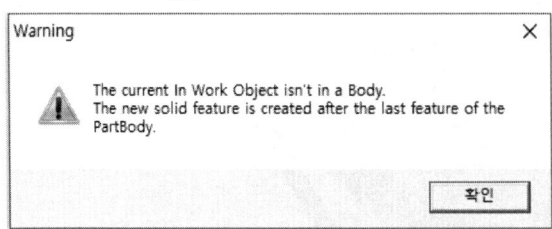

Step 44 형상을 선택하고, OK를 누른다.

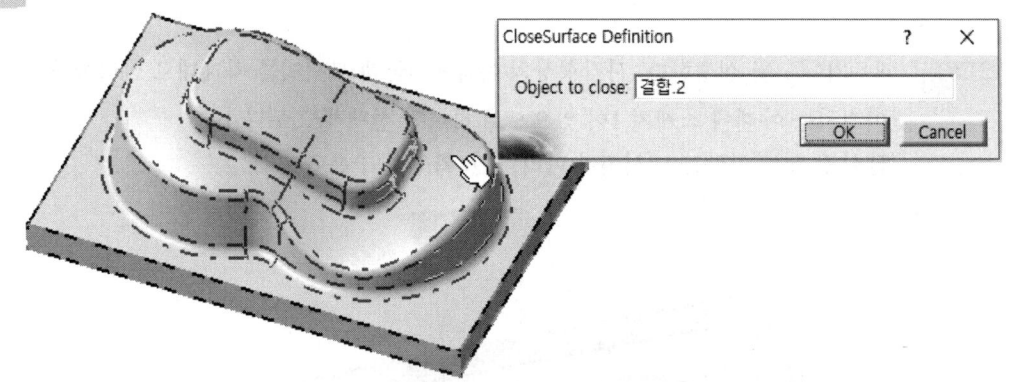

Step 45 작업트리의 지오메트리 세트.1에서 마우스 오른쪽 버튼을 눌러 "숨기기"를 한다.

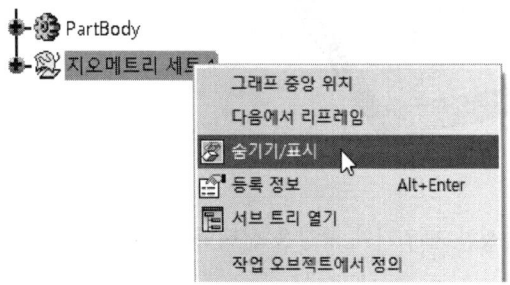

Step 46 재질 적용(🗋)을 실행하고, 확인을 누른다.

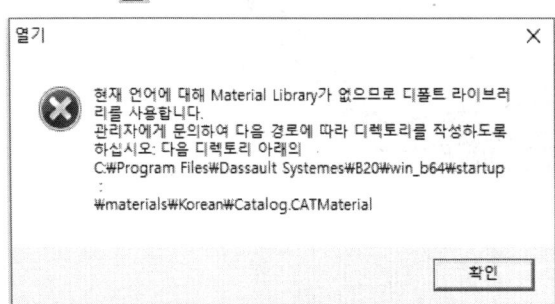

568

Chapter 08 Surface Design 배우기

Step 47 Metal 탭의 Aluminium을 마우스로 끌기하여 작업트리의 PartBody에 가져다 놓는다.

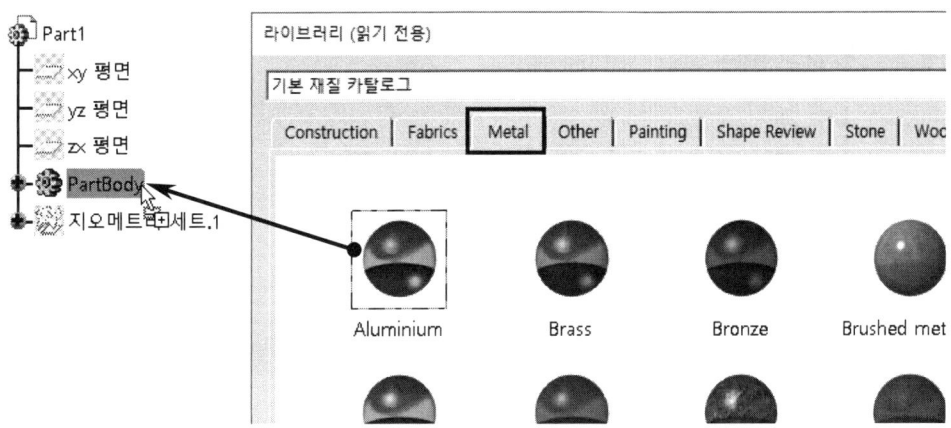

Step 48 PartBody에 알루미늄(Aluminium) 재질이 적용되었다. 확인을 누른다.

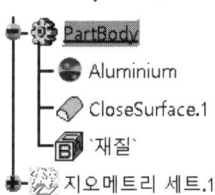

Step 49 관성 측정( )을 실행한다.

Step 50 작성한 PartBody의 각종 특성값을 확인할 수 있다.
(부피, 면적, 질량, 무게중심, 관성값 등…)

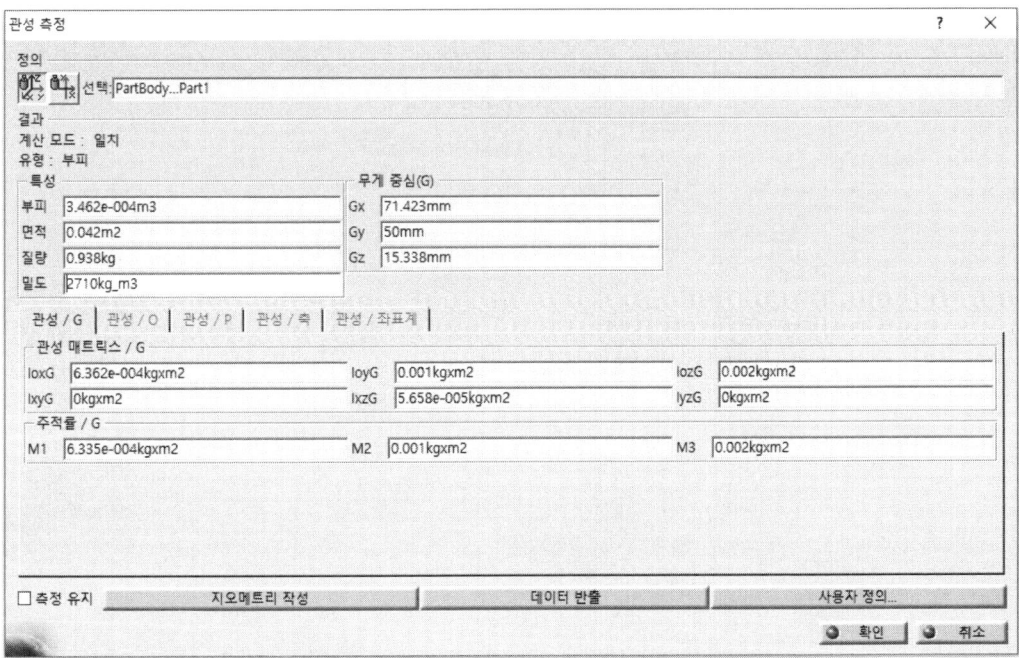

569

Step 51 확인을 누른다. 형상이 완성되었다.

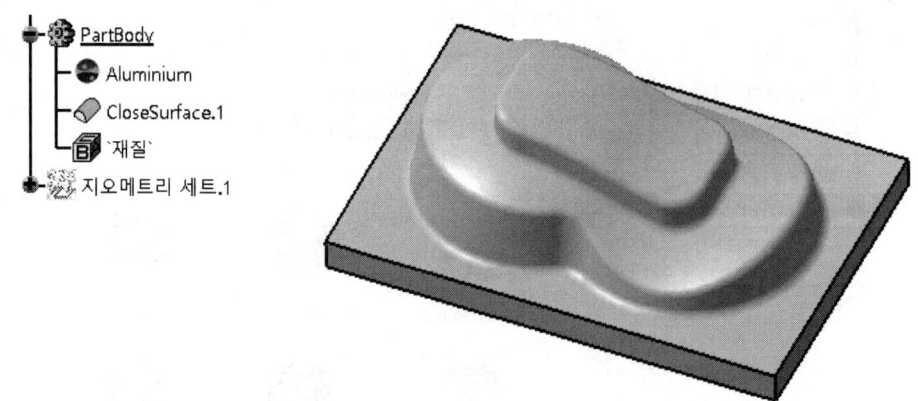

학습 정리하기

Chapter 09

Assembly Design 배우기

01	어셈블리 Design 실행하기
02	프로덕트 구조 도구
03	이 동
04	제약조건
05	공간분석

① 어셈블리 Design 실행하기

① CATIA를 실행하면 Assembly Mode가 실행된다.

② 또는 [시작 ⇒ 기계 디자인 ⇒ 어셈블리 디자인]을 눌러 조립 환경을 연다.

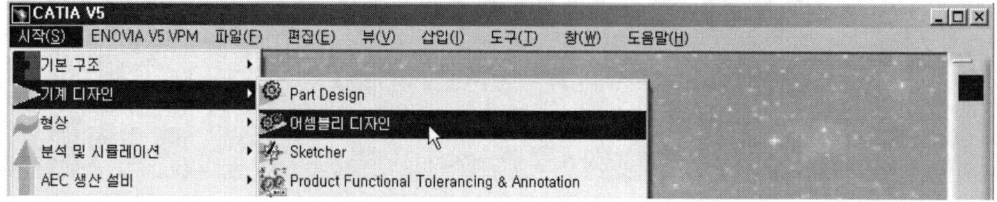

③ 도구바의 회색 영역에서 마우스 오른쪽 버튼을 클릭하여 아래와 같이 배열시킨다.

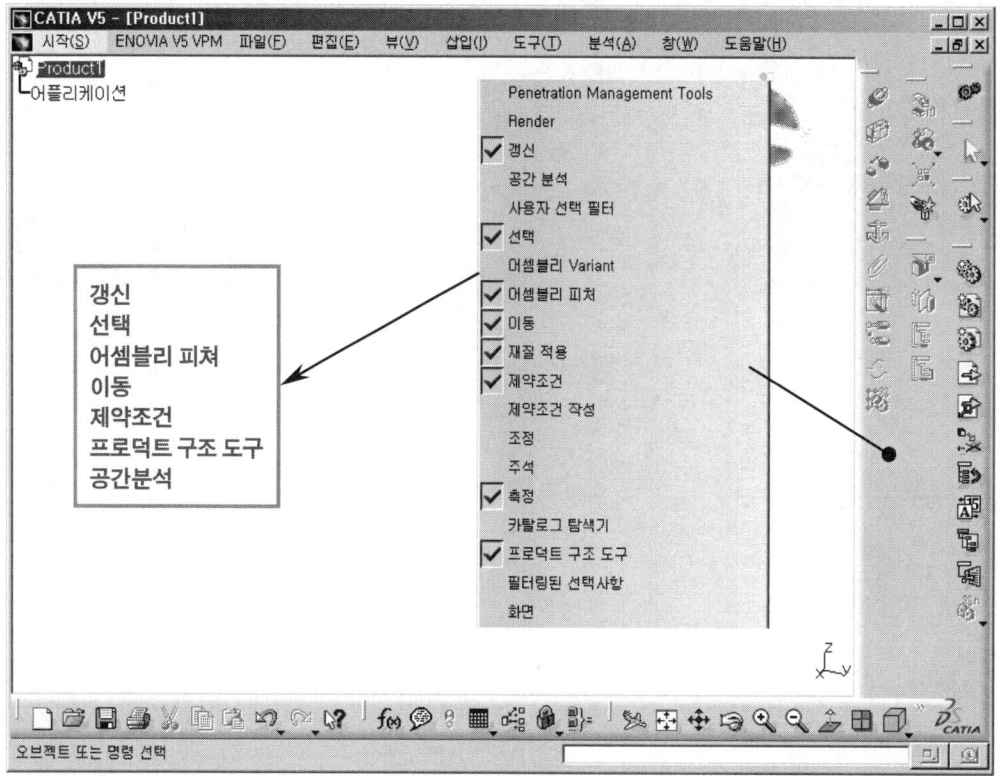

② 프로덕트 구조 도구

2.1 기존 컴포넌트

미리 완성한 부품을 불러오는 기능이다.

① 아이콘을 클릭하거나 풀다운메뉴 ⇒ 삽입 ⇒ 기존 컴포넌트를 클릭한다.

② 작업 트리에서 Product1을 클릭한다.

③ 파일 선택 창이 나타나며, 해당 폴더와 파일을 선택한다.
   [Ctrl] 또는 [Shift] 키를 누르면 동시에 여러 파일들을 선택할 수 있다.

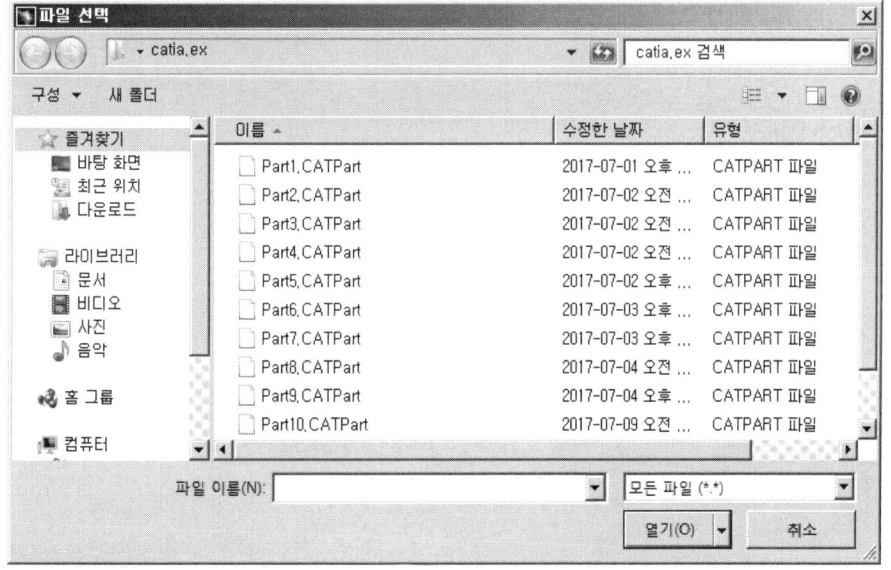

④ 열기(O) 버튼을 눌러 형상을 불러온다.

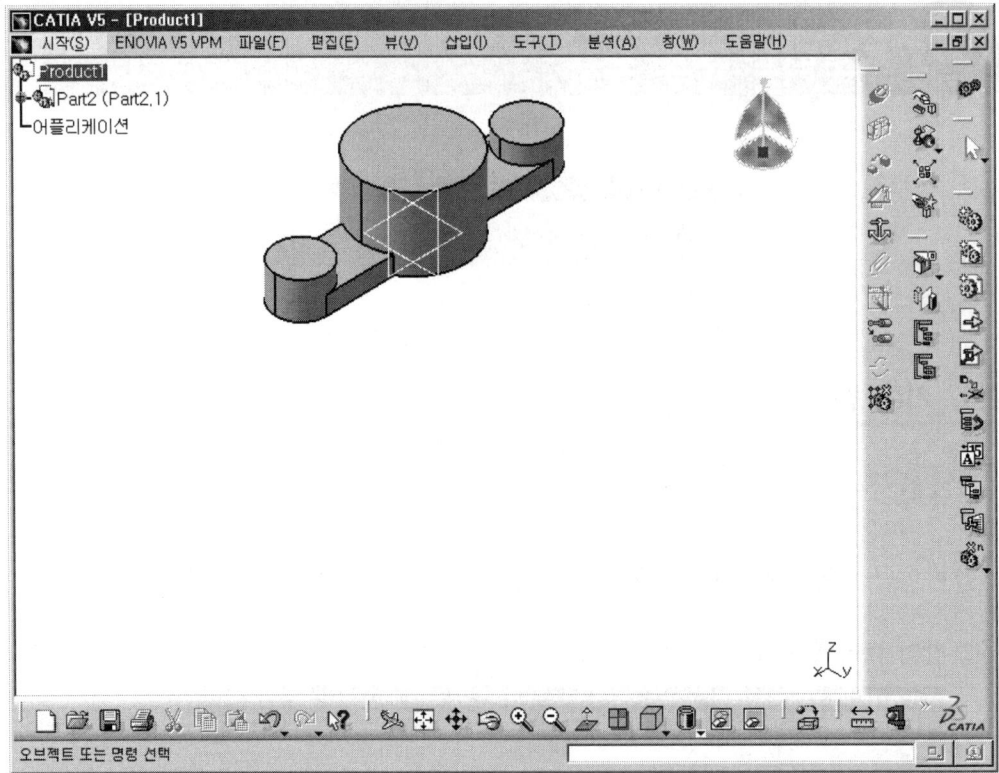

③ 이 동

3.1 조작

부품을 이동하고 회전시키는 작업을 수행하는 기능이다.

① 조작()을 클릭하여 실행하면 "조작 매개변수" 창이 열린다.

② 원하는 방향으로 이동, 회전시킬 아이콘을 클릭하고, 부품을 끌기(Drag)하여 위치를 변경한다.

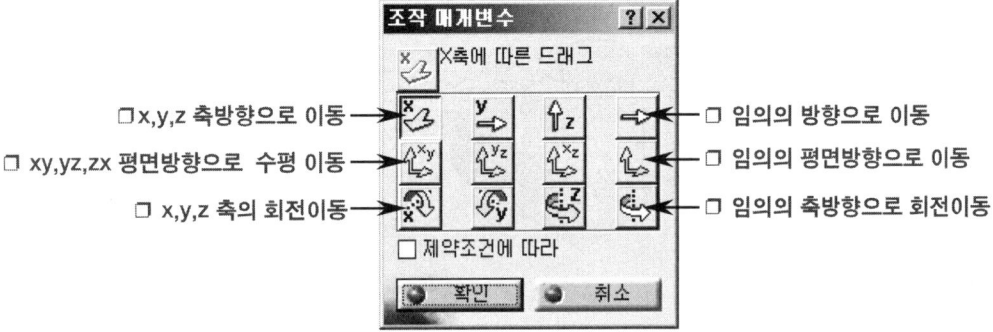

이동-조작 예
Step by Step

Step 01 [시작 ⇒ 기계 디자인 ⇒ 어셈블리 디자인]을 눌러 조립 환경을 연다.

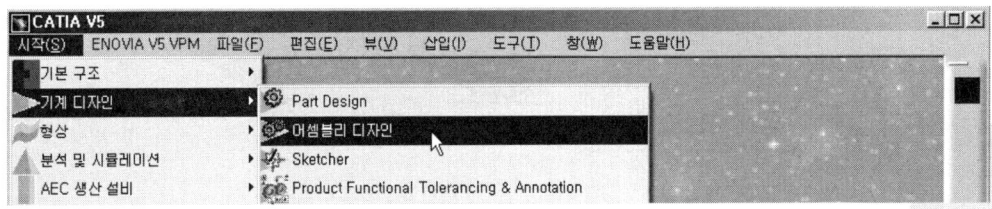

Step 02 기존 컴포넌트(📄)를 실행하고, 작업 트리에서 Product1을 클릭한다.

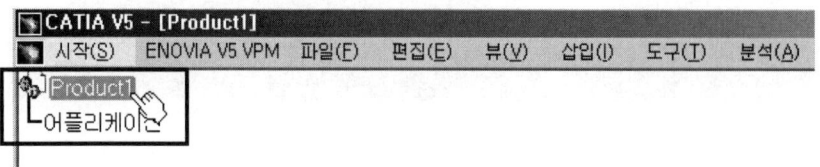

Step 03 원하는 부품(Part.A)을 선택하고 열기를 한다.

Step 04 기존 컴포넌트(📄)를 실행하고, 작업 트리에서 Product1을 클릭한 후, 원하는 부품(Part.B)을 선택하고 열기를 한다.

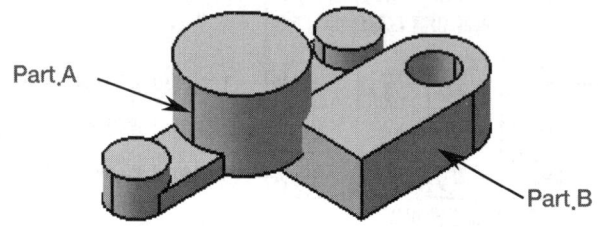

Step 05 다음과 같이 겹쳐있는 부품(Part.B)을 조작(🔧)을 이용하여 이동을 시킨다.

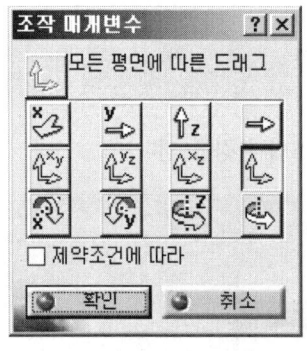 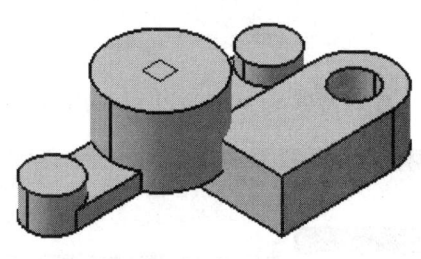

Step 06 Part.B를 X축 방향으로 이동시킨다.

조작 매개변수에서 (　)버튼을 클릭하고, Part.B부품을 마우스로 드래그를 한다.

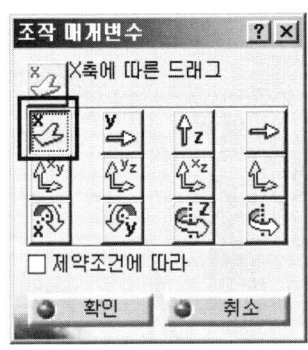
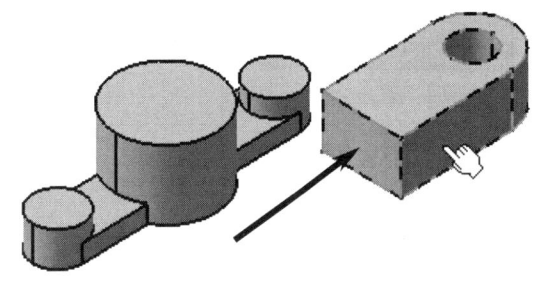

Step 07 Part.B를 지정한 축 방향으로 이동시킨다.

조작 매개변수에서 (　)버튼을 클릭하고, 이동시킬 축(모서리)을 지정한다. Part.B부품을 마우스로 드래그를 한다.

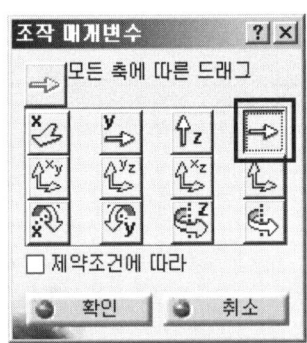
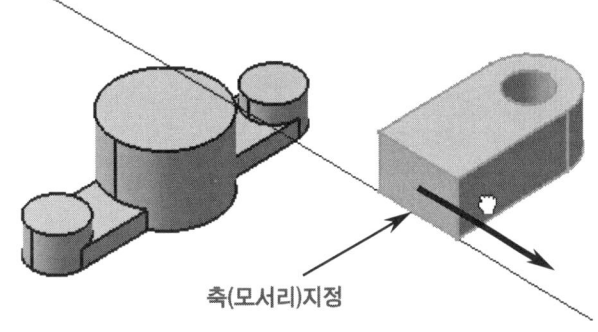

축(모서리)지정

Step 08 Part.B를 지정한 평면 방향으로 이동시킨다.

조작 매개변수에서 (　)버튼을 클릭하고, 이동시킬 평면을 지정한다. Part.B부품을 마우스로 드래그를 한다.

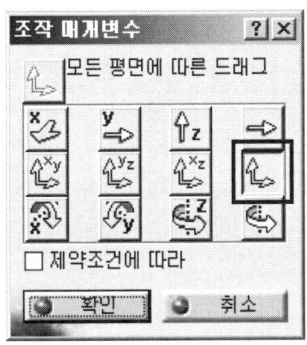

평면 지정

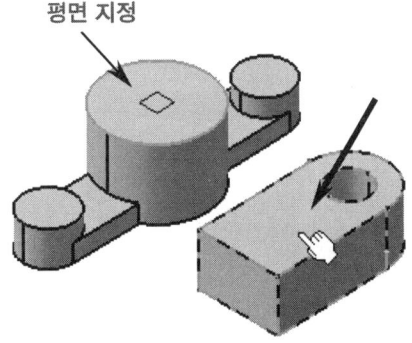

Step 09 Part.B를 지정한 축 방향으로 회전시킨다.

조작 매개변수에서 (↻)버튼을 클릭하고, 회전시킬 축(모서리)을 지정한다. Part.B부품을 마우스로 드래그를 한다.

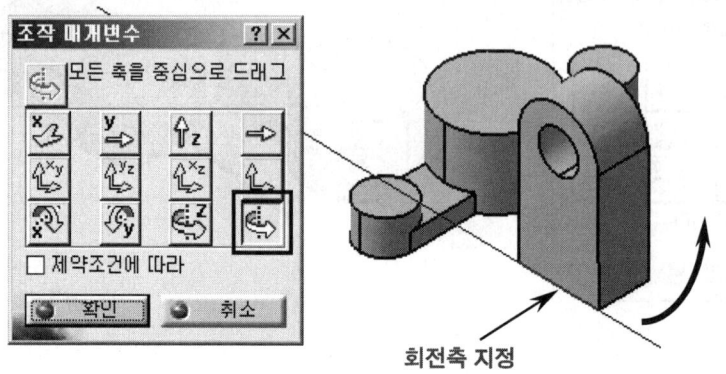

회전축 지정

4 제약조건

조립 작업을 위한 구속(조립)조건 기능을 제공한다.

회전부품일 경우에는 축을 일치시켜야 하고, 면 접촉 부품은 접촉면의 설정과 각도 등 다양한 구속이 이루어져야한다.

✔ 제약조건을 한 다음 적용하기 위해서는 꼭 갱신(❷)을 실행 시켜줘야 한다.

✔ 제약조건을 실행하면 다음 창이 열리는데, 다음부터 열 필요가 없다면 "앞으로 프롬프트 표시 안함"에 체크하고 닫기를 누른다.

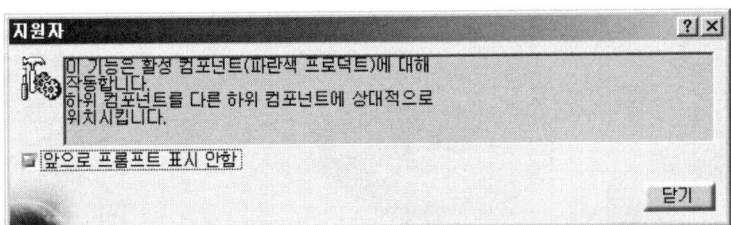

4.1 일치 제약조건

두 부품의 중심축과 중심축이 일치되게 조립한다.

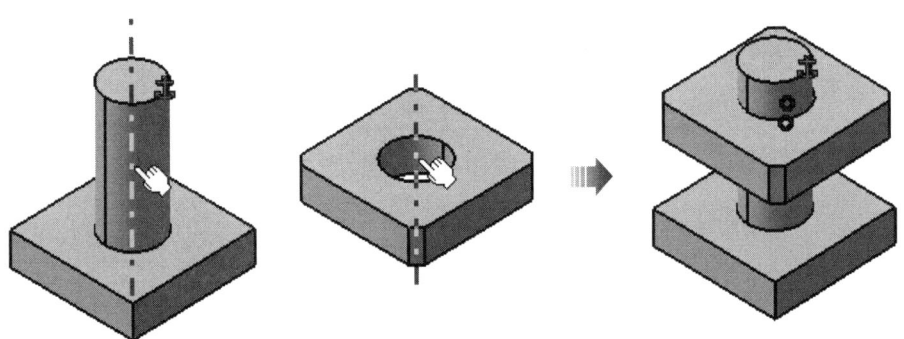

4.2 접촉 제약조건

두 부품의 면과 면이 서로 일치되게 조립한다.

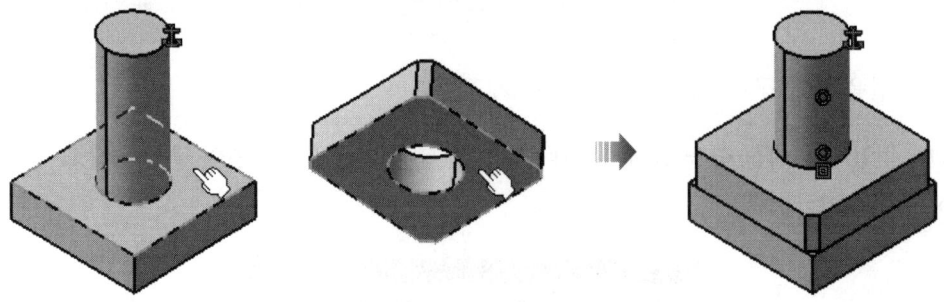

4.3 오프셋 제약조건

두 부품의 면과 면 사이에 거리를 정의하여 조립한다.

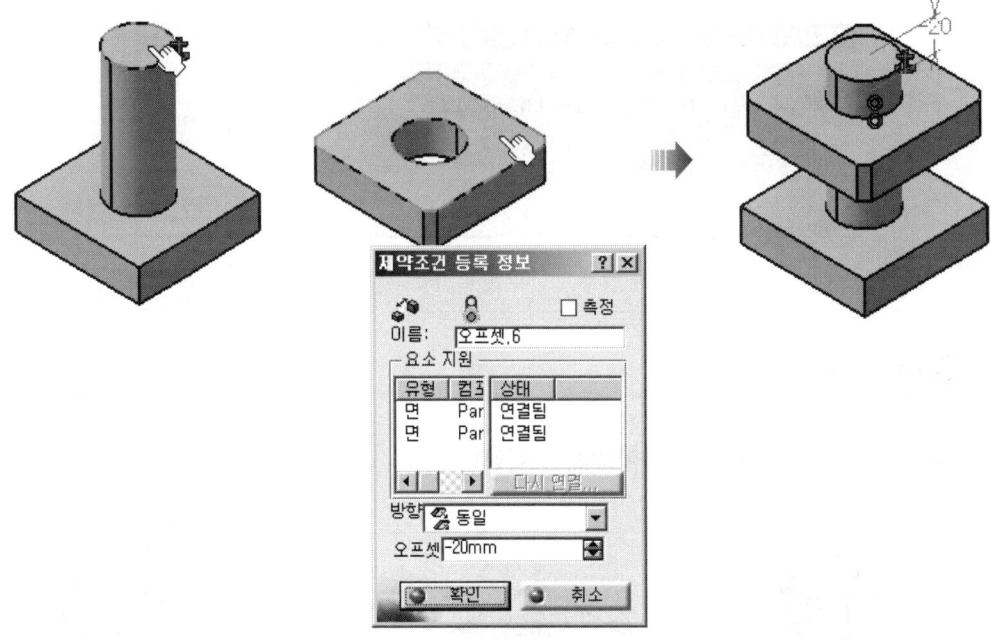

4.4 각도 제약조건

두 부품의 면과 면 사이에 각도를 정의하여 조립한다.

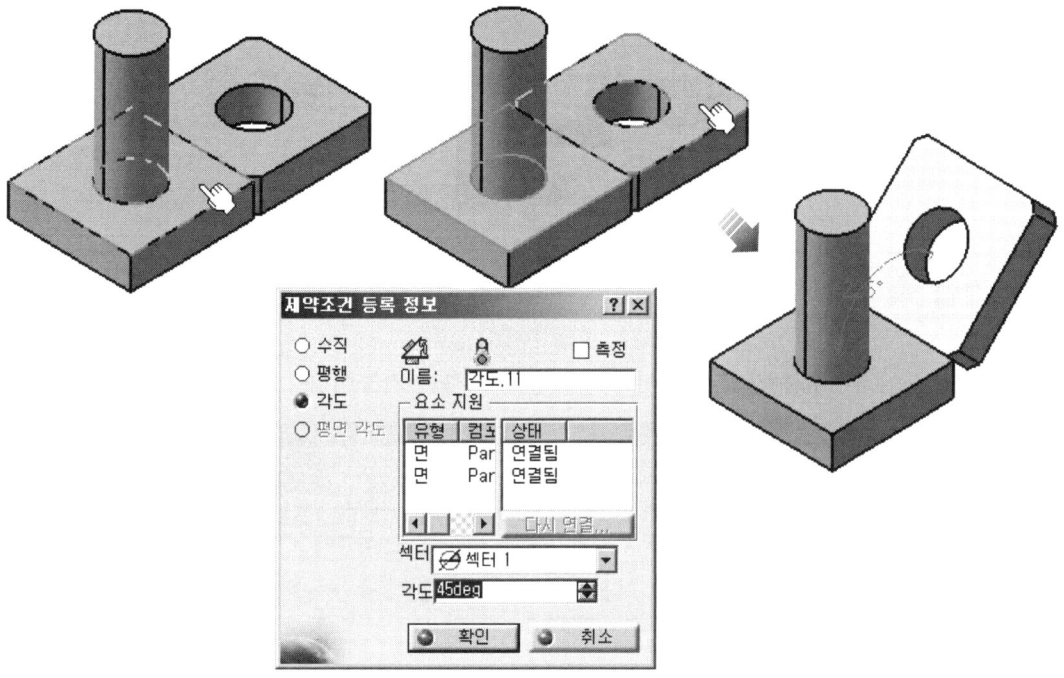

4.5 고정 컴포넌트

선택한 부품을 이동하지 못하게 고정시킨다. 기준이 되는 부품을 고정시키면 작업이 매우 편리하다.

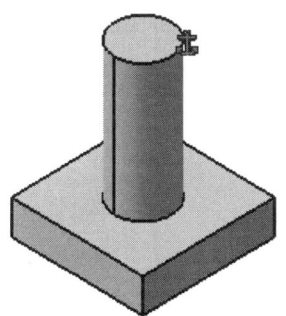

5 공간분석

조립한 제품의 조립 정확도 간섭 및 간격 등을 확인 해석하는 기능이다.

5.1 간섭

어셈블리 작업 후, 부품 간의 간섭이나 간극을 체크하는 기능이다.

① 간섭( )을 실행한다.

□ **유형** : 해석 작업의 종류를 선택한다.

- 접촉+간섭 : 접촉 여부를 해석한다.
- 간격+접촉+간섭 : 정의된 간극과 부품 간의 접촉 여부를 해석한다.
- 승인된 침투 : 두 부품이 간섭없이 접촉할 수 있는 Margin을 설정하여 해석한다.
- 간섭 룰 : 간섭이 발생할 원인을 정의하고 해석한다.

② "모든 컴포넌트 사이"를 선택하고, 적용 을 누른다.

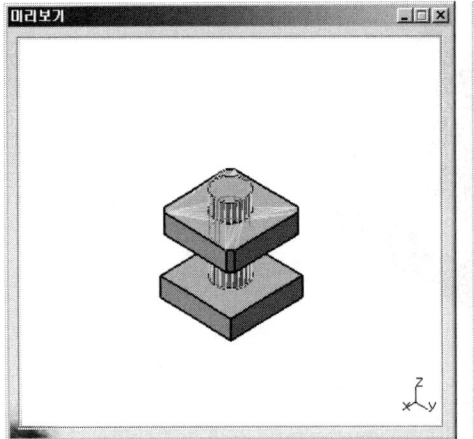
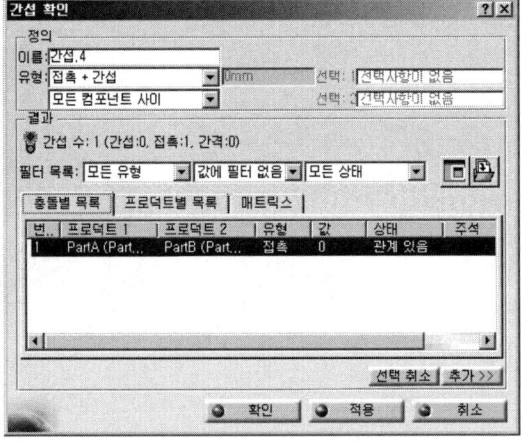

③ 미리보기와 간섭확인 창이 열린다. 미리보기 창에는 현재 접촉이 일어나고 있는 부품의 위치와 상태가 보인다.

④ 간섭확인 창에는 접촉이 일어나는 부품의 목록이 보인다. 원하는 부품 이름을 클릭하면 미리보기 창의 부품이 활성화되어 나타난다.

5.2 섹션

조립한 제품의 단면을 잘라서 부품의 조립상태를 확인할 수 있다.

5.3 거리 및 밴드 분석

조립 부품간의 간격을 측정하는 기능이다.

① 거리 및 밴드 분석 편집 창에서 유형을 "최소"로 하고, 첫 번째 부품을 선택한다.
② "두 선택 사이"로 설정하고, 두 번째 부품을 선택한다.
③ 적용 을 누른다.

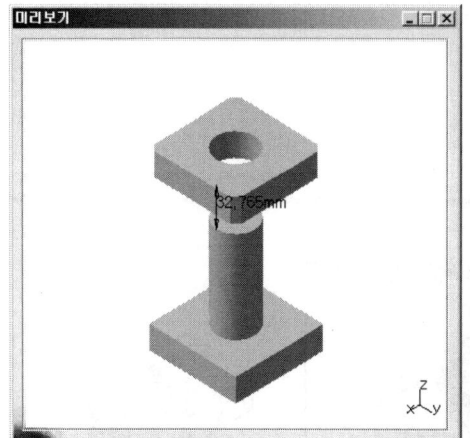
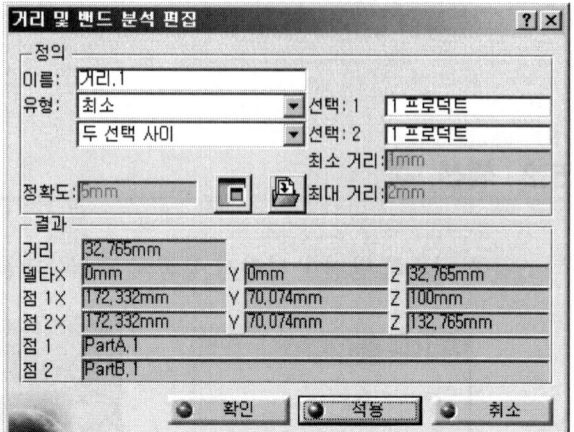

과제 CATIA 조립편 – Assembly Modeling 따라하면서 배우기 Step by Step

앞에서 모델링한 [캐스터]의 Base, Support, Wheel, Shaft, Bush 부품을 조립한다.

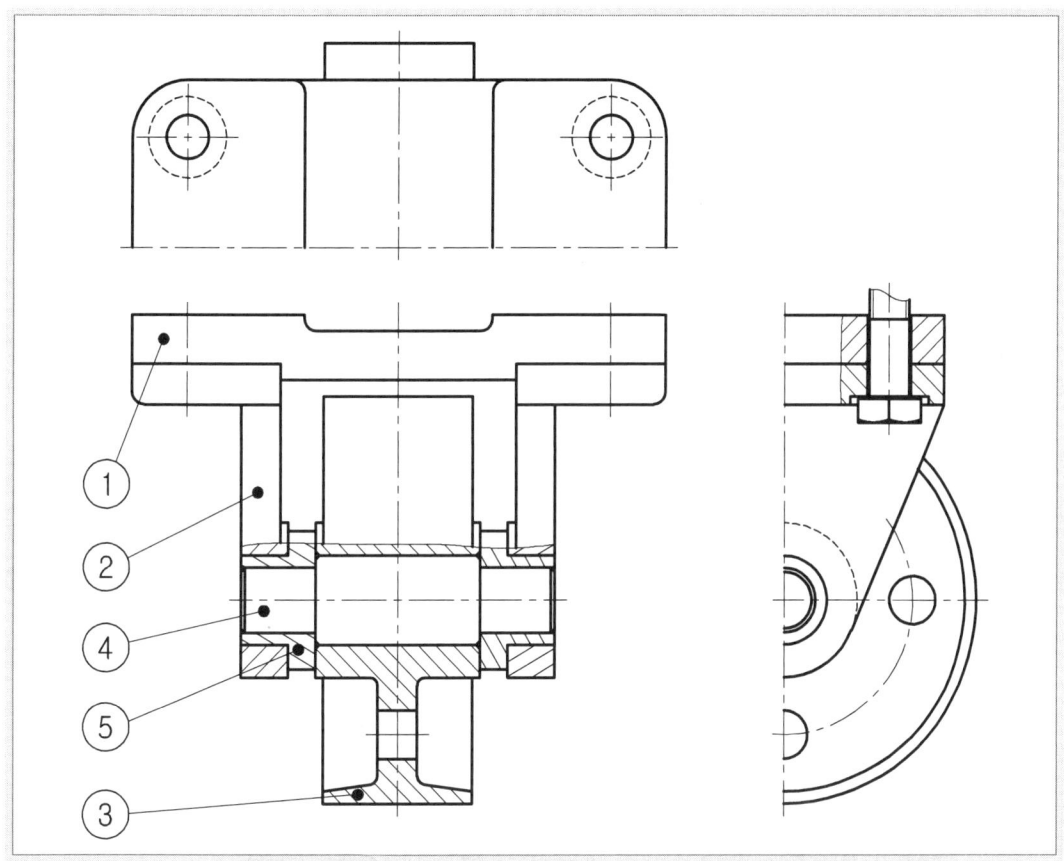

Step 01 [시작 ⇒ 기계 디자인 ⇒ 어셈블리 디자인]을 눌러 조립 환경을 연다.

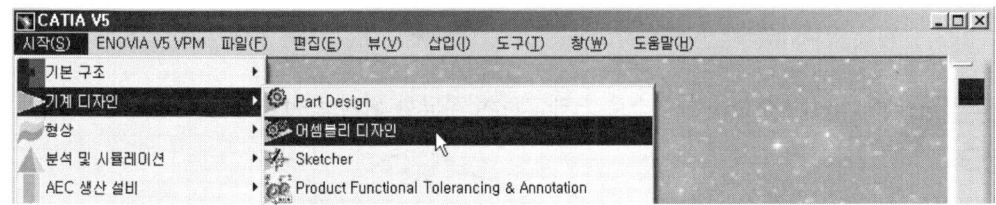

Step 02 기존 컴포넌트(📄)를 실행한다. Product1을 클릭한다.

Step 03 [Base]를 선택하고, 열기를 누른다. 화면에 나타난다.

Step 04 기준이 되는 부품이므로 "고정 컴포넌트(🔒)"를 실행하고, Base를 클릭한다. 화면에 (⚓) 아이콘 표시가 나타난다.

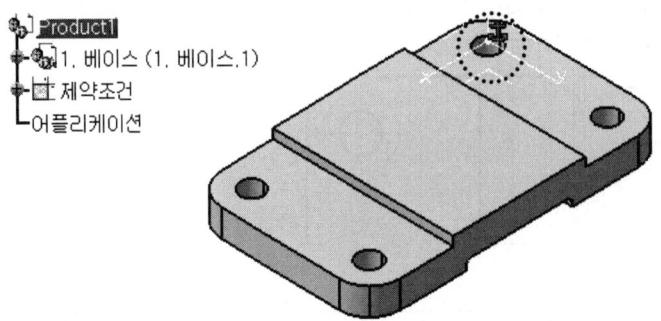

Step 05 기존 컴포넌트(📎)를 실행한다. Product1을 클릭한다.

Step 06 [Support]를 선택하고, 열기를 누른다. 화면에 나타난다.

Step 07 조작(🔧)을 실행한다.

Step 08 모든 평면에 따른 드래그(↗)를 클릭하고, 윗면을 기준면으로 지정한다. ☐ 제약조건에 따라 에 체크를 한다.

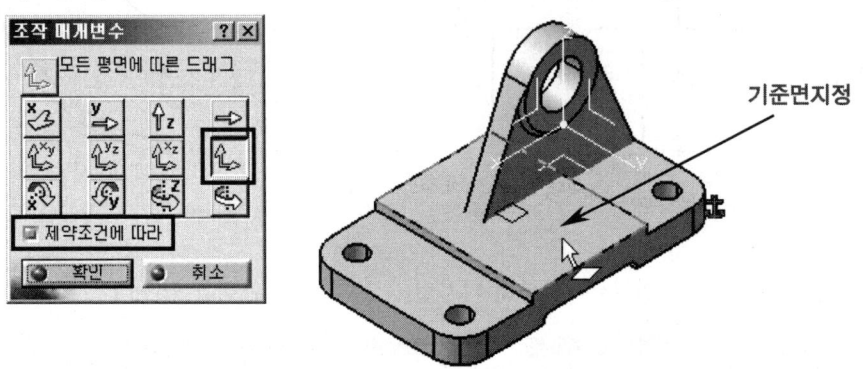

기준면지정

Step 09 [Support] 부품을 마우스로 드래그하여 적당한 위치로 이동시킨다.

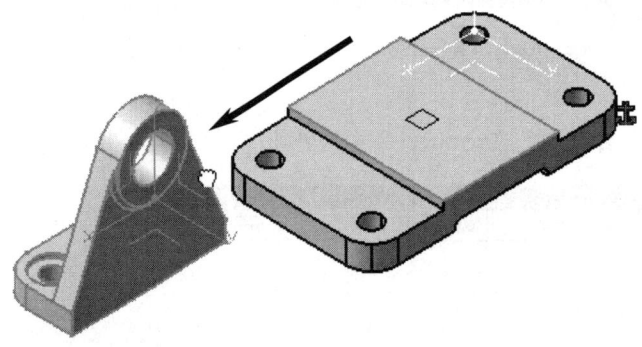

Chapter 09 Assembly Design 배우기

Step 10 모든 축을 중심으로 드래그(⚙)를 클릭하고, 모서리를 선택하여 회전축으로 지정한다.

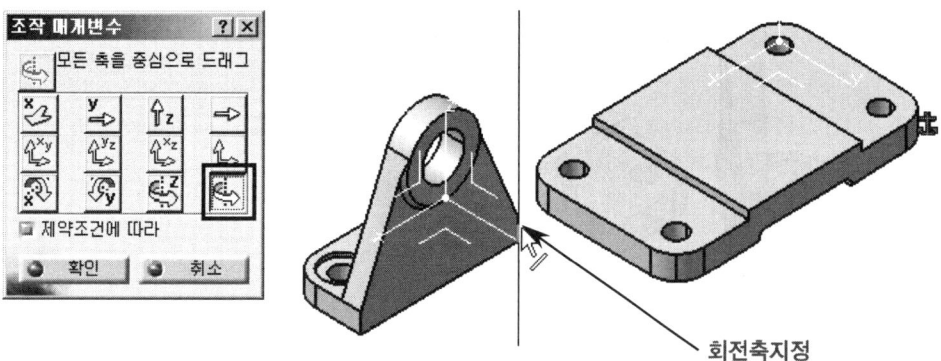

회전축지정

Step 11 [Support] 부품을 마우스로 드래그하여 적당한 위치로 회전시킨다.

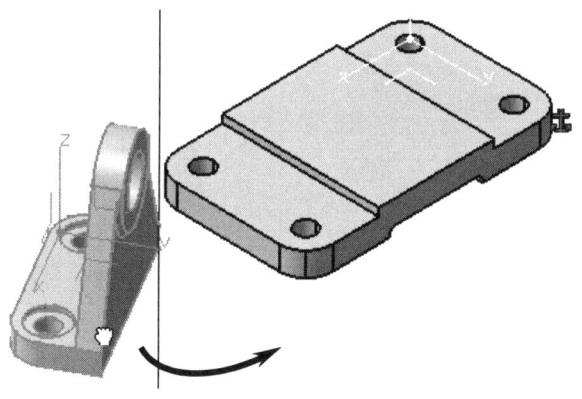

Step 12 접촉 제약조건(⬛)을 실행한다.

Step 13 [Base]의 윗면을 선택하고, [Support]의 바닥면을 선택한다.

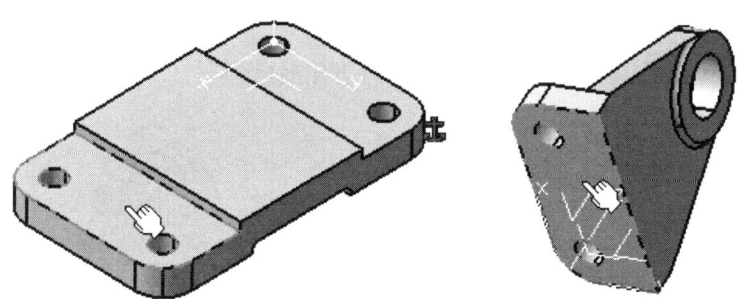

587

Step 14 갱신(⟲)을 실행한다. 접촉 조립이 되었다.

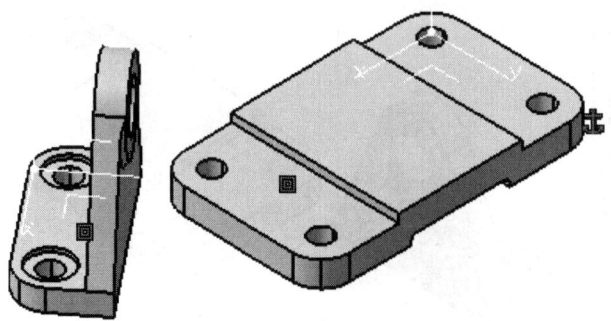

Step 15 접촉 제약조건(⬚)을 실행한다.

Step 16 [Base]의 측면을 선택하고, [Support]의 뒷면을 선택한다.

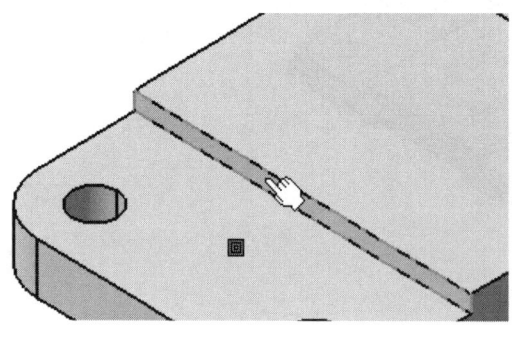 

Step 17 갱신(⟲)을 실행한다. 접촉 조립이 되었다.

Step 18 오프셋 제약조건(⬚)을 실행한다.

Step 19 [Base]의 우측면을 선택하고, [Support]의 우측면을 선택한다.

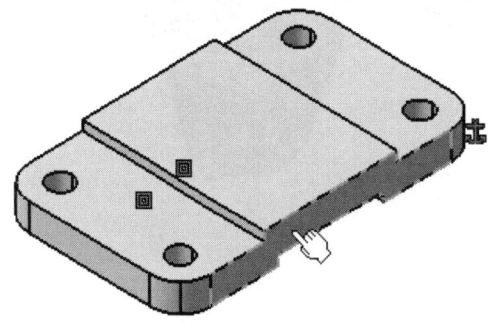 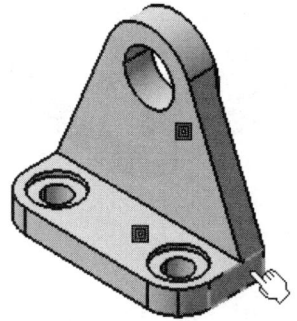

Step 20 제약조건 등록정보의 오프셋 값에 "0"을 입력하고, "확인"을 누른다.

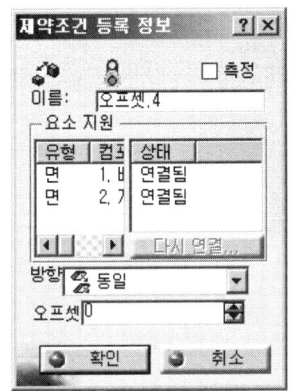
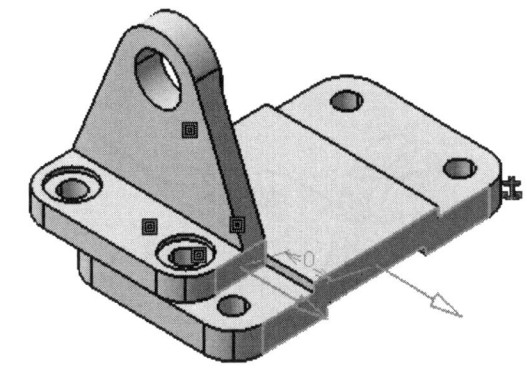

Step 21 갱신(◎)을 실행한다. 오프셋 조립이 되었다.

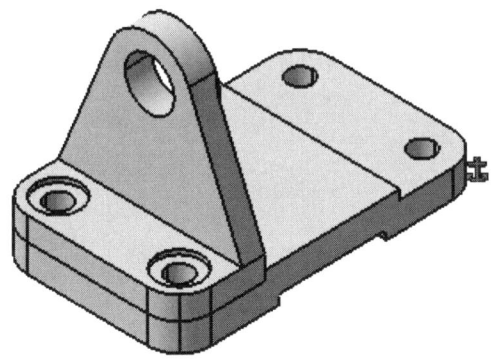

Step 22 기존 컴포넌트(📥)를 실행하고, Product1을 클릭한다. [Support]를 선택하고, 열기를 누른다. 화면에 나타난다.

Step 23 조작(🔧)을 실행한다.

Step 24 모든 평면에 따른 드래그(↕)를 클릭하고, 윗면을 기준면으로 지정한다.

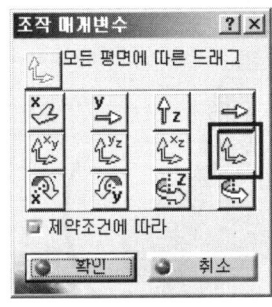
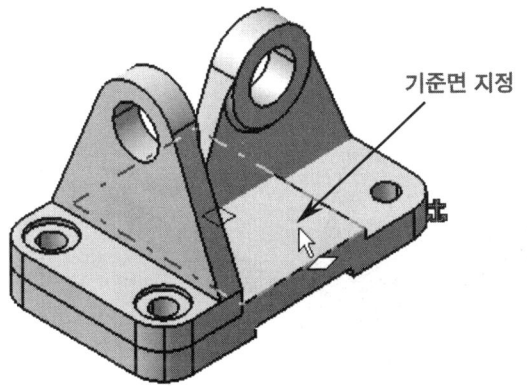

기준면 지정

Step 25 [Support] 부품을 마우스로 드래그하여 적당한 위치로 이동시킨다.

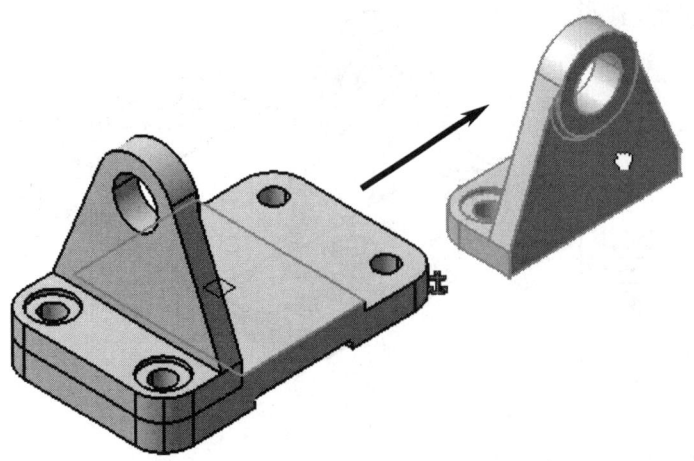

Step 26 모든 축을 중심으로 드래그(⟲)를 클릭하고, 모서리를 선택하여 회전축으로 지정한다.

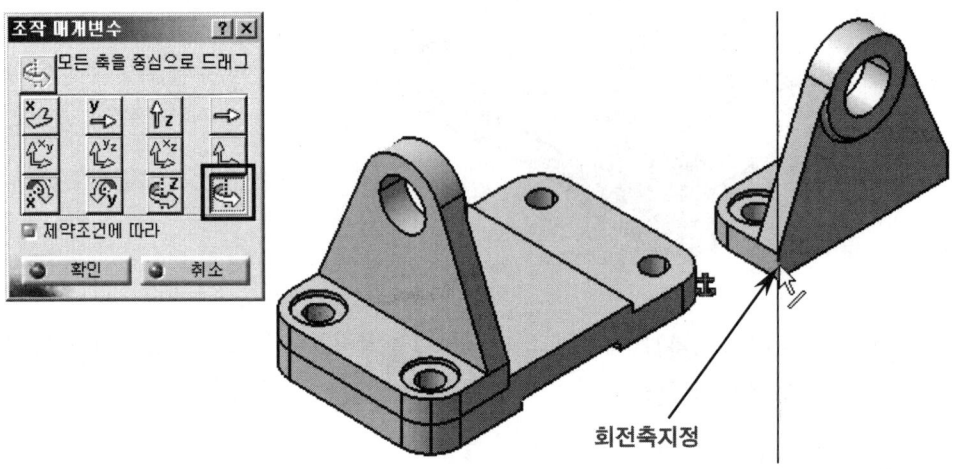

회전축지정

Step 27 [Support] 부품을 마우스로 드래그하여 적당한 위치로 회전시킨다.

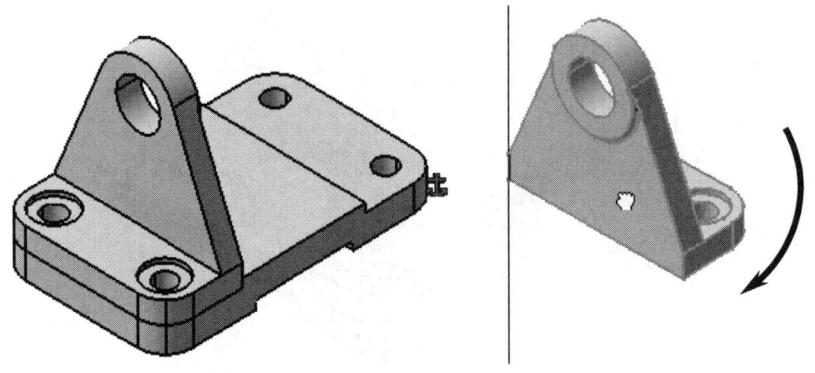

Step 28 접촉 제약조건(　)을 실행한다.

Step 29 [Base]의 윗면을 선택하고, [Support]의 바닥면을 선택한다.

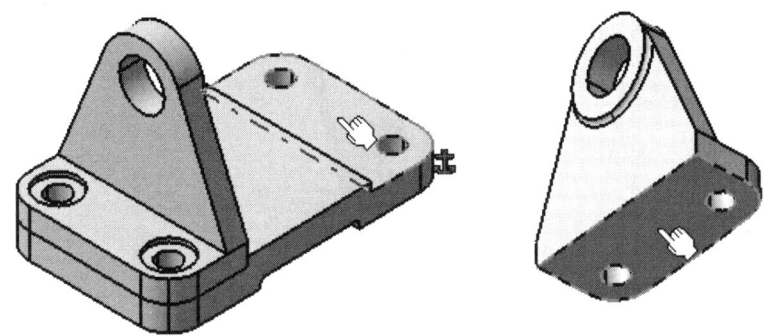

Step 30 갱신(　)을 실행한다. 접촉 조립이 되었다.

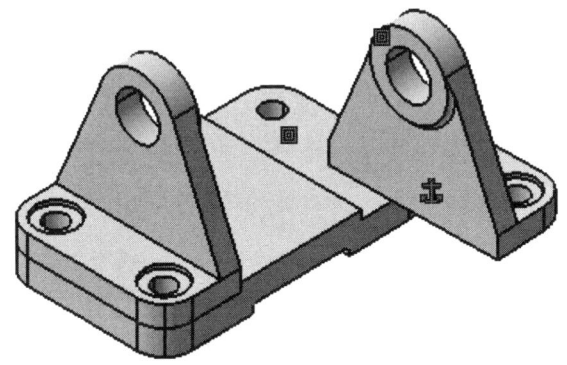

Step 31 일치 제약조건(　)을 실행한다.

Step 32 [Base]의 왼쪽 구멍의 중심축과, [Support]의 왼쪽 구멍 중심축을 선택한다.
구멍에 마우스를 가져가면 중심축이 나타난다.

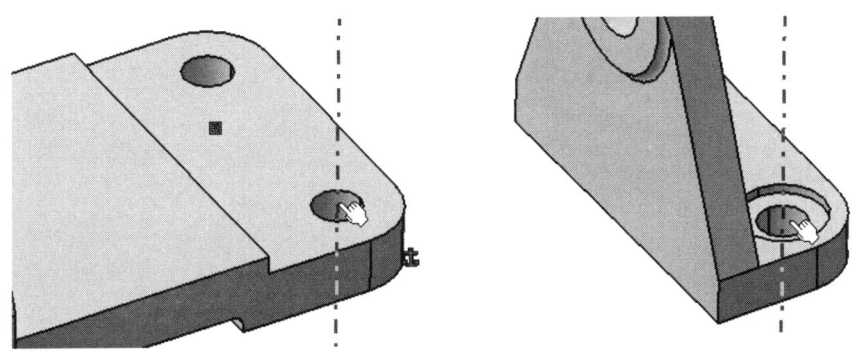

Step 33 갱신(🌀)을 실행한다. 일치 조립이 되었다.

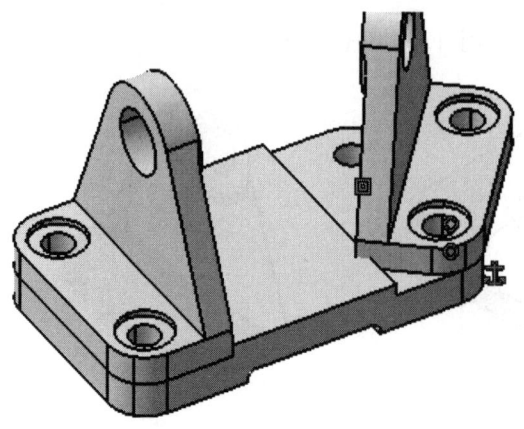

Step 34 일치 제약조건(🔗)을 실행한다.

Step 35 [Base]의 오른쪽 구멍의 중심축과, [Support]의 오른쪽 구멍 중심축을 선택한다.

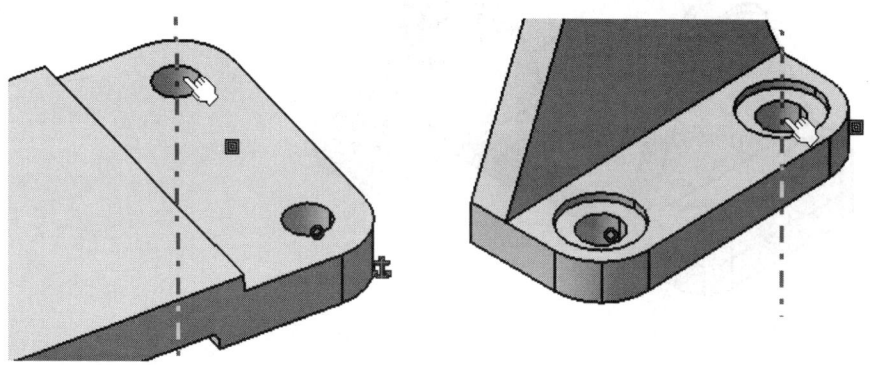

Step 36 갱신(🌀)을 실행한다. 일치 조립이 되었다.

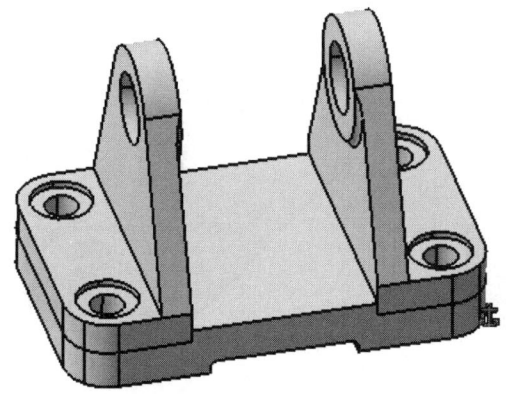

Step 37 원활한 조립을 위해 오른쪽 [Support]는 숨기기를 한다.

Step 38 작업트리의 아래 지지대에서 마우스 오른쪽 버튼으로 "숨기기"를 선택한다.

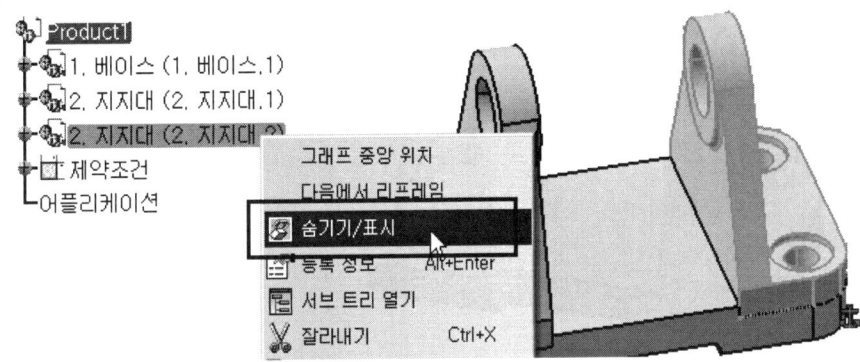

Step 39 기존 컴포넌트( )를 실행하고, Product1을 클릭한다. [Bush]를 선택하고, 열기를 누른다. 화면에 나타난다.

Step 40 조작( )을 실행한다. 모든 평면에 따른 드래그( )를 클릭하고, 앞면을 기준면으로 지정한다.

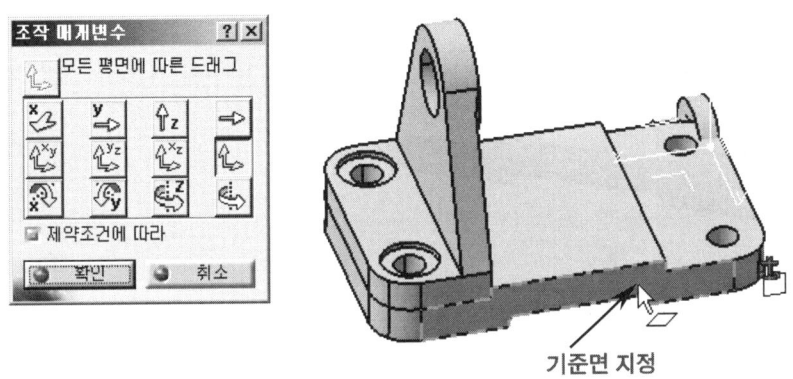

기준면 지정

Step 41 [Bush] 부품을 마우스로 드래그하여 적당한 위치로 이동시킨다.

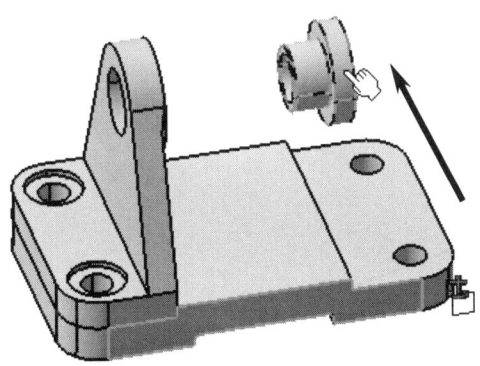

Step 42 일치 제약조건(⊘)을 실행한다.

Step 43 [Support]의 구멍의 중심축과, [Bush]의 원통 중심축을 선택한다.

Step 44 갱신(⟳)을 실행한다. 일치 조립이 되었다.

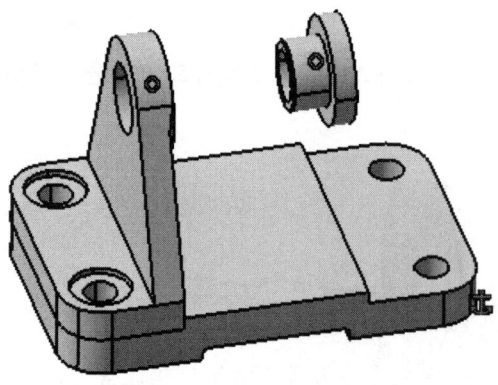

Step 45 접촉 제약조건(🔲)을 실행한다.

Step 46 [Support]의 측면을 선택하고, [Bush]의 측면을 선택한다.

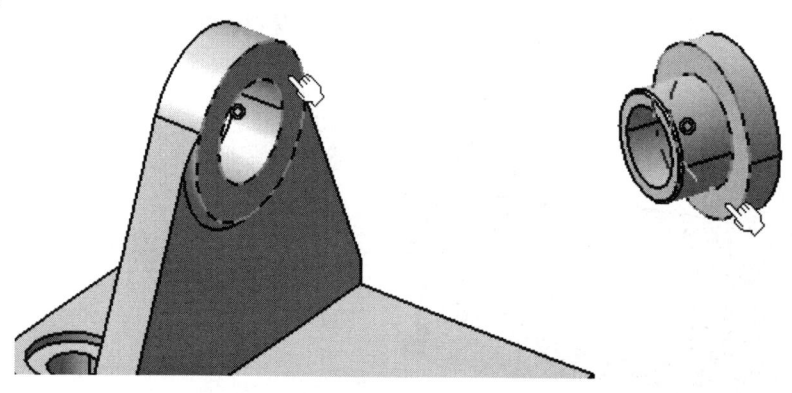

Step 47 갱신(⟳)을 실행한다. 접촉 조립이 되었다.

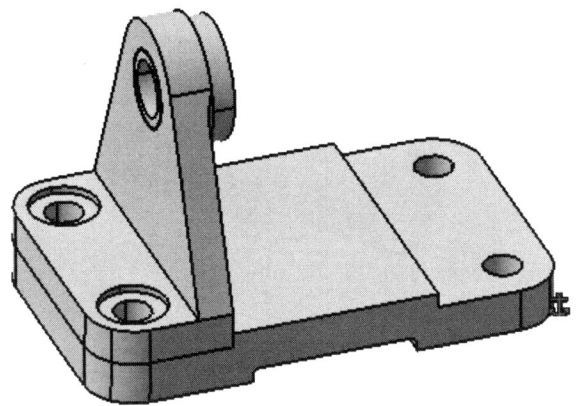

Step 48 기존 컴포넌트(⬚)를 실행하고, Product1을 클릭한다. [Shaft]를 열기한다.

Step 49 조작(⚙)을 실행한다. 모든 평면에 따른 드래그(↔)를 클릭하고, 기준면을 지정한 후, [Shaft] 부품을 조립하기 쉬운 위치로 이동한다.

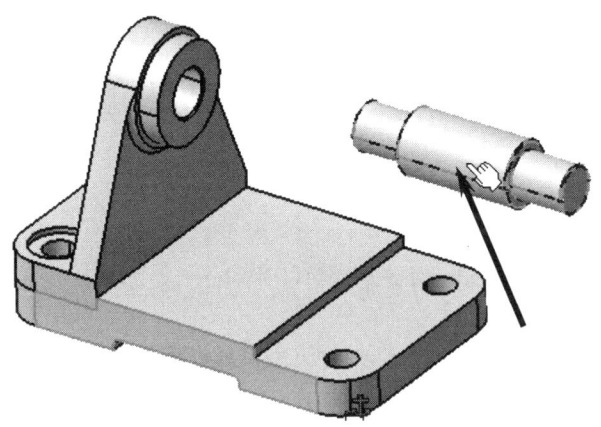

Step 50 일치 제약조건(⊘)을 실행한다. [Bush]의 구멍의 중심축과, [Shaft]의 원통 중심축을 선택한다.

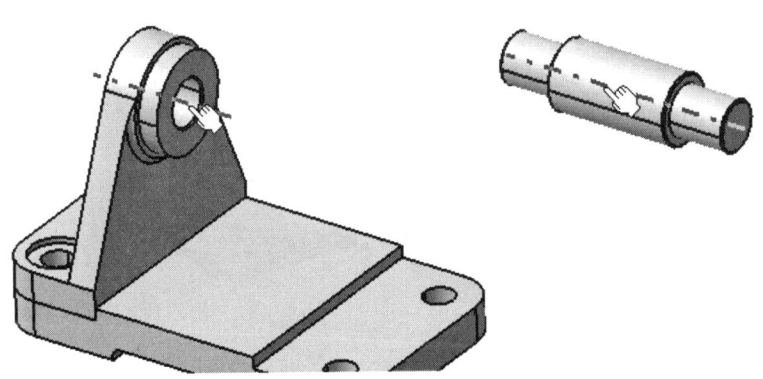

Step 51 접촉 제약조건(⬛)으로 [Bush]의 측면을 선택하고, [Shaft]의 측면을 선택한다.

Step 52 갱신(⟳)을 실행한다. 일치와 접촉 조립이 되었다.

Step 53 기존 컴포넌트(⬛)를 실행하고, Product1을 클릭한다. [Wheel]을 열기한다.

Step 54 조작(⬛)을 실행한다. 모든 평면에 따른 드래그(⬛)를 클릭하고, 기준면을 지정한 후, [Wheel] 부품을 조립하기 쉬운 위치로 이동한다.

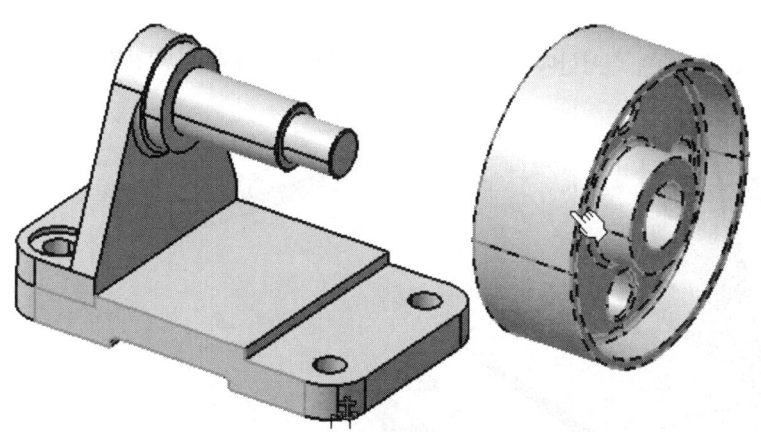

Chapter 09 Assembly Design 배우기

Step 55 일치 제약조건()을 실행한다. [Shaft]의 원통 중심축과, [Wheel]의 구멍 중심축을 선택한다.

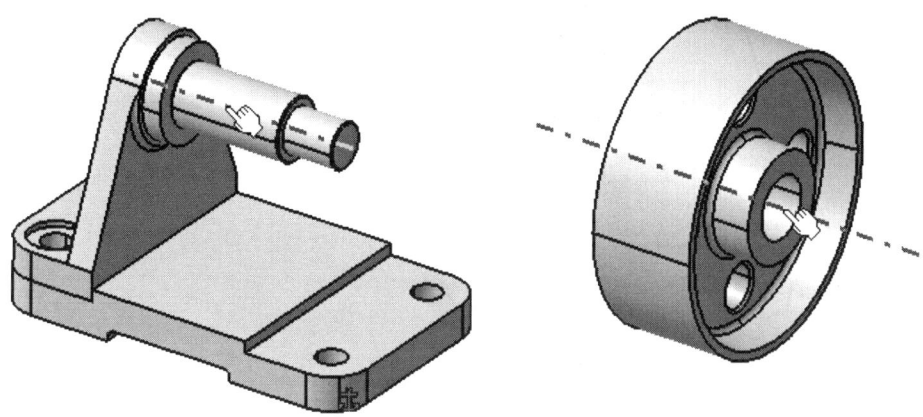

Step 56 접촉 제약조건()으로 [Bush]의 측면을 선택하고, [Wheel]의 측면을 선택한다.

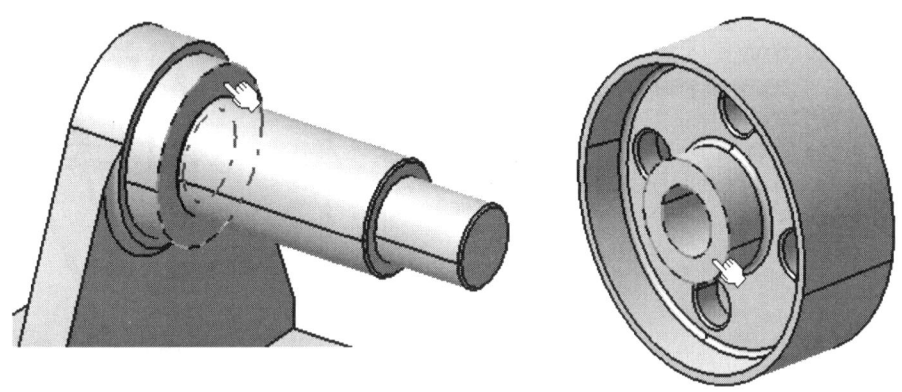

Step 57 갱신()을 실행한다. 일치와 접촉 조립이 되었다.

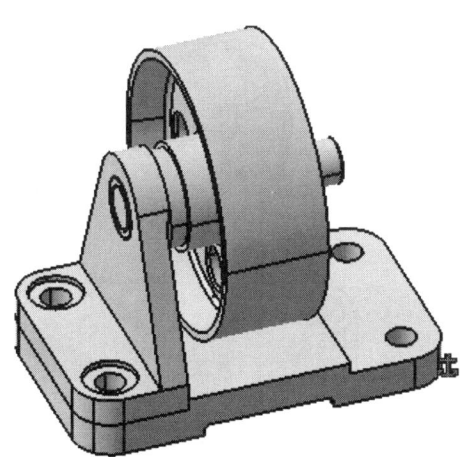

Step 58 오른쪽에도 [Bush] 부품을 불러와서 위와 같은 방법으로 일치(⊘), 접촉(⬚)으로 조립한다.

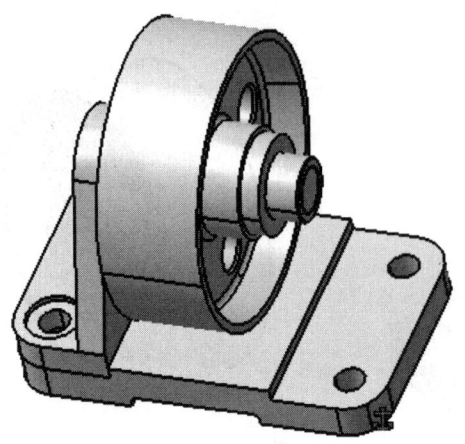

Step 59 작업트리의 두 번째 지지대(Support)에서 마우스 오른쪽 버튼을 눌러, "표시"를 클릭한다.

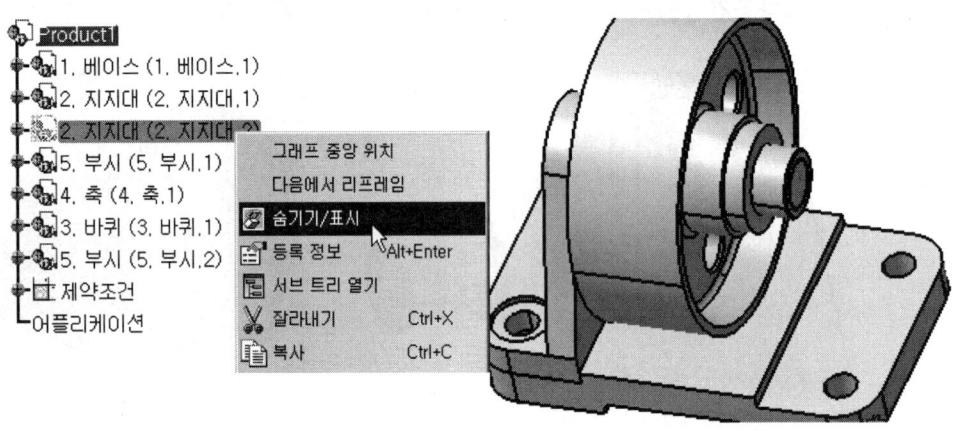

Step 60 캐스터 조립이 완성되었다.

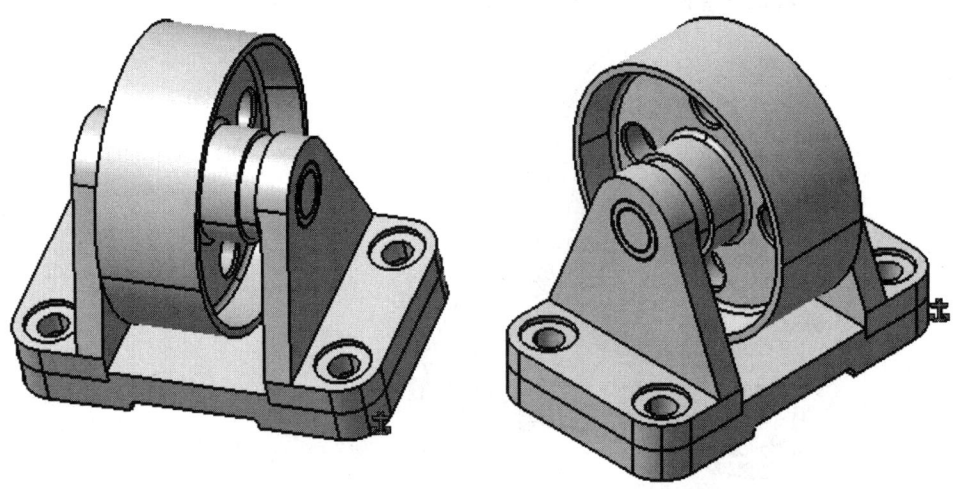

CATIA_V5 Design

Chapter 10

2D Drafting 배우기

01 Drafting 실행하기
02 뷰
03 치 수
04 주 석
05 드레스업
06 2D 도면 따라하면서 배우기

1 Drafting 실행하기

① CATIA를 실행시켜 도면을 생성시킬 형상을 열기한다.

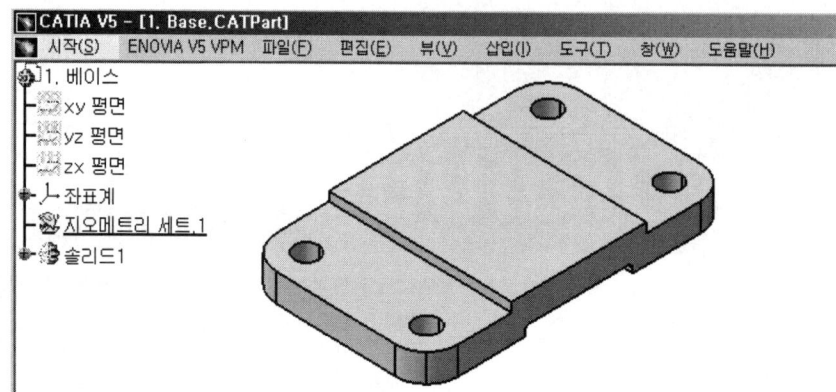

② [시작 ⇒ 기계 디자인 ⇒ 도면]을 실행한다.

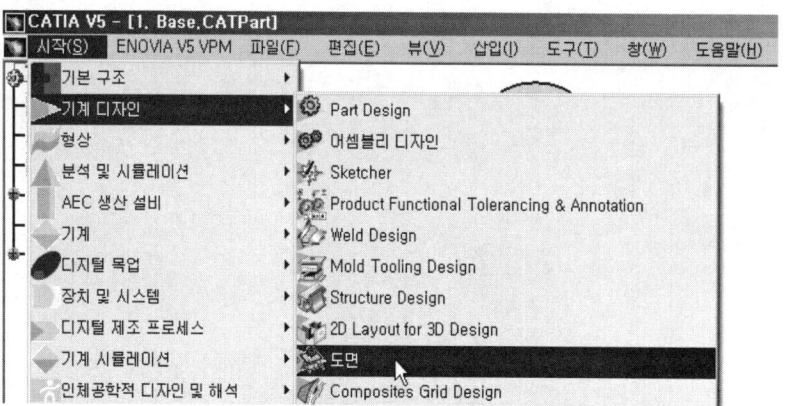

③ 새 도면 작성 창에서 "빈시트"를 선택하고, 수정을 클릭한다.

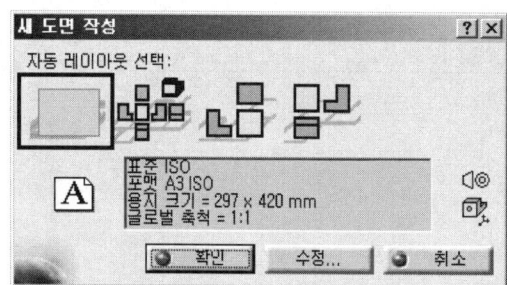

④ 새 도면 창의 시트 양식에서 사용할 용지를 선택하고, 확인-확인을 누른다.

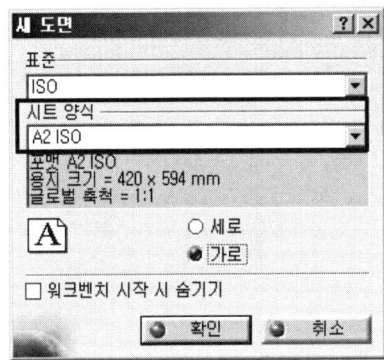

☐ **표준** : ISO (국제표준규격)

☐ **시트 양식** : 용지 크기 선택

☐ **용지 방향** : 세로 및 가로 방향

⑤ 도면 환경으로 바뀌면, 풀다운메뉴 ⇒ 창 ⇒ 수평으로 배열을 선택한다.

⑥ 도면을 생성시킬 모델(Model)창과 도면(Drafting)창이 수평으로 나눠진다.

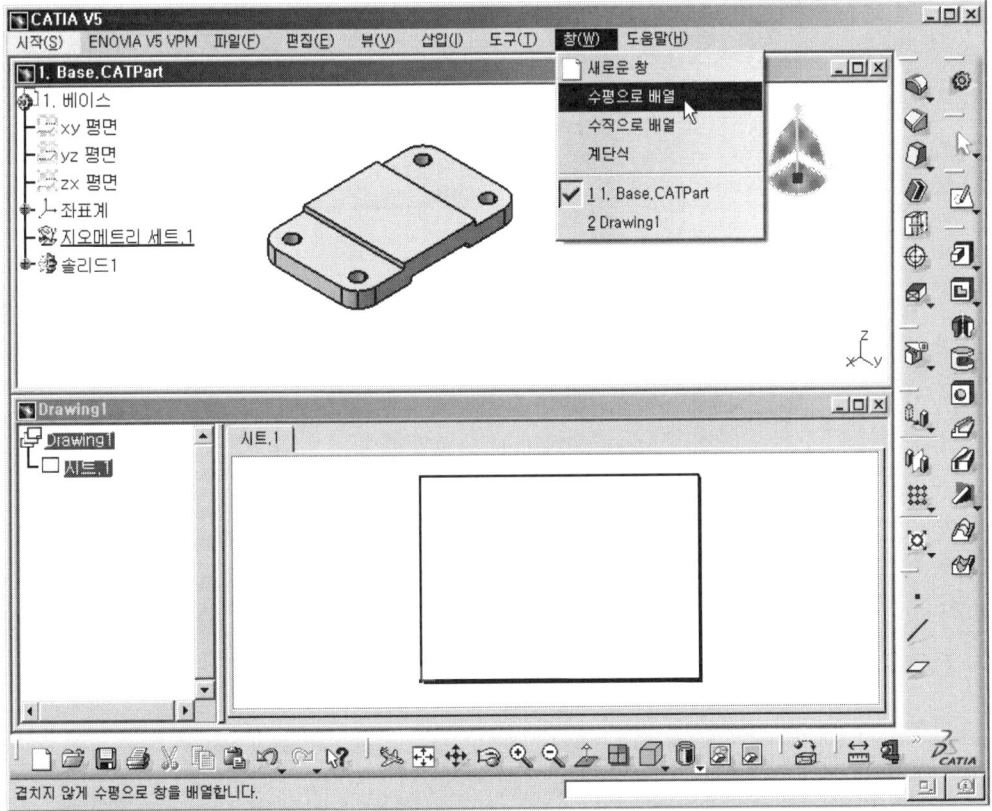

⑦ 도면 창의 작업 트리에서 "시트.1"을 선택하고, 마우스 오른쪽 버튼을 이용하여 "등록정보"를 클릭한다.

⑧ 등록 정보 창의 프로젝션 방법을 "세 번째 각도 표준(3각법)"을 선택하고, "확인"을 누른다.

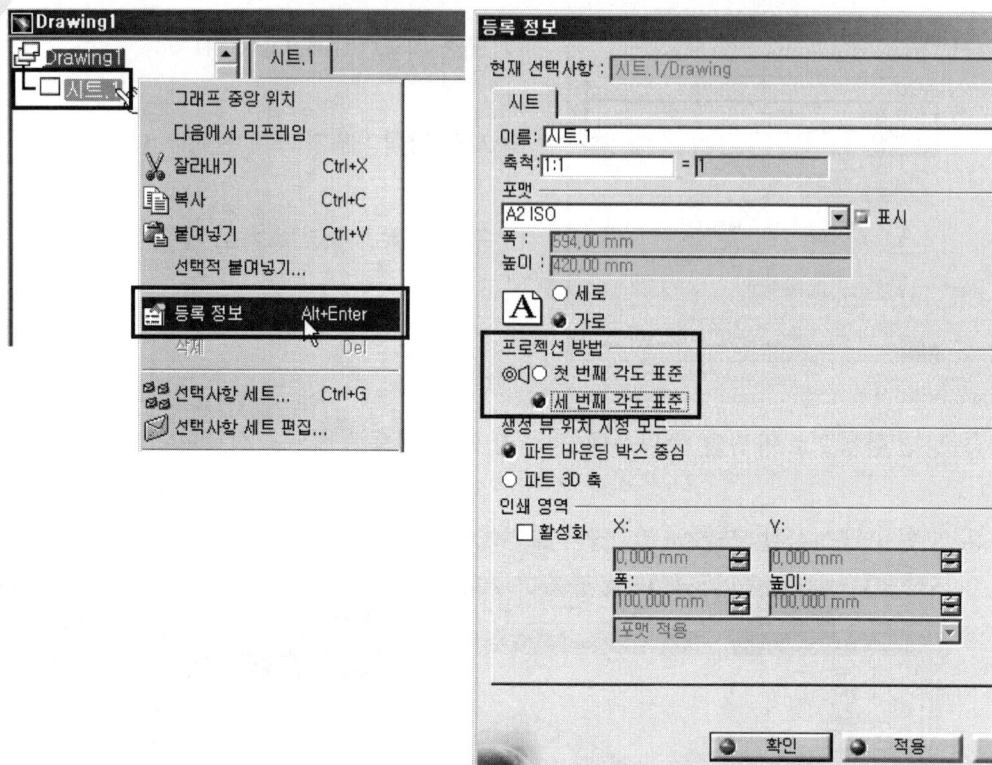

② 뷰

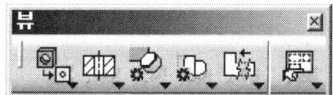

2.1 정면 뷰

정면도를 생성하는 기능이다.

① 정면 뷰()를 실행한다.

② 모델(Model)창에서 "정면도"로 생성할 면을 선택하면, 도면(Drafting)창에서 미리보기가 된다.

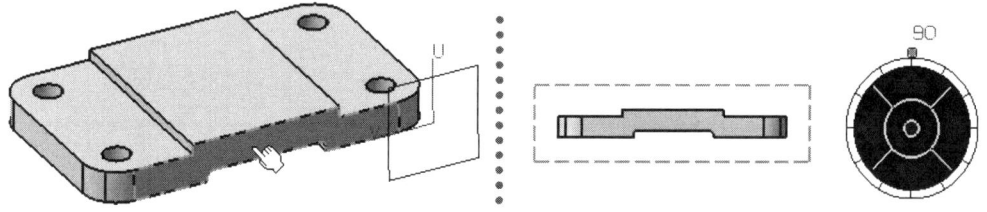

③ 아이콘을 이용하여 임의 각도만큼 회전하여 정면도의 뷰를 미리보기 할 수 있다.

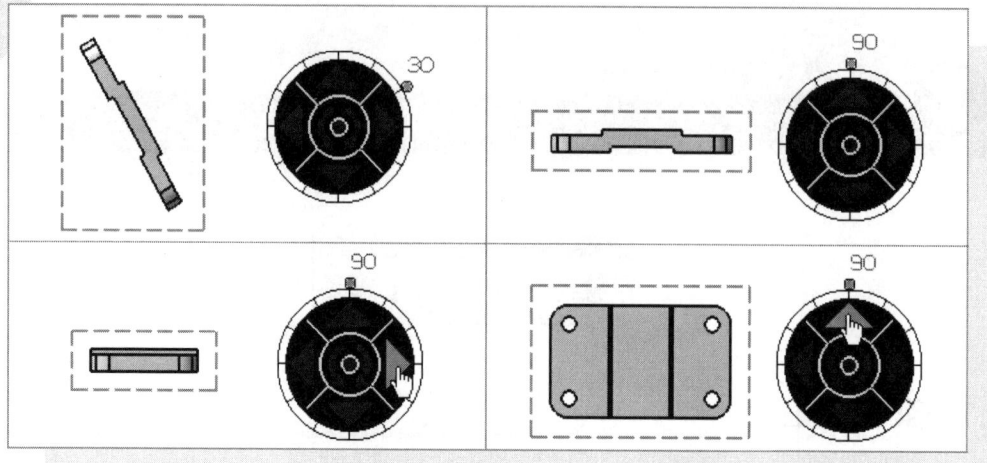

④ 도면(Drafting)창에서 임의의 점을 클릭하면 정면뷰가 생성된다.

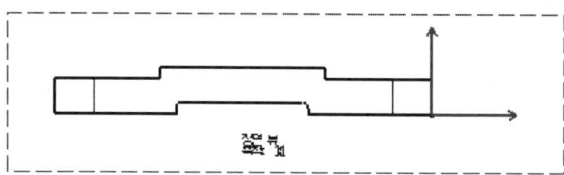

2.2 프로젝션 뷰

활성(기준)뷰에 대하여 평면도, 측면도 등의 직각 뷰를 생성하는 기능이다.

> **활성(기준)뷰 란?**
> 빨간색 테두리가 있는 뷰로 테두리를 더블클릭해서 활성(기준)뷰로 전환할 수 있다.

① 프로젝션 뷰(📷)를 실행한다.
② 위쪽을 클릭하여 평면도를 생성한다. 우측을 클릭하여 우측면도를 생성한다.

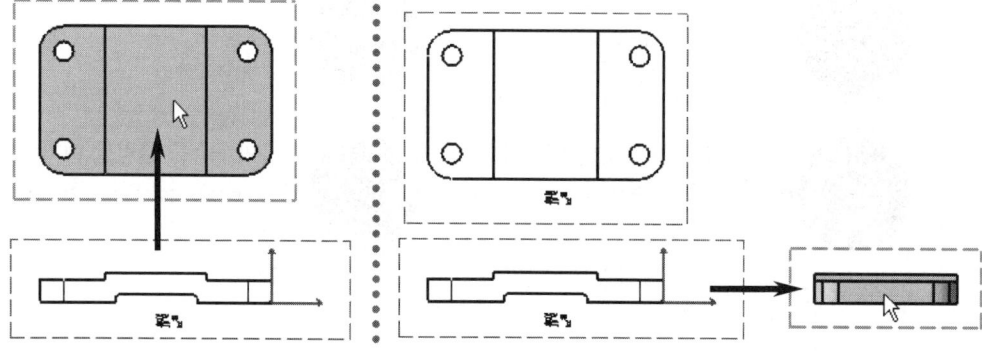

2.3 보조 뷰

보조 투상도를 생성하는 기능이다.

① 보조 뷰( )를 실행한다.

② 활성뷰의 임의의 두 지점(P1, P2)을 클릭한다.

③ 뷰가 위치될 지점을 클릭하면, 두 점을 연결하는 직선에 수직 방향의 뷰가 생성된다.

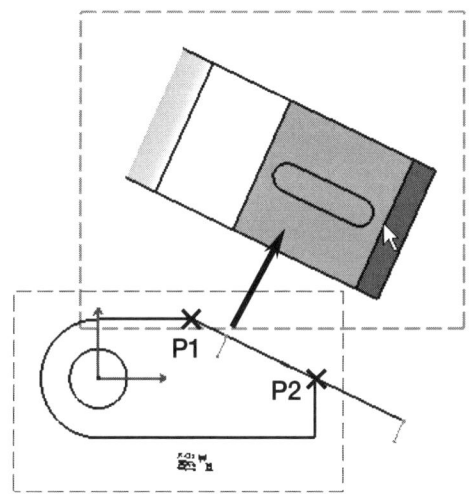

2.4 아이서메트릭 뷰

3D 형상의 입체도를 생성하는 기능이다.

① 아이서메트릭 뷰( )를 실행한다.

② 모델창에 있는 모델의 임의의 면을 클릭하면 화면에 보이는 형상 그대로 도면창에 생성된다.

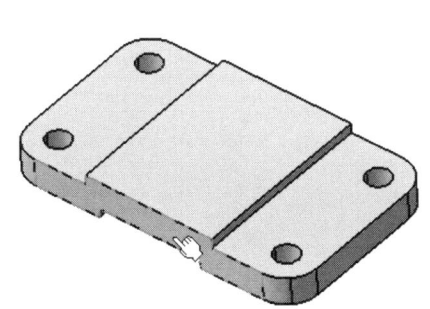
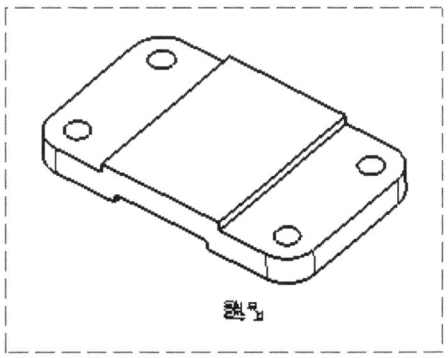

2.5 오프셋 섹션 뷰

활성(기준)뷰를 절단하여 전단면도, 반단면도 또는 계단단면을 생성하는 기능이다.

① [Bush] 부품을 열기한다.

② 도면창에서 정면 뷰( )를 실행하고, 모델(Model)창에서 "정면도"로 생성할 면을 선택한다.

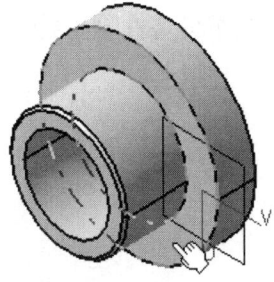 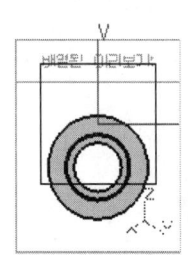

③ 도면창에서 임의의 지점을 클릭하여 정면도를 생성한다.

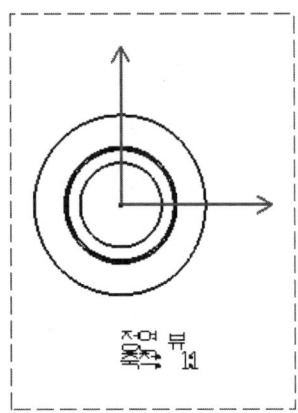

④ 프로젝션 뷰( )를 실행한다. 우측을 클릭하여 우측면도를 생성한다.

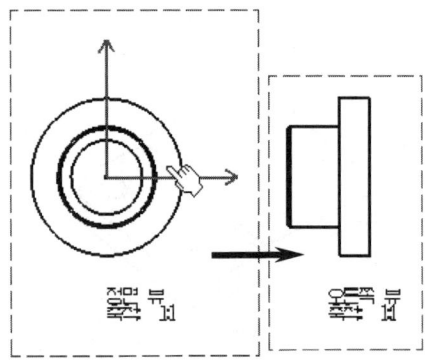

⑤ 오프셋 섹션 뷰(🔲)를 실행한다. (전단면도 생성)

⑥ 단면도를 생성할 기준뷰에서 절단선의 위치(P1→P2)를 클릭하여 작성하고, 마지막 지점(P2)에서 더블클릭한다.

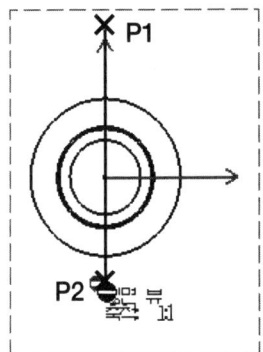

⑦ 단면도를 생성시킬 위치에 마우스를 드래그(Drag)하여 위치시키고 클릭한다.

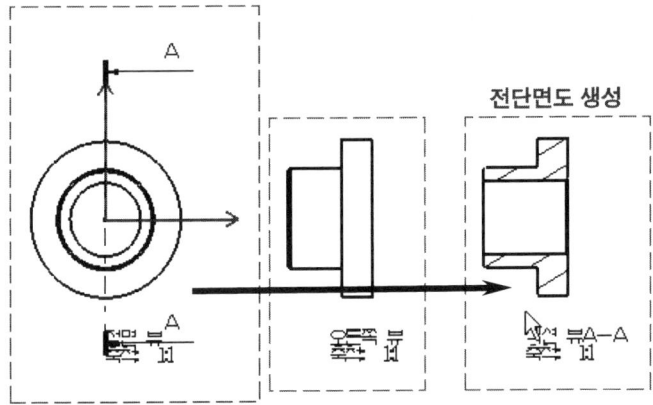

⑧ 다시 오프셋 섹션 뷰(🔲)를 실행한다. (반단면도 생성)

⑨ 단면도를 생성할 기준뷰에서 절단선의 위치(P1→P2→P3)를 클릭하여 작성하고, 마지막 지점(P3)에서 더블클릭한다.

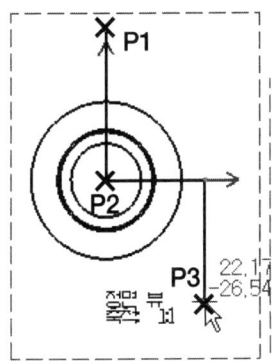

⑩ 단면도를 생성시킬 위치에 마우스를 드래그(Drag)하여 위치시키고 클릭한다.

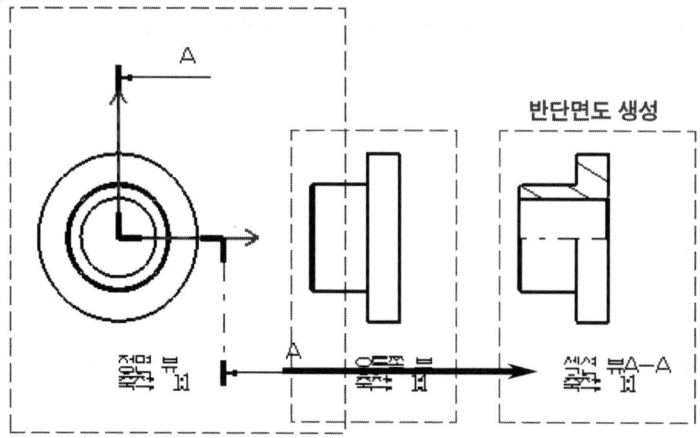

⑪ [Base]의 평면뷰를 더블클릭하여 활성뷰로 전환한다.

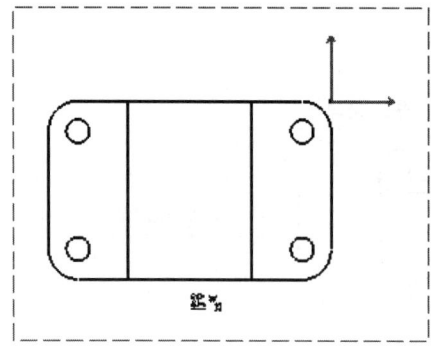

⑫ 다시 오프셋 섹션 뷰(▨)를 실행한다. (계단단면 생성)

⑬ 단면도를 생성할 기준뷰에서 절단선의 위치(P1→P2→P3)를 클릭하여 작성하고, 마지막 지점(P3)에서 더블클릭한다.

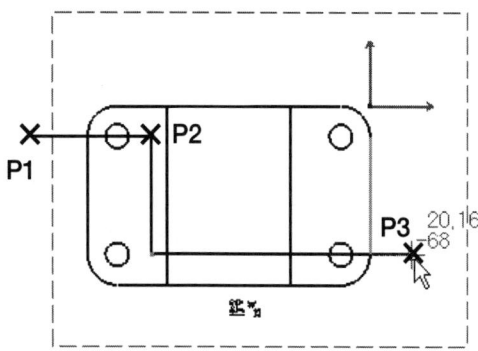

⑭ 단면도를 생성시킬 위치에 마우스를 드래그(Drag)하여 위치시키고 클릭한다.

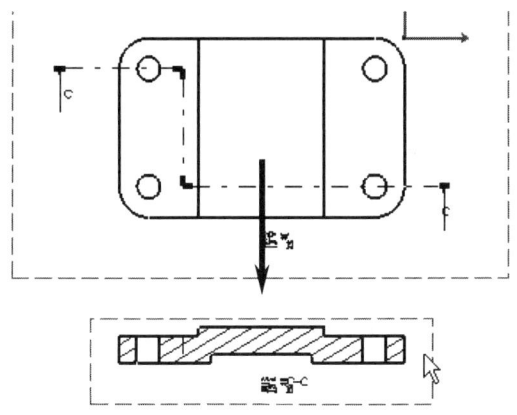

2.6 배열된 섹션 뷰

활성(기준)뷰를 절단하여 절단면을 전개하여 뷰를 생성하는 기능이다.

① [Wheel] 부품을 열고, 정면 뷰( )를 실행하여 정면도를 생성한다.

② 배열된 섹션 뷰( )를 실행한다.

③ 단면도를 생성할 기준뷰에서 절단선의 위치(P1→P2→P3)를 클릭하여 작성하고, 마지막 지점(P3)에서 더블클릭한다.

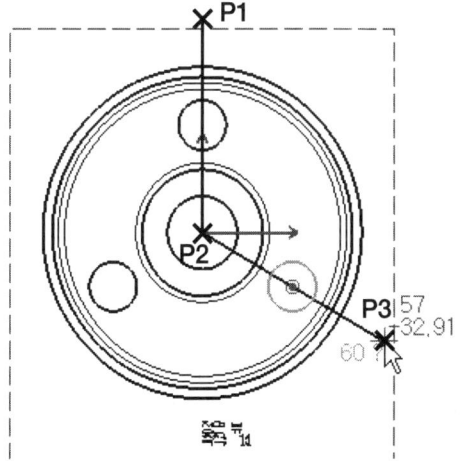

④ 단면도를 생성시킬 위치에 마우스를 드래그(Drag)하여 위치시키고 클릭한다.

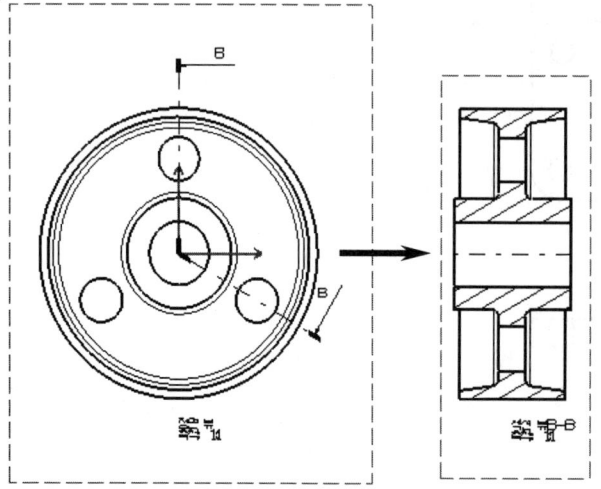

2.7 세부사항 뷰

활성뷰의 임의 영역을 원 형태로 지정하여 상세도를 생성하는 기능이다.

① 세부사항 뷰( )를 실행한다.
② 확대하여 상세하게 표현하고자 하는 활성뷰의 임의지점에 대하여 원을 작성한다.

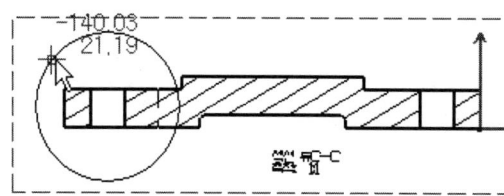

③ 상세뷰를 생성할 위치에 마우스를 클릭하여 뷰를 생성한다.

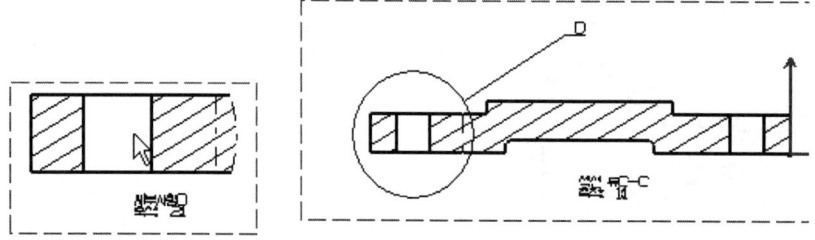

④ 척도를 변경하고자 할 때에는 상세뷰를 선택하고, 마우스 오른쪽 버튼을 클릭하여 "등록정보"를 선택한다.

⑤ 축척 부분에 3 : 1을 입력하고 확인 버튼을 클릭한다.

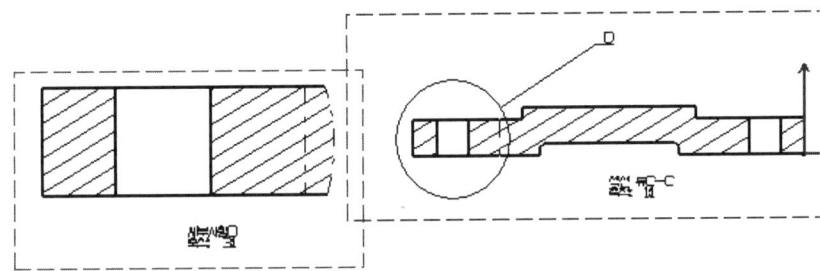

2.8 세부사항 뷰 프로파일

활성뷰의 임의 영역을 다각형 형태로 지정하여 상세도를 생성하는 기능이다.

① 세부사항 뷰 프로파일( )을 실행한다.

② 확대하여 상세하게 표현하고자 하는 영역을 선을 그리듯이 다각형 형태로 클릭하여 지정한다.

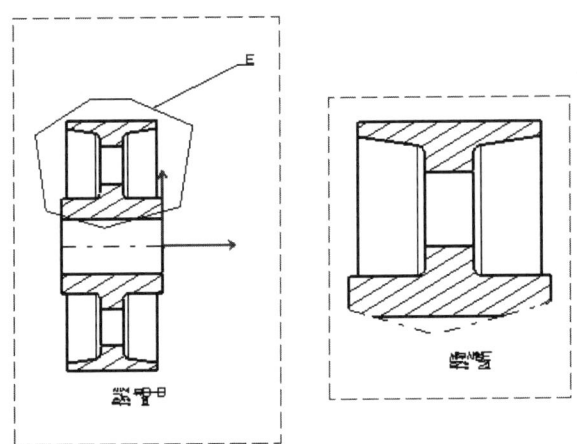

③ 상세뷰를 생성할 위치에 마우스를 클릭하여 뷰를 생성한다.

2.9 클리핑 뷰

활성뷰의 임의 위치를 원형 형태의 영역만 남기고 다른 부분은 제거하는 기능이다.

① 클리핑 뷰()를 실행한다.

② 남기고자 하는 영역을 원으로 작성한다.

③ 클리핑 뷰를 생성할 위치를 클릭하여 뷰를 생성한다.

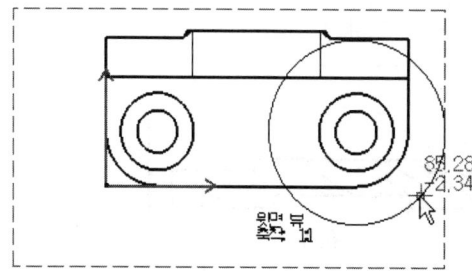
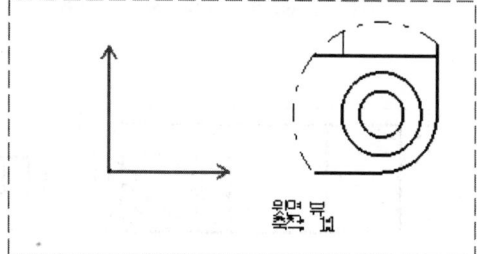

2.10 클리핑 뷰 프로파일

활성뷰의 임의 위치를 다각형 형태의 영역만 남기고 다른 부분은 제거하는 기능이다.

① 클리핑 뷰 프로파일()를 실행한다.

② 남기고자 하는 영역을 사각형으로 작성한다.

③ 클리핑 뷰를 생성할 위치를 클릭하여 뷰를 생성한다.

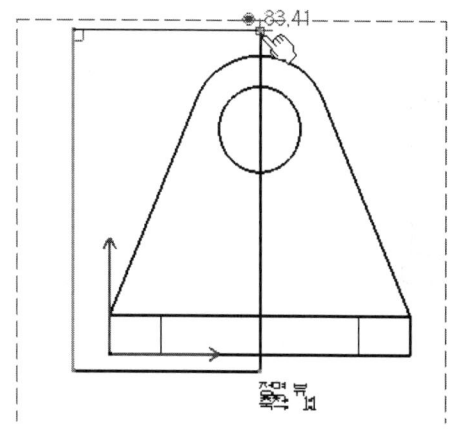
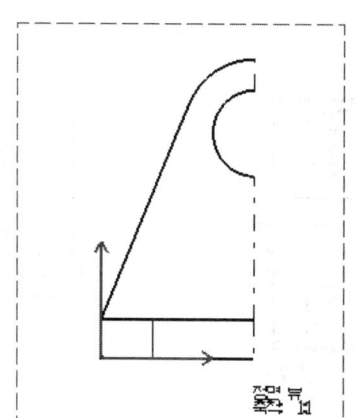

2.11 브레이크 아웃 뷰

활성뷰의 임의 위치에 부분 단면도를 생성하는 기능이다.

① 브레이크 아웃 뷰()를 실행한다.

② 부분단면도를 생성할 뷰를 더블클릭하여 활성뷰로 전환하고, 영역을 다각형으로 그려준다.

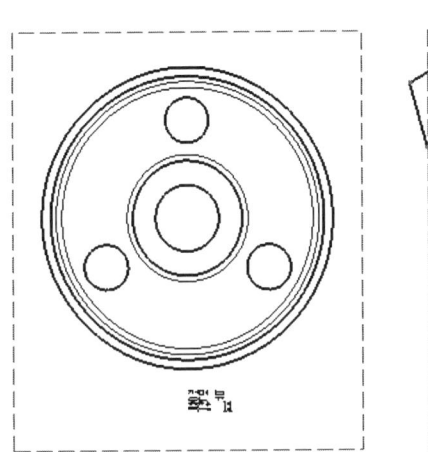
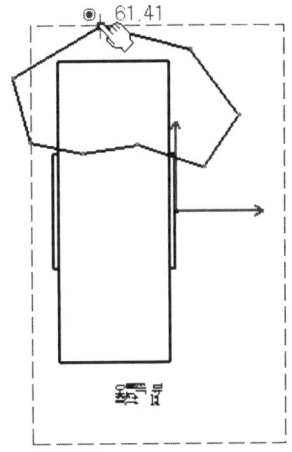

③ 3D 뷰어 창에서 절단할 부분을 지정해 주어야 한다.

④ 창에서 레퍼런스 요소 영역을 클릭하고, 정면도의 구멍 형상을 선택한다.
   (부분단면의 절단선 위치를 지정한다)

⑤ 깊이 영역을 클릭하여 단면뷰를 생성시킬 거리를 입력한다.

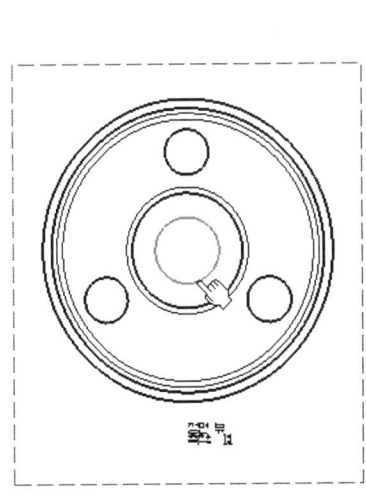
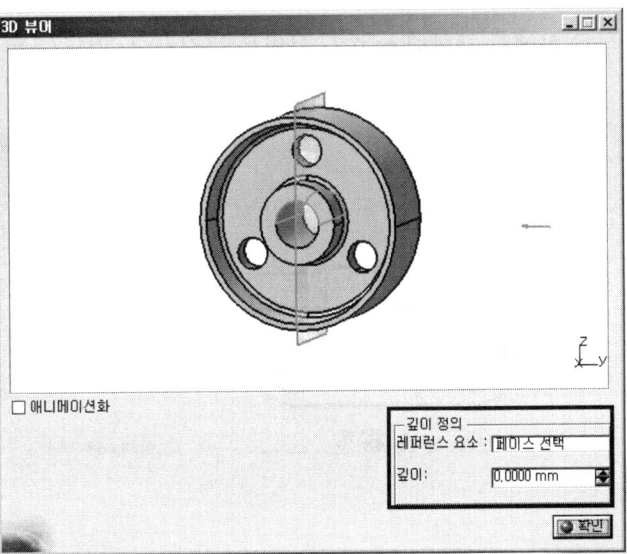

⑥ 확인을 누른다. 부분단면이 생성되었다.

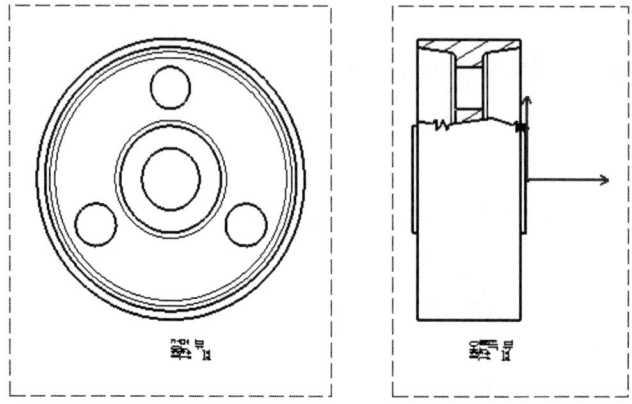

⑦ 브레이크 아웃 뷰( )를 실행한다.
⑧ 부분단면도를 생성할 뷰를 더블클릭하여 활성뷰로 전환하고, 영역을 다각형으로 그려준다.

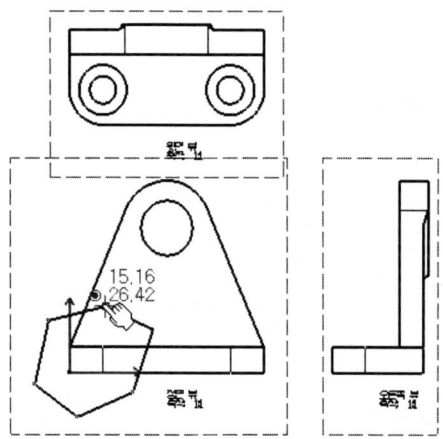

⑨ 창에서 레퍼런스 요소 영역을 클릭하고, 평면도의 구멍 형상을 선택한다.
　(부분단면의 절단선 위치를 지정한다)

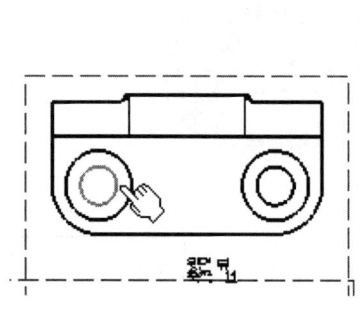
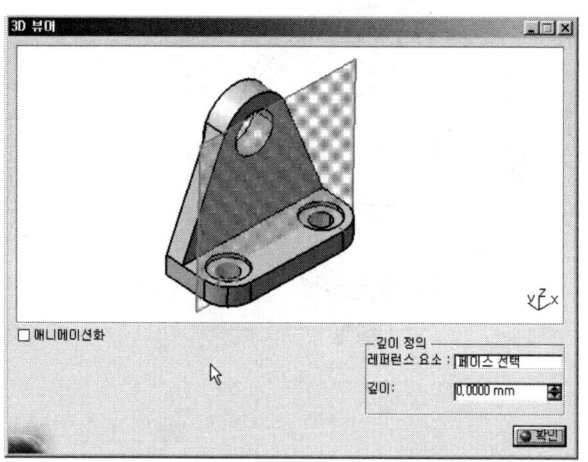

⑩ 확인을 누른다. 부분단면이 생성되었다.

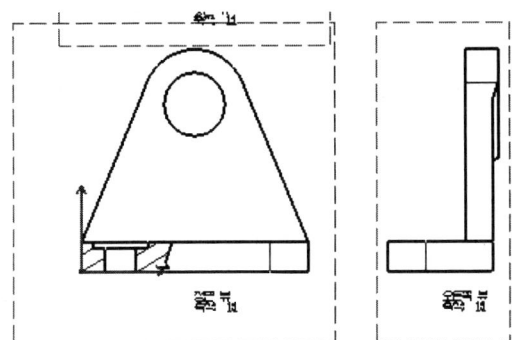

3 치 수

3.1 치수

선택한 도면요소에 치수를 생성하는 기능이다. 스케치 환경에서 치수를 기입하는 방법과 동일하다.

① 치수( )를 실행한다.
② 두 요소 지정하여 수평, 수직, 정렬 등의 치수를 생성할 수 있다.
③ 원(Circle)이나 호(arc)를 선택하여 지름과 반지름 치수를 생성할 수 있다.
　(마우스 오른쪽 버튼을 클릭하여 지름과 반지름 치수를 선택하여 적용할 수 있다.)

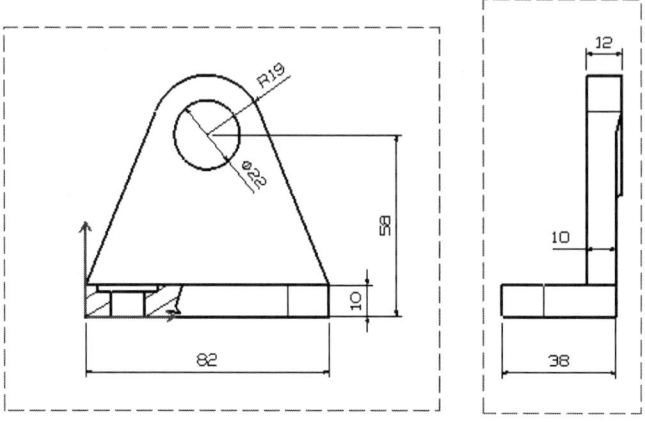

④ 입력된 치수에서 마우스 오른쪽 버튼을 이용하여 "등록정보"를 클릭한다.

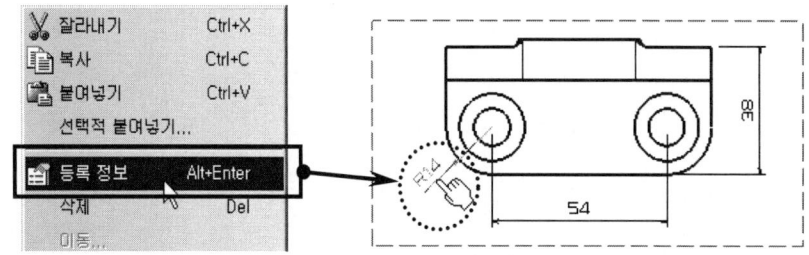

⑤ 등록정보 창의 "치수 텍스트" 탭에서 연계된 텍스트의 왼쪽 빈 공간에 "2-"를 입력한다.

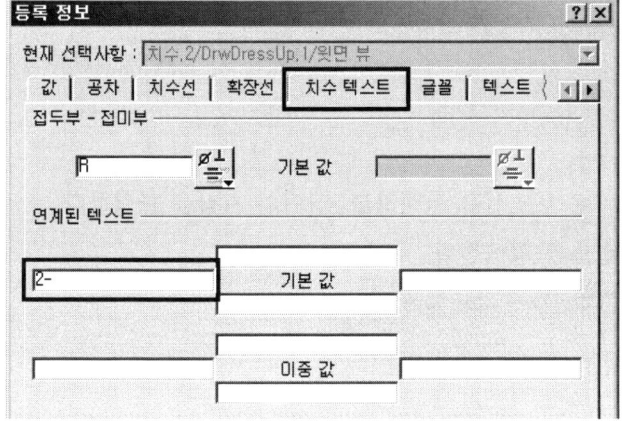

⑥ 확인 버튼을 클릭하면 치수문자 앞이나 뒤에 문자를 입력할 수 있다.

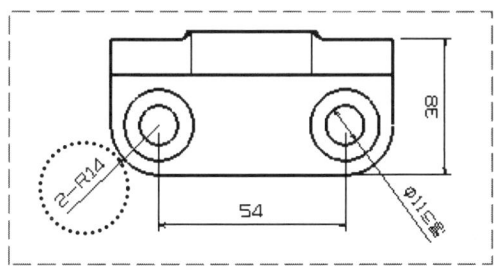

3.2 Datum 피처 A

Datum을 생성하는 기능이다.

① Datum 피처(A)를 실행한다.

② Datum을 생성시킬 외형선을 선택하고, 임의의 지점을 클릭한다.

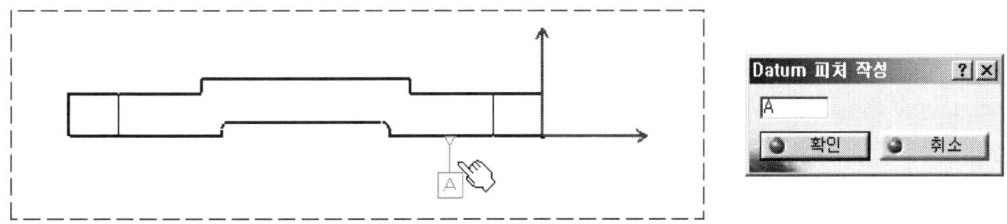

③ 생성된 Datum 피처작성 창에서 데이텀 기호를 입력하고 "확인"을 누른다.

3.3 지오메트리 공차

기하공차를 생성하는 기능이다.

① 지오메트리 공차( )를 실행한다.
② 지오메트리 공차를 생성시킬 치수 보조선을 선택하고, 임의의 지점을 클릭한다.
③ 생성되는 창에서 공차와 레퍼런스를 입력한다.

④ 확인을 누른다.

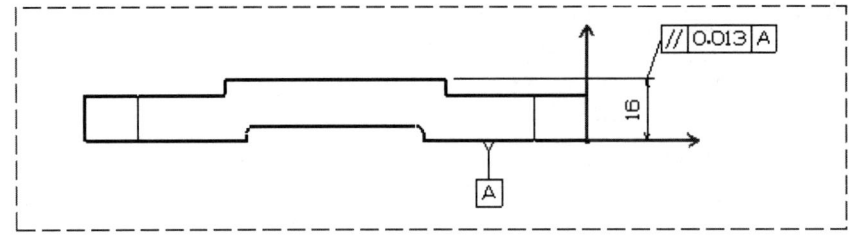

④ 주 석

4.1 텍스트 T

문자를 생성하는 기능이다.

① 텍스트(T)를 실행한다.
② 문자를 생성시킬 임의의 위치를 클릭한다.
③ 텍스트 편집기에 문자를 입력하고, 확인을 누른다.

4.2 지시선이 있는 텍스트

지시선이 있는 문자를 생성하는 기능이다.

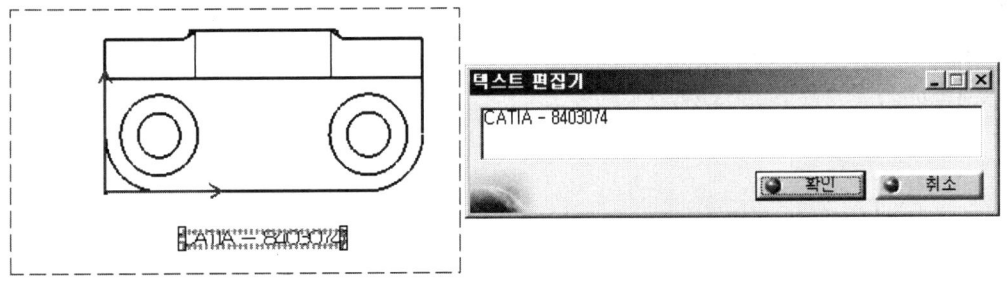

① 지시선이 있는 텍스트( )를 실행한다.
② 지시 문자를 생성시킬 위치를 선택하고, 마우스를 옮겨서 다른 임의의 위치를 클릭한다.
③ 텍스트 편집기에 문자를 입력하고, 확인을 누른다.

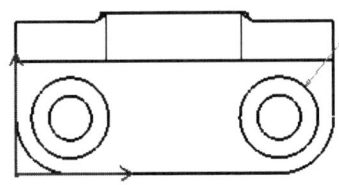
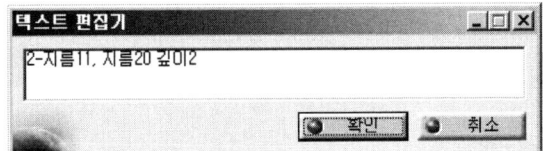

4.3 개략기호

표면 거칠기를 생성하는 기능이다.

① 개략기호(√)를 실행한다.

② 거칠기 기호가 생성될 위치를 클릭한다.

③ 개략기호 창에서 Symbol 형태를 선택하고, 거칠기 기호(w, x, y, z)를 입력한다.

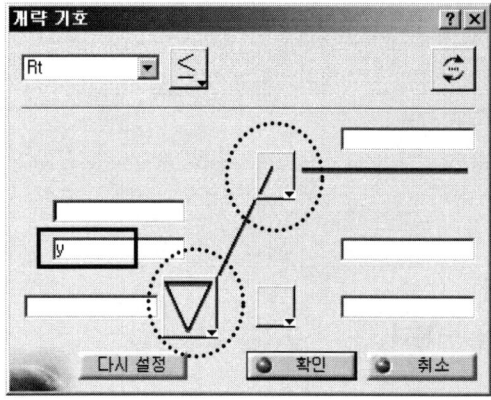

④ 확인을 누른다.

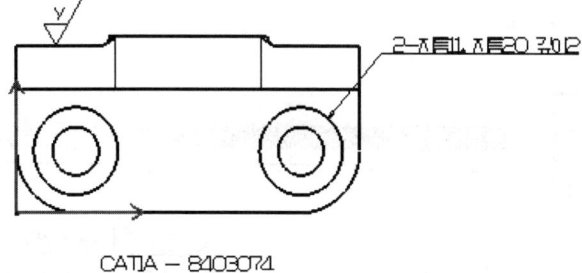

4.4 테이블

표를 생성하는 기능이다.

① 테이블(⊞)을 실행한다.

② 테이블 편집기 창에서 표의 열과 행의 숫자를 입력하고, 확인을 누른다.

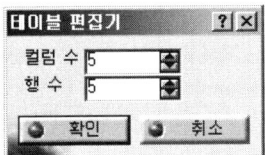

③ 표를 생성시킬 임의의 지점을 클릭한다.

④ 글자를 입력하려면 표안의 셀을 더블클릭하여 나오는 창에 글자를 입력한다.

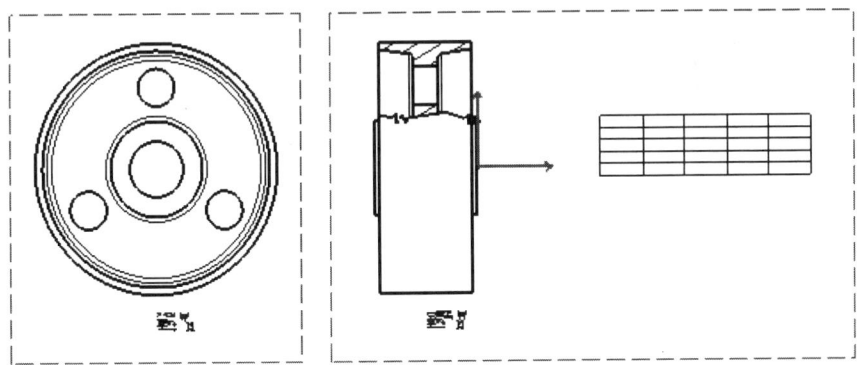

5 드레스업

5.1 중심선 ⊕

원이나 호를 선택하여 중심선을 생성하는 기능이다.

① 중심선(⊕)을 실행한다.
② 중심선이 생성될 원을 클릭한다.

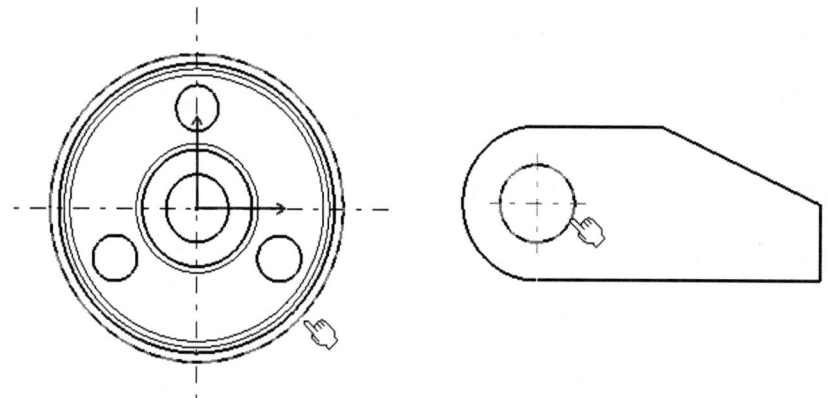

5.2 축선

선택한 선과 선의 이등분 지점에 중심선을 생성하는 기능이다.

① 축선( )을 실행한다.
② 중심선이 생성될 선(P1, P2)을 클릭한다.

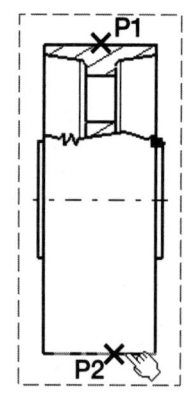
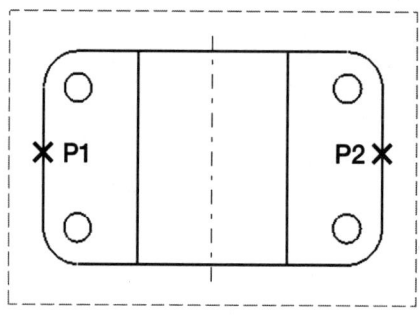

Chapter 10 2D Drafting 배우기

6 2D 도면 따라하면서 배우기

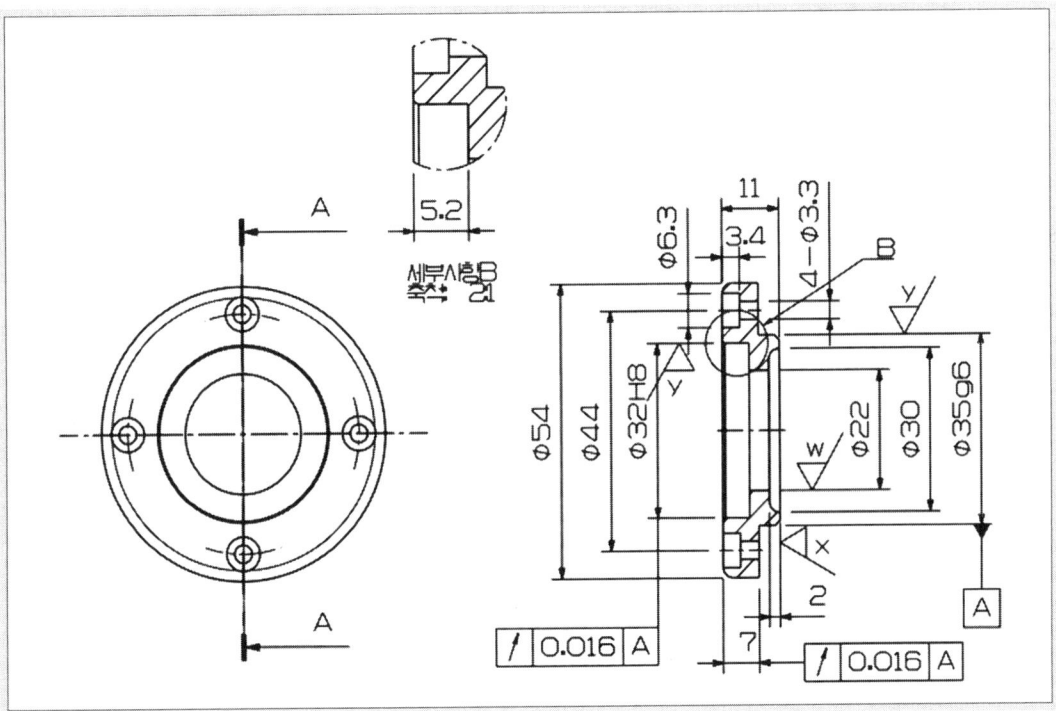

6.1 파일 열기 및 도면 시작

Step 01 CATIA를 실행시켜 도면을 생성시킬 형상을 열기한다.

Step 02 [시작 ⇒ 기계 디자인 ⇒ 도면]을 실행한다.

Step 03 새 도면 작성 창에서 "빈시트"를 선택하고, 수정을 클릭한다.

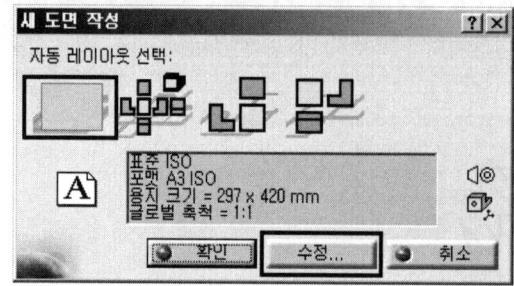

Step 04 새 도면 창의 시트 양식에서 사용할 용지를 선택하고, 확인을 누른다.

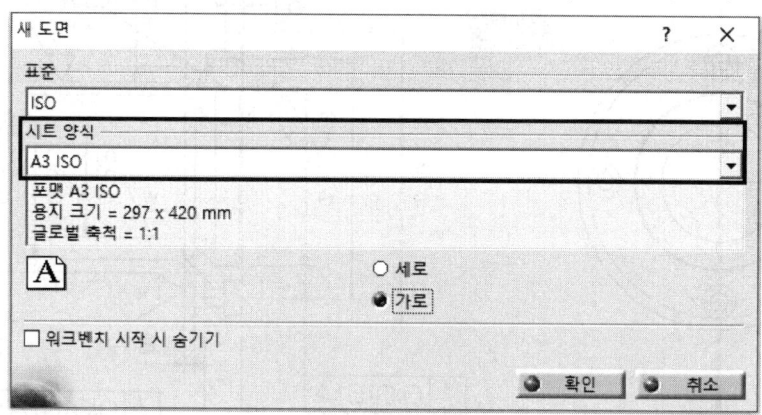

Step 05 도면을 작성할 수 있는 환경으로 바뀐다.

6.2 도면 윤곽선 및 표제란 작성

Step 01 풀다운메뉴 ⇒ 편집 ⇒ 시트 배경을 실행한다.
회색바탕의 시트 배경(Sheet Background)로 화면이 바뀐다.

Step 02 프레임 제목 블록(□)을 실행한다.
(풀다운메뉴 ⇒ 삽입 ⇒ 도면 ⇒ 프레임 및 제목 블록)

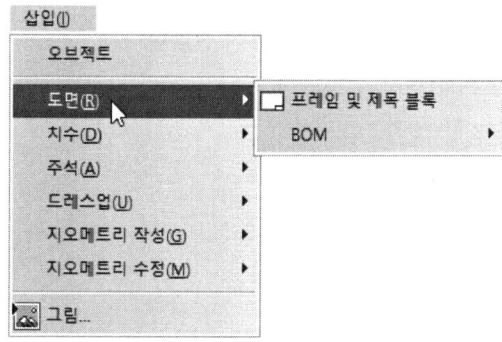

Step 03 아래 그림과 같이 설정하고 "확인"을 클릭한다.

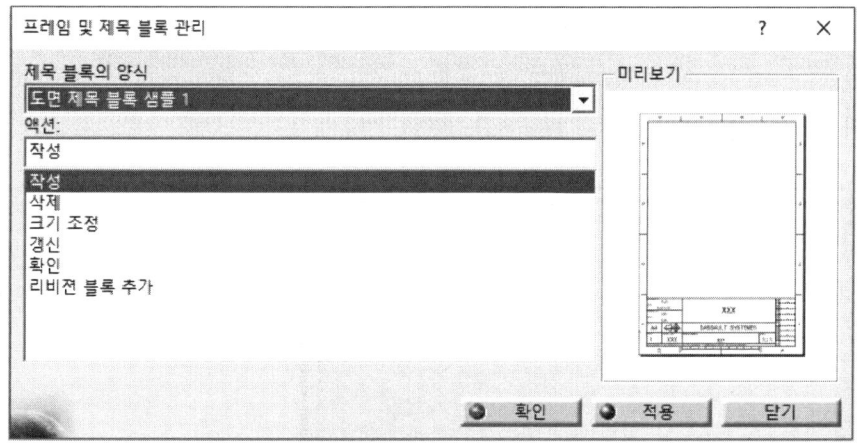

Step 04 기준이 되는 양식을 작성되었다.

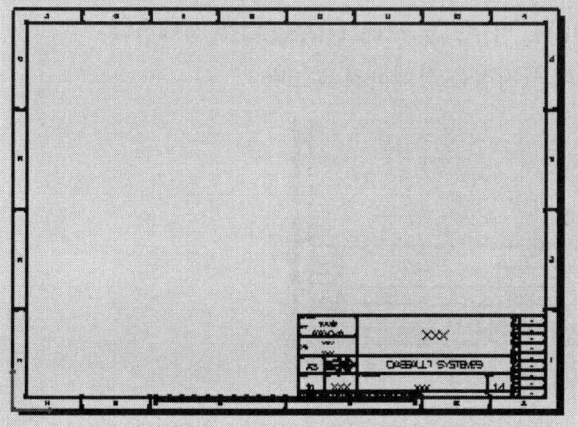

Step 05 작성된 양식을 편집하기 위해 필요 없는 부분을 삭제하는데, 여기서는 도면의 윤곽선과 중심 마크를 제외한 나머지를 삭제한다.

Step 06 그림에서 표시된 부분(A→B)을 마우스로 드래그(Drag)하여 선택한다.
(중심마크와 윤곽선의 4군데 꼭지점은 선택하지 않는다.)

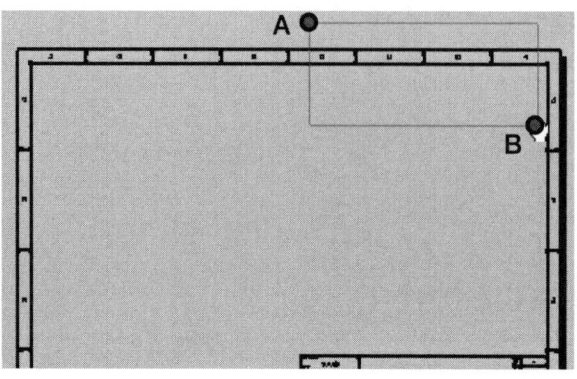

Step 07 키보드 Del 버튼을 누른다.

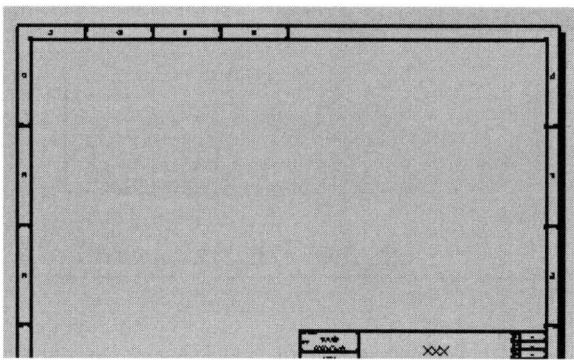

Step 08 그림에서 표시된 부분(A→B)을 마우스로 드래그(Drag)하여 선택한다.
(중심마크와 윤곽선의 4군데 꼭지점은 선택하지 않는다.)

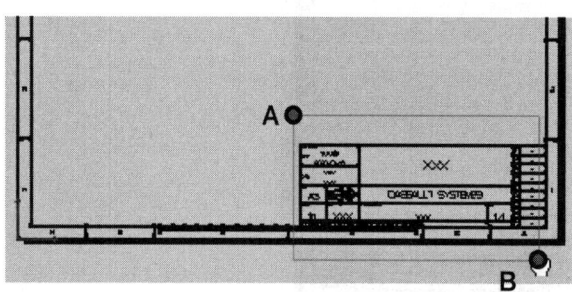

Step 09 키보드 Del 버튼을 누른다.

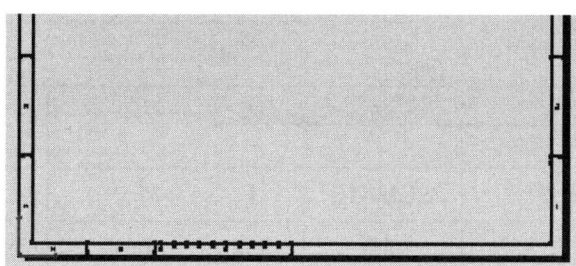

Step 10 같은 방법으로 그림에서 표시된 부분(A→B)을 마우스로 드래그(Drag)하여 선택한다.
(중심마크와 윤곽선의 4군데 꼭지점은 선택하지 않는다.)

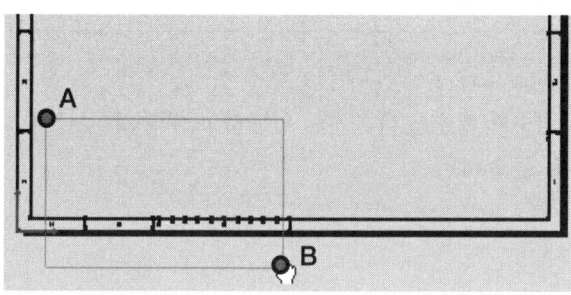

Step 11 키보드 Del 버튼을 누른다.

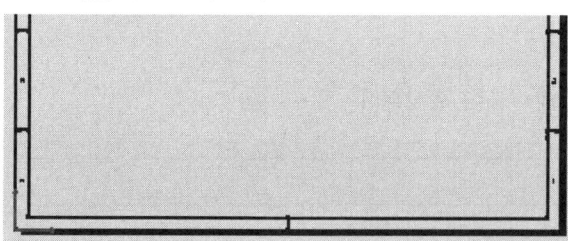

Step 12 나머지 부분도 선택하여 Del 버튼으로 삭제를 한다.
다음 그림처럼 윤곽선(테두리선)과 중심마크만 남아있다.

Step 13 다음과 같은 표제란을 작성한다.

2	브라켓	SCM415	1	
품번	품명	재질	수량	비고
작품명	CAD작업		척도	1:1
			각법	3

Step 14 테이블(⊞)을 실행한다. 컬럼수와 행수를 다음처럼 입력하고, 확인을 누른다.
(생성하는 테이블의 칸수=5, 줄수=4)

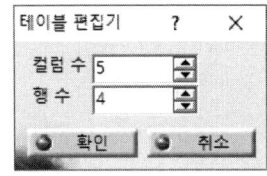

Step 15 화면의 임의점을 클릭하면 테이블이 생성된다.

Step 16 작성한 테이블을 더블클릭하여 편집을 한다. (셀 병합을 위해)

Step 17 병합하기 위해 ❶셀에서 ❷셀까지 마우스로 드래그(Drag)하여 선택한다.

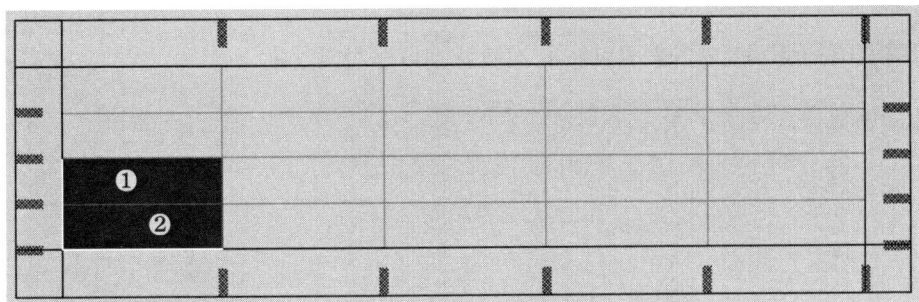

Step 18 마우스 오른쪽 버튼을 눌러, "병합"을 실행한다.

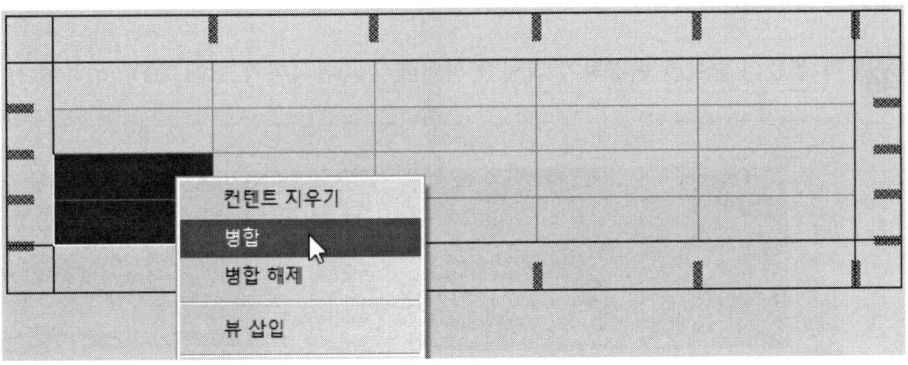

Step 19 테이블 바깥영역을 클릭한다. 선택한 셀이 병합되었다.

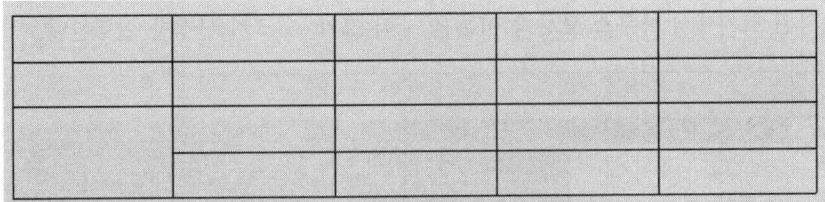

Step 20 같은 방법으로 테이블을 더블클릭하고,
병합하기 위해 ❶ → ❹셀까지 마우스로 드래그(Drag)하여 선택한다.

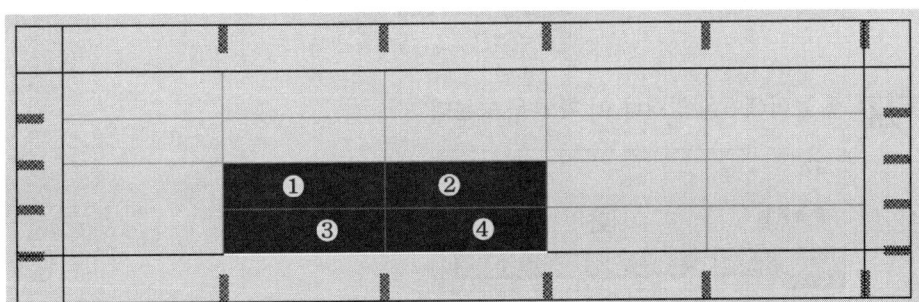

Step 21 마우스 오른쪽 버튼을 눌러, "병합"을 실행한다.

Step 22 테이블 바깥영역을 클릭한다. 선택한 셀이 병합되었다.

Step 23 작성한 테이블을 더블클릭하여 편집을 한다. (크기 변경을 위해)

Step 24 각 셀들의 높이를 변경하기 위해 ①위치에서 ④위치까지 드래그(Drag)하여 선택한다.

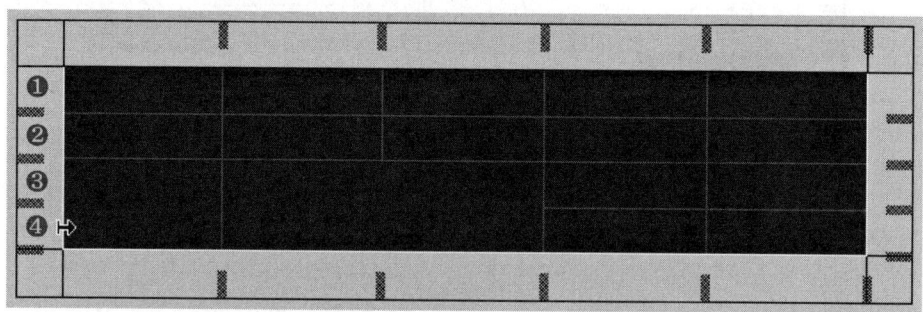

Step 25 표시된 위치에서 마우스 오른쪽 버튼을 눌러 크기 → 크기 설정을 실행한다.

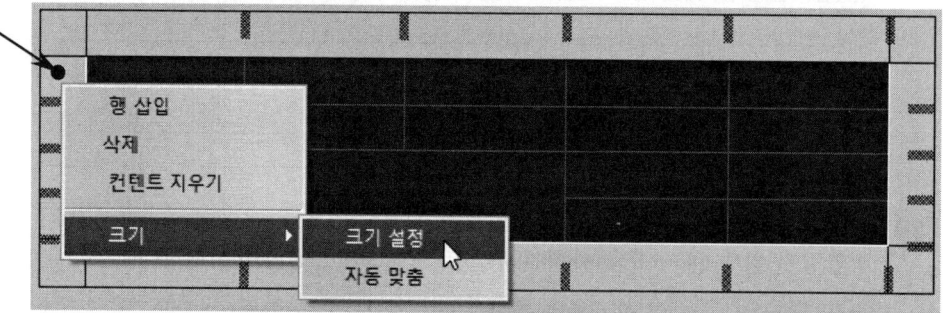

Step 26 행 높이에 8을 입력하고, 확인을 누른다.

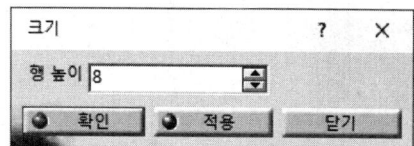

Step 27 테이블의 높이가 변경되었다.

Step 28 표시된 위치를 클릭하고, 마우스 오른쪽 버튼으로 크기 → 크기 설정을 실행한다.

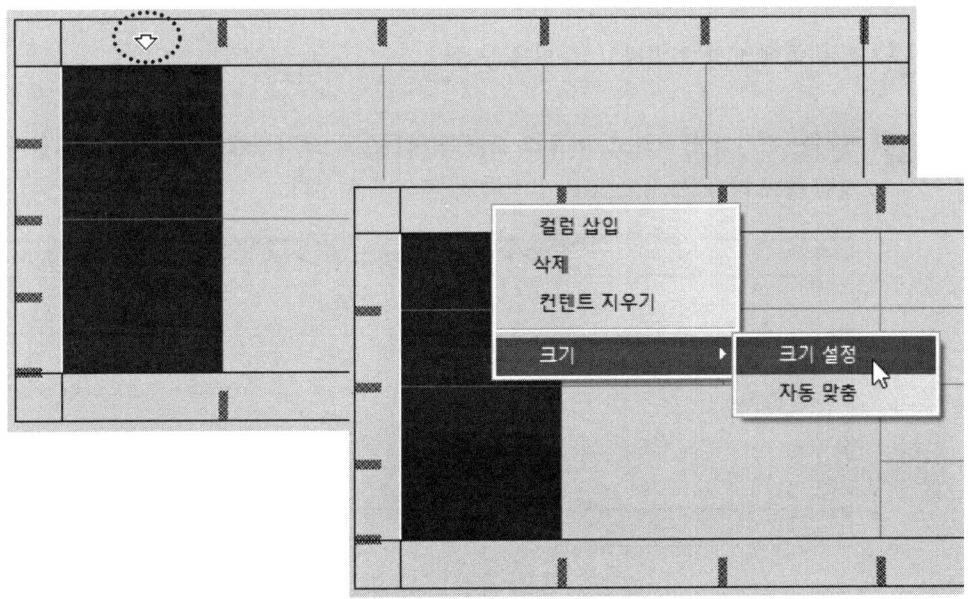

Step 29 컬럼 폭에 20을 입력하고, 확인을 누른다.

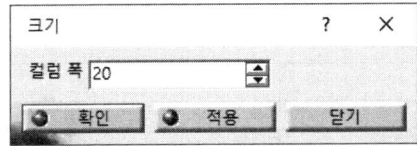

Step 30 표시된 위치를 클릭하고, 마우스 오른쪽 버튼으로 크기 → 크기 설정을 실행한다.

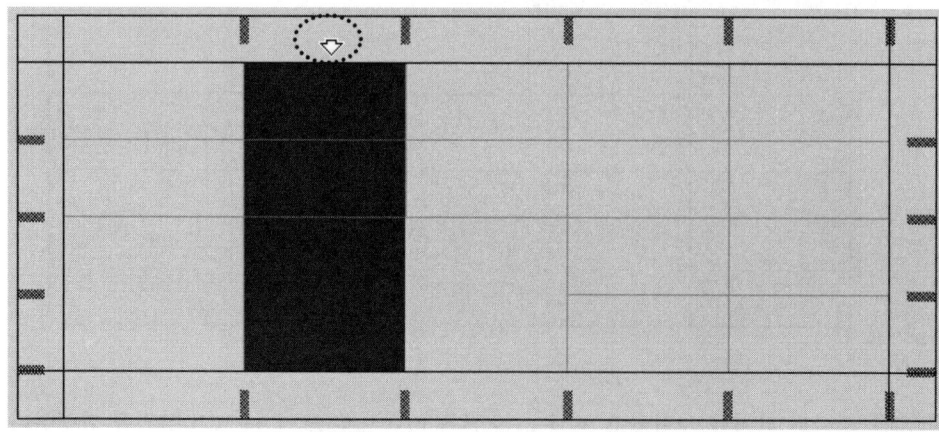

Step 31 컬럼 폭에 35를 입력하고, 확인을 누른다.

Step 32 표시된 위치를 클릭하고, 마우스 오른쪽 버튼으로 크기 → 크기 설정을 실행한다.
컬럼 폭에 각각 25, 15, 30을 입력하고, 확인을 누른다.

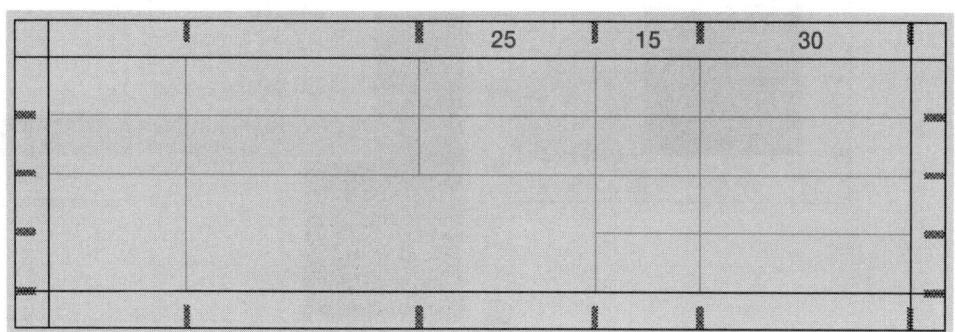

Step 33 작성한 테이블을 더블클릭하여 편집을 한다. (문자 입력을 위해)

Step 34 마우스로 전체 셀을 선택한다.

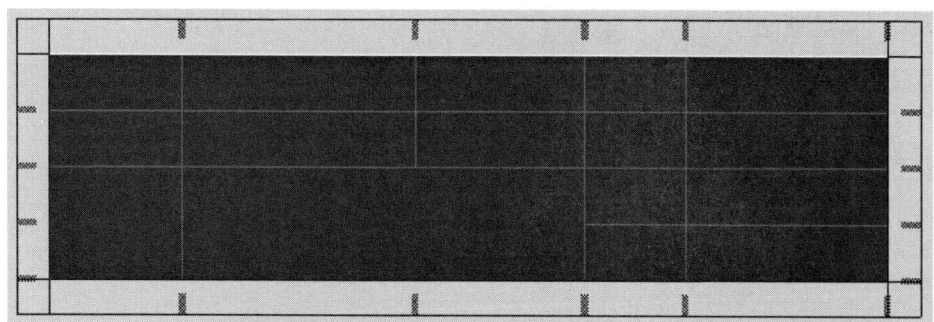

Step 35 조정(☰)버튼과 앵커 위치(A)버튼으로 문자위치를 다음과 같이 설정한다.

Step 36 문자가 삽입될 셀을 더블 클릭한다. 나타나는 텍스트 편집기에 해당 문자를 입력한다. 확인을 누른다.

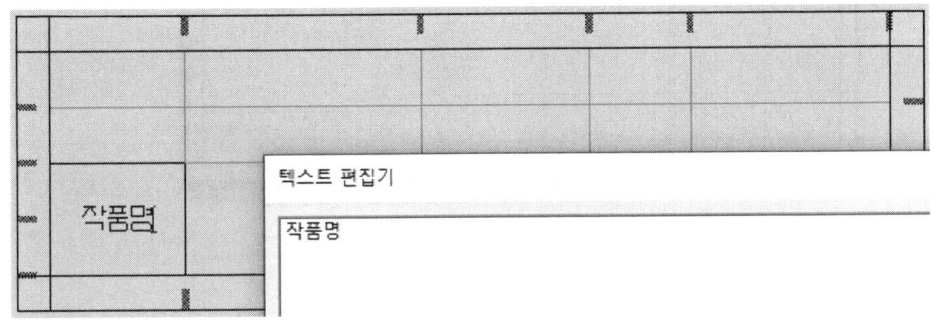

Step 37 문자가 삽입될 셀을 더블 클릭한다. 나타나는 텍스트 편집기에 해당 문자를 입력한다. 확인을 누른다.

Step 38 나머지 셀도 같은 방법으로 더블 클릭하여 문자를 입력한다.

1	커버	GC200	1	
품번	품명	재질	수량	비고
작품명	CAD작업		척도	1:1
			각법	3

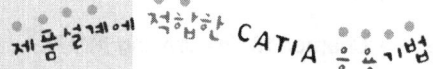

Step 39 작업한 테이블을 마우스로 드래그(Drag)하여 윤곽선의 우측하단으로 옮긴다.
(키보드 [Shift] 키를 누르면 부드럽게 이동이 된다.)

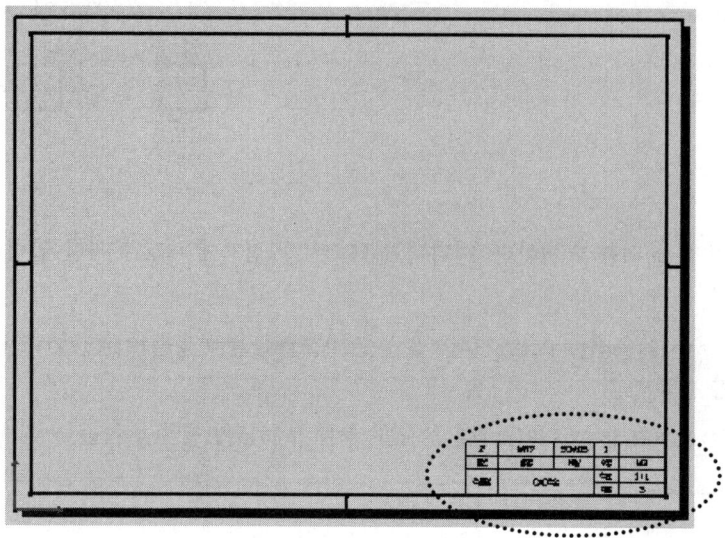

Step 40 다음과 같은 표제란을 작성한다.

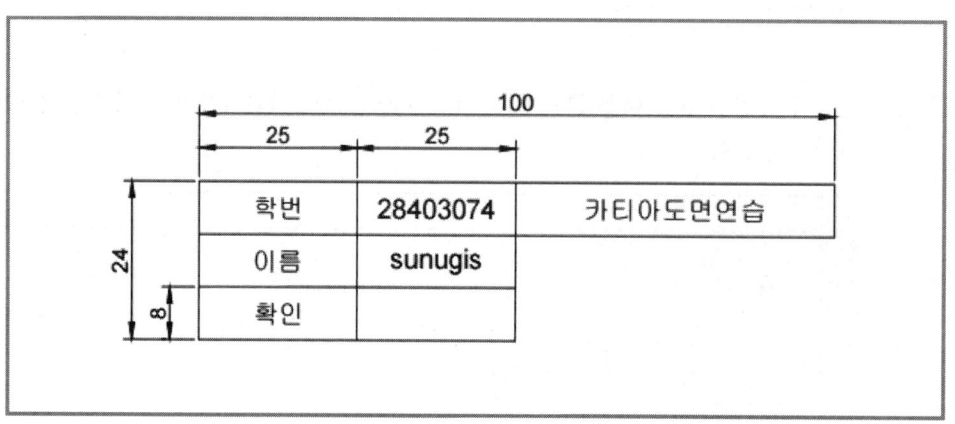

Step 41 테이블(⊞)을 실행한다. 칼럼수와 행수를 다음처럼 입력하고, 확인을 누른다.
(생성하는 테이블의 칸수=2, 줄수=3)

Step 42 화면의 임의점을 클릭하면 테이블이 생성된다.

Step 43 앞에서 작성한 방법처럼 테이블을 더블클릭하여 다음과 같이 크기를 변경한다.

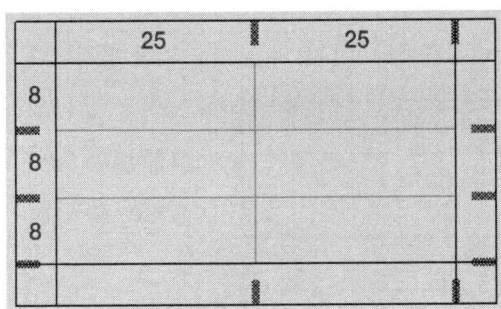

☐ **행 높이** : 각 8
☐ **컬럼 폭** : 각 25

Step 44 마우스로 전체 셀을 선택하고,
조정(≡)버튼과 앵커 위치(A)버튼으로 문자위치를 다음과 같이 설정한다.

Step 45 문자가 삽입될 셀을 더블 클릭하여 나타나는 텍스트 편집기에 해당 문자를 입력. 확인을 누른다.

학번	28403074
이름	sunugs
확인	

Step 46 작업한 테이블을 마우스로 드래그(Drag)하여 윤곽선의 좌측상단으로 옮긴다.
(키보드 [Shift] 키를 누르면 부드럽게 이동이 된다.)

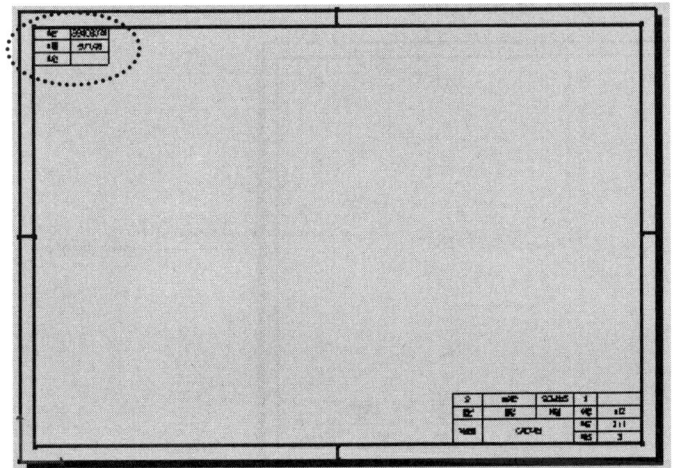

Step 47 다시 한 번 테이블(⊞)을 실행하고, 칸수=1, 줄수=1을 입력한다.

Step 48 앞에서 작성한 방법처럼 테이블을 더블클릭하여 다음과 같이 크기를 변경한다.

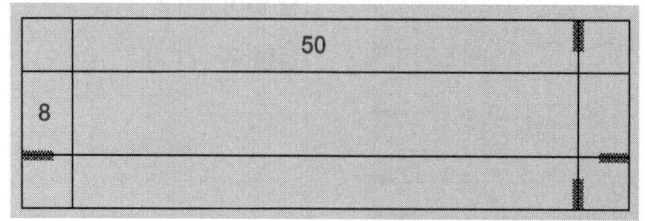

- 행 높이 : 8
- 컬럼 폭 : 50

Step 49 마우스로 전체 셀을 선택하고,
조정(≡)버튼과 앵커 위치(A)버튼으로 문자위치를 위와 같이 설정한다.

Step 50 문자가 삽입될 셀을 더블 클릭하여 나타나는 텍스트 편집기에 해당 문자를 입력. 확인을 누른다.

Step 51 작업한 테이블을 마우스로 드래그(Drag)하여 다음 그림처럼 옮긴다.

Step 52 풀다운메뉴 ⇒ 편집 ⇒ 작업 뷰를 실행한다.

Step 53 도면 테두리 및 표제란 작업이 완성되었다.

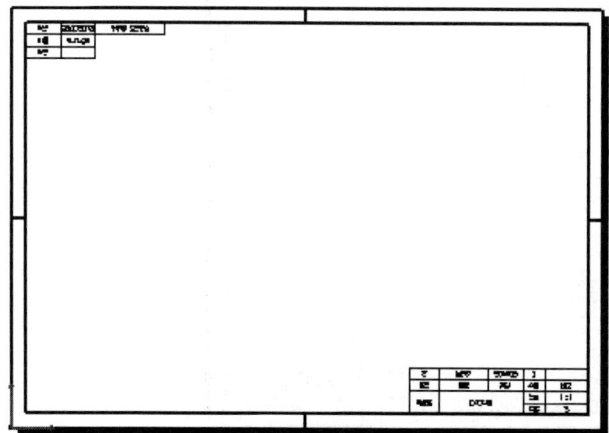

6.3 도면 배치

Step 01 풀다운메뉴 ⇒ 창 ⇒ 수평으로 배열을 선택한다.

Step 02 도면을 생성시킬 모델(Model)창과 도면(Drafting)창이 수평으로 나눠진다.

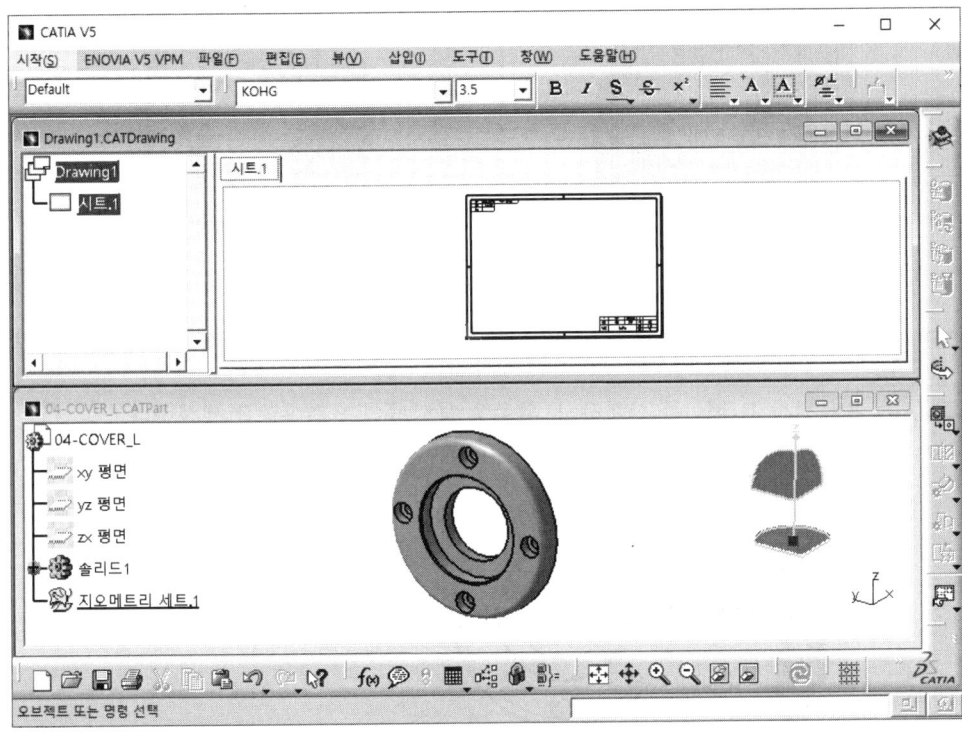

Step 03 도면 창의 작업 트리에서 "시트.1"을 선택하고, 마우스 오른쪽 버튼을 이용하여 "등록정보"를 클릭한다.

Step 04 등록 정보 창의 프로젝션 방법을 "세 번째 각도 표준(3각법)"을 선택하고, "확인"을 누른다.

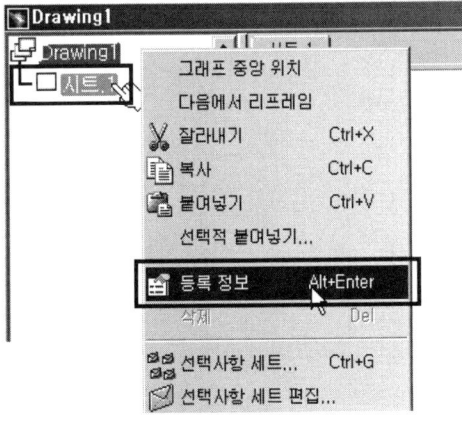 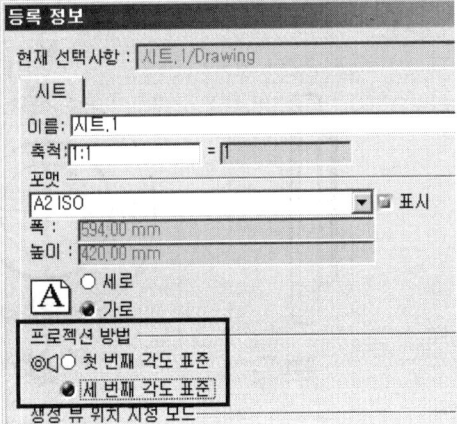

Step 05 정면 뷰(🔲)를 실행한다.

Step 06 모델(Model)창에서 "정면도"로 생성할 면을 선택하면, 도면(Drafting)창에서 미리보기가 된다.

 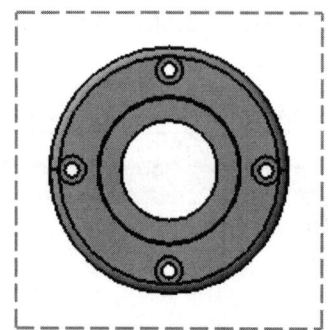

Step 07 도면(Drafting)창에서 임의의 점을 클릭하면 정면뷰가 생성된다.

Step 08 프로젝션 뷰(🔲)를 실행하고, 왼쪽을 클릭하여 좌측면도를 생성한다.

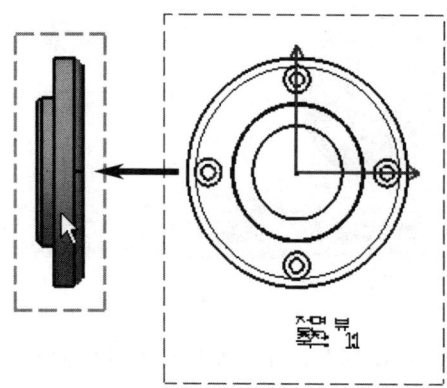

Step 09 오프셋 섹션 뷰(🔲)를 실행한다. (전단면도 생성)

Step 10 절단선의 위치(P1→P2)를 클릭하여 작성하고, 마지막 지점(P2)에서 더블클릭한다.

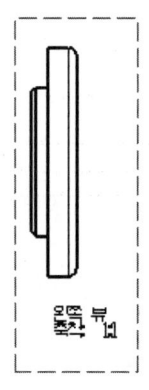 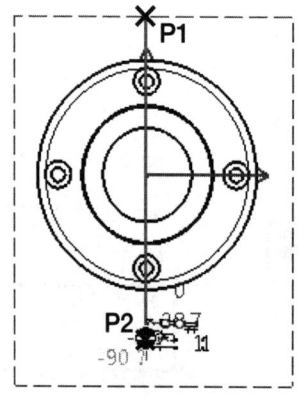

Step 11 단면도를 생성시킬 위치에 마우스를 드래그(Drag)하여 위치시키고 클릭한다.
아래에 나오는 글자는 삭제한다.

Step 12 생성된 단면의 해치선을 더블클릭한다.
해치의 각도와 피치를 아래와 같이 설정하고, 확인을 누른다.

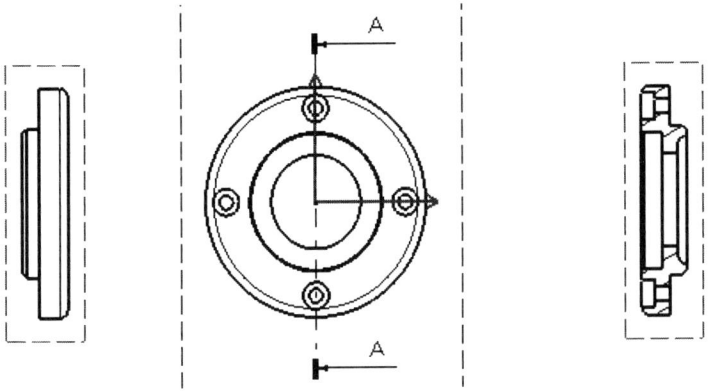

Step 13 중심선을 표현하기 위해 단면도의 뷰 프레임(점선 사각형)에서 마우스 오른쪽 버튼을 눌러 등록정보를 실행한다.

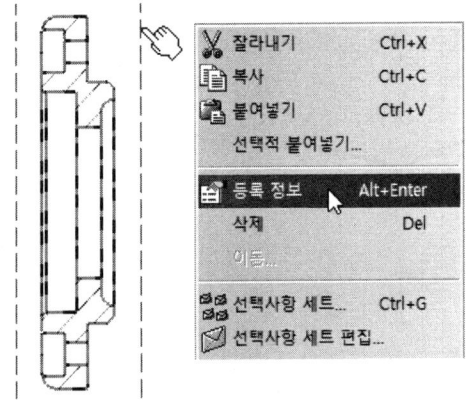

Step 14 드레스 업 부분의 "축"에 체크하고, 확인을 누른다. 중심선이 생성되었다.

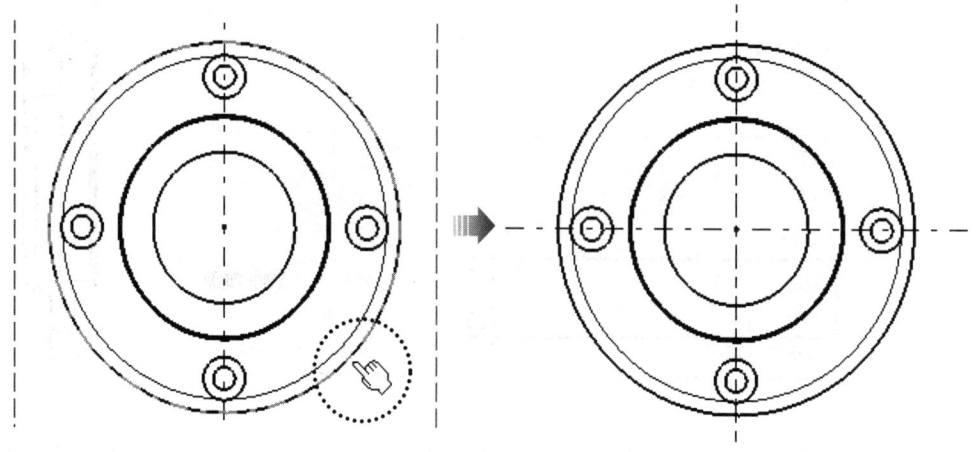

Step 15 중심선(⊕)을 실행하고, 생성될 원을 클릭한다. 중심선이 생성되었다.

Step 16 레퍼런스가 있는 중심선(⊗)을 실행한다.
중심선이 생성될 ① 원을 클릭하고, 기준이 되는 ② 기초원을 클릭한다. 중심선이 생성되었다.

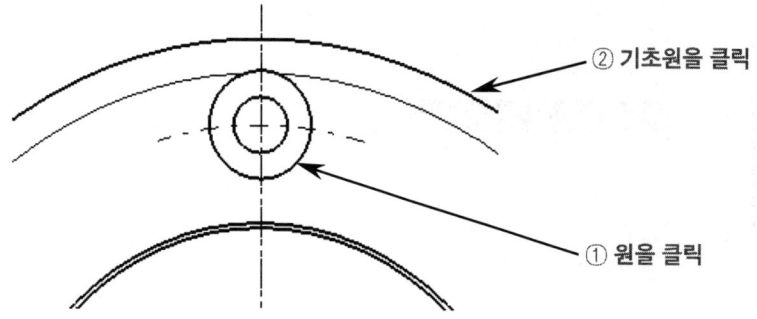

② 기초원을 클릭

① 원을 클릭

Step 17 나머지 원들도 레퍼런스가 있는 중심선(⊗)을 생성한다.

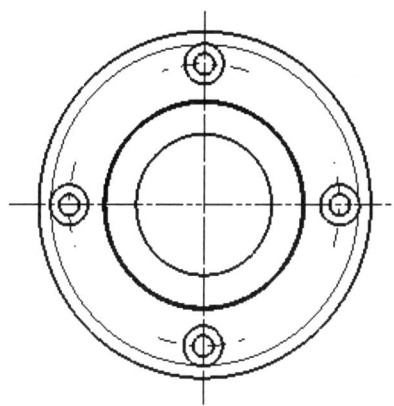

Step 18 단면도의 뷰 프레임을 더블클릭하여 활성 뷰로 전환한다.
(뷰 프레임(테두리)이 빨간색으로 변경된다.)

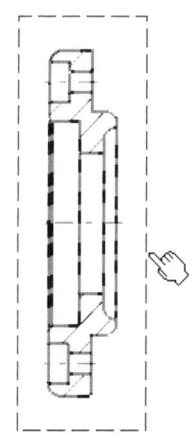

Step 19 치수를 입력하기 위해 지름 치수(⌀)를 실행하고, 선을 선택한다.
치수가 삽입될 위치를 클릭한다.

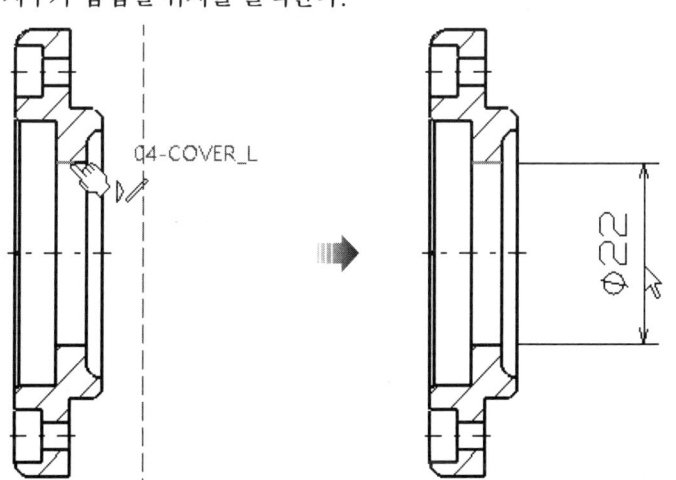

Step 20 같은 방법으로 해당 선을 클릭하여 지름 치수(　)를 입력한다.

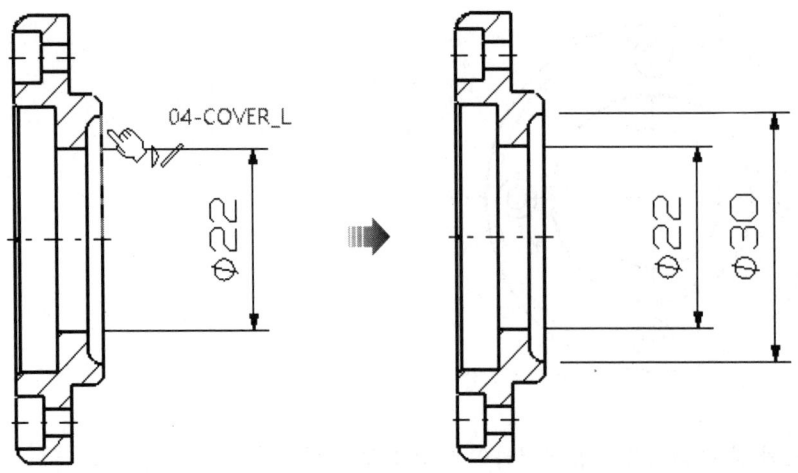

Step 21 상세도를 표현하기 위해 세부사항 뷰(　)를 실행하고, 해당 부위에 원을 그린다.

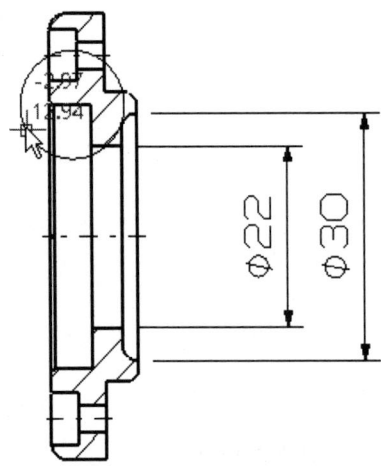

Step 22 상세도가 삽입될 위치를 클릭한다. 상세도가 작성되었다.

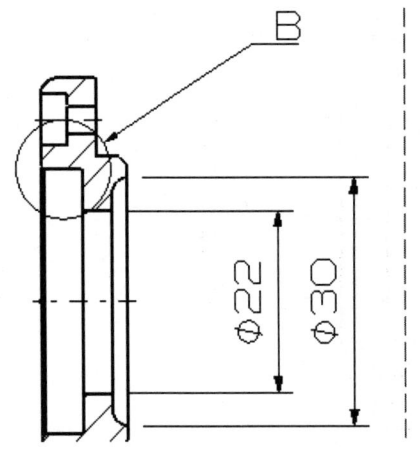

Step 23 나머지 해당 치수(📐) 및 지름 치수(⌀)를 입력한다.

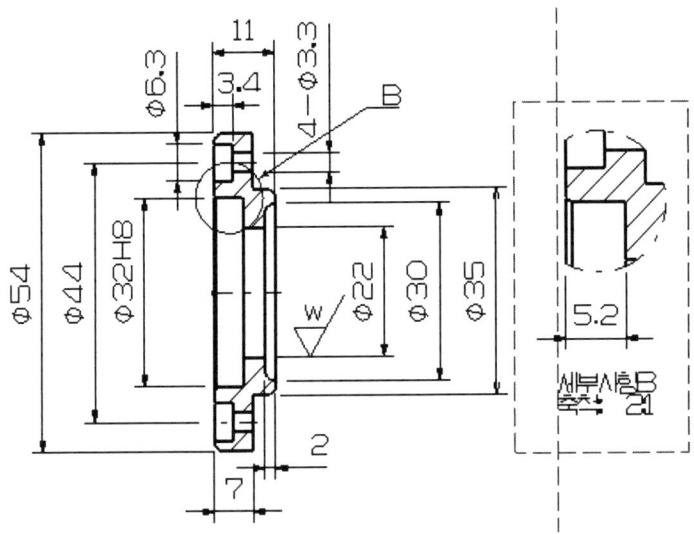

Step 24 입력한 치수 중 φ32에서 마우스 오른쪽 버튼을 눌러 등록정보를 선택한다.

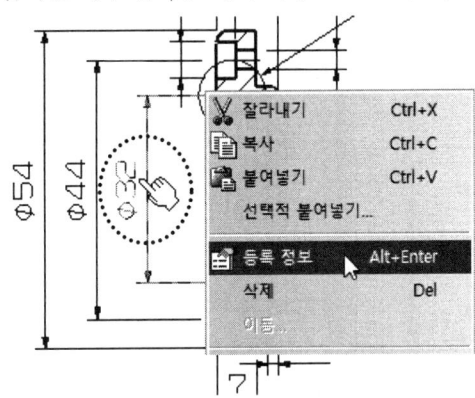

Step 25 치수 텍스트 탭에서 연계된 텍스트 뒤에 공차기호 [H8]을 입력하고, 확인을 누른다.

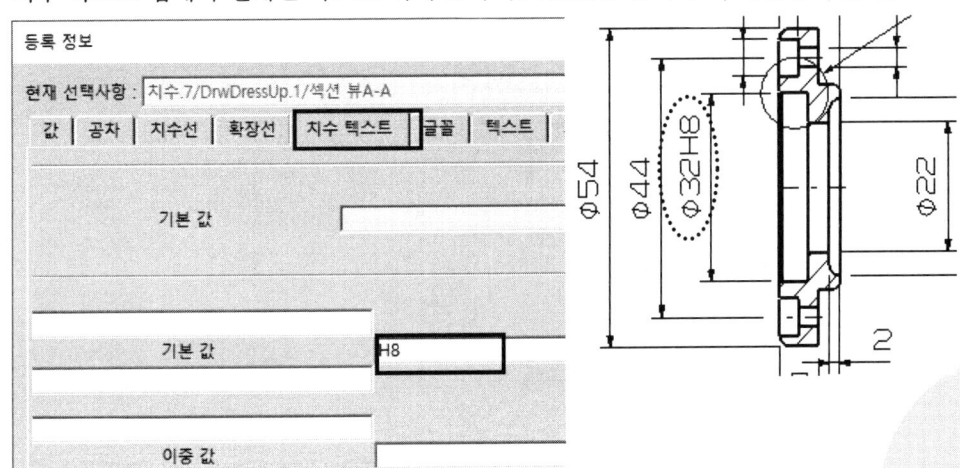

Step 26 입력한 치수 중 ϕ3.3에서 마우스 오른쪽 버튼을 눌러 등록정보를 선택한다.

Step 27 치수 텍스트 탭에서 연계된 텍스트 앞에 공차기호 [4-]를 입력하고, 확인을 누른다.

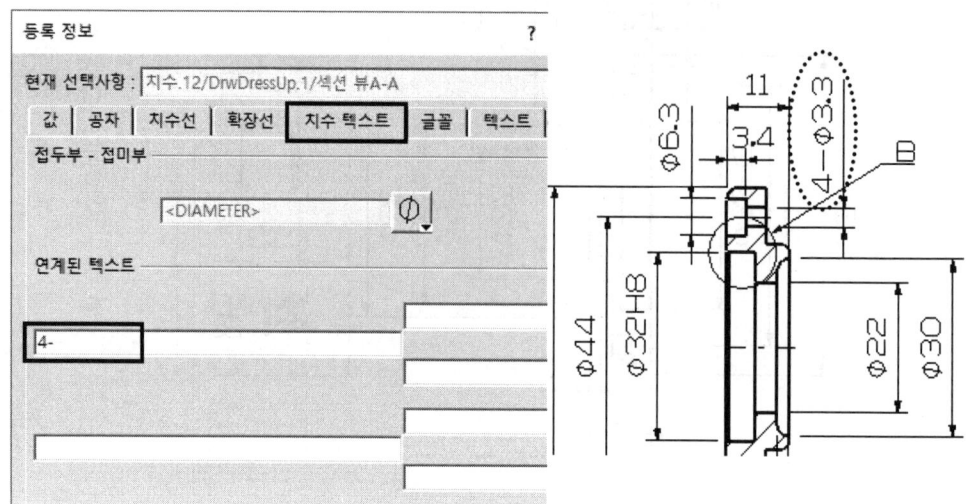

Step 28 같은 방법으로 ϕ35g6을 입력한다.

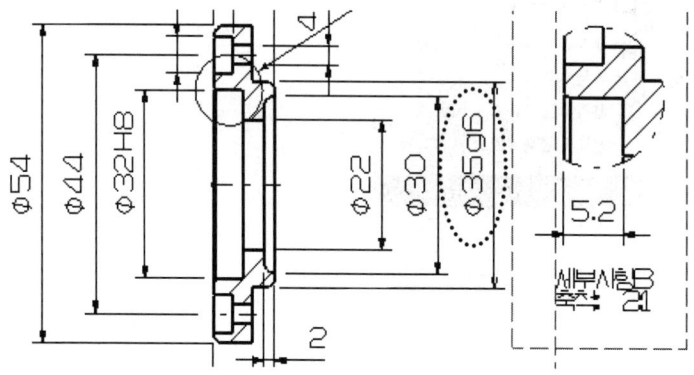

Step 29 표면거칠기 기호를 삽입하기 위해 개략 기호(√)를 실행한다.
기호가 삽입될 치수보조선을 선택한다.

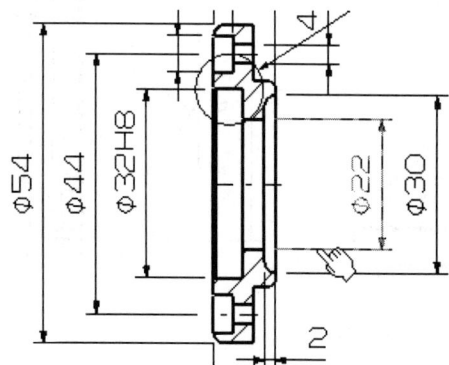

Chapter 10 2D Drafting 배우기

Step 30 다음 그림처럼 설정하고, 확인을 누른다.

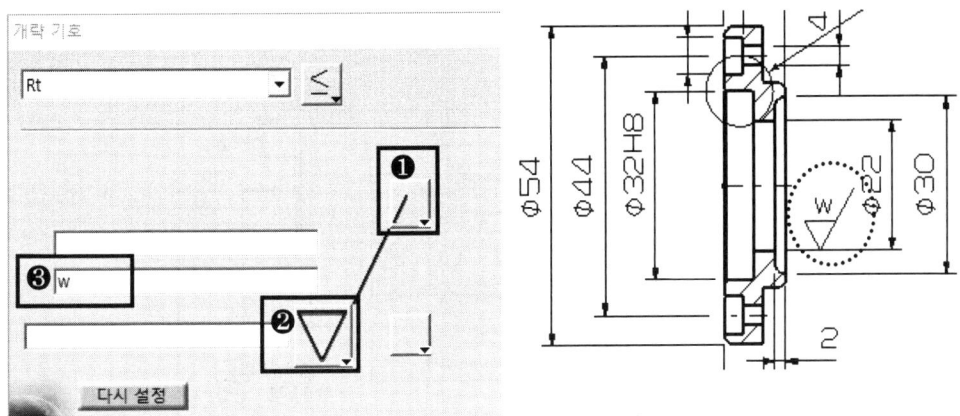

Step 31 개략 기호(√)를 실행하고, 기호가 삽입될 치수보조선을 선택한다.
기호의 방향은 반전( ) 버튼을 이용한다.
다음과 같이 입력하고, 확인을 누른다.

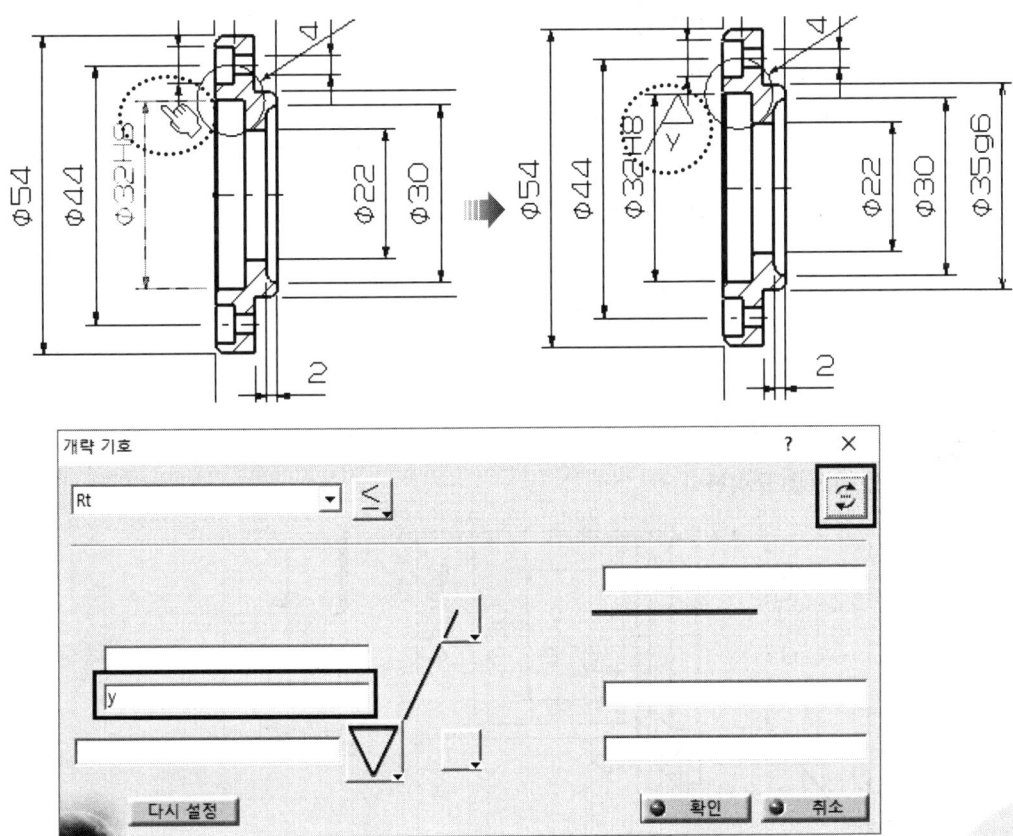

645

Step 32 나머지 부분도 개략기호를 삽입한다.

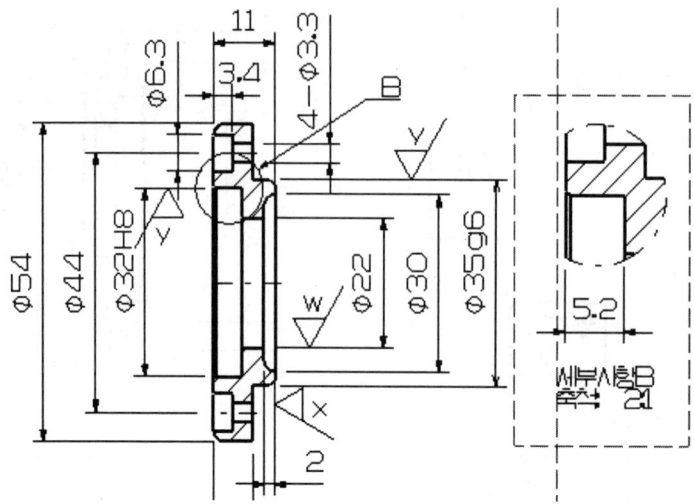

Step 33 기하공차를 삽입하기 위해 Datum 피처(A)를 실행한다.

기호가 삽입될 ① 기준 위치와 ② 문자 위치를 클릭한다. A를 입력하고, 확인을 누른다.

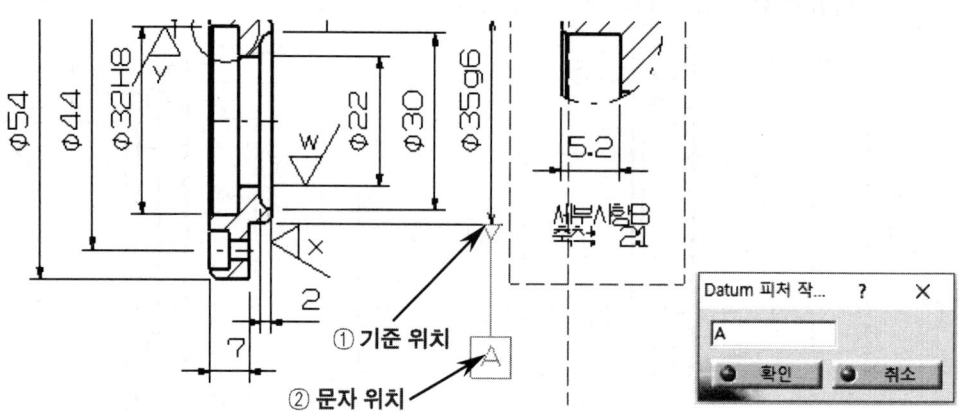

Step 34 지오메트리 공차(⌖)를 실행한다. 기호가 삽입될 ① 기준 위치와 키보드 [Shift]를 누르고 ② 문자 위치를 클릭한다.

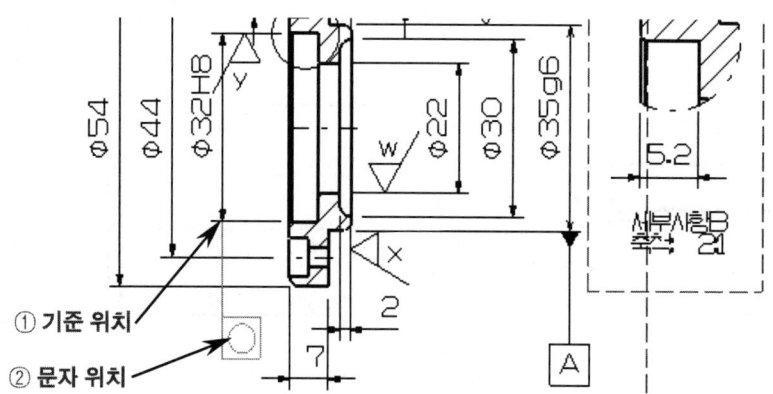

Step 35 다음과 같이 입력하고, 확인을 누른다.

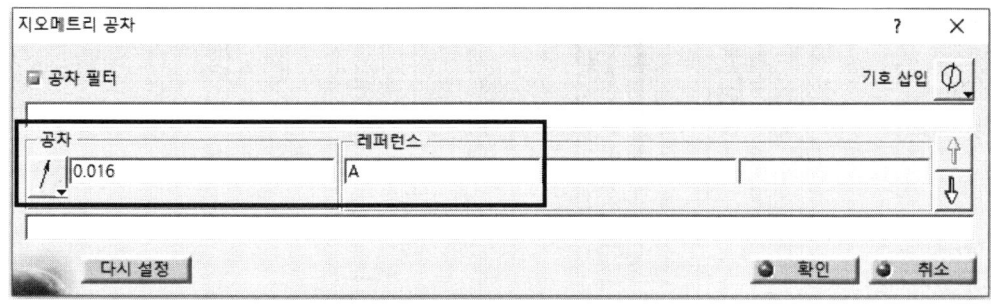

Step 36 앞에 있는 기호( )를 드래그하여 뒤로 옮긴다.

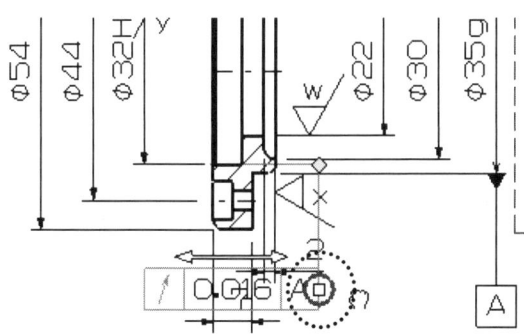

Step 37 전체 지오메트리 공차를 이동하여 배치한다.

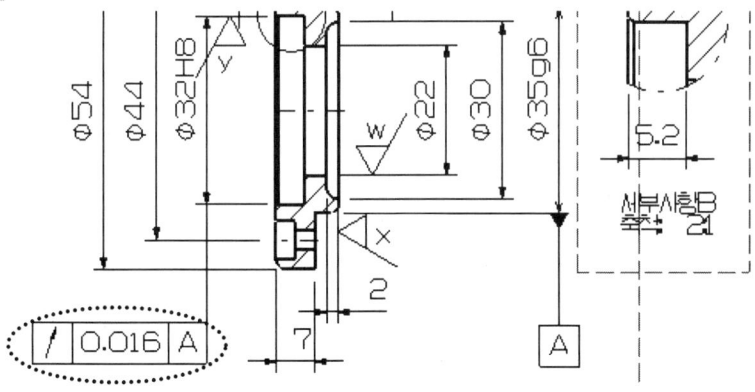

Step 38 같은 방법으로 지오메트리 공차 기호를 삽입한다.

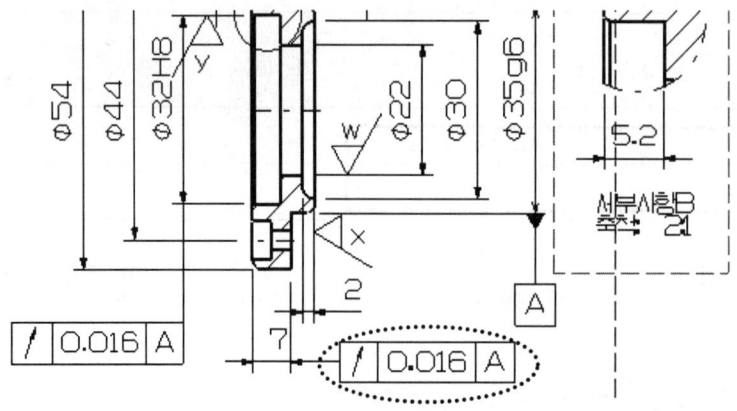

Step 39 텍스트(T)를 실행하고, 삽입될 대략적인 위치를 클릭한다.

주 서

1. 도시도고 지시없는 라운드 R3

2. 도시도고 지시없는 모따기 C1

Step 40 뷰와 텍스트를 적당한 위치로 이동시킨다. 도면 배치가 완성되었다.

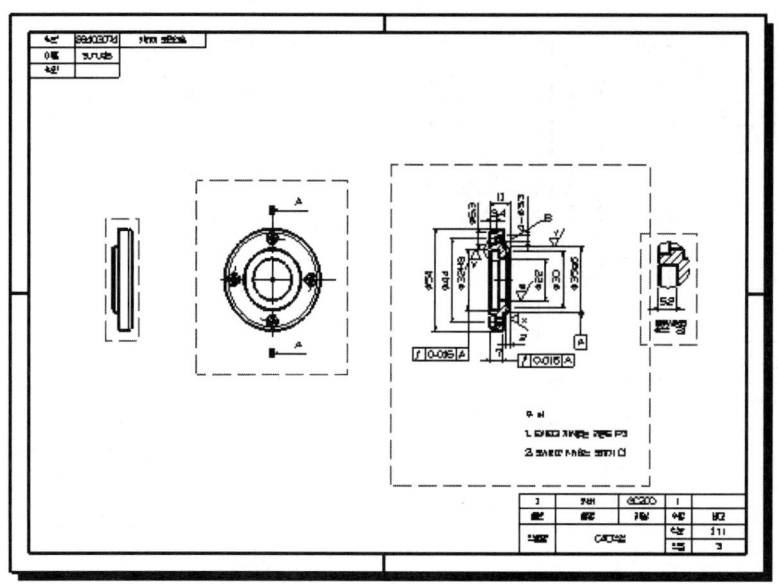

Chapter 11

CATIA_V5 Design

연습도면

- 기초도면 그리기
- 도면 활용하기
- 응용과제도면
- 브라켓
- 플랜지
- 기계구조물
- 휠 커버
- 타이너트 본체
- 동력전달장치 축
- 리밍지그
- 동력전달장치 I
- 동력전달장치 II
- 4지형 레버 에어척
- 워터 펌프
- 편심왕복장치
- 축 받힘 장치
- Surface Design

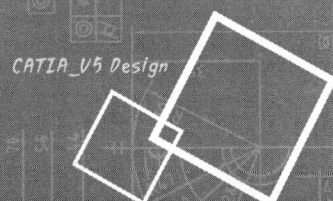

CATIA_V5 Design

기초도면 그리기

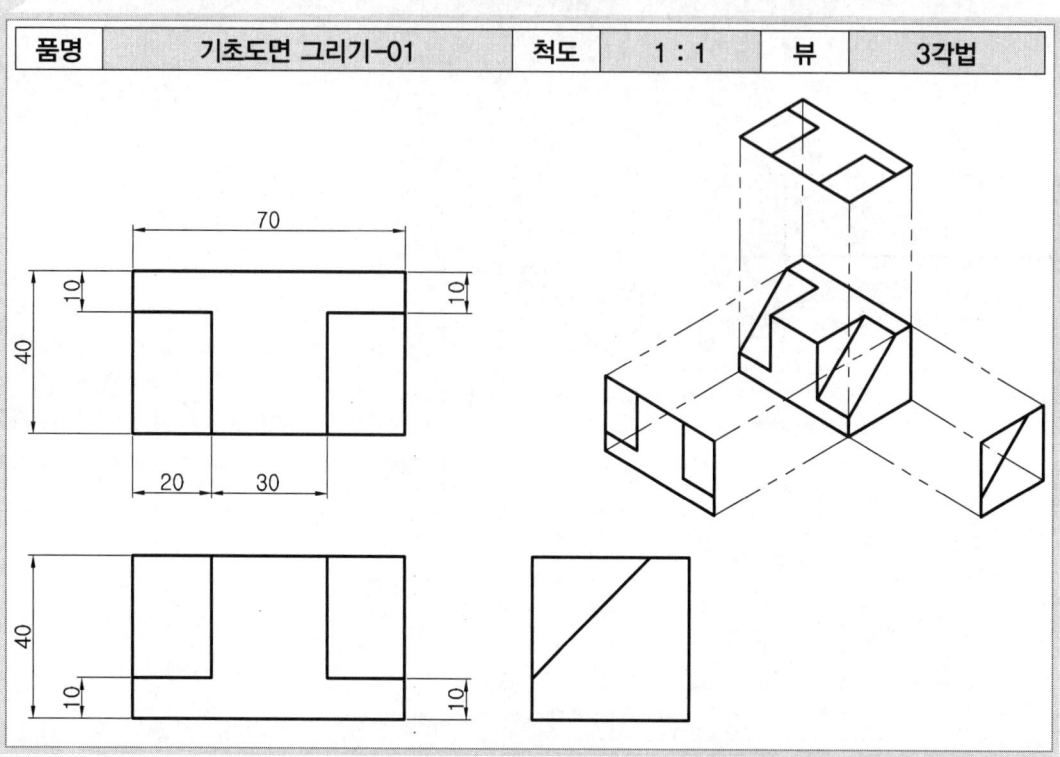

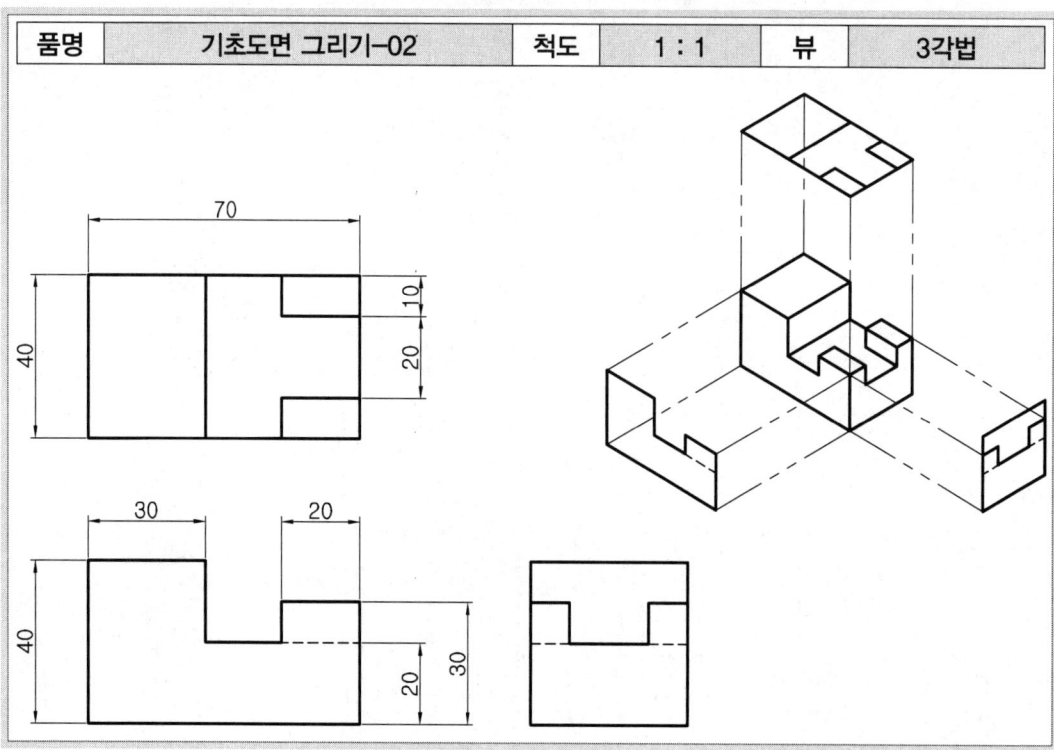

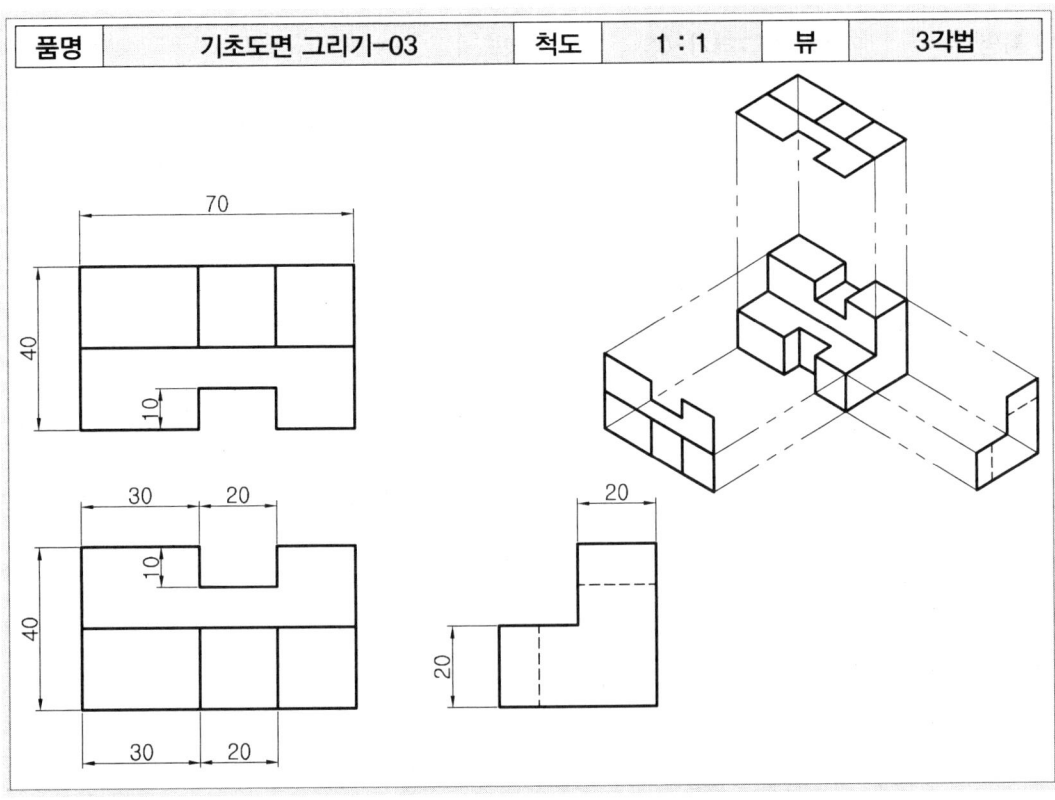

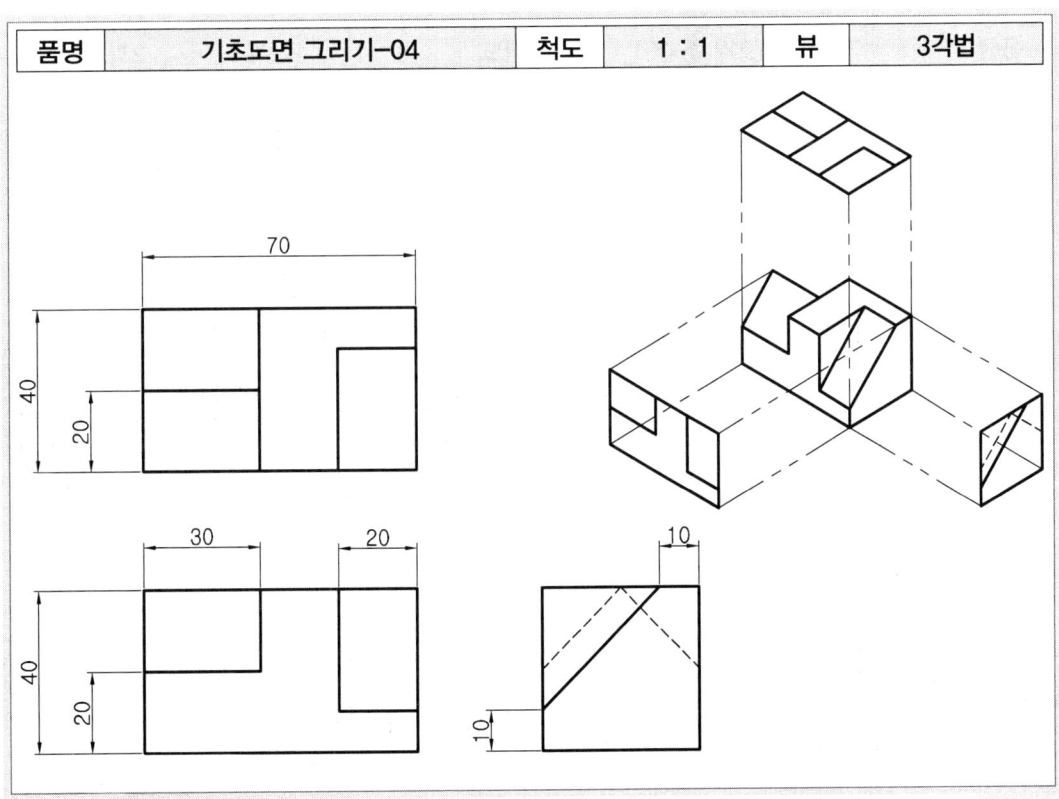

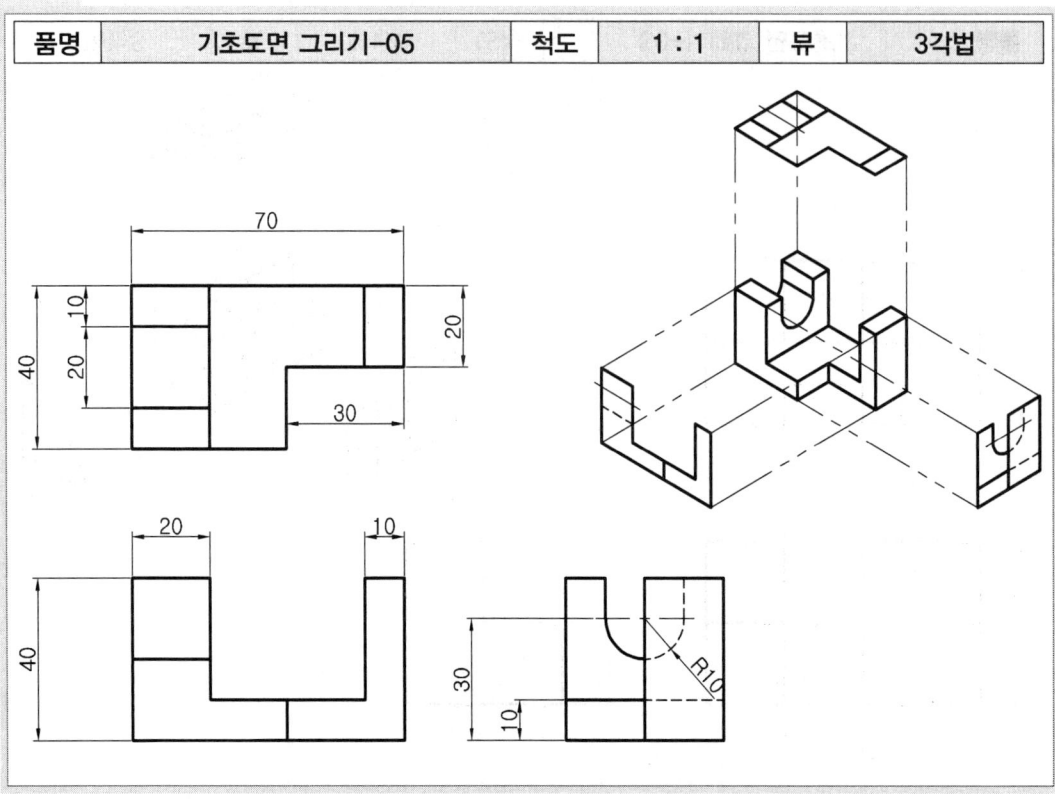
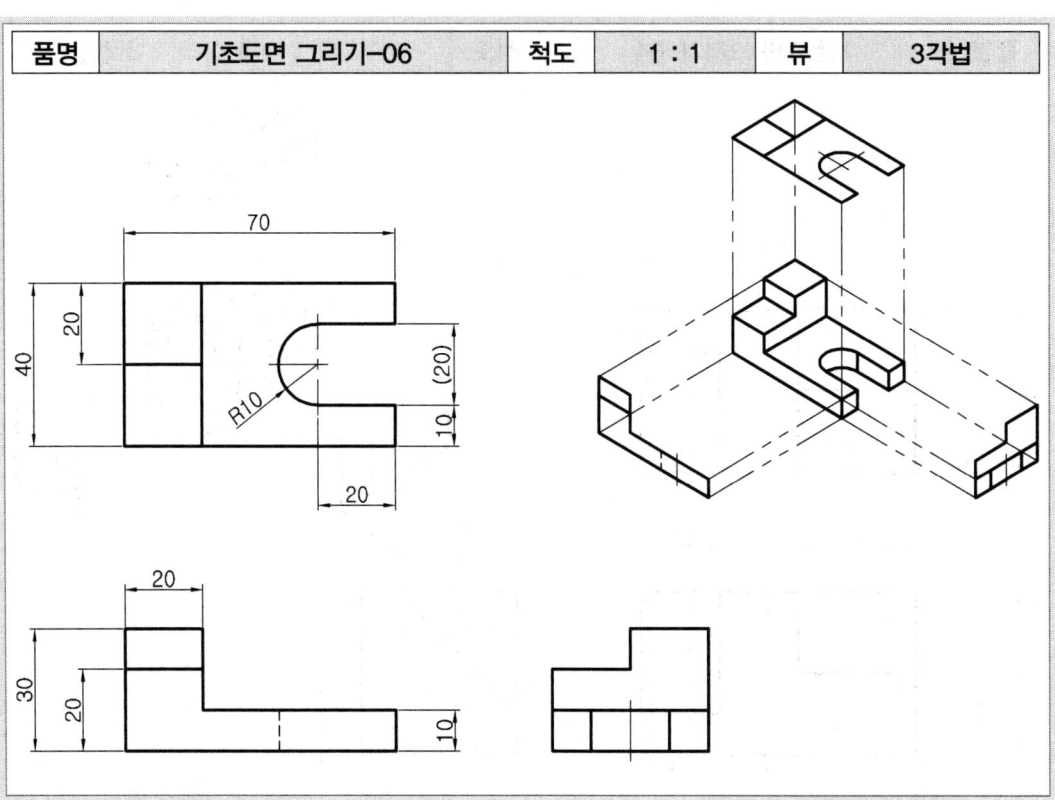

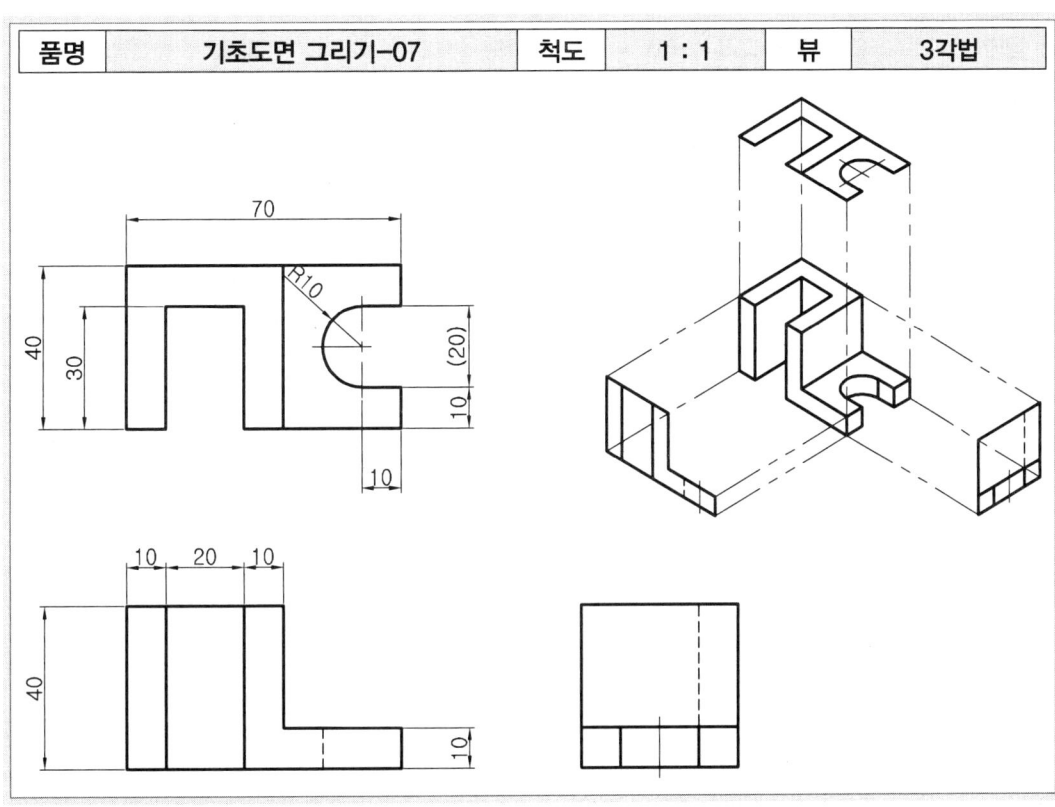
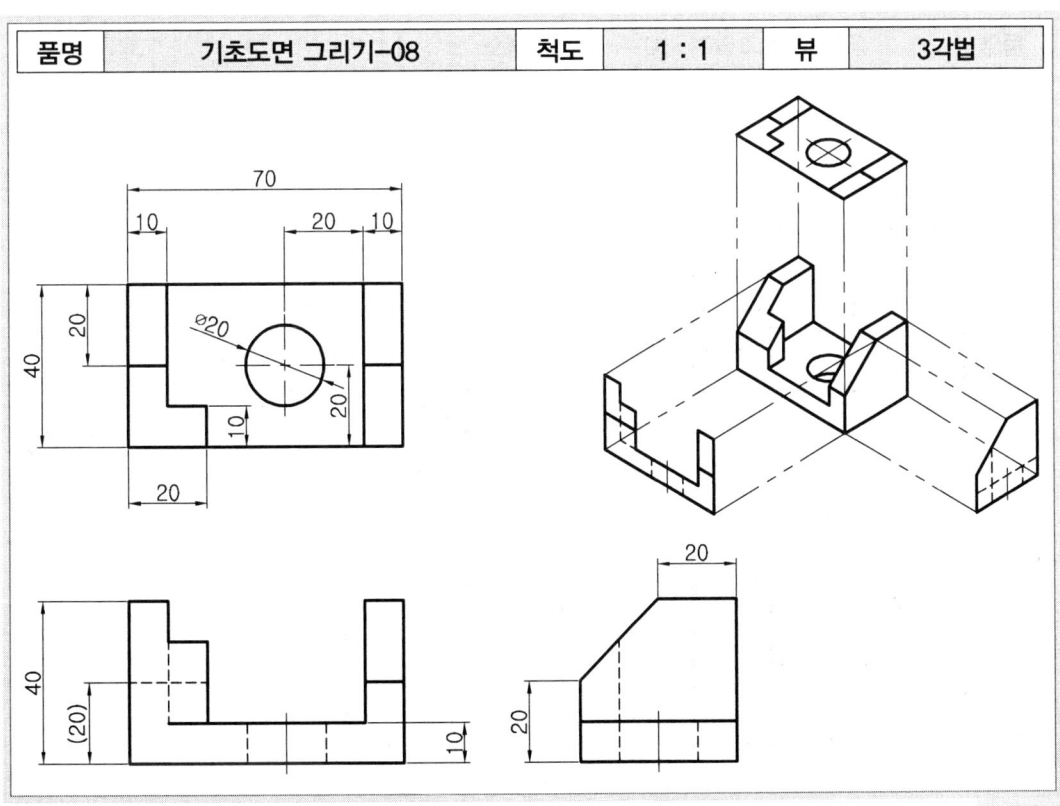

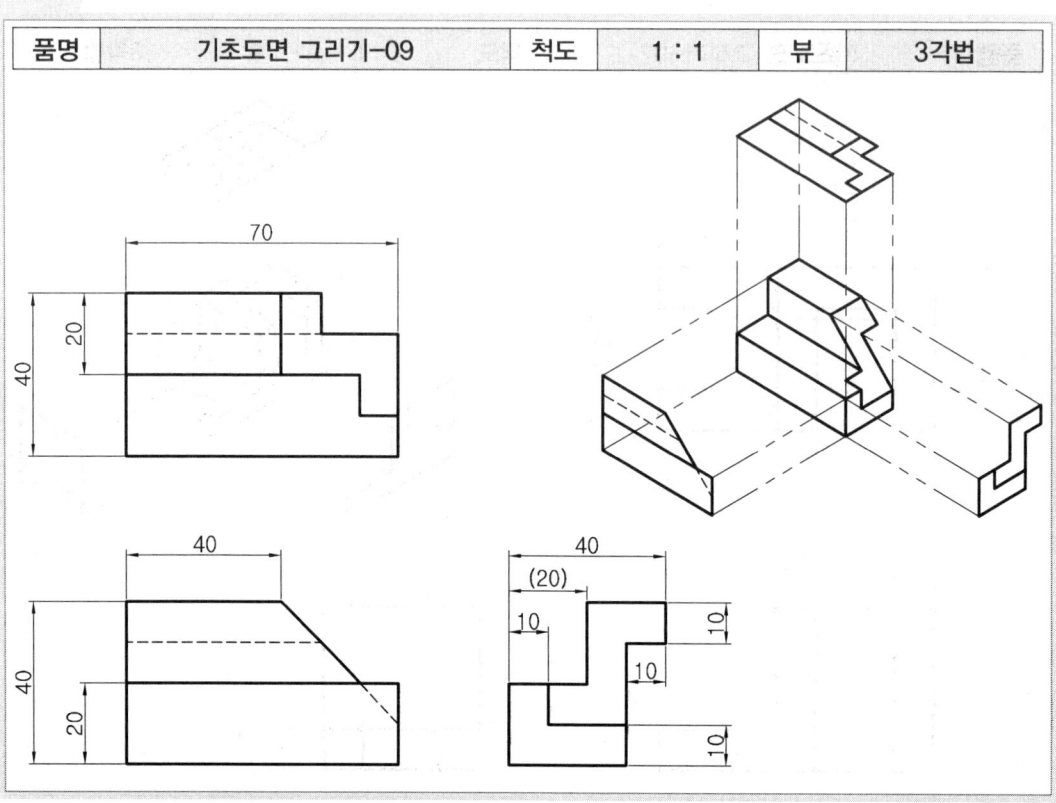

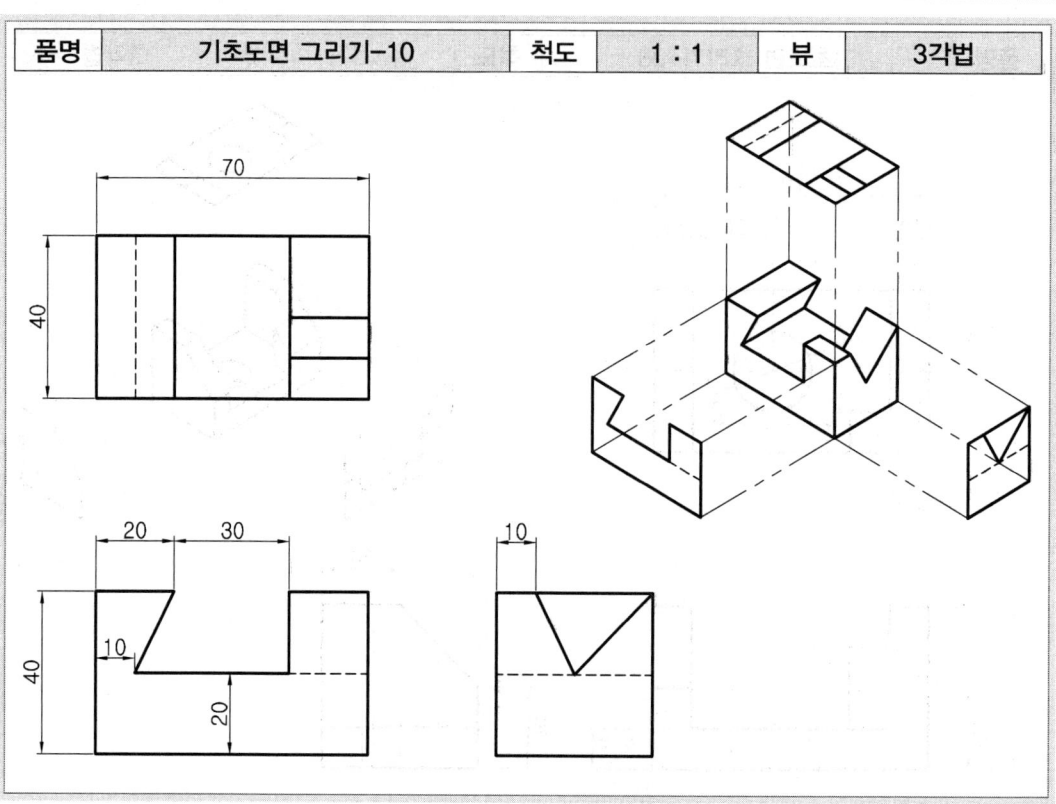

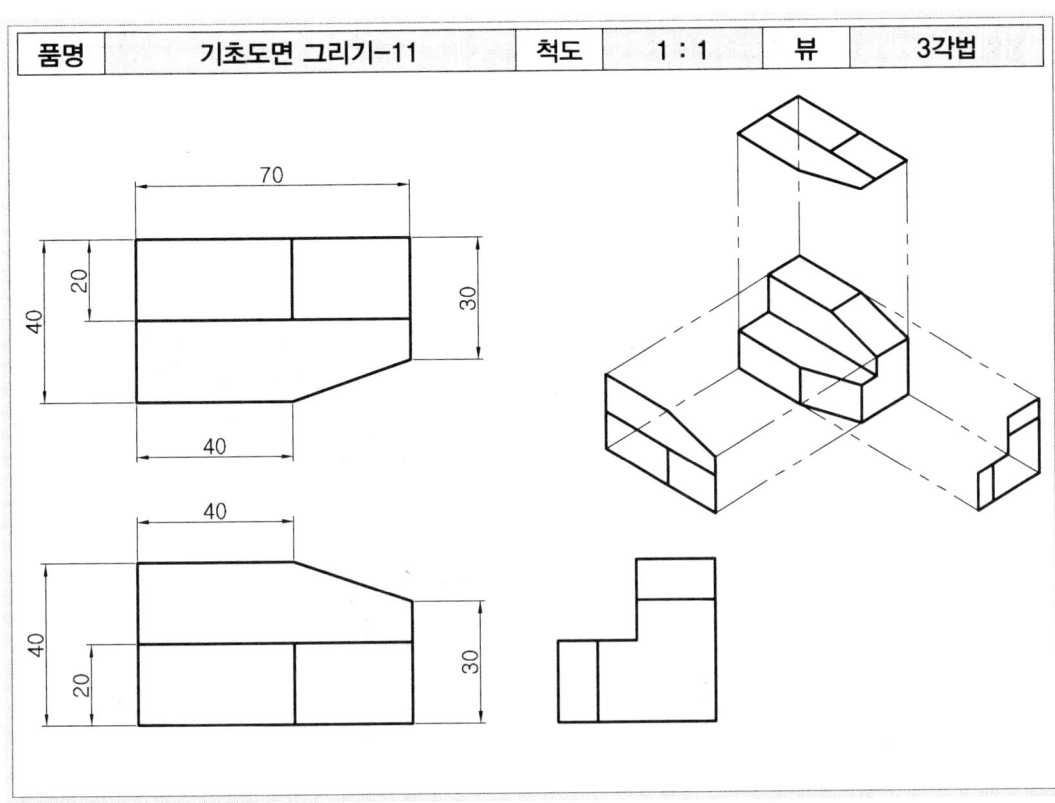
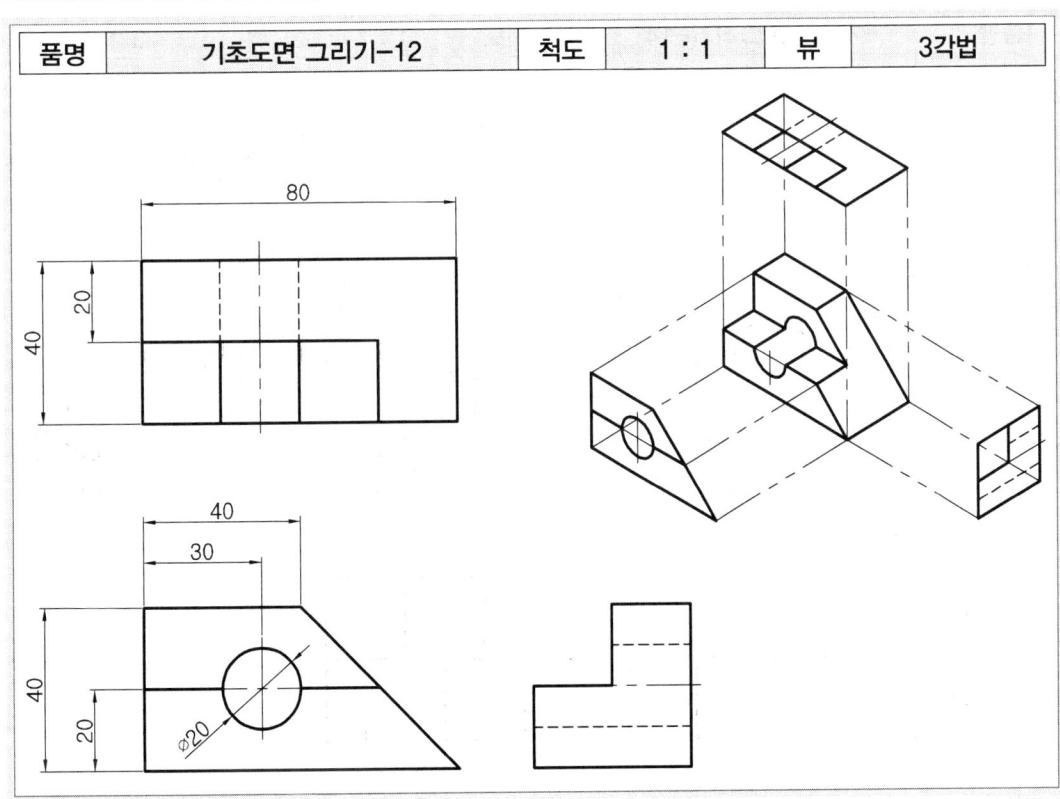

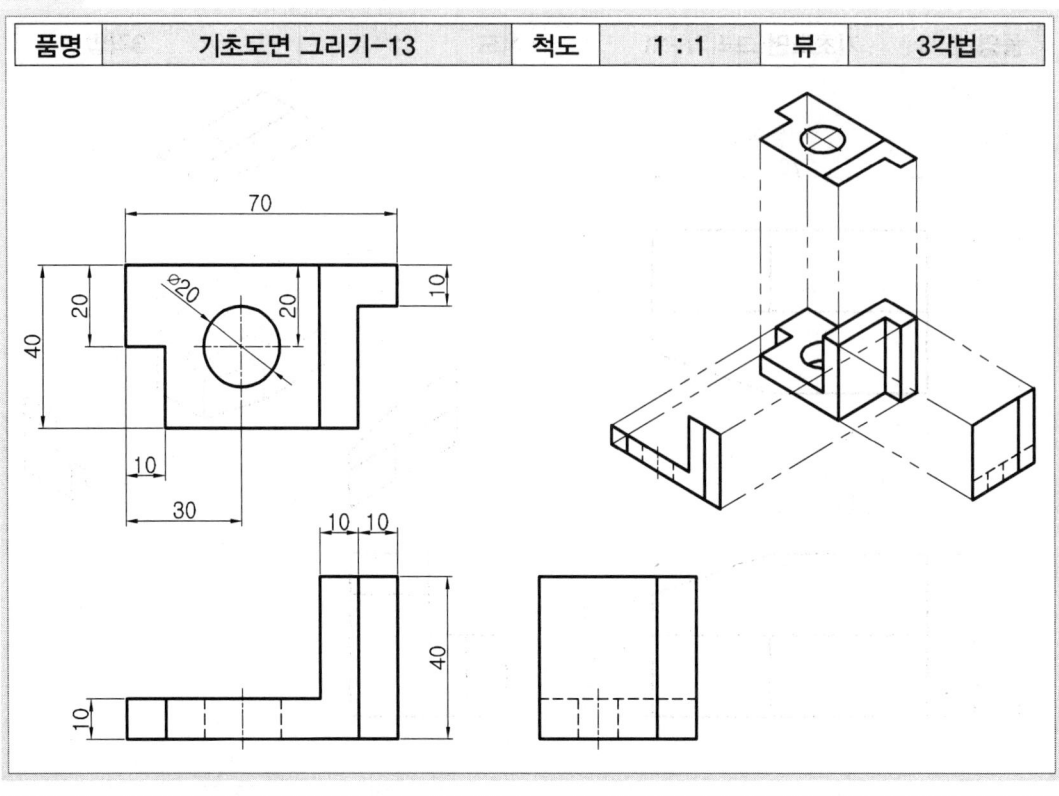

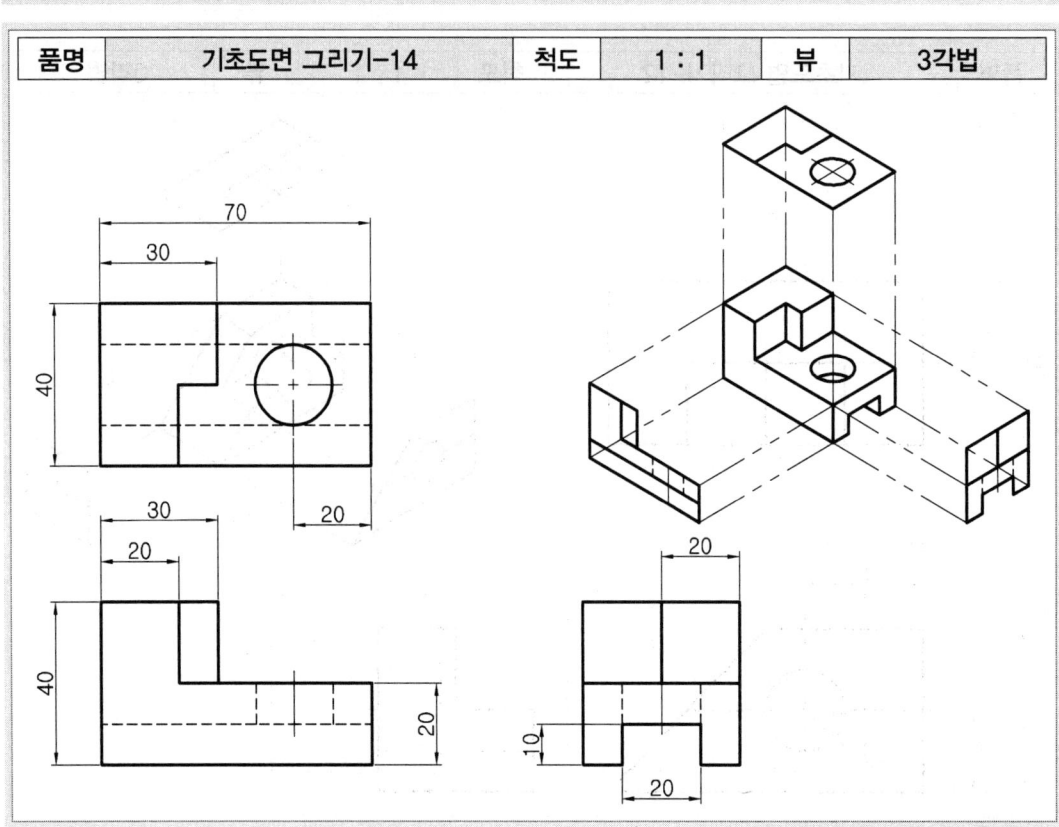

도면 활용하기

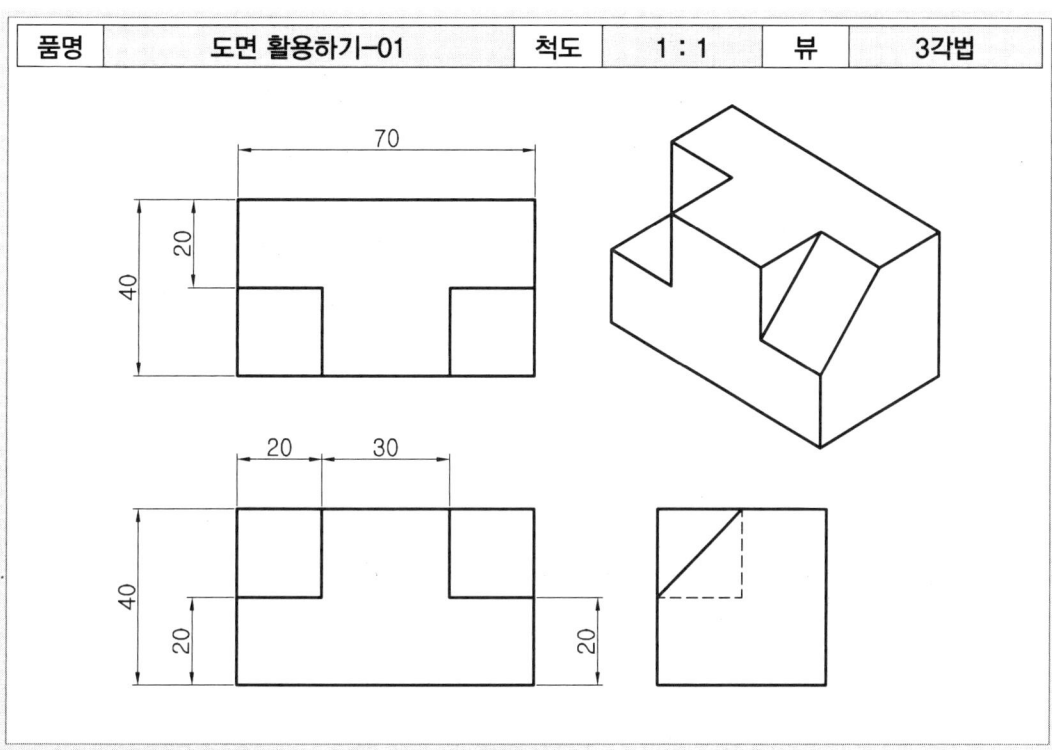

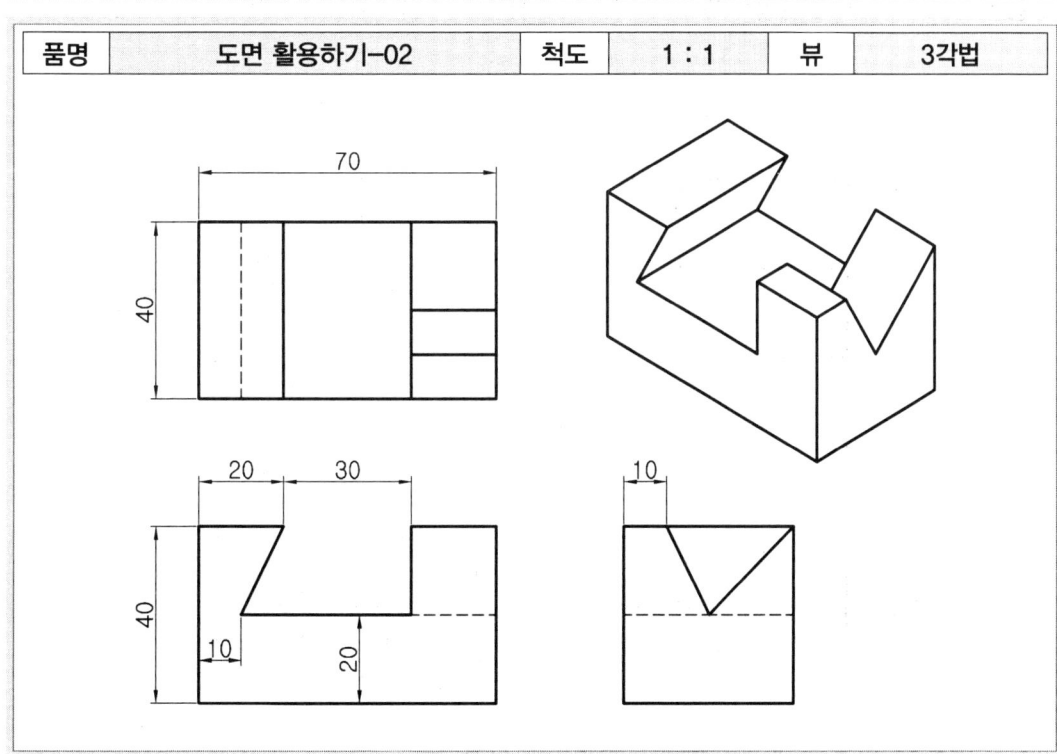

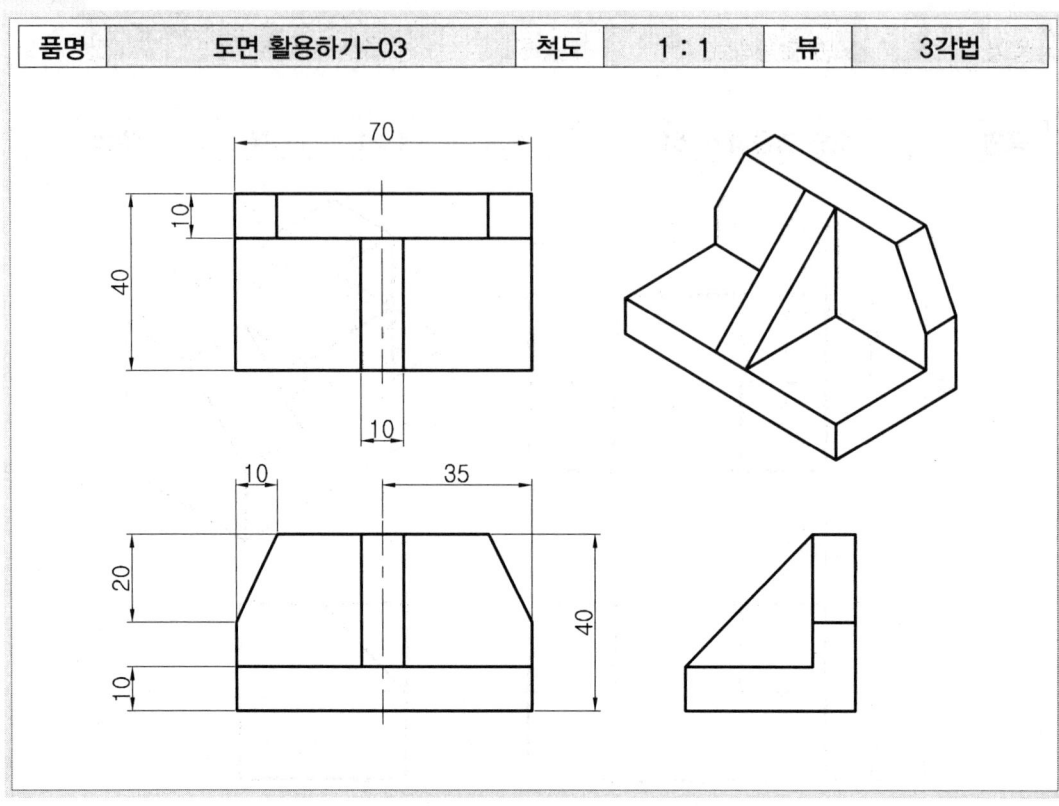
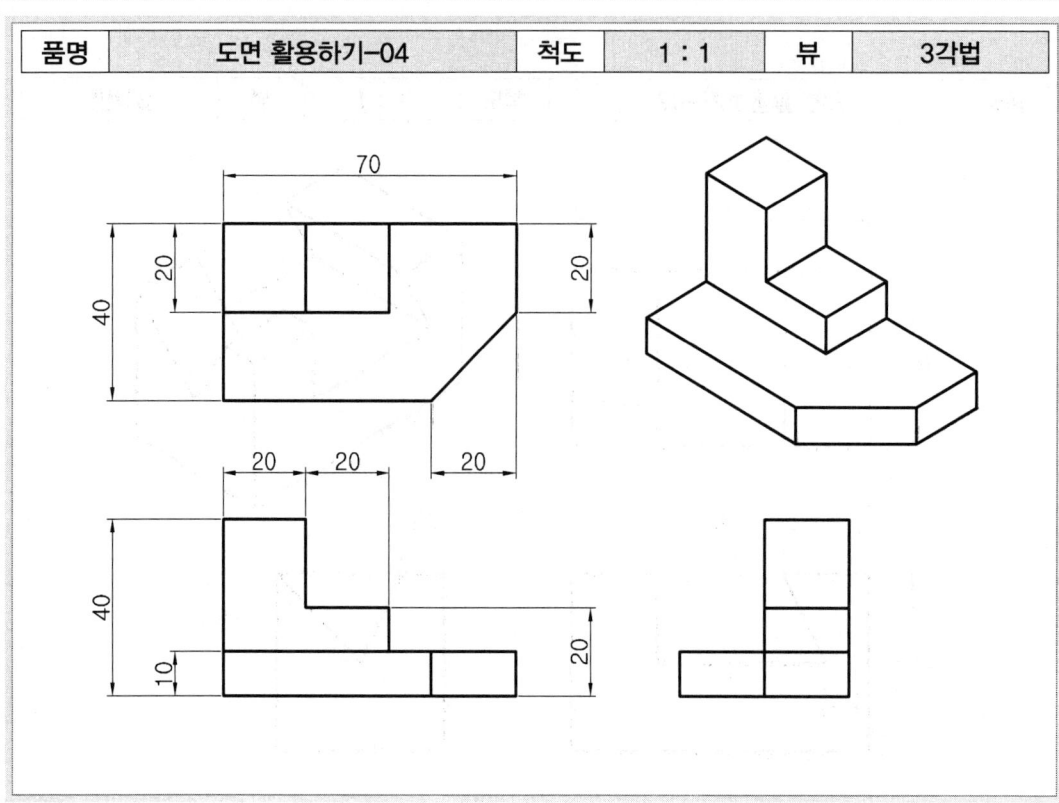

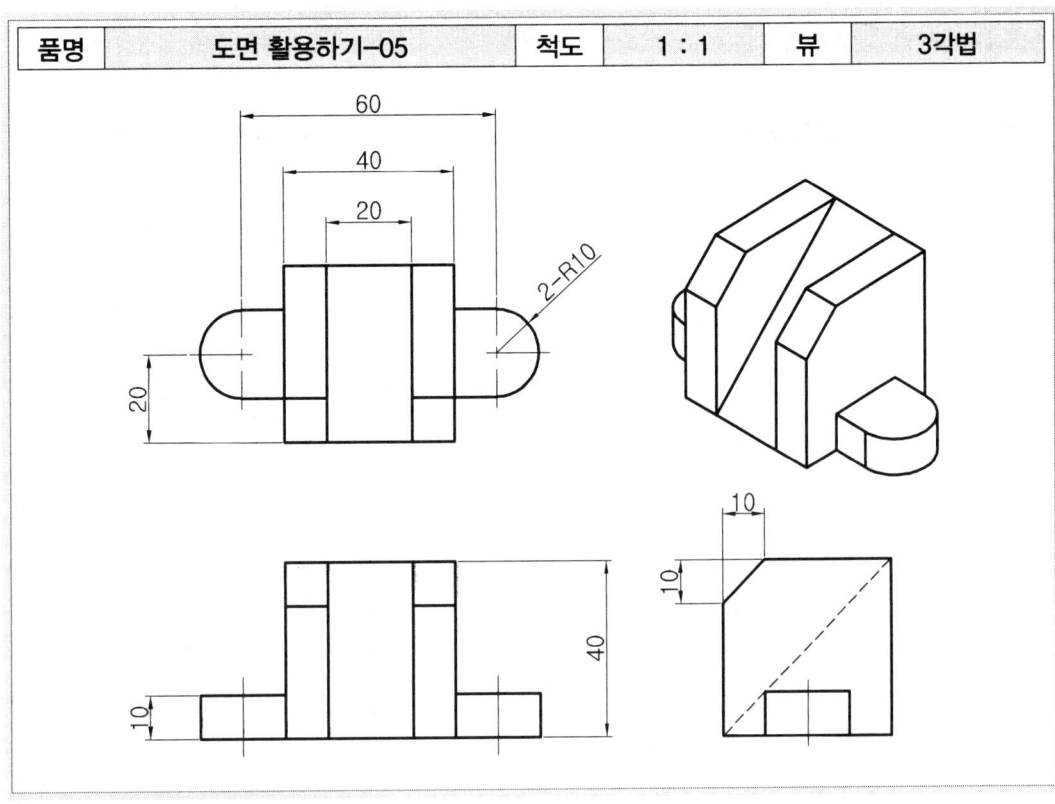

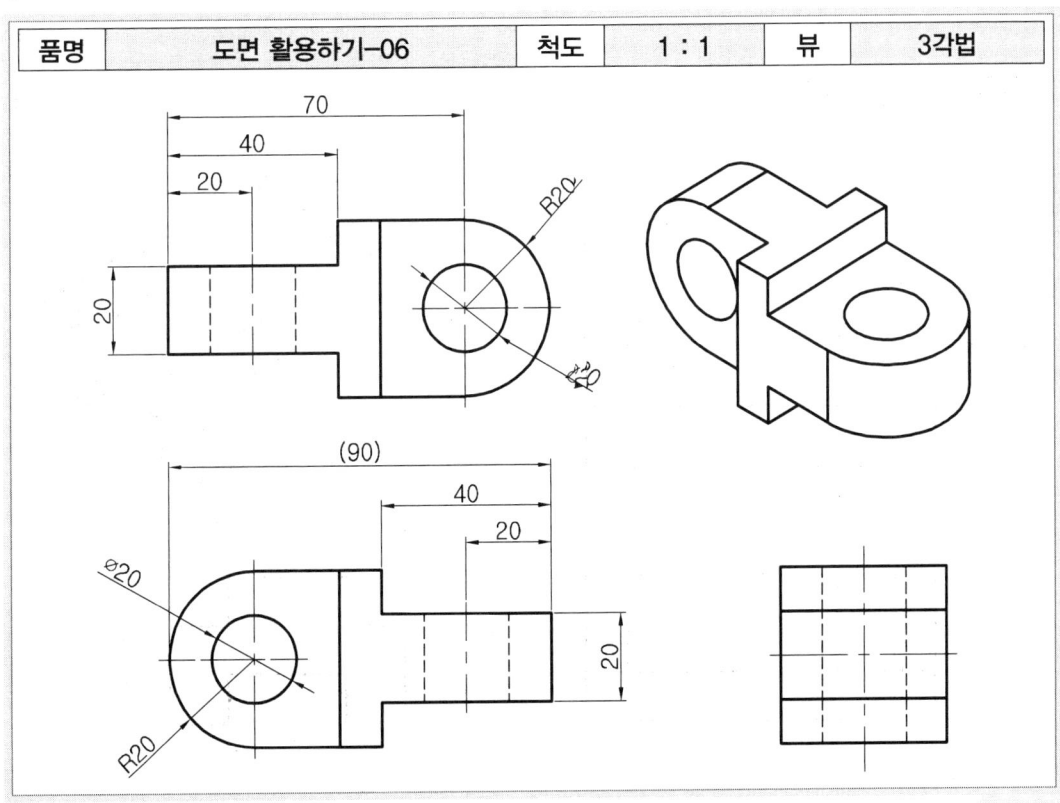

응용과제도면

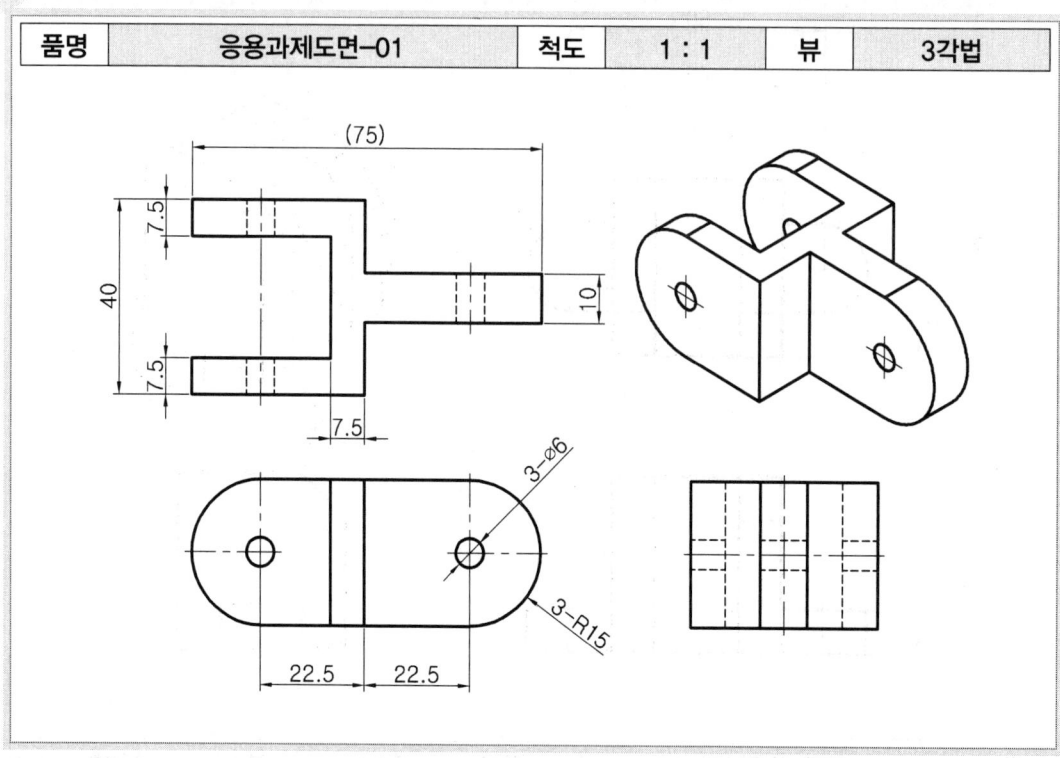

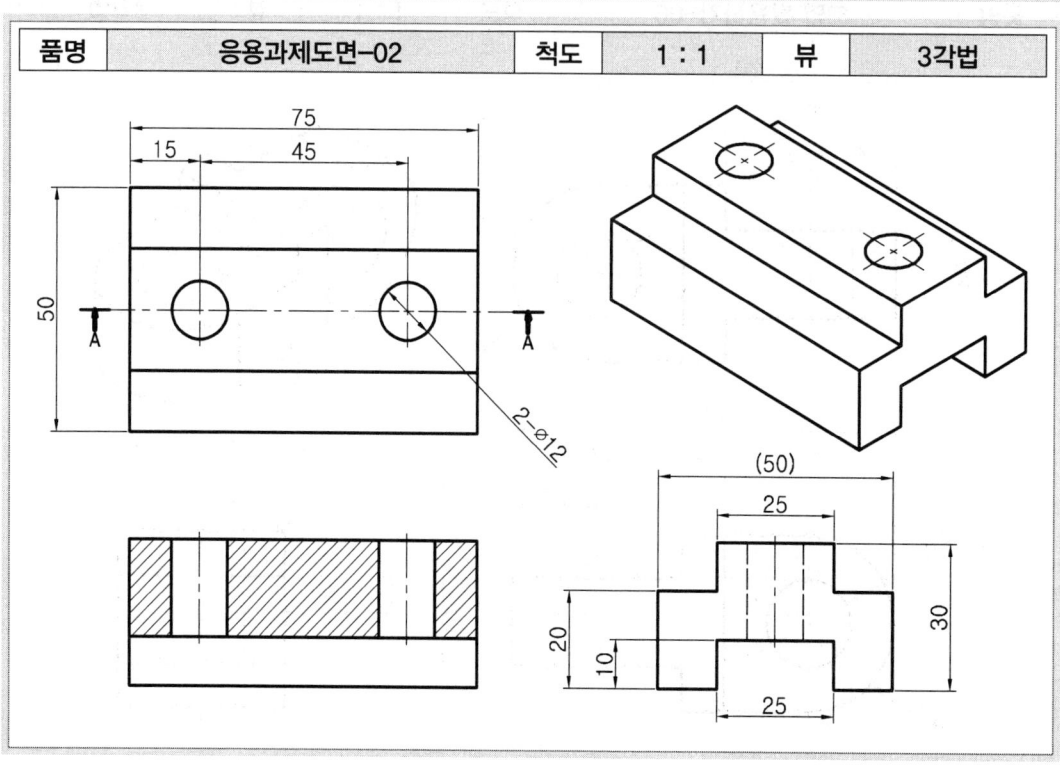

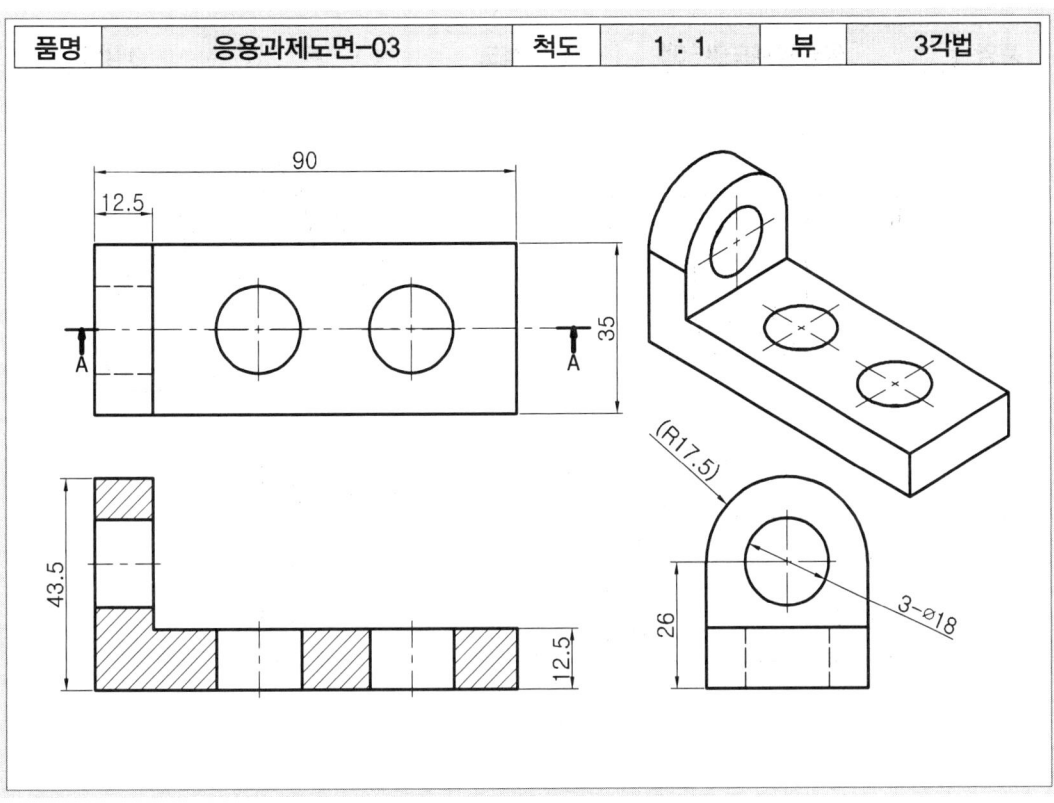
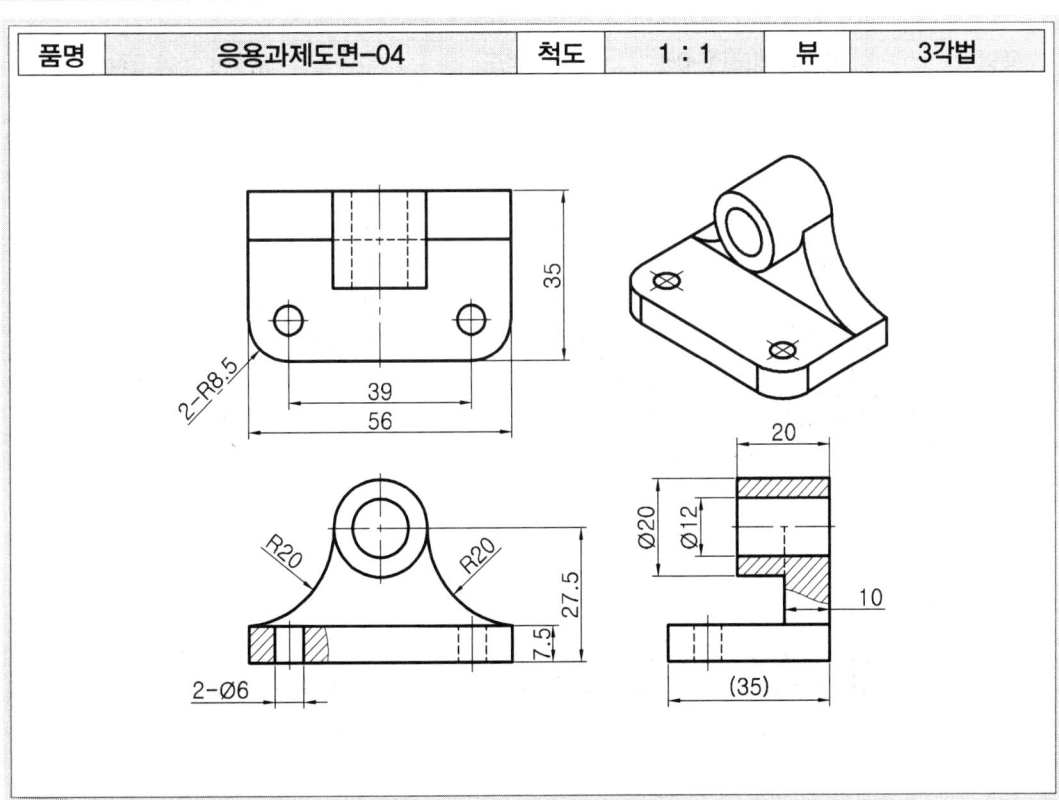

| 품명 | 응용과제도면-05 | 척도 | 1:1 | 뷰 | 3각법 |

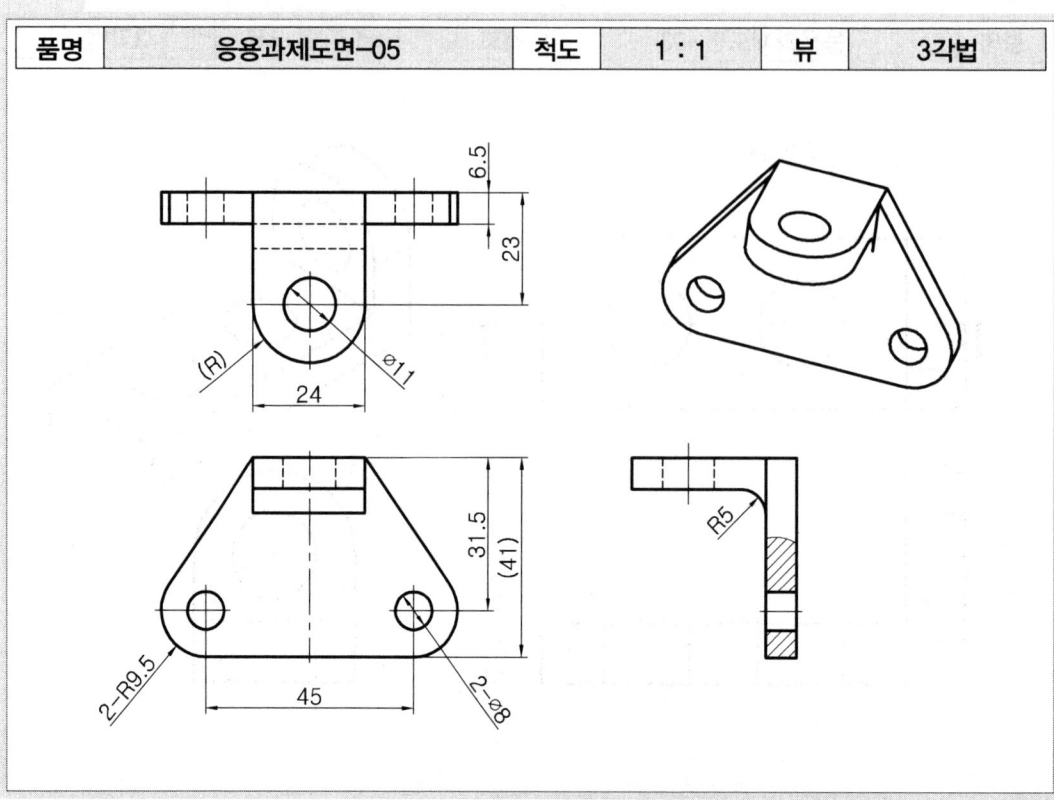

| 품명 | 응용과제도면-06 | 척도 | 1:1 | 뷰 | 3각법 |

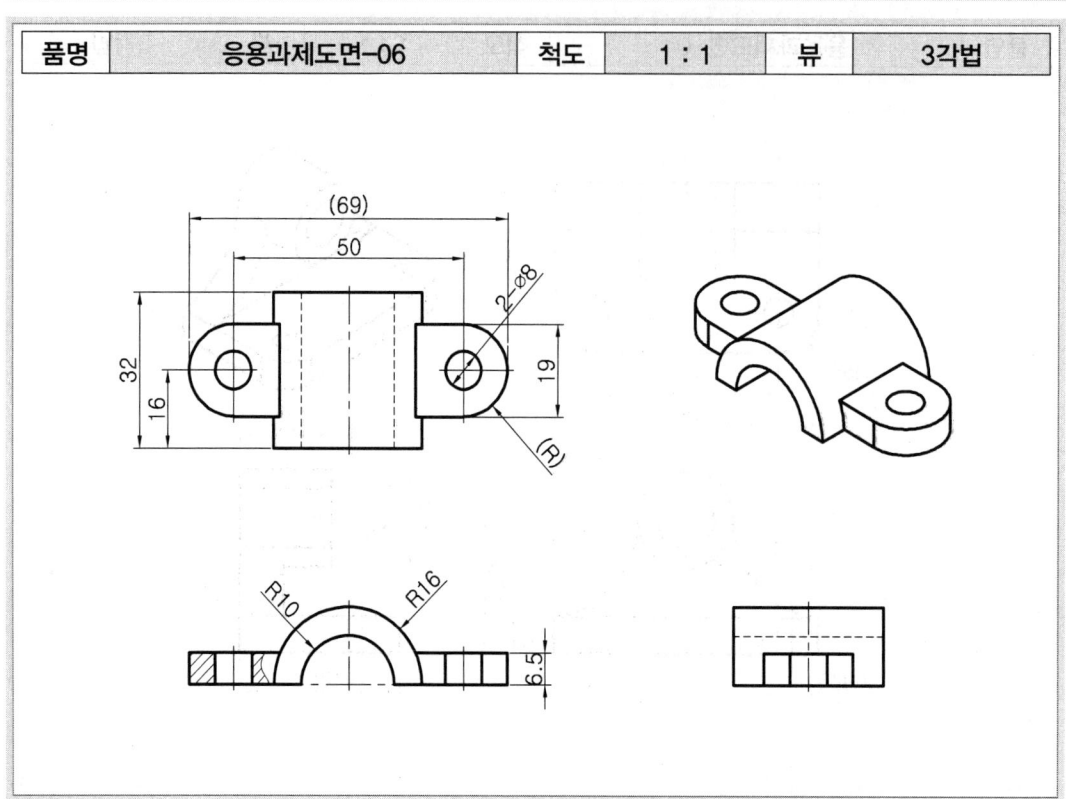

브라켓

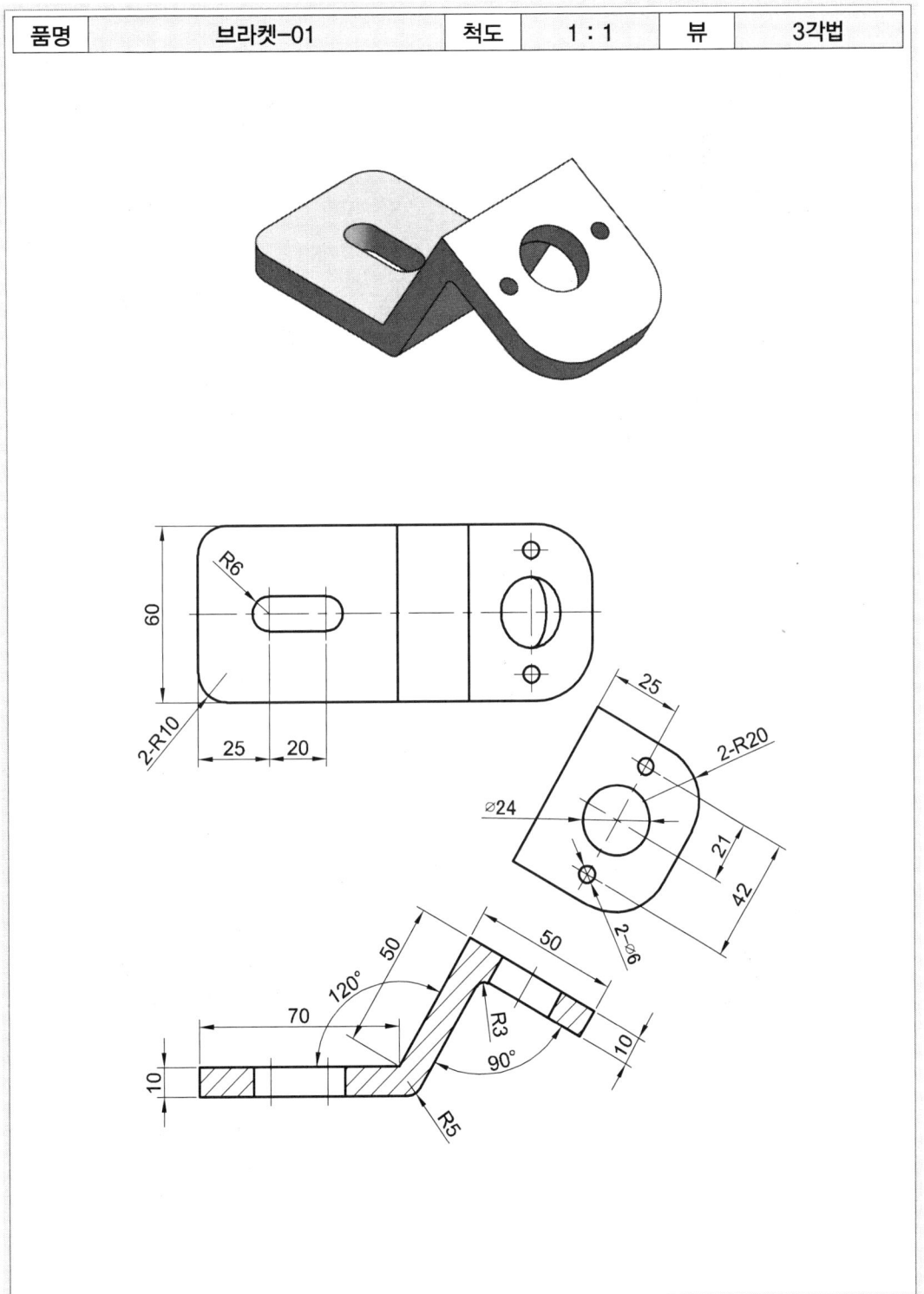

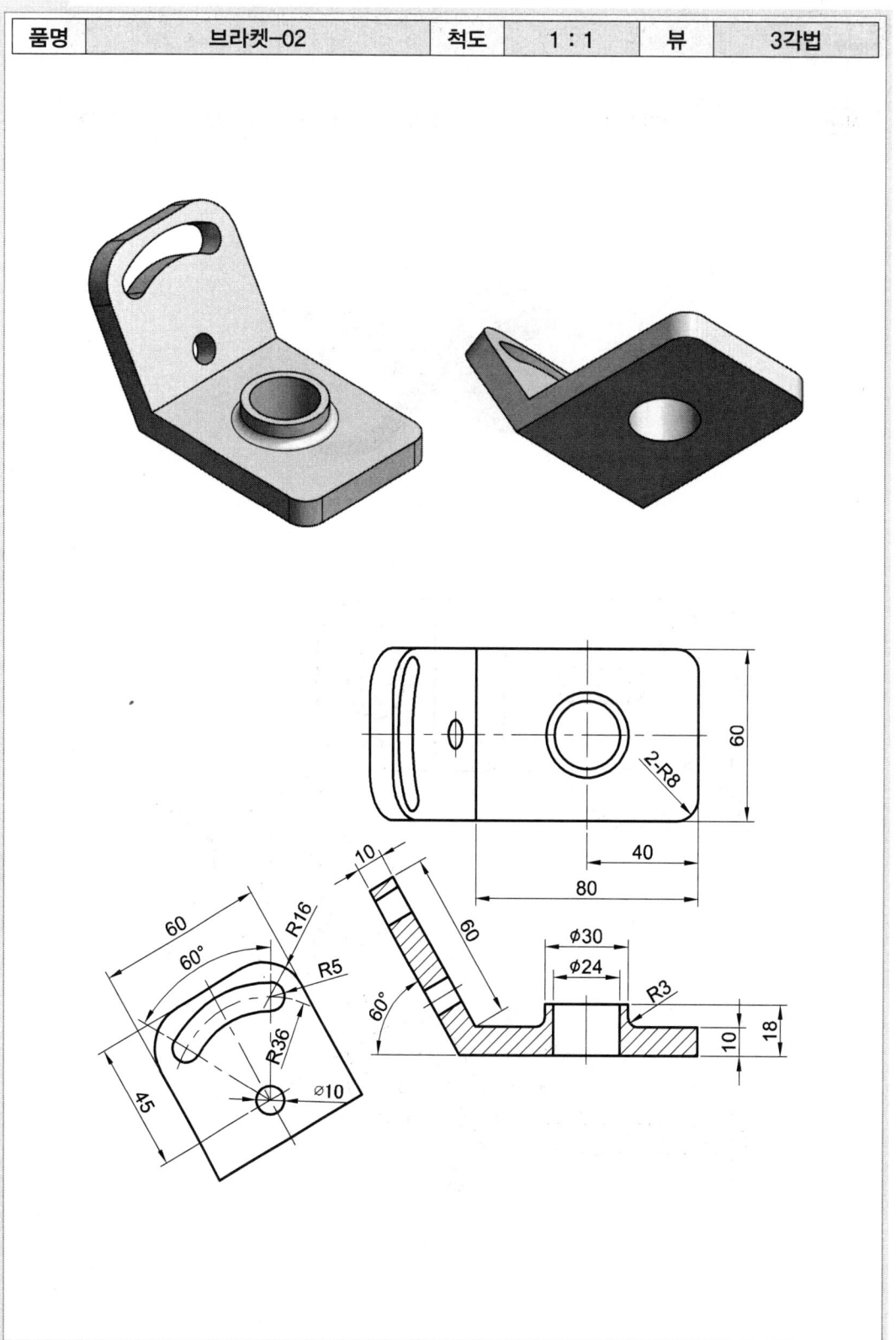

플랜지

| 품명 | 플랜지-01 | 척도 | 1 : 1 | 뷰 | 3각법 |

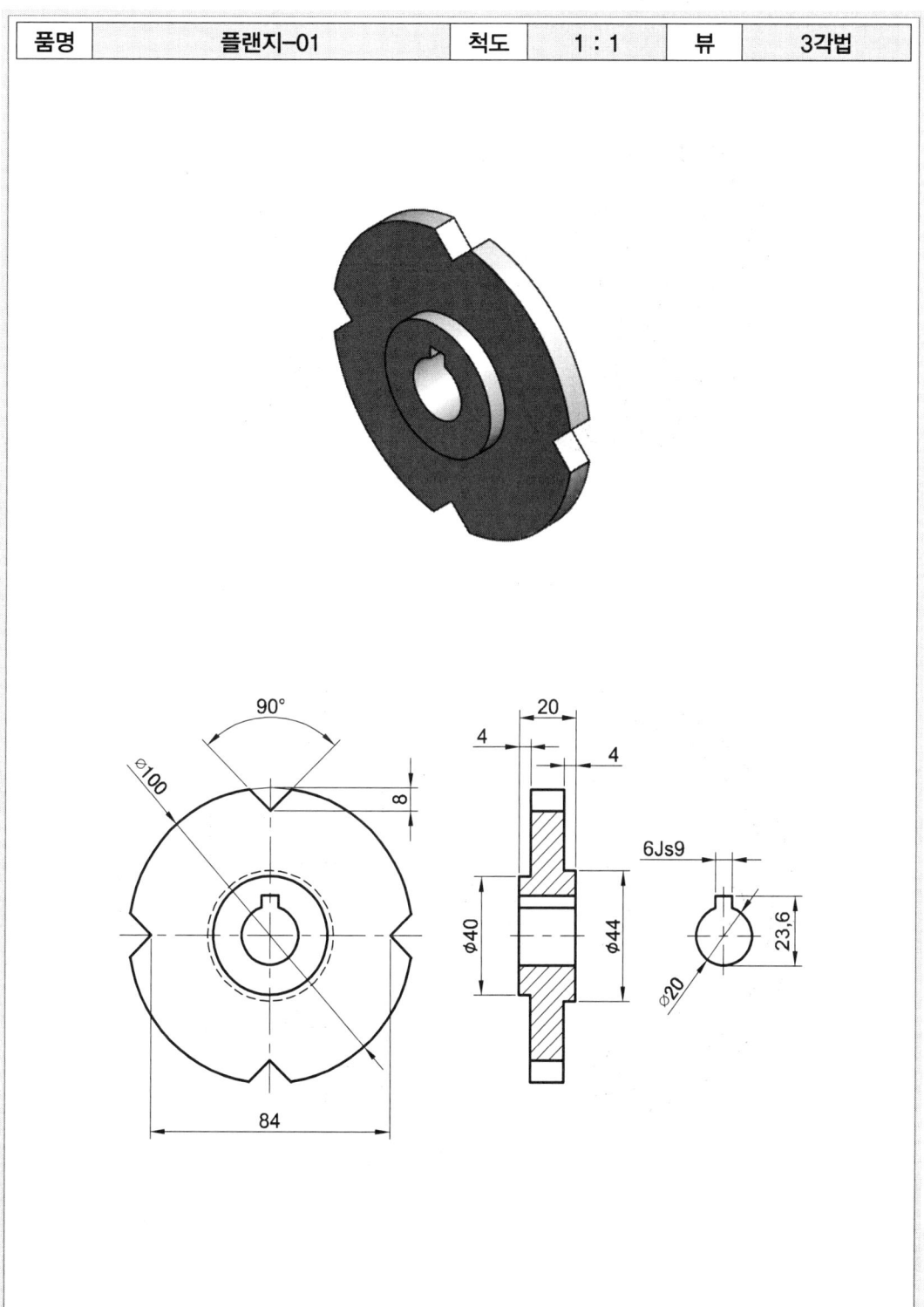

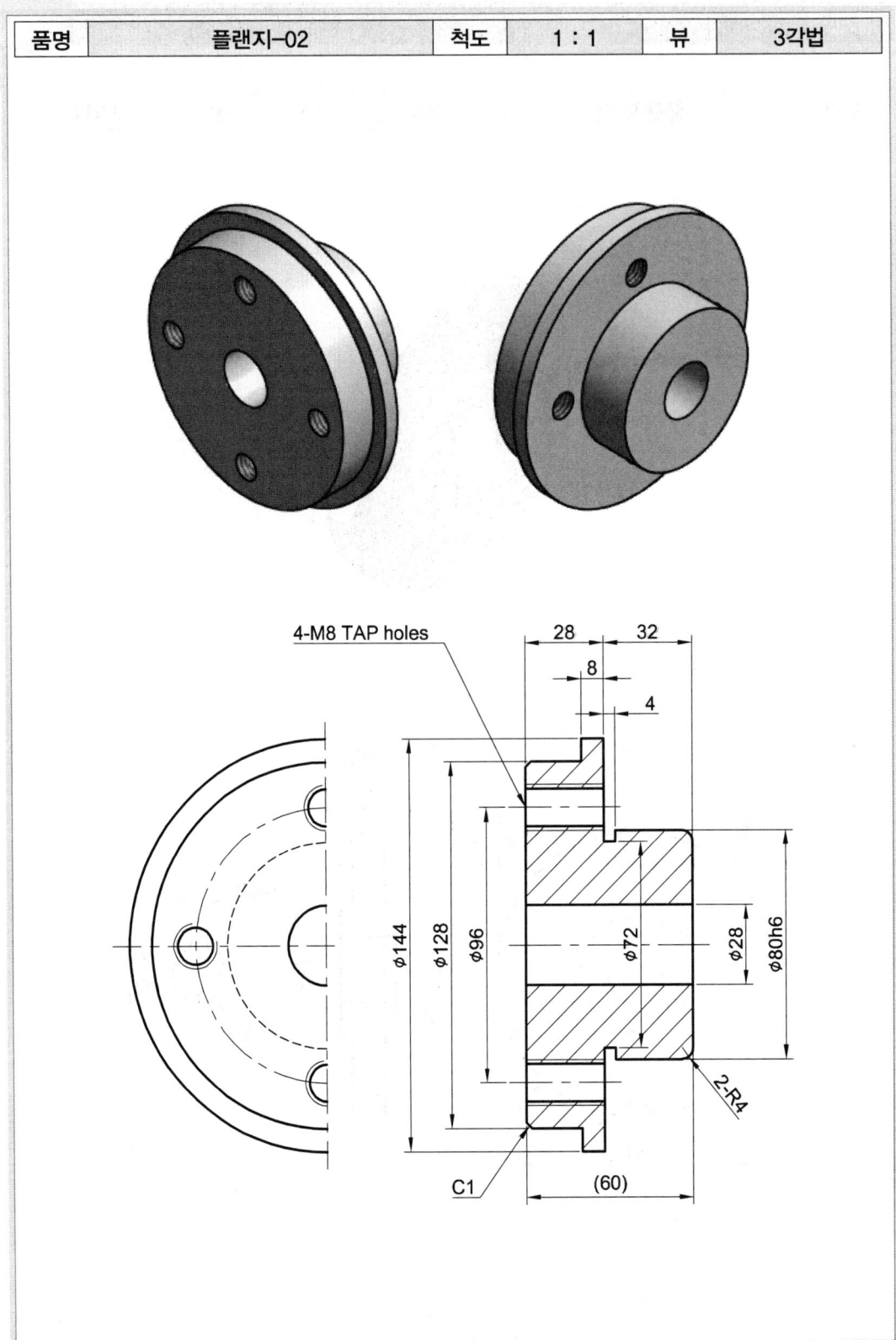

기계구조물

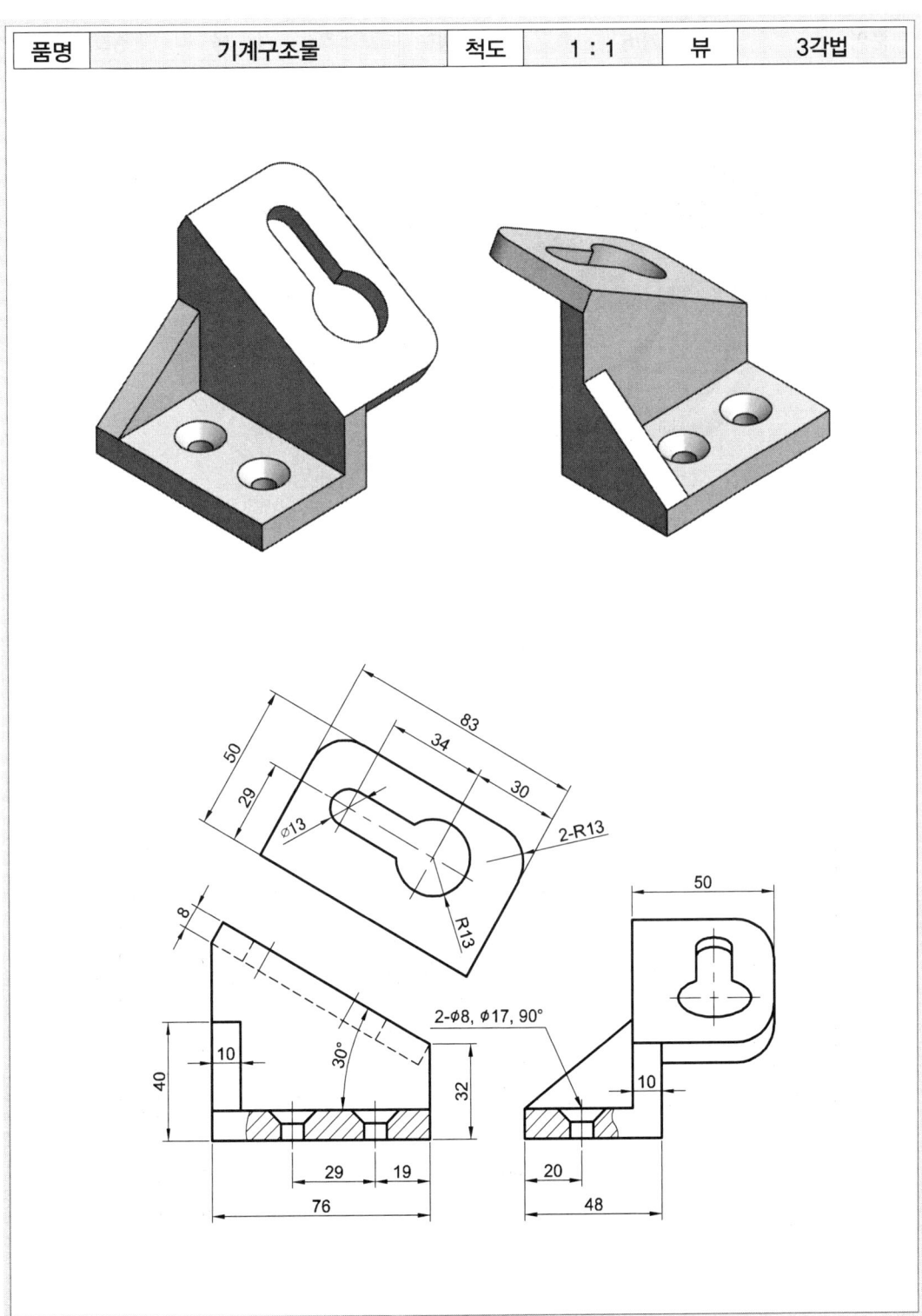

휠 커버

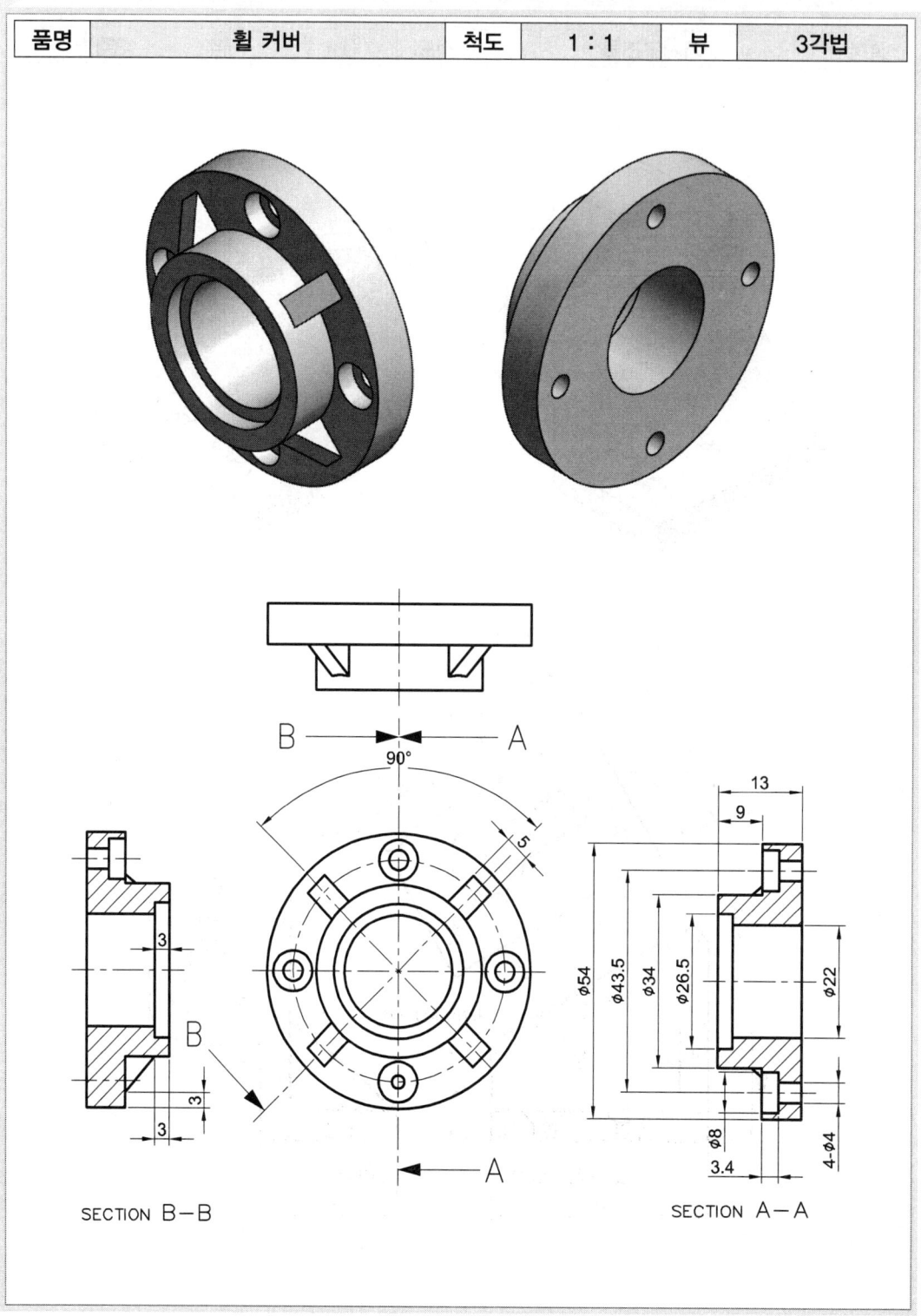

타이너트 본체

| 품명 | 타이너트 본체 | 척도 | 1:1 | 뷰 | 3각법 |

동력전달장치 축

| 품명 | 동력전달장치 축 | 척도 | 1:1 | 뷰 | 3각법 |

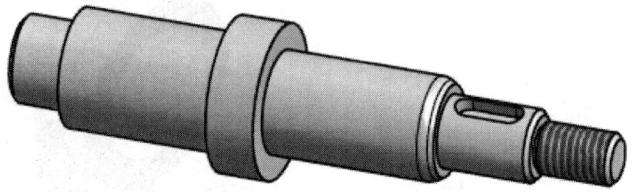

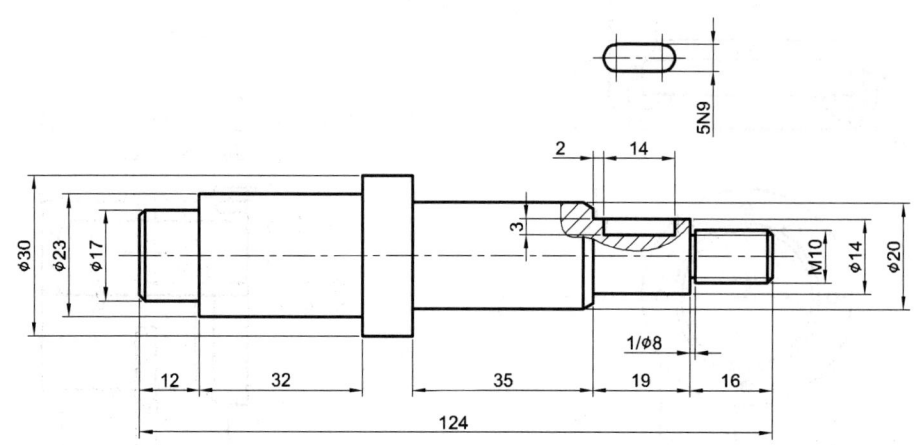

지시없는 모따기 C1

리밍지그 - 조립도

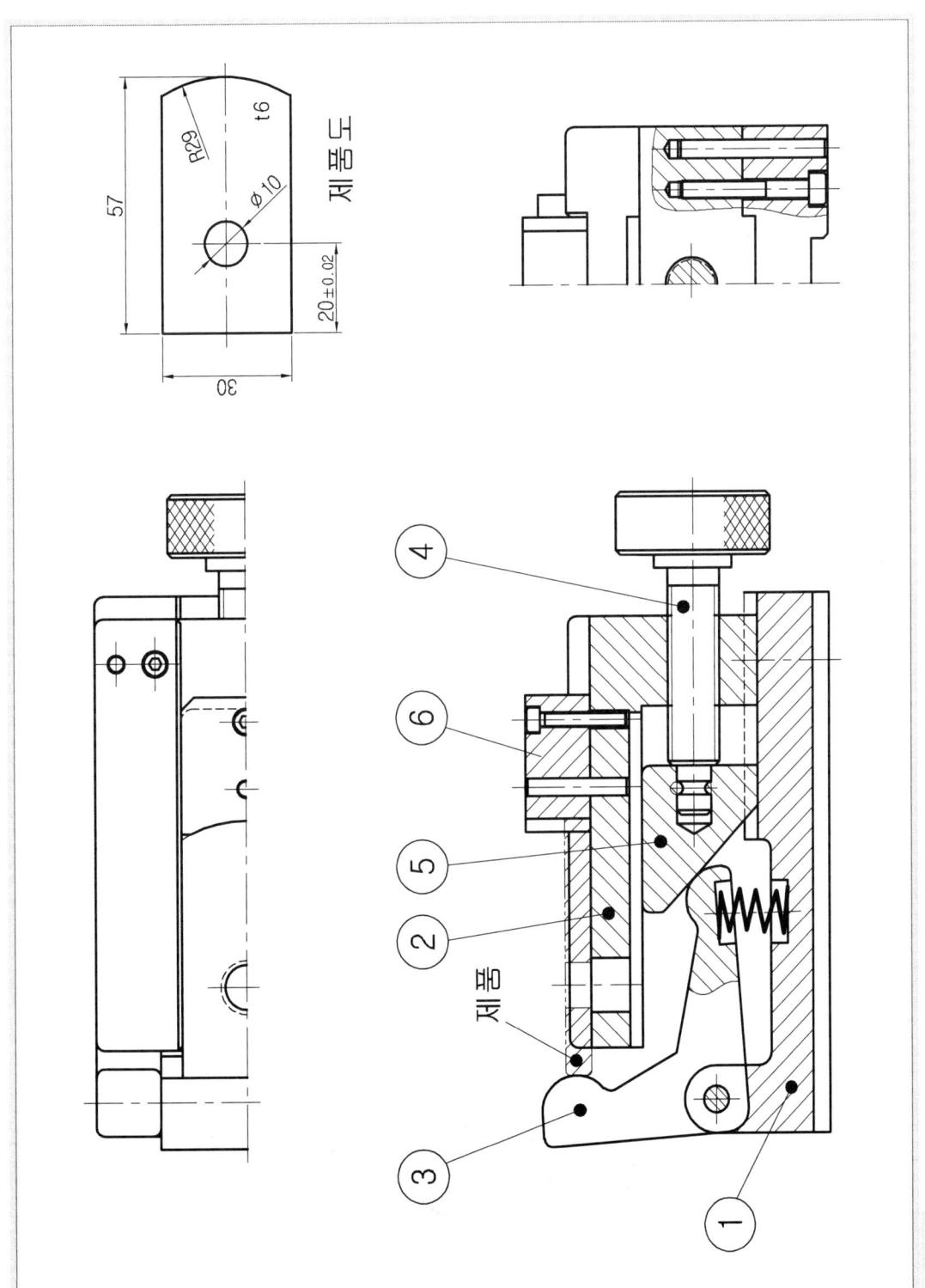

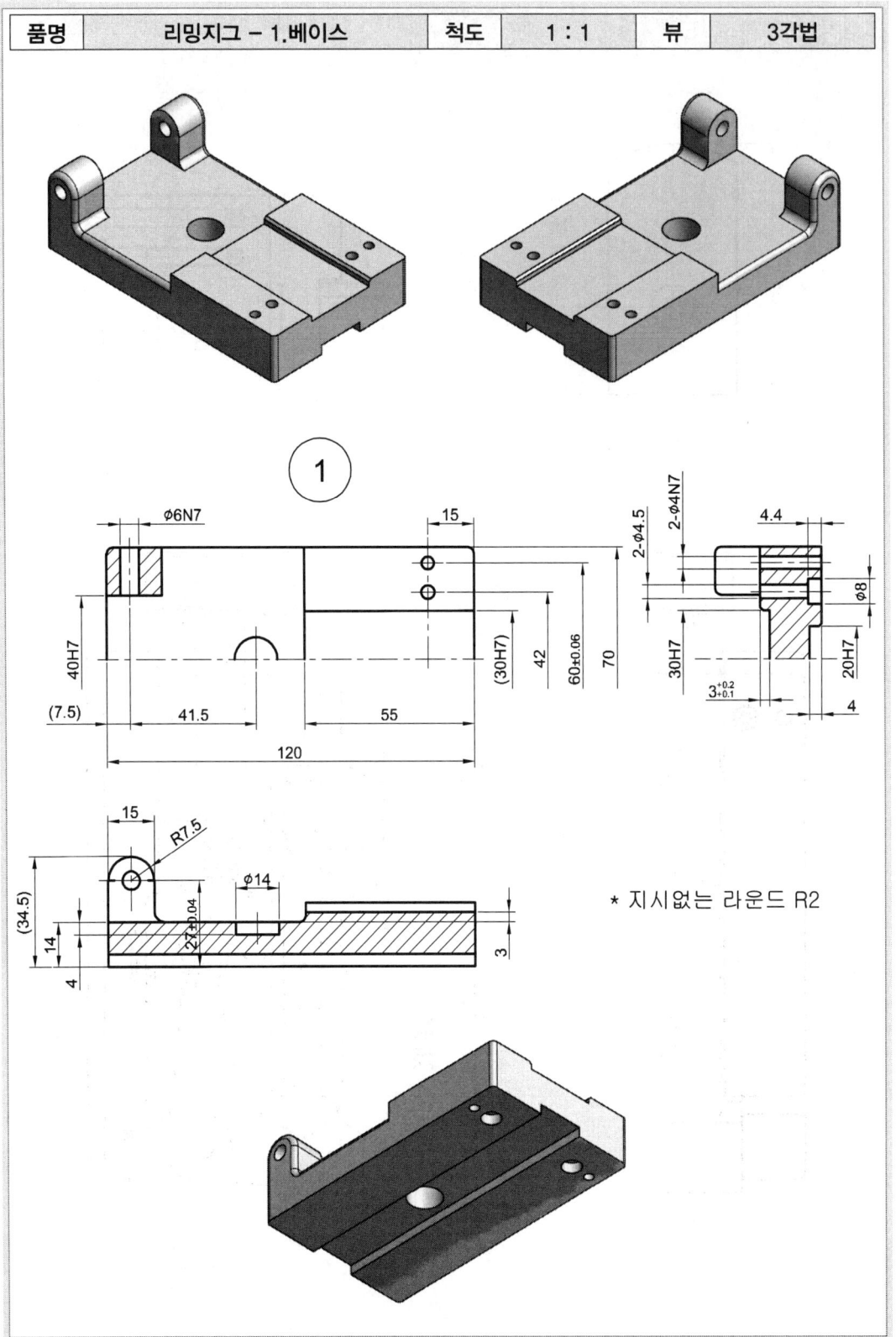

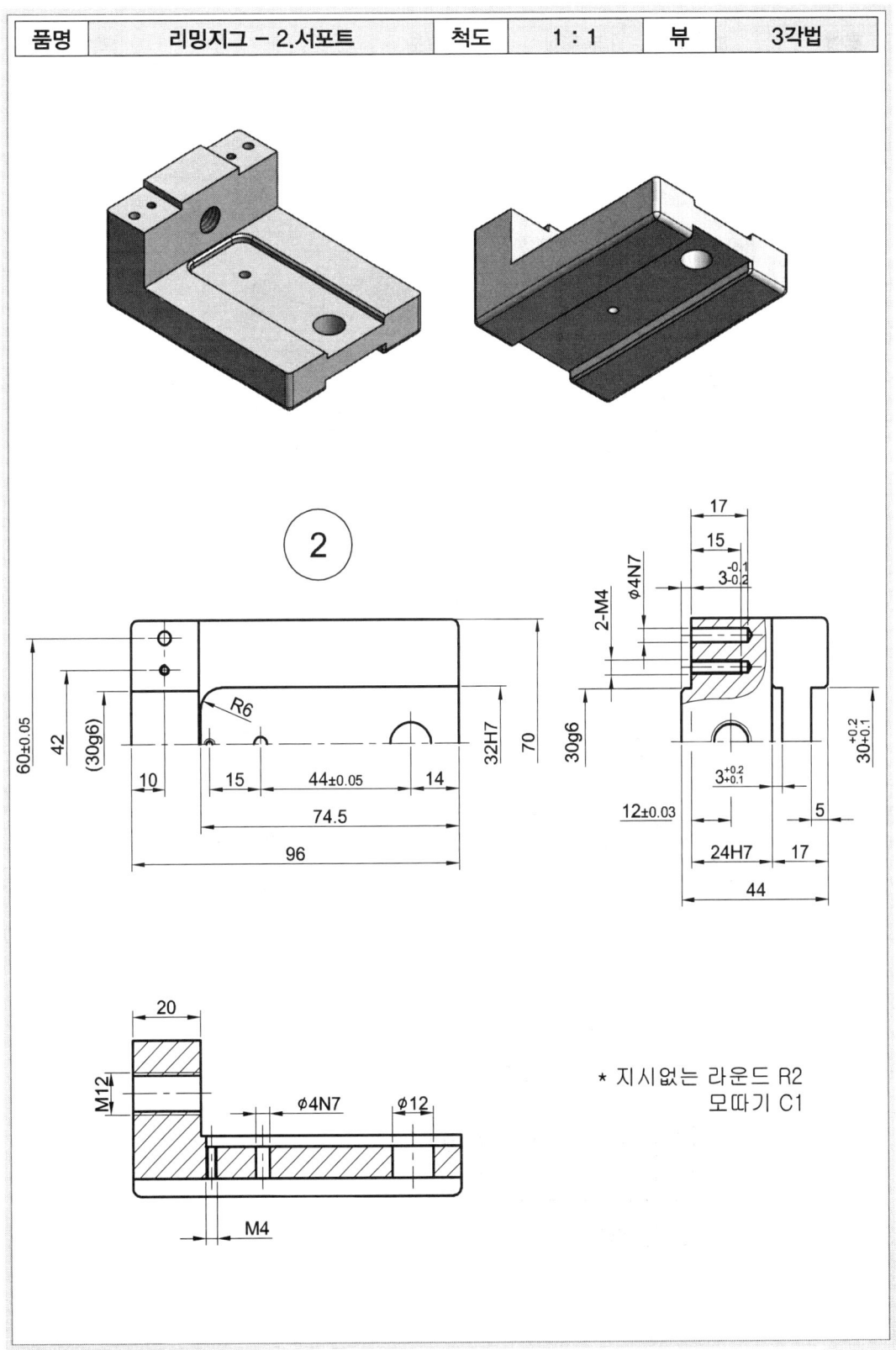

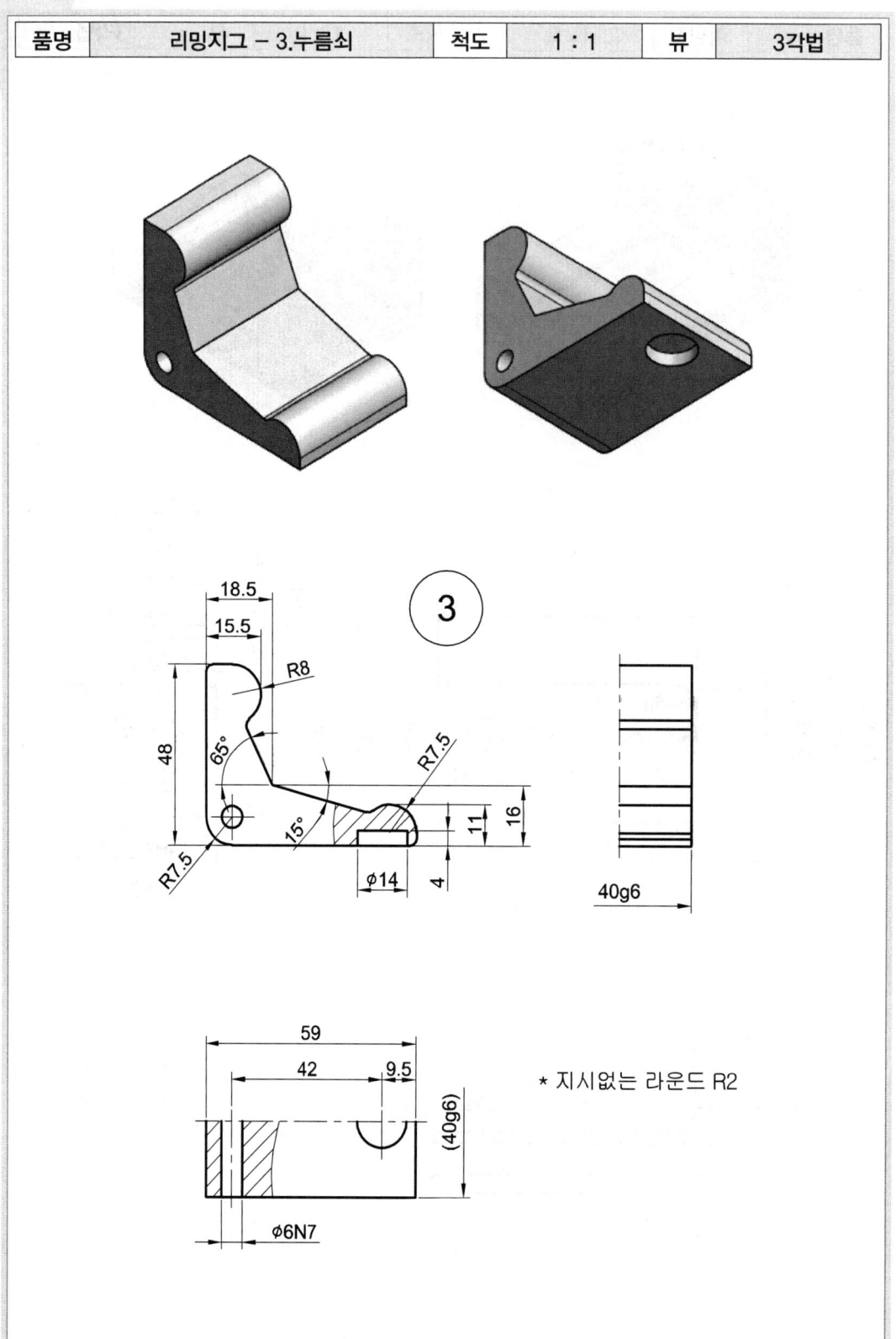

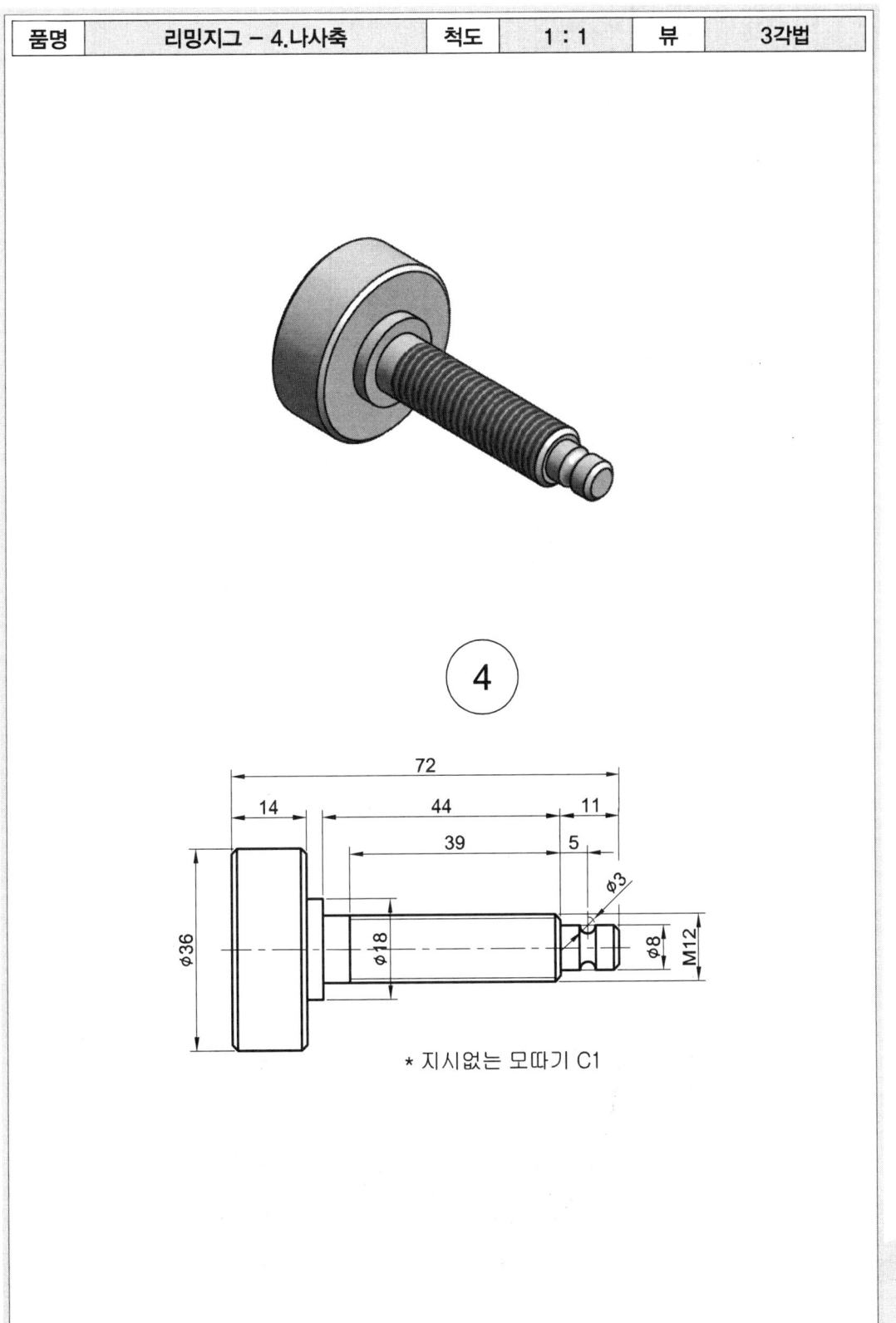

동력전달장치 I - 조립도

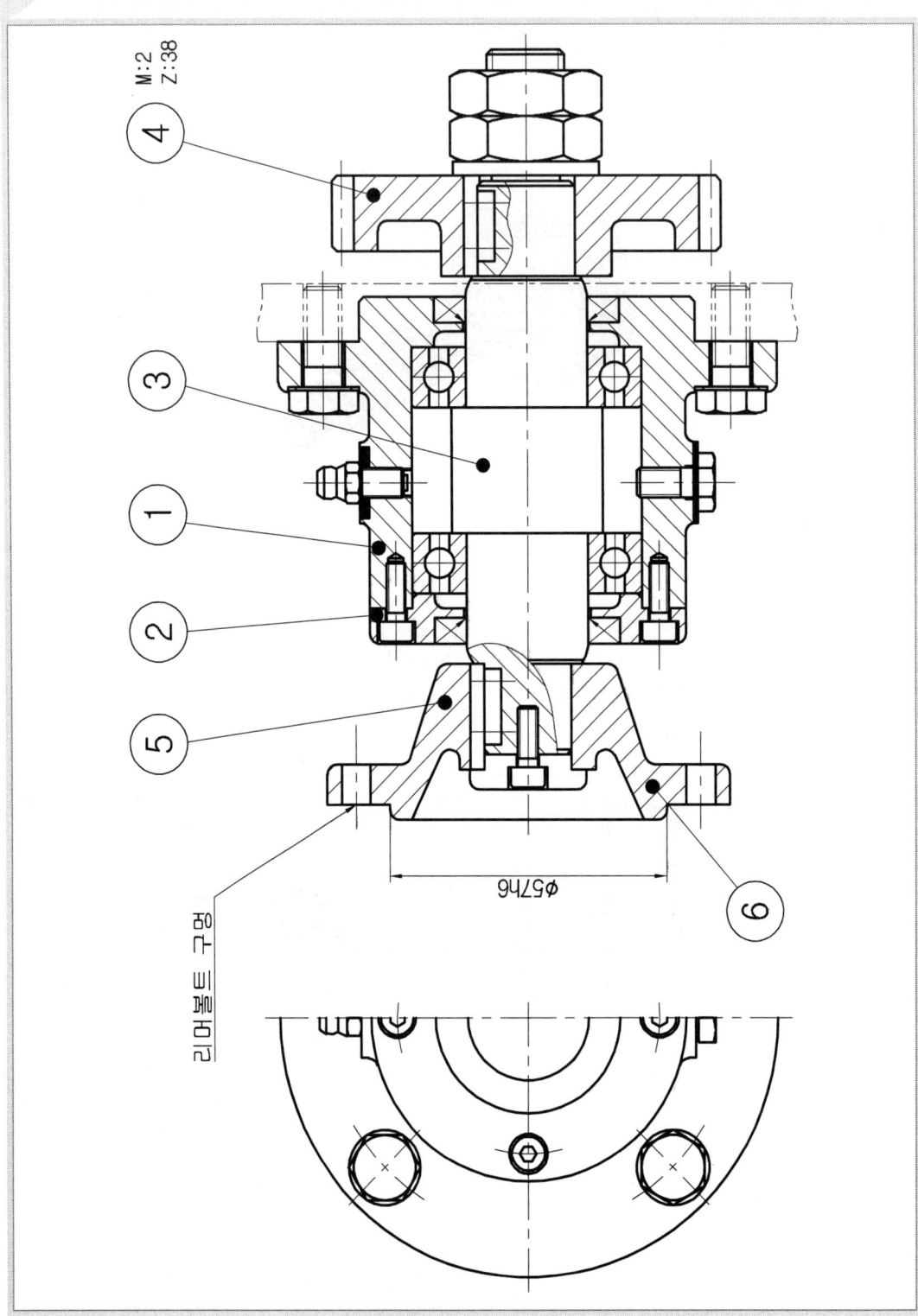

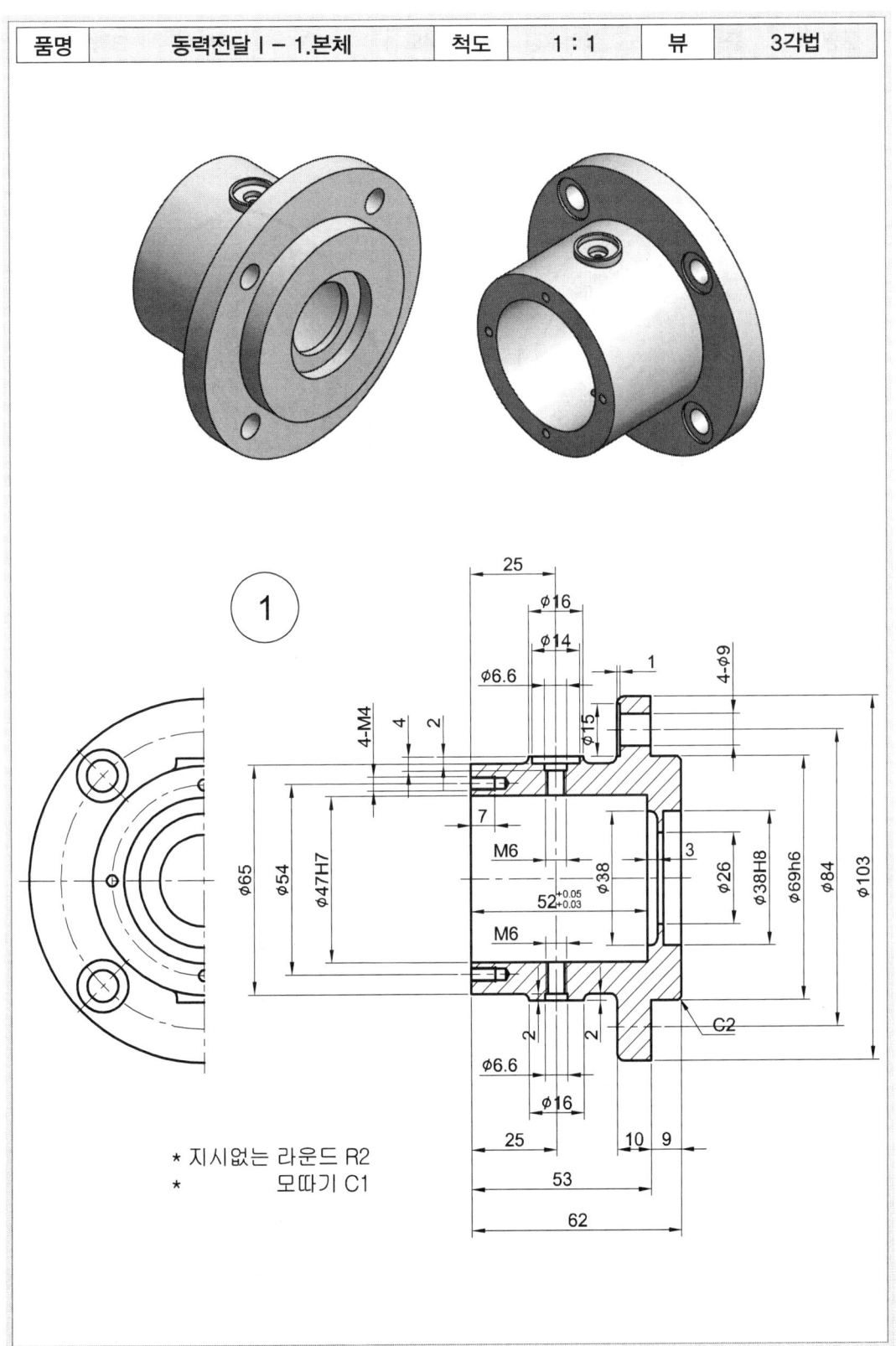

| 품명 | 동력전달 I – 2.실하우징 | 척도 | 1 : 1 | 뷰 | 3각법 |

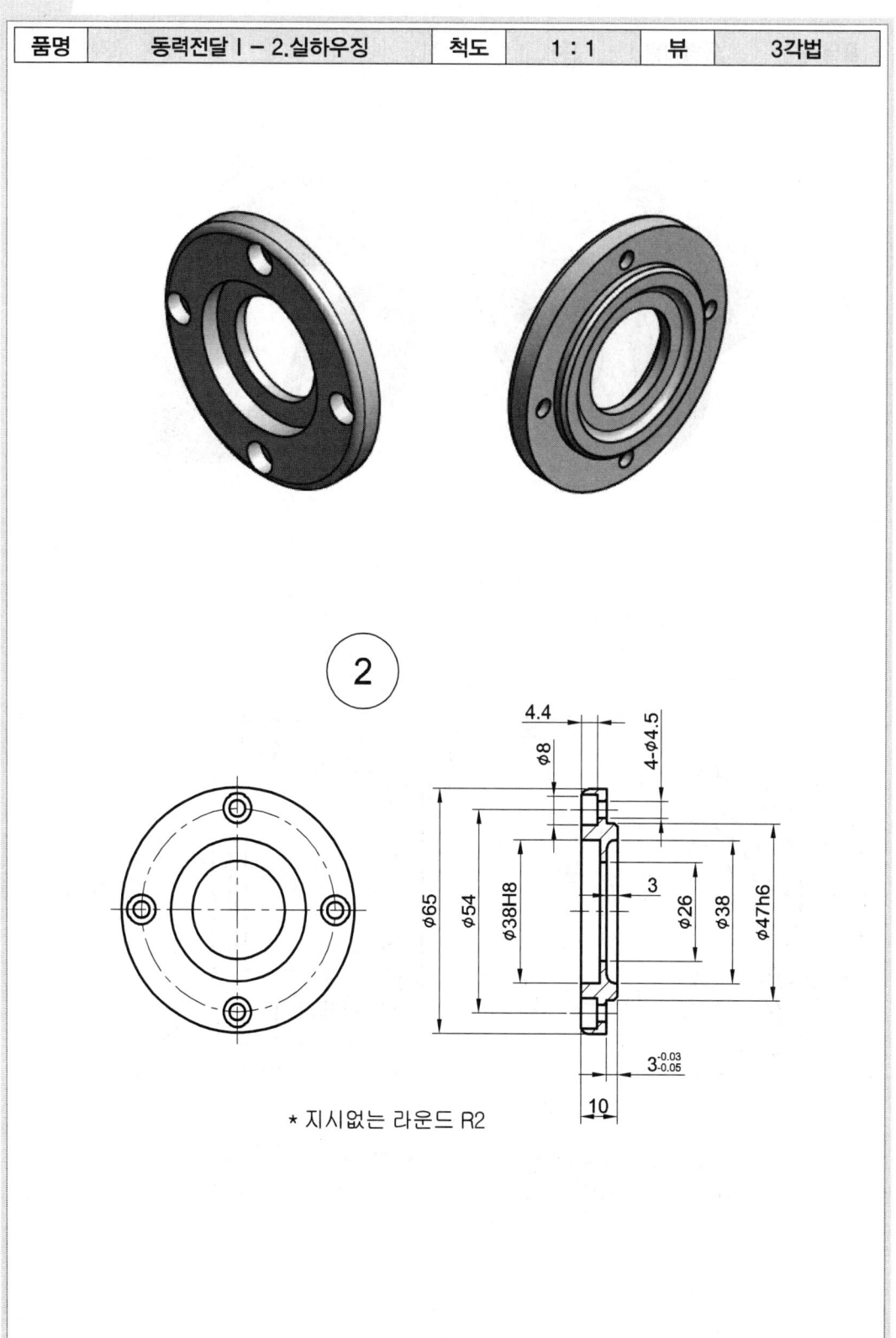

②

* 지시없는 라운드 R2

| 품명 | 동력전달 I – 3.축 | 척도 | 1 : 1 | 뷰 | 3각법 |

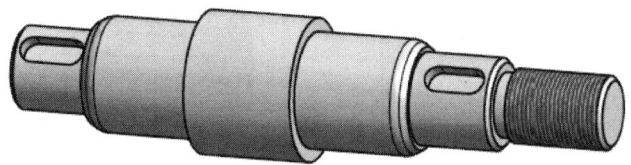

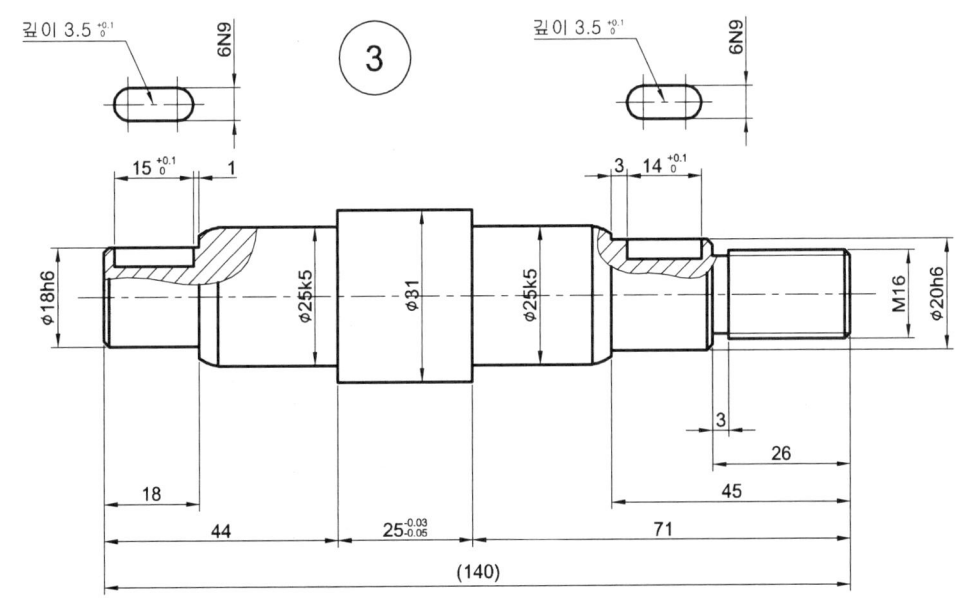

* 지시없는 모따기 C1

| 품명 | 동력전달 I – 5. 플랜지 | 척도 | 1 : 1 | 뷰 | 3각법 |

⑤

* 지시없는 라운드 R2

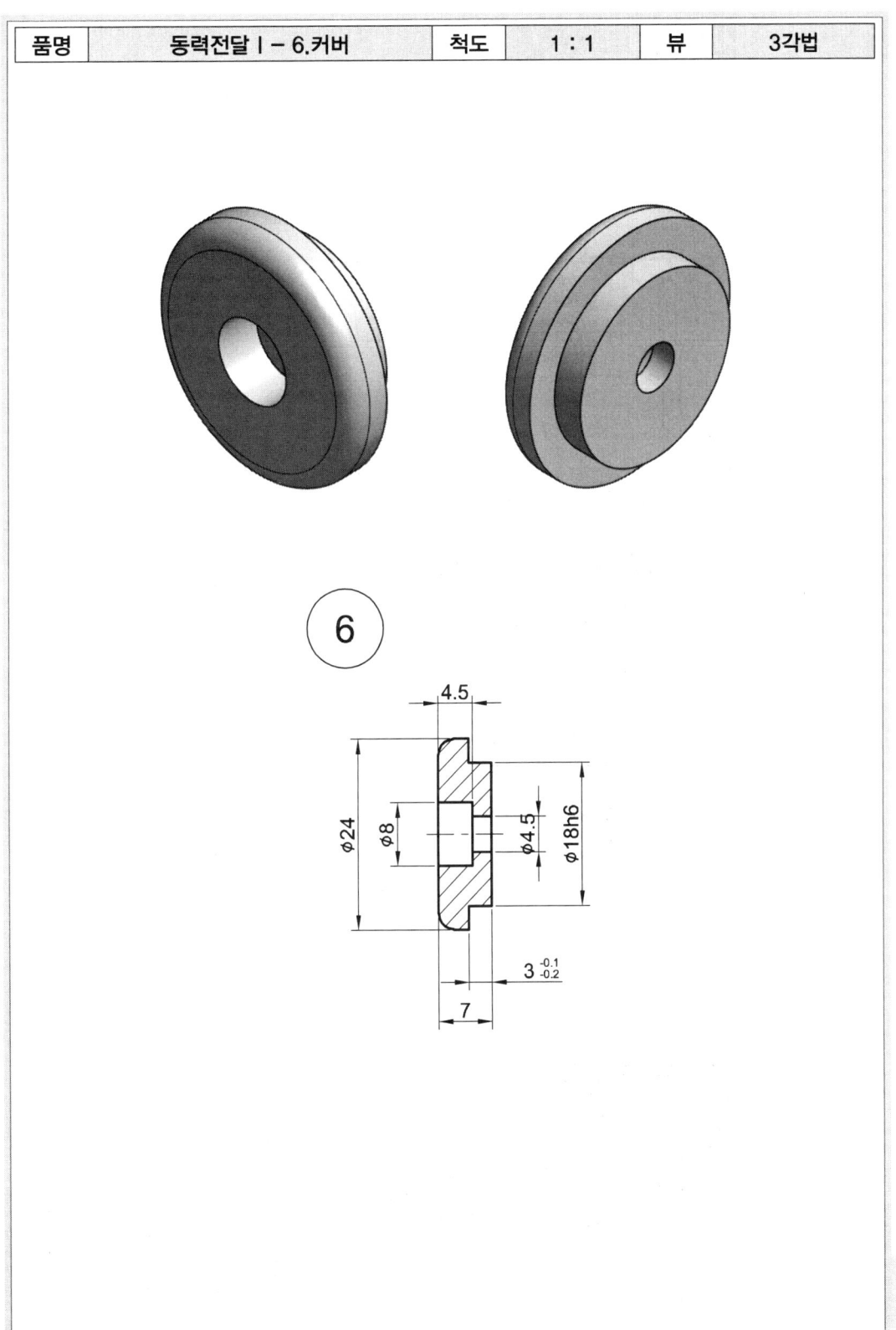

동력전달장치 II - 조립도

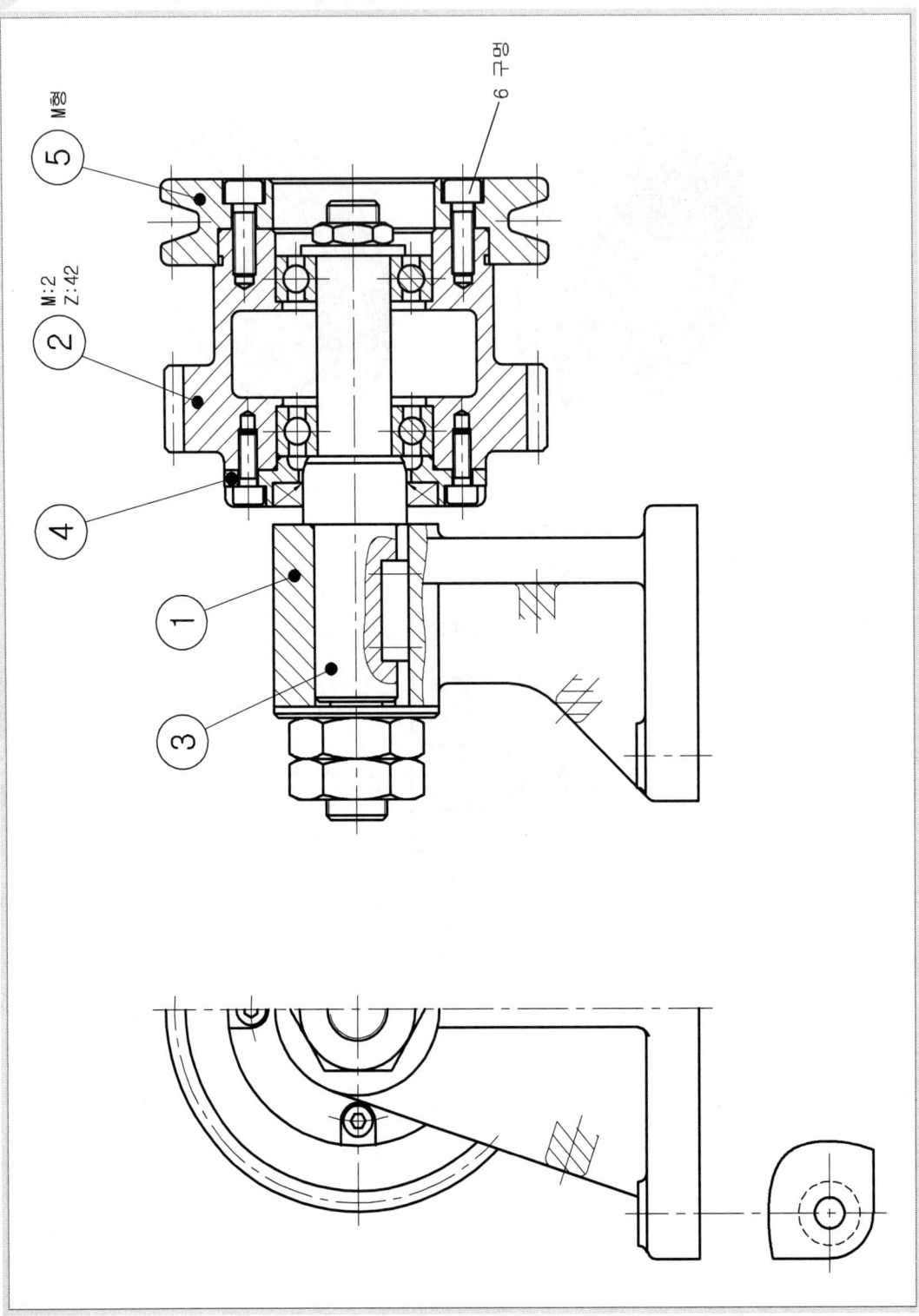

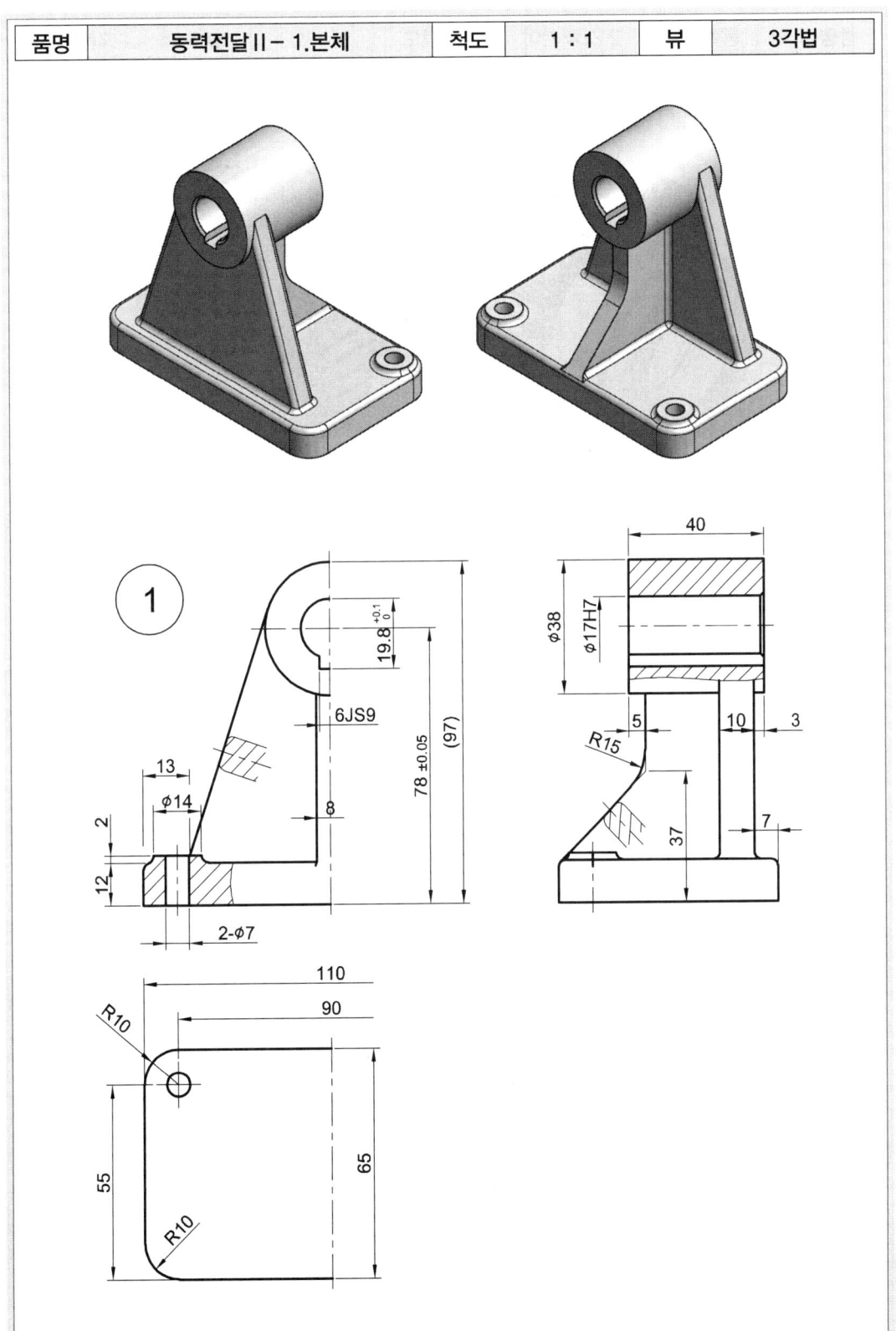

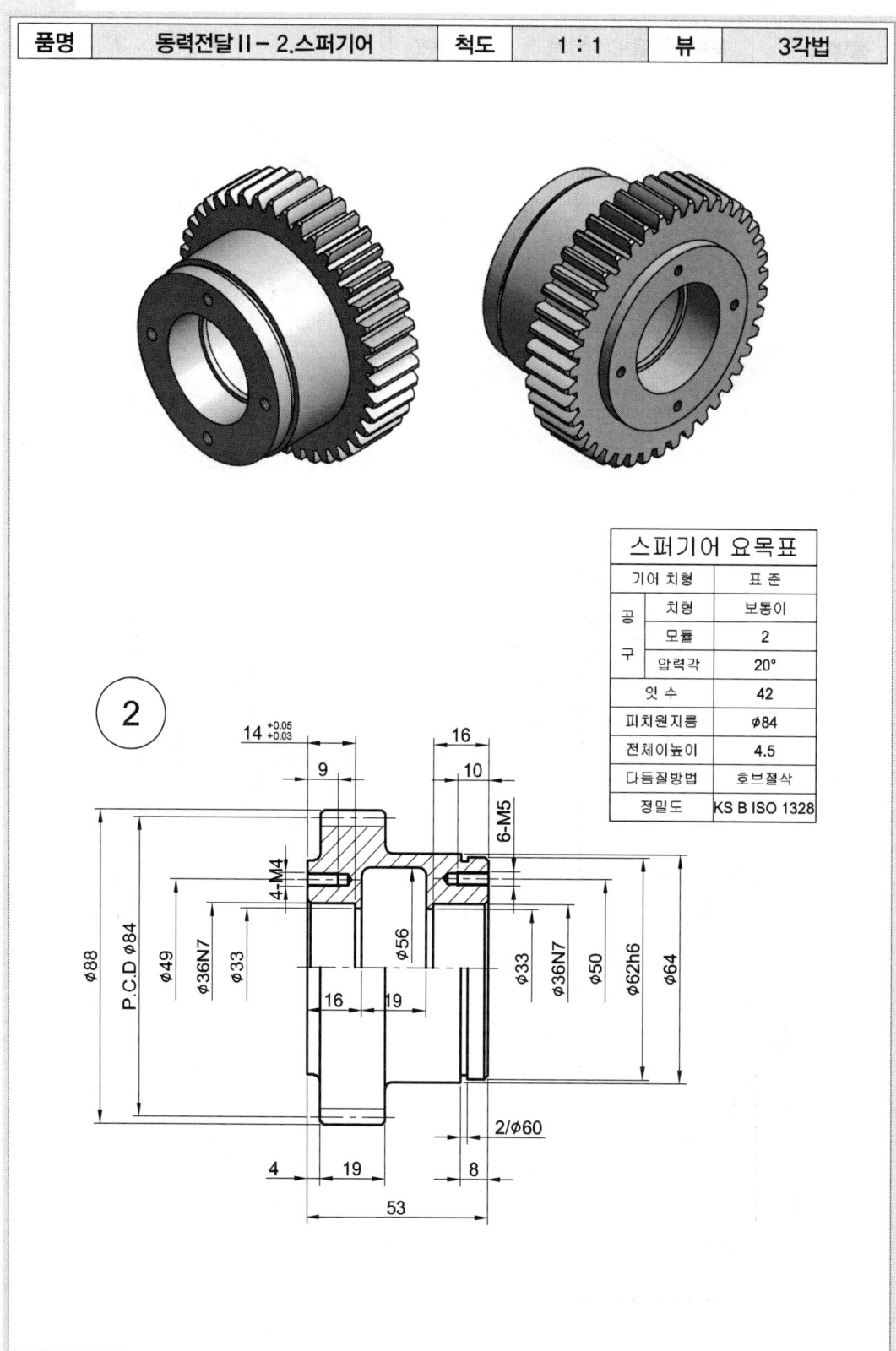

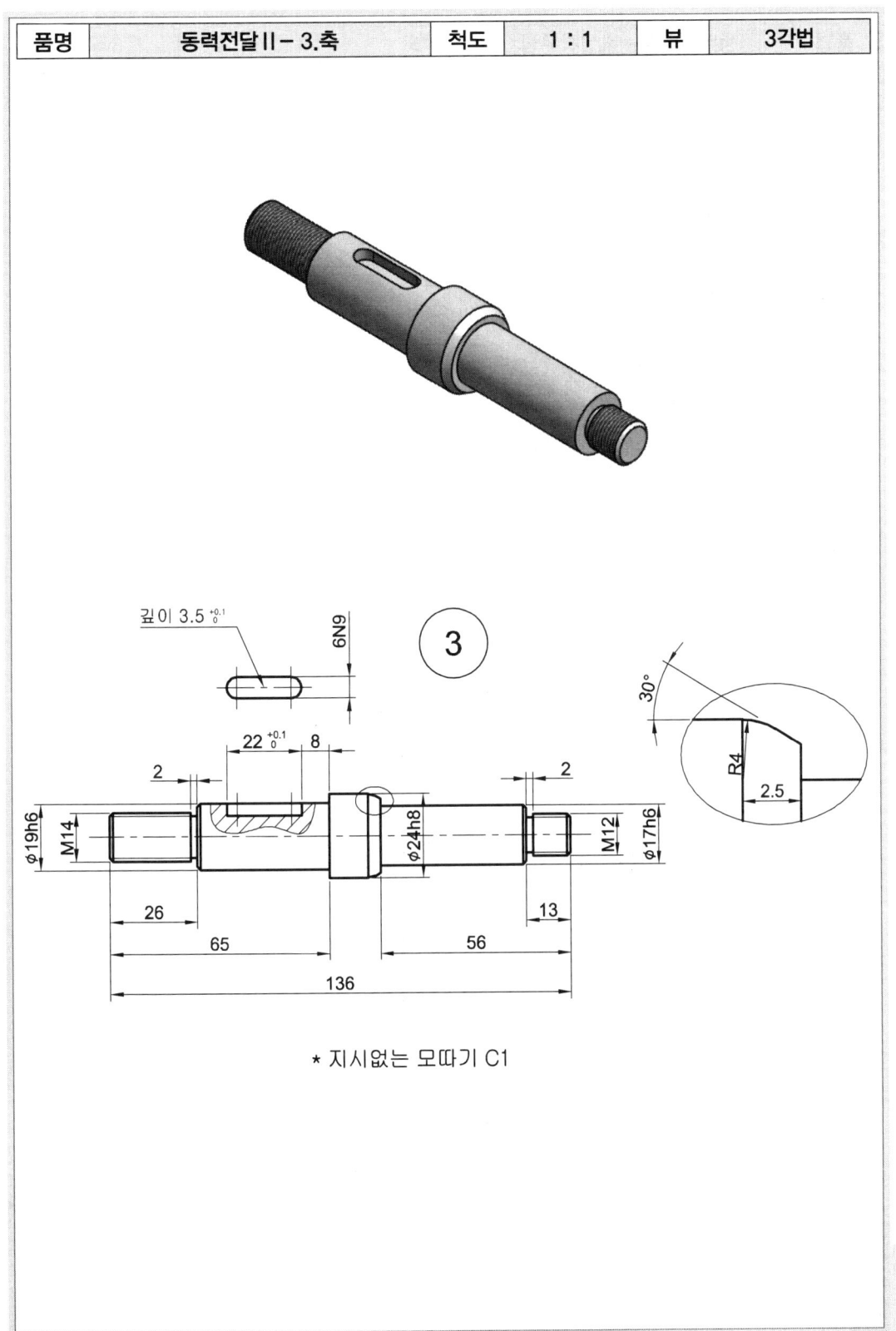

| 품명 | 동력전달 II – 4.실하우징 | 척도 | 1 : 1 | 뷰 | 3각법 |

④

* 지시없는 라운드 R2

| 품명 | 동력전달II - 5.벨트풀리 | 척도 | 1 : 1 | 뷰 | 3각법 |

4지형 레버 에어척 - 조립도

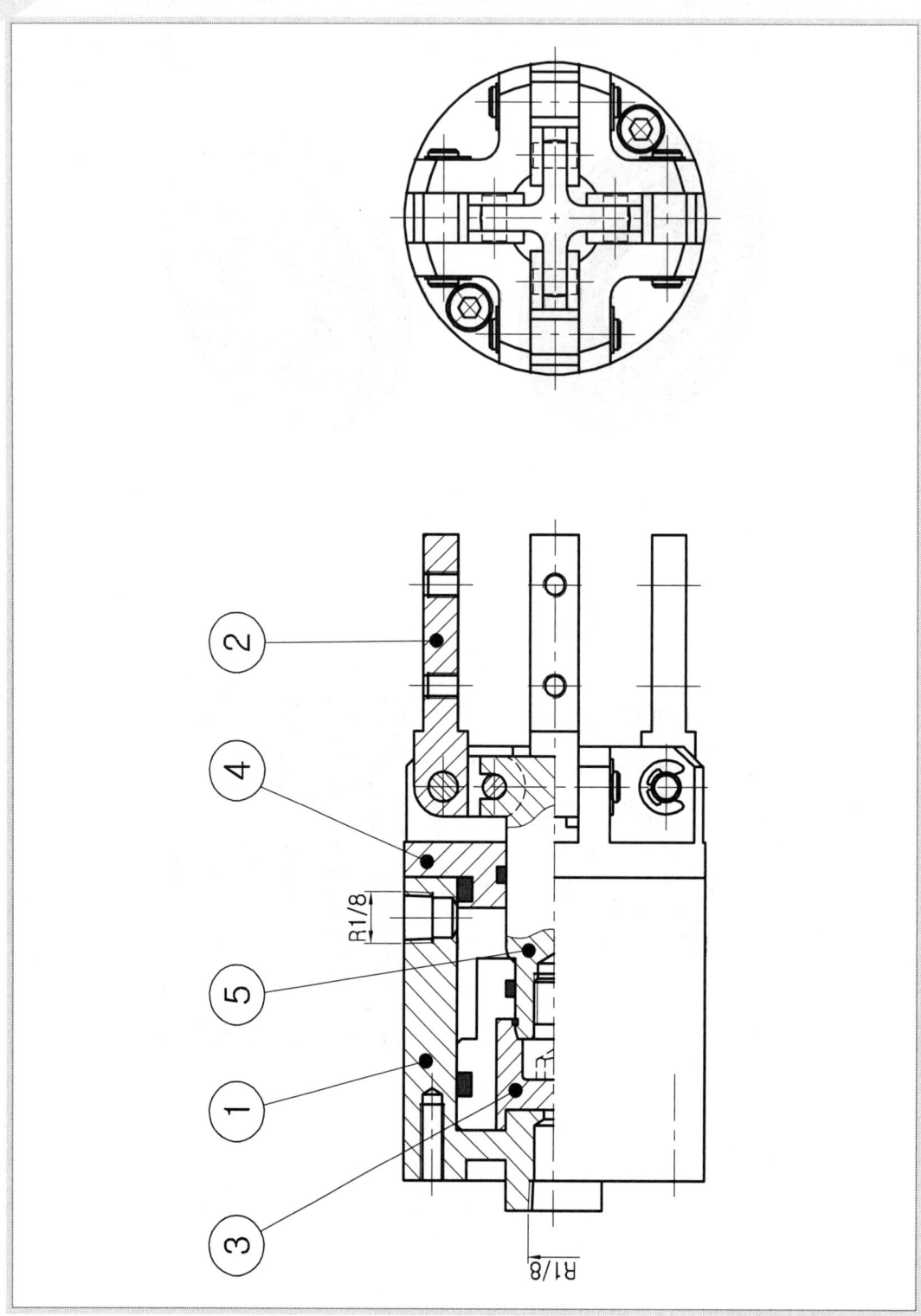

| 품명 | 4지형 레버 에어척 – 1.하우징 | 척도 | 1 : 1 | 뷰 | 3각법 |

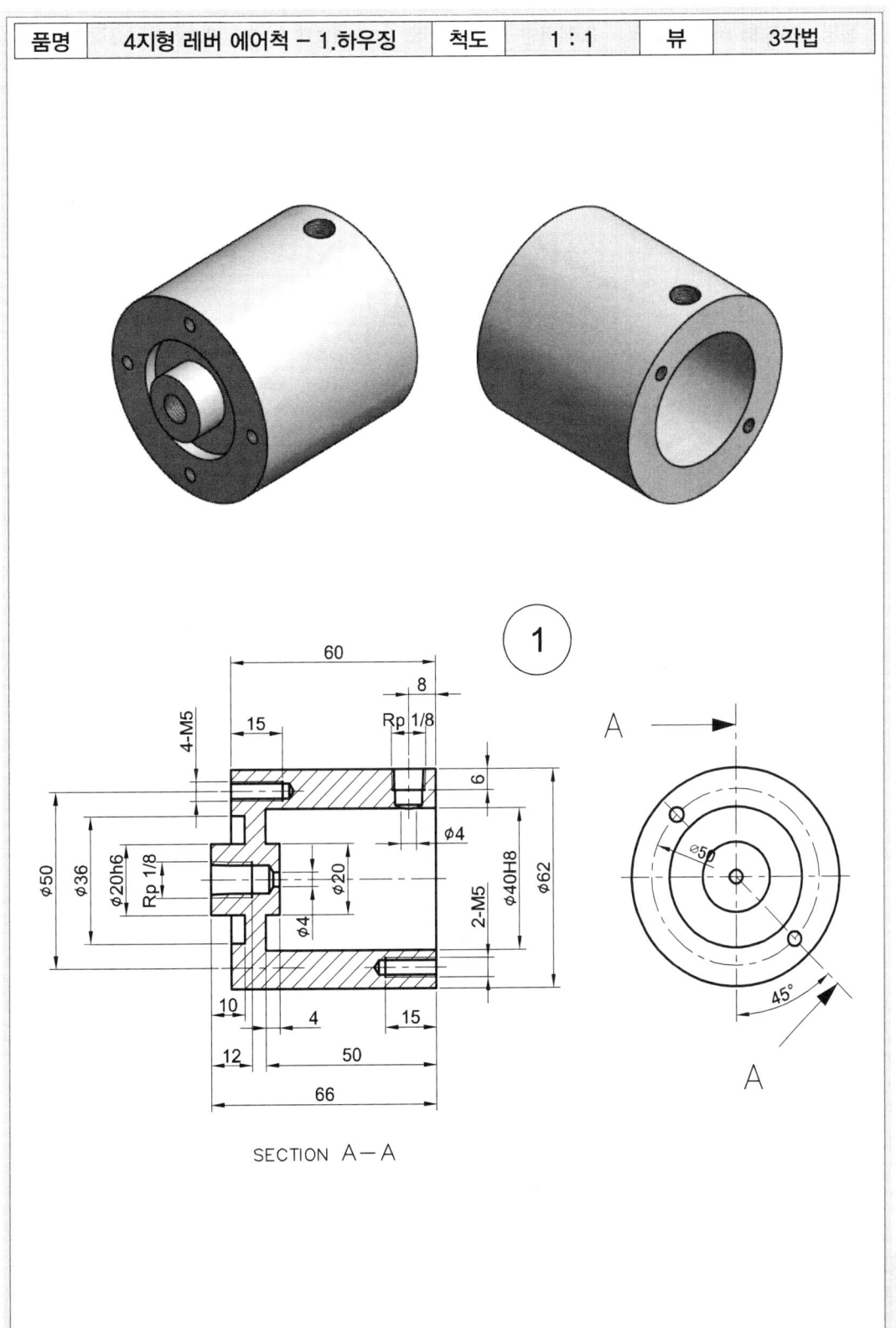

SECTION A–A

| 품명 | 4지형 레버 에어척 – 2.레버형 핑거 | 척도 | 1 : 1 | 뷰 | 3각법 |

| 품명 | 4지형 레버 에어척 - 3.피스톤 | 척도 | 1:1 | 뷰 | 3각법 |

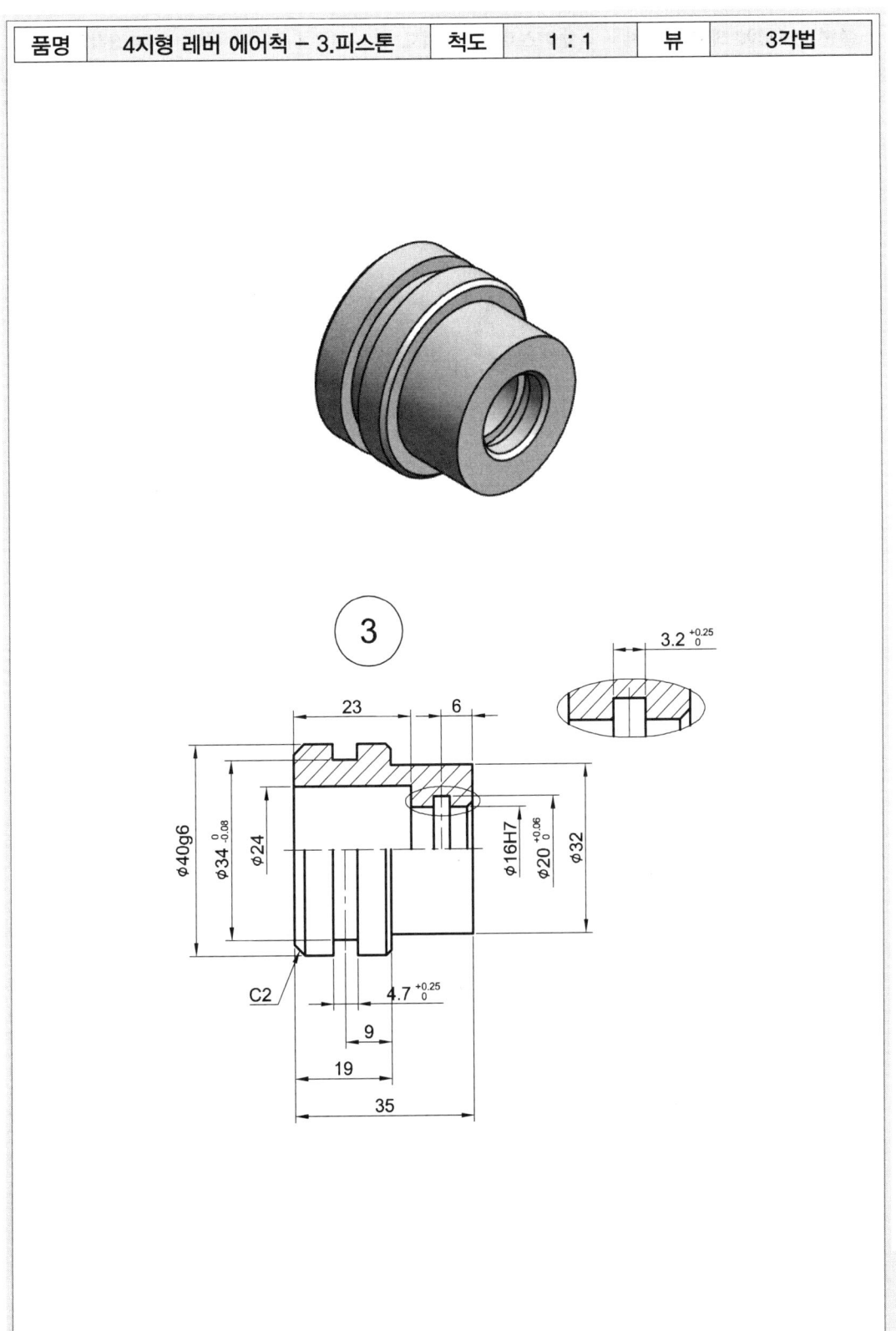

| 품명 | 4지형 레버 에어척 – 4.호이스트 축 | 척도 | 1 : 1 | 뷰 | 3각법 |

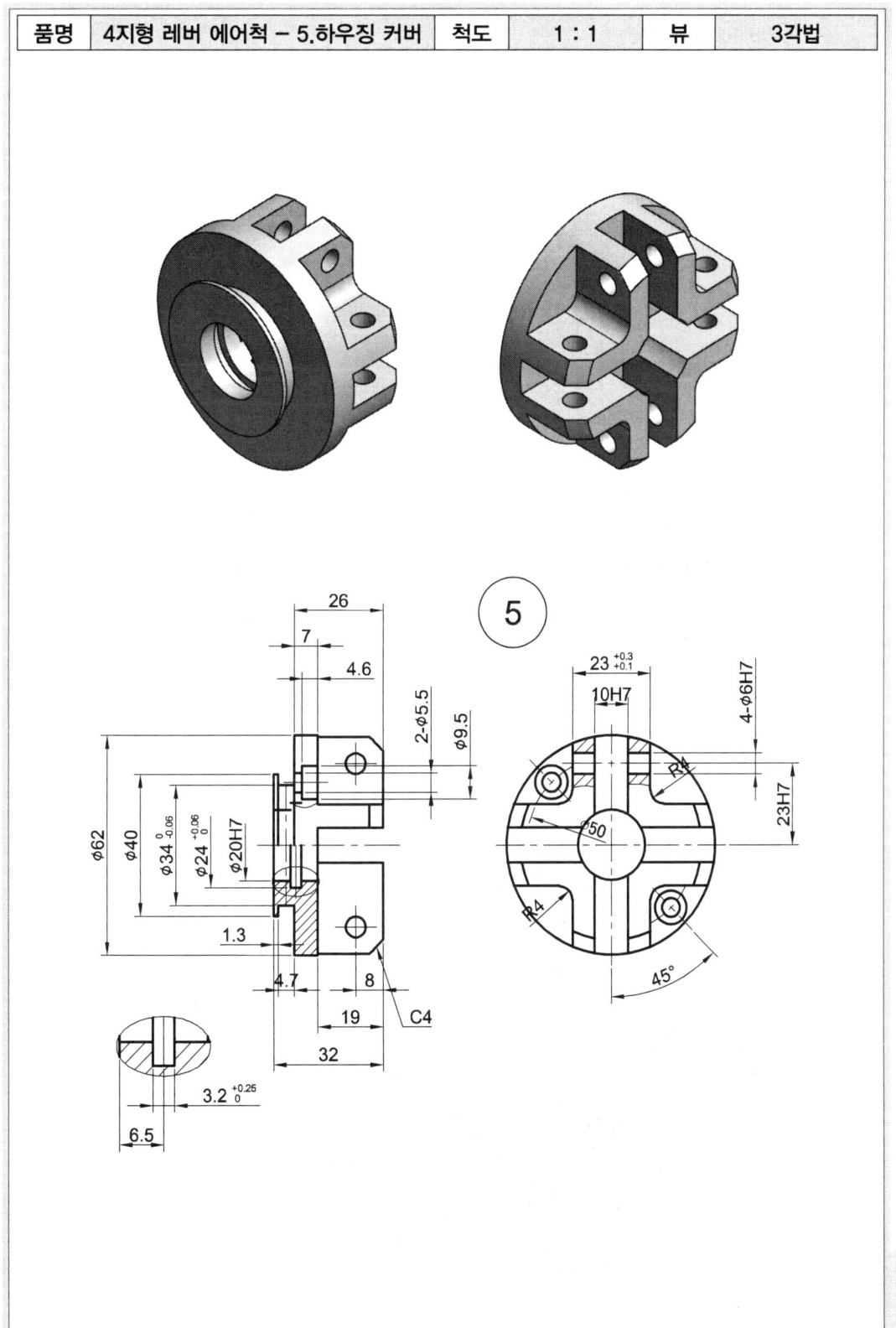

워터 펌프 - 조립도

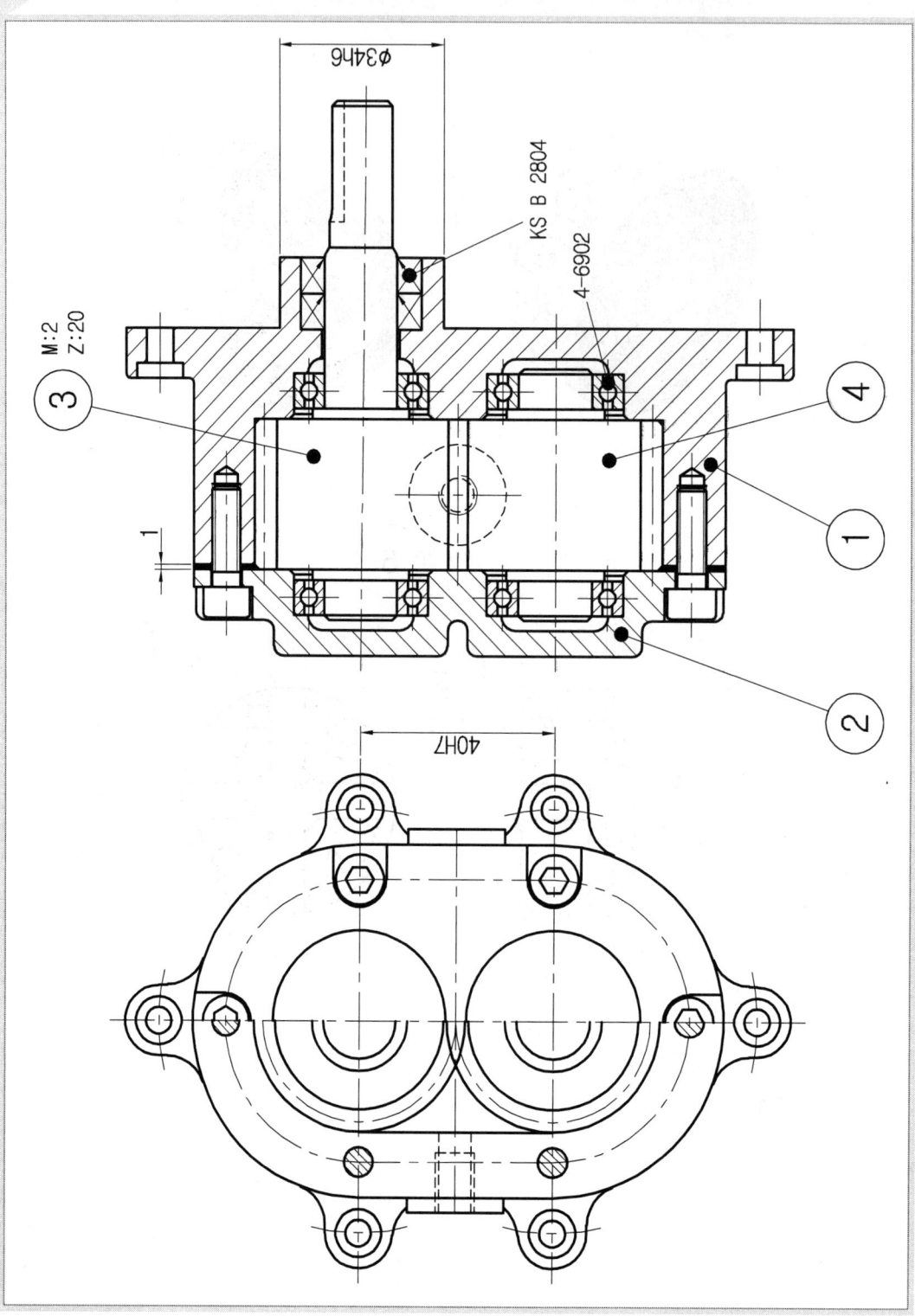

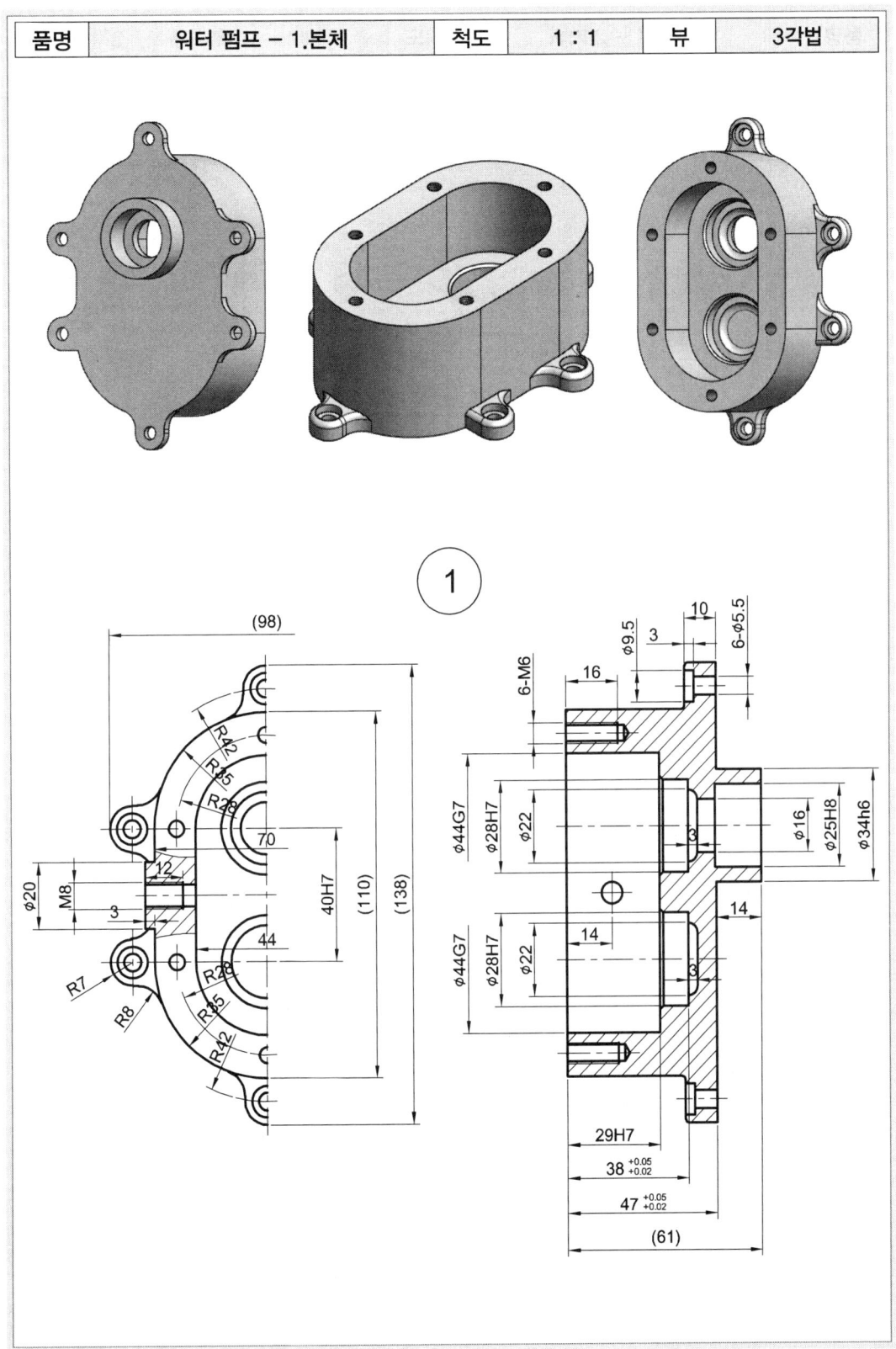

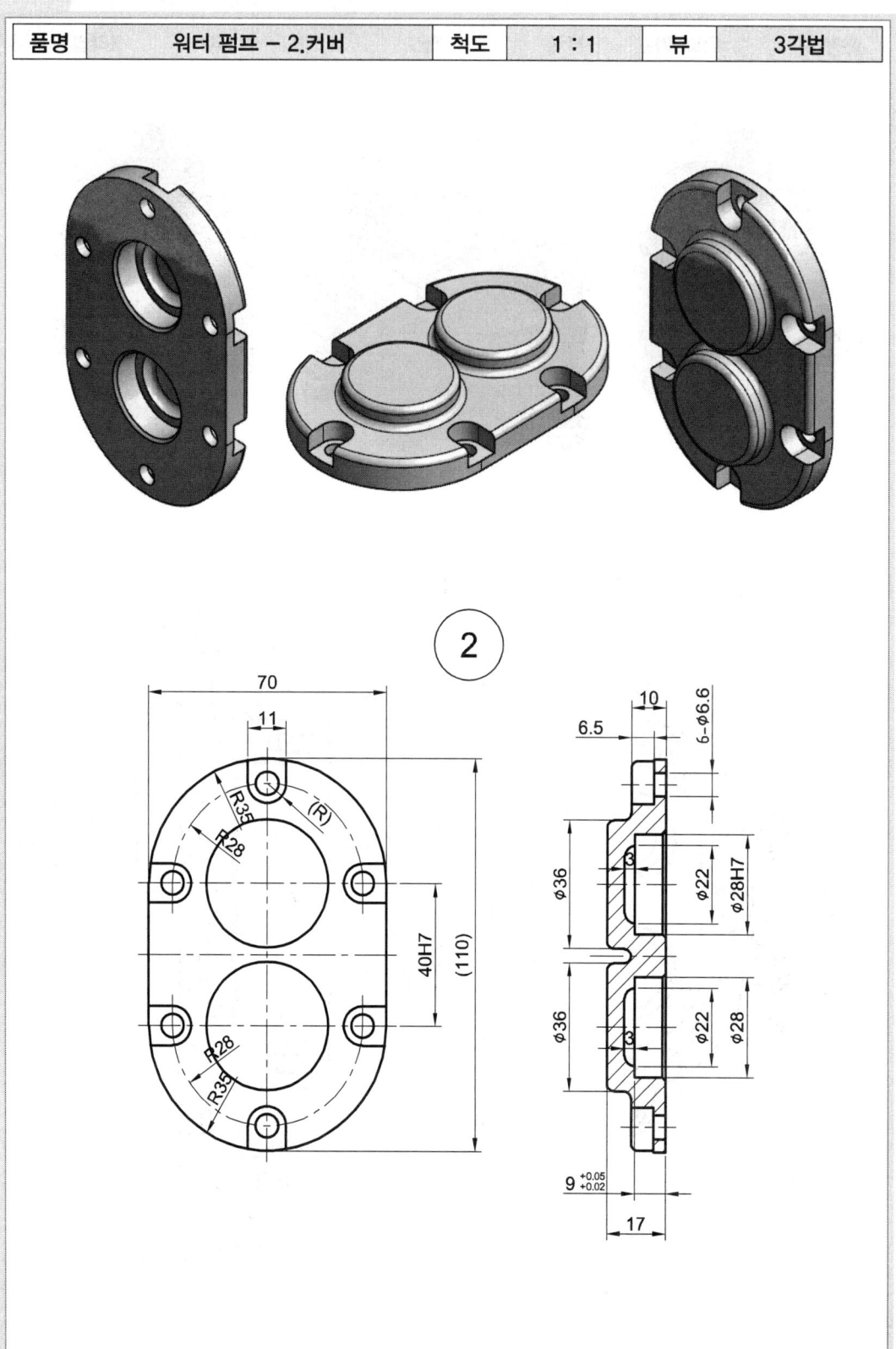

| 품명 | 워터 펌프 – 3.스퍼기어 축 | 척도 | 1 : 1 | 뷰 | 3각법 |

스퍼기어 요목표

기어 치형		표 준
공구	치형	보통이
	모듈	2
	압력각	20°
잇 수		20
피치원지름		⌀40
전체이높이		4.5
다듬질방법		호브절삭
정밀도		KS B ISO 1328

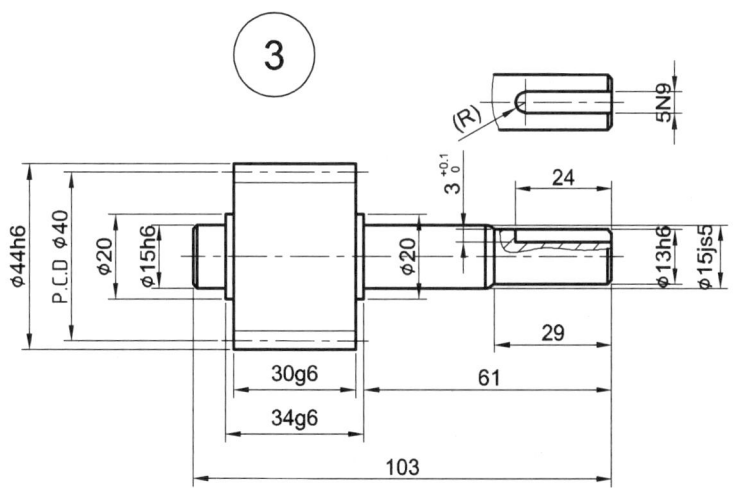

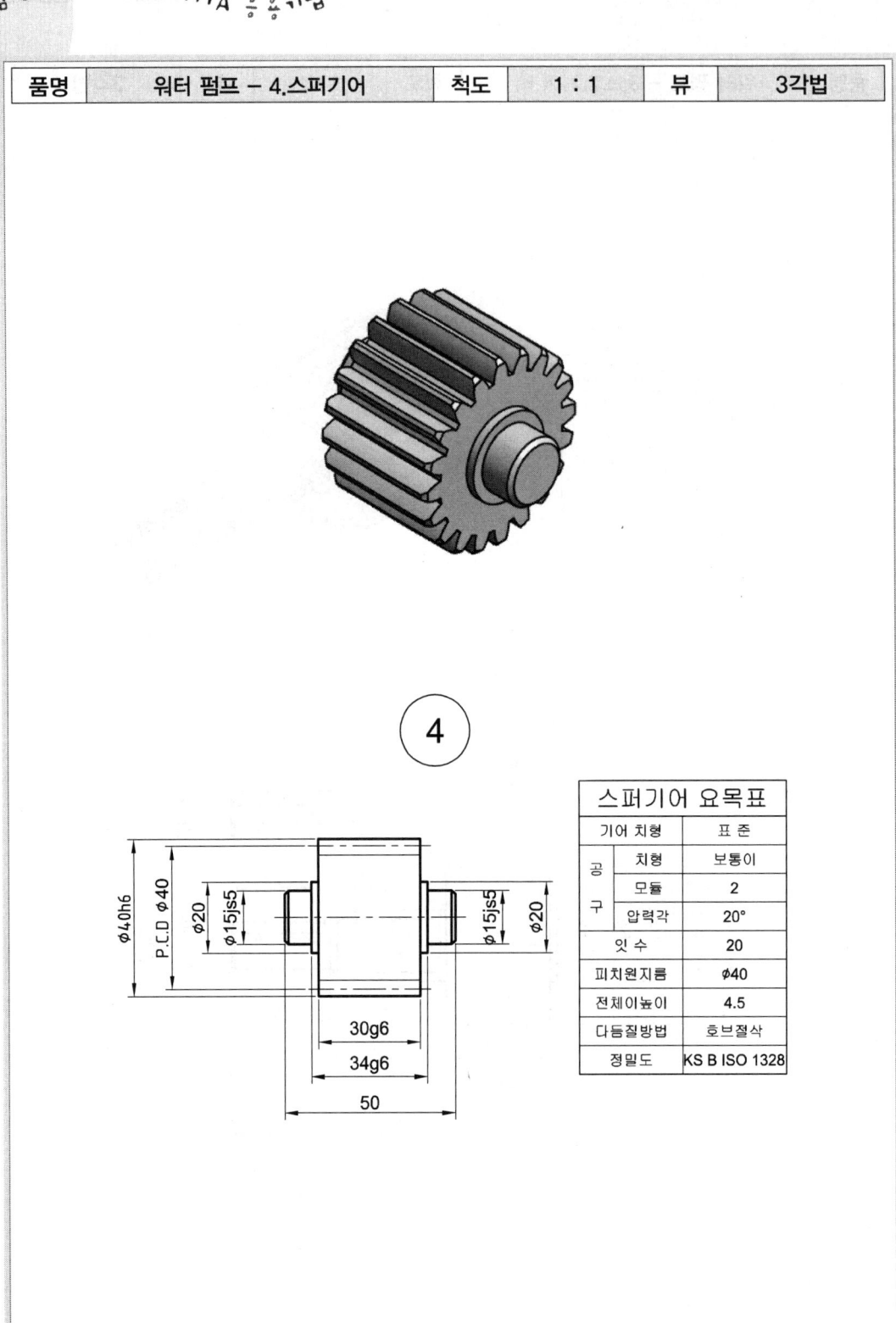

편심왕복장치 – 조립도

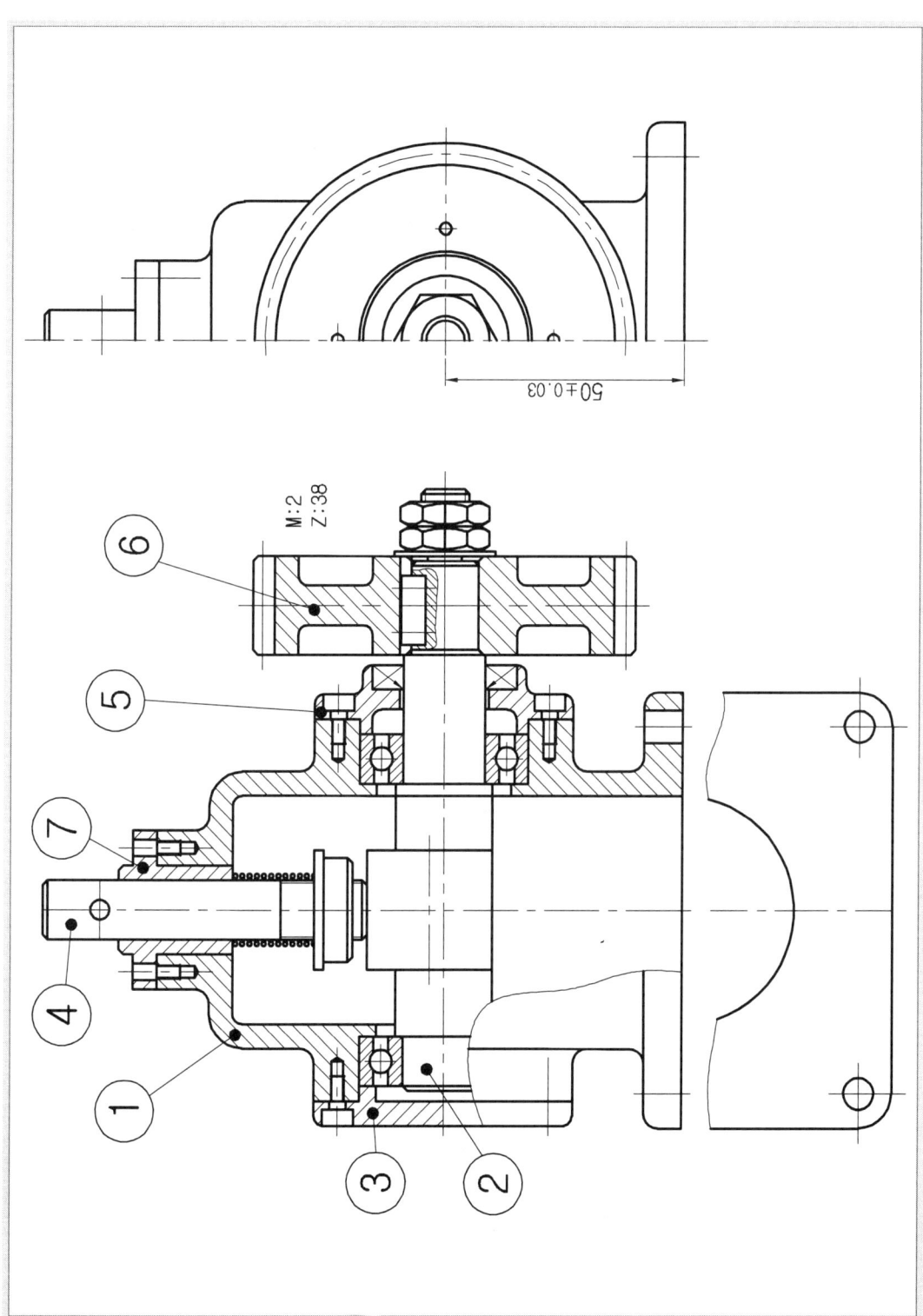

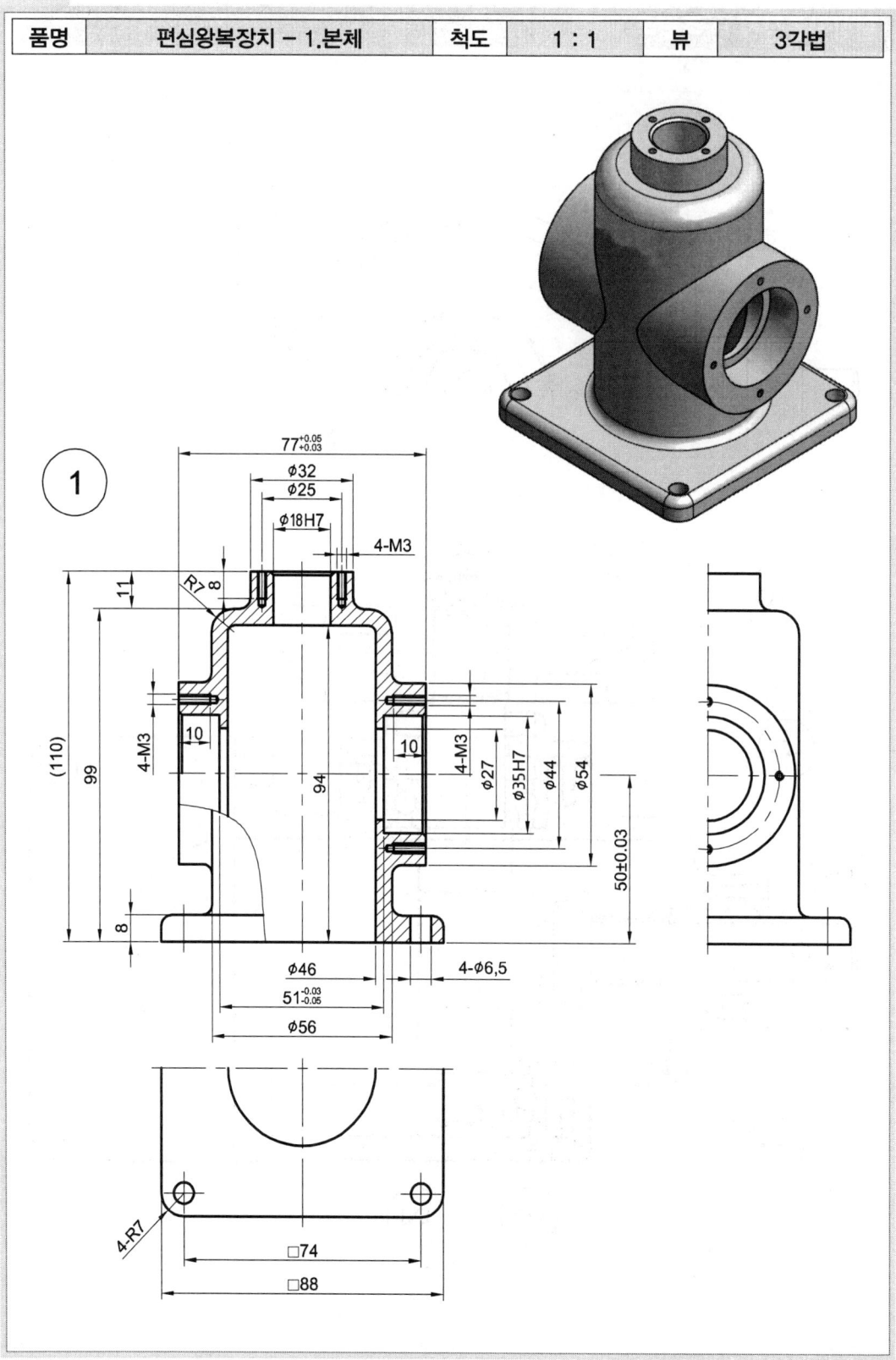

| 품명 | 편심왕복장치 – 2.편심축 | 척도 | 1:1 | 뷰 | 3각법 |

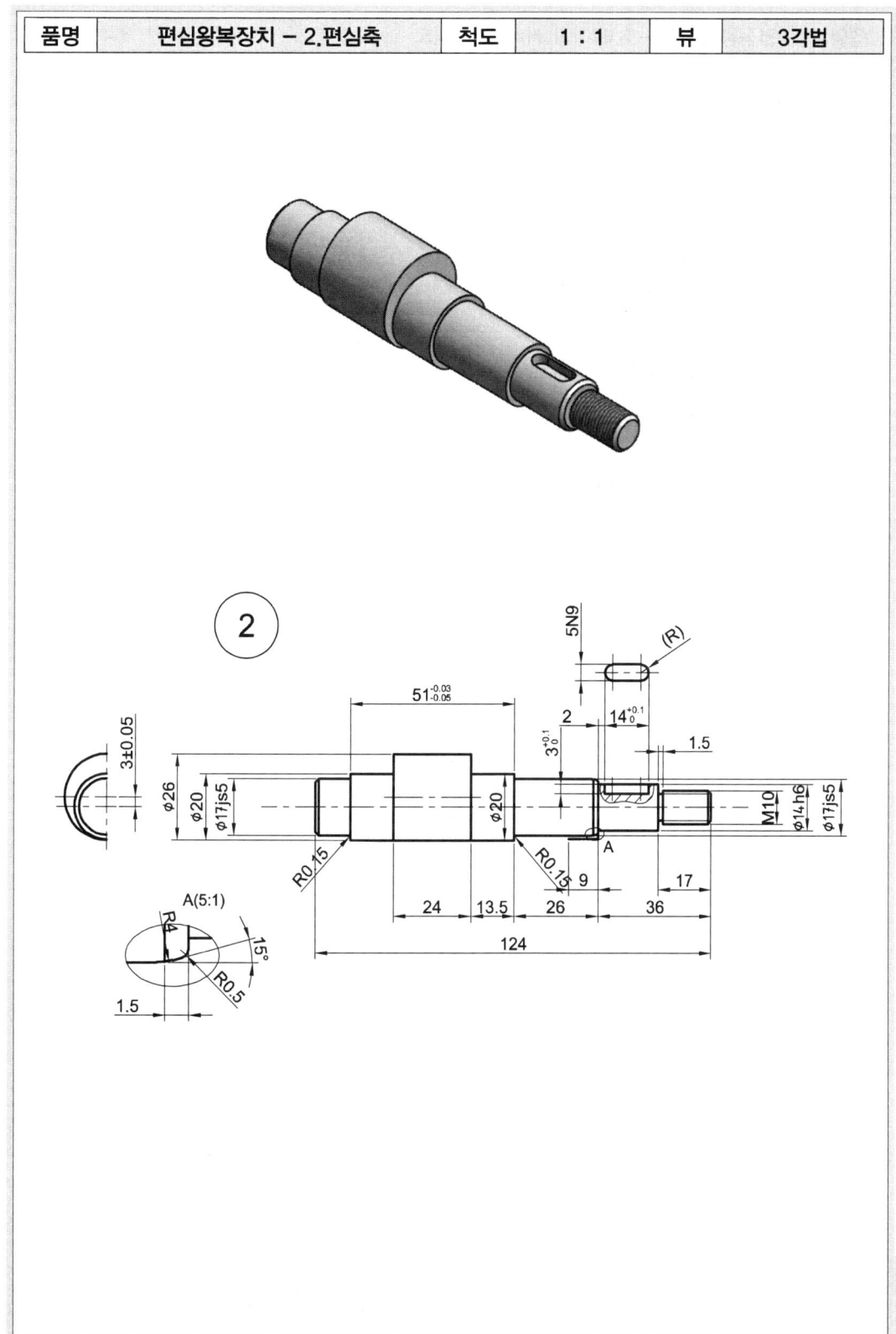

| 품명 | 편심왕복장치 – 3.베어링 커버 | 척도 | 1 : 1 | 뷰 | 3각법 |

③

| 품명 | 편심왕복장치 – 4.슬라이더 | 척도 | 1 : 1 | 뷰 | 3각법 |

| 품명 | 편심왕복장치 – 5.실 하우징 | 척도 | 1 : 1 | 뷰 | 3각법 |

| 품명 | 편심왕복장치 – 6.스퍼기어 | 척도 | 1 : 1 | 뷰 | 3각법 |

스퍼기어 요목표		
기어 치형		표 준
공구	치형	보통이
	모듈	2
	압력각	20°
잇 수		38
피치원지름		ø76
전체이높이		4.5
다듬질방법		호브절삭
정밀도		KS B ISO 1328

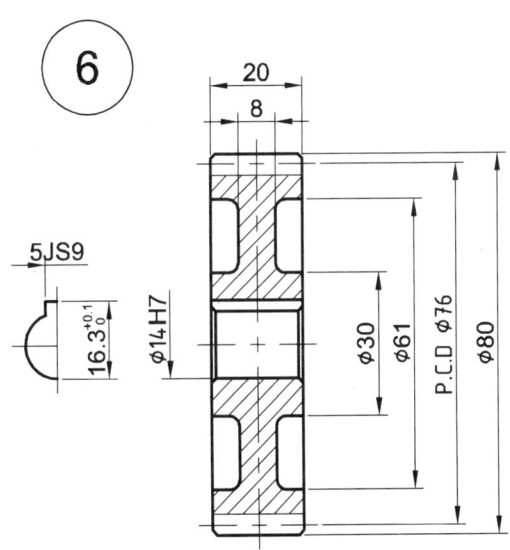

| 품명 | 편심왕복장치 – 7.가이드 부시 커버 | 척도 | 1 : 1 | 뷰 | 3각법 |

| 품명 | 편심왕복장치 - 17.스프링 | 척도 | 1 : 1 | 뷰 | 3각법 |

(17)

축 받힘 장치 – 조립도

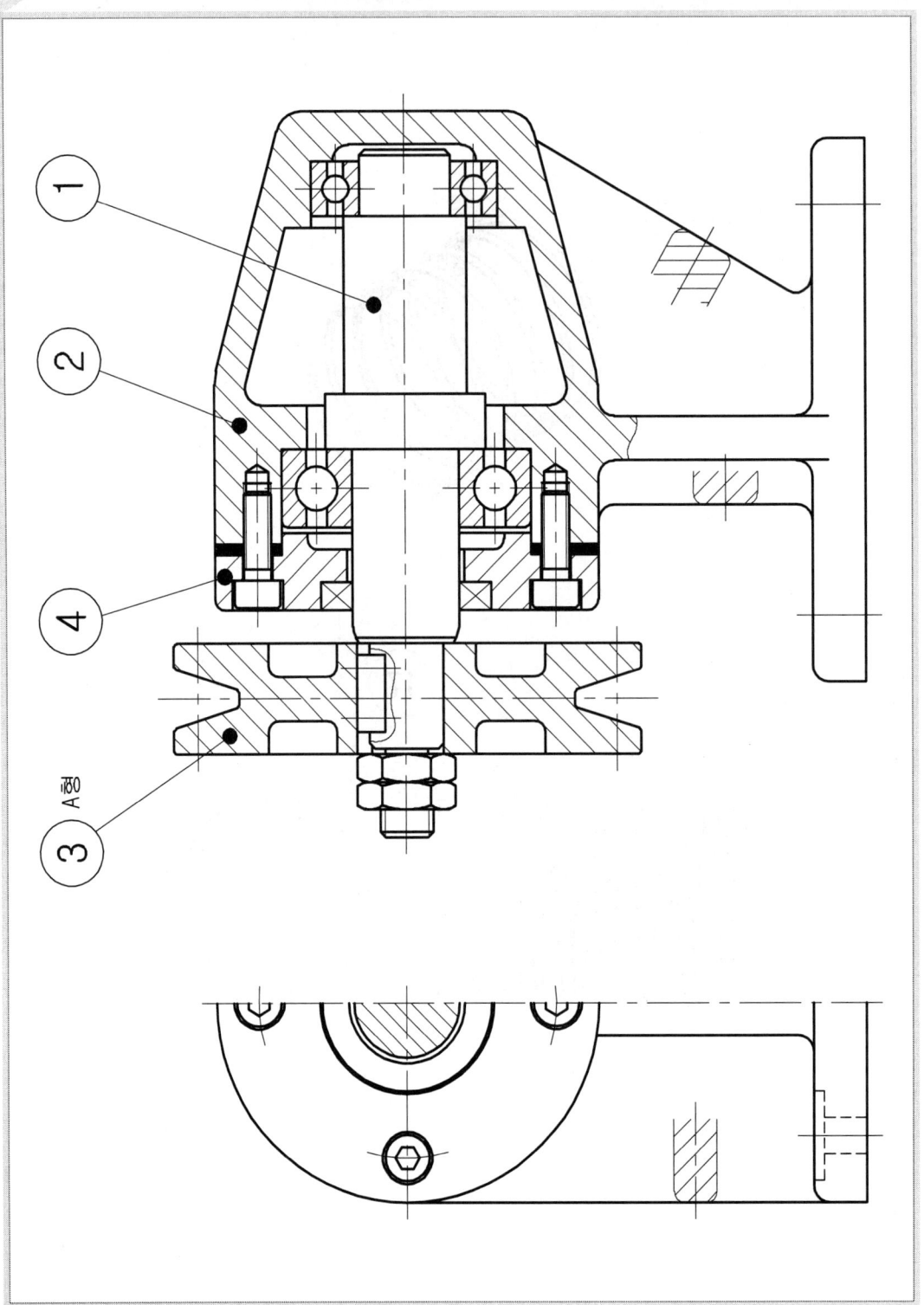

| 품명 | 축 받침 장치 – 1.축 | 척도 | 1 : 1 | 뷰 | 3각법 |

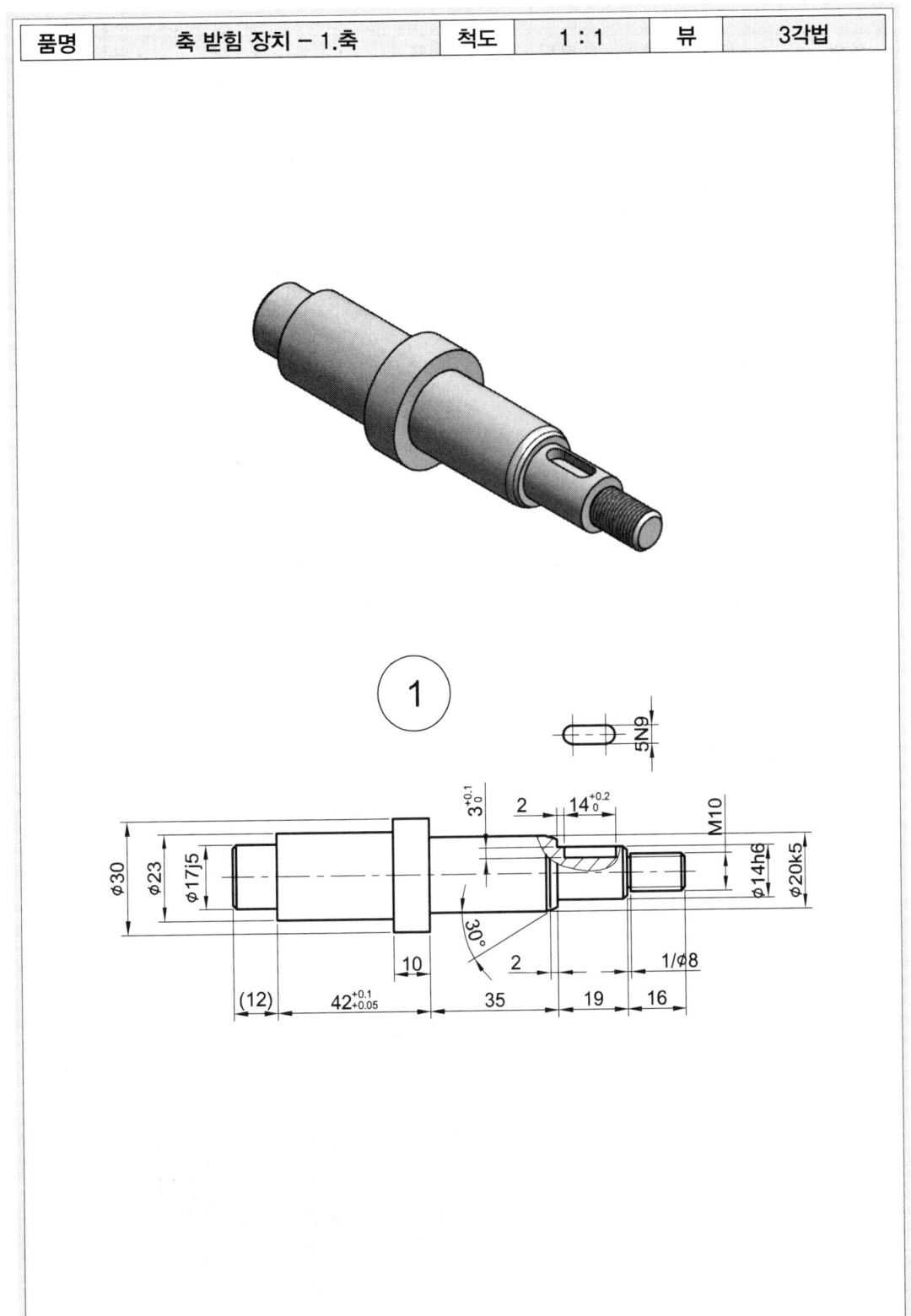

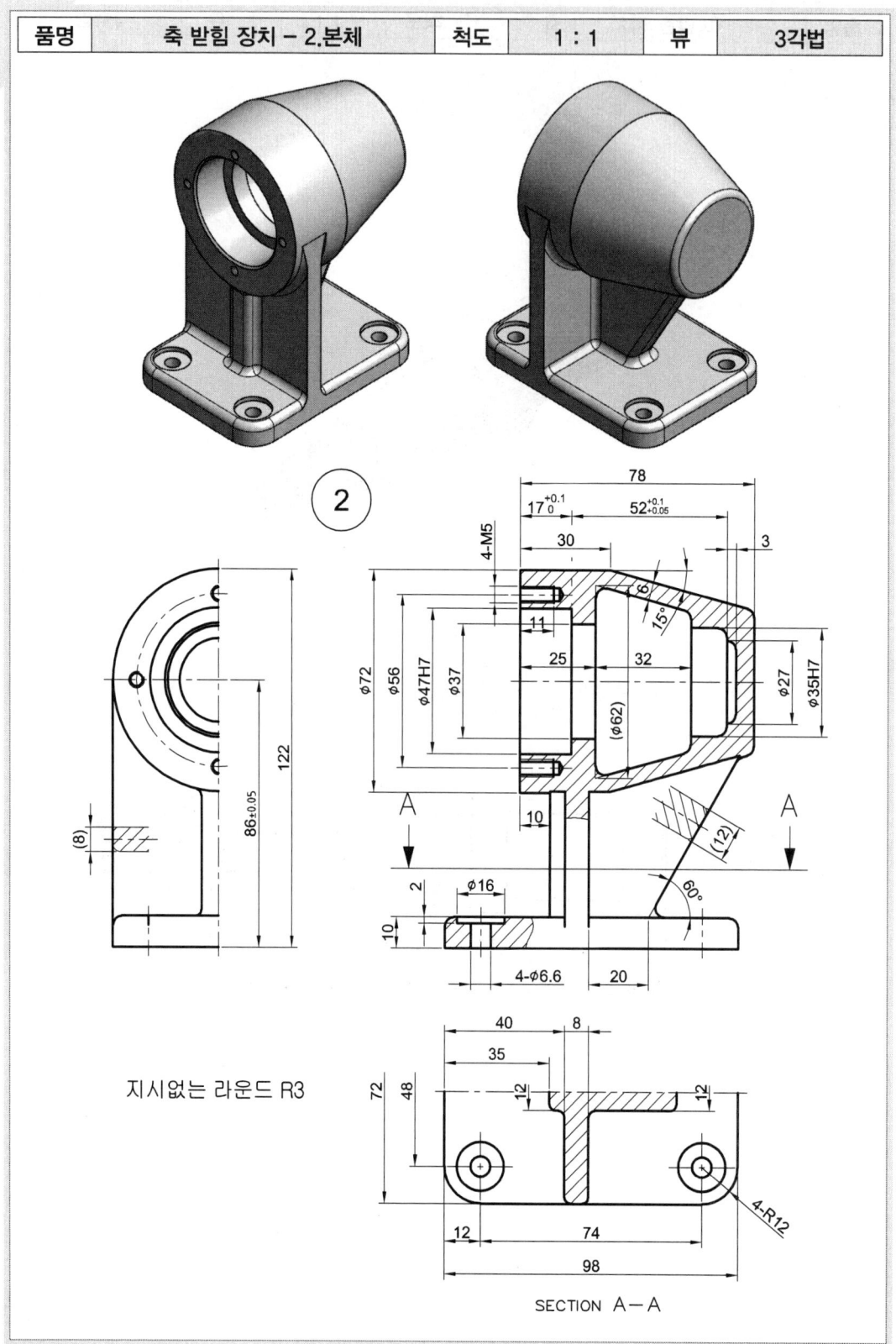

| 품명 | 축 받힘 장치 - 3.커버 | 척도 | 1 : 1 | 뷰 | 3각법 |

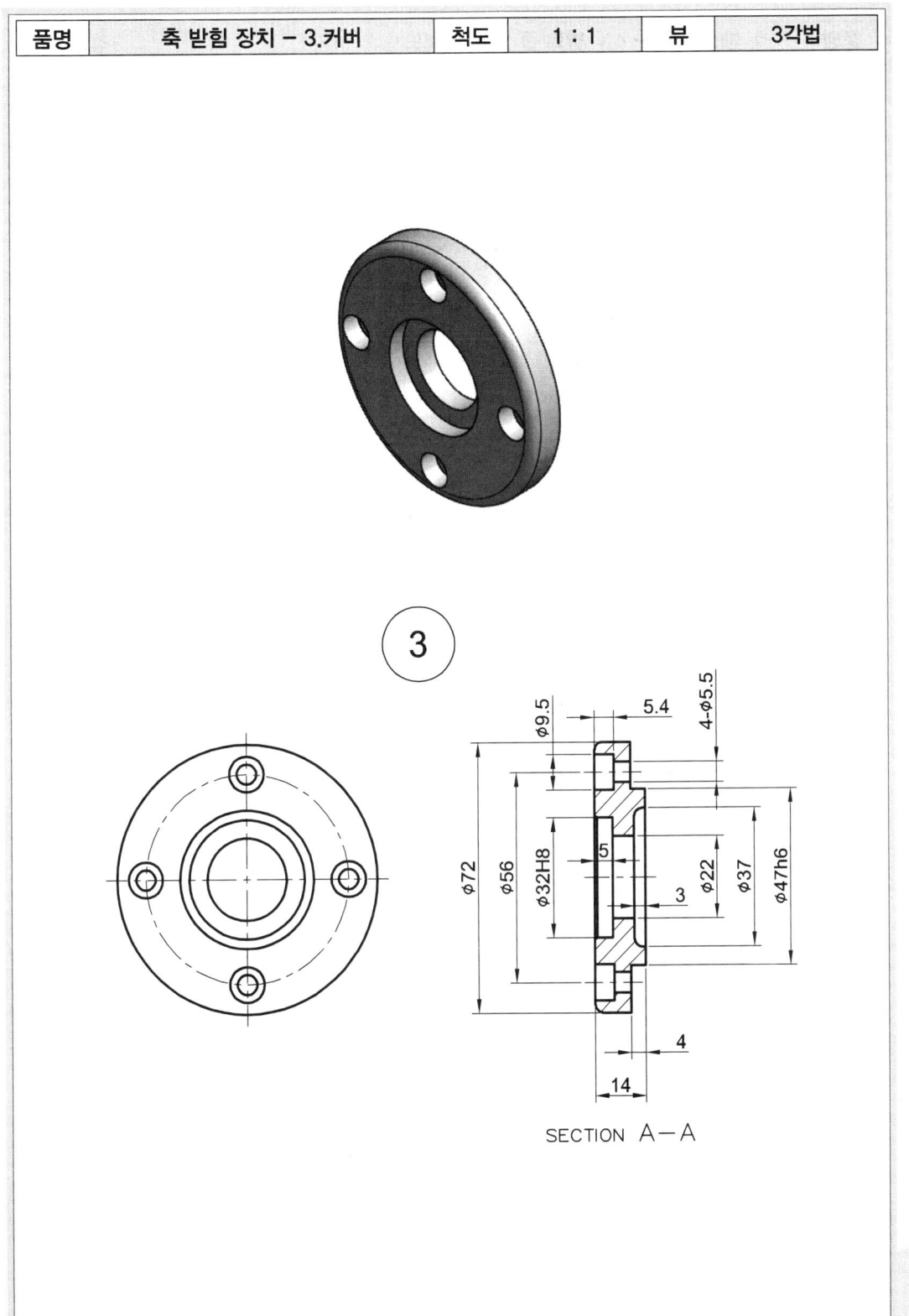

SECTION A—A

| 품명 | 축 받힘 장치 – 4.V 벨트 풀리 | 척도 | 1 : 1 | 뷰 | 3각법 |

Surface Design

Exercises

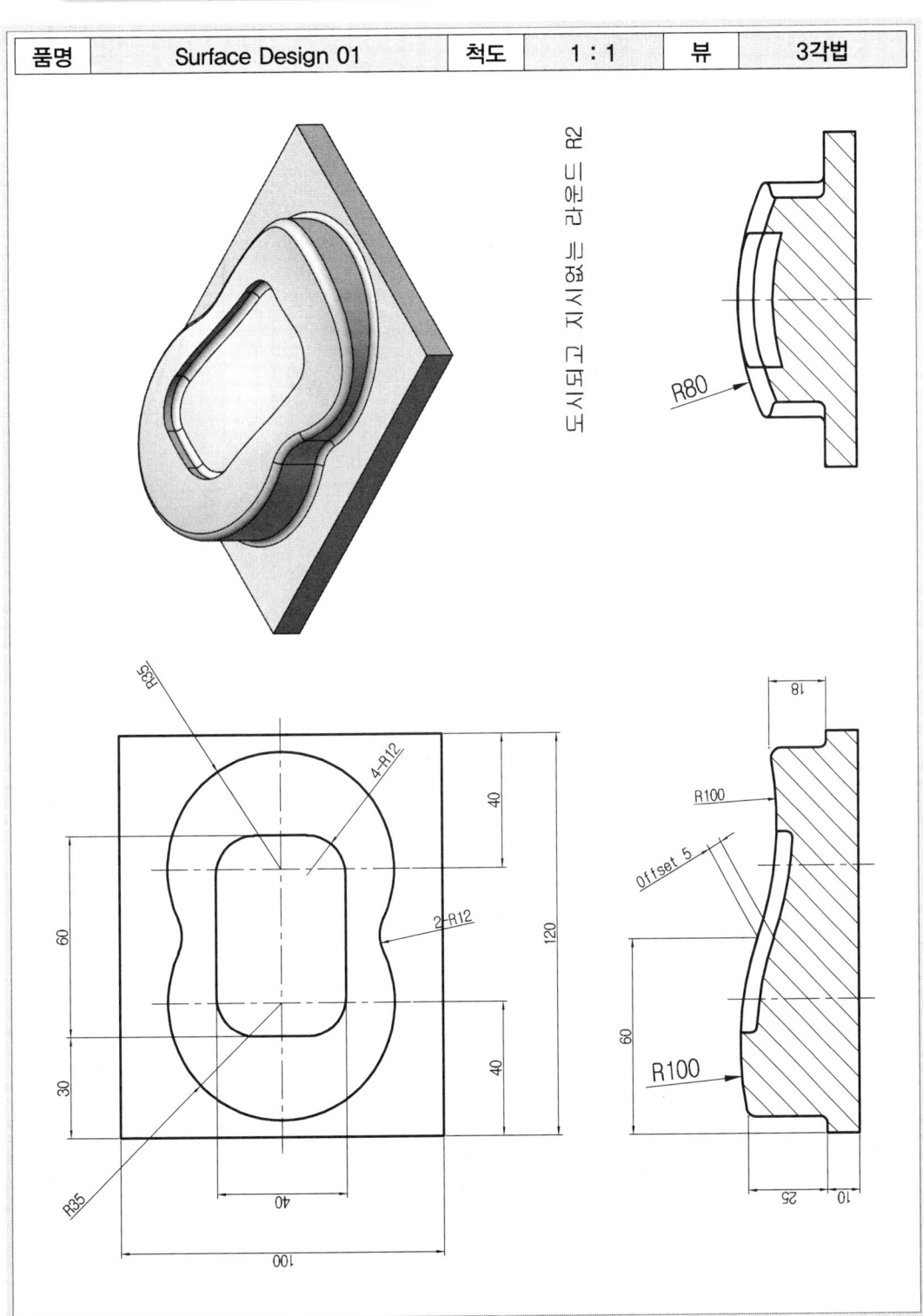

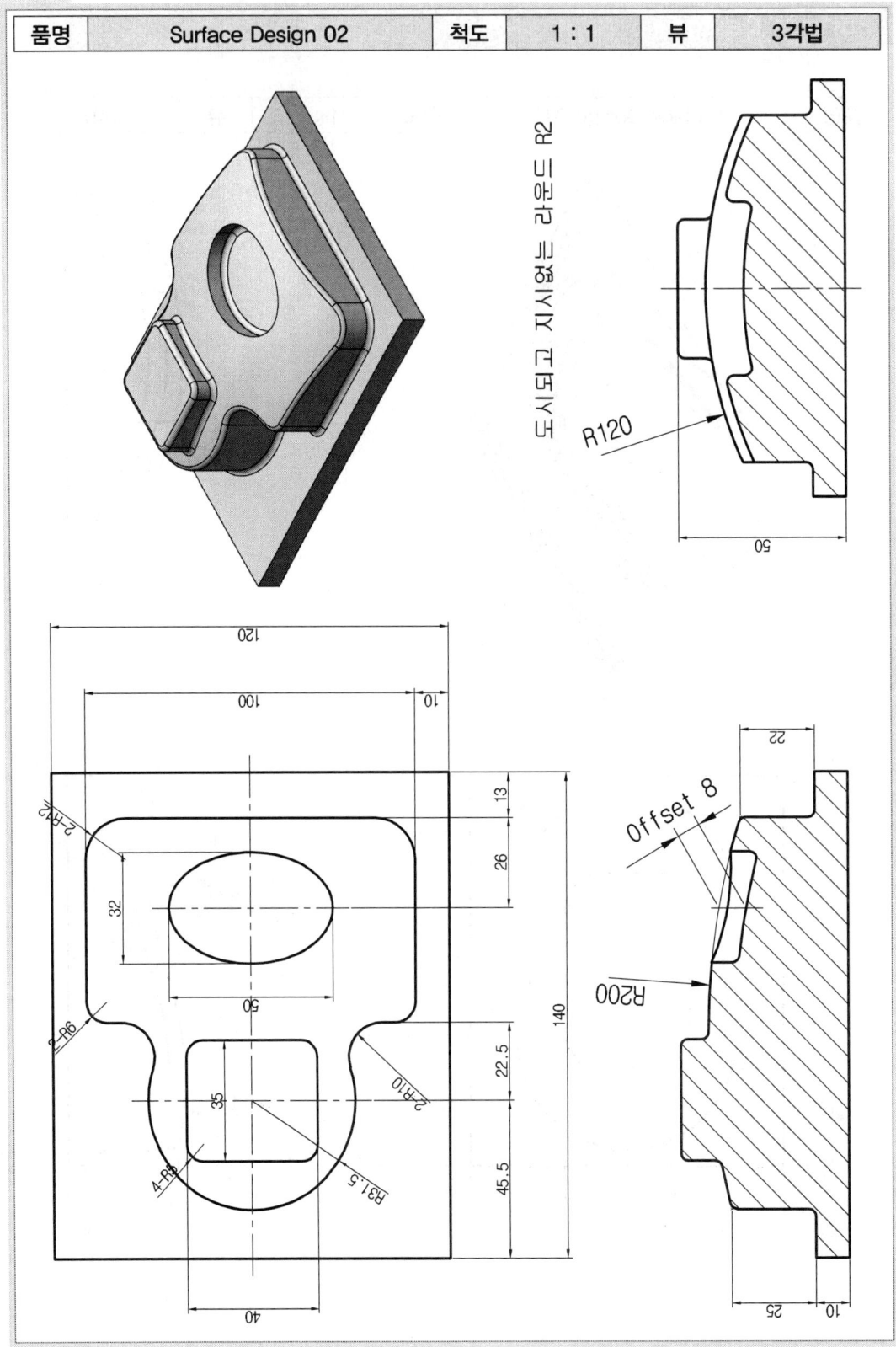

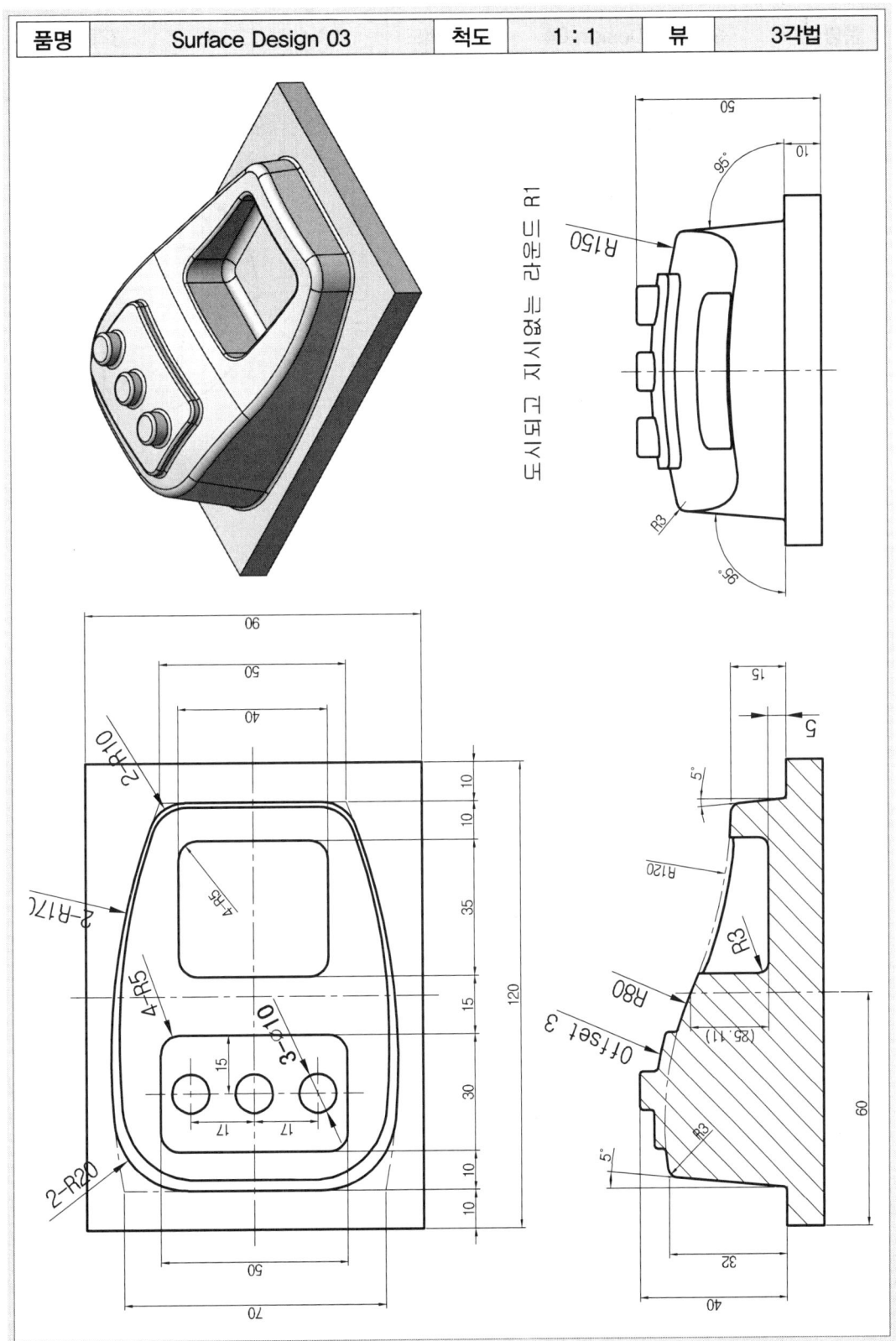

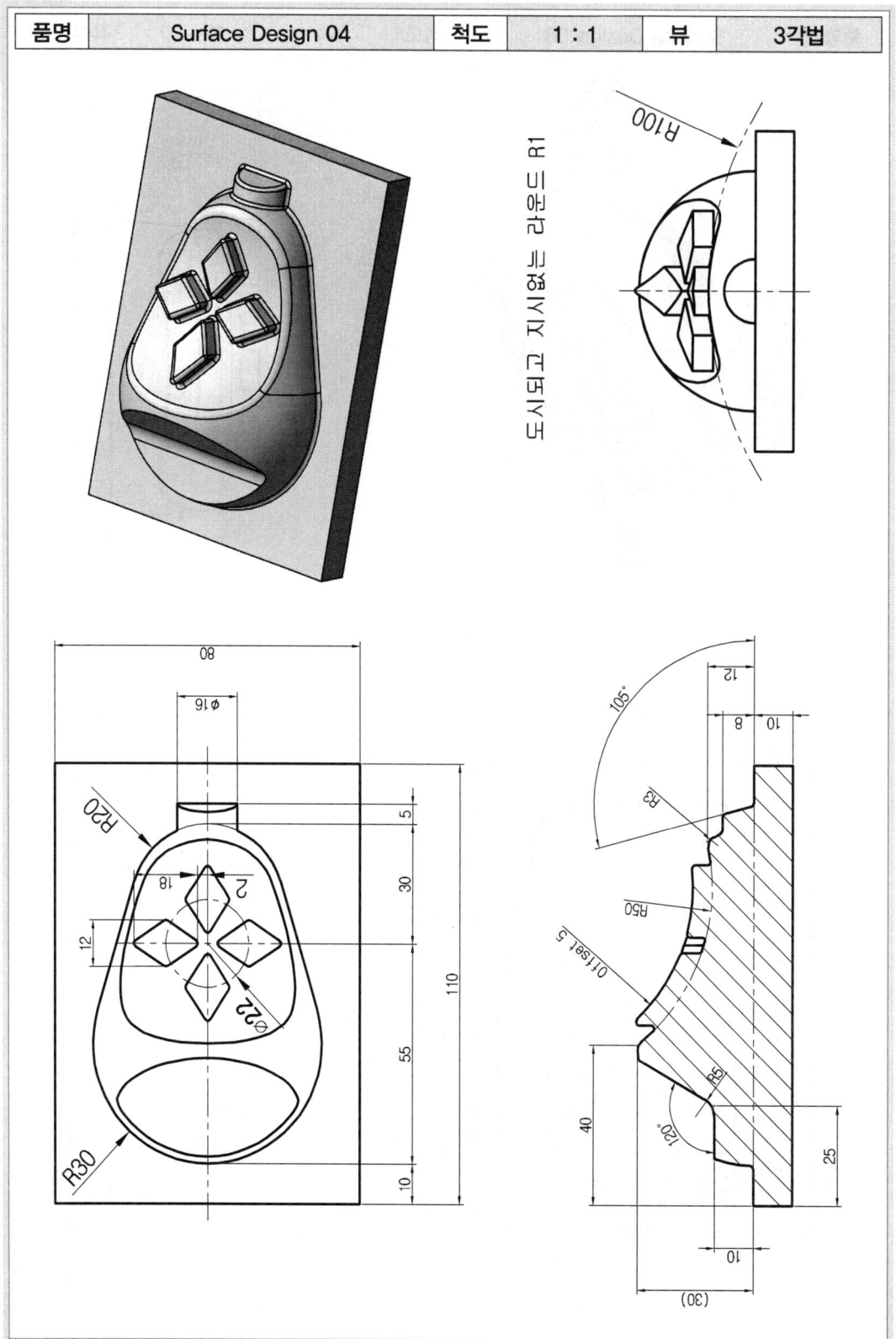

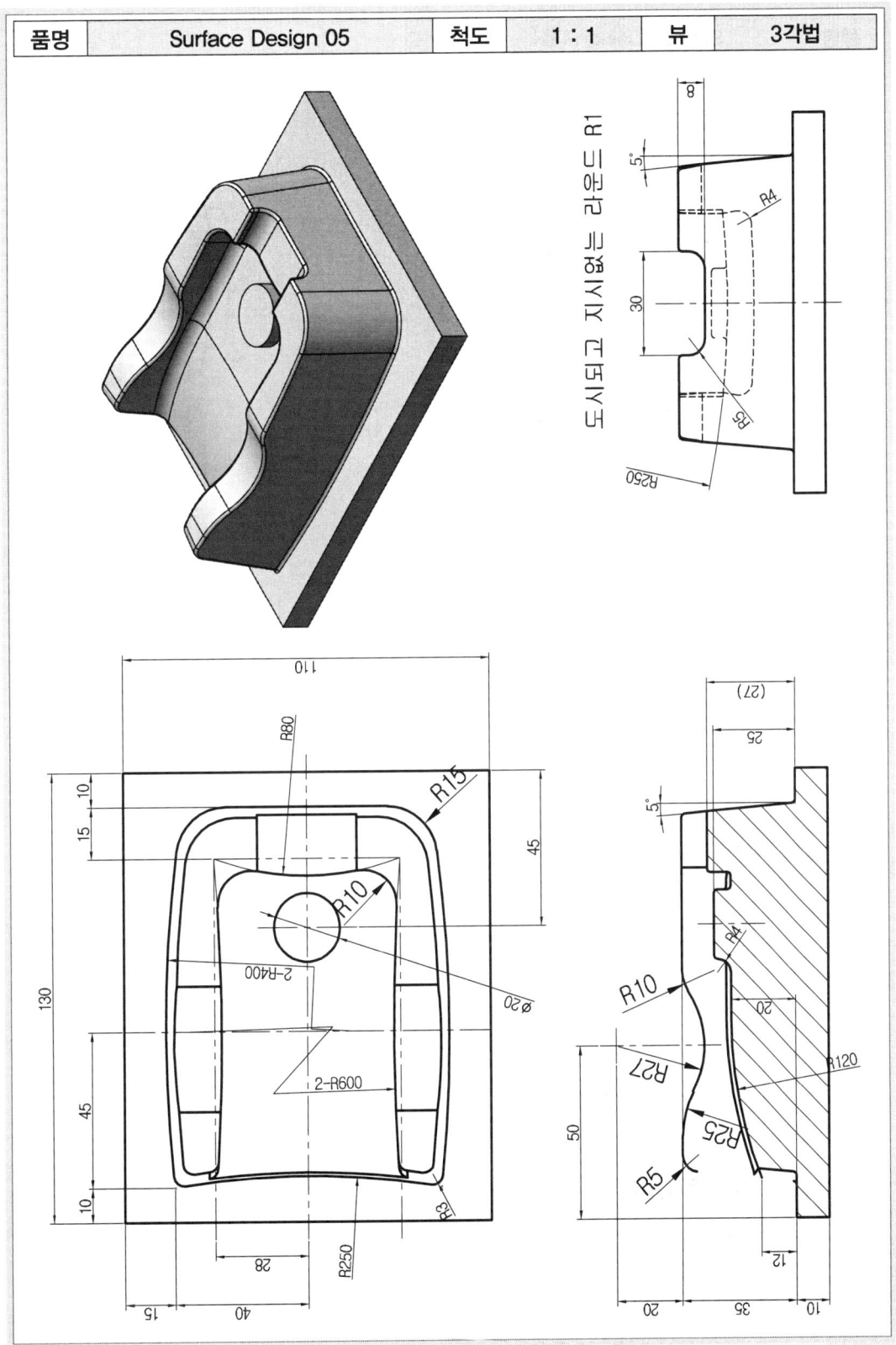

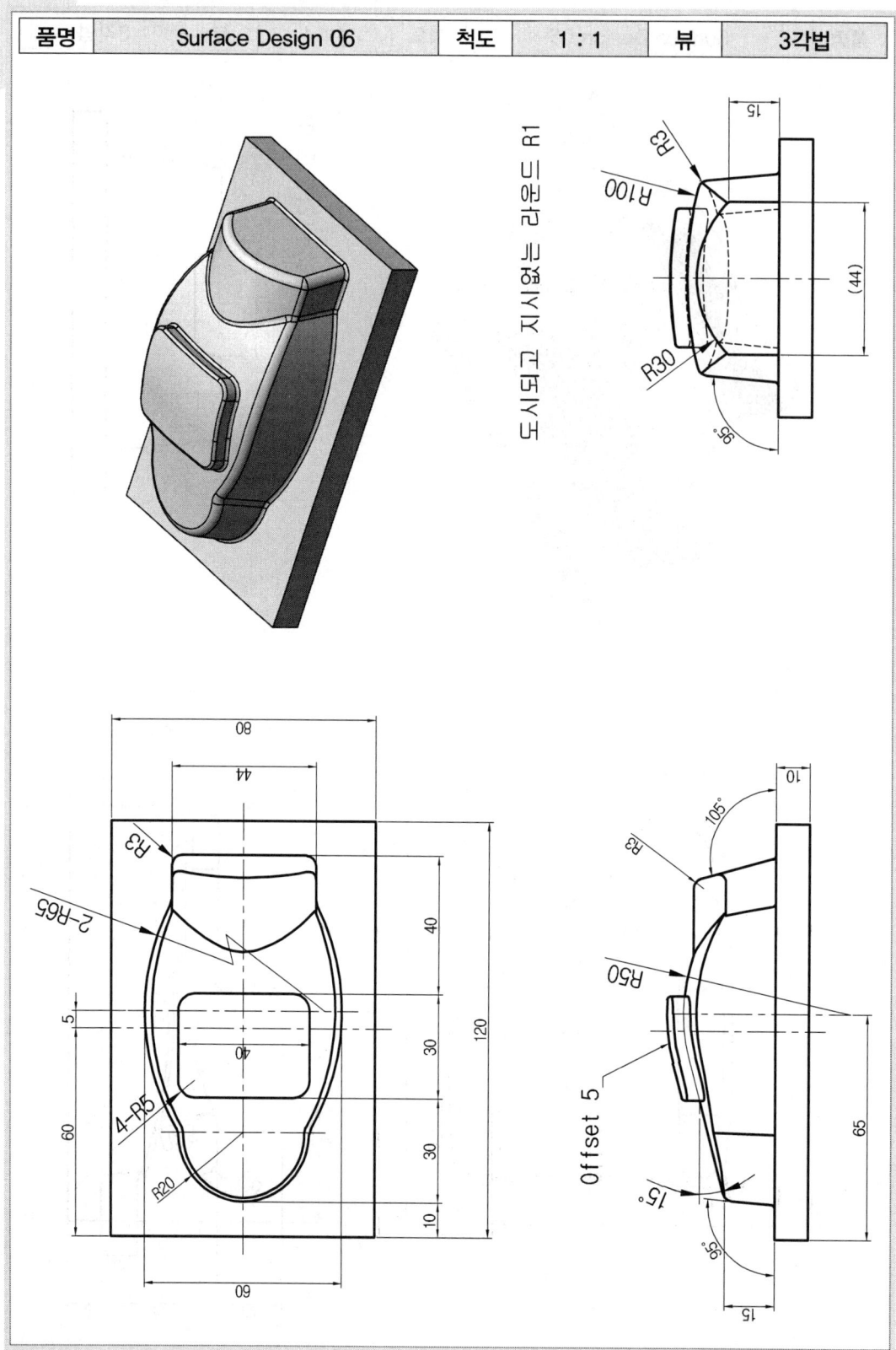

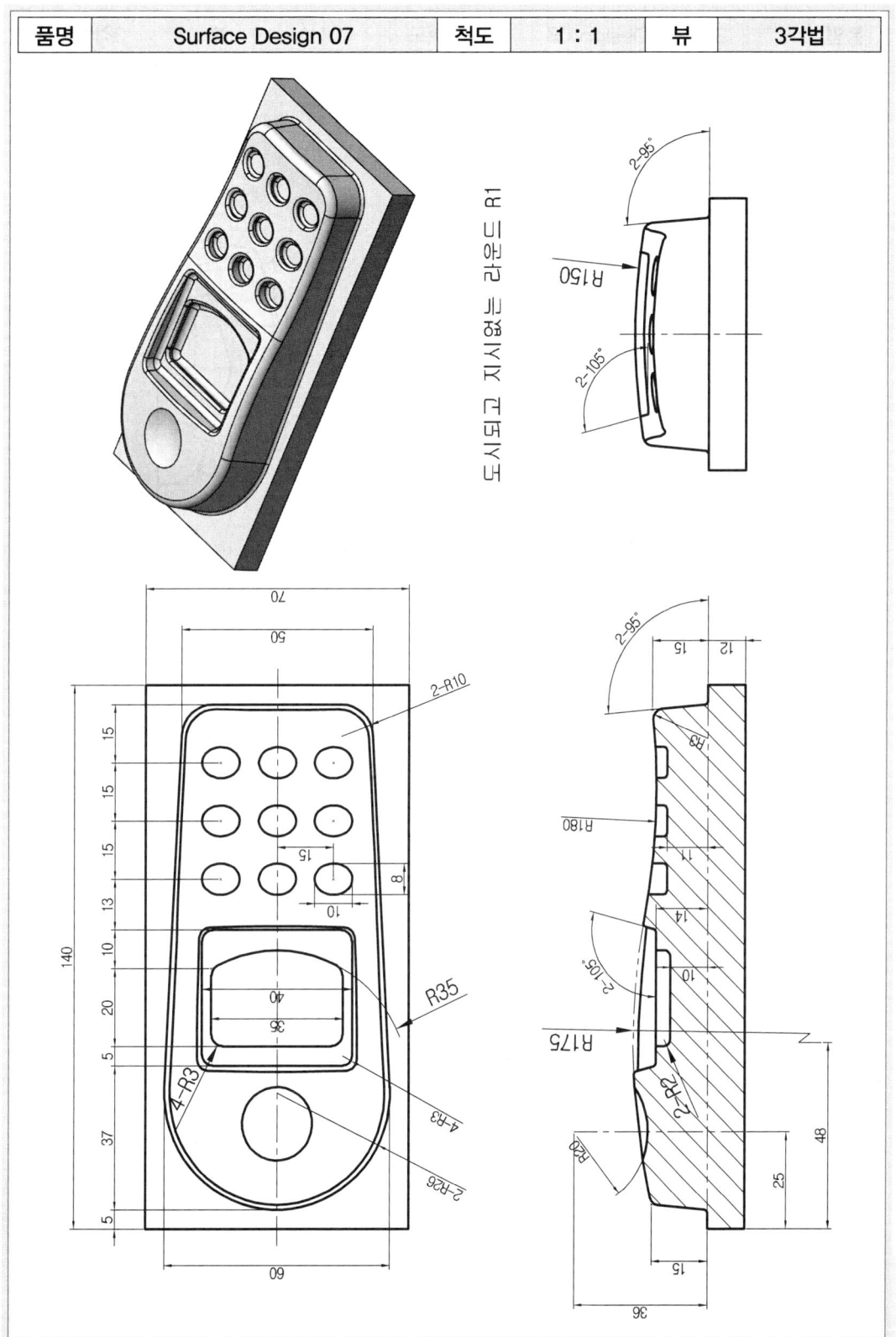

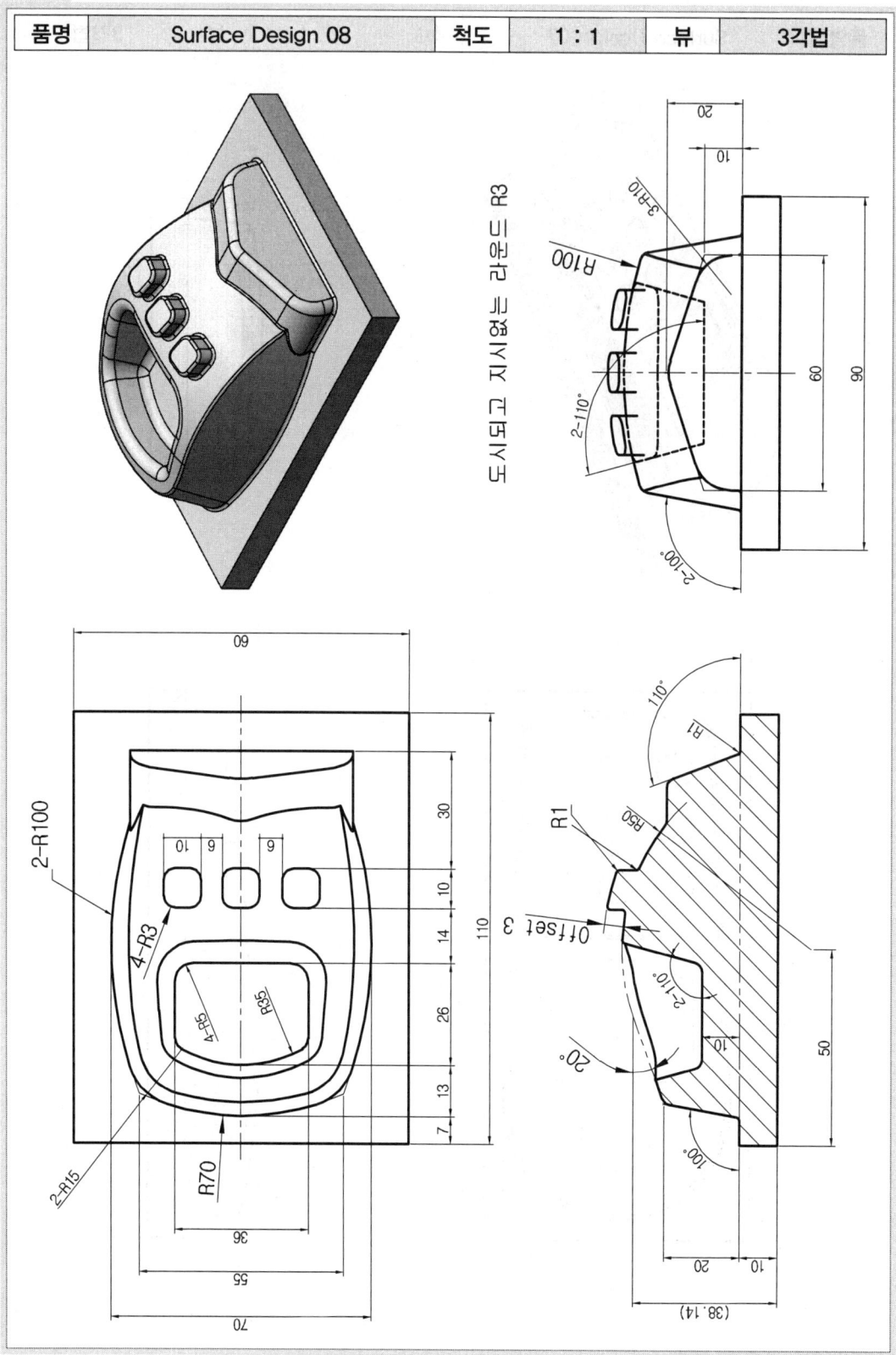

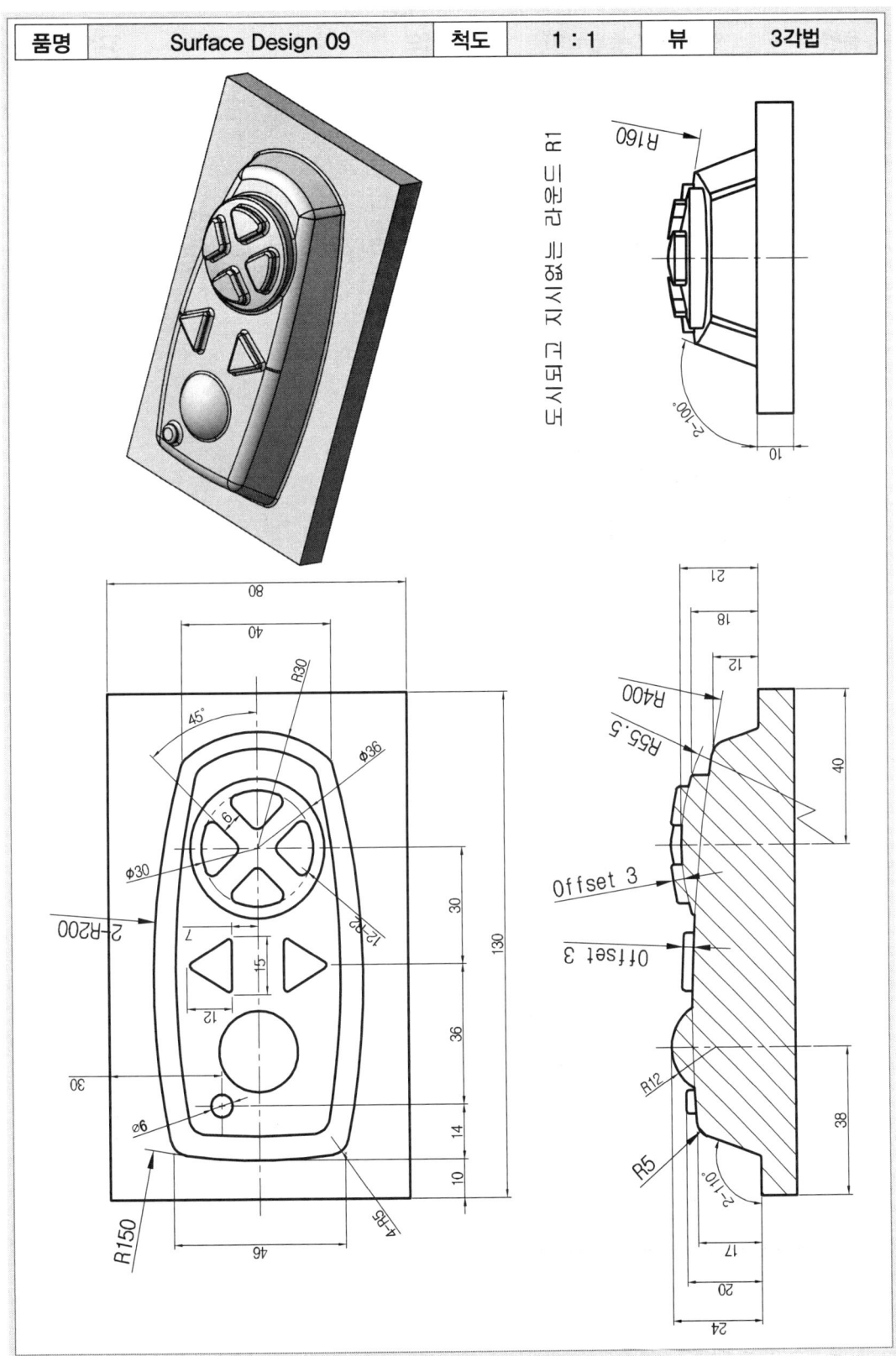

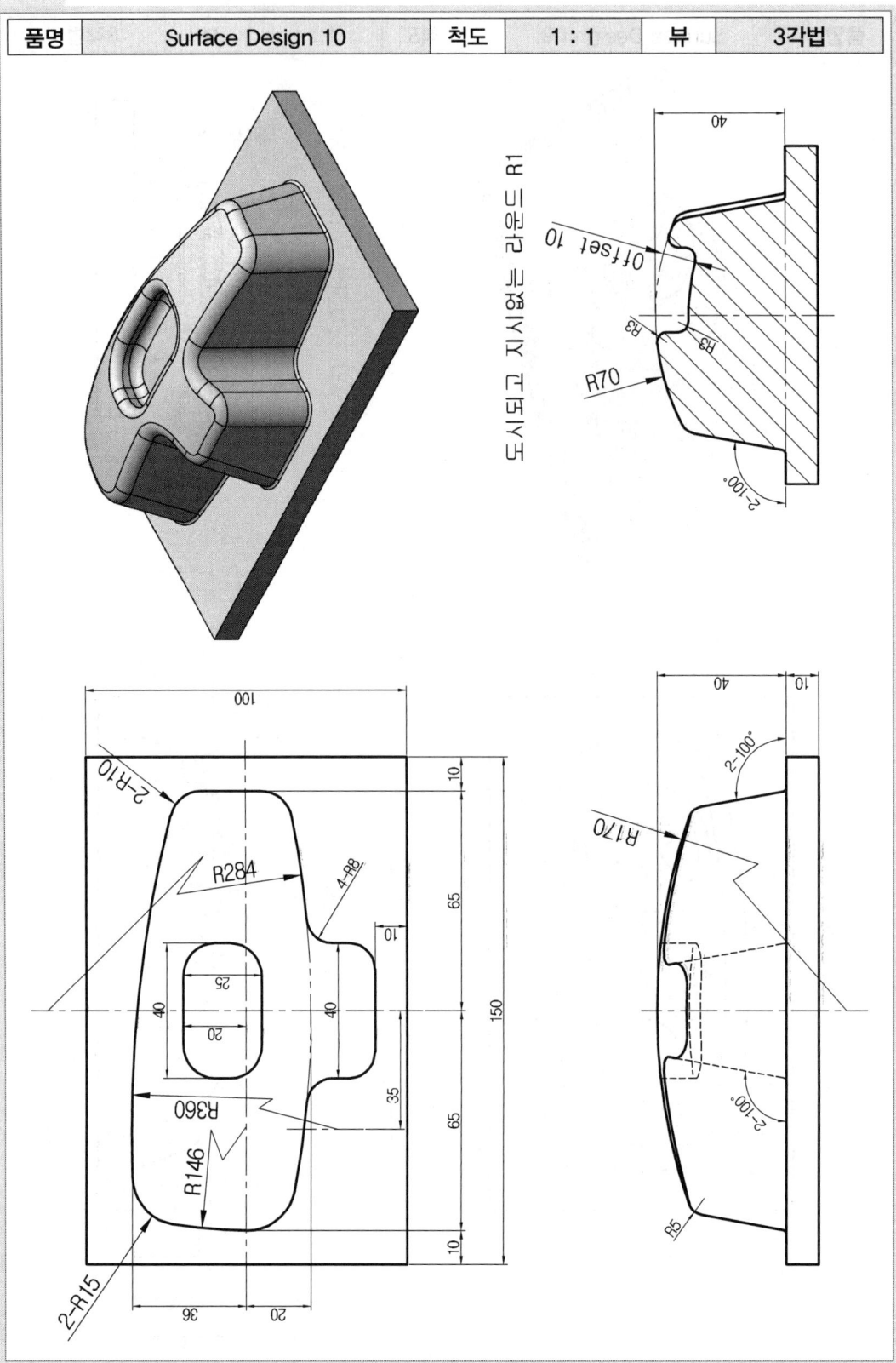

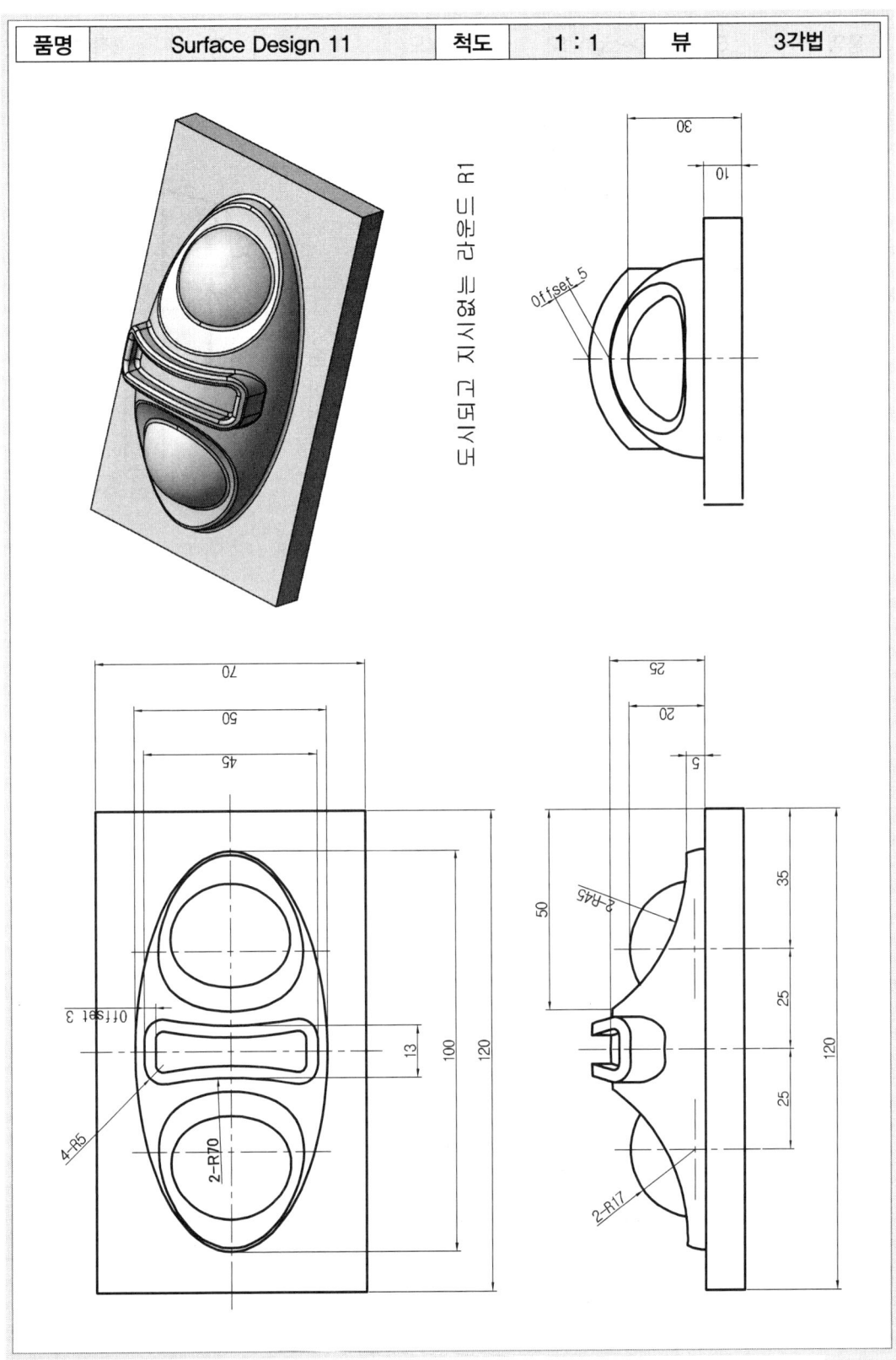

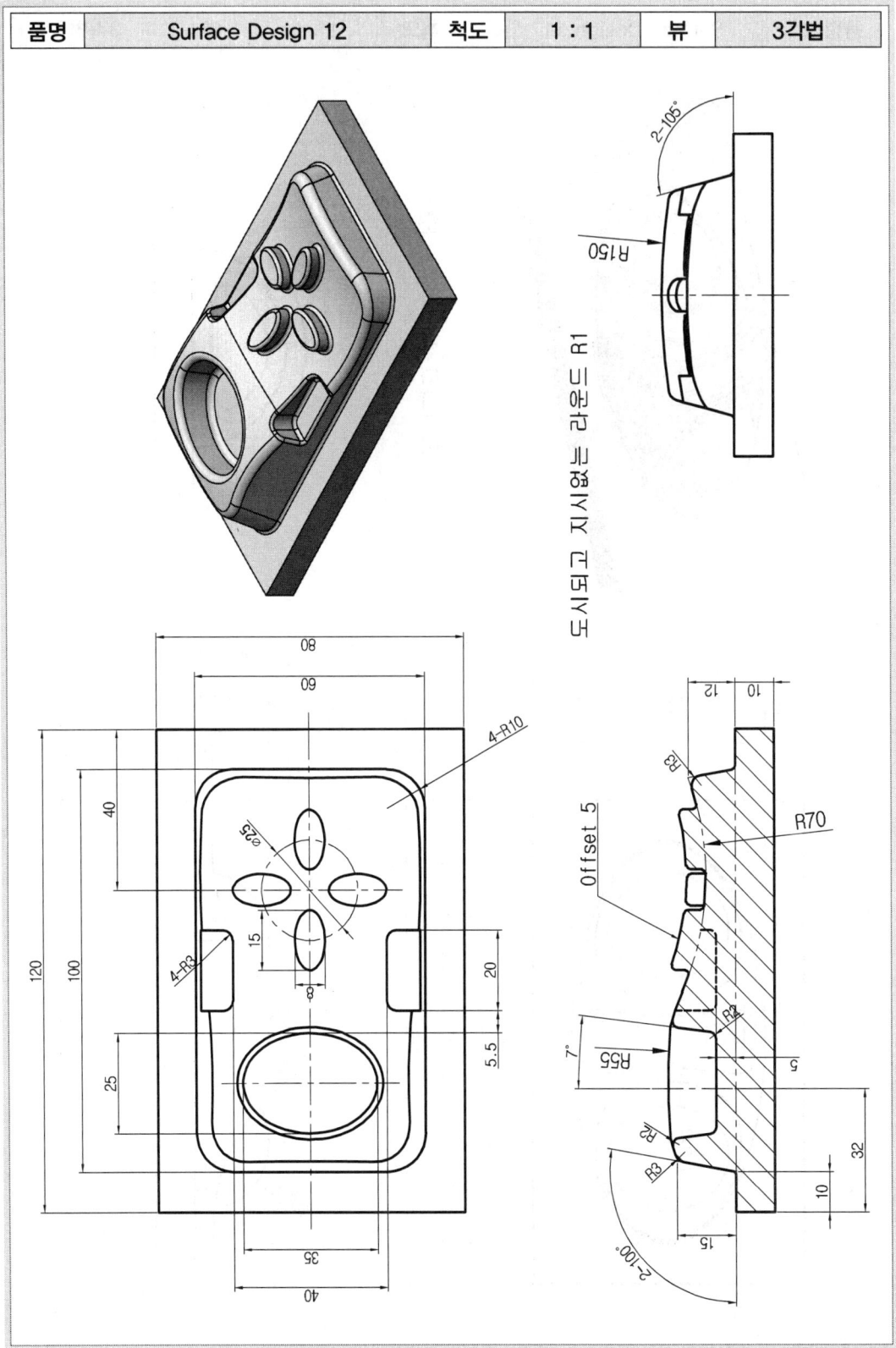

○ **저자 소개**

고성우 교수님은 현재 "한국폴리텍 Ⅶ대학 울산캠퍼스"에서 CAD를 강의하십니다.

신순욱님은 현재 "엠에스메카텍"에서 제품 개발 및 설계를 담당하고 있습니다.

정용섭 교수님은 현재 "한국폴리텍 영남융합기술캠퍼스"에서 CAD를 강의하십니다.

제품설계에 적합한 CATIA 응용기법

초판 인쇄	2020년 4월 15일
초판 발행	2020년 4월 20일

지은이 ▪ 고성우 · 신순욱 · 정용섭
펴낸이 ▪ 홍세진
펴낸곳 ▪ 세진북스

주소 ▪ (우)10207 경기도 고양시 일산서구 산율길 56(구산동 145-1)
전화 ▪ 031-924-3092
팩스 ▪ 031-924-3093
홈페이지 ▪ http://www.sejinbooks.kr
웹하드 ▪ http://www.webhard.co.kr ID : sjb114 SN : sjb1234

출판등록 ▪ 제 315-2008-042호(2008.12.9)
ISBN ▪ 979-11-5745-414-3 13560

값 ▪ **30,000원**

▪ 이 책의 출판권은 도서출판 세진북스가 가지고 있습니다.
▪ 이 책의 일부 또는 전체에 대한 무단 복제와 전재를 금합니다.

 세진북스에는 당신과 나 그리고 우리의 미래가 있습니다.